भारतीय दलित आन्दोलन का इतिहास-4

भारतीय दलित आन्दोलन का इतिहास-4

मोहनदास नैमिशराय

राधाकृष्ण प्रकाशन

ISBN : 978-81-8361-561-7

भारतीय दलित आन्दोलन का इतिहास-4

पहला संस्करण : 2013
तीसरा संस्करण : 2024

मूल्य : ₹6000
(चार खंडों का सेट)

प्रकाशक
राधाकृष्ण प्रकाशन प्राइवेट लिमिटेड
जी-17, जगतपुरी, दिल्ली-110 051
शाखाएँ : अशोक राजपथ, साइंस कॉलेज के सामने, पटना-800 006
पहली मंजिल, दरबारी बिल्डिंग, महात्मा गांधी मार्ग, प्रयागराज-211 001
1, अनमोल सोराबजी संतुक लेन, धोबी तलाव, मरीन लाइंस, मुम्बई-400 002
वेबसाइट : www.radhakrishnaprakashan.com
ई-मेल : info@radhakrishnaprakashan.com

मुद्रक
बी.के. ऑफसेट
नवीन शाहदरा, दिल्ली-110 032

BHARTIYA DALIT AANDOLAN KA ITIHAS-4
by Mohandas Naimishrai

दो शब्द

आज से लगभग पन्द्रह वर्ष पूर्व जब मैंने दलित आदिवासियों के ऐतिहासिक विषय पर शोध कार्य शुरू किया था, तब स्वयं मुझे भी इस बात का अहसास नहीं था कि दलित आदिवासियों के गौरवशाली इतिहास का विस्तार इस रूप में मेरे अध्ययन में आएगा। कहना न होगा कि जिसे सवर्ण इतिहासकारों ने अब तक छुपा कर रखा या फिर उसकी गलत व्याख्या कर उन लाखों दलित आदिवासी रण-बांकुरों को अँधेरे में डाल दिया, जिनकी तरफ जाने के प्रयास स्वयं दलित आदिवासी बुद्धिजीवियों ने भी उस तरह से नहीं किए जैसे करने चाहिए थे, लेकिन आज मैं उन सभी बहुजन समाज के शिक्षाविदों/लेखकों/चिन्तकों के साथ द्विज और अंग्रेज इतिहासकारों को सलाम करता हूँ जिन्होंने कहीं-न-कहीं अपने शोध में ईमानदार दृष्टि का निर्वहन किया।

यह सब इससे पूर्व ही किया जाता तो इतिहास में दलित को न होने के अर्थ को द्विजों की नई पीढ़ी उस अर्थ में न लेती, जैसे उन्होंने अपनी स्कूली शिक्षा से विश्वविद्यालय स्तर तक की शिक्षा के दौरान लिया।

राजा बलि की कथा को पूर्व में जैसा हमने पढ़ा, वैसा ही मन बना, वैसे ही विचारों का विस्तार हुआ। एकलव्य पर तो बहुत कुछ लिखा जा चुका है। पर आदिवासी स्त्री हिडिम्बा के पुत्र घटोत्कच और स्वयं घटोत्कच के पुत्र बर्बरीक के बारे में कितने पाठक जानते हैं। बकौल हरिराम मीणा बर्बरीक जैसे ही युद्ध क्षेत्र में आया, तो कृष्ण समझ गए कि अब पाण्डवों का बचना मुश्किल है। क्या किया जाए? भले किशोर बर्बरीक को सोलह कला प्रवीण भगवान छलने के लिए चल देते हैं। कहते हैं, तेरी पूजा का इन्तजाम किए देता हूँ। बस एक काम कर दे, लड़ मत और अपनी गर्दन मुझे सौंप दे।

खाण्डव वन दहन में आदिवासी नागा जाति को भस्म करने में कृष्ण एवं अर्जुन द्वारा अग्नि का सहयोग करने से लेकर कंस, शिशुपाल, जयद्रथ वध, एकलव्य का 'अँगूठा', घटोत्कच, बर्बरीक, व्रभूवाहन प्रसंग तक। यही नहीं, जाना होगा सतयुग और त्रेतायुग में भी। आप भगवानदास पटेल की भीलों का भारथ (मौखिक और गेय परपंरा का महाभारत) पढ़ जाइए। वहाँ अर्जुन की जगह

नागवंशी आदिवास राजा वासुकी अतुलनीय योद्धा मिलेगा। आश्चर्य की बात है कि सारा तथाकथित सतयुग आदिवासियों के ऐसे विकृतिकरण से सम्बन्धित मिथकों से भरा पड़ा है।

आदिवासियों से जुड़ी एक बड़ी ऐतिहासिक घटना का जिक्र मैं करना चाहूँगा। राजस्थान के बांसवाड़ा जिले में गुजरात सीमा पर एक जगह है मानगढ़ का पहाड़, अंग्रेजों और रियासती सामन्तों के मिले-जुले शोषण के शिकार आदिवासी लोग 17 नवम्बर, 1913 के दिन वहाँ एकत्रित हुए। बनजारा जाति के आदिवासी गोविन्द गुरु की अगुवाई में उपनिवेशवादी-सामन्तवादी व्यवस्था के विरुद्ध यह आदिवासियों के द्वारा देश की आजादी की लड़ाई का हिस्सा था। करीब 15-20 हजार आदिवासी वहाँ एकत्रित हुए। बेगार प्रथा, वन सम्पदा के उपयोग पर पाबन्दी एवं भारी लगान के विरोध में यह सभा आयोजित की गई। ब्रिटिश कमान्डेंट जे.पी. स्टीवले के नेतृत्व में जाट रेजीमेंट, राजपूत रेजीमेंट और मेवाड़ भील कोर की चार फौजी कम्पनियों के हथियारबन्द लवाजमें ने उन आदिवासियों पर अचानक धावा बोला, बन्दूकों-मशीनगनों की गोलियों से उन्हें भून डाला। डेढ़ हजार आदिवासी शहीद हुए। गोविन्द गुरु के साथ सैकड़ों आदिवासियों को गिरफ्तार कर लिया गया। यह तिथि माघशीर्ष पूर्णिमा थी। हर साल इस दिन वहाँ आदिवासियों का विशाल मेला लगता है। अंचल का बच्चा-बच्चा इस घटना के बारे में जानता है। जाहिर है इस घटना में जलियाँवाला बाग काण्ड से चार गुना संख्या में आदिवासी शहीद हुए थे। भारत की स्वतन्त्रता के इतिहास में इस घटना का कहीं जिक्र नहीं है। अंग्रेजों ने तो खैर इस घटना को अपने हिसाब से दबा देने का षड्यंत्र रचा ही, हमारे धुरंधर द्विज इतिहासकार भी सोते रहे। इतिहास की दृष्टि से यह घटना इतनी पुरानी नहीं है कि प्रमाण न जुटाए जा सकें। हरिराम मीणा लिखते हैं, 'मैंने स्वयं घटनास्थल और क्षेत्र का दौरा किया। कुछ दस्तावेज भी इधर-उधर से जुटाए। इस घटना में तनिक भी सन्देह नहीं। स्थानीय आदिवासी नेताओं ने पिछले कुछ अर्से से आवाज उठाई।' इस विषय पर 'बयान' के पिछले अंकों (अप्रैल, 2011) में राजनलाल जावा तथा केदार प्रसाद मीणा ने भी महत्वपूर्ण आलेख दिए हैं। शहीद स्थल के रूप में मानगढ़ के विकास की योजना बनी। शहीद स्मारक का शिलान्यास राजस्थान के मुख्यमन्त्री महोदय ने तत्कालीन 27 मई, 1999 को किया। आश्चर्य है कि करीब एक सदी तक यह घटना इतिहास का हिस्सा न बन पाई जिसमें से आधी सदी आजाद भारत के खाते में है। कम-से-कम शर्म आनी चाहिए और राष्ट्र से क्षमा माँगनी चाहिए कि वे इतिहासकार के रूप में कितने नकारा साबित हुए...

इतिहास के तथ्यों को कैसे तोड़ा-मरोड़ा जाता है, इसका उदाहरण देखिए, महाराणा प्रताप के अत्यन्त विश्वसनीय और योद्धा सेनापति राणा पूँजा थे।

वे भील थे, भीलू राजा भी उन्हें कहा जाता रहा। राजीव गाँधी जब प्रधानमन्त्री थे, तो राणा पूँजा की प्रतिमा का उदयपुर में उन्होंने अनावरण किया। हिरणमगरी (पहाड़ी) जहाँ राणा प्रताप की प्रतिमा है, उसी से कुछ दूरी पर राणा पूँजा की प्रतिमा स्थापित हो गई। यह सर्वविदित है कि राणा प्रताप के साथ लड़ने वाले राजपूत अत्यल्प थे और आदिवासी ही प्रमुख रूप से लड़े थे। लेकिन कुछ लोगों ने राणा पूँजा को राजपूत ही सिद्ध कर दिया।

जिन महापुरुषों तथा सामाजिक कार्यकर्ताओं का जिक्र हम पिछले तीन खण्डों में नहीं कर सके उनमें महाराष्ट्र से एन.डी. पगारे, शामराव जाधव, जी.टी. मेश्राम उमरे, गोडबोले, जाई बाई (उमरेड) कुलीगिरी करते हुए लड़कियों के लिए सन्त चौखा मेला बालिका विद्यालय शुरू किया। मधु लिमये, वसंत मून के साथ उनकी पत्नी मीनाक्षी मून हैं जिन दोनों (पति-पत्नी) ने ताउम्र समाज के लिए लेखन के साथ सोशल वर्कर के रूप में भी कार्य किया।

उत्तर प्रदेश में पुलिस विभाग के सर्वोच्च पद से रिटायर्ड देवीसिंह अशोक, उ.प्र. से ही समर्पित क्रान्तिकारी लेखक रवेतीराम, डॉ. नन्दलाल वियोगी, उनकी महत्वपूर्ण पुस्तक 'अछूतों की हकतल्फी' है।

बिहार में सीतामढ़ी जिले के बेलसंड विधानसभा क्षेत्र के प्रथम विधायक चुल्हाई हजारे समाज और राष्ट्र की सेवा करते-करते दवा और इलाज के अभाव में असमय ही काल कलवित हो गए। उनकी ईमानदार नैतिकता की कीमत न सिर्फ स्वयं उन्हें बल्कि उनके परिवार को भी चुकानी पड़ी। सरकार और प्रशासन ईमानदारी और आदर्श के लिए मर मिटे पूर्व विधायक के परिवार को जानती तक नहीं।

चुल्हाई हजारे के लिए ठाट-बाठ की जिन्दगी बेईमान और अनैतिकता के समान थी। यही वजह रही कि 1952 से 1957 तक विधायक रहते हुए, घर बनाना तो दूर, वे अपने लिए अदद साइकिल तक नहीं खरीद सके।

पंजाब से बलदेव सिंह, जिन्होंने 1906 में इंग्लैंड से डॉक्टर की डिग्री ली। उनके पिता ज्ञानी दित्त सिंह 'सिंह सभा आन्दोलन' के बड़े स्तम्भ थे। पंजाब से ही बाबा साहेब के सहयोगी के.सी. सुलेख, लाहौरी राम बाली, जो 'भीम' पत्रिका निकाल रहे हैं। डी.सी. अहीर, चानन राम, विमल चन्द्र।

हैदराबाद में मुक्ति संग्राम में महत्वपूर्ण भूमिका निभाने वाले तथा ऑल इंडिया शेडयूल्ड कास्ट फेडरेशन, मराठवाड़ा के अध्यक्ष रहे बी.एस. मोरे।

गुजरात से पागल बाबा के संघर्ष से कौन इनकार कर सकता है। वे तूरी जाति से थे।

भदंत शांतरक्षक महाथेरो, मुंबई में उन्होंने उत्तर भारतीय लोगों का संगठन बना कर आम्बेडकारी विचारधारा के प्रचार-प्रसार में योगदान दिया। वे टीकरी कलां गाँव (अलीगढ़) से थे।

दलितों के नायक न किसी महल में रहे और न ही राजसी ठाटबाट भोगते रहे। वे तो कुलीगिरी करते हुए या फिर किसी मिल में मजदूरी करने के दौरान संघर्ष करते हुए या किसी स्कूल में अध्यापकी करते हुए अपने मुकाम तक पहुँचे।

मेरे इस शोध को महाराष्ट्र से सम्बन्धित जानकारी जुटाने में शेखर पवार, मेकअप हेतु संदीप कुमार, संपादन सहयोग, शैलेन्द्र जी तथा इस महत्त्वपूर्ण शोध कार्य को छापने के लिए राधाकृष्ण प्रकाशन ने मदद की। इन सभी के साथ-साथ अन्य सभी सहयोगियों को मेरा आभार।

—मोहनदास नैमिशराय

पूर्व अध्येता, भारतीय उच्च अध्ययन संस्थान,

राष्ट्रपति निवास, शिमला

अनुक्रम

ब्रिटिश राज से हिन्दू राज

भारत की आजादी क्या एक सपना था? यह सपना किसी एक का नहीं था बल्कि करोड़ों देशवासियों के भीतर लम्बे अरसे से पनप रहा था। क्या हम मान लें कि सपना तो आखिर सपना ही होता है, जिसे कभी न कभी टूटना तो होता ही है। दलितों के बारे में स्थिति लगभग यही थी। अन्य लोगों की तरह उन्होंने भी आजादी का सपना देखा था। उन्हें भी सपने देखने का अधिकार था। यही नहीं, आजादी के लिए उस वर्ग ने भी कुर्बानियाँ भी दी थीं। भरपूर कीमत चुकाई गई थी इसके लिए। तब जाकर आजादी का सूरज उगा था।

आजादी के संघर्ष में अपने-आपको समर्पित करने वालों के बारे में बहुतों की अलग-अलग राय रही है। कुछ लोग विशेष जातियों को आजादी की जंग से जोड़ते हैं तो कुछ विशेष पार्टी के लोगों को। कुछ तर्क देते हैं तो कुछ कुतर्क करते हैं। संक्षेप में मानना चाहिए कि आजादी के लिए प्रत्येक धर्म, जाति तथा वर्ग के जुनून रखने वालों ने अपने-अपने ढंग से कीमत चुकाई थी। उनमें से अधिकांश तो 1947 आते-आते मर-खप गए। जो शेष बचे, उनमें से अधिकांश ने आजादी के सपने को टूटते-बिखरते देखा था। दूसरे शब्दों में कहा जाए तो जातीय आधार पर आजादी तथा आजादी से प्राप्त सुविधाओं का वितरण हुआ। इस बंदर-बाँट की अनैतिक प्रक्रिया लगभग दो दशक से भी अधिक समय तक चली। बल्कि आगे भी इसका विस्तार हुआ। जातियों के खेमे बने और खेमों से गुट अस्तित्व में आए जो अपने-अपने सत्ता परिवार में आकर सिमट गए। वंश बेल को इन्होंने खाद-पानी देकर सींचा। आगे आने वाले समय में वंश बेल इतनी बढ़ी कि उसका कहीं कोई अन्तिम छोर ही नहीं मिला यानी कभी वंश बेल जाति बेल में तब्दील हुई तो कभी जाति बेल वंश बेल में।

डॉ. आम्बेडकर का यह स्वप्न था कि उनका आदर्श समाज ऐसा हो, जिसमें सब सदस्यों को राजनैतिक, सामाजिक एवं आर्थिक न्याय मिल सके। उन्होंने ऐसे समाज की स्थापना के लिए प्रजातन्त्रीय पद्धति को ठीक समझा, पर भारत में क्या वैसी प्रजातन्त्र पद्धति स्थापित हो सकी जैसे प्रजातान्त्रिक समाज की नींव बाबा साहेब डॉ. आम्बेडकर ने रखी थी? नेहरू के हाथों इसके प्रतिकूल परिस्थितियों का निर्माण होना आरम्भ हुआ। समाजवादी सरकार के बहाने रामराज्य सरकार कायम हुई।[1]

ई.एम.एस. नम्बूदिरीपाद का मानना है कि कुछ ही महीनों में आजादी एक छलावा बन गया। 15 अगस्त, 1947 को मिली आजादी आम आदमी के लिए नहीं थी, बल्कि सवर्ण हिन्दुओं, जमींदारों तथा पूँजीपतियों की आजादी थी। इसका कारण था कि कांग्रेस पार्टी ने ब्रिटिश शासन से समझौता किया था।

स्वयं बी.टी. रणदिवे[2] ने 1947 में मिली आजादी को महज सत्ता हस्तांतरण बताते हुए उसे 'झूठी आजादी' करार दिया था और संसदीय संघर्षों की बजाय सशस्त्र संघर्षों में अपनी आस्था व्यक्त की थी।

भारत समाज के जातिवाद एवं छुआछूत के आधारों की डॉ. आम्बेडकर ने इसलिए कड़ी आलोचना की कि उनसे आर्थिक एवं सामाजिक सम्बन्ध बिगड़ते हैं। वर्णात्मक समाज में एक ही वर्ग को धन कमाने का अधिकार देना, एक ही वर्ग को शिक्षा का अधिकार देना, एक ही वर्ग को दबाए रखना प्रजातन्त्र एवं मानववाद के बिल्कुल विपरीत है। यह अप्राकृतिक अधिकार-भेद नैतिक दृष्टि में बिल्कुल ही हानिकारक है लेकिन आजादी मिलने पर दलित उस रूप में स्वतन्त्रता, समता और बंधुता के मानवीय नारे के नजदीक नहीं आ सके, जिस तरह अन्य आए।[3]

बकौल एच.एल. दुसाध, स्वाधीन भारत के प्रथम प्रधानमन्त्री पंडित जवाहरलाल नेहरू आरक्षण व्यवस्था के घोर विरोधी थे। 27 जून, 1961 को उन्होंने राज्यों के मुख्यमन्त्रियों को लिखे गए अपने पत्र में कहा था, "मैं किसी भी तरह के आरक्षण को विशेष रूप में नौकरियों में पसन्द नहीं करता हूँ। जैसे ही हम आरक्षण की नीति पर चलेंगे, हम बहुत कुछ खो देंगे।"[4] दुसाध के विचार में डॉ. आम्बेडकर प्रवर्तित आरक्षण न तो राष्ट्र को अक्षमता की ओर अग्रसर करता है और न ही दूसरा दर्जा तैयार करता है बल्कि हर एक व्यक्ति को उसकी योग्यता के आधार पर प्रगति-पथ पर अग्रसर होने की प्रेरणा देता है। यहाँ दुसाध पंडित लोगों की योग्यता पर प्रश्न खड़ा करते हैं।[5]

यह एक कटु सत्य है कि 19वीं शताब्दी के मध्य तक दलितों ने अपने बीच से उभरे ऐसे नेताओं को स्वीकार नहीं किया, जो दलित चेतना की आवाज उठा रहे थे। यहाँ तक कि कांग्रेस ने भी दलितों के ऐसे नेता से परहेज किया। यह बात भी सच है कि जवाहरलाल नेहरू नहीं चाहते थे कि भीमराव आम्बेडकर राज्यसभा के सदस्य या संविधान सभा के सचिव बनें। इसलिए पश्चिम बंगाल से उन्हें राज्यसभा का सदस्य निर्वाचित कराया गया।[6]

नेहरू की सत्ता के चार आधार-स्तम्भ पर चर्चा करते हुए आर.एल. चन्दापुरी कहते हैं कि पंडित नेहरू के गांधीवादी मुखौटे ने देश को सब तरह से जर्जर बना दिया था। भ्रष्टाचार और अनैतिकता चरम सीमा पर थी। शासन-प्रशासन और सत्ता के सभी पदों पर वैसे ब्राह्मणवादी लोगों को बैठाया गया था, जो भ्रष्टाचार में आकंठ डूबे हुए थे। परिस्थिति ऐसी थी कि देश की स्वतन्त्रता पर कभी भी आघात हो सकता था। पंडित नेहरू को शान्ति का दूत बना दिया गया और जनता को भ्रम में डालकर सुला दिया गया था। सारा देश ब्राह्मणवादी अफीम के नशे में था। सरकार की नीति केवल पिछड़ी जातियों की अजेय राष्ट्रीय शक्ति को उठाने से रोक रखने की ओर केन्द्रित थी। पंडित नेहरू ने अपूर्व सूझबूझ और राजनीतिक

दूरदर्शिता के बल पर अपने राजवंश की सत्ता को स्थायी बनाने के लिए चार आधार-स्तम्भ खड़े किए थे। उनके चार आधार-स्तम्भ बिनोवा भावे तथा जयप्रकाश नारायण का भूदान यज्ञ, दक्षिण भारत की पिछड़ी जातियों के मुक्ति आन्दोलन के खिलाफ कामराज नाडर का अभियान, उत्तर भारत में जगजीवन राम और उनके गुर्गे तथा सामन्तवादियों व पूँजीपतियों का स्थायी गिरोह पूरी मुस्तैदी और सर्तकता से कार्यरत थे। उस समय राजनीतिक जीवन में दो ही संजीवनी शक्तियों का स्रोत बच रहा था। साथ ही उनका यह भी मानना था कि डॉ. लोहिया की सोशलिस्ट पार्टी का सुधारवादी आन्दोलन और दूसरा पिछड़ा वर्ग आन्दोलन।[7]

नेहरू के सम्बन्ध में कनक तिवारी[8] के विचार को देखें तो उन्होंने *चट्टान की छाती में गुलाब का बिरवा* कहा है। उनके अनुसार जवाहरलाल नेहरू संविधान सभा के स्वप्नदर्शी राजकुमार थे, ठीक यूनानी दार्शनिक प्लेटो की अनुकृति में। उद्देशिका सम्बन्धी मूल प्रस्ताव नेहरू ने अपनी नायाब भाषण शैली के साथ रखा था। उनका भाषण शेक्सपियर के प्रसिद्ध नाटक 'हैमलेट' के नायक की तरह लगभग स्वगत में बोला गया कथन था, जो शिलालेख की तरह संविधान सभा की डायरी में दर्ज है। 1937 की अन्तरिम सरकार के चुनावों के बाद भावविह्वल होकर नेहरू ने भारत के मेहनतकश किसानों और मजदूरों के सपनों का हिन्दुस्तान बनाने का रोमांटिक आह्वान किया था। वह सपना उनमें पकता रहा, खदबदाता रहा। संविधान में निहित जो दर्शन है, उसके लिए नेहरू के उस ऐतिहासिक उद्देश्य संकल्प की ओर दृष्टिपात करना होगा, जो संविधान सभा ने 22 जनवरी, 1947 को अंगीकार किया था।

नेहरू के शब्दों में उपर्युक्त विचार-दर्शन "संकल्प से कुछ अधिक है। यह एक घोषणा है, एक दृढ़ निश्चय है, एक प्रतिज्ञा है, एक वचन है और हम सभी के लिए यह एक समर्पण है।"

1947 में जब आजादी मिली तो प्रशासकीय वर्ग में बदलाव आया। राजा की जगह राष्ट्रपति ने ले ली। राजा के प्रधानमन्त्री के स्थान पर प्रतिनिधि आए। खाली पृष्ठ स्वतन्त्रता, भ्रातृत्व, बन्धुता से भरे गए।

सत्ता की समूची राजनैतिक प्रक्रिया को देखें तो 1947 से 1974 तक कांग्रेस का एकछत्र शासन रहा। जनता का शासन, समाजवाद, गरीबी हटाओ और हरित क्रान्ति के नाम पर सरकार ने दलित भूमिहीन मजदूर गरीब किसानों को कुचलने का कार्य किया।[9]

असल में आजादी की लड़ाई पूँजीपतियों, जमींदारों, सामन्तों के नेतृत्व में उनके स्वयं स्वार्थ पूरा करने के लिए लड़ी गई। स्वयं गांधी ने इस स्थिति को बनाए रखा था। इसलिए आम्बेडकर ने उन्हें जनता का दुश्मन तथा राष्ट्र का खलनायक कहा था।[10]

उदाहरण के लिए महाराजा सवाई मानसिंह को ही लें। 21 अगस्त, 1911 को जन्मे महाराजा जयपुर लेफ्टिनेंट जनरल महाराजा सवाई माधोसिंह के दत्तक पुत्र थे। 7 सितम्बर, 1922 को वह उनके उत्तराधिकारी बने लेकिन सत्ता के पूरे अधिकार उन्होंने 1937 में अपने हाथ में लिये। अपने प्रशासन के दौरान लोगों की भलाई, सेवा तथा सहायता उनका सर्वोपरि लक्ष्य था। ऐसा कहा जाता है 1947 में स्वाधीनता के बाद देसी रियासतों को भारत में मिलाने का प्रस्ताव जब सरदार पटेल ने महाराजा जयपुर के सामने रखा तो उन्होंने बेहिचक उसे

स्वीकार किया। 7 अप्रैल, 1949 से लेकर 31 अक्टूबर, 1956 तक वह राजस्थान के राजप्रमुख रहे। 1962 में वह राज्यसभा के लिए निर्वाचित हुए लेकिन तीन साल बाद स्पेन में राजदूत नियुक्त किए जाने के कारण उन्होंने संसद-सदस्यता से त्यागपत्र दे दिया। महाराजा मानसिंह ने तीन शादियाँ कीं। महारानी गायत्री देवी से उनकी शादी 1940 में हुई थी। महाराजा के चार लड़के और एक लड़की हुई। जयपुर के महाराजा को लम्बे समय तक 18 लाख रुपये प्रिवी पर्स भी मिलता रहा।[11] इस तरह के अनेक उदाहरण दिए जा सकते हैं कि आजाद भारत में दो-चार या दस-बीस नहीं बल्कि हजारों की संख्या में राजाओं-रानियों, नवाबों, जमींदारों, रियासतदारों आदि को कांग्रेस सरकार ने सत्ता में ही बने रहने में मदद की। उनके महल, उनके हरम, उनके हाथी-घोड़े, उनकी बंदूकें, उनकी तोप, गोला-बारूद वैसे ही उनके साथ रहे। उन्हें वैसी ही सुविधाएँ मिलती रहीं। और उस प्रजातंत्र में सबसे दुःखद आश्चर्य की बात यह रही कि आजादी के बाद भी उस या उन रियासतों/राज्यों तथा क्षेत्रों के लोग उन्हें राजा ही मानते रहे और ऐसे विशेष लोग अपने-अपने क्षेत्रों में शासन और प्रशासन की परवाह किए बिना आम और खास लोगों से राजाओं की तरह ही व्यवहार करते रहे। आजादी मिलने पर ब्रिटिश साम्राज्य से तो मुक्ति मिल गई, लेकिन देसी साम्राज्यों से नहीं। बल्कि कहना चाहिए कि हिन्दू धर्म और उसकी व्यवस्था की गिरफ्त दलितों के जीवन पर पहले से अधिक बढ़ती गई।

1952 के प्रथम आम चुनाव तथा विधानसभा चुनाव (टिहरी-गढ़वाल के चुनाव-परिणामों) पर नजर डालें तो, वहाँ राजपरिवार के स्वतन्त्र उम्मीदवार जीते। 17 मार्च, 1952 के कांग्रेस सन्देश में सुन्दरलाल बहुगुणा लिखते हैं, चुनाव-परिणामों से सन्देह होता है कि क्या टिहरी-गढ़वाल सारे देश से भिन्न दिशा की ओर जा रहा है। ध्यान रहे कि विधानसभा के तीन चुनाव क्षेत्रों के साथ संसद का एक क्षेत्र, इन चारों पर राजपरिवारों के प्रत्याशी जीते थे और कांग्रेस हारी थी। उन्हीं क्षेत्रों में आजादी से पूर्व और बाद में जनता पर भयंकर अत्याचार होते रहे।

नेहरू के लिए लोकतान्त्रिक व्यवस्था अपने आप में कोई साध्य नहीं थी बल्कि वे इसे एक साधन मानते थे। नई दिल्ली में 25 फरवरी, 1956 को प्रथम अखिल भारतीय संसदीय लोकतन्त्र संगोष्ठी में बोलते हुए पं. नेहरू ने इस बारे में स्पष्ट रूप में कहा था, *"लोकतन्त्र मंजिल तक पहुँचने का एक जरिया है। हमारी मंजिल क्या है? मंजिल है व्यक्ति के लिए बेहतर जिन्दगी।"* पर कौन से व्यक्ति के लिए बेहतर जिन्दगी, उस व्यक्ति की क्या परिभाषा है, वह व्यक्ति गांधी का अन्तिम आदमी है या आम्बेडकर का दलित। आम आदमी की बात करते हुए इस बारे में नेहरू प्रायः मिली-जुली भाषा प्रयोग करते रहे।[12]

गांधीजी की मृत्यु के बाद गांधीवाद दो हिस्सों में बँट गया, **मठी** और **सरकारी**। मठी गांधीवाद का सरकारी गांधीवादी के साथ ऐसा मेल बैठ गया कि इतने सालों में उसने किसी एक अन्याय के विरुद्ध भी संघर्ष नहीं किया। जाति या पूँजीवाद या मुट्ठी भर लोगों का प्रभुत्व या भाषा या दाम, उसने किसी के भी विरुद्ध संघर्ष नहीं किया।[13]

मठी गांधीवाद समय-समय पर अन्तर्राष्ट्रीय सम्मेलन करता रहा है और सरकार से उसे तरह-तरह की सहायता मिलती रही। उसने हर तरह के शान्ति आन्दोलनों और उदारवादी आन्दोलनों से सम्बन्ध बनाए रखे।

प्रो. सत्यमित्र दुबे के अनुसार, आजादी के बाद भी गांधी द्वारा प्रदत्त सामाजिक परिवर्तन और विकास की वैकल्पिक प्रणाली भारतीय धरोहर और सामर्थ्य के वास्तविक यथार्थ को नए शासक, अफसरशाही, मजहब के प्रचारक और भारतीय कम्युनिस्ट सम्यक ढंग से समझ नहीं पाए। वह हमारी राजनीति, अर्थनीति, विकासनीति और सांस्कृतिक नीति की विडम्बना है।

गांधी शान्ति की वकालत करते हुए कहते थे, *"यदि जमींदार आप पर उत्पीड़न करें तो आपको थोड़ा सह लेना चाहिए। यदि जमींदार आपको परेशान करे तो मैं अपने किसान भाई से कहूँगा कि वह लड़े नहीं बल्कि मैत्रीपूर्ण रुख अपनाए।"* सिद्धान्ततः गांधी ग्राम स्वराज अर्थात परम्परागत हिन्दू ग्रामीण समाज के आत्मनिर्भर ढाँचे को जिलाना चाहते थे पर उसके लिए बहुसंख्यक ग्रामीण सहायता की आर्थिक और सामाजिक अस्मिता और नेतृत्वकारी शक्ति का जीर्णोद्धार करना उन्होंने स्वीकार नहीं किया।[14]

जमींदारी उन्मूलन के बाद नए तरह के जमींदारों ने जन्म लेना शुरू किया। 50 के दशक के आखिर में सरकार ने सामुदायिक विकास कार्यक्रम चलाकर इन जमींदारों को अपनी आर्थिक-सामाजिक ताकत और मजबूत करने का मौका दिया। इन कार्यक्रमों के जरिए सहकारी फॉर्मिंग, संस्थागत ऋण, विपणन की सुविधाओं, पंचायतों और खंड विकास अधिकारियों की मदद से खुद खेती न करने के बावजूद किसान बने रहना, अतिरिक्त जमीन को छिपाए रखना और लगातार आर्थिक ताकत बढ़ाते चले जाना इन नए जमींदारों के लिए आसान हो गया।

यह सिलसिला आजादी के एक दशक बाद भी चलता रहा। हमें कहना पड़ता है कि कांग्रेस पार्टी के हाईकमान की मदद से इन्हीं विशेष तबकों के पास आम आदमी की आजादी गिरवी रख दी गई। 1959 में पंजाब विधानसभा में 66 कांग्रेस सदस्यों में से 37 जमींदार थे। बड़े-बड़े जमींदारों और देहातों में अंग्रेजों की मेहरबानी से सत्ता के शिखर पर आए लोग आजादी के बाद भी सत्ता के शिखर पर बने रहे। ऐसा लगभग सभी राज्यों में चलता रहा।

आज जिसे संसद का केन्द्रीय कक्ष कहा जाता है, 98 फुट व्यास वाला गोलाकार कक्ष; 15 अगस्त, 1947 को अंग्रेजों ने इसी कक्ष में भारत को सत्ता हस्तांतरित की थी। यहीं स्वतन्त्र भारत का संविधान निर्मित हुआ। शुरू में इस कक्ष को संविधान सभा की लाइब्रेरी के रूप में इस्तेमाल किया गया। 9 दिसम्बर, 1946 से लेकर 24 जनवरी, 1950 तक इसी कक्ष में संविधान सभा की बैठकें हुईं।

बकौल डॉ. सुभाष काश्यप, भारत की संसद की कहानी बड़ी रोचक और प्रभावशाली है। भारत की पहली संसद बनी 26 जनवरी, 1950 को जब संविधान लागू हुआ और हमारे लोकतन्त्रात्मक गणराज्य का जन्म हुआ, लेकिन अपने लेख 'संसदीय मर्यादा के पतन का जातिशास्त्र' में चन्द्रभान प्रसाद यथार्थ की तस्वीर प्रस्तुत करते हुए कहते हैं कि वर्ष 1950

वह काल था, जब जमींदारी उन्मूलन जारी था तथा खाद्यान्न के मामले में देश आत्मनिर्भर नहीं था। 1950 का समय राजनीतिक अस्थिरता, राजनीतिक गुण्डागर्दी, बूथ कैप्चरिंग, दल-बदल, संसद या विधानसभाओं के कलह, गाली-गलौज, मारपीट के लिए आदर्श स्थिति प्रस्तुत करता था। तब लोकतन्त्र का अनुभव भी कम था, अतः अलोकतान्त्रिक ढंग से राजनीति का संचालन कोई आश्चर्य की बात न होनी चाहिए थी। भारत के संसदीय लोकतन्त्र की मर्यादा के पतन के तमाम कारण हो सकते हैं, और इस संकट पर देश में एक नई बहस होनी चाहिए। इस संकट के कारणों पर न तो राजनीतिक टीकाकार और न ही समाजशास्त्रियों ने कोई सार्थक शोध किया है। यह दुर्भाग्यपूर्ण है और भारत के अकादमिक निठल्लेपन को दर्शाता है। चूँकि भारतीय समाज का ढाँचा ही जाति आधारित रहा है और लगभग समस्त राजनीतिक दलों की जाति पहचान रही है, कहीं संसदीय लोकतन्त्र की मर्यादा के पतन के पीछे यही तो जिम्मेदार नहीं?

अगर हम बाद के राजनैतिक दौर की ओर चलें तथा भारतीय संसद पर एक विहंगम दृष्टिपात करें, तो यह साफतौर पर दिखता है कि विगत पचास वर्षों में संसद का जातीय चरित्र बदल चुका है। यही स्थिति राज्य विधानसभाओं की है। यानी, वर्ष 1952 की प्रथम लोकसभा में जिन जातियों का वर्चस्व था, वह बाद के दौर में टूट गया। संविधान सभा के सदस्यों का जातीय आधार देखें तो यह स्पष्ट हो जाता है कि जिन सामाजिक शक्तियों ने संसदीय लोकतन्त्र का तानाबाना बुना आज वे संसद के हाशिये पर हैं।

इसे सामाजिक परिवर्तन के लिए प्रतिबद्ध ताकतों की रूढ़िवादी वर्ग के साथ हुई मुठभेड़ की परिणति भी कहा जा सकता है।

उदाहरण के लिए 'द इंडियन कान्स्टीट्यूशन' ग्रन्थ के लेखक ग्रानविकल ऑस्टिन के अनुसार, 235 सदस्यों वाली संविधान सभा मूलतः बीस व्यक्तियों द्वारा संचालित की जा रही थी, जिसमें सभी स्नातक थे, जिनमें बारह के पास कानून की डिग्री, दो शिक्षक, एक डॉक्टर, तीन पूर्व वरिष्ठ अफसर एवं एक व्यवसायी था। इनमें तेरह ब्राह्मण, एक कायस्थ, एक वैश्य, एक दलित, एक राजपूत, दो मुस्लिम एवं एक ईसाई थे। ऑस्टिन के अनुसार, 235 सदस्यी संविधान सभा में 146 हिन्दू सदस्य थे तथा उनके अतिरिक्त 38 अनु. जाति/जनजाति के सदस्य थे। कुल 146 हिन्दू सदस्यों में 48 सदस्यों की जातिगत पहचान उपलब्ध नहीं है पर शेष 98 सदस्यों में 47.6 प्रतिशत ब्राह्मण, 12.3 प्रतिशत कायस्थ, 6.6 प्रतिशत क्षत्रिय, 4.6 प्रतिशत वैश्य, 4.6 प्रतिशत मारवाड़ी थे। मात्र 14.2 प्रतिशत गैर-ब्राह्मण, गैर-सवर्ण थे। यानी लगभग 85.8 प्रतिशत सदस्य गैर-शूद्र, गैर-दलित थे। *यानी, संसदीय लोकतन्त्र का ढाँचा खड़ा करने वाली संविधान सभा मूलतः सवर्णों की एक पंचायत थी, जहाँ शूद्र मात्र 'गेस्ट आर्टिस्ट' की भूमिका में थे।*

भारत की प्रथम लोकसभा का जातीय स्वरूप लगभग वैसा ही था। यद्यपि पूरे भारत का आँकड़ा तो उपलब्ध नहीं है, पर फ्रांसीसी विद्वान क्रिस्टोफे जफरलाट के हिन्दीभाषी क्षेत्र सम्बन्धी आँकड़े हमारी बातों की पुष्टि करते हैं। प्रथम लोकसभा का 17 अप्रैल, 1952 को गठन हुआ और उसकी पहली बैठक हुई 13 मई, 1952 को। हिन्दी प्रदेश

के कुल 203 सांसदों में 63.51 प्रतिशत द्विज या सवर्ण, पिछड़े मात्र 5.45, दलित 21.18 प्रतिशत एवं शेष 12.24 प्रतिशत अल्पसंख्यक समुदायों में से थे। मात्र 9.86 प्रतिशत सांसदों की जाति पहचान अज्ञात रही। यानी प्रथम लोकसभा भी मूलतः द्विज-दलित-अल्पसंख्यकों की एक पंचायत थी। हाँ, दक्षिण भारत के सांसदों में अधिकांश संख्या पिछड़ों की रही होगी।

प्रथम लोकसभा में कांग्रेस को 364 अर्थात 70 प्रतिशत से अधिक स्थान मिले थे। उसके अतिरिक्त और कोई भी दल इस स्थिति में नहीं था कि उसे संसदीय दल के रूप में या विपक्ष के रूप में मान्यता दी जा सकती।

हालाँकि प्रथम लोकसभा सार्वभौम मताधिकार से चुनी गई थी। उसके अधिसंख्य सदस्य नहीं तो कम-से-कम नेतृत्व अभिजात वर्ग से था। वे प्रायः शहरों के पले, विदेशों में अथवा कान्वेंट और महँगे पब्लिक स्कूलों में पढ़े-लिखे लोग थे। सबसे बड़ा अकेला व्यावसायिक समूह सदस्यों में वकीलों-बैरिस्टरों का था। शिक्षा के नाम पर 37 प्रतिशत स्नातक थे और 23.2 प्रतिशत दसवीं तक भी नहीं पढ़े थे। सदस्यों की औसत आयु 45 वर्ष 8 माह थी। महिलाओं की संख्या केवल 4.4 प्रतिशत थी।[15]

1952 के 47.95 प्रतिशत मत पाकर 430 में 390 सीटें हासिल करने वाली कांग्रेस अपनी बुलन्दी पर थी।

1952 और 1957 में विपक्ष की सबसे बड़ी एकल पार्टी सोशलिस्ट पार्टी थी। 1962 और 1967 में यह हैसियत जनसंघ ने झटक ली थी। इसके बाद तो चौधरी चरण सिंह का दल ही विपक्ष की अगुवाई करता रहा। सोशलिस्ट पार्टी के समाप्त होने का कारण उसके अधिकांश नेताओं का कांग्रेस से जुड़ जाना था। 1952 में सोशलिस्ट पार्टी ने 351 सीटों पर चुनाव लड़ा और 12.13 प्रतिशत मत पाकर 19 सीटें जीती थीं। 1957 में सोशलिस्ट पार्टी को प्राप्त मतों का प्रतिशत बढ़कर 14.46 हो गया और उसे 44 सीटें मिलीं। 1962 में उसने 38 सीटें जीती थीं, लेकिन तब तक भारतीय जनसंघ ने उसे पछाड़ दिया था जिसने 49 स्थान पाए थे। 1967 में भी सोशलिस्ट पार्टी ने 44 सीटें जीत ली थीं, किन्तु उसके मुकाबले जनसंघ 98 सीटों पर काबिज हो गया था। इस तरह प्रथम आम चुनाव में 209 सीटों पर लड़कर मात्र 6.36 प्रतिशत मत और 2 सीटें प्राप्त करनेवाला जनसंघ तीसरे और चौथे आम चुनाव तक विपक्ष की सबसे बड़ी पार्टी बन गया था।

संसदीय सफलता बनाम विभाजन

सिर्फ पश्चिम बंगाल में ही नहीं बल्कि पूरे देश (खासकर दक्षिण भारत) में कम्युनिस्टों को भारी सफलता मिली थी। 1957 के लोकसभा चुनावों में उसकी सीटों की संख्या 16 से बढ़कर 27 और 1962 में 29 हो गई थी। उस समय उसे हिन्दुस्तान के करीब दस प्रतिशत मतदाताओं का समर्थन मिलने लगा था। 1952, 1957 और 1962 में उसे लोकसभा में मुख्य विपक्षी दल की हैसियत प्राप्त थी। यही नहीं, 1957 में दक्षिण भारत के एक राज्य

केरल में कम्युनिस्ट पार्टी की सरकार भी बन गई थी, जिसके मुख्यमन्त्री बने थे ई.एम.एस. नम्बूदरिपाद। एक तरफ तो इस पार्टी को चुनावों में सफलता मिलती जा रही थी और दूसरी तरफ पार्टी में विभाजन की जमीन भी तैयार हो रही थी। दरअसल, 1948-51 के बीच तेलंगाना के समय पार्टी के भीतर जो विवाद उठे थे, उन पर बाद के दो-तीन वर्षों तक विराम तो लग गया था, लेकिन 1955 आते-आते कुछ भिन्न सन्दर्भों में वही बहस एक बार फिर उठ खड़ी हुई। इस बार विवाद का मुद्दा संसदीय राजनीति बनाम सशस्त्र संघर्ष का कम नेहरू सरकार के मूल्यांकन को लेकर ज्यादा था। 1953 में राजेश्वर राव के बाद अजय घोष के महासचिव बनते ही यह मुद्दा उठना शुरू हो गया था।[16]

1956 की चौथी पार्टी कांग्रेस (पाल घाट) में राजेश्वर राव, भवानी सेन, रविनारायण रेड्डी एवं अन्य कई शीर्ष नेताओं ने नेहरू सरकार के प्रति सहयोग और समर्थन का रुख अख्तियार करने वाला एक प्रस्ताव पेश किया। प्रस्ताव में कहा गया था–

"पहले शासक पार्टी की नीतियाँ कुल मिलाकर साम्राज्यवाद और सामन्तवाद से समझौते की थीं लेकिन अब उनकी दिशा बदलनी शुरू हो गई है। अब पुरानी नीतियों का स्थान साम्राज्यवादी तथा सामन्तवादी तत्वों के प्रति दृढ़तर विरोध की नीतियाँ लेती जा रही हैं।"

इस प्रस्ताव का मतलब यह था कि नेहरू सरकार से विरोध का समर्थन का रिश्ता बनाया जाना चाहिए। हालाँकि पार्टी कांग्रेस ने इस प्रस्ताव को खारिज कर दिया था लेकिन 1957 के चुनावों के ठीक पहले इन्हीं नेताओं ने एक बार फिर इस बहस की शुरुआत कर दी, जिसे केन्द्रीय कमेटी ने इस बार भी खारिज करते हुए प्रस्ताव पारित किया कि कम्युनिस्ट पार्टी तमाम सोशलिस्टों और जम्हूरियत पसन्दों, देशभक्तों और प्रगतिशील लोगों से कांग्रेस सरकार के खिलाफ एक साझा मोर्चे में एकजुट हो जाने और सभी स्तरों पर कांग्रेसी उम्मींदवारों के खिलाफ चुनाव लड़ने की अपील करती है।[17]

1957 में लोकसभा के चुनाव हुए और इसी अपील के आधार पर विभिन्न राज्यों में कांग्रेस के खिलाफ संयुक्त मोर्चे बने। पश्चिम बंगाल का संयुक्त वामपन्थी जनतान्त्रिक मोर्चा भी इसी सोच का परिणाम था। चुनावों में मिली सफलता और केरल राज्य में कम्युनिस्ट सरकार बन जाने के बाद पार्टी नेतृत्व का वह हिस्सा जो संसदीय राजनीति को ही सब कुछ मानने को तत्पर था, बेहद उत्साहित हुआ। एक बार फिर बहस की शुरुआत हुई। 1958 में अमृतसर में पार्टी की विशेष पाँचवीं कांग्रेस बुलानी पड़ी। इस कांग्रेस में डांगे और पी.सी. जोशी की वर्ग सहयोग वाली लाइन खारिज कर दी गई लेकिन मामला शान्त नहीं हुआ। 1961 में पाटी की छठी (विजयवाड़ा) कांग्रेस हुई। इस बीच नेहरू सरकार ने 1959 में केरल की कम्युनिस्ट सरकार को इसलिए बर्खास्त कर दिया था क्योंकि वह क्रान्तिकारी भूमि सुधार लागू करने की घोषणा कर चुकी थी और उसका स्वर लगातार कांग्रेस विरोध का था।[18]

सरकार बर्खास्तगी के चलते कम्युनिस्ट पार्टी के भीतर मौजूद नेहरू समर्थकों का उत्साह कुछ दिनों के लिए ठंडा जरूर पड़ा लेकिन 1961 तक आते-आते उस नेतृत्व ने अपनी पुरानी बहस को नए सिरे से उठाना प्रारम्भ किया। दूसरी तरफ रूस और चीन की कम्युनिस्ट पार्टियों

ने भी नेहरू को प्रगतिशील बताते हुए उनकी तारीफ करनी शुरू कर दी पर जल्द ही चीन ने अपना विचार बदल दिया और नेहरू को 'साम्राज्यवादी शक्तियों का एजेन्ट' कहा। बहरहाल, 1961 की पार्टी कांग्रेस में मसला सुलझ गया और पार्टी विभाजित होते-होते बच गई लेकिन इस कांग्रेस के ठीक बाद और 1962 के चुनावों से ठीक पहले पी.सी. जोशी और भूपेश गुप्त ने दो लेख लिखे, जिनमें नेहरू सरकार के प्रति सहयोग की बात कही गई थी। इसके पहले डांगे ने तो खुले तौर पर नेहरू सरकार से दोस्ताना रिश्ते बनाने की वकालत की थी। इस बीच पार्टी के महासचिव अजय घोष की मृत्यु हो गई। मसला नेतृत्व का भी उठ खड़ा हुआ। अन्ततः नेशनल कौंसिल की बैठक में एक बीच का रास्ता निकाला गया जो पार्टी के संविधान के विपरीत था। चेयरमैन का नया पद सृजित हुआ। श्रीपाद अमृत डांगे चेयरमैन बनाए गए और ई.एम.एस. नंबूदरिपाद को महासचिव बनाया गया। एक नौ सदस्यीय सचिव मंडल चुना गया जिसकी हैसियत कमोबेश पोलित ब्यूरो जैसी थी। पी. सुंदरैया और हरकिशन सिंह सुरजीत के साथ ज्योति बसु भी इस सचिव मंडल के सदस्य थे, पर कांग्रेस से दोस्ती का मसला हल न हो सका। स्थिति यहाँ तक पहुँच गई कि 1963 के हुए उपचुनावों में श्रीपाद अमृत डांगे के नेतृत्व में अन्य कई पार्टी नेताओं ने कांग्रेस के उम्मीदवारों का समर्थन करने का फैसला ले लिया। सुप्रसिद्ध समाजवादी नेता राममनोहर लोहिया के खिलाफ भी इस पार्टी नेतृत्व ने कांग्रेस के उम्मीदवार का समर्थन किया।

निवारक अधिनियम का दायरा

(उत्तर प्रदेश के जिला सीतापुर का एक विशेष सर्वेक्षण :
इलैयापरमोल-समिति के प्रतिवेदन से)[19]

जिस देश में हम रहते हैं उस देश के कानून से हमें परिचित होना चाहिए, पर यदि एक-एक आदमी के पास जाकर इस बात का पता करने की कोशिश की जाए कि क्या वह देश के कानून को जानता है तो अपनी अनभिज्ञता पर लेशमात्र भी शर्मिन्दा न होते हुए वह कहेगा कि क्या यह जरूरी है कि सामान्य से सामान्य आदमी कानून से परिचित हो? अस्पृश्यता को मिटाने के उद्देश्य से जो कानून बना उसके लिए तो यहाँ तक कहते सुना गया कि इस तरह के और कानून जब किसी तरह का कोई प्रभाव नहीं रखते तो इसी के प्रचार के प्रति इतना दबाव क्यों?

यह सच है कि हजारों साल से जिस प्रथा के प्रभाव में इस देश की तथाकथित उच्चजातीय जनता ने दलितों के साथ जो अमानवीय व्यवहार किया है और कर रहे हैं उसको ध्यान में रखते हुए इस कानून को मानने पर दबाव देना स्वाभाविक ही था। इसके लिए सरकार ने देश भर में प्रचार-कार्य भी कराया। सीतापुर* जिले का यह विशेष सर्वेक्षण

---

* अनुसूचित जातियों की आबादी की दृष्टि से उत्तर प्रदेश के 54 जिलों में सीतापुर तीसरे नम्बर पर है (30.7 प्रतिशत)। अब तक कभी कोई मामला अस्पृश्यता निरोध कानून के अन्तर्गत कचहरी तक नहीं गया। इसका तात्पर्य यह न लिया जाए कि वहाँ जाति-द्वेष है ही नहीं।

इन दो उद्देश्यों को लेकर किया गया : (1) जनता किस सीमा तक इस कानून के प्रति जागरूक है, और (2) सरकार के प्रचार-कार्य में कितना तत्व है? पर इस खोजबीन के समय अलग-अलग जाति के लोगों की इस कानून के प्रति दृष्टिकोण भी सामने आया जो मनोरंजक है।

जो ब्यौरे प्राप्त हुए उनसे मोटे तौर पर ये निष्कर्ष निकाले जा सकते हैं :

कुल 241 आदमियों से साक्षात्कार किया गया, जिनमें से 128 को यही नहीं पता था कि अस्पृश्यता कानूनन निषिद्ध है। केवल तीस यह जानते थे कि इस तरह कोई कानून है। केवल 17 ऐसे लोग मिले जो कानून की धाराओं की बारीकियों से परिचित थे। इस कानून के प्रति जागरूक सभी लोग शहरों के थे, गाँव का एक भी आदमी नहीं था। यह तथ्य और भी मनोरंजक है कि 241 व्यक्तियों में से केवल दो, जो हरिजन कल्याण विभाग के अधिकारी थे, इस कानून का नाम सही-सही ले सके।

इस कानून द्वारा प्रदत्त सुविधाओं और इसे तोड़ने वालों को दिए जाने वाले दण्ड की चेतना 30 पुलिस अधिकारियों में से केवल दो को थी। इससे भी निराशाजनक तथ्य यह है कि एक पुलिस अधिकारी ने सहज भाव से कहा कि उसे इस कानून के विषय में कुछ पता नहीं है। इसी तरह की बात एक मोहल्ला कल्याण समिति के प्रधान ने कही। ये साहब ही जन कल्याण के प्रसिद्ध कार्यकर्त्ता हैं।

साथ ही, आश्चर्य के साथ यह पाया गया कि इस कानून की विभिन्न धाराओं के प्रति लोगों ने अरुचि और जुगुप्सा का अनुभव किया, "तो क्या अब भंगी-चमारों के साथ बैठकर रोटी खानी होगी?" यह और इस तरह की और टिप्पणियाँ काफी जगह सुनने को मिलीं।

समिति को सबसे अधिक खेद यह जानकर हुआ कि स्वयं पुलिस अधिकारी, जिन पर कानून लागू करने का उत्तरदायित्व है, इस कानून की धाराओं-उपधाराओं से अपरिचित हैं। अक्सर मुकद्दमे इसलिए खारिज हो जाते हैं, क्योंकि अपराधियों पर सही धाराएँ नहीं लगाई जातीं और अनुचित धाराओं के अन्तर्गत उन्हें दण्ड नहीं दिया जा सकता। पुलिस इस तरह अपराधियों की परोक्ष रूप से सहायता करती है। पुलिस अधिकारियों की अनभिज्ञता की सीमा यह थी कि 10 प्रतिशत को तो यही पता नहीं था कि इस प्रथा को संविधान ने दण्डनीय अपराध घोषित कर दिया है। जो अछूत-प्रथा के समाप्त होने के विधान से परिचित थे उनमें से केवल 56 प्रतिशत यह जानते थे कि सरकार ने इसके लिए कानून बना दिया है। जो कानून के अस्तित्व से परिचित थे उनमें से केवल 13.3 प्रतिशत कानून की विभिन्न धाराओं व उपधाराओं से परिचित थे। इस तरह केवल 6.7 प्रतिशत पुलिस अधिकारी ऐसे निकले जिन्हें पूरी तरह इस कानून से पूरा परिचय प्राप्त था। पुलिस कानून को लागू करने वाली मशीनरी है और उसकी यह स्थिति हमें इस बात का इशारा दे देती है कि इस कानून की प्रभाव-सीमा क्या हो सकती है।

पुलिस में इस कानून के प्रति व्याप्त अनभिज्ञता को हम एक और दृष्टिकोण से भी देखना चाहेंगे–

क्रम संख्या	धर्म/जाति	कुल संख्या जिनसे साक्षात्कार किया गया	जो अछूत प्रथा निरोध से परिचित थे	कानून से परिचित	धाराओं से परिचित
1.	**अनुसूचित जाति**				
	अ–अनुसूचित जाति	21	19	10	1
	अ–हिन्दू	9	8	5	1
	कुल	**30**	**27**	**15**	**2**
2.	**शिक्षा स्तर**				
	साक्षर	10	8	4	–
	मैट्रिक	13	13	7	1
	ग्रेजुएट	7	6	4	1
	कुल	**30**	**27**	**15**	**2**
3.	**पद**				
	सब-इंस्पेक्टर से ऊपर	15	14	8	1
	सब-इंस्पेक्टर से नीचे	15	13	7	1
	कुल	**30**	**27**	**15**	**2**

इस तालिका के आधार पर निम्नलिखित निष्कर्ष निकाले जा सकते हैं :

1. हिन्दू और अहिन्दू सदस्यों की जागरूकता में कोई विशेष अन्तर नहीं है, गो कि हिन्दू सदस्यों में जहाँ अस्पृश्यता उन्मूलन के प्रति परिचय अधिक है, अहिन्दू सदस्य कानून से अधिक परिचित हैं। यही स्थिति कानून की धाराओं के प्रति जागरूकता के विषय में सच है। एक महत्त्वपूर्ण तथ्य यह है कि अनुसूचित जाति के लोगों में से कोई पुलिस अधिकारी नहीं है।
2. यह बात निश्चय ही चकित करती है कि इस कानून के प्रति जागरूकता से शिक्षा का कोई सीधा सम्बन्ध नहीं है। इसका कारण स्पष्ट रूप से यही हो सकता है कि इस कानून के प्रति जागरूकता को शिक्षा का अंग नहीं बनाया गया है और सरकारी स्तर पर होने वाला प्रचार-कार्य एकदम प्रभावहीन है।
3. यह तो अपेक्षित ही था कि बड़े पदाधिकारी सामान्य सिपाहियों से अधिक सचेत हों और उनमें इस प्रथा के प्रति घृणा भी पाई जाए, पर तथ्य बताते हैं कि दोनों कोटि के प्राणियों की जागरूकता में किसी भी स्तर पर कोई विशेष अन्तर नहीं है।

इसके अतिरिक्त समिति इस सर्वेक्षण के दौरान दो निष्कर्षों पर और पहुँची है कि नए लोग (20-25 आयु के) इस समस्या, कानून और उसकी धाराओं के प्रति पुराने लोगों (30-40) से अधिक जागरूक हैं। यह काफी सीमा तक सन्तोष की बात है; और दो श्रेणियों के पुलिस अफसर इस समस्या के प्रति अधिक सचेत हैं : (1) जो

5 साल से पुलिस अफसर हैं; (2) जो 30 साल से पुलिस अफसर हैं। इससे यह कहना कठिन है कि नौकरी की अवधि से इस जागरूकता का कोई आनुपातिक सम्बन्ध है या नहीं।[20]

शहरी जनता : इन तथ्यों को देखते हुए यह स्पष्ट हो जाता है कि जब उत्तरदायी पुलिस और अफसर इस समस्या और उसके उन्मूलन के प्रति सचेत नहीं हैं तो सामान्य जनता का क्या हाल होगा? पुलिस अधिकारी कानून का संरक्षक माना जाता है? जब वही कानून से अपरिचित है तो शेष जनता से क्या अपेक्षा की जा सकती है। शहरी जनता के ब्यौरे बताते हैं कि केवल 51.9 प्रतिशत जनता का इस कानून के अस्तित्व से सामान्य परिचय है, शेष को तो यह भी मालूम नहीं है कि इस तरह का कोई कानून है भी। इनमें से भी 12 प्रतिशत कानून को पूरी तरह जानते हैं। इससे सरकारी प्रचार-मशीनरी की प्रभावहीनता का अनुमान लगाया जा सकता है। दरअसल हमारी कानून और व्यवस्था पद्धति की सबसे बड़ी खामी ही यह है कि वह सही तरीके से क्रियान्वित ही नहीं हो पाती।

यह तालिका इस बात को साफ कर देगी कि इस जागरूकता का धर्म-जाति, शिक्षा-अशिक्षा और आयु इत्यादि से किस सीमा तक सम्बन्ध है–

धर्म जाति	*व्यक्तियों की संख्या जिनसे साक्षात्कार किया गया*	*अस्पृश्यता उन्मूलन के प्रति सजग*	*कानून के प्रति सजग*	*कानून की धाराओं के प्रति सजग*
हिन्दू अनु. जाति	51	30	5	5
–अन्य	19	8	–	–
अहिन्दू	11	4	–	–
कुल	**81**	**42**	**5**	**5**
आयु-स्तर				
30 से नीचे	26	16	2	2
30-50	41	16	2	2
50 से ऊपर	14	10	1	1
कुल	81	42	5	5
शिक्षा-स्तर				
निरक्षर	28	7	–	–
साक्षर	34	22	3	3
मैट्रिक	14	10	1	1
स्नातक व स्नातकोत्तर	5	3	1	1
कुल	81	42	5	5

यह जानकर सन्तोष होता है कि शहर में रहने वाले अनुसूचित जाति के लोगों में अनुपात में यह जागरूकता काफी अधिक है। साथ ही, यह तथ्य भी ध्यान आकर्षित करता है कि संक्रमण काल की पीढ़ी में यह जागरूकता नई और पुरानी, दोनों पीढ़ियों से कम है। अशिक्षितों में इसका अभाव स्वाभाविक है।

ग्रामीण जनता : गाँव के सर्वेक्षण ने जिन तथ्यों को उजागर किया वे इस प्रकार हैं–

गाँवों में यह जागरूकता उन हिन्दुओं में अधिक है जो अनुसूचित जाति के नहीं हैं। गाँव में अनुसूचित जाति के हिन्दू इसमें रुचि क्यों नहीं रखते जैसे कि शहरी आबादी के अनूसूचित जाति के सदस्य रखते हैं? इसका कारण सम्भवतः यह है कि गाँवों में इन जातियों में निरक्षरता अधिक है। फिर भी यह सन्तोष का विषय है कि अहिन्दू जनता से ये लोग अधिक जागरूक हैं।

एक तथ्य इस जनता के विषय में बहुत महत्त्वपूर्ण है कि अन्य सब श्रेणियों में संक्रमण काल की पीढ़ी में सबसे अधिक जागरूकता है। शहरी जनता की स्थिति बिल्कुल इससे विपरीत है। यह आकस्मिक नहीं है, कारण शायद यह है कि ग्रामीण जनता में से इसी पीढ़ी के लोगों ने ग्रामीण समाज के दुर्ग के बाहर की जनता से सबसे अधिक सम्बन्ध बनाए इसीलिए समाज में होने वाले परिवर्तन के प्रति इनमें पर्याप्त ग्रहणशीलता विकसित हुई।

इन तथ्यों के आधार पर दो स्पष्ट स्थितियाँ हमारे सामने आती हैं कि सरकारी प्रचार-मशीनरी एकदम प्रभावहीन है और दूसरे यह कि इस समस्या और उसके निदान (कानून) के प्रति शहर और गाँव, दोनों की हर जाति और धर्म की जनता में जागरूकता का निराशाजनक स्तर तक अभाव है। अनुसूचित जाति के लोगों में निरक्षरता और हीन भावना के कारण यह जागरूकता नहीं है, जिनकी समस्या है। जब वे ही अभी पूरी तरह उठ कर खड़े नहीं हुए हैं तो समस्या का हल तो निश्चय ही काफी कठिन है।

सव्यसाची के अनुसार, 1951 में ग्रामीण जनता पर 750 करोड़ रुपया कर्ज था। यह कर्ज उन्होंने आदमखोर देशी महाजनों से लिया था। 1964-65 तक देहात के 61 प्रतिशत लोग कर्जदार थे और एक परिवार औसत रूप से 244 रुपये के कर्ज के बोझ से दबा था। दस साल बाद 1974-75 में 67 प्रतिशत परिवार कर्ज के जाल में फँस गए और एक परिवार का औसत कर्ज बढ़कर 584 रुपया हो गया।

कर्ज लेने के बाद वे पीढ़ी दर पीढ़ी सूद चुकाते निकल जाएँ लेकिन मूल घटने के बजाय बढ़ता ही चला जाए? दरअसल भूमिहीन खेतिहर मजदूर तो अपने परिवार की पेट की आग को बुझाने के लिए कर्ज लेते हैं और छोटे किसानों के पास इतनी कम जमीन होती है कि एक ओर तो उसे जोतने-बोने के लिए, आबपाशी लगान चुकाने के लिए कर्ज लेने की मजबूरी होती है और दूसरी ओर शादी-ब्याह, कारज-व्यौहार, हारी-बीमारी और बाढ़-सूखा-पाला से फसल के नष्ट हो जाने पर दो जून रोटी के दो-चार कौर जुटाने के लिए उन्हें कर्ज लेना पड़ता है। घरेलू जरूरत की चीजों की कीमतें बढ़ते चले जाने के कारण गाँव के गरीबों का काम कर्ज के बिना नहीं चलता और महाजनी कर्ज है कि द्रौपदी के चीर की तरह फैलता ही जाता

है। जहाँ तक सहकारी बैंक से कर्ज लेने का सवाल है, पहले तो गरीब जनता को जायदाद की जमानत के न होने के कारण वह मिलता ही नहीं है, मिलता है तो उसे लेने के लिए काफी पैसा बाबुओं-अफसरों को चढ़ाना पड़ता है। घपला इतना है कि कभी-कभी न लेने पर भी वह गरीब किसानों के नाम चढ़ जाता है। मिलता कुछ है और खाते में लिखा कुछ जाता है और यहाँ भी ब्याज में कम लूट नहीं होती—जो रुपया रिजर्व बैंक से 7 फीसदी सूद पर मिलता है, प्रान्तीय सहकारी बैंक उसे साढ़े आठ प्रतिशत पर जिला सहकारी बैंक को देता है जहाँ से पौने बारह प्रतिशत पर सहकारी समितियों को मिलता है जो पौने चौदह फीसदी पर किसानों को देती हैं। देखा तुमने बैंकों के जाल का जादुई खेल कि किस तरह सरकार से सात प्रतिशत पर चला रुपया जरूरतमन्द किसान के पास तक पहुँचते-पहुँचते चौदह प्रतिशत हो गया? पर सव्यसाची ने देशभर में फैले सरकारी और गैर-सरकारी दलालों की ओर संकेत नहीं किया जो दलितों को कर्जा दिलाने के बदले कमीशन या दलाली लिए बिना नहीं मानते।

राज्यों की स्थिति

इससे इतर स्थिति देखें। उच्च विद्वता के वंशानुगत रक्षक होने के नाते तमिल ब्राह्मण शिक्षा की ब्रिटिश प्रणाली तथा इससे प्राप्त होने वाले अन्य लाभों के मुख्य उपभोक्ता थे। इसने उन्हें सभी सरकारी सेवाओं और व्यवसायों पर लगभग एकाधिकार करने योग्य बना दिया था। 1920 में सत्ता में आने के बाद जस्टिस पार्टी ने सेवाओं पर ब्राह्मणों के अधिकार को कम करने के लिए कार्रवाई की, पर विशेष फर्क नहीं हुआ क्योंकि ब्राह्मण वर्ग लगभग हर जगह काबिज था।[21]

विभिन्न राज्यों में नए-नए राजनैतिक दल अस्तित्व में आने लगे थे। बकौल अशोक कुमार, कांग्रेस ने महाराष्ट्र और खासकर बम्बई को कम्युनिस्टों के प्रभाव से निकालने के लिए शिवसेना को जन्म दिया था। 1950 के दशक में संयुक्त महाराष्ट्र आन्दोलन के चलते सीपीआई महाराष्ट्र के ग्रामीण क्षेत्रों में भी प्रवेश कर गई थी। बम्बई खासकर सेन्ट्रल बम्बई तो सीपीआई का परम्परागत गढ़ था। न केवल कल-कारखानों पर बल्कि करीब-करीब प्रत्येक झोपड़पट्टी में लाल झण्डा फहराता नजर आता था। मध्य बम्बई में दसियों लाख रुपये खर्च करके भी डांगे को चुनाव में हराना सम्भव नहीं था।[22]

बम्बई की दुनिया को ठीक से न समझने के कारण कम्युनिस्ट सिद्धान्तकार लहराते हुए झण्डों को देखकर ही सन्तुष्ट होते रहे। फैक्टरी के दरवाजे के अन्दर 'लाल झण्डा जिन्दाबाद' करते मजदूर कैसे फैक्टरी के बाहर शिवसैनिक हो जाते हैं—यह प्रक्रिया उन्होंने काफी हद तक अनदेखी की।[23]

शिवसेना का राजनीतिक उद्देश्य कम्युनिस्टों के खिलाफ केन्द्रित था। वैसा ही लगभग कांग्रेस का भी रहा। दोनों को एक मंच पर लाने के लिए एक मायने में मदद ही हुई। यही नहीं, जब कम्युनिस्टों ने उन पर सीआईए से रकम लेने का आरोप लगाया तो ठाकरे

का जवाब था कि अभी तो सीआईए के पैसे नहीं लिए लेकिन अगर मिले तो जरूर लूँगा क्योंकि कम्युनिस्टों का नाश जो करना है।[24]

अपने विरोधियों को पराजित करने के लिए जुझारू क्षेत्रीय ताकतों को औजार की तरह इस्तेमाल करने के हथकण्डे पर कांग्रेस ने पहली बार महाराष्ट्र में ही हाथ साफ किया। 1967 के लोकसभा चुनाव में वामपंथियों को शिवसेना की मदद से हराने के बाद चव्हाण ने शिवसेना को 'फासिस्ट' कहकर उसकी उत्तेजक कार्रवाइयों से पल्ला झाड़ लिया। बाद के दौर में बसन्त दादा पाटिल ने प्रमुख विजयी दल के रूप में शिवसेना का स्वागत करते हुए कहा कि उन्हें खुद को विपक्ष समझने की जरूरत नहीं है।

एक हिन्दू की स्मृति में मिथक किस तरह से कार्य करते हैं। महाराष्ट्र में विशेष रूप में देखें तो हिन्दुत्व को बल मिला। कांग्रेस इसमें कहीं पीछे न थी। आजादी के बाद खासकर मराठीभाषियों की स्मृति में दो बातें थीं—पहली, शिवाजी और उनके उत्तराधिकारियों द्वारा स्थापित किए गए शानदार मराठा साम्राज्य की यादें, जो मुगलों और अंग्रेजों के खिलाफ बहादुरी से लड़ने वाले मराठों को एक पराक्रमी जाति के रूप में गौरवान्वित करती थीं तथा दूसरी लोकमान्य तिलक आदि की भूमिका, जो उन्हें आजादी के लाभों में अपने हिस्से का दावा करने का हक देती थी।

समिति में भागीदारी से भाकपा की पहुँच गाँवों तक हो गई थी। कांग्रेसियों ने समिति में सीधी भागीदारी नहीं की लेकिन वे हर तरह से उसके समर्थन में रहे। बम्बई प्रदेश कांग्रेस कमेटी में सक्रिय नेताओं को छोड़कर बाकी महाराष्ट्रीय नेताओं की हमदर्दी आन्दोलन के साथ थी। सी.डी. देशमुख ने इसी प्रश्न पर 1956 में केन्द्रीय मन्त्रिपरिषद से इस्तीफा तक दे दिया था।

संयुक्त महाराष्ट्र समिति ने शिवाजी के प्रतीक को मराठी मानस में पूरी तरह स्थापित कर दिया। इसमें हिन्दूवादी तत्वों का भी हाथ था। 6 नवम्बर, 1959 को पुणे में भाषण देते हुए हिंदुत्व के सर्वप्रमुख सिद्धान्तकार विनायक दामोदर सावरकर ने कहा, "पूना का दिल्ली से ऐतिहासिक टकराव रहा है। इसीलिए मेरे जमाने में भी दिल्ली के नेता महाराष्ट्र का नाम लेने से डरते थे।" यही दृष्टिकोण आन्दोलन के दौरान नेहरू की मुगल-ए-आजम और मोरारजी देसाई की उनके सूबेदार के रूप में छवि बनाने के पीछे था। पहले विदर्भ और गोवा को महाराष्ट्र में मिलाने और फिर बेलगाँव और करवार महाराष्ट्र में विलय करने की माँग पर लगातार आन्दोलन के साथ-साथ साहित्य, नाटक और पत्रकारिता ने भी हाथ बँटाया। वसन्त काणेकर द्वारा रचित शिवाजी और उनके पुत्र सम्भाजी पर नाटक, पेशवाओं के जमाने पर रंजीत देसाई का उपन्यास, शिवाजी के जीवन पर वाई.डी. पेंढरकर की रचनाएँ, शिवाजी के जीवनीकार वी.एम. पुरंदरे द्वारा घूम-घूमकर दिए जाने वाले व्याख्यान और पी.के. अत्रे के 'दैनिक मराठा' में शिवाजी के ऊपर नियमित छपने वाली सामग्री ने बम्बई को शिवाजीमय बना दिया। शिवाजी पार्क के इलाके में रहने वाले ठाकरे पर इस वातावरण का प्रभाव पड़ना स्वाभाविक ही था। मध्यवर्गीय मराठी घरों में ही नहीं, कम्युनिस्ट पार्टी की गिरणी कामगार यूनियन और महाराष्ट्र प्रदेश कांग्रेस कमेटी के दफ्तर में शिवाजी की

तस्वीर शोभा देने लगी। संयुक्त महाराष्ट्र आन्दोलन में संघर्ष करके खेत रहे लोगों की स्मृति में बम्बई के फ्लोरा फाउंटेन का नाम बदलकर हुतात्मा चौक रख दिया गया। गेटवे ऑफ इण्डिया पर शिवाजी की घोड़े पर सवार प्रतिमा के मुकाबले पूरी बम्बई में गांधी जैसे राष्ट्रनायक की कोई प्रतिमा देखने को नहीं मिल सकती थी। गांधी के बारे में मराठा लोगों के खयाल का अन्दाजा महाराष्ट्रीय नेताओं द्वारा निजी बातचीत में व्यक्त किए जाने वाले इस विचार से लगाया जा सकता है कि गांधी महाराष्ट्रियों को एकजुट देखने से इसलिए डरते थे कि कहीं मराठे फिर से सूरत को न लूट लें। इस तरह गांधी को केवल एक गुजराती बनिये के रूप में सीमित करके मराठों के विगत साम्राज्य की यादों को ताजा कर लिया जाता था।

बिहार की तीन निज जातियाँ अर्थात ब्राह्मण, भूमिहार और राजपूत मुख्य भूमिधारी समुदाय थे। यहाँ पर आधुनिक शिक्षा तथा व्यवसायों में बढ़-चढ़कर भाग लेने वालों में कायस्थ थे न कि ब्राह्मण। 1911 में बिहार के बंगाल से अलग हो जाने पर उन्हें बहुत बड़ा मौका हाथ लगा।

भूमिहार, जो राजपूतों की तुलना में भली-भाँति शिक्षित थे और कायस्थों की तुलना में अधिक गाँव प्रवण थे, अपने नेता डॉ. कृष्ण सिन्हा की मृत्यु पर्यन्त राज्य में कांग्रेस राजनीति में छाए रहे।

बिहार में स्वातन्त्रयोत्तर कांग्रेस के प्रारम्भिक शासन काल में राज्य के राजनीतिक जीवन में सामाजिक भेदभाव पनप गए थे। कायस्थों ने राजपूत ग्रुप को सहयोग और प्रोत्साहन प्रदान करके अपनी स्थिति सुदृढ़ करने का प्रयास किया। ब्राह्मण भी बड़ी संख्या में कांग्रेस में शामिल हुए। भूमिहार-राजपूत प्रतिद्वंद्विता पचास के दशक में अपने शिखर पर पहुँच गई थी।

यहाँ यह उल्लेख करना जरूरी होगा कि 1934 और 1960 के बीच बिहार कांग्रेस कार्यकारिणी समिति में कायस्थ सदस्यों का प्रतिशत तेजी से 53.84% से घटकर 4.7% रह गया जबकि भूमिहारों का 15.53 से बढ़कर 28.56 हो गया। राजपूत तथा ब्राह्मणों के प्रतिनिधित्व में कुछ वृद्धि होने के उपरान्त कमी हुई। बिहार में उन्नत जातियों की स्थिति राजनीति और आर्थिक क्षेत्र में मजबूत थी। साठ के दशक में डॉ. राममनोहर लोहिया ने कांग्रेस को पराजित करने के लिए दलित व पिछड़ी जातियों को संगठित किया था। 1967 में कांग्रेस की पराजय से एक नया प्रयोग शुरू हुआ था।

आर.एल. चन्दापुरी ने कांग्रेस की हार को ब्राह्मणवादियों की हार बतलाया है। उनके अनुसार, उत्तर भारत के कई राज्यों में पिछड़ी जाति के लोगों को भी मुख्यमन्त्री बनने का मौका मिला था।

भूमि सुधार, दलित और नक्सलवाद

बिहार भारत का सबसे ज्यादा देहाती प्रान्त है। इसकी 87 फीसदी आबादी गाँवों में रहती है। बिहार की आबादी का पचपन फीसदी हिस्सा तो भूमिहीन है यानी बिहार को देश का

दूसरा सबसे ज्यादा भूमिहीन किसानोंवाला प्रदेश समझा जाना चाहिए। ये दलित भूमिहीन या लगभग भूमिहीन की श्रेणी में आते हैं। हालाँकि बिहार का प्रत्येक भूमिहीन दलित नहीं है लेकिन यह कहा जा सकता है कि सम्भवतः सभी दलित भूमिहीन जरूर हैं। इस प्रकार बिहार के दलित किसान आन्दोलन के माध्यम से राजनीतिक-सामाजिक परिवर्तन की राजनीति करनेवाले नक्सलवादी संगठनों के लिए भूमिहीन मजदूर अर्थात ग्रामीण सर्वहारा का पर्याय बन जाते हैं। कम्युनिस्ट पार्टियों, समाजवादी संगठनों और गैरपार्टी जुझारू संगठनों ने किसान आन्दोलन सम्बन्धी अपनी अलग-अलग नीतियों के अनुरूप विभिन्न वर्गों के किसानों को गोलबन्द करने, उन्हें अपनी विचारधारा में दीक्षित करने और परिणामस्वरूप उनका राजनीतिकरण करने की कोशिशें की हैं लेकिन भूमिहीन मजदूरों के रूप में दलितों को संगठित करने की जिम्मेदारी केवल नक्सलवादियों ने ही उठाई है।[25]

बिहार ने 1948 में ही किसी भी अन्य राज्य की अपेक्षा सबसे पहले भूमि सुधार के मकसद से जमींदारी उन्मूलन कानून पारित किया था लेकिन इसका दलित खेतिहर कामगारों को कोई लाभ नहीं हुआ क्योंकि इस कानून में भूमि के पुनर्वितरण का प्रावधान नहीं था। वह तो केवल बँटाईदारों को मालिकाना हक देने तक सीमित था। जमींदार भूमि सुधारों के इस स्तर को भी स्वीकारने के लिए तैयार नहीं थे, इसलिए उन्होंने अपने प्रति सरकारी हमदर्दी का फायदा उठाकर 1952 तक इस कानून को अदालती लड़ाइयों में उलझाए रखा और बड़े पैमाने पर बँटाईदारों को उनकी काश्त से बेदखल करने का अभूतपूर्व सिलसिला चलाया। इस तरह भूमिहीनों की संख्या बढ़ती चली गई। जाहिर था कि सर्वोच्च न्यायालय द्वारा बिहार भूमि सुधार कानून की पुष्टि कर दिए जाने तक जमींदारों ने अपने हित सुरक्षित कर लिये थे, इसलिए आजादी के बाद के दशकों में भी सामन्ती भूमि-सम्बन्ध बिहार के ग्रामीण समाज का मुख्य रूप बने रहे।

जब आधे-अधूरे भूमि सुधारों का बँटाईदारों को ही लाभ नहीं मिल पाया तो पहले से भूमिहीन दलितों की स्थिति पर इसका कोई असर नहीं पड़ सकता था। भारत के लोकतान्त्रिक गणराज्य बनने के बाद भी वे अमानवीय जीवन-स्थितियों और सामाजिक उत्पीड़न का सामना करते रहने के लिए अभिशप्त रहे। इन सामाजिक-आर्थिक मजबूरियों के गर्भ से कई जुझारू आन्दोलन निकले जिनके कारण खेतिहर मजदूर पूर्व जमींदारों अथवा उनके कारिन्दों या जमींदारी उन्मूलन के बाद उभरे नए जमींदारों के साथ टकराव की स्थिति में आए। इस प्रक्रिया में दलित भूमिहीन अन्य जातियों के भूमिहीनों के साथ एकताबद्ध हुए।

एक जमींदारी का अन्त : इस राज्य में भी जमींदारी प्रथा का अन्त बहुत पहले हो गया था, लेकिन टाटा के कब्जे में जमशेदपुर का एक खित्ता ऐसा था जिस पर जमींदारी उन्मूलन कानून लागू नहीं था। तब राज्य विधानसभा ने एक विधेयक पास करके जमशेदपुर और उसके आसपास की टाटा की जमींदारी को खत्म कर दिया। 1960 में भूमि सुधार का जो कानून बनाया गया था उसके अनुभाग-2 (बी) में यह व्यवस्था थी कि औद्योगिक संस्थानों द्वारा जो जमीन कब्जे में की गई थी वह 1950 के भूमि सुधार कानून की समीक्षा के अन्तर्गत

नहीं आएगी। यह विधेयक पेश करते हुए इसी अनुभाग को कानून में से निकाल दिया गया है। टाटा की जमींदारी को खत्म करने के सवाल पर प्रायः सभी राजनैतिक दलों ने समर्थन दिया। संसपा के श्री कर्पूरी ठाकुर ने यह कहा कि इस तरह का कदम उठाने की कोशिश संयुक्त मोर्चे की पहली सरकार द्वारा ही की गई थी, क्योंकि वह सरकार गिर गई थी इसीलिए इस निर्णय को अन्तिम रूप नहीं दिया जा सका। उन्होंने यह भी कहा कि जब राज्य के अन्य क्षेत्रों से जमींदारी प्रथा समाप्त कर दी गई थी तो टाटा की जमींदारी को बनाए रखने का कोई औचित्य नहीं था। श्री कर्पूरी ठाकुर को समर्थन देने वालों में भारतीय कम्युनिस्ट पार्टी के सुनील मुखर्जी और सत्ताधारी कांग्रेस के कामदेव सिंह के नाम विशेष उल्लेखनीय हैं। संगठन कांग्रेस, जनसंघ, जनता पार्टी और शोषित दल के भी बहुत से सदस्यों ने इस मसले पर सरकार का समर्थन किया था। संगठन कांग्रेस के डॉ. रामराजा सिंह ने एक संशोधन पेश करते हुए यह माँग जरूर की थी कि कोई निर्णय लेने के पहले इस मुद्दे पर जनमत जान लेना चाहिए, लेकिन बाद में उन्होंने भी अपना संशोधन वापस ले लिया।[26]

जातिक्रम में भूमिहारों तथा राजपूतों की गिनती सबसे मजबूत ऊँची जातियों के रूप में होती है। ब्राह्मण और कायस्थ भी हैं पर उनका इतिहास भूमिहारों और राजपूतों की तरह खेती योग्य जमीन पर नियन्त्रण, स्थानीय स्तर पर राजनीतिक वर्चस्व और निचली जातियों के हिंसक उत्पीड़न जैसा नहीं है। जातिक्रम में दूसरे नम्बर पर यादव, कोइरी और कुर्मी आते हैं। दलितों में विशेष रूप से भुइयाँ, मुसहर, चमार, दुसाध, डोम आदि हैं।

उदाहरण के लिए, भुइयाँ और मुसहरों को आजादी के बाद भी चूहे पकड़कर खाने से निजात नहीं मिली। बिहार में दलित खेत मजदूर बड़े पैमाने पर बँधुआ प्रथा की जंजीरों में ही बँधा रहा। वह उत्पीड़न का शिकार रहा। महिलाएँ तो दोहरी गुलामी ओढ़ती-बिछाती रहीं। बलात्कार सहना उनकी नियति बन गई।

बिहार में देखा जाए तो जमीन का रिश्ता मठों से रहा है। आजादी के बाद भी वह मात्र वस्तु के रूप में रही और मठों का रिश्ता राजनीति से। जबकि राजनीति पूर्णतः धर्म और जाति से प्रभावित रही। बिहार में उन दिनों छोटे-बड़े लगभग 1,000 मठों का अस्तित्व था। लगभग उतने ही महन्त थे। इनमें 100 बड़े मठ ऐसे थे जिनके पास 300 एकड़ या इससे अधिक भूमि थी। सबसे बड़ा मठ बोधगया मठ था जिसके कब्जे में 1000 एकड़ भूमि थी।

असल में इस तरह की जमीन जमींदारों की होती थी, जिसे उन्होंने साधुओं को दी हुई थी। मन्दिर और धर्मशाला में यात्री आते, ठहरते तथा चढ़ावा देकर चले जाते थे। धीरे-धीरे साधुओं के पास धन-सम्पत्ति बढ़ती चली गई। परिणामस्वरूप, उनकी ताकत में भी विस्तार हुआ।[27]

उदाहरण के लिए, सीतामढ़ी जिला के माने चौक के महन्त विवेकानन्द गिरी के पास 500 एकड़ जमीन थी और उन्हें जिला न्यायालय में लैंड सीलिंग एक्ट के अन्तर्गत दोषी पाया गया था। चूँकि कांग्रेस पार्टी में रही, इसलिए उनका बाल बाँका नहीं हो सका

था। 1952 में वे चुनाव जीते। 1960 में वे प्रजा सोशलिस्ट पार्टी में चले गए। 1964 में पुनः कांग्रेस में आ गए और बूथ कैप्चरिंग तथा गुण्डागर्दी के बल पर 1967 में भी चुनाव जीत गए। इस तरह राजनीति में उनके आगे बढ़ने का यह सिलसिला जारी रहा। उनके बारे में कहा जाता है कि वे बेहद धर्मान्ध और उग्र हिन्दू थे।

बोधगया मठ के बारे में अगर देखा जाए तो प्रभात ने इसे जाली न्यासों का जाल कहा है।[28] जमींदारी उन्मूलन कानून पास किए जाने के बावजूद बोधगया मठ अपनी जमीन बचाने में बहुत हद तक सफल हुआ, इसका श्रेय शतानन्द गिरि को जाता है। मठ की जड़ें तब की राजनीति में कहीं गहरे तक थीं।[29] इसलिए बिहार में दलितों के जीवन से खिलवाड़ होता रहता था।

मठ इस बात के लिए सतर्क रहता था कि दलित व पिछड़े बच्चे पढ़ने के लिए स्कूल न जा पाएँ।[30] कहीं अगर कोई स्कूल दरवाजे तक पहुँच भी गया तो उसे या उन्हें प्रताड़ित किया जाता था। संन्यासी दलित महिलाओं को ले भागते थे। उनका यौन शोषण किया करते थे।

मठ एवं भूमिपतियों को कांग्रेसी शासन में पर्याप्त राहत और भरपूर लाभ मिलता था। डॉ. राममनोहर लोहिया के नेतृत्व में बिहार सहित पूरे देश में 'भूमि और कृषि' से जुड़े कई संघर्ष हुए। लोहिया ने 'जाति' और 'जमीन' के रिश्तों का उद्घाटन करते हुए यह स्पष्ट किया कि जाति आधारित सामाजिक संरचना में शोषण व अन्याय की जड़ें बड़े पैमाने पर कृषि जमीन के असमान वितरण और उससे जुड़े आर्थिक ढाँचे में निहित है।[31] जबकि देसाई और दामले के विचार में ऋग्वेद से लेकर आधुनिक काल तक जाति समाज को अलग-अलग तरह से प्रभावित करती रही है। विशेष रूप में आर्थिक, राजनैतिक और धार्मिक स्थितियाँ अधिक प्रभावित करते हैं।[32]

डॉ. आम्बेडकर का पटना में ऐतिहासिक भाषण

अखिल भारतीय परिगणित जाति संघ के अध्यक्ष बाबा साहेब डॉ. भीमराव आम्बेडकर प्रथम बार 1951 में 6 नवम्बर के दिन महात्मा बुद्ध की पवित्र भूमि मगध तथा सम्राट अशोक की राजधानी पाटलिपुत्र में पहुँचे। उनके साथ उनकी धर्मपत्नी श्रीमती सविता आम्बेडकर एवं परिगणित जाति संघ के महामन्त्री पी.एन. राजभोज भी थे। डॉ. आम्बेडकर ने मुझे 1948 में बिहार के दौरा का वचन दिया था किन्तु कार्य व्यस्तता के कारण केन्द्रीय मन्त्रिमंडल से इस्तीफा देने के बाद ही उनका पटना में आगमन हो सका। पटना में उनका यह प्रथम और अन्तिम आगमन था। पिछड़ा वर्ग संघ तथा शोषित जन संघ के सम्मिलित प्रयास से आयोजित सम्मेलनों को सम्बोधित करने के लिए डॉ. आम्बेडकर को पटना आमन्त्रित किया गया था। भारत के इतिहास में देश के विभाजन के बाद यह पहला अवसर था जब दलितों, जन-जातियों, पिछड़ी जातियों तथा अल्पसंख्यकों के नेताओं को मैंने एकमंच पर इकट्ठा किया था और ब्राह्मणी व्यवस्था के खिलाफ आवाज उठाई थी। सभा का सभापतित्व बिहार

विधानसभा के विपक्ष नेता अमीन अहमद ने किया था। मैं स्वागताध्यक्ष था तथा उद्घाटनकर्ता डॉ. आम्बेडकर थे।[33]

पटना के गांधी मैदान की विशाल जनसभा में डॉ. आम्बेडकर का स्वागत करते हुए मैंने उन्हें दलितों, शोषितों और गरीबों का मसीहा बताया और कहा कि देश के दलितों, पिछड़ी जातियों एवं अल्पसंख्यकों में एकता के लिए उनके नेताओं को मैंने एक मंच पर इकट्ठा किया है। मैंने जैसे ही महात्मा बुद्ध और सम्राट अशोक की पवित्र नगरी पाटलिपुत्र में आयोजित विराट ऐतिहासिक जनसभा को सम्बोधित करने के लिए डॉ. आम्बेडकर को आमन्त्रित किया कि बिजली गुल कर दी गई। फिर जैसे ही भाषण देने के लिए डॉ. आम्बेडकर उठे कि उन पर ईंट-पत्थर फेंके जाने लगे। मैं तत्काल उनकी रक्षा में सामने खड़ा हो गया। अचानक मेरी दाईं आँख के पास एक कंकड़ आकर लगा और खून प्रवाहित होने लगा। मैंने हिम्मत की और जैसे दलितों, पिछड़ी जातियों और अल्पसंख्यकों के विशाल जनसमूह को ललकारते हुए कहा कि डॉ. आम्बेडकर को मारने का यह सरकारी षड्यन्त्र है, वैसे ही बिजली आने के साथ स्थिति काबू में आ गई और भीड़ शान्त हो गई। इस कुकर्म में कांग्रेस और उच्च जातियों के कुछ गुंडों के साथ बिहार सरकार का एक मन्त्री भी था।

भाषण प्रारम्भ करते हुए डॉ. आम्बेडकर ने कहा–"मुझे इस बात से बहुत खुशी है कि महात्मा बुद्ध की पवित्र भूमि में सामाजिक क्रान्ति का बीज फिर से अंकुरित हो गया है। यह वही स्थान है जहाँ से ज्ञान का प्रकाश सारे विश्व में फैला था। देश के शोषितों, संगठित हो और आगे बढ़ो। वर्ण-व्यवस्था और जाति-प्रथा के कारण शूद्र, अतिशूद्र, पिछड़े वर्ग तथा अल्पसंख्यकों को सामाजिक, आर्थिक एवं राजनीतिक सुविधाओं से वंचित रहना पड़ा है। हिन्दुओं की वर्तमान सड़ी-गली सामाजिक व्यवस्था का मूलोच्छेद कर जब तक नए समाज का निर्माण नहीं किया जाता तब तक समाज के पिछड़े वर्ग के लोगों, पीड़ितों, दलितों तथा आदिवासियों का कल्याण नहीं हो सकता है। आज हमें परमुखापेक्षी न होकर अपनी शक्ति पहचाननी है और समाज में अपना गौरवपूर्ण स्थान बनाकर देश की राजनीति एवं शासन सम्बन्धी कार्यों में भाग लेना है। मुट्ठी भर लोगों द्वारा परिगणित जाति के लोगों को उनके पैरों के तले दबे रहने का जमाना लद चुका।"

डॉ. आम्बेडकर ने आगे कहा, "भारतीय संविधान में समस्त भारतीयों को सामाजिक समानता का अधिकार दिया गया है। दो हजार वर्षों तक हमारी आत्मा को इस तरह कुचला गया है कि अब हम इस अन्याय को बर्दाश्त नहीं कर सकते। देश में हम दलितों, पिछड़ों, शोषितों और शूद्रों की संख्या नब्बे प्रतिशत है। देश की शासन-सत्ता हम अपने हाथ में लेंगे। इसके लिए शिक्षित हो, संगठित हो और संघर्ष के लिए आगे बढ़ो। कायर बराबर मरता है किन्तु वीर पुरुष कभी नहीं मरता, क्योंकि वह मरकर भी जीवित रहता है।"

देश की मौजूदा राजनीति पर डॉ. आम्बेडकर ने कहा, "प्रजातन्त्र हमारे लिए कोई नई चीज नहीं है। प्राचीन भारत में प्रजातन्त्र का ही महत्त्व था। लेकिन सामन्तवादियों ने अपनी सत्ता जमाने और प्रजातन्त्र का सर्वनाश करने के लिए मनु से सामाजिक व्यवस्था कराई।

आपको मत देने का अधिकार पहली बार मिला है। इसलिए ऐसे मौके पर आपको अपने सुन्दर भविष्य के निर्माण के लिए अपने हितैषियों और अपने बीच के ही लोगों को अपना प्रतिनिधि चुनकर विधानसभा और संसद में भेजना है। सभी राजनीतिक पार्टियाँ पूँजीपतियों और मारवाड़ियों के पैसे पर चलती हैं। वे आपको पैसे क्यों देंगे? आपको यदि उठना है तो आपको अपने बलबूते पर उठना होगा। हिन्दुओं ने जो हमारे साथ अन्याय किया है उसे हम भूल नहीं सकते। हमें अपने ऊपर हुए शोषण के लिए उनसे प्रतिशोध नहीं लेना है, लेकिन हाँ, हम अपने भविष्य के लिए उन पर विश्वास नहीं कर सकते। जिस वृक्ष को हम लगा रहे हैं, उस वृक्ष की छाँह में हम उन सवर्णों को भी रखेंगे जिन्होंने हमें अपने वृक्ष की छाँह से बराबर बाहर रखा है।[34]

केरल में भूमि सुधार

केरल सरकार द्वारा भूमि-सुधार कानून को लागू करने का निश्चय देश के भूमि-सुधार के इतिहास में एक महत्त्वपूर्ण घटना है। यह कम महत्त्वपूर्ण बात नहीं है कि इससे प्रभावित होकर प्रधानमन्त्री ने अन्य राज्य सरकारों को पत्र लिखकर निर्देश दिया है कि वे अपने राज्यों में केरल सरकार की तरह ही इस दिशा में अग्रसर हों। श्रीमती इन्दिरा गांधी ने अपने पत्र में केरल भूमि-सुधार अधिनियम (1970) की कुछ महत्त्वपूर्ण धाराओं का उल्लेख किया है और राज्य सरकारों से उनका अध्ययन करने एवं उनके कार्यान्वयन पर विचार करने का अनुरोध किया है।

इस सन्दर्भ में केरल भूमि-सुधार अधिनियम की विवेचना करना यहाँ युक्तिसंगत मालूम पड़ता है। केरल भूमि-सुधार अधिनियम (1970) से तात्पर्य है एक ऐसा कानून बनाना जिसके द्वारा राज्य में नए सिरे से जनता के गरीब तबकों की आवश्यकताओं को ध्यान में रखकर तथा अनाज के अभाव को दूर करने हेतु कृषि पैदावार को आगे बढ़ाना। इस अधिनियम का उद्देश्य है केरल के पुराने सामाजिक ढाँचे में आमूल परिवर्तन करना तथा राज्य में व्याप्त भूमि-असन्तोष को अधिकाधिक दूर करना।[35]

इस अधिनियम के जरिए देश में पहली बार वास्तविक रूप से खेत जोतने वालों के स्वामित्व अधिकार को पहचाना गया है। केरल के पहले के भूमि-सुधार कानून में, और जैसा कि अन्य राज्यों में भी है, अनेक खामियाँ थीं। उनके अन्तर्गत जमीन के वास्तविक हकदार किसानों के स्वामित्व अधिकार सुरक्षित नहीं थे। इसके विपरीत वह कानून उच्च वर्ग के एवं मध्यम वर्ग के किसानों के पक्ष में अधिक था। परन्तु वर्तमान अधिनियम के द्वारा इन खामियों को दूर किया गया है तथा गरीब किसानों के हित को ध्यान में रखा गया है। इसकी धाराओं के अनुसार, कोई किसान जो वास्तव में 1967 के दो वर्ष पूर्व से जमीन जोतता आ रहा है, वह उस जमीन का स्वामित्व-अधिकार प्राप्त करता है, चाहे उस जमीन से सम्बन्धित कोई रिकार्ड या प्रमाण वह रखता है अथवा नहीं। इसके परिणामस्वरूप उन तमाम गरीब किसानों को जिनको 1965 से बेदखल कर दिया गया था, पुनः स्वामित्व-अधिकार प्राप्त हो गया है।

इस अधिनियम का दूसरा पहलू यह है कि उस बँटाईदार को भी जो धार्मिक संस्थाओं की जमीन जोतता है, बेदखल नहीं किया जा सकता है। कांग्रेसी सरकार के भूमि-सुधार अधिनियमों में स्वतः जोतने के नाम पर पुनर्ग्रहण का अधिकार सन्निहित था जो सुधार रूपी वृक्ष में विष के फल लगने के समान था। धनी किसानों एवं जमींदारों के इस प्रकार बचाव के रास्ते अक्षुण्ण रखे जाने से अधिनियम की सारी उपयोगिता नष्ट हो गई थी। किन्तु केरल की संयुक्त मोर्चा सरकार ने इस बात को बखूबी पहचाना और इस कटु अनुभव के आधार पर सभी तरह की बेदखलियों को समाप्त कर दिया।

इस अधिनियम के लागू किए जाने के फलस्वरूप नववर्ष दिवस पर केरल में पच्चीस लाख बँटाईदार जो पहले से जमीन जोतते आ रहे थे, जमीन के मालिक हो गए हैं। अच्युत मेनन सरकार ने घोषणा की है कि अधिनियम की सभी धाराएँ उसी दिन से लागू की गई हैं।

अधिनियम की दूसरी क्रान्तिकारी धारा है—बासगीत जमीन पर स्वामित्व का अधिकार दिलाना। इस धारा के लागू होने से राज्य में पाँच लाख रैयत (केरल में रैयत को कुडीकिड-पुकर्स बोलते हैं) अपने घर के प्लाट के मालिक बन गए हैं। उनको यह अधिकार 1 जनवरी, 1970 से प्राप्त हुआ है। इस धारा के अनुसार, प्रत्येक रैयत को देहाती क्षेत्र में 10 सेंट और नगरपालिका के अन्तर्गत 5 सेंट भूमि दी जाएगी तथा राज्य के तीन बड़े शहरों—त्रिवेन्द्रम, कोचीन और कोजीकोड में 3 सेंट भूमि दी जाएगी। इस सुधार-कार्य का महत्त्व तब समझ में आता है जब हम पाते हैं कि केरल में प्रति व्यक्ति 20 सेंट भूमि प्राप्त है। इसका एक महत्त्वपूर्ण पहलू यह भी है कि केरल के सामाजिक जीवन के गम्भीर तनाव के कारणों को दूर करते हुए एक व्यक्ति के उसके घर में रहने के अधिकार को अब सुरक्षित कर दिया गया है। जो मालिक या धनी किसान रैयत को बसने के लिए जमीन देता है, उसको मुआवजे के रूप में जमीन की बाजारू कीमत का पच्चीस प्रतिशत लेने का हक दिया गया है। इस मुआवजे की आधी रकम रैयत देगा तथा आधी सरकार।

हदबन्दी के मामले में भी केरल अन्य राज्यों की अपेक्षा आगे चला गया है। सम्भवतः यह अकेला राज्य है जहाँ प्रत्येक परिवार की इकाई के साथ जमीन की हदबन्दी तय की गई है। एक परिवार में पति, पत्नी और छोटे बच्चों को शामिल किया गया तथा हदबन्दी के अन्दर 12 से 20 एकड़ तक जमीन रखी गई जबकि अविवाहित बालिग या अकेले परिवार के लिए 6 एकड़ से 7.2 एकड़ भूमि रखी गई। सचमुच में इस अधिनियम का कार्यान्वयन केन्द्र एवं अन्य राज्य सरकारों के लिए एक चुनौती है।

इसके इतर देखें तो औद्योगिकीकरण में इस बात को पूरी तरह नजरअन्दाज किया गया कि उसमें मुल्क के लोगों को रोजगार से कैसे जोड़ा आए। भारी-भरकम रकम लगाने के बाद भी संगठित औद्योगिक क्षेत्र में महज 10 फीसदी लोगों को ही रोजगार मिला। कृषि क्षेत्र को योजना के बाहर ही छोड़ दिया गया, जबकि उसमें 70 फीसदी लोग रोजगार में लगे हुए थे। वे आगे लिखते हैं कि नेशनल प्रोजेक्ट किसी भी तरह से नेशनल न होकर एक खास तबके का प्रोजेक्ट (Class Project) था, जिसका फायदा देश के सरमायादारों

को ही मिला। इसकी बुनियाद आजादी के पहले ही पड़ चुकी थी जब टाटा, बिड़ला तथा डालमिया आदि ने मिलकर योजना बनाई थी।

बाद के दौर में नेहरू के राजकीय पूँजीवाद से, 'समाजादी ढाँचे के समाज' के निर्माण जैसी घोषणाओं से असन्तुष्ट पूँजीपतियों का तबका स्वतन्त्र पार्टी के साथ जुड़ गया जबकि भूमिहार मुख्यतः कांग्रेस के साथ थे। उनका वामपन्थी हिस्सा कम्युनिस्टों के साथ था।

1947 में नेहरू ने हिन्दुस्तान की हुकूमत सँभाली, उस वक्त उनके सामने जो मजबूरियाँ रही हों, वो ढाँचों में वैसी इन्कलाबी तब्दीलियाँ नहीं ला सके, जिनकी बात वे 1936-37 में करते थे लेकिन उन्होंने अपनी ही तकरीरों को भुलाकर एक आरामदेह फलसफा चुन लिया। वो आरामदेह फसलफा यह था कि हिन्दुस्तान की तकलीफों का हल विज्ञान और तकनीकी की तरक्की से निकल आएगा। उन्होंने बड़े बाँध बनवाए, बड़े उद्योग लगवाए और उन्हें लगा कि विज्ञान वह काम करे, जो सामाजिक इन्कलाब करता है। विज्ञान सामाजिक इन्कलाब का काम नहीं कर सकता तो हिन्दुस्तान में इन्कलाबी तब्दीली नहीं आई। ढाँचे नहीं बदले गए, उसकी कीमत बड़े पैमाने पर हिन्दुस्तान के लोग आज तक चुका रहे हैं।

आजादी के वक्त हमारे हाकिमों ने लोगों के सामने नेशनल प्रोजेक्ट रखा और भविष्य का एक नक्शा बनाया जिसमें कि राजनीतिक आजादी के बाद लोगों को आर्थिक आजादी भी हासिल हो। इसके लिए अर्थव्यवस्था को आत्मनिर्भर बनाने और राज्य की अगुआई में औद्योगिकीकरण करने की जरूरत समझी गई। सोवियत संघ को मॉडल बनाकर मुल्क के विकास में औद्योगिकीकरण को प्राथमिकता दी गई, और राज्य ने इसकी बड़ी जिम्मेदारियाँ अपने ऊपर लीं।

नेहरू के इस नेशनल प्रोजेक्ट में थोड़ी तो दूरंदेशी थी ही, और उस वक्त हालात भी ऐसे थे कि एक हद तक यह कामयाब भी हुआ, लेकिन चूँकि समाज के भीतर मौजूद ढाँचों में तब्दीली नहीं की गई थी, इसलिए देश का औद्योगिक विकास होने के बावजूद उसके फायदे लोगों तक पहुँच पाने की उम्मीद कम ही थी।

अप्रैल 1968 में 'कांग्रेस फोरम फोर सोशलिस्ट एक्शन' में अपने भाषण में नेहरू ने इस बात पर खेद प्रकट किया था कि तमाम कोशिशों के बावजूद भारत में धनी और गरीब वर्ग के बीच की खाई बढ़ती जा रही है। जबकि गांधी बहुत पहले 1934 में संयुक्त प्रान्त के जमींदारों को कानपुर में यह वायदा दे चुके थे कि मैं सम्पत्तिवान वर्गों को बिना किसी उचित कारण के उनकी निजी सम्पत्ति से वंचित कराने के कार्य में कोई भूमिका नहीं निभाऊँगा।

इस तरह रामराज्य के सपने को साकार करने के लिए जहाँ गांधी ने पूँजीपतियों का सहारा लिया वहीं हिन्दुत्व के दर्शन को आगे बढ़ाने में कोई कोर-कसर नहीं छोड़ी। स्वयं नेहरू ने आजाद भारत का जो मॉडल बनाया, उसमें पूँजीवाद और ब्राह्मणवाद को केन्द्र में रखा।

नेहरू के बाद क्या?

इसी शीर्षक से, बहस के लिए जो टिप्पणी लिखी गई थी ('दिनमान' 31 मई, 1970), उस पर कुल मिलाकर 'दिनमान' के पाठक-वर्ग की ओर से 31 प्रतिक्रियाएँ आईं। इनमें विविधता वालों में विद्यार्थी, अध्यापक, वकील आदि तो थे ही, राजनैतिक कार्यकर्ता भी रहे और साधु-संन्यासी भी। कुछ प्रतिक्रियाओं में शैली भी है, सार भी। कुछ में कोई एक पक्ष ही प्रबल है, विचारों के मामले भी। अगर बहुत कुछ ऐसा है जो अखबारों में या राजनैतिक मंचों से अक्सर कहा जाता है, तो बीच-बीच में ताजगी और बेचैनी भी है।[36]

आमतौर पर स्थिति का जो निरूपण टिपणी में था, उससे किसी ने असहमति व्यक्त नहीं की है। लेकिन दो मित्रों ने कुछ शंकाएँ उठाई हैं। अलवर से प्रकाशचन्द शास्त्री ने, जो राजनीति विज्ञान में शोधकर्ता हैं, लिखा है, "प्रस्तुत बहस अमेरिकी पत्रकारिता और प्रोफेसरी चिंतन द्वारा उठाई गई परिचर्चा का अंग मात्र है—वास्तव में इस शीर्षक से नेहरू पर विवाद करते समय उन्हें 'राष्ट्रीय आम राय' का प्रतीक मानकर उनकी 'राष्ट्रीय आवश्यकता' की अनिवार्यता को थोप दिया गया है।" आगे उन्होंने लिखा है : "मेरा यह विचार है कि जाति, नौकरशाही, भाषा, आयोजना, सक्रिय नौजवान पीढ़ी और महिलाओं के प्रश्न इस देश के बुनियादी सवाल हैं—न तो पंडित नेहरू ने और न ही नेहरू के उत्तराधिकारी ने इस राष्ट्र की बुनियादी समस्याओं से जूझने का प्रयास किया है।"

दो पाठकों ने बतलाया कि ऐतिहासिक पृष्ठभूमि को देखते हुए शायद हम जनतन्त्र के लिए तैयार नहीं थे। वहीं भभुआ, शाहाबाद के रामगोविन्द तिवारी के अनुसार साम्प्रदायिकता, जातीयता, प्रान्तीयता को नेहरू का अत्यन्त समझौतावादी व्यक्तित्व रोक नहीं पाया।

भोपाल के एक छात्र **अश्यदत्त आनन्द** ने बड़ी दिलचस्प शैली में कहा है कि पाकिस्तानी एजेन्ट अगर दंगे कराते हैं तो वे अहमदाबाद या चाईबासा आ कैसे जाते हैं? साम्यवाद के नाम पर जो फैल रहा है वह मार्क्सवाद नहीं बसु का 'गुण्डावाद' होगा। पटना के **सुरेशदत्त शर्मा** के अनुसार, वर्तमान प्रधानमन्त्री की राय में "जो कुछ भी अच्छा हुआ है वह नेहरू के ही कारण, अन्यथा गांधी विचारधारा से तो अभी बैलगाड़ी का ही युग होता।"

कानपुर के **ज्ञानचंद** ने लिखा है : "मैं यहाँ पर भारतीय संस्कृति के नाम पर कठमुल्लेपन का समर्थन नहीं करना चाहता लेकिन मैं चाहूँगा कि भारतीय युवकों को ऐसे संस्कार विरासत में मिलने चाहिए जो उन्हें सांस्कृतिक दोगलेपन के अन्तर्राष्ट्रीय फैशन से मुक्त कर सकें। वास्तव में यहाँ सांस्कृतिक समन्वय नहीं, फैशन के रूप में अपनाया गया सांस्कृतिक दोगलापन ही है।"[37]

राधोपुर, सहरसा के **असेश्वर गोईत** ने नेहरू की राजनीति पर उनकी विदेशी शिक्षा के प्रभाव की चर्चा करते हुए लिखा है कि "देश-नायक को मर्यादा-पुरुष की कतार में आने के लिए अपने को गौण—और देश को प्रधान मानकर चलना चाहिए। पिछले बीस वर्षों की राजनीति में यह प्रक्रिया सही ढंग से नहीं चली, जिसके कई ज्वलंत उदाहरण

हैं।" गोईत के अनुसार, "योजना का प्रथम चरण कृषि पर, दूसरा शिक्षा पर, और बाकी उपबन्ध और-और मदों में जाना चाहिए था जिससे देशवासियों का पेट और मन भरा होता।"

ग्वालियर के **विजय कृष्ण 'योगी'** के अनुसार, नेहरू ने व्यवहार में वही सब नीतियाँ चलाईं जो अंग्रेज चलाते आ रहे थे। गैर-कांग्रेसवाद से देश में राजनीति अस्थिर हो गई है, पर इस अस्थिरता में जनता को अपनी शक्ति का जो भान हुआ है उससे भविष्य में जन-कल्याणकारी व्यवस्था की सम्भावनाएँ अधिक स्पष्ट प्रतीत होने लगी हैं।

पीटर टाँड़, हजारीबाग के **शत्रुघ्न सिंह** के अनुसार, देश की समस्याओं का जो समाधान संविधान में उल्लिखित हुआ, वह संसद की दीवारों में ही कैद रहा—देश की मिट्टी को नहीं छू सका। आज भी नेहरू काल की प्रक्रिया दोहराई जा रही है।

इलाहाबाद के **विद्याशंकर राय** के अनुसार, नेहरू-युग की वर्तमान परिणति का मुख्य कारण है कि उन्होंने अंग्रेजों द्वारा बनाए गए विशिष्ट-वर्ग को समाप्त नहीं किया। सीमित संख्या को महत्त्व देने के कारण चहुँमुखी अवनति हुई। विकल्प के रूप में श्री राय ने खेती के बारे में एक सुझाव दिया है—जमीन के पुनः वितरण का, और जमीन पाने वाले खेतिहरों को सरकार की ओर से जरूरी सुविधाएँ देने का।

नेहरू ने नवम्बर, 1945 को संविधान सलाहकार वी.एन. राव से भी औद्योगिक विकास और बड़े उद्योगों को महत्त्व देने की बात की थी।

हिन्द किसान पंचायत के महासचिव समाजवादी नेता रामनन्दन मिश्र लिखते हैं, "दुर्भाग्य से यूरोपीय समाजवाद उद्योग की देन है और वह उद्योगों का पक्ष लेता है। यही जबर्दस्त बाधा है जो खेतिहरों को न्याय से वंचित रखती है।"

इन्दिरा गांधी उदारतावादी वैकासिक रणनीति की सर्वाधिक उग्र प्रतिनिधि थीं। 'गरीबी हटाओ' से लेकर आपातकाल के 'लोकतन्त्र स्थगित करो' तक उन्होंने उत्पादन के दम पर राष्ट्र निर्माण की कोशिश की। वंश शासन का हथकण्डा आजमाया। उधर, गांधीवादियों ने भूदान-ग्रामदान के प्रयोग जारी रखे ताकि वे मौका पड़ते ही विकल्प के रूप में अपने को पेश कर सकें। मार्क्सवादी संसद से लेकर सड़क तक और कलकत्ता से लेकर बिहार के खेत-खलिहानों तक समानान्तर मॉडल बनाने की कोशिश करते रहे।[33]

अरुण कुमार यह सवाल पूछते हैं कि क्या कोई समाजशास्त्री इस तथ्य को नकार सकता है कि आजाद हिन्दुस्तान में 1947 से लेकर 1977 तक का समय कश्मीरी ब्राह्मणों की एक छोटी-सी टोली के लिए स्वर्ण-युग जैसा था।[38]

डॉ. आम्बेडकर ने तर्कपूर्ण ढंग से प्रतिपादित किया कि चातुर्वर्ण्य और जाति-प्रथा ने भारत की बहुत बड़ी जनसंख्या को स्थायी रूप से अपाहिज बना दिया है। वे हमेशा आजाद भारत के समाज में समता, स्वतन्त्रता और बन्धुता के व्यावहारिक पक्ष हेतु चिन्तित रहे।[39]

इन्दिरा गांधी की 'गरीबी हटाओ' की लुभावनी नारेबाजी, बांग्लादेश युद्ध के दौरान अर्जित की गई 'दुर्गा' की छवि और नेहरू परिवार की आक्रामक पुत्री के तेवरों ने कार्टून में इन्दिरा गांधी को प्रचण्ड दुर्गा के रूप में चित्रित किया था। बात यहीं तक सीमित नहीं

रही। अभय कुमार दुबे के विचार में, जब 1975 में इमरजेंसी लगी तो ठाकरे ने उसकी 'कल्याणकारी हुक्मशाही' कहकर सराहना की थी।

इससे पूर्व की स्थिति पर नजर डालें। 1971 के चुनावों में उन्हें भारी बहुमत मिला। चुनावों के ठीक बाद श्रीमती गांधी ने बांग्लादेश युद्ध जीता, जिसे बांग्लादेश मुक्ति संग्राम कहा गया। यहाँ बाबू जगजीवन राम पार्श्व में चले गए। उन्हें थोड़ा-सा श्रेय देने की बात तो दूर, किसी ने जिक्र तक नहीं किया।[40] खुद माकपा ने भी भारतीय सेना को बांग्लादेश की मुक्ति सेना का खिताब दिया था। इस तरह बांग्लादेश को पाकिस्तान के कब्जे से मुक्त कराने के बाद श्रीमती गांधी दुर्गा बनकर उभरीं। अटल बिहारी वाजपेयी जैसे विरोधी ने भी उन्हें 'दुर्गा' का अवतार कहा। बंगालियों ने तो उन्हें एक 'वीरांगना' के रूप में देखा।

इसी पृष्ठभूमि में 1972 के विधानसभा चुनाव हुए। लगभग सभी राज्यों में कांग्रेस को बहुमत मिला। अब कांग्रेस पार्टी का सत्ता पर वैसा ही इजारा हो गया जैसा 1967 के पहले था। वामपन्थी एकता में बिखराव, वामपन्थी ताकतों की ओर से कारगर विकल्प का अभाव, भारत-पाक युद्ध में मिली कामयाबी और साम्राज्यवाद विरोधी राष्ट्रीय भावना रखने वालों के समर्थन ने (पं. बंगाल और त्रिपुरा को छोड़कर) सभी राज्यों में कांग्रेस को भारी बहुमत से विजय दिलाई।[41]

बकौल ओमप्रकाश दीपक, लोकतन्त्र के औपचारिक ढाँचे के अन्दर जिस हद तक तानाशाही ढंग की कार्रवाइयाँ सम्भव हैं, वे सब नेहरू ने की थीं। उनकी फेहरिस्त बड़ी लम्बी है, लेकिन यहाँ एक ही उदाहरण काफी होगा—कोई प्रधानमन्त्री अपनी सन्तान को अपना राजनीतिक उत्तराधिकारी बना गया हो, इसका कोई और उदाहरण लोकतन्त्र में नहीं मिलेगा लेकिन शुद्ध स्वार्थ के अतिरिक्त देश के वर्तमान शासकवर्ग में एकता का कोई आधार नहीं है और यह स्वार्थ भी इसी कारण चल पाता है कि इसे देश के 'आधुनिकीकरण' और 'विकास' के नाम पर चलाया जाता है। अगर लोकतान्त्रिक ढाँचा बिखरे तो शासक वर्ग की एकता भी छिन्न-भिन्न हो जाएगी। जाति-प्रथा के बारे में वे मानते हैं कि जाति-विनाश का संकल्प, संगठन और कौशल कहाँ है?

ऐसा कहना कि नेहरू की नीतियाँ तो ठीक थीं, लेकिन उनके उत्तराधिकारी उन्हें ठीक से चला नहीं पाए, देश के वर्तमान शासकों के प्रति अन्याय है। अगर उन चार कसौटियों का इस्तेमाल करें जो मैंने अपनी टिप्पणी में दी थीं तो ऐसा क्या है जो नेहरू ने विरासत में नहीं छोड़ा था जिसकी जिम्मेदारी नेहरू पर नहीं, उनके उत्तराधिकारियों पर डाली जा सके? **ओडिसा की पुलिस ने 1949 में खरसवाँ में शायद एक हजार से अधिक आदिवासियों को एक रात में गोली से भून डाला था और यह खबर इस तरह दबा दी गई थी जैसे कुछ हुआ ही न हो।**

नेहरू के सरकारी निवास स्थान की पुरानी दरियाँ-कालीनें बदलने के लिए 1960 के आसपास तीन साल में करीब तीन लाख रुपये खर्च किए गए थे जो आज तीन करोड़ के बराबर है। अंग्रेजी और अंग्रेजियत की भोंडी नकल को आधुनिकता का पर्याय मानने की दास-भावना को श्रीमती इन्दिरा गांधी ने प्रतिष्ठित नहीं किया। यह काम नेहरू ही

कर गए थे। कस्तूरबा की जेल में मृत्यु होने पर जिस व्यक्ति ने अमेरिका में ब्रितानी साम्राज्य की हिमायत की थी, वही गिरजा शंकर वाजपेयी थे जिन्हें नेहरू ने अपना 'शक्ति-स्तम्भ' कहा था।

इन्दिरा गांधी का यह कथन बिल्कुल सत्य है कि वह नेहरू की परम्परा को ही पुनः प्रतिष्ठित करने और आगे बढ़ाने की कोशिश कर रही हैं—समाजवाद और साम्प्रदायिक विरोध का मन्त्र जाप करने तक। चौथी योजना उन पहली तीन योजनाओं की ही अगली कड़ी है जो नेहरू ने अपने जीवनकाल में चलाई थीं, और उनकी परिणति यही थी कि देश की साठ सैकड़ा आबादी बीस पैसे रोज पर बसर करती थी। 1949 में नेहरू ने वादा किया था कि दो वर्ष के अन्दर देश अन्न के मामले में आत्मनिर्भर हो जाएगा लेकिन 1951 में अकाल पड़ा था और अमेरिकी सरकार की सभी शर्तें मंजूर करके अमेरिका से कर्ज पर अनाज लिया गया था। इस बीच आत्म-निर्भरता के कितने वादे हुए लेकिन जो देश की सबसे गरीब और पिछड़ी बहुसंख्या है उसकी गरीबी तब से अब तक बढ़ती ही जा रही है। देश के सत्तर सैकड़ा लोग निरक्षर रहे हैं। इन तेईस सालों में सत्रह साल तो नेहरू के ही राज के थे।

हर योजना में यह स्पष्ट लिखा रहता था कि बेरोजगारी बढ़ेगी, सो वह बढ़ती जाती है। सरकारी क्षेत्र में अफसरशाही और निजी क्षेत्र में कुछ थोड़े से पूँजीपतियों की इजारेदारी, इसकी प्रतिष्ठा और अभिवृद्धि नेहरू के ही काल में हुई थी। अब भी हो रही है।

1947 से लेकर 1964 तक कोई भी साल ऐसा नहीं था जब देश में साम्प्रदायिक दंगे न हुए हों। 1961 और 1964 में सबसे अधिक और भयंकर दंगे हुए थे, यह भारत सरकार के गृह-विभाग की सूचना है। साम्प्रदायिकता के विरुद्ध नेहरू ने कितनी बार जेहाद बोला, लेकिन हिन्दू और मुसलमानों के बीच अलगाव को दूर करने या पिछड़े मुसलमानों को आगे लाने के लिए क्या किया गया? वही सिलसिला है जो आज भी चला आ रहा है। उत्तर-पूर्वी सीमान्त क्षेत्र में अशान्ति, सीमाओं का टूटना और भूमिहरण, भाषा और प्रान्तों के झगड़े और टूट—ये सारी प्रक्रियाएँ नेहरू काल की विरासत हैं। श्रीमती गांधी के समर्थकों का कहना है कि वह गृह मन्त्रालय के अधिकारियों के कार्यों से बहुत प्रसन्न नहीं थीं। उनकी राय थी कि गृह मन्त्रालय देशव्यापी हिंसा और अराजकता की स्थिति से निपटने में असमर्थ रहा है। अगर एक ओर बम्बई में शिवसेना को बेखटके काम करने की छूट मिली हुई है तो दूसरी तरफ राष्ट्रीय स्वयंसेवक संघ के कार्यकर्ताओं को छुरा-चाकू लेकर व्यायाम करने की सुविधा प्राप्त है। प्रधानमन्त्री को सूचना दी गई थी कि देशभर में पुलिस के अनेक अफसर शिवसेना तथा राष्ट्रीय स्वयंसेवक संघ से सहानुभूति रखते हैं और दिल्ली में पार्लियामेंट स्ट्रीट पुलिस थाने के अहाते में बलराज मधोक तथा मनोहर लाल सोंधी को भाषण देने की सुविधा प्राप्त हुई, जबकि पार्लियामेंट स्ट्रीट के चौराहे पर कुछ ही महीने पहले संयुक्त सोशलिस्ट पार्टी के कार्यकर्ताओं और नेताओं को बुरी तरह पीटा गया था। संसपा के कार्यकर्ताओं के पीटे जाने तथा राष्ट्रीय स्वयंसेवक संघ के नेताओं को दिल्ली में खुली छूट मिलने से प्रधानमन्त्री की प्रतिष्ठा को काफी क्षति पहुँची थी और वह इस क्षतिपूर्ति के लिए गृह मन्त्रालय में काफी हेरफेर करना चाहती थीं। जब मन्त्रिपरिषद के पुनर्गठन

का मामला सामने आया तो सबसे पहले उन्होंने गृह मन्त्रालय को ही अपने हाथ में लेने का फैसला लिया।[42]

सत्ता को लेकर 1967 के बाद, अविभक्त कांग्रेस में मोरारजी देसाई तथा श्री यशवन्त राव चव्हाण श्रीमती इन्दिरा गांधी के मुख्य प्रतिद्वन्द्वी रहे। बकौल शेखर, यशवन्त राव चव्हाण महाराष्ट्र के प्रथम मुख्यमन्त्री रहे हैं। मई 1960 को वे प्रदेश के मुख्यमन्त्री बने। 1963 के नासिक उपचुनाव में यशवन्त राव चव्हाण निर्विरोध लोकसभा के लिए चुन लिये गए, क्योंकि 21 नवम्बर, 1962 को भारत का रक्षामन्त्री बनने के उपरान्त उन्हें छः माह के भीतर संसद के किसी एक सदन का सदस्य बनना अनिवार्य था। चव्हाण की देखरेख में ही 26 जनवरी, 1963 की परेड में आरएसएस के स्वयंसेवकों को शामिल किया गया। यही नहीं, उन्होंने आरएसएस को पुरस्कृत भी किया।

शेखर लिखते हैं कि तत्कालीन रक्षामन्त्री रहे यशवन्त राव चव्हाण की गणतंत्र दिवस परेड में आरएसएस के स्वयंसेवकों को शामिल करने की पहल निश्चित रूप में भारत के धर्म-निरपेक्षता के सिद्धान्त को चोट पहुँचाने का कार्य करती है। जहाँ तक मोरारजी देसाई का प्रश्न है, श्रीमती इन्दिरा गांधी ने उन्हें सत्ता की राजनीति से एक झटके के साथ 20 जुलाई, 1969 को हटा दिया। मोरारजी देसाई के राजनैतिक पराभव के बाद अविभक्त कांग्रेस के क्षितिज पर श्री यशवंत राव चव्हाण का उदय हुआ और राजनैतिक व्याख्याकारों का दावा है कि यदि राष्ट्रपति चुनाव में नीलम संजीव रेड्डी की जीत हुई होती तो यशवन्त राव चव्हाण आज देश के प्रधानमन्त्री होते।

वर्ष 1967 न सिर्फ बंगाल की राजनीति का बल्कि समूची भारतीय राजनीति का एक निर्णायक मोड़ था। 1964 में नेहरू दिवंगत हो गए थे। प्रधानमन्त्री लालबहादुर शास्त्री बने लेकिन दो वर्ष भी नहीं बीते कि 1966 में वे भी गुजर गए। इस बीच कांग्रेस में सिंडीकेट का भी गठन हो गया था। नेतृत्व को लेकर कांग्रेस के भीतर जबर्दस्त उठापटक मची थी। अन्ततः कांग्रेस संसदीय दल के नेता पद के चुनाव में मोरारजी देसाई को हराकर श्रीमती इन्दिरा गांधी प्रधानमन्त्री बनीं। उसी वर्ष भारत में भयंकर सूखा पड़ा। 1962 में चीन और 1965 में पाक युद्ध के चलते पहले से ही भारतीय अर्थव्यवस्था पर खासा बोझ पड़ा था। राममनोहर लोहिया ने वंशवाद की मुखालिफत करते हुए गैरकांग्रेसवाद का नारा दिया। कांग्रेस के अन्दरूनी संकट और इस नारे का असर यह रहा कि 1967 आते-आते कांग्रेस के तीन महत्त्वपूर्ण क्षत्रपों ने केन्द्रीय नेतृत्व के खिलाफ बगावत कर दी। चौधरी चरण सिंह ने उत्तर प्रदेश में 'भारतीय क्रान्ति दल' बनाया, बीजू पटनायक ने उड़ीसा में 'उत्कल कांग्रेस' का गठन किया और इसी तर्ज पर पश्चिम बंगाल के कांग्रेसी दिग्गज अजय मुखर्जी ने 'बांग्ला कांग्रेस' बनाई।

शायद ज्योति बसु को इसी क्षण की प्रतीक्षा थी। यूँ तो पार्टी विभाजन के बाद पश्चिम बंगाल और केरल के अधिकांश महत्त्वपूर्ण कम्युनिस्ट नेता माकपा में आ गए थे लेकिन राष्ट्रीय-अन्तर्राष्ट्रीय स्तर पर भाकपा ही मुख्य कम्युनिस्ट पार्टी के बतौर स्थापित थी। माकपा को अभी यह साबित करना था कि भाकपा की तुलना में उसकी हैसियत कम नहीं है। ज्योति

बसु को यह काम पश्चिम बंगाल में करना था। एक तरह से कहा जाए तो 1967 का चुनाव बसु के लिए एक बड़ा इम्तिहान था। चुनावों की घोषणा होते ही पश्चिम बंगाल में कांग्रेस के खिलाफ संयुक्त मोर्चा बनाने के प्रयास शुरू हो गए। अजय मुखर्जी ने ज्योति बसु को पार्टी की बजाय भाकपा और फॉरवर्ड ब्लॉक को ज्यादा तरजीह दी। बांग्ला कांग्रेस, भाकपा और फॉरवर्ड ब्लॉक का मोर्चा बन गया। ज्योति बसु रिवोल्यूशनरी सोशलिस्ट पार्टी, संयुक्त सोशलिस्ट पार्टी और अन्य चार छोटे दलों को एक मंच पर ले आने में सफल रहे। अन्ततः इस चुनाव में तीन तरह के मोर्चे बने।[43]

एक मोर्चा बांग्ला कांग्रेस के नेतृत्व में बना जिसमें भाकपा शामिल थी।

दूसरा मोर्चा माकपा के नेतृत्व में बना जिसमें सोशलिस्ट शामिल थे।

तीसरा मोर्चा कांग्रेस एवं उसके सहयोगी दलों का था।

इस चुनाव में कांग्रेस को स्पष्ट बहुमत न मिल सका। 280 सीटों वाली विधानसभा में उसे 127 सीटें और करीब 41 प्रतिशत मत मिले। 1962 के मुकाबले कांग्रेस के मतों में 6 प्रतिशत की गिरावट आई और वह बहुमत प्राप्त करने से वंचित रह गई। कांग्रेस के मुख्यमन्त्री प्रफुल्ल सेन और अतुल्य घोष सरीखे दिग्गजों को चुनाव में पराजित होना पड़ा था। दूसरी सबसे बड़ी पार्टी के रूप में माकपा उभरी जिसे 44 सीटें और 18 प्रतिशत से ज्यादा मत प्राप्त हुए। बांग्ला कांग्रेस को 34, भाकपा को 16 और फॉरवर्ड ब्लॉक को 13 सीटों पर जीत हासिल हुई। इन्हें क्रमशः 10.2, 6.5 एवं 4.4 प्रतिशत मत मिले। संयुक्त सोशलिस्ट पार्टी और प्रजा सोशलिस्ट पार्टी को सात-सात सीटें और करीब दो-दो प्रतिशत मत प्राप्त हुए थे। ज्योति बसु कांग्रेस प्रत्याशी अमर भट्टाचार्य को हराकर लगातार चौथी बार बारानगर विधानसभा क्षेत्र से निर्वाचित हुए। सिर्फ पश्चिम बंगाल में नहीं, बल्कि 1967 के इन चुनावों में हिन्दुस्तान के आठ राज्यों में कांग्रेस को पराजित होना पड़ा था। चुनावी इतिहास में पहली बार एक साथ आठ राज्यों में गैर कांग्रेसी संविद सरकारें बनी थीं।

संविद सरकारों की स्थिरता की अवधि (1967 से 1969)

राज्य	*सरकारों की संख्या*	*औसत कार्यकाल (महीने)*	*राष्ट्रपति शासन की संख्या*	*राष्ट्रपति शासन का औसत समय (महीने)*
बिहार	7	4.2	2	8.5
हरियाणा	3	3.2	1	6.8
केरल	2	20.5	1	1.8
मध्य प्रदेश	3	8.3	–	–
पंजाब	3	10.8	1	6.8
उत्तर प्रदेश	4	7.8	2	6.2
प. बंगाल	3	8.9	1	12.2
उड़ीसा	1	45.9	–	–

1967-72 के बीच बिहार में नौ सरकारें बनीं। इनमें से सात का नेतृत्व पिछड़ी जातियों के नेताओं ने किया। बिंदेश्वरी प्रसाद मंडल का राज्यकाल केवल 47 दिनों के बाद ही समाप्त हो गया। 1967 के आम चुनाव के बाद 15 महीनों के भीतर हरियाणा की जनता को दो बार मतदान देने का सौभाग्य प्राप्त हुआ। हरियाणा की संयुक्त मोर्चे की सरकार ने राव वीरेन्द्र सिंह (अहीर नेता) के नेतृत्व में 24 मार्च, 1967 को शपथ ली। राव वीरेन्द्र सिंह की सरकार का पलटना उनका तत्काल ध्येय बन गया। उत्तर प्रदेश में 1967 की संविद सरकार पूरे एक साल भी नहीं चल पाई।

सरकार में दलितों की हिस्सेदारी

कुल मिलाकर वैसा नहीं हुआ जैसा होना चाहिए था। यहाँ भी दलितों की हिस्सेदारी न्यूनतम रही। सिंहासन उलट गए। ताज बदल गए, पर हुआ क्या?

1967 में संयुक्त मोर्चा की सरकार बनी। अजय मुखर्जी पश्चिम बंगाल के मुख्यमन्त्री और ज्योति बसु उप मुख्यमन्त्री बने।[44]

इस चुनाव ने यह साबित कर दिया कि पश्चिम बंगाल की मुख्य कम्युनिस्ट पार्टी माकपा है न कि भाकपा, और कम्युनिस्टों के सबसे बड़े नेता और कोई नहीं ज्योति बसु हैं। कमोबेश यही स्थिति केरल की थी जहाँ ई.एम.एस. नंबूदरिपाद के नेतृत्व में माकपा सबसे बड़े गैरकांग्रेसी दल के रूप में उभरी थी। सिर्फ बंगाल और केरल में ही नहीं बल्कि राष्ट्रीय स्तर पर भी 1967 के इन चुनावों में माकपा की असरदार उपस्थिति दर्ज हुई। भाकपा ने इन चुनावों में लोकसभा के लिए कुल 106 उम्मीदवार खड़े किए जिनमें मात्र 23 जीते और उसे कुल 5 प्रतिशत मत प्राप्त हुए जबकि मात्र 62 सीटों पर चुनाव लड़कर माकपा ने अपने 19 लोगों को लोकसभा में भेजा। माकपा को कुल 4.5 प्रतिशत मत मिले।[45]

बकौल सी.एन. चितरंजन, वास्तविक खतरा तो हिन्दुओं में अल्पसंख्यकों के प्रति घृणा के प्रसार से है जिसे उन दिनों स्पष्टता से देखा गया था। इस बारे में वे यह भी कहते हैं कि यह भी किसी से छिपा हुआ नहीं है कि स्वतन्त्रता के समय कांग्रेस के कुछ प्रमुख नेताओं का विचार गांधी और नेहरू के बजाय गोलवलकर से मेल खाता था। सरदार बल्लभ भाई पटेल इसके ज्वलन्त उदाहरण हैं। पटेल द्वारा आमूल सामाजिक-आर्थिक परिवर्तन का विरोध किया जाना और निहित स्वार्थ वर्गों के प्रति सहानुभूति रखना भी कोई छिपी हुई बात नहीं है।[46]

यही भी कि जब गांधी जी विभाजन के घाव को भरने में लगे हुए थे और स्वतन्त्र भारत में हिन्दुओं और मुसलमानों को एक-दूसरे को भाई समझकर एक साथ रहने की आवश्यकता पर बल दे रहे थे तो सरदार पटेल इस देश से ही सभी मुसलमानों को पाकिस्तान भेज देना चाहते थे।

जनसंघ, राष्ट्रीय स्वयंसेवक संघ और **महाराष्ट्र में शिवसेना के स्थानीय नेता किसी विशेष क्षेत्र में सभाएँ बुलाते हैं और इन सभाओं में इस तरह के भाषण करते हैं जिससे**

अल्पसंख्यकों के मन में दहशत, घृणा और क्रोध उपजने लगते हैं। मस्जिदों के सामने अपमानजनक भद्दे नारे लगाए जाते हैं। मुसलमानों की वफादारी पर सन्देह के सवाल-दर-सवाल उठाए जाते हैं और उनकी धार्मिक भावनाएँ भड़काई जाती हैं। धीरे-धीरे साम्प्रदायिकता का विष घोलकर जब स्थानीय नेता पृष्ठभूमि तैयार कर देते हैं और वातावरण में जब भय और घृणा का भाव अधिकाधिक भर जाता है तब उस विशेष क्षेत्र में उक्त दलों के किसी शीर्षस्थ नेता का पदार्पण होता है जिससे कि स्थिति और विस्फोटक बने। इन बड़े नेताओं के उस क्षेत्र से बाहर आते ही कोई छोटी-मोटी वारदात इस ढंग से की जाती है जो शीघ्र ही कत्लेआम, आगजनी और लूट का बहाना बन जाती है। छुरे, तलवार, पेट्रोल, बम और अन्य कई प्रकार के घातक हथियारों का खुलकर उपयोग होने लगता है। इसमें कोई सन्देह नहीं कि ये हथियार दंगाइयों को पूर्वनिश्चित योजना से बाँटे गए होते हैं।[47]

एक तरफ कांग्रेस की ढुलमुल नीति तथा दूसरी ओर परोक्ष रूप से हिन्दू राष्ट्र बनाने के लिए जनसंघ कैडर्स को प्रशिक्षण दिया जा रहा था।[48] मुक्तधारा के अंक देखें तो सीधे-सीधे, जनसंघ : गृहयुद्ध की तैयारी क्या कांग्रेस जवाब दे सकेगी? ऐसे सवाल उन दिनों बहुत थे लेकिन क्या उनके जवाब गम्भीरतापूर्वक दिए गए?

दूसरी तरफ बलराज मधोक, अटल बिहारी वाजपेयी और केदारनाथ साहनी का पक्ष है। इनके अनुसार, यदि राष्ट्रीय स्वयंसेवक संघ पर प्रतिबन्ध लगता है तब जनसंघ को खामोश नहीं बैठना चाहिए और वैधानिक तथा अवैधानिक, सभी उपाय करके प्रतिबन्ध को तोड़ना चाहिए। जनसंघ के नेता अटल बिहारी वाजपेयी ने इस आशय से दूसरे दलों से सम्बन्ध भी स्थापित किया है।

केदारनाथ साहनी[49] 'नेशनल हेरॉल्ड' से एक वार्ता के माध्यम से खुलेआम धमकी देते हैं कि दिल्ली में 10 से 15 हजार तक स्वयंसेवक हैं, जो किसी भी आदेश का पालन करने में चूकेंगे नहीं।

कहना न होगा कि पूरे देश की राजनैतिक तथा सामाजिक स्थितियों पर नजर डालें तो हिन्दू राष्ट्र बनाने हेतु ऐसा था उस समय हिंदुओं के बीच कट्टर हिन्दुत्व को आगे ले जाने वालों का आह्वान जिसका रास्ता संसद और विधानसभाओं से शुरू होकर नगरों/कस्बों और गाँवों तक जाता था। कांग्रेस पार्टी को राजा-महाराजाओं के साथ विशेष लोगों की चिंता थी। राजा-महाराजाओं की निजी कोष और बिजली-पानी पेट्रोल आदि पर टैक्स न देने की सुविधा आदि अधिकार समाप्त करने की माँग समाजवादी प्रारम्भ से करते रहे हैं। उसी तरह आई.सी.एस. के सदस्यों के विशेषाधिकारों के खिलाफ भी। इन लोगों को अंग्रेजी शासन के जमाने से पौण्ड, स्टर्लिंग में पेन्शन आदि मिलती थी। 'होम लीव' के नाम पर इंग्लैण्ड में छुट्टियाँ बिताने की आई.सी.एस. अधिकारियों को विशेष सुविधा थी। यह बहुत बुरा लगता था। भारतीय आई.सी.एस. अधिकारियों की मातृभूमि और घर कहाँ था? हिन्दुस्तान में या इंग्लैण्ड में? 1969 के कांग्रेस के महाविभाजन के बाद इंदिरा गांधी अपनी प्रतिभा प्रगतिशील बनाना चाहती थी। अतः उनकी परीक्षा करने के लिए समाजवादियों के द्वारा

विशेषाधिकार समाप्त करनेवाले निजी संविधान संशोधन विधेयक पेश किए गए। कांग्रेस के विरोध के कारण राजा-महाराजा सम्बन्धी विधेयक फेल हो गया। "क्या यही प्रगतिशीलता थी?"

उसके बाद आई.सी.एस. वाला बिल आया। तब इंदिराजी ने संदेशा भेजा कि हम आपके बिल का समर्थन करेंगे। लेकिन जब वोट हुआ तब पाया गया कि मेरे (मधु लिमये) विधेयक के लिए दो-तिहाई बहुमत तो मिल गया है पर कुल सदस्य संख्या का आधा हिस्सा सदन में विधेयक के पक्ष में वोट देने के लिए मौजूद नहीं था। ज्यादातर कांग्रेसी सदस्य गायब थे या सेन्ट्रल हॉल में कॉफी पीते रहे। विभाजन की घंटी का, दल के आदेश के बावजूद, उन पर कोई असर नहीं हुआ। अतः आई.सी.एस. बिल भी फेल हो गया। संविधान कहता है कि दलितों-आदिवासियों को विधायिकाओं में उनकी जनसंख्या के अनुपात में प्रतिनिधित्व मिलेगा। इस आधार पर आरक्षित स्थानों और चुनाव-क्षेत्रों का नियमन हर जनगणना के साथ नए सिरे से होना चाहिए। लेकिन आपातकाल में विभिन्न राज्यों और दलितों-आदिवासियों का प्रतिनिधित्व 1971 की जनगणना के आधार पर स्थिर कर दिया गया है। इसका कारण 42वाँ संविधान संशोधन है। उस समय कहा गया था कि इसका उद्देश्य परिवार नियोजन को प्रोत्साहित करना है। लेकिन जबरन परिवार-नियोजन की नीति और उसका समर्थन करने वाली पार्टी, दोनों 1977 के आम चुनाव में पराजित हुईं।[50] इस संविधान को जनता सरकार ने आंशिक रूप से निरस्त कर दिया था। लेकिन जनप्रतिनिधित्व के बारे में आपातकालीन परिवर्तन ज्यों-के-त्यों रह गए।

आगे की राजनीतिक घटनाओं पर नजर डालें तो भी स्थिति दलितों के हक में नहीं थी। 1981 की जनगणना के आँकड़े हाल के लोकसभा के चुनाव के पहले ही उपलब्ध हो गए थे। 1971 में दलितों का अनुपात 14.82 प्रतिशत था, जो 1981 में 15.75 प्रतिशत हो गया। इसी तरह पूरी आबादी में आदिवासियों का अनुपात 6.82 से बढ़कर 7.76 प्रतिशत हो गया। अतः न केवल विधानमंडलों में, बल्कि सरकारी नौकरियों में भी इनका प्रतिनिधित्व बढ़ना चाहिए था। लेकिन 42वें संशोधन के परिणामस्वरूप इनका प्रतिनिधित्व 2001 ईसवी तक नहीं बढ़नेवाला है। साथ ही, चुनाव-क्षेत्रों का पुनर्गठन भी नहीं होनेवाला है।

अब शोधार्थी समझ चुके होंगे कि किन परिस्थितियों में नए भारत की प्रजातांत्रिक तस्वीर को बनाया गया होगा। पर अभी तस्वीर का एक महत्त्वपूर्ण भाग पाठकों को और देखना है।

भारतीय राजनीति में जमीन का सवाल और आम्बेडकर

यह धरती सदियों से राजा-महाराजाओं के सत्ता का आधार रही है। जिसकी हुकूमत में जितनी ज्यादा धरती वह उतना बड़ा सम्राट समझा गया है। अपने-आपको ज्यादा-से-ज्यादा ताकतवर बनाने की अभिलाषा लेकर ही आर्य, सिकन्दर, चंगेज खाँ, नेपोलियन, बाबर अपनी जन्मभूमि से दूर भटकते रहे। धरती का सम्राट बनने की अभिलाषा ने ही यहाँ

महायुद्धों को दावत दी। यही अभिलाषा, शक्तिशाली बनने के लिए जमीन पर अधिकार करने की, इस हद तक चली गई कि कुछ समूहों ने अपने ही समाज के दूसरे समूहों को गुलाम बना डाला। उनकी चालाकी ने इन गुलाम समूहों से जमीन का छोटा-सा टुकड़ा रखने के अधिकार को भी छीन लिया और ऐसा करते वक्त शास्त्रों का बनावटी आधार इस तरह से सामने लाया गया कि गुलाम समूह इसे ईश्वरीय आज्ञा समझकर उसका पालन करने लगा। समाज के आधुनिक होने के साथ-साथ सत्ता का यह समीकरण और दृढ़ होता चला गया। भारतीय समाज इस समीकरण का सबसे विशाल एवं विकृत स्वरूप है। भारतीय समाज की रचना ही समूहों के बन्दिस्त रूपों का गठजोड़ है। चालाक समूहों द्वारा निर्मित शास्त्र अपना अधिराज्य कायम करते समय गुलाम समूहों के अधिकारों को नकार देते हैं। इन शास्त्रों ने गुलाम समूहों का जमीन पर आनेवाला कुदरती हक नकारते हुए सत्ता के सारे केन्द्र अपने पास कायम रखे। बड़े-बड़े मन्दिर, आश्रम, धर्मशाला, धार्मिक ट्रस्ट, बेनामी जमीन, ईनामी जमीन, गाँवों की जागीरी आदि यह वो हथकंडे हैं जिनको सामन्ती सत्ता में राज करने वाले शीर्षस्थ समूह ने आधुनिक काल में अपने हितों की रक्षा के लिए अपनाए।

इस समूह ने अपनी सत्ता को कायम करने के लिए समाज के एक दूसरे समूह को सहयोगी के रूप में विकसीत किया। उसे क्षत्रिय यह सम्बोधन देकर एक ऐसे वर्ग का निर्माण किया जो ब्राह्मणों की रक्षा करता रहे। आज इस समुदाय की सत्ता में ब्राह्मणों के साथ मिलीभगत इनकी भागीदारी को उजागर करती है,[51] इस क्षत्रिय समुदाय के पास हजारों एकड़ जमीन पड़ी हुई है।

17 सितम्बर 1937 : ऐतिहासिक दिन

इस बारे में स्वतन्त्र मजूर पक्ष द्वारा चुनाव के समय किया गया घोषणापत्र देखना जरूरी है।

खेती को अधिक उपजाऊ बनाना, उद्योग-धंधों का विकास करना, पीढ़ी-दर-पीढ़ी जोतनेवाले परिवारों को संरक्षण देना एवं वह जमीन उन परिवारों के नाम पर करना, जमींदार का ऐसी जमीन से मालिकाना हक खत्म करना, श्रमिकों के हित में कानून बनाना, किसानों को खेती के लिए सरकारी संस्थाओं द्वारा ऋण उपलब्ध कराकर उनकी महाजनों के शिकंजों से मुक्ति करना, इत्यादि।[52]

इस पक्ष (पार्टी) के चुनावी घोषणापत्र का यह पहला ही कदम था। इसी घोषणा की पूर्ति के लिए 17 सितम्बर, 1937 को डॉ. बाबा साहेब आम्बेडकर ने बम्बई विधानसभा में एक विधेयक प्रस्तावित किया।[53] इस विधेयक की मौलिकता पर डॉ. बाबा साहेब के चरित्रकार धनंजय कीर लिखते हैं, "अनेक मुश्किलों का सामना कर जीने वाले किसानों का हित करने के लिए डॉ. आम्बेडकर अपनी पूरी ताकत से लड़ रहे थे। कोंकण में कार्यरत 'खोती' नष्ट करने के लिए (खोती-जमींदारों की जमीन पर पीढ़ी-दर-पीढ़ी खेती करने

वाले परिवार जिन्हें फसल का बिलकुल थोड़ा उत्पादन मिलता है और बाकी सारा जमींदार डकार जाता है।) उन्होंने एक विधेयक बम्बई विधानसभा के सामने पेश किया। खेत जमीन पर फसल उगाने वाले परिवार की गुलामी खत्म करने हेतु प्रान्तीय सभा के सामने इस तरह का विधेयक रखनेवाले डॉ. आम्बेडकर पहले व्यक्ति थे। खोती नष्ट होकर फसल उगानेवाले परिवारों को जमीन का मालिकाना हक प्राप्त हो यह इस विधेयक का मुख्य उद्देश्य था। इस विधेयक का संक्षिप्त शीर्षक और विस्तार इस तरह से था—इस अधिनियम को खोती उन्मूलन अधिनियम, 1937 कहा जाएगा। इसे पूरी बम्बई प्रेसिडेंसी में लागू किया जाएगा।[54]

बाबा साहेब डॉ. आम्बेडकर कहते हैं कि भू-धारण की खोती व्यवस्था जहाँ एक ओर खोत (जमीन का मालिक) को बाध्य करती है कि वह सरकार को राजस्व का भुगतान करे, वहीं दूसरी ओर यह उसे स्वतन्त्रता भी देती है कि वह अधीनस्थ धारकों के साथ चाहे जैसा व्यवहार करे। बल्कि उन्हें (भूमिहीन मजदूर, किसान) गुलामों की तरह जीवन बिताने के लिए विवश किया जाता है।[55]

इसी सवाल को लेकर ठाणे, रत्नागीरी, कुलाबा, नासिक...आदि जगहों पर विशाल सभाओं का आयोजन हुआ। 1938 की शुरुआत में बम्बई की विधानसभा पर किसानों की माँगों को लेकर एक विशाल मोर्चा गया। जमींदारी का नाश हो, डॉ. आम्बेडकर के विधेयक को समर्थन हो—इस तरह की घोषणाएँ देते हुए गाँव-गाँव से किसान इस मोर्चा में शामिल हुए थे। हाथ में लाठी, कन्धों पर कम्बल, फटी-सी धोती पहने चल रहे वह हजारों किसान दलित समाज के ही नहीं थे, उनमें अन्य वर्गों के भी किसान शामिल थे। लेकिन बाबा साहेब की लड़ाई ने उन्हें उत्साहित किया था। बहुजन समाज का विशाल समर्थन प्राप्त करने वाली डॉ. बाबा साहेब जी की यह लड़ाई सफल न हो इसलिए कांग्रेस भरसक प्रयत्न कर रही थी। इस लड़ाई के कारण बम्बई विधानसभा की ईंट-से-ईंट बज चुकी थी। 'जो जोतेगा, जमीन उसी की' यह ऐतिहासिक नारा डॉ. बाबा साहेब आम्बेडकर का था।

18-19 जुलाई 1942 को शेड्यूल कास्ट फेडरेशन का नागपुर में स्थापना अधिवेशन हुआ। इसी सम्मेलन में भूमिहीनों को जमीन के पट्टे दिलवाए जाने के सन्दर्भ में संघटना ने संघर्ष करने का संकल्प किया। भूमिहीन खेत मजदूरों का सवाल लेकर शेड्यूल कास्ट फेडरेशन सामने आई। इसी काल में डॉ. बाबा साहेब ने जमीन का सवाल हल करने के लिए अत्यन्त मौलिक प्रयास किए। 'स्टेट एंड मायनॉरीटीज' ग्रन्थ में उन्होंने सरकार को कई महत्त्वपूर्ण सुझाव दिए हैं। सही माने में यह सारे सुझाव भारतीय राज्य घटना में अन्तर्भूत किए जाने के लिए ही उनकी कोशिश रही। भूमिहीनों का यह प्रश्न 23 सितम्बर 1944 की शे.का.फे. की बैठक में चर्चा के लिए शामिल किया गया था। भूमिहीनों की जो हालत हैदराबाद प्रान्त में निजाम द्वारा की गई थी उसे देखने के लिए डॉ. बाबा साहब सिकन्दराबाद भी जाकर आए। भूमिहीनों के सवाल को लेकर सत्याग्रह करने के सिवाय कोई चारा नहीं ऐसा मत सिकन्दराबाद दौरे के बाद में डॉ. बाबा साहेब ने पार्टी की मीटिंग में रखा था। 3 सिम्बर, 1946 को एक हजार कार्यकर्ताओं ने यही सवाल लेकर नागपुर में सत्याग्रह किया।

25 मार्च, 1947 को लखनऊ में इसी प्रश्न पर कार्यकर्ताओं ने सत्याग्रह किया। 15 मार्च, 1947 को डॉ. बाबा साहेब द्वारा 'स्टेट एंड मायनॉरीटीज' ग्रन्थ प्रकाशित किया गया। इसके बाद डॉ. बाबा साहेब आम्बेडकर घटना निर्माण करने के कार्य में व्यस्त हो गए। आम्बेडकरी आन्दोलन का इतिहास डॉ. बाबा साहेब के साथ-साथ चलता रहा है। मराठवाड़ा एवं हैदराबाद संस्थान में शेड्यूल कास्ट फेडरेशन ने भूमिहीनों के सवाल पर बड़े पैमाने पर खेत मजदूरों को संगठित किया। भूमिहीनों के सवाल के साथ-साथ और अन्य स्थानिक प्रश्नों पर शे.का.फे. का काम इतना व्यापक रहा कि तेलंगाना का प्रचंड विद्रोह होने के बाद जब आन्ध्र प्रदेश में चुनाव हुए तो करीमनगर की लोकसभा सीट पर शे.का.फे. के श्री एम.आर. कृष्णन विजयी हुए तेलंगाना विद्रोह का व्यापक प्रभाव करीमनगर में होने के बावजूद यहाँ शे.का.फे. के चार आमदार चुनकर आए। 1952 के चुनावों में तेलंगाना के आसपास के इलाके में शे.का.फे. को मिली चुनावी सफलता वहाँ भूमिहीनों के सवाल पर फेडरेशन के प्रभाव की ओर इशारा करती है।

बकौल विमल सूर्य चिमणकर 1952 के चुनाव आजाद भारत के पहले चुनाव थे। यह चुनाव होने के साथ ही शे.का.फे. ने भूमिहीनों के संघर्ष पर ध्यान केन्द्रित किया। औरंगाबाद शे.का.फे. के अध्यक्ष बी.एस. मोरे और दादासाहब गायकवाड जी के नेतृत्व में 1943 से भूमिहीनों के सत्याग्रह की शुरुआत हुई। सतरह सौ लोगों ने औरंगाबाद की सड़कों पर जबरदस्त प्रदर्शन किया। ग्यारह सौ लोगों को जेल की सलाखों के पीछे कैद किया। औरंगाबाद की देखादेखी यह आन्दोलन उस्मानाबाद जिला में भी पहुँचा। उस्मानाबाद जिला में एक साथ सारे कार्यकर्ताओं ने गिरफ्तारी न देकर रास्ता रोको, रेल रोको आदि उपायों से सरकार एवं पुलिस को हैरान कर डाला। अब हैदराबाद भी इस लड़ाई में उतर पड़ा। हैदराबाद में भव्य प्रदर्शन किए गए। 18 मार्च, 1955 को डॉ. बाबा साहब आम्बेडकर जी ने आगरा के रामलीला मैदान से भूमिहीनों के सवाल पर देशव्यापी सत्याग्रह के शुरुआत करने की घोषणा की। सरकार ने भूमिहीनों के सवाल को हल नहीं किया तो भूमिहीनों ने खेती योग्य जमीन पर कब्जा कर उस पर खेती करना शुरू करने का और साथ-साथ जिला कचहरियों पर प्रदर्शन कर सत्याग्रह शुरू रखने का आवाहन डॉ. बाबा साहब ने किया। पर डॉ. बाबा साहेब भूमिहीनों के देशव्यापी सत्याग्रह का नेतृत्व नहीं कर पाए। 1956 का वर्ष धम्मदीक्षा की सम्पूर्ण प्रक्रिया में गुजरा और 6 दिसम्बर, 1956 को डॉ. बाबा साहेब का महापरिनिर्वाण हुआ। सन् 1957 लोकसभा, विधानसभा चुनावों में गुजरा, 1957 के 3 अक्तूबर को भारत की राजनीति में एक नए राजकीय पक्ष का उदय हुआ। डॉ. बाबा साहब द्वारा संकल्पित पक्ष ने मूर्त रूप धारण किया। रिपब्लिकन पार्टी ऑफ इंडिया का गठन हुआ।

चुनाव और रिपब्लिकन पार्टी के गठन के बाहर आते ही फिर भूमिहीनों के आन्दोलन ने जोर पकड़ा, सन् 1958 के रिपब्लिकन पार्टी के मराठवाड़ा अधिवेशन में हुए प्रस्ताव के तहत नासिक, जलगाँव, धुले, अहमदनगर...आदि जिलों से भूमिहीन खेत-मजदूरों ने सत्याग्रह की शुरुआत की। अभी तक की इस लड़ाई में खानदेश का इलाका शामिल न हो सका

था लेकिन अबके जलगाँव, धुलिया, अहमनगर के शामिल होने से खानदेश भी इस संघर्ष में आ गया। इस तरह सम्पूर्ण महाराष्ट्र इस वक्त भूमिहीनों के सवाल पर रास्तों पर उतर चुका था। यह बात कांग्रेसी सरकार के लिए खतरनाक बनती जा रही थी। कांग्रेस सरकार ने सत्याग्रह का नेतृत्व करनेवाले दोनों नेता दादा साहेब गायकवाड जी एवं बी.एस. मोरे को गिरफ्तार किया और भड़कीले भाषण देने का आरोप लगाकर चार-चार महीने की सजा सुनवाकर औरंगाबाद जेल में ठूँस दिया। बी.एस. मोरे औरंगाबाद मराठवाड़ा के बड़े लाडले नेता थे और दादा बाबा साहेब तो दलितों के दादा (बड़े भाई) बन चुके थे, इन्हें जेल में ठूँसने से सत्याग्रह और भड़का, मराठवाड़ा की जेलें कम पड़ने लगीं। औरंगाबाद की जेल में तीन हजार सत्याग्रहियों को डाल दिया गया लेकिन लोग अभी सड़कों पर कायम थे, औरंगाबाद के सत्याग्रहियों को पैठण की जेल में भेजा जाने लगा। इस सत्याग्रह में लाखों लोग सड़कों पर उतर आए थे। पैंतीस हजार लोगों को जेल में बन्द किया गया था। दिसम्बर 1958 को शुरू हुआ यह सत्याग्रह 1959 मध्य तक चालू रहा। आखिरकार 26 जून, 1959 को उस समय में बम्बई राज्य के मुख्यमन्त्री यशवन्त राव चव्हाण ने बैरिस्टर राजाभाऊ खोब्रागडे के नेतृत्व में एक शिष्टमंडल को मिलने के लिए बुलाया। बै. राजाभाऊ खोब्रागडे जी की यशवन्त राव चव्हाण के साथ विस्तार से बातचीत हुई। 12 अगस्त, 1959 को भूमिहीनों के सवाल को लेकर लोकसभा में चर्चा की सूचना आई, संसद में रिप. पक्ष के खासदारों ने अपनी बात बड़े ही जोरदार तरीके से पेश की। उस समय चर्चा में शामिल होनेवाले रिप. सांसद दादा साहब गायकवाड, डी.के. माने, दत्ता कट्टी और दूसरे सभी सांसद थे। उस समय रिप. पार्टी के 1 सांसद लोकसभा में एवं 19 आमदार बम्बई विधानसभा में बैठते थे। 1960 में यह आन्दोलन मोर्चा, सत्याग्रह, शिष्टमंडलों की भेंट...इत्यादि तरीकों से चलता रहा। अब भूमिहीनों का सत्याग्रह महाराष्ट्र तक सीमित नहीं था, इसके प्रभाव में उत्तर प्रदेश, बिहार, बंगाल, आन्ध्र प्रदेश, कर्नाटक, तमिलनाडु, मध्यप्रदेश, गुजरात आदि राज्यों के भूमिहीन शामिल हो चुके थे। उत्तरप्रदेश के अलीगढ़ में 25-26 नवम्बर को रिपब्लिकन पार्टी का अधिवेशन सम्पन्न हुआ। इस अधिवेशन में 'जमीन' के सवाल को लेकर चलता हुआ यह आन्दोलन और तीव्र करने के सन्दर्भ में विचार हुआ। सत्याग्रह तीव्रतर होता गया लेकिन नेहरू सरकार अपनी हेकड़ी पर अड़ रही थी। भारत को समाजवाद का पाठ पढ़ाने वाला प्रधानमन्त्री समाजवाद का सबसे सरल मार्ग जो जमीन के रास्ते से आगे बढ़ता है उसे ही नकार रहा था।

नेहरू सरकार को अपनी जायज माँग मनवाने के लिए किस तरह बाध्य किया जाए यह सवाल, जनवरी 1963 को महाराष्ट्र के नासिक जिला में रिपब्लिकन पार्टी की केन्द्रीय कार्यकारिणी के सामने आया। विशाल मोर्चा आयोजित किया जाए यह बात सभी नेताओं ने मान्य की। तैयारियाँ चलने लगीं। 1 अक्तूबर को मोर्चा पार्लियामेंट पर जाना निश्चित था। लाखों लोगों के रिप. पक्ष के अध्यक्ष एन. शिवराज दिल्ली पहुँचे और वहीं 29 दिसम्बर, 1964 को उनका निर्वाण हुआ। मोर्चा सफल होगा या नहीं इस दुविधा में फँसे रिप. पक्ष के नेताओं ने मोर्चा निकाला। एन. शिवराज जी के निधन का असर मोर्चा पर हुआ था।

फिर भी डेढ़ लाख से दो लाख के बीच फटेहाल भूमिहीन खेत-मजदूर दिल्ली की सड़कों पर उतर आए थे। एक भाषा नहीं, एक प्रान्त नहीं पर डॉ. बाबा साहेब आम्बेडकर, एक ही पक्ष रिपब्लिकन पक्ष, को माननेवाले इतने सत्याग्रही दिल्ली पार्लियामेंट आए देख पन्त प्रधान लालबहादुर शास्त्री के होश ठिकाने आ गए। उन्हें इस बात का आश्चर्य था कि इतना गरीब आदमी इतनी हिम्मत के साथ संघर्ष पर कैसे उतर आया। शिष्टमंडल से बात करते वक्त यह आश्चर्य उन्होंने बार-बार व्यक्त किया।

भूमिहीनों के संघर्ष की व्यापकता

1 अक्तूबर को मोर्चा का शिष्टमंडल जब प्रधानमन्त्री लालबहादुर शास्त्री से बात कर रहा था उसी समय रिप. नेता दादा साहब गायकवाड यह समझ गए थे कि यह कांग्रेसी अपनी माँगों के सन्दर्भ में कुछ करनेवाला नहीं। इसीलिए मोर्चा के सामने भाषण करते समय कि डॉ. बाबा साहेब आम्बेडकर जी के महापरिनिर्वाण दिन से भूमिहीनों का जेल भरो आन्दोलन शुरू किया जाएगा। पूर्व योजना की तरह 6 दिसम्बर, 1964 को भूमिहीनों का जेल भरो आन्दोलन शुरू हुआ। देशभर में शुरू हुए इस आन्दोलन में देश के सभी प्रान्तों में भूमिहीन खेत-मजदूरों ने गिरफ्तारियाँ देनी शुरू कीं। प्रारम्भिक अवस्था में तो सरकार को कोई कठिनाई का सामना नहीं करना पड़ा लेकिन रोज-ब-रोज गिरफ्तारी देनेवालों की संख्या बढ़ती ही गई। इस आन्दोलन में उत्तरप्रदेश, बिहार, पंजाब, आन्ध्र प्रदेश, कर्नाटक, तमिलनाडु, महाराष्ट्र...और प्रान्तों से आन्दोलनकारी जेल में जाने लगे। इस आन्दोलन में दलित समाज अपनी हिम्मत के साथ कूद पड़ी। तीन लाख चालीस हजार लोग जेल की सलाखों के पीछे कैद किए गए। रोज गिरफ्तार होकर छूटने वालों की संख्या तो बेशुमार थी। सात दिन, चौदह दिन, एक महीना, दो महीना, छह महीना...आदि प्रकार की शिक्षाएँ सत्याग्रहियों को मिली। आगरा में 24, 25 दिसम्बर को जिला कचहरी के सामने आन्दोलनकारियों ने प्रदर्शन किया एवं गिरफ्तारियाँ दीं। आगरा जेल में गिरफ्तार लोगों को रखने के लिए जगह न होने के कारण उन्हें शहर से दूर ले जाकर छोड़ दिया जाता। अकेले आगरा में 21 टुकड़ियों ने प्रदर्शन किए एवं गिरफ्तारियाँ दीं। महाराष्ट्र में तो पुलिस यंत्रणा की स्थिति अत्यन्त दयनीय हो गई थी। शहरों की जेलों में जगह न होने के कारण पहले-पहल गिरफ्तार लोगों को शहर से दूर छोड़ दिया जाता लेकिन आन्दोलनकारी फिर शहर पहुँचकर प्रदर्शन करने लगते। कई बार वह ज़ंगल में ही महोमार्गों का रास्ता जाम कर देते। क्या करे और क्या नहीं इस दुविधा में पड़ी पुलिस ने आखिरकार घुटने टेक दिए। सिनेमा थिएटर एवं अनाज गोदामों को सरकार ने भाड़े पर लिया और उन्हें जेल के रूप में इस्तेमाल किया गया। सत्याग्रही इन सिनेमा थिएटरों एवं अनाज गोदामों में भरने के बावजूद सड़कों पर का प्रदर्शन चालू ही था। दो महीनों के आन्दोलन में तेरह लोग शहीद हो चुके थे। आन्दोलन ने धरती को खून का तिलक लगा दिया था। जमीन का सवाल लेकर लड़ने वालों ने जमीन को अपने खून से सींचा और सरकार झुकी। लालबहादुर शास्त्री ने रिप. पक्ष के नेताओं को मिलने के लिए बुलाया।

मुलाकात का समय निश्चित हुआ। भारत सरकार से इस मुलाकात में बैरिस्टर खोबरागड़े, सर चिटणीस, भैया साहेब आम्बेडकर आदि थे। रिपब्लिकन पार्टी के शीर्ष नेताओं के साथ प्रधानमन्त्री लालबहादुर शास्त्री की जमीन से जुड़े सभी मुद्दों पर बातचीत हुई।

आगामी मुलाकात में श्री बी.डी. खोबरागड़े, श्री अरुमुघम, एडवोकेट ए.बी. निले 30 जनवरी, 1965 थे।[56]

क्या मजाक था कि उस समय में देश अन्न समस्या को लेकर जूझ रहा था और दूसरी ओर लोग अन्न पैदा करने के लिए जमीन माँग रहे थे तो कांग्रेस उन्हें जमीन देने से इनकार कर रही थी, केवल इसलिए कि देश के लिए अन्न उगानेवाला यह दलित और पिछड़ी जाति का आदमी आत्मनिर्भर होकर ब्राह्मणवाद के खिलाफ राजनीति न करने लगे।

भारतीय राजनीति पर इन घटनाओं का प्रभाव

भारतीय राजनीति की पृष्ठभूमि पर 'जमीन' का सवाल लेकर प्रस्थापितों की 'Power Politics' को प्रभावहीन करने की रणनीति बनानेवाले डॉ. बाबा साहेब आम्बेडकर जी के इस प्रभावशाली संघर्ष ने भारतीय राजनीति को किस तरह प्रभावित किया यह समझ लेना अत्यन्त आवश्यक है। सन् 1930 से लेकर सन् 1965 तक भूमि का सवाल आम्बेडकरी आन्दोलन द्वारा लगातार संघर्ष के रूप में विकसित होता रहा।

भारतीय कम्युनिस्टों पर इस आन्दोलन का प्रभाव अत्यन्त बुनियादी रूप में हुआ और उनके संघर्ष की दिशा ही बदल गई। महाराष्ट्र से भारतीय कम्युनिस्ट पक्ष के एक नेता रहे हैं शान्ताराम गरूड़। इन्होंने ग्रामीण जीवन को लेकर 'एक कादम्बरी' (उपन्यास) लिखा है; नाम है, 'क्रान्तिकारी कफल्लक'। इस कादम्बरी का घटनाकाल महाराष्ट्र में 1948 से 1960 तक हुई उथल-पुथल है। यह कादम्बरी काल्पनिक नहीं एकदम सत्य घटना है। एक सामान्य किसान कम्युनिस्ट कार्यकर्ता कैसे बना यह इसका विषय है। डॉ. बाबा साहेब ने 1937 से लेकर आगे, खेत जोतने वाली पीढ़ियों के परिवारों को वह जमीन मालिकाना हक में मिले इसके लिए जो संघर्ष किया एवं सफलता हासिल की, तो देश आजाद होने के बाद कांग्रेस ने इस कानून पर अमल करने के लिए जो एकसूत्री कार्यक्रम पर काम किया उसका लेखा-जोखा इस कादम्बरी में है। स्वतन्त्र मजदूर पक्ष ने बड़े ही परिश्रम के साथ छोटे किसानों को जो हक दिलवाया था वह कांग्रेसी कार्यकर्ताओं ने जमींदारों की तिजोरियों में कैद कर दिया। यह 'कादम्बरी लेखक' इस काल में कांग्रेसी था लेकिन कांग्रेस वालों का यह रवैया देखकर वह कम्युनिस्ट बना। यह लेखक अपनी प्रस्तावना में कम्युनिस्ट बनने का समय 1942 के आसपास का बताता है। अपनी वैचारिक परिवर्तन. की लड़ाई पर प्रभाव डालने वाले दो कामरेड के वह नाम बताता है। वह हैं, बी.टी. रणदीवे एवं शामराव परुळेकर। इनमें शामराव परुळेकर जानी-मानी हस्ती गोदावरी परुळेकर, सोवियत लैंड नेहरू पुरस्कार विजेता कामरेड के पति थे। यह शामराव परुळेकर कोंकण के रत्नागीरी जिला के दक्षिण भाग से 1937 में

स्वतन्त्र मजदूर पक्ष की टिकट पर बम्बई विधानसभा से चुनकर आए थे। यह न केवल डॉ. बाबा साहेब के सहयोगी थे बल्कि डॉ. बाबा साहेब से ही राजनीति के पाठ पढ़कर सक्रिय हुए थे। जब बाबा साहेब आम्बेडकर जी ने बम्बई विधानसभा में अपना, छोटे किसानों के हकों के लिए, ऐतिहासिक विधेयक पूरा किया तब यह परुळेकर उनके साथ ही थे। 14 मई, 1938 को कणकवली एवं 16 मई, 1938 को चिपळुण में जो विशाल सभाएँ इस सवाल को लेकर हुईं तब भी यह परुळेकर बाबा साहेब के साथ उनके अनुयायी ही थे। स्वातंत्र्य मजूर पक्ष में जो सवर्ण लोग थे वह शेड्यूल्ड कास्ट फेडरेशन के गठन होते ही डॉ. बाबा साहेब का साथ छोड़ चले गए। परुळेकर भी डॉ. बाबा साहेब को छोड़कर चले गए। यही परुळेकर बाद में कम्युनिस्ट बने। इनके द्वारा ही भाकपा में जमीन के सवाल पर लड़ने की प्रक्रिया विकसित हुई। डॉ. बाबा साहेब द्वारा अंकुरित यह बीज कम्युनिस्टों में जड़ पकड़कर विशाल हुआ।

तेलंगाना के विद्रोह पर भी प्रभाव!

तेलंगाना में 1928 को आन्ध्र कॉन्फ्रेंस का गठन हुआ। 1938 के बाद संघटना समाज के भिन्न-भिन्न क्षेत्रों में काम करने लगी। बेठबिगार एवं लेवी का सवाल लेकर जुलाई 1946 को एक हजार लोगों का जूलूस विष्णु देशमुख नाम के जमींदार के घर पर गया। विष्णु देशमुख के गुंडों द्वारा चलाई गई गोली से दोड्डी कामय्या नाम का नेता मारा गया। यहीं से संघर्ष तीव्र रूप में सामने आया। वरंगळ, खम्मम, नालगोंडा इन जिलों में 12 से 18 माह तक ग्रामीणों की सत्ता रही। आदिलाबाद, करीमनगर, मेंडक आदि जिलों का कुछ क्षेत्र भी इन्हीं ग्राम समितियों की अधिसत्ता के नीचे रहा। इस सम्पूर्ण काल में दशलक्ष एकड़ जमीन भूमिहीनों को बाँट दी गई।[57]

इस विद्रोह पर भी डॉ. बाबा साहेब के आन्दोलन का प्रभाव रहा। हैदराबाद प्रान्त में 1930 से डॉ. बाबा साहेब का प्रभाव रहा। 1942 के बाद तो शेड्यूल्ड कास्ट फेडरेशन अत्यन्त उत्साह के साथ यहाँ सक्रिय रही। जब 1951 में कम्युनिस्टों ने अपना सशस्त्र संघर्ष पीछे लिया तब हुए लोकसभा चुनावों में कम्युनिस्टों से प्रभावित करीमनगर से शे.का.फे. के उम्मीदवार को विजय हासिल हुई थी। यहाँ से कम्युनिस्टों के सात खासदार चुनकर आए थे। डॉ. बाबा साहेब की मूवमेंट ने वहाँ जो जागृति भूमिहीनों में की थी उसी जागृति का फल तेलंगाना के विद्रोह में दिखता है। सशस्त्र संघर्ष करने का मार्ग कम्युनिस्टों का है, पर भूमिहीनों की जमीन दिलवाने का लक्ष्य तो आम्बेडकरी था। वैसे भी 1938 में संघम के गठन तक यहाँ कम्युनिस्टों का कार्य नहीं के बराबर था एवं 1946 के पहले तक वह जमीन के प्रश्न पर गम्भीर नहीं थे। आम्बेडकरी आन्दोलन ने जो जागृति वहाँ के भूमिहीनों में पहुँचाई उसी को लेनिन के सशस्त्र संघर्ष का सहारा मिला लेकिन उद्देश्य जो था वह आम्बेडकरी आन्दोलन में निहित था, उसी पर काम हुआ। 1937 से करीमनगर और उसके आसपास काम करने वाले आम्बेडकरवादियों का प्रभाव इस तरह से तेलंगाना विद्रोह पर नजर आता है।

मार्क्सवादी-लेनिनवादियों पर प्रभाव

भारतीय कम्युनिस्टों पर आम्बेडकरी आन्दोलन का प्रभाव किस तरह पड़ा उसकी एक और घटना है। एक तो 1965 तक आम्बेडकरवादी भूमिहीनों के सवाल पर लड़ते हैं और मात्र दो वर्षों बाद 1967 में नक्सलवादी का आन्दोलन किसानों के, भूमि के सवाल पर खड़ा होता है। यह मात्र संयोग नहीं, यह एक प्रभाव का परिणाम है लेकिन इस बात को फिलहाल यहीं छोड़ मार्क्सवादी-लेनिनवादियों पर आम्बेडकरी आन्दोलन का प्रभाव किस तरह दिखाई देता है उसकी चर्चा ज्यादा मुनासिब है। भारतीय कम्युनिस्ट पार्टी (मार्क्स-लेनिन) संघटना की तीसरी अखिल भारतीय कांग्रेस में एक कृषि कार्यक्रम स्वीकृत किया गया। 1983 में प्रकाशित इस 'कृषि कार्यक्रम' के दस्तावेज में पृष्ठ 2 पर निम्नलिखित वाक्य है–"पूँजीवादी रास्ते पर कृषि का विकास हमारे देश में असम्भव है। सर्वप्रथम सामन्ती उत्पादन सम्बन्धों को बदल डालना एवं किसानों को गरीबी से मुक्ति की ओर ले जाना, स्वैच्छिक सामूहिकीकरण के जरिए उत्पादक शक्तियों को विकसित करना और वैज्ञानिक समाजवादी कृषि की ओर आगे बढ़ना– भारतीय कृषि एकमात्र इसी रास्ते पर आगे बढ़ सकती है।"

इस दस्तावेज में एक शब्द बड़ा ही महत्त्वपूर्ण है। 'स्वैच्छिक सामूहिकीकरण'। यह शब्द एशिया या चीन की क्रान्तियों से आया हुआ नहीं क्योंकि सोवियत रूस या चीन में खेती का सामूहिकीकरण तो है पर वह स्वैच्छिक सामूहिकीकरण नहीं है। फिर यह शब्द कहाँ से आया? यह शब्द आता है डॉ. बाबा साहेब आम्बेडकर जी के 'स्टेट एंड मायनॉरीटीज' इस अनमोल अंग्रेजी ग्रन्थ से। इस ग्रन्थ में डॉ. बाबा साहेब ने जमीन को लेकर अत्यन्त उपयुक्त सूझाव दिए हैं। ग्रन्थ के खंड-4 में 'आर्थिक शोषण के खिलाफ संरक्षण' में राज्यघटना में कानून बनाए जाने के लिए डॉ. बाबा साहेब कहते हैं–

कॉलम 4–कृषि उद्योग यह राज्य का राष्ट्रीय उद्योग रहेगा।

कॉलम 9–कृषि उद्योग की निम्नलिखित मुद्दों पर संरचना की जाएगी।

(I) सरकार द्वारा सम्पादित की हुई जमीन के एक विशिष्ट मर्यादा के टुकड़े राज्य सरकार करेगी और यह टुकड़े गाँवों में रहने वाले परिवारों को (उन परिवारों के ग्रुप बनाकर) फसल उगाने के लिए नीचे दी गई शर्तों पर सौंप दिए जाएँगे।

(i) इस तरह की खेती यह सामूहिक (Collective) खेती के रूप में जोतने दी जाएगी।

(ii) खेती करने के लिए सरकार द्वारा जो नियम बनाए जाएँगे उन नियमों के अधीन ही यह खेती होगी।

(iii) खेती पर सरकार द्वारा निर्धारित टैक्स भर देने के बाद खेती से आए हुए उत्पन्नों को नियोजित पद्धति के तहत सारे परिवारों में बाँट दिया जाएगा।

डॉ. बाबा साहेब द्वारा सूझाया गया जमीन का राष्ट्रीयकरण कराने वाला यह सूझाव नई पद्धति का है। इसमें रशियन पद्धति का सामूहिकीकरण निहित न होकर यहाँ खेती करने वाले परिवार को खेत से उत्पन्न का पूरा-पूरा लाभ मिलने का मार्ग है। यहाँ खेती

का सामूहिकीकरण स्वैच्छिक है। यहाँ खेती करने के लिए निर्बन्ध नहीं लगाए गए हैं। 'स्टेट एंड मायनॉरीटीज' ग्रन्थ में इसका काफी विस्तार से वर्णन किया गया है। डॉ. बाबा साहेब के मौलिक चिन्तन से निकला सवैच्छिक सामूहिकीकरण का यह मुद्दा 1983 में मार्क्सवादी-लेनिनवादी मूल रूप से स्वीकारते हैं यह बात डॉ. बाबा साहेब की सोच इस विषय पर कितनी गम्भीर थी यह दर्शाती है।

भूदान यज्ञ पर प्रभाव

भूदान यज्ञ की शुरुआत 18 अप्रैल, 1951 को तेलंगाना के जिला नलगुंडा पोचमपल्ली गाँव में हुई। तेलंगाना का सशस्त्र संघर्ष इस काल में कमज़ोर पड़ चुका था। इसका फायदा उठाते हुए जमींदार, साहूकार, महाजनों की हितैषी कांग्रेस ने विनोबा भावे नाम के गांधी भक्त को कम्युनिस्टों का प्रभाव कम करने के लिए तेलंगाना भेजा। यह विनोबा भावे तेलंगाना के दौरे पर घूमते हुए पोचमपल्ली गाँव पहुँचे। वहाँ के दलितों ने विनोबा भावे को खेती करने के लिए जमीन दिलवा देने की विनती की, विनोबा भावे के साथ ही घूम रहे एक जमींदार ने उस गाँव की 100 एकड़ जमीन विनोबा भावे को दान कर दी और यहीं से भूदान यज्ञ की शुरुआत हो गई।

विनोबा भावे केवल तेलंगाना में ही नहीं घूमे, वह बिहार, उत्तरप्रदेश, महाराष्ट्र में ज्यादा घूमे। तेलंगाना में तो केवल बीस-पच्चीस हजार एकड़ जमीन हासिल करके उन्होंने आन्ध्र प्रदेश छोड़ दिया। फिर देश के दूसरे हिस्से में वह क्यों घूमे यह अन्दर की बात है। और यही बात भूदान यज्ञ के पीछे की मूल बात है।

भूमिहीनों के बढ़ते संघर्ष को कांग्रेस रोकना चाह रही थी। डॉ. बाबा साहेब का बढ़ता हुआ नेतृत्व और उसका प्रभाव भविष्य में कांग्रेस के लिए संकट बनेगा यह कांग्रेस के नेता अच्छी तरह समझ चुके थे। पुणे में दलितों के हितों की बलि लेनेवाले गांधी का खून हो चुका था। क्या करे, कांग्रेस परेशानी में थी और फिर एक गांधीवादी सन्त कांग्रेस की मदद के लिए आगे आया। विनोबा भावे को क्या जरूरत आ पड़ी थी। भूदान यज्ञ विनोबा के भाषणों का संग्रह पढ़ने पर आसानी से समझ में आ जाता है। उसका उदय बाबा साहेब के नेतृत्व का प्रभाव कम करने के लिए ही था। इस 'भूदान गंगा' का 1952 को लखनऊ में भाषण करते हुए उल्लेख आता है। विनोबा ने भूदान यज्ञ को लेकर डॉ. बाबा साहेब को एक अत्यन्त महत्त्वपूर्ण मामले पर मात देने की कोशिश की। वह मसला था डॉ. बाबा साहेब का धर्मांतर करने का इरादा। राज्य घटना निर्माण करने के काल में ही डॉ. बाबा साहेब बौद्ध धर्म स्वीकारने की निश्चय कर चुके थे। 1950 तक यह बात स्पष्ट हो चुकी थी कि डॉ. बाबा साहेब बौद्ध धम्म में ही प्रवेश करेंगे। डॉ. बाबा साहेब का यह प्रयास असफल करने के लिए अनेक लोगों ने अनेक प्रयत्न किए। मसलन लखनऊ के 1952 के भाषण में विनोबा कहते हैं, "दुनिया को मैं मित्र ही बना सकता हूँ, शत्रु नहीं बना सकता। यह हमें वेदों ने समझाया था। बीच में हजारों वर्षों में इसकी कसौटी नहीं हुई। आखिर युद्ध ने हमें यह अनुभव बताया।

इसलिए जो बात बुद्ध भगवान ने कही, वह नई नहीं थी, परन्तु शायद इतनी स्पष्टतापूर्वक पहले नहीं कही गई थी।" भूदान गंगा में इस तरह बुद्ध को हिन्दू धर्म से जोड़ने की कोशिश यह महात्मा विनोबा क्यों कर रहे थे?[58]

भूदान यज्ञ को नाटक कहने की हिम्मत इसीलिए की जा सकती है क्योंकि भूदान यज्ञ में जमा की गई जमीन कभी भी भूमिहीनों का आधार नहीं बनी। भूमिहीनों को संघर्ष का रास्ता न अपनाकर विनोबा के भूदान यज्ञ को स्वीकारना चाहिए, हम उन्हें प्रेम से ही जमींदारों के द्वारा जमीन दिला देंगे ऐसा भ्रम देश भर में जागृत होते भूमिहीनों के बीच फैलाकर विनोबा ने 21 लाख एकड़ जमीन दान में हासिल की। उस 21 लाख एकड़ जमीन में से केवल छह लाख एकड़ जमीन का बँटवारा किया गया। इन छह लाख एकड़ में से बहुत जमीन शक्तिशाली लोगों को वितरित की गई। जो थोड़ी बहुत जमीन गरीब भूमिहीनों को प्राप्त हुई थी वह बाद में जमींदार द्वारा छीन ली गई। दलित आदिवासियों को जो पट्टे दिए गए थे वह जमींदारों द्वारा छीन लेने के 40 हजार मुकदमे बिहार न्यायालय में पड़े हैं। बाकी जमीन मूल मालिक हथिया चुके हैं। विदर्भ में एक लाख एकड़ जमीन का बँटवारा ही नहीं किया गया और जो साढ़े चार हजार एकड़ जमीन वितरीत की गई उसमें अनेक धाँधलियाँ हुई। जिनके पास पहले ही जमीन थी उन शक्तिशाली लोगों को फिर से जमीन प्राप्त हुई। आन्ध्र प्रदेश में प्राप्त जमीन का बँटवारा अधर में ही पड़ा है। इस तरह की अनेक धाँधलियाँ उत्तरप्रदेश आदि में भी मौजूद हैं। फिर यह भूदान यज्ञ था किसलिए इस सवाल का उत्तर हमें मिल जाता है।

दूसरी ओर कम्युनिस्ट उसी बात को लेकर कम्युनिस्ट विचारधारा को फैलाने के लिए दलितों को हाथों में हथियार उठाने के लिए उकसा रहे थे। उनके द्वारा भूमिहीनों में वितरित दशलक्ष जमीन फिर जमींदारों को मिल गई, पर तेलंगाना हमेशा के लिए कम्युनिस्टों का आधार बन गया। अथक संघर्ष के बाद पाने के लिए केवल विचारधारा रही लेकिन उस इलाके में शेड्यूल्ड कास्ट फेडरेशन का बढ़ता काम, 'कम्युनिस्टों के कारण रुक गया। ऐसे में डॉ. बाबा साहेब बहुजनों को एकत्रित कर ब्राह्मणी सत्ता के खिलाफ संघर्ष करने में जुटे हुए थे।[59]

रमेश जाधव लिखते हैं कि ऐसे समय जब भूमि आन्दोलन उठान पर था तब अचानक भारत-पाक युद्ध शुरू हो गया। इस कारण इस आन्दोलन को स्थगित करना पड़ा।[60] बाद के दौर में जमीन को लेकर वैसा जोश दलितों के भीतर देखने को नहीं मिला। इसके कारण तलाश करने की जरूरत भी उतनी नहीं है। क्योंकि यह कोई पहेली नहीं। शोधार्थी स्वयं अन्दाजा लगा सकता हैं।

सन्दर्भ

1. डॉ. डी.आर. जाटव, डॉ. बी.आर. आम्बेडकर का समाज दर्शन, समता साहित्य सदन, 40, मीना कॉलोनी, इमलीवाला फाटक, जयपुर, 1990 (तृतीय संस्करण), पृ. 77.
2. अरुण पाण्डेय, ज्योति बसु, राजकमल प्रकाशन, नई दिल्ली, 1997, पृ. 49.

3. डॉ. बी.आर. आम्बेडकर का समाज दर्शन, पृ. 84.
4. एच.एल. दुसाध, आदि भारत मुक्ति बहुजन समाज, रोहिणी, नई दिल्ली, पृ. 395.
5. वही, पृ. 396.
6. माया, हिंदी मासिक, नई दिल्ली, 1995, पृ. 39.
7. आर.एल. चन्दापुरी, भारत में ब्राह्मणराज और पिछड़ा वर्ग आन्दोलन, मिशन प्रकाशन, पटना, 1996, पृ. 161.
8. कनक तिवारी, संविधान का सच, आधार प्रकाशन, पंचकूला (हरियाणा), 2002, पृ. 64.
9. संविधान का सच, पृ. 142.
10. वही, पृ. 143.
11. दिनमान, नई दिल्ली, 5 जुलाई, 1970, पृ. 16.
12. अमृत प्रभात, इलाहाबाद, 8 जून, 2001.
13. समय चेतना, सं. अभय कुमार दुबे, नई दिल्ली, अक्टूबर, 1995, पृ. 22.
14. वही, पृ. 28.
15. वीरेन्द्र नाथ, उ. प्र. का चुनावी ग्राफ, माया, 30 अप्रैल, 1991, पृ. 28.
16. ज्योति बसु, एक आलोचनात्मक अध्ययन, राजकमल प्रकाशन, पृ. 58.
17. हरकिशन सिंह सुरजीत, भारत में कम्युनिस्ट आन्दोलन का इतिहास, नेशनल बुक सेंटर, नई दिल्ली (1994), पृ. 53.
18. वही, पृ. 55.
19. दिनमान, 5 जुलाई, 1970, पृ. 27.
20. वही, पृ. 28.
21. मंडल आयोग को कैसे समझें, सं. मोहनदास नैमिशराय, लोकायन, 13 अलीपुर रोड, दिल्ली सितम्बर-नवम्बर 1990, पृ. 49.
22. अभय कुमार दुबे, बाल ठाकरे, एक आलोचनात्मक अध्ययन, राजकमल प्रकाशन, नई दिल्ली, 1997, पृ. 55.
23. बाल ठाकरे, एक आलोचनात्मक अध्ययन, राजकमल प्रकाशन, पृ. 57.
24. वही, पृ. 73.
25. अभय कुमार दुबे, आधुनिकता के आईने में दलित, वाणी प्रकाशन, नई दिल्ली, 2002, पृ. 318.
26. दिनमान, 5 जुलाई, 1970, पृ. 23.
27. प्रोब इंडिया, सितम्बर, 1984, पृ. 82.
28. प्रभात, जमीन किसकी जोते उसकी, बोधगया भूमि आन्दोलन, किसान विकास ट्रस्ट, 105ए रामचन्द्र लोचन वाटिका, मोहनपुर, पुनाईचक, पटना, 1999, पृ. 33.
29. वही, पृ. 30.
30. वही, पृ. 35.
31. वही, पृ. 38.
32. प्रो. आई.पी. देसाई और वाई.जी. दामले द्वारा 'ए नोट आन द चेंज इन द कास्ट' विषय पर 7 अप्रैल, 2011 को जे.एन.यू. नई दिल्ली में पढ़े गए शोध पत्र से।
33. भारत में ब्राह्मण राज और पिछड़ा वर्ग आन्दोलन, पृ. 113.
34. वही, पृ. 114.
35. मुक्तधारा, भगतसिंह मार्केट, नई दिल्ली, 13 जून, 1970, पृ. 21.
36. दिनमान, 5 जुलाई, 1970, पृ. 7.
37. वही, पृ. 8.

38. ज्योति बसु, एक आलोचनात्मक अध्ययन, पृ. 10.
39. जाति तोड़ो, पृ. 27.
40. वही, पृ. 68.
41. ज्योति बसु, एक आलोचनात्मक अध्ययन, पृ. 74.
42. वही, पृ. 75.
43. दिनमान, पृ. 14.
44. ज्योति बसु, एक आलोचनात्मक अध्ययन, पृ. 64.
45. वही, पृ. 65.
46. सुरभि बनर्जी, ज्योति बसु, द ऑथराइज्ड बायोग्राफी, पेंगुइन इंडिया, पृ. 115.
47. मुक्तधारा, 13 जून, 1970, पृ. 7.
48. वही, पृ. 8.
49. वही, पृ. 15.
50. वही, पृ. 16.
51. विमल सूर्य चिमणकर, भारतीय राजनीति को नए आयाम प्रदान करता जमीन का सवाल एवं भूमिहीनों का सत्याग्रह, दि पिपल जनता, नागपुर, पृ. 1.
52. वही, पृ. 4.
53. बॉम्बे गवर्नमेंट गजट, भाग 5, पृ. 88-94, 21 अक्तूबर, 1937.
54. बाबा साहेब डॉ. आम्बेडकर सम्पूर्ण वाङ्मय, खंड-3, पृ. 111.
55. बॉम्बे लेजिस्लेटिव असेम्बली डिबेट्स, खंड-1, पृ. 1087-89, 17 सितम्बर 1937, डॉ. आम्बेडकर द्वारा प्रस्तावित विधेयक, पृ. 111-16 पर पुनः प्रस्तुति।
56. त्रिकाल युग, सं. रमेश जाधव, 5/8, सिद्ध गौतम, माणेकशा नगर, नासिक, पृ. 3.
57. वही, पृ. 5.
58. वही, पृ. 6.
59. वही, पृ. 7.
60. त्रिकाल युग, पृ. 3.

आजादी के बाद दलितों के मन्दिर-प्रवेश का सवाल

यह दुःखद आश्चर्य की ही बात रही कि भारत को आजादी मिलने के बाद भी अधिकांश मन्दिरों के दरवाजे दलितों के लिए नहीं खुले। सामाजिक रूप से जो लोकतंत्र पर प्रश्नचिह्न लगाता है तथा संसद के दरवाजों पर दस्तक भी देता है। इस सवाल की प्रतिध्वनि समूचे देश में रही होगी लेकिन विराट संस्कृति वाले देश और समाज में रहने वाले हिन्दू धर्म के पैरोकारों को तब कहाँ सुनाई दिया होगा। वास्तविकता तो यह थी कि भारतीय संविधान तथा उस संविधान का निर्माण करने वाले बाबा साहेब डॉ. आम्बेडकर को चकमा या धत्ता देकर तब भी उन्होंने हिन्दू धर्म की परम्परा तथा रूढ़ियों का सहारा लिया था। इस मामले में देखा जाए तो शंकराचार्य/मठाधीश/तथा मन्दिरों के न्यासी शातिर रहे हैं।

वैसे आजादी के दो दशक बाद तक भी देश भर में गाँवों, कस्बों तथा शहरों में कई लाख की संख्या में बने मन्दिरों में दलितों के प्रवेश पर प्रतिबन्ध लगाया गया था। इस सन्दर्भ में बनारस के विश्वनाथ मन्दिर, जोधपुर के करला बाजार के (गंगस्वामी) मन्दिर तथा उदयपुर से 48 कि.मी. दूर नाथद्वारा मन्दिर में दलितों के प्रवेश निषेध का विवरण देना ही काफी रहेगा।

इसी सम्बन्ध में विनोबा जी को 17 सितम्बर, 1953 को वियोगी हरि ने पत्र लिखा था कि 'वैद्यनाथ धाम का सुप्रसिद्ध मन्दिर हरिजनों के लिए खुला नहीं है। यदि आप कुछ समय निकाल कर इस प्रश्न की ओर थोड़ा ध्यान दे सकें तो इससे हमें बहुत सहायता मिलेगी। आपकी इस पवित्र यात्रा के परिणामस्वरूप वैद्यनाथ धाम का मन्दिर शायद हरिजनों के लिए खोल दिया जाए। बल्कि पहले ही कुछ हरिजनों को अपने साथ लेकर मन्दिर में दर्शनाथ जाएँ तो अस्पृश्यता निवारण का एक बहुत बड़ा काम हो जाएगा।'

इससे पूर्व की स्थिति की पाठकों को जानकारी देना जरूरी है। प्रो. अंगने लाल लिखते हैं कि बेचन राम ने अपने सहयोगियों—सर्वश्री सीताराम विशारद, रामलखन एडवोकेट, शिवमंगल वैद्य आदि के साथ विश्वनाथ मन्दिर प्रवेश के लिए 1952 में उसी प्रकार आन्दोलन शुरू किया, जिस प्रकार बाबा साहेब डॉ. आम्बेडकर ने नासिक के कालाराम मन्दिर प्रवेश हेतु आन्दोलन किया था। बेचन रामजी वाराणसी भू-भाग के सामाजिक कार्यकर्ता थे। 1952 के विधानसभा के चुनाव में वे विजयी होकर विधायक बने।

बताया जाता है कि विनोबा जी हरिजनों के मन्दिर-प्रवेश के लिए वहाँ गए और 19 सितम्बर, 1953 को वैद्यनाथ धाम मन्दिर के पंडों ने उन पर बुरी तरह हमला किया।

आन्दोलन शान्तिपूर्वक काफी दिन चला। स्वामी करपात्री जी ने प्रमुख रूप से मन्दिर-प्रवेश आन्दोलन का विरोध किया। अस्पृश्यता (अपराध) कानून के मातहत उनको और उनके कई साथियों को गिरफ्तार कर लिया गया था, यद्यपि (वियोगी हरि जी) यह नहीं चाहते थे। बाद में उनको रिहा कर दिया गया।[1] हमारी राय में उन्हें गिरफ्तार करना एक नाटक था। कानून की उन पर कोई धारा ही नहीं लगी, न ही उन्हें जेल भेजा गया।

दलितों के मन्दिर विरोध का एक रूप यह भी सामने आया कि मन्दिर के सामने एक दिन कई संन्यासी और कुछ स्त्रियाँ लेट गई थीं कि उनके ऊपर से हरिजन मन्दिर में जाएँ परन्तु यह शान्तिपूर्ण आन्दोलन के दौरान कैसे हो सकता है? दर्शनार्थी हरिजन मन्दिर के बाहर बराबर कीर्तन करते रहे और विरोध करने वाले उठ कर चले गए। यह भी एक नाटक था।

यही नहीं बल्कि काशी के मुंसिफ ने विश्वनाथ-मन्दिर और अन्नपूर्णा मन्दिर में दर्शनार्थी हरिजनों के प्रवेश पर निषेधाज्ञा लगा दी। साथ ही, भारतीय संविधान और उत्तर प्रदेश सरकार द्वारा पारित अस्पृश्यता (अपराध) कानून को भी मुंसिफ ने ललकारा।

हमारे सामने प्रश्न था कि इस हालत में क्या किया जाए? उस समय हमारा राज्य के मंत्रियों के साथ जो पत्र-व्यवहार हुआ वह बड़े महत्त्व का है।

कहा जा सकता है कि 30 वर्ष पुरानी बातों की याद आज क्यों दिलाई जाती है? यह एक ऐतिहासिक प्रकरण था। बीती हुई घटनाओं से ही तो इतिहास का निर्माण होता है। नीचे इस बारे में हम कुछ के पत्रों को उद्धृत कर रहे हैं।

उत्तर प्रदेश सरकार के तत्कालीन गृहमन्त्री श्री सम्पूर्णानन्द जी के साथ पत्र-व्यवहार

(1)

9-10-53

प्रिय श्री सम्पूर्णानन्द जी,

सप्रेम नमस्कार। हरिजनों के मन्दिर-प्रवेश के सम्बन्ध में मैंने माननीय श्री पन्तजी को आज जो पत्र लिखा है, उसकी प्रतिलिपि इसके साथ आपको भेज रहा हूँ।

गांधीजी ने मन्दिर-प्रवेश के जिस प्रश्न को हाथ में लिया था, उसका आज भी अस्पृश्यता-निवारण के कार्यक्रम में वैसा ही महत्त्व है। दक्षिण भारत में तो यह प्रश्न

आज प्रायः हल हो गया है, किन्तु हमारे उत्तर भारत में और विशेषतः उत्तर प्रदेश में अभी काफी जटिल बना हुआ है। विनोबाजी पर पिछले दिनों वैद्यनाथधाम में जो निन्दनीय आक्रमण हुआ, वह इस बात का प्रमाण है।

यदि विश्वनाथजी का मन्दिर खुले तौर पर हरिजनों के लिए समान रूप से खुल जाए, तो मेरा विश्वास है कि उसका प्रभाव उत्तर भारत के समस्त तीर्थ-स्थानों के मन्दिरों पर बहुत अच्छा पड़ेगा। इस सम्बन्ध में आपसे विशेष सहयोग पाने की हम लोग स्वभावतः आशा करते हैं।

इसके साथ, मैं काशी से प्रकाशित 'सन्मार्ग' के 6 तारीख के अंक की एक कतरन भेज रहा हूँ। कुछ अधिक आपत्तिजनक पंक्तियों को मैंने रेखांकित कर दिया है। यद्यपि इस पत्र का कोई खास प्रभाव नहीं है, फिर भी ऐसे आपत्तिजनक लेख जो हिंसा को खुल्लम-खुल्ला प्रोत्साहन देते हैं, कहाँ तक सहन किए जा सकते हैं?

मैं चाहता हूँ कि आपकी ओर से साधिकार विश्वनाथ मन्दिर में हरिजनों के प्रवेश पर तत्काल एक वक्तव्य निकलना चाहिए। सम्भवत पूर्वी उत्तर प्रदेश हरिजन सेवक-संघ के अध्यक्ष बाबा राघवदासजी आपसे इस सम्बन्ध में मिलेंगे।

आशा है, आप स्वस्थ और प्रसन्न होंगे।

आपका,
हस्ताक्षर : वियोगी हरि
प्रधानमन्त्री

माननीय श्री सम्पूर्णानन्द जी,
गृहमन्त्री, उत्तर प्रदेश सरकार,
लखनऊ

(2)

मुहर
गृह तथा श्रम-मन्त्री
उत्तर प्रदेश

लखनऊ
अक्तूबर 29, सन् 1953

प्रिय वियोगी हरिजी,

आपका पत्र मिला। पन्तजी को और कमलापति जी को आपने जो पत्र भेजे थे, उनको मैं बहुत पहले देख चुका हूँ। 'सन्मार्ग' वाला लेख भी देखा।

विश्वनाथजी के मन्दिर में हरिजन-प्रवेश के सिलसिले में जो कुछ हो रहा है, मैं उससे परिचित हूँ। काशी का रहने वाला हूँ। सनातन धर्मावलम्बी हूँ और कम-से-कम इतना तो कह ही सकता हूँ कि हरिजन द्वेषी नहीं हूँ। साथ ही, काशी की मर्यादा का

भी कायल हूँ और यह नहीं चाहता कि धर्म खिलवाड़ बन जाए और राजनीतिक आन्दोलनों का अंग बन जाए। इसलिए कोई ऐसा मार्ग निकालना होगा जिसमें इन सब बातों का सामंजस्य हो। इधर हम लोग चुनावों में व्यस्त रहे हैं, छुट्टी होते ही इस चीज को भी देखेंगे।

मैंने आपको एक पत्र आपकी पुस्तक 'सन्त सुधासार' के सम्बन्ध में भेजा था, शायद नहीं मिला।[2]

आपका,
हस्ताक्षर : सम्पूर्णानन्द
(सम्पूर्णानन्द)

श्री वियोगी हरि,
हरिजन सेवक-संघ,
किंग्सवे, देहली-9

(3)

11-11-53

सम्मान्य बन्धुवर,

सादर नमस्कार। आपका 29 अक्तूबर का पत्र विन्ध्यप्रदेश के प्रवास पर से लौटने पर कल मुझे मिला। यह जान कर सन्तोष हुआ कि विश्वनाथजी के मन्दिर में हरिजन-प्रवेश के सिलसिले में जो कुछ हो रहा है, उससे आप परिचित हैं। पर इतनी सारी सफाई देने की ऐसी क्या आवश्यकता थी कि आप काशी के रहने वाले हैं, सनातन धर्मावलम्बी हैं और हरिजन द्वेषी नहीं हैं। फिर यह सफाई आपने एक ऐसे आदमी को दी, जो आपके धर्मप्रिय-हृदय से पूर्णतया परिचित है। आप काशी की मर्यादा के कायल हैं तो यह भी विश्वास रखें कि मैं स्वप्न में भी धर्म-मर्यादा को भंग नहीं करना चाहूँगा। मुझे विश्वास है कि मर्यादा को जिस अर्थ में कई पुजारी और पंडित लेते हैं, उसी अर्थ में आप उसे नहीं लेते होंगे। अद्वैत-प्राण आर्य धर्म को कौन ऐसा मूढ़ होगा जो खिलवाड़ बनाना चाहेगा? यह भी आप विश्वास रखिए कि हरिजन-सेवक-संघ और जब तक मैं उसका प्रधानमन्त्री हूँ, हरिजनों के मन्दिर-प्रवेश को 'राजनीतिक आन्दोलन' का अंग नहीं बनने देगा। हरिजन सेवक-संघ आदि से ही राजनीतिक आन्दोलनों से अलग रहा है, और मेरे तो 'स्वभाव में ही राजनीति' नहीं है। अस्पृश्यता निवारण को मैंने तो सदा से एक धर्म-प्रवृत्ति के रूप में देखा और माना है। अन्त में, मेरा इतना ही निवेदन है कि आप कृपा कर अवश्य ऐसा मार्ग निकालें, जिसके द्वारा इतना सम्भव हो जाए कि श्रद्धापूर्वक जो हरिजन श्रीविश्वनाथ जी का दर्शन करना चाहे, वह परिचित होते हुए भी कि वह हरिजन है, मन्दिर में बिना किसी रोक-टोक के जा सके। दर्शन और पूजन में जो मर्यादा नियत कर दी जाए, वह सब पर समान रूप से लागू हो।

'सन्त सुधासार' के सम्बन्ध में आपका पत्र मुझे मिल गया था, उसका अलग से मैं उत्तर दूंगा।

आशा है, आप स्वस्थ और प्रसन्न होंगे।

आपका,

हस्ताक्षर : वियोगी हरि

प्रधानमन्त्री

माननीय श्री सम्पूर्णानन्द जी,
गृहमन्त्री, उत्तर प्रदेश सरकार,
लखनऊ

प्रतिलिपि : 1. बाबा राघवदासजी, बनारस
2. श्री विनोबाजी, गया

(4)

मुहर
होम एंड लेबर मिनिस्टर
यू.पी.

मुहर
हरिजन सेवक संघ
सेन्ट्रल ऑफिस, देहली
नं. 366, तारीख-27-4

लखनऊ,
अप्रैल, 23-1954

प्रिय वियोगी हरिजी,

आपका पत्र मिला। विश्वनाथ मन्दिर के प्रश्न की ओर हम सबका ध्यान है। कानूनी परिधि के भीतर जो कुछ भी करना सम्भव हो हम करना चाहते हैं, इसका आप भरोसा रखें।

करपात्रीजी को समझाना मेरे बस की बात नहीं है। उनका रुख सदा से मेरे प्रति अविश्वास का रहा है।

आपका,

हस्ताक्षर : सम्पूर्णानन्द
(सम्पूर्णानन्द)

श्री वियोगी हरि,
हरिजन-सेवक-संघ,
किंग्सवे, देहली-9

(5)

3-6-54

सम्मान्य बन्धुवर,

सादर नमस्कार।

काशी-विश्वनाथ मन्दिर में प्रवेश चाहने वाले हरिजनों पर मुंसिफ द्वारा लगाई गई निषेधाज्ञा की स्याही अभी सूखने भी नहीं पाई थी कि अन्नपूर्णा मन्दिर के दर्शनेच्छुक हरिजनों पर भी कल 2 जून को वैसी ही निषेधाज्ञा जारी करके रोक लगा दी गई।

इन निषेधाज्ञाओं से हरिजनों और काशी के प्रगतिशील नागरिकों के क्षोभ और रोष को रोकने का पूरा प्रयत्न किया जा रहा है और हरिजन सेवक-संघ अहिंसात्मक रीति से मन्दिर-प्रवेश आन्दोलन उत्साहपूर्वक चला रहा है, किन्तु कब तक वह अपना उत्साह स्थिर रख सकेगा, यह प्रश्न है। आपने 23 अप्रैल, 1954 के पत्र में मुझे लिखा था कि "कानूनी परिधि के भीतर जो कुछ भी सम्भव हो हम करना चाहते हैं, इसका आप भरोसा रखें।" मुझे ज्ञात नहीं कि अब तक इस सम्बन्ध में सरकार ने क्या कुछ किया है। बार-बार स्मरण दिलाना मेरा कर्तव्य है, क्षमा करें।

आपका,

हस्ताक्षर : वियोगी हरि

प्रधानमन्त्री

माननीय श्री सम्पूर्णानन्द जी,
गृहमन्त्री, उत्तर प्रदेश सरकार,
लखनऊ

(6)

मुहर
होम एंड लेबर मिनिस्टर
यू.पी.

मुहर
हरिजन सेवक संघ
सेन्ट्रल ऑफिस दिल्ली
नं. 1076
ता. 15/6

बुकहिल कॉटेज,
नैनीताल, जून 11-1954

प्रिय वियोगी हरिजी,

आपका पत्र मिला। आपको अपने उन्हीं शब्दों की याद दिलाता हूँ जिनको आपने उद्धृत किया है। अदालत की निषेधाज्ञा सरकार के लिए तो मान्य है ही, उसके रहते

कुछ करना सम्भव नहीं होता, यह आप भी जानते हैं। मेरा स्वयं तो कुछ ऐसा भी खयाल है कि प्रवेश-विरोधी एक बार अदालत में लड़कर भी देख लें, यह भी बुरी बात नहीं है। थोड़ी देर भले ही लग जाए, पर परिणाम अच्छा होगा।[3]

आपका,

हस्ताक्षर : सम्पूर्णानन्द

श्री वियोगी हरि,
प्रधानमन्त्री, हरिजन सेवक संघ,
किंग्सवे, देहली-9

उ.प्र. के तत्कालीन सूचना तथा सिंचाई मन्त्री श्री कमलापति त्रिपाठी के साथ पत्र-व्यवहार

(7)

9-10-53

प्रिय श्री त्रिपाठीजी,

सप्रेम नमस्कार।

हरिजनों के मन्दिर-प्रवेश के सम्बन्ध में मैंने माननीय श्री पन्तजी को आज जो एक पत्र लिखा है, उसकी प्रतिलिपि इसके साथ आपको भेज रहा हूँ।

आपसे तो मेरी विशेष प्रार्थना है और आपसे मुझे आशा भी विशेष करनी चाहिए, क्योंकि आप काशी निवासी हैं। क्यों न कुछ समय निकाल कर आप स्वयं अपने साथ कुछ हरिजनों को लेकर खुले तौर श्री विश्वनाथ के मन्दिर में दर्शनार्थ जाएँ?

इस सम्बन्ध में सम्भवतः बाबा राघवदासजी और सेवापुरी के श्री करणभाई आपसे मिलेंगे।

आशा है, आप स्वस्थ और प्रसन्न होंगे।

आपका,

हस्ताक्षर : वियोगी हरि
प्रधानमन्त्री

माननीय श्री कमलापति त्रिपाठी,
मन्त्री, उत्तर प्रदेश सरकार,
लखनऊ

(8)

उत्तर प्रदेश सरकार
सूचना तथा सिंचाई विभाग
उत्तर प्रदेश

मुहर
हरिजन सेवक संघ
सेन्ट्रल ऑफिस दिल्ली
नं. 2050
ता. 15-10-53

लखनऊ
अक्तूबर, 13-1953

प्रिय श्री वियोगी हरिजी,

आपका 9 अक्तूबर का पत्र मिला। धन्यवाद। इस सम्बन्ध में बाबा जी और कर्ण भाई जब मिलेंगे तो उनसे बात करूँगा। हाल ही में काशी भी जाने वाला हूँ और वहाँ की परिस्थितियों का अध्ययन भी करने की चेष्टा करूँगा। आशा है, आप प्रसन्न हैं। आपने कृपा कर अपने पत्र की प्रतिलिपि भेजी, उसके लिए धन्यवाद।

आपका,
हस्ताक्षर : कमलापति
(कमलापति त्रिपाठी)

श्री वियोगी हरि,
प्रधानमन्त्री, हरिजन सेवक संघ
किंग्सवे, दिल्ली-9

उत्तर प्रदेश सरकार के तत्कालीन मुख्यमन्त्री
श्री गोविन्द वल्लभ पन्त के साथ पत्र-व्यवहार

(9)

मुहर
मुख्यमन्त्री
उत्तर प्रदेश

मुहर
हरिजन सेवक संघ
सेन्ट्रल ऑफिस दिल्ली
नं. 302
ता. 22/4

लखनऊ,
अप्रैल, 20-1954

प्रिय वियोगी हरिजी,

आपका पत्र 14 तारीख का विश्वनाथ के मन्दिर में हरिजन-प्रवेश के सम्बन्ध में जो इधर घटनाएँ हुई हैं उनके बारे में मिला। सरकार ने इस विषय में जो कुछ किया, वह आपको मालूम ही होगा और भविष्य में भी अपना कर्त्तव्य करने में मैं समझता हूँ सरकार पिछड़ी न रहेगी। परन्तु आपका यह वाक्य 'अब देखना यह है कि सरकार कितनी दृढ़ता से इस निषेधाज्ञा का जवाब देती है' तो मेरी समझ में नहीं आया। हरिजनों के साथ क्या व्यवहार होना चाहिए और उनके तथा सवर्ण हिन्दुओं के बीच में जो कुछ भेदभाव हो उनको मिटाने के लिए क्या-क्या करना चाहिए, इसकी चिन्ता सभी को होनी चाहिए। और इस सिलसिले में आप जो काम कर रहे हैं वह सराहनीय है। यदि औरों का उद्योग आपका जितना होना चाहिए उतना न दीखे तो वह भी बात समझ में आ सकती है, पर सब अपना कर्त्तव्य करना चाहते हैं यह आप भी उदारता से स्वीकार कर सकेंगे।

आशा है, आप स्वस्थ हैं।

सस्नेह,
हस्ताक्षर : गो.व. पन्त

श्री वियोगी हरि,
प्रधानमन्त्री, हरिजन सेवक संघ,
किंग्सवे, दिल्ली-9

(10)

23-4-54

मान्यवर श्री पन्तजी,

सादर नमस्कार।

आपका 20 अप्रैल, 1954 का पत्र मिला। इस बात पर तो मुझे कभी सन्देह हुआ ही नहीं और न हो सकता है कि अस्पृश्यता-निवारण के लिए आप हरेक उचित कदम उठाने को तैयार हैं। आपकी ही तरह मेरा भी ऐसा ही विचार है कि हरिजनों और सवर्णों के बीच प्रेम-भाव बढ़ना चाहिए और कटुता पैदा होने का कोई अवसर नहीं आने देना चाहिए। मैंने जो अपने 14 तारीख के पत्र में यह लिखा था कि 'अब देखना यह है कि सरकार कितनी दृढ़ता से इस निषेधाज्ञा का जवाब देती है,' इस वाक्य का इतना ही आशय है कि वैधानिक रूप से निषेधाज्ञा को व्यर्थ कर देने के लिए राज्य सरकार को जल्दी ही कुछ उचित कार्रवाई करनी चाहिए, जिससे कि मन्दिर-प्रवेश चाहने वालों के मन में निराशा का स्थान न घर कर बैठे। मुझे आशा ही नहीं, विश्वास है कि आपकी सरकार जो अथवा आप सहित हम लोग चाहते हैं, वह अवश्य कर रही होगी। मुझे यह विश्वास है कि काशी-विश्वनाथ के मन्दिर में हरिजनों का प्रवेश शान्तिपूर्वक निकट भविष्य में अवश्य हो जाएगा।

आशा है, आपका स्वास्थ्य अच्छा होगा। आपकी कृपा से मैं स्वस्थ हूँ।

आपका स्नेहाकांक्षी,

हस्ताक्षर : वियोगी हरि

माननीय श्री गोविन्द वल्लभ पन्त,
मुख्यमन्त्री, उत्तर प्रदेश सरकार,
लखनऊ

(11)

निजी सचिव,
मुहर
उत्तर प्रदेशीय सरकार

कार्यालय
मुख्यमन्त्री, उत्तर प्रदेश,
2038/सी.एम.
दिनांक, 27 अप्रैल, 54
लखनऊ

प्रिय वियोगीजी,

आपका दिनांक 23 अप्रैल, 54 का पत्र पंडितजी के नाम प्राप्त हुआ, धन्यवाद। उक्त पत्र मैंने उनके समक्ष रख दिया है। आशा है, आप स्वस्थ होंगे।

भवदीय,
हस्ताक्षर : अ.द. पांडे
(अम्बादत्त पांडे)

श्री वियोगी हरि,
हरिजन सेवक संघ,
किंग्सवे, दिल्ली-9

भारत के तत्कालीन राष्ट्रपति डॉ. राजेन्द्र प्रसाद जी के साथ पत्र-व्यवहार

(12)

17-4-54

श्रद्धेय बाबूजी,

सादर प्रणाम।

कई दिनों से आपसे मिलने का विचार कर रहा था, पर यह सम्भव नहीं हुआ। कल गया के सर्वोदय-सम्मेलन में जा रहा हूँ। यह पत्र एक आवश्यक प्रश्न के सम्बन्ध में लिख रहा हूँ।

आपको शायद मालूम नहीं होगा कि इधर पिछले कई महीनों से काशी में विश्वनाथ मन्दिर प्रवेश का अप्रत्यक्ष आन्दोलन हरिजन सेवक-संघ चला रहा है। यह आन्दोलन बहुत

शान्तिपूर्वक और व्यवस्थित रीति से चलता रहा है। काशी के अनेक प्रतिष्ठित नागरिकों और पंडितों का भी समर्थन इस आन्दोलन को प्राप्त हो चुका है। पूज्य विनोबाजी का आशीर्वाद तो इसके पीछे है ही। जब मैं वैद्यनाथधाम की दुर्घटना के बाद उनसे मिलने भागलपुर गत 3 अक्तूबर को गया था, तब उन्होंने कहा था कि 'काशी-विश्वनाथ मन्दिर में हरिजनों के प्रवेश के प्रश्न को हाथ में लिया जा सकता है।' विरोध असल में स्वामी करपात्रीजी और उनके दल ने किया है। आशा बंध रही थी कि मन्दिर-प्रवेश सम्भवतः एक महीने के अन्दर हो जाएगा, परन्तु कोई दो सप्ताह पहले दो आदमियों ने बनारस के मुंसिफ को अर्जी दी और उसने यह अस्थायी निषेधाज्ञा जारी कर दी कि हरिजन विश्वनाथ मन्दिर में प्रवेश नहीं कर सकते। साथ ही, उत्तर प्रदेश के नियोग्यता-निवारक-कानून की वैधता को भी इस फैसले में ललकारा गया है। इस निषेधाज्ञा से काफी निराशा हम लोगों के मन में आ गई है और वहाँ के हरिजन भी क्षुब्ध हैं। डॉक्टर आम्बेडकर के अनुयायी तो हिन्दूधर्म को भला-बुरा कहते ही रहते हैं, हमारे कांग्रेस-पक्ष के हरिजन भी अपने-आपको ऐसी-ऐसी घटनाओं से अपमानित अनुभव करते हैं। भारतीय संविधान भी तिरस्कृत हो रहा है।

पार्लियामेंट में छूतछात-निवारक बिल पेश तो हो गया है, पर उस पर कब विचार होगा और कब वह कानून में परिणत होगा, कुछ कहा नहीं जा सकता। होम डिपार्टमेंट की ढिलाई बहुत शोचनीय है। अब तो एक ही मार्ग दिखता है कि जब तक पार्लियामेंट कानून नहीं बना देती है, तब तक के लिए एक ऑर्डिनेंस जारी कर दिया जाए तो काम बन सकता है। मैं नहीं जानता कि राज्यपालों को ऑर्डिनेंस जारी करने का संविधान में अधिकार दिया हुआ है या नहीं। यदि वे ऐसा नहीं कर सकते, तब तो कृपा कर आपको ही एक ऑर्डिनेंस जारी कर देना चाहिए। काशी-विश्वनाथ मन्दिर-प्रवेश यदि सारी तैयारी के बाद भी नहीं हो सका, तो इसकी प्रतिक्रिया भयंकर हो सकती है। कृपा कर मेरे इस निवेदन पर आप अवश्य ध्यान दें, और जो उचित हो अवश्य करें।

आशा है, आपका स्वास्थ्य अच्छा होगा।

विनीत
हस्ताक्षर : वियोगी हरि
प्रधानमन्त्री

माननीय डॉ. राजेन्द्र प्रसाद जी,
राष्ट्रपति भवन,
नई दिल्ली

(13)

मुहर
हरिजन सेवक-संघ,
सेन्ट्रल ऑफिस, दिल्ली
नं. 266
ता. 21-4-54

1063-एच/54
राष्ट्रपति भवन,
नई दिल्ली।
19 अप्रैल, 1954

प्रिय श्री वियोगी हरिजी,

आपका दिनांक 17-4-54 का पत्र राष्ट्रपतिजी के नाम प्राप्त हुआ जिसको उन्होंने देख लिया है।

आदेशानुसार उत्तर में मुझे यह सूचित करना है कि जिस सम्बन्ध में आपने यह पत्र लिखा है, वह भारत-सरकार के विचाराधीन है।

जहाँ तक राष्ट्रपतिजी के द्वारा ऑर्डिनेंस निकालने के सम्बन्ध में आपने निवेदन किया है, वह अभी तत्काल वैधानिक नहीं होगा। पर फिर भी, आपके पूरे निवेदन को विचाराधीन रखा है और जब समय आएगा, उस पर विचार किया जाएगा।

आपका,
हस्ताक्षर : वाल्मीकि चौधरी
राष्ट्रपति का निजी सचिव

श्री वियोगी हरिजी,
हरिजन सेवक-संघ,
किंग्सवे, दिल्ली-9

(14)

3-6-54

श्रधेय बाबूजी,

सादर प्रणाम।

17-4-54 को काशी-विश्वनाथ मन्दिर-प्रवेश के सम्बन्ध में मैंने एक पत्र आपकी सेवा में भेजा था। मुझे उस समय आपको यह कष्ट देना पड़ा, जबकि दो सनातनियों द्वारा प्रार्थनापत्र देने पर बनारस के मुंसिफ ने एक अस्थायी निषेधाज्ञा जारी कर दी कि विश्वनाथ मन्दिर में हरिजन प्रवेश नहीं कर सकते। मैंने अपने पत्र में आपसे निवेदन किया था कि जब तक लोकसभा अस्पृश्यता-निरोधक बिल को कानून का रूप नहीं दे

देती है, तब तक के लिए एक ऑर्डिनेंस जारी कर दिया जाए तो काम बन सकता है।

19 अप्रैल, 1954 को आपके निजी सचिव ने मेरे पत्र का उत्तर देते हुए लिखा कि– "जहाँ तक राष्ट्रपतिजी के द्वारा ऑर्डिनेंस निकालने के सम्बन्ध में आपने निवेदन किया है, वह अभी तत्काल वैधानिक नहीं होगा, पर फिर भी आपके पूरे निवेदन को विचाराधीन रखा है और जब समय आएगा, उस पर पूरा विचार किया जाएगा।"

बनारस के प्रमुख हरिजनों और हरिजन सेवक-संघ के कार्यकर्ताओं को मजिस्ट्रेट द्वारा निषेधाज्ञा जारी कर देने पर बहुत निराशा हुई है। फिर भी मैंने उनको साहस दिलाया कि अहिंसात्मक रीति से अपना आन्दोलन तो जारी रखना ही चाहिए।

अभी हाल में काशी के प्रमुख हरिजनों ने जिनमें उत्तर प्रदेश विधानसभा के तथा लोकसभा के भी सदस्य शामिल थे, निश्चय किया कि अन्नपूर्णा मन्दिर में दर्शनार्थ प्रवेश करके वे अपने अधिकार का प्रयोग करेंगे। 2 जून को बनारस की अदालत ने फिर निषेधाज्ञा जारी करके इस मन्दिर में भी हरिजनों को जाने से रोक दिया है। उत्तर प्रदेश की सरकार का यह मान लेना इन घटनाओं से गलत साबित हो जाता है कि श्री विश्वनाथ और श्री अन्नपूर्णाजी के मन्दिर में हरिजन बराबर दर्शनार्थ जा सकते हैं।

स्पष्ट ही इन दोनों निषेधाज्ञाओं द्वारा उत्तर प्रदेश के अस्पृश्यता-निवारक कानून को तथा भारतीय संविधान द्वारा हरिजनों को दिए गए सामाजिक अधिकारों को भी ललकारा गया है। लोकसभा में इस सम्बन्ध का जो बिल पेश है, उसे पास करने में भी काफी देरी हुई है। नहीं मालूम आगे और भी कितना समय उसके पास होने में लग जाए।

आजकल लोकसभा का अधिवेशन नहीं चल रहा है, अतः आप यदि कृपा कर इस सम्बन्ध का एक ऑर्डिनेंस निकाल दें तो मन्दिर-प्रवेश का जो अहिंसात्मक आन्दोलन काशी में चलाया जा रहा है और जिसका असर उत्तर भारत के तीर्थ-स्थानों के सभी मन्दिरों पर पड़ेगा, वह सफल हो सकता है।

कई स्थानों से ऐसी खबर आई है कि ईसाई मिशनरी हरिजनों को अपने धर्म में मिला रहे हैं। इसी प्रकार यदि रूढ़िग्रस्त सनातनियों द्वारा हरिजनों का पग-पग पर तिरस्कार होता रहेगा तो इसका यह अर्थ हुआ कि हम खुद ही उन्हें ईसाई धर्म स्वीकार कर लेने के लिए परोक्ष रूप से प्रोत्साहन दे रहे हैं। हिन्दू धर्म के प्रति जो श्रद्धा हरिजनों में आज बच रही है, वह भी ऐसी-ऐसी करतूतों से जाती रहेगी। मेरा आपसे सानुरोध निवेदन है कि पूज्य बापू ने जिन हरिजनों के हिन्दू-समाज से अलग होने की आशंका पर आमरण अनशन 1932 में किया था और बाद को मद्रास के मन्दिर-प्रवेश बिल के पक्ष में खुद एक देशव्यापी आन्दोलन चलाया था, उनके उस तिरस्कार का, जिसे वे आज संविधान के होते हुए भी पा रहे हैं, अन्त कर दीजिए।

विश्वास है, मेरी तथा हरिजन सेवक-संघ की इस प्रार्थना पर आप अवश्य ध्यान देंगे।

विनीत आपका,

हस्ताक्षर : वियोगी हरि

प्रधानमन्त्री

माननीय डॉ. राजेन्द्र प्रसाद जी,
राष्ट्रपति निवास,
शिमला

(15)

मुहर
मिनिस्टर ऑफ पब्लिक वर्क्स
उत्तर प्रदेश

लखनऊ
23-4-1954

श्रद्धेय वियोगी जी,

आपका 14-4-1954 का कृपा-पत्र प्राप्त हुआ। अनेक धन्यवाद।

आशा है, आप 25 को बिजनौर पहुँच रहे हैं। विश्वनाथ मन्दिर के आन्दोलन के सम्बन्ध में वहीं बातें करूँगा। शेष भेंट होने पर।

स्नेहाभिलाषी
हस्ताक्षर : गिरधारीलाल

श्री वियोगी हरिजी,
दिल्ली

स्वामी करपात्री जी महाराज से पत्र-व्यवहार

(16)

श्री हरि
(रजिस्टर्ड)

14-4-54

सम्मान्य श्री स्वामीजी महाराज,

सादर अभिवादन।

कई दिनों से आपको पत्र लिखने का विचार कर रहा था, आज लिख रहा हूँ। आपसे मिलने का मुझे कभी अवसर नहीं मिला। अस्पृश्यता-निवारण का प्रश्न भी उस सम्मान को मेरे हृदय से दूर नहीं कर पाया, जो आपके तपोमय आध्यात्मिक जीवन के प्रति बना हुआ है। मैं जानता हूँ कि मुझसे कहीं अधिक ही आपके करुणा-विगलित हृदय में हरिजनों के प्रति प्रेम-भाव होगा। आपका जीवन विभिन्न शास्त्रों के अध्ययन से नहीं, किन्तु एकान्त साधना और तपश्चर्या से बना है। मैं इस आशा का त्याग कैसे कर दूं कि एक दिन आप स्वयं ही पूर्वकाल के सन्त पुरुषों की भाँति हरिजनों को अपने हृदय से लगा कर और उनका हाथ पकड़ कर श्री विश्वनाथ मन्दिर में ले जाएँगे? यह निवेदन मैं

शास्त्रज्ञ स्वामीजी से नहीं, किन्तु ब्रह्मविहार करने वाले एक सन्त पुरुष से कर रहा हूँ। मुझे विश्वास है कि आपमें पूर्व ऋषियों की भाँति काल की गति को देखते हुए शास्त्र-ग्रन्थों में आवश्यक संशोधन कर देने की भी शक्ति है। आप घोषणा कर दीजिए कि आगामी प्रदोष के दिन आप हरिजनों को स्वयं अपने साथ ले जाकर भगवान शिव का दर्शन और पूजन कराएँगे। आप धर्म-संशोधन के अधिकारी हैं, इसलिए आज इस पत्र द्वारा इतना निवेदन किया।

इस पत्र को मैं प्रकाशित नहीं कर रहा हूँ, आवश्यकता भी नहीं है। यदि मेरे निवेदन को आप चरितार्थ करें और उचित समझें, तब अपने उत्तर के साथ और मुझसे पूछ कर प्रकाशित करा सकते हैं।

आपका,

हस्ताक्षर : वियोगी हरि

प्रधानमन्त्री

स्वामी करपात्रीजी महाराज,
काशी

(17)

श्री हरि
गंगातरंग, नगवा, काशी

दिनांक : 23-4-54

स्वस्तिश्री प्रिय वियोगीजी,

हरिस्मरणम्।

आपका स्नेह-पत्र प्राप्त हुआ। आशा है, आप स्वस्थ एवं प्रसन्न होंगे। बहुत दिन हुए 'ब्रजमाधुरी सार' और 'विनयपत्रिका' पढ़ने को मिली थी। तभी से मैं आपके भावुक हृदय से परिचित हूँ।

मन्दिर-प्रवेश सर्वथा शास्त्रीय विषय है किन्तु खेद है कि इस दृष्टि से आप लोगों ने कभी इस पर विचार नहीं किया। फलतः राष्ट्र को अनेक आपत्तियों का सामना करना पड़ा और पड़ रहा है। 'सन्मार्ग' द्वारा आप मेरी बातें अवश्य सुनते रहे हैं किन्तु उस पर कभी अपने विचार प्रकट नहीं किए। जो हुआ सो हुआ, जहाँ तक मन्दिर-प्रवेश का लक्ष्य है, वह एक प्रकार से पूरा ही हो गया। देश के प्रायः सभी विख्यात मन्दिरों में हरिजनों का प्रवेश हो चुका है। श्री विश्वनाथ मन्दिर आदि जैसे कुछ मन्दिर ही बचे हैं। यदि ऐसे कुछ मन्दिर शास्त्र-विश्वासी सनातनधर्मियों के लिए छोड़ दिए जाएँ तो इससे हरिजनों की भक्ति में कोई कमी नहीं आती।

हरिजन बन्धु धर्माचरण में निरत हों, यह मेरे लिए सुख की बात है। श्री विश्वनाथ मन्दिर के पूर्व वाले झरोखे को बड़ा बनवा कर सुन्दर व्यवस्था कर दी गई है। रही समानता

की बात, तो उनके सन्तोष और सम्मान के लिए काशी के प्रमुख विद्वान, महाराज काशी-नरेश और हम लोग उसी झरोखे से दर्शन करने के लिए लिखित प्रतिज्ञा करने को तैयार हैं। उनके प्रति हम अपने हृदय का स्नेहभाव किस प्रकार व्यक्त करें? इस आधार पर जटिल समस्या सन्तोषजनक रीति से सुलझाई जा सकती है। विचार-विनिमय होने से उचित मार्ग निकाला जा सकता है।

ऋषियों, महर्षियों और सन्त-महात्माओं ने वेदादि शास्त्रों के आधार पर ही धर्म-ब्रह्म का साक्षात्कार माना है। वेद अपौरुषेय होने से भ्रम-प्रमाद-विप्र-लिप्सा-करणापाट-वादि समस्त पुंदोष-कलंक-पंक-शून्य हैं, अतः वे त्रिकालसत्य एवं अपरिवर्तनीय हैं। सर्वभूत हितपरायण उदारचेता सत्पुरुषों की यही सनातन मान्यता रही है। वेदोक्त धर्म की ही रक्षा और संस्थापना करने के लिए राम-कृष्ण आदि रूपों में भगवान का आविर्भाव हुआ है। प्राणीमात्र परमेश्वर की पवित्र सन्तान है। किसी की अवहेलना या अपमान करना परमेश्वर का ही अपमान है। स्वधर्मनिष्ठ भगवद्‌भक्त अंत्यज श्रेष्ठ है, स्वधर्मविमुख भगवद्‌भक्ति शून्य ब्राह्मण भी निंद्य है। स्वधर्मच्युत भगवद्विमुख ब्राह्मण को नरकगामी होना पड़ता है। स्वधर्मारूढ़ भगवद्‌भक्त अंत्यज भी भगवद्‌धाम प्राप्त करता है परन्तु सर्वत्र शास्त्रानुसार स्वधर्मनिष्ठा और भगवद्‌भक्ति अनिवार्य है। 'वर्णाश्रम निज, निज धर्म निरत वेद पथलोग (सन्त तुलसीदास)' विनयशील, श्रद्धालु आस्तिकजनों की यह दृढ़ मान्यता है। शास्त्र के अनुशासनानुसार, जीवन-यापन करना सभी के लिए कल्याण का हेतु माना गया है। धर्मवेत्ता महापुरुषों का यही उपदेश होता चला आया है।

भक्तों का मुख्य कर्तव्य तो भगवदाज्ञा का पालन करना ही है। श्रुति और स्मृति के रूप में हमें साक्षात् भगवान् की आज्ञा प्राप्त होती है–

"श्रुतिस्मृति मर्मवाज्ञे यस्ते उल्लंघ्य वर्तते।
आज्ञोच्छेदी ममद्रोही मद्‌भक्तोअपि न वष्णवे।।

स्वयं भगवान् कृष्ण ही कहते हैं, "तस्माच्वदत प्रमाणते, कार्याकार्य व्यवस्थितौ, ज्ञात्वा ज्ञात विधानोकत कर्म कर्त्तुभिहार्हसि।" फिर पाषणाकाल धातुमयी, मूर्तियों को देवबुद्धि से पूजने की श्रद्धा शुद्ध शास्त्रानुसारिणी ही है, अन्यथा वह अन्ध श्रद्धा होगी। अन्ध श्रद्धा सर्वथा त्याज्य है। इस दृष्टि से जब शास्त्रानुसार ही मन्दिरस्थ मूर्ति के दर्शन-पूजनादि का विधि-विधान मान्य है, तब उसका यथार्थ पालन करना ही उचित और न्याय है। शास्त्रमर्यादानुसार, हरिजन बन्धुओं के लिए भगवान् के दर्शन की व्यवस्था कर दी गई है। उनके वास्तविक हित के लिए हम लोग अपना अहित भी सहने को तैयार हैं। स्वयं आपका हृदय भी भक्तिभाव से परिपूर्ण है। जिस धर्म की संस्थापना के लिए, प्रभु अवतीर्ण होकर दंडक वन में नंगे पाँवों घूमते हैं, दंडक के कंटक उनके कोमल चरणारविन्दों में आविद्‌ध होते हैं, फिर उनके भक्त धर्मरक्षार्थ क्या करें?[4]

शुभचिन्तक

हस्ताक्षर : करपात्री (स्वामी)

(18)

लोकनागरी लीपी
1432/31/10
मुहर
हरिजन सेवक संघ,
सेण्ट्रल ऑफिस, देहली,
स्थायी पता :
नेशनल हाल, पटना

29-10-53

शुर्ग वीयोगी हरि,

पत्र मीला। जैसा की आप लीखते हैं, सरकारी वीज्यपुती का कोओी वीशेष अर्थ नहीं होता है। फीर भी अुससे जो लाभ हो सकता है वह लेकर हमें आगे बढ़ना चाहिए। मैं समझता हूँ की पार्लमेंट में जो बील आने वाला है वह पास होने के बाद यह झमेला शायद नहीं रहेगा।

विनोबा के प्रणाम

श्री वियोगी हरी,
हरिजन कॉलोनी,
देहली

(स्वामी करपात्रीजी ने स्वयं झरोखे से हरिजनों के साथ भगवान् विश्वनाथ का दर्शन करने का जो प्रस्ताव उक्त पत्र में रखा है उस पर आचार्य दादा धर्माधिकारी ने निम्नलिखित वक्तव्य दिया था। मैंने अलग से कोई वक्तव्य नहीं दिया था, किन्तु दादा धर्माधिकारी के वक्तव्य में मेरे विचारों का पूरा समावेश हो जाता है। –वि.ह.)

काशी-विश्वनाथ मन्दिर में हरिजन-प्रवेश!

गांधीजी का यह नियम था कि जिन मन्दिरों में अस्पृश्यों को मुमानियत थी, उनमें वे खुद भी नहीं जाते थे। मन्दिर-प्रवेश के मामले में अस्पृश्यों को जो अधिकार प्राप्त नहीं थे, उन अधिकारों से गांधीजी अपने-आपको स्वेच्छा से वंचित रखते थे। अस्पृश्यों के लिए सहानुभूति प्रकट करने का यह एक स्वाभाविक और स्नेहजन्य तरीका था।

परन्तु अब संविधान ने अस्पृश्यता को गुनाह करार कर दिया है। इसलिए जब काशी में अस्पृश्यों को विश्वनाथजी के मन्दिर में जाने से रोका गया, तो रोकने वालों को गिरफ्तार कर लिया गया था। हमारे देश के सुप्रसिद्ध और प्रतिष्ठित सनातनी नेता श्री करपात्रीजी महाराज भी उनमें से एक थे। इस परिस्थिति में से श्री करपात्रीजी महाराज ने एक बड़ी अनोखी युक्ति निकाली। उन्होंने अपना यह विचार प्रकट किया कि जिस हद तक हरिजन जा सकते हैं वहाँ तक करपात्रीजी महाराज स्वयं भी जाएँगे, और वहीं से वे विश्वनाथजी के दर्शन करेंगे।

इसमें अस्पृश्यों के साथ सहानुभूति नहीं है। किसी-न-किसी प्रकार उनको भगवान् की मूर्ति से दूर रखा जाए और उनके अपावन स्पर्श से भगवान को बचाया जाए, यही इस नई हिकमत का उद्देश्य है। गांधीजी कहते थे, "जहाँ हरिजन नहीं जा सकते, वहाँ मैं भी नहीं जाऊँगा।" करपात्रीजी महाराज कहते हैं, "चाहे मैं स्वयं जाना छोड़ दूंगा, लेकिन तुमको जाने से रोकूंगा।" गांधीजी कहते थे, "जहाँ तक तुम जा सकोगे, वहीं तक मैं भी जाऊँगा।" करपात्रीजी महाराज कहते हैं, "जहाँ मैं तुमको नहीं जाने देना चाहता, वहाँ मैं भी नहीं जाऊँगा।"

इसमें धर्मरक्षा का आभास है। परन्तु वास्तव में यह बहुत भयंकर प्रताड़ना है। धर्मशास्त्र के अक्षर का पालन और उसके अर्थ का उल्लंघन इसमें है। इस प्रकार शास्त्र के वचनों में से बचने के रास्ते निकालने में मनुष्य की बुद्धि जब लग जाती है, तो धर्म का सत्व खत्म हो जाता है। वह धर्म प्राणहीन हो जाता है। चतुर वकील कानून में से कई चोर रास्ते खोल कर उसे बिलकुल निरुपयोगी बना देते हैं। वकील की चतुराई की सराहना होती है और कानून कागज पर रह जाता है।

काशी के हरिजन नेताओं ने तथा सेवकों ने संयम और विवेक से काम लिया। जब कानून बन गया है तो वे अपने अधिकार का अमल कर सकते थे परन्तु उन्होंने कानून के भरोसे भीतर जाने के बदले शुद्ध सत्याग्रह की नीति का प्रयोग करना निश्चित किया। वे मन्दिर के दरवाजे तक जाएँगे और रोकने पर लौट जाएँगे। इस तरह बराबर करते रहेंगे।

परन्तु यहाँ केवल हरिजनों के ही अधिकार का प्रश्न नहीं, सवर्णों के अधिकार का भी प्रश्न है। विश्वनाथजी का स्पर्श करके पूजा-वंदनादि की परिपाटी कल तक चलती आई है। इस प्रकार विश्वनाथ जी की पूजा करना वे अपना पवित्र कर्त्तव्य समझते हैं। अब उनका वह अधिकार छीनने की कोशिश हो रही है। इसलिए अब उनमें से कुछ उत्कट प्रकृति के लोग भीतर प्रवेश करने का प्रयत्न कर रहे हैं। अस्पृश्यों को रोकने के लिए स्वयं अस्पृश्यता की मर्यादा स्वीकार करने को वे तैयार नहीं हैं।

पंढरपुर के विठोबा के दर्शन भी प्रत्यक्ष चरणस्पर्श करके किए जाते हैं। जब से हरिजन दर्शन करने लगे, तब से कुछ कट्टर सनातनियों ने मन्दिर का बहिष्कार कर दिया है। उनकी दृष्टि में अब देवता का देवत्व समाप्त हो गया है। करपात्रीजी महाराज विश्वनाथजी के मन्दिर की पवित्रता की रक्षा करने के लिए अपने और सवर्णों के ऊपर मर्यादा लगाने का बिलकुल नया उपाय काम में लाना चाहते हैं। सभी मामलों में इस प्रकार की मर्यादा लगा लेना असम्भव होगा। यह सीधा रास्ता नहीं है। इस प्रकार के द्राविड़ी प्राणायाम से किसी का भी काम नहीं हो सकता।

कोई इस तरह के धोखे में नहीं आएगा। जहाँ तक सब जाते हैं वहाँ तक हरिजनों को भी जाने का अधिकार कानून ने दिया है। मन्दिर-प्रवेश का यही वास्तविक अर्थ है। अब सभी का अधिकार रद्द करने से हरिजनों को अधिकार नहीं मिलता।

हरिजनों का मन्दिर-प्रवेश उसी तरह होना चाहिए जैसा कि सवर्णों का होता है। उसके बाद अगर सफाई और इन्तजाम के लिए मर्यादा लगाने की जरूरत मालूम हुई,

तो मर्यादा लगाई जा सकेगी। परन्तु आज जो मर्यादा सबके लिए लगाई जाती है, वह यों ऊपर-ऊपर तो सबके लिए जान पड़ती है, लेकिन असल में हरिजनों के लिए होती है।

क्या हरिजनों के प्रवेश से मन्दिर भ्रष्ट होता है और उनके पास आने से या स्पर्श करने से मूर्ति खंडित होती है, यह बुनियादी सवाल है। जो लोग यह मानते हैं कि हरिजनों के संसर्ग या सान्निध्य से मूर्ति का देवत्व नष्ट हो जाता है, वे अपनी सारी सिफत शास्त्र को और मनुष्य को धोखा देने में ही खर्च करेंगे। यह रास्ता धर्मग्लानि का है। शास्त्र के अक्षरार्थ से कभी-कभी शास्त्र के अभिप्राय की हानि होती है। पोथी कभी-कभी दर्शन को कटहरे से ढक देती है। पंडितों की प्रतिभा और शास्त्रों की प्रज्ञा इस कटहरे को चीर कर धर्मत्व का दर्शन कराने में अपने-आपको चरितार्थ मानें।

काशी भारतवर्ष की 'अमरपुरी' कहलाती थी। वहाँ किसी मानवीय राजा की हुकूमत नहीं थी। वह तो विश्वनाथ की विश्वधानी है। यहाँ का कोतवाल कालभैरव है। पतितों के पापों को बहा ले जाने वाली पुण्यसलिला भगीरथी काशीपुरी के शील का प्रतीक है। वहाँ के बुद्धि-वैभव की पहचान यह है कि वहाँ 'वाराणसी मेदिनी' (सारी दुनिया काशी है) इस मंगलमय विचार का अभ्यास वहाँ के वातावरण में हो। हमारा अनुरोध है कि सभी धर्माभिमानी काशी की इस पुण्य परम्परा का परिपोष करें।

—(आचार्य) दादा धर्माधिकारी

(19)

मेम्बर ऑफ
दि हाउस ऑफ दि पीपल

मुहर
हरिजन सेवक संघ, सेण्ट्रल ऑफिस, देहली
नं. 1070, ता. 15-6-54

सी-17/14, पितरकुंडा,
बनारस
12-6-54

श्रद्धेय वियोगी हरिजी,

आपका संदेश श्री कृष्णदेव उपाध्याय द्वारा मुझे ज्ञात हुआ। आपने हम हरिजन भाइयों को मन्दिर-प्रवेश के लिए बधाई दी है। वास्तव में हम लोग बधाई के पात्र नहीं हैं। हम अपनी ही कमजोरियों के कारण भारतीय समाज में अछूत समझे जाते हैं और जीवन के व्यावहारिक रूप में पशु से भी नीच हमें समझा जाता है। हाँ, आपके पत्र से मुझे काफी प्रोत्साहन तथा एक अच्छी प्रेरणा मिली है। आप हम लोगों से काफी दूर होते हुए भी सराहनीय सहयोग दे रहे हैं। मुझे प्रारम्भ ही से मालूम है कि आप ही ने श्री सोनीराम पोद्दार द्वारा इस आन्दोलन का श्रीगणेश किया है और आशा करता हूँ कि आप ही के प्रयत्न से मुझे

अन्त में सफलता भी मिलेगी। मन्दिर-प्रवेश का प्रश्न अदालत में जाने के कारण आन्दोलन में अवश्य शिथिलता-सी आ गई है। मैं देहली में आकर मिल कर कुछ अन्दर की बात बताना चाहता था पर दुर्भाग्य से नहीं मिल सका। इस समय हम लोग एक तरह से निःसहाय से हो गए हैं। मेरी इच्छा है कि आप अपनी संस्था द्वारा अदालत में केस को लड़ देने की कृपा करें, क्योंकि दूसरे लोग इधर आते दिखाई नहीं पड़ते हैं। हम किसी तरह की आर्थिक सहायता नहीं चाहते हैं। सिर्फ आपसे यही चाहते हैं कि कोई व्यक्ति हमारी तरफ से केस अदालत में मुकद्दमे तो लड़ दे। यदि आप एक बार बनारस में आ जाएँ तो बड़ी कृपा होगी।[5]

आपका

हस्ता. रूपनारायण

एम.पी.

मन्दिर के सामने शान्तिपूर्वक दर्शनार्थी हरिजनों का तथा आन्दोलन के साथ सहानुभूति रखने वाले सवर्ण दर्शनार्थियों का सत्याग्रह शान्तिपूर्वक दीर्घकाल तक जारी रहा। मन्दिर के द्वार तक वे जाते और कीर्तन करते हुए लौट आते। बाबा विश्वनाथ द्वारा दी गई प्रेरणा का ही प्रताप कहना चाहिए कि थक कर मन्दिर के पुजारियों और पंडों ने मुकद्दमा वापस ले लिया। 'निषेधाज्ञा' अपने आप रद्द हो गई। मन्दिर का द्वार खोल दिया गया। तब श्री बेचनराम और उनके साथियों ने मन्दिर के अन्दर जाकर भगवान विश्वनाथ का दर्शन-पूजन किया। उद्दंड लोगों ने थोड़ा संघर्ष किया और कुछ मारपीट भी हुई। इतना होने पर भी श्रद्धालु हरिजन और उनके साथी सर्वथा शान्त रहे।

इस प्रकार अस्पृश्यता-निवारण-आन्दोलन के इतिहास का यह काशी-विश्वनाथ-मन्दिर प्रवेश नामक अध्याय सम्पन्न हुआ और सुखान्त रहा।

एफ-13
मॉडल टाऊन
दिल्ली

यहाँ **लोहिया** के विचारों से भी पाठकों का परिचय कराना जरूरी है—बनारस की 'हरिजन मन्दिर प्रवेश समिति' से मैं सिफारिश करता हूँ कि वह 30 सितम्बर तक अपना सत्याग्रह स्थगित कर दे। एक दृष्टि से तो यह है कि सरकार को ठंडा होकर सोचने का अवसर मिले और दूसरी यह कि अगर आवश्यक हो तो जम कर लड़ने के लिए जनता की शक्ति ठीक से संगठित हो सके।

वे लिखते हैं कि बनारस के सत्याग्रह में हाल में पतन के लक्षण दिखाई पड़ने लगे हैं। विश्वनाथ मन्दिर में हरिजनों के प्रवेश करने के हर प्रयास के अवसर पर मन्दिर के सामने मुठभेड़ और पिटाई होती है। राजनारायण जैसे आदमी को उनकी दाढ़ी पकड़ कर घसीटा गया।

सरकार का व्यवहार तो इतना गिर गया है कि जनता की तरफ से कई लोग भूख हड़ताल और विभिन अवधियों के व्रत रखने की बात पर गम्भीरता से सोच रहे थे।...जब गांधीजी जीवित थे, तो मैंने उनके साथ यह तर्क करने की कोशिश की थी कि भूख हड़ताल का व्रत बहुत ही धोखेबाज हथियार है।...भूख हड़ताल की निन्दा करना काफी नहीं है। आन्दोलन के ज्यादा सामाजिक तरीकों पर भी हमें चलना चाहिए।

इसीलिए, विश्वनाथ मन्दिर में हरिजन प्रवेश कराने के लिए हम बनारस में पहली अक्तूबर को एक अखिल भारतीय सम्मेलन बुलाने की सोच रहे हैं।...अगर हरिजनों को मन्दिर में जाने से रोका जाना है तो और कोई भी नहीं जा सकेगा। मुझे आशा है कि बनारस की 'हरिजन मन्दिर प्रवेश समिति' मेरी सिफारिशों को मान लेगी।

कई प्रान्तों में मन्दिर प्रवेश की दिशा में न्यूनाधिक रूप में कार्य हुआ है। जगन्नाथपुरी, रामेश्वरम्, द्वारिका–इन महाधामों के मन्दिर खुल गए, किन्तु यह देखकर दुख होता है और लज्जा भी आती है कि काशी, अयोध्या और मथुरा के तीर्थस्थानों के प्रसिद्ध मन्दिर आज भी हरिजनों के लिए बन्द हैं।

इससे संसद की प्रभुसत्ता पर सवाल उठ गया है। हरिजनों का मन्दिर प्रवेश रोकने के लिए अस्पृश्यता निवारण अधिनियम के अनुसार कोई भी न्यायालय किसी भी किस्म का, अस्थायी या स्थायी, आदेश या डिग्री नहीं दे सकता। यह अधिनियम भले ही गैर कानूनी हो, लेकिन जब तक उच्च अथवा सर्वोच्च न्यायालय उसे गैर कानूनी नहीं ठहराता तब तक सरकार को उसे कानूनी ही मानना चाहिए। सरकार द्वारा बनाए गए कानून के अनुसार सरकार ही काम न करे तो यह बात उसकी खुद की अपरिष्कृत नीचता को जितना प्रकट करती है, हिन्दुस्तानी जनता की प्रभुता का उतना ही अपमान है।[6]

1956

जोधपुर मन्दिर प्रवेश आन्दोलन

राजस्थान के ही वरिष्ठ दलित कथाकार बाबूलाल चावरिया नासिक की 2 मार्च, 1930 की ऐतिहासिक घटना का जिक्र करते हुए लिखते हैं कि कालाराम मन्दिर में दलितों के प्रवेश हेतु हिन्दुओं से संघर्ष होता है। दलित मन्दिर प्रवेश में नाकाम रहते हैं। आजादी के बाद भी लगभग यही स्थिति दोहराई जाती है। यहाँ तक कि जगन्नाथपुरी के मन्दिर में प्रधानमन्त्री इन्दिरा गांधी तक को भी नहीं जाने दिया गया।[7]

नरसिंह देव गुजराती अपनी पुस्तक[8] में लिखते हैं कि मन्दिर में पुजारी तथा कट्टर पन्थी हिन्दू दलितों के मन्दिर प्रवेश के पक्ष में नहीं थे। जब हम जोधपुर के मन्दिर की तरफ गए तो हमारे साथियों को मारा-पीटा गया। यह घटना 1954 की है। मन्दिर का विशाल द्वार वैसे ही बन्द था। स्थानीय प्रशासन चाहता था कि मन्दिर प्रवेश हो, लेकिन कट्टर हिन्दू नहीं।

1966 में स्वामी श्री निरंजन देव तीर्थ जगतगुरु शंकराचार्य जोधपुर पधारे हुए थे। वे शहर के सरदारपुरा क्षेत्र के सतसंग भवन में विराजमान थे। मेरे उनसे दलितों के मन्दिर प्रवेश के बारे में सवाल पूछते ही उन्होंने उत्तर दिया, अस्पृश्यों और शूद्रों को भगवान के दर्शन दूर खड़े होकर कर लेने चाहिए, मगर उन्हें मन्दिर में नहीं जाना चाहिए।[9]

फिर 20 फरवरी, 1987 को हरिजन सेवक संघ की जयपुर बैठक में 'नाथद्वारा मन्दिर में हरिजनों के प्रवेश' पर विचार विमर्श हुआ।

नाथद्वारा कस्बा शुरू से ही ब्राह्मणवाद का गढ़ रहा है। इसी विषमतावादी कस्बा में असवैधानिक स्थिति से निपटने के लिए 29-30 जून, 1987 को दो दिवसीय सम्मेलन आयोजित करने का निर्णय लिया गया।

बाबूलाल चावरिया लिखते हैं कि अपने-आपको हरिजन हितैषी साबित करने का दावा पेश करते हुए राजस्थान के मुख्यमन्त्री हरिदेव जोशी ने तालियों की गड़गड़ाहट में सस्ती लोकप्रियता प्राप्त की।[10]

29 जून को संघ के 50 कार्यकर्ता नाथद्वारा श्रीनाथ जी के मन्दिर पहुँचे, लेकिन स्थानीय तत्वों ने उत्तेजना फैलाना और अशोभनीय नारे लगाना शुरू कर दिया।[11] इस कारण दलितों का मन्दिर प्रवेश न हो सका।

इसके आगे की घटना और भी निर्लज्ज तथा असवैधानिक है। 22 जून 1988 को पुरी मठ के शंकराचार्य जयपुर आए और प्रेस कॉन्फ्रेंस की। निरंजन देव ने कहा कि हरिजनों को मन्दिर में प्रवेश करने का अधिकार नहीं है।[12] उन्होंने यह भी कहा कि आम्बेडकर शास्त्रों के मामले में अनभिज्ञ हैं। शंकराचार्य के इस तरह के गलत बयानों से दलितों की भावनाओं को ठेस लगी। उसका परिणाम तो होना ही था। 29 जून, 1988 को नवभारत टाइम्स में खबर छपी कि—शंकराचार्य के बयान के विरोध में 9 परिवारों ने धर्म बदला। उधर राजस्थान अनुसूचित जाति और जनजाति छात्र संघ ने चेतावनी दी कि सरकार ने अगर शंकराचार्य को अस्पृश्यता कानून के तहत गिरफ्तार नहीं किया तो संघ विश्वविद्यालय खुलते ही आन्दोलन करेगा।[13]

हमारी जानकारी के अनुसार, न शंकराचार्य को गिरफ्तार किया गया और न ही दलितों का मन्दिर प्रवेश हुआ। हाँ, दलितों के मन्दिर प्रवेश पर नाटक जरूर हुआ। हरिजन सेवक संघ के बाद आर्य समाजी आए। समस्या वहीं-की-वहीं रही। स्वामी अग्निवेश, जस्टिस कृष्णा अय्यर, जस्टिस गुमानमल लोढ़ा के साथ चिन्तामणी जैसे दलित नेता ने भी कमर कसी। स्वामी अग्निवेश ने बताया कि सैकड़ों दलितों के साथ वे उदमपुर में जमा होंगे और 'जाति तोड़ो यज्ञ' के बाद मन्दिर में प्रवेश करेंगे।

यहाँ तक कि नई शताब्दी में भी उत्तरी राज्यों के साथ दक्षिण राज्यों में भी दलितों को मन्दिर प्रवेश से रोका गया। जो सरासर भारतीय संविधान का उल्लंघन है। अन्य साथियों के साथ अनुसूचित जाति राष्ट्रीय आयोग के चेयरमेन पूनिया जी भी दलितों के मन्दिर प्रवेश की घोषणा कर देते हैं। अखबारों में उनके बयान भी छप जाते हैं।

इन सबके बावजूद कुछ हल नहीं निकलता। सवाल उठता है, शंकराचार्य बड़े हैं या भारत का कानून? मन्दिर के पुजारी श्रेष्ठ हैं या संविधान? क्या मन्दिर व्यक्तिगत सम्पत्ति है? किसके पास है इसका जवाब? पिछली शताब्दी के साथ इस शताब्दी में भी यह सवाल उभरते रहे हैं। कौन देगा आखिर जवाब?

सन्दर्भ

1. साप्ताहिक हिन्दुस्तान, नई दिल्ली 4 मार्च, 1984, पृ. 11.
2. वही, पृ. 12.
3. वही, पृ. 14.
4. वही, पृ. 45.
5. वही, पृ. 47.
6. जगजीवन राम अभिनन्दन ग्रन्थ, नई दिल्ली, 1953.
7. बाबूलाल चावरिया, प्रतिकार, भारतीय दलित साहित्य अकादमी, जोधपुर, 2011, पृ. 14.
8. समर्पित सेवा, पृ. 29.
9. वही, पृ. 9.
10. प्रतिकार, पृ. 20.
11. वही, पृ. 22.
12. नवभारत टाइम्स, जयपुर, 22 जून, 1988.
13. नवभारत टाइम्स, जयपुर, 30 जून, 1988.

जनता पार्टी जनता के कटघरे में

अधिकांश लोगों का मानना है कि भारत में जनता पार्टी का सत्ता में आना एक महत्त्वपूर्ण ऐतिहासिक घटना रही है। ऐसी ऐतिहासिक घटना, जिसने परम्परागत सत्ता की न केवल राजनैतिक प्रक्रिया को प्रभावित किया था बल्कि सामाजिक, आर्थिक तथा शैक्षिक क्षेत्रों में भी दलितों को प्रवेश हेतु प्रेरित और उत्तेजित किया था। परिणामस्वरूप डॉ. आम्बेडकर की प्रेरणा की इस प्रक्रिया से सत्ता के परम्परागत मठों पर प्रहार हुआ। सत्ता के मठाधीशों को इस बात का अहसास अवश्य ही हो गया था कि अब दलित-पिछड़ों के भीतर चेतना का सूरज अधिक तेजी से उगने लगा है। सच कहा जाए तो दलित समाज के लोग एकजुट होकर अपनी सामाजिक हैसियत बदलने के लिए संघर्ष हेतु तैयार होने लगे थे।

दूसरी ओर, कुछ चिंतकों के विचार में दलितों के लिए दूसरी आजादी का सपना भी लगभग वैसा ही था जैसा पहली आजादी का सपना। फर्क केवल इतना ही था कि पहली आजादी उन्होंने अंग्रेजों से स्वतन्त्रता संघर्ष कर प्राप्त की थी और दूसरी आजादी कांग्रेस की तानाशाह इन्दिरा गांधी से। ये दोनों लड़ाइयाँ गुलामी से मुक्ति के लिए लड़ी गई थीं पर गुलामी से दलित पूर्णतः मुक्त नहीं हो सके थे। अलबत्ता इसे गुलामी से मुक्ति का रिहर्सल भी माना जा सकता है। 1950 के आरम्भिक दशकों में दलित मुक्ति का अभियान थोड़ा कम गति पर रहा तो पर सत्तर का दशक आते-आते वह चरम पर था। ऐसा भी कहा जाता है कि आजादी के दोनों दौर में दलितों के मन में सपने जगाने का कार्य खूब हुआ। यह सपने दिखाने का कार्य सभी राजनैतिक दलों ने किया। उन राजनैतिक दलों में दलित प्रतिनिधि भी थे और सवर्ण प्रतिनिधि भी। दोनों तरफ के पेशेवर राजनीतिज्ञों ने आम आदमी को खूब लुभाया, गुमराह भी किया। सपना जब टूटा तो बहुत देर हो चुकी थी। उन्हें अहसास हुआ, हाँ उनके साथ धोखा हुआ है। वैसे इतिहास का यह वह मोड़ था जहाँ से उन्होंने पुनः संघर्ष करना सीख लिया था।

मधु लिमये के विचार में भाजपा नेता लालकृष्ण आडवाणी ने जनता पार्टी के निम्नलिखित घोषणापत्र पर हस्ताक्षर किया था। "जनता पार्टी व्यक्तिगत स्वतन्त्रता तथा स्वाधीनता आन्दोलन की महान एवं समृद्ध परम्पराओं से प्रेरणा ग्रहण करते हुए गांधीवादी सिद्धान्तों के आधार पर भारत में लोकतान्त्रिक, धर्मनिरपेक्ष और समाजवादी राज्य के निर्माण के काम को समर्पित होगी। यह पार्टी ऐसी राजनीतिक व्यवस्था पर विश्वास करती है जिससे अधिक और राजनैतिक शक्ति का विकेन्द्रीकरण सुनिश्चित हो। यह शान्तिपूर्ण

लोकतान्त्रिक असहमति में आस्था व्यक्त करती है, जिसमें अहिंसात्मक प्रतिरोध या सत्याग्रह शामिल है।" मुझे याद नहीं कि लालकृष्ण आडवाणी ने इस प्रतिश्रुति पर हस्ताक्षर करने से पहले छद्म धर्मनिरपेक्षता का सवाल उठाया था।[1]

आडवाणी ने जनता पार्टी के घोषणापत्र के इस वक्तव्य को भी स्वीकार किया था। "जनता पार्टी राज्य के धर्मनिरपेक्ष और बहुमूल्य विविधताओं से भरे स्वरूप को बनाए रखने के लिए प्रतिबद्ध है। यह अल्पसंख्यकों के अधिकारों तथा उनकी उचित जरूरतों को उच्चतम प्राथमिकता देगी। पार्टी मानती है कि देश के सभी नागरिक बराबर हैं और उनके साथ बराबरी का व्यवहार किया जाना चाहिए और हर प्रकार के भेदभाव से उन्हें पूरा संरक्षण मिलना चाहिए। अल्पसंख्यकों के खिलाफ उद्योग, व्यापार, वाणिज्य और रोजगार के मामलों में भेदभाव की कई शिकायतें हैं। जनता पार्टी वायदा करती है कि वह धार्मिक, सांस्कृतिक और भाषायी अल्पसंख्यकों या किन्हीं भी नागरिकों अथवा नागरिक समूहों के खिलाफ भेदभाव को दूर करेगी।"

इस घोषणापत्र का मसौदा मैंने तैयार नहीं किया था। जब मसौदा बना तो मैं जेल में था। आडवाणी को शायद याद होगा कि फरवरी 1977 के उस संवाददाता सम्मेलन में मैं शामिल हुआ था जिसमें चौधरी चरण सिंह ने घोषणापत्र जारी किया था। चौधरी चरण सिंह के साथ आडवाणी और पार्टी के अन्य महासचिव बैठे हुए थे। यह बताना उचित होगा कि आडवाणी ने उस समय अल्पसंख्यकवाद पर कोई प्रश्न नहीं उठाया था। आज उन्होंने जो नया नारा लगाया है, क्या उससे यह मान लिया जाए कि उन्होंने और उनके जैसे अन्य लोगों ने जनता पार्टी के उपर्युक्त वक्तव्यों को किन्हीं गूढ़ प्रयोजनों से स्वीकार किया था? इसका उत्तर मैं नहीं, आडवाणी ही देंगे।[2]

डॉ. प्रेमसिंह ने 'जनसत्ता' के 11 मई, 1991 के अंक में प्रकाशित बनवारी के लेख 'क्या भाजपा कांग्रेस का स्थान ले रही' पर संक्षिप्त टिप्पणी करते हुए कहा कि बनवारी ने सेना, पुलिस और प्रशासनिक सेवाओं से रिटायर हो चुके उच्चाधिकारियों के हाल में भाजपा में शामिल होने के कारणों पर प्रकाश डाला है। उनका मानना है कि "यह सोचना नादानी होगी कि कोई साम्प्रदायिक भावना उन्हें भारतीय जनता पार्टी के करीब ले आई है।" उनका मानना है कि "भारतीय जनता पार्टी में जो सैनिक अफसर शामिल हुए हैं उनके बारे में भी यह कहा जा सकता है कि राजनीति में आने का फैसला उन्होंने किसी राष्ट्रीय भावना से ही किया होगा न कि किसी साम्प्रदायिक भावना से।" यही मान्यता उनकी पुलिस तथा प्रशासनिक अधिकारियों के बारे में भी है। उन्होंने भारतीय जनता पार्टी को कांग्रेस के मुकाबले 'स्थिर विचारों की पार्टी' मानते हुए पूछा है कि ऐसी पार्टी 'भानुमति का कुनबा' क्यों जोड़ रही है, यह तो कांग्रेस में होता था। उनका कथन है कि "पिछले दिनों देश का माहौल बदला है। अनेक कारणों से हिन्दू समाज अपनी शक्ति का अहसास करवाने के प्रति सजग हुआ है।...फिर भी यह नहीं कहा जा सकता कि वे किसी हिन्दू उत्साह में भाजपा में शामिल हुए होंगे। इसलिए भाजपा में होने वाले इन लोगों का साम्प्रदायिकता से भिन्न कारण ढूँढ़ना होगा।"[3] बनवारी 'राम को साम्प्रदायिक मुद्दा' बनाने का दोष भाजपा विरोधी धर्मनिरपेक्ष

शक्तियों पर भी डालकर भाजपा का उसमें कोई दोष नहीं देखते। उनका मत है, "इसलिए भारतीय जनता पार्टी का आज हमें बड़े नाटकीय ढंग से जो उभार दिखाई दे रहा है उसे समाज में उभरती हुई किसी साम्प्रदायिक वृत्ति का परिचायक नहीं माना जाना चाहिए। भारतीय समाज, जो कि बहुलांश में हिन्दू समाज ही है, अपने स्वभाव और संस्कार से साम्प्रदायिक है नहीं।"[4]

मेरा निवेदन है कि भाजपा में शामिल होने वाले उच्चाधिकारी यदि साम्प्रदायिक भावना से भाजपा में शामिल नहीं हुए हैं तो राष्ट्रीय भावना या उत्तरदायित्व भावना भी उनके इस कदम के पीछे नहीं है। कांग्रेस की चढ़ती के दिनों में ऐसे लोग कांग्रेसी गलियारों में भी बराबर चक्कर काटते रहे हैं। आगामी चुनावों में भाजपा की जीत के आसारों के मद्देनजर इन्होंने सत्ता में हिस्सेदारी के लिए भाजपा में दाखिला ले लिया है।

उसके पीछे क्या है? इस बात से कौन इनकार कर सकता है कि राम जन्मभूमि का साम्प्रदायिक ब्रह्मास्त्र ही इस उभार का एकमात्र कारण है। आडवाणी की रथ यात्रा के दौरान लगे मुस्लिम द्वेषी नारे, हवा में लहराई तलवारें, सारे देश में दीवारों पर खुदे हिन्दू हित के नारे, उमा भारती और साध्वी ऋतंभरा के अत्यन्त अशिष्ट भाषा में गूँजते ऑडियो-वीडियो कैसेट! इन सबसे आगे बढ़कर 'मर्यादित राजनीति' और 'मर्यादित राजनैतिक आचरण' करने वाले भाजपा के शिखर नेताओं के भाषण—यानी सम्पूर्ण साम्प्रदायिक उन्माद भड़काकर इस बार सत्ता हथियाने की पुरजोर कोशिश की। क्या ये रिटायर उच्चाधिकारी भाजपा में रहकर साम्प्रदायिक होने के आक्षेप से बच सकते हैं? बनवारी गांधी जी को बहुत मान देते हैं। क्या साम्प्रदायिकता के साधन से देश की स्थिरता का साध्य प्राप्त करना चाहिए? जिस पार्टी ने चुनाव से पहले ही उसे जीतने की नीयत से साम्प्रदायिक उन्माद का माहौल पैदा कर दिया है, जीतने के बाद समाज को कैसे बिखरने से बचाएगी?

बाबूजी का उस समय कांग्रेस(इ) से इस्तीफा देना दलित, पिछड़ों, मुस्लिमों तथा अल्पसंख्यकों के लिए हर्ष और उल्लास का विषय था। देखा जाए तो सभी की निगाहें राजनीति के उस शिखर पुरुष की ओर लगी थीं। कुछ राजनीतिज्ञों के साथ बाबूजी के अनुयायियों का तो एक-एक पल बेचैनी में था।

इस ऐतिहासिक दिवस पर जब बाबू जगजीवनराम ने अपने कुछ विश्वस्त सहयोगियों सर्वश्री हेमवती नन्दन बहुगुणा, द्वारिकानाथ तिवारी आदि के साथ त्यागपत्र दिया तो पूरे भारत में उन्हें 'प्रजातन्त्र और आशा का नवसूर्योदय' कहकर सराहा गया। उसी दिन दोपहर तक विश्वप्रेस अपने मुख्यालयों को उनके इस्तीफे की खबरें और रेडियोफोटो भेज चुके थे। इसे उन्होंने भारतीय राजनीति में एक नए इतिहास की शुरुआत बताया। अगले दिन दुनिया के सभी दैनिक पत्रों में यह खबर सुर्खी देकर छपी कि "बाबू जगजीवनराम जैसे वरिष्ठ राष्ट्रनेता ने इस्तीफा देकर इन्दिरा सरकार को चाँद-तारे दिखा दिए हैं और 'जनता' और 'सी.एफ.डी.' के संयुक्त चुनाव की जीत को सरल बना दिया है।"[5]

लन्दन से प्रकाशित सुविख्यात **'इकनॉमिस्ट'** साप्ताहिक ने अपने 5 फरवरी, 1977 के अंक में कहा कि "आठ करोड़ हरिजनों के नेता ने अपने त्यागपत्र के कारणों पर विस्तृत

प्रकाश डालते हुए श्रीमती गांधी के सामने कुछ मुद्दे रखे हैं कि देश में आपात स्थिति हटाई जाए, तमाम राजबन्दी छोड़े जाएँ, बिना मुकद्दमा चलाए किसी को बन्दी न बनाया जाए और ऐसे तमाम कानूनों को समाप्त किया जाए तथा प्रेस की स्वतन्त्रता बहाल की जाए। यही माँगें जो कि अन्य विरोधी दलों से भी मेल खाती थीं, नए दल का प्लेटफार्म बन गईं।" दक्षिण पूर्व एशिया के सुप्रसिद्ध हांगकांग से प्रकाशित **'फार ईस्टर्न इकनॉमिक रिव्यू'** के 11 फरवरी, 1977 के अंक में एक विस्तृत लेख में ए. हीरहन ने दिल्ली डिस्पैच में लिखा कि "1969 के कांग्रेस विभाजन के बाद 2 फरवरी, 1977 को जगजीवन द्वारा केन्द्रीय मन्त्रिमंडल से त्यागपत्र सबसे बड़ी राजनीतिक घटना है।" लन्दन के 'संडे टाइम्स' के 13 फरवरी, 1977 के पूरे पृष्ठ में बाबूजी के प्रभावी फोटो के साथ भारत में घटित राजनीतिक घटना-चक्रों की समीक्षा करते हुए आइक जैक ने लिखा, "जिस व्यक्ति ने संजय की धज्जियाँ उड़ा दीं, युवक कांग्रेस की उच्छृंखलता को रोका और अपनी नई पार्टी बनाकर देश में छा गया वह जगजीवनराम हैं। राम आत्मकेन्द्रित शासन और तानाशाही के खिलाफ बगावत करके आगे आए हैं।"[6]

सियाराम यादव का मानना है कि हिन्दुस्तान के संसदीय इतिहास में हरिजनों की अहमियत कांग्रेस के लिए मूलधन की रही है। इस मूलधन के साथ थोड़ी पूँजी मुसलमानों के रूप में कांग्रेस ने 'फिक्स डिपॉजिट' कर रखी थी। बस, यही 'कारूँ का खजाना' गांधी से हथियाकर आजादी के बाद सत्ताधारी दल ने लगातार पचीस वर्ष तक निष्कंटक राज्य किया। 1977 में समीकरण बदला और न केवल ब्याज बल्कि मूलधन की गठरी में तमाम छेद हो गए। तब कांग्रेस को लगा कि लक्ष्मी हर हालत में अचला नहीं होती। उनके 'रिजर्व बैंक' के गवर्नर बाबू जगजीवनराम ने ऐसी 'किक' मारी कि गेंद ने कांग्रेस का गोल ही नहीं, सीना भी चीर दिया। सन् 1977 में जनता पार्टी के हरिजन उम्मीदवारों की जीत ने यह साबित कर दिया कि जगजीवनराम ही हरिजनों के असली नेता हैं। आजाद हिन्दुस्तान में मिथक बनती जा रही कांग्रेस को शिकस्त देकर गैर-कांग्रेसी सरकार का बनना एक ऐतिहासिक घटना थी और इसीलिए इसे दूसरी आजादी का नाम दिया था।[7]

वेददान सुधीर मानते हैं कि जनता पार्टी की जीत के बाद कुछ भोले लोग भारतीय जनता के लोकतान्त्रिक विवेक के गीत गाने लगे थे, तथा कहने लगे थे कि अब लोकतन्त्र की अन्तिम विजय हो गई है। इस तरह की छिछली बातों में मुझे यकीन नहीं था। मैं तो इतना ही मानता था कि लोकतन्त्र को कुछ समय के लिए जीवनदान मिला है और यदि कारगर एवं मौलिक परिवर्तन सामाजिक-आर्थिक क्षेत्र में लाए जाएँगे तो लोकतन्त्र की इन उपलब्धियों को स्थायी बनाया जा सकेगा। पर क्या वैसा हुआ? लोकतन्त्र की उपलब्धियों की झंकार तो सुनी गई, पर उनकी दस्तक कितने दरवाजों पर हुई, यह हमेशा-हमेशा के लिए शोध का विषय रहेगा। 1977 की राजनीतिक उथल-पुथल को सामान्य तौर पर एक चमत्कार माना जाता है जैसा कि स्वयं वेददान भी कहते हैं।[8]

1977 में मतदाता मण्डल का निर्णय एक रूप में चमत्कारी ही था। चमत्कारी इस दृष्टि से कि उसने एक स्थापित राष्ट्रीय दल के गढ़ को उत्तरी भाग में पूरी तरह ध्वस्त कर दिया।

हालाँकि इस अप्रत्याशित परिणाम को व्याख्याकारों ने जिस शैली में व्याख्यायित किया उसे भ्रामक ही कहा जाएगा। कतिपय व्याख्याकारों ने छठे आम चुनाव में नवगठित जनता पार्टी की जीत को जनतन्त्रीय शक्तियों की जीत तथा तानाशाही की हार, जनसाधारण की स्वतन्त्रता के मूल्यों में आस्था और एक बड़ी क्रान्ति के रूप में देखा है। वास्तव में यदि देखा जाए तो प्रतीत होगा कि आम मतदाता इन सब वाक्छल अथवा सिद्धान्तों से सर्वथा अनभिज्ञ था। उसके रोष और वोट की पृष्ठभूमि तथा मानस के आधार बड़े साधारण थे। सरसरी तौर पर देखें तो उसने नसबन्दी तथा नीचे के स्तर पर पुलिस और पटवारी की आपाधापी तथा जुर्म के कारण ही अपना मत कांग्रेस राज के विरुद्ध दिया था। निःसन्देह वह कांग्रेस विरोधी वोट था। उसे क्रान्ति की संज्ञा देना समूचे घटनाक्रम को गलत व्याख्यायित करना है।[9]

इस तरह कांग्रेस दल के तीस वर्ष के एकछत्र शासन को पहली बार चुनौती सत्तरादि दशक की काफी बड़ी घटना है।

जिस दौरान जनता पार्टी का गठन हुआ और गठन के बाद चुनावी प्रक्रिया आरम्भ हुई तब आम मतदाता में एक अजीब ही तरह का जोश था। कांग्रेस की तानाशाही के खिलाफ जनता पार्टी की सरकार बनाने के लिए समूचे अवाम में उत्साह था। कांग्रेस की धींगामुश्ती के प्रति जनता को नफरत-सी हो गई थी। इमरजेंसी उसके लिए लोहे की जंजीरें बनने लगी थीं जिनकी कैद से जनसमूह छुटकारा पाना चाहता था। इसलिए इस देश के दलित, पिछड़े तथा अल्पसंख्यक समुदायों ने मिल-जुलकर जनता पार्टी को जिताया। जनता पार्टी को जिताने में अनुसूचित जाति तथा जनजाति के मतदाताओं की महत्त्वपूर्ण भूमिका रही है। इस बात का सीधे-सीधे अन्दाजा इसी से लगाया जा सकता है कि जो वोट कांग्रेस की झोली में जाते थे उनका रुख जनता पार्टी की तरफ मुड़ गया। परिणामस्वरूप कांग्रेस को भारी शिकस्त मिली।

1977 के लोकसभा चुनावों में राजनैतिक दलों की स्थिति इस प्रकार रही—लोकसभा के कुल 542 स्थानों के लिए चुनाव हुआ, जिसमें कांग्रेस को 152 स्थान मिले, जनता पार्टी को 269, कांग्रेस फॉर डेमोक्रेसी को (जिसमें बाबू जगजीवनराम, बहुगुणा थे) 48, मार्क्सवादी दल को 22, अन्नाद्रमुक को 19, अकाली दल को 8, भारतीय कम्युनिस्ट पार्टी को 7, शेतकारी कामगार पार्टी को 5, रेवोल्युश्नरी सोशलिस्ट पार्टी को 3, मुस्लिम लीग को 2, नेशनल कॉन्फ्रेंस को 2, यूनाइटेड प्रोग्रेसिव फ्रंट को 1, द्रविड़ मुनेत्र कड़गम को 1 स्थान प्राप्त हुआ था।

जनता पार्टी के टिकट पर ही आरक्षित सीटों से अधिकतर दलित प्रतिनिधि लोकसभा में आए थे। एक तरह से देखा जाए तो यह एक अनूठा प्रयोग भी था। प्रयोग था चुनाव में दलित-पिछड़ों की निर्णायक भूमिका निभाने का और वह प्रयोग सफल भी हुआ था। जनता पार्टी को अच्छा-खासा बहुमत उस समय था। आम आदमी को यही उम्मीद थी कि चुनावी राजनीति में कांग्रेस को सर के बल गिराने वाली जनता पार्टी अवश्य ही गरीब भूमिहीन मजदूर किसानों की स्थिति को बेहतर बनाने के लिए क्रान्तिकारी योजनाएँ बनाकर उन पर अमल करेगी।[10]

पर जनता पार्टी में जो अन्तर्विरोध था, उसके चलते न कुछ हुआ और न कुछ होना था। आरक्षण की योजना पर विस्तार से कार्य न हो सका। विशेष पद वैसे ही बहाल रहे। वहाँ पर सवर्ण जाति के लोग उन पर कब्जा जमाए बैठे रहे। न ही नए पदों की व्यवस्था की गई। जो पद रिक्त थे, वे रिक्त ही पड़े रहे।

यहाँ यह बताना जरूरी है कि जनता पार्टी के संसदीय बोर्ड की बैठकें तो होती थीं, पर कार्यक्रमों के क्रियान्वयन की चर्चा वहाँ कभी नहीं होती थी। किसी को इस बात की चिन्ता न थी कि राज्यों में जनता पार्टी के घोषणापत्र अमल में लाए जा रहे हैं या नहीं? सरकार की नीति इतनी ढुलमुल थी कि भूमि-सुधार और भूमि-वितरण के कानूनों को लागू नहीं किया गया। जो जमीन जहाँ उपलब्ध थी और भूमिहीन दलित-आदिवासियों में बाँटी जा सकती थी, वह भी बाँटी नहीं गई।

स्वयं जनता पार्टी में रहे मधु लिमये जी लिखते हैं—आज भी लगभग एक लाख बीस हजार से अधिक गाँव ऐसे हैं जहाँ हरिजन और आदिवासियों को पीने का पानी, साफ-सुथरा कुँओं का पानी नहीं मिलता। सड़ा हुआ तालाब का पानी लोग पीते हैं, जिसमें भैंसें भी नहा रही हैं, बच्चे भी तैर रहे हैं। वही पानी पीते हैं वे। गाँव में स्कूलों की हालत क्या बताऊँ कि इतनी दर्दनाक है। मध्य प्रदेश, पूर्वी उत्तर प्रदेश, बिहार, उड़ीसा और महाराष्ट्र में बम्बई पर मत जाइए। महाराष्ट्र में कोरड़बाछू, जिसे कहते हैं जिराइत जमीन, जिसमें सिंचाई नहीं है, इन क्षेत्रों में किसानों की स्थिति दिन-पर-दिन गिरती जा रही है।

कांशीनाथ जोगलेकर[11] लिखते हैं कि 15 जुलाई 1979 को प्रधानमन्त्री मोरारजी देसाई के नेतृत्व वाली जनता पार्टी की सरकार का पतन हुआ था। देश में बनी इस पहली गैर कांग्रेसी सरकार का गठन जितना रोमांचकारी था, उसका पतन उतना ही विस्मयकारी सिद्ध हुआ।

बड़े अरमान, अपेक्षा और आकांक्षा से केन्द्र में बनी पहली गैर-कांग्रेसी सरकार केवल सवा दो साल में ही गिर गई थी। पिछले 20 वर्षों में केन्द्र में कई गैर-कांग्रेसी साझा सरकारें बनीं। जनता पार्टी की सरकार कहने को तो एक पार्टी की सरकार थी, पर वास्तव में थी साझा सरकार ही। इसके प्रमुख घटक अपनी अलग पहचान बनाए रखना चाहते थे। नेताओं के बीच मतभेद थे और यदाकदा वे खुलकर सामने आते थे।

वे आगे कहते हैं कि जगजीवनराम प्रधानमन्त्री हों, यह चौधरी चरण सिंह को बिल्कुल पसन्द न था। इसी कारण से उन्होंने लाचार होकर मोरारजी देसाई को समर्थन दिया पर उनकी बराबर यह भावना बनी रही कि मोरारजी देसाई को नहीं, उन्हें प्रधानमन्त्री होना चाहिए था। कई केन्द्रीय मन्त्री और नेता अपनी-अपनी डफली बजाने में ही नहीं, अपने सहयोगियों पर कीचड़ उछालने में मग्न रहे। इसका पूरा फायदा श्रीमती इन्दिरा गांधी और इनके पुत्र संजय गांधी ने उठाया। पहले देसाई सरकार को गिराकर चौधरी चरण सिंह को समर्थन का आश्वासन देकर प्रधानमन्त्री बनाया, फिर समर्थन हटाकर लोकसभा का मध्यावधि चुनाव कराया और चुनाव जीतकर फिर सत्ता सँभाल ली। यह था हश्र जनता पार्टी का। जनता पार्टी बनने से पूर्व जितना जोश और उत्साह कार्यकर्ताओं में था वह एकदम ठंडा पड़ गया था। इसलिए कि नेताओं और कार्यकर्ताओं में संवाद लगभग समाप्त हो गया था।

सत्यमित्र दुबे लिखते हैं कि सत्तर के दशक में जहाँ देश के राजनीतिक व्यवहार को 'गरीबी हटाओ' के नारे, भ्रष्टाचार के विरुद्ध जनान्दोलन, आपातकाल तथा नागरिक स्वाधीनता के सवालों ने प्रभावित किया वहीं 1979-80 में जनता पार्टी के बिखराव के साथ 'गैर-कांग्रेसी सरकार' के प्रयोग और बेमेल विचारधाराओं के गठबन्धन की असफलता को भी देश ने महसूस किया। इसका स्पष्ट प्रभाव मतदाताओं के 'राजनीतिक व्यवहार' में दिखाई पड़ा। इन्दिरा गांधी सत्ता में जोर-शोर से वापस लौट आईं।[12]

शंकर दयाल सिंह[13] के विचार में यदि बाबूजी जनता शासन काल में प्रधानमन्त्री हो गए होते तो जनता पार्टी की सरकार कभी नहीं टूटती।

कांग्रेस के 20 वर्षीय शासन की समाप्ति के पाँच महीने बाद ही जनता पार्टी की राष्ट्रीय कार्यसमिति में पेश अपने एक गुप्त 'बैकग्राउंड पेपर' में पार्टी अध्यक्ष चन्द्रशेखर ने लिखा : जनता, बुद्धिजीवियों तथा जनमत बनानेवाले लोगों के बीच जनता पार्टी की सरकार और नेताओं की प्रतिष्ठा साफ घट रही है। इसकी वजह है सरकार और जनता के बीच लगभग संवादहीनता की स्थिति (जनता मोर्चे के भीतर अन्दरूनी संघर्ष की संवादमयता अलग है), यह अनुभूति कि कोई खास काम नहीं हो रहा है और जो कुछ होता है, उसकी खबर जनता को नहीं दी जाती। लोग यह भी महसूस कर रहे हैं कि मन्त्रिगण न तो निजी स्तर पर और न सरकार के रूप में सामूहिक तौर पर वैचारिक ताजगी का परिचय दे पा रहे हैं। वे तोतारटंत लफ्फाजी में व्यस्त हैं–"उनके कार्यों की कोई खास दिशा नहीं बन पा रही है।"[14]

उस पार्टी के अध्यक्ष को उपर्युक्त वाक्य आखिर क्यों लिखने पड़े, जो आपातकाल हटाने, मीसा सरीखे काले कानूनों को खत्म करने, 'कानून का शासन' और प्रेस स्वतन्त्रता की पुनर्स्थापना, काम करने के मौलिक अधिकार, राजनीतिक और आर्थिक शक्ति के विकेन्द्रीकरण, मन्त्रियों के रहन-सहन में सादगी, कृषि को प्राथमिकता, अर्थनीति की पुनर्रचना आदि के रंगीन वायदों के साथ चुनाव लड़ी थी? उपर्युक्त दस्तावेज जहाँ शासक दल की बिखरती हालत के प्रमाण हैं, वहीं इसके शहरी चिन्तन का नंगा सबूत भी। इस वक्तव्य में बुद्धिजीवियों, 'एलिट' वर्ग में अपनी तसवीर की फिक्र दिखाई गई है, जिनका जनता पार्टी की जीत में रत्ती भर भी योगदान नहीं था। यानी वस्तुस्थिति सिर्फ इसलिए स्वीकार की गई क्योंकि एक वर्ग विशेष ने इंगित किया। यदि यही बात एक मजूर या किसान कहता तो क्या यह दस्तावेज इस रूप में होता? और यही जनता पार्टी का मूल संकट है। यह अभी तक अपनी सही दिशा निश्चित नहीं कर पाई है कि इसे किस वर्ग की पार्टी बननी है, शहरी हितों की रक्षा आवश्यक है या ग्रामीण जनता की भावनाओं का आदर जरूरी है? इस पूरी बहस में जो किताबी लोग हरिजन या भूमिहीन को ग्रामीण से अलग मानते हैं वे दया के पात्र हैं और राजनीतिक शोशेबाजी में यकीन करते हैं।

बकौल उदयन शर्मा, जनता पार्टी के अन्दरूनी संकट को आँकने से पहले एक और सत्य भी स्वीकारना चाहिए कि यह पार्टी 1974-75 के जयप्रकाश आन्दोलन की देन नहीं है बल्कि इमर्जेन्सीजनित दमन से बचने की प्रक्रिया से पैदा एक मोर्चा थी। 25 जून, 1975

ने जे.पी. आन्दोलन को खत्म करके पुराने राजनीतिज्ञों की दुकानें फिर जमवा दीं, अन्यथा मोरारजी देसाई या जगजीवनराम राजनीति में शक्तिमान न होते। वे आन्दोलन इन्दिरा गांधी से लेकर जॉर्ज फर्नांडिस, मोरारजी देसाई तक प्रत्येक दल की स्थापित राजनीति और राजनीतिक नेतृत्व के खिलाफ परिवर्तन की प्रक्रिया थी।

उनके विचार में आपसी झगड़ों के रहते हुए भी यदि जनता पार्टी के नेता देश को एक सही सोच की अर्थ नीति औद्योगिक व्यवस्था दे पाते तो भी बात बनती।

जनता पार्टी के अभ्युदय की एक बड़ी विडम्बना यह रही कि इसका आरम्भ सिद्धान्तों या आदर्शों पर आधारित नहीं था। अनेक राजनैतिक दल तो जनवरी 1977 तक अपने अन्दर संयुक्त रूप से न मिलने का विचार रखते रहे थे। ऐसी पार्टियों में कांग्रेस (संगठन) और भारतीय जनसंघ प्रमुख थे लेकिन परिस्थितियों से विवश होकर इन दोनों पार्टियों ने भी जनता पार्टी में शामिल होना स्वीकार कर लिया था। चौ. चरण सिंह के नेतृत्व में भारतीय लोकदल भी जनता पार्टी में शामिल हुआ। बाबूजी जनता पार्टी में शामिल तो हो गए थे पर उन्होंने भी नई पार्टी 'कांग्रेस फॉर डेमोक्रेसी' बनाकर बहुगुणा और नन्दिनी सत्पथी के सहयोग से चुनाव लड़ाया था और मार्च 1977 को चुनाव जीतकर इस तरह जनता पार्टी में मिल गए, पर उन्होंने अपनी पहचान बनाए ही रखी। अन्य दलों की स्थिति ऐसी रही उनके अन्दर अपनी-अपनी ग्रन्थि अवश्य ही रही।[15]

बकौल जोगलेकर, कुछ बालकों पर जन्म से ही मृत्यु की छाया मंडराती रहती है। 1977 के लोकसभा चुनाव में जनता पार्टी को मिली अभूतपूर्व विजय के साथ ही आन्तरिक मतभेद सामने आ गए। जनता पार्टी की एक बड़ी त्रासदी यह भी रही कि इसमें विभिन्न पार्टियों का एकीकरण तो हुआ लेकिन नीतियों और सिद्धान्तों का एकीकरण न हो सका। इसलिए कि अलग-अलग पार्टियों में एक-दूसरे के साथ आत्मसात करने की भावना का अभाव था। बल्कि अगर यह कहा जाए कि शुद्ध रूप से राजनैतिक लाभ के लिए कुछ पार्टियाँ एक-दूसरे के नजदीक आई थीं तो गलत न होगा। एक साथ मिलने में नेताओं के अपने-अपने स्वार्थ थे। कुछ नेताओं को सत्ता से जुड़कर अपनी राजनैतिक महत्त्वाकांक्षाएँ पूरी करनी थीं। उन्हें न कुछ दलितों से लेना-देना था और न उनकी समस्याओं से।

कुल मिलाकर जनता पार्टी की यह उपलब्धि भी जानी जा सकती है कि जनता पार्टी ने समाज के विभिन्न वर्गों और जातियों को आगे आने के अवसर दिए, पर वह भी पूरी तरह से सही न था। उदाहरण के लिए, हरियाणा में जाट जाति का किसान मुख्यमन्त्री बना जो देवीलाल थे। उत्तर प्रदेश में एक अहीर यानी रामनरेश यादव को बनाया गया। बिहार में नाऊ जाति से कर्पूरी ठाकुर को बनाया गया। उड़ीसा में खंडायात जाति का किसान मुख्यमन्त्री बनाया गया। यह जाति उत्तर भारत की कुर्मियों की तरह है। असम में कायस्थ को बनाया गया। मध्य प्रदेश में जैन समाज से मुख्यमन्त्री बना। हिमाचल प्रदेश में ब्राह्मण, पंजाब में जाट, सिख और मणिपुर में शैजा नाम के एक बैप्टिस्ट ईसाई को मुख्यमन्त्री बनाया गया पर दलित और मुसलमान सत्ता की इस दौड़ में पिछड़ गए। सभी राज्यों में मुख्यमन्त्री का सिंहासन उनसे दूर रहा।

इसी सन्दर्भ में मधु लिमये कहते हैं कि मेरी यह इच्छा थी कि किसी मुसलमान और हरिजन को भी मुख्यमन्त्री बनाऊँ। लेकिन मधु जी 'किंगमेकर' नहीं थे। इसलिए उनकी यह इच्छा पूरी नहीं हो सकी। पर इस दृष्टिकोण से जनता पार्टी के सवर्ण नेताओं की संकीर्णता ही झलकती है। चूँकि इसी पार्टी के कुछ नेताओं को बाबूजी का प्रधानमन्त्री बनना भी अखरता था अतः न वे प्रधानमन्त्री बन सके और न ही जनता पार्टी के शासन में किसी राज्य में कोई दलित मुख्यमन्त्री बन सका। सोच-समझ कर कुछ नेताओं ने अपनी इस संकुचित मानसिकता को साथ में ही चिपकाए रखा।

लन्दन से एक बार विवेकानन्द ने बहुत पहले अपनी एक शिष्या को पत्र लिखा था कि अब शूद्रों का जमाना आया है लेकिन जनता पार्टी के शासन में इस पर अमल नहीं हुआ। केवल दलितों के नाम पर प्रचार के ढोल पार्टी अवश्य ही बजाती रही। जनता पार्टी के सवर्ण नेताओं की कथनी और करनी में यही फर्क रहा। उनके इस तरह के व्यवहार के कारण दलितों के दिल पर चोट लगना स्वाभाविक था।

उदयन शर्मा का मानना है कि "जनता पार्टी की पहली टूट 1979 में हुई थी, दूसरी 1980 में। दोनों बार मुद्दा था–राष्ट्रीय स्वयं सेवक संघ तथा दोहरी सदस्यता। तब उन लोगों ने आर.एस.एस. का दामन छोड़ने के बजाय जनता पार्टी छोड़ना बेहतर समझा था।"[16] वे आगे लिखते हैं कि चौधरी चरण सिंह और उनकी पार्टी द्वारा राजनीतिक आत्महत्या का प्रण लेने से भी आर.एस.एस. स्वच्छ नहीं होता। *लोकदल को सोनीपत और बुलन्दशहर में भाजपा बनाम आर.एस.एस. की दोस्ती का स्वाद मिल चुका है। यह संगठन विषकन्या की तरह है, जिसका चुम्बन सिर्फ एक बार लिया जा सकता है।* ऐसा लगता है कि लोकदल की आँखें अब तभी खुलेंगी, जब यह पार्टी खत्म हो जाएगी। इसे पश्चिमी उत्तर प्रदेश के चुनावों में खाली स्लेट मिलेगी और तब लोकदल इतिहास के कूड़ेदान में चला जाएगा। 1979-80 में अटल जी ने कई चुनाव सभाओं में घोषणा की थी 'लोकदल परलोक दल बन जाएगा।' हालाँकि बाद में अटल जी की भविष्णवाणी सही और सच्ची साबित हुई थी।[17]

लोकदल के इसी राजनीतिक पशोपेश पर जनता पार्टी के युवा महामन्त्री रामविलास पासवान ने टिप्पणी की थी, "लोकदल के साथ एका होना चाहिए, इस पर किसे इनकार है? पर वे खुद ही इतने भ्रमित हैं कि हम कैसे बता सकते हैं कि इनके साथ एका कैसे हो। लोकदल को पहले अपनी दृष्टि साफ करनी होगी कि वह चाहता क्या है?"

इस पूरे मामले में असली सीढ़ी साबित हुए हैं पुराने समाजवादी। पिछले 30 सालों में उन्होंने जो कुछ सीखा, किया, सहा था, मन्त्री बनकर सब भूल गए। कहाँ गए 1976 के जॉर्ज फर्नांडिस? सत्ता के कोहासे में कहीं दूर जा चुके हैं। राजनारायण की तनी भृकुटि अब चन्द्रस्वामी के सम्मुख शिथिल है। जमुनाप्रसाद शास्त्री, रघु ठाकुर, शरद यादव को आर.एस.एस. से अकेले लड़ने की हिम्मत नहीं पड़ी तो सुभद्रा जोशी के साथ मंच बना बैठे। मात्र दो समाजवादी आज भी वहीं हैं, जहाँ थे–**मधु लिमये** और **सुरेन्द्र मोहन**। आर्थिक-सामाजिक नीतियों पर मधु लिमये की सोच ही थोड़ा-बहुत डॉ. लोहिया को याद करने की कोशिश करती है। बाकी ने 24 मार्च, 1977 को डॉक्टर साहब का तर्पण कर दिया।

खगेंद्र ठाकुर[18] बताते हैं कि 1974-75 में सम्पूर्ण क्रान्ति आन्दोलन उठ खड़ा हुआ। इसका नेतृत्व करने जयप्रकाश बाबू आगे आए। उन्होंने इसे दूसरी आजादी की लड़ाई कहा था। इस आन्दोलन को जबरदस्त राजनीतिक सफलता मिली। 1977 के चुनाव में इन्दिरा गांधी समेत कांग्रेस हार गई। लोकसभा के जनता पार्टी सांसदों को जयप्रकाश बाबू ने गांधी की समाधि पर शपथ दिलाई। नई सरकार बनी, जनता ने देशभर में लगभग वैसा ही उल्लास व्यक्त किया, जैसा 1947 में किया था। यह उल्लास तो कुछ महीनों में टूट-फूट गया। जयप्रकाश बाबू ने सम्पूर्ण क्रान्ति के दरम्यान कहा था कि "यह आन्दोलन विफल हुआ तो फिर बहुत दिनों के लिए आन्दोलन की रीढ़ टूट जाएगी।" लगभग वैसा हुआ भी। आगे आने वाले समय में न केवल आन्दोलन की रीढ़ टूटी, बल्कि आन्दोलनकारियों की हिम्मत भी पस्त हुई। उनके बीच वैचारिक और भौतिक आधार पर बँटवारे की रेखाएँ साफ तौर पर देखी और पढ़ी जाने लगी थीं। आइए, आपातकाल की पृष्ठभूमि का परिदृश्य देखें।

सव्यसाची[19] लिखते हैं कि "प्रधानमन्त्री नेहरू ने 1955 में कांग्रेस के अवाडी सम्मेलन में 'समाजवादी नमूने के समाज' (Socialistic Pattern of Society) का नारा दिया और जब देश का पूँजीपति वर्ग कांग्रेस से नाराज होने लगा तो नेहरू, पन्त, आजाद आदि नेताओं ने उन्हें बार-बार तसल्ली दी कि हमारा समाजवाद रूस और चीन जैसा समाजवाद नहीं है और इसका मतलब लोगों के लिए रोटी, कपड़ा और मकान की बेहतर व्यवस्था करने तक ही सीमित है।" उनका मानना है कि 1976 के आम चुनाव में पहली बार कांग्रेस की आठ सूबों में हार के बाद जब 1989 में कांग्रेस टूटी तो इसका कारण भी समाजवाद का झूठा नारा ही था क्योंकि जहाँ मोरारजी देसाई, पाटिल, अतुल्य घोष आदि जनसंघ और स्वतन्त्र पार्टी के साथ गठबन्धन करके पूँजीपति-वर्ग और उसकी सहायक कांग्रेस की रक्षा करना चाहते थे, वहाँ इन्दिरा गांधी समाजवाद के लेबिल में पूँजीवाद को बेचना चाहती थीं–यही वजह है कि 1971 के चुनाव में उन्होंने 'गरीबी हटाओ' और 'समाजवाद' के नाम पर वोट लेकर जमींदारों-धन्नासेठों की लूट-मुनाफाखोरी की हिफाजत की। 1971 और 1975 के बीच यदि इजारेदारों की पूँजी मुनाफाखोरी और सरकारी आर्थिक सहायता के द्वारा कई गुना बढ़ गई तो महँगाई के कारण तबाह होकर मेहनतकश जनता लड़ाई के मैदान में आने लगी, जिसे पालतू बनाने के लिए इन्दिरा गांधी को आपातकाल की घोषणा करनी पड़ी। इन्दिरा गांधी के 'समाजवाद' और 'गरीबी हटाओ' के दौर में 1972 से 1976 के बीच देश के 71 इजारेदार घरानों की सम्पत्ति में 3374 करोड़ की वृद्धि हुई थी।

असल में इन्दिरा गांधी का राजनीति में आगमन जितना चमत्कारिक ढंग से हुआ उससे कहीं अधिक लुभावने और चमत्कारिक नारों के साथ सत्ता की राजनीति का विकास भी हुआ। "कुछ समय तक ऐसा माना जाता रहा कि 1972 में सरकार द्वारा प्रिवीपर्स खत्म किए जाने के बाद चन्द्रमा और देवताओं के कथित वंशजों (राजाओं) को आम आदमी बना दिया गया।" पर व्यवहार में ऐसा नहीं था। आम आदमी को भी यह बात समझ आ गई थी, लेकिन थोड़ी देर से।

इन्दिरा गांधी ने देश में आन्तरिक और बाह्य, दोनों तरह की इमरजेंसी लगाकर वेतन जाम, बोनस, ओवर टाइम का खात्मा, अनिवार्य बचत योजना, परिश्रम के अलावा कोई रास्ता नहीं, नसबन्दी और सौन्दर्यीकरण के नाम पर झुग्गी-झोंपड़ियों को उजाड़कर मेहनतकश जनता पर हमला भी किया। साथ ही हड़ताल, प्रदर्शन, जुलूस आदि पर पाबन्दी लगाकर उसे इस हमले का मुकाबला करने के साधनों से भी वंचित कर दिया तथा दूसरी ओर लाइसेंस, परमिट विदेशी मुद्रा, आर्थिक सहायता, बैंक ऋण, सब्सिडी तथा 'एक ही जादू' कड़ी मेहनत, दूर दृष्टि, पक्का इरादा और अनुशासन द्वारा धन्नासेठों को बेतहाशा मुनाफा कमाने की सहूलियत और संरक्षण, दोनों ही प्रदान किए।

जून 1975 में इमरजेंसी क्यों आई, इसके डॉ. जयदेव सेठी ने पाँच कारण बताए हैं। प्रथम तीन पूर्ववर्ती वर्षों में देश को भीषण आर्थिक संकट का सामना करना पड़ा, जिसके लिए इन्दिरा गांधी के पास कोई समाधान नहीं था। वे बड़ी निराश होकर किसी आर्थिक जादू-टोने का इन्तजार कर रही थीं। कीमतें और बेरोजगारी बड़ी तेजी से बढ़ी थी, जबकि उत्पादन गिर गया था। सूखे पड़े और खाद्य संकट का कोई प्रबन्ध नहीं किया जा सका। इन सबके ऊपर अत्यधिक मात्रा में काला धन आकर व्यवस्था में समाता गया। लोग भ्रष्टाचार और शोषण के पाटों के बीच पिसते गए। दूसरे शब्दों में, आपात स्थिति के पूर्व के वर्षों में आर्थिक संकट एक बड़े राजनीतिक संकट को जन्म देने जा रहा था।[20]

दूसरे, उत्तर प्रदेश में 1974 और गुजरात में 1975 के चुनावों से यह तथ्य सामने आया कि इन्दिरा गांधी का छल योजना वाला तरीका और उसके साथ ही साम्प्रदायिक एवं अल्पसंख्यक समुदाय से वोट के लिए अपीलें विफल होती जा रही थीं। अथाह धन और राज्यशक्ति के इस्तेमाल के बावजूद मिली यह विफलता 1976 में होने वाले आम चुनावों में उनके बहुमत खो देने के खतरे की ओर संकेत कर रही थी।

तीसरे, इन्दिरा गांधी यह सब कुछ सहन कर लेतीं, पर तभी अयोग्य और भ्रष्ट सरकार के खिलाफ भारतीय जनता के विरोध के प्रतीक के रूप में जे.पी. का प्रादुर्भाव हुआ।

चौथा, जिसने कि इन्दिरा गांधी की सत्ता को जबरदस्त धक्का लगाया, वह था भ्रष्ट तरीके अपनाने के आधार पर संसद के लिए उनके चुनाव को अवैध घोषित करनेवाला इलाहाबाद उच्च न्यायालय का निर्णय। इन्दिरा गांधी की आर्थिक व राजनीतिक सत्ता तो पहले ही दुर्बल हो चुकी थी, लेकिन इस फैसले ने उनकी नैतिक सत्ता का भी अन्त कर डाला। अब इन्दिरा गांधी बिना कोई कठोर कदम उठाए सत्ता में बनी नहीं रह सकती थीं।

पाँचवाँ, अन्तिम तथ्य, जो जून 1975 में इन्दिरा गांधी द्वारा इमरजेंसी लगाए जाने के लिए जिम्मेदार था, यह था कि उस समय उनकी अपनी ही पार्टी में एक गम्भीर विद्रोह उठ खड़ा होने वाला था। अब तक न केवल राज्यों के नेता बेचैन हो उठे थे, बल्कि भारी संख्या में संसद सदस्य उनसे इस्तीफे की माँग करने को तैयार खड़े थे।

रजनी कोठारी[21] अपने लेख 'आतंकवादी राज्य का उदय' में लिखते हैं कि "भारतीय राजनीति का इतिहास एक दुखान्त कहानी है जिसकी शुरुआत आशा भरी थी।...सत्तर के

दशक के दौरान एक ऐसे राज्य का उदय हुआ जिसने समाज को आम सहमति से वंचित कर दिया और संवाद की हर सम्भावना को समाप्त कर दिया।"

वे लिखते हैं कि "इमरजेंसी की घोषणा के बाद तीसरे किस्म की दिल्ली जन्म लेती है। पहले वाइस चेयरमैन और बाद में लेफ्टिनेंट गवर्नर के रूप में जगमोहन के कार्यकलाप इसके परिचायक हैं।"

जगमोहन और इमरजेंसी काल के दूसरे नौकरशाहों की नजर में झुग्गी-झोपड़ियों में रहने वाले गरीब लोग प्रगति के मार्ग में रोड़ा थे। कानूनी रूप से उन्हें गैर-कानूनी बाशिन्दा माना जाता था, 'स्वास्थ्य' की दृष्टि से रोगों का वाहक माना जाता था, इसलिए उनके उद्धार, उनकी सफाई और उनसे छुटकारा पाने के लिए राज्य द्वारा सख्त कदम उठाना जरूरी था।

इस तरह इस समर्पित नौकरशाह को इमरजेंसी में संजय गांधी के समर्थन से अपने तकनीकी शाही सपनों को जमीन पर उतारने का मौका मिला। पूरी दिल्ली में झुग्गी-झोपड़ियों के अस्तित्व को मिटा देने का प्रयास किया गया। उसने (जगमोहन) लिखा कि झुग्गी-झोपड़ियों का हटाया जाना राजनीति से परे एक तकनीकी कार्य है। उसने दावा किया कि स्लमों को नहीं, बल्कि उनकी राजनीति को ध्वस्त किया गया है।

आपातकाल की घोषणा के बाद जो चुनाव हुए, उसमें कांग्रेस हार गई और जनता पार्टी सत्ता में आ गई। पर यह क्या मात्र सत्ता परिवर्तन था या व्यवस्था परिवर्तन? बहुत से राजनैतिक विश्लेषण करने वालों का मानना था कि जनता पार्टी का सत्ता में आना एक नया प्रयोग था।[22]

मस्तराम कपूर[23] के विचार में जनता पार्टी की सरकार कोई क्रान्तिकारी या बहुत प्रगतिशील सरकार नहीं थी पर उसके शासन में आने से दशकों की जड़ता टूटी थी और इन्दिरा गांधी की निरंकुशता से मुक्ति मिली थी। इस कारण राष्ट्रीय राजनीति में नया प्रवाह, ताजी हवा महसूस की गई। इससे व्यवस्था परिवर्तन की ताकतों को भी अनुकूल माहौल मिला और वे अपनी विचारधारा के मुताबिक प्रयोग में जुट गए। पर इसे वे सर्जनात्मक इच्छा का फल नहीं मानते। उसके वे दो कारण गिनाते हैं। पहला, एकता करने वाले घटक आपातकाल के संकट से बचने के लिए एक हुए थे। दूसरा, जैसे ही जनता पार्टी की सरकार बनी और आपातकाल का संकट दूर हुआ, उनके आपसी मतभेद सामने आने लगे। पर सवाल यह रहा कि व्यवस्था परिवर्तन की ताकतें क्या वैसा कुछ कर पाईं? एस. नारीमन लिखते हैं कि "चुनाव होने और नई सरकार बनने के बाद मार्च, 1977 में इमरजेंसी तो हटा दी गई लेकिन सुप्रीम कोर्ट को पश्चात्ताप का अवसर नहीं दिया गया।"

सत्ता प्रतिष्ठान की यह ऐतिहासिक या राजनैतिक प्रक्रिया नहीं थी कि श्रीमती इन्दिरा गांधी के बाद मोरारजी देसाई प्रधानमन्त्री हुए। उनका चुनाव नहीं हुआ था और प्रधानमन्त्री घोषित होने वाले दिन से एक दिन पहले यानी रात को जब वे सोए थे तब भी वे जानते थे कि वे प्रधानमन्त्री पद के उम्मीदवार नहीं हैं। देखा जाए तो टक्कर चौधरी चरण सिंह और बाबू जगजीवनराम में थी और यह फैसला हो गया था कि जयप्रकाश नारायण दूसरे

दिन सवेरे सदस्यों की राय लेकर निर्णय करेंगे। जब वे यह काम कर ही रहे थे कि राजनारायण चौधरी चरण सिंह का एक पत्र लेकर आए, जिसमें उन्होंने स्पष्ट कहा था कि वे जगजीवनराम के नेतृत्व में काम नहीं करेंगे। इसके साथ ही कुछ अन्य सदस्यों ने भी जयप्रकाश जी को बताया कि वे जगजीवनराम के समर्थक नहीं रहे। इसके बाद कुछ लोगों ने गांधी शान्ति प्रतिष्ठान में, जहाँ जयप्रकाश नारायण सदस्यों की राय ले रहे थे, यह प्रस्ताव किया कि वे राय न लें और वे स्वयं जिसे ठीक समझें, प्रधानमन्त्री मनोनीत कर दें। जयप्रकाश नारायण का व्यक्तित्व ऐसा था कि इस प्रस्ताव का विरोध करने का किसी को साहस नहीं हुआ, लेकिन जगजीवनराम निराश होकर चले गए। जयप्रकाश नारायण ने अपने साथ आचार्य कृपलानी को भी मिला लिया और कहा जाता है कि आचार्य कृपलानी के ही आग्रह पर उन दोनों ने यह मत बना लिया कि मोरारजी देसाई प्रधानमन्त्री हों। वैसे, विधिवत तौर पर जनता विधायक दल ने राजनारायण का यह प्रस्ताव स्वीकार कर लिया था कि जयप्रकाश नारायण और कृपलानी जो नाम सुझाएँगे, उसे वे प्रधानमन्त्री मान लेंगे। कुछ देर विचार-विमर्श के नाटक के बाद यह घोषणा की गई कि मोरारजी देसाई नेता पद के लिए उपयुक्त होंगे और उसे संसदीय दल ने मान भी लिया। उस बैठक में जगजीवनराम और उनके कुछ समर्थक उपस्थित भी नहीं थे और उन्होंने मन्त्रिपद स्वीकार करने में भी अपनी असहमति दिखाई थी। बाद में उनके घर पर प्रदर्शन कर उन्हें मन्त्रिमंडल में सम्मिलित होने के लिए बाध्य किया गया। प्रधानमन्त्री का यह चुनाव जिस प्रकार हुआ, उसकी वैधानिकता में तो आपत्ति नहीं की जा सकती परन्तु जनता पार्टी के सदस्यों का मत नहीं लिया गया था। यही कारण था कि देसाई अपने प्रधानमन्त्रित्वकाल में एक गुट के नेता रहे और जब तक उनका राज्य चला, चौधरी चरण सिंह, बाबू जगजीवनराम, अटल बिहारी वाजपेयी, राजनारायण और मधु दण्डवते जैसे नेता अलग-अलग अपनी नीति निर्धारित करते थे।

बाबूजी ने 'कांग्रेस फॉर डेमोक्रेसी' से मार्च 77 का चुनाव जीता था। जनता सरकार के बनने पर वे प्रधानमन्त्री नहीं बन सके। कारण था—समर्थन का अभाव। सभी ऐसा मानते थे कि उन्होंने हवाओं का रुख मोड़ दिया लेकिन जेपी और आचार्य कृपलानी ने उनका मूल्यांकन कुछ और किया। उनका विचार था कि जिस व्यक्ति ने 1975 में संसद में इमरजेंसी का प्रस्ताव रखा हो और इमरजेंसी के पूरे दौर में उसके खिलाफ आवाज तक न उठाई तो उसे प्रधानमन्त्री कैसे बनाया जा सकता है। मोरारजी भाई भी उनके पक्ष में नहीं थे।

अगर यह मान लिया जाए कि बाबूजी इमरजेंसी के खिलाफ थे, तो सवाल उठता है कि उन्होंने उसके विरुद्ध आवाज क्यों नहीं उठाई? जनार्दन ठाकुर के अनुसार : "आम धारणा यह थी कि जगजीवनराम को ब्लैकमेल किया जा रहा है। श्रीमती इन्दिरा गांधी के हाथ में ऐसी छड़ी थी जिसके बल पर वह उन्हें झुके रहने के लिए मजबूर कर सकती थीं। कोई यह नहीं जानता था कि वह छड़ी क्या है...*अमेरिकी पत्रकार जैक एंडर्सन ने लिखा था* : "अमेरिकी गुप्तचर एजेन्सी भारत सरकार में हर स्तर पर घुसी हुई है। स्वतन्त्र सूत्रों ने बांग्लादेश युद्ध के दौरान भारतीय फौजों की गतिविधियों, योजनाओं और व्यूह रचनाओं

की, यहाँ तक कि श्रीमती गांधी की गुप्त बातचीत की सूचना वॉशिंग्टन भेज दी थी। 8 दिसम्बर, 1971 को अमेरिकी गुप्तचरों ने श्रीमती गांधी के निकट के एक सूत्र के हवाले से रपट दी कि मुमकिन है कि भारत पश्चिम पाकिस्तान पर भयंकर हमला करे...जगजीवनराम इसे स्वीकार करने में भले ही हिचकिचाएँ लेकिन आखिरी दिन तक उन्हें सबसे बड़ा डर इस बात का था कि श्रीमती गांधी उन्हें सी.आई.ए. के मुख्य स्रोत के रूप में अभियोगी बनाने में जरा भी हिचकिचाहट नहीं दिखाएँगी। वह उनके खिलाफ 'देशद्रोह' का मुकद्दमा कायम करा सकती हैं...शायद एक गुप्त सुनवाई और समाप्ति...जगजीवनराम जैसे देशभक्त पर ऐसा आरोप अविश्वसनीय है। लेकिन वह जानते थे कि श्रीमती गांधी ने उन्हें गिराने का फैसला किया तो वह कुछ भी बाकी नहीं रखेंगी।"

1979 में चरण सिंह, जार्ज और राजनारायण ने जनता पार्टी से नाता तोड़कर जनता (एस) बनाई। परिणामस्वरूप मोरारजी भाई अल्पमत में आ गए। उन्हें इस्तीफा देना पड़ा। एक बार फिर बाबूजी के दिमाग में प्रधानमन्त्री बनने का हौसला बुलन्द हुआ। राष्ट्रपति माननीय रेड्डी ने यशवन्त राव चव्हाण को बहुमत सिद्ध करके सरकार बनाने का निमन्त्रण दिया लेकिन वे पर्याप्त समर्थन नहीं जुटा पाए। बाद में बहुमत सिद्ध करने का आग्रह मोरारजी और चरण सिंह से किया गया। दोनों ने अपनी-अपनी सूची दी लेकिन कुछ नाम दोनों में थे। कुछ ने कहा कि मोरारजी की सूची में उनका नाम गलत ढंग से शामिल किया गया है। तब राष्ट्रपति ने चरण सिंह को प्रधानमन्त्री बना दिया। कांग्रेस ने उन्हें समर्थन दिया था। चौधरी साहब एक दिन के लिए भी संसद का सामना नहीं कर सके। इन्दिरा गांधी ने समर्थन वापस लेने की घोषणा की तो अल्पमत में होने के कारण चौधरी जी ने राष्ट्रपति से लोकसभा भंग करने और नए चुनाव कराने की सिफारिश की। उस समय तक जगजीवनराम जनता पार्टी के नेता बन चुके थे। निमन्त्रण उन्हें भी दिया जा सकता था। बाबूजी ने सूची बनाई भी थी। लेकिन रेड्डी जी ने अन्ततः बात नहीं मानी और लोकसभा भंग कर दी। बाबूजी फिर प्रधानमन्त्री नहीं बन सके। इस तरह दोनों बार बाबूजी के प्रधामन्त्री बनने के सपने टूटे। लोकतंत्र, लोकतंत्र न होकर सवर्णवादी गिरोह का ऐसा तंत्र हो गया, जिसमें बाबूजी को हारना ही था।[24]

1977 की जनता पार्टी की सरकार में जो दलित बुद्धिजीवी, सोशल वर्कर और नेता बाबूजी को प्रधानमन्त्री न बना पाने का दोषारोपण केवल सवर्ण जाति के नेताओं के सिर पर रखते हैं, वे या तो कुछ जानते नहीं या जानना नहीं चाहते। इसे तत्कालीन दलित राजनीति का विरोधाभास मानकर विश्लेषण करना जरूरी है। आइए, दूसरे पक्ष का तर्क भी समझें।

वे उस स्थिति का पता लगाना नहीं चाहते और दलित सांसदों की एकजुटता को अँधेरे में रखना चाहते हैं। इसे अगर हम साफ-साफ कहें तो इस तरह कह सकते हैं कि लगभग 85 अनुसूचित जाति और 14 अनुसूचित जनजाति के सांसदों के वोट उस समय कहाँ थे जब प्रधानमन्त्री के लिए समर्थक सांसदों की गिनती दो बार राष्ट्रपति ने की थी। स्वयं अनुसूचित जाति के ही अधिकांश सांसदों ने उस समय बाबूजी के खिलाफ सवर्ण जाति

के अन्य नेता को अपना समर्थन दिया था। केवल अनुसूचित जाति के ही सांसदों (लोकसभा सदस्य) को पार्टी के आधार पर देखें तो वे इस क्रम में इन पार्टियों में बँटे थे– कांग्रेस में 14, जनता पार्टी में 54, कम्युनिस्ट पार्टी में 3, अन्नाद्रमुक में 4, मार्क्सवादी कम्यु. पार्टी में 6, शिरोमणि अकाली दल में 2, फॉरवर्ड ब्लॉक, क्रान्तिकारी सोशलिस्ट पार्टी तथा रिपब्लिकन पाटी में एक-एक। यहाँ तक कि अकेले जनता पार्टी के 54 दलित सांसद भी चन्द्रशेखर, चौ. चरण सिंह तथा मोरारजी भाई ग्रुप में बँटे थे।

यहाँ तक कि स्वयं उनके प्रदेश बिहार से 13 दलित सांसद चुनकर आए थे। उनमें से भी सभी ने बाबूजी को प्रधानमन्त्री के लिए अपना समर्थन नहीं दिया था। इस बात को भी हमें उतनी ही गम्भीरता से लेना चाहिए, जितना **एक दलित को प्रधानमन्त्री नहीं बनने दिया** को लेते हैं। हम यहाँ अनुसूचित जनजाति के सांसदों के अलावा केवल अनुसूचित जातियों के सांसदों के मनों का भी विश्लेषण करें तो स्थिति दलित प्रधानमन्त्री के हक में नहीं थी। सही बात तो यह भी थी कि अधिकांश दलित सांसद सवर्ण नेताओं के पिछलग्गू ही बने हुए थे।

वेददान लिखते हैं कि चरण सिंह का कानूनी तौर पर प्रधानमन्त्रित्व बिलकुल वैध था क्योंकि लोकसभा के बहुसंख्यक सदस्यों के दलों का उन्हें समर्थन प्राप्त था, परन्तु ऐसा लगता है कि प्रधानमन्त्री बनने के बाद वह समर्थन समाप्त हो गया, क्योंकि इसकी जाँच करने के लिए उन्होंने एक दिन के लिए भी लोकसभा की बैठक नहीं बुलाई। वे छह महीने तक प्रधानमन्त्री रहे और संसद के सामने नहीं गए, इसे अलोकतान्त्रिक माना जाता है। पर भारतीय संविधान के अनुसार, छह महीने तक लोकसभा की बैठक रुकी रह सकती है और जब कांग्रेस दल का समर्थन वापस हो गया तो उन्होंने लोकसभा भंग कर चुनाव करा दिए।[25]

यूँ चरण सिंह के प्रधानमन्त्रित्वकाल को घोर अलोकतांत्रिक काल समझा जाता है, क्योंकि वे एक अल्पमत के नेता थे और संसद के बहुमत ने उनके पक्ष में कभी अपना मत प्रकट नहीं किया, पर उनके शासन पर कोई कानूनी आपत्ति नहीं की जा सकती, क्योंकि भारतीय संविधान का उन्होंने अक्षरशः पालन किया। इसके बाद श्रीमती इन्दिरा गांधी की कांग्रेस को लोकसभा में बहुमत प्राप्त हुआ और वे प्रधानमन्त्री बनीं।

सवैधानिक दृष्टि से देसाई ने एक नई व्यवस्था प्रारम्भ की। वह यह थी कि उन्होंने यह निर्णय किया कि जहाँ-जहाँ कांग्रेसी मन्त्रिमंडल हैं, उन्हें भंग किया जाए। उनके निर्णय का आधार यह सिद्धान्त था कि लोकसभा चुनाव में जब जनता कांग्रेस के विरुद्ध मत दे चुकी है तो जिन राज्यों में यह मत पूरी तरह से प्रकट हुआ है, वहाँ कांग्रेस सरकार के बने रहने का कोई औचित्य नहीं है। यह निर्णय गलत था। 1967 में भारत की जनता ने अनेक राज्यों में संसद के लिए कांग्रेस को और विधानसभाओं के लिए विरोधी पार्टियों को बहुमत प्रदान किया था और पंजाब से लेकर बंगाल तक राज्यों में गैर-कांग्रेसी सरकारें बनीं। संविधान की यह भावना कभी नहीं थी कि जो दल केन्द्र में शासन करे, वही राज्य में भी करे, बल्कि ऐसा प्रावधान है कि विभिन्न स्थानों पर विभिन्न दल रह सकते हैं। किसी राज्य की सरकार

को तभी हटाया जाता है, जब वहाँ संविधान के अनुसार कार्य नहीं हो सकता। यानी या सत्तारूढ़ सरकार का बहुमत समाप्त हो गया है या वह शासन करने में असमर्थ है। पर, जनता पार्टी ने एक तो यह गलत प्रस्ताव किया और दूसरे कार्यवाहक राष्ट्रपति श्री बासप्पा दानप्पा जत्ती को प्रदर्शनों और धमकियों द्वारा उस घोषणा पर, जिसके द्वारा विधानसभाएँ भंग की गई थीं, हस्ताक्षर करने के लिए बाध्य किया। इसका परिणाम यह हुआ कि जब श्रीमती इन्दिरा गांधी की सरकार केन्द्र में स्थापित हो गई तो उसने भी गैर-कांग्रेसी राज्यों में विधानसभा चुनाव करवा दिए। संविधान की भावना के अनुकूल न होने पर भी इस कूटनीति का चलन होने लगा।[26]

जनता पार्टी का तत्कालीन चुनावी रंगमंच देखने पर ज्ञात होता है कि लोकसभा के मार्च, 1977 के चुनावों में जिन नौ राज्यों में कांग्रेस को वस्तुतः अस्वीकार किया गया था, उन राज्यों के मुख्यमन्त्रियों को केन्द्रीय गृहमन्त्री चरण सिंह ने कहा कि वे अपने राज्यपालों को विधानसभाएँ भंग करने का परामर्श दें और जनता का आदेश फिर से प्राप्त करें। ये 9 राज्य थे–हरियाणा, हिमाचल प्रदेश, राजस्थान, पंजाब, उत्तर प्रदेश, मध्य प्रदेश, उड़ीसा, तमिलनाडु, पांडिचेरि, बिहार, दिल्ली महानगर परिषद।

इन राज्यों में 10 जून, 1977 को मतदान आरम्भ हुए और 14 जून आते-आते परिणाम भी आ गए।

उत्तर प्रदेश, मध्य प्रदेश, उड़ीसा, बिहार, हरियाणा, हिमाचल प्रदेश, राजस्थान और दिल्ली महानगर परिषद में जनता पार्टी को पूर्ण बहुमत मिल गया। पंजाब में अकाली-जनता-कम्युनिस्ट (मार्क्सवादी) गठजोड़ को स्पष्ट बहुमत प्राप्त हुआ। तमिलनाडु में आल इण्डिया अन्ना डी.एम.के. ने स्पष्ट बहुमत लिया। पांडिचेरि में किसी भी दल का बहुमत नहीं आया।

कम-से-कम जिन राज्यों में जनता पार्टी की सरकार आई, उनमें किसी दलित को मुख्यमन्त्री या राज्यपाल बनाया जाता पर ऐसा नहीं हुआ।

उदयन शर्मा[27] लिखते हैं कि "डॉ. राममनोहर लोहिया की मृत्यु के दस साल बाद एक व्यक्ति चरण सिंह–आज यह कहने की हिम्मत कर रहा है कि इस मुल्क की बरबादी का असल जिम्मेदार नेहरू परिवार है। नेहरू परिवार भारतीय राजनीति में झूठ, फरेब और खानदानी महत्त्वाकांक्षाओं का प्रतीक है। चरण सिंह की भूमिका भारतीय राजनीति में सिर्फ इसलिए याद की जाएगी कि उन्होंने नेहरू मिथकों के खिलाफ खड़े होने की हिम्मत की और राजनीति में छाए शहरी सम्पन्न वर्ग की जगह गाँव के निपट देहाती किसानों की ताकत को प्रतिष्ठित करने की कोशिश की। किन्तु चौधरी साहब के साथ दिक्कत थी कि वे दुश्मन बड़ी जल्दी बनाते हैं। कुछ दुश्मन उनसे अनजाने में बने और कुछ जान-बूझकर।

एक पत्रिका को साक्षात्कार देते हुए उन्होंने कहा था कि जनता पार्टी की वर्तमान कार्य-पद्धति में बहुत बदलाव करना पड़ेगा। इसको गरीब किसान की आकांक्षाओं का प्रतीक बनना होगा और जब मैं गाँव की बात करता हूँ, तो उसमें गाँव में रहने वाले सभी वर्गों की बात करता हूँ।"[28]

पर देखा जाए तो यथार्थ में ऐसा नहीं था। जनता पार्टी सरकार के दौरान गाँवों के सामन्ती चरित्र का व्यावहारिक पक्ष बहुत घृणित था और भयंकर भी। दलित उत्पीड़न गाँव-गाँव में होने लगे थे।

और जब उन पर कुलक वर्ग के हितों का पोषक होने के आरोप की बात कही गई तो उनका कहना था, ऐसा आरोप लगानेवाले बेईमान और जाहिल हैं। वे ऐसी बातें इसलिए कहते हैं क्योंकि उन्हें चरण सिंह के खिलाफ कुछ कहना जरूरी है। ये ऐसे वामपन्थी हैं, जो लन्दन और अमरीका में 'इकॉनामिक्स' रटते हैं, वहीं मार्क्स रटकर भारतीय सन्दर्भों की परवाह किए बिना, लन्दन अमरीका से लौटकर फतवा देने में यकीन रखते हैं। मैं निमित्त मात्र हूँ। दरअसल ये लोग पाश्चात्य संस्कृति और मानसिकता की देन हैं, जो देहाती संस्कृति और देसी भाषा बोलने वालों से खुद को ऊपर समझते हैं। चूँकि वे मुझे इस देसी वर्ग का हिमायती समझते हैं, इसलिए मेरी आलोचना करते हैं। मैं तथ्यपरक आलोचना का स्वागत करता हूँ—पर हवाबाजी का नहीं।

जनता पार्टी सरकार में प्रधानमन्त्री की कुर्सी पर आसीन होने के बाद न केवल स्वयं चरण सिंह बल्कि उनकी जाटबहुल जाति के लोग भी मजबूत हुए। किसान रैली के बाद पार्टी में उनका खेमा काफी पुख्ता हुआ। इसका सबसे बड़ा कारण यह रहा कि उनके पक्ष में उस समय का सामाजिक-आर्थिक जाति समीकरण था जिसका दबाव समाज की अभावग्रस्त दलित जातियों पर दिन-प्रतिदिन बढ़ने लगा था।

चौधरी साहब के एक लेफ्टीनेंट ने उन दिनों एक पत्रकार से कहा, **"सौ बेलछी और होने दो और तुम्हारे जैसे उसे 1000 गुना बढ़ाकर दिखाए। तुम शहरी किताबी कीड़े हमारे जाले में फँसते जा रहे हो।"** उदयन के विचार में उनका तर्क सही था। कुर्मी किसानों में सबसे छोटा किसान है। उसके और दलित के झगड़े को जाति-संघर्ष के रूप में प्रचारित करके चरण सिंह विरोधी चरण सिंह के कुछ विशिष्ट जातियों के गठबन्धन के आधार को पुख्ता करते हैं और जाटों के अतिरिक्त अहीर, कुर्मी, लोधा, काछी, गड़रिया तथा दो ऊँची जातियों, भूमिहार और ठाकुरों को मिलाकर एक मजबूत आधार बनता है और हरिजन अकेला पड़ता है। अखबारों में वर्ग-संघर्ष की दुहाई देने वाला खुद पिटते-जलते दलित को बचाने का कोई प्रयास नहीं कर पाता। इसीलिए तथाकथित समाज परिवर्तन की सरकार में भी पूरे देश में दलित पिटा।

वहीं सव्यसाची[29] का मानना रहा कि चौधरी चरण सिंह केन्द्र तथा राज्य के मन्त्रिमंडल में रहे हैं। लेकिन आजादी के बाद इन वर्षों में किसान की हालत बदतर ही होती गई है और आज जब वे गृहमन्त्री, वित्तमन्त्री एव उपप्रधानमन्त्री के पदों पर सुशोभित रहे, तब भी गन्ना और आलू मिट्टी के मोल बिके।

चौधरी चरण सिंह वकील थे, राजनारायण धनी किसान और मनीराम बागड़ी पटवारी। गरीब किसान जनता से वकील, पटवारी और धनी किसान का कैसा सलूक होता है, क्या इसे बताने की जरूरत है?

जिन लोगों ने हमेशा देहात की अस्सी फीसदी किसान जनता की गरीबी-भुखमरी

की कीमत पर मुट्ठी भर जमींदारों, महाजनों, धनी किसानों को फायदा पहुँचाया है उन्हें किसान नेता मानते हैं। इससे बढ़कर और क्या त्रासदी हो सकती है?

जनता पार्टी की सरकार में यूँ बहुत सारी बातें कही गई थीं—भारत सरकार के तत्कालीन उद्योग मन्त्री जार्ज फर्नांडिस ने घोषणा की थी कि भारत के गाँवों के विकास की योजनाएँ दिल्ली में बैठकर नहीं बनेंगी। पर क्या गाँवों के विकास की योजनाएँ गाँवों मे बैठकर बनीं? शासन और प्रशासन स्तर पर जैसे उच्चस्तरीय कार्य पहले होते थे लगभग उसी शैली में वे जनता पार्टी की सरकार के दौरान भी हुए। इसके पीछे नौकरशाही का लाट साहबी ढंग से कार्य करने का यथार्थ भी था, क्योंकि मात्र सत्ता परिवर्तन से वैसी स्थिति नहीं बनती, जब तक कि नौकरशाही की व्यवस्था का परिवर्तन में सहयोग न हो।

हीरालाल जैन[30] का मानना रहा कि 1977 में जयप्रकाश नारायण के आह्वान पर सोशलिस्ट पार्टी, जनसंघ आदि विपक्षी पार्टो के विलयन पर जनता पार्टी का गठन हुआ और उसकी केन्द्र व राज्यों में सरकारें बनीं तो इनका कार्यक्रम पूर्ण रूप से समाजवादी था।

दूसरी आजादी पर अपनी टिप्पणी देते हुए रामजीलाल दास[31] लिखते हैं कि दूसरी आजादी ने एक चीज बहुतायत में उपलब्ध करा दी है। वह है—राजनीतिक चर्चा। विद्यार्थी या युवा वर्ग के अन्य सदस्य भी सरेआम इन चर्चाओं की टोकरी सर पर लादे चल रहे हैं। किसी विश्वविद्यालय के छात्र को अपने उपकुलपति का नाम मालूम हो या न हो, झंझारपुर या सासाराम के विधायक का नाम जरूर मालूम होगा। आप बिहार के गाँवों, कस्बों या शहरों में आकर देख सकते हैं, यहाँ के युवक राजनीति के तेल में छाने गए गर्म पकौड़ों की तरह हो गए हैं। इनके हाथों में 'सम्पूर्ण क्रान्ति', 'समग्रता', 'प्रक्रिया', 'सामयिक वार्ता', 'रविवार' आदि पत्रिकाओं में से कुछ-न-कुछ जरूर होता है। ये घरों में, सड़कों पर शाह आयोग, रेड्डी आयोग, बंसीलाल के विरुद्ध जाँच आयोग, मारुति आयोग, तारकुंडे समिति आदि की चर्चा करते रहते हैं। इनके बूढ़े माँ-बाप इनके द्वारा खरीदी गई पत्रिकाओं में चरण सिंह, मोरारजी देसाई, जगजीवनराम, जार्ज फर्नांडिस, अटलबिहारी वाजपेयी के रंगीन छायाचित्र देखकर सुखद आश्चर्य में डूबे रहते हैं।

अर्जुन शर्मा[32] की सर्वेक्षण रपट की जाँच-पड़ताल करें तो निम्नलिखित बातें सामने आती हैं। बिहार के गाँवों में जमीन और न्यूनतम मजदूरी को लेकर तनाव रहा। कानून बन जाने के बावजूद सरकार गरीबों को जमीन और न्यूनतम मजदूरी दिलाने में असमर्थ रही। बिहार आन्दोलन चुनाव के बाद लगभग स्थगित हो गया। इमरजेंसी के दौरान सक्रिय हुए युवा कार्यकर्ताओं के सामने कोई कार्यक्रम नहीं रहा। अधिकांश गाँवों में प्राइमरी स्कूल की व्यवस्था कागज पर रही।

जनता पार्टी के दौरान यह भी देखा गया कि सरकारी स्तर पर दलितों/पिछड़ों तथा महिलाओं के हक में प्रचार बहुत अधिक हुआ, पर दलित को न्याय कम मिला। उसके हिस्से का धन सरकारी अधिकारियों की जेब में गया। अधिकांश योजनाएँ कागजों पर ही रह गईं। इसका एक कारण यह भी रहा कि जनता पार्टी के राष्ट्रीय स्तर के नेताओं के बीच

अपने-अपने द्वन्द्व रहे। इस कारण टकराव बढ़ते गए। नेताओं के बीच मतभेद और टकराव की हुई इस घनी प्रक्रिया ने दलितों के हित में कोई कार्य न होने दिया। उल्टे सवर्ण और अवर्णों के बीच वैमनस्य की खाई गहरी हुई।

जनता सरकार में अलग-अलग राज्यों की अपनी अलग-अलग कहानी रही। उदाहरण के लिए, 1978 में पवार ने कांग्रेस छोड़कर **'प्रोगेसिव डेमोक्रेटिक फ्रंट'** के नाम से नई पार्टी का गठन कर सरकार बनाई थी। यह फ्रंट कांग्रेस के एक धड़े और जनता पार्टी को मिलाकर बना था। महाराष्ट्र में इसी फ्रंट की सरकार के समय में मराठावाड़ा विश्वविद्यालय का नाम बदलकर **बाबा साहेब डॉ. आम्बेडकर विश्वविद्यालय** रखा गया था। यह प्रस्ताव स्वीकृत भी हुआ था, लेकिन उस पर अमल न हो सका। उस समय केन्द्र में जनता पार्टी की सरकार थी पर उसने भी कोई विशेष पहल नहीं की।

जनता पार्टी के समय में दलितों पर होने वाले अत्याचारों की घटनाओं में भी वृद्धि हुई। बेलछी कांड इन्हीं दिनों हुआ जिसकी गूँज काफी दूर-दूर तक पहुँची। पर संसद में बैठे प्रतिनिधियों ने दलितों की चीत्कार को सुनकर भी अनसुना किया। दलित उत्पीड़न के सन्दर्भ में सत्ता में रहे गैर दलित नेताओं की यही धारणा थी।

जनता पार्टी के शासन में भी दलित वैसे ही शोषण की चक्की में पिसा जैसे एक लम्बे अरसे से कांग्रेस के शासन में पिसता चला आया था। शोधकर्ताओं तथा पाठकों को इस विषय पर अलग से विशेष शोध करना चाहिए, जो हुआ भी नहीं है।

अप्रैल-मई 1978 को आगरा के दलित युवकों पर अनवरत रूप से पुलिस और पी.ए.सी. की टुकड़ियों द्वारा निर्मम हमले की घटना को तो भुलाया ही नहीं जा सकता। इसे सीधे-सीधे जनता पार्टी के शासन पर कलंक ही कहा जाएगा क्योंकि एक बड़ी संख्या में दलितों के साथ हत्या, बलात्कार तथा लूटमार की घटनाएँ हुई थीं जिसमें स्थानीय गैर-सवर्णों के असामाजिक तत्वों के साथ प्रदेश की पुलिस का भी हाथ रहा था। निहत्थे प्रदर्शनकारियों की एक योजना के तहत बाजार के दोनों सिरों पर बंदूकधारी पी.ए.सी. की गारद द्वारा घेराबन्दी की गई थी।[33]

सर्वेक्षण टीम के अनुसार *पहली मई का दिन आगरा के इतिहास में सबसे काला दिन* था।[34] उन्हीं दिनों पुलिस और सशस्त्र बलों में दलितों के आरक्षण पूरा करने तथा उन्हें अपनी सुरक्षा के लिए हथियार दिए जाने की भी बात उठी थी पर वह बहस संसद और विधानसभाओं तक ही सीमित रह गई थी।

हमारा आशय यहाँ जनता पार्टी के शासन में दलितों पर हुए अत्याचार या जनता पार्टी की सरकार की असफलताओं को गिनाना नहीं है वरन् जनता पार्टी की उन क्रान्तिकारी घोषणाओं का विश्लेषण करना है, जिन्हें जनता के सामने लाते हुए चुनाव से पूर्व जनता पार्टी के तथाकथित मठाधीशों ने दूसरी आजादी का आह्वान किया था, जिस दूसरी आजादी का कड़वा स्वाद इस देश के करोड़ों दलित-आदिवासियों ने अच्छी तरह से चखा था। जनता पार्टी की सरकार में कुर्सी, पद तथा कोटे-परमिट और लाइसेंसों के लिए किस तरह आपाधापी मची थी, इतिहास इस बात का चश्मदीद गवाह रहा है। इतिहास में यह भी दर्ज हुआ कि

इस लूट-खसोट करने वालों की कतार में दलितों का नम्बर सबसे अन्तिम पंक्तियों में था। जनता पार्टी की सरकार गिरने के बाद वे हाथ मलते रह गए थे।

बाबू जगजीवनराम ने दलितों के बारे में एक वक्तव्य दिया था। तत्कालीन रक्षा मन्त्री ने हरिजनों को सरकारी सेवाओं में आरक्षण की नीति को तब तक जारी रखने पर बल दिया, जब तक वे समाज के अन्य वर्गों के बराबर नहीं हो जाते। उनके अनुसार, हरिजनों को अन्य वर्गों के बराबर लाने का सबसे बड़ा दायित्व समाज पर है। हमें चाहिए कि हम ऊँच-नीच की भावना को समाप्त करके हरिजनों को प्रगति करने का समुचित अवसर दें।[35]

देश में दलितों पर अत्याचारों के बारे में उन्होंने बताया कि जनता पार्टी के सत्ता में आने के बाद हरिजनों पर अत्याचारों की संख्या में बढ़ोतरी हुई है और इस बढ़ोतरी का कारण यह है कि अब वे इन ज्यादतियों के आगे झुकने को तैयार नहीं हैं। बाबूजी ने स्पष्ट किया कि हरिजनों पर अत्याचारों की जो शिकायतें उनके पास आती हैं, उनमें अधिकांश शिकायतें जमींदारों द्वारा उन्हें तंग करने या उनसे जमीन छीनने से सम्बन्धित होती हैं। हरिजन की समस्या जिस तेजी से राजनीतिक रंग ले रही है, वह देश के लिए काफी खतरनाक साबित हो सकता है, ऐसा मेरा मानना है क्योंकि इस पूरी बहस में गाँवों के हरिजन कहीं हिस्सेदार नहीं हैं। उनकी पिटाई बढ़ रही है और शहर के खाते-पीते राजनीतिक हरिजन नेता इससे लाभ उठाकर गरीब हरिजनों के बीच घृणा और तनाव का माहौल तैयार कर रहे हैं। पिछले कुछ दिनों के क्षेत्रीय समाचारपत्रों को देखने पर इस विस्फोटक स्थिति का अहसास होता है। पहली बार पत्र-स्तम्भों में 'हरिजन बचाओ' के खिलाफ कटु वक्तव्य छप रहे हैं और अधिकतर पत्र-लेखक निचले तबकों से हैं। देश में फैले जाति-रोग के उन्मूलन में यह सबसे बड़ा अवरोध साबित हो सकता है क्योंकि कांग्रेस से जनता पार्टी तक सभी राजनीतिज्ञ गाल बजाने के अतिरिक्त अन्य कोई ऐसा ठोस कदम नहीं उठा रहे हैं, जिससे हरिजनों पर सदियों से हो रहे अत्याचारों का पाप धोया जा सके। हरिजन समस्या पर अभी तक सिर्फ रामधन बेबाक राय देते रहे हैं।

सव्यसाची[36] लिखते हैं कि इन दिनों तो सारे देश में हरिजनों के खिलाफ जंग छिड़ी हुई है जिसमें हरिजन औरत के साथ बलात्कार से लेकर हरिजनों को गोली से मार देने और जिन्दा जला देने जैसी घटनाएँ चारों ओर फैलती जा रही हैं। **पिछले दिनों में बनारस में सम्पूर्णानन्द की प्रतिमा का जगजीवनराम द्वारा अनावरण करने पर ऊँची जाति के लोगों ने 'जग्गू चमार हाय-हाय' के नारे लगाए और मूर्ति को गंगाजल से धोया। गोरखपुर के गोपालपुर गाँव में बाबूलाल डोम की ग्यारह वर्षीय भतीजी लीला को चाकू की नोंक पर तीन व्यक्ति उठा ले गए और उसके साथ सामूहिक बलात्कार किया। वे पूछते हैं कि हमारे यहाँ जिन्दगी और अस्मत की यह असुरक्षा क्या 'प्रजातन्त्र' और 'आजादी' के लिए कलंक नहीं है?**

समाजवाद, गांधीवाद और सम्पूर्ण क्रान्ति की गुहार लगाने वाली जनता पार्टी की सरकार ने देश की मेहनतकश जनता को क्या दिया है—पंतनगर—बैलेडिला—आगरा-स्वदेशी कॉटन मिल (कानपुर), बोकारो-ग्वालियर के गोलीकाण्ड, बढ़ती हुई महँगाई, बेरोजगारी, वेतन और आय नीति के नाम पर श्रमजीवी जनता का वेतनमान और धन्ना सेठों के मुनाफों का विस्तार

करने वाली भूतलिंगम रिपोर्ट, दलितों पर बढ़ते हुए अत्याचार, श्रमजीवी जनता पर स्थायी एमरजेंसी लगाने के लिए औद्योगिक सम्बन्ध विधेयक तथा 'अस्पताल-शिक्षा संस्थान विधेयक' जैसे जनविरोधी कानून बनाने की साजिश, जगह-जगह मजदूर हड़तालों का काले कानूनों और लाठी-गोली द्वारा दमन, गुण्डागर्दी और अपराधों में वृद्धि इसके जिन्दा सबूत हैं। अकेले उत्तर प्रदेश में ही सन् 1978 तक बयालीस बार गोलियाँ चल चुकी हैं। गृह-विभाग के राज्यमन्त्री ने 1978 में 412 दलितों के कत्ल और उनकी 478 औरतों से बलात्कार की घटना को लोकसभा में बताया।

स्वरूपचन्द लिखते हैं कि इस जघन्य काण्ड के प्रतिकार में सबसे अधिक उपेक्षा का दृष्टिकोण संसद में अनुसूचित जाति के प्रतिनिधियों का रहा। मात्र हलवे-मांडे के लिए शोषक का पोषक बनकर इस वर्ग के साथ खेली गई खून की होली की उपेक्षा करना और अपने स्वार्थ से इनका समर्थक बनकर आ जाना कृतघ्नता की भूमिका के अतिरिक्त और कुछ नहीं है।

वे आगे लिखते हैं कि यह बात समझ में आती है कि इस अवसर पर ब्राह्मण परिवार में पैदा हुआ भारत का प्रधानमन्त्री वहाँ नहीं गया, पर अपनों की स्थिति पर रोना आता है। उत्तर प्रदेश के मुख्यमन्त्री रामनरेश यादव ने आगरा का निरीक्षण किया, किन्तु यह एक नाटक था और वे इस जघन्य अपराध के पक्षधर एवं अधिकारियों से मिलकर वापस चले गए। उन्होंने शोकसंतप्त परिवारों के सदस्यों से मिलना तक जरूरी नहीं समझा।[37]

सर्वश्री रामनिहोर राकेश और श्यामसुन्दर लाल ने आगरा का बरायेनाम दौरा किया, किन्तु यह कहकर कि इस काण्ड के पीछे इन्दिरा कांग्रेस का हाथ है, दुर्घटना को छोटा करने का अपराध किया।

बी.पी. मौर्य ने आगरा में अपने लोगों के सामने घड़ियाली आँसू बहाकर कर्त्तव्य की इतिश्री समझ ली। उन्होंने संवाददाता सम्मेलन में यह वक्तव्य दिया कि 23 अप्रैल को मौन प्रदर्शन की अनुमति देकर अधिकारियों ने गलती की।

आर.एस. गवई तथा बैरिस्टर बी.डी. खोबरागड़े के वक्तव्यों को वे सशक्त मानते हैं किन्तु यह भी कहते हैं कि भारतीय संसद में इस काण्ड का चित्र खींचने में वे असफल सिद्ध हुए।

राम सिंह, गृहमन्त्री, उत्तर प्रदेश ने घटना स्थलों का निरीक्षण किया, आँसू बहाए, संतप्त परिवारों की सहायता तथा न्यायिक जाँच का आश्वासन भी दिया, पर लखनऊ पहुँचकर अपने आकाओं के अनुरूप अपने लोगों को ही अपराधी करार दे दिया।

वे रामजी लाल सुमन के वक्तव्य को कुछ सशक्त मानते हैं पर कैसे सशक्त रहा, इसका खास स्पष्टीकरण उन्होंने नहीं किया।

अनुपम मिश्र के विचार में अस्पृश्यता निवारण कानून बन जाने के बाद भी देश के सभी हिस्सों में छुआछूत बरकरार रही। ऐसे मामलों में दलितों को अदालत में जाने की आजादी तो थी, पर देखने में आया कि अक्सर वे अदालत में जाते नहीं थे। पंचायत से लेकर कचहरी तक का उनका सीमित अनुभव उन्हें निरुत्साहित ही करता था।[38]

दलितों की पिछड़ी दशा सुधारने और उन्हें आगे लाने के लिए यों कई कानून बने, लेकिन कुल मिलाकर इसका फायदा इस पूरे वर्ग को नहीं मिल पाया। इसका सबसे बड़ा कारण यह रहा कि जिन योजनाओं को दलितों की बेहतरी के लिए शुरू किया गया उनका फॉलोअप एक्शन नहीं हो सका। चुनाव जीतने तक दलित वोट बैंक से सम्बन्ध रहा। कुर्सी मिलने पर राजनीतिज्ञ सुविधाओं की बंदरबाँट में लिप्त हो गए।

अनुपम मिश्र लिखते हैं कि "हम आजादी की 31वीं वर्षगाँठ मना रहे हैं, पर जरा आँखें खोल कर अगल-बगल झाँकें तो पता चलेगा कि देश के ढेर सारे नागरिक आज भी लगभग गुलाम की जिन्दगी जी रहे हैं।"[39]

हाथी की पीठ पर चढ़ कर बेलछी घूम आनेवाले, पाँच साल में छुआछूत मिटा देने की घोषणा करनेवाले सांसद और विधानसभाओं में हरिजनों के खून से सने कपड़ों को नाटकीय ढंग से दिखानेवाले नेता हमदर्दी दिखाने की कोशिश करते हैं, पर वह हमदर्दी साल में एकाध दिन की होती है–शेष 364 दिनों से उसका कोई सम्बन्ध नहीं रहता। साल भर गुलामी और अपमान की जिन्दगी को चुपचाप सहनेवाला अखबारों की खबरों में भी नहीं आता। खबर तो तब बनती हैं जब उसका खून बह जाता है।

बेलछी की आग के बाद उस पर तरह-तरह के अत्याचार ढाए गए, जिनकी संख्या 1977 तक 10,879 पर पहुँच गई। अकेले इस बरस के छः महीनों में 5952 मामले दर्ज हुए, जबकि 1976 में कुल 5968 मामले दर्ज हुए थे। यह भारत में मोरारजी के सद्विप्र शासन के पहलेवाला साल था। तथाकथित 'दूसरी आजादी' के प्रधानमन्त्री इसके बजाय गुजरात में 'महाभारत' पर प्रवचन करने, योगीश्वर कृष्ण की फिल्म की पटकथा लिखने, नागाओं को नशाबन्दी का पाठ पढ़ाने और अमरीकी घुमक्कड़ों को मूत्र चिकित्सा का महत्त्व बताने में लगे रहे।

बेलछी में बीसियों दलितों के जिन्दा जला दिए जाने पर भी इस स्वयंभू गांधीवादी के मन को ठेस नहीं पहुँची। यहाँ तक कि उनका आर्तनाद इस गांधीभक्त को हिला तक नहीं सका, जबकि दूसरी तरफ वह औरत हाथी पर सवार होकर लोगों के आँसू पोंछने वहाँ जा धमकी।

देश की आबादी का सातवाँ भाग आज भी आजादी से दूर ही बसा है। इन नौ करोड़ का 10 प्रतिशत गाँवों में रहता जरूर है, पर उसे गाँव की मुख्य आबादी के साथ रहने तक की भी आजादी नहीं है। गाँव की हर गली उसे अपमान की एक मंजिल तक ले जाती है जिसमें किसी भी मोड़ पर वह उत्पीड़न का शिकार हो सकता है। आज भी देश के कई भागों में दलित गाँव की मुख्य गली में जूता पहन कर नहीं चल सकता और मजबूरीवश जूता हाथ में उठाना पड़ता है उसे। मन्दिरों में उसे प्रवेश नहीं, पाठशालाओं में उसके बच्चे अलग बिठाए जाते हैं, कई होटलों में उसे चाय नहीं दी जाती। गाँव के सार्वजनिक कुएँ से उन्हें पानी तक नहीं भरने दिया जाता। ये दूसरों के विवाहों में ढोल बजाने के लिए बुलाए जाते हैं, पर खुद अपने परिवारों के विवाहों में इन्हें बाजे बजाने की मनाही है। उसकी बारात घोड़ी और छत्र लेकर नहीं निकलने दी जाती। ग्राम पंचायतों तक की बैठकों में ये दूरी पर बाहर बिठाए जाते

हैं। शहरों में रहनेवाले दलित भी अपनी ग्रामीण आबादी से बेहतर हालत में नहीं हैं। छुआछूत की रस्सी शहरी वातावरण में कुछ जली हुई जरूर दिखती है, पर उसकी ऐंठन ज्यों-की-त्यों बनी हुई है। यहाँ भी दलितों की बस्तियाँ मुख्य मुहल्लों या कालोनियों से अलग ही बनाई जाती हैं। पढ़-लिख गए थोड़े-बहुत दलितों को आसानी से किराए के मकान भी नहीं मिल पाते। उनसे उनकी जाति पूछी जाती है। जातीय ऐंठन का एक घिनौना स्वरूप इसी दौर में उभर कर सामने आया तब मराठवाड़ा विश्वविद्यालय का नाम बाबा साहेब डॉ. आम्बेडकर होने पर दलितों का खून बहाया गया। उनके घर जलाए गए, उनकी बेटियों के साथ बलात्कार किए गए।

एक स्थिति देखिए। बिहार से कई दलित नेता लोकसभा में चुनकर आते रहे हैं। उनमें रामविलास पासवान पहली बार चुनकर आए। बिहार के सासाराम संसदीय क्षेत्र से जगजीवनराम तो लगातार चुन कर आते रहे हैं और वे हमेशा सत्ता के ऊँचे पदों पर भी रहे हैं। जनता पार्टी के शासन में वे प्रभावपूर्ण स्थिति में रहे लेकिन इन सभी के बावजूद सासाराम के दलित शेष भारत के दलितों से कुछ बेहतर स्थिति में हैं, ऐसा कुछ कहा नहीं जा सकता है।

एक सर्वेक्षण के अनुसार, सासाराम के दलित मजदूर सवर्णों के खेतों और घरों में औसतन 11 घण्टे की मजदूरी करते हैं। इसके बाद भी उनमें से 70 प्रतिशत खेतिहर मजदूरों पर कर्ज चढ़ा हुआ है। ब्याज की दरें भी 50 से 75 प्रतिशत के बीच हैं।

वैसे देखा जाए तो कर्जे की स्थिति अन्य स्थानों पर भी लगभग वैसी ही रही। अनुपम मिश्र लिखते हैं कि दलित समाज के किसी व्यक्ति ने एक बार कर्जा लिया नहीं कि उसी पल उसके गुलाम बनने की परम्परा शुरू हो जाती है जो ताउम्र पीछा नहीं छोड़ती।

अनुपम मिश्र का मानना है कि यों आपातकाल के दौरान बँधुआ मजदूर प्रथा को गैरकानूनी घोषित करने का कानून बन गया था, पर यह प्रथा सभी हिस्सों में ज्यों-की-त्यों कायम रही। उस दौर में 'मुक्त' हुए मजदूर या तो फिर से गुलाम बन गए हैं या उस तरफ बढ़ने को मजबूर हुए।

संक्षेप में कहा जा सकता है कि न उन्हें गुलाम बनाने वाले जमींदारों और सूदखोर महाजनों से मुक्त कराया गया, न ही गुलाम या लाचार बनाने वाली व्यवस्था से ही मुक्ति दिलाई गई। सतही तौर पर थोड़ा-बहुत परिवर्तन हुआ और बहुत कुछ वैसा ही पुरानी लीक पर चलता रहा। व्यक्तिगत रूप में कर्ज लेने की परम्परा का और भी अधिक विकास हुआ।

उनकी गिरफ्त में विशेष तौर पर भूमिहीन दलित फँसते चले गए। जनता पार्टी के शासन में यह भी देखा गया कि हिन्दी के प्रचार-प्रसार के लिए राज्य या राष्ट्रीय स्तर पर कुछ काम हुआ हो या न हुआ हो लेकिन संस्कृत और संस्कृति के थोपने की परम्परा यहीं से शुरू हुई।

डॉ. गया प्रसाद प्रशान्त[40] पूछते हैं कि **भारत में जनता पार्टी की बनी सरकार के समय आकाशवाणी द्वारा संस्कृत भाषा में समाचार प्रसारण की नियति क्या है? संस्कृत भाषा का कोई औचित्य न होने के बावजूद भी आकाशवाणी से समाचार प्रसारण की शुरुआत की गई। ऐसा था दूसरी आजादी का दर्शन।**

जनता पार्टी के शासनतंत्र का यह एक अलग दर्शन था। कैसे संस्कृत और संस्कृति के बहाने उन परम्पराओं की शुरुआत की गई जिन्हें दलित समाज का जुझारू तबका कभी का ठोकर मार चुका था। वे उस पर लादी जा रही थीं। ऊपर से तुर्रा यह कि यह तुम्हारी सरकार है, तुम्हारी आजादी है।

सन्दर्भ

1. छद्म धर्मनिरपेक्षता और अल्पसंख्यकवाद पर भाजपा नेताओं की थोथी बहस, मधु लिमये, नया संघर्ष, नई दिल्ली, दिसम्बर, 1991, पृ. 10.
2. वही, पृ. 11.
3. डॉ. प्रेमसिंह : विचारधारा नहीं मानसिकता, नया संघर्ष, जून, 1991, पृ. 57.
4. वही, पृ. 55.
5. 2 फरवरी, 1977 को बाबूजी के त्यागपत्र पर विश्वप्रेस की प्रतिक्रिया, राकेश कुमार।
6. श्री जगजीवनराम स्मारिका 1978, जगजीवन समाज पुनर्रचना संस्थान, 1992 ई., देवनगर, करोलबाग, नई दिल्ली, पृ. 1-2-3-4.
7. अवकाश, हिन्दी पाक्षिक, 28 फरवरी, 1987, पृ. 6.
8. वेददान सुधीर, भारतीय संविधान और राजनीति, रूपा बुक्स इन्टरनेशनल, तिलक नगर, जयपुर 1987, पृ. 131.
9. वहीं, पृ. 132.
10. पंडारा रोड, नई दिल्ली स्थित उनके निवास पर मधु लिमये जी से मुलाकात के आधार पर।
11. कांशीनाथ जोगलेकर–भारत की राजनीति में उलट-फेर का दिन, राजस्थान पत्रिका, 11 जुलाई, 1999, बंगलौर।
12. राष्ट्रीय सहारा (हस्तक्षेप), 4 अप्रैल, 1998, पृ. 6.
13. प्रभात खबर, 25 अगस्त, 1991, पृ. 4.
14. उदयन शर्मा, जनता पार्टी को कौन तोड़ेगा (आमुख-कथा), रविवार, 12-18 फरवरी, 1978, आनन्द बाजार पत्रिका प्रकाशन, प्रफुल्ल सरकार स्ट्रीट, कलकत्ता, पृ. 6.
15. दिनमान, दरियागंज, नई दिल्ली, 13-19 जुलाई, 1986, पृ. 22.
16. उदयन शर्मा–नए रास्ते की तलाश में विपक्ष, रविवार, 22-28 जनवरी, 1984, पृ. 20.
17. वही, पृ. 21.
18. प्रभात खबर (विशेषांक), 15 अगस्त, 1997, पृ. 59.
19. सव्यसाची, समाजवाद क्या है, डेम्पियर रोड, मथुरा, पृ. 20.
20. हमारा महानगर, बम्बई, 24 जून, 2000, पृ. 9.
21. रजनी कोठारी, साम्प्रदायिकता और भारतीय राजनीति, रेनबो पब्लिशर्स लिमिटेड, दिल्ली-110092, 1998, पृ. 63.
22. वही, पृ. 72.
23. राष्ट्रीय सहारा, 14 अगस्त, 1994, (हस्तक्षेप), पृ. 3.
24. लोकायन संवाद एवं समीक्षा, पृ. 23.
25. भारतीय संविधान और राजनीति, पृ. 66.
26. वही, पृ. 68.
27. रविवार, पृ. 11.

28. वही, पृ. 12.
29. समाजवाद क्या है, पृ. 4.
30. रविवार, पृ. 15.
31. वही, पृ. 16.
32. रविवार, पृ. 17.
33. आगरा काण्ड : एक नियोजित षड्यंत्र, धम्म दर्पण, नई दिल्ली, जुलाई-सितम्बर, 1978, पृ. 24.
34. वही, पृ. 25.
35. रविवार, 2-8 अक्तूबर, 1977.
36. समाजवाद क्या है, पृ. 5.
37. धम्म दर्पण, नई दिल्ली, पृ. 28.
38. रविवार, 13-14 अगस्त, 1978, पृ. 10.
39. वही, पृ. 11.
40. डॉ. प्रशान्त, दलित साहित्य, दलित कारवाँ, भारतीय दलित साहित्य अकादमी, लखनऊ, 1991, पृ. 64.

भारत में बौद्ध धर्म

भारत में बौद्ध धर्म का जन्म और विकास विषमता से समता तथा सामाजिक और धार्मिक उत्पीड़न से मुक्ति के दर्शन पर आधारित होकर अग्रसर हुआ था। विशेषतौर पर बाबा साहेब के द्वारा धर्मांतरण करने के बाद न केवल देश में बल्कि विश्व में जहाँ बौद्ध धर्म की प्रतिष्ठा बढ़ने के साथ प्रचार-प्रसार हुआ वहीं करोड़ों दलितों को समता और भाईचारे का धर्म भी मिला। बौद्ध धर्म अपनाने के बाद उन्हें महसूस हुआ कि वे भी मनुष्य हैं। उनकी भी अपनी अस्मिता है। दलितों और मजलूमों के इतिहास में इससे बड़ी प्रामाणिकता और क्या हो सकती है कि वे पहली बार ऐसे धर्म से रू-ब-रू हुए थे, जिन्हें उसी धर्म ने उनके अधिकारों से परिचित कराया।

मई 1956 में बी.बी.सी. (लन्दन) द्वारा डॉ. आम्बेडकर की एक वार्ता प्रसारित की गई जिसका विषय था–*"मैं बौद्ध धर्म को क्यों पसन्द करता हूँ और वर्तमान परिस्थितियों में संसार के लिए वह किस प्रकार उपयोगी है?"* बाबा साहेब ने कहा, "मैं बौद्ध धर्म को पसन्द करता हूँ, क्योंकि वह समन्वित रूप में तीन सिद्धान्त प्रदान करता है जिन्हें अन्य कोई धर्म नहीं करता। बौद्ध धर्म प्रज्ञा, करुणा तथा समता का पाठ पढ़ाता है। यही है वह बात, जो मनुष्य एक शुभ एवं प्रसन्न जीवन के लिए चाहता है। समाज की न तो कोई देवता न ही कोई आत्मा सुरक्षा कर सकती है।" उन्होंने यह भी कहा था कि बौद्ध धर्म ईसाई धर्म की तरह सताए गए और पददलितों के लिए आशा का एक दीप है।[1]

निश्चित ही भारत में बौद्ध धर्म को पुनर्जीवित करने का श्रेय डॉ. बाबा साहेब आम्बेडकर को जाता है। उन्होंने न सिर्फ बौद्ध धर्म का अध्ययन किया, लेख लिखे, भाषण दिए, बाईबल की तरह 'बुद्ध और उनका धर्म' नाम की किताब लिखी बल्कि सुप्त बौद्ध धर्म को फिर से भारत में जीवित करने के लिए जो काम किया वह शायद भारत में कोई दूसरा व्यक्ति नहीं कर सकता था। उनका इतना प्रभाव लोगों पर, खास कर दलितों पर था कि उनकी प्रेरणा पर भारत के भिन्न-भिन्न प्रदेशों/प्रान्तों में बसे शोषित जातियों में जन्मे लाखों लोगों ने 1956-1957 में बौद्ध धर्म स्वीकार कर लिया। इससे बौद्ध धर्म फिर से अपने जन्मस्थान में वापस आ गया। धार्मिक भूख रखने वाले लाखों लोगों ने अपने पुरखों के धर्म को अपना लिया जिसे समता, समानता और बन्धुत्व के विरोधियों ने कभी देश से बाहर निकाल दिया था।[2]

शोभा सुदास[3] लिखते हैं कि 14 अक्टूबर, 1956 को डॉ. आम्बेडकर और उनके लाखों अनुयायियों ने धर्मान्तरण किया। इन्हें नवबौद्ध कहा गया। नवबौद्धों द्वारा सामाजिक समानता प्राप्त करने के प्रयासों को नवबौद्ध आन्दोलन का नाम दिया। आरम्भ में नवबौद्ध आन्दोलन का प्रभाव महाराष्ट्र के महारों तथा आगरा के जाटवों तक सीमित था। किन्तु धीरे-धीरे इसका प्रसार पंजाब, हिमाचल प्रदेश, उत्तर प्रदेश, मध्य प्रदेश तथा कर्नाटक आदि प्रान्तों के दलितों व कतिपय पिछड़ी जातियों के लोगों में हुआ। भारत की बौद्ध जनसंख्या में 1951 की तुलना में 1961 में हुई वृद्धि अभूतपूर्व है।

शंकर राव खरात के शब्दों में, "धर्म परिवर्तन का उद्देश्य मनोवैज्ञानिक था, आर्थिक नहीं।" यद्यपि बौद्ध धर्म स्वीकार कर लेने पर डॉ. आम्बेडकर को न तो कोई प्रलोभन मिला था और न सुरक्षा। उन्होंने अपने अनुयायियों से भी कहा था कि बौद्ध धर्म स्वीकार करने से वर्तमान में अनुसूचित जातियों को सुविधाएँ दी जाएँगी या नहीं, इस बारे में कुछ कहा नहीं जा सकता। इसलिए सोच-विचार कर निर्णय कीजिए।

नवबौद्ध आन्दोलन से बौद्धों की संख्या ही बढ़ी है या इस धर्म का उनके जीवन पर प्रभाव पड़ा है, इस सम्बन्ध में धर्म-परिवर्तन के बाद बाबा साहेब ने कहा था, "मैंने आज आप लोगों को हिन्दुओं की बराबरी का बना दिया है। मुझे ऐसा लगता है कि आज मेरा पुनर्जन्म हुआ है। नरक यातना से मुक्ति हो गई है।" यह बात सौ फीसदी सही साबित हुई। तमाम धर्मान्तरित बौद्धों ने अपने मन से हीन भावना को निकाल फेंका। उन्होंने ईश्वर से अपना नाता तोड़ लिया है। आत्मसम्मान की भावना ने इस देश में कई नई चेतनाएँ पैदा कीं, जिसका जीता-जागता उदाहरण दलित साहित्य एवं दीगर आन्दोलन के रूप में सामने आया।[4]

भारत के दलित, शोषित तथा पीड़ित समाज को उक्त आन्दोलन से व्यापक बल मिला। वर्तमान में बौद्ध भिक्षु विद्वान भारत के हर नगर, उपनगर में दिखाई देते हैं और वे अपना कार्य कर रहे हैं। स्थान-स्थान पर बौद्ध विहारों का निर्माण तथा बौद्ध रीति से विवाह, मुण्डन, नामकरण आदि संस्कार सम्पन्न होते हैं। सर्वहारा वर्ग सामाजिक, शैक्षिक, राजनैतिक और आर्थिक क्षेत्र में आगे बढ़ रहा है।

नवबौद्धों ने अपनी एक पहचान बना ली है, जो ईसाई, इस्लाम में धर्मान्तरित लोगों की नहीं हो सकती है। वे मानसिक, बौद्धिक व आध्यात्मिक मुक्ति की बात कर सकते हैं। यद्यपि दूसरों की दृष्टि में नहीं तो कम-से-कम स्वयं की दृष्टि में उनका सम्मान बढ़ा है।

अरुण साधु ने सन् 1978 में महाराष्ट्र में भूतपूर्व अस्पृश्य जातियों पर बौद्ध धर्म के प्रभाव के निष्कर्ष इस प्रकार प्रस्तुत किए हैं–

1. वे अपनी हीन भावनाओं से छुटकारा पा चुके हैं। इन लोगों ने अपनी एक पहचान बना ली है। उनमें एक विश्वास जागा है। युवा पीढ़ी ने उन अन्धविश्वासों को समाप्त कर दिया है, जिन्होंने उनके जीवन को बाधित किया था। उन्होंने नई विचारधारा को अपनाया है।

2. उनके सांस्कृतिक व सामाजिक जीवन में परिवर्तन हुए हैं।
3. उनकी आर्थिक स्थिति में नाम मात्र का परिवर्तन आया है। अन्धविश्वासों से निकल कर बौद्ध युवा पीढ़ी में ज्ञान व शिक्षा के लिए होड़ लग गई है। यही उनकी उन्नति का मार्ग है।

बौद्ध धर्म को अपनाने वाले आम्बेडकर समर्थकों ने अपने-आपको हिन्दू विचारधारा से अलग कर लिया है। अपनी पहचान व संस्कृति बनाई है। उनके अधिकारों पर किसी का आधिपत्य नहीं है। आर्थिक रूप से कमजोर होने के उपरान्त भी वे अपने साहस और आत्मविश्वास से आगे बढ़ रहे हैं।

उक्त तथ्यों को जानने के लिए मैंने मध्य प्रदेश के दक्षिणी पश्चिम भाग के दो जिलों—इन्दौर और खंडवा के नवबौद्धों को सर्वेक्षण के लिए चुना। कुल 180 परिवारों का अध्ययन किया गया। इनमें 90 परिवार खंडवा जिले के और 60 परिवार इन्दौर जिले के निवासी हैं। इन्दौर जिले में इन्दौर नगर व महू नगर के नवबौद्ध परिवारों का अध्ययन किया गया है। खंडवा जिले के बुरहानपुर नगर व नेपानगर के परिवारों को अध्ययन में शामिल किया है।

महाराष्ट्र के समान सर्वेक्षित क्षेत्र में भी 'महार' जाति के लोगों ने बौद्ध धर्म स्वीकार किया है। महत्त्वपूर्ण बात यह है कि इस क्षेत्र में महार जाति के सभी लोगों ने धर्मान्तरण नहीं किया है। वे हिन्दू धर्म को ही मानते हैं। सम्भवतः इसका कारण अनुसूचित जातियों को संविधान द्वारा प्राप्त सुविधाएँ (आरक्षण) है जो बौद्धों को प्राप्त नहीं थीं।

दोनों जिलों में रहने वाले ये परिवार मूल रूप से महाराष्ट्र के निवासी हैं। समय-समय पर आजीविका की खोज में मध्य प्रदेश में आकर बस गए हैं। वे महू के मिलिट्री हेडक्वार्टर में सेना में, इन्दौर में कपड़ा मिलों में, बुरहानपुर में जिनिंग मिल व दाल मिलों व नेपानगर के कागज के कारखाने में विभिन्न पदों पर कार्य करने हेतु आए थे।

वे लिखते हैं कि कुछ लोग गौतम बुद्ध को ईश्वर मानते हैं। बौद्ध धर्मावलम्बी बुद्ध की मूर्ति की पूजा करते हैं। वे 'जयराम' की अपेक्षा 'जय भीम' द्वारा अभिवादन करते हैं। वे आम्बेडकर स्तुति में गीत रचते हैं और गाते हैं। वे त्रिशरण रत्न व पंचशील का पठन करते हैं।[5]

उनके सर्वेक्षण से इस बात का विवरण भी मिलता है कि मध्य प्रदेश के लगभग सभी नगरों व कस्बों में बौद्ध महासभा की शाखाएँ हैं। उन्होंने बौद्ध विहार भी बना लिये हैं जहाँ प्रत्येक रविवार को बैठक होती है। धर्मांतरण के बाद आए आत्मविश्वास से उनकी सामाजिक स्थिति प्रभावित हुई है। वे किसी भी तरह से अपने-आपको छोटा या 'नीच' समझने को तैयार नहीं हैं। उन्होंने हिन्दू-धर्म के रीति-रिवाजों को त्याग दिया है पर गाँवों में धर्मांतरण के बाद वैसा परिवर्तन नहीं हुआ है। उनकी जाति वहीं-की-वहीं रही। गाँवों में जाति से ही व्यक्ति की पहचान होती है। बौद्ध महासभा गाँवों में जन-चेतना का प्रयास कर रही है, परन्तु उसकी गति धीमी है।

सर्वेक्षण में यह पाया गया कि बौद्ध परिवारों में साक्षरता 64 प्रतिशत है जो

मध्य प्रदेश की साक्षरता दर (43 प्रतिशत) से अधिक है। नवबौद्धों ने शिक्षा के क्षेत्र में बहुत प्रगति की है। अधिकांश ने अपने परम्परागत व्यवसाय त्याग दिए हैं। कुछ ने अपनी आर्थिक स्थिति सुधारने के लिए एक-दो स्थानों पर परस्पर सहकारी समितियाँ भी गठित की हैं।[6]

सारणी

क्रम	*व्यवसाय*	*संख्या*	*प्रतिशत*
1.	नौकरी		
	(अ) शासकीय	85	47.2
	(ब) अशासकीय	18	10.0
	(स) अर्ध शासकीय	19	10.1
2.	व्यवसाय	21	12.2
3.	मजदूरी	15	8.3
4.	सेवानिवृत्त	18	10.0
5.	घरेलू कार्य/समाज सेवा	04	2.2
	योग	**180**	**100**

14 अक्टूबर, 1956 से 14 जनवरी, 1957 तक तीन महीनों में भारत में विभिन्न स्थानों में 40 लाख 2 हजार 50 व्यक्तियों ने बौद्ध धर्म को स्वीकार किया है। उनका ब्यौरा इस तरह है–

दिनांक	*संख्या*	*स्थान*
14 अक्टूबर, 1956	5,00,000	नागपुर (महाराष्ट्र)
16 अक्टूबर, 1956	2,50,000	चन्द्रपुर
28 अक्टूबर, 1956	5,000	अकोला विभाग
28 अक्टूबर, 1956	2,000	अकोला
10 नवम्बर, 1956	5,000	नागपुर
10 नवम्बर, 1956	500	कामठी
14 नवम्बर, 1956	150	उज्जैन (मध्य प्रदेश)
14 नवम्बर, 1956	3,000	सिंदखेड
7 दिसम्बर, 1956	10,00,000	बम्बई
12 दिसम्बर, 1956	5,000	मनमाड
14 दिसम्बर, 1956	3,00,000	अमरावती

16 दिसम्बर, 1956	2,40,000	नासिक
16 दिसम्बर, 1956	5,000	मेरठ (उत्तर प्रदेश)
18 दिसम्बर, 1956	3,00,000	नई दिल्ली
18 दिसम्बर, 1956	2,00,000	पूना (महाराष्ट्र)
27 दिसम्बर, 1956	20,000	वर्धा
28 दिसम्बर, 1956	2,50,000	वर्धा
28 दिसम्बर, 1956	2,500	मनमाड
30 दिसम्बर, 1956	15,000	मनमाड
31 दिसम्बर, 1956	25,000	अहमदनगर
01 जनवरी, 1957	2,000	लखनऊ
13 जनवरी, 1957	3,00,000	आगरा
14 जनवरी, 1957	30,000	आगरा
14 जनवरी, 1957	5,00,000	अहमदाबाद (गुजरात)
15-1-57 से 15-2-57 तक	27,00,000	आगरा जिला
25 जनवरी, 1957	5,000	बालाघाट (म. प्र.)
26 जनवरी, 1957	1,00,000	बम्बई
08 फरवरी, 1957	10,000	दिल्ली
10 फरवरी, 1957	15,000	उज्जैन
14 फरवरी, 1957	5,000	निमाण (नगर)
18 मार्च, 1957	3,000	पुलगाँव (महाराष्ट्र)
16 मार्च, 1957	5,000	पुलगाँव
17 मार्च, 1957	600	नन्दगाँव (नासिक)
17 मार्च, 1957	6,000	अमरावती और बैतुल
24 मार्च, 1957	2,500	अमरावती
18 फरवरी, 1950	10,000	मालीनगर, अफलुज, श्रीपुर जि. सोलापुर
11 दिसम्बर, 1966	2,000	पुखरायाँ (कानपुर)
03 जून, 1966	400	हापुड़ (मेरठ जिला)
10 जून, 1972	600	बाखा (कानपुर)
16 अप्रैल, 1967	50,000	गोरखपुर
नवम्बर, 1968	500	सिरपुर
08 दिसम्बर, 1968	1,500	डीग (कानपुर)
18 जनवरी, 1969	5,000	वैरागढ़ (जालौन)
मई-जून, 1970	2,00,000	जम्मू तथा कश्मीर
अक्टूबर, 1970	2,000	खमरियाँ (वारा)
18 अक्टूबर, 1970	1,000	औराई (वाराणसी)
नवम्बर 1970	1,000	बिजनौर

13 जून, 1971	500	पटना (बिहार)
मई-जून, 1971	1,000	शामपुर
मई-जून, 1971	500	लल्लापुर
27 सितम्बर, 1971	104	बिसारी (हरदोई)
14 अप्रैल, 1966	50	नैनीताल
6, 7 जून, 1976	3,000	झाँसी
26 नवम्बर, 1972	10,000	सारनाथ
मई-जून 1973	5,000	बर्मिंघम (लन्दन)
मई-जून 1971	1,000	लन्दन
22 नवम्बर, 1970	5,000	कलकत्ता (बंगाल)
06 दिसम्बर, 1971	–	इलाहाबाद
11-12 मार्च, 1972	–	दिल्ली
26 जनवरी, 1975	–	अहमदाबाद (गुजरात)
26 मई, 1975	–	गोरखपुर
27 मई, 1975	–	बस्ती
30 मई, 1975	–	प्रतापगढ़
31 मई, 1975	–	जौनपुर
01 जून, 1975	–	आजमगढ़ (उ.प्र.)
08 अक्टूबर, 1976	–	हाथरस
09 अक्टूबर, 1976	–	अलीगढ़
25 दिसम्बर, 1977	–	जोधपुर (राज.)
05 नवम्बर, 1978	–	रोहतक (हरियाणा)
24 दिसम्बर, 1978	–	गुँजगुँडवारा (उ.प्र.)
10 जनवरी, 1986	153	पिपरा, चन्द्रपुर (महाराष्ट्र)

विमल कीर्ति का मानना है कि इस तरह बौद्ध आन्दोलन कभी धीमी गति से तो कभी तेज रफ्तार से आगे बढ़ा है। लेकिन जिस बहुत बड़ी मात्रा में दलित समाज हिन्दू धर्म का त्याग करके बौद्ध बन रहा है उसकी निश्चित संख्या अब भी प्राप्त नहीं है। दलित समाज बौद्ध तो हो रहा है लेकिन सरकारी आँकड़ों के अनुसार यह संख्या बहुत ही कम दिखाई पड़ती है और सरकारी क्षेत्रों में नौकरी के लिए मिलने वाला आरक्षण महाराष्ट्र को छोड़कर भारत के अन्य किन्हीं प्रान्तों में और केन्द्र सरकार की नौकरियों में दलित जातियों को आरक्षण प्राप्त होने के कारण और बौद्ध लिखने पर आरक्षण या अन्य सहूलियतें न देने की प्रान्तीय तथा केन्द्रीय सरकार की नीति के कारण सरकारी गिनती में बौद्धों की संख्या और भी कम है। सरकार और सत्ताधारी वर्ग यह नहीं चाहता कि हिन्दुओं की संख्या कम हो और बौद्धों की संख्या बढ़ती रहे। दूसरी तरफ आरक्षण की नीति के कारण भारत का नवबौद्ध स्वयं अपने-आपको सरकारी गिनती में बौद्ध नहीं लिखवा रहा है।[7]

लेकिन कभी न कभी यह संख्या निश्चित रूप से बढ़ी हुई दिखाई देगी। लोग धीरे-धीरे क्यों न हो, अपने-आपको बौद्ध लिखवाने की हिम्मत कर रहे हैं। सरकारी गिनती के आँकड़े जो भी हों, बौद्धों की संख्या निश्चित रूप से बढ़ रही है। वे मानते हैं कि इस बौद्ध आन्दोलन में अभी तमाम दलित जातियाँ नहीं आ मिली हैं। भारत की प्रमुख दलित जातियाँ इस बौद्ध आन्दोलन की अगुवाई कर रही हैं और इसका परिणाम निश्चित रूप से जातिभेद को समाप्त करने में हो रहा है। यह अच्छी बात है कि जाति-विनाश की प्रक्रिया शुरू हुई है।

भारत अश्वघोष लिखते हैं कि 1956 में बाबा साहेब ने कहा : ''मैं सम्पूर्ण भारत को बौद्धमय बनाऊँगा।'' उन्होंने यह बात तब कही, जब भारत में कहीं ढूँढ़ने से बुद्ध की मूर्तियाँ नहीं मिलती थीं। यहाँ तक कि दीक्षा भूमि पर बाबा साहेब के दीक्षा लेने के अवसर पर एक बड़ी समस्या यह खड़ी हो गई थी कि बुद्ध मूर्ति कहाँ से लाई जाए? तब कहीं बुद्ध की मूर्ति मिलना बहुत ही मुश्किल होता था। नागपुर म्युजियम में बुद्ध मूर्ति देने से पहले ही इनकार कर दिया गया था। बड़ी मुश्किल से बर्मा से लाई गई एक मूर्ति थी लेकिन मूर्ति को अपने व्यक्तिगत संग्रह से लाकर एक व्यक्ति ने बाबा साहेब को वह मूर्ति वापस लौटाने की शर्त पर दी। उस तरह से, तब उन्होंने दीक्षा ली। आज वही भारत है जहाँ से प्रतिवर्ष लाखों की संख्या में बौद्ध-प्रतिमाएँ विदेशों में निर्यात की जा रही हैं। यह बाबा साहब अम्बडेकर का ही कमाल है। उसके बाद से देश भर में सैकड़ों बौद्ध विहार निर्मित हुए, हजारों बौद्ध-प्रतिमाएँ गाँव-गाँव, नगर-नगर के गली-कूचों में प्रतिष्ठित हुईं तथा लाखों लोगों ने अपनी पुरानी मानवीय विरासत बौद्ध धम्म को फिर से अपनाया।[8]

'सजग प्रहरी' के प्रधान सम्पादक और कांशीराम के पूर्व साथी *राम खोबरागड़े* कहते हैं कि 1956 की धम्म क्रान्ति के बाद डॉ. आम्बेडकर की उस घोषणा को मूर्त रूप देने में क्या हम सफल हो पाए, क्या बौद्धों की एक स्वतन्त्र पहचान बन पाई? क्या वे कोई सांस्कृतिक पहचान बना पाए? 1956 के बाद बौद्धों की जनसंख्या में कितनी वृद्धि हुई? इस सन्दर्भ में धार्मिक संगठनों का क्या योगदान रहा? कितने धम्म प्रचारक आज बुद्ध धम्म के प्रचार में व्यस्त हैं?

जब हम 1956 के बाद दलित जातियों की ओर देखते हैं तो यही सारे सवाल हमारी आँखों के सामने घूमने लगते हैं। आज देखा जाए तो बौद्धों की भारत में न तो कोई सांस्कृतिक पहचान बन पाई न ही अस्मिता। ध्यान रहे कि पहचान, संस्कृति के संस्कारों से बनती है। इन संस्कारों में एकसूत्रता लाने की दिशा में किए गए ठोस प्रयास नजर नहीं आते।

जहाँ तक जनसंख्या की बात है, बौद्धों की जनसंख्या जो 1956 में कुछ हजारों में थी आज कई लाख की संख्या में पहुँची है। परन्तु जो वृद्धि हुई है, उसमें भी अधिकतर महाराष्ट्र में ही हैं। अन्य प्रान्तों में प्रगति उत्साहजनक नहीं रही। इस दिशा में धार्मिक संगठनों की विशेष जिम्मेदारी समझी जाती है परन्तु वे सभी संगठन अपने प्रयासों में कमजोर रहे। गुटबाजी के शिकार संगठन और कर भी क्या सकते हैं?[9]

धम्म के प्रचार-प्रसार के लिए न तो कोई योजना बन पाई न ही धम्म की सार्थकता का सही परिचय करा देने के लिए ज्ञान से परिपूर्ण भिक्खुगण प्रशिक्षित किए जा सके। नौकरी से रिटायर होने के बाद अपने बेटे और बहुओं की त्रासदी के कारण भिक्खु बनने वालों की संख्या ही अधिक लगती है, जो केवल पेट भरने के लिए किसी विहार में आश्रय लेते हैं। न तो उन्हें बुद्ध धम्म का ही ज्ञान होता है न अन्य किसी दर्शन का। राहुल सांकृत्यायन कहते हैं, नवम्बर 1956 का वह दिन मैं नहीं भूल सकता, जब नेपाल में आम्बेडकर ने बड़े भावावेश में, और गम्भीरता के साथ घोषित किया था, "दो वर्ष और जी जाऊँ तो भारत में पाँच करोड़ बौद्ध दिखा दूँगा। हालाँकि वह संकल्प पूरा नहीं हुआ।" सन् 1991 की जनगणना के मुताबिक भारत में पुराने और नवदीक्षित बौद्ध मिलकर वे केवल तिरेसठ लाख सैंतीस हजार पाँच सौ हैं, जो भारत की जनसंख्या के सिर्फ 0.76 प्रतिशत हैं।[10]

भगवान दास के विचार में 1956 में बौद्ध धर्म अपनाने वालों में दो तरह के लोग थे। लगभग 15000 बौद्ध ऐसे थे जो परम्परागत बौद्ध थे, क्योंकि वे बौद्ध परिवारों में जन्मे थे। उनके रीति-रिवाज बौद्ध धर्म तथा क्षेत्रीय सभ्यता से प्रभावित थे। उन पर हिन्दू धर्म की गहरी छाप थी। दूसरा वर्ग वह था जिन्होंने बाबा साहेब आम्बेडकर के आदेश से असमानता तथा अन्याय पर आधारित हिन्दू धर्म को नकारा था और बौद्ध धर्म को ग्रहण किया था। उनके सामने एक समस्या थी—बौद्ध धर्म ग्रहण करने के बाद वे इस पर अमल कैसे करें?[11]

पुराने बौद्धों से उन्हें कोई प्रेरणा या सहायता नहीं मिल सकती थी क्योंकि भारत के पश्चिम में स्थित हिमाचल, लद्दाख और तिब्बत के बौद्ध न तो उन्हें अपना सकते थे न ही उनका बौद्ध धर्म दलितों में से बने बौद्ध स्वीकार कर सकते थे। पूर्वी भारत में रहने वाले बौद्ध इस हालत में नहीं थे कि वे नवबौद्धों को अपनाते। वे तो स्वयं अपना अस्तित्व बचाने के लिए संघर्ष कर रहे थे। एक बड़ा कारण यह भी था कि हिन्दू लीडरों के दुष्प्रचार के कारण उनमें से बहुत नवबौद्धों से घृणा करते थे। स्वयं भारत सरकार बाबा साहेब आम्बेडकर के आह्वान पर बने बौद्धों के साथ पक्षपातपूर्ण व्यवहार करती है। विशेष रूप में महाराष्ट्र में तो अत्याचार उन्हीं पर हुए जिन्होंने बौद्ध धर्म अपनाया था।

मोरारजी देसाई और चरण सिंह द्वारा संसद में नवदीक्षित बौद्धों को अनुसूचित जातियों को मिलने वाली सुविधाएँ न दी जा सकने की घोषणा न केवल सामाजिक न्याय के सिद्धान्त के प्रतिकूल है वरन् इस बारे में उनकी यह अनधिकार चेष्टा भी रही जबकि चौधरी चरण सिंह अपनी बात के समर्थन में तर्क देते हैं कि चूँकि यह लोग बौद्ध धर्म स्वीकार कर चुके हैं, अतः उन्हें सुविधाएँ नहीं दी जा सकतीं।

इस मामले में कुछ लोगों का कहना है कि जब पंजाब में अकाली आन्दोलन के प्रभाव से दीक्षित सिख, जिन्हें 'मजहबी सिख' कहा जाता है, अनुसूचित जाति को मिलने वाली सुविधाओं का उपभोग कर सकते हैं तो दीक्षित-बौद्धों को भी वे सभी सुविधाएँ दी जानी चाहिए।[12]

शेखर पवार के अनुसार, बोधिसत्व डॉ. बी.आर. आम्बेडकर के बौद्ध धर्म को अपनाने के बाद अब तक कुल चार बार जनगणना हुई। 1951 की जनगणना के अनुसार भारत में बौद्ध जनसंख्या न के बराबर थी लेकिन 1969 से बौद्ध जनसंख्या में लगातार बढ़ोतरी हो रही है। अब तक जनसंख्या के आँकड़ों पर एक नजर डालें तो यह बात स्पष्ट होगी।

बौद्ध जनसंख्या

वर्ष	*कुल बौद्ध जनसंख्या*
1969	28,89,501
1979	32,64,223
1981	39,46,149
1991	63,9,000

(यहाँ आपको बता दें कि 1961 से लेकर 1981 तक की जनसंख्या के आँकड़े केवल महाराष्ट्र के हैं तथा 1991 की जनसंख्या के आँकड़े सम्पूर्ण भारतवर्ष के हैं।

1 मई, 1960 में महाराष्ट्र राज्य का गठन हुआ था तथा 1962 में आम चुनाव हुए थे। महाराष्ट्र विधानसभा के अब तक कुल आठ बार आम चुनाव हुए हैं, उसका ब्यौरा निम्न प्रकार है :

महाराष्ट्र विधानसभा के चुनाव[13]

वर्ष	*कुल स्थान*	*अनुसूचित जाति के लिए आरक्षित स्थान*	*अनुसूचित जनजाति के लिए आरक्षित स्थान*
1962	264	33	14
1967	270	16	16
1972	270	15	16
1978	288	18	22
1980	288	18	22
1985	288	18	22
1990	288	18	22
1995	288	18	22

उसी भाँति 1962 से लेकर महाराष्ट्र से लोकसभा के लिए चुने जाने वाले सदस्यों के चुनाव का ब्यौरा निम्न प्रकार है–

लोकसभा चुनाव : महाराष्ट्र

वर्ष	*कुल स्थान*	*अनुसूचित जाति के लिए आरक्षित स्थान*	*अनुसूचित जनजाति के लिए आरक्षित स्थान*
1962	45	6	3
1967	45	3	3
1972	45	3	3
1978	47	3	4
1980	48	3	4
1985	48	3	4
1990	48	3	4
1995	48	3	4

महाराष्ट्र विधानसभा एवं लोकसभा चुनावों की 1962 तथा 1967 की स्थिति का हम अध्ययन करें तो हमें ज्ञात होगा कि महाराष्ट्र विधानसभा 1962 के चुनाव के समय कुल सीटें 264 थीं तथा उनमें कुल 33 सीटें अनुसूचित जाति के लिए आरक्षित थीं। परन्तु 1967 के चुनाव के समय कुल सीटें बढ़कर 270 होने पर भी अनुसूचित जाति की आरक्षित सीटें 33 से घटकर मात्र 15 रह गई थीं।

उसी भाँति लोकसभा की कुल आरक्षित सीटें महाराष्ट्र में 1962 के चुनाव में 6 थीं परन्तु 1967 के चुनाव में अनुसूचित जाति की आरक्षित सीटें घटकर मात्र 13 रह गई थीं। मतलब पचास फीसदी आरक्षण में कटौती हो गई थी और यह सब अनुसूचित जाति के लोगों द्वारा 1956 में हुए धर्म-परिवर्तन के परिणामस्वरूप हुआ था। दलितों ने धर्म-परिवर्तन कर 1969 की जनगणना में अपने-आपको धर्म बौद्ध में लिखवाया था। फलस्वरूप 17, 89, 409 लोग यकायक जनगणना में बौद्ध होने से तथा बौद्ध बने दलितों को अनुसूचित जाति की सुविधा से वंचित करने से चुनाव आयोग द्वारा अनसूचित जाति की आरक्षित सीटों में कटौती कर दी गई।[14]

संविधान की धारा 25 के द्वारा भारत के हिन्दू, सिख, जैन तथा बौद्ध, हिन्दू कानून के दायरे में आते हैं और जबकि दलितों के बौद्ध मात्र हो जाने से कोई आर्थिक सामाजिक, सांस्कृतिक, मानसिक परिवर्तन एकाएक नहीं हो पाया था, फिर भी उन्हें राजनीतिक नौकरी में आरक्षण से वंचित होना पड़ा था। करीब 33 वर्षों बाद जनता दल सरकार ने और बाद में कांग्रेस सरकार ने 1990 में बौद्धों को आरक्षण दिया।

भारत में बौद्धों की जनसंख्या[15]
(1981 की जनगणना के अनुसार)

अनु.	प्रदेश	जनसंख्या	प्रतिशत
1.	भारत	4719796	100%
2.	आसाम	उपलब्ध नहीं	
3.	आन्ध्र प्रदेश	92930	27%
4.	बिहार	3003	06%
5.	गुजरात	7550	15%
6.	हरियाणा	761	06%
7.	हिमाचल प्रदेश	52629	1.11%
8.	जम्मू व कश्मीर	69706	1.47%
9.	कर्नाटक	42147	.89%
10.	केरल	233	.0050%
11.	मध्य प्रदेश	75312	1.6%
12.	महाराष्ट्र	3946149	83.6%
13.	मणिपुर	473	0.01%
14.	मेघालय	2739	0.06%
15.	नागालैण्ड	517	0.01%
16.	उड़ीसा	8028	0.17%
17.	पंजाब	799	0.16%
18.	राजस्थान	4427	0.093%
19.	सिक्किम	90,848	1.92%
20.	तमिलनाडु	735	0.01%
21.	त्रिपुरा	543806	1.16%
22.	उत्तर प्रदेश	54542	1.16%
23.	पं. बंगाल	156296	3.31%
24.	अंडमान निकोबार	127	0.002%
25.	अरुणाचल प्रदेश	86483	1.83%
26.	चंडीगढ़	454	0.009%
27.	दादरा नगर हवेली	189.00	4%
28.	दिल्ली	7117	0.15%
29.	गोवा, दमन, दिव	302	0.006%
30.	लक्ष्यद्वीप	–	–
31.	मिजोरम	40429	0.85%
32.	पांडेचेरी	75	0.001%

इसमें आसाम के आँकड़े नहीं मिलाए गए हैं। 1990 में अनुसूचित जातियों से बौद्ध धर्म ग्रहण करने वाले को SC/ST की सुविधाएँ प्रदान करने से 1991 की जनगणना में बौद्धों की संख्या में बढ़त हुई। फिर भी यह स्पष्ट है कि महाराष्ट्र में बौद्ध जनसंख्या पूरे देश के बौद्धों से अधिक है।

उधर विजय कुमार मल्होत्रा भारत में हिन्दुओं की जनसंख्या के प्रतिशत कम होने के कारण चिन्तित हैं। वे बतलाते हैं कि इसी दौरान भारत में मुस्लिम जनसंख्या 1951 में 9.9 प्रतिशत, 1961 में 10.70 प्रतिशत, 1971 में 11.21 प्रतिशत और 1981 में 11.4 प्रतिशत हो गई।

1951 में भारत में हिन्दुओं की जनसंख्या (सिखों, बौद्धों व जैनों को छोड़कर) 84.98 अर्थात लगभग 85 प्रतिशत थी। 1961 में यह कम होकर 83.5 प्रतिशत, 1971 में और कम होकर 82.72 और 1981 में कम होकर 82.6 प्रतिशत हो गई। यह स्थिति बावजूद इसके है कि लाखों की संख्या में हिन्दू बांग्लादेश और पाकिस्तान से इस दौरान भारत में आ गए।

पूरी स्थिति को समझने के लिए अविभाजित हिन्दुस्तान अर्थात भारत, पाकिस्तान एवं बांग्लादेश की 1931 व 1981 की जनसंख्या का विश्लेषण करना चाहिए। 1931 में अविभाजित भारत की कुल जनसंख्या 35 करोड़ 5 लाख थी, जिसमें हिन्दू (बौद्ध, जैन मिलाकर) 25 करोड़, 32 लाख थे और मुसलमान 7 करोड़ 76 लाख और ईसाई 62 लाख 96 हजार थे। आदिवासियों की जनसंख्या 82 लाख 80 हजार थी, जो वस्तुतः हिन्दुओं में ही गिननी चाहिए थी।

1981 में इस उपमहाद्वीप में हिन्दुओं, बौद्धों तथा जैन धर्म के लोगों की संख्या इस प्रकार थी :

भारत	56,30,50,000
बांग्लादेश	1,17,00,000
पाकिस्तान	12,50,000
कुल	**57,60,00,000**

तीनों देशों की कुल जनसंख्या 1981 में इस प्रकार थी :

भारत	68.50 करोड़
पाकिस्तान	8.42 करोड़
बांग्लादेश	8.99 करोड़
कुल	**84.91 करोड़**

अर्थात पचास वर्षों में इस उपमहाद्वीप की कुल आबादी ढाई गुना (2.42) के लगभग हो गई।

इसी अनुपात से हिन्दुओं, बौद्धों, जैनों की 1981 में आबादी होनी चाहिए थी 63 करोड़ से अधिक परन्तु 1981 में इस उपमहाद्वीप में हिन्दुओं (बौद्धों और जैनों सहित) की आबादी थी :

भारत	56.30 करोड़
बांग्लादेश	1.17 करोड़
पाकिस्तान	0.12 करोड़
कुल	**57.59 करोड़**

इसके विपरीत उसी अनुपात में मुसलमानों की आबादी होनी चाहिए थी 18.77 करोड़। परन्तु 1981 में उनकी आबादी तीनों देशों में इस प्रकार थी–

भारत	8.00 करोड़

(अनुमानतः आसाम की जनसंख्या सम्मिलित करके)

पाकिस्तान	8.15 करोड़
बांग्लादेश	7.74 करोड़
कुल	**23.89 करोड़**

यानी इन पचास वर्षों में इस क्षेत्र में हिन्दुओं की आजादी जहाँ दुगुनी से कुछ अधिक हुई है वहाँ मुसलमानों की आबादी तिगुनी से कुछ अधिक हो गई है। इसका कारण जहाँ मुस्लिम व ईसाई मिशनरियों द्वारा धर्मान्तरण है वहाँ हिन्दुओं द्वारा परिवार नियोजन का पालन और मुसलमानों द्वारा उसका प्रायः पूर्ण तिरस्कार भी एक प्रमुख कारण रहा है।

हिन्दू धर्म की जाति व्यवस्था पर आधारित शोषण के शिकार अछूत तथा शूद्र जातियों के लोग बड़ी संख्या में सिख, इस्लाम और क्रिश्चियन धर्म अपनाने लगे। इससे हिन्दुओं की जनसंख्या घटने लगी। हिन्दुओं का बुद्धिवादी वर्ग भयभीत होने लगा। 19वीं शताब्दी के आखिरी दशकों में जनगणना रिपोर्टों को पढ़ने के बाद एक ओर तो वे दलितों को जिन्हें कभी हिन्दू नहीं माना गया था, अपनाने के लिए प्रचार-प्रसार करने लगे और उनका हिन्दूकरण किया जाने लगा, दूसरी ओर यह प्रचार भी किया जाने लगा कि बौद्ध धर्म कोई अलग धर्म नहीं बल्कि हिन्दू धर्म का ही एक अंग है। हालाँकि अन्य देशों में रहने वाले बौद्धों ने इस गलत प्रचार को कभी स्वीकार नहीं किया।

वरिष्ठ बौद्ध विचारक भगवान दास का[16] मानना है कि धर्म-परिवर्तन के फौरन बाद बौद्धों को कई प्रकार की कठिनाइयों का सामना करना पड़ा। देहात में शक्तिशाली तथा कथित ऊँची जातियों के लोगों ने बौद्धों को काम देना बन्द कर दिया। सरकार ने आदेश जारी कर दिए कि बौद्धों को वह सुविधाएँ या सहायता न दी जाएँ जो उन्हें हिन्दू या सिख धर्म के अनुयायी रहते हुए प्राप्त थीं। परन्तु एक आदेश द्वारा आरक्षण आदि सुविधाएँ जो सिख धर्म की चार जातियों तक सीमित थीं (रामदासिया, कबीरपंथी, मजहबी और

छिकलीगर) वे अब उन सबको दी जाने लगीं जो अनुसूचित जातियों में जन्मे थे। इस आदेश के अनुसार मद्रास में रहने वाला माला या मादिगा जाति का व्यक्ति यदि सिख धर्म अपना ले तो वह अनुसूचित जातियों को संविधान में दी गई सुविधाओं और अधिकारों का लाभ उठा सकता था। इसका नतीजा यह हुआ कि सिखों की जनसंख्या तेजी से बढ़ने लगी। हिन्दू आबादी 1961 में 366,393,102 थी, जो कुल आबादी का 83.51 प्रतिशत थी। 1971 में यह घटकर 82.72 प्रतिशत हो गई, जबकि सिख आबादी में बढ़ोतरी हुई।

1951	6,219,116,147
1961	7,845,098,179
1971	10,378,797,189

स्वयं पंजाब में हिन्दुओं की जनसंख्या घट गई और वे गणना के हिसाब से अल्पसंख्यक बन गए। 1951-61 के दौरान जहाँ हिन्दू आबादी में 20.29 प्रतिशत की वृद्धि हुई, सिखों की आबादी में 25.13 प्रतिशत बढ़ोतरी हुई।

उनके विचार में प्राचीन-काल के बौद्ध या तो इस्लाम धर्म की शरण में आ गए या अछूत, शूद्र आदि जातियों में अपने रीति-रिवाजों तथा नाम बदलकर धार्मिक शिक्षा और नेतृत्व के अभाव में केवल जिन्दा रहने के लिए वे शक्तिशाली वर्गों की नकल करके जीवित रहने का प्रयास करते रहे।[17]

भगवान दास लिखते हैं कि बाबा साहेब की धम्म दीक्षा के बाद कुछ लोग भिक्षु बने। बौद्ध परम्परा के अनुसार, भिक्षु बनने का इच्छुक व्यक्ति संघ से प्रार्थना करता है और फिर पाँच विहारों के भिक्षु उसे श्रामणेर बनाते हैं। धर्म के बारे में शिक्षा एवं प्रशिक्षण के बाद ही वह व्यक्ति भिक्षु बनाया जाता है। परन्तु बाबा साहेब के आन्दोलन के बाद कई कबीर पंथी, उदासी, रविदासी, वाल्मीकि साधू बौद्ध भिक्षु बन गए। कई स्थानों पर कुछ भिक्षुओं ने स्वयं दीक्षा देकर इच्छुक लोगों को भिक्षु बना दिया जिसका उन्हें अधिकार नहीं था। भिक्षु चीवर पहन कर पुरोहिताई भी करने लगे। लोग उन्हें नामकरण, गृहप्रवेश, विवाह तथा मृत्यु आदि में रस्में अदा करने के लिए बुलाने लगे। धर्म प्रचार का काम पीछे रह गया और संस्कार, रीति-रिवाज, पुरोहिताई ही भिक्षु का काम बन गया। इससे भिक्षुओं में भ्रष्टाचार फैला।[18]

प्रो. एच.सी. जोशी लिखते हैं कि बाबा साहेब ने अंग्रेजी शब्द 'Priest', का उपयोग बुद्धिस्ट सोसाइटी ऑफ इण्डिया के संविधान में निरूपित दस मूल उद्देश्यों में आठवें उद्देश्य के अन्तर्गत किया है। आठवें उद्देश्य के अन्तर्गत बाबा साहेब ने लिखा है : "To Create a New order of Priest, if it becomes necessary to do so." चूँकि सोसाइटी के संविधान में बाबा साहेब ने इस शब्द की व्याख्या कहीं भी नहीं की है, इसलिए यह जानने के लिए कि इस शब्द से उनका वास्तविक आशय क्या है, उनके विचारों की छानबीन आवश्यक है।[19]

सामान्यतः अंग्रेजी शब्द 'Priest' का हिन्दी समानार्थी होता है 'पुरोहित'। पुरोहित वह व्यक्ति होता है जो जन्म, विवाह, मरणादि अवसरों पर आवश्यक धार्मिक संस्कार सम्पन्न कराता है। उदाहरण के लिए, हिन्दुओं में पुरोहिताई का पेशा ब्राह्मण लोग करते हैं और इस पेशे पर पीढ़ी-दर-पीढ़ी प्रायः उन्हीं का एकाधिकार रहा है। इस्लाम धर्म के अन्तर्गत यह कार्य मुल्ला-मौलवी करते हैं। इस कार्य को पूरा करने के बदले वे यजमानों से दान-दक्षिणा के रूप में अपनी फीस वसूल करते हैं। हर समाज में जन-सामान्य के ऊपर पुरोहित वर्ग का अत्यधिक प्रभाव होता है। यह वर्ग बहुत ही चालाक और स्वार्थी होता है और लोगों को निरन्तर अन्धविश्वासों के शिकंजों में जकड़ कर अपना स्वार्थ पूरा करना परम कर्त्तव्य समझता है। निश्चय ही यह वर्ग परिवर्तन-विरोधी होता है और समाज की प्रगति में प्रमुख बाधक होता है।[20]

तब प्रश्न उठता है क्या डॉ. बाबा साहेब आम्बेडकर ऐसे ही पुरोहितों का नया संघ बनाना चाहते थे? इसका उत्तर एक जोरदार 'न' में ही हो सकता है। कोई भी व्यक्ति जो बाबा साहेब के जीवन और मिशन से जरा भी परिचित है वह बेहिचक यही कहेगा कि बाबा साहेब ऐसे पुरोहितों का संघ स्थापित करने के पक्ष में कभी हो ही नहीं सकते, क्योंकि वे हिन्दू समाज में शूद्रों तथा अछूतों की दुर्दशा का प्रमुख कारण इस पुरोहित वर्ग को ही मानते थे। अतः स्पष्ट है कि बाबा साहेब ऐसे पुरोहितों का नया संघ बौद्ध समाज के लिए नहीं बनाना चाहते थे।

तब क्या 'Priest' शब्द से उनका आशय बौद्ध भिक्षु से था? इस प्रश्न का उत्तर भी 'न' में ही है। यद्यपि आज सामान्यतः बौद्धों में जन्म, विवाह, मरणादि अवसरों पर विभिन्न संस्कारों के सम्पन्न कराने का काम बौद्ध भिक्षु ही करते हैं, तथापि इस सम्बन्ध में बाबा साहेब का निश्चित मत है कि इन संस्कारों को सम्पन्न कराने का काम बौद्ध भिक्षुओं को नहीं करना चाहिए, क्योंकि एक भिक्षु ब्राह्मण की भाँति 'पुरोहित' नहीं होता। अपने ग्रन्थ 'द बुद्ध एण्ड हिज धम्म' में उन्होंने इस सम्बन्ध में निम्न विचार प्रकट किए हैं[21] :

"क्या भिक्षु और ब्राह्मण में कोई अन्तर नहीं ? क्या दोनों एक ही हैं? इस प्रश्न का भी उत्तर नकारात्मक ही है।...एक ब्राह्मण 'पुरोहित' होता है। उसका मुख्य कार्य किसी के जन्म, विवाह, मरणादि के अवसर पर 'संस्कार' कराना होता है। यह संस्कार आवश्यक हो जाते हैं, क्योंकि कहीं-कहीं माना है कि आत्मा मूलतः पाप से लिप्त है और उसे निर्मल कर निष्पाप बनाना है, और क्योंकि 'आत्मा' तथा 'परमात्मा' का अस्तित्व भी स्वीकार किया जाता है, इन सब संस्कारों को करने-कराने के लिए पुरोहित होना ही चाहिए। एक भिक्षु न तो किसी 'मूल पाप' में विश्वास करता है और न 'आत्मा' या 'परमात्मा' में। इसलिए उसे कोई संस्कार करने-कराने नहीं हैं। इसलिए एक भिक्षु पुरोहित नहीं होता।[22]

उपरोक्त विचारों से स्पष्ट है कि डॉ. बाबा साहेब आम्बेडकर एक भिक्षु को पुरोहित नहीं मानते। अपने ग्रन्थ 'The Buddha and His Dhamma' में उन्होंने 'भिक्षु' के लिए अंग्रेजी भाषा में 'Bhikkhu' शब्द का उपयोग किया है और 'पुरोहित' के लिए अंग्रेजी भाषा में 'Priest' का उपयोग किया है। 'Bhikkhu' और 'Priest'–इन दोनों शब्दों के अलग-अलग स्पष्ट प्रयोग से यह स्वयमेव सिद्ध होता जाता है कि बाबा साहेब भिक्षुओं का

नया संघ नहीं बनाना चाहते थे। यदि ऐसा होता तो बुद्धिस्ट सोसाइटी ऑफ इण्डिया के संविधान में आठवें उद्देश्य के अन्तर्गत "To Create a new Order of 'Priest', if it becomes necessary to do so" वाक्य में 'Priest' शब्द के स्थान पर 'Bhikkhu' शब्द का प्रयोग जरूर करते।

जब 'Priest' शब्द से बाबा साहेब का आशय ब्राह्मण 'पुरोहित' से नहीं था फिर इस शब्द से उनका वास्तविक आशय क्या था?

प्रो. जोशी बतलाते हैं कि उनके द्वारा 'Priest' शब्द का अर्थ ईसाई धर्म के धर्मोपदेष्टा पादरियों के समतुल्य बौद्ध धर्मोपदेष्टाओं से था।

'जनमित्र' के सम्पादक मनीष बोधी लिखते हैं कि यह ठीक है कि महाराष्ट्र में दलितों ने हिन्दू धर्म से बौद्ध धर्म बदल लिया, लेकिन केवल धर्म बदलने से ही क्या सब कुछ बदल जाता है? महाराष्ट्र में तो अधिकांश दलित ऐसे हैं, जिनमें बुद्धिजीवियों की अच्छी-खासी संख्या है। उन्होंने अपना नाम तक नहीं बदला। संस्कृति और संस्कारों में उन्होंने कितना परिवर्तन किया, यह तो वे ही अच्छी तरह से जानते होंगे। जो नाम उनके हिन्दू धर्म में जन्म लेने के समय थे, वही नाम आज भी हैं।

मनीष बोधी की बात को ही आगे बढ़ाते हुए यह भी बतलाना चाहते हैं कि बौद्ध धर्म में जो नामकरण संस्कार के तहत नाम आते हैं, वे भी महाराष्ट्र में बहुत कम ही प्रयोग हुए हैं जबकि उत्तरी भारत के ऐसे दलित परिवारों में, जो बौद्ध बन गए वहाँ नाम के साथ गौतम या बौद्ध लगाने का प्रचलन बढ़ा है; दूसरे, जन्म के समय बच्चों के नाम बौद्ध दार्शनिकों के नाम पर होने लगे हैं।

देखा जाए तो 14 अक्टूबर, 1956 से आज तक बौद्ध धर्म एक आन्दोलन के रूप में इस देश के दलितों के भीतर रचा-बसा है। जहाँ तक सफलता-असफलता की बात है, आजादी के बाद की परिस्थितियाँ समय-समय पर बौद्धिक तथा भारत में बौद्ध आन्दोलन को प्रभावित करती रही हैं।

स्वयं बी.पी. मौर्य ने 14 अक्टूबर, 1956 को अलीगढ़ में दीक्षा ली थी। बाबा साहेब की मृत्यु के पश्चात बी.पी. मौर्य का रुझान राजनीति की ओर बढ़ा। तब बौद्ध आन्दोलन का तेजी के साथ राजनीति से जुड़ाव होने लगा। हालाँकि राजनीति ने बौद्धों को प्रभावित जरूर किया पर बौद्ध आन्दोलन से सच कहा जाए तो दलित आन्दोलन के तेवर भी पहले से अधिक तेज हुए। उन दिनों बी.पी. मौर्य ने एक नया संघ भारत बौद्ध संघ[23] भी बनाया था। हालाँकि बौद्ध दीक्षा लेने के पूर्व ही बाबा साहेब ने 'दि बुद्धिस्ट सोसाइटी ऑफ इण्डिया' (जो आमतौर पर भारतीय बौद्ध महासभा के नाम से जानी जाती रही है) की स्थापना मई, 1955 को बम्बई में की थी। मई, 1955 से 6 दिसम्बर, 1956 तक बाबा साहेब ही इस महासभा के अध्यक्ष रहे। उनके परिनिर्वाण के बाद डॉ. आम्बेडकर के सुपुत्र भैया साहेब यशवन्तराव आम्बेडकर महासभा के प्रधान चुने गए जो 16 दिसम्बर, 1977 तक उसके अध्यक्ष पद पर बने रहे। 1 सितम्बर, 1977 को उनके परिनिर्वाण के पश्चात श्रीमती मीराबाई आम्बेडकर महासभा की अध्यक्षा बनीं।

महाबोधि विहार मुक्ति संघर्ष

बिहार के बोधगया स्थित महाबोधि विहार समूचे विश्व में एक ऐसा उदाहरण है जहाँ लगभग पिछली कई शताब्दियों से बौद्ध विहार पर हिन्दू और हिन्दुत्व काबिज हैं। ऐसा दृष्टांत कहीं अन्य स्थान पर नहीं मिलता। इससे भी गम्भीर बात यह है कि देश के भीतर बौद्ध अनुयायी (एक अनुमान के अनुसार जिनकी संख्या आज एक करोड़ से अधिक है।) देर-सवेर बिहार सरकार के हिन्दुत्व के एजेण्डे को स्वीकार करते रहे हैं। कहीं कुछ आन्दोलन या संघर्ष की बात उभरती है, लेकिन अगले दिन/सप्ताह या फिर माह वह दब जाती है। आइए सवर्णों की उन तमाम कारगुजारियों के साथ परिस्थितियों पर दृष्टिपात करें, जिनके कारण बौद्ध हृदय कहीं-न-कहीं किसी-न-किसी रूप में उद्वेलित रहता है।

किसी धर्मस्थल पर हिन्दुओं द्वारा बलात कब्जा करने का यह एकमात्र उदाहरण नहीं है। भारत में बौद्ध विहारों के अवशेषों पर आज जो भव्य मन्दिर खड़े हैं, उनमें गया स्थित महाबोधि विहार भी है जो एक ओर यहाँ की हिन्दूवादी सरकार/सरकारों की धर्मान्ध दृष्टि से परिचित कराता है, दूसरी तरफ बौद्ध नेताओं तथा उस धर्म के विशेष पालकों की अकर्मण्यता को भी दलितों के सामने लाता है।

''महाबोधि विहार को हिन्दुओं के कब्जे से स्वतन्त्र कराने के लिए संघर्ष हेतु मुझे भारत में 25 बार जन्म लेना पड़े तो भी मैं लूँगा।'' यह कथन श्रीलंका के अनागरिक धम्मपाल[24] जी का है, जिन्होंने सर्वप्रथम गया के बौद्ध विहार को मुक्त करने के लिए आन्दोलन की नींव रखी थी। 17 सितम्बर, 1864 को जन्मे धम्मपाल जी ने अपना पूरा जीवन महाबोधि महाविहार मुक्ति संग्राम के सेनानी के रूप में लगा दिया।

21 मई, 1891 को उन्होंने महाबोधि सोसायटी की स्थापना की। इस सोसायटी की उद्देश्य तालिका में ही लिखा था—

जिस बोधिवृक्ष के नीचे सिद्धार्थ गौतम को बुद्धत्व की प्राप्ति हुई है वह स्थान तथा वहाँ पर निर्मित विहार विश्व के बौद्धों को सर्वाधिक महत्त्वपूर्ण तथा पूजनीय है। इस स्थान पर भिक्षु निवास की स्थापना का संकल्प सोसायटी करती है।

फरजंद अहमद लिखते हैं कि किसी ने सोचा भी नहीं था कि बौद्धों के पवित्रतम स्थल महाबोधि मन्दिर में ऐसा हादसा हो सकता है। 29 मई की सुबह अचानक भारी वर्षा और आँधी के झोंकों से मन्दिर में वज्रासन की सोने की छतरी चूर-चूर हो गई और सोने की बनी रेलिंग को भी क्षति पहुँची तो अचानक लोगों ने महसूस किया कि अब यह ऐतिहासिक मन्दिर भी किसी दिन बड़ी दुर्घटना का शिकार हो सकता है।[25]

हादसा तब हुआ जब करीब पौने दस बजे तेज हवा के झोंकों के कारण करीब 350 किलो वजनी ग्रेनाइट का स्तूप महाबोधि मन्दिर की 50 फुट ऊँची पहली मंजिल के छज्जे से नीचे लुढ़क गया और महाबोधि वृक्ष की टहनियों में बँधी घण्टियों को झकझोरते हुए सीधे वज्रासन की छतरी पर गिरा। इस छतरी का निर्माण श्रीलंका के दिवंगत राष्ट्रपति प्रेमदास ने 1992 में बड़ी श्रद्धा से कराया था। अन्तर्राष्ट्रीय बौद्ध परिषद के

महासचिव मैतीपे विमलसारा ने, जिनकी देखरेख में महाबोधि समिति चलती है, कहा कि छतरी इतनी क्षतिग्रस्त हो चुकी है कि अब नई छतरी ही लगानी होगी, चूँकि इसे श्रीलंका सरकार ने बनवाया था इसलिए यह जिम्मेवारी भी उसकी है कि इस सम्बन्ध में श्रीलंका के उच्चायुक्त को सूचना भी दे दी गई है।

लेकिन दूसरी ओर वज्रासन के रखरखाव की जिम्मेवारी महाबोधि मन्दिर प्रबन्धन समिति की है। समिति के कई बौद्ध सदस्य शिकायत करते आए हैं कि चूँकि प्रबन्धन पूरी तरह से बौद्धों के हाथ में नहीं है इसलिए मन्दिर की उपेक्षा जान-बूझकर होती आई है। प्रबन्धन समिति के भिक्षु प्रभारी भन्ते प्रयागशील ने इण्डिया टुडे से कहा, **"अब तो बात साफ हो गई कि उपेक्षा के कारण ही यह दुर्घटना हुई।"**

आजादी के बाद से महाबोधि मन्दिर प्रबन्धन समिति पर कब्जा करने के लिए बौद्ध और हिन्दू समुदाय के बीच विवाद के चलते इसके रखरखाव को नजरअन्दाज कर दिया गया। प्रबन्धन समिति के एक सदस्य भन्ते आनन्द ने गत अगस्त माह में ही समिति, जिला प्रशासन और सरकार को चेताया था कि मन्दिर का ढाँचा किसी भी समय चरमरा सकता है। इस तरह की चेतावनी के बाद गया के तत्कालीन जिलाधिकारी सुधीर कुमार ने भारतीय पुरातत्व सर्वेक्षण (ए.एस.आई.) को फैक्स से सन्देश भेजकर अनुरोध किया कि वे महाबोधि मन्दिर की तुरन्त मरम्मत और 'रासायनिक धुलाई' कराएँ, जिसका सारा खर्च प्रबन्धन समिति वहन करेगी। बहरहाल एक साल के बाद ए.एस.आई. ने रासायनिक धुलाई करने की इच्छा तब जाहिर की जब बरसात शुरू हो रही है।

भगवान बुद्ध द्वारा निर्वाण प्राप्ति की 2,500वीं वर्षगाँठ के अवसर पर 1956 में बड़े पैमाने पर मरम्मत और संरक्षण का काम हुआ था। उसके बाद इस पर ध्यान ही नहीं दिया गया। इसी बीच मन्दिर के भीतर से मूर्तियों और स्तूपों को हटाए जाने और उनकी जगह नकली मूर्तियाँ और स्तूप रखने का सुनियोजित सिलसिला शुरू हुआ। कुछ वर्ष पहले तत्कालीन जिलाधिकारी राजीव गाबा ने मन्दिर से हटाई गई कोई 60 मूर्तियों और स्तूपों का पता लगाया और फिर उन्हें बोधगया संग्रहालय में रखवा दिया गया।[26]

1893 में पहली बार 'बौद्ध संघ' ने माँग की कि इस मन्दिर पर पूर्ण अधिकार बौद्धों का होना चाहिए। बौद्ध संन्यासियों की बढ़ती माँग के फलस्वरूप 1903 में बंगाल सरकार (बिहार उस समय बंगाल प्रेसीडेंसी में आता था) ने विवाद के निदान हेतु एक आयोग गठित किया। इस आयोग के सदस्यों में श्री शरदचन्द्र मिश्रा एवं हरप्रसाद शास्त्री भी थे। इस आयोग ने अपनी रिपोर्ट में हिन्दू एवं बौद्ध संयुक्त प्रबन्धन की सिफारिश की परन्तु यह कार्यान्वित नहीं हो पाया।

बौद्ध देश जापान ने जब 1905 ई. में यूरोप के सबसे बड़े देश रूस को हरा दिया तो गवर्नर जनरल लॉर्ड कर्जन को नए सिरे से बौद्ध धर्म की समस्याओं की तरफ ध्यान देने के लिए मजबूर होना पड़ा। **कर्जन ने 'मन्दिर अराजकता' को रोकने के लिए पुरातत्व विभाग की स्थापना की और मेजर कनिंघम को पहला निर्देशक नियुक्त किया। मेजर कनिंघम जब बोधगया पहुँचा तो बौद्ध मन्दिर के चारों तरफ गोबर का ढेर जमा पाया।** उसने उक्त स्थल

को साफ-सुथरा कराया और बौद्ध तीर्थयात्रियों को यहाँ आकर महात्मा बुद्ध के प्रति श्रद्धा अर्पित करने की प्रक्रिया का आरम्भ किया।

हिन्दू महासभा को अंग्रेजों द्वारा बोधगया के मामले में यह हस्तक्षेप अखरा और इसे उन्होंने हिन्दुओं के धार्मिक अनुष्ठान में हस्तक्षेप माना। 1925 ई. में हिन्दू महासभा और कांग्रेस, दोनों ने बोधगया मन्दिर जाँच समिति के गठन का फैसला संयुक्त रूप में किया। राजेन्द्र प्रसाद, काशी प्रसाद जायसवाल, ब्रजकिशोर प्रसाद और राहुल सांकृत्यायन की चार सदस्यों वाली जाँच समिति गठित हुई। राहुल जी और राजेन्द्र बाबू इस जाँच के सिलसिले में लंकावासियों की बौद्ध भावना को जानने के लिए लंका भी गए मगर जवाहरलाल जी इस कमेटी के हिन्दुत्व की भावना से प्रभावित निष्कर्ष से सहमत नहीं हुए और कांग्रेस में इस समिति के निष्कर्ष पर सहमति नहीं हो सकी। राजेन्द्र बाबू का तर्क था कि बौद्ध धर्म हिन्दू धर्म का एक अंग बन चुका है, इसलिए महाबोधि मन्दिर न्याय में हिन्दू और बौद्ध बराबर-बराबर की संख्या में रहे।[27] स्वराज्य मिलने के दो वर्ष के बाद 1949 ई. में राजेन्द्र बाबू के फार्मूले के आधार पर बोधगया मैनेजमेंट एक्ट पास हुआ। इस एक्ट के अनुसार आठ सदस्यों की समिति का प्रावधान हुआ, जिसमें चार हिन्दू और चार बौद्ध सदस्य की व्यवस्था की गई। गया के जिलाधीश को समिति में पदेन अध्यक्ष मनोनीत किया गया। हिन्दुओं का इस समिति में वर्चस्व कायम रहे, इस उद्देश्य की पूर्ति के लिए यह भी प्रावधान रखा गया कि अगर गया जिलाधीश हिन्दू नहीं हो तो वैसी हालत में बिहार सरकार किसी दूसरे हिन्दू को भी समिति का अध्यक्ष मनोनीत कर सकती है। इस कानून के बनने में राजेन्द्र बाबू का स्पष्ट प्रभाव था। मगर बौद्ध धर्मावलम्बी 1949 के इस एक्ट के संशोधन की माँग लगातार कर रहे थे लेकिन आजादी के बाद भी उनकी एक नहीं सुनी गई। और हिन्दुत्व का प्रभाव बढ़ता ही गया।

मन्दिर की वर्तमान दशा

प्रसिद्ध भारतीय दार्शनिक और भिक्षु राहुल सांकृत्यायन ने भारत से जापान के लिए रवाना होते समय, बुद्धगया मन्दिर के विषय में पूछने पर 'आज' के संवाददाता को एक वक्तव्य दिया था। उसका कुछ अंश यूँ है :

"मैंने इसे पहले भी देखा है और पिछली फरवरी को जब मैं बुद्धगया गया तो मन्दिर की दुरवस्था को देखकर चित्त अत्यन्त चंचल हो उठा। मन्दिर के भीतर आप जाइए तो किसी ओर पैर रखने की जगह नहीं। फर्श चपचप कर रहा है। मालूम होता है, घी और तेल में अलकतरे का तेल मिलाकर कुछ ही घड़ी पहले लेप कर दिया गया है। उसकी दुर्गन्ध से भीतर दो मिनट ठहरना मुश्किल हो जाता है। आप खयाल कीजिए कि यह वह मन्दिर है जहाँ दुनिया की सबसे अधिक स्वच्छ रहनेवाली जापानी जाति के लोग दर्शनार्थ आया करते हैं। यूरोप और अमरीका में भी अब हर जगह बौद्धों की संख्या काफी हो रही है। साधारण यात्रियों के अतिरिक्त हर साल कितने ही यूरोपियन और अमरीकन बौद्ध तीर्थाटन के लिए

बुद्धगया आते हैं। बतलाइए, मन्दिर के भीतर जाकर उस चपचप और दुर्गन्ध को देखकर उनके चित्त को कैसे ठेस लगती होगी?[28]

आप लंका और बर्मा में जाकर बौद्ध-मन्दिरों को देखिए। वहाँ की स्वच्छता को देखकर आपका मन प्रसन्न हो जाएगा। जो सिलोन और बर्मा नहीं जा सकते उन्हें भारत के ही किसी जैन-मन्दिर को ही देखना चाहिए। तब उन्हें पता लगेगा कि जैन लोग मन्दिर को कितना साफ रखना पसन्द करते हैं। महन्त लोग यह कहकर छुट्टी नहीं पा सकते कि यह सब तो तिब्बती लोगों के घी के चिराग जलाने से ही हो जाता है। पहले तो चिराग रोज-रोज जलाए नहीं जाते; दूसरे यदि चिराग जलाने के लिए विशेष चौकियों का प्रबन्ध कर दिया जाए; यदि जलने के बाद ही अच्छी तरह सफाई कर दी जाया करे, तो ऐसा कभी नहीं हो सकता।

मन्दिर के पीछे वह पीपल का वृक्ष है जिसके नीचे बैठकर तपस्वी सिद्धार्थ सिद्ध हुए थे। वहाँ भी जाकर देखिए तो वही गन्दगी है। दूध और क्या-क्या चीजें बोधि-वृक्ष में डाली जाती हैं और सफाई का बिल्कुल ध्यान नहीं रखा जाता, जिसके कारण चिपचिपाहट, दुर्गन्ध और अनगिनत चीजों से स्थान भरा रहता है। कहीं बैठकर वन्दना करना असम्भव होता है और मन्दिर के भीतर की मूर्ति की क्या अवस्था है? उस प्राचीन सुन्दर मूर्ति को एक मैले-कुचले कपड़े से ढँक रखा है—वैसे ही, जैसे रास्ते की किसी चिथड़हिया देवी को। ललाट में रामानन्दी तीन फाँक का तिलक लगाया गया है। इन दोनों चीजों को देखकर एक बौद्ध का हृदय तिलमिला उठे बिना नहीं रहता। मन्दिर के अहाते की अवस्था भी वैसी ही है।...

महन्त लोग बौद्धों को पूजा करने में बाधा नहीं देते, यह कहना दुरुस्त हो सकता है। मन्दिर को वैसी बुरी अवस्था में रख छोड़ना पूजा और श्रद्धा पर चोट नहीं पहुँचाना है? महन्त ने तो मन्दिर को, जहाँ तक पूजा का सम्बन्ध है, लावारिस समझ रखा है और यह बात उनके अनुकूल नहीं कही जा सकती।[29]

बुद्धगया-बिल और हमारा कर्त्तव्य

इसी वक्तव्य में राहुल जी ने कहा है, जिसके साथ लेखक पूर्णतया सहमत है—

"पिछली आधी शताब्दी से बुद्धगया के मन्दिर के साथ जैसा बर्ताव हो रहा है, वह घोर अन्याय है। हिन्दू जनता शायद यह नहीं समझती कि बुद्धगया के लिए बौद्ध जगत का क्या भाव है? सनातनी-हिन्दुओं का कोई ऐसा तीर्थस्थान तथा मन्दिर नहीं है जिसके प्रति उनका उतना भाव हो जितना कि बौद्धों का बुद्धगया के मन्दिर के प्रति। काशी में विश्वनाथजी का मन्दिर सम्पूर्ण सनातनी जनता का एकमात्र श्रद्धाभाजन नहीं है। वही बात चारों धामों के बारे में कही जा सकती है—इस प्रकार जहाँ सनातनधर्मियों और दूसरे हिन्दू सम्प्रदायों के लिए अनेक बुद्धगया है वहाँ बौद्धों के लिए सिर्फ एक। इसीलिए बौद्ध आधी शताब्दी से प्रयत्न कर रहे हैं कि बुद्धगया का मन्दिर उनको वापिस मिल जाए। आजकल

असेम्बली में जो बिल पेश है, उसका उद्देश्य यही है। बिल में साफ लिखा है कि हिन्दुओं को पिण्डदान और पूजा करने में कोई रुकावट नहीं होगी तथा महन्त के मठ की सम्पत्ति से कोई सम्बन्ध नहीं। यहाँ तक कि महन्त को भी प्रबन्ध-समिति में रखा गया है। तब भी बुद्धगया के महन्त और उनके मित्र अपनी तीन पीढ़ी से चली आती जिद को छोड़ने के लिए तैयार नहीं। 'हिन्दू धर्म खतरे में' कहकर जहाँ-तहाँ आदमी दौड़ाए जा रहे हैं। बौद्धों की संख्या भारत में कम है और उनके पास इतने साधन नहीं कि वे हर जगह जाकर बुद्धगया-मन्दिर कानून के लिए प्रचार कर सकें। बुद्धगया बिल उनकी कम-से-कम माँग को पूरा करता है।[30]

भिक्षु आनन्द कोसल्यायन के मत में यद्यपि बिल में महन्त की सम्पत्ति को मन्दिर से अलग रखा गया है तो भी बात वैसी नहीं है। महन्त के पास कितने ही वे गाँव हैं जो पुराने मिले लेखों द्वारा बुद्धगया मन्दिर के लिए प्रदान किए गए सिद्ध होते हैं और पीछे से कितने ही दान बुद्धगया मन्दिर की समीपता के कारण महन्त को मिले थे। मन्दिर का चढ़ावा तो आजकल भी महन्त लेते ही जा रहे हैं। ऐसी अवस्था में हम भारतीय बौद्ध यह हरगिज मानने को तैयार नहीं कि बुद्धगया मठ की सम्पत्ति का बौद्ध मन्दिर के साथ कोई सम्बन्ध नहीं। हमारी समझ में तो सम्पत्ति का कम-से-कम आधा भाग मन्दिर के प्रबन्ध और खर्च के लिए उसके साथ रहना चाहिए।

यद्यपि यह बिल बुद्धगया के लिए और महन्त के लिए सबसे अनुकूल है, तो भी आश्चर्य है कि इसके विरोध में प्राणपन से प्रयत्न किया जा रहा है।

इस समय हमें हिन्दू जनता से यही निवदेन करना है कि जब तक आपके नाम पर बौद्धों के साथ यह अन्याय होता रहेगा, तब तक बौद्ध जगत से आप वैसी घनिष्ठता नहीं पैदा कर सकते जिसके लिए हम प्रयत्न कर रहे हैं। चीन और जापान के बौद्धों को प्रबन्ध समिति में रखने से शायद कुछ हिन्दुओं और सरकार को शंका होती लेकिन बिल में सिर्फ सीलोन और बर्मा के बौद्धों को रखा गया है जिससे अब शंका की कोई गुंजाइश नहीं।

यह हिन्दुओं के लिए सुनहला अवसर है। उन्हें इसे हाथ से नहीं जाने देना चाहिए। समाचार-पत्रों से हमारी प्रार्थना है कि वे इसके लिए अपनी कलम को उठावें और जो ऊटपटाँग बातें कहकर भ्रम फैलाया जा रहा है, उसे दूर करें। हिन्दू नेताओं से मुझे कहना है कि वे इस सम्बन्ध में अपने विचारों को समाचार-पत्र में प्रकट करें।

यही नहीं, नौवें सदस्य जिलाधीश के बारे में भी कितनी चतुराई से प्रावधान किया गया कि अगर वह हिन्दू न हो तो उसके स्थान पर राज्य सरकार के किसी हिन्दू अधिकारी को ले सकते हैं यानी बहुमत में हिन्दू ही रहने चाहिए, जिससे बौद्ध सदस्य कुछ कर ही न सकें।

देखा जाए तो बोद्धगया का संघर्ष दस-बीस वर्षों का संघर्ष नहीं है, बल्कि पीढ़ी-दर-पीढ़ी चला आ रहा संघर्ष है। इसे शताब्दियों का संघर्ष भी कह सकते हैं। जैसे-जैसे समय बीता, यह अस्मिता और पहचान का संघर्ष बन गया। और जब हिन्दू धर्म रूढ़ हुआ तो धर्मों के बीच परस्पर टकराव भी हुआ। इतिहास की कोख से हिन्दू साम्प्रदायिकता शनैः-शनैः

उभरी, वही हिन्दू साम्प्रदायिकता ऑक्टोपस बनकर बौद्ध विहार को निगलने लगी, और यह सब हुआ बिहार की जमीन पर। इससे लज्जाजनक और क्या बात हो सकती है?

हिन्दू धर्म के अन्तर्गत फल-फूल रहे मठों तथा उनकी संस्कृति का रूप कितना विकृत हो सकता है, इसका सटीक उदाहरण बोद्धगया स्थित विहार पर अभी भी कब्जे जैसा व्यवहार से आगे और क्या हो सकता है जहाँ बराबर इस बात की कोशिश जारी रही कि बौद्ध विहार में बौद्ध धर्म की अपनी संस्कृति तथा अस्मिता को उभरने न दिया जाए। शायद इसीलिए राजेन्द्र बाबू ने यह तर्क दिया था कि बौद्ध धर्म हिन्दू धर्म का एक अंग बन चुका है, इसलिए महाबोधि मन्दिर न्यास में हिन्दू और बौद्ध बराबर-बराबर की संख्या में रहें।

असल में आम्बेडकर का जन्म जिस वर्ष हुआ, उसी वर्ष में महाबोधि की मुक्ति के प्रयासों में तेजी आई। बोधगया स्थित विहार में शैव संन्यासियों को पुजारी के रूप में देखकर उन्हें काफी पीड़ा हुई थी। वह वर्ष पूरे विश्व में आन्दोलन का था। विशेषतौर पर भारत में तो समता और सम्मान की लड़ाई चरम सीमा पर आ चुकी थी।[31]

शंकराचार्य ने पूरब में पुरी मठ, पश्चिम में द्वारिका मठ, उत्तर में रामेश्वर के पास जोशी मठ और दक्षिण में श्रृंगेरी मठ की स्थापना की। बद्रीनाथ के समीप ज्योतिर्मठ से बिहार का यह बोधगया मठ सम्बद्ध किया गया, जो आज तक इससे जुड़ा है। बोधगया मठ के संन्यासियों को गिरी की उपाधि दी गई।

1860 में बोधगया मठ के 63वें महन्त श्रीमति गिरी थे। उस समय मठ की वार्षिक आय बारह हजार नौ सौ चौरासी रुपये थी। आज (40 वर्ष पूर्व) इस मठ की आय लाखों में है। यही नहीं, सरकार से भी इसे प्रतिवर्ष दो लाख तेरह हजार रुपये मिलते हैं। **जमींदारी उन्मूलन के समय यह मठ बिहार की तेरह बड़ी रियासतों में से एक था।** आज भी इस मठ के पास सिर्फ बिहार में ही लगभग छह हजार एकड़ जमीन है। इसके अतिरिक्त मध्य प्रदेश, लखनऊ, बनारस आदि में भी मठ की अपार सम्पत्ति है। मठ के महन्त की हैसियत किसी राजे-रजवाड़े से कम नहीं होती।

बोधगया मठ के 65वें महन्त कृष्ण दयाल गिरी ने 13 फरवरी, 1932 में इसके संचालन के लिए एक संहिता तैयार की थी। इस संहिता को 1955 में सर्वोच्च न्यायालय में चुनौती दी गई, लेकिन सर्वोच्च न्यायालय ने इसे खारिज कर दिया।[32]

इस धारा के अगुआ **प्रभात कुमार शांडिल्य** के अनुसार, बोधगया मन्दिर विवाद आन्दोलन षड्यन्त्रपूर्वक चलाया जा रहा है। महन्त चाहते हैं कि इस विवाद के बहाने आम जनता अपने लोकतान्त्रिक अधिकारों को भूल जाए ताकि ढह रहे मठों के मठाधीशों की जागीर बनी रहे। उनके अनुसार बोधगया मठ के महन्त के अनुसार जयराम गिरी, दीनदयाल गिरी और मन्दिर प्रबन्ध समिति के अधीक्षक ज्ञान जगत जो एक ही जाति और एक ही गाँव के हैं और प्रबन्ध समिति के सचिव जो भाजपा नेता लालकृष्ण आडवाणी के रिश्तेदार हैं, मिलकर भाजपा, राष्ट्रीय सेवक संघ के प्रतिनिधि के रूप में लोगों को बेवकूफ

बनाने के लिए खड़े हैं। जमींदारी प्रथा की समाप्ति के सालों बाद भी बोधगया महन्त की जागीर मन्दिर पर कैसे होगी? वे पूछते हैं कि महन्त को मन्दिर पर से जागीर हटानी ही होगी, इसके लिए जनवादी शक्तियों का संगठित होना आवश्यक है।[33]

बुद्धगया मन्दिर कानून 1949

यह एक्ट 1948 में बिहार राज्य के मुख्यमन्त्री श्री कृष्ण सिन्हा ने बिहार विधान मंडल में प्रस्तुत किया था, जो पारित होकर **"बुद्धगया मन्दिर कानून 1949"** कहलाया।

बिहार सरकार,

विधि विभाग

बुद्धगया मन्दिर कानून 1949

(बिहार एक्ट 1949 XVII)

(इस कानून को बिहार के राज्यपाल ने 19 जून 1949 को स्वीकृति प्रदान की है। यह कानून सर्वप्रथम बिहार के शासकीय गजट में दि. 6 जुलाई 1949 को प्रसिद्ध किया गया।)

कानून

बुद्धगया मन्दिर तथा मन्दिर से सम्बन्धित सम्पत्ति के योग्य प्रबन्धन हेतु यह कानून पारित किया जा रहा है। इस कानून में निम्नलिखित व्यवस्थाएँ होंगी।[34]

(1) **कानून का लघु शीर्षक तथा अमल में आने की तिथि :**
यह कानून 'बुद्धगया मन्दिर कानून 1949' कहलाएगा तथा तुरन्त अमल में आएगा।

(2) **परिभाषा :**

(अ) *मन्दिर :* मन्दिर के माने वह महान मन्दिर जो बुद्धगया ग्राम के निकट महाबोधि वृक्ष के समीप बनाया गया है, महाबोधि वृक्ष तथा वज्रासन भी इसी में सम्मिलित है।

(ब) *मन्दिर की भूमि :* वह भूमि जिस पर मन्दिर तथा मन्दिर परिसर है। इसी में मन्दिर परिसर से संलग्न व राज्य सरकार द्वारा निर्देशित भूमि भी सम्मिलित होगी।

(क) *महन्त :* महन्त माने बुद्धगया के शैव मन्दिर का प्रमुख पुजारी।

(ङ) *समिति :* वह समिति, जिसकी रचना इस कानून के अनुच्छेद क्र. 3 के अनुसार की गई है।

(3) समिति की रचना :

(1) इस कानून के पारित होते ही बिहार सरकार द्वारा समिति का गठन किया जाएगा। इस समिति को मन्दिर, मन्दिर की भूमि तथा मन्दिर की सम्पत्ति के प्रबन्धन तथा नियंत्रण के अधिकार सौंपे जाएँगे।

(2) इस समिति में एक अध्यक्ष तथा आठ सदस्य होंगे। इन सभी की नियुक्ति राज्य सरकार करेगी। ये सभी भारतीय होंगे, तथा इसमें चार सदस्य बौद्ध होंगे तथा महन्त सहित अन्य चार सदस्य हिन्दू होंगे।

यदि महन्त नाबालिग हो या इस समिति पर कार्य करने से इनकार करे तो राज्य सरकार इस समिति पर अन्य हिन्दू सदस्य नियुक्त करेगी।

(3) गया जिला के डिस्ट्रिक्ट मजिस्ट्रेट इस समिति के पदेन अध्यक्ष होंगे। यदि डिस्ट्रिक्ट मजिस्ट्रेट 'हिन्दू' न हो तो राज्य सरकार इस कालावधि के लिए अन्य हिन्दू व्यक्ति की अध्यक्ष के रूप में नियुक्ति करेगी।

(4) राज्य सरकार इन्हीं सदस्यों में से एक व्यक्ति को सचिव के रूप में मनोनीत करेगी।

(4) समिति का संवैधानिक अस्तित्व :

यह समिति जो बुद्धगया मन्दिर प्रबन्धन समिति के नाम से कानून के अनुसार अस्तित्व में आई है, निरन्तर बनी रहेगी। इस समिति की सामान्य नाम मुद्रा होगी तथा उसे चल-अचल सम्पत्ति प्राप्त करने तथा उसे अपने स्वामित्व में रखने का अधिकार होगा। इस समिति को समिति के नाम से अनुबन्ध करने का मुकदमा दायर करने का अधिकार होगा, इसी प्रकार समिति पर मुकदमा भी दायर किया जा सकेगा।

(5) सदस्यों का कार्यकाल :

(1) सदस्यों का कार्यकाल तीन वर्ष का होगा। यदि राज्य सरकार समिति को गम्भीर अव्यवस्था के लिए दोषी पाती है तो सरकार यह समिति विसर्जित करेगी। सरकार दूसरी समिति नियुक्त करेगी या मन्दिर, मन्दिर की भूमि तथा मन्दिर की सम्पत्ति सरकार अपने अधिकार में करेगी।

(2) किसी सदस्य की मृत्यु होने पर या इस्तीफा देने पर या समिति पर कार्य करने से अस्वीकार करने पर या समिति के पूर्वानुमति के सिवा निरन्तर छह सभाओं को अनुपस्थित होने पर या भारत छोड़कर हमेशा के लिए विदेश जाने पर या अन्य किसी कारणवश समिति पर कार्य करने से असमर्थ हो तो राज्य सरकार उस सदस्य की भी सदस्यता समाप्त करेगी तथा उसकी जगह नया सदस्य नियुक्त करेगी।

(3) समिति के स्थापना में कोई दोष होने से समिति में कोई स्थान रिक्त होने से समिति के निर्णयों को आवाहन नहीं किया जा सकेगा।

(6) अध्यक्ष तथा सदस्यों के नामों की घोषणा :

ड्रिस्ट्रिक्ट मजिस्ट्रेट के सिवा अन्य कोई व्यक्ति अध्यक्ष बने तो बिहार सरकार अध्यक्ष तथा अन्य सदस्यों के नामों की घोषणा शासकीय गजट में करेगी।

(7) कार्यालय :

(1) समिति का कार्यालय बुद्धगया में होगा।

(2) समिति की सभाओं का अध्यक्ष समिति अध्यक्ष ही होगा। उनकी गैर-हाजिरी में उपस्थित सदस्यों में से किसी एक को सभा का अध्यक्ष चुना जाएगा।

(3) समिति की बैठक हेतु कम-से-कम चार सदस्यों का उपस्थित होना अनिवार्य है।

(8) समिति के सम्पत्ति विषयक अधिकारों की मर्यादा :

(1) समिति के पूर्वानुमति के सिवा मन्दिर के चल किन्तु अविनाशी स्वरूप के किसी भी सम्पत्ति का हस्तान्तरण नहीं होगा। यदि इस सम्पत्ति की कीमत एक हजार रुपयों से अधिक हो तो इसके हस्तान्तरण के पूर्व राज्य सरकार की अनुमति अनिवार्य होगी।

(2) मन्दिर की अचल सम्पत्ति तीन वर्षों से आदि समय के लिए किराए पर देने, गिरवी रखने, बेचने या हस्तान्तरण करने के लिए राज्य सरकार की अनुमति अनिवार्य है।

(9) कर्ज लेने पर मर्यादा :

समिति राज्य सरकार की पूर्वानुमति के सिवा किसी से भी कर्ज नहीं लेगी।

(10) समिति के कर्तव्य :

(1) (अ) मन्दिर की देखभाल तथा सुधार

(ब) मन्दिर की भूमि का सुधार

(स) यात्रियों की सुरक्षा तथा उनके हितों का संरक्षण

(ङ) मन्दिर में पूजा की व्यवस्था तथा मन्दिर की भूमि पर पिण्डदान की व्यवस्था

(2) मन्दिर तथा मन्दिर के किसी भी हिस्से को विनाश से बचाना। मन्दिर की प्रतिमाओं की विनाश से सुरक्षा करना।

(3) मन्दिर को प्राप्त होने वाले उपहारों, दानों का स्वीकार करना तथा उनकी व्यवस्था करना। मन्दिर की भूगि तथा सम्पत्ति सम्बन्धी दस्तावेजों की सुरक्षा करना।

(4) समिति को प्राप्त होने वाली निधि की सुरक्षा तथा विनयोग करना।

(5) समिति के संवैधानिक कर्मचारियों के वेतन की व्यवस्था करना।

(11) पूजा-आराधना करने का अधिकार :

(1) हिन्दू तथा बौद्धों का मन्दिर में पूजा-आराधना करने का तथा पिण्डदान करने का अधिकार होगा।

मन्दिर में पशुबलि देने, शराब पीने या चप्पल-जूते प्रयोग करने पर पाबन्दी होगी। इस नियम का उल्लघन करने पर 50 रुपये दण्ड लिया जा सकता है।

(12) **हिन्दू-बौद्ध विवाद का निर्णय :**
मन्दिर, मन्दिर की भूमि या सम्पत्ति उनके प्रयोग के विषय में कोई विवाद उपस्थित हो तो, ऐसे अवसर पर राज्य सरकार का निर्णय अन्तिम होगा।

(13) इस कानून की किसी भी धारा या नियम के अनुसार बुद्धगया के शैव पथिय मठ की किसी भी चल सम्पत्ति पर समिति का अधिकार नहीं रहेगा।

(14) **सलाहकार मंडल :**

(1) राज्य सरकार एक सलाहकार मंडल का गठन करेगी। मंडल की सदस्य संख्या सरकार निर्धारित करेगी।

(2) इस मंडल में बौद्धों का बाहुल्य होगा किन्तु उनका भारतीय होना अनिवार्य नहीं है।

(3) सलाहकार मंडल का कार्यकाल सरकार निर्धारित करेगी।

(4) यह मंडल सिर्फ सलाह देगा, मंडल की नियमावली राज्य सरकार द्वारा निश्चित की जाएगी।[35]

यह मूल अंग्रेजी एक्ट के कुछ अनुच्छेदों का हिन्दी अनुवाद है

भन्ते सुरई ससई एक साक्षात्कार में कहते हैं कि काफी कोशिश करने के बाद सन् 1949 में बुद्धगया महाबोधि विहार प्रबन्धन अधिनियम पारित किया गया जो वास्तव में हिन्दू महन्तों के पक्ष में ही गया, उसका लाभ भी उन्हें ही मिला। केवल आंशिक रूप से अधिनियम के तहत बनाई गई संचालन कमेटी में चार बौद्ध सदस्य शामिल किए गए जो सदस्य होते हुए भी निर्णय लेने में असमर्थ हैं। कारण यह है कि इस कमेटी में आठ सदस्य होते हैं, चार हिन्दू और चार बौद्ध किन्तु जो इस कमेटी का अध्यक्ष होता है वह डी.एम., और खास शर्त यह है कि डी.एम. हिन्दू ही हो। इस तरह से आप देखेंगे कि कमेटी में अपने आप ही हिन्दुओं का बहुमत बन जाता है। साथ ही यह भी गौर करने की बात है कि कमेटी के अध्यक्ष का निर्णायक मत होता है। अर्थात हिन्दू सदस्य कोई भी ऐसा प्रस्ताव पारित नहीं होने देते हैं जो बौद्ध धर्म के हित में हो। इस तरह से चार सदस्यों का कमेटी में कोई वजूद नहीं रह जाता है।

वे आगे कहते हैं, हमारी मुख्य माँग यह है कि इस एकतरफा बने एक्ट को खत्म किया जाए, उसमें हिन्दू सदस्यों को शामिल बिल्कुल नहीं किया जाए। बोधि महाविहार के संचालन का सारा अधिकार केवल बौद्धों के पास हो।[36]

हमें एक एतराज यह है कि जिले का डी.एम. संचालन कमेटी का सदस्य या अध्यक्ष बन तो सकता है किन्तु एक्ट में जो यह शर्त है कि डी.एम. केवल हिन्दू ही होना चाहिए, यह हमें मंजूर नहीं है। संचालन कमेटी में डी.एम. हो सकता है किन्तु वह हिन्दू धर्म के अतिरिक्त किसी भी धर्म का हो।

16 मई, 1992 को बुद्ध पूर्णिमा के दिन बुद्धगया महाविहार मुक्ति आन्दोलन ने तब नया मोड़ लिया, जब महाराष्ट्र के कुछ भिक्षु तथा उपासक उग्र हो गए। बौद्ध भिक्षुओं

तथा उपासकों के एक समूह ने पंडे-पुजारियों को महाबोधि महाविहार में न सिर्फ हिन्दू देवी-देवताओं की पूजा करने से रोका बल्कि देश-विदेश के राजनयिकों के सामने प्रदर्शन भी किए गए। जिला प्रशासन ने तुरन्त पुलिस बल तैनात कर दिया। इस घटना ने बुझते हुए अंगारों को हवा दे दी। देश में चारों ओर से महाविहार की मुक्ति की माँग जोरों से होने लगी।

27 जुलाई, 92 को नागपुर (महाराष्ट्र) के प्रसिद्ध इंदोरा बुद्ध विहार में 50 से अधिक बौद्ध विहारों तथा बौद्ध संगठनों के प्रतिनिधि इकट्ठा हुए। इस सभा में भन्ते आर्य नागार्जुन सुरई ससाई ने महाबोधि महाविहार मुक्ति संघर्ष की अगुवाई करने का प्रण किया। वे ऑल इण्डिया बुद्धगया महाबोधि महाविहार मुक्ति समिति के अध्यक्ष मनोनीत किए गए। भन्ते ससाई की जोरदार पहल से इस आन्दोलन में नए प्राण फुँक गए।

भन्ते सुरई ससाई ने आन्दोलन का प्रथम चरण बम्बई से धम्मज्योति यात्रा के रूप में आरम्भ किया। बोट क्लब, नई दिल्ली में विशाल रैली, बुद्धगया महाबोधि महाविहार को मानव शृंखला से घेरने तथा सत्याग्रह करने का लक्ष्य प्रथम चरण में रखा गया था।

27/9/92 को बम्बई की चैत्य भूमि से आरम्भ यह धम्मज्योति यात्रा 5 अक्टूबर को नागपुर पहुँची। नागपुर से मध्य प्रदेश के शहरों से गुजरते हुए यह यात्रा दिल्ली पहुँची। 14 अक्टूबर, 1992 को बोट क्लब, नई दिल्ली में विशाल रैली का आयोजन किया गया जिसमें पंजाब, हरियाणा, उत्तर प्रदेश, मध्य प्रदेश तथा महाराष्ट्र के बौद्धों ने हिस्सा लिया। 20 अक्टूबर को भन्ते पटना पहुँचे। वहाँ वे मुख्यमन्त्री लालू प्रसाद यादव से मिले। मुख्यमन्त्री ने उनकी बातें गौर से सुनीं तथा पूरी सहायता का वादा किया। 22 अक्टूबर को भन्ते ससाई धम्मज्योति के साथ बुद्धगया पहुँचे।

देखा जाए तो विश्व हिन्दू परिषद के असामाजिक तत्वों ने बुद्धगया का वातावरण विषाक्त करने में कोई कसर नहीं छोड़ी थी। हिंसक वारदातें करने की उनकी पूरी साजिश थी। विश्व हिन्दू परिषद तथा भाजपा की धमकियों के कारण बिहार प्रशासन ने सख्ती बरती। एक ओर सरकार ने भी भन्ते को सत्याग्रह करने से रोका, दूसरी तरफ सत्याग्रह में बाधा डालने वालों को दबाने में भी सरकार कामयाब रही। पूरा बुद्धगया पुलिस के हवाले कर दिया गया था। फिर भी भन्ते ससाई ने 144 धारा होने के बावजूद महाविहार में अपने दल-बल के साथ प्रवेश किया। उन्होंने वहाँ पूजा की तथा सभा का आयोजन भी किया लेकिन मानव शृंखला बनाने या सत्याग्रह करने में भन्ते विफल रहे।

इस बीच मुख्यमन्त्री लालू प्रसाद यादव ने 10 दिन के अन्दर इस समस्या का स्थायी हल ढूँढ़ निकालने की घोषणा संवाददाताओं के समक्ष की।[37]

मुक्ति आन्दोलन का दूसरा चरण 1 दिसम्बर से राष्ट्रपति भवन के समीप बोट क्लब पर धरना देने से प्रारम्भ हुआ। भन्ते ससाई करीब 250 भिक्षुओं के साथ धरना देते हुए बैठे। भन्तेजी ने दूसरे दौर के लिए निम्नलिखित लक्ष्य निर्धारित किए थे। पहला उद्देश्य था, 6 दिसम्बर को दिल्ली शहर में शान्ति-यात्रा निकालकर बाबा साहेब को श्रद्धांजलि अर्पण करना। दूसरा लक्ष्य था, विश्व हिन्दू परिषद द्वारा 6 दिसम्बर को आयोजित कारसेवा प्रारम्भ करने का विरोध करना। भन्तेजी के मतानुसार 6 दिसम्बर को कारसेवा आरम्भ करना

बाबा साहेब का अपमान करना था। दूसरे दौर का तीसरा और महत्त्वपूर्व लक्ष्य था, महाबोधि महाविहार का मुक्ति मार्ग प्रशस्त करना।

उन्हें कुछ सफलता मिली, कुछ विफलता। 6 दिसम्बर को संसद भवन के प्रांगण में स्थित बाबा साहेब डॉ. भीमराव आम्बेडकर की प्रतिमा के पास भन्ते धरना देकर बैठ गए। कई संसद सदस्यों ने उनसे भेंट की तथा उनकी माँग के प्रति अपनी सहमति दर्शाई। केन्द्रीय समाज कल्याण मन्त्री सीताराम केसरी ने केन्द्रीय मन्त्रिमंडल की ओर से भन्तेजी का निवेदन स्वीकारा। केन्द्रीय मन्त्री बी. शंकरानन्द भी ससाई से मिले। इन दोनों मन्त्रियों के माध्यम से ससाई जी ने अपनी बात को केन्द्रीय मन्त्रिमंडल के समक्ष रखने में सफलता पाई है।

भन्तेजी को 6 दिसम्बर, 1992 को दिल्ली में शान्ति-यात्रा निकालने के लिए अनुमति नहीं मिली, फिर भी भन्तेजी ने दिल्ली में बुद्धगया मुक्ति आन्दोलन यात्रा का सफल आयोजन किया। 7 दिसम्बर को बाबरी मजिस्द तोड़ने की खबर जंगल में आग जैसी फैली। बोट क्लब पर बैठे सभी धरना देने वालों को सरकार ने जबरदस्ती हटा दिया। भन्तेजी को भी धरना सत्याग्रह बन्द करने के निर्देश दिए गए किन्तु भन्तेजी अपनी जगह से नहीं हटे। 8 दिसम्बर को पुलिस के उच्चाधिकारी भन्तेजी से मिले तथा देश की परिस्थिति को ध्यान में रखते हुए सत्याग्रह-धरना बन्द करने का अनुरोध किया। भन्तेजी ने देश का वातावरण ध्यान में रखते हुए 8 दिसम्बर को दूसरे चरण का आन्दोलन स्थगित कर दिया।

कुछ स्थानीय लोगों का कहना है कि पिछले चार-पाँच दशक से 1949 का कानून बड़े आराम से चलता आ रहा था कि तभी बौद्धों ने अपने पवित्रतम तीर्थ को 'मुक्त' कराने का नारा दिया, उन्होंने इस मन्दिर में शादी-ब्याह समेत हिन्दुओं के अन्य रीति-रिवाजों के प्रति तीखा विरोध जताया। चिंगारी इस बात से भड़की कि भगवान बुद्ध की पाँच मूर्तियों को हिन्दुओं ने पाँच पाण्डव बना दिया और उनके साथ द्रौपदी को भी रखा और फिर एक शिलाखण्ड को शिवलिंगम के रूप में स्थापित किया।

1992 में बुद्ध पूर्णिमा के दिन बौद्ध प्रदर्शनकारियों ने मन्दिर में घुसकर 'पाण्डवों की मूर्तियों' के कपड़े उतार दिए, लिंगम के ऊपर लटका मिट्टी का घड़ा फोड़ डाला और हिन्दू पुजारी पर हमला किया। जिला प्रशासन स्तब्ध रह गया और विश्व हिन्दू परिषद के कार्यकर्ता सड़क पर उतर गए। नतीजतन, तत्कालीन जिलाधीश राजबाल वर्मा ने बौद्ध भावनाओं की कद्र करते हुए मन्दिर में हिन्दुओं के विवाहों पर पाबन्दी लगा दी।

लम्बे समय से बौद्ध शान्तिपूर्वक आन्दोलन कर रहे हैं। उनका यह आन्दोलन आजादी से पूर्व भी था और बाद में भी। **एक बार गांधी को इस सम्बन्ध में लिखा गया था तब उनका उत्तर था–'आपने जो प्रश्न उठाया है वह एक क्षण में हल हो सकता है, यदि भारत को स्वराज्य प्राप्त हो जाए।'** पर भारत को स्वराज्य मिले भी पचास वर्ष हो गए। बुद्धगया विहार की आज तक मुक्ति नहीं हुई। वह हिन्दूवादी ताकतों की गिरफ्त में अभी भी वैसे ही छटपटा रहा है।

1995 में लालू यादव ने भी बुद्धविहार की मुक्ति हेतु आवश्वासन दिया था जिससे महाबोधि संघर्ष समिति के अध्यक्ष सुरई ससाई ने तब कहा था, "हमें लालू पर भरोसा

है क्योंकि वे दलित वर्गों के समर्थक हैं। वे ही महाबोधि मन्दिर को मुक्त करा सकते हैं।"

दूसरी तरफ देखा जाए तो बिहार की लालू सरकार ने 1991 में वर्तमान कानून में सुधार हेतु एक बिल प्रस्तुत किया था। नवम्बर 1992 में यह बिल पारित होने की प्रबल सम्भावना थी। बुद्धगया महाबोधि महाविहार कानून 1949/XVII में सुधार करने वाले इस ड्राफ्ट बिल के अनुसार महाविहार का प्रबन्धन पूरी तरह से बौद्धों को सौंपने का प्रावधान है किन्तु आज दो वर्षों के पश्चात भी लालू प्रसाद न जाने किन मजबूरियों के कारण यह सुधार बिल पास करने में कोताही बरत रहे हैं।[38]

यह पक्तियाँ लिखते हुए लालू यादव के बाद राबड़ी की सरकार भी आई और चली गई लेकिन फिर भी कुछ नहीं हुआ। अब जबकि नितीश कुमार की सरकार आए हुए भी कई वर्ष बीत गए हैं, वहाँ भी कोई उम्मीद नजर नहीं आती। दौलत सिंह के अनुसार सातवीं सदी से भिन्न प्रकार नागवंशियों (बौद्धों) पर अन्याय होता चला आया है, आज भी अन्याय से मुक्ति नहीं मिली है।[39]

इस बारे में बौद्ध अनुयायियों का मानना है कि उन्हें किसी पर भरोसा नहीं रखना है बल्कि अपने संघर्ष को जारी रखें। पर संघर्ष है कहाँ? न बुद्धगया में और न मुम्बई या नागपुर में, न ही बोट क्लब और जंतर मंतर पर। पिछले दिनों भन्ते सुरई ससाई जी को अल्पसंख्यक आयोग का सदस्य बना दिया गया। उनका आन्दोलन खत्म हो गया। अब अन्य कई बौद्ध प्रचारक और नेता ऐसी ही सुविधाएँ लेने को लालायित हैं। वे इन्तजार में हैं कि उन्हें कब बुलाया जाए? निश्चित ही मानना चाहिए कि बौद्धों का संघर्ष कमजोर हुआ है। इसमें कोई सन्देह नहीं है। काश यह संघर्ष मजबूत हो, जिससे महाबोधि विहार को सनातनी हिंदुओं की गिरफ्त से मुक्ति मिल सके।

कंवल भारती[40] लिखते हैं कि डॉ. बाबा साहेब आम्बेडकर ने बौद्ध धर्म इसलिए अपनाया था, क्योंकि वह दलित जातियों का एक पृथक राष्ट्र बनाना चाहते थे, जो जातियों को मिटाकर एक विशाल समाज का निर्माण कर सकें। इस धर्मान्तरण का एक मकसद अन्य धार्मिक अल्पसंख्यक समुदायों से मिलकर एक विशाल बहुजन शक्ति का विकास करना भी था, जिससे वे इस देश की राजनैतिक सत्ता में भागीदारी हासिल कर सकें।

बौद्ध धर्म अपनाने की घटना निस्सन्देह एक क्रान्तिकारी घटना थी। दरअसल इसी कारण से बौद्धों में बिखराव है और उनका मजबूत संगठन नहीं बन पा रहा है। ऐसा इसलिए है कि धर्मान्तरण के नव बौद्धों को उचित प्रशिक्षण नहीं दिया जा सका। उनकी धम्म दीक्षा तो हुई, पर धम्म शिक्षा नहीं हो पाई। मुस्लिम समाज की तरह हमारे यहाँ ऐसे मदरसे नहीं हैं जो बच्चों को बौद्ध धर्म की बुनियादी शिक्षा दें और उनको उपदेशक के रूप में प्रशिक्षित कर सकें। इस्लाम की बुनियादी शिक्षा का काम मस्जिदों में मदरसे खोलकर किया जाता है। कुछ बड़े शिक्षण संस्थान भी उनके मौजूद हैं जिनमें देश भर के मुस्लिम परिवारों के बच्चे इस्लाम की तालीम हासिल करते हैं। बौद्धों को भी ऐसे शिक्षण संस्थान खोलने की जरूरत है।

निःसन्देह लखनऊ स्थित रिसालदार पार्क में बुद्ध विहार की स्थापना करना महत्त्वपूर्ण कार्य है। उनके ही शिष्य और उत्तराधिकारी भन्ते डॉ. प्रज्ञानन्द महास्थविर की देखरेख और संचालन में सामाजिक का प्रकाश स्तम्भ बना हुआ है। अधुनातन उक्त बुद्ध विहार का नाम भदन्त बोधानन्द बुद्ध विहार, कर दिया गया है।

इस बुद्ध विहार से विशेषरूप में डॉ. प्रशान्त जी जुड़े जिनकी चर्चा पूर्व खंड में की गई है। उन्होंने अपना पूरा समय बौद्ध धर्म के प्रचार-प्रसार और लेखन कार्य में लगाया। 6 दिसम्बर, 1956 को बाबा साहेब के परिनिर्वाण के पश्चात अस्थि धातु के कुछ अंश डॉ. गयाप्रसाद प्रशान्त जी के परिश्रम से ही लखनऊ लाए गए, जो दया निधान पार्क, लाल बाग, लखनऊ में रखे गए। उस समय लगभग पचास हजार लोगों ने बौद्ध धर्म दीक्षा ग्रहण की थी। इस दीक्षा समारोह में कुशीनगर के भदन्त चन्द्रमणि महास्थविर, भदन्त आनन्द कोसल्यायन आदि बौद्ध विद्वान पधारे थे। दूसरे, माताप्रसाद (जन्म उत्तरप्रदेश के ग्राम टिकरा, तहसील फतेहपुर, जिला बाराबंकी में 1916 में हुआ था।) जिन्होंने जून, 1983 को बुद्ध विहार, रिसालदार पार्क में श्रामणेर की प्रवज्या ग्रहण की।

बौद्ध काल में विहारों का उपयोग भिक्षुओं की शिक्षा दीक्षा के लिए ही किया जाता था। भिक्षु उन विहारों में बुद्ध दर्शन को पढ़कर, प्रशिक्षित होकर प्रचार के लिए विचरण करते थे। वे गाँव-गाँव, नगर-नगर विचरण करते थे और वर्षा के दिनों को छोड़कर किसी भी स्थान पर एक दिन से अधिक नहीं रहते थे। परन्तु आज के भिक्षुओं पर जब हम दृष्टि डालते हैं, तो दुख होता है कि उनमें अधिकांश बुद्ध का 'बहुजन हिताय बहुजन सुखाय' विचरण करने का सन्देश भूल गए हैं और मठाधीश बनकर ठाठ-बाट का जीवन जी रहे हैं। वे धम्म दीक्षाएँ तो कराते हैं, विवाह के संस्कार भी कराते हैं, परन्तु धम्म की उचित शिक्षा देने की व्यवस्था वे नहीं करते। उनके आधुनिक रहन-सहन और धन संग्रह की प्रवृत्ति ने उनको आम आदमी से दूर कर दिया है। जिस धर्म के धर्मगुरु आम आदमी से कट जाएँगे, वह धर्म तरक्की नहीं कर सकता। इसलिए बौद्ध धर्म की स्थिति आज निराशापूर्ण है और उसका भविष्य अन्धकार में नजर आता है।

लेकिन हमें बौद्ध धर्म को बचाना होगा, उसका विकास करना होगा, सिर्फ इसलिए नहीं कि उसे डॉ. बाबा साहेब आम्बेडकर ने अपनाया था, बल्कि इसलिए कि बौद्ध धर्म ही है, जो लोकतन्त्र को बचा सकता है और भारत में हिन्दू राष्ट्र की स्थापना के प्रयासों को नाकाम कर सकता है।

सन्दर्भ

1. आम्बेडकर्स स्पीचेस, खण्ड-II से।
2. चारु तिवारी, समकालीन दुनिया, अगस्त 1998, पृ. 26.
3. धर्मान्तरण का सामाजिक-सांस्कृतिक प्रभाव, दलित लिबरेशन टुडे, जून 1996, पृ. 20.
4. वही, पृ. 22.
5. वही, पृ. 23.

6. प्रो. विमल कीर्ति, बौद्ध धर्म के विकास में डॉ. बी.आर. आम्बेडकर का योगदान, संगीता प्रकाशन, दिल्ली, 1994, पृ. 291.
7. वही, पृ. 292.
8. भारत अश्वघोष, सितम्बर-अक्तूबर 97, नागपुर, पृ. 9.
9. सजग प्रहरी, अक्तूबर 1997, नई दिल्ली, पृ. 20.
10. बौद्ध महासभा टाइम्स, नागपुर, पृ. 29.
11. भगवान दास, भारत में बौद्ध धर्म का पुनर्जागरण एवं समस्याएँ, दलित लिबरेशन टुडे, मई, 1998, लखनऊ, पृ. 7.
12. पैट्रियट, 28 नवम्बर, 1977.
13. बौद्ध समाज एवं राजनैतिक आरक्षण, भारतीय दलित साहित्य अकादमी (स्मारिका), सितं. 1996, 233, टैगोर पार्क, मॉडल टाउन, दिल्ली-9, पृ. 4.
14. बौद्ध धम्म, नई दिल्ली, पृ. 27.
15. नवभारत टाइम्स, नई दिल्ली।
16. दलित लिबरेशन टुडे, मई, 98, पृ. 7.
17. वही, पृ. 8.
18. वही, पृ. 9.
19. प्रो. एच.सी. जोशी, धर्मोपदेष्टाओं का नया संघ भारतीय बौद्ध महासभा, नई दिल्ली, पृ. 6.
20. वही, पृ. 7.
21. वही, पृ. 8.
22. दि बुद्धा एण्ड हिज धम्म, डॉ. बी.आर. आम्बेडकर, 1973, पृ. 317, (हिन्दी संस्करण, 1970, डॉ. भदत्त आनन्द कौसल्यायन द्वारा अनूदित, पृ. 347)।
23. माननीय बी.पी. मौर्य से वी.पी. हाउस, नई दिल्ली में उनके कक्ष में बातचीत के आधार पर।
24. दीक्षाभूमि सन्देश, 6 मई, 1993, नागपुर, पृ. 12.
25. महाबोधि मन्दिर, उपेक्षा के थपेड़ों से जर्जर, इण्डिया टुडे, 6-20 जून, 1997, पृ. 44.
26. वही, पृ. 45.
27. प्रभात खबर, 18 नवम्बर, 1990, राँची।
28. बुद्धगया मन्दिर, महाबोधि सभा, सारनाथ (बनारस), पृ. 8.
29. वही, पृ. 9.
30. वही, पृ. 10.
31. जनसत्ता, नई दिल्ली, 4 जून, 1992.
32. प्रभात कुमार शांडिल्य से उनके निवास, गया में बातचीत के आधार पर।
33. विकास कुमार झा के आलेख 'बौद्ध मठ में सत्ता संघर्ष' के आधार पर।
34. दीक्षाभूमि सन्देश, 6 मई, 1993, पृ. 3.
35. वही, पृ. 4.
36. 'जन आन्दोलन का सजग प्रहरी', नई दिल्ली, मई, 1997, पृ. 27.
37. वही, पृ. 28.
38. इंडिया टुडे, 30 नवम्बर, 1995.
39. बोधगया, कब बौद्धों को मिलेगा? बयान, मई, 2011, पृ. 41.
40. माझी जनता, 8-21 अक्तूबर, 2000.

आरक्षण : उपलब्धियों की झंकार के बीच से उभरती निराशा

पिछले दो-तीन दशक में आरक्षण का विषय भारतीय समाज, विशेषतौर पर सवर्ण जातियों के विषमतावादी लोगों को उत्तेजित और उद्वेलित करने में शायद सबसे आगे रहा है। पर जहाँ आरक्षण के कारण सवर्णों के भीतर असन्तोष और कुण्ठाओं को लेकर अजीबोगरीब ज्वार उभरा है वहीं दलित एवं पिछड़ी जातियों के सामाजिक न्याय की धारा से जैसे-जैसे रिश्ते बने, वैसे-वैसे उन्हीं जातियों के लोग प्रगति की धारा से भी जुड़ते गए। उनके भीतर आत्मविश्वास के साथ सजगता आई। आम्बेडकरी चेतना ने उन्हें यह सोचने पर मजबूर कर दिया कि वे अब तक गुलाम या गुलामों की तरह जीवन-यापन क्यों कर रहे थे। आखिर कौन-सी वे बन्दिशें थीं, जो उन पर लागू रहीं? क्यों उन्हें आजादी के बाद भी दूसरे दर्जे का नागरिक समझा जाता रहा? अन्ततः दलितों के भीतर हाशिए से केन्द्र में आने की अकुलाहट तेजी के साथ बढ़ती गई।

आजादी से पूर्व कहा जा सकता है कि दलित समाज के अधिकांश लोग गुलामी ओढ़ने-बिछाने को अभिशप्त रहे। आजादी के पूर्व तो दलितों की शिक्षा भी सवर्णों की आँखों में खटकती ही रही, कई दशक बाद भी देश में लगभग यही स्थिति रही।

इसलिए आजादी के कुछ दशक इस बात के चश्मदीद गवाह रहे हैं कि जब-जब भी सामाजिक न्याय की बात आरम्भ हुई, तब-तब ही सामाजिक न्याय के सूत्रधारों पर हमले किए गए। उन्हें तरह-तरह से प्रताड़ित ही नहीं किया गया बल्कि उनकी भावनाओं को चोट भी पहुँचाई गई। उन पर अयोग्य होने के तरह-तरह के लांछन लगाए गए, उन पर व्यंग्य लिखे गए, कार्टून बनाए गए। कहना न होगा कि हर सम्भव तरीके से उन्हें पुनः हाशिए पर फेंकने के अमानवीय अभियान छेड़े गए। यह सब इसलिए हुआ कि दलित-पिछड़ों ने सत्ता में अपनी हिस्सेदारी को जायज ठहराया।

यह बात इस तरह भी कही जा सकती है कि हजारों वर्षों से हाशिए पर पड़े दलित-पिछड़ों के बीच अधिकार-चेतना को सवर्ण बुद्धिजीवियों ने भाँप लिया था और उनकी चेतना को कुन्द बनाने के लिए सुनियोजित तरीके से उनके खिलाफ मुहिम आरम्भ कर दी थी।

आरक्षण के सम्बन्ध में बहस में भाग लेते हुए 30 नवम्बर, 1948 को डॉ. आम्बेडकर ने संविधान सभा में कहा था कि "अवसर की समानता के साथ अपवादस्वरूप आरक्षण

का प्रावधान किए जाने से उन समुदायों की माँग की भी पूर्ति होती है जो यह कहते हैं कि ऐतिहासिक कारणों से अभी तक राज्य या प्रशासन पर किसी या कुछ समुदायों का ही नियन्त्रण रहा है। यह स्थिति समाप्त होनी चाहिए और दूसरों को भी सार्वजनिक सेवाओं में आने का मौका मिलना चाहिए, किन्तु जो समुदाय अभी तक सार्वजनिक सेवाओं में पूरी तौर पर नहीं आ पाए हैं उनकी माँग को यदि पूरी तौर पर मान लिया जाता है तो इससे जो स्थिति निर्मित होगी उससे अवसर की समानता का मौलिक प्रावधान ही खत्म हो जाएगा। मान लीजिए यदि आरक्षण का अनुपात सत्तर प्रतिशत हो जाता है और मात्र तीस प्रतिशत स्थान ही अनारक्षित बचते हैं तो क्या मात्र तीस प्रतिशत स्थान सामान्य प्रतिस्पर्धा के लिए बचने पर कोई कह सकता है कि समाज में अवसर की समानता का संतोषजनक रूप से पालन हो रहा है, निश्चित रूप से नहीं[1] जाना चाहिए?

के.पी. रमैयाराम[2] सवर्णों के आरक्षण का विश्लेषण करते हुए बतलाते हैं कि जातिगत आरक्षण आज का नहीं है। यह अनन्तकाल से चला आ रहा है। गोस्वामी तुलसीदास जी ने स्पष्ट निर्देष दिए हैं कि "पूजिए विप्र शील गुन हीना, शूद्र न गुनगन म्यान प्रवीना"। इसी आधार पर देश के साथ लाखों मन्दिरों में आज भी पण्डे-पुजारियों का शत-प्रतिशत आरक्षण है क्योंकि नामधारी ब्राह्मण इस सृष्टि का देवता माना गया है। फलतः शिक्षा पर उसका एकाधिकार रहा, चूँकि वह जन्म से ही श्रेष्ठता लेकर जन्मता है। तमाम उच्च पदों पर अभिजात वर्ग के लोग ही विराजमान हैं। अधिकांश वन सम्पदा और आवासभूमि पर उन्हीं का कब्जा है। अब तक अनुसूचित जातियों और जनजातियों को आरक्षण का पर्याप्त लाभ नहीं मिल पाया। केन्द्रीय सेवाओं में 1990 तक के आँकड़े इसके साक्षी हैं, 22.5 प्रतिशत वैधानिक आरक्षण के चलते प्रथम श्रेणी 4.95 प्रतिशत, द्वितीय श्रेणी 8.52, तृतीय श्रेणी 13.44 प्रतिशत तथा चतुर्थ श्रेणी 19.46 प्रतिशत ही नौकरियाँ दी गईं। मन्दिरों के लिए ब्राह्मण और पंड़ितों के जातिगत आरक्षण से अलग यह भी देखा गया कि जब भारत में अंग्रेज आए, उन दिनों योग्यता के बल पर नहीं बल्कि धार्मिक कर्मकाण्डों और नियमों के आधार पर ब्रिटिश दरबार में रियायतें माँगी गईं थीं। इसके लिए फोर्ट विलियम कॉलेज में पढ़े गए रिसर्च पेपर का उदाहरण देना ही ठीक होगा।

'विलियम केरी' (1761-1843) को इस कॉलेज में बांग्ला विभाग का कार्य सौंपा गया था[3] जिसने सहायक अध्यापकों के रूप में पंडितों और मुंशियों को नियुक्त किया, जिनमें से कुछ उसके अपने शिक्षक भी रहे थे और बाइबिल के अनुवाद में उन्होंने उसकी सहायता की थी। बांग्ला साहित्य को प्रमुख प्रेरणा देने वाले संस्थानों में फोर्ट विलियम कॉलेज का सर्वोच्च स्थान है। फोर्ट विलियम कालिज में केरी की महत्त्वपूर्ण भूमिका रही है। केरी प्रथम व्यक्ति थे, जिन्होंने अंग्रेजी में रामायण जैसे धर्मग्रन्थों व सांख्य दार्शनिक शास्त्रों का अनुवाद किया था। केरी ने बंगाली के स्वरूप में भी परिवर्तन किया। केरी एक ब्रिटिश मोची थे। आधुनिक बांग्ला गद्य का प्रेस से प्रथम परिचय फोर्ट विलियम कॉलेज ने ही कराया। बंगाली पढ़नेवालों के लिए कॉलेज ने वाद-विवाद प्रतियोगिता का महत्त्वपूर्ण कार्य आरम्भ करके उनमें समस्याओं को सोचने, उनका विश्लेषण और उनका समाधान करने की कला का बीजारोपण

किया। इस प्रकार आयोजित वाद-विवाद में विभिन्न ज्वलन्त समस्याओं पर शीर्षक दिए जाते थे। 6 फरवरी, 1802 को हुए वाद-विवाद में विषय था—'क्या एशियाई लोग योरोपीयन्स की भाँति उच्च सभ्य तथा सुसंस्कृत हैं?'

रुग्ण सवर्ण मानसिकता पर टीका करते हुए विजय प्रताप[4] लिखते हैं कि तरक्की के विशेष अवसरों तथा आरक्षण आदि के जरिए जातिप्रथा पर जो हमला किया जाता है उसका विरोध करने वाले सभी लोग 'ईमानदार गुमराह' हों, ऐसा नहीं है। जिन्दगी भर जातिप्रथा को भारतीय समाज का निर्धारक तत्व और आधारभूत संस्था मानने वाले समाजशास्त्रियों या जाति के 'स्वधर्म' को पुनः पारिभाषित करके इसे भारतीय सामाजिक संगठन की स्वस्थ सामुदायिक इकाई बनाने के पक्षधरों ने भी जिन तर्कों के सहारे आरक्षण का विरोध किया उससे वे भी उन लोगों की श्रेणी में आते हैं जो जातिप्रथा के बर्बरतापूर्ण संस्कारों की वजह से अपनी सम्वेदना कुंठित कर चुके हैं।

लोकायन की 'आरक्षण' शृंखला के सितम्बर-नवम्बर 90 के खण्ड में सुश्री सुरभि शेठ ने **'जाति व्यवस्था और पिछड़ापन : अतीत का सातत्य'** नामक लेख में प्राचीन धर्म-ग्रन्थों में शूद्रों की स्थिति का विश्लेषण करते हुए लिखा था, "पिछड़े हुए लोगों को ऊपर उठाने की दिशा में आरक्षण तो एक छोटा-सा कदम है, मूल रोग तो सवर्णों की मानसिकता है। यह रोग समाज के जिस्म में इतनी गहराई तक पहुँच गया है कि लगभग असाध्य होता जा रहा है।" इस असाध्य रोग का खुलासा करते हुए उन्होंने आरक्षण विरोधी आन्दोलन की तुलना जातक कथा के एक वृत्तान्त से की थी जिसमें तक्षशिला में शिक्षा प्राप्त करने के लिए गए दो चाण्डालों की पहचान हो जाने पर वहाँ के विद्यार्थियों ने मारपीट कर उनको वहाँ से निकाल दिया था। उनके अनुसार, धर्म-ग्रन्थों में शूद्रों के प्रति रवैये एवं आरक्षण विरोधियों द्वारा उनके प्रति रवैये में कोई अन्तर नहीं है।[5]

आरक्षण विरोधियों के बारे में अपनी प्रतिक्रिया व्यक्त करते हुए के. बाल गोपाल[6] लिखते हैं कि जाति के सवाल पर हम जितने ढोंगी हैं उतना किसी और सवाल पर नहीं। न ही कोई दूसरा मसला है जो कि हमारे अन्दर के सबसे घटियापन को इतनी शर्मनाक सहजता से बाहर लाता है। जिस क्षण वी.पी. सिंह ने पिछड़े वर्ग के आरक्षण के लिए मंडल कमीशन की सिफारिशें लागू करने के निर्णय का एलान किया, देश भर में अश्लीलता की बौछार हुई। प्रेस, विश्वविद्यालय तथा हर तरह के राय बनाने वाले उसे सारे मुकामों में ले गए।

अरुण शौरी ने तो जब हद ही कर दी तब घिनौने ढंग से जातिवादी सम्पादकीय लेख लिखना शुरू किया।[7] समय-समय पर राष्ट्रीय मोर्चे को अन्दरूनी तथा बाहरी समस्याओं से निपटने के रणकौशल बताने तथा पाठकों को ज्ञानदान की अपनी आदत को उन्होंने सामयिक रूप से ताक पर रख दिया और दलितों के खिलाफ इस तरह की अपमानजनक सामग्री लिखनी शुरू की जिसका थोड़ा-सा इशारा भी वे ऊँची जाति के खिलाफ करते तो उनकी चमड़ी उधेड़ ली जाती। एच.एम. सिरभाई जैसे संविधान के स्वीकृत विशेषज्ञ भारतीय संविधान के मुक्तिदायी वैशिष्ट्य सामाजिक समतावाद के आदर्श को भूल गए,

उसके विपरीत समतावाद के खिलाफ गुण और प्रतिभा की मौत और तबाही की ओर ले जाने का रोना रोया। गिरिलाल जैन के ऊपरी तौर पर शालीन लेखन की सतह पर राजीव गांधी के लिए साफ-साफ वकालत होती है, जबकि उत्तरी भारत की राजधानियों में थोड़े से छात्रों की सहानुभूति खोने की वजह से वे उग्र भाषा में वी.पी. सिंह को निकाल बाहर करने की माँग की जाने लगी थी। अंग्रेजी पत्रों के पत्र लेखक, जिनके गम्भीर सन्तुलित विचार तथा मेहनतकश गद्य एक कहावत हैं, अचानक कवित्वपूर्ण हो गए और वे आरक्षण-विरोधियों की शरारत की 1968 के फ्रांसीसी छात्र-विद्रोह तथा 1989 के चीनी छात्र आन्दोलन से तुलना करने लगे।

'इण्डिया टुडे' ने, जो आमतौर पर 'वस्तुपरक' तथा गैर संवैगिक तर्ज की रिपोर्टिंग पसन्द करता है, निरपेक्षता का दिखावा पूरी तरह उतार फेंका और धमाके के साथ अंग्रेजी, हिन्दी, तमिल, मलयालम तथा तेलुगु के व्यापक पाठकों के विचारों को नकारात्मक प्रभावित किया। उसने राष्ट्रीय मोर्चे के घटकों की तथा उसके समर्थकों की 'दुखद दोषदर्षिता प्रदर्शन' को नकारा और राजीव गांधी की 'महीन दोषदर्षिता' पर हमला किया गया, इसलिए नहीं कि वे सभी छिपे तौर पर आरक्षण विरोधी आन्दोलन का समर्थन कर रहे थे (जबकि खुले तौर पर आरक्षण का समर्थन कर रहे थे), बल्कि बिल्कुल शुद्ध विपरीत कारण से कि उन्होंने खुले तौर पर मंडल कमीशन की सिफारिशों का विरोध क्यों नहीं किया? आरक्षण के खिलाफ इसने एक बहुत ही आक्रामक व्यंग्यचित्र छापा : चित्र में दिखाया गया कि वी.पी. सिंह तथा अनुसूचित जाति, अनुसूचित जनजाति तथा पिछड़ी जाति के कुछ मर्द-औरतें आराम से समुद्री जहाज पर लेटे हुए हैं और तीन वर्गों के प्रतीक तीन झण्डे छत पर फहरा रहे हैं और वे क्रूरतापूर्वक ऊँची जाति के छात्रों के प्रति दाँत निकाल रहे हैं, जो अपनी डिग्रियाँ ऊपर उठाए, चारों ओर डूब रहे हैं। आरक्षण के कोटे के बारे में जो विलाप आप सुनते हैं उसके बावजूद यथार्थ बिल्कुल उल्टा है—मगर यथार्थ के इससे अधिक भद्दे विद्रूप की कल्पना करना कठिन है।

पूरी-की-पूरी तथाकथित ऊँची हिन्दू जाति अचानक ठोस पत्थर हो गई। रूढ़िवादी और धर्मनिरपेक्ष, मार्क्सवादी और गांधीवादी, शहरी और ग्रामीण—सब इस तरह एकजुट हो गए जैसे कि किसी बात ने उन्हें कभी एकजुट नहीं किया। उनका नेतृत्व शिक्षक कर रहे थे—वाम—दक्षिण—मध्यमार्गी—सबों ने अचानक आविष्कार किया कि समाज में जायज बँटवारा योग्य और अयोग्य तथा अमीर और गरीब के बीच है। इतना अधिक वर्गभेद की बात छेड़ने पर जो लोग अपने-आपको नक्सलवादी कहते हैं, उन्होंने अचानक आविष्कार किया कि "जिनके पास है और जिनके पास नहीं है, भारतीय समाज इन दो हिस्सों में बँटा हुआ है।"[8]

वे लिखते हैं कि फिर अरुण शौरी से शुरू करके गिरिलाल जैन जैसे विपरीत छोर के व्यक्तियों में यह दर्शनीय मतैक्य क्यों बना रहा? हालाँकि अंग्रेजी भाषा के स्तम्भ लेखक जिन्होंने सम्भवतया कभी उस देहाती गरीब ब्राह्मण तथा उनके दीनहीन बच्चों को नहीं देखा, उनके बारे में वे कॉलम-दर-कॉलम रँगते रहे। उनमें से बहुतों में जिनमें सम्भवतया

हमारी बहुमूल्य सांस्कृतिक प्रकृति का थोड़ा बहुत अवशेष बचा हुआ है—मगर फिर भी जातिगत पूर्वाग्रह वे भूल नहीं पाते—उनसे लेकर देशी प्रेस के लिपिक तक आमतौर पर अरुण शौरियों तथा गोयनका की अखबारी दुनिया के बारे में देवीलाल के लांछनों को दुहराते हैं।

योग्यता के बारे में पूरा छल-कपट भारतीय विशिष्ट वर्ग द्वारा पिछले चार दशक में ईजाद की गई दुमुँही बात का बहु-परीक्षित नमूना है। यह विश्वास करना कठिन है कि अरुण शौरी जैसे व्यक्ति, जो निश्चित रूप से नादान होने का बहाना नहीं ले सकते, जो सफाई महज मंडल विरोधी किशोर शायद ले सकते हों, वाकई मानते हैं कि वे 'इण्डियन एक्सप्रेस' के सम्पादक की प्रभावी कुर्सी पर महज योग्यता के बल पर बैठे हैं ! अरुण शौरी का अहंवाद उनके तर्ज के प्रचार में झलकता है मगर यह कठिन है कि अवसरवाद आदमी को इस हद तक अन्धा बना सकता है। अगर अरुण शौरी गोयनका की राजनीति के उपयोगी नहीं होते तो वे 'इण्डियन एक्सप्रेस' का सम्पादन नहीं करते। अगर वे कुछ मालिकों की राजनीति के उपयोगी नहीं होते तो वे कोई अखबार सम्पादित नहीं करते, भले ही उनकी कितनी ही योग्यता होती।

ललित कार्तिकेय का मानना है कि मंडल आयोग लागू करने के वी.पी. सिंह सरकार के फैसले ने भारतीय राजनीति को एक अभूतपूर्व मोड़ दिया। ढेर परतों के नीचे बहता एक लावा विस्फोट के साथ सतह के ऊपर आ गया। "उस दौरान आई चेतना को भारतीय समाज में भक्ति आन्दोलन जैसा एक नया आन्दोलन बताया है। ढेरों कबीर, वाल्मीकि, नानक, रैदास, मीराएँ मुखर हो उठीं। तिकड़मी और ऊर्जाहीन सत्ता ने इस आधुनिक पुनर्जागरण को भोंथरा करने की लाख शतरंजी चालें चलीं। उन्हीं में से एक है 'क्रीमी लेयर' यानि 'मलाईदार परत' या 'दलित एलीट' के नाम पर दलितों के अगुवा दस्ते को दलितों से काटकर अलग करना।"[9]

जवाहरलाल नेहरू विश्वविद्यालय में 10-11 मई, 93 को 'सीमित एलीट की सामाजिक संरचना और भूमिका' पर एक राष्ट्रीय सेमिनार आयोजित किया गया। 'क्रीमी लेयर' शब्द के पीछे छिपी पूँजीवादी-वर्णवादी व्यवस्था की साजिश का खुलासा था।

भगवानदास लिखते हैं कि अनुसूचित जातियों के 'उच्च वर्ग' के सम्बन्ध में पहली बार 'हरिजन एलीट' शब्द का प्रयोग प्रो. सच्चिदानन्द ने अपनी पुस्तक 'हरिजन एलीट' में किया था।

गांधीजी ने 'हरिजन' की संज्ञा गढ़ी या यह कहना अधिक ठीक होगा कि उन्होंने इस संज्ञा को प्रचलित किया लेकिन अछूतों ने इसे स्वीकार नहीं किया। अब भी बहुत लोग इसे एक गाली मानते हैं। अछूतों के सन्दर्भ में संविधान निर्माताओं ने इस संज्ञा का प्रयोग नहीं किया। इसलिए इसे संविधान में जगह नहीं मिली। अनेकों संगठनों ने सरकारी माध्यमों द्वारा 'हरिजन' शब्द के प्रयोग का विरोध किया और सरकार ने आदेश जारी किए कि सरकारी माध्यमों और पत्राचार में 'हरिजन' शब्द का प्रयोग नहीं किया जाएगा।[10]

शब्दकोश के अनुसार, 'एलीट' शब्द का अर्थ है–'सर्वोत्कृष्ट, श्रेष्ठ जन, विशिष्ट वर्ग।' 'सर्वोत्कृष्ट' 'श्रेष्ठ जन और विशिष्ट वर्ग' कौन होता है–यह विवाद का प्रश्न है। 'सर्वोत्कृष्ट' क्या है और इसका फैसला कौन करता है?

मेरी निगाह से आज तक कोई ऐसा अध्ययन नहीं गुजरा है कि जो हिन्दू एलीट, मुस्लिम एलीट, ईसाई एलीट या सिख एलीट के नाम से हुआ हो। ऐसा भी नहीं है कि इन धार्मिक समूहों के एलीट के रुझानों और व्यवहार को अध्ययन योग्य न माना जाए। लेकिन कुछ लोगों के लिए जिन्हें अछूतों के इतिहास और समस्याओं का समुचित ज्ञान नहीं, दलित एलीट का अध्ययन अधिक महत्त्वपूर्ण साथ ही शरारतपूर्ण हो गया। यदि दलित एलीट और गैर-दलित एलीट का तुलनात्मक अध्ययन किया गया होता तो यह अधिक ज्ञानवर्धक होता, खासतौर पर सामाजिक परिवर्तन के सन्दर्भ में।

ब्रिटिश जनगणना अधिकारियों के लिए इन जातियों को किसी श्रेणी में रखना कठिन हुआ और इसलिए उन्हें 'नीच जातियाँ' तथा बाहरी जातियाँ इत्यादि की सूची में रखा गया। फिर प्रशासकों व शासकों ने 'दलित वर्गों' की संज्ञा गढ़ी और सरकारी दस्तावेजों में आधिकारिक तौर पर इसका प्रयोग होने लगा। 1935 में इसकी जगह 'अनुसूचित जातियाँ' नामक शब्द ने ले ली। 26 नव., 1949 को अपनाए गए संविधान ने इसी संज्ञा को स्वीकृति दी।

1935 के अधिनियम के अन्तर्गत इस सूची में 429 जातियों को शामिल किया गया। ये सभी जातियाँ अस्पृश्यता से उत्पन्न होने वाली असमर्थताओं से ग्रसित थीं। 1950 के अनुसूचित जाति आदेश के तहत संविधान में जोड़ी गई सूची में नौ से अधिक जातियाँ शामिल की गईं।

अनुसूचित जातियों में जो परिवर्तन दृष्टिगोचर हो रहे हैं, इन शिक्षित व सम्पन्न लोगों के कारण ही हो रहे हैं। निस्सन्देह, ये लोग और अधिक कर सकते थे लेकिन उच्चवर्णीय जमींदारों, व्यापारियों के दबावों में होते हुए–जो राजनीतिक दलों को पैसा उपलब्ध कराते हैं–धार्मिक नेताओं के प्रचार के कारण, राज्य तथा महत्त्वपूर्ण राजनीतिक नेताओं द्वारा जातिवाद को बढ़ावा दिए जाने की वजह से इस कथित 'एलीट' द्वारा परिवर्तन में निभाई भूमिका की एक सीमा बन जाती है।

दलितों के खिलाफ यह आरक्षण विरोध शायद सबसे पहले गुजरात से आरम्भ हुआ। सवर्ण छात्रों तथा विश्वविद्यालयों के प्रवक्ताओं के साथ बुद्धिजीवी वर्ग के लिए यह भी शोध का एक महत्त्वपूर्ण विषय होना चाहिए कि जिन दिनों गांधी के जन्म स्थान वाले प्रदेश में आरक्षण विरोध के भ्रम पर दलितों के खिलाफ लूटमार, आगजनी, बलात्कार और निर्मम हत्याओं का अमानवीय दौर चल रहा था वह उन दिनों गांधी की प्रासंगिकता कहाँ जाकर ठहर गई थी?

डॉ. एम.के. आनन्द[11] लिखते हैं कि देश की समस्याओं का समाधान होने नहीं पाया था, जब तक गुजरात में एक और समस्या उठ खड़ी हुई। यह आन्दोलन अनुसूचित जाति तथा जनजाति के लिए एम.डी. तथा एम.एस. में आरक्षण के विरुद्ध था। उसी

दौरान आगरा के एक कॉलेज में कुछ झड़पें दलित तथा सवर्ण छात्रों के बीच हुईं लेकिन प्रो. एच.सी. जोशी[12] गुजरात में चल रहे आरक्षण विरोधी आन्दोलन को आन्दोलन ही मानने को तैयार नहीं हैं। उनके शब्दों में, "जहाँ सवर्ण आक्रमणकारियों ने दलित डॉक्टरों के हाथ काट डाले, अनेकानेक दलितों को जान से मार डाला, दलितों की हजारों झोंपड़ियों को जलाकर राख कर डाला, मिलों में काम करने वाले श्रमिकों पर घातक हमले हुए, इसे आन्दोलन न कहकर *निःसन्देह जाति-हत्या ही कहा जाएगा।*"

गांधी की जन्म-भूमि गुजरात में आरक्षण-विरोध की आड़ में दलितों पर जो नृशंस एवं अमानुषिक अत्याचार किए गए, उसे धम्म-दर्पण के सम्पादक ने बेमिसाल बतलाया है।

आजादी के बाद आरक्षण के खिलाफ अनेक बार ज्वार उठा है जो सामाजिक न्याय की भावना को तहस-नहस किए बिना नहीं रहा है। रामविलास पासवान का कहना है कि "जब तक समाज में वर्णव्यवस्था है तब तक वह आरक्षण का आधार क्यों न रहे और अगर मेरिट ही सबसे बड़ा तर्क है तो कैपिटेशन फीस का विरोध क्यों नहीं होता, जो अमीर बाप के नालायक बेटों को मेडिकल और इंजीनियरी कालेजों में पहुँचाती है?"

वे आगे कहते हैं कि आरक्षण विरोध के नाम पर गुजरात और मध्य प्रदेश में जो कुछ हुआ, वह देश की एकता और सामाजिक जीवन के लिए खतरनाक रहा। जिस गुजरात ने महात्मा गांधी जैसा व्यक्तित्व राष्ट्र को दिया, वही गुजरात आज गांधी के आदर्शों और उनकी उम्मीदों की कब्रगाह बन गया है।

1981 में भी इस तरह के आरक्षण विरोधी आन्दोलन गुजरात में हुए थे, जिनमें भारी धन-जन की क्षति हुई थी। अन्त में, 18 मार्च 81 को संसद में आरक्षण नीति पर काफी लम्बी बहस के बाद मेरे उस ऐतिहासिक प्रस्ताव को सर्वसम्मति से स्वीकार कर लिया गया जिसमें माना गया कि आरक्षण एक संवैधानिक अधिकार है और उस नीति पर किसी तरह का समझौता नहीं हो सकता। लेकिन आश्चर्य है कि विश्व को प्रकाश देने वाला राज्य गुजरात आज पुनः अन्धकार में भटक रहा है। इसके लिए जहाँ आन्दोलनकारी दोषी हैं, वहीं गुजरात और मध्य प्रदेश की सरकारें की कम दोषी नहीं हैं। चुनाव के वक्त पिछड़ों और दलितों के वोट को लुभावने नारे देकर ठगना और चुनाव के बाद उनकी हत्या करवाना कांग्रेस की पुरानी चाल रही है।

केन्द्रीय सेवाओं में पिछड़ों के आरक्षण के सवाल पर भारत सरकार की स्थिति और भी हास्यास्पद है। पहले उसने 1953 में काका साहेब कालेलकर की अध्यक्षता में प्रथम पिछड़ा वर्ग आयोग का गठन किया। 30 मार्च, 1955 को इस आयोग ने अपनी रिपोर्ट सरकार को दे दी। आज तक पता नहीं चला कि उस रिपोर्ट का क्या हुआ। जब जनता पार्टी 1977 में केन्द्र में सत्ता में आई तो 30 दिसम्बर, 1978 को उसने श्री वी.पी. मंडल की अध्यक्षता में एक दूसरे पिछड़ा वर्ग आयोग का गठन किया। उसकी रिपोर्ट 31 दिसम्बर, 1980 को राष्ट्रपति तथा 30 अप्रैल, 1982 को लोकसभा में पेश हो गई। कई बार उस पर बहसें भी हुईं, लेकिन वे भी रद्दी की टोकरी में पड़ी हुई हैं। यह पिछड़ों को मूर्ख बनाने की

चाल नहीं तो और क्या है? अब कोई होशियार चोर चोरी करने जाता है तो जेब में रोटी का टुकड़ा रख लेता है, यही हाल कांग्रेस हुकूमत का है। सच तो यह है कि आज देश के 85 प्रतिशत दलित-पिछड़े तथा अल्पसंख्यक वर्ग भारतीय राजनीति का मोहरा बनकर रह गए हैं।

संविधान के प्रथम पृष्ठ पर पहला संकल्प सामाजिक न्याय दिलाने का है और इसके लिए संविधान निर्माताओं ने संविधान की धारा 15, 16, 27, 46, 322, 335 और 340 में प्रावधान भी किया है। संविधान निर्माताओं ने आरक्षण को एक राष्ट्रीय नीति माना है। आरक्षण का उद्देश्य सामाजिक न्याय दिलाना है। आज देश की 85 प्रतिशत आबादी सामाजिक एवं आर्थिक दृष्टि से पिछड़ी है, हजारों साल से जिन्हें दबाकर रखा गया है, जिनको पढ़ने-लिखने, यहाँ तक कि सम्पत्ति के अधिकार से भी वंचित रखा गया है। जो देश की मुख्यधारा से अलग-थलग हैं, उनको देश की मुख्यधारा में लाने के लिए आरक्षण आवश्यक है।[13]

शम्भूनाथ सिंह लिखते हैं कि इससे भी महत्त्वपूर्ण बात यह है कि आत्मदाह का उद्देश्य क्या है। पिछड़ों को आरक्षण देने के खिलाफ प्रतिरोध! क्या यह ऐसा फैसला है कि इससे अगड़ों का जीवन और भविष्य निरर्थक हो जाने वाला है? इतना भीषण असुरक्षाबोध और उसका इतना विकृत और भयावह प्रतिकार! यदि कल को एक हजार कट्टर हिन्दू इस बात के लिए आत्मदाह पर उतारू हो जाएँ कि बाबरी मस्जिद के तमाम अवशेषों को मिटाकर वहाँ राममन्दिर स्थापित किया जाए या एक हजार मुसलमान यह कहने लगें कि राममन्दिर बाबरी मस्जिद के पास से नहीं हटाया जाता तो वे सामूहिक आत्मदाह करेंगे या हजार राजपूत इस बात पर अड़ जाएँ कि उनकी विधवाओं को सती होने दिया जाए अन्यथा वे आत्मदाह करेंगे, या पुजारी और महन्त इस बात की जिद करें कि यदि हरिजनों का मन्दिर में प्रवेश हुआ तो वे विषपान कर जान दे देंगे, तो ऐसी स्थितियों में समाज, राज्य या सरकार की क्या भूमिका होनी चाहिए? आत्मदाह करने वाले किशोरों के प्रति पूरी और सच्ची शोक सम्वेदना का इजहार करते हुए और इसे एक तरह की राष्ट्रीय शर्म और क्षति मानते हुए हम आरक्षणविरोधी आन्दोलनकारियों से यह अपील करेंगे कि वे कोई भी आत्मघाती कदम उठाने से पहले उक्त सवालों पर धैर्यपूर्वक विचार करें और यह भी सोचने की जहमत उठाएँ कि कहीं वे कुछ दुराग्रही बुद्धिजीवियों, कुटिल पत्रकारों और निहित स्वार्थी राजनीति दलों के लिए इस्तेमाल तो नहीं किए जा रहे हैं।[14]

जॉर्ज फर्नांडिस के विचार में सवर्णों ने अपने बच्चों को जलाना शुरू कर दिया, 'इण्डियन एक्सप्रेस' के तत्कालीन सम्पादक ने तो सवर्णों को उत्तेजित करते हुए यहाँ तक कहा कि इतना ही काफी नहीं है, और तोड़-फोड़ करो। प्रशासनिक अधिकारियों ने भी अपनी बयानबाजी आरम्भ कर दी और उनकी पत्नियों को 'एक्सप्रेस' के सम्पादक की सलाह थी कि जब तुम्हारे पति लड़ रहे हैं तो तुम क्यों चुप हो? तुम भी लड़ो। पूरी दिल्ली में पत्थर चले। बसें फूँकी गईं, रेलें जलाई गईं और जितना उत्पात हो सकता था वह सब किया गया।[15]

निश्चित तौर पर यह कहा जा सकता है कि समूचे देश में आरक्षण विरोधियों ने अमानवीय आधार पर 'दलितों को कुचलो' अपना अभियान चलाया जिसकी उपलब्धि के नाम पर इतना ही कहा जा सकता है कि आरक्षण विरोध के सूत्रधारों ने नई पीढ़ी के भीतर द्वेष और असन्तोष की एक ऐसी आग भर दी जो अभी तक भी बुझी नहीं है।

आत्मदाह के मनोविज्ञान पर राजकिशोर[16] लिखते हैं कि आरक्षण विरोधी आन्दोलन के दौरान ही घटनाएँ ऐसी हुई हैं, जिनसे इस प्रवृत्ति का भरपूर संकेत मिलता है। कमलापति त्रिपाठी के पोते सोमेश त्रिपाठी और उसके दो साथियों ने मिलकर एक अमीरजादे रोहित मेहता की हत्या कर दी। उद्देश्य रोहित के पैसे से गुलछर्रे उड़ाना था। अग्नि-संस्कार यहाँ भी किया गया। हत्या कर लाश पर पेट्रोल छिड़का गया और दियासलाई लगा दी गई। दूसरी घटना पश्चिमी दिल्ली में हुई। मिलाप नगर के निवासी अपने इलाके में लगातार बिजली गुल रहने की शिकायत करने डेसू के शिकायत केन्द्र में गए और वहाँ कोई सुनवाई नहीं हुई, तो एक युवक कार्यालय की दूसरी मंजिल पर चढ़ गया और वहाँ से छलाँग लगा दी। अब वह अस्पताल में भरती है। यदि उसकी मृत्यु हो जाती, तो बड़ी आसानी से उसे 'लोड शोडिंग' के खिलाफ आन्दोलन का शहीद मान लिया जाता।

यह कहकर हम आरक्षण विरोधी आन्दोलन में अपनी जान के साथ खेलने वालों का अपमान नहीं करना चाहते। जिस चीज को वे गलत समझते हैं, उसके खिलाफ वे सर्वोच्च कुर्बानी दे रहे हैं लेकिन आन्दोलन के एक तरीके के रूप में आत्मदाह या आत्महत्या पर विचार करें तो स्पष्ट हो जाएगा कि यह उस तुरन्त संस्कृति का ही एक नया चेहरा है जो हर चीज आनन-फानन में पा लेना चाहती है—खाने (फास्ट फूड) और पीने (तैयारशुदा पेय) से लेकर समृद्धि और यश तक। जब मिलने में देर होती है तो वह बौखला जाती है और उस वक्त कुछ भी कर सकती है। जीवन का महत्त्व उसके लिए वैभव या सफलता (अक्सर ऐसी ही सफलता, जो वैभव की व्यवस्था कर सके) के माध्यम के रूप में है। अपने आप में जीवन का कोई मूल्य नहीं है। वह दो कौड़ी का है। उसे कभी भी ठोकर मारी जा सकती है। फिर चाहे वह अपना जीवन हो या दूसरे का।

आरक्षण का विरोध करने वाले अधिकांश लोगों ने उस दौरान यह तर्क दिए थे कि आरक्षण के कारण समाज में पुनः जातियों का उद्भव और विकास हुआ है। ऐसे लोग बार-बार अपने इन तर्कों से नई पीढ़ी को गुमराह करने का प्रयास करते रहे हैं। आरक्षण विरोधियों के इन तर्कों की काट में आइए देखें सुनील, जसवीर और ईश्वरी प्रसाद के अपने तर्क—क्या सचमुच हमारे समाज में जाति-व्यवस्था का क्षय हो रहा है? क्या आधुनिक शिक्षा और औद्योगिकीकरण से जाति टूट रही है? उनका मानना है कि जाति अभी भी पहले की ही तरह महत्त्वपूर्ण या शायद ज्यादा ही है।[17]

वैवाहिक रिश्तों की व्यवस्था तो अभी भी जाति-व्यवस्था पर काफी हद तक टिकी हुई है। लगता है द्विज समाज के लोग सदियों पुराने जाति-बन्धन को नहीं तोड़ेंगे।

शेष 322 विज्ञापनों में से हमने उन्हें अलग कर दिए हैं, जिनमें यह उल्लेख किया गया है कि वे सिख, मुस्लिम, ईसाई या सिन्धी हैं क्योंकि माना जाता है इनमें जाति-व्यवस्था नहीं होती या इनके वर्ग स्वयं ही जाति का कार्य करते हैं। मात्र 184 व्यक्तियों ने अपनी जाति नहीं दी या इस बात का भी उल्लेख नहीं किया कि वे मुस्लिम हैं या सिख, ईसाई जो यह साबित करता है कि 1306 लोगों में से मात्र 184 व्यक्ति (14 प्रतिशत) ऐसे हैं जो जाति में विश्वास नहीं करते। इस 14 प्रतिशत में से जिन्होंने अपनी जाति का उल्लेख नहीं किया या तो वे अपनी उम्र के चौथे दशक में चल रहे थे या विधवा-विधुर थे। एक और रोचक तथ्य भी सामने आया कि जाति-व्यवस्था सिर्फ हिन्दू धर्म में ही नहीं है बल्कि यह अन्य धर्मों में जो कि ज्यादा समतावादी माने जाते हैं, घुसपैठ कर गई है। 40 में से 8 मुसलमानों और 28 में से 2 ईसाइयों ने अपनी जाति का उल्लेख किया है। सैयद, पठान, अंसारी वगैरह मुस्लिम जातियाँ हैं। सिख धर्म, जो कि जाति-व्यवस्था और हिन्दू धर्म की त्रुटियों के खिलाफ एक आन्दोलन के रूप में उभरा था, में भी विभिन्न जातियाँ बन गई हैं। 81 में से 54 सिखों ने अपनी जातियों का उल्लेख किया—खत्री सिख, अरोड़ा सिख, जाट सिख या रामगढ़िया सिख इत्यादि। एक ईसाई ने तो स्वयं को 'गोआ का ब्राह्मण कैथोलिक' बताया है।[18]

क्या जो उच्च शिक्षा प्राप्त है वह जाति के बन्धनों से मुक्त है? हमारे अध्ययन के दौरान हमने पाया है कि अनेक डॉक्टरों, इंजीनियरों, आर्किटेक्टों, वकीलों, प्रबन्धकों, आई.ए.एस. अफसरों, सेना के अफसरों और पत्रकारों ने भी अपनी जाति का उल्लेख किया है। अध्ययन के दौरान पाया गया कि 108 इंजीनियरों में से 74 इंजीनियर, 81 डॉक्टरों में से 55 डॉक्टर जाति के बन्धन को मानते हैं और शेष में से 18 इंजीनियर, 14 डॉक्टर सिख, मुस्लिम, ईसाई या सिन्धी हैं। अतएव 108 में से मात्र 16 इंजीनियर (15% से कम) और 81 डॉक्टरों में से 12 डॉक्टर (15% से कम) ऐसे हैं जो जाति बन्धन को नहीं मानते।

एक अन्य रोचक तथ्य यह था कि 118 व्यक्तियों ने यह उल्लेख किया कि वे कान्वेण्ट या पब्लिक स्कूल से शिक्षित हैं या वह कान्वेण्ट-शिक्षित जीवनसाथी चाहेंगे। इन 118 में से 93 व्यक्तियों ने अपनी जाति का भी उल्लेख किया और चाहा कि उन्हीं की जाति का जीवनसाथी हो। विदेश में रह रहे ऐसे 200 भारतीयों का भी सर्वेक्षण किया, जिनमें से 126 ने अपनी जाति का हवाला दिया। वे विदेश में रह रहे हैं और शिक्षित हैं, पर अपनी जाति वहाँ भी नहीं छोड़ी।[19]

गुजरात के खेड़ा जिले में तो आरक्षण विरोधी आन्दोलन साम्प्रदायिक दंगे में बदल गया। उनके आन्दोलन का एक लोकप्रिय हिस्सा है—रामविलास पासवान, शरद यादव, लालू यादव, मुलायम सिंह यादव आदि का मजाक बनाना। दूसरा लोकप्रिय काम है सड़कों पर बूट पालिश करना (या भुट्टे बेचना, रिक्शा चलाना या झाड़ू देना)। यह बताने के लिए कि मंडल आयोग के लागू होने के बाद यह नौबत आ गई कि सारी शिक्षा प्राप्त करने के बाद हमें यह 'तुच्छ' काम करना पड़ रहा है। ये नौजवान भूल जाते हैं कि देश के करोड़ों

लोग जन्म से इस प्रकार के 'तुच्छ' और 'नीच' काम करने के लिए अभिशप्त हैं और करते आ रहे हैं। अस्तु, हर्ज क्या है यदि अब भूमिका बदल जाए?

और आज की स्थिति क्या है? ब्राह्मण देश की कुल आबादी के मात्र साढ़े तीन प्रतिशत हैं, लेकिन 1988 में देश के सर्वोच्च पदों पर ब्राह्मणों का प्रतिशत इस प्रकार था—

केन्द्र के कैबिनेट मन्त्रियों के प्राइवेट सेक्रेटरी	70%
केन्द्र में सचिव, संयुक्त सचिव, अतिरिक्त सचिव तथा समकक्ष पदों पर	62%
राज्यों के मुख्य सचिव	54%
राज्यपाल-उपराज्यपाल	50%
राज्यपालों-उपराज्यपालों के सचिव	54%
उच्चतम न्यायालय के न्यायाधीश	56%
उच्च न्यायालयों के न्यायाधीश	50%
राजदूत	41%
विश्वविद्यालयों के कुलपति	51%
केन्द्र सरकार के उच्च उच्चाधिकारी	57%
राज्य सरकार के उच्चाधिकारी	82%
आई.ए.एस. अधिकारी	61%
लोकसभा सदस्य	36%

दूसरी ओर, मंडल आयोग ने 1979 में केन्द्र सरकार के विभिन्न मन्त्रालयों, विभागों, सार्वजनिक क्षेत्र के उपक्रमों आदि में अनुसूचित जाति/जनजाति और पिछड़े वर्गों की संख्या का सर्वेक्षण किया। उसके अनुसार, स्थिति इस प्रकार है—

श्रेणी	*कुल कर्मचारियों की संख्या*	*अनु. जाति एवं जनजाति का प्रतिशत*	*अन्य पिछड़े वर्गों का प्रतिशत*
प्रथम श्रेणी	1,74043	5.68	4.69
द्वितीय श्रेणी	9,72,786	18.18	10.63
तृतीय एवं चतुर्थ श्रेणी	4,84,646	24.40	24.40
	15,71,475	**18.71**	**12.45**

बकौल ईश्वरी प्रसाद[20], भारतीय नौकरशाही का ढाँचा आँकड़ों में ही जाना जा सकता है लेकिन नेहरू ने यह नीति बनाई थी कि आँकड़े जाति के आधार पर नहीं तैयार किए जाएँ क्योंकि इससे जातीयता बढ़ेगी। इसलिए जो आँकड़े मिल सके उनके आधार पर नौकरशाही के जातिगत ढाँचे का पता लगता है।

नौकरशाही का जातिगत ढाँचा

(आँकड़े प्रतिशत में)

श्रेणी	*ऊँची जातियाँ*	*पिछड़ी जातियाँ*	*हरिजन/गिरिजन*
1. आबादी	25.3	52.1	22.5
2. प्रथम श्रेणी की सेवा में	89.6	04.7	05.7
3. दूतावासों में	90.9	00.0	09.1
4. उद्योगों में मैनेजर	98.8	00.8	00.4
5. विश्वविद्यालय में शिक्षक (नमूना)	84.3	04.0	00.4

क्या यह एक सन्तुलित समाज का ढाँचा है? क्या जातिगत आँकड़ा इकट्ठा न करने और जातीयता को रोकने का यही अभिप्राय था? आरक्षण विरोधियों को इसका उत्तर ढूँढ़ना चाहिए। क्या ऊपर की तालिका इस तथ्य का सबूत नहीं है कि समाज में एक अतिरिक्त आरक्षण है, जिसे कांग्रेसी सरकार की लम्बी हुकूमत ने समाजवाद के नाम पर पिछड़ी जातियों को धोखा देने के लिए तैयार किया था? इससे साफ जाहिर होता है कि नौकरशाही पर ऊँची जातियों का सम्पूर्ण एकाधिकार है। नेहरूवादी विकास योजना के 40 वर्षों बाद भी ऐसी स्थिति का पाया जाना जातिभेद की मानसिकता को प्रदर्शित करता है। भारत सरकार ने समाज-संचालन की जो पद्धति अपनाई वह वस्तुतः ऊँची जातियों के विकास के लिए थी। यह किसी भी समाज के सन्तुलित विकास के लिए हानिकारक है। ऐसी व्यवस्था बहुत दिनों तक नहीं चल सकती।[21]

अनुसूचित जाति/जनजाति आयोग : कुछ आँकड़े[22]

अनुसूचित जाति/जनजाति आयोग के वर्ष 1993-94 के प्रतिवेदन के अनुसार, केन्द्रीय सेवाओं में 1-1-93 की अनुसूचित-जातियों/जनजातियों का केन्द्रीय सेवाओं में प्रतिनिधित्व अधोलिखित है। राज्यों के सम्बन्ध में यह उपलब्ध नहीं है।

	कुल	*एस.सी.*	*प्रतिशत*	*एस.टी.*	*प्रतिशत*
अ	64,197	6,293	9.80	1967	3.06
ब	107,120	13,036	12.17	2513	2.35
स	23,09,003	3,67,410	12.91	125,424	5.43
द	10,49,703	2,17,617	20.73	72,164	6.87

अन्य पिछड़े वर्गों सम्बन्धी आँकड़े सुलभ नहीं हैं। अनुसूचित जातियों के लिए 15% तथा अनुसूचित जनजातियों के लिए 7.1/2% का निर्धारित लक्ष्य प्राप्त नहीं किया गया।

उच्च न्यायालयों और उच्चतम न्यायालय में स्वीकृत संख्या विशेषकर लोकसभा अतिरिक्त प्रश्न संख्या 4742 के भाग (अ), (ब), (स) और (द) के उत्तर में 31.3.93 के लिए निर्धारित वक्तव्य की स्थिति–

सं.	*उच्च न्यायालय*	*स्वीकृत पद स्थायी/ अतिरिक्त*	*पदासीन न्यायाधीशों की संख्या*	*रिक्त पदों की संख्या*	*नियुक्ति का माध्यम बार*	*अनु. सेवा*	*न्यायाधीश अनु. जाति*	*अन्य जनजाति*	*पिछड़ा वर्ग*
1	2	3	4	5	6	7	8	9	10
1.	इलाहाबाद	70	66	4	44	22	3	-	2
2.	आन्ध्र प्रदेश	26	24	2	15	9	-	1	3
3.	बम्बई	54	47	7	32	15	4	-	4
4.	कलकत्ता	46	37	9	23	14	-	-	-
5.	दिल्ली	30	25	5	7	4	-	3	-
6.	गुवाहाटी	16	11	5	7	4	-	3	-
7.	गुजरात	30	27	3	17	10	1	-	-
8.	हिमाचल	8	5	3	4	1	-	-	-
9.	जम्मू और कश्मीर	10	9	1	5	4	-	-	-
10.	कर्नाटक	30	21	9	12	9	1	2	14
11.	केरल	24	23	1	15	8	1	-	8
12.	मध्य प्रदेश	30	26	4	17	9	-	-	-
13.	मद्रास	28	25	3	18	7	2	-	11
14.	उड़ीसा	14	13	1	9	4	-	-	-
15.	पटना	35	22	3	22	10	-	-	-
16.	पंजाब और हरियाणा	33	29	4	18	11	-	-	-
17.	राजस्थान	25	22	3	14	8	-	1	-
18.	सिक्किम	3	1	2	-	1	-	-	-
	योग	**512**	**443**	**69**	**289**	**154**	**12**	**7**	**42**
	उच्चतम न्यायालय	26	23	3	-	-	1	N.A	N.A.

राजेन्द्र कुमार[23] हालाँकि आरक्षण को कोई सम्मानजनक व्यवस्था नहीं मानते, फिर भी उनके विचार में वर्तमान सामाजिक विषमताओं को दूर या कुछ सीमा तक कम करने के लिए उसकी आवश्यकता भी बतलाते हैं। इस सम्बन्ध में वे कुछ आँकड़े प्रस्तुत करते हैं। 1988 के आँकड़े बताते हैं कि जनसंख्या के साढ़े तीन प्रतिशत ब्राह्मणों का विभिन्न स्थानों पर प्रतिशत इस प्रकार था–

आई.ए.एस. अधिकारी	61%
लोकसभा सदस्य	36%
राज्यों के राज्यपाल-उपराज्यपाल	50%
राज्यों में मुख्य सचिव	54%
केन्द्रीय मन्त्रियों के निजी सचिव	70%
केन्द्र में सचिव, संयुक्त सचिव, अतिरिक्त सचिव तथा अन्य	62%
सर्वोच्च न्यायालय के न्यायाधीश	65%
उच्च न्यायालयों के न्यायाधीश	50%
राजदूत आदि	41%
विश्वविद्यालयों के कुलपति	51%
केन्द्र में अन्य उच्चाधिकारी	57%
और राज्यों में अन्य उच्चाधिकारी	82%

इन आँकड़ों से यदि अनुसूचित जाति एवं अनुसूचित जनजाति के 22.5 प्रतिशत कोटे की तुलना की जाए तो इनकी 1988 में स्थिति इस प्रकार थी–

प्रथम श्रेणी के पदों पर	4.95%
द्वितीय श्रेणी में	8.54%
तृतीय श्रेणी के पदों पर	13.44%
चतुर्थ श्रेणी पर	19.46%
शिक्षा में	6.00%

कुल जनसंख्या में अनुसूचित जाति जनसंख्या का प्रतिशत[24]

1981 और 1991

भारत/राज्य या संघ राज्यक्षेत्र	*अनुसूचित जाति जनसंख्या का प्रतिशत*	
	1981	*1991*
1. आन्ध्र प्रदेश	14.87	15.93
2. अरुणाचल प्रदेश	0.46	0.47
3. बिहार	14.51	14.56
4. गोवा	2.05	2.08
5. गुजरात	7.15	7.41
6. हरियाणा	19.07	19.75
7. हिमाचल प्रदेश	24.62	25.34
8. कर्नाटक	15.07	16.38
9. केरल	10.01	9.92
10. मध्य प्रदेश	14.10	14.54

11.	महाराष्ट्र	7.14	11.10
12.	मणिपुर	1.25	2.02
13.	मेघालय	0.41	0.51
14.	मिजोरम	0.03	0.10
15.	नागालैण्ड	—	—
16.	उड़ीसा	14.66	16.20
17.	पंजाब	26.87	28.31
18.	राजस्थान	17.04	17.29
19.	सिक्किम	5.78	5.93
20.	तमिलनाडु	18.35	19.18
21.	त्रिपुरा	15.12	16.36
22.	उत्तर प्रदेश	21.16	21.04
23.	पश्चिम बंगाल	21.99	23.62
24.	अण्डमान और निकोबार द्वीपसमूह	—	—
25.	चण्डीगढ़	14.09	16.51
26.	दादरा और नागर हवेली	1.97	1.97
27.	दमन और दीव	3.56	3.83
28.	दिल्ली	18.03	19.05
29.	लक्षद्वीप	—	—
30.	पाण्डिचेरी	15.99	16.25
	भारत*	15.81	16.73

*असम तथा जम्मू-कश्मीर के आँकड़े सम्मिलित नहीं हैं।

स्रोत : प्राथमिक जनगणना सार (अनुसूचित जातियाँ), भारत की जनगणना 1991

वर्ष 2001 की जनगणना के अनुसार, देश में अनुसूचित जनजाति के लोगों की संख्या 8.43 करोड़ थी जो देश की कुल जनसंख्या का 8.2 प्रतिशत है।

जनसांख्यिकीय विवरण - जनगणना 2001

क्र. सं.	*राज्य/केंद्रशासित प्रदेश*	*कुल जनसंख्या जनसंख्या*	*अनुसूचित जनजातियों की जनजातियों का प्रतिशत*	*राज्यों में अनुसूचित*
1.	मिजोरम	888,573	839,310	94.5
2.	लक्षद्वीप	60,650	57,321	94.5
3.	नगालैंड	1,990,36	1,774,026	89.1
4.	मेघालय	2,318,822	1,992,862	85.9

5. अरुणाचल प्रदेश	1,097,968	705,158	64.2
6. दादरा और नागर हवेली	220,490	137,225	62.2
7. मणिपुर	2,166,788	137,225	62.2
8. छत्तीसगढ़	20,833,803	6,616,596	31.8
9. त्रिपुरा	3,199,203	993,426	31.1
10. झारखंड	26,945,829	7,087,068	26.3
11. उड़ीसा	36,804,660	8,145,081	22.1
12. सिक्किम	540,851	111,405	20.6
13. मध्य प्रदेश	60,348,023	12,233,474	20.3
14. गुजरात	50,671,017	7,481,160	14.8
15. राजस्थान	56,507,188	7,097,706	12.6
16. असम	26,655,528	3,308,570	12.4
17. जम्मू और कश्मीर	10,143,700	1,105,979	10.9
18. महाराष्ट्र	96,878,627	8,577,276	8.9
19. दमन और दीव	158,204	13,977	8.8
20. अंडमान निकोबार	356,152	29,469	8.3
21. आंध्र प्रदेश	76,210,007	5,024,104	6.6
22. कर्नाटक	52,850,562	3,463,986	6.6
23. पश्चिम बंगाल	801,76,197	4,406,794	5.5
24. हिमाचल प्रदेश	6,077,900	244,857	4.0
25. उत्तराखंड	8,489,349	256,129	3.0
26. केरल	31,841,374	364,189	1.1
27. तमिलनाडु	62,405,679	651,321	1.0
28. बिहार	82,998,509	758,351	0.9
29. उत्तर प्रदेश	166,197,921	107,963	0.1
30. गोवा	1,347,668	566	0
31. हरियाणा	21,144,564	0	0
32. पंजाब	24,358,999	0	0
33. चंडीगढ़	900,635	0	0
34. दिल्ली	13,850,507	0	0
35. पुद्दुचेरी	974,345	0	0
भारत	**1028,610,328**	**84,326,240**	**8.2**

जनजातियाँ सामान्यतः निम्नलिखित तीन वर्ग स्तरों में रहती हैं :

पूर्वोत्तर क्षेत्र	:	अरुणाचल प्रदेश, असम, मणिपुर, मेघालय, मिजारेम, नगालैंड, त्रिपुरा और सिक्किम।
मध्य जनजातीय इलाका	:	राजस्थान, गुजरात, महाराष्ट्र, मध्य प्रदेश, छत्तीसगढ़, आंध्र प्रदेश, उड़ीसा, बिहार, झारखंड, पश्चिम बंगाल, दादरा और नगर हवेली, दमन और दीव।
अन्य राज्य/केंद्रशासित प्रदेश	:	हिमाचल प्रदेश, उत्तर प्रदेश, उत्तराखंड, कर्नाटक, जम्मू और कश्मीर, तमिलनाडु, केरल, अंडमान और निकोबार द्वीप समूह और लक्षद्वीप।

जनजातीय समुदाय देश के कुल क्षेत्र के 15 प्रतिशत निकले हैं जो भिन्न-भिन्न पारिस्थितिकी तथा भू-जलवायु स्थितियों वाले मैदानी, पर्वतीय जंगली और दुर्गम क्षेत्रों में रहते हैं। विभिन्न जनजातीय समुदायों में सामाजिक आर्थिक और शैक्षिक विकास का स्तर अलग-अलग है। जनजातीय समुदाय के लोग हरियाणा, पंजाब, दिल्ली, पांडिचेरी और चंडीगढ़ को छोड़कर सभी राज्यों/केंद्रशासित प्रदेशों में रहते हैं। देश के जनजातीय बहुत राज्य (जहाँ कुल आबादी की 50 प्रतिशत से अधिक आबादी जनजातीय है) इस प्रकार हैं : अरुणाचल प्रदेश, मेघालय, मिजोरम, नगालैंड, केंद्रशासित प्रदेश दादरा और नगर हवेली और लक्षद्वीप। अगर जनंसख्या की दृष्टि से अनुसूचित जनजातियों के बीच तुलना की जाए तो अनुसूचित जनजाति की आधी से अधिक आबादी मध्य प्रदेश, छत्तीसगढ़, महाराष्ट्र, उड़ीसा, झारखंड और गुजरात में है। सबसे अधिक जनजातियाँ (62) उड़ीसा राज्य में हैं। उसके बाद पूर्वोतर राज्यों का स्थान है।

आदिम जनजातीय समूह (पीटीजीएस) : हालाँकि कुछ जनजातीय समुदायों ने जीवनशैली की मुख्यधारा को अपना लिया है लेकिन अब भी 17 राज्यों और केंद्रशासित प्रदेश अंडमान और निकोबार में आदिम जातियों के 75 समूह हैं जिनकी विशेषताएँ इस प्रकार हैं : (क) प्रौद्योगिकी का कृषि पूर्व स्तर, (ख) घटती या अस्थिर जनसंख्या, (ग) साक्षरता की अत्यधिक कमी और (घ) गुजारे लायक आर्थिक स्थिति।

वर्ष 1991 की जनगणना के अनुसार, इनकी कुल आबादी लगभग 24.12 लाख थी। इनमें से अधिकतर समूहों के लोगों की संख्या बहुत कम है, और उन्होंने सामाजिक तथा आर्थिक प्रगति के विभिन्न स्तरों को प्राप्त किया है और यह सामान्यतः दूर-दराज के इलाकों में अल्प प्रशासनिक तथा ढांचागत सुविधाओं के साथ रहते हैं।

जनसंख्या विवरण : अनुसूचित जनजातियों की जनसांख्यिकीय, लिंग अनुपात, शिक्षा, जीविका तथा स्वास्थ्य की स्थिति आदि के सम्बन्ध में जनगणना कार्यों या राष्ट्रीय नमूना सर्वेक्षण संगठन (एनएसएसओ) या केन्द्रीय सांख्यिकीय संगठन (सीएसओ) के माध्यम से समय-समय पर जानकारी संकलित की गई है।

वर्ष 1961 के अनुसूचित जनजातियों के लोगों की आबादी बढ़ रही है। जनगणना

के अनुसार, वर्ष 1991 से 2001 के दौरान जनजातियों की जनसंख्या 24.45 प्रतिशत की दर से बढ़ी है। जनगणना वर्ष 1981 से 1991 के बीच जनजातीय लोगों की वृद्धि दर कुल जनसंख्या की वृद्धि दर (23.51 प्रतिशत) की तुलना में अधिक (31.64 प्रतिशत) थी। जनगणना वर्ष 1991 से 2001 के दौरान यह कुल जनसंख्या की वृद्धि दर 22.66 प्रतिशत के मुकाबले 24.45 प्रतिशत थी।

वर्ष 2001 की जनगणना के अनुसार, अनुसूचित जनजातियों के बीच लिंग अनुपात कुल जनसंख्या के लिंग अनुपात (प्रति 1000 पुरुष, 933 महिलाएँ) की तुलना में बेहतर (प्रति 1000 पुरुष, 978 महिलाएँ) हैं।

कुछ लोगों का मानना है कि आरक्षण की नीति ने जहाँ निम्न जाति के कुछ सदस्यों को लाभान्वित किया है, वहीं अनुसूचित जाति की निम्न स्थिति को बनाए रखना एक निहित स्वार्थ बनता जा रहा है। आरक्षण का लाभ थोड़े से चुने हुए व्यक्तियों को मिला है। शिक्षित व्यक्ति अपने समुदाय के अन्य व्यक्तियों को लाभान्वित नहीं कर पा रहे हैं।

वाई.बी. अब्बसायुल (1974) के अध्ययन द्वारा आन्ध्र प्रदेश के विधायकों की सामाजिक-आर्थिक पृष्ठभूमि, राजनीतिक भूमिका तथा गतिशीलता का विश्लेषण किया गया है। अध्ययन से यह विदित होता है कि अधिकतर विधायक युवा आयु-समूह के हैं। उनके नेता बनने के सहयोगी कारक आरक्षण की व्यवस्था के अतिरिक्त उनकी शैक्षणिक पृष्ठभूमि, सम्पत्ति और जातिगत स्थिति है। उनकी उर्ध्व गतिशीलता शिक्षा, सम्पत्ति और आरक्षण की नीति से निकट रूप से सम्बन्धित है। अध्ययन में यह भी स्पष्ट होता है कि अनुसूचित जाति के विधायक इस तथ्य के प्रति जागरूक हैं कि वे सरकार पर दबाव डालकर अनुसूचित जाति के कल्याण कार्यक्रमों का क्रियान्वयन सम्भव बना सकते हैं।

सच्चिदानन्द (1977) का अध्ययन बिहार के पाँच अनुसूचित जातियों के 200 शिक्षित व्यक्तियों पर आधारित है। इस अध्ययन द्वारा उन्होंने यह ज्ञात करने का प्रयत्न किया है कि हरिजन* अभिजात वर्ग का सदस्य सामाजिक अन्तःजाल के किस नवीन प्रतिमान में अपनी भूमिका निर्वाह कर रहा है। अध्ययन से यह निष्कर्ष प्राप्त होता है कि परम्परागत सामाजिक स्तरीकरण में यद्यपि हरिजन अभिजात वर्ग अपने नवीन अर्जित स्थिति पर बल देने लगा है परन्तु उनकी नवीन स्थिति ने न तो परम्परागत संस्करण में उनके स्थान को उच्च किया है और न ही उनकी राजनीति का सहभागिता को उन्नत किया है। अध्ययन से यह भी निष्कर्ष प्राप्त होता है कि अधिकतर हरिजन अभिजात वर्ग के सदस्य व्यक्तिवादी और उदासीन प्रकृति के हैं जिन्हें अपने समुदाय की समस्याओं में कोई विशेष रुचि नहीं है। संरक्षण की व्यवस्था ने हरिजन समुदाय और राष्ट्रीय एकीकरण के मध्य दूरी अत्यधिक बढ़ा दी है।

वाई.बी. अब्बासायुल (1978) का अध्ययन आन्ध्र प्रदेश के दलित आई.ए.एस. अधिकारी, डॉक्टर, इंजीनियर, विश्वविद्यालय अध्यापक, वकील, विधायक और मन्त्रियों पर

---

* हमारे द्वारा तैयार संपूर्ण शोध खंडों में हरिजन शब्द का प्रयोग नहीं हुआ है। चूँकि लेखक ने इस शब्द का प्रयोग किया है, इसलिए हम दे रहे हैं।

आधारित है। अध्ययन से यह विदित होता है कि अधिकतर अनुसूचित जाति के नव-अभिजात वर्ग के सदस्य ग्रामीण क्षेत्र से सम्बन्धित हैं। आन्ध्र प्रदेश की 60 अनुसूचित जातियों में से केवल 5 जाति के सदस्य नव-अभिजात वर्ग में प्रमुख रूप से पाए गए हैं। माला जाति के सदस्यों की अधिकता पाई गई है। इनके अतिरिक्त मादिगा, आदि आन्ध्रा, मोची और मालादासु जाति के सदस्यों की प्रमुखता है। जाति विशेष की प्रधानता हरिजन समुदाय में व्याप्त असमानता को कम करने के स्थान पर बढ़ा रही है। नव-अभिजात वर्ग के कुछ सदस्य अत्यन्त संघर्षशील प्रवृत्ति के हैं जो अपने अधिकारों की रक्षा के लिए प्रयत्नशील हैं। नव-अभिजात वर्ग के सदस्य अपने जातिगत संगठनों या समितियों से निकट रूप से सम्बन्धित पाए गए हैं। वे यह अनुभव करते हैं कि अपने प्रभाव का प्रयोग करते हुए प्रशासन का ध्यान अनुसूचित जाति की समस्याओं की ओर आकर्षित करके उनके निराकरण में सहयोग प्रदान कर सकते हैं।

उमा रामास्वामी (1974) का लेख यह दर्शाने का प्रयत्न करता है कि छात्रवृत्ति, शिक्षण संस्थाओं में आरक्षण की व्यवस्था, नौकरी तथा राजनीतिक आरक्षण की व्यवस्था ने अनुसूचित जाति में शेष समुदाय के साथ सम्बन्धित करने के बजाय पृथकता की प्रवृत्ति को और अधिक बलशाली बनाया है।

के.डी. गंगराडे (1975) का लेख यह दर्शाने का प्रयत्न करता है कि नवीन परिवर्तनों के कारण हरिजनों की सामाजिक स्थिति में परिवर्तन हुआ है तथा वे सामाजिक संस्तरण में ऊपर उठे रहे हैं परन्तु यह परिवर्तन अत्यन्त मन्द है। इस परिवर्तन की प्रमुख विशेषताएँ इस प्रकार हैं—जीवन शैली में परिवर्तन, अनेक परिवर्तनों का पारस्परिक अन्तःक्रिया द्वारा उत्पन्न परिवर्तन, सामूहिक प्रयास का परिणाम, युवा पीढ़ी में परिवर्तन की अधिकता, सभी हरिजन जातियों में परिवर्तन का समान रूप से न होना और सीमित सामाजिक क्षेत्रों में ही परिवर्तन का उत्पन्न होना।

बकौल गणेश मन्त्री[25], दिलचस्प बात यह है कि आरक्षण के समर्थक और विरोधी, दोनों ही समता के आदर्श की दुहाई देते रहे हैं। जातिवार आरक्षण के समर्थकों की दलील है कि सदियों से पिछड़े और उपेक्षित लोगों को आगे बढ़ने के लिए विशेष अवसर नहीं दिए जाएँगे तो वे कभी भी उन्नत जातियों के बराबर नहीं आ पाएँगे। दूसरे शब्दों में कहें तो पिछड़ों को बराबरी पर लाने के लिए अगड़ों के साथ थोड़ी-बहुत गैर-बराबरी बरतनी ही होगी। अगड़ों का कहना है कि इस गैरबराबरी से देश और समाज को प्रतिभा-सम्पन्न लोगों की सेवाओं से वंचित रहना पड़ेगा। उनका तर्क है कि योग्यताओं की उपेक्षा करके सामाजिक उन्नति का दावा करना अपने में अन्तर्विरोधी बात है। इसी तरह से सिर्फ सरकारी-गैर सरकारी नौकरियों में आरक्षण से जाति-व्यवस्था को मिटाने का दावा भी फिजूल है। जीवन्त सच्चाई तो यह है कि सवर्णों और अवर्णों, दोनों में ही जातिवाद बढ़ रहा है। पार्टी का उम्मीदवार तय करते समय चुनाव क्षेत्र में जातिगत स्थितियों के आधार पर टिकट देना तो 1992 में हुए प्रथम आम चुनाव से ही शुरू हो गया था किन्तु तब इसे लुका-छिपा कर रखने की कोशिश होती थी। अब तो उम्मीदवार जाति के आधार पर ही अपना दावा पेश करने लगे हैं।

राजकिशोर[26] के विचार में आवश्यक है कि योग्यताओं का दायरा बढ़ाया जाए और ऐसी स्थितियाँ पैदा की जाएँ जिनमें अधिकाधिक लोग योग्यता-रेखा के अन्दर आ सकें। इसके लिए उन कम योग्य लोगों को विशेष अवसर देना होगा, जो इसलिए कम योग्य नहीं हैं कि भगवान ने उन्हें ऐसा ही बनाकर भेजा है, बल्कि इसलिए कम योग्य हैं कि उन्हें पुश्तैनी रूप से ऐसी स्थितियों में रखा गया है जिनमें आजकल की योग्यताएँ पैदा नहीं हो पाई हैं। बेशक उनकी अपनी योग्यताएँ हैं। वे किसी भी सवर्ण की तुलना में खेत अच्छा जोत सकते हैं, गायें बेहतर चरा सकते हैं और बेहतर दूध दुह सकते हैं, बिना मशीन के सरसों और तिल से तेल निकाल सकते हैं, पलक झपकते रंग-बिरंगे कपड़े बनाकर पेश कर सकते हैं या तेज धार में भी बिना लाइफ बेल्ट के नाव खे सकते हैं। अब अगर आपको इन कामों की जरूरत नहीं है और आप इनसे दफ्तर के नोट लिखवाना चाहते हैं, फार्म भरवाना चाहते हैं या जिले का प्रशासन चलवाना चाहते हैं, तो इन्हें ये हुनर सीखने का मौका देंगे या नहीं?

जवाहरलाल कौल[27] लिखते हैं कि "हम जातिवाद के विरुद्ध जंग छेड़ने की घोषणाएँ करते हैं, मगर जंग छेड़ते हैं जातियों के बीच। समान अवसर की बातें करते हैं, मगर अवसरवाद के नए-नए मुद्दे खोजते रहते हैं। राष्ट्रीय एकता का नारा देते हैं, मगर व्यवहार में विभिन्न वर्गों के बीच टकराव की स्थितियाँ पैदा करते हैं।" गुजरात और मध्य प्रदेश में आरक्षण नीतियों पर एक समाजसेवी की यह टिप्पणी शत-प्रतिशत सही न भी हो, यह तो सही ही कि इन सरकारों की हाल की घोषणाओं में जल्दबाजी, अवसरवादिता और अवैज्ञानिकता स्पष्ट झलकती है।

कुछ वर्ष पहले गुजरात में मेडिकल और इंजीनियरिंग कॉलेजों में अनुसूचित जातियों और जनजातियों का आरक्षण बढ़ाने के विरोध में छात्रों ने एक आन्दोलन चलाया था। बड़े पैमाने पर हिंसा होने के बाद राज्य सरकार को उतनी ही जल्दबाजी में कदम पीछे हटाना पड़ा जितनी जल्दबाजी में आगे बढ़ाया था। आज फिर वैसी ही स्थितियाँ पैदा होती जा रही हैं।

प्रमुख समाजशास्त्री प्रोफेसर नन्दूराम[28] के विचार में राज्य एवं समाज की एक महत्त्वपूर्ण जिम्मेदारी यह है कि वे योग्यता एवं कार्यकुशलता की आड़ में एक बहुत बड़े वर्ग के प्रति होने वाले अन्याय तथा अत्याचारों पर अंकुश लगाएँ और साथ ही उन्हें विशेष अवसर प्रदान करके उनकी सामाजिक-आर्थिक प्रगति में सहायता करें। आरक्षण विरोधी इस सच्चाई को भी भूल जाते हैं कि देश और समाज को आगे बढ़ाने का दलितों, जनजातियों और अन्य पिछड़ी जातियों का भी उतना ही हक है, जितना कि उनका। यदि जनसंख्या को हक का आधार माना जाए तो इनका हक तीन-चौथाई से भी ज्यादा है। फलस्वरूप, उनको मिलने वाला आरक्षण कोई दान या उन पर की गई कृपा नहीं है बल्कि उनके अधिकार का एक छोटा सा अंश है जिसे देश को आगे बढ़ाने में केवल अपनी ही मुख्य भूमिका मानकर चलने वाले आरक्षण विरोधियों को स्वीकार करना चाहिए।

देखा जाए तो आरक्षण विरोधियों के खिलाफ पहली बार दलितों के भीतर जुझारूता की भावना आई। उन्होंने कस्बाई, शहरी और महानगरीय स्तर पर मोर्चेबन्दी भी की पर इतिहास इस बारे में पिछड़ी जाति के राजनीतिज्ञ, बुद्धिजीवी तथा विद्यार्थियों को शायद ही

माफ करे कि वे समता और न्याय हेतु आरक्षण के खिलाफ छेड़े गए अभियान को दबाने में दलितों के साथ एकजुट न हो सके। दलितों ने उनकी लड़ाई भी अपने बलबूते पर लड़ी।

भगवान दास[29] लिखते हैं कि "शहरों में दलितों ने इसका विरोध किया परन्तु पिछड़ी जातियों के लोग मंडल कमीशन रिपोर्ट के हक में बड़ा आन्दोलन नहीं खड़ा कर पाए, जिसका कारण पिछड़ी जातियों की अज्ञानता तथा पिछड़ापन था।" पिछड़ी जातियाँ संगठित क्यों नहीं हो पातीं? इसका कारण बताते हुए वे कहते हैं कि उनमें ऊँच-नीच का भाव और हिन्दू धर्म की जकड़ बहुत मजबूत है। आज तक पिछड़ी जातियों के लोगों ने अपना सामाजिक स्तर ऊँचा करने के लिए कायरता तथा धोखे के रास्ते अपनाए हैं जो धर्म और व्यवस्था, उनकी गरीबी, पिछड़ेपन, अनपढ़ता और कमजोरियों के कारण रहे हैं। उनके खिलाफ उन्होंने विरोध जाहिर नहीं किया।

के.एस. तूफान का मानना है कि आरक्षण विरोध के नारे बार-बार वातावरण में क्यों गूँजते हैं, इसके मूल में सवर्णों की विकृत तथा संकीर्ण मानसिकता काम कर रही है। उनके गले से यह बात नीचे ही नहीं उतरती कि कल तक जो उनके घरों में सफाई का काम करते थे, जो उनके ढोर चराया करते थे, वे आज उनके बराबर बैठने के अधिकारी कैसे हो सकते हैं? वे तो आज भी भारतीय संविधान पर **'मनुस्मृति के विधान'** को प्राथमिकता दिए जाने की मानसिकता को ढो रहे हैं। ऐसा प्रतीत होता है कि अनुसूचित जातियों की थोड़ी-बहुत प्रगति देखकर सवर्णों को यह खतरा दृष्टिगोचर हो रहा है कि कल उनके पाखानों की सफाई कौन करेगा? उनके खेतों में हल कौन चलाएगा? उनके ढोरों को कौन चराएगा तथा उन्हें बँधुआ मजदूर कहाँ से मिलेंगे?[30]

'अनुसूचित जातियों और अनुसूचित जनजातियों पर लोकसभा समिति की 37वीं रिपोर्ट' में कहा गया है, "आरक्षण नीति पर अमल की कहानी शक्तिशाली विशिष्ट वर्ग और प्रशासन, दोनों के कर्त्तव्य से विमुख होने की कहानी है। शक्तिशाली विशिष्ट वर्ग अनुसूचित जातियों/जनजातियों को संविधान और कानून से उन्हें प्राप्त अधिकारों से वंचित रखता है।" यह एक कटु सत्य है कि किसी भी मंत्रालय/विभाग में आज तक आरक्षण का कोटा नहीं भरा गया, क्या योग्य उम्मीदवार नहीं मिलने के कारण? जी नहीं, वरन् सवर्ण जातियों के षड्यंत्र के कारण।

यह भी उल्लेखनीय है कि भारत की समस्त जनसंख्या का लगभग 84 प्रतिशत (अनु. जाति 25 प्रतिशत, अनु. जनजाति 7 प्रतिशत तथा अन्य पिछड़ी जातियाँ 52 प्रतिशत) भाग दलितों एवं पिछड़े वर्गों का है तथा मान्य उच्चतम न्यायालय के एक निर्णय के अनुसार, आरक्षण को किसी भी दशा में 50 प्रतिशत से अधिक नहीं बढ़ाया जा सकता। अब विचारणीय प्रश्न यह है कि शेष 16 प्रतिशत (तथाकथित सवर्ण अथवा आभिजात) जनसंख्या को 50 प्रतिशत के लाभ के भाग में भी यदि हानि दृष्टिगोचर होती है तो यह केवल उनकी स्वार्थपरता, दृष्टि-दोष तथा दलितों/शोषितों को अधिकारों से वंचित रखने तथा उन्हें दबाने-कुचलने की प्रबल पाशविक प्रवृत्ति ही कही जाएगी। भारत का तथाकथित ऊँचा तबका आक्रामक है, उसका प्रत्येक मंच एवं स्थान पर प्रभाव है तथा उसके पास आवाज उठाने

हेतु अनेक मंच एवं बहुमत भी हैं। प्रेस, इलेक्ट्रॉनिक मीडिया, विश्वविद्यालयों, राजनीतिक दलों, मुखर संस्थाओं, सभी उद्योगों तथा प्रशासन पर इनका रौब/दबदबा है। अतः दलितों/शोषितों की आवाज को बड़ी निर्ममता/सरलता से दबा/कुचल दिया जाता है। तथाकथित सवर्ण जातियाँ दलितों, पिछड़ी जातियों की प्रगति की विरोधी इसलिए हैं कि उन्हें अपने सुख एवं सम्पन्नता के मार्ग में बाधा उत्पन्न होने का खतरा अनुभव होने लगा है। अतः सवैधानिक प्रावधान/नीति होते हुए भी उन्हें लागू नहीं करनेवालों की **'बुरी नीयत'** के कारण आरक्षण के प्रावधान लागू नहीं हो पाते हैं। अब यदि संविधान अथवा सरकार की नीति दलितों एवं अछूतों को सामाजिक/आर्थिक न्याय दिलाने की है भी, तो उससे क्या अन्तर पड़ने वाला है जबकि उन्हें लागू करने वालों की नीयत ही साफ नहीं है तथा वे इन वर्गों की उन्नति में रुचि ही नहीं रखते।

सुरेन्द्र मोहन[31] शिद्दत के साथ यह बात उठाते हैं कि भारत में विशिष्ट जातियों के कुछ लोगों ने असमानता का पोषण किया है। इसके अलावा जातिक्रम के आधार पर व्यक्ति का समाज में स्थान भी उसे उसकी योग्यता के आधार पर स्थान पाने से रोकता है। योग्यता हमेशा अर्जित की जाती है, हमारा समाज इसकी इजाजत नहीं देता। वहीं महीप सिंह का कहना था कि सवर्ण जाति के लोगों को समय की पुकार को सुनना चाहिए। इस देश में जनतंत्र की गाड़ी का पहिया जितनी तेजी से घूमेगा, दलित-पिछड़ी जातियों में अपने आत्म-सम्मान और सामाजिक न्याय की मंजिल को पाने की लालसा उतनी ही तेज होती जाएगी। दक्षिण भारत में एक बड़ा परिवर्तन आ चुका है। पिछले तीन दशक में महाराष्ट्र से लेकर केरल तक में सदियों से स्थापित ब्राह्मण प्रभुत्व अब निरन्तर प्रभावहीन होता जा रहा है। सत्ता के सूत्र निचली जातियों के हाथों में चले गए हैं। अब नीचे की दलित जातियाँ भी अपना हक माँग रही हैं। इससे सत्ता संघर्ष के नए समीकरण पैदा हो रहे हैं, परन्तु वे दिन दूर नहीं हैं जब सत्ता की भागीदारी में ये जातियाँ अपनी समुचित पैठ बना लेंगी।

आरक्षण ने जहाँ कुछ लोगों को सम्मानजनक जीने के अवसर दिए वहीं दलितों के बीच से ही चन्द शिक्षित एवं स्थापित लोग भी अब इसे अपमान मानने लगे हैं। उनके विचार में 'आरक्षण की जहालत' दलित समाज के आत्मविश्वास को ठेस पहुँचाने का प्रतीक बन गया है। इसे जल्द से जल्द समाप्त कर देना चाहिए, पर अधिकांश अभी भी आरक्षण को चलाए रखने के समर्थन में हैं।

जहाँ तक सवर्णों की बात है, उनमें तो अधिकांश यही चाहते हैं कि आरक्षण शीघ्र समाप्त हो और सभी को बराबर माना जाए। कुछ लोगों का मानना यह रहा है कि आरक्षण की नीति का फिर से विश्लेषण किया जाए। जिन जातियों की स्थिति में सुधार आ गया हो, उन्हें आरक्षण की सूची से निकाल दिया जाए। के.सी. बसंत बनाम स्टेट ऑफ कर्नाटक मामले में चन्द्रचूड़ ने संकेत किया था कि गैर-अधिकारयुक्त जातियों में से विशेष अधिकार-युक्त जातियों को अनन्त समय तक आरक्षण सुविधा न दी जाए।[32]

हम पुनः आरक्षण सम्बन्धी आंकड़े दे रहे हैं।

दूरदर्शन क्लास में क्लास-1 के 27 अधिकारी कार्यरत हैं–

21	1	3	2
सवर्ण	अन्य पिछड़ा वर्ग	अनुसूचित जाति	अनुसूचित जनजाति

दूरदर्शन क्लास में क्लास-2 के 116 अधिकारी कार्यरत हैं–

98	4	12	2
सवर्ण	अन्य पिछड़ा वर्ग	अनुसूचित जाति	अनुसूचित जनजाति

दूरदर्शन समाचार के कार्यालय में 201 स्थायी कर्मचारी हैं–

161	11	25	4
सवर्ण	अन्य पिछड़ा वर्ग	अनुसूचित जाति	अनुसूचित जनजाति

दूरदर्शन समाचार के कार्यालय में 35 स्थायी कर्मचारी हैं–

12	2	21	0
सवर्ण	अन्य पिछड़ा वर्ग	अनुसूचित जाति	अनुसूचित जनजाति

इनके अतिरिक्त प्रसार भारती द्वारा 50, बेसिल द्वारा 184 एवं एजेंसी द्वारा 60 कर्मचारी कार्यरत हैं इनका सवर्ण/अन्य पिछड़ा वर्ग/अनुसूचित जाति/अनुसूचित जनजाति का विवरण उपलब्ध नहीं है।

दूरदर्शन समाचार के 8 दिनों/10 दिनों और मासिक कॉन्टेक्ट पर भी कुछ कार्मियों को लिया जाता है। इनका सवर्ण/अन्य पिछड़ा वर्ग/अनुसूचित जाति/अनुसूचित जनजाति का विरण उपलब्ध नहीं है।

आरटीआई 3

राष्ट्रपति सचिवालय

1744/आर.टी.आई./01/10-11

21 फरवरी, 2011

राष्ट्रपति सचिवालय में समूह 'क' एवं समूह 'ख' के अधिकारियों की संख्या निम्नवत है–

समूह 'क' से राजपत्रित अधिकारी– कुल 29

27	1	1	0
सामान्य	अनुसूचित जाति	अनुसूचित जनजाति	अन्य पिछड़ा वर्ग

समूह 'ख' से राजपत्रित अधिकारी– कुल 37

31	5	1	0
सामान्य	अनुसूचित जाति	अनुसूचित जनजाति	अन्य पिछड़ा वर्ग

समूह 'ख' से अराजपत्रित अधिकारी– कुल 50

33	9	1	7
सामान्य	अनुसूचित जाति	अनुसूचित जनजाति	अन्य पिछड़ा वर्ग

प्रतिनिधित्व पर रखें नजर/फारवर्ड द्वारा

केन्द्रीय विश्वविद्यालयों में अनुसूचित जाति/जनजाति के हजारों शिक्षकों के पद रिक्त रीडर व प्रोफेसर के पदों में आरक्षण नीति की सरेआम अवहेलना दिल्ली विश्वविद्यालय में 1500 सीटों का बैकलॉग

प्रतिवर्ष छात्रों की संख्या में इजाफा हो रहा है, विश्वविद्यालय भी खोले जा रहे हैं परन्तु इन विश्वविद्यालयों में पढ़ाने के लिए शिक्षकों की नियुक्तियाँ नहीं की जा रही हैं। पिछले कई वर्षों में तदर्थ, अनियमित व गेस्ट शिक्षकों के सहारे ही कॉलेज व विश्वविद्यालय चल रहे हैं जबकि मानव संसाधन विकास मंत्रालय व विश्वविद्यालय अनुदान आयोग (यू.जी.सी.) शिक्षकों के रिक्त पदों को भरने के लिए विश्वविद्यालय व कॉलेजों को बराबर पत्र लिखता रहा है। स्थिति यह है कि आज 35 से 40 प्रतिशत शिक्षकों के पद रिक्त पड़े हैं। इन खाली पदों में ज्यादातर अनुसूचित जाति, जनजाति, अन्य पिछड़ा वर्ग व विकलांग शिक्षकों के हैं। आरक्षित वर्गों का यह बैकलॉग लम्बे समय से इन विश्वविद्यालयों ने नहीं भरा है।

विश्वविद्यालयों में खाली पड़े पदों को तुरन्त भरने के लिए जनवरी व अप्रैल 2012 में केन्द्रीय विश्वविद्यालयों में आरक्षित नियुक्तियों को बैकलॉग द्वारा भरने सम्बन्धी मानव संसाधन विकास मंत्री ने यू.जी.सी. के चेयरमैन को पत्र लिखा था। यू.जी.सी. ने दिल्ली विश्वविद्यालय सहित केन्द्रीय विश्वविद्यालय सहित केन्द्रीय विश्वविद्यालयों में एस.सी/एस.टी. ओबीसी के विकलांगों के खाली पड़े पदों का न भरने पर गम्भीर चिन्ता प्रकट करते हुए इन पदों को तुरन्त भरने के लिए युद्ध स्तर पर कदम उठाने की सिफारिश की थी। परन्तु चार महीने बीत जाने के बावजूद इस दिशा में कोई पहल नहीं हुई है।

फोरम ऑफ एकेडेमिक्स फॉर सोशल जस्ट्सि के चेयरमैन प्रोफेसर हंसराज 'सुमन' महासचिव प्रोफेसर के.पी. सिंह, व सचिव प्रोफेसर संदीप कुमार ने संयुक्त वक्तव्य में बताया है कि केन्द्रीय, राज्य तथा मानद विश्वविद्यालयों एवं सम्बद्ध कॉलेजों में आरक्षित वर्गों की सीटों के विज्ञापन नहीं निकाल रहे हैं बल्कि उनकी आरक्षित सीटों पर सामान्य वर्ग के तदर्थ व गेस्ट शिक्षकों की नियुक्तियाँ की जा रही हैं। बहाना यह बनाया जा रहा है कि इन वर्गों के उम्मीदवार उपलब्ध नहीं हैं, या उन्हें 'नॉट फाऊंड सुटेबल' कहकर आसानी से सामान्य वर्गों में तब्दील कर भर्ती की जा रही है। स्थिति यहाँ तक पहुँच गई है कि वर्षों से खाली पड़े इन पदों का बैकलॉग हजारों की संख्या में एकत्रित हो गया है। अकेले दिल्ली विश्वविद्यालय में पिछले दो वर्षों से आरक्षित वर्गों की नियुक्तियाँ न होने से 4000 शिक्षक तदर्थ आधार पर पढ़ा रहे हैं इनमें ज्यादातर एस.सी./एस.टी.ए ओ.बी.सी. व विकलांगों के रिक्त पदों का बैकलॉग बनता है। जिस पर सामान्य वर्गों के शिक्षकों को रखकर पढ़वाया जा रहा है।

जनवरी 2012 में बैकलॉग पदों को भरने के लिए विशेष भर्ती अभियान चलाकर 1.11.2008 (एस.सी./एस.टी., ओबीसी तथा 15.11.2009 विकलांगों के बचे हुए चिन्हित पद 31 मार्च, 2012 तक अवश्य भरने के निर्देश दिए थे और ऐसा करते समय ध्यान रखा जाए कि 2008 तक का बैकलॉग शामिल रहे। उन्होंने यह भी बताया है कि अप्रैल 2012

में संसद में आरक्षण के मुद्दों को लेकर केन्द्रीय विश्वविद्यालयों में एस.सी./एस.टी. एवं ओबीसी के शिक्षकों के खाली पड़े पदों को न भरने तथा बैकलॉग पूरा करने पर लम्बी बहस हुई थी। उसके बाद मानव संसाधन विकास मंत्रालय ने यूजीसी को पत्र लिखकर इन वर्गों का बैकलॉग पूरा करने के साथ ही आरक्षण पूरा न करने पर इनके अनुदान में कटौती करने की सिफारिश भी की थी।

फोरम की एक टीम के साथ विभिन्न केन्द्रीय, राज्य व मानद विश्वविद्यालयों का दौरा करके एक सर्वे किया गया। सर्वे के दौरान विभिन्न केन्द्रीय विश्वविद्यालयों में **31 मार्च, 2011 तक एस.सी.,/एस.टी. बैकलॉग कोटा इस प्रकार बताया गया है।**

दिल्ली विश्वविद्यालय–सहायक प्रोफेसर–97, एसोसिएट प्रो.–147, प्रो.–69;
जे.एन.यू.–सहायक प्रोफेसर–34, एसोसिएट प्रो.–57, प्रो.–28;
जामिया मिलिया इस्लामिया–सहायक प्रोफेसर–30, एसोसिएट प्रो.–41, प्रो.–25;
बनारस हिन्दू विश्वविद्यालय–सहायक प्रो.–184, एसोसिएट प्रो.–153, प्रो.–78;
हैदराबाद विश्वविद्यालय–सहायक प्रो.–15, एसोसिएट प्रो.–47, प्रो.–22;
गुरु घासीदास विश्वविद्यालय–सहायक प्रोफेसर–28, एसोसिएट प्रो.–19, प्रो.–10;
विश्वभारती विश्वविद्यालय–सहायक प्रोफेसर–20, एसोसिएट प्रो.–20, प्रो.–12;
हरि सिंह गौड़ विश्वविद्यालय–सहायक प्रोफेसर–26, एसोसिएट प्रो.–19, प्रो.–12;
पांडीचैरी विश्वविद्यालय–सहायक प्रोफेसर–13, एसोसिएट प्रो.–19, प्रो.–14;
मिजोरम विश्वविद्यालय–सहायक प्रोफेसर–15, एसोसिएट प्रो.–14, प्रो.–09 है।

प्रो. हंसराज 'सुमन' व प्रो. के.पी. सिंह ने बताया है कि 25 केन्द्रीय विश्वविद्यालयों के आंकड़े वर्ष 2011 के फोरम के पास हैं। जिसमें सहायक प्रोफेसर के स्वीकृत पद–5317, रिक्त पद–1714, अनुसूचित जाति–367, अनुसूचित जनजाति–208 पदों का बैकलॉग है। इसी तरह से एसोसिएट प्रोफेसर स्वीकृत पद–3155, रिक्त पद–1283, अनुसूचित जाति–418, अनुसूचित जनजाति–228 का बैकलॉग है। प्रोफेसर के स्वीकृत पद–1667, रिक्त पद–788, अनुसूचित जाति–232, अनुसूचित जनजाति–124 पदों का बैकलॉग काफी समय से भरा नहीं गया है।

सर्वे के दौरान पाया है कि केन्द्रीय विश्वविद्यालयों की ही भांति राज्य विश्वविद्यालयों की स्थिति भी आरक्षण के मामले में कोई बेहतर नहीं है। इन विश्वविद्यालयों ने भी आरक्षित पदों को भरने के लिए कोई ठोस कदम नहीं उठाया है। **चौधरी चरण सिंह हरियाणा कृषि विश्वविद्यालय** में सहायक प्रोफेसर–213, एसोसिएट प्रोफेसर–45, प्रोफेसर–13; **महर्षि दयानन्द विश्वविद्यालय** –सहायक प्रोफेसर–42, एसोसिएट प्रोफेसर–12, प्रोफेसर–8; **पंजाबी विश्वविद्यालय**–सहायक प्रोफेसर–130, एसोसिएट प्रोफेसर–44, प्रोफेसर–43; **दिल्ली टेक्नोलॉजी विश्वविद्यालय**–सहायक प्रोफेसर–22, एसोसिएट प्रोफेसर–14, प्रोफेसर–10; **हिमाचल प्रदेश कृषि विश्वविद्यालय**–सहायक प्रोफेसर–107, एसोसिएट प्रोफेसर–437, प्रोफेसर–17 है। इन विश्वविद्यालयों ने भी आरक्षण कोटा पूरा करने के लिए कोई कदम नहीं उठाए जिससे आज स्थिति यह हो गई है कि बैकलॉग निरन्तर बढ़ता ही जा रहा है।

उन्होंने बताया है कि 48 राज्य विश्वविद्यालयों के आंकड़े उनके पास उपलब्ध हैं जिसमें सहायक प्रोफेसर के स्वीकृत पद–10511, रिक्त पद–3856, अनुसूचित जाति–649, अनुसूचित जनजाति–638 पदों का बैकलॉग है। इसी तरह प्रोफेसर के स्वीकृत पद–3238, रिक्त पद–1313, अनुसूचित जाति–1313, अनुसूचित जनजाति–327, अनुसूचित जाति–216 पदों का बैकलॉग है। प्रोफेसर के स्वीकृत पद–2180, रिक्त पद–260, अनुसूचित जाति–245, अनुसूचित जनजाति–147 पदों का बैकलॉग काफी समय से इन विश्वविद्यालयों ने भरा नहीं हैं जिसके कारण लम्बे समय से बैकलॉग चला आ रहा है।

प्रो. हंसराज 'सुमन' ने बताया है कि सर्वे टीम ने जहाँ 2011 तक के आंकड़ों में आरक्षित सीटों का बैकलॉग बताया है, **वहीं दूसरी ओर फोरम के पास 31 केन्द्रीय विश्वविद्यालयों के आंकड़े 31 मार्च, 2012 तक के हैं,** उसके बाद भी हजारों में बैकलॉग हैं, जबकि यू.जी.सी. व केन्द्र सरकार के बार-बार लिखने के बाद भी विशेष भर्ती अभियान नहीं चलाया गया। फोरम ने **31 मार्च, 2012** तक विश्वविद्यालय के विभागों में बैकलॉग इस प्रकार बताया है–

दिल्ली विश्वविद्यालय–सहायक प्रोफेसर–155, एसोसिएट प्रो.–144, प्रो.–57;
जे.एन.यू.–सहायक प्रोफेसर–21, एसोसिएट प्रो.–65, प्रो.–36;
बनारस हिन्दू विश्वविद्यालय–सहायक प्रोफेसर–170, एसोसिएट प्रो.–151, प्रो.–78;
हैदराबाद विश्वविद्यालय–सहायक प्रोफेसर–21, एसोसिएट प्रो.–39, प्रो.–33;
इलाहाबाद विश्वविद्यालय–सहायक प्रोफेसर–106, एसोसिएट प्रो.–41, प्रो.–18;
अलीगढ़ मुस्लिम विश्वविद्यालय–सहायक प्रोफेसर–194, एसोसिएट प्रो.–102, प्रो.–78;
जामिया मिलिया इस्लामिया–सहायक प्रोफेसर–33, एसोसिएट प्रो.–43, प्रो.–26;
इंदिरा गांधी राष्ट्रीय मुक्त वि.वि.–सहायक प्रोफेसर–27, एसोसिएट प्रो.–23, प्रो.–12;
तेजपुर विश्वविद्यालय–सहायक प्रोफेसर–07, एसोसिएट प्रो.–10, प्रो.–11;
हरिसिंह गौड़ विश्वविद्यालय–सहायक प्रोफेसर–25, एसोसिएट प्रो.–19, प्रो.– 18;
विश्वभारती विश्वविद्यालय–सहायक प्रोफेसर–22, एसोसिएट प्रो.–27, प्रो.–15;
नार्थ ईस्ट हिल विश्वविद्यालय–सहायक प्रोफेसर–30, एसोसिएट प्रो.–27, प्रो.–20;
पांडेचेरी विश्वविद्यालय–सहायक प्रोफेसर–07, एसोसिएट प्रो.–17, प्रो.–14;
मौलाना आजाद उर्दू विश्वविद्यालय–सहायक प्रोफेसर–22, एसोसिएट प्रो.–17, प्रो. –11;
गुरु घासीदास विश्वविद्यालय–सहायक प्रोफेसर–09, एसोसिएट प्रो.–19, प्रोफेसर 10 है।

केन्द्रीय विश्वविद्यालयों में एसोसिएट प्रोफेसर व प्रोफेसर के पदों में भारत सरकार की आरक्षण नीति को कुछ विश्वविद्यालयों ने अभी तक लागू नहीं किया है। 31 मार्च, 2012 तक 31 केन्द्रीय विश्वविद्यालयों में एसोसिएट प्रोफेसर अनुसूचित जाति–70, अनुसूचित जनजाति–28 पद ही भरे गए हैं। वहीं प्रोफेसर के अनुसूचित जाति–26, अनुसूचित जनजाति–09 पदों पर नियुक्ति हुई है।

विश्वविद्यालय व कॉलेज महज खानापूर्ति के लिए गेस्ट या एडहॉक फैक्लटी के द्वारा

अध्यापन का कार्य कराया जा रहा है। उन्हें भरने के लिए न तो कोई विज्ञापन ही निकाले जा रहे हैं और न ही नियमित शिक्षकों की नियुक्तियाँ करने की पहल की जा रही है। संसद में उठे एक प्रश्न में विश्वविद्यालयों में शिक्षकों के रिक्त पदों को भरने के लिए 30 जुलाई, 2010 की संसद में यह माला उठाया जा चुका है, उसके बाद भी बिना शिक्षकों के केन्द्रीय विश्वविद्यालयों में अध्यापन का कार्य जारी है—

बिना शिक्षकों के केन्द्रीय विश्वविद्यालय

विश्वविद्यालय	*स्वीकृत पद*	*भरे गए पद*	*रिक्त पद*
दिल्ली विश्वविद्यालय	1940	991	949
अलीगढ़ मुस्लिम विश्वविद्यालय	1387	1152	235
बनारस हिन्दू विश्वविद्यालय	2395	1490	905
हैदराबाद विश्वविद्यालय	541	357	184
जामिया मिलिया इस्लामिया	770	661	112
जवाहर लाल नेहरू विश्वविद्यालय	723	485	238
पांडीचैरी विश्वविद्यालय	460	258	202
विश्वभारती विश्वविद्यालय	712	605	107
मिजोरम विश्वविद्यालय	338	213	125
इलाहाबाद विश्वविद्यालय	540	301	237
हरिसिंह गौड़ विश्वविद्यालय	324	154	170
आम्बेडकर विश्वविद्यालय	130	75	55
नार्थ ईस्ट हिल विश्वविद्यालय	407	285	202
गुरु घासीदास विश्वविद्यालय	240	90	150
मौलाना आजाद उर्दू विश्वविद्यालय	263	144	119
तेजपुर विश्वविद्यालय	230	151	79

30 जुलाई, 2010 को राज्य सभा के प्रश्न संख्या 625 के अनुसार शिक्षकों का स्वीकृत पदों की संख्या 13120 थी। लेकिन इनमें से 8701 शिक्षकों की ही नियुक्ति की गई थी जबकि 4420 पद खाली पड़े हुए हैं।

एक सर्वे के आधार पर 611 विश्वविद्यालयों में 5.89 शिक्षकों के स्वीकृत पदों में लगभग 1.50 लाख पद खाली पड़े हैं जिसमें केन्द्रीय विश्वविद्यालयों में 15 हजार शैक्षिक पदों में 3000 से अधिक पद एस.सी./एस.टी. के खाली पड़े हैं।

केन्द्रीय विश्वविद्यालयों में शिक्षकों के 35 से 40 फीसदी पद रिक्त पड़े हैं। इन पदों को भरने के लिए यू.जी.सी. बराबर विश्वविद्यालयों व कॉलेजों को पत्र लिखती रही है। बावजूद इसके वहाँ बैठे अधिकारी, उपकुलपति, लॉयजन ऑफिसर, व स्पेशल सैल कोई ध्यान नहीं देता।

उन्होंने आगे बताया इस तरह से 30 जुलाई, 2010 को राज्य सभा के एक प्रश्न के उत्तर में उच्च शिक्षा संकायों में शिक्षकों की कमी बताई गई है। उन्होंने शैक्षिक सत्र 2007-08 का हवाला देते हुए बताया है कि–

पद नाम	*कुल स्वीकृत पद*	*भरे गए पद*	*रिक्त पद*	*रिक्त प्रतिशत*	*कितनी यूनिवर्सिटी को इसमें चुना*
प्रोफेसर	2469	1367	1102	44.63	45
रीडर	4506	2194	2312	51.31	46
लेक्चरर	9604	4503	5101	51.36	44
टोटल	16579	8064	8515	51.36	135

उच्च शिक्षा के क्षेत्र में भारत बड़ी तेजी से प्रगति कर रहा है। आजादी के समय जहाँ देश में 20 विश्वविद्यालय और 500 कॉलेज थे। इन छह दशकों में यह संख्या 611 विश्वविद्यालय और लगभग 31,324 कॉलेजों में उच्च शिक्षा दी जा रही है। छात्रों की संख्या भी डेढ़ करोड तक पहुँच गई है। वहीं इन विश्वविद्यालयों में शिक्षकों की संख्या 5.89 लाख है।

विश्वविद्यालयों के शैक्षिक आंकड़ों से पता चलता है कि उच्च शिक्षा के क्षेत्र में भारत सरकार की आरक्षण नीति को प्रभावी ढंग से लागू नहीं किया गया है और न ही सरकार ने इतनी गम्भीरता दिखाई है अन्यथा ऐसी चिन्ताजनक स्थिति न होती। साथ ही विश्वविद्यालय प्रशासन ने भी अनुसूचित जाति/अनुसूचित जनजाति के उम्मीदवारों से भरे जाने वाले इन पदों के लिए सख्ती से कार्यवाही नहीं की अन्यथा आजादी के 65 वर्षों के बाद व यू.जी.सी. की स्थापना के 56 वर्षों बाद भी इतने पद रिक्त न रहते।

फोरम ने विभिन्न विश्वविद्यालयों में बने एस.सी./एस.टी. के लिए विशेष प्रकोष्ठ (स्पेशल सैल) की कार्य प्रणाली पर भी प्रश्न चिन्ह लगाया है। इन प्रकोष्ठों का कार्य एस.सी./एस.टी. के छात्रों को प्रवेश के समय होने वाली समस्याओं का निदान करना, शैक्षिक व गैर-शैक्षिक पदों को भरवाने के लिए विश्वविद्यालय प्रशासन पर दबाव बनाना था, मगर अनेकों विश्वविद्यालयों में प्रकोष्ठ नाममात्र के ही हैं, उन्हें किसी प्रकार के कोई अधिकार नहीं दिए गए हैं।

फोरम की सर्वे टीम ने अपनी रिपोर्ट में आगे बताया है कि लॉयजन ऑफिसर का पद विश्वविद्यालयों में सृजन किया गया है, उक्त अधिकारी का कर्तव्य होता है कि वह आरक्षित वर्ग के शिक्षकों के हितों का पूरा ध्यान रखते हुए आरक्षण कोटा पूरा करने के लिए समय-समय पर राष्ट्रीय अनुसूचित जाति आयोग, यू.जी.सी., मानव संसाधन विकास मंत्रालय तथा एस.सी./एस.टी. के कल्याणार्थ संसदीय समिति को अवगत कराता रहे तथा शैक्षिक पदों की जानकारी के साथ-साथ अपनी आरक्षण से सम्बन्धित वार्षिक रिपोर्ट प्रस्तुत कर जानकारी दे। परन्तु उन्होंने भी कोई ठोस कदम नहीं उठाए, रोस्टर रजिस्ट्रर बनाना। उसे वेबसाइट पर सार्वजनिक करना, कॉलेज को एक यूनिट मानना तथा वैकेंसी बेस रोस्टर पूरा करने के पश्चात ही पोस्ट बैस रोस्टर (200 प्वाईंट) लागू करवाने के साथ-साथ ही

यू.जी.सी. गाइडलाइन्स 2006 को तुरन्त प्रभाव से विश्वविद्यालयों व कॉलेजों में लागू करवाते तो आज इन विश्वविद्यालयों में आरक्षित वर्गों के हजारों पद खाली नहीं रहते, जबकि सामान्य वर्गों के शिक्षकों की नियुक्तियाँ निरन्तर जारी हैं। आरक्षित वर्ग के शिक्षित बेरोजगार निराश होकर अन्य व्यवसायों को अपनाने लगे हैं। विश्वविद्यालयों के विभागों में बने एड-हॉक पैनल में हर साल बेरोजगार शिक्षकों का इजाफा हो रहा है। स्थिति यह हो गई है कि अब कम्पीटिशन अन्य वर्गों से नहीं अपने आरक्षित वर्गों में बढ़ गया है।

सर्वे टीम ने विश्वविद्यालयों में यह भी पाया है कि एस.सी./एस.टी. के पदों का बैकलॉग विशेष भर्ती अभियान के तहत भरने की बात चलती है तो मनुवादी मानसिकता से संचालित शिक्षक संगठन आरक्षित वर्गों की सीटें न भरने देने का खुलकर विरोध करते हैं, उनकी राजनीतिक पार्टियाँ संसद व संसद के बाहर आरक्षण का समर्थन करते हैं, परन्तु उनके द्वारा संचालित शिक्षक संगठन आरक्षण का घोर विरोध करते हैं। यहाँ तक कि कुछ शिक्षक संगठनों की राजनीतिक रोटियाँ तो आरक्षण का विरोध करने पर ही सेंकी जाती रही हैं।

फोरम ने सर्वे के दौरान यह भी पाया है कि इन विश्वविद्यालयों में सीनेट, विद्वत परिषद्, कार्यकारी परिषद्, डीन, डिप्टी डीन, रजिस्ट्रार, प्राचार्य, विभागाध्यक्षों के पदों की स्थिति शोचनीय है। जब भी कोई नियम व कानून विश्वविद्यालय स्तर पर बनाए जाते हैं, तो उसमें अनुसूचित जाति/जनजाति के उम्मीदवारों का प्रतिनिधित्व नहीं रहता, और फैसले उनके विरुद्ध लिए जाते हैं। इन विश्वविद्यालयों में रोस्टर रजिस्टर, ग्रीवेंस सैल, वार्षिक रिपोर्ट तक नहीं बनाई जाती है, तो आरक्षण नीति के तहत इन वर्गों के एसोसिएट व प्रोफेसर कैसे बनेंगे क्योंकि यूजीसी गाइडलाइन्स 2006 को सभी विश्वविद्यालयों ने ठंडे बस्ते में डाल दिया है।

सर्वे के दौरान टीम ने अधिकांश विश्वविद्यालयों में विशेष प्रकोष्ठों की नकारात्मक कार्यशैली को पाया है। ये प्रकोष्ठ शैक्षिक व गैर-शैक्षिक पदों की नियुक्ति सम्बन्धि कोई रुचि नहीं लेते तथा न ही इन्होंने शैक्षिक व गैर-शैक्षिक पदों के लिए किसी प्रकार का रोस्टर रजिस्टर बनाया हुआ है। साथ ही अनेक विश्वविद्यालयों में विशेष प्रकोष्ठ तो हैं, परन्तु उनके पास पूर्ण स्टॉफ व कर्मचारी उपलब्ध नहीं हैं। ऐसी स्थिति में आरक्षण नीति को कैसे लागू किया जाए, यह भी समस्या अनेक विश्वविद्यालयों को देखने को मिलती है। फोरम ने माँग की है कि ऐसे विश्वविद्यालयों का तुरन्त अनुदान बन्द कर देना चाहिए या आयोग ऐसे विश्वविद्यालयों की मान्यता रद्द कर दे ताकि भविष्य में आरक्षण नीति की अवहेलना न कर सकें। ऐसा करने से अन्य विश्वविद्याल उनकी इस शैली से अवश्य ही सबक लेंगे।

सर्वे टीम के समक्ष अनेक विश्वविद्यालयों ने अनुसूचित जाति/जनजाति के उम्मीदवारों का उपलब्ध न होने का बहाना बनाया है। साथ ही अनेक विश्वविद्यालय व कॉलेज एस.सी./एस.टी. के पदों को भरने के लिए स्थानीय समाचार पत्रों में विज्ञापन देकर अपने कर्तव्यों की इतिश्री समझ लेते हैं, जबकि भारत सरकार का कहना है कि कम से कम तीन राष्ट्रीय दैनिक समाचार पत्रों व रोजगार पत्र में पदों का विज्ञापन देना चाहिए, लेकिन अनेक विश्वविद्यालय व कॉलेज इसे नहीं अपनाते हैं। सन् 2007 तक यू.जी.सी. ने **'केन्द्रीय डाटा पूल'** बनाया था जिसमें सभी विषयों के एस.सी./एस.टी. के योग्य उम्मीदवारों का शैक्षिक

विवरण था, लेकिन बाद में यू.जी.सी. ने 'केन्द्रीय डाटा पूल' को बन्द कर दिया, जिसकी वजह से अनेक विश्वविद्यालय एस.सी./एस.टी. के उम्मीदवारों के उपलब्ध न होने का बहाना बनाते हैं, जबकि वर्ष में दो बार यूजीसी-नेट परीक्षा में अनुसूचित जाति 15 प्रतिशत, अनुसूचित जनजाति 7.5 प्रतिशत उम्मीदवारों का चयन होता है। उसके बावजूद एस.सी./एस.टी. उम्मीदवार उपलब्ध नहीं हैं, यह भ्रम फैलाया जाता है। ताकि आरक्षित सीटों को आसानी से सामान्य वर्गों में तब्दील की जा सकें।

समाज में अनुसूचित जाति, जनजाति तथा अल्पसंख्यक समुदायों के संदर्भ में सामाजिक न्याय पर आधारित समतामूलक समाज की जब बात की जाती है तो उम्मीद बँधती है कि इसकी स्थापना में उच्चशिक्षा केन्द्र अग्रणी भूमिका निभाएँगे। लेकिन इसके उलट हकीकत बहुत ही भयावह और समतामूलक समाज बनाए जाने के प्रयासों पर गहरी चोट करने वाली है। हाल में डॉ. राममनोहर लोहिया इंस्टीट्यूट ऑफ मेडिकल साइंस लखनऊ में वंचित तबकों के साथ बड़े पैमाने पर भेदभाव देखने में आया है। यह 2 जुलाई, 2012 को शिक्षक पदों के चयन सम्बन्धी विज्ञापन में दिखा। सोलह विभागों में शिक्षकों के 44 पदों के लिए अनुसूचित जाति, अनुसूचित जनजाति तथा अन्य पिछड़ा वर्ग के लिए कोई पद आरक्षित नहीं है। तमाम उच्च शिक्षण संस्थानों में भेदभाव की ऐसी खबरें आती रहती हैं।

मानव संसाधन विकास मंत्रालय द्वारा 2011 में किए उच्च शिक्षा सर्वे से प्राप्त आँकड़ों के अनुसार देश के केन्द्रीय विश्वविद्यालयों की स्थिति का जायजा लेने पर स्थिति भयावह नजर आती है। देश के प्रतिष्ठित जेएनयू में प्रोफेसर, एसोसिएट प्रोफेसर व अस्सिटेंट प्रोफेसर के 485 पद हैं। इनमें अनुसूचित जनजाति के 14, अनुसूचित जाति के 30 तथा अन्य पिछड़ा वर्ग के मात्र दो शिक्षक हैं। दिल्ली विश्वविद्यालय के 832 शिक्षक पदों में अनुसूचित जनजाति कमे 16, अनुसूचित जाति के 49 तथा अन्य पिछड़ा वर्ग से दस शिक्षक कार्यरत हैं। आरक्षण विरोधियों का गढ़ कहने जाने वाले बनारस हिन्दू विश्वविद्यालय में शिक्षक पदों की संख्या 1490 हैं। यहाँ अनुसूचित जनजाति के 21, अनुसूचित जाति के 81 तथा अन्य पिछड़ा वर्ग का एक भी शिक्षक नहीं है। दिल्ली के अखिल भारतीय आयुर्विज्ञान संस्थान (एम्स) में कुल शिक्षक पदों की संख्या 435 है, लेकिन सर्वे के दौरान अनुसूचित जाति, जनजाति तथा अन्य पिछड़ा वर्ग सम्बन्धी आंकड़े उपलब्ध नहीं करवाए गए। जिनोमिकी एवं समवेत जीवन विज्ञान संस्थान, दिल्ली ने भी सूची के हिसाब से आंकड़े उपलब्ध नहीं कराए। भारतीय प्रौद्योगिकी संस्थान कानपुर में शिक्षक पदों की संख्या 406 है जिनमें अनुसूचित जाति के 2 व अनुसूचित जनजाति एवं अन्य पिछड़ा वर्ग का कोई शिक्षक कार्यरत नहीं है। इसी प्रकार इंडियन इंस्टीट्यूट ऑफ मास कम्युनिकेशन दिल्ली में कुल 13 शिक्षक पदों में एक व्यक्ति अनुसूचित जनजाति का है तथा अनुसूचित जाति एवं अन्य पिछड़ा वर्ग से कोई नहीं है। यूनिवर्सिटी कॉलेज ऑफ मेडिकल साइंस (यूसीएमएस) दिल्ली में 184 शिक्षक पदों पर 151 कार्यरत हैं जिनमें अनुसूचित जनजाति से मात्र 1, अनुसूचित जाति से 9 तथा अन्य पिछड़ा वर्ग से दो हैं।

पंजाब विश्वविद्यालय में कुल 212 पदों में अनुसूचित जनजाति के 12, अनुसूचित जाति के 6 तथा अन्य पिछड़ा वर्ग से कोई शिक्षक नहीं है। सूचना अधिकार के तहत प्राप्त जानकारी

के अनुसार राजस्थान विश्वविद्यालय में 900 शिक्षकों में अनुसूचित जनजाति से 2, अनुसूचित जाति से 2, तथा अन्य पिछड़ा वर्ग से 20 व माँगी गई जानकारी के अनुसार मात्र 3 पदों पर गुर्जर समुदाय के व्यक्ति कार्यरत हैं। प्राप्त आंकड़ों की हकीकत बहुत कुछ बयान कर रही है। देश के बयालीस केन्द्रीय विश्वविद्यालय में स्वीकृत प्रोफेसर, एसोसिएट प्रोफेसर, अस्सिटेंट प्रोफेसर के पदों सहित कुल शिक्षक पदों की संख्या 13514 है जिन पर 8852 व्यक्ति कार्यरत हैं। इनमें अनुसूचित जाति के 568, अनुसूचित जनजाति 268, अन्य पिछड़ा वर्ग 245, पीएच 45 तथा सवर्ण समुदाय के 7771 व्यक्ति कार्यरत हैं। कुल मिलाकर अनुसूचित जाति, जनजाति तथा पिछड़ा वर्ग की प्रोफेसर पद पर 1.5 प्रतिशत, एसोसिएट प्रोफेसर पद पर 3.8 प्रतिशत तथा अस्सिटेंट पद पर 3.7 प्रतिशत हिस्सेदारी है।

पैसे की कमी इन पदों के न भरने का एक कारण है लेकिन मुख्य कारण नहीं। असल कारण है जातिवादी मानसिकता। बीएचयू, दिल्ली विश्वविद्यालय, कादी सर्व विश्वविद्यालय गुजरात, जिनोमिक एवं समेकित जीव विज्ञान संस्थान दिल्ली ऐसे शिक्षण संस्थान हैं जहाँ सवर्ण ही प्रोफेसर व एसोसिएट प्रोफेसर के पदों पर कार्यरत हैं। अगर पैसे की कमी ही है तो तब तो दिक्कतें सभी के सामने होनी चाहिए। उच्च शिक्षण संस्थानों में प्रोफेसर तथा एसोसिएट प्रोफेसर के पद पर आरक्षण का प्रावधान न होने के कारण आदिवासी, दलित तथा पिछड़े वर्ग से आने वाला व्यक्ति इन पदों पर बैठे लोग उसके सामने ऐसी स्थितियाँ पैदा कर देते हैं कि वह किसी प्रकार का काम न कर सके।

तथाकथित सवर्ण वर्ग से आने वाले बुद्धिजीवी समाज के द्वारा उच्च शिक्षा के क्षेत्र में किया जाने वाला यह भेदभाव सबसे खतरनाक होता है। क्योंकि यह वर्ग जानता है कि यदि इन समुदायों को आगे आना है तो सबसे ज्यादा जरूरी है शिक्षा के क्षेत्र में भागरीदारी। शिक्षा में बढ़ती हुई इनकी भूमिका रोक दी जाए तो कोई समुदाय कितना भी राजनीतिक अथवा आर्थिक रूप से सशक्त क्यों न हो, वह शिक्षा के बिना तरक्की नहीं कर सकता। सवर्ण डोमिनेटेड उच्च शिक्षा के ये संस्थान आदिवासी, दलित व पिछड़े वर्ग के शोषण के नए केन्द्र बनते जा रहे हैं। शिक्षक पदों में ही नहीं बल्कि छात्रों के साथ भेदभाव का भी सवर्ण वर्चस्व वाले उच्च शिक्षण संस्थान लम्बे समय से अपनाते आ रहे हैं। प्रवेश के लिए लिखित परीक्षा के बाद लिया जाने वाला व्यक्तिगत साक्षात्कार पिछले कुछ वर्षों में एक ऐसे हथियार के रूप में उभर कर सामने आया है जिसका निम्न समुदाय के शिक्षक और छात्र कोई हल नहीं ढूँढ पा रहे हैं।

सूचना का अधिकार तहत से प्राप्त जानकारी के अनुसार देश के सबसे प्रगतिशील व मार्क्सवादियों का गढ़ माने जाने वाले जेएनयू के इतिहास विभाग में 2010 में एमफिल/पीएचडी साक्षात्कार के 30 अंकों में से अनुसूचित जाति के तीन छात्रों को 12, 3 तथा 8, अनुसूचित जनजाति के दो छात्रों को 15, व 3, पीएच सूची के दो छात्रों को 5 व 10, अन्य पिछड़ा वर्ग की एक छात्रा को 22 तथा सवर्ण वर्ग के तेरह छात्र-छात्राओं को 21 से 27 तक अंक दिए गए हैं। जाति आधारित यह भेदभाव जेएनयू के इतिहास विभाग का ही मामला नहीं है। अन्य शिक्षण संस्थानों में भी इसी प्रकार के या कहें, इनसे भी बदतर हालात हैं।

प्रवेश के मामले में भी छात्रों से भेदभाव हो रहा है। मेडिकल, आईआईटी, आईआईएम जैसे संस्थानों में तो शोषण की जैसे होड़ लग गई है। इससे दलित आदिवासी तथा पिछड़े वर्ग के छात्र आत्महत्या जेसे कदम उठाने को मजबूर हैं। 4 मार्च 2012 को अखिल भारतीय आयुर्विज्ञान संस्थान दिल्ली (एम्स) में एमबीबीएस प्राथम वर्ष छात्र अनिल कुमार मीणा की आत्महत्या इसका ताजा उदाहरण है। पिछले चार वर्षों में आदिवासी तथा दलित समुदाय के लगभग 20 छात्र आत्महत्या कर चुके हैं। प्रशासन भले ही आत्महत्या का कारण प्रेम प्रसंग यह निजी बता अपने को मुक्त करने का प्रयास करता है लेकिन सामाजिक परिवेश और जातिगत कुंठा इसका बड़ा कारण माना जाना चाहिए।

हाल में उत्तराखंड उच्च न्यायालय ने एक मामले में प्रोन्नति में आरक्षण देने पर रोक लगा दी जबकि संविधान में अनुसूचित जाति व अनुसूचित जनजाति को पदोन्नति में आरक्षण सम्बन्धी अंकों में छूट है। इस निर्णय से राज्य की सरकारी सेवाओं में अनुसूचित जाति, जनजाति व पिछड़ा वर्ग को पदोन्नति आरक्षण नहीं मिलेगा। यानी न्यायालयों से भी वंचित तबकों को निराशा ही हाथ लगती है। तमाम कोशिशों के बावजूद जातिवाद समाप्त नहीं हो पा रहा है। ऐसी स्थिति में तो बिल्कुल नहीं जब उच्च शिक्षा केन्द्र माने जाने वाले विश्वविद्यालय में बैठा तथाकथित सवर्ण वर्ग निम्न यानी मानी जाने वाली जातियों को बराबरी से आने का मौका प्रदान नहीं करता है।

शीर्ष पदों पर एक भी एससी अफसर नहीं

बकौल डॉ. उदित राज सरकारी नौकरियों में वंचित तबके के लिए आरक्षण की व्यवस्था के 62 वर्ष बाद भी इन नौकरियों में अब तक शीर्षस्थ पदों पर अनुसूचित जाति का एक भी व्यक्ति नहीं है। 40 प्रतिशत सफाई कर्मचारी अनुसूचित जाति के हैं। सरकारी आंकड़ों के अनुसार सरकारी विभागों में सचिव स्तर के 149 अधिकारियों में एससी वर्ग का एक भी अधिकारी नहीं है जबकि एसटी वर्ग के मात्र चार अधिकारी हैं। मार्च 2011 तक के आंकड़ों के अनुसार अतिरिक्त सचिव स्तर के 108 अधिकारियों में से दोनों वर्गों के मात्र दो-दो अधिकारी हैं।

एससी तथा सात एसटी हैं। इन पदों के लिए आरक्षण की व्यवस्था नहीं है लेकिन जिन में इन वर्गों के लिए आरक्षण है उनमें भी इनके अधिकांश पद रिक्त हैं। इनमें सीधी भर्ती और आरक्षित दोनों तरह के पद हैं। इनमें से 4518 पद इसलिए रिक्त हैं क्योंकि पदोन्नति के लिए कोई व्यक्ति उपलब्ध नहीं था। एसटी वर्ग की स्थिति और भी खराब है जिसके 28173 पद रिक्त पड़े हैं। इनमें से 7416 की पदोन्नति होनी है। समूह ए श्रेणी में 11.1 प्रतिशत एससी तथा 4.6 प्रतिशत एसटी हैं। समूह बी में 14.3 प्रतिशत एससी और 5.5 प्रतिशत एसटी हैं। राष्ट्रीय सहारा लिखता है कि सबसे अच्छी स्थिति समूह डी वर्ग के कर्मचारियों की है जिसमें 19.3 प्रतिशत एससी तथा सात प्रतिशत एसटी हैं। दरअसल 40 प्रतिशत से भी ज्यादा सफाई कर्मचारी एससी वर्ग के हैं। इसी की बदौलत कुल मिलाकर

उनका प्रतिशत अपेक्षाकृत ठीक बना हुआ है। पर देखा जाए तो ठीक कुछ भी नहीं है, जिसे न सरकार के दरबारी समझ रहे हैं और न स्वयं दलित समाज के प्रतिनिधि। ऐसी स्थिति में आरक्षण पूरा कौन करवाएँगे?

उत्तर प्रदेश के मुख्यमंत्री अखिलेश के यूपी में 100 फीसदी आरक्षण का नया ड्रामा

अखिलेश सिंह यादव सरकार के संसदीय कार्य मंत्री आजम खान ने राज्यपाल बी.एल. जोशी को उत्तर प्रदेश के 100 प्रतिशत आरक्षण के 'एक प्रस्तावित बिल-ड्राफ्ट' के साथ पत्र लिखा। बिल में 'जिसकी जितनी भागीदारी, उसकी उतनी हिस्सेदारी' के तर्ज पर आरक्षण प्रावधान किया गया है।

तय मसौदे के अनुसार उत्तर प्रदेश के समाज को जाति के आधार पर छह हिस्सों में बाँटा गया है। ओबीसी को दो वर्गों में बाँटा गया है और इस तबके को उत्तर प्रदेश की सरकारी सेवाओं में 19 फीसदी आरक्षण दिए जाने का प्रस्ताव किया गया है।

मुसलमानों को आरक्षण का लाभ देने के लिए उन्हें 5 वर्गों में बाँटा गया है और हर वर्ग को आबादी के हिसाब से कुल साढ़े अठारह फीसद आरक्षण देने का प्रावधान इस बिल में है।

सवाल यह है कि यदि यूपी विधानमंडल इस प्रस्तावित विधेयक पर मुहर लगा भी दे तो क्या यह सर्वोच्च न्यायालय में मिलने वाली चुनौती के सामने टिक पाएगा?

हम यहाँ आजम खान द्वारा राज्यपाल को भेजे गए पत्र में दर्शाए गए आंकड़ों को बिना किसी परिवर्तन के सिर्फ चार्ट बनाकर पेश कर रहे हैं। जाहिर है श्री खान के माध्यम से यूपी सरकार द्वारा किया गया 100 फीसदी आरक्षण का यह आरम्भिक समाज में व्यापक विमर्श की माँग करता है।

मुसलमान

श्रेणी	*समुदाय*	*जनसंख्या*	*वर्तमान स्थिति*	*प्रस्तावित आरक्षण*
		(%)	*(%)*	*(%)*
उच्च जाति-ए	शेख	5	4	5
	पठान	2.2		
उच्च जाति-बी	राजपूत, सैय्यद, मुगल	0.18		
पिछड़े	पिंजरा, तेली आदि	6.5	1.5	6.5
दलित-ए	अंसारी	2.10	0.5	2
दलित-बी	धोबी, डोम, मोची आदि	0.90		1

सामान्य

श्रेणी	समुदाय	जनसंख्या	वर्तमान स्थिति	प्रस्तावित आरक्षण
		(%)	(%)	(%)
सामान्य-ए	ब्राह्मण/त्यागी/भूमिहार	9	19	9
	राजपूत/ठाकुर	6.5	9	
	वैश्य/बनिया	2.5	2.0	
	कायस्थ	1.1	0.9	
सामान्य-बी	अरोड़ा/पंजाबी	1	0.5	13
	सिख	0.5	0.1	
	जैन	0.3	0.1	
	दूसरे राज्यों से आए प्रवासी	1	0.1	

ओबीसी

श्रेणी	समुदाय	जनसंख्या	वर्तमान स्थिति	प्रस्तावित आरक्षण
		(%)	(%)	(%)
ओबीसी-ए	यादव/ग्वाला	8.8	21	9
	कुर्मी	3.3	2.5	
	लोढ	2.1	1.5	
	जाट	1.6	1.3	
ओबीसी-बी	कोइरी	1.0	1.3	10
	मुराव/शाक्या	1.0	1.2	
	गूजर	0.6	0.4	
	माली/सैनी	0.3	0.2	

अनुसूचित जाति

श्रेणी	समुदाय	जनसंख्या	वर्तमान स्थिति आरक्षण	प्रस्तावित
		(%)	(%)	(%)
अनु. जाति-ए	चमार/जाटव	13.1	12.1	13
	पासी	3.1	2.8	
	कोरी/जुलाहा	1.5	1.3	
	धोबी	1.3	1.5	

अनु. जाति-बी	भंगी/वाल्मीकि	0.7	0.6	9
	खटिक	0.4	0.9	
	धानुक	0.3	0.2	
	अन्य अनुसूचित जातियाँ	1.5	0.5	

सन्दर्भ

1. कांस्टीच्यूएंट एसेम्बली डिबेट्स, 30 नवम्बर, 1948, पृ. 701-2.
2. रमैयाराम के.पी., आरक्षण विरोध क्यों? हम दलित, नई दिल्ली, नवम्बर, 1994, पृ. 19.
3. विलियम केरी (प्रोफेसर) 'ए ग्रामर ऑफ द बंगाली लैंग्वेज' कथोपकथन 'ए डिक्शनरी ऑफ द बंगाल लैंग्वेज, इतिहास माला।
4. जाति तोड़ो, संकलन और सम्पादन : विजय प्रताप, लोकायन 13, अलीपुर रोड, दिल्ली-110054, 1991, पृ. V.
5. मेहरचन्द यादव, पहले अपना आरक्षण खत्म करें, जाति तोड़ो, पृ. 19.
6. के. बाल गोपाल, यह मंडल विरोधी उन्माद, आंच, अनियमितकालीन पत्रिका, दिल्ली, पृ. 38.
7. वही, पृ. 39.
8. वही, पृ. 41.
9. भगवान दास, एलीट और सामाजिक परिवर्तन, न्याय चक्र, 15 मई से 14 जून, 1993, नई दिल्ली, पृ. 16.
10. वही, पृ. 17.
11. डॉ. एम.के. आनन्द, आरक्षण एवं सवर्ण हिन्दू, धम्म दर्पण, आम्बेडकर भवन, नई दिल्ली, अप्रैल-जून, 1981, पृ. 18.
12. प्रो. एम.सी. जोशी, गुजरात का दलित संहार–सांस्कृतिक पृष्ठभूमि, धम्म दर्पण, पृ. 21.
13. दिनमान, दरियागंज, नई दिल्ली, 7-13 अप्रैल 1985, पृ. 23.
14. आरक्षण विरोधी दहन कुंड में प्रतिपक्ष, 6105, कौशल्या पार्क, हौजखास, नई दिल्ली, सित.-अक्तू. 1990, पृ. 4.
15. वही, पृ. 7.
16. राजकिशोर, आत्मदाह का मनोविज्ञान, तुरंता संस्कृति की प्रेत छायाएँ, प्रतिपक्ष, पृ. 23.
17. सुनील, जसवीर, ईश्वरी प्रसाद : जाति : एक कड़वा सच, जाति तोड़ो, पृ. 21.
18. वही, पृ. 22.
19. 1982 में गुजरात के आरक्षण विरोधी आन्दोलन के सन्दर्भ में समता संगठन की अंग्रेजी पत्रिका 'समता ईरा' की टीम ने किया था।
20. डॉ. सुनील, आरक्षण विरोध का सच, प्रतिपक्ष, पृ. 40.
21. ईश्वरी प्रसाद, आरक्षण गैरबराबरी के विरुद्ध जेहाद, प्रतिपक्ष, पृ. 27.
22. वॉयस ऑफ दी वीक, नई दिल्ली, अप्रैल, 1999, पृ. 7.
23. राजेन्द्र कुमार, आरक्षण विरोध के विरुद्ध सुगबुगाहट, प्रतिपक्ष, पृ. 55.
24. हम दलित, नई दिल्ली, पृ. 41
25. बान्द्रा (पश्चिम) मुम्बई, उनके निवास पर बातचीत के आधार पर।
26. राजकिशोर, आरक्षण के मिथक, नवभारत टाइम्स, नई दिल्ली, 30 अगस्त, 1990.

27. जवाहरलाल कौल, आयोगी रपटों की पट और चित, दिनमान, दरियागंज, दिल्ली 10-16 मार्च, 1985, पृ. 24.
28. डॉ. नन्दूराम, आरक्षण का आधार भ्रांतियों का शिकार, प्रतिपक्ष, पृ. 19.
29. भगवान दास, बाबा साहेब आम्बेडकर और जातिवाद, डॉ. आम्बेडकर दर्शन स्मारिका, 14 अप्रैल 1992, सराय काजी, मुरादाबाद, (उ.प्र.) पृ. 77.
30. के.एस. तूफान की 'अँधेरे से रोशनी' पुस्तक से (के.एस. तूफान दलित समाज के वरिष्ठ साहित्यकार और एक्टिविस्ट रहे हैं। लगभग दो दशक पूर्व तक वे एजीसीआर, नई दिल्ली में कार्यरत थे। अब बिजनौर के एक गाँव में रहते हैं।)
31. निजी क्षेत्र में आरक्षण विषय पर 31 दिसम्बर, 2009 को गांधी शांति प्रतिष्ठान, दिल्ली में नेकडोर (N.G.O.) के द्वारा आयोजित सम्मेलन की रपट से।
32. Chandrachud, "It is essential that the privileged section of the under privileged section should not be permitted to monopolise preferential benefits for an indefinite period of time."
33. जितेन्द्र कुमार मीणा, जातिवादी शोषण के नए केंद्र, राष्ट्रीय सहारा, नई दिल्ली, 4 सितम्बर, 2012.
34. वायस ऑफ बुद्धा, नई दिल्ली, 16 से 31 जुलाई, 2012.

राजनैतिक आरक्षण की उपयोगिता

जून, 1989 के दूसरे पखवाड़े में डॉ. आम्बेडकर भवन, नई दिल्ली में रिपब्लिकन पार्टी ऑफ इण्डिया द्वारा एक विचारगोष्ठी का आयोजन किया गया, जिसका विषय था : *'क्या राजनीतिक आरक्षण समाप्त होना चाहिए?'*[1] यूँ राजनीतिक क्षेत्र में सीटों के आरक्षण हटाने की माँग आर.पी.आई. के कार्यकर्ता बहुत समय से करते आए हैं। शायद देश में यह अकेली महत्त्वपूर्ण राजनीतिक पार्टी है जो चुनाव में राजनीतिक आरक्षण नहीं माँगती। हालाँकि बसपा का भी शुरुआती दौर में यही विचार रहा लेकिन बाद में हमें नहीं लगता कि उक्त पार्टी ने अपने दलित उम्मीदवारों को सामान्य सीट से चुनाव लड़ाया हो। चुनाव से पहले सभी पार्टियाँ आरक्षित क्षेत्रों से चुनाव लड़ने के लिए अनुसूचित जाति एवं जनजाति के उम्मीदवारों की तलाश करती हैं और अपने तरीके से उन्हें चुनाव जिताने के लिए अनगिनत हथकण्डों का इस्तेमाल भी करती रही हैं। राजनैतिक क्षेत्र में यह परम्परा दशकों से चली आ रही है।

आजादी के दूसरे दशक में दलित राजनीति में आर.पी.आई. ने अच्छी-खासी पहचान बनाई थी। आरक्षित चुनाव-क्षेत्रों के साथ-साथ उक्त पार्टी के टिकट पर सामान्य क्षेत्रों से भी चुनाव लड़ा गया था। पार्टी के अधिकांश नेताओं का मानना है कि राजनीतिक आरक्षण से राजनीति के बाजार में गुलामों की भीड़ ही बढ़ती है, इसके अलावा और कुछ होता नहीं। इसका कारण यह है कि विभिन्न राजनीतिक दल मनचाहे उम्मीदवारों को ही चुनाव लड़ाते हैं क्योंकि उनके सामने उद्देश्य होता है—पार्टी से उम्मीदवार जिताकर लोकसभा या विधान-सभाओं में बहुमत लाना। उम्मीदवार कैसा भी हो, पार्टी उसे अपने साँचे में ढाल ही लेती है। आरक्षित सीट पर जीते गए उम्मीदवारों में अधिकांश होते भी ऐसे हैं जो अपनी-अपनी पार्टी में समाज का प्रतिनिधित्व नहीं करते बल्कि अपने समाज में पार्टी का ही प्रतिनिधित्व करते रहे हैं। दलित समाज में ऐसे बहुत से नेताओं को देखा गया है जो अपने समाज के बीच आयोजित किसी सभा या गोष्ठी में अपनी-अपनी पार्टी तथा सम्बन्धित नेताओं की प्रशंसा में कशीदे पढ़ने के शौकीन हुआ करते हैं, पर जब-जब पार्टी की बैठकें होती हैं तब-तब वे ही नेता उन बैठकों में अपने समाज की समस्याओं से पार्टी हाईकमान को रू-ब-रू करना अपना फर्ज नहीं समझते। वे उस समय या तो चुप रहते हैं या फिर सोते हुए पाए जाते हैं। आजादी के बाद अधिकांश दलित नेताओं की राजनीति का यथार्थ तो यही सब बयान करता है।

वैसे राजनीतिक सीटों के आरक्षण के विषय पर विभिन्न राजनीतिज्ञों में आरम्भ से ही मतभेद रहा है। बाबा साहेब डॉ. आम्बेडकर चाहते थे कि दलितों के प्रतिनिधियों को दलित समाज के मतदाता ही चुनें। इसलिए उन्होंने **पृथक निर्वाचन मंडल** की माँग की थी। उनका मानना था कि दलित मतदाता सभी सुरक्षित क्षेत्रों में चुनाव में आरक्षित उम्मीदवारों को जिताने में निर्णायक सिद्ध नहीं होते, क्योंकि सुरक्षित क्षेत्रों में अन्य धर्म तथा सम्प्रदायों के मतदाता भी रहते हैं। दलितों के मतों की राजनीति को सबसे पहले समझा कांग्रेस पार्टी ने और अधिकांश चुनाव-क्षेत्रों में दलित उम्मीदवारों की जीत उनकी कृपा पर भी होती है।

जहाँ से एक ओर अनुसूचित जाति/जनजाति का प्रत्याशी खड़ा होता था दूसरी सीट पर किसी भी समुदाय जाति का उम्मीदवार चुनाव लड़ सकता था। इस व्यवस्था ने दलित मतदाताओं को अपना प्रतिनिधि चुनने तथा उस पर नियंत्रण रखने की पावर दी हुई थी। दूसरी स्थिति में अन्य जाति का प्रत्याशी भी दलितों को सहयोग करने के लिए बाध्य था कि उसे भी उनके मतों से चुनाव जीतना होता था। यही व्यवस्था दलित उम्मीदवार को दूसरी यानी सामान्य सीट पर भी चुनाव लड़ने का अवसर देती थी। लेकिन जब 1959 में अनुसूचित जाति के एक उम्मीदवार द्वारा वी.वी. गिरि को आन्ध्र प्रदेश में हरा दिया गया तो कांग्रेस ने इस व्यवस्था को समाप्त कर दिया।[१९]

इस पद्धति को चलाए रखने में फायदे में रही। दूसरी ओर, आरम्भ से ही कांग्रेस पार्टी में पूँजीपति, भूस्वामी तथा सामन्तों का दबदबा रहा है। विशेषकर गाँवों में आज भी इन तीनों का बोलबाला रहा है जिनके बीच दलितों की स्थिति कहीं भी नहीं रही। दलितों के मतों की राजनीति को सबसे पहले समझा कांग्रेस पार्टी ने और उनकी उपस्थिति दर्ज होती है केवल राजनीतिक चुनावी उत्सव में। वह भी अलग तरह से। चुनाव के दिनों में और विशेष रूप से मतदान के समय दलित मतदाताओं की उनकी अपनी इच्छा तथा अनिच्छा का कोई अर्थ नहीं होता। गाँव का सामन्त और जमींदार जहाँ मत देने के लिए कहता है उसे वहीं और उसी उम्मीदवार को मत देना पड़ता है। कभी-कभी तो ऐसा भी होता है कि भूमिहीन दलित मजदूर अपने घर पर या सामन्त के खेत में होता है और उसका मत डाल दिया जाता है। यह स्थिति आजाद भारत में लम्बे समय तक रही। हालाँकि बाद के दिनों में बहुजन समाज पार्टी ने कांग्रेस की इस कूटनीति को तोड़ा ही नहीं, बल्कि उस पर भरपूर वार भी किया।

राजनीतिक आरक्षण की एक बड़ी त्रासदी तो यह भी है कि एक ही सुरक्षित सीट पर योग्य से योग्य उम्मीदवार हार जाता है और अयोग्य उम्मीदवार जीत जाता है। स्वयं बाबा साहेब डॉ. आम्बेडकर इसके शिकार हुए बिना नहीं रहे। यह भी रिसर्च में पाया गया कि दलित उम्मीदवारों का इस्तेमाल राजनैतिक दलों के द्वारा केवल कोरम पूरा करने के लिए किया जाता है।

उत्तरी भारत में कभी दलितों के जुझारू नेता रहे बी.पी. मौर्य राजनीतिक आरक्षण के हमेशा से ही खिलाफ रहे हैं। इसलिए उन्होंने जितने चुनाव लड़े वे सामान्य क्षेत्र ही थे।

बाबा साहेब डॉ. आम्बेडकर के पौत्र तथा राज्यसभा सदस्य प्रकाश आम्बेडकर बेबाक स्वर में कहते हैं कि अब चुनाव में रिजर्व सीट रखने की प्रथा को समाप्त कर देना चाहिए। वह इसलिए कि आरक्षित क्षेत्रों से चुनाव लड़नेवाले दलित समाज के प्रतिनिधियों को जीतने के लिए सवर्ण हिन्दुओं की दया पर निर्भर रहना पड़ता है। इसलिए जैसा वे कहते हैं, उन्हें वैसा ही करना पड़ता है। इस चक्कर में वे अपने समाज तथा उसकी समस्याओं को भूल जाते हैं। उनका मानना है कि राजनीतिक आरक्षण समाप्त होने पर सबसे बड़ी बात तो यह होगी कि दलित नेताओं के बीच उतने मतभेद नहीं रहेंगे। उनमें आत्मनिर्भरता बढ़ेगी। फिर वे कहीं से भी चुनाव लड़ सकेंगे और सवर्णों की जी-हुजूरी करने के लिए उन्हें मजबूर नहीं होना पड़ेगा।

सही बात तो यह है कि राजनीतिक आरक्षण ने दलित नेताओं को मेरुविहीन बनाया है क्योंकि अधिकांश का विचार होता है कि वे आरक्षित क्षेत्रों से आसानी से चुनाव जीत सकते हैं जबकि उनकी यह सोच पूरी तरह से सही नहीं है। वह इसलिए कि एक सीट पर कभी-कभी इतने उम्मीदवार खड़े हो जाते हैं कि अधिकतर मत तो इधर-उधर ही बँट जाते हैं। कुछ उम्मीदवार सत्ता पार्टी द्वारा डमी बनाकर खड़े कर दिए जाते हैं।

ऐसा भी नहीं कहा जा सकता कि आरक्षित क्षेत्रों तथा उन सीटों पर चुनाव जीतने वाले उम्मीदवारों की कोई उपलब्धि ही नहीं रही या सभी जीतने वाले उम्मीदवार डमी सिद्ध हुए। आजादी से पूर्व और बाद में भी राजनैतिक क्षेत्र में बहुत से दलित उम्मीदवार ऐसे भी रहे जिन्होंने दलित सवालों को समय-समय पर संसद और विधानसभाओं में जुझारूता से उठाया। बाहर भी उन्होंने दलित आन्दोलन को आगे बढ़ाने में महत्त्वपूर्ण भूमिका निभाई है। जमीन तथा रोजगार के मुद्दों को उठाया है। दलित उत्पीड़न पर बहस में हिस्सेदारी ली है। आजादी के दो-तीन दशक इसके चश्मदीद गवाह रहे हैं।

पर जैसे-जैसे दलित राजनीति में बिखराव आता गया, वैसे-वैसे समाजमूलक दृष्टि का दलित नेताओं के बीच अभाव होता गया। राजनीति में आने का अर्थ सीधे-सीधे सुविधाएँ बटोरना हो गया। उनके बीच से समाजसेवा की भावना लुप्त हो गई। समाज सुधार केवल एक आवरण बनकर रह गया। राजनीति उसी आवरण में रखकर की जाने लगी। बहुत कम पाठकों को मालूम है कि बाबा साहेब डॉ. आम्बेडकर ने राजनीतिक प्रशिक्षण केन्द्र की स्थापना की थी। उनके अपने समय में ही उनके सहयोगियों में से कुछ साथी उनका साथ छोड़कर कांग्रेस में जाने लगे थे। 1 जुलाई, 1956 को बम्बई में राजनीति में प्रवेश करने वाले युवाओं के लिए एक प्रशिक्षण केन्द्र की स्थापना की गई थी। इसके प्रथम रजिस्ट्रार के रूप में आम्बेडकर के साथी श्री रेगे को नियुक्त किया गया था। जुलाई 1956 से मार्च 1957 तक इस केन्द्र में 15 प्रशिक्षणार्थियों को प्रवेश दिया गया था और 6 दिसम्बर 1956 को जब बाबा साहेब की मृत्यु हुई, उनके बाद इस तरह के प्रशिक्षण-केन्द्रों में दलित नेताओं की कोई विशेष रुचि नहीं रही।[2]

अनुसूचित जाति तथा जनजाति के कुल सांसदों की अगर गिनती की जाए तो जो लगभग 125 बैठती है। वे संसद में बैठने वालों के पाँचवें हिस्से के करीब बैठते हैं पर

आजादी के पचास वर्षों की राजनीति में दलित सवालों पर संयुक्त रूप से उन्होंने कभी कोई प्रयास नहीं किए, केवल त्यूंइर में हुए दलित उत्पीड़न की घटना के सन्दर्भ में राष्ट्रपति से मिलने जाने की घटना को छोड़कर। इस प्रतिनिधि मंडल में भी दलित आदिवासी सांसदों की संख्या 106 तक ही पहुँच पाई थी। यह क्या जरूरी है कि अगर भारतीय संविधान में संशोधन कर राजनीतिक आरक्षण समाप्त कर भी दिया जाए तो राजनीति में दलितों की स्थिति बेहतर होगी या दलित नेताओं में आत्मविश्वास और आत्मसम्मान जाग ही जाएगा?

आरक्षण से सम्बन्धित संविधान संशोधन करने से पूर्व सामान्य चुनाव क्षेत्रों से दलित उम्मीदवारों के चुनाव लड़ने के दौरान जाति आधार पर उठे विवादों और समस्याओं का विश्लेषण करना पहले जरूरी होगा। अक्सर देखा गया है कि सामान्य क्षेत्रों से चुनाव लड़ने वाले दलित उम्मीदवारों पर सवर्ण जातियों का दबाव अधिक होता है। सवर्ण जातियों की रुचि और अरुचि पर दलित उम्मीदवार का जीतना निर्भर होता है। वैसे कहीं-कहीं इस मिथक को झुठलाया भी गया है। उदाहरण के लिए, पहले बी.पी. मौर्य के मामले में ऐसा हुआ और बाद में बहुजन समाज पार्टी के अध्यक्ष कांशीराम के बारे में। दोनों की जीत यह साबित करती है कि अगर दलित उम्मीदवार जानदार और जुझारू है तो उसकी जीत निश्चित है क्योंकि कुछ चुनाव क्षेत्रों को छोड़कर अधिकांश क्षेत्र ऐसे हैं जिनमें दलित आदिवासी तथा मुस्लिम और पिछड़े समुदायों के मतदाता ही अधिक संख्या में हैं।

आइए देखें कि राजनैतिक आरक्षण की संवैधानिक स्थिति क्या है। लोकसभा में अनुसूचित जातियों का प्रतिनिधित्व संविधान के उल्लिखित अनुच्छेद 330 और 332 के अनुसार, लोकसभा और राज्यों की विधानसभाओं में अनुसूचित जाति के स्थान आरक्षित किए गए हैं यानी कुल 525 स्थानों में से 77 स्थान अनुसूचित जातियों के लिए आरक्षित किए गए हैं। प्रथमतः यह प्रावधान संविधान लागू होने की तारीख से 10 वर्ष के लिए किया गया था किन्तु बाद में इस संविधान के 8वें संशोधन अधिनियम 1960 द्वारा 20 वर्ष कर दिया गया। संविधान के 23वें संशोधन अधिनियम 1971 द्वारा यह अवधि बढ़ाकर 30 वर्ष कर दी गई। 1976 में संसद ने 'अनुसूचित जाति और जनजाति आदेश (संशोधन) अधिनियम 1976' बनाया। परिणामस्वरूप, अधिनियम के अनुसार लोकसभा और राज्यों की विधानसभाओं की आरक्षित सीटों की संख्या में कुछ परिवर्तन किए गए।[3]

लोकसभा के सभी निर्वाचन-क्षेत्र 'एकल सदस्यीय' रखे गए हैं। ये निर्वाचन-क्षेत्र इस प्रकार निर्धारित किए जाएँगे कि लोकसभा का एक सदस्य कम-से-कम 5 लाख जनसंख्या का प्रतिनिधित्व करे। (हिमाचल प्रदेश एवं कुमाऊँ मंडल इसके अपवाद हैं) इस सम्बन्ध में अधिकतम सीमा बदलती हुई परिस्थितियों के अनुसार निर्धारित की जाती रहेगी।

जहाँ तक विधानसभा की बात है, उसमें आंग्ल भारतीय समुदाय के नामजद सदस्यों को छोड़कर अन्य सभी सदस्यों का मतदाताओं के द्वारा प्रत्यक्ष रूप से चुनाव होता है। विधानसभा का प्रत्येक सदस्य कम-से-कम 75 हजार जनसंख्या का प्रतिनिधित्व करे। सभी निर्वाचन-क्षेत्र एक सदस्यीय हैं। (असम के स्वाधीन जिले, शिलांग की छावनी

और नगरपालिका क्षेत्र तथा नवनिर्मित राज्य मणिपुर, त्रिपुरा व मेघालय व कुमाऊँ का क्षेत्र इसके अपवाद हैं। 42वें संवैधानिक संशोधन के अनुसार, अनुच्छेद 32 में यह व्यवस्था कि लोकसभा-विधानसभा में 2001 तक सदस्य संख्या वही रहेगी।)

1980 में यह अवधि समाप्त होने पर पुनः एक संवैधानिक संशोधन द्वारा 25 जनवरी 1990 तक के लिए बढ़ा दी गई है। आरक्षित स्थानों का निर्धारण जनसंख्या के आधार पर किया जाता है। 142वें संविधान संशोधन अधिनियम 1976 द्वारा इस अनुच्छेद में संशोधन करके यह स्पष्ट कर दिया गया है कि इस प्रयोजन के लिए जनसंख्या से तात्पर्य 1971 की जनगणना पर आधारित जनसंख्या है और वह सन् 2000 तक वैसी ही बनी रहेगी। इसका तात्पर्य यह है कि अनुसूचित जाति के लिए लोकसभा और राज्यों की विधानसभाओं में स्थानों का आरक्षण 2000 तक 1971 की जनगणना के आधार पर किया जाएगा और नई जनगणना का इस पर कोई प्रभाव नहीं पड़ेगा। 1977 के चुनाव में लोकसभा के लिए अनुसूचित जाति के लिए आरक्षित स्थानों की संख्या 79 थी।

सूचनादाताओं के राजनीतिक बोध का अध्ययन करते हुए इनसे यह पूछा गया है कि लोकसभा में अनुसूचित जाति के लिए आरक्षित स्थानों की संख्या कितनी है? प्राप्त उत्तरों से यह विदित होता है कि 60.29 प्रतिशत सूचनादाताओं को लोकसभा में आरक्षित स्थान 79 का सही ज्ञान है, 33.14 प्रतिशत ने आरक्षित स्थानों की संख्या गलत बताई है तथा 6.59 प्रतिशत सूचनादाताओं ने इस सम्बन्ध में अनभिज्ञता व्यक्त की है।

राजनैतिक आरक्षण के बारे में 'धम्म दर्पण' अपने सम्पादकीय में लिखता है—दलितों के विमुक्तिदाता बाबा साहेब डॉ. आम्बेडकर इस बात को भलीभाँति समझते थे कि इस देश के शोषित-प्रताड़ित दलित समाज का इस देश की संसद में तथा विधानसभाओं में समुचित प्रतिनिधित्व केवल राजनैतिक आरक्षण के आधार पर ही सम्भव हो सकता है। बिना आरक्षण के उनका कोई भी प्रतिनिधि संसद में, विधानसभाओं में प्रवेश नहीं कर पाएगा। ऐसा होने पर दलित समाज पर होने वाले निर्मम अत्याचारों एवं उसकी सिसकी को सुनने और उसके विरुद्ध आवाज उठाने वाला भी कोई न होगा। इस देश का लेखक, अखबार, समाचार सभी दलितों की करुणामयी एवं दयनीय दशा को देखकर उसे लिखने भर की सामग्री मानकर सन्तुष्ट हो लेता है और अपने कर्तव्य की इतिश्री समझ शान्त हो जाता है।[4]

सम्पादकीय में आगे लिखा गया है कि प्रश्न उठता है कि क्या 1950 से लेकर आज तक के इस लम्बे अन्तराल के बाद भी राजनैतिक आरक्षण से दलित समाज का संरक्षण हो पाया है? क्या उनकी आवाज, उनकी सिसकियाँ इन आरक्षित दलित राजनैतिकों ने देश की विधानसभाओं, संसद में बुलन्द की हैं? सम्भवतः उत्तर नकारात्मक ही दिखाई पड़ता है। ऐसा क्यों? इसमें कोई अचरज भी नहीं है। आज भी जातिवाद की जड़ें इतनी गहरी हैं कि ऐसा होना स्वाभाविक ही है। जो भी दलित प्रत्याशी विधानसभा अथवा संसद में आरक्षित सीट पर चुना जाता है, उसे इस बात का आभास है कि उसके चुनाव में दलितों की अपेक्षा गैर दलितों का समर्थन अधिक महत्त्वपूर्ण है। जाति के आधार पर वह यह मान लेता है कि उसकी अपनी जाति के वोट तो उसकी जेब में ही हैं। अतः वह गैर दलितों

को ही खुश करने, उनका ही प्रतिनिधित्व करने में अपना राजनीतिक हित समझता है। दलितों के अपने एक सबल एवं पृथक राजनैतिक दल के अभाव में इस तर्क की और भी अधिक पुष्टि होती है। अतः संसद में, विधानसभाओं में दलितों का आनुपातिक प्रतिनिधित्व होने पर भी ये दलित राजनेता दलितों का प्रतिनिधित्व शायद ही कर पाते हैं। इसके अतिरिक्त, कांग्रेस सहित अन्य सभी राजनैतिक दल दलित सांसदों, विधायकों को 'यसमैन' के रूप में ही स्वीकार कर उनका उपयोग अपने बहुमत को बढ़ाने के लिए प्रयोग करना ही अधिक पसन्द करते हैं, जबकि राज्यसभा में यह स्थिति अलग है।

इसी बारे में रामधन की बात को उस समय कांग्रेस हाईकमान ने बहुत हल्के तरीके से लिया था। राज्यसभा में अनुसूचित जाति एवं अनुसूचित जनजाति के अपर्याप्त प्रतिनिधित्व के विरुद्ध उन्होंने आवाज उठाई। उनके अनुसार, 244 सदस्यों की राज्यसभा में 40 सदस्य अनुसूचित जाति के व 18 सदस्य जनजाति के होने चाहिए थे। पिछली राज्यसभा में भी केवल 16 सदस्य ही अनुसूचित जाति के थे जो कि वर्तमान राज्यसभा में कम होकर मात्र 12 ही रह गए।

'दिनमान' लिखता है कि 40 वर्ष के बाद भी आरक्षण अपने मूल उद्देश्य को पूरा नहीं कर पाया और न निकट भविष्य में इसकी आशा ही है। आरक्षण का लाभ अनुसूचित जातियों और जनजातियों के थोड़े से वर्ग को जितना भी मिला हो, उसका सबसे अधिक लाभ राजनैतिक दलों के गैर-हरिजन नेतृत्व को प्राप्त हुआ है। धीरे-धीरे आरक्षण से आर्थिक समानता का उद्देश्य क्षीण होता गया है और जातीय मतभण्डार का उद्देश्य सबल।[5]

वैसे तो आरक्षण के प्रश्न पर बहस में शरीक बुद्धिजीवी पत्रकार एवं विभिन्न राजनैतिक दलों के नेताओं के द्वारा दिए गए बयानों से भारतीय मानस के बीच उभरे अन्तर्विरोध का पता चलता है लेकिन इसी मुद्दे पर स्वयं दलित नेताओं के अन्तर्विरोध भी खुलकर सामने आए हैं। आजादी के बाद चालीस वर्षों में सरकार के साथ-साथ अनेक पार्टियों के खूँटे से बँधे दलित नेताओं के चरित्र का भी पर्दाफाश हुआ है। उनकी कथनी और करनी के बीच के फर्क को स्वयं दलित जनता ने महसूस किया है।

नौवें आम चुनाव से पूर्व देखा गया कि जब विपक्षी नेता, विशेषकर दलित नेता कांग्रेसी सरकार द्वारा पिछले चालीस वर्षों से दलित और पिछड़ों के गैर-राजनैतिक आरक्षण के नाम पर चलाए जा रहे नाटक की बखिया उधेड़ रहे थे तब कांग्रेस में बँधुआ सरीखे कुछ दलित नेता नपुंसकों की भूमिका निभा रहे थे। उस दौरान उनके मुँह से आरक्षण पूरा करने के सम्बन्ध में एक भी शब्द सुनने को नहीं मिला, इसलिए कि आरक्षण के समर्थन में अगर वे अपनी ही सरकार की कमियों को उजागर करते तो हो सकता था कि आनेवाले चुनाव में उनका टिकट ही कट जाता। इसलिए उन्होंने मौन ही रहना उचित समझा। बाबूजी के करीबी रहे पूर्व सांसद मोहनलाल पिप्पल से उनके निवास लक्ष्मीनगर, दिल्ली पर जब इस सन्दर्भ में बातचीत हुई तो उन्होंने आक्रोशमय स्वर में सिर्फ इतना ही कहा, "सभी बिके हुए हैं।" यानी जो पहले दलितों की मुश्किलों को दूर करने का दम भरता है, वही बाद में बिक जाता है।[6]

1916 के लखनऊ समझौते के बाद मोंटफ्रोर्ड सुधारों के सन्दर्भ में मताधिकार की समस्याओं पर विचार करने के लिए लॉर्ड साउथब्रो की अध्यक्षता में एक मताधिकार समिति बनाई गई थी। आम्बेडकर को भी अपने विचार प्रकट करने के लिए आमन्त्रित किया गया। डॉ. आम्बेडकर ने माँग की कि दलित जातियों की जनसंख्या के आधार पर उनके लिए पृथक निर्वाचक मंडल की व्यवस्था और सुरक्षित स्थान रखे जाएँ। साथ ही, उन्होंने यह भी माँग की थी कि अछूतों के प्रतिनिधि चुनने का अधिकार केवल इसी वर्ग के लोगों का होना चाहिए। समिति ने अछूतों के लिए अलग निर्वाचन मंडल के सुझाव को अस्वीकार कर दिया, लेकिन उनके प्रतिनिधित्व के लिए नामजदगी की सिफारिश की।[7]

आम्बेडकर को 3 अगस्त, 1928 को बम्बई प्रदेश समिति का सदस्य चुना गया। उनका मानना था कि विधायिकाओं में इस वर्ग के एक-दो लोगों की नामजदगी की वर्तमान प्रणाली को समाप्त कर देना चाहिए और इसके सदस्यों के लिए स्थान सुरक्षित किए जाने चाहिए। उन्होंने बम्बई लेजिस्टलेटिव काउंसिल में 140 सीटों में से 22 सीटों की माँग की। उन्होंने वयस्क मताधिकार के साथ स्थान सुरक्षित करने की माँग की और कहा कि यदि ऐसा सम्भव न हो तो इनके लिए पृथक निर्वाचन-मंडल की व्यवस्था हो। उसी समय दलित जातियों के 18 संगठनों से भी इसी सन्दर्भ में राय ली गई थी जिनमें से 16 ने पृथक निर्वाचन-मंडलों का समर्थन किया था।

7 सितम्बर, 1931 को लन्दन में दूसरे गोलमेज सम्मेलन में डॉ. आम्बेडकर ने कहा कि सभी सम्प्रदायों को उनकी जनसंख्या के अनुपात से सत्ता में अधिकार दिए जाएँ। उस समय उनकी बात सुनकर गांधीजी तो झल्ला भी उठे थे। बाद में 17 अगस्त, 1932 को रम्जे मेकडोनल्ड ने अल्पसंख्यकों के आरक्षण के लिए एक कार्यक्रम की घोषणा की। इसे आमतौर से कम्यूनल अवार्ड के नाम से जाना जाता है। इस समय दलितों को भी अल्पसंख्यक मान लिया गया और उन्हें पृथक निर्वाचन का अधिकार प्राप्त हो गया। अछूतों के लिए बहुत से विशेष सुरक्षित स्थानों के अतिरिक्त उन्हें सामान्य निर्वाचन-क्षेत्रों से भी चुनाव लड़ने की छूट थी। यह भी प्रावधान था कि 20 वर्षों के बाद विशेष मताधिकार और आरक्षण की व्यवस्था अपने आप ही समाप्त हो जाएगी। इस तरह पहली बार अछूतों का पृथक राजनीतिक अस्तित्व सामने आया।

इस योजना ने अछूतों को दो प्रकार के लाभ दिए। पहला यह कि अछूतों को सुरक्षित स्थानों का कोटा और पृथक मताधिकार प्राप्त हुआ। दूसरे, उन्हें दुहरे मतदान का अवसर मिला यानी एक सुरक्षित उम्मीदवार चुनने के लिए और दूसरा सामान्य उम्मीदवार के लिए। लेकिन गांधीजी ने अछूतों के पृथक राजनीतिक अस्तित्व को मान्यता दिए जाने पर विशेष रूप से असन्तोष व्यक्त किया और इसी के खिलाफ उन्होंने यरवदा जेल में अनशन भी शुरू किया। बाद में, बहुत भागदौड़ करने पर 24 दिसम्बर, 1932 को गांधीजी और आम्बेडकर के बीच समझौता हुआ, जो इतिहास में 'पूना समझौता' के नाम से प्रसिद्ध हुआ। दलित जातियों की ओर से इस पर आम्बेडकर ने हस्ताक्षर किए। पूना समझौते को ब्रिटिश सरकार

ने भी स्वीकार कर लिया और मेकडोनल्ड के साम्प्रदायिक समझौते को रद्द कर दिया गया। आम्बेडकर की उस समय टिप्पणी थी "साम्प्रदायिक समझौते के अनुसार दुहरे वोट का जो अधिकार मिला था, वह अमूल्य विशेषाधिकार था। कोई सवर्ण अपने निर्वाचन-क्षेत्र में अछूतों के साथ उपेक्षा नहीं बरतेगा, न उनके प्रति विद्वेष भाव रखेगा अगर उसे मतों को प्राप्त करने की आवश्यकता महसूस होगी।" पूना समझौते से सुरक्षित स्थानों का कोटा तो बढ़ गया, लेकिन इससे दुहरे वोट का अधिकार छिन गया था। राजनीतिक हथियार के रूप में दूसरे वोट की कीमत अमूल्य थी।

आम्बेडकर का ऐसा मानना था कि आम चुनावों में अनुसूचित जातियों के उम्मीदवारों की हार का कारण पूना पैक्ट की मतदान प्रणाली का दोष था। 2 सितम्बर, 1953 को राज्यसभा में एक भाषण में उन्होंने कहा था, *"पूना समझौते में दलित जातियों की आत्म-निर्भरता को कुचल दिया गया है।"* उन्होंने बाद में जीतोड़ कोशिश की कि उन्हें अल्पसंख्यकों का दर्जा मिल जाए।

आजादी के बाद 1952 में हुए आम चुनावों से लेकर चार दशकों में हुए संसद तथा विधानसभाओं के चुनाव में मूलतः यह पद्धति असफल हुई है। यहाँ डॉ. आम्बेडकर के भाषण को हम दे रहे हैं जिससे शोधार्थियों को अधिकांश दलित राजनीतिज्ञों की मानसिकता को समझने में सुविधा होगी।

गांधी अछूतों को राजनीतिक अधिकारों को देने के पक्षधर नहीं थे, क्योंकि उन्हें डर था कि ऐसा करने से उनके मस्तिष्क में महत्त्वाकांक्षाएँ विकसित होने लगेंगी। वे उन्हें उच्च वर्ग के हिन्दुओं की दया पर निर्भर रखना चाहते थे। गांधी जी एवं अन्य हिन्दू नेताओं के विश्वास दिलाने पर, हमने उनके जीवन की रक्षा के लिए अपने अधिकारों को त्याग दिया। परिणाम आपके सामने है जिसे आप देख रहे हैं। **यह धोखा और दगाबाजी की दुखपूर्ण कहानी है।** कांग्रेस ने सभी उचित एवं अनुचित साधनों को अपनाकर अछूतों को उनके न्यायोचित अधिकारों से वंचित कर दिया था। अनुसूचित जातियों में जिनका अपना सामाजिक आधार है वे भी विधानसभाओं के चुनावों में केवल उच्च वर्ग के हिन्दुओं की सहायता से जीतते हैं। इन तथाकथित हरिजनों का कोई महत्त्व नहीं है परन्तु कांग्रेस के माध्यम (stooges) हैं। मैं यह समझने में असमर्थ हूँ कि कांग्रेस हरिजन सदस्यों को टिकट देने के लिए कौन सा मानदंड अपनाती है। सामान्यतः जब कांग्रेस सामान्य क्षेत्र के लिए किसी को टिकट देती है तो प्रत्येक उम्मीदवार से पूछती है कि देश की स्वतन्त्रता के लिए वह जेल गया था या नहीं। पर यह आश्चर्यजनक सत्य है कि कांग्रेस इस मानदंड का प्रयोग हरिजन उम्मीदवारों के लिए नहीं करती है। आरक्षित स्थानों पर हरिजनों को खड़ा करके विशेष स्थिति कांग्रेस उन (सुविधाओं) को नष्ट कर रही है जो कि अछूतों ने प्राप्त की थी।

बहुत से अछूत कांग्रेस के टिकट पर विधानसभाओं के लिए चुने गए हैं। मैं इन 'हरिजन' विधायकों से पूछना चाहूँगा कि पिछले चार वर्षों में उन्होंने अपने लोगों के लिए क्या किया है? संविधान निर्मात्री सभा और संसद में तीस कांग्रेस हरिजन सदस्य थे। कांग्रेस द्वारा नियुक्त इन तीस प्रतिनिधियों में से जो कि अनुसूचित जाति के प्रतिनिधि हैं, क्या किसी ने भारत

के संविधान की बहस में हिस्सेदारी की है? इन हरिजन सदस्यों में से क्या किसी ने कोई प्रश्न पूछा है? क्या कोई प्रस्ताव या विधेयक प्रस्तुत किया था। कोई विदेशी संसद के कार्यों की समीक्षा करते हुए इन हरिजन सदस्यों की क्रियाहीनता से यह निष्कर्ष निकाल सकता है इन हरिजनों को किसी प्रकार भी कोई कठिनाई और शिकायतें नहीं हैं। ईमानदारी से कहा जाए तो सत्य इसके विपरीत है। हमारे ऐसे प्रतिनिधि हों जो निडरतापूर्वक हमारे दुख के मूल कारणों को विधानसभा में उठाएँ।

अधिकार और बुनियादी सुविधाओं की अस्वीकृति, अपमान, उपहास, दबाव, शोषण, उपद्रवों और अनेकों क्रूरताओं के बावजूद, जो कि भारत के विभिन्न भागों में प्रतिदिन घटित होती रहती हैं, कांग्रेस द्वारा नियुक्त अछूतों के इन प्रतिनिधियों ने अपने स्वामी के प्रति भक्ति भावना के गीत ही गाए हैं, या अपने मुँह को बन्द रखा है।[7ए]

अनुसूचित जाति एवं जनजाति आयोग के पूर्व अध्यक्ष रामधन से जब यह सवाल किया गया कि पिछले कुछ वर्षों से वंचित वर्ग भारतीय राजनीति की धुरी बन गए हैं; कहा जा सकता है कि इन वर्गों में एक राजनीतिक चेतना जगी है—तो उनका कहना था कि निश्चित रूप से पहले जो व्यवस्था थी, उसमें परिवर्तन आया है[8] लेकिन यह नहीं कहा जा सकता कि उस व्यवस्था से बिलकुल हटकर कोई नई व्यवस्था काम कर रही है या राजनीतिक शक्ति पिछड़े या कमजोर वर्गों के हाथों में स्थानातंरित हो गई है। इस व्यवस्था में अभी भी बहुत-सी कमियाँ हैं। शासक और शोषित वर्ग में अभी भी कोई ऐसा सामंजस्य नहीं है जिससे कहा जा सके कि शोषितों के साथ सामाजिक न्याय होगा। सामाजिक न्याय के नाम पर जो परिवर्तन हुआ है, उसे व्यावहारिक रूप में देखें तो स्पष्ट होगा कि सामाजिक न्याय के सिद्धान्त को अमली जामा पहनाने में अभी बहुत दिन लगेंगे। जीवन के मूल्यों को आधार मानकर काम किए बिना सामाजिक न्याय नहीं लाया जा सकता। जो जीवन के मूल्य हैं या जो जीने की पद्धति है उनमें आमूल-चूल परिवर्तन किए बिना सामाजिक न्याय मेरी राय में एक स्वप्न-सा ही रह जाएगा। जहाँ तक नेताओं की बात है, वे मुखरता से इस बात को कहते हैं कि राजनीतिज्ञों से समाज का भला नहीं हो सकता। वहीं रामविलास पासवान[9] एक साक्षात्कार में कहते हैं कि दलितों को अपमान की जिन्दगी न जीकर सम्मान की जिन्दगी जीना चाहिए। उनका मानना है कि आजादी के बाद भी इस देश में बेलछी, पारसबीघा जैसी घटनाएँ घटें तो क्या आप समझते हैं कि कोई जागरूक प्रतिनिधि जो सुरक्षित सीट से जीतकर आया है, मौन रह सकता है? सरकार उनकी समस्याओं को सुलझाने और दलितों को सुरक्षा प्रदान करने में असफल रही है। ''हरिजन सांसद बँधुआ मजदूर भी हैं'' वे ऐसा भी कहते हैं।

अनुसूचित जाति एवं जनजाति के लोगों को संसद और विधानसभाओं में दिए गए आरक्षण के बारे में बी.पी. मौर्य[10] बतलाते हैं कि जिस समय बाबा साहेब ने संरक्षण की बात कही थी, उस वक्त अगुवा समाज के ज्यादातर नेता संरक्षण की बात को अच्छा नहीं मानते थे। यहाँ तक कि संविधान सभा में बहुत से लोग 10 साल को कम करके 5 साल करना चाहते थे, लेकिन नेहरू जी के हस्तक्षेप से तब यह संरक्षण 10 साल हो गया, फिर

20 साल हुआ, फिर 30 साल, 40 साल और फिर 50 वर्ष के लिए हो गया है तो मेरे मन में प्रश्न पैदा होता है : वह क्या शंका थी देश के सवर्ण नेताओं के मन में, जो तब वे संरक्षण की बात पर राजी नहीं थे और अब उन्हें इससे क्या अच्छा मिल गया है जो वे इसे बढ़ाते चले जा रहे हैं।

अनुसूचित जाति एवं जनजाति के लोग देश में कहीं भी बहुमत में नहीं हैं। कहीं 15 फीसदी हैं, कहीं 20 फीसदी। ये जो रिजर्व सीट पर जीतकर आते हैं, उनके समर्थन से कम और दूसरे लोगों के समर्थन से अधिक इसीलिए शोषित समाज के सही प्रतिनिधि हार जाते हैं। मैं इसी से यह मिसाल दे सकता हूँ कि *बाबा साहेब, जिन्होंने यह संरक्षण कराया था, खुद रिजर्व सीट पर दो-दो बार हारे, तो मेरा प्रश्न है कि जब रिजर्व सीट पर एम.ए., पी.एच.डी., बी.एस.सी., बार ऐट लॉ, डी. लिट्, एल.एल.बी., डॉक्टर बी.आर. आम्बेडकर हारेगा तो कौन जीतेंगे? जगजीवनराम जैसे लोग जीतेंगे।* बहुमत में जिनके वोट हैं, उनके इशारे पर चलने वाले विधायक और सांसद जीतेंगे। इसी वजह से आज मैं इस खयाल का हूँ कि संसद और विधानसभाओं का राजनैतिक संरक्षण समाप्त कर दिया जाए। इसने राजनैतिक अछूत पैदा किए हैं, स्वाभिमानी लोग नहीं और अगर अगुवा समाज के लोग, विभिन्न राजनैतिक दलों के नेता यह महसूस करते हैं कि आज भी अनुसूचित जाति और अनुसूचित जनजाति के लोगों को राजनैतिक संरक्षण की जरूरत है, तो फिर पृथक निर्वाचन हो। रिजर्व सीट पर केवल अनुसूचित जाति और अनुसूचित जनजाति के लोगों को ही वोट देने का अधिकार हो, रिजर्व सीट को दोहरी सदस्यता वाला निर्वाचन-क्षेत्र घोषित कर दिया जाए और जनरल सीट पर सबको वोट देने का अधिकार हो। वे कहते हैं कि सभी राजनैतिक दलों के नेता यह देखकर दलित समाज के प्रत्याशी को टिकट देते हैं कि यह आदमी चल रही व्यवस्था के खिलाफ गड़बड़ तो नहीं करेगा।

राजनैतिक आरक्षण के बारे में जब **प्रकाश आम्बेडकर** से सवाल किया गया तो उनका कहना था कि "मेरी राय में अब चुनाव में रिजर्व सीट रखने की प्रथा को समाप्त कर देना चाहिए। इसलिए कि आरक्षित क्षेत्रों से चुनाव लड़ने वाले दलित समाज के प्रतिनिधियों को जीतने के लिए सवर्ण हिन्दुओं की दया पर निर्भर रहना पड़ता है और जैसा वे कहते हैं, उन्हें वैसा ही करना पड़ता है। इस चक्कर में वे अपने समाज को भूल जाते हैं।[11]

उनका आगे मानना है कि राजनैतिक आरक्षण समाप्त होने पर सबसे बड़ी बात तो यह होगी कि दलित नेताओं के बीच उतने मतभेद नहीं रहेंगे। उनमें आत्मनिर्भरता बढ़ेगी। फिर वे कहीं से भी चुनाव लड़ सकेंगे।

इस तरह राजनीतिक आरक्षण के बारे में जहाँ समर्थन की लहर है वहीं विरोध के स्वर भी उभरते रहे हैं। स्वतः अनुसूचित जाति के सदस्यों में भी इस व्यवस्था के प्रति आलोचनात्मक दृष्टि पाई जाती है। वे इसे पराक्रम की मनोवृत्ति को विस्तृत करने वाली व्यवस्था मानते हैं।

इस सम्बन्ध में वाराणसी की उच्च शिक्षण संस्थाओं में अध्ययनरत चमार जाति के 350 स्नातक और स्नातकोत्तर विद्यार्थियों से लिया गया साक्षात्कार महत्त्वपूर्ण है :

राज्य के 86.86 प्रतिशत अनुसूचित जाति के लोग आरक्षण की व्यवस्था को आवश्यक और उपयोगी मानते हैं जबकि 13.14 प्रतिशत इस व्यवस्था को उपयोगी नहीं मानते।[12]

जिन विद्यार्थियों ने आरक्षण की व्यवस्था को उपयोगी माना है उनमें से 20.00 प्रतिशत के अनुसार, यह व्यवस्था शोषण और राजनीतिक स्पर्धा से अनुसूचित जाति को बचाने का कार्य करती है। 35.14 प्रतिशत के अनुसार, इस व्यवस्था ने अनुसूचित जाति की राजनीतिक सहभागिता और नवीन नेतृत्व को प्रोत्साहन प्रदान किया है। 16.86 प्रतिशत के अनुसार, अनुसूचित जाति की समस्याओं और आवश्यकताओं को सरकार के सम्मुख प्रस्तुत करने का अवसर यह व्यवस्था प्रदान करती है तथा 14.86 प्रतिशत सूचनादाताओं के अनुसार, इस व्यवस्था के द्वारा अनुसूचित जाति के सदस्यों को समाज के अन्य वर्गों के साथ समानता का अवसर प्राप्त हुआ है। अतः स्पष्ट है कि राजनीतिक सहभागिता और नवीन नेतृत्व के विकास को अधिकतर विद्यार्थियों ने राजनीतिक आरक्षण की व्यवस्था की प्रमुख उपयोगिता माना है।

जिन सूचनादाताओं ने राजनीतिक आरक्षण की व्यवस्था को अनु. जाति के लिए अहितकर माना है उनके द्वारा प्रस्तुत कारणों का अध्ययन महत्त्वपूर्ण तथ्यों पर प्रकाश डालता है।

6.57 प्रतिशत के अनुसार, इस व्यवस्था के द्वारा अनुसूचित जाति के सदस्यों में आश्रितता और दासता की मनोवृत्ति का विकास हुआ है। 4.00 प्रतिशत के अनुसार, इस व्यवस्था ने विभिन्न अनुसूचित जातियों के मध्य गुटबन्दी और कलह को प्रोत्साहन प्रदान किया है तथा 2.57 प्रतिशत के अनुसार, इस व्यवस्था के द्वारा स्पर्धामय राजनीतिक जीवन में स्वतन्त्र रूप से भाग लेने की क्षमता का लाभ हुआ है।

जे.आर. काम्बले (1979) की पुस्तक हरिजन समुदाय के सामाजिक-राजनीतिक इतिहास को प्रस्तुत करती है। ऐतिहासिक अध्ययन-पद्धति और प्रकाशित आँकड़ों का प्रयोग करते हुए यह दर्शाने का प्रयत्न किया गया है कि ब्रिटिश शासनकाल में हरिजनों के उत्थान के लिए किए गए प्रयासों की प्रकृति और दिशा क्या थी तथा स्वतन्त्रताप्राप्ति के पश्चात हरिजनों की राजनीतिक स्थिति तथा विरोध के आन्दोलन जैसे नवबौद्ध आन्दोलन, दलित पैंथर इत्यादि की भूमिका का विश्लेषण विशेष रूप से किया गया है।

भारतीय सामाजिक विज्ञान अनुसंधान परिषद ने भारत के विभिन्न राज्यों में स्कूल-कॉलेज स्तर में अध्ययन करने वाले अनुसूचित जाति के विद्यार्थियों की शैक्षणिक समस्याओं, उपलब्धि और आकांक्षा का सर्वेक्षण किया गया है, जिनसे पता चलता है कि कुछ राज्यों के कॉलेज स्तर के विद्यार्थियों को छोड़कर अधिकतर राज्यों में अनुसूचित जाति के विद्यार्थियों के सूचना सम्प्रेषण से प्रभाविकता, राजनीतिक जागरूकता और बोधगम्यता का स्तर सामान्यतः निम्न है। बिहार राज्य के अनुसूचित जाति के कॉलेज स्तर के विद्यार्थी राजनीतिक दृष्टि से अधिक जागरूक और सक्रिय पाए गए हैं।

हेरॉल्ड आइजक (1965) का अध्ययन यह दर्शाता है कि कानून द्वारा अस्पृश्यता उन्मूलन के पश्चात की अनुसूचित जाति के सदस्य अनेक प्रकार की सामाजिक और आर्थिक

नियोग्यताओं से ग्रसित हैं। अध्ययन से यह विदित होता है कि शिक्षा और सरकारी नौकरी के कारण अनुसूचित जाति की स्थिति में परिवर्तन हुआ है तथापि निर्धनता के कारण अभी भी अनेक समस्याएँ बनी हुई हैं।

ओ.एम. लीन्च[13] (1969) के अध्ययन में यह ज्ञात करने का प्रयत्न किया गया कि स्वतन्त्रता और नवीन जनवादी संरचना के कारण आगरा के जाटव समुदाय में क्या परिवर्तन उत्पन्न हुआ है।

अध्ययन से यह पता लगता है कि जाति राजनीति के एक शक्तिशाली अभिकरण के रूप में विकसित हो रही है। जाटव समुदाय एक 'वोट बैंक' के रूप में अपनी शक्ति का संचय कर रहा है। जातिगत नेतृत्व परम्परागत व्यक्तियों के हाथ में न रहकर राजनीतिक दृष्टि से प्रभावशाली व्यक्तियों के हाथ में हस्तान्तरित हो रहा है। राजनीतिक सहभागिता का लक्ष्य जातिगत हितों की पूर्ति करना बनता जा रहा है।

भारतीय शिक्षण संस्थाओं में अध्ययनरत विद्यार्थियों से सम्बन्धित अनेक अध्ययनों के द्वारा उनके समाजीकरण, आकांक्षा और मूल्यों के विस्तार पर प्रकाश पड़ता है। इस दिशा में किए गए अध्ययनों में आई.पी. देसाई,[14] वाई.पी. दामले और बी.जी. देसाई के अध्ययन प्रमुख हैं। आई.पी. देसाई (1953) ने अपने अध्ययन के द्वारा यह देखने का प्रयत्न किया है कि निवास, जाति, व्यवसाय और परिवार की आर्थिक दशा किस प्रकार विद्यार्थियों की आकांक्षा, मूल्यों और सहभागिता के विकास को प्रभावित करती है।

अनुसूचित जाति की राजनीतिक सहभागिता से सम्बन्धित अध्ययनों को सामान्यतः दो वर्गों में बाँटा जा सकता है। ऐसे अध्ययन, जिनमें अनुसूचित जाति में उत्पन्न होने वाले सामाजिक और सांस्कृतिक परिवर्तनों की विवेचना की गई हो तथा द्वितीय ऐसे अध्ययन, जिनमें अनुसूचित जाति की समस्याओं की विवेचना राजनीतिक परिप्रेक्ष्य में की गई हो। द्वितीय वर्ग के प्रमुख अध्ययन इस प्रकार हैं—

प्रशान्त राय[15] के अनुसार, "प्रत्येक राजनीतिक व्यवहार एक सीखा हुआ व्यवहार होता है। राजनीतिक व्यवहार को सीखने की प्रक्रिया राजनीतिक समाजीकरण है। यह प्रक्रिया मनोवैज्ञानिक सांस्कृतिक रूप से मूल्यों और व्यवहार प्रतिमानों को ग्रहण करने की प्रक्रिया है। राजनीतिक समाजीकरण व्यक्ति का राजनीतिक संस्कृति में प्रवेश है। राजनीतिक संस्कृति में व्यक्ति का यह प्रवेश संवेगात्मक और अन्तर्निहित सीखने तथा प्रत्यक्ष राजनीतिक प्रशिक्षण के माध्यम से होता है। व्यक्ति का राजनीतिक प्रशिक्षण उसकी भावी राजनीतिक सहभागिता का आधार है। इस प्रकार राजनीतिक समाजीकरण की प्रक्रिया व्यक्ति, राजनीति और संस्कृति को अन्तःसम्बन्धित करती है।"

पी.सी. अग्रवाल और एम.एस. अशरफ (1977) का अध्ययन यह ज्ञात करने का प्रयत्न करता है कि अनुसूचित जाति से सम्बन्धित संवैधानिक उपबन्धों के प्रयोग ने इस समुदाय की स्थिति में क्या परिवर्तन उत्पन्न किया है। यह अध्ययन हरियाणा के दलितों पर आधारित है। इस समुदाय के द्वारा नवीन कार्यक्रमों के प्रत्यक्षीकरण, कार्यक्रमों से प्राप्त लाभ, वितरण इत्यादि की गवेषणा की गई है। अध्ययन से यह विदित होता है कि हरिजन

समुदाय की राजनीतिक सहभागिता केवल एक या दो जाति के कुछ परिवारों तक ही सीमित है। सामान्यतः वह समुदाय राजनीतिक आरक्षण का कोई विशेष लाभ नहीं उठा पाया है।

जी. शाह (1975) का अध्ययन गुजरात की अनुसूचित जाति और जनजाति पर आधारित है। 1971 के साधारण चुनाव के तुरन्त बाद 644 व्यक्तियों से किए गए साक्षात्कार पर आधारित है। गुजरात हरिजन और आदिवासियों के आन्दोलनों की ऐतिहासिक, धार्मिक और राजनीतिक प्रकृति स्पष्ट करने के साथ-साथ यह अध्ययन यह भी ज्ञात करने का प्रयत्न करता है कि इन समुदायों के सदस्य राजनीतिक जीवन में किस प्रकार भाग ले रहे हैं, राजनीतिक व्यवस्था के प्रत्यक्षीकरण का स्वरूप क्या है तथा उनके राजनीतिक प्रभाविकता में विश्वास और व्यवस्था की वैधता के प्रति दृष्टिकोण क्या है ?

सुनन्दा पटवर्धन (1973) का अध्ययन महाराष्ट्र के अनुसूचित जाति के जीवन में उत्पन्न होने वाले परिवर्तनों की प्रकृति का विश्लेषण करता है। व्यवसाय, शिक्षा, संस्कृतिकरण की उर्ध्वगतिशीलता प्रमुख परिवर्त्य माने गए हैं। सामाजिक और धार्मिक परिवर्तनों के साथ-साथ इन आन्दोलनों का भी विश्लेषण किया गया है जिनकी प्रकृति राजनीतिक रही है। महाराष्ट्र के नवबौद्ध आन्दोलन का अनुसूचित जाति पर पड़ने वाले प्रभाव की विशेष विवेचना की गई है। चुनाव और धर्मपरिवर्तन के परिप्रेक्ष्य में अनुसूचित जाति की नवीन राजनीतिक प्रतिबद्धता और सहभागिता की ओर विशेष रूप से ध्यान आकर्षित किया गया है।

एक सर्वेक्षण (1977) के अनुसार, स्वतन्त्रता प्राप्ति के पश्चात से हरिजन मतदाता कांग्रेस पार्टी के साथ शक्तिशाली रूप से सम्बद्ध रहे हैं, परन्तु सर्वेक्षण की अवधि में यह प्रतिबद्धता निरन्तर कम होती हुई पाई गई है। अध्ययन से यह भी विदित होता है कि उच्च जाति के अत्याचार और उत्पीड़न के कारण हरिजन समुदाय के राजनीतिक विकल्प अत्यन्त सीमित रह गए हैं। मतदान के समय आतंक और उत्पीड़न के द्वारा हरिजन समुदाय को किसी विशेष दल या प्रत्याशी को मत देने की बाध्यता ने हरिजन समुदाय के आत्म-विश्वास को गम्भीर रूप से क्षति पहुँचाई है।

सतीश सब्बरवाल (1972) का लेख अनुसूचित जाति की सामाजिक-आर्थिक असामनता को दूर करने में आरक्षित चुनावक्षेत्र की भूमिका की विवेचना करता है। यह अध्ययन पंजाब के औद्योगिक नगर पर आधारित है। अध्ययन द्वारा यह दर्शाया गया है कि आरक्षित चुनावक्षेत्र में तथाकथित उच्च जाति का सहयोग भी हरिजन नेता की सफलता के लिए आवश्यक है। परिणामस्वरूप, चुना गया हरिजन विधायक उच्च जाति का कृपापात्र रहता है। व्यक्तिगत हितों की पूर्ति के लिए हरिजन विधायक सदैव कार्यरत रहता है तथा न तो वह अपने समुदाय से और न ही अपने वर्गविशेष के साथ कोई सहयोग या तादात्म्य स्थापित कर पाता है।

एन.वी. कामेश्वर राव (1975) का लेख ऐतिहासिक परिप्रेक्ष्य में आन्ध्र के समुद्र तटीय क्षेत्र के अनुसूचित जाति में सामाजिक-धार्मिक सुधार आन्दोलन और राजनीतिक दल और नेतृत्व की भूमिका का विश्लेषण करता है। ब्रह्म समाज, जस्टिस पार्टी और

महात्मा की भूमिका का विश्लेषण करते हुए यह दिखलाने का प्रयत्न किया गया है कि धार्मिक सुधार आन्दोलन और नवीन राजनीतिक नेतृत्व ने अस्पृश्यों की स्थिति सुधारने में महत्त्वपूर्ण योगदान दिया है।

एम.पी. सिंह (1979) का लेख उस समुदाय की राजनीतिक जागरूकता, सहभागिता और दलितों पर अत्याचार के राजनीतिक ऐतिहासिक पृष्ठभूमि का सूक्ष्म विश्लेषण है। उन्होंने यह दिखलाया है कि उन्नीसवीं शताब्दी के अधिकतर समाज सुधार आन्दोलन और बीसवीं शताब्दी का स्वतन्त्रता आन्दोलन मुख्यतः नगरीय और शिक्षित उच्च जाति की देन रहा है। इन आन्दोलनों में हरिजन समुदाय की सहभागिता न होने के कारण उनके बीच राजनीतिक जागरूकता और सहभागिता की ऐतिहासिक पृष्ठभूमि अत्यन्त शिथिल रही है। स्वतन्त्रता प्राप्ति के पश्चात प्रारम्भ में समुदाय और उच्च जातियों का राजनीतिक क्षेत्र में सम्बन्ध आधिपत्य-अधीनता का रहा है तथा उनका मतदान व्यवहार एवं राजनीतिक सक्रियता उच्च जाति की राजनीतिक प्रभाविकताओं और दिशाओं का अनुसरण करता रहा परन्तु राजनीतिक शक्ति सन्तुलन में होने वाले परिवर्तन ने दलित समुदाय की राजनीतिक आस्थाओं में परिवर्तन उत्पन्न करना प्रारम्भ कर दिया है। जिन राज्यों में राजनीतिक सुधार संस्थाएँ, पुनर्जागरण संगठन या नवबौद्ध आन्दोलन, दलित शैक्षणिक संगठन, आर्थिक सहकारी समितियाँ अधिक प्रभावशाली हैं वहाँ समुदाय राजनीतिक दृष्टि से अधिक जाग्रत एवं सक्रिय हो रहा है। उदाहरण के लिए, पंजाब में 'आदिधर्म सम्प्रदाय' की बढ़ती हुई प्रभावशीलता, महाराष्ट्र में 'दलित साहित्य आन्दोलन', 'नवबौद्ध आन्दोलन' की सक्रियता के कारण इन राज्यों के हरिजन राजनैतिक दृष्टि से अधिक सक्रिय हो गए हैं। इसके विपरीत, बिहार में हरिजन समुदाय की राजनीतिक सक्रियता विशुद्ध रूप से जातिगत अत्याचार और आर्थिक शोषण से प्रभावित रही है।

पर सवाल उठता है कि क्या दलित राजनीति आने वाली चुनौती को स्वीकार करेगी, क्या दलित नेता अपने-अपने स्वार्थ छोड़कर समूचे दलित एवं शोषित समाज के सवालों को सुलझाने का प्रयास करेंगे? सितम्बर माह के प्रथम पखवाड़े के बीतते-बीतते राजधानी में दलित मानस को उद्वेलित करने वाली एक ऐसी घटना हुई जो उनके बीच आशा की ज्योति जलाती है। देश की राजनीति में पहली बार ऐसा हुआ यानि अनुसूचित जाति-जनजातियों के 105 सांसद राष्ट्रपति रामस्वामी वेंकटरामन से मिलने राष्ट्रपति भवन गए, पर राष्ट्रपति दलितों के इस प्रतिनिधि मंडल से मिलने को तैयार नहीं हुए। कुछ देर बाद सभी सांसद गुस्से में राष्ट्रपति भवन से बाहर चले आए।

आजादी के बाद भारतीय राजनीति और उसकी त्रासदी को झेलते हुए दलित सांसदों के साथ हुई शायद यह पहली घटना हो पर यह अभूतपूर्व, आश्चर्यजनक और मन में हजारों सवाल कुरेदने वाली है, जिनके उत्तर तलाशने वाला स्वयं पीड़ा से तिलमिलाए बिना न रहेगा। पहली बार दलित प्रश्नों को लेकर अनुसूचित जाति एवं जनजाति के सांसदों ने संयुक्त रूप से राष्ट्रपति भवन पर दस्तक देने की पहल की। राष्ट्रपति भवन के बन्द दरवाजे उनके लिए खुले या नहीं, यह अलग बात है, पर भारतीय राजनीति में तीसरी शक्ति के

रूप में उभरकर आई दलित राजनीति के बढ़ते महत्त्व से इनकार नहीं किया जा सकता। इस एक घटना से आम आदमी में विश्वास लौटा है। वही विश्वास, जिसे बार-बार डिगाया गया था।

परिस्थितियाँ तो यही संकेत करती हैं कि दलित समाज से आए सांसदों का अपनी-अपनी पार्टी में आने वाले दिनों में प्रभाव बढ़ेगा। भले ही वह प्रभाव अस्थायी तौर पर रहे। पर समस्याओं से जूझने और अपने अधिकारों के लिए संघर्ष करने की भावना तो आम आदमी तक पहुँचेगी ही। हालाँकि राजनैतिक आरक्षण के बारे में अब दलित समाज की भावी पीढ़ी को सोचना ही पड़ेगा। यही नहीं, उन्हें राजनैतिक जीवन के हर स्तर पर लगातार कसौटी पर कसे जाने के लिए तैयार रहना चाहिए। इसे आने वाले समय की चेतावनी भी कहा जा सकता है, जिसे स्वीकार करने के लिए तथाकथित दलित प्रतिनिधियों को कमर कसनी ही चाहिए। उन्हें यह बात समझनी होगी कि सामाजिक आन्दोलन की संरचना के बिना राजनैतिक प्रक्रिया अधूरी है, भले ही वह राजनैतिक प्रक्रिया किसी को कितनी ही ऊँचाइयों तक क्यों न ले जाए।

कहना न होगा कि एकीकृत व्यवस्था में राजनीति का संचालन समाज के अभिजन वर्ग तक ही सीमित रहता है, अर्थात राजनीतिक सहभागिता का दायरा सीमित रहता है जिसका स्वाभाविक परिणाम यह होता है कि आम जनता का राजनीतिक-समाजीकरण नहीं हो पाता, जिसके कारण राजनीतिक चेतना की अभिवृद्धि नहीं होती और इस राजनीतिक अलगाव की स्थिति में शासक की निरंकुशता का दायरा बढ़ जाता है। लोहिया की राज्य-संरचना अर्थात चौखम्भा राजनीतिक व्यवस्था की प्रारम्भिक इकाई गाँव से शुरू होती है, जिसके फलस्वरूप राजनीतिक कार्यपद्धति से पूर्णतः अनभिज्ञ आम-जनता में जागरूकता बढ़ती है, जो एक तरफ भावी नियन्त्रण का काम करती है। जैसाकि मि. जोड[16] ने राजनीतिक-विकेन्द्रीकरण में राजनीतिक चेतना की अभिवृद्धि का विवेचन करते हुए लिखा है, "यदि आप चाहते हैं कि राजनीतिक कार्य में जनता की श्रद्धा हो तो राज्य को विभाजित करके उसके कार्यों का बँटवारा करना ही होगा। हर मनुष्य के लिए यह अनुकूलता होनी चाहिए कि अनेक छोटी-छोटी संस्थाओं से उनका सम्बन्ध रहे जो उत्पादन, प्रशासन सम्बन्धी विविध काम करती हैं। उनमें काम करते हुए उसे एक बार फिर यह भान होने लगेगा कि वह समाज के लिए कुछ कर रहा है।

राजनीति में आरक्षित अधिकांश दलित उम्मीदवारों की अपनी जाति/समाज/तथा बाबा साहेब के प्रति जवाबदेही से पलायन करने के बावजूद भी दलित बुद्धिजीवियों तथा समाजसेवियों की ओर से बहुमत में ऐसा कोई भी एजेंडा तैयार नहीं हुआ है, जिस पर दलित राजनीतिज्ञों की नैतिकता पर सवाल रखते हुए गम्भीर विमर्श की शुरुआत की गई हो। छुटपुट बहसें अवश्य ही हुई हैं, जिनका कोई प्रभाव नहीं हुआ है। हाँ महाराष्ट्र में दलित युवाओं ने कई बार अपने ही प्रतिनिधियों को लाठी, डंडों से अवश्य ही समझाने के प्रयास किए हैं। उस पर कुछ समय के लिए विचार मंथन हुआ, लेकिन उनकी एकता अन्ततः विफल हुई।

इधर महाराष्ट्र में दलितों द्वारा बौद्ध धर्म अपना लिये जाने के कारण वहाँ की लोकसभा तथा विधानसभा की आरक्षित सीटों में कमी आई। इस पर अवश्य ही दलितों की तरफ से नकारात्मक टिप्पणी आई है। उदाहरण के लिए माताप्रसाद जी[17] का मानना रहा कि महाराष्ट्र में दलितों द्वारा बौद्ध धर्म अपना लिये जाने के कारण विधासभा में आरक्षित 36 सीटों की जगह 18 सीटें रह गईं और लोकसभा की 6 आरक्षित सीटों के स्थान पर 3 ही सीटें रह गईं। इससे दलितों का राजनैतिक नुकसान हुआ है।

सन्दर्भ

1. दिल्ली प्रदेश के आरपीआई नेता रामसिंह से आर्य नगर, नई दिल्ली स्थित उनके ऑफिस में बातचीत के आधार पर।

1ए. T.V. Sathyamurthy, Ed. Region, Religion, Caste, Gender and Culture in Contemporary India, Vol. 3, Oxford university Press, Delhi, 1996, p. 379.

2. बम्बई स्थित दादा साहेब रूपवते के निवास पर बातचीत के आधार पर।
3. आयुक्त अनुसूचित जाति एवं अनुसूचित जनजाति की वार्षिक रिपोर्ट 1979-81, पृ. 35.
4. धम्म दर्पण (सम्पादकीय) अक्टूबर-दिस. 1986, आम्बेडकर भवन, नई दिल्ली।
5. दिनमान, 12-18 फरवरी, 1984, टाइम्स ऑफ इंडिया प्रकाशन, बम्बई, पृ. 15.
6. मोहनलाल पिप्पल से उनके निवास लक्ष्मी नगर दिल्ली में बातचीत के आधार पर।
7. क्या राजनीतिक आरक्षण समाप्त होना चाहिए, नवभारत टाइम्स, 8 जुलाई, 1989, नई दिल्ली। [1952 में प्रथम आम चुनाव की पूर्व संध्या पर 27 अक्टूबर, 1952 को जालन्धर नगर के मोहल्ला रामदासपुरा (बूटा मंडी) में दिया गया भाषण का अंश।]
8. रामधन से विक्रम उपाध्याय की बातचीत के प्रमुख अंश, पाचजन्य, 23 जनवरी, 1994, नई दिल्ली पृ. 89-90.
9. रामविलास पासवान से गुरुचरण की बातचीत, दिनमान, 12-18 फरवरी, 1984, बम्बई, पृ. 17-18.
10. बुद्धप्रिय मौर्य से सन्तोष तिवारी की बातचीत, दिनमान, 12-18 फर. 1984, पृ. 15-16.
11. 3 सिम्बर से 9 सितम्बर, 1989 के चौथी दुनिया हिन्दी साप्ताहिक, शकरपुर, दिल्ली के लिए स्वयं मोहनदास नैमिशराय द्वारा लिये गए साक्षात्कार के आधार पर प्रकाश आम्बेडकर से बम्बई के उपनगर दादर में भूषण प्रिंटिंग प्रेस में लिया गया साक्षात्कार (जो आरक्षण के विषय पर दलित नेताओं में भी अन्तर्विरोध है टाइटल से, जनसत्ता, नई दिल्ली में प्रकाशित हुआ)।
12. हेरॉल्ड आइजक, इण्डियाज एक्स. अनटचेबिल्स, मोहन डे एंड कं. न्यूयार्क, 1965.
13. ओ.एम. लीन्च, द पोलिटिक्स ऑफ अनटचेबिलिटी, कोलम्बिया यूनिवर्सिटी प्रेस, न्यूयार्क, 1969.
14. देसाई आई. पी., हाईस्कूल स्टूडेण्ट्स ऑफ पूना, दक्कन कॉलेज मोनोग्राफ सीटिज, पूजना, 1953.
15. राय प्रशान्त, पॉलिटिकल सोशलाइजेशन, इण्डिया जर्नल ऑफ पॉलिटिकल साइंस, अप्रैल-जून, 1978, पृ. 136-138.
16. जोड, सी.ई.एम. : मॉडर्न पॉलिटिकल थ्योरी, लन्दन, ऑक्सफोर्ड यूनिवर्सिटी प्रेस, 1953, पृ. 120-21.
17. बयान, दिसम्बर, 2011, पृ. 15.

पाठ्य-पुस्तकों में दलित साहित्य का हस्तक्षेप

दलित साहित्य ने भारतीय समाज में विमर्श को जन्म दिया। उस विमर्श ने कम-से-कम इतना तो किया कि दलित और द्विज समाज के बीच सामाजिक न्याय हेतु संवाद बना। विशेष रूप से स्कूल-कॉलेज में क्या पढ़ाया जा रहा है, इस पर बातचीत आगे बढ़ी। बाद के दौर में इस पर भी जद्दोजहद हुई कि समता और भाईचारे को ध्यान में रखते हुए क्या पढ़ाना चाहिए और क्या नहीं पढ़ाना चाहिए।

इस अध्याय के आरम्भ में हम पाठ्यक्रम सम्बन्धी एक विवरण दे रहे हैं, जिससे विषय को समझने तथा पाठ्यक्रम बनानेवाले सवर्ण शिक्षकों, अधिकारियों के मनोविज्ञान की जाँच-पड़ताल वे कर सकें।

Identified Background	*Frequency*	*Percent of Identified Background*
राजा, रानी, राजकुमार, राजकुमारी	12	22.64
किसान	4	7.54
Ascetic	3	5.66
गरीब/बेरोजगार	3	5.66
विद्यार्थी	3	5.66
मछेरे	2	3.77
सब्जी बेचने वाले	2	3.77
मन्त्री	2	3.77
व्यापारी	2	3.77
आदिवासी	2	3.77
पहरेदार	2	3.77
सेनापति, भिखारी, दरबारी, डॉक्टर, शिकारी, नौकर, दर्जी, गाँववासी, लकड़हारा[1]	1 of Each	1.88 प्रत्येक

जाहिर है, विशेष जाति, वर्ग के जीवन्त चरित्र पाठ्य-पुस्तकों में इतनी ही बार दोहराए गए होंगे। ऐसा क्यों, इस पर आगे विचार किया गया है।

पिछले काफी समय से पाठ्य-पुस्तकों के रूप में दलित साहित्य को पढ़ाने की बात उठाई जाती रही है, जो इस बात का प्रमाण है कि दलित समाज का बुद्धिजीवी वर्ग अब स्कूल-कॉलेज की शिक्षा प्राप्त कर विश्वविद्यालयों की शिक्षा सम्बन्धी नीति की जाँच-पड़ताल करने के लिए आगे आ गया है। उनके भीतर चेतना का सूरज पहले उगा, तभी उन्होंने उच्च शिक्षा के बन्द दरवाजों पर दस्तक दी। इसलिए कि आनेवाली दलित पीढ़ी को वे दलित इतिहास, आन्दोलन तथा साहित्य से रू-ब-रू कराना चाहते हैं।

प्रियदर्शन[2] लिखते हैं कि भारतीय शिक्षा-नीति से हमारी शिकायतें पुरानी और जानी-पहचानी हैं। यह प्राथमिक स्तर से शुरू होकर उच्चतर स्तर तक सिर्फ असमानता को बढ़ाने का माध्यम भर रह गई हैं। इसके पाठ्यक्रमों में न जीवन्तता है, न विविधता।

मौजूदा पाठ्य-पुस्तकों के बारे में एक बात तो तय है और वह यह कि इस तरह की पुस्तकों में सामाजिक सरोकार तो सिरे से नदारद ही हैं। अगर हैं तो परम्पराएँ, प्रथाएँ और उनका बोझ ढोती प्राचीन शिक्षा जिसके बलबूते पर ब्राह्मण वर्ग समूचे भारतीय समाज का चौधरी बना रहा।

कुछ वर्ष पूर्व ब्राजील के क्रान्तिकारी शिक्षाशास्त्री पॉलो फ्रेटा की किताब 'पैडोगोगी ऑफ आप्रेक्षा' हिन्दी में अनुदित होकर **'उत्पीड़ितों का शिक्षाशास्त्र'** के रूप में हमारे सामने आई है जो इस सम्बन्ध में महत्त्वपूर्ण है।[3]

भारत में शिक्षा को लेकर प्रयोग तो कई होते रहे, मगर इनमें शिक्षा-नीति की उन विसंगतियों से लड़ने के उपाय नहीं सोचे गए, जिनका जिक्र पॉलो फ्रेरा, वॉरनर और बारवियाना स्कूल के बच्चों की किताबें करती हैं। शिक्षा के स्वरूप और उद्देश्य को लेकर अपने यहाँ अभी तक कोई स्पष्ट अवधारणा बन ही नहीं पाई है। मतलब यह कि शिक्षा क्यों दी जाए और कैसी दी जाए, यह तय नहीं है। आजादी के बाद छह समितियाँ इस सवाल पर अपना दिमाग खपा चुकीं, मगर जवाब नदारद हैं।[4] अफसरशाही के जंगल में भटकती फाइलों में शिक्षा का वर्तमान और भविष्य—दोनों कैद हैं। सन् 1964 में गठित डी.एम. कोठारी समिति ने कई क्रान्तिकारी सिफारिशें की थीं, जिनसे शिक्षा के क्षेत्र में संरचनात्मक बदलाव की भूमिका तैयार हो सकती थी। सम्भवतः इसी समिति ने **'पड़ोस में विद्यालय'** की अवधारणा देनी चाही थी। यानी अपनी सहूलियत और समृद्धि के लिहाज से बच्चों के लिए विद्यालय चुनने की इजाजत आपको नहीं होगी। सरकार जो स्कूल आपके पड़ोस में मुहैया कराएगी, उसी में आपके बच्चे पढ़ने जाएँगे। यह कदम शिक्षा को समान करने की दिशा में एक बड़ा कदम होता और इससे विद्यालयों की औसत गुणवत्ता भी बढ़ती, मगर इस प्रस्ताव पर किसी ने ध्यान नहीं दिया। नतीजा यह है कि शिक्षा के क्षेत्र की बहुपरतीयता बढ़ती जा रही है। यह व्यवस्था सामाजिक वैषम्य को ज्यों-का-त्यों बनाए रखने का सबसे बड़ा माध्यम हो गई है। जिस दिन किसी बच्चे का स्कूल चुना जाता है और उसकी शिक्षा आरम्भ होती है, उसी दिन उसका भविष्य भी तय हो जाता है।

सुदीप बनर्जी लिखते हैं कि "जब औपनिवेशिक ताकतें हटीं तो यह माना गया कि उन समाजों को जो औपनिवेशिक प्रशासन के कब्जे से मुक्त हुए हैं, आधुनिक बनाना

है।" आजाद भारत में शिक्षा कैसी हो, इस बारे में विस्तृत रूपरेखा तैयार कर ली गई थी। अंग्रेजी समाज में विकसित हुई शिक्षा से कैसे छुटकारा पाया जाए, इस पर भी गम्भीरतापूर्वक सोचा-विचारा गया था।[5]

डॉ. दयानन्द बटोही ने हजारीबाग में आयोजित अपने भाषण में कहा—"वास्तव में शिक्षा का पाठ्यक्रम एवं दलित साहित्य गम्भीर विषय है, इस पर हमें गहराई से सोचना होगा। अभी तक जो भी पाठ्यक्रम बनाया जाता रहा है, वह कुछ मनुवादी प्रवृत्तियों से वशीभूत होकर बनाया गया है। वे आगे कहते हैं कि यह उन्हीं लोगों के मन-बहलाव या उनके ही दकियानूसी वंश को आगे बढ़ाने के लिए है जिन्होंने समाज को मटियामेट कर दिया है। आदि-संस्कृति में जो आदिवासी-दलित, पिछड़े, कमजोर लोगों की वीरता, सच्चाई, मेहनत तथा ईमानदारी थी, वह कहाँ है पाठ्यक्रम में? रामचन्द्र शुक्ल ने सिर्फ मनुवादी लेखकों को ही आँका है, बाकी लोगों को हाशिए पर रखा। यहाँ तक कि कबीर, सन्त रैदास, दयाबाई, सहजोबाई का जिक्र बहुत हल्के-फुल्के ढंग से इन्होंने किया है। गिरधारी गोड़ाइत, श्रवण पासवान उस युग के अच्छे गायक कवि रहे हैं, इनकी कहीं कोई चर्चा ही नहीं की।"

बिहार में देखा जाए तो हमारे वीर योद्धाओं में राजा सलहेस दुसाध थे। मोरंग में इनका राज्य था, पर कहाँ उसका इतिहास लिख कर कुछ पढ़ाया जा रहा है? माँझी राजा भी दुसाध थे, जिनका किला छपरा में अभी भी है। बिजली पासी का भी किला है जो उत्तर प्रदेश में थे। इनका इतिहास पाठ्यक्रम में क्यों नहीं रखा गया?

वरिष्ठ कथाकार तथा केरल में आई.एस. अधिकारी डॉ. धर्मवीर कहते हैं कि "मैं निश्चित रूप से राज्यों द्वारा दिए जा रहे साहित्यिक पुरस्कारों में दलितों के लिए आरक्षण उनकी हिस्सेदारी के रूप में उनका अधिकार मानता हूँ। बात यह है कि विभिन्न सरकारों के शिक्षा और संस्कृति विभागों ने स्वेच्छा से अभी तक इस विषय में तनिक भी नहीं सोचा है।"

डॉ. प्रेमशंकर ने अपने लेख 'दलित संघर्ष : संस्कृति एवं साहित्य की सबल अभिव्यक्ति' में दो घटनाओं का उल्लेख किया है। वह लिखते हैं, "जनवरी, 1970 में एक दलित कवि की कविताओं का आकाशवाणी मथुरा से प्रसारण हुआ। केन्द्र निदेशक को यह ज्ञात होने पर कि यह एक दलित कवि का प्रसारण था, तो उस कवि को आज तक आकाशवाणी दुबारा नहीं बुलाया। दूसरी घटना यूँ है—बम्बई हिन्दी विद्यापीठ की पत्रिका 'भारती' ने एक हिन्दी के दलित कवि के प्रकाशन का पता चलते ही उसकी रचनाएँ छापने से मना कर दिया। निजी स्वामित्व में छप रही कोई पत्र या पत्रिका भले ही दलित साहित्य न छापे, क्योंकि वह उसका निजी मामला है, इसमें उसका वर्चस्व, विचार, मान्यता और वर्गहित शामिल है। लेकिन जब आकाशवाणी और दूरदर्शन दलित साहित्यकारों के साथ इस प्रकार का व्यवहार करते हैं तो आश्चर्य होता है क्योंकि आकाशवाणी पर तो 'रामचरित मानस' का अखंड पाठ किया जा रहा है। इस प्रश्न को संसद में उठाया जाना चाहिए।[6]

सुदीप बनर्जी के विचार में, शिक्षा अपने-आप में एक बहुत बड़ी विचारधारा है। कैसी विचारधारा है, किस समाज में वह क्या हासिल करती है, और आज क्या कर रही

है–जब तक हम इन प्रश्नों की पड़ताल न कर लें, समस्या को सही ढंग से नहीं समझ सकते।

शिक्षा-व्यवस्था को ही यदि लें तो क्या शिक्षा लोगों को सफल और असफल लोगों में बाँटने की एक प्रक्रिया है?

शिक्षा की ही तरह पाठ्यक्रम भी कम-से-कम अंशतः विचारधारा के दायरे में गुँथा हुआ है। पाठ्यक्रम के बाद पाठ्य पुस्तक का सवाल है, वह पूरी तरह एक वस्तु के रूप में सामने मौजूद है, परन्तु उसका अन्तर्निहित संसार कई तरह की विचारधाराओं का संश्लिष्ट और प्रच्छन्न रूपक है। सामान्यतः इसे जिस क्रम में देखा जाता है, वह है पहले शिक्षा, उसके बाद पाठ्यक्रम फिर उससे निकली पाठ्य पुस्तक, परन्तु व्यवहार में वर्चस्व का क्रम अक्सर उलटा हो जाता है। शिक्षा पर पाठ्यक्रम हावी हो जाता है।

उदाहरण के लिए, इतिहास-शिक्षा की इसी पड़ताल में जाएँ कि कैसे वहाँ तथ्यों का एक वर्चस्व-सा स्थापित हो गया है। आम मान्यता है कि अगर सही तथ्य मिल जाएँ तो इतिहास की सही समझ भी मिल जाएगी। मौजूदा विवाद भी इसी तरह से उठा हुआ है मानो यह सिर्फ तथ्यों की लड़ाई हो। यानी कि सही तथ्य या गलत तथ्य इस बात का निर्धारण करेंगे कि इतिहास की समझ जो पाठ्य पुस्तकों द्वारा दी जा रही है, वह सही है या गलत है।

बहुत से लोगों को लगता है कि यदि पाठ्य पुस्तकों में सही तथ्य और 'उचित पाठ' दे दिए जाएँ तो समस्या हल हो सकती है। लेकिन कोई भी विचारधारा पाठ्यक्रम के रूप में ही सक्रिय हो ऐसा नहीं है। विचारधारा तो पढ़ाने के तरीके में भी व्याप्त होती है। हम-आप अपने अनुभव से जानते हैं कि बहुत अच्छी पुस्तक हो–एकदम 'हार्मलेस' और 'पॉजिटिव'– उसे पढ़ाएगा तो शिक्षक ही। शिक्षक का अपना परिवेश है, संस्कार है सो जाँचकर देख लीजिए कि 'राम की शक्ति पूजा' जनसंघी तरीके से पढ़ाई जा सकती है या नहीं। बहुत सेकुलर इतिहास लिखकर दे दीजिए और देख लीजिए कि उसे स्कूल में एकदम उलटे ढंग से पढ़ाया जा सकता है या नहीं![7]

समस्या है कि कुछ लोगों को जहाँ भी धर्म सम्बन्धी कोई बात पाठ्य पुस्तकों में नजर आती है, उन्हें लगता है कि यह तो सेकुलर राष्ट्रवाद के खिलाफ है। इससे तो साम्प्रदायिकता उत्पन्न हो जाएगी। जब हम लोग एन.सी.ई.आर.टी. की पाठ्य पुस्तकें तैयार कर रहे थे तो हमारे सामने समस्या थी कि पुस्तकों में प्रार्थना रहे या नहीं। पहले एक प्रार्थना स्कूलों में चलती थी जिसे रामनरेश त्रिपाठी द्वारा लिखा बताते हैं। त्रिपाठी जी सेकुलर थे, गांधीवादी थे। वह प्रार्थना इस प्रकार थी–

'हे प्रभो आनन्ददाता ज्ञान हमको दीजिए
शीघ्र सारे दुर्गुणों को दूर हमसे कीजिए
लीजिए हमको शरण में हम सदाचारी बनें
ब्रह्मचारी, धर्मरक्षक और वीर व्रतधारी बनें।'

तो क्या 'धर्मरक्षक' शब्द और 'आनन्ददाता प्रभो' से ज्ञान माँगने के कारण ऐसी प्रार्थनाएँ पाठ्य पुस्तकों से हटा दी जाएँ? उचित तो यह है कि प्रार्थना भी रहे, धर्म की बात भी रहे, लेकिन बुनियादी वस्तु है कि छात्रों में खुलापन, जिज्ञासा, 'आलोचना बुद्धि' विकसित हो। पर वरिष्ठ कथाकार गिरिराज किशोर[8] पाठ्यक्रम में दलित साहित्य का जोरदार शब्दों में समर्थन करते हुए कहते हैं कि "पाठ्यक्रम में दलित साहित्य अत्यन्त ही आवश्यक है। इसलिए कि इसके माध्यम से इतिहास की समझ होगी। और जब तक आप इतिहास नहीं समझेंगे तब तक सतही जानकारी और समझ रहेगी।" वे आगे बतलाते हैं कि शीघ्र-से-शीघ्र एम.ए. में दलित साहित्य से सम्बन्धित पेपर होना चाहिए।

बकौल सुरेश शुक्ल, परिवर्तन की राजनीति और शिक्षापद्धति के बारे में अगर कहा जाए तो राजनीतिक आजादी के बावजूद बुनियादी सामाजिक परिवर्तन नहीं हो सके। सवेरे की प्रार्थना, ईश-स्मरण जैसी चीजें जैसी-की-तैसी बनी रहीं। शिक्षापद्धति की समस्याओं पर कोई भी चर्चा यह भुला कर नहीं की जा सकती कि शिक्षा में बुनियादी परिवर्तन बिना बुनियादी-सामाजिक परिवर्तन के सम्भव नहीं है।[9]

यथास्थितिवाद के इस फ्लाईव्हील का व्यावहारिक रूप स्कूल की वास्तविक दिनचर्या में व्यक्त होता है। पाठ्य पुस्तकों पर बहस को छोड़िए। यह पूछिए कि स्कूल में दिन कैसे शुरू होता है और खत्म कैसे होता है? कौन से पर्व-त्यौहार मनाए जाते हैं? दिनचर्या, त्यौहार और परिवेश के जरिए छात्राओं को कैसी सामाजिक और बौद्धिक ट्रेनिंग दी जाती है? ये सब सवाल पूछें तो जवाब में पाएँगे कि समाज में जो आधुनिकीकरण हुआ है, उसका बहुत ही थोड़ा अंश स्कूलों तक पहुँच पाया है। समाज जितना पारम्परिक या धर्मांध है, स्कूल उससे कहीं ज्यादा है। छुआछूत, अन्य सम्प्रदायों के प्रति दुराव, वर्ग-विद्वेष जैसी चीजें बच्चे को घर-परिवार से ही मिलती जाती हैं। उधर, ऐसा नहीं कि स्कूल इनका कोई प्रतिवाद या विकल्प बच्चे को देता हो, उलटे घर से मिले इन संस्कारों को स्कूल और आगे बढ़ा देता है यानी विकसित भी करता है।

उत्कृष्ट साहित्य और उसके पाठक पर विचार करते हुए फूको ने इस विश्लेषण पर बल दिया था कि "सारे वर्णनों में से क्यों 'कुछ' ही को पवित्र या उत्कृष्ट मानकर साहित्य में शामिल" कर लिया जाता है तथा उन्हें तुरन्त ही 'एक संस्था' के साथ जोड़ दिया जाता है। इस संस्था को उदाहरण के रूप में वे 'विश्वविद्यालय' कहते हैं और इन तथ्यों को उपस्थित करते हैं कि अब तक के इतिहास में इसी प्रकार के विश्वविद्यालय जैसे संस्थानों को, प्रामाणिक रूप में आम जनता और बुद्धिजीवियों के बीच 'साहित्यिक संस्था' के रूप में मान्यता प्राप्त है।

देवेन्द्र चौबे[10] लिखते हैं कि निस्सन्देह, जब मिशेल फूको उत्कृष्ट साहित्य को ध्यान में रखते हुए साहित्यिक संस्था के रूप में 'विश्वविद्यालय' जैसे संस्थानों की चर्चा करते हैं तो यह अकारण ही नहीं है क्योंकि किसी भी भाषा के सम्पूर्ण साहित्य के एक कालविशेष में यह 'कुछ' ही है, जिसे पवित्र अथवा उत्कृष्ट मानकर छात्रों के उस विशाल पाठक वर्ग से जोड़ दिया जाता है जिसकी तलाश किसी भी सच्चे रचनाकार को होती है और यहीं से

शुरू होता है उस 'कुछ' साहित्य पर विचार-विमर्श की प्रक्रिया का दौर, जिसे विश्वविद्यालयों के अध्यापक परम्परागत साहित्य से जोड़कर व्याख्यायित करते हैं। छात्र उनका अनुसरण करते हैं, स्वतन्त्र पत्रकार और आलोचक उनकी सार्थकता-निरर्थकता पर बहस करते हैं। उन्हीं के बीच से कुछ ऐसे विचारक निकलते हैं जो परम्परा और प्रभाव से मुक्त होकर उस रचना की एक नई व्याख्या करते हैं जैसा कि पिछले दिनों डॉ. धर्मवीर ने कबीर के बहाने हिन्दी के सन्त साहित्य और उसके रचयिताओं की 'दलित' के सन्दर्भ में की। विचार-विमर्श की इस प्रक्रिया में किसी रचना की इस प्रकार की यह नई व्याख्या एक ऐसे तथ्य को बौद्धिक समाज के सामने लाकर उपस्थित कर देती है, जिसकी पुनर्व्याख्या में सम्पूर्ण समाज जुट जाता है।

आमतौर से साहित्य की यह नई व्याख्या पारम्परिक आलोचकों और विश्वविद्यालय के अध्यापकों के एक वर्ग को परेशान करने लगती है। वास्तविक दिक्कत यहीं से शुरू होती है क्योंकि महाविद्यालय और विश्वविद्यालय के छात्र तो उस गीली मिट्टी की तरह होते हैं, जिन्हें गढ़ने का काम यही पारम्परिक आलोचक तथा अध्यापक करते हैं। परिणामतः उनके निकट रहने वाले छात्रों का समुदाय उनकी इस परेशानी से सर्वाधिक प्रभावित होता है। कारण, किसी भी नए साहित्य अथवा विचारों की ऐसी व्याख्याएँ जो परम्परा के खिलाफ होती हैं, उसके अस्वीकार की इस मुहिम में उन छात्रों को अनायास ही शामिल कर लिया जाता है जो उन पारम्परिक आलोचकों अथवा अध्यापकों के निकट होते हैं। उदाहरण के लिए, हिन्दी में डॉ. रामविलास शर्मा, मुक्तिबोध, डॉ. नामवर सिंह, धूमिल, राजकमल चौधरी आदि को लिया जा सकता है जिनके साहित्य और विचारों का विरोध पारम्परिक आलोचकों तथा अध्यापकों के साथ ही उनके निकट रहने वाले छात्रों ने छठे एवं सातवें दशक में सबसे अधिक किया।

एक दूसरा उदाहरण, हम लोग **'इकॉनॉमिक एंड पॉलिटिकल वीकली' के 18 मार्च, 1995 में प्रकाशित के. सत्यनारायण के उस पत्र** को ले सकते हैं जिसमें उन्होंने एस.एस. शिवप्रकाश द्वारा रचित कन्नड़ नाटक 'महाचैत्र' को कर्नाटक सरकार द्वारा गुलबर्ग और कुवेम्पु विश्वविद्यालयों के पाठ्यक्रम से बाहर निकालने का उल्लेख किया है। इसका कारण बताते हुए उन्होंने लिखा है कि धार्मिक मठों के लिंगायत विद्वानों को 'महाचैत्र' के दस वर्षों के प्रचार-प्रसार के बाद लगा कि इस नाटक में एक चरित्र के माध्यम से कुछ ऐसी आपत्तिजनक और अपमानजनक टिप्पणियाँ की गई हैं जो समाज-सुधारक बासवन्ना के खिलाफ हैं। ध्यान रहे कि बासवन्ना एक धर्म-निरपेक्ष समाज-सुधारक थे जो जाति और दमन के दूसरे रूपों के खिलाफ लड़े थे। यद्यपि इस घटना के जनक प्रत्यक्षतः विश्वविद्यालय के अध्यापक अथवा आलोचक नहीं हैं, परन्तु विरोध करने वालों को लगा कि 'महाचैत्र' जैसे उत्कृष्ट साहित्य के बहाने विश्वविद्यालय जैसी साहित्यिक संस्था में पढ़नेवाले छात्रों के बीच एक गलत सन्देश जा रहा है और यह गलत सन्देश उस व्यापक पाठक वर्ग को प्रभावित कर रहा है जो भविष्य का सामाजिक, सांस्कृतिक और राजनीतिक नियन्ता है, अथवा हो सकता है।

आज दलित साहित्य को एक अपूर्ण गद्य मानकर उसकी मनमानी व्याख्या की जा रही है। इस व्याख्या में पारम्परिक आलोचकों और विश्वविद्यालयों के अध्यापकों का एक बड़ा वर्ग शामिल है क्योंकि वह नहीं चाहता है कि दलित साहित्य भी शिक्षण-संस्थाओं में शामिल होकर उत्कृष्ट अथवा पवित्र 'साहित्यिक पाठ' का दर्जा पा जाए। इसलिए इस प्रकार के अध्यापकों और आलोचकों द्वारा यह भ्रम फैलाया जा रहा है कि यह अपूर्ण गद्य वर्षों से चली आ रही साहित्य की परम्परा को नष्ट कर देगा; नष्ट कर देगा उन पात्रों को, उन विचारों को, उन सन्दर्भों को, जिन्हें अब तक हम महान् समझते आ रहे थे। जबकि ऐसा कुछ भी नहीं है क्योंकि दलित साहित्य के आने से न तो तुलसीदास के 'रामचरितमानस' की महत्ता कम होने वाली है और न ही प्रेमचन्द के 'गोदान' अथवा फणीश्वरनाथ रेणु के 'मैला आंचल' की। दलित साहित्य के आने से न ही लोग मुक्तिबोध के 'चाँद का मुँह टेढ़ा है' को पढ़ना छोड़ देंगे और न ही मनोहर श्याम जोशी कृत 'कुरु-कुरु स्वाहा' अथवा सुरेन्द्र वर्मा कृत 'मुझे चाँद चाहिए' को, लेकिन यह डर और भ्रम ही ऐसा है कि पारम्परिक आलोचक तथा अध्यापक दलित साहित्य को शिक्षण-संस्थानों से जोड़ने में झिझक रहे हैं। क्योंकि एक बार जहाँ यह साहित्य शिक्षण संस्थानों से जुड़ा कि यह भी उसी तरह उत्कृष्ट, पवित्र और प्रसिद्ध हो जाएगा जैसा कि आज हिन्दी साहित्य के इतिहास में भक्ति काव्य अथवा नई कहानी आन्दोलन है। इसी तरह प्रसिद्ध हो जाएँगे ओमप्रकाश वाल्मीकि, डॉ. धर्मवीर, मोहनदास नैमिशराय जैसे दलित साहित्यकार।

डॉ. शत्रुघ्न कुमार[11] का मानना है कि वर्तमान समय में भारतीय साहित्य में जो अतिनूतन बदलाव उभरा है, वह है दलित चेतना से सम्बन्धित साहित्य का। अखिल भारतीय स्तर पर यह चेतना स्पष्ट नजर आ रही है। यह साहित्य जीवन्त, नवीन तथा सशक्त है। बुद्ध, कबीर, रैदास, महात्मा फुले तथा आम्बेडकर की विचारधारा से इस साहित्य का सीधा सम्बन्ध है। मराठी भाषा में तो यह पूर्ण रूप से स्थापित हो चुकी है। दक्षिण भारतीय भाषाओं में विकास की ओर तेजी से उभरा है। हिन्दी एवं उत्तर भारत की अन्य भाषाओं में तेजी से उभरते इस साहित्य का अपना लम्बा इतिहास है। शोध के द्वारा यह तथ्य सामने आ रहा है कि आर्थिक कठिनाइयों तथा प्रकाशन के अभाव में दलित रचनाकार एवं उनकी रचनाएँ साहित्य-जगत में अनजान बनी रहीं। सामाजिक एवं राजनीतिक बदलाव के कारण दलित साहित्य प्रकाश में आ रहा है। विगत दशक में यह साहित्य प्रचुर मात्रा में प्रकाशित हुआ है। इस साहित्य के लेखकों एवं प्रकाशकों के प्रयास से वह दिन दूर नहीं जब एक राष्ट्रीय पुस्तकालय की स्थापना हो जाए तथा वहाँ सारी सामग्री मौजूद हो।

दलित साहित्य जीवन्त, सशक्त एवं नवीन है और इसी साहित्य का भविष्य भी है। अतः शैक्षिक पाठ्यक्रमों में इसे शामिल करना न सिर्फ समय की माँग है बल्कि भारतीय समाज के विकास के लिए जरूरी भी। इस साहित्य द्वारा भारतीय समाज संगठित होगा तथा आगे बढ़ेगा।

दलितों को जीवन की मूलभूत आवश्यकताओं से भी वंचित रखा गया। मोटे तौर पर शारीरिक मेहनत तो दलितों के लिए रखे गए किन्तु उस श्रम या मेहनत से जो भी उत्पादन

हो रहा है, वह सब लाभ ब्राह्मण को दिए गए। ऐसे-ऐसे नियम बनाए गए जिससे व्यक्ति का मानसिक तथा शारीरिक विकास भी रुक गया। उदाहरण के लिए, दलितों के लिए यह नियम बनाया गया कि वह गाय का पालन-पोषण कर सकता है किन्तु जब गाय का बच्चा होगा और गाय दूध देगी तो उसका उपयोग दलित नहीं कर सकता। उसे दूध निकाल कर ब्राह्मण को सौंप देना चाहिए। यदि वह ऐसा नहीं करता है, यानि यह दूध ब्राह्मण को न देकर खुद पी जाता है तो इससे देवता कुपित हो जाएँगे तथा इससे उसका अनिष्ट हो जाएगा। यदि वह दूध निकाल कर ब्राह्मण को दे देता है तो देवता प्रसन्न रहेंगे। लाभ हो या न हो, लेकिन देवता प्रसन्न रहेंगे।

इसी प्रकार ऐसे भी नियम बनाए कि अमुक फल तथा सब्जी की पैदावार तो दलित कर सकता है किन्तु उसे खा नहीं सकता क्योंकि देवता कुपित हो जाएँगे। इस प्रकार ब्राह्मणों ने ऐसे-ऐसे नियम बनाए जिससे शरीर के लिए उपयोगी वस्तुओं का दलित उपयोग न कर पाए।

'पाठ्य पुस्तकों में परिवर्तन की प्रासंगिकता' नाम से परिषद सन्देश, दिसम्बर 1997 में प्रकाशित अपने लेख में उज्जैन के लालचन्द राही लिखते हैं—

एक शिक्षक साहित्यकार होने के नाते मध्य प्रदेश पाठ्यपुस्तक निगम द्वारा प्रकाशित पुस्तकों को मैंने पढ़ा और पढ़ाया है। प्रायः सभी पुस्तकों में अधिनायकवाद को बढ़ावा देने वाले राष्ट्रगान को छात्र-विरोध के बावजूद नकारा नहीं गया है, जबकि यह गीत अंग्रेजों का ही प्रशस्ति-गान है।[12]

पाँचवीं कक्षा की हिन्दी पुस्तक 'बाल भारती' को ही बानगी के तौर पर लें, जिसका सम्पादन घनश्याम कश्यप जी ने किया है और परामर्शदाता हैं डॉ. विनय मोहन शर्मा। इस बाल भारती के 24 पाठों में से केवल पाँच पाठों की रचना कश्यपजी ने की है। पाठ्यपुस्तक की पहली कविता में हिन्दू देवी-देवताओं, राजा-रानियों और सवर्ण सेनानियों के नामों से प्रेरणा ग्रहण करने का 'आह्वान' तो है किन्तु बुद्ध, महावीर, नानक, अशोक, अकबर, कबीर, ज्योतिबा फुले और डॉ. आम्बेडकर के नामों का उल्लेख नहीं होने से क्या यह आशय लगाया जाए कि ये लोग धरती पर बोझ थे, साम्प्रदायिक थे, असामाजिक तत्व थे? क्या इनके वास्तविक सोच को ग्रहण कर भारत का भविष्य अन्धकारमय होने का खतरा है?

स्पष्ट है कि भारत में जिसने न्याय, समता, सह-अस्तित्व, बन्धुत्व, धर्मनिरपेक्षता और मानवता की बात की है तथा वर्ण-व्यवस्था जैसी समाज की विघटनकारी सोच को नकारा है, उन्हें जान-बूझकर नजरअन्दाज किया जा रहा है। क्यों नहीं है महापंडित राहुल सांकृत्यायन के लिए पाठ्य पुस्तक में स्थान? सिर्फ इसलिए कि वे वर्ण-व्यवस्था के विरोधी थे? महापंडित रावण ने भी वर्ण-व्यवस्था का विरोध किया था, इसलिए उन्हें राक्षस, दम्भी, चरित्रहीन और आर्यों का दुश्मन मानकर अनार्यों के सहयोग से क्षत्रिय द्वारा मरवा दिया गया और मानवता की बात करनेवालों को मार-मार कर दास बना लिया गया। हिरण्यकश्यप और कंस भी वर्णधर्म के ही विरोधी थे, इसीलिए तो उन्हें मारकर उनके अनुयायियों को गुलामी की जंजीरों

में जकड़ा गया है। कवि ने गागर में सागर भरने का प्रयत्न किया है किन्तु उनके कट्टर हिन्दूवादी होने को वे नकार नहीं सकते। जो भी हो, श्री बैरागी कांग्रेस से जुड़कर ही **'मंगते से मिनिस्टर'** बने हैं। एक बार गलती की थी, भोगना पड़ा। इसी भोगने के डर से अनेक साहित्यकार चाहते हुए भी यथार्थ को अनदेखा कर रहे हैं।

पाठ्य पुस्तकों में भारतीय सन्तों को स्थान तो दिया गया है किन्तु उनके वर्ण-व्यवस्था, ऊँच-नीच और साम्प्रदायिकता विरोधी विचारों को उद्धृत न कर ऐसी ही बातें समाविष्ट की जा रही हैं जिन्हें छात्र परिवार से सीख सकता है। पुस्तक के 'दशहरा' निबन्ध में राजा रघु और उनसे जुड़े भगवान राम के अतिरिक्त अन्य राजा-महाराजा, क्षत्रिय और वैश्यों को तो दशहरे से जोड़ा गया है किन्तु राजा बली, सम्राट अशोक और उसकी कलिंग विजय तथा बाबा साहेब डॉ. भीमराव आम्बेडकर के धम्मचक्र प्रवर्तन समारोह को जान-बूझकर नकारा गया है और छात्रों में हिन्दू संस्कृति के जीवित रखने के लिए मनुवादी घुट्टी पिलाई गई है। एक ओर 'कृष्ण-बलराम भातृ-प्रेम' के माध्यम से कृष्ण की लीलाओं का वर्णन है तो दूसरी ओर 'राम-सुग्रीव की मैत्री' के माध्यम से पाठ्य पुस्तक को अवतारवाद से लीप दिया गया है। यदि राम और कृष्ण अवतार थे तो दोनों की मृत्यु क्यों हुई? क्यों नहीं किया जाता इनकी मृत्यु का वर्णन? क्यों नहीं दी जाती इन्हें श्रद्धांजलि? क्यों नहीं मनाए जाते इनके स्मृतिपर्व? सिर्फ इसलिए कि भोले मन के लोग इन्हें भगवान से साधारण इनसान मानकर इनकी पूजा बन्द न कर दें। गांधी-नेहरू आदि की पुण्यतिथि पर भी तो सारा राष्ट्र कृतज्ञता ज्ञापित करते हुए उन्हें श्रद्धा से नमन करता है। सच बात तो यह है कि हिन्दू धर्म यदि समता की बात करने लगेगा तो उसकी वर्ण-व्यवस्था खतरे में पड़ जाएगी और वर्ण-व्यवस्था समाप्ति पर यह धर्म ताश के महल-सा भरभरा कर नष्ट हो जाएगा।

वर्तमान पाठ्य पुस्तकों में अवतरित अत्याचार, घृणा और हिंसावृत्ति बढ़ती ही रहेगी। देश के शिक्षक और नेता बीमार भारत की व्यवस्था-कथा से अनभिज्ञ नहीं हैं। कारण भी जानते हैं और निदान भी, किन्तु स्वार्थ और तृष्णा के कारण बिल्ली के गले में घंटी कोई नहीं बाँधना चाहता।

यदि शंकराचार्य, तुलसी, आर्य समाज और महात्मा गांधी न होते तो शायद वर्ण-व्यवस्था कब की ही समाप्त हो चुकी होती। आज भी गीता प्रेस, गोरखपुर का मूल उद्‌देश्य हिन्दू धर्म और संस्कृति की रक्षा करना ही है। दूरदर्शन पर आसाराम जी, मुरारी बापू और कमल किशोर जी के प्रवचनों के साथ ही रामायण, महाभारत, ओम नमः शिवाय, जय हनुमान, शिव-पुराण, श्रीकृष्ण आदि धारावाहिकों का प्रसारण कर हम देश की जनता को क्या देना चाहते हैं?

कंवल भारती लिखते हैं कि दलित चिन्तनधारा का विकृतीकरण करने में जितना घपला किया जा सकता था, वह ब्राह्मण पंडितों और उनकी शिष्य मंडली ने किया है। विप्रवादी जन्मनाः आलोचक रामचन्द्र शुक्ल से लेकर उदारवादी पंडित हजारीप्रसाद द्विवेदी और प्रगतिवादी आलोचक डॉ. रामविलास शर्मा तक को इस घपले के लिए कटघरे में खड़ा किया जा सकता है।

वे आगे लिखते हैं कि हजारीप्रसाद द्विवेदी ने कबीर का विकृतीकरण किया है। न केवल कबीर का ही, बल्कि सम्पूर्ण दलित सन्त काव्यधारा का, उसके इतिहास का और उनके युग का भी। वस्तुतः द्विवेदी जी ने दलित सन्तों की चिन्ताओं को समझा ही नहीं और न ही वे दलित सन्त आन्दोलन के मर्म को समझ सके। सच कहा जाए तो द्विवेदी जी ने कबीर के साथ वही किया जो शंकराचार्य ने 'प्रस्थानत्रयी' की रचना करके बौद्ध धर्म के साथ किया था। द्विवेदी जी ने तो अश्वघोष की वर्ण-व्यवस्था का खंडन करने वाली पुस्तक 'वनसूची' को भी शंकराचार्य की कृति मान लिया।

कबीर और रैदास, दोनों की पृष्ठभूमि, युगीन परिस्थितियाँ और दर्शनधारा समान थीं पर उनका वैसा चित्रण नहीं किया गया। जान-बूझकर दलितों के सवालों को अनुपस्थित किया और समता तथा समानता के दर्शन को गलत ढंग से परिभाषित किया गया।

हिन्दी या हिन्दू मानसिकता चाहे जो कहा जाए, उसे यह कदापि सहन नहीं होता कि दलित समाज का भी कोई व्यक्ति महत्त्वपूर्ण बने। उसकी ख्याति आँखों में खटकने लगती है। इसलिए टीकाओं में किंवदन्तियाँ या प्रक्षेपक जोड़ कर हिन्दी के हिन्दू साहित्यकार उन्हें विकृत कर देते हैं। सन्त रविदास के साथ भी ऐसा ही हुआ। प्रियदास ने नाभादास पर लिखी अपनी टिप्पणी में रैदास की चमड़ी में जनेऊ खोज लिया। रूपकला दास तो नाभादास की जाति बदलने को इतने विकल हुए कि पूर्वजन्म में जा पहुँचे। भला कोई ब्राह्मण हुए बगैर कभी विद्वान हो सकता है?

वैसे आजादी के पचास बरस बाद देश के स्कूल, कॉलेज तथा विश्वविद्यालयों के पाठ्यक्रम का अगर सर्वेक्षण किया जाए तो हम पाएँगे कि पाठ्यक्रम में जो अधिकांश सामग्री है, वह अन्धविश्वास और रूढ़िवादिता से ही सम्बन्धित है। शिक्षण-संस्थानों के पाठ्यक्रमों में निर्धारित विषय सामग्री जैसे उपन्यास, कविता तथा कहानियाँ आदि समूचे भारतीय समाज के हित में न होकर ब्राह्मणी संस्कृति का ही पोषण करती रही हैं। शायद पूर्व और मौजूदा शिक्षाशास्त्रियों का उद्देश्य भी यही रहा है। ऐसे दकियानूसी लोग शिक्षा के पाठ्यक्रम में कोई परिवर्तन करने के हक में नहीं।

विनोबा भावे विश्वविद्यालय के डॉ. चन्द्रेश्वर कर्ण का मानना है कि कोई स्वीकार करे अथवा नहीं, यह एक सत्य है कि भारतीय विश्वविद्यालयों के पाठ्यक्रम अभिजातवर्गीय हैं। वह वर्ग एक सिरे से अनुपस्थित है जो युगों से दलित और प्रताड़ित है। उसकी पीड़ा, प्रताड़ना, उपेक्षा, जीवनसंघर्ष कहीं देखने में नहीं आता। यही नहीं, मध्यकाल में जिनका सार्थक हस्तक्षेप साहित्य और संस्कृति में था, उन दलित कवियों की धार को भी भोथरा करने की चेष्टा की जाती रही है।

इतिहास साक्षी है कि सवर्णों के द्वारा शम्बूक, एकलव्य की सम्भावनाएँ ही नहीं छीनी गईं, बल्कि इनके महत्त्व को भी नकारा गया।

अंगुतर में प्रकाशित अर्जुमन्द आरा की एक रपट देखें। प्रो. मैनेजर पांडेय प्रायः दलित साहित्य के पक्ष में बोलते और लिखते रहे हैं अपितु जे.एन.यू. में उनकी चेयरमैनशिप में दलित साहित्य पर शोध कार्य भी हो रहे हैं। 'जूठन', और 'अपने-अपने पिंजरे'—इन दो

दलित आत्मकथाओं तथा दलित कथा साहित्य पर काम हो रहा है। इन सब में पांडेयजी की भूमिका सराहनीय बताई जाती है किन्तु जब मुद्दा साहित्य को पाठ्यक्रम में लाने का है तो वे इसे कोर्स के लिए गैरजरूरी मानते हैं।

इस सन्दर्भ में प्रो. मैनेजर पांडेय के एक बयान की बानगी देखें–**"पाठ्यक्रम तो अजायबघर है, इसमें चीजें बहुत ज्यादा पुरानी हो जाती हैं तब रख दी जाती हैं। दलित साहित्य जैसे जीवन्त साहित्य को इस अजायबघर में लाकर निर्जीव क्यों करना चाहते हैं?"**[14]

पांडेय से ही मिलती-जुलती बात नामवर भी कहते हैं, पर अन्य तरीके से। लम्बे समय से वे दलित साहित्य तथा आन्दोलन के आलोचक रहे। वे अब दलित साहित्य का समर्थन अवश्य करने लगे हैं। लेकिन देखा गया है कि उनके समर्थन में नकार भी होता है। दलित अस्मिता और संस्कृति के वे बिल्कुल भी पक्षधर नहीं हैं।

पाठ्यक्रम में दलित साहित्य की आवश्यकता पर जोर देते हुए डॉ. एन. सिंह[15] कहते हैं कि देश की स्वतन्त्रता के बाद हमारे विद्यालयों तथा महाविद्यालयों में साहित्य का जो पाठ्यक्रम पढ़ाया जाता रहा उसमें संस्कृत तो छात्र को कर्मकांडी तथा संकीर्ण बनाती ही है लेकिन हिन्दी में मुख्यतः तुलसीदास, सूरदास और मीराबाई आदि को ही पढ़ाया गया, जो छात्र को राम और कृष्ण-भक्त ही बनाती है और यदि किसी कक्षा में अन्य महापुरुषों के जीवन-परिचयों के साथ रैदास का संक्षिप्त जीवन-परिचय भी पढ़ाया गया, तो उसमें बताया गया कि रैदास ने रांपी से अपनी छाती फाड़ी और उसमें से सात सोने के जनेऊ निकालकर दिखाए। यदि इस घटना को हम तर्क की कसौटी पर कसें तो दो निष्कर्ष निकलते हैं। एक–रांपी से छाती फाड़कर कोई व्यक्ति इस स्थिति में नहीं रहता कि वह जनेऊ दिखा सके। दो–जनेऊ सोने के नहीं होते। फिर जिन विद्वानों ने यह झूठ गढ़ा क्या वे मूर्ख थे? इसके साथ ही दूसरा प्रश्न यह उठता है कि उन्होंने यह झूठ क्यों गढ़ा? तीसरा प्रश्न यह है कि विगत पचास वर्षों से जो अध्यापक यह पाठ पढ़ा रहे हैं, क्या उन्होंने कभी इस पर सोचा? इन तीनों प्रश्नों के उत्तर इस प्रकार हैं। जिन विद्वानों ने यह झूठ गढ़ा, बहुत सोच-समझकर गढ़ा! वे बहुत चालाक और शातिर लोग थे। वे यह साबित करना चाहते थे कि ऐसा तपस्वी और सिद्ध पुरुष चमार नहीं हो सकता। वह तो सात जन्मों से जनेऊधारी ब्राह्मण था और जो अध्यापक पचास वर्षों से यह पढ़ा रहे हैं, वे जानते हैं कि यह झूठ है लेकिन उनके लिए उनका वर्गहित सर्वोपरि है। अतः पीढ़ी-दर-पीढ़ी वे यह ब्राह्मणवादी संस्कार पुख्ता कर रहे हैं।

इस प्रकार का पाठ्यक्रम यहाँ पर पढ़ाया जा रहा है जो व्यक्ति को तर्कहीन, अन्धविश्वासी तथा ब्राह्मणवाद का पोषक बनाता रहा है जिसमें आमूल-चूल परिवर्तन की आवश्यकता है जिसे कम्युनिस्टों ने समझा और उन्हीं के प्रयासों से साहित्य में कबीर, रैदास जैसे उदारचेता सन्तों के साथ अन्य प्रगतिशील कवि और लेखकों के साहित्य का पाठ्यक्रमों में समावेश हुआ पर उनकी भी सीमा रही। सीमा उलाँघें भी तो कैसे? हिन्दू बने रहना उनकी मजबूरी है और कम्युनिस्ट होना या रहना उनका शगल।

इस बारे में एक उदाहरण देखें—स्कूली शिक्षा में पाठ्यक्रम और पाठ्य पुस्तकें तैयार करने वाली संस्था 'राष्ट्रीय शैक्षिक अनुसन्धान और प्रशिक्षण परिषद्' (एनसीईआरटी) ने राष्ट्रीय पाठ्य चर्चा 2005 के आधार पर नई पाठ्य सामग्री तैयार करवाई। हिन्दी भाषा और साहित्य की पुस्तकों में कुछ ऐसे पाठ शामिल किए गए जिसमें जाति व्यवस्था की, ब्राह्मण सर्वोच्चता की आलोचना थी। इन पाठों ने राष्ट्रीय स्तर पर खलबली मचाई। सांसद तक यह कहने लगे कि ऐसे विचार समाज के लिए घातक हैं और इन्हें स्कूली छात्रों को नहीं पढ़ाना चाहिए। जब ये विचार-विशेष को 'समाज के घातक' बता रहे थे तो उनका आशय था कि वे सवर्ण-हितों के लिए हानिकारक हैं।

25 अगस्त, 2006 को संसद के उच्च सदन में इस मुद्दे पर बहस हुई। यह अचरज भरा दृश्य था कि एक मुद्दे पर प्रायः सभी पार्टियों के सांसदों को समान स्वर में बोलते देखा जाए। इन सांसदों में एक प्रतिनिधि स्वर डॉ. मुरली मनोहर जोशी का था। उपसभापति को सम्बोधित करते हुए उन्होंने कहा, "यह भारत की विशेष संस्कृति के ऊपर आघात है।..." आप बार-बार ब्राह्मणों के पाँव छूते हैं, हवन करवाते हैं, पाठ करवाते हैं। आपके मन में यह श्रद्धा है। क्योंकि आपने ऐसी पाठ्य पुस्तकें पढ़ी थीं। अब जो पाठ्य पुस्तकें तैयार हो रही हैं, उनमें ब्राह्मण विरोधी स्वर हैं।[15ए]

इतिहास से राजनीति की ओर हम जाएँ तो जब प्रदेशों में भाजपा सरकारें अस्तित्व में आईं उन्होंने सबसे अधिक पाठ्यक्रम बदलने पर ही जोर दिया। यह पाठ्यक्रम केवल साहित्य और इतिहास का ही बदला गया। उ.प्र. में संस्कृत भाषा और साहित्य पढ़ाया जाना अनिवार्य कर दिया गया। संस्कृत जो एक मृत भाषा रही है जिसका वर्तमान समय में न आम आदमी के व्यावहारिक जीवन में और न ही सरकारी कामकाज में कोई अस्तित्व है। उसके विद्यालयों को बढ़ा-चढ़ाकर अनुदान देना, संस्कृत अकादमी की स्थापना करना इसलिए आवश्यक समझा गया कि यह हिन्दू धर्म का आधार-स्तम्भ है। इसे बचाए रखना और बनाए रखना हिन्दुत्ववादियों के लिए आवश्यक है। सावरकर, हेडगेवार तथा नाथूराम गोडसे की जीवनियाँ अन्य महापुरुषों के साथ पढ़ाया जाना क्यों आवश्यक है?

दरअसल कहना तो यह चाहिए कि सम्पूर्ण हिन्दी साहित्य हिन्दू साहित्य है, जिसमें किसी दलित के लिए कभी स्थान रहा ही नहीं। सृजन ही नहीं, पाठकीय धरातल पर भी यह बात लागू होती है। राजेन्द्र यादव हिन्दी साहित्य के विगत सौ वर्ष के इतिहास पर टिप्पणी करते हैं कि इन सौ वर्षों में हिन्दी साहित्य की मुख्यधारा में एक-दो कायस्थ तथा दो-चार वैश्यों के अतिरिक्त सारे ब्राह्मण साहित्यकार हैं। तब भला एक वर्गविशेष द्वारा लिखा गया सम्पूर्ण देश का साहित्य कैसे पारदर्शी कहा जा सकता है? इस पर भी साजिश यही कि यह साहित्य मजबूरन सारे देश को पढ़ना पड़ रहा है। उन दलितों को, जिनके वे विरुद्ध हैं, जिन्हें वे हीन घोषित करते हैं। इसलिए आज देश-भर का दलित साहित्यकार हिन्दी के मौजूदा पाठ्यक्रम को बदलने के लिए प्रयासरत है।[16]

बकौल डॉ. रामसूरत, शिक्षा समाज में व्यापक और सूक्ष्म आर्थिक परिवर्तनों का प्रभावशाली माध्यम है। भारत जैसे विशाल लोकतांत्रिक देश में राष्ट्रीय एकता, सामाजिक

परिवर्तन के लिए वैसी शिक्षा का होना आवश्यक है। काश! ऐसा हो। लेकिन ऐसा हो नहीं रहा है।

नई शताब्दी में ज्योतिषशास्त्र को विश्वविद्यालयों में लगाना इस बात का संकेत करता है कि भले ही समाज कितना ही आधुनिक क्यों न बन जाए हिन्दू धर्म का पाखण्ड और रूढ़िवादी विचारधारा साथ-साथ चलेगी। खेद का विषय तो यह है कि केन्द्र सरकार और राज्य सरकारों के साथ गैर-सरकारी स्कूलों में भी तेजी के साथ जातीय शिक्षा (हिन्दू धर्म तथा वर्ण व्यवस्था से सम्बन्धित) का प्रचार-प्रसार हुआ है। स्कूली धार्मिक पाठ्य-पुस्तकों में पहले भी मनुस्मृति, वेद, पुराण आदि का कोई-न-कोई अंश सम्मिलित किया जाता था और आज भी लगभग यही स्थिति है। उ.प्र. सरकार ने तो 2004 में माध्यमिक संस्कृत शिक्षा परिषद का गठन किया।[17] कभी ब्राह्मणों की सत्ता का खण्डन करते हुए आर्यसमाजियों ने संस्कृत ग्रंथों पर सवालिया निशान लगाया था,[18] वह अब सिर्फ इतिहास में दर्ज हो गया है। वर्तमान में देखें तो स्थिति इसके उलट हो गई है यानी अधिकांश आर्य समाजियों के स्कूल, कॉलेजों में हिंदुओं के सभी ग्रंथों को पढ़ाया जाने लगा है। तुलसीदास उनके वैसे ही प्रिय कवि हैं। अकेले काशी नागरी प्रचारिणी सभा ने अपने लगभग एक सौ वर्षों के समय में कई लाख धार्मिक पुस्तकों को छापा है, जिसका कुछ भाग पाठ्यक्रम में भी लगा है।

इसी तरह से देखें तो देश के भीतर मानव संसाधन मंत्रालय ने और देश के बाहर विदेश मंत्रालय के तहत संस्कृति विभाग ने धार्मिक पुस्तकों, पत्रिकाओं को प्रकाशित कर उनके प्रचार-प्रसार के द्वारा ब्राह्मणी साहित्य को ऊर्जा दी है। कहना न होगा कि महाराष्ट्र को छोड़कर शेष भारत में पाठ्य पुस्तकों में दलित साहित्य के प्रवेश पर सतही कार्य हुआ है। बहुजन राजनीति का इसे विरोधाभास ही कहना चाहिए कि उत्तर प्रदेश में मायावती चार बार मुख्यमन्त्री रही, लेकिन स्कूल तथा कॉलेजों में वैसा ही सब कुछ पढ़ाया जाता रहा, जैसा उनसे पूर्व था।

सन्दर्भ

1. पाठ्यक्रम सम्बन्धी यह विवरण इकोनॉमिक एंड पॉलिटिकल वीकली, 18 मार्च, 1995 से लिया गया है।
2. हंस, नई दिल्ली, मई, 1997, पृ. 64.
3. उत्पीड़ितों का शिक्षाशास्त्र, ग्रन्थशिल्पी, दरियागंज, नई दिल्ली।
4. विचारधारा बनाम वैज्ञानिक मिजाज, नामवर सिंह, हंस, दरियागंज, नई दिल्ली, अक्टूबर, 1993, पृ. 92.
5. पाठ्य पुस्तकों में हस्तक्षेप : सुदीप बनर्जी, हंस, अक्टूबर 1993, पृ. 93.
6. डॉ. एन. सिंह, हिंदी लेखन में दलित चेतना, राष्ट्रीय सहारा, 18 जनवरी, 1997.
7. हंस, अक्तूबर, 1993, पृ. 92.
8. भारतीय उच्च अध्ययन संस्थान, शिमला में फेलो के रूप में शोध कर रहे गिरिराज किशोर से बातचीत के आधार पर।
9. हंस, अक्तूबर, 1993, पृ. 95.

10. उत्तर आधुनिक समाज में साहित्य और उसका वास्तविक पाठक, देवेन्द्र चौबे, हंस, अक्टूबर, 1998, पृ. 38-40.
11. शैक्षिक पाठ्यक्रम में दलित साहित्य की सार्थकता, डॉ. शत्रुघ्न कुमार।
12. पाठ्य पुस्तकों में परिवर्तन की प्रासंगिकता, लालचन्द राही, परिषद सन्देश, भोपाल, दिसम्बर 1997.
13. परिषद सन्देश, प्र. 41.
14. युद्धरत आम आदमी, अंक 41.
15. उच्च शिक्षा में बढ़ती हुई समस्याएँ एवं निराकरण का भौगोलिक अध्ययन, उपत्यका (उत्तराखंड विशेषांक) राजकीय स्नातकोत्तर महाविद्यालय, लैंस डाऊन, पौढ़ी गढ़वाल, 2009, पृ. 25.
15ए. दलितनत अस्मिता जन मार्च, 2011, पृ. 29.
16. राष्ट्रीय सहारा, 18 जनवरी, 1997.
17. सुजीत कुमार सिंह, हिन्दी शिक्षा और वर्चस्व की परम्परा, साखी, वाराणसी जुलाई-सितम्बर, 2011, पृ. 17.
18. हिन्दी कोविद रत्नमाला (भाग-एक) श्यामसुन्दर दास, 1909, इण्डियन प्रेस, प्रयाग, पृ. 6-7.

विशेष :

[इस अध्याय को तैयार करने में लेखक ने 'राष्ट्रीय सहारा' के हस्तक्षेप के दलित साहित्य अंक (18 और 25 जनवरी, 1997), हिन्दी साहित्य : सामाजिक स्वीकृति का संकट (20-6-98), और 'पल-प्रतिपल' (सितम्बर-92) के समकालीन फ्रांसीसी साहित्य विशेषांक में प्रकाशित मिशेल फूको, मैनेजर पांडेय एवं जॉक ब्रेने की सामग्री से मदद ली है, उन सबका आभार।]

आम्बेडकरवाद से समाजवाद

किसी भी महापुरुष का जीवन कितना छोटा या बड़ा होता है, उनके विचार दर्शन को स्वयं उनके द्वारा जिए गए वर्ष आगे नहीं बढ़ाते हैं बल्कि महापुरुषों के सामाजिक सरोकार ही विशेष सिद्धांत को आगे ले जाते हैं और उसी सिद्धांत का उनके अनुयायी प्रचार-प्रसार करते हैं। भारत में विशेष रूप में आम्बेडकरवाद और गाँधीवाद के बहाने उनके अनुयाईयों में आरम्भ से ही विमर्श होता रहा है या फिर कार्ल मार्क्स और लेनिन के सन्दर्भ में भी उनके पैरोकारों के निशाने पर आम्बेडकर रहे हैं।

प्रो. विनोद सिंह[1] लिखते हैं कि समाजवाद एक मानवतावादी विचारधारा रही है। यह सामाजिक और आर्थिक न्याय का पक्षधर है। यह जाति के उन्मूलन, श्रम की गरिमा और सबके मुक्त विकास का पक्षधर है। यह महिलाओं की मुक्ति की वकालत करता है। यह त्वचा के रंग पर आधारित भेदभाव को नष्ट करना चाहता है। यह एक राष्ट्र द्वारा दूसरे राष्ट्र के, समाज के एक हिस्से द्वारा दूसरे हिस्से के शोषण को मिटाना चाहता है। यह सहिष्णुता की शिक्षा देता है और धार्मिक नफरत एवं उन्माद से संघर्ष करता है। यह युद्ध और विनाश का विरोध करता है। यह न्याय और सबके साथ इन्साफ की प्रणाली की स्थापना के लिए शान्तिपूर्ण एवं अहिंसक साधनों का ही इस्तेमाल करना चाहेगा।

इस तरह समाजवादियों ने मार्क्स का मानवतावाद, गांधीजी का अध्यात्मवाद और दुनिया-भर के समाजवादियों के नया मनुष्य बनाने की दिशा में किए गए प्रयास को मिलाकर एक नए मनुष्य के निर्माण की बात छेड़ी, पर वे बुद्ध को भूल गए...आम्बेडकर को तो जान-बूझकर याद करना ही नहीं चाहा। साथ ही, भगवान बुद्ध ने जिन दबे, पिसे और शोषित लोगों की बात की थी, उसकी तरफ वे केवल गर्द-गुब्बार ही उड़ाते रहे। कितने आश्चर्य की बात है कि बड़े-से-बड़ा समाजवादी भी, एक सीमा तक लोहिया को छोड़कर आम्बेडकर से हाथ न मिला सका। लोहिया ने इस क्षेत्र में आम्बेडकर से हाथ मिलाने का प्रयास जरूर किया, पर तब तक बहुत देर हो चुकी थी।

आम्बेडकर-लोहिया के बीच हुए पत्र-व्यवहार का विवरण हम दे रहे हैं। शायद पाठकों को उनके बीच के संवाद को समझने में सुविधा हो। साथ ही, दो महापुरुषों द्वारा मानवीयता के नाते दलित और सवर्ण के बीच सेतु बनाने की वैचारिक प्रक्रिया की भी उन्हें जानकारी हो। यह भी हो सकता है कि आने वाली पीढ़ी इस बारे में कुछ सबक ले। जिससे स्वस्थ समाज बनने हेतु परिस्थितियाँ तैयार हो सकें।

बाबा साहेब डॉ. आम्बेडकर के साथ पत्र-व्यवहार

1

हैदराबाद

10-12-1955

संलग्न 'फोल्डर' खुद स्पष्ट है।

'मैनकाइंड' पूरे मन से जाति-समस्या को अपनी सम्पूर्णता में खोल कर रखने का प्रयत्न करेगा। इसीलिए, आप उसके लिए अपना कोई लेख भेज सकें तो प्रसन्नता होगी। लेख 2,500 और 4,000 शब्दों के बीच हो तो अच्छा। आप जिस विषय पर चाहें, लिखिए। हमारे देश में प्रचलित जाति-प्रथा के किसी पहलू पर अगर आप लिखना पसन्द करें तो मैं चाहूँगा कि आप कुछ ऐसा लिखें कि हिन्दुस्तान की जनता न सिर्फ क्रोधित हो बल्कि आश्चर्य भी करे। मैं नहीं जानता कि मध्य प्रदेश में लोकसभा के चुनाव भाषणों में आपके बारे में मैंने जो कहा, उसे आपके अनुयायी ने, जो मेरे साथ रहा, आपको बतलाया या नहीं। अब भी मैं बहुत चाहता हूँ कि क्रोध के साथ दया भी जोड़नी चाहिए। आप न सिर्फ अनुसूचित जातियों के नेता बनें, बल्कि पूरी हिन्दुस्तानी जनता के भी नेता बनें।

हमारे क्षेत्रीय शिक्षण शिविर में यदि आप आ सकें तो हमें बड़ी खुशी होगी। यह सोच कर कि इसके साथ वाली विषय सूची सहायक होगी, उसे भेजा जा रहा है। अगर आप अपने भाषण का सार पहले ही भेज दें तो बाद में उसे प्रकाशित करना अच्छा होगा। हम चाहते हैं कि एक घंटे के भाषण के बाद उस पर एक घंटे तक चर्चा भी हो।

मैं नहीं जानता कि समाजवादी दल के स्थापना सम्मेलन में आपको कोई दिलचस्पी होगी या नहीं। आप पार्टी के सदस्य नहीं हैं, पर फिर भी सम्मेलन में आप विशेष आमन्त्रित होकर आ सकते हैं। अन्य विषयों के अलावा सम्मेलन में खेत-मजदूरों, कारीगरों, औरतों और संसदीय काम से सम्बन्धित समस्याओं पर भी विचार होगा और इनमें से किसी एक पर आपको कुछ महत्त्वपूर्ण बात कहनी ही है। किसी बात को बतलाने के लिए यदि आप सम्मेलन की कार्यवाही में हिस्सा लेना चाहें तो मैं समझता हूँ कि सम्मेलन और विशेष रूप से अनुमति देगा।

सप्रेम अभिवादन सहित,[2]

आपका

राममनोहर लोहिया

2

कानपुर

27-9-1956

प्रिय डॉक्टर साहब,

एक दोस्त के जरिए हम लोगों को दिल्ली जा कर डॉ. आम्बेडकर से मिलने का न्यौता मिला। ये डॉ. आम्बेडकर के बहुत विश्वसनीय आदमी हैं। हम लोग दिल्ली जा कर उनसे मिले और 75 मिनट तक बातचीत हुई। यह साफ कर दिया गया था कि हम लोग बिलकुल व्यक्तिगत रूप में आए हैं।

जब आप दिल्ली में हों, डॉ. आम्बेडकर आपसे जरूर मिलना चाहेंगे। वे बूढ़े हैं और उनकी तबियत ठीक नहीं है। वे सहारा लेकर चलते-फिरते हैं।

वे पार्टी का पूरा साहित्य चाहते हैं और 'मैनकाइंड' के सभी अंक। वे इसका पैसा देंगे (विधान, नीति और कार्यक्रम भी)।

वे हमारी राय से सहमत थे कि नेहरू हर एक दल को तोड़ना चाहते हैं और कि विरोधी पक्ष को मजबूत होना चाहिए।

वे मजबूत जड़ों वाले एक नए राजनीतिक दल के पक्ष में हैं।

वे नहीं समझते कि मार्क्सवादी ढंग का साम्यवाद या समाजवाद हिन्दुस्तान के लिए लाभदायक होगा, लेकिन जब हम लोगों ने अपना दृष्टिकोण रखा तो उनकी दिलचस्पी बढ़ी।

हम लोगों ने उन्हें कानपुर के आम क्षेत्र से लोकसभा का चुनाव लड़ने का न्यौता दिया। इस खयाल को उन्होंने नापसन्द नहीं किया, लेकिन कहा कि वे आपसे पूरे हिन्दुस्तान के पैमाने पर बात करना चाहते हैं। हम लोगों ने यह साफ कर दिया कि हम लोग अपनी नीति के कारण कोई समझौता नहीं कर सकते। ऐसा लगा कि वे अनुसूचित जाति संघ से बहुत मोह नहीं रखते। कार्यकारिणी की बैठक दिल्ली में 30 को हो रही है। नेहरू के बारे में जानकारी करने में उन्हें बहुत दिलचस्पी थी (सिनेमा आउटफिट आदि की 'मैनकाइंड' वाली चर्चा)। उन्होंने कहा कि इन बातों का यथेष्ट प्रचार होना चाहिए। ये दिल्ली से एक अंग्रेजी दैनिक भी निकालना चाहते हैं।

वे हम लोगों के दृष्टिकोण को बहुत सहानुभूति, तबियत और उत्सुकता के साथ पूरे विस्तार में समझना चाहते थे। उन्होंने थोड़े विस्तार में इंग्लैंड की प्रजातान्त्रिक प्रणाली की चर्चा की, जिससे उम्मीदवार चुने जाते हैं और लगता है कि जनतन्त्र में उनका दृढ़ विश्वास है।

यह सार है। हम लोग खुद नहीं आ सके क्योंकि यह पता नहीं था कि आप कहाँ हैं और हमारे पास पैसा नहीं। 23-9-56 को हैदराबाद दफ्तर में टेलीफोन से बात करने की कोशिश की, कोई जवाब नहीं मिला। क्योंकि वहाँ पर किसी ने टेलीफोन ही नहीं उठाया।

डॉ. आम्बेडकर का पता : 26 अलीपुर रोड, नई दिल्ली।

आपके

विमल मेहरोत्रा

धर्मवीर गोस्वामी

3

दिल्ली
24-9-1956

प्रिय डॉक्टर लोहिया,

आपके दो मित्र मुझसे मिलने आए थे। मैंने उनसे काफी देर तक बातचीत की, हालाँकि हम लोगों में आपके चुनाव कार्यक्रम के बारे में कोई बात नहीं हुई।

अखिल भारतीय परिगणित जाति संघ की कार्यसमिति की बैठक 30 सितम्बर, 1956 को होगी और मैं समिति के सामने आपके मित्रों का प्रस्ताव रख दूँगा। कार्यसमिति की बैठक के बाद मैं चाहूँगा कि आपकी पार्टी के प्रमुख लोगों से बातचीत हो ताकि हम लोग अन्तिम रूप से तय कर सकें कि साथ होने के लिए हम लोग क्या कर सकते हैं। मुझे बहुत खुशी होगी अगर आप दिल्ली में मंगलवार 2 अक्टूबर, 1956 को मेरे यहाँ आ सकें। अगर आप आ रहे हों तो कृपया तार से सूचित करें ताकि मैं कार्यसमिति के कुछ लोगों को भी आपसे मिलने के लिए रोक सकूँ।

आपका,
बी.आर. आम्बेडकर

4

हैदराबाद
1-10-1956

प्रिय डॉक्टर आम्बेडकर,

आपके 24 सितम्बर के कृपा-पत्र के लिए बहुत धन्यवाद। हैदराबाद लौटने पर मैंने आज आपका पत्र पढ़ा और इसलिए आपके सुझाए समय पर दिल्ली पहुँच सकने में बिलकुल असमर्थ हूँ। फिर भी जल्दी-से-जल्दी मैं आपसे मिलना चाहूँगा। मैं उत्तर प्रदेश में अक्टूबर के बीच में रहूँगा और आपसे दिल्ली में 19 या 20 अक्टूबर को मिल सकूँगा। अगर आप 29 अक्टूबर को बम्बई में हों तो वहाँ आपसे मिल सकता हूँ। कृपया मुझे तार से सूचित करें कि इन दो तारीखों में कौन-सी आपको ठीक रहेगी।

अन्य मित्रों से आपकी सेहत के बारे में जानकर चिन्ता हुई। आशा है कि आप आवश्यक सावधानी बरत रहे होंगे।

मैं अलग से 'मैनकाइंड' के तीन अंक आपको भिजवा रहा हूँ। विषय का सुझाव देने का मेरा विचार हो रहा था लेकिन मैं ऐसा नहीं करूँगा। 'मैनकाइंड' के तीनों अंक आपको विषय चुनने में मदद करेंगे। मैं केवल इतना ही कहूँगा कि हमारे देश में बौद्धिकता निढाल हो चुकी है। मैं आशा करता हूँ कि यह वक्त है और इसलिए आप जैसे लोगों का बिना रोक के बोलना बहुत जरूरी है।[3]

आपका
राममनोहर लोहिया

5

हैदराबाद
1-10-1956

प्रिय विमल और धर्मवीर,

तुम्हारी चिट्ठी मुझे मिली। मैं चाहूँगा कि तुम लोग डॉ. आम्बेडकर से बातचीत जारी रखो लेकिन याद रखना कि जिस दिशा का तुम लोगों ने खुद अपनी चिट्ठी में उल्लेख किया है, उससे इधर-उधर नहीं होना।

डॉ. आम्बेडकर की सबसे बड़ी दिक्कत रही है कि ये सिद्धान्त में अटलांटिक गुट से नजदीक महसूस करते हैं। मैं नहीं समझता कि इस निकटता के पीछे सिद्धान्त के अलावा और भी कोई बात है। लेकिन इसमें हम लोगों को बहुत सतर्क रहना चाहिए। मैं चाहता हूँ कि डॉ. आम्बेडकर समान दूरी के खेमे की स्थिति में आ जाएँ। तुम लोग अपने मित्र के जरिए सिद्धान्त की थोड़ी-बहुत बहस भी चलाओ।

डॉ. आम्बेडकर को लिखी चिट्ठी का एक नक्शा भिजवा रहा हूँ। अगर वे चाहते हैं कि मैं उनसे दिल्ली में मिलूँ तो तुम लोग भी वहाँ रह सकते हो। मेरा डॉ. आम्बेडकर से मिलना राजनीतिक नतीजों के साथ-साथ इस बात की भी तारीफ होगी कि पिछड़ी और परिगणित जातियाँ उनके जैसे विद्वान् पैदा कर सकती हैं।

तुम्हारा,
राममनोहर लोहिया

6

दिल्ली
5-10-1956

प्रिय डॉ. लोहिया,

आपका एक अक्टूबर 1956 का पत्र–संख्या 8821 मिला। अगर आप 20 अक्टूबर को मुझसे मिलना चाहते हैं तो मैं दिल्ली में रहूँगा, आपका स्वागत है। समय के लिए टेलीफोन कर लेंगे।

आपका,
बी.आर. आम्बेडकर

7

कानपुर,
15-10-1956

आदरणीय डॉक्टर साहब,

पिछले महीने मैं और मेरे मित्र श्री धर्मवीर गोस्वामी आपसे दिल्ली में मिले थे। उसके बाद अपनी बातचीत की खबर हमने डॉ. लोहिया को दी।

मैंने बहुत ध्यान से परिगणित जाति संघ की कार्यसमिति के फैसलों का अध्ययन किया है। उसमें से देश की जनता के लिए विशेष दिलचस्पी की तीन चीजें निकलती हैं–

क. आपकी समिति ने रिपब्लिकन पार्टी ऑफ इंडिया के नाम से एक नई पार्टी बनाने की जरूरत महसूस की है। हम लोगों को इस नई पार्टी की नीति और कार्यक्रम या इसके सिद्धान्त के बारे में अब तक कुछ पता नहीं। लोगों के लिए यह सम्भव नहीं कि अभी इसके बारे में राय कायम कर सकें, हालाँकि देश उत्सुकता के साथ मौजूदा दोषों को दूर करने के इलाज के लिए आपके जैसी विद्वता वाले पुरुष के विचार जानना चाहता है। मुझ जैसे आदमी का आपको कोई सलाह देना धृष्टता होगी, लेकिन देश के लिए अच्छा होता है कि देश के मौजूदा राजनीतिक दलों के नीति और कार्यक्रम को आप देख लेते और इनकी कथनी और करनी के बारे में अपनी राय देते।

ख. मुझे क्षमा करेंगे यदि मैं साफ तौर पर कहूँ कि चुनावी समझौते पर आपकी समिति की नीति मैं समझ नहीं सका हूँ। मैं पूरी तौर पर दुविधा में हूँ। उत्तर प्रदेश परिगणित जाति संघ के पार्लियामेंट्री बोर्ड के प्रवक्ता ने कहा कि संघ किसी वामपक्षी दल से समझौता नहीं चाहता, जबकि यदि मैंने ठीक समझा है तो छपी खबरों के अनुसार आपकी केन्द्रीय समिति ने चुनाव समझौते या इसी तरह के किसी गठबन्धन को पसन्द किया है। सोशलिस्ट पार्टी ने अपनी नीति में तय किया है कि हम लोग कोई समझौता या गठबन्धन नहीं करेंगे, लेकिन उन क्षेत्रों के अलावा और कोई चुनाव नहीं लड़ेंगे जहाँ कुल मतदाताओं के एक प्रतिशत पार्टी सदस्य न हों और जो कम-से-कम एक तिहाई मतदान केन्द्रों में फैले न हों। सोशलिस्ट पार्टी का विश्वास है कि दरअसल कोई और पार्टी विरोधी पार्टी है ही नहीं। लेकिन उपर्युक्त फैसले से दूसरी तथाकथित विरोधी पार्टियों से खुद-ब-खुद चुनाव समझौते का एक रास्ता निकल आता है, क्योंकि हम लोग अपने को लगभग तीन हजार क्षेत्रों से अलग रखेंगे और पाँच सौ या छह सौ क्षेत्रों में चुनाव लड़ेंगे।

ग. स्वेज के बारे में आपकी समिति का प्रस्ताव राष्ट्रीय स्वार्थ की दृष्टि से भले ही सोचा गया हो लेकिन मुझे बहुत शक है कि दूर की दृष्टि से यह हिन्दुस्तान के लोगों के सचमुच स्वार्थ में होगा। इसका मतलब यह होगा कि हिन्दुस्तान

में लगी विदेशी पूँजी का राष्ट्रीयकरण बिना उन देशों की सहमति के नहीं किया जाए जिनके पूँजीपतियों का पैसा लगा हो।

मैं आपसे अनुरोध करूँगा कि परिगणित जाति संघ के दफ्तर को कृपया इन प्रस्तावों को हमें भेजने के लिए कहें।

मुझे पता चला है कि डॉ. लोहिया आपसे मिलने वाले हैं लेकिन मैं समझता हूँ कि निकट भविष्य में उनके लिए यह सम्भव नहीं होगा। अगर आप अपना कुछ कीमती समय दे सकें तो मैं आकर आपसे सारी बातें कर सकूँ।

मुझे आशा है कि आपकी सेहत ठीक होगी और आप समय निकाल सकेंगे।

आपका,

विमल मेहरोत्रा

8

हैदराबाद

1-7-1957

प्रिय मधु,

मुझे डॉ. आम्बेडकर से हुई और उनसे सम्बन्धित चिट्ठी-पत्री मिल गई है और मैं उसे तुम्हारे पास भिजवा रहा हूँ। तुम समझ सकते हो कि डॉ. आम्बेडकर की अचानक मौत का दुःख मेरे लिए थोड़ा-बहुत व्यक्तिगत रहा है, और अब भी है। मेरी बराबर आकांक्षा थी कि हमारे साथ आएँ। केवल संगठन में ही नहीं, बल्कि पूरी तौर से सिद्धान्त में भी, और वह मौका करीब मालूम होता था।

मैं एक पल के लिए भी नहीं चाहूँगा कि तुम इस पत्र-व्यवहार को हम लोगों के व्यक्तिगत नुकसान की नजर से देखो। मेरे लिए डॉ. आम्बेडकर हिन्दुस्तान की राजनीति के एक महान आदमी थे और गांधी जी को छोड़ कर, बड़े-से-बड़े सवर्ण हिन्दुओं के बराबर। इससे मुझे बराबर सन्तोष और विश्वास मिला है कि हिन्दू धर्म की जाति-प्रथा एक-न-एक दिन खत्म की जा सकती है।

मैं बराबर कोशिश करता रहा हूँ कि हिन्दुस्तान के हरिजनों के सामने एक विचार रखूँ। मेरे लिए यह बुनियादी बात है। हिन्दुस्तान के आधुनिक हरिजनों में दो प्रकार हैं, एक डॉ. आम्बेडकर और दूसरे श्री जगजीवनराम। डॉ. आम्बेडकर विद्वान थे, उनमें स्थिरता, साहस और स्वतन्त्रता थी; वे बाहरी दुनिया को हिन्दुस्तान की मजबूती के प्रतीक के रूप में दिखा सकते थे, लेकिन उनमें कटुता थी और वे अलग रहना चाहते थे। गैर-हरिजनों के नेता बनने से उन्होंने इनकार किया। पिछले पाँच हजार बरस की तकलीफ और हरिजनों पर उसका असर मैं भली प्रकार समझ सकता हूँ लेकिन वास्तव में तो यही बात थी। मुझे आशा थी कि डॉ. आम्बेडकर जैसे महान भारतीय किसी दिन इससे ऊपर उठ सकेंगे लेकिन इसके बीच मौत आ गई। श्री जगजीवनराम ऊपरी तौर पर हर हिन्दुस्तानी और हिन्दू के लिए सद्भावना रखते हैं और हालाँकि सवर्ण हिन्दुओं से बातचीत में उनकी तारीफ

और चापलूसी करते हैं, पर यह कहा जाता है कि केवल हरिजनों की सभाओं में घृणा की कटु ध्वनि भी फैलाते रहते हैं। इस बुनियाद पर न तो हरिजन और न हिन्दुस्तान ही उठ सकता है लेकिन डॉ. आम्बेडकर जैसे लोगों में भी सुधार की जरूरत है।

परिगणित जाति संघ के चलाने वालों को मैं अब नहीं जानता लेकिन मैं चाहता हूँ कि हिन्दुस्तान की परिगणित जाति के लोग देश की पिछली चालीस साल की राजनीति के बारे में विवेक से सोचें। मैं चाहूँगा कि श्रद्धा और सीख के लिए वे डॉ. आम्बेडकर को प्रतीक मानें, डॉ. आम्बेडकर की कटुता को छोड़ कर उनकी स्वतन्त्रता को लें, एक ऐसे डॉ. आम्बेडकर को देखें जो केवल हरिजनों के ही नहीं, बल्कि पूरे हिन्दुस्तान के नेता बनें।

सप्रेम

तुम्हारा,
राममनोहर लोहिया।

इस बारे में अन्य विचारकों के मत देखें—

डॉ. चक्रवर्ती का मानना है कि वर्ण तथा जाति पर आधारित समाज में समता तथा मनुष्यता का कोई दूर का भी रिश्ता नहीं होता है। अगर होता भी है तो सिर्फ दिखावे के लिए, जो डॉ. आम्बेडकर जैसे मानवतावादी व्यक्ति को यह कतई पसन्द नहीं था, जो उनके समाज-दर्शन के विपरीत है। स्वयं डॉ. आम्बेडकर ने प्रतिपादित किया था, "यदि आप मुझसे पूछते हैं, तो मेरा आदर्श समाज वह होगा जो स्वतन्त्रता, समता तथा भ्रातृभाव पर आधारित हो।"

बाबा साहेब के समाज दर्शन में 'बुद्ध दर्शन' साफ झलकता है। उनके शब्दों में, "सकारात्मक दृष्टि से मेरा समाज-दर्शन तीन शब्दों में अन्तर्निहित कहा जा सकता है—स्वतन्त्रता, समता तथा भ्रातृभाव। परन्तु किसी को यह नहीं सोचना चाहिए कि मैंने दर्शन की जड़ें फ्रांस की क्रान्ति से मजबूत की हैं। मेरे दर्शन की जड़ें धर्म में हैं, मैंने उनका अनुसरण 'बुद्ध' की शिक्षा से किया है।[4]

भारत में कम्युनिस्ट पार्टी की विधिवत स्थापना 1925 में हुई। भगतसिंह ग्रुप ने 1926 में लाहौर **नौजवान सभा**, फिर अन्य लोगों के साथ मिलकर 1928 में **नौजवान भारत सभा** का गठन किया और इसी साल हिन्दुस्तान समाजवादी रिपब्लिकन एसोसिएशन की स्थापना हुई। कांग्रेस सोशलिस्ट पार्टी के गठन से पहले 1930 से 1933 के बीच समाजवादी विचार रखनेवाले लोग स्थानीय या प्रान्तीय स्तर पर अलग-अलग ग्रुपों का गठन कर रहे थे। वे एक-दूसरे संगठन से जुड़ और बिखर भी रहे थे।

हालाँकि कांग्रेस के गर्भ से ही इस प्रक्रिया का जन्म और विकास हुआ था। यह भी कहा जा सकता है कि उन्हें अपनी-अपनी पहचान की तलाश थी। वे एक-दूसरे से सहयोग कम करते थे, बाल की खाल अधिक निकालते थे।

भारत में कांग्रेसी समाजवादियों की जहाँ तक बात है, वे राजनैतिक सत्ता के लिए लालायित थे। समाज सुधार पीछे छूटता जा रहा था। उनकी दृष्टि सीधे-सीधे सत्ता पर

थी। जहाँ तक अन्य समाजवादियों के बारे में कहा जा सकता है, वे एक-दूसरे को प्रभावित करने का प्रयास करते थे। **कुछ के ईष्ट देव पत्थरों के थे, कुछ के जीवित हाड़-मांस के। कुछ भारत में ही जन्मे महापुरुषों को अपना नेता मानते थे, तो कुछ अन्तर्राष्ट्रीय फलक पर पहुँच कर दूसरे देश के महापुरुषों में आस्था प्रगट करने लगे थे।**

मेरे मित्र विनोद प्रसाद सिंह तथा सुनील मिश्र ने आचार्य नरेन्द्रदेव और जयप्रकाश नारायण को मार्क्सवादी, अशोक मेहता को फेबियनवादी, लोहिया को गांधीवादी, सम्पूर्णानन्द, युसुफ मेहरअली को क्रान्तिकारी राष्ट्रवादी तथा मसाबी को मार्क्सवादी बताया है। इस तरह देखा जाए तो भारत के समाजवादियों की इतनी किस्में रही हैं कि अगर उन पर और भी अध्ययन किया जाए तो इस संख्या में और भी बढ़ोतरी हो सकती है। पर प्याज के छिलकों की तरह वर्ण-व्यवस्था से प्रभावित उनके समाजवादी चरित्र की बानगी को उतरते देर नहीं लगती। जब जातीयता की बात आती है तो क्षण-भर में उनके सभी सिद्धान्त बर्फ के टुकड़े की तरह घुलकर गुम हो जाते हैं।

अपने निबन्ध **'कांग्रेस सोशलिज्म'** में रजनी पामदत्त लिखते हैं कि बम्बई में 'कांग्रेस सोशलिस्ट ग्रुप' के अभ्युदय ने भारतीय राष्ट्रीय आन्दोलन की कतारों के बीच व्यापक बहस पैदा कर दी है। इस ग्रुप का का कार्यक्रम फरवरी 1934 में जारी किया गया था जिस पर कृष्ण मेनन, एम शेट्टी, एम.आर. मसानी तथा अन्य लोगों के दस्तखत थे। यह कार्यक्रम जवाहरलाल नेहरू के अनुमोदन-पत्र के साथ जारी हुआ था, जिसमें नेहरू ने कहा था कि वे कांग्रेस की विचारधारा को प्रभावित करने के लिहाज से इसके अन्दर समाजवादी ग्रुपों के निर्माण का स्वागत करेंगे।

वह कौन सी परिस्थिति है जिसमें यह कार्यक्रम प्रस्तुत किया गया?

मई 1934 में ब्रिटिश सरकार के सामने नेशनल कांग्रेस ने पटना में आत्मसमर्पण किया। 1930 में पूर्ण स्वाधीनता के लिए संघर्ष की शुरुआत के बतौर जिस सविनय अवज्ञा आन्दोलन का युद्धनाद किया गया था उसे बिना शर्त वापस ले लिया गया और कौंसिल-प्रवेश का निर्णय किया गया।

जून 1934 में ब्रिटिश सरकार ने नेशनल कांग्रेस पर लगा प्रतिबन्ध खत्म कर दिया और उसे एक कानूनी संगठन की मान्यता प्रदान कर दी। जुलाई 1934 में ब्रिटिश सरकार ने हिन्दुस्तान की कम्युनिस्ट पार्टी को गैरकानूनी घोषित कर दिया। यहाँ हम उन घटनाओं की एक पूरी शृंखला पाते हैं जिनके आपसी सम्बन्ध का महत्त्व बड़ी आसानी से समझ में आ सकता है। एक ओर ब्रिटिश सरकार घोषणा करती है कि नेशनल कांग्रेस को अब गैरकानूनी खतरनाक दुश्मन मानने की कोई वजह नहीं है बल्कि अब तो उसे एक सम्भावित मित्र व संश्रयकारी के रूप में देखा जाना चाहिए। दूसरी ओर ब्रिटिश सरकार यह भी घोषित करती है कि नई उभरती हुई हिन्दुस्तान की कम्युनिस्ट पार्टी उसकी सबसे खतरनाक दुश्मन है और उसी को अपने आक्रमण का प्रमुख निशाना बनाया जाना चाहिए।

इस प्रकार 'महात्मा की छत्रछाया में' (जी.डी. बिड़ला की अनूठी पुस्तक का शीर्षक) फल-फूल रहे भारतीय पूँजीपति वर्ग ने जवाहरलाल के समाजवाद की सीमाओं को समझना

और उसकी कीमत आँकना सीख लिया था जो उनके द्वारा समूचे देश में आयोजित चुनाव-सभाओं में काफी भारी भीड़ बटोरता था। गांधी के बाद नेहरू कांग्रेस के सर्वाधिक लोकप्रिय नेता के बतौर उभरे। यद्यपि वे अभी भी मन्त्रिमंडल में जाने के खिलाफ थे और कांग्रेस इस मसले पर अभी तक अनिर्णय की स्थिति में थी, तथापि बिड़ला जानते थे कि क्या होने वाला है। अप्रैल 1936 में ही उन्होंने चिंताकुल ठाकुरदास को आश्वस्त कर दिया था कि आगामी चुनावों में 'वल्लभभाई ग्रुप' का ही नियंत्रण रहेगा और अगर लॉर्ड लिनलिथगो स्थिति से ठीक ढंग से निपट पाए तो कांग्रेस के मन्त्रिमंडल में शामिल होने की पूरी-पूरी सम्भावना है।[5]

और लगभग एक वर्ष बाद बिल्कुल ऐसा ही हुआ। फरवरी 1937 के चुनावों में कांग्रेस को मिली भारी सफलता (पाँच प्रान्तों में पूर्ण बहुमत, एक में लगभग बहुमत और अन्य दो प्रान्तों में भी काफी अच्छी स्थिति) के कारण नेहरू और गांधी पर भारी दबाव पड़ा और वे लोग सरकार बनाने की लोकप्रिय माँग चुपचाप मान लेने को विवश हो गए। मार्च 1937 के एआईसीसी अधिवेशन में जेपी ने मन्त्रिमंडल के पूर्ण त्याग का प्रस्ताव रखा, लेकिन उनका प्रस्ताव बुरी तरह खारिज हो गया। जुलाई 1937 में सी.पी., उड़ीसा, बिहार, यूपी, मद्रास और बम्बई में, और बाद में 'नेफा' व असम में भी कांग्रेस मन्त्रिमंडल गठित किए गए। इस प्रकार भारतीय राष्ट्रीय आन्दोलन के इतिहास में एक अनूठा प्रयोग शुरू हुआ : संसदीय और गैरसंसदीय कार्यों का तथा आन्दोलनात्मक और प्रशासकीय भूमिकाओं का संयोजन; व्यवहार में 1935 के संविधान पर अमल करना जबकि कथनी में (पूर्ण स्वराज्य के हित में) उसे ठुकराना; एक ओर अत्यन्त सीमित अधिकारों के साथ उन प्रान्तों पर शासन करना, दूसरी ओर सत्ता के असली स्रोत केन्द्र सरकार का विरोध करना एवं विभिन्न वर्गीय स्वार्थों व अन्य (साम्प्रदायिक, आंचलिक, जातीय आदि) हित समूहों के बीच सन्तुलन स्थापित करना जबकि अन्तिम तौर पर एक निश्चित वर्ग-आधार का प्रतिनिधित्व करना और उसे मजबूत बनाना। और अगर इस प्रयोग के अन्तरविरोधी पैरामीटर तथा इस स्थिति तक पहुँचने वाले विवादों का पूरा दौर पाठक के मन में बीस-तीस बरसों बाद शुरू होने वाले कम्युनिस्ट आन्दोलन के प्रयोगों की तुलनात्मक रूपरेखा खींच देते हैं तो इससे सिर्फ यही साबित होता है कि भारत में राष्ट्रवाद और साम्यवाद के बीच कितना गहरा रक्त-सम्बन्ध है।

कांग्रेस बनी जूनियर 'राज'

अव्वल तो कांग्रेसी मन्त्रिमंडलों ने जनता में भारी उत्साह पैदा किया। राष्ट्रीय ध्वज, राष्ट्रीय गान तथा राज्य विधानसभाओं के सचिवालयों में पदासीन उनके राष्ट्रवादी नेताओं ने–जो अब उन नौकरशाहों व पुलिस अफसरों को हुक्म दे रहे थे, जिन्होंने कल ही उन्हें यातनाएँ दी थीं और जेलों में बन्द रखा था–स्वतन्त्रता आन्दोलन के मनोबल को आकाश तक ऊँचा उठा दिया था। कांग्रेसी मन्त्रिमंडलों ने पुलिस और सीआईडी के निरंकुश अधिकारों को नियंत्रित किया, प्रेस की स्वतन्त्रता में वृद्धि की, नागरिक व लोकतांत्रिक अधिकारों

में इजाफा किया और कई देशभक्त आतंकवादियों सहित राजनीतिक बंदियों को रिहा किया। कम्युनिस्टों को भी अपने क्रिया-कलापों में थोड़ी अधिक आजादी मिल गई, हालाँकि कांग्रेसी मन्त्रिमंडलों व नेताओं ने सीपीआई पर से प्रतिबन्ध हटाने के लिए केन्द्र सरकार पर कोई भी दबाव नहीं डाला। कतिपय आंचलिक विषमताओं (मसलन, मद्रास और बम्बई की सरकारें शुरू से ही सोशलिस्ट व कम्युनिस्ट नेताओं को गिरफ्तार व हैरान-परेशान कर रही थीं) के बावजूद शुरुआत के कुछ महीनों में आम तस्वीर ऐसी ही थी। साल भर में ही कांग्रेस की सदस्यता कई गुना बढ़ गई और जैसा कि हम आगे देखेंगे, मजदूर, किसान, नौजवान और सांस्कृतिक आन्दोलनों व संगठनों में भारी विकास हुआ। कांग्रेस के सत्तासीन होने का एक सकारात्मक प्रभाव यह भी पड़ा कि अधिकांश देशी रियासतों के अन्तर्गत रियासती निरंकुशता के खिलाफ तथा जिम्मेदार सरकार, कृषिसुधार व अन्य सुधारों के पक्ष में आन्दोलनों का एक ज्वार सा फूट पड़ा। लेकिन कांग्रेस के चुनाव कोष में बिड़ला ने पाँच लाख रु. का चन्दा और उनके अन्य भाई-बन्धुओं ने भी अच्छा-खासा दान महज इन्हीं सब बातों के लिए नहीं किया था। शुरुआती दौर में कांग्रेसी मन्त्रिमंडल द्वारा उठाए गए कुछ कदमों, मसलन मद्य निषेध के कारण आबकारी के घाटे को पूरा करने के लिए बम्बई में शहरी सम्पत्ति कर तथा कपड़े पर बिक्री-कर के लगाए जाने तथा ट्रेड यूनियन अधिकारों के विस्तार व बेहतर श्रम कल्याण के पक्ष में यू.पी. और बिहार में लेबर इन्क्वायरी कमेटी की अनुशंसाओं ने सचमुच उद्योगपतियों के मन में कुछ आशंकाएँ पैदा कीं, लेकिन बाद में वे निर्मूल साबित हुईं।

मधु लिमये ने अपनी पुस्तक **प्राइम मूवर्स** में लिखा कि देश में चारों तरफ गांधी की आँधी थी, पर उस आँधी का प्रभाव आम्बेडकर पर उतना न था। बल्कि आम्बेडकर तो उस आँधी में भी अटल थे। आम्बेडकर पर 1938 में नरेन्द्र देव, कमला देवी, अच्युत पटवर्धन एवं अशोक मेहता द्वारा तैयार थीसिस में स्पष्ट कहा गया था कि पार्टी के गठन की पहल उन लोगों ने की जो मार्क्सवाद के प्रभाव में आ गए थे और जिन्होंने **मार्क्सवादी समाजवाद** स्वीकार कर लिया था। 1938 में ही लाहौर सम्मेलन के अध्यक्षीय भाषण में मीनू मसानी ने कहा था–''इससे अधिक स्वाभाविक बात दूसरी नहीं है कि अपनी नीति निर्धारित करते समय हम मार्क्स और लेनिन द्वारा प्रतिपादित शिक्षण की ओर देखें।''

पर यह नशा जल्दी ही उतर गया था। हालाँकि मार्क्स ने धर्म को अफीम कहा था पर स्वयं भारत के मार्क्सवादी धर्म की अफीम में लिप्त रहे।

1939 यानी एक वर्ष बाद नरेन्द्रदेव लिखते हैं–''कम्युनिस्ट लोग सबसे अधिक गैर-भरोसेमंद हैं। अब इन लोगों से पूरी तरह अलग हो जाना चाहिए। ऐसे निर्लज्ज और बेईमान लोगों के साथ आगे काम करना असम्भव है।''

दूसरी ओर स्वयं डॉ. लोहिया के अनुसार, सोशलिस्ट पार्टी की एक बड़ी कमी नकारवाद है। वैसे पार्टी के संकल्प और कार्यक्रम हमेशा सकारात्मक रहे हैं। करीब-करीब प्रत्येक मामले में इसके पास देने के लिए ठोस समाधान है लेकिन अक्सर समाधान कागज पर रह जाता है और जब शब्दों को कार्यों द्वारा लोगों तक पहुँचाया जाता है तब

तक इस पर नकारात्मक भावना की मोटी परत पड़ जाती है। अक्सर किसी भी समाजवादी का भाषण कांग्रेस पार्टी और कम्युनिस्ट पार्टी का पूरा विश्लेषण करता है लेकिन शायद ही यह सोशलिस्ट पार्टी और उसके कार्यक्रमों का पूर्ण विश्लेषण करता हो।

मार्च, 1928 में कम्युनिस्टों की 'वर्कर्स और पीजेंट्स पार्टी' के पहले अखिल भारतीय सम्मेलन में किसानों का एक भी संगठन शामिल नहीं था। पार्टी के नाम में 'पीजेंट्स' शब्द जरूर जुड़ा हुआ था लेकिन कम्युनिस्ट 20 एकड़ से कम जमीन वाले को किसान नहीं मानते थे। वे भूमिहीन और गरीबों को भी किसानसभा में जोड़ने के हामी थे, पर उन्हें वे अपनी भाषा में खेत-मजदूर, कारीगर, मछुआरे आदि की श्रेणी में रख देते थे। आजादी के बाद भी कम्युनिस्ट मध्यम किसानों को अपने संघर्षों के हरावल से हटाकर भूमिहीनों को आगे नहीं ला पाए। तेलंगाना में जैसे ही मध्यम और बड़े किसानों ने कम्युनिस्टों का साथ छोड़ा, संघर्ष गड़बड़ा गया और तेभागा तो था ही बँटाईदारों का संघर्ष।

1927 में एक ओर तो उनकी वर्कर्स एण्ड पीजेंट्स की बंगाल इकाई 'जमींदारी उन्मूलन' के लिए प्रतिबद्ध थी पर दूसरी तरफ वह खेती से हुई 2000 रुपए सालाना आमदनी पर आय-कर लगाने की माँग भी करती थी। अर्थात व्यवहार में वे बड़े जमींदारों की भूमि छीन लेने के पक्ष में नहीं थे।

उन दिनों 2000 रुपये की सालाना आय बड़े किसान की ही हो सकती थी। बंगाल में डब्ल्यू.पी.पी. का अध्यक्ष एक बड़ा जमींदार था। उसके इस्तीफे के बाद तो एक ऐसा जमींदार अध्यक्ष पद पर आ गया जो जमींदारी उन्मूलन के घोषित रूप से खिलाफ था।

भारत में समाजवाद की कल्पना रूस में हुई 1917 की क्रान्ति से बहुत पहले की है। इस सन्दर्भ में प्राचीन काल और मध्य युग में समय-समय पर लोकतांत्रिक संस्था तथा संगठनों के उद्भव और विकास की लम्बी और धनी परम्परा भी हमारे सामने रही है। उसकी चर्चा हम इस समय नहीं कर रहे हैं। आधुनिक काल में समाजवाद की कल्पना और उसके यथार्थ रूप को जनमानस के बीच कैसे और किन परिस्थितियों में ले जाया गया, यहीं से हम अपनी बात आरम्भ करते हैं।

19वीं शताब्दी में सबसे पहले 'सोशलिस्ट' और 'कम्युनिस्ट' शब्दों का प्रयोग बंकिम चन्द्र चटर्जी, रवीन्द्रनाथ टेगौर, अरबिन्दो घोष और स्वामी विवेकानन्द आदि ने किया था। 1874 में ससीपार्थ बंधोपाध्याय ने 'भारत-श्रमजीवी' नामक मासिक पत्र आरम्भ किया। बाद में तो समाजवाद, समाजवादी आन्दोलन तथा कार्ल मार्क्स के नाम से अनगिनत लेख आदि लिखे जाने लगे। 1921 में श्री एस.ए. डांगे की एक पुस्तक **गांधी बनाम लेनिन** प्रकाशित हुई। दिसम्बर 1925 में भारत में कम्युनिस्ट पार्टी की स्थापना हुई जिससे समाजवादी दिशा में कई कार्य होने का प्रयास हुआ। मजदूर वर्ग की समस्याओं के प्रति राजनीतिज्ञों का रुझान बढ़ा। कहने के लिए स्वयं नेहरू लाहौर कांग्रेस में अपने को समाजवादी घोषित कर चुके थे।

जिस समय भारत में कांग्रेस के अन्दर ही सोशलिस्ट संगठन अलग से पनप रहा था उस दौरान बाबा साहेब डॉ. आम्बेडकर देश में दलितों के हक की लड़ाई में बाधक कुछ सवर्ण नेताओं से लंदन में जूझ रहे थे। गांधी तथा आम्बेडकर के बीच पूना समझौता होने के बाद उसके लागू होने की प्रक्रिया आरम्भ हो गई थी। कुछ सवर्ण नेता उसका भी विरोध कर रहे थे। उसी दौरान जर्मनी में हिटलर सत्ता में आ चुका था। उसके पूर्व इटली में मुसोलनी सत्ता पर काबिज हो चुका था। देश के बाहर और देश के अन्दर भी टकराव वाली स्थिति बन चुकी थी। यह टकराव कुछ लोगों के सामने सत्ता राजनीति को लेकर था तो कुछ के लिए दलित तथा पीड़ित समाज को समता और बराबरी के लिए संघर्ष से उत्पन्न था। इसी संघर्ष को लेकर कांग्रेस में पहले से ही दो वर्ग बन गए थे। एक–राजनीति और सत्ता के खेल में रुचि रखने वालों का। दूसरा–देश में सामाजिक और सांस्कृतिक स्तर पर दलित-पिछड़ों को आगे बढ़ाने वालों का।

1932 के आन्दोलन के सम्बन्ध में नासिक जेल में सर्वश्री जयप्रकाश नारायण, एस.एम. जोशी, एन.जी. गोरे तथा अशोक मेहता आदि युवा नेता एक साथ थे। सम्भवतः सोशलिस्ट पार्टी का मसौदा वहीं बना होगा। इसी के आस-पास आचार्य नरेन्द्र देव, जयप्रकाश और सम्पूर्णानन्द के समाजवादी लेखों का संकलन *'समाजवाद का बिगुल'* नाम से प्रकाशित हुआ था। मई, 1934 में कांग्रेस महासमिति की बैठक पटना में हुई। उसी अवसर पर 17 मई, 1934 को आचार्य नरेन्द्रदेव की अध्यक्षता में बिहार सोशलिस्ट पार्टी की ओर से देश-भर में कार्यरत समाजवादियों को एक मंच पर लाने का प्रयास हुआ। वैसे फरवरी 1934 में ही बम्बई प्रेसीडेंसी कांग्रेस सोशलिस्ट ग्रुप बन गया था। इस मौके पर एन.जी. गोरे, कमला शंकर पांडे, अच्युत पटवर्धन, ईश्वरलाल देसाई, शीरु लिमये, सोली बाटलीवाला, पुरुषोत्तम टीकमदास, कृष्ण मेनन और डॉ. के.बी. अंत्रोलकर आदि मौजूद थे।

अक्टूबर 1934 में बम्बई में एक और बैठक हुई जिसमें पार्टी बनाने के निर्णय को अन्तिम रूप दिया गया। जयप्रकाश नारायण को संगठन सचिव की जिम्मेदारी सौंपी गई। साथ ही, प्रो. एन.जी. रंगा, डॉ. अब्दुल अलीम, डॉ. लोहिया, अब्दुल बारी, जयप्रकाश नारायण और आचार्य नरेन्द्रदेव आदि को लेकर संवैधानिक ड्राफ्टिंग कमेटी का गठन भी हुआ।

यूँ कांग्रेस सोशलिस्ट पार्टी अपने जन्मकाल से ही कांग्रेस के अन्दर विवाद का विषय बनी रही। शुरू में लोगों को समझाने के लिए गांधी को कहना पड़ा था–"समाजवादियों के सम्बन्ध में व्याकुल होने की जरूरत नहीं है।" पर स्वयं गांधी समाजवादियों से सबसे अधिक व्याकुल थे। इसका कारण यह था कि समाजवादियों और गांधी के बीच कुछ सवालों पर मतभेद थे। उदाहरण के लिए, गांधीजी वर्ग-संघर्ष के विरोधी थे, समाजवादी समर्थक। समाजवादी देशी रियासतों एवं जमींदारी प्रथा का बिना मुआवजा अन्त चाहते थे। गांधीजी देशी रियासतों के सम्बन्ध में कुछ भी नहीं करना चाहते थे, और न जमींदारी प्रथा का अन्त चाहते थे। समाजवादियों को आत्मविश्वास था कि उनके द्वारा प्रतिपादित नीति से

ही नए भारत का निर्माण हो सकता है जबकि गांधी जी उसे 'शब्दाडम्बर', 'किताबी' और व्यावहारिकता से कोसों दूर मानते थे। गांधीजी को यह विचित्र लगता था कि समाजवादियों के कार्यक्रम में अस्पृश्यता-निवारण जैसे कार्यक्रम का समावेश नहीं था। गांधीजी द्वारा कौंसिल-प्रवेश को समर्थन परिस्थितिजन्य मजबूरी थी। समाजवादी मुखर रूप से कौंसिल प्रवेश के विरोधी थे।

समाजवादी कार्यक्रम पर गांधी के क्या विचार हैं, इसके लिए उन्होंने 29 मई 1934 को लिखे मीनू मसानी के पत्र के जवाब में लिखा था, "मैं कांग्रेस में समाजवादी दल के अभ्युदय का स्वागत करता हूँ परन्तु मैं यह नहीं कह सकता कि जो कार्यक्रम इस छपी हुई पुस्तिका में दिया गया है, मैं उसे पसन्द करता हूँ। मुझे ऐसा लगता है कि यह भारतीय परिस्थितियों को ध्यान में रखे बिना बनाया गया है। इसके बहुत से प्रस्तावों में अन्तर्निहित कुछ धारणाएँ मुझे पसन्द नहीं हैं। उनसे यह ध्वनित होता है कि कुछ वर्गों और जनता में, मजदूरों और पूँजीपतियों के बीच ऐसा एक विरोध है कि वे आपसी हित के लिए कभी काम नहीं कर सकते। मेरा निजी दीर्घ अनुभव इसके विपरीत है। जरूरत इस बात की है कि मजदूर और कारीगर अपने अधिकारों को जानें।

"भारतीय नरेशों का शासन समाप्त करना" उस अधिकार की बात करना है जो दल के पास है ही नहीं या अगर है भी तो उतना ही जितना पुर्तगाली और फ्रांसीसी भारत कहे जानेवाले प्रदेश से, पुर्तगाली और फ्रांसीसी शासन समाप्त करने का अधिकार। ...सिद्धान्तः भी मैं राजाओं का शासन समाप्त करने के पक्ष में नहीं हूँ।...

"'जमींदारी की समाप्ति' का स्पष्ट अर्थ यह है कि धारा-13 में जमींदारी और ताल्लुकेदारी के भू-खंडों को छीन लिया जाए। मैं जमींदारी उन्मूलन के पक्ष में नहीं, अपितु जमींदारों और काश्तकारों के सम्बन्ध को न्यायोचित तरीके से विनियमित करने के पक्ष में हूँ।

"यदि आप सारी धार्मिक स्थायी निधियों को व्यवस्थित और नियन्त्रित करें तो आप 'धार्मिक विषयों' के राजनीति में सम्मिलित किए जाने का विरोध कैसे कर सकते हैं? वास्तव में हम धर्म के मामले में पूरी तरह निरपेक्ष रहना चाहते हैं परन्तु जब राज्य में किसी एक धर्म को माननेवाले किसी तरह का कोई आन्तरिक सुधार चाहें, जिसके बिना उनके लिए उन्नति करना असम्भव हो, तो राज्य की ओर से सहायता अनिवार्य हो जाएगी।"

समाजवादियों और गांधी के बीच कुछ सवाल-जवाबों का उदाहरण हम दे रहे हैं, जिससे पाठकों को यथास्थिति समझने में सुविधा रहेगी।

फिर जब कुछ समाजवादियों ने गांधी से पूछा कि समाजवाद के सम्बन्ध में उनका क्या दृष्टिकोण है, तब गांधी का उत्तर था, "मैं अपने को समाजवादी कहता हूँ। मैं इस शब्द को प्यार करता हूँ लेकिन मैं उस समाजवाद का प्रमाद नहीं करूँगा जिसका अधिकतर समाजवादी करते हैं।"

दूसरा प्रश्न—समाजवादी ब्याज लेने के अधिकार को ही नकारते हैं।

उत्तर—लेकिन क्या वे मस्तिष्क को पारितोषिक नहीं देंगे?

प्रश्न–कांग्रेस के लिए कांग्रेस-सोशलिस्टों द्वारा प्रस्तावित कार्यक्रम पर आपकी सामान्य आलोचना क्या है?

उत्तर–यह मानव स्वभाव में विश्वास की कमी को उजागर करता है। इसकी दिशा पूर्णतः गलत है।

प्रश्न–क्या आप ऐसा नहीं सोचते कि किसी ऐसे युद्ध में जिसमें ब्रिटेन शामिल हो, भारत की हिस्सेदारी का प्रतिरोध कांग्रेस को अपने कार्यक्रम का एक हिस्सा बनाना चाहिए?

उत्तर–युद्ध का प्रतिरोध करने के लिए मरने को भी तैयार रहना होगा, लेकिन ऐसे प्रतिरोध के लिए जनता को तैयार करना समाजवादियों का काम नहीं है। एक नई पार्टी को छलाँग लगाने से पहले सावधानी से कदम बढ़ाने चाहिए।

प्रश्न–क्या युद्ध का प्रतिरोध रेलवे कर्मचारियों, गोदी मजदूरों, तार कर्मचारियों और हथियार बनानेवाले मजदूरों की आम हड़ताल द्वारा नहीं होना चाहिए?

उत्तर–हाँ, जब युद्ध छिड़ जाए तो हड़ताल होनी चाहिए लेकिन हमें अभी से अपना इरादा घोषित नहीं करना चाहिए।

प्रश्न–लेकिन आपका तो बराबर से तरीका रहा है अपने विरोधी को सूचित कर देना?

उत्तर–हम भविष्य में जो करने की सोच रहे हैं, उसकी सूचना उन्हें क्यों दें?

प्रश्न–तब युद्ध का प्रतिरोध करने के लिए देश को तैयार करने का कौन-सा कार्यक्रम आप देना चाहते हैं?

उत्तर–जनता पर कांग्रेस का प्रभाव अपने में युद्ध के प्रतिरोध की एक तैयारी है। उसी तरह अगर समाजवादी अब अपना प्रभाव स्थापित करते हैं तो समय आने पर लोग उनकी बात सुनेंगे।

जयप्रकाश नारायण ने अपनी पुस्तक 'समाजवाद क्यों' में लिखा कि कांग्रेस समाजवादी समाजवाद को ऐसा सिद्धान्त मानते हैं जिसके आधार पर सामाजिक पुनर्निर्माण किया जा सकता है। समस्त देश के आर्थिक, सामाजिक और राजनीतिक व्यवस्था को संगठित करने के लिए कृषि, उद्योग, शिक्षा आदि पूरी सामाजिक व्यवस्था को शोषणमुक्त, वर्गहीन समाज के रूप में संगठित किया जा सकता है। इस लक्ष्य को प्राप्त करने के लिए साम्राज्यवादी गुलामी से मुक्त होने के संघर्ष को तीव्रतर करके राज्य-सत्ता पर अधिकार करके क्रान्ति के लक्ष्य को सफल बनाने का प्रयास करना पड़ेगा।

जयप्रकाश नारायण जी शायद अपनी जगह सही थे। उन्होंने मूलतः दो बातें कहीं। पहली–सत्ता की प्राप्ति और दूसरी–सामाजिक पुनर्निर्माण की। पर तथाकथित समाजवादियों के बेड़े में कुछ के मन में तो आरम्भ से ही खोट था। कुछ वास्तव में ही ईमानदार थे, पर उनकी चलती कितनी थी? क्योंकि आजादी के बाद तो अधिकांश समाजवादियों के कपड़े बदलने की तरह से मन भी बदलने लगे थे। उनकी चर्चा बाद में की जाएगी। 1950 तक आते-आते समाजवादियों के बीच सत्ताप्राप्ति की लालसा ही अधिक बढ़ी थी। दलित, मजदूर तथा किसानों के हित में संघर्ष के अगुआ नेताओं को कांग्रेस तथा समाजवादी मंडली

के अधिकांश नेता देशद्रोही तक कहने में न हिचकते थे। बाबा साहेब डॉ. आम्बेडकर से इसलिए ही कांग्रेसियों के साथ-साथ समाजवादियों के रिश्ते भी नहीं बन पाए थे। हाँ, इस तरह के रिश्ते बनने की प्रक्रिया अवश्य चली थी, पर वह सिलसिला कुछ खास आगे नहीं बढ़ पाया था।

1937 में प्रान्तों की विधान सभाओं के चुनाव में बाबा साहेब डॉ. आम्बेडकर द्वारा लेबर पार्टी से चुनाव लड़ाया गया था जिसमें उनकी पार्टी को हराने के लिए अधिकांश समाजवादियों ने मिल-जुलकर कांग्रेस का साथ दिया था। हालाँकि लेबर पार्टी को उक्त चुनाव में अच्छी-खासी सफलता मिली थी। बाद में जब प्रान्तों में कांग्रेस की सरकार बनी तब प्रान्तों में दलित नेताओं को मन्त्रिमंडल में कम ही स्थान दिए गए; सभी प्रान्तों में सवर्णों को ही शामिल किया गया था। गांधी जी के साथ समाजवादियों ने इस बारे में कोई बयान जारी नहीं किया था।

पर इससे भी बढ़कर आश्चर्य और दुख की बात हुई 1938 में। शायद समाजवादियों को वह दुख की बात न लगे। 6 नवम्बर, 1938 भारतीय श्रमिकों के इतिहास का एक अविस्मरणीय दिन था। तब बम्बई विधान परिषद द्वारा औद्योगिक विधेयक को स्वीकृत किए जाने के विरोध में बाबा साहेब ने एक दिन की हड़ताल की घोषणा का आह्वान किया था। उनके साथ हालाँकि डांगे, जमना दास मेहता, मिराजकर, पारुलेकर और निम्बेकर जैसे श्रमिक नेता उपस्थित थे लेकिन उस मौके पर समाजवादियों की ओर से कोई भी नेता मौजूद न था। उसका सबसे बड़ा कारण था कि बम्बई प्रान्तीय कौंसिल में उस समय कांग्रेस की सरकार बनी थी, बल्कि अगले दिन 7 नवम्बर को प्रदर्शन में मजदूरों पर गोली चली जिसमें बहुत से प्रदर्शनकारी घायल भी हुए तथा मृत्यु भी हुई। तब किसी भी समाजवादी कोने से कांग्रेस सरकार के इस दमनकारी रवैये के खिलाफ आवाज नहीं उठी थी क्योंकि सरकार कांग्रेसियों की थी और समाजवादी सत्ता की हिस्सेदारी में थे।

25 दिसम्बर, 1938 को उत्तर प्रदेश के प्रसिद्ध किसान नेता सहजानन्द बाबा साहेब से प्रभावित होकर उनसे मिले थे और उन्हें कांग्रेस में आने का निमन्त्रण दिया था। जवाब में बाबा साहेब ने कहा कि यदि कांग्रेस ईमानदारी से साम्राज्यवाद के विरोध में लड़ने का इरादा रखती है तो उन्हें कांग्रेस में आने में कोई आपत्ति नहीं होगी। पर कांग्रेस तो सरकारी तन्त्र व सवैधानिक तन्त्र को पूँजीपतियों तथा निहित स्वार्थों के लिए प्रयोग करती है। यह सब किसानों और श्रमिकों के हकों की कीमत पर किया जाता है, इसलिए वह इन हालातों में कांग्रेस में नहीं जा सकते।

पर इन सब हालात में ही तथाकथित सोशलिस्ट कांग्रेस के भीतर ही थे। असल में कांग्रेस के भीतर मजदूरों के हकों की लड़ाई लड़ने वाले बहुत ही कम लोग थे। अधिकांश का रिश्ता देर-सवेर सत्ता की राजनीति से जुड़ता चला जा रहा था। राजनीति और सत्ता के यही रिश्ते बाद में चलकर और भी गहराए।

आजादी के बाद 1952 में जब भारत में प्रथम आम चुनाव हुए तब समाजवादियों के बीच कांग्रेस से अलग रहकर चुनाव लड़ने की अभिलाषा जाग चुकी थी। स्वतन्त्र रूप

से समाजवादियों का चुनाव लड़ने का यह पहला अवसर था। समाजवादी पार्टी अपने-आप को कांग्रेस के विकल्प की दावेदार मानने लगी थी। इस दृष्टि से आम चुनाव में उसका भाग लेना अत्यन्त महत्त्वपूर्ण था।

1952 में आम चुनाव में समाजवादी पार्टी के 12 प्रत्याशी जीते थे तथा विधानसभाओं के चुनाव में भी 126 सीटें उन्हें उन्हें मिली थीं। इसी चुनाव में किसान मजदूर प्रजा पार्टी ने भी भाग लिया था। राजनीति के मैदान में समाजवादियों का इससे आगे का इतिहास परस्पर आलोचना-प्रत्यालोचना तथा मार-काट की तरफ संकेत करता है जिस तरफ जाना हमारा उद्देश्य भी नहीं है। हमारा उद्देश्य तो सिर्फ इतना है कि समाजवादियों के इसी दौर में दलित राजनीति से कैसे रिश्ते बने, बाबा साहेब डॉ. आम्बेडकर से उनके सम्बन्धों में बढ़ोतरी हुई या कमी आई। एक अहम सवाल यहाँ आकर राजनैतिक विश्लेषकों के दिमाग में उथल-पुथल मचा देता है, वह यह कि अगर ईमानदारी से समाजवादी मंडली समाजवाद को जमीन पर लाने में विश्वास करती थी तो फिर बाबा साहेब डॉ. आम्बेडकार को क्या जरूरत पड़ी थी कि वे नए राजनीतिक दल का गठन करते?[6]

7 नवम्बर, 1951 को डॉ. आम्बेडकर पटना में जयप्रकाश नारायण जी से मिले थे। परिणामस्वरूप, कुछ पार्टियों को मिलाकर राजनीति में एक नए और स्वस्थ चिन्तन का विकास हुआ था, पर वह चिन्तन विशेष कुछ आगे नहीं बढ़ पाया था। 1952 और बाद में 1957 के चुनाव में समाजवादियों और बाबा साहेब डॉ. आम्बेडकर की उस समय की पार्टी शैड्यूल्ड कास्ट फेडरेशन में पूर्ण रूप से राजनीतिक समझौता भी नहीं हो पाया था। यही बात रिपब्लिकन पार्टी (1962 में पार्टी से पहला चुनाव लड़ा गया) के साथ बने समाजवादी रिश्तों के बारे में भी कही जा सकती है। चूँकि डॉ. आम्बेडकर की 6 दिसम्बर, 1956 को मृत्यु हो गई थी, इसलिए समाजवादी खेमे में फिर किसी ने इस बात का प्रयास नहीं किया कि वह रिपब्लिकन पार्टी के नेताओं से हाथ मिलाए। दूसरी तरफ, आर.पी.आई. के नेताओं के भी समाजवादियों की ओर से खट्टे-मीठे अनुभव थे। इस तरह से दोनों खेमे में संवाद के अभाव में दूरियाँ बढ़ती गईं जिसकी परिणति बाद के दिनों में दोनों को ही भुगतनी पड़ी, जिसकी कीमत अन्ततः चुकानी पड़ी दलित समाज को ही।

डॉ. लोहिया ने एक बार कहा था—"हिन्दुस्तान के मौजूदा हरिजनों के डॉ. आम्बेडकर और श्री जगजीवन राम, दो प्रकार हैं। डॉ. आम्बेडकर विद्वान थे, उनमें स्थिरता, साहस और स्वतन्त्रता थी। वे बाहरी दुनिया को हिन्दुस्तान की मजबूती के प्रतीक के रूप में दिखाए जा सकते थे लेकिन उनमें कटुता थी और वे सीमित थे। वे गैर-हरिजनों के नेता बनने से इनकार करते थे।' पर लोहिया जी अगर 1979 तक जीवित रहते तो उन्हें मालूम चल जाता कि एक दलित समाज से आया नेता लाख कहे कि वह दलितों का नहीं, सभी का नेता है लेकिन उसके उस समूचे नेतृत्व को स्वीकार करने के लिए सवर्ण तैयार नहीं होते। बाबू जगजीवन राम अपने को केवल दलितों का नेता नहीं मानते थे। उनके साथ जनता पार्टी की मंडली ने क्या किया, यह सब इतिहास में दर्ज हो चुका है जिसे आने वाली दलितों की पीढ़ी इतिहास के काले अध्याय के रूप में ही पढ़ेगी और बार-बार सवर्ण नेताओं से यह

सवाल पूछती रहेगी कि आखिर बाबूजी को 1977 में देश का प्रधानमन्त्री क्यों नहीं बनाया गया। इसलिए लोहिया जी की इस बात को व्यक्तिगत रूप से तो स्वीकार किया जा सकता है कि उनका मन उतना उदार था कि वे आम्बेडकर को अपना नेता स्वीकार कर लेते, लेकिन उनके अलावा और कितने समाजवादी ऐसे थे जो यह सब स्वीकार करने का साहस करते या कितनों ने साहस किया?

1934 में जब कांग्रेस समाजवादी पार्टी बनी थी तो आम्बेडकर ने समाजवादियों से कहा था : **"तुम किसी भी दिशा में जाओ, जातिवाद के राक्षस से तुम्हें दो-दो हाथ करने ही पड़ेंगे। जब तक इस राक्षस को नहीं मारोगे तब तक कोई भी राजनीतिक या आर्थिक परिवर्तन नहीं ला सकोगे।"** ध्यान रहे कि समाजवादी कार्यक्रमों की ओर तो उनका आकर्षण था, लेकिन उस समय के समाजवादियों की तरफ नहीं।

स्वयं प्रमुख समाजवादी चिन्तक मधु लिमये के अनुसार–"मेरे विचार से यह बड़े दुर्भाग्य की बात है कि कांग्रेस समाजवादियों तथा साम्यवादियों ने वर्ग-संघर्ष और साम्राज्यवाद विरोधी उत्साह में आम्बेडकर के सामाजिक घोषणापत्र की उपेक्षा की। मुझे लगता है कि समाजवादियों का मन उन दिनों उतना उदार नहीं था। जिन्ना की तरह आम्बेडकर के प्रति भी उनके मन में पूर्वाग्रह थे। वे सोचते थे कि मुस्लिम नेता की तरह डॉ. आम्बेडकर भी अंग्रेजों से मिलकर राष्ट्रीय शक्तियों को कमजोर बना रहे हैं और बार-बार गांधी पर वार करते हैं। गांधी उनके प्रिय थे और आम्बेडकर अप्रिय। आम्बेडकर के प्रति उनके मन में खटास ही खटास थी।"

मधु लिमये आगे लिखते हैं, "मैं स्वयं 1937 में कांग्रेस समाजवादी पार्टी का सदस्य बना। मैंने समाजवादी नेताओं को आम्बेडकर के जाति विषयक विचारों पर बहस करते कभी नहीं सुना। उन दिनों इतिहास और मार्क्स की भौतिक व्याख्या एक नशे की तरह काम करती थी और इसके अलावा आजादी की प्रबल इच्छा उन्हें बाँधे रखती थी। और सब बातों की तरफ समाजवादियों ने ध्यान नहीं दिया। सामाजिक समस्याओं के प्रति रुचि केवल राममनोहर लोहिया ने दिखाई किन्तु उस समय वे भी जवाहरलाल नेहरू के जादू से मोहित थे और स्वतन्त्र मन से काम करने की स्थिति में नहीं थे।[7]

"बाद के दिनों में जनता के बीच के वास्तविक अनुभव ने समाजवादियों को सामाजिक गैर-बराबरी और अत्याचार के आयामों से परिचित कराया। कपड़ा मिलों के बुनाई-विभागों से अनुसूचित जातियों के मजदूरों को अलग रखने की बात से मुझे बड़ा सदमा लगा।"

असल में भारतीय समाजवाद पूँजीवाद, सर्वहारा के अधिनायकवाद, पश्चिमी लोकतांत्रिक समाजवाद आदि के अनुभवों से तीसरी दुनिया की परिस्थितियों में विकसित हुआ पर साथ ही भारतीय समाजवाद परम्परागत समाजवाद के कुछ लक्षणों को स्वीकार भी करता है।

बाबा साहेब डॉ. आम्बेडकर ने कहा है कि समाजवादी सिद्धान्त गलत धारणाओं पर टिके हैं, "समाजवादी यह मानकर चलते हैं कि चूँकि यूरोपीय समाज की वर्तमान अवस्था में सम्पत्ति शक्ति का प्रमुख स्रोत है, भारत में भी यह बात सही होगी या यूरोप में अतीत में भी ऐसा रहा होगा। धर्म, सामाजिक प्रतिष्ठा और सम्पत्ति–तीनों ही शक्ति और सत्ता

का स्रोत रहे हैं, जिनका इस्तेमाल आदमी ने दूसरों की स्वतन्त्रता को छीनने में किया है। किसी समय एक तत्व प्रमुख रहा, किसी समय दूसरा तत्व। केवल इतना ही अन्तर है। यदि स्वतन्त्रता आदर्श है, यदि स्वतन्त्रता का मतलब एक व्यक्ति पर किसी अन्य व्यक्ति के अधिकार को समाप्त करना है तो यह नहीं कहा जा सकता कि केवल आर्थिक सुधार ही लाए जाने चाहिए। यदि किसी समय में या किसी समाज में शक्ति और अधिकार के स्रोत सामाजिक या धार्मिक हों तो सामाजिक और धार्मिक सुधारों की अनिवार्यता स्वीकार की जानी चाहिए।[8]

बाबा साहेब डॉ. आम्बेडकर ने समाजवादियों की इस इतिहास दृष्टि को चुनौती दी। स्मरणीय है कि साम्यवादी और मार्क्सवादी तो इसके बारे में और भी आग्रही थे। उन्होंने उनकी इस धारणा का खंडन किया कि मानव आर्थिक प्रेरणा से ही कार्य में प्रवृत्त होता है और आर्थिक शक्ति ही सत्ता का एक मात्र स्रोत है। राजनैतिक सत्ता आर्थिक सत्ता से प्रभावित होती है। उनका कहना था कि व्यक्ति का सामाजिक वर्ग भी सत्ता का प्रभावशाली स्रोत होता है। जन-साधारण में महात्मा गांधी के इतने व्यापक प्रभाव को और कैसे स्पष्ट किया जा सकता है? भारत में करोड़पति साधुओं और फकीरों की आज्ञा का पालन क्यों करते हैं? यहाँ करोड़ों निर्धन अपने छोटे-मोटे गहने बेचकर बनारस और मक्का जाते हैं—आम्बेडकर ने कहा। भारत का इतिहास दिखाता है कि धर्म भी सत्ता का स्रोत है। धार्मिक व्यक्तियों में पंडे-पुरोहितों की सत्ता मजिस्ट्रेटों की सत्ता से कहीं ज्यादा है।

समाजवाद की प्रासंगिकता पर जॉर्ज फर्नांडिस कहते हैं—सामाजिक गैर-बराबरी दूर करने के लिए दो व्यक्तियों, एक बाबा आम्बेडकर और दूसरे डॉ. रामनोहर लोहिया, ने सबसे ज्यादा सोचा है। गांधी जी का जो चिन्तन था वह अपनी जगह था क्योंकि उस समय तक यह समस्या उस तीव्रता तक नहीं आई थी। सत्ता में साझेदारी, देशनिर्माण के काम में अपने हिस्सेदारी वाले सवाल इस रूप में उनके सामने नहीं आए थे।

पर हमारी राय में जार्ज के इस कथन का उद्देश्य कहीं-न-कहीं गांधी के व्यक्तित्व और अस्तित्व को सुरक्षित रखना है। असल में सत्ता से जुड़ने के सवाल तो 1935 के बाद के होने वाले चुनाव में बहुत तेजी के साथ दलितों के माध्यम से भारतीय समाज के फलक पर रेखांकित हुए थे, जिन्हें गांधी ने बहुत करीब से अनुभव किया था और पूरी ताकत से उन्होंने आम्बेडकर को नकारने के प्रयास किए थे। इसलिए कि राष्ट्रीय फलक पर तेजी के साथ आम्बेडकर दलितों के नेता के रूप में उभरे थे जो न गांधी को सहनीय था और न ही समाजवादियों को, क्योंकि ये दोनों ही रामराज्य के समर्थक थे।

आचार्य नरेन्द्रदेव लिखते हैं कि अपने जन्मकाल से ही कांग्रेस सोशलिस्ट पार्टी सभी समाजवादियों की एकता के लिए प्रयास करती है लेकिन अतीत में पार्टी और एकता की इसकी कोशिशों के प्रति कम्युनिस्ट मित्रों का रुख न केवल उदासीनता का बल्कि खुले विरोध का था। उन लोगों ने अन्य बातों के अलावा इस पर सोशल-फासिस्ट पार्टी होने का दोषारोपण कर इसे बदनाम करने की कोशिश की। समाजवादियों में मतभेद बढ़ाने की अनिच्छा के कारण हमने इस झूठ और निन्दा के अभियान का जवाब नहीं दिया।

हमारी सहनशीलता के बावजूद अपने हठधर्मी चरित्र के अनुरूप कम्युनिस्ट विरोध करते रहे और कांग्रेस सोशलिस्ट पार्टी समाजवादियों को एकजुट करने में सफल नहीं हुई।

यह याद करना जरूरी है कि कम्युनिस्ट पार्टी से अलग एक सोशलिस्ट पार्टी क्यों बनाई गई और इसे 'कांग्रेस सोशलिस्ट पार्टी' क्यों कहा गया? वास्तव में, कांग्रेसी समाजवादी रूसी 'सामाजिक लोकतन्त्र' (सोशल डेमोक्रेमी) का भारतीय रूपान्तरण है। लेनिन ने जैसा कहा है—'सामाजिक लोकतन्त्र' दो क्रान्तियों की परस्पर-निर्भरता व्यक्त करता है—पहली, सामाजिक अर्थात आर्थिक मुक्ति और दूसरी राजनीतिक, अर्थात राजनीतिक स्वतन्त्रता। लेनिन ने आगे बतलाया है कि समाजवादी उद्देश्य की प्राप्ति लोकतन्त्र के लिए संघर्ष के माध्यम से ही हो सकती है। उपनिवेशी देशों में राष्ट्रीय संघर्ष एक लोकतांत्रिक संघर्ष है।[9]

हमारी पार्टी अपना नाम सोशल डेमोक्रेट्स पार्टी रख सकती थी लेकिन प्रथम विश्वयुद्ध के समय यूरोपीय सोशल डेमोक्रेट्स के विश्वासघात और युद्ध में अपने-अपने देश के राष्ट्रीय बुर्जुआ के साथ मेल-मिलाप करने के कारण यह नाम बदनाम हो चुका था। इसी कारण लेनिन ने सोशल डेमोक्रेट्स पार्टियों को पुनर्गठित करने के बाद उनका नाम बदलकर कम्युनिस्ट पार्टियाँ रख दिया। कांग्रेस सोशलिस्ट पार्टी की कतई इच्छा नहीं थी कि वह अपना नाम बदनाम 'सोशल डेमोक्रेटिक पार्टी' रखे। इसे 'कम्युनिस्ट पार्टी' नाम भी अस्वीकार करना पड़ा।

कांग्रेस के अन्दर काम करने वाले समाजवादी जब पार्टी गठित करने के लिए इकट्ठे हुए, उस समय राष्ट्रीय आन्दोलन से अपने को अलग रखने के कारण कम्युनिस्ट पार्टी के साथ कुछ अपयश जुड़ा था। उसने कांग्रेस के द्वारा संचालित राष्ट्रीय संघर्ष से न केवल अपने को अलग रखा था बल्कि कामगारों को उसमें शामिल होने से रोका भी था। वैसी परिस्थितियों में हमें मजबूर होकर नया नाम **'कांग्रेस सोशलिस्ट पार्टी'** गढ़ना पड़ा। कांग्रेस शब्द लोकतांत्रिक हुकूमत के लिए संघर्ष का प्रतीक है लेकिन सोशलिस्ट पार्टी के साथ इस शब्द को जोड़ने का सबसे बड़ा कारण जनमानस में इस नुकसानदेह विश्वास को, कि समाजवादी कांग्रेस को एक पूँजीवादी संगठन मानते हैं, खत्म करना था।

पार्टी उन समाजवादियों द्वारा संगठित की गई जिन्होंने कांग्रेस आन्दोलन में सक्रिय हिस्सा लिया था। स्वभावतः पार्टी में अधिकतर कांग्रेसजन थे और सर्वहारा तत्त्व सीमित था। इस संयोजन से यह खतरा था कि पार्टी राष्ट्रीय आन्दोलन में अत्यधिक लग जाए और मेहनतकशों द्वारा शक्ति-अभिग्रहण के अन्तिम उद्देश्य की उपेक्षा कर दे। कम्युनिस्ट पार्टी को भी एक गम्भीर खतरे से सतर्क रहना था। राष्ट्रीय आन्दोलन से अलगाव और पूरी तरह श्रमिक वर्ग के आन्दोलन में लगे रहने से यह सम्भावना थी कि मुक्ति का तात्कालिक काम उपेक्षित हो जाएगा।

अपने जन्मकाल से ही कांग्रेस सोशलिस्ट पार्टी ने दोनों की उत्पत्ति और दोनों पार्टियों के मुख्य कार्यक्षेत्रों में अन्तर के कारण चाहा कि कम्युनिस्ट पार्टी और कांग्रेस सोशलिस्ट पार्टी के बीच नजदीकी समझदारी बने। इसने उन श्रमिक क्षेत्रों में जहाँ कम्युनिस्ट पार्टी का प्रभाव था, उसके साथ सहयोग करने की इच्छा प्रकट की और किसानों एवं अन्य लोगों के बीच जहाँ कांग्रेस का प्रभाव प्रमुख था, उसने कम्युनिस्ट पार्टी से सहयोग की उम्मीद

की। मैंने ऐसी समझदारी की वकालत पटना भाषण से लेकर बराबर की है लेकिन हमारे कम्युनिस्ट दोस्त हमारी पार्टी के मार्क्सवादी चरित्र को मानने के लिए तैयार नहीं थे। अतः एकता के सारे प्रयास बेकार साबित हुए लेकिन वे प्रयास यह बतलाते हैं कि कांग्रेस सोशलिस्ट पार्टी ने अपने जन्मकाल से ही समाजवादी आन्दोलन में एकता की कोशिश की है।

यह स्पष्ट है कि एक व्यक्ति, एक ही समय में दो पार्टियों का सदस्य नहीं बन सकता, तब भी नहीं जब दोनों पार्टियाँ क्रान्तिकारी समाजवाद की दो शाखाओं का प्रतिनिधित्व करती हों। एक व्यक्ति एक समय पर एक ही पार्टी के प्रति वफादार रह सकता है और उसका अनुशासन मान सकता है। अतः एक को छोड़, वर्तमान सभी सोशलिस्ट पार्टियों को भंग कर देने और उसे एकता का मंच (फोरम) बना देने से हो सकता है कि सभी समाजवादी इसमें शामिल हो जाएँ। विभिन्न समाजवादी प्रवृत्तियों, क्रान्तिकारी समाजवाद से असंगत होने पर भी, उसको उपयुक्त प्रतिनिधित्व और अवसर देना चाहिए। पूर्ण आन्तरिक लोकतन्त्र और पार्टी में अन्दरूनी आलोचना का आश्वासन देना चाहिए। इसका कतई मतलब नहीं कि अनुशासन खत्म हो जाए। दूसरा विकल्प कांग्रेस सोशलिस्ट पार्टी और कम्युनिस्ट पार्टी को भंग कर उपर्युक्त आधारों पर एक नई मार्क्सवादी पार्टी गठित करने का है।

अगर कम्युनिस्टों को दोनों में से कोई विकल्प स्वीकार्य नहीं है तो दोनों पार्टियों को अलग और स्वतन्त्र संगठन के रूप में रहना चाहिए, लेकिन दोनों के बीच संघर्ष के मामले में गठबन्धन हो। इस उद्देश्य के लिए दोनों पार्टियों के प्रतिनिधियों की एक तदर्थ समन्वय समिति बनानी पड़ेगी। सैद्धान्तिक मतभेदों को बरकरार रखते हुए भी इस आधार पर विभिन्न प्रवृत्तियों के समाजवादियों का मिलकर काम करना सम्भव है।

लेकिन लगता है, कम्युनिस्ट अभी तक ऐसे सहयोग के लिए तैयार नहीं हैं। वे एक ओर तो कांग्रेस सोशलिस्ट पार्टी में अपने दाखिले के लिए फरियाद कर रहे हैं और दूसरी ओर हम पाते हैं कि वे कामगारों के उन संगठनों के नेतृत्व से सोशलिस्टों को निकालने की कोशिश कर रहे हैं जिनको उन्होंने अथक प्रयास से बनाया और उसमें कम्युनिस्टों को काम करने का अवसर दिया। कम्युनिस्टों के इन कार्यों से पता चलता है कि श्रमिक वर्ग के आन्दोलन में वे अपनी पार्टी को छोड़, किसी दूसरी पार्टी का प्रभाव सहन नहीं कर सकते। अगर वे समाजवादियों के साथ हर मोर्चे पर सहयोग करने के इच्छुक हैं तो उसकी अभिव्यक्ति वैसे सभी कार्यों को तुरन्त बन्द कर देने के रूप में होनी चाहिए, जो कामगारों के बीच समाजवादियों के प्रभाव को कमजोर करने के लिए किए जा रहे हैं। अगर वे ऐसा नहीं करते हैं तो कांग्रेस सोशलिस्ट यह निष्कर्ष निकालेंगे ही कि पार्टी में शामिल होने की इच्छा समाजवादी एकता के लिए नहीं, बल्कि कांग्रेस और किसान आन्दोलन पर अपना प्रभाव बढ़ाने के लिए है। समाजवादियों में ऐसी शंका पहले से ही व्याप्त है और उसके लिए कम्युनिस्ट जिम्मेदार हैं। एकता के लिए कम्युनिस्टों की इच्छा का सूचक आज श्रमिक वर्ग आन्दोलन में खोजना होगा।[10]

कम्युनिस्ट हमारी पार्टी में शामिल होने की माँग दिन-रात न उठाए। कोई भी आदमी एक ही समय दो राजनीतिक पार्टियों के प्रति निष्ठावान नहीं हो सकता। कभी-कभी यह

विचार प्रकट किया जाता है कि किसी राजनीतिक पार्टी में सभी सम्बद्ध प्रवृत्तियों को प्रतिनिधित्व मिलना चाहिए और इसके उपप्रमेय के रूप में कम्युनिस्टों को कां.सो.पा. में शामिल करने की माँग रखी जाती है। हम पार्टी में कृत्रिम सैद्धान्तिक एकता नहीं चाहते। कोई भी पार्टी परवर्ती प्रवृत्तियों के दमन और यान्त्रिक एकता के सृजन से बढ़ नहीं सकती। अक्सर सैद्धान्तिक मतभेद पार्टी के विकास को बढ़ाते हैं, लेकिन इसका यह मतलब नहीं कि हम अपना दरवाजा उन लोगों के लिए खोल दें जो प्रत्यक्षतः या परोक्षतः दूसरी पार्टी से निर्देशन प्राप्त करते हैं या प्रेरणा लेते हैं। कांग्रेस सोशलिस्ट पार्टी में कम्युनिस्टों को शामिल करने पर जोर देने वाले लोग भूल जाते हैं कि कां.सो.पा. एक राजनीतिक पार्टी है। यह कांग्रेस की तरह विभिन्न तबकों और वर्गों को समाविष्ट करनेवाला कोई संयुक्त मोर्चा या राष्ट्रीय संसद नहीं है।

जो लोग कां.सो.पा. में कम्युनिस्टों को शामिल करने पर जोर देते हैं वे इस तथ्य को या तो अस्वीकार करते हैं या जान-बूझकर टाल देते हैं कि कां.सो.पा. एक राजनीतिक पार्टी है। उनकी इच्छा इसे वामपन्थी एकता के मंच के रूप में बदल देने की है। वे यह नहीं समझते कि कां.सो.पा. अपने सुस्पष्ट सिद्धान्त, कार्यक्रम, नजरिये और अनुशासन के साथ एक राजनीतिक पार्टी है। कभी-कभी यह कहा जा सकता है कि कां.सो.पा. वामपन्थी एकता के मंच के बदले समाजवादी एकता की पार्टी है। स्पष्टतः शब्दों में परिवर्तन से नियम में परिवर्तन नहीं हो जाता और न हो सकता है। 'समाजवादी एकता की पार्टी' के नाम में ही अन्तर्विरोध है। कां.सो.पा. समाजवादी एकता का प्रयास करने वाली पार्टी हो सकती हैं। कां.सो.पा. और कम्युनिस्ट पार्टी एकता चाहने वाली पार्टियाँ हो सकती है, लेकिन यह कहना कि एक पार्टी समाजवादी एकता की है और दूसरी नहीं है, स्पष्टतः बेतुका है।

जो चाहते हैं कि कांग्रेस सोशलिस्ट पार्टी समाजवादी एकता की पार्टी बने, वे पार्टी में सभी सक्रिय साम्राज्यवाद-विरोधियों को शामिल कर, इसे व्यापक बनाने की माँग भी करते हैं। उनकी नीयत साफ है—कां.सो.पा. को वामपन्थी एकता के व्यापक मंच के रूप में बदल देना, जिसमें कम्युनिस्टों को अपना प्रभाव बढ़ाने का काफी अवसर मिले। जिस तरह हमारी पार्टी की सर्वदा नीति रही है, वैसे ही प्रत्येक साम्राज्यवाद विरोधी समूह में पार्टी सदस्यों को प्रतिनियुक्त करने की नीति हर सोशलिस्ट की होनी चाहिए लेकिन इसे उठाकर सोशलिस्ट पार्टी का आधारभूत सिद्धान्त बनाना और जब पार्टी ऐसे घाल-मेल और ढीलेपन में हिस्सेदार बनने से इनकार करे तो उसे एकता विरोधी कहकर उसकी भर्त्सना करना शायद ही ईमानदारी है।

यह राय दी जाती है कि अपने कार्यकर्त्ताओं में वर्ग-सचेत सर्वहारा की संख्या बढ़ानी चाहिए और पार्टी का अधिक सर्वहाराकरण होना चाहिए। यह प्रक्रिया यांत्रिक रूप में तेज नहीं की जा सकती। इसका स्वाभाविक विकास होना चाहिए। जैसे-जैसे सोशलिस्ट पार्टी की जड़ श्रमिक वर्ग के आन्दोलन में गहरी पैठती जाएगी, आन्दोलन उच्चतर स्वरूप पकड़ता जाएगा, वैसे-वैसे सर्वहारा तत्त्व बढ़ते जाएँगे। सर्वहाराकरण का मतलब इक्का-तांगा यूनियन, कुली यूनियन, भंगी यूनियन के सदस्यों से पार्टी को भर लेना नहीं है। ऐसे अन्धाधुन्ध दाखिले

पार्टी के चरित्र को नष्ट कर देंगे। यह राष्ट्रीय संघर्ष को नेतृत्व प्रदान करनेवाली कट्टर क्रान्तिकारियों की पार्टी नहीं रह जाएगी। यह कहने की जरूरत नहीं कि बढ़ती संख्या में जागरूक कार्यकर्ताओं को पार्टी में लाने की कोशिश करनी चाहिए।

यह पूछने लायक बात है कि अपने 20 वर्षों के जीवन के बाद कम्युनिस्ट पार्टी अपने को बुद्धिजीवियों के प्रभुत्व से बचाने में कहाँ तक सफल हुई है। क्या पार्टी में सर्वहारा का बहुमत हो गया है? चार वर्षों में रूपान्तरण प्राप्त करने में असफलता, जो कम्युनिस्ट पार्टी अपने अस्तित्व के 20 वर्षों के बाद भी प्राप्त नहीं कर सकी, शायद यही शर्म की बात है।

एकता पर कम्युनिस्टों द्वारा जोर देने के परिणामस्वरूप देश में संयुक्त मोर्चे की विकासशील मानसिकता कमजोर हो रही है। उनके तर्क सन्देह की विषाक्त हवा को तेज करते हैं और उन्हें भी प्रभावित करते हैं जो किसी-न-किसी रूप में संयुक्त मोर्चा बनाए रखने के इच्छुक हैं।[11]

आम्बेडकरवादी चिन्तक धनराज डाहाट के अनुसार, सर्वप्रथम समाजवाद की कल्पना 1825 में आई। फ्रांस के विचारक सेंट सायमन ने इसकी कल्पना की। इसका वर्णन एनसाइक्लोपीडिया ब्रिटेनिका में है—

'सोशलिस्ट' और 'सोशलिज्म' शब्दों का आगमन 1825 के बाद ब्रिटेन और फ्रांस में हुआ और कुछ विशेष लेखकों के मतों और सिद्धान्तों में देखने में आया। ऐसे लेखक जो जीवन और कार्य के संगठन में व्यक्तिगत शक्तियों के लिए सामाजिक विकल्प के द्वारा समाज के नैतिक और आर्थिक बदलाव की समूची प्रक्रिया तलाश रहे थे।

आर. संगीथाराव लिखते हैं कि डॉ. आम्बेडकर पहले भारतीय अर्थशास्त्री थे, जिन्होंने ब्रिटिश इम्पीरियलिज्म की 1915 में आलोचना की थी। 1916 में पी.एच.डी. की डिग्री के लिए 'नेशनल डिविडेंट ऑफ इण्डिया—ए हिस्टोरिकल एण्ड एनालिटिकल स्टडी (भारत का राष्ट्रीय लाभांश—एक ऐतिहासिक और विश्लेषणात्मक अध्ययन) शोधपत्र कोलम्बिया विश्वविद्यालय में प्रस्तुत किया था। लैण्ड रेवेन्यू पर भी उनका महत्त्वपूर्ण विचार रहा है।

बाबा साहेब सोशिलिस्ट चिन्तकों की यह बात स्वीकार नहीं करते हैं कि आर्थिक बदलाव भारत की सामाजिक व्यवस्था में परिवर्तन करेगा। क्योंकि इस देश में गरीबी धर्म में निहित है।

"समाजवाद सिर्फ एक आर्थिक विकार और विश्वास नहीं है जो समाज के आर्थिक जीवन को समूह के अधीन करता हो, व्यक्तिगत पूँजी और उससे पैदा होनेवाले व्यक्तिगत नफे को मिटाता हो। समाजवाद पूँजीवाद का केवल आर्थिक शत्रु ही नहीं है। यह तो जीवन का दर्शन और राजनैतिक क्रिया का पथप्रदर्शक है। दर्शन यों है कि हमें यह जीवन का सार और विश्व का अस्तित्व समझता है। संसार की बहुत-सी गुत्थियाँ, जिन्हें और दर्शन सुलझा नहीं सकते, समाजवाद सुलझाता है।"

नरेन्द्र देव लिखते हैं कि कम्युनिस्ट लोग सबसे अधिक गैर भरोसेमन्द हैं। अब इन लोगों से पूरी तरह अलग हो जाना चाहिए। ऐसे निर्लज्ज और बेईमान लोगों के साथ आगे काम करना असम्भव है।[12]

डॉ. आम्बेडकर कहते हैं कि "क्या साम्यवादी यह कह सकते हैं कि अपने मूल्यवान लक्ष्य की प्राप्ति करने में उन्होंने अन्य मूल्यवान लक्ष्यों का विनाश नहीं किया है? उन्होंने निजी सम्पत्ति का विनाश किया है। यह मानते हुए कि वह एक मूल्यवान लक्ष्य है, क्या साम्यवादी कह सकते हैं कि उसकी प्राप्ति की प्रक्रिया में उन्होंने अन्य मूल्यवान लक्ष्य का विनाश नहीं किया है? अपने लक्ष्य की प्रप्ति के लिए उन्होंने कितने लोगों की हत्याएँ की हैं? क्या मानव जीवन का कोई मूल्य नहीं है? क्या वे सम्पत्ति को उसके मालिक के जीवन का अन्त किए बिना नहीं छीन सकते थे?[13]

"रूसियों को अपने साम्यवाद पर गर्व है किन्तु वे यह भूल जाते हैं कि आश्चर्यों का आश्चर्य यह है कि जहाँ तक भिक्षु संघ का सम्बन्ध है, बुद्ध ने तानाशाही के बिना ही साम्यवाद की स्थापना की। यह हो सकता है कि वह बहुत ही छोटे स्तर का साम्यवाद था किन्तु वह तानाशाही रहित साम्यवाद था एक ऐसा चमत्कार, जिसे कर दिखाने में लेनिन को भी सफलता नहीं मिली।"[14]

आम्बेडकर और समाजवादियों के बीच कुछ बातों पर मतभेद भी थे। प्रारम्भ में जवाहरलाल नेहरू और समाजवादी केवल जमींदारी-उन्मूलन की बात करते थे, बल्कि सामूहिक और सहकारी खेती की भी बात करते थे। धीरे-धीरे समाजवादी नेतृत्व को इस बात का अहसास हुआ कि सामूहिक खेती स्वप्न-रंजन मात्र होगा? नागपुर कांग्रेस के प्रस्ताव से यह स्पष्ट होता है। अतः उन्होंने जमींदारी उन्मूलन तथा जमीन के बँटवारे पर जोर देना शुरू किया। जमींदारी उन्मूलन के कथित कानून और भूमि-धारण सीमा के कानूनों के बावजूद कृषिभूमि की समस्या हल नहीं हो पाई। डॉ. आम्बेडकर मानते थे कि भूमि बँटवारे से दलितों की समस्या हल नहीं होगी, वे राष्ट्रीयकरण चाहते थे। समाजवादियों का मत था कि खेती की उत्पादकता बढ़ाकर, मजदूरी बढ़ाकर और छोटी मशीन के उपयोग से औद्योगिक उत्पादन बढ़ाकर आर्थिक स्थिति में सुधार लाया जा सकता है।[15]

लोहिया ऐसे भारतीय समाजवादी चिन्तक थे, जिन्होंने मार्क्सवाद की गहराई से परीक्षा की। उन्होंने अपने लेख 'इकोनॉमिक्स आफ्टर मार्क्स' (1943) में मार्क्सवाद के प्रत्येक पक्ष की सूक्षमता से विवेचना की किन्तु लोहिया में कभी भी मार्क्सवाद के प्रति सैद्धान्तिक अपनत्व नहीं विकसित हो पाया। उनके शब्दों में, "**...मार्क्सवादी सिद्धान्त के अपने विशाल व्यावहारिक अन्तर्विरोधियों ने मुझे उद्विग्न कर दिया। अतः इसकी धाराओं के सत्य की खोज करने और उसके असत्य को नष्ट करने की मेरी इच्छा जगी।**"

सन्दर्भ

1. नया संघर्ष, 31/ए-3, दिलशाद गार्डन, दिल्ली-95, पृ. 17.
2. राममनोहर लोहिया द्वारा लिखित 'डॉ. आम्बेडकर के साथ पत्र व्यवहार' पुस्तक से, पृ. 20.
3. वही, पृ. 21.
4. नागपुर से प्रकाशित स्मारिका, पृ. 32.

5. मॉडर्न इंडिया, पृ. 348.
6. समाजवादी आन्दोलन के दस्तावेज, पृ. 165.
7. वही, पृ. 166.
8. वही, पृ. 167.
9. यह लेख आचार्यजी ने 1938 में लिखा था। उन दिनों समाजवादी एकता की बहस जोरों से चल रही थी। कम्युनिस्ट पार्टी की नीति में परिवर्तन हो गया था, वे कांग्रेस सोशलिस्ट पार्टी में शामिल होना चाहते थे। उस विषय पर आचार्यजी के विचार।
10. यहाँ समाजवादियों में कम्युनिस्टों को भी शामिल किया गया है।
(यह लेख कांग्रेस सोशलिस्ट वीकली, 9 अप्रैल, 1938 के अंक में भी प्रकाशित हुआ है।)
11. समाजवादी आन्दोलन के दस्तावेज, पृ 102, 103.
12. नाडकर्णी, आनन्द : समाजवाद–प्रेरणा व प्रक्रिया, पृ. 98.
13. जाटव, डी. आर. डॉ. आम्बेडकर और मार्क्सवाद पृ. 18.
14. पूर्वोक्त : पृ. 28.
15. प्रभात खबर, 6 दिसम्बर, 1990.

अन्य सन्दर्भ

- Ambedkar & Mao-Tsetung, Sanjivaya Institute of Socio-Economic Studies, Dev Nagar, New Delhi, p. 4.
- Dr. Baba Saheb Ambedkar Wrintings and Speeches, vol. 6.

बुद्ध बनाम मार्क्स

जिस समय भगवान बुद्ध का लोक में जन्म हुआ, उस समय देश में अनेक वाद प्रचलित थे। विचार जगत में उथल-पुथल हो रहा था। लोगों की जिज्ञासा जाग उठी थी।[1] बुद्ध के समकालीन 'अजितकेशकम्बल' जो स्वयं एक गण के आचार्य थे, उनके भी अनुसार मानव समाज की उन्नति के लिए समाज में व्यवस्था का होना आवश्यक है।[2] उसके बहुत बाद में देखें तो जब पूँजीवादी उत्पादन प्रणाली का प्रसार हो रहा था तब समाज का वैज्ञानिक विवेचन करनेवाली एक नई विचारधारा अर्थात मार्क्सवाद का प्रादुर्भाव देखते हैं।[3]

भारत में बुद्ध और कार्ल मार्क्स के विचारों पर बुद्धिजीवियों के बीच जितनी चर्चा होती रही है, शायद ही पूरे विश्व में अन्य किन्हीं विचारकों पर इतनी तीखी बहस हुई हो। हालाँकि इस चर्चा के पीछे मूल कारण बाबा साहेब डॉ. आम्बेडकर हैं जिन्होंने बहुजन समाज के हित में भगवान बुद्ध के मानवीय विचारों की भारतीय समाज को फिर से याद दिलाने के महत्त्वपूर्ण प्रयास किए।

भारत-जापान सांस्कृतिक परिषद के सम्मान में आयोजित समारोह में आम्बेडकर ने कहा कि वर्तमान और भावी पीढ़ी को अन्ततोगत्वा बुद्ध और मार्क्स, दोनों में से एक के सिद्धान्तों को चुनना पड़ेगा। उन्होंने कहा—यदि बुद्ध के उपदेशों को स्वीकार नहीं किया गया तो एशिया में भी यूरोप की भाँति संघर्षों का दौर शुरू हो जाएगा।

बुद्ध ने कहा है, "संसार दुखों का सागर है।" उन्होंने 'शोषण' शब्द का उपयोग नहीं किया है परन्तु उन्होंने सद्धर्म की नींव दुखवाद पर रखी है। बुद्ध ने 'दुख' शब्द का आशय सम्पत्ति से लिया है। उन्होंने कहा कि किसी भिक्षु की कोई व्यक्तिगत सम्पत्ति नहीं होनी चाहिए। मार्क्स ने कहा है कि शोषण रोकने के लिए समाज के सारे उत्पादन साधनों पर सरकार का अधिकार होना चाहिए। इसे विस्तार में कहें तो "समाज में व्याप्त उत्पादन व्यवस्था में लगे हुए मनुष्य निश्चित सम्बन्ध स्थापित करते हैं जो कि निर्धारित रहते हैं अर्थात वे मनुष्यों की इच्छा पर निर्भर नहीं होते—ऐसे उत्पादन सम्बन्ध जो कि उत्पादन की भौतिक शक्तियों के विकास की निश्चित अवस्था के अनुरूप होते हैं। इन्हीं उत्पादन सम्बन्धों के योग से समाज की आर्थिक प्रणाली बनती है, जो कि वह वास्तविक आधार होती है जिस पर वैधानिक और राजनैतिक भित्ति का निर्माण होता है।"[4] ('अर्थशास्त्र की विवेचना' से)

मार्क्सवाद यह मान कर चलता है कि मनुष्य की चेतना उसकी सामाजिक सत्ता को निश्चित नहीं करती, वरन् सामाजिक सत्ता ही उसकी चेतना को निश्चित करती है।[5]

मई 1956 में लंदन में बी.बी.सी. के एक प्रस्ताव में आम्बेडकर ने कहा, ''बौद्ध धर्म तीन सिद्धान्तों का प्रतिपादन करता है जो अन्य धर्मों में दुर्लभ हैं। वे हैं–प्रज्ञा, करुणा और समता।" उन्होंने कहा कि बौद्ध धर्म कार्ल मार्क्स का सम्पूर्ण उत्तर है। उनके अनुसार, "दुख-निवारण के लिए बौद्ध धर्म का मार्ग ही सुरक्षित मार्ग है। इसी के मार्ग पर चलकर मार्क्सवाद से भी बचा जा सकता है।''

20 नवम्बर, 1956 को आम्बेडकर ने काठमांडू में बौद्धों के चौथे विश्व सम्मेलन में भाषण किया। इसकी अध्यक्षता नेपाल के महाराजाधिराज महेन्द्र ने की थी। उन्होंने कहा– बुद्ध धर्म तभी जीवित रह सकता है जब इसे साम्यवाद के विकल्प के रूप में प्रस्तुत किया जाए। उनका विचार था कि साम्यवाद शक्ति के प्रयोग पर आधारित है। दूसरी ओर बुद्ध धर्म लोकतान्त्रिक प्रणाली का समर्थक है। उन्होंने कहा कि ईसाई धर्म तत्व और व्यवहार में 90 प्रतिशत बुद्ध धर्म का अनुयायी है। अन्त में उन्होंने चेतावनी दी कि साम्यवाद की सफलता के प्रलोभन में न आएँ।

आम्बेडकर कहते हैं कि सबसे बड़ा धर्म समाज व्यवस्था को बदलना है। उनका विश्वास था कि यदि सामाजिक ढाँचा नहीं बदला गया तो यह जल्दी ही ढह जाएगा?[6]

डॉ. आम्बेडकर ने कहा था कि समता एक कल्पना हो सकती है किन्तु फिर भी इसे जीवन को निर्धारित करने वाला सिद्धान्त माना जाना चाहिए। मनुष्यों में समानता अंकगणित की समानता जैसे 1=1 नहीं है बल्कि मानवचेतना और जनतन्त्र की भावना न केवल राजनीतिक स्तर पर बल्कि एक व्यक्ति एक मूल्य के सिद्धान्त की आवश्यकता मानव अस्तित्व के सभी पहलुओं से है। उनके विचार इस सम्बन्ध में बहुत स्पष्ट थे कि 'एक व्यक्ति एक मूल्य' के सिद्धान्त के पूर्ण विकास के बिना प्रजातन्त्र अधूरा है।

आम्बेडकर दर्शन एवं मार्क्स के दर्शन के बीच अन्तर यह है कि मार्क्स ने समता को केवल कल्पना ही नहीं माना। उनके लिए समता वास्तविकता थी। इसकी व्याख्या इस तथ्य से की जा सकती है कि आम्बेडकर के दर्शन की जड़ें बौद्ध दर्शन, जो प्राचीन युग से उत्पन्न हुआ है, में है एवं मार्क्सवाद वैज्ञानिक युग में उत्पन्न हुआ है। बौद्धवाद ने माना कि तृष्णा दुखों का कारण है किन्तु इससे यह सिद्ध नहीं हो सका कि मानव दुख की समस्या को त्याग के द्वारा सुलझाया जा सकता है। इसने यह तो माना कि सम्पत्ति एवं धन वर्गसंघर्ष एवं दुखों की जड़ें हैं किन्तु इसने यह घोषित नहीं किया कि 'सारी सम्पत्ति चोरी है।' धर्म इस समस्या को नहीं सुलझा सका। ईसाई धर्म तक ने धनिकों का तिरस्कार किया। ईसा मसीह ने कहा कि एक ऊँट के लिए सुई की आँख में से पार होना आसान है जबकि धनी व्यक्ति का स्वर्ग में प्रवेश पाना आसान नहीं। बौद्ध भिक्षुओं का संयम सिद्धान्त अथवा उनके सांसारिक सुखों का त्याग बौद्ध धर्म की ही विशेषता नहीं है। यद्यपि बौद्धवाद भारत में दाकियानूसी सामाजिक, धार्मिक ढाँचे के विरुद्ध एक अत्यधिक शक्तिशाली विद्रोह था, किन्तु स्वाभाविक रूप से यह अपने समय की सीमाओं को पार नहीं कर सका। इसने सिद्धान्त में केवल भिक्षुसंघ में कुछ समय के लिए साम्यवाद की कल्पना की एवं वहाँ ही इसे व्यवहार में लाया जा सका। संघ पृथ्वी पर स्वर्ग की प्रतिमा थी, जबकि धर्म

द्वारा केवल स्वर्ग की प्रतिमा की कल्पना की जा सकती थी। धर्म द्वारा पृथ्वी पर स्वर्ग की कल्पना में असमर्थ होने का कारण विज्ञान एवं उत्पादक ताकतों का पिछड़ा होना था। उत्पादक ताकतों के उचित विकास के बिना समानता एक कल्पना मात्र एवं स्वप्न है। इसीलिए ईसाई धर्म में कहा है–**"जीवन आँसुओं की घाटी है"** एवं गौतम बुद्ध ने कहा था–**"दुख जीवन का सत्य है।"** बिना विज्ञान व तकनीकी विकास के दासता एवं मनुष्य द्वारा मनुष्य के शोषण को रोकने का कोई उपाय नहीं है। इस प्रकार धर्म ने स्वर्ग एवं मोक्ष अथवा परलोक में विश्वास किया। जमींदारी और रैयतवाड़ी बन्दोबस्त ने सामाजिक-आर्थिक व्यवस्था को मजबूती दी और ब्राह्मणमुखी व्यापारिक और सामन्ती अल्पतन्त्र ने इसका नेतृत्व किया।

ब्रिटिश उपनिवेशवाद ने उन रियासतों के साथ, जिन्होंने उसकी अधीनता (प्रभुता) स्वीकार कर ली, स्थायी बन्दोबस्त किया गया। जैसे साम्राज्यवादियों ने अपने सर्वहारा को घूस देकर भ्रष्ट बनाया और श्रमिकों का एक अभिजात वर्ग बनाया, भारत में जाति-व्यवस्था मजदूरों की अभिजात श्रेणी बनाने का वैसा ही तैयारशुदा हल था।[7]

भारतीय कम्युनिस्ट

भारतीय कम्युनिस्ट पार्टी की, जिसमें अधिकतर ब्राह्मण थे, स्थापना भारत से बाहर की गई। मजदूर वर्ग का आन्दोलन सर्वहारा जनता के बीच से पैदा नहीं हुआ। विशाल जनता के उत्पादक तबकों (शूद्रों), को सैनिक सेवाओं, शिक्षा, व्यापार और उद्योग में भाग लेने की अनुमति नहीं थी। बँटे हुए समाज को जीतना और उस पर शासन करना सबसे आसान था। अंग्रेजों ने विभिन्न लड़ाकू जातियों की विशिष्ट टुकड़ियाँ बनाकर यह आश्वस्त किया कि सेना और सरकारी नौकरियों में भरती विशिष्ट तौर पर सम्मानित जातियों में से ही की जाए। अतः भारत में ब्रिटिश साम्राज्यवाद ने अधिवासी श्रमिकों में अभिजात के विकास को पाला-पोसा। जिस तरीके से भारतीय कम्युनिस्ट आन्दोलन के नेताओं, यथा, डाँगे ने अपनी सहयोगी प्रवृत्ति प्रदर्शित की, उससे सर्वहारा नेतृत्व के चरित्र का पता चलता है। ब्रिटिश प्रभुत्व का विरोध करने में कम्युनिस्टों के प्रतिनिधित्व में कमेरे वर्ग का नेतृत्व, बुर्जुआ नेतृत्व से ज्यादा जुझारू नहीं था।

इसलिए ब्रिटिश शासन का भारत में पुनरुज्जीवनकारी ध्येय, पूँजीवाद के विश्वप्रणाली साम्राज्यवाद में विकसित होने के दबावों के चलते रुक गया (समाप्त हो गया)। भारत के पुनरुज्जीवन और साथ ही मानव के लक्ष्य की पूर्ति के लिए एशियाई जाति समाज का उन्मूलन एक पूर्व शर्त थी। इस मायने में सामाजिक आन्दोलन, ब्राह्मणवाद-विरोधी आन्दोलन भारत में लोकतांत्रिक क्रान्ति के लिए अत्यन्त ही महत्त्वपूर्ण थे। भारत का संविधान सौंपते हुए बाबा साहेब डॉ. आम्बेडकर ने राजनैतिक लोकतन्त्र और सामाजिक, आर्थिक असमानता के बीच गम्भीर अन्तर्विरोध के विषय में गम्भीर चेतावनी दी थी कि यदि सामाजिक-आर्थिक ढाँचे में परिवर्तन लाकर इन्हें दूर नहीं किया गया तो यह लोकतांत्रिक ढाँचे को खतरे में डाल देंगे।

पश्चिम से नकल किए गए साम्यवादी सिद्धान्त ने अपेक्षा की थी कि सबसे ज्यादा आगे बढ़ा हुआ क्रान्तिकारी तबका, कमेरा वर्ग, लोकतांत्रिक क्रान्ति के जरिए समाजवाद लाएगा।[8]

सैद्धान्तिक प्रयोग

सामाजिक, आर्थिक और राजनैतिक क्रान्ति की एक मूलभूत श्रेणी के बतौर जाति की महत्ता पर जोर देने के लिए सैद्धान्तिक प्रयोग की आवश्यकता है। यहाँ तक कि विवेकानन्द ने भी प्रत्येक समाज में शूद्रों के एक शासक वर्ग के तौर पर उदय होने की अवश्यम्भाविता के विषय में चर्चा की थी। गांधी ने अछूतों, जिन्हें उन्होंने हरिजन कहा, के उत्थान पर जोर दिया। कम्युनिस्टों ने भी मजदूर वर्ग के नेतृत्व में दलितों की मुक्ति के विषय में सोचा था। जहाँ विवेकानन्द और गांधी ने जाति को एक प्राकृतिक व्यवहार स्वीकार कर सुधारों की आवश्यकता बताई, वहीं कम्युनिस्टों ने भी मजदूर वर्ग के नेतृत्व में शूद्रों, दलितों की मुक्ति की सम्भावना की सैद्धान्तिक गलती की। सर्वहारा वर्गलोपता और निश्चयवाद ही जाति के चरित्र एवम् औद्योगिक मजदूरों की विकृत वर्ग-स्थिति को समझने में असफलता या झिझक, इसकी मूल कमजोरी थी। सर्वहारा की विचारधारा और नेतृत्व के विषय में गलत सैद्धान्तिक समझ के चलते कम्युनिस्ट आन्दोलन ने शहरी इलीट बुद्धिजीवी घटना का रूप ले लिया। ऐसा इसलिए क्योंकि मोटे तौर पर संगठित मजदूर वर्ग की प्रकृति उच्च जातीय है। ब्रिटिश और रियासती शासकों द्वारा, जो कि उच्च जातियों में शासकीय मूल्यों का प्रयोग करना चाहते थे, जान-बूझकर अपनाई गई नीति से प्रशासकीय मशीनरी, नौकरशाही, सेना, न्यायपालिका, अर्धसैनिक बल और यहाँ तक कि संगठित क्षेत्र के मजदूरों में भी उच्च जातीय लोगों का प्रभुत्व था। राजनैतिक दल, ट्रेड यूनियन, धन्धे व कला एवं साहित्य का क्षेत्र भी विशेषाधिकार प्राप्त जातियों के लिए सुरक्षित बन गया। शूद्रों को शिक्षा, यहाँ तक कि साक्षरता के भी नकारने से उन्हें हकीकत में आर्थिक प्रक्रिया से अलग कर दिया। बढ़ते हुए मशीनीकरण के साथ शूद्र अधिकाधिक लुटते चलते गए। लेकिन नए तबके के दलितीकरण की इस प्रक्रिया के साथ इसका प्रतिवाद भी चल रहा था।

बाबा साहेब डॉ. आम्बेडकर साम्यवाद के कटु आलोचक थे। 'साम्यवादी मुक्ति संघर्ष का अर्थ' आम्बेडकर की दृष्टि में *"ऐसी मुक्ति से है जिसकी परिणति समता में होती है। यह वह मुक्ति नहीं है जो व्यक्ति को स्वतन्त्रता की ओर ले जाती है। साम्यवाद और स्वतन्त्र लोकतन्त्र साथ-साथ चल सकेंगे, ऐसा सोचना निरी मूर्खता है।* **साम्यवाद ऐसी जंगली आग है जो अपने आस-पास सभी को भस्म कर देती है।**" साम्यवादी देशों के दो मान्य सिद्धान्त हैं : पहला, नैतिकता की धारणा परिवर्तनशील है। आज की नैतिकता कल की नैतिकता नहीं है। दूसरा यह कि नैतिकता नामक चीज का अस्तित्व ही नहीं है।[9]

धर्म के बारे में कार्ल मार्क्स की बड़ी ही नकारात्मक टिप्पणी है। मार्क्स के अनुसार, **धर्म शोषण करने का एक सशक्त माध्यम है। साथ ही धर्म लोगों को भ्रमजाल में फँसाता है।** धर्म मिथकों, पुराण कथाओं तथा कपोलकल्पित कथा की एक ऐसी शृंखला है, जो

सुविधासम्पन्न तथा विशेष वर्ग के लोगों के विशेषाधिकारों को आम आदमी के सामने न्यायोचित ठहराती है। मार्क्स की यह बात तो सभी जानते हैं कि धर्म जनता के लिए अफीम है। कार्ल मार्क्स का मानना है कि धर्म शोषण के प्रभाव को किसी भी तरह कम करने की स्थिति में नहीं होता बल्कि वह एक हथियार बनता है। जरूरी बात है कि वह हथियार धर्माधिकारी, पुरोहित तथा शंकराचार्यों के हाथ में होता है और समाज में खास तरह की व्यवस्था बनाए रखने के लिए इसी हथियार का प्रयोग होता रहा है। विक्टोरियन स्तुतिगीत का एक उदाहरण–

The rich man in his castles
The poor man at his gate
God made them high and lowly
And orders their estates.
In marx's words the more man puts into God,
the less he retains of himself.

धर्म के बारे में मार्क्स के विचार हालाँकि भारत में हिन्दू धर्म के बारे में बिल्कुल सटीक बैठते हैं। बाबा साहेब भी हिन्दू धर्म के कटु आलोचक थे। उन्होंने कहा भी है–"जिस धर्म में एक वर्ग विद्याध्ययन करे, दूसरा शस्त्र धारण करे, तीसरा व्यापार करे और चौथा सिर्फ सेवा करे, वह धर्म मुझे स्वीकार नहीं है। जो एक को विज्ञ बनाए रखने के लिए दूसरों को अज्ञ बनाए रखता है, वह धर्म नहीं है, बल्कि लोगों को बौद्धिक गुलामी में रखने का षड्यन्त्र है। जो धर्म एक के हाथ में शस्त्र देकर, दूसरे को निःशस्त्र करता है, वह धर्म नहीं है, बल्कि एक के द्वारा दूसरे को पराधीनता में रखने की चालाकी है। जो धर्म कुछ लोगों को धन-सम्पत्ति रखने का अधिकार देता है और शेष लोगों को जीवननिर्वाह के लिए अन्यों पर आश्रित रहने के लिए कहता है, वह धर्म नहीं, बल्कि स्वार्थपरायणता है।[10]

"जिस धर्म में मनुष्य को मनुष्यता से व्यवहार करना मना है, वह धर्म नहीं है, उद्दण्डता का प्रदर्शन है। जिस धर्म में मानव की मानवता को पहचानना अधर्म माना जाता है, वह धर्म नहीं, बल्कि एक रोग है। जिस धर्म में पशु को छूत और मनुष्य को अछूत समझा जाता है, वह धर्म नहीं है, एक पागलपन है। जो धर्म अशिक्षितों से कहे अशिक्षित रहो, निर्धनों से कहे कि निर्धन रहो, वह धर्म नहीं वरन् सजा है।"

इसके बावबूद भी बाबा साहेब साहेब डॉ. आम्बेडकर कार्ल मार्क्स की तरह धर्म-विरोधी नहीं रहे, न ही उन्होंने धर्म को अफीम कहा बल्कि उन्होंने व्यक्ति की आध्यात्मिक उन्नति के लिए धर्म की आवश्यकता पर बल दिया है।

नैतिकता के विषय पर भी डॉ. आम्बेडकर का मार्क्स से मतभेद है। मार्क्स का विचार है कि सच्ची नैतिकता शोषणकारी समाज को ध्वंस करना ही है जिसे सर्वहारा को करना है और वह प्रोलेटेरिएट के हित में है। जबकि आदमी केवल सामाजिक जानवर ही नहीं है और न ही उसका उद्देश्य उदरपूर्ति है। समाज में रहते हुए नैतिकता उसके लिए code of conduct की तरह से है। मनुष्य को सही-गलत का महसूस होना समाज व्यवस्था के लिए जरूरी भी है। हेतुवादी और बौद्धिष्ट होने के नाते डॉ. आम्बेडकर का

नैतिकता में पूर्ण विश्वास था। वे मानते थे कि व्यक्ति की प्रगति तथा सुरक्षा के लिए समाज में नैतिकता का होना जरूरी है।

मार्क्स का विश्वास प्रोलिटेएिट की नैतिकता में था। जो भी गतिविधियाँ उसको फायदा पहुँचाएँ, वही अच्छी और सही हैं। इनके विरोध में शेष को वे बुराई में रखते थे। वे साध्य और साधन का परस्पर सम्बन्ध मानते थे और हथियारबन्द विद्रोह में विश्वास रखते थे।[11]

गरीबी एक सामाजिक समस्या है। मार्क्स के अनुसार, पूँजीवादी समाज में पूँजी के गैरबराबरी वाले सिद्धान्त या व्यवस्था के सन्दर्भ में समझी जा सकती है। वे यह भी मानते हैं कि पूँजीवादी समाज में गरीबी समाप्त नहीं की जा सकती। विकल्प के रूप में वे सोशलिस्ट समाज या व्यवस्था को आगे बढ़ाते हैं, वह भी मजदूरों के कंट्रोल में हो। मार्क्स के अनुसार—समाजवाद के दो चरण हैं—समाजवाद और कम्युनिज्म। सोशलिज्म व्यवस्था में प्रत्येक वर्कर अपने किए हुए कार्य या मजदूरी के आधार पर मजदूरी लेगा और कम्युनिज्म में अपनी आवश्यकताओं के आधार पर।

पर जैसा बाबा साहेब यहाँ की व्यवस्था के बारे में दो तरह के सवाल उठाते हैं, दलितों की समस्याओं का कारण गरीबी ही नहीं है बल्कि गरीबी से बढ़कर सामाजिक विषमता भी रहा है। इसके बारे में कार्ल मार्क्स ने कभी कुछ नहीं कहा। भारत में तो अछूतों को आर्थिक अधिकारों के साथ सामाजिक अधिकारों से भी वंचित कर दिया गया था। इसलिए उन्होंने कामगारों की परिषद में कहा था कि इस देश के कामगारों को अपने दो दुश्मनों से मुकाबला करना होगा। वे दो दुश्मन हैं—पूँजीवाद और ब्राह्मणवाद, जिनसे कामगार वर्ग को लड़ना है। ऐसे ब्राह्मणवादी दुश्मन के तौर पर पहचानने में उन्हें असफलता आई है। इसीलिए अप्रैल 1929 में बम्बई की कपड़ा मिलों में गिरनी कामगार यूनियन द्वारा की गई हड़ताल का उन्होंने विरोध किया था। उनके विरोध का कारण कम्युनिस्ट नेताओं की दिखावटी प्रकृति था। उनके अनुसार, कम्युनिस्ट नेताओं ने पिछड़े वर्गों के मजदूरों को मिलों के अधिक आमदनी वाले विभागों से दूर रखने वाले निषेध और रुकावटों के खिलाफ कोई आवाज नहीं उठाई। अछूतों को बुनाई विभागों में कार्य करने की अनुमति नहीं थी क्योंकि इसमें धागे टूटने पर थूक से जोड़े जाते थे और वे अगर इसे छूते थे, उनके अपवित्र हो जाने का डर था। इसी तरह का भेदभाव रेलवे उद्योग में भी था। रेलवे में पिछड़े वर्ग के व्यक्तियों को उनके अछूत होने के कारण उन्हें कुली के रूप में भी नहीं लगाया जाता था क्योंकि स्टेशन मास्टरों द्वारा उनसे घर का काम लिया जाता था। इसी तरह रेलवे वर्कशॉपों में भी भेदभाव था। अधिकांश रूप में अछूतों से गैंगमैन के रूप में कार्य लिया जाता था।

बाबा साहेब डॉ. आम्बेडकर को आर्थिक परिवर्तन के बारे में मार्क्सवादियों और समाजवादियों का दृष्टिकोण स्वीकार न था। वे कैसे भारत में सामाजिक बदलाव ला सकते हैं, इस बारे में उन्होने कहा था—जब तक देश के भीतर कुछ लोगों को सछूत और कुछ को अछूत बनाने की प्रक्रिया तथा इस प्रक्रिया के सूत्रधारों का गम्भीरतापूर्वक समाजवादी अध्ययन नहीं करेंगे तब तक भारत में सोशलिस्ट स्टेट का अस्तित्व कुछ भी नहीं कर पाएगा। अगर वास्तव में ही समाजवादी ईमानदारी से समाजवाद लाना चाहते हैं तो उन्हें भारतीय

सामाजिक समस्या को सबसे पहले स्वीकार करना होगा। वे इससे भाग नहीं सकते। बाबा साहेब का मानना था कि भारत में किसी भी राजनैतिक दल ने वर्गविहीन और जातिविहीन समाज की रचना के लिए सामाजिक बदलाव के कार्यक्रमों की शुरुआत नहीं की थी। यहाँ तक कि 1928 में अस्तित्व में आई भारतीय कम्युनिस्ट पार्टी ने भी ऐसे किसी कार्यक्रम को गम्भीरतापूर्वक नहीं लिया। उन्होंने कहा कि *बौद्धधर्म कार्ल मार्क्स का सम्पूर्ण उत्तर है।* उनके अनुसार, दुख-निवारण के लिए बौद्ध धर्म का मार्ग ही सुरक्षित मार्ग है। इसी के मार्ग पर चलकर मार्क्सवाद से भी बचा जा सकता है।

कार्ल मार्क्स का जन्म 1818 में जर्मनी में हुआ था लेकिन इनका अधिकांश जीवन इंग्लैण्ड में बीता।

औद्योगिक क्रान्ति के फलस्वरूप ही मिल मालिक और पूँजीवाद के विरोध में समाजवाद का जन्म हुआ। इसी समाजवादी विचारधारा को धार देने का कार्य कार्ल मार्क्स और उसके साथी फ्रेडरिक एंजिल्स ने किया। उन्होंने 1848 में जर्मनी की भाषा में कम्युनिस्ट घोषणापत्र प्रकाशित किया। मार्क्स ने 'दास केपिटल' ग्रन्थ की भी रचना की।[12]

कम्युनिस्ट घोषणापत्र के अनुसार, समाज की सम्पूर्ण सम्पत्ति का उत्पादक मजदूर है, फिर भी उसे जीवन-यापन के लिए उत्पादन का पर्याप्त हिस्सा नहीं मिलता है। इसका दोष केवल पूँजीवादी व्यवस्था को दिया गया है। इसलिए पूँजीपतियों और श्रमिकों में सदैव संघर्ष रहा है। औद्योगिक क्रान्ति ने इस संघर्ष को और भी तेज किया है। मार्क्स ने पूँजीवाद को समाप्त कर समाजवाद की स्थापना पर बल दिया।[13]

मार्क्स के अनुसार, पूँजीवादी समाज के स्थान पर एक ऐसे समाज की रचना होनी चाहिए जिसमें प्रत्येक व्यक्ति का विकास सम्पूर्ण समाज के विकास का अंग हो।

जब बाबा साहेब बुद्धिज्म और कम्युनिज्म की तुलना करते हैं तो वे बुद्धिज्म को महत्त्व देते हैं। विशेष तौर पर उन्होंने युवाओं के बारे में कहा था–"यदि बौद्ध देशों की युवा पीढ़ी यह सराहना करने में सक्षम नहीं है कि बौद्धधर्म एक ऐसी जीवनपद्धति प्रदान करता है जो साम्यवादी जीवनपद्धति से कहीं बेहतर है, तो बौद्ध धर्म का भविष्य अन्धकारमय है। वह एक या दो पीढ़ियों से आगे नहीं चल सकता। इसलिए जो बौद्ध धर्म में आस्था रखते हैं उनके लिए युवा पीढ़ी को सँभालना अत्यन्त आवश्यक है। उसे यह समझाएँ कि बौद्ध धर्म साम्यवाद का एक विकल्प हो सकता है। तभी जाकर बौद्ध धर्म जीवित रहने की आशा कर सकता है। हमको यह स्मरण रखना चाहिए कि आज यूरोप में लोगों की और एशिया में युवाओं की एक बहुत बड़ी संख्या कार्ल मार्क्स को ही मात्र एक मसीहा के रूप में देखती है जिसकी पूजा की जा सकती है। वे बौद्ध संघ के अधिकांश भाग को एक पीले संकट के अलावा और कुछ नहीं समझते। यह एक ऐसा संकेत है जिसे भिक्षुओं को ग्रहण करना और समझना चाहिए और अपने को उस ढंग से सुधारना चाहिए कि उनकी तुलना कार्ल मार्क्स से की जा सके ताकि बौद्ध धर्म उसके साथ स्पर्धा कर सके।"

डॉ. आम्बेडकर के समाजवादी चिन्तन को ध्यान में रखते हुए डॉ. एम.जी. बोकरे कहते हैं–

भारत में अल्पसंख्यकों के अधिकारों की सुरक्षा के लिए डॉ. आम्बेडकर ने आग्रह किया था कि हमारे संविधान में समाजवाद एक कानूनी धारा के रूप में जुड़ना चाहिए। भारत में समाजवाद के चौराहे पर हम हैं। डॉ. आम्बेडकर ने हमें समाजवाद के सवैधानिक दृष्टिकोण को सुलभ कराया है।

Dr. Ambedkar insisted that socialism should be a clause in our constitution to protect the rights of the minorities in India. We are at the cross roads of socialism in India. Dr. Ambedkar provides us with the programmatic as well as constitutional approach to socialism in India.

—Lok Rasya, p. 24

बुद्ध और कार्ल मार्क्स के सिद्धान्तों का परस्पर विश्लेषण करते हुए बाबा साहेब डॉ. आम्बेडकर कहते हैं कि समाज में एक नई आधारशिला रखने के उद्देश्य को फ्रेंच क्रान्ति ने भ्रातृत्व, स्वतन्त्रता और समता के तीन शब्दों में संक्षिप्त किया है। इस नारे के लिए फ्रेंच क्रान्ति का स्वागत है पर समानता रखने में यह असफल हुई। हम रूसी क्रान्ति का भी स्वागत करते हैं क्योंकि इसका उद्देश्य समानता को लाना था, लेकिन दृढ़ता से समाज में समानता नहीं आ सकी। समानता के बिना स्वतन्त्रता और भ्रातृत्व का कोई महत्त्व नहीं है। इन तीनों का ही परस्पर सम्बन्ध होना चाहिए, यह केवल बुद्धिस्टों के सिद्धातों को मानने से ही हो सकता है। जवाहरलाल नेहरू लिखते हैं कि जिस युग में बुद्ध का जन्म हुआ, वह हिन्दुस्तान के लिए बड़े मानसिक मंथन और दार्शनिक चिन्तन का काल था।

डॉ. वामन नारायण कुबेर ने अपनी पुस्तक *'आम्बेडकर ए क्रिटिकल स्टडी'* में लिखा है कि "आज इस बात की आवश्यकता है कि मार्क्स के क्रान्तिकारी कार्यक्रम को भारत में भारतीय सामाजिक संरचना की आम्बेडकर के सूक्ष्म विश्लेषण की रोशनी में व्यावहारिक स्वरूप दिया जाए। इसलिए मार्क्स या आम्बेडकर नहीं वरन् मार्क्स और आम्बेडकर किसी भी भावी क्रान्तिकारी कार्यक्रम के मार्गदर्शक सिद्धांत बन सकते हैं तथा दोनों महान दृष्टाओं का करोड़ों ईमानदार लोगों को जो मानवता से नीचे अपना जीवन-यापन कर रहे हैं, मुक्ति दिलाने का स्वप्न साकार हो सकता है।"

भोपाल से चितरंजन बक्शी लिखते हैं कि मेरे विचार से भारतीय प्रगति के मार्ग की सभी उलझनों का समाधान इस सिद्धांत से मिल सकता है कि कार्ल मार्क्स और बाबा साहब आम्बेडकर को मिलाकर दिशा तय की जाए। कोई भी मार्क्सवादी जितना अधिक आम्बेडकर के ग्रन्थों को पढ़ता है, उतना ही अधिक भारतीय समाज की विशेषताओं के बारे में उसका दृष्टिकोण स्पष्ट होता जाता है।

यहाँ यह प्रश्न उठता है कि हम मार्क्स और आम्बेडकर में किस प्रकार समन्वय स्थापित कर सकते हैं जबकि हमारी समझ के अनुसार, अनेक बुनियादी सवालों पर वे दोनों नदी के दो किनारों के समान एक-दूसरे के विपरीत दिखाई देते हैं। किन्तु अगर मैं यह कहूँ कि हमने बाबा साहब आम्बेडकर को गलत समझा है तो अनेक मार्क्सवादी पंडितों की त्यौरियाँ चढ़ जाएँगी।

कंवल भारती[14] के विचार में मार्क्सवादी संगठनों ने इस धम्मक्रान्ति को सर्वहारा की मुक्ति में बाधक के रूप में देखा। धर्म को नकारने वाले इन संगठनों ने यह आरोप लगाया कि डॉ. आम्बेडकर का धर्मान्तरण आन्दोलन मार्क्सवाद के आन्दोलन को कमजोर करने के लिए है। यह आरोप डॉ. आम्बेडकर पर नहीं लगाया जा सकता। यदि ऐसा है भी, तो इसके लिए मार्क्सवादी संगठन स्वयं ही दोषी है। डॉ. आम्बेडकर के दलित आन्दोलन के लिए मार्क्सवादी आन्दोलन कोई अर्थ नहीं रखता था, क्योंकि वर्णव्यवस्था के विरुद्ध उसका कोई संघर्ष नहीं था। यह हिन्दुत्व की व्यवस्था के प्रति उसका सकारात्मक दृष्टिकोण ही कहा जाएगा। क्या यह धर्म के प्रति स्वीकार का भाव नहीं है कि मार्क्सवादी नेता हिन्दू भी बने रहें और धर्म को नकारने का नाटक भी करते रहें। यह छद्म मार्क्सवाद दलितों की मुक्ति का मार्ग कैसे प्रशस्त कर सकता है, जबकि वर्णव्यवस्था के विरुद्ध उसका संघर्ष ही नहीं है। वहीं राम बहादुर वर्मा[15] लिखते हैं कि डॉ. आम्बेडकर मानते थे कि बौद्ध धर्म सबको उन्नति करने का पूरा अवसर प्रदान करता है। यह धर्म इस देश का नहीं समूचे विश्व का कल्याण कर सकता है।

डॉ. आम्बेडकर बौद्ध धर्म को मार्क्सवाद का विकल्प मानते थे। 14 अक्तूबर, 1956 को बौद्ध धर्म स्वीकार करते समय नागपुर में भाषण देते हुए उन्होंने कहा था—पीड़ित मानवता का उद्धार बौद्ध धर्म का मुख्य उद्देश्य है। सवाल पैदा होता है कि 'दास कैपिटल' की क्या उपयोगिता है? मेरी मान्यता है कि बुद्ध मार्क्स से दो हजार चार सौ वर्ष पूर्व पैदा हुए थे। कार्ल मार्क्स ने ऐसा कुछ नहीं कहा जिसे गौतम बुद्ध स्वयं प्रकाश में न लाए हों।[16]

कार्ल मार्क्स और उनके दर्शन की भारत में सबसे बड़ी विफलता जाति-भेद को लेकर है। वी.टी. राजशेखर लिखते हैं कि भारत में मार्क्सवाद इसलिए विफल हुआ कि यहाँ के अधिकांश कम्युनिस्ट नेता जाति समर्थक थे।[17] स्वयं केरल के मुख्यमन्त्री अचुता मेनन ने अपने-आपको हिन्दू स्वीकारते हुए कहा था कि व्यक्तिगत रूप से वे हिन्दू त्योहार मनाते हैं और अपने बच्चों के नाम हिन्दू परम्परा से रखे हैं।[18]

यही नहीं एक बार सीपीएम के प्रमुख ईएमएस नम्बूदरिपाद जब बीजिंग गए तो उन्होंने माओत्से तुंग को परशुराम ब्राह्मण की मूर्ति भेंट की थी।[19]

हालाँकि भारत में जाति समस्या का कोई समाधान या अन्त दिखाई नहीं पड़ता फिर भी वरिष्ठ दलित चिन्तक मूलचन्द सोनकर के महत्त्वपूर्ण आलेख 'क्या मार्क्स के यहाँ जाति-समस्या का समाधान है?' का अंश हम इस अध्याय के अन्त में दे रहे हैं।

तेलगू लेखिका रंगनायकम्मा की एक पुस्तक है, जिसका नाम है 'फॉर द सॉल्यूशन ऑफ द 'कास्ट' क्वेश्चन बुद्ध। इज नॉट एनफ, आम्बेडकर इज नॉट एनफ आइदर, मार्क्स इज अ मस्ट'। इसमें लेखिका ने डॉ. आम्बेडकर के चिन्तन के विरोधाभासों की विशद विवेचना तो की ही है, बुद्ध और मार्क्स के बारे में उनकी स्थापनाओं को भी खारिज किया है। अपनी इस पुस्तक में रंगनायकम्मा ने बहुत चालाकी से 'धुर हिन्दुत्ववाद' का पोषण किया है। इसका आशय यह भी है कि वे सभी (वामपन्थी) मार्क्सवाद का मुखौटा लगाए हिन्दुत्ववाद के पैरोकार हैं।

रंगनायकम्मा की थीसिस की सबसे बड़ी कमजोरी यह है कि डॉ. आम्बेडकर के विरोधाभासों को रेखांकित करते समय वह भूल जाती हैं कि विरोधाभास भारतीय समाज का मूल एवं रूढ़ चरित्र है। उसकी सारी संवेदनाएँ दलितों के पास पहुँचकर मर जाती हैं। लेखिका ने दलितों की सामाजिक हैसियत की चर्चा जिस हिकारत से की है, उससे पता चलता है कि उनकी मनोभावना कैसी है। वह कहती तो यही हैं कि जाति की समस्या का समाधान केवल मार्क्स कर सकता है, लेकिन मार्क्स को केन्द्र में रखकर वह इस विषय पर कोई अतिरिक्त चर्चा नहीं करतीं। हालाँकि पूरी पुस्तक में आम्बेडकर को खारिज करने का ही प्रयास किया गया है।

डॉ. आम्बेडकर ने शक्ति के तीन स्रोत बतलाए हैं : धर्म, सामाजिक हैसियत और सम्पत्ति। इस सन्दर्भ में रंगनायकम्मा ने निम्न कथन उनके वाङ्मय के प्रथम ग्रन्थ (पृ. 45) के हवाले से उद्धृत किया है–

"धर्म, सामाजिक हैसियत और सम्पत्ति ये शक्ति और अधिकार के स्रोत हैं, जिनसे एक आदमी दूसरे की स्वतन्त्रता को नियंत्रित करता हैं कोई कभी प्रभाव डालता है, कोई कभी। बस यही अन्तर है।" (पृ. 346) लेखिका इससे सहमत नहीं है। उनका मानना है कि मुख्य और अकेला फैक्टर केवल 'सम्पत्ति' है। शेष दोनों का सम्बन्ध सम्पत्ति से ही है। लेखिका के शब्दों में जाति एक धार्मिक समस्या है। इसका मतलब यह हुआ कि जाति की समस्या के समाधान के लिए सम्पत्ति के सवाल से जोड़ने की आवश्यकता नहीं है। लेखिका के अनुसार–समाज की किसी भी समस्या को लीजिए, उसका सम्बन्ध चाहे नस्ल से हो या जाति से, इसकी जड़ें आर्थिक सम्बन्धों में ही मिलेंगी। (पृ. 349)

रंगनायकम्मा का यह प्रतिपादन मार्क्स के प्रति उनकी उस अन्धभक्ति की सहज परिणति है, जो उन्हें यह मानने को विवश करती है कि मार्क्स के यहाँ ही सब रोगों का इलाज है। लेखिका मार्क्स के सिद्धांत को दास और स्वामी की प्रथा का उदाहरण देकर समझाती है अर्थात दास 'शोषित' हैं और स्वामी 'शोषक'। अब समस्या के समाधान के लिए दासों को बदलना है। जाति-समस्या के समाधान का संकेत देता उनका हिन्दूवादी कथन ध्यातत्व है–"अस्पृश्यता और जातिगत भेदभाव की समस्या का निराकरण तभी संभव है, जब इसे माननेवाले बदल जाएँ।"

पंजाब के दलित चिन्तक द्वारका भारती इस बात को बेबाकी से उठाते हुए कहते हैं कि कभी-कभी लगता है कि अलग-अलग खमों के लोग या अनुयाई अपने-अपने खेमों में डटे हुए हैं और अपने-अपने 'वाद' के अस्तित्व को बचाने में ज्यादा चिन्तित हैं।

इसी प्रकार की एक प्रक्रिया पिछले दिनों तक मार्क्सवादी पत्रिका 'दायित्वबोध' में देखने को मिली, इस पत्रिका के जुलाई-सितम्बर, 2003 के अंक में एक तेलुगु लेखिका रंग नायकम्मा का–सम्पादक के अनुसार एक विचारोत्तेजक निबन्ध प्रकाशित हुआ है। सम्पादक का कहना है कि इस निबन्ध के द्वारा आम्बेडकर के विचारों को लेकर एक स्वस्थ बहस छेड़ी जा सकती है क्योंकि यह लेख एक ऐसी पत्रिका में छपा है जो कि मार्क्सवाद को पूर्णतया समर्पित है। इसलिए इस लेख के उद्देश्य स्पष्ट हैं कि इसके माध्यम से डॉ. आम्बेडकर के विचारों

पर तमाम किस्म के प्रश्न उठाए जाएँ और इसी बहाने मार्क्सवादी विचारवालों द्वारा आम्बेडकर के विचारों पर सन्देह की एक ठोस दीवार खड़ी कर दी जाए। इसी कड़ी में यह भी स्पष्ट है कि यदि किसी आम्बेडकरवादी पत्रिका में डॉ. आम्बेडकर के विचार प्रकाशित होते हैं तो उस स्थिति में मार्क्स के विचारों की भी यही दशा होगी। यह एक अति असुखद स्थिति की ओर पलायन ही माना जाएगा। इस दिशा में प्रयास यह होने चाहिए कि किन्हीं ऐसे बिन्दुओं को तलाशा जाए जिसके आधार पर दोनों खेमों में एक विचारधारक सामंजस्य पनप सके। एक-दूसरे के प्रति उठे सन्देह के बादलों को साफ किया जाए। लेकिन अभी तक इस स्थिति की ओर कोई ठोस प्रयास देखने में नहीं आया है।[20]

जहाँ तक दलित वर्ग का प्रश्न है उसकी उपस्थिति बहुत देर तक मार्क्सी मंचों पर दर्ज रहा है, लेकिन यहाँ ध्यान देने योग्य तथ्य यह है कि इस वर्ग की उपस्थिति महज भीड़ इकट्ठा करने, मंचों को बनाने से लेकर टाट-दरियाँ बिछाने तक सीमित रखी गई थी। अपने नारों की ध्वनि तीखी बनाने में दलित वर्ग का जम कर प्रयोग किया गया, लेकिन मार्क्सी राजनैतिक दलों से उन्हें ऊँचे पदों से दूर रखा गया—यह दलित वर्ग का कोरा आक्षेप नहीं, एक कड़ी सच्चाई है। अन्ततः इस वर्ग का मार्क्सी मंचों से मोह भंग तो होना तय था ही, साथ ही इस वर्ग को डॉ. आम्बेडकर के विचारों की गहरी छाप ने आकर्षित भी किया। दलितों के लिए यह एक ऐसा अनुभव था जिसने उन्हें ताजा हवा के झोकों का अहसास करवाया। उनकी वेदनाओं, आकांक्षाओं को जैसे समझने वाला एक सच्चा हमदर्द मिल गया हो, लेकिन यहाँ यह स्पष्ट करना आवश्यक होगा कि दलित-वर्ग का पलायन सिर्फ दलित-वर्ग के प्रति डॉ. आम्बेडकर की निष्ठा ही कारक नहीं बनती, मार्क्सी नेतृत्व का दलित वर्ग के प्रति उपेक्षा का भाव भी एक सशक्त कारण बनता है। डॉ. आम्बेडकर मार्क्सवाद के विरोधी तो हैं लेकिन भारत की सामाजिक परिस्थितियों में ही इस तथ्य को समझ लेना चाहिए। यहाँ तक मानवता के कल्याण का प्रश्न है डॉ. आम्बेडकर मार्क्सवाद को अकल्याणकारी कदापि नहीं मानते। वे तो भारत की सामाजिक व्यवस्था में आमूल-चूल परिवर्तन चाहते हैं। उनका मानना है कि भारत में समाजवादी सत्ता ऊँच-नीच और शुद्ध-अशुद्ध जेसे पूर्वाग्रहों के रहते नहीं पनप सकती। यह मार्क्सवाद का विरोध नहीं, भारत के मार्क्सवादियों का विरोध ही माना जाना चाहिए।[21]

अन्त में हम यहाँ एक बात की ओर संकेत करना चाहते हैं जैसा वाराणसी से प्रख्यात साहित्यकार और चिन्तक मूलचन्द सोनकर लिखते हैं कि कुछ दलित चिन्तकों, विचारकों की तरफ कंवल भारती भी मार्क्सवाद के जाल में उलझ जाते हैं और उनके कथन तथा टिप्पणियों से विरोधाभास उभरने लगता है। उदाहरण के लिए स्वयं कंवल भारती के कथन की बानगी देखें—आम्बेडकर ने शिक्षा, भूमि, कृषि और उद्योग के राष्ट्रीयकरण की अवधारणा क्या बुद्ध से ली थी? क्या उसमें मार्क्स का योगदान नहीं था?[22] वे आम्बेडकर के चिन्तन ओर प्रयासों पर ही सवाल खड़ा कर देते हैं। एक अन्य लेख में उनके विचार और विश्लेषण देखें। जब मैंने आम्बेडकर चिन्तन का पुनर्मूल्यांकन किया तो मुझे लगा कि डॉ. आम्बेडकर भी मार्क्सवादी समाजवाद के पक्षधर थे।[23]

सन्दर्भ

1. नरेन्द्र देव, व्यक्ति और प्रमुख विचार, वाराणसी, 1989, पृ. 138.
2. वही, पृ. 138.
3. वही, पृ. 163.
4. In the social production which human being carry on they enter into definite relations, which are determined that is to say, independent of their will-production relations which correspond to a definite evolutionary phase of the material forces of production. The totality of these production relations forms the economic structure of society, the real basis upon which a legal and political super structure develops–Karl Marx in "A Critique of Political Economy."
5. डब्ल्यू. एबिन्स्टाइन : टूडेज-इज्मस्, 1956, पृ. 5.
6. इलेस्ट्रेटिड वीकली ऑफ इंडिया, बम्बई, 12-7-1953.
7. क्रान्ति प्रतीक आम्बेडकर, पृ. 142.
8. वही, पृ. 143.
9. वही, पृ. 144.
10. समता की चाह, (सम्पादकीय) प्रतिपक्ष, 6/105, कौशल्या पार्क, हौजखास, नई दिल्ली-110016 अप्रैल 1991, पृ. 3.
11. सामाजिक न्याय का वर्तमान परिप्रेक्ष्य, जार्ज फर्नांडिस, पृ. 6.
12. डॉ. आम्बेडकर का समता संघर्ष, मस्तराम कपूर, पृ. 12.
13. रविराय, पृ. 13.
14. माझी जनता, सं. कंवल भारती, निकट डॉ. आम्बेडकर छात्रावास, सिविल लाइन्स, रौशन बाग, रामपुर (उ.प्र.)।
15. डॉ. रामबहादुर वर्मा, डॉ. आम्बेडकर : बुद्धवाद और मार्क्सवाद, बयान हिंदी मासिक, सं. मोहनदास नैमिशराय, बी.जी. 5ए/30-बी, पश्चिम विहार, नई दिल्ली, मई, 2011, पृ. 15.
16. वही, पृ. 16.
17. How Marx Failed in Hindu India, Dalit Sahitya Academy Bangalore, 1988, p. 10.
18. Illustreted Weekly, Nov. 17, 1974.
19. How Marx Failed in Hindu India, p. 48.
    "Society has been aiming to lay a new foundation summarised by the French Revolution in words, Fraternity, Liberty and Equality. The French Revolution was welcome because of this slogan. It failed to produce equality. We weldome the Russian Revolution because it aims to produce equality. But it cannot be too much emphasized that in producing equality society can not afford to sacrifice fraternity or Liberty. It seems that the three can co-exist only if the follows the way of the Buddha. Communism can give one but not all."
20. द्वारका भारती, क्या डॉ. आम्बेडकर मार्क्सवाद के विरोध में तने हुए हैं? भीम पत्रिका, अप्रैल 2006, पृ. 3.
21. वही, पृ. 7.
22. मूलचन्द सोनकर, कंवल भारती के मार्क्स-प्रेम का अजूबा चिन्तन, बयान, अगस्त, 2010, पृ. 20.
23. जाति, धर्म और राष्ट्र, कंवल भारती, उद्भावना प्रकाशन, दिल्ली, 2005, दलित अस्मिता जनवरी-मार्च, 2011, नई दिल्ली, पृ. 32.

सामाजिक न्याय वर्ष का सच

सामाजिक न्याय का दर्शन मुख्यतः सामाजिक सम्बन्धों की विवेचना करता है। जब हम सामाजिक न्याय की बात करते हैं तो उसका सीधा अर्थ होता है—जाति व्यवस्था पर आधारित असमान समाज व्यवस्था में बदलाव और बिना जाति, धर्म तथा नस्ल के भेदभाव को ध्यान में रखते हुए समाज में समता, स्वतन्त्रता तथा बंधुत्व की मानवीय प्रक्रिया का अग्रसर होना। कहना न होगा कि इस प्रक्रिया में मनुष्य के जीवन को प्रभावित करने वाला प्रत्येक पक्ष जुड़ा होता है। लेकिन भारत में देखा गया है कि जितना कुछ बदलाव होता है, उससे कहीं अधिक हिन्दू समाज में जड़ता आ जाती है। बकौल सुन्दरलाल सागर, हिन्दू धर्म के नियमों (काले कानून) में अन्धविश्वास और पाखंड भरे पड़े हैं।[1]

भारत का समाज श्रेणीनुमा पिरामिड है जिसकी एक मंजिल से दूसरी मंजिल तक पहुँचने के लिए कोई सीढ़ी नहीं है। यह खड़ी वर्ण-व्यवस्था पर आधारित है। इसकी बनावट लम्बाकार है। इसमें सबसे नीचे की मंजिल शूद्र की है और सबसे ऊपरी मंजिल ब्राह्मण की है। बीच की दो मंजिलें वैश्य तथा क्षत्रिय की हैं। वर्ण व्यवस्था के इस पिरामिड में शूद्र तीनों के बोझ से दबी सबसे नीचे की मंजिल है। वर्ण व्यवस्था जाति व्यवस्था की जननी है और जाति व्यवस्था अस्पृश्यता की विडम्बना है। ऊपर का वर्ग सर्वाधिक सम्मान का अधिकारी है और नीचे के वर्ग के लिए सर्वाधिक घृणा ही उसकी नियति है।

पीछे मुड़कर देखें तो सामाजिक न्याय की अवधारणा को पहले रोमन दार्शनिक सिसरो ने व्यक्त किया। उनकी न्याय की अवधारणा नैतिकता पर आधारित है। न्याय की इस अवधारणा का मूल आधार यह है कि न्यायसंगत समाज व्यवस्था में हर आदमी को वह स्थान मिलना चाहिए जैसा कि एक व्यक्ति अपना स्थान चाहता है।

फ्रांस की क्रान्ति ने सामाजिक न्याय के नए आयामों को जन्म दिया। इसमें मनुष्य की बुद्धिमत्ता का आदर, मानव अधिकारों का सम्मान, समान अवसर, आर्थिक कल्याण तथा धर्म की स्वतन्त्रता जैसे आदर्श उभर कर सामने आए।

भारतीय दर्शन में सामाजिक न्याय का आधार गीता और मनुस्मृति है, जो वर्ण- व्यवस्था पर आधारित है। ये हिन्दू अवधारणाओं को व्यक्त करनेवाली पुस्तकें हैं। एस.एल. सागर के विचार में हिन्दू धर्म का नैतिकता से कोई सम्बन्ध नहीं है। वह तो वर्णानुसार कर्म को ही धर्म मानता है। हिन्दू शास्त्र न्याय को धर्म से जोड़ते हैं और धर्म वर्णानुसार कर्मपालन है। हिन्दू न्याय की अवधारणा में न्याय का आधार स्वेच्छा नहीं है, जबकि बौद्ध दर्शन

में सामाजिक न्याय का सिद्धान्त विशुद्ध रूप से मानवतावादी है। यह दर्शन सामाजिक न्याय को आचरण के साथ जोड़ता है।

एस.एल. सागर ने जाति व्यवस्था को सामाजिक न्याय के अवरोध के रूप में शामिल किया है। उदाहरण के लिए, जातिवाद के आधार पर आजादी के बाद भी शूद्र दूल्हा घोड़ी पर नहीं चढ़ सकता। बाबा साहेब डॉ. आम्बेडकर ने इसी सामाजिक न्याय की मानवीय परम्परा को आगे बढ़ाने हेतु अनेक प्रयास किए।

आइए देखते हैं कि 14 अप्रैल, 1990 से शुरू हुए बाबा साहेब डॉ. आम्बेडकर जन्मशताब्दी वर्ष की क्या तथा किस तरह की घोषणाएँ और उपलब्धियाँ रहीं।

भारत सरकार ने दलितों के मसीहा तथा भारतीय संविधान के एक प्रमुख शिल्पकार डॉ. बाबा साहेब आम्बेडकर को उनके जन्मशताब्दी वर्ष में उनके महान कार्य के लिए देश का सर्वोच्च बहुमान का खिताब 'भारत रत्न' प्रदान करके गौरवान्वित किया है। 14 अप्रैल, 1990 को डॉ. आम्बेडकर के 99वें जयंती दिवस पर यह खिताब प्रदान किया जाएगा। यह घोषणा प्रधानमन्त्री विश्वनाथ प्रतापसिंह ने नई दिल्ली में 31 मार्च, 1990 को की। अगले माह ही संसद के सेन्ट्रल हाल में 12 अप्रैल, 1990 को डॉ. बाबा-साहेब के तैलचित्र का अनावरण किए जाने की भी घोषणा की गई।

पाठकों की जानकारी के लिए हम बताना चाहते हैं कि बम्बई से प्रकाशित **महाराष्ट्र मानस** ने डॉ. आम्बेडकर *जन्मशताब्दी वर्ष को उत्सव की संज्ञा* दी थी, जबकि भारत सरकार ने इस उत्सव के लिए संशोधित बजट में उचित प्रावधान की बात की थी।

केन्द्रीय सरकार के अलावा शायद महाराष्ट्र पहला राज्य था जिसने इस जन्म शताब्दी वर्ष में बाबा साहेब के विचारों तथा आदर्शों के अनुरूप विविध कार्यक्रम व योजनाएँ हाथ में लेने का निर्णय गर्मजोशी के साथ किया था। इसे राज्य सरकार का अति उत्साह भी कहा जा सकता है।

मुख्यमन्त्री शरद पवार ने इस जन्मशताब्दी वर्ष में दो निम्नलिखित महत्त्वपूर्ण योजनाएँ हाथ ली जाने की घोषणा की–

(1) पिछड़े समाज के बच्चों के लिए प्राथमिक शिक्षा की सुविधा; तथा (2) सभी गाँवों में पेयजल की आपूर्ति।

डॉ. आम्बेडकर की जन्मशताब्दी मनाने के लिए राज्य स्तर पर एक समिति नियुक्त की गई है। मुख्यमन्त्री इस समिति के अध्यक्ष थे। साथ ही, शताब्दी वर्ष के दौरान हाथ में लिये जानेवाले कार्यक्रम निश्चित करने के लिए श्रम मन्त्री श्री एन.एम. काम्बले की अध्यक्षता में एक कार्यक्रम समिति भी नियुक्त की गई।

भारतीय संविधान के शिल्पकार तथा दलितों के मसीहा डॉ. बाबा साहेब आम्बेडकर को मरणोत्तर 'भारत रत्न' का सर्वोच्च खिताब देकर सम्मानित करने का निर्णय लेने के लिए केन्द्र सरकार का हृदयशः अभिनन्दन करनेवाला प्रस्ताव दि. 7 मार्च 1990 को विधान परिषद ने पारित किया। विधान परिषद के सभापति जयंतराव तिलक के भाषण के पश्चात यह प्रस्ताव पारित किया गया।[2]

सभागृह के ज्येष्ठ सदस्य व भूतपूर्व सभापति रा.सु. गवई के द्वारा कामकाज सलाहकार समिति की बैठक में यह सुझाव देने के बाद यह प्रस्ताव पूरे सभागृह की ओर से सभागृह के सामने रखा गया। सभापति जयंतराव तिलक ने अपने भाषण में कहा कि गवई ने यह प्रस्ताव रखकर सभागृह का सर ऊँचा कर दिया है। डॉ. बाबा साहेब को यह सम्मान देने में कुछ विलम्ब जरूर हो गया है, लेकिन कोई भी अच्छी बात विलम्ब ही से होती है यह बात भी उतनी ही खरी है।

रा.सु. गवई ने इस प्रस्ताव पर बोलते हुए कहा कि केन्द्र सरकार ने यह घोषणा करके बहुत बड़ा कार्य किया है। उन्होंने आगे कहा कि संसद के मध्यवर्ती सभागृह में डॉ. बाबा साहेब का तैलचित्र लगाने का तथा इसी वर्ष में नवबौद्धों को सहूलियतें देने का निर्णय लेने के लिए मैं प्रधानमन्त्री श्री वी.पी. सिंह का अभिनन्दन करता हूँ।[3]

उसी समय समाज कल्याण मन्त्री रामदास आठवले ने कहा कि डॉ. बाबा साहेब आम्बेडकर को 'भारत रत्न' बहुमान देकर भारत रत्न खिताब का स्वयम् सम्मान हुआ है।

प्रधानमन्त्री श्री विश्वनाथ प्रताप सिंह की अध्यक्षता में बाबा साहेब डॉ. भीमराव आम्बेडकर शताब्दी समारोह की राष्ट्रीय समिति की दिनांक 21.6.1990 को प्रथम बैठक में हुई चर्चा का संक्षिप्त ब्यौरा इस प्रकार रहा।[4] हो सकता है, शोधार्थियों के लिए यह लाभदायक हो।

राष्ट्रीय समिति के सदस्यों का स्वागत करते हुए श्रम और कल्याण मन्त्री ने सूचित किया कि भारत सरकार ने बाबा साहेब आम्बेडकर शताब्दी वर्ष को 'सामाजिक न्याय वर्ष' के रूप में मनाने का निर्णय लिया है और इस अवधि के दौरान आर्थिक, सामाजिक और राजनैतिक रूप से पिछड़े लोगों को समान दर्जा दिलाने के प्रयास किए जाएँगे।

उन्होंने भारत सरकार द्वारा आर्थिक और सामाजिक रूप से पिछड़े व्यक्तियों के लाभ के लिए उठाए गए विभिन्न कदमों के बारे में सदस्यों को अवगत कराया। जैसे—अगले 10 वर्षों के लिए आरक्षण अवधि को बढ़ाना, अत्याचार निवारण अधिनियम की अधिसूचना, राज्य सरकारों से सभी जिलों में उपर्युक्त अधिनियम के अधीन विशेष न्यायालयों की स्थापना के लिए अनुरोध करना, नवबौद्धों को अनुसूचित जाति का दर्जा देना, राष्ट्रीय अनुसूचित जाति और अनुसूचित जनजाति आयोग को संवैधानिक दर्जा देना, संविधान की 9वीं अनुसूची में भूमि सुधार अधिनियम से सम्बन्धित सभी कानूनों को सूचीबद्ध करना, मनुष्य द्वारा मैला उठाने की प्रथा को समाप्त करने और सफाई में लगे व्यक्तियों को वैकल्पिक कार्य देने का वायदा करना, आरक्षित कोटे में पहले के रिक्त पदों को भरने के लिए निर्देश जारी करना इत्यादि। उन्होंने यह भी बताया कि भारत सरकार ने बाबा साहेब डॉ. भीमराव आम्बेडकर को 'भारत रत्न' की उपाधि प्रदान करके अलंकृत किया है, बाबा साहेब की प्रतिमा संसद के केन्द्रीय कक्ष में प्रतिष्ठापित की गई और बाबा साहेब की जन्मशताब्दी के उपलक्ष्य में 14 अप्रैल, 1990 को राष्ट्रीय अवकाश के रूप में घोषित किया गया था।

उन्होंने सुझाव दिया कि चूँकि अधिकांश अनुसूचित जाति और अनुसूचित जनजाति के व्यक्ति गाँवों में रहते हैं और कृषि-मजदूर के रूप में कार्य करते हैं, उन्हें रोजगार का

अधिकार दिलाने के लिए केन्द्रीय विधान की आवश्यकता है। इसके साथ-साथ उनकी काम करने की दशाओं में सुधार और उनके बच्चों की शिक्षा के लिए अवसर प्रदान करने की भी आवश्यकता है।

उन्होंने यह भी बताया कि सरकार सामाजिक और आर्थिक असमानता को समाप्त करने के सभी प्रयास करेगी, तथापि जनता में जागृति लाने की आवश्यकता है और उन्होंने सदस्यों से भी इस सम्बन्ध में सुझाव आमन्त्रित किए ताकि शताब्दी समारोह और 'सामाजिक न्याय वर्ष' के लिए ठोस कार्यक्रम तैयार किए जा सकें।

अपना अध्यक्षीय भाषण देते समय प्रधानमन्त्री ने गैर-सरकारी लोगों को दलितों को न्याय और सम्मान दिलाने के संघर्ष की लड़ाई में सहयोग देने के लिए कहा।

सरकार द्वारा उठाए गए विभिन्न कदमों पर प्रकाश डालते हुए, प्रधानमन्त्री ने यह भी सुझाव दिया कि मौके पर ही भूमि रिकार्ड में संशोधन करने की जरूरत है, और इस कार्य के लिए मुख्यमन्त्रियों द्वारा प्राथमिकता दी जानी चाहिए। इस प्रक्रिया में जरूरत है राज्यों में स्थापित किए जानेवाले भू-न्यायाधिकरणों के सदस्य दलितों के बीच से बनाकर कर सकते हैं।

उन्होंने इस बात पर भी जोर दिया कि गाँवों में गैर-संगठित कामगारों/श्रमिकों के हितों के सरंक्षण के लिए राष्ट्रीय विधान की जरूरत है।

आरक्षित पदों में पहले की रिक्तियों को भरने की आवश्यकता सुझाते हुए उन्होंने वैसी रिक्तियाँ तीन माह के भीतर भर देने की बात भी की थी।

एल.के. आडवाणी का सुझाव था कि बाबा साहेब डॉ. आम्बेडकर की जन्मशताब्दी मनाते हुए हमें देश में सामाजिक न्याय की अधिकतम भावना पैदा करनी चाहिए, क्योंकि बाबा साहेब भारतीय संविधान के निर्माता होने के साथ-साथ सामाजिक न्याय के समर्थक थे। न्यायमूर्ति वी.आर. कृष्ण अय्यर ने इस बात पर बल दिया कि मानवीयता के निम्न वर्ग के लिए न्याय प्राप्त करने हेतु समाज के मूल्यों में परिवर्तन लाने की जरूरत है। वहीं दिल्ली की करोल बाग सुरक्षित सीट से सांसद रहे कालका दास ने अत्याचारों से पीड़ित व्यक्तियों को मुआवजा देने के लिए लगभग 20,000 करोड़ रुपये को 'दरिद्र नारायण कोष' की स्थापना की बात की थी। उन्होंने यह भी सुझाव दिया कि प्रधानमन्त्री, केन्द्रीय मन्त्रियों, राज्यों के मुख्यमन्त्रियों और मन्त्री कार्यालयों में बाबा साहेब की प्रतिमाएँ तथा चित्र प्रतिष्ठापित किए जाएँ।

आर.एस. गवई की ओर से डॉ. बी.आर. आम्बेडकर की मूल कृतियों और उन पर अन्य लेखकों द्वारा लिखी कृतियों के शताब्दी वर्ष के दौरान प्रकाशन से सम्बन्धित सुझाव।

उन्होंने यह उल्लेख किया कि अनुसूचित जाति और अनुसूचित जनजाति पर होने वाले 75 प्रतिशत अत्याचार भूमि विवादों से उत्पन्न होते हैं। अतः राज्य सरकारों द्वारा भूमिसुधार कानूनों को कड़ाई से लागू करने की आवश्यकता है।

उन्होंने सभी राज्यों में केरल सरकार की पद्धति पर आम्बेडकर नगरों की स्थापना का सुझाव भी दिया और कहा कि गन्दी बस्तियों (स्लम) को साफ करने के निर्देश भारत सरकार द्वारा सभी राज्यों को दिए जाएँ।

उन्होंने यह सुझाव दिया कि निचले स्तर, माध्यमिक स्तर और हाई स्कूल के विद्यार्थियों के पाठ्यक्रमों में धर्मनिरपेक्षता और समानता का समाजवादी दृष्टिकोण होना चाहिए। उन्होंने यह भी यह सुझाव दिया कि नागरिक स्वतन्त्रता और अस्पृश्यता के वर्तमान सन्दर्भ में नए सिरे से जाँच की जानी चाहिए।

उन्होंने बाबा साहेब के जीवन पर वृत्तचित्र तथा टी.वी. धारावाहिक बनाने के सुझाव का समर्थन किया तथा कहा कि बाबा साहेब द्वारा काठमांडू में दिए गए अन्तिम भाषण को शताब्दी वर्ष के दौरान आकाशवाणी द्वारा प्रसारित किया जाना चाहिए।

उन्होंने यह भी सुझाव दिया किया कि सेवा मामलों पर एक केन्द्रीय विधान पारित किया जाए जिसमें सार्वजनिक क्षेत्रों, स्वायत्त निकायों, स्थानीय निकायों तथा निजी क्षेत्रों में भरती, पदोन्नति, सेवा निवृत्ति इत्यादि से सम्बन्धित वृहत्तर कार्यक्षेत्र हो।

उन्होंने शताब्दी वर्ष के दौरान महाराष्ट्र विश्वविद्यालय का नाम दोबारा बाबा साहेब के नाम पर रखने और बाबा साहेब के चित्र के साथ विशेष सिक्के निकालने का सुझाव दिया। मध्य प्रदेश में महू, जन्मभूमि, नागपुर की दीक्षाभूमि और दिल्ली में परिनिर्वाण स्थल न. 26, अलीपुर रोड पर बाबा साहेब से जुड़े स्थानों पर शानदार स्मारक बनाए जाने चाहिए।

प्रभाष जोशी[5] ने उल्लेख किया कि अधिकतर भक्त कवियों ने दलित समुदायों में ही जन्म लिया है, इसलिए पूरे शताब्दी वर्ष में इन भक्त कवियों पर दूरदर्शन के लिए धारावाहिक तैयार कराने और उनके प्रदर्शन के बारे में विचार किया जाए।

इसी तरह से कुछ सदस्यों ने 14 अप्रैल को राष्ट्रीय दिवस के रूप में घोषित करने, दिल्ली में पुस्तकालय बनाने, आरक्षण पूरा करने तथा बाबा साहेब पर फिल्म बनाने आदि के सुझाव दिए थे। इस बैठक में 110 सदस्यों ने भाग लिया था।

दूसरी बैठक 12 अप्रैल, 1991 को हुई। इसमें रामजीलाल सुमन, श्रम एवं कल्याण राज्यमन्त्री तथा उपाध्यक्ष राष्ट्रीय समिति उपस्थित थे। इस बैठक में चाँदराम ने बताया था कि 'हरिजन' शब्द का प्रयोग न तो डॉ. आम्बेडकर के विचारों/धारणाओं के अनुरूप है और न ही संविधान के अनुरूप है। उन्होंने सुझाव दिया कि 'हरिजन' शब्द के स्थान पर दलित, अनुसूचित जाति का प्रयोग किया जाए। एन.जी. ऊके ने वर्ष 1991-2000 के दशक को 'सामाजिक न्याय दशक' के रूप में मनाने की बात की थी। अन्य सुझावों में शैक्षिक संस्थाओं में आरक्षण कोटा पूर्णतः भरने, अन्तर्जातीय विवाहों को प्रोत्साहन देने, मराठवाड़ा विश्व-विद्यालय का नाम डॉ. आम्बेडकर के नाम पर रखने, आदि के निर्णय लिये।[6] इस बैठक में 129 सदस्यों ने भाग लिया था।

बाबा साहेब डॉ. बी.आर. आम्बेडकर शताब्दी समारोह सम्बन्धी राष्ट्रीय समिति की तीसरी बैठक 11 अप्रैल, 1992 को नई दिल्ली के संसद सौंध में हुई। इसमें 114 सदस्यों की उपस्थिति दर्ज की गई।

बाबा साहेब डॉ. भीमराव आम्बेडकर की जन्म शताब्दी मनाने के लिए भारत सरकार द्वारा एक राष्ट्रीय समिति गठित की गई, जिसमें 144 सदस्यों को मनोनीत किया

गया। बाद में राष्ट्रीय समिति का कार्यकाल एक वर्ष की अवधि अर्थात 14 अप्रैल, 1993 तक बढ़ाया गया।

14 अप्रैल, 1990 से आरम्भ हुए सामाजिक न्याय वर्ष से इस बात का संकेत मिलता है कि आजादी के चालीस बरस बाद भी दलितों को न्याय नहीं मिला।[7] हालाँकि वे पहली आजादी के ही नहीं, दूसरी आजादी (1977) के भी चश्मदीद गवाह रहे हैं। इससे यह बात भी स्पष्ट होती है कि ये दोनों आजादियाँ आम आदमी को भ्रम में रखने वाली ही साबित हुईं। विशेष तौर पर दलितों के नाम पर घोषित और विज्ञापित योजनाओं तथा कार्यक्रमों का क्या हुआ? शायद राजीव गांधी देश के पहले प्रधानमन्त्री हैं जिन्होंने इस सच को स्वीकार किया कि सामाजिक कार्यक्रमों में खर्च होने वाली पूँजी का 15 प्रतिशत ही गरीब व्यक्ति तक पहुँच पाता है, पर हमारे सामने महत्त्वपूर्ण और जरूरी सवाल यह भी उभरता है कि इसके बाद स्वयं प्रधानमन्त्री ने कौन से ऐसे कदम उठाए जिससे 15 प्रतिशत से अधिक धनराशि दलितों तक पहुँच सके? यूँ यह सवाल देश के प्रत्येक प्रधानमन्त्री से पूछा जाता रहेगा। राजीव गाँधी स्वयं बाबा साहेब डॉ. भीमराव आम्बेडकर जन्म शताब्दी समारोहों सम्बन्धी राष्ट्रीय समिति की बैठकों में सदस्य के नाते सम्मिलित हुए।

सूरजभान का मानना था कि राजीव गांधी भी हरिजन विरोधी रहे हैं। राजीव गांधी की मंशा थी कि अनुसूचित जाति और जनजाति के लिए आरक्षण के प्रावधान को समाप्त कर दिया जाए। इसी कारण उन्होंने 1989 के अन्त में आरक्षण की अवधि बढ़ाने से सम्बन्धित विधेयक प्रस्तुत नहीं किया। आरक्षण की अवधि 26 जनवरी, 1990 को समाप्त हो रही थी। अगर 1989 के चुनाव में कांग्रेस की सरकार बनती तो निश्चित रूप से आरक्षण की व्यवस्था समाप्त कर दी जाती। चुनाव के बाद जब राष्ट्रीय मोर्चा की सरकार बनी तो हम सबके प्रयास से संसद का विशेष अधिवेशन बुलाया गया और 26 जनवरी, 1990 के पहले आरक्षण की अवधि बढ़ाने से सम्बन्धित विधेयक पारित कराया गया।

एक तरह से देखा जाए तो केन्द्र में राष्ट्रीय मोर्चा की सरकार का बनना दलित तथा पिछड़ों के हक में था। राष्ट्रीय मार्चो की सरकार बनने के बाद दलितों को प्रगति की धारा में शामिल होने के अवसर मिले।

जे.एन.यू. के प्रो. आनन्द कुमार[8] का मानना है कि 1989 में गैरकांग्रेसी मोर्चे के हाथों में केन्द्रीय सत्ता सौंपी और नवदौलतिया वर्ग की मनमानी से मुक्ति चाही। सन्तुलित दाम नीति, काम के अधिकार की संवैधानिक गारण्टी, स्त्रियों-पिछड़ों-दलितों एवं पिछड़े अल्प-संख्यकों को विशेष अवसर, राजनैतिक विकेन्द्रीकरण तथा राष्ट्रीय स्वावलम्बन के संयुक्त कार्यक्रम के लिए प्रतिबद्धता प्रकट की गई लेकिन जनता दल राज में सिर्फ करिश्मेबाजी से काम चलाने की कोशिश हुई। संस्थागत मर्यादाओं से परहेज किया गया। सरकार का नेतृत्व लोकशक्ति से दूरी बनाए रखने का दोषी बना। उन्हें इस बात पर क्षोभ रहा कि राष्ट्रीय एकता और सामाजिक एकता के बीच की परस्पर निर्भरता तथा निरन्तरवादी परिवर्तन की भारतीय जरूरत के प्रति निष्ठा की गांधी-रणनीति भी हाथ से छूट गई। जनता दल का सर्वोच्च नेतृत्व डॉ. आम्बेडकर की भाषा बोलने लगा। गांधी-लोहिया-जयप्रकाश-चरण सिंह

की विरासत से पनपा जनता दल अनजाने में आम्बेडकर की भाषा और हाजी मस्तान की राजनीति (दलित-पिछड़ा-अल्पसंख्यक महासंघ) की ओर मुड़ता चला गया। अन्ततः उनके शब्दों में ही कहें तो शूद्र राजनीति के अन्तर्विरोधों तथा धर्मवादी राजनीति की सीमाओं को 1991 के चुनावों ने रेखांकित किया।

वहीं दिलीप सीमियन का कहना रहा कि सामाजिक असन्तोष के विभिन्न रूपों, नवगठित सामाजिक समूहों के बल पर जटिल किन्तु साहसी व्यक्तित्व के धनी वी.पी. सिंह सत्तारूढ़ हुए। राष्ट्रीय मोर्चा की सरकार वस्तुतः भारतीय समाज की नई तथा पुनर्जीवन की सम्भावनाओं वाली शक्तियों की शुरुआती अभिव्यक्ति थी। हालाँकि इसे बनाए रखने में विभिन्न राजनीतिक निहित स्वार्थों को व्यक्त करने वाले दायरों का भी हाथ था। इन निहित स्वार्थों में से कई एक-दूसरे को फूटी आँख नहीं सुहाते थे।

रविराय[9] लिखते हैं कि बाबा साहेब हमेशा विश्व-मानव के रूप में याद किए जाएँगे क्योंकि उन्होंने सम्पूर्ण विश्व की जनता को एक-सा सन्देश और एक ऐसी दिशा प्रदान की, जो उन्हें अन्याय से छुटकारा दिला सके। अतः उनके आदर्श सामाजिक न्याय के परिप्रेक्ष्य में विश्व स्तर पर निरन्तर प्रासंगिकता के अनिवार्य सन्देश हैं। वास्तव में बाबा साहेब भारत को सच्चे अर्थों में स्वतन्त्र, मजबूत, सम्पन्न तथा सुन्दर देश बनाना चाहते थे ताकि वह दुनिया भर में समानता, शान्ति, दया, अहिंसा और मानवता की सेवा का सन्देश पहुँचा सके। परन्तु यह विडम्बना ही है कि स्वतन्त्रता-प्राप्ति के चार दशकों के बाद भी हम एक न्याय-सम्मत समाज की स्थापना करने में असफल रहे हैं।

जॉर्ज फर्नांडिस के विचार में सामाजिक समता का यह आन्दोलन न तो वी.पी. सिंह ने शुरू किया है और न ही राष्ट्रीय मोर्चा की सरकार ने। इन्होंने तो इस आन्दोलन को जारी रखने और उसे पूरा करने का काम किया है जबकि उसे शुरू करने का काम प्रख्यात समाजवादी नेता डॉ. राममनोहर लोहिया ने किया था। वही लोहिया, जिनका नाम आज लोग गर्व से लेते हैं। डॉ. लोहिया ने 1959 में ही पार्टी के विधान में सामाजिक न्याय की बात को सम्मिलित किया था जिसे अमल करने का काम राष्ट्रीय मोर्चा सरकार ने किया। इसी सम्बन्ध में मस्तराम कपूर बताते हैं कि डॉ. आम्बेडकर के संघर्ष को आगे चलकर डॉ. राममनोहर लोहिया ने व्यावहारिक दर्शन का रूप दिया।

वहीं स्वयं विश्वनाथ प्रताप सिंह स्वीकारते हैं कि भारत हर क्षेत्र में—आर्थिक, सामाजिक और राजनैतिक दृष्टि से महत्त्वपूर्ण बदलावों से गुजर रहा है। काफी हद तक राजनैतिक ढाँचा सामाजिक शक्ति के ढाँचे के अनुरूप ही होता है। समाज के वे वर्ग, जिन्हें सत्ता के पदों से दूर रखा गया है, जागरूक हो गए हैं। जनता दल, समाजवादी पार्टी और बहुजन समाज पार्टी जैसी पार्टियाँ अपनी आकांक्षाएँ सीधे जाहिर करती हैं।[10]

दलितों की प्रगति के मापदंड क्या हों, इस पर बहुत कम बहस होती है। आमतौर पर सरकारी तथा राजनैतिक सेवाओं में आरक्षण और प्रतिनिधित्व को ही लोग उनकी प्रगति का सूचक मान लेते हैं। इस सम्बन्ध में दलित समाज के अधिकांश बुद्धिजीवी इतना ही सचेत रहते हैं। उनकी सोच और मानसिकता को सन्तुष्ट रखने के लिए सरकार भी आँकड़ों का

खेल खेलती रहती है। जैसे बच्चे को झुनझुना देकर खुश कर दिया जाता है वैसे ही दलितों को भी; एक खिलौना थोड़ा पुराना हो गया तो नया खिलौना दे दिया जाता है। कभी खिलौने का रंग-रूप बदल दिया जाता है। आजादी के बाद से ही इस तरह की सरकारी प्रक्रिया बराबर जारी है, जिसमें दलित समाज मन्त्रमुग्ध रहा है। सरकार नारे देती है, नई-नई योजनाओं की घोषणा करती है। वही समाज उन्हें देख, सुन और पढ़ कर फूला नहीं समाता। उसी समाज के बीच से अधिकांश सरकार का गुणगान करने लगते हैं। कुछ गोद में बैठ जाते हैं, कुछ चरणों में लेट जाते हैं। चुनावी पर्व आता है। सरकार बदलती है, फिर उसके स्थान पर किसी अन्य पार्टी की सरकार आ जाती है। क्रम और उपक्रमों में थोड़ा-बहुत बदलाव अवश्य होता है, शेष तो वैसा ही रहता है।

आजादी के बाद हमारे देश की राजनीति लगातार विचारशून्य होती गई। स्थिति तो ऐसी आ गई है कि विचारप्रधान राजनीति के लिए लगता है कोई गुंजाइश ही नहीं रह गई है। राजनीतिक प्रतिबद्धता नाम की चीज होती भी है कि नहीं, इसका बोध हमारे नेताओं को नहीं है।[11]

सच्चिदा बाबू[12] ने अपने लेख में मेकियावेली की इस दृष्टि को रेखांकित किया है कि **''राजनीति साधन है समाज के विभिन्न स्वार्थों द्वारा सत्ता का इस्तेमाल कर समाज के संसाधनों पर कब्जा करने का, उनमें हिस्सा पाने का।''**

यह अच्छी बात हुई कि नागपुर में 'दीक्षाभूमि' महाराष्ट्र शासन ने निःशुल्क प्रदान की।[13] चेन्नै के एक जिले का नाम आम्बेडकर पर रखा गया। रामगढ़ (महाराष्ट्र) में बाबा साहेब के नाम पर तकनीकी विद्यापीठ खोला गया। लखनऊ में बाबा साहेब आम्बेडकर के नाम पर विश्वविद्यालय भी स्थापित हुआ। हैदराबाद, बैंग्लौर तथा अन्य कई शहरों में विश्वविद्यालयों के नाम भी बाबा साहेब के नाम पर रखे गए, पर क्या किसी ने वहाँ जाकर देखा कि बाबा साहेब के नाम पर उसमें दलित सन्दर्भ में क्या हो रहा है? ऐसे अधिकांश स्थानों पर मेरे द्वारा किए गए सर्वे से तो निराशाजनक स्थिति ही उभरती है। शिक्षा संस्थानों का सिर्फ नाम ही बदला।

सामाजिक न्याय वर्ष को हम चेतना तथा आत्मस्वाभिमान का युग भी कह सकते हैं। डॉ. योगेन्द्र कुमार लिखते हैं, ''चूँकि गुलामों को अपनी गुलामी का अहसास अब होने लगा है, इसीलिए दलित संघर्ष अपने अस्तित्व की जमीन तलाशने की दिशा में है।'' लेकिन दलितों के भीतर उभरी आत्मसम्मान की भावना सवर्णों के एक बड़े वर्ग को कबूल नहीं। बकौल कुमार सच्चिदानन्द सच तो यह है कि संविधान न होता तो हम (सवर्ण) तुम्हारी ऐसी की तैसी कर डालते! औकात में रहो तुम...। भूल गए **क्या इलाहाबाद की शिवपति का अपमान, भोपाल का नरसंहार! देखा, अदालत के अहाते के बाहर किस तरह सरेआम हमने नंगा कर (वा) डाला था उषा धीमान को। पनवारी और कुम्हेर का खूनी खेल जरा याद करो। इसलिए 'हरिजन' बने रहने में तुम्हारी भलाई है।** आम्बेडकर के जिस संविधान की दुहाई तुम देते हो वह हमारे लिए महज एक कागज का बेकार-सा पुरजा है। बाबरी मसजिद विध्वंस इसकी आँखों देखी सच्चाई है। शंकराचार्य के 'कनकाभिषेकम' को तुमने दूरदर्शन पर देखा ही होगा।

नरसिंह राव ने अपने हाथों से 'अभिषेक' किया। पूर्व राष्ट्रपति वेंकटरामन को भी तुमने देखा होगा। **हमारा राम (राज्य) अब इस देश में है, शृंगेरी शारदापीठम के शंकराचार्य को हम सब वैदिकों ने, वे कांग्रेसी हों या भाजपाई या मार्क्सवादी, समाजवादी या लेनिनवादी, भावी राजनीतिक की विरासत तय करने हमने दिल्ली बुला भेजा है।**

देखा जाए तो बाबा साहेब डॉ. आम्बेडकर का यह कथन आज भी प्रासंगिक है, "कांग्रेस यदि यह घोषणा कर दे कि वह सत्ता में आने के बाद अस्पृश्यता को समाप्त करने के लिए कानून बनाएगी, तो उसका एक भी सदस्य चुनाव नहीं जीत सकेगा।"[14]

जे.एन.यू. के प्रोफेसर तथा दलित समाज के वरिष्ठ चिन्तक डॉ. नन्दू राम का मानना है कि डॉ. भीमराव आम्बेडकर ने अपने जीवन का एक बड़ा हिस्सा भारतीय समाज के परिवर्तन में लगा दिया। वे मौजूदा सामाजिक-आर्थिक तथा राजनैतिक व्यवस्था का पुनर्निर्माण करना चाहते थे। इसी प्रकार वे चाहते थे कि सदियों से शोषित तथा दलित जन-साधारण के साथ न सिर्फ सामाजिक, आर्थिक तथा राजनैतिक आधार पर समानता का बर्ताव किया जाए बल्कि उन्हें तब तक विशेषाधिकार भी दिए जाएँ जब तक राष्ट्रव्यापी समानता का लक्ष्य प्राप्त न हो जाए।

वे आगे लिखते हैं कि दलितों द्वारा सामाजिक समानता तथा सम्मानजनक पहचान प्राप्त करने के दावे को अब और विस्तार की आवश्यकता है।

भगवान दास के अनुसार, संविधान में ऐसे बहुत से प्रावधान हैं, जो सामाजिक और आर्थिक न्याय दिलाने के लिए किए गए थे। कमजोर वर्ग को ऊपर उठाने तथा उन्हें विशेष सुविधाएँ दिलाने का भी प्रावधान किया गया था लेकिन कमजोर वर्ग कौन है, इसकी परिभाषा नहीं की गई। अनुच्छेद-17 के तहत छुआछूत और अस्पृश्यता मिटा दी गई, लेकिन अस्पृश्यता को परिभाषित नहीं किया गया। इससे यह स्पष्ट नहीं होता कि क्या चीज हटाई गई? जब लोकसभा में कहा गया कि अस्पृश्यता की परिभाषा की जाए तो उस समय के गृहमन्त्री ने कहा कि इसकी कोई जरूरत नहीं क्योंकि सभी जानते हैं कि अस्पृश्यता क्या होती है। आज अनुसूचित जातियों को अस्पृश्यता के कारण जिन कठिनाइयों का सामना करना पड़ रहा है, संविधान निर्माताओं और उसके प्रयोक्ताओं को शायद उसका कोई अन्दाजा नहीं हो सकता था।

जिस तरीके से अनुच्छेद-17 के अन्तर्गत पुलिस और अदालतों द्वारा व्यवहार में अमल किया जा रहा है, उसे देखते हुए ऐसा लगता है कि अस्पृश्यता के शिकार लोग कम-से-कम संवैधानिक तरीकों से तो कभी भी इस अभिशाप से मुक्ति नहीं प्राप्त कर सकेंगे। किसी जमाने में मनु के कानूनों ने अस्पृश्यता को एक ठोस शक्ल दी थी लेकिन आज मनु फिर से जीवित किए जा रहे हैं और मनु की जाति-व्यवस्था के समर्थक उस व्यवस्था को दुबारा लागू करने के लिए संघर्ष कर रहे हैं। अभी कुछ वर्षों पहले तक समूचे भारत में मनु के नाम पर बनाया गया केवल एक मन्दिर मनाली, हिमाचल प्रदेश में था परन्तु 1987 में मनु की प्रतिमा राजस्थान हाईकोर्ट के प्रांगण में भी स्थापित की गई और लोकतन्त्र में विश्वास रखने वाले बहुत से लोगों के लगातार विरोध के बावजूद वह अब तक हटाई

नहीं जा सकी है। इस बाबत कई याचिकाएँ भी हाईकोर्ट में अपने फैसले का इन्तजार कर रही हैं।

जाति व्यवस्था से सम्बन्धित मनु के योगदान के बारे में डॉ. आम्बेडकर ने कुछ मजेदार तथ्यों का प्रतिपादन किया। उन्होंने कहा कि अगर मनु ने जाति के विधानों को प्रदत्त किया था तो वे निश्चित रूप से 'डेयर डेविल' थे। ऐसा सम्भव नहीं था कि एक व्यक्ति की कलम से कुछ निकल गया और शेष लोगों ने उसे स्वीकार कर लिया। ऐसा तभी हो सकता था जब वे (मनु) एक क्रूर शासक रहे हों, जिन्होंने सारी आबादी को अपने बस में करके बेहद अन्यायपूर्ण ढंग से जाति-व्यवस्था को लागू कर दिया था। इस तर्क को आगे बढ़ाते हुए डॉ. आम्बेडकर ने दावे के साथ कहा कि मनु ने जाति का विधान नहीं दिया और वे ऐसा कर भी नहीं सकते थे। वास्तव में जाति मनु से पहले भी कायम थी। अतः मनु जाति-व्यवस्था के प्रचारक मात्र थे, इसीलिए उन्होंने इसका सिद्धान्तीकरण किया, न कि हिन्दू-समाज के वर्तमान तन्त्र को इसे प्रदत्त किया। मनु का कार्य जाति-विधान तथा जाति-धर्म के 'कोडिफिकेशन' के साथ खत्म हो गया था।[15]

निस्सन्देह जाति-व्यवस्था अन्य सामाजिक संस्थाओं की तुलना में अधिक स्थायी और स्थिर रही है। इसका मूल और मुख्य आधार श्रेष्ठ जातियों के विशेषाधिकार और हीन जातियों पर लादी गई निर्योग्यताएँ हैं। इन विशेषाधिकारों और निर्योग्याताओं की अवज्ञा करनेवालों के लिए पारम्परिक भारतीय समाज में कठोर दंड की व्यवस्था थी।[16]

इसलिए मैं तो व्यक्तिगत बगावत और व्यक्तिगत क्रान्ति का भरोसा करता हूँ। मैं राजनीतिक और सामाजिक क्रान्ति का भरोसा नहीं करता। बहुत राजनीतिक क्रान्तियाँ हो चुकीं और सब व्यर्थ गईं। मेहनत बहुत, परिणाम कुछ हाथ लगा नहीं। आजादियाँ कई बार आती रहीं और जाती रहीं, क्रान्तियाँ होती रहीं और आदमी की मुसीबत वैसी-की-वैसी रही। बात बिगड़ती ही गई, बनी नहीं। अब तो हमें सोचना-विचारना चाहिए कि यह सवाल सामाजिक व्यवस्था का कम, मनुष्य की मानसिक व्यवस्था का ज्यादा है। मन को बदलना आवश्यक है।

शम्भूनाथ सिंह के शब्दों में, **''समता की चाह मनुष्य की आदिम इच्छाओं का प्रतीक है। फिर भी हम अपने विकास के साथ-साथ एक अ-सम समाज की ओर निरन्तर बढ़ते गए हैं।''**

यह स्थिति लगभग हर युग में रही है क्योंकि इस देश में जाति-प्रथा के आसपास जटिल सवाल ही नहीं उभरे, जटिल परिस्थितियाँ भी बनती गईं जिनके जवाब में जहाँ एक ओर समता का संघर्ष आरम्भ हुआ, वहीं दूसरी ओर उसी समता के खिलाफ नए-नए पंडे अपनी दुकानों के साथ कुकुरमुत्तों की तरह उग आए जो अपने-आप में एक समस्या बने।

प्रभातीलाल मीमरोठ[17] लिखते हैं कि गत 14 वर्षों तक देश में दो प्रभावहीन और शक्तिहीन जाति/जनजाति आयोग काम करते रहे हैं जो कि अनुसूचित जातियों/जनजातियों पर होने वाले अत्याचारों व इन वर्गों के सेवारत कर्मचारियों पर जातिगत आधार पर होने वाले उत्पीड़न की रोकथाम में पूर्णतया निष्फल भी रहे हैं। अनुसूचित जाति/जनजाति आयुक्त

का गठन भारतीय संविधान की धारा 338 के अन्तर्गत किया गया था जबकि राष्ट्रीय अनुसूचित जाति/जनजाति आयोग की स्थापना 1978 में जनता शासन काल में की गई। मई 1990 में जनता सरकार के कार्यकाल में संविधान की धारा 338 में संशोधन कर के अनुसूचित जाति/जनजाति आयुक्त के स्थान पर बहुसदस्यीय आयोग के गठन का प्रावधान किया गया तथा इस नए आयोग को और अधिक शक्तियाँ और व्यापक अधिकार प्रदान कर संवैधानिक दर्जा दिए जाने का प्रस्ताव रखा गया था, परन्तु राष्ट्रीय स्तर पर वी.पी. सिंह, चन्द्रशेखर और नरसिंह राव की तीन सरकारें रहने के बावजूद भी नए आयोग के गठन के मामले को लगातार टाला जाता रहा। इस टालमटोल के पीछे मुख्य कारण राजनैतिक रहा, क्योंकि अनुसूचित जातियों और जनजातियों के मामलों पर बुलाए जाने वाले मुख्यमन्त्रियों और समाज कल्याण मन्त्रियों के सम्मेलनों में अध्यक्ष राष्ट्रीय अनुसूचित जाति/जनजाति आयोग या अनुसूचित जाति/जनजाति आयुक्त को शायद ही कभी आमन्त्रित किया गया हो।

इतने दिनों बाद भी शायद अनुसूचित जाति/जनजाति आयोग को पुनर्गठित कर संवैधानिक दर्जा न मिल पाता यदि नरसिंह राव की वर्तमान सरकार पर सुप्रीम कोर्ट की ओर से अपरोक्ष दबाव न पड़ता। स्मरण रहे, बी.डी. शर्मा, भूतपूर्व आयुक्त अनुसूचित जाति/जनजाति ने सुप्रीम कोर्ट में एक सार्वजनिक हित याचिका (पब्लिक इन्टेरेस्ट लिटिगेशन) दायर कर अनुसूचित जनजातियों की दयनीय स्थिति के साथ-साथ दो आयोगों के समानान्तर काम करने के मुद्दे को भी उठाया था जिसको कि सुप्रीम कोर्ट ने गम्भीरता से लिया है। सम्भवतः सरकार को इसी कारण से आयोग को पुनर्गठित कर सवैधानिक दर्जा देने के लिए बाध्य होना पड़ा हो।

रामकृष्णापुरम, नई दिल्ली स्थित अनुसूचित जाति/जनजाति आयुक्त के पद और कार्यालय को समाप्त कर संविधान के 65वें संशोधन के तहत भी रामधन की अध्यक्षता में नए बहुसदस्यीय राष्ट्रीय अनुसूचित जाति/जनजाति आयोग का गठन किया गया है और उसे सवैधानिक दर्जा देकर काफी अधिकार और शक्तियाँ प्रदान की गईं। इन नए अधिकारों और शक्तियों के अन्तर्गत अब आयोग की सिफारिशों को सरकार पहले की तरह से रद्दी की टोकरी में नहीं फेंकेगी अपितु उन पर अमल करने के लिए पूरी तरह से गौर करेगी।

राष्ट्रीय अनुसूचित जाति/जनजाति आयोग 68वें सवैधानिक संशोधन से सन् 1990 में अस्तित्व में आया। यह दलितों के कल्याण के लिए है, परन्तु वर्तमान में यह हारे हुए नेताओं, अवाँछित नौकरशाहों एवं कर्मचारियों के पुनर्वास का केन्द्र बन गया है। इसमें छः सदस्य एवं एक चेयरमैन होता है। चेयरमैन का स्तर केन्द्रीय मन्त्री, उपचेयरमैन का स्तर राज्य मन्त्री एवं सदस्यों का स्तर भारत सरकार के सचिव का है। जो भी सत्ता में आता है, अपने लोगों को यहाँ पुनर्स्थापित करता है।[18] वर्तमान आयोग का समय 14 नवम्बर, 2001 को समाप्त हो गया। इसके पहले सभी आयोग के सदस्य व अध्यक्ष नरसिंह राव सरकार द्वारा नियुक्त किए गए थे, एक अपवाद को छोड़कर, जो लद्दाख से आते हैं। इसकी अवधि अक्टूबर 1998 में समाप्त हुई थी लेकिन अटल बिहारी वाजपेई की सरकार ने इनकी नियुक्ति

करने में पर्याप्त समय लिया था। यह नियुक्ति भी राजनैतिक दृष्टिकोण से हुई थी। अतः योग्यता एवं अभिप्राय का इनके नामित करने में कोई मापदण्ड नहीं अपनाया गया था।

आयोग का कार्य तीन विभागों–सामाजिक एवं अर्थिक विकास, सरकारी सेवाओं की सुरक्षा एवं अत्याचार निवारण में विभाजित है। सामाजिक एवं आर्थिक विकास इकाई का मुख्य लक्ष्य है कि सरकारी योजनाओं एवं अन्य मिश्रित मामले उचित रूप से देखे जा रहे हैं या नहीं। जहाँ तक नौकरियों का मामला है, उसका मुख्य कार्य है दलित कर्मियों की समस्याओं की देखभाल करना और अत्याचार निवारण अधिनियम, पुलिस एवं अन्य तरह के अत्याचार सम्बन्धी मामले की जाँच करना। खासतौर से प्रोटेक्शन ऑफ सिविल राइट एक्ट 1955 एवं अनुसूचित जाति/जनजाति अत्याचार निवारण अधिनियम 1989 की परिधि में जो मामले आते हैं, उनकी जाँच-पड़ताल करना आयोग का कार्य है।

बकौल गणेश मन्त्री, स्पप्नद्रष्टा भाग्यशाली हैं वे लोग, जो मानते हैं कि सामाजिक विषमता भी पिछड़ेपन और आर्थिक बदहाली की देन है। उनका मानना है कि धीरे-धीरे ही सही, किन्तु आधुनिक जीवन के दबाव और प्रभाव से जाति-व्यवस्था भी ढीली हो रही है। यह भी कि शहरों में तो यह काफी कमजोर हो गई है। आर्थिक उन्नति और गरीबी कम होने पर गाँवों में भी जातिभेद और स्पृश्यता-अस्पृश्यता की चेतना कमजोर हो जाएगी, किन्तु यह थोथी उम्मीद है। बम्बई जैसे महानगर में भी सुशिक्षित मध्यवर्ग और गन्दी बस्तियों के निवासियों में जातिभेद की और प्रबल चेतना है।[19]

डॉ. अलेक्स एक्का के विचार में सामाजिक न्याय का अर्थ उन मानवीय हकों को प्राप्त करना है जो व्यक्ति को जन्मजात दिए गए हैं। एक मनुष्य पैदा होने के नाते ही उसे व्यक्ति की गरिमा, स्वतन्त्रता और मानवीय स्वाभिमान का धन मिलता है। इसलिए सामाजिक न्याय का अर्थ हुआ किसी भी व्यक्ति को उन सभी मौलिक अधिकारों का मिलना, जिनकी वजह से वह अपना मर्यादापूर्ण जीवन कुशलता के साथ जी सके। भारत के संविधान (भाग III, IV तथा VII) में इन मौलिक अधिकारों की विवरण है। इसका अर्थ हुआ कि राज्य, व्यक्ति के इन मौलिक अधिकारों की कद्र करता है और इनकी सुरक्षा की गारंटी भी देता है, पर व्यवहार में देखा जाए तो ऐसा नहीं है। संविधान जहाँ स्वतन्त्रता और समानता के अधिकार की वैधानिक स्वीकृति है, वहीं सवर्ण समाज स्वतत्रंता और समानता के अधिकार को नकारता रहा है।

राव साहेब कसबे[20] के शब्दों को आधार मानकर कहें तो भारतीय समाज अपने आगे की ऐतिहासिक अवस्था में तो विकसित होता है, परन्तु उसमें अनेक स्थानों पर परम्पराएँ, संस्कार, धर्मरूढ़ियाँ आदि का ढाँचा वैसे ही शेष रहता है। बहुजन हिताय बहुजन सुखाय के दर्शन को आगे बढ़ाने की बात हो तो उन सब में बदलाव होना ही चाहिए।

हम सभी मानते हैं और चाहते भी हैं कि बदलाव आना चाहिए। लेकिन उस तरह से बदलाव आ नहीं रहा है। ऐसे समय मुझे दाऊजी गुप्त[21] की कविता[22] याद आ रही है—

मैं तुम्हें दिखा सकता हूँ
जोर्डन नदी, बेरुत सेगोन और नामपेन्ह के
तटवर्ती क्षेत्रों में बसे
वे लाखों निर्दोष लोग
जो एक-दो नहीं बीसियों बार
उजाड़े और मारे जाकर,
आजीवन शरणार्थी बन गए हैं।

यहाँ तो स्थिति यह है कि अपने ही देश में जिन्होंने इस देश को बनाया-सँवारा, उसी देश के किसी भी कोने में चले जाइए बहुजन समाज की अधिकांश जनसंख्या चाहे शहर हो या कस्बा या फिर गाँव ही क्यों न हो, वे ता-उम्र शरणार्थी बने रहने को अभिशप्त हैं। बाबा साहेब डॉ. भीमराव आम्बेडकर जन्म शताब्दी समारोहों सम्बन्धी राष्ट्रीय समिति की रिपोर्ट कहें या मिनिट्स या फिर उपलब्धियाँ, वे तो बहुत गिनाई जा सकती हैं, लेकिन उन योजनाओं को अमली जामा कितनी ईमानदारी और प्रतिबद्धता से पहनाया गया, इस पर गम्भीरता से विचार करने की आवश्यकता है।

डॉ. आम्बेडकर फाउन्डेशन की स्थापना 24 मार्च, 1992 को की गई। वह सोसाइटी रजिस्ट्रीकरण अधिनियम, 1860 के अधीन पंजीकृत सोसाइटी है। संक्षेप में कहा जाए तो उक्त सोसाइटी या ऑफिस स्वयं राजनैतिक कारोबारियों की गिरफ्त में रहा है। दलित/गैर दलित शोधार्थियों को इस विषय पर अवश्य ही शोध करना चाहिए कि आखिर क्या कारण रहे, जिससे डॉ. आम्बेडकर फाउंडेशन सिर्फ एक सरकारी दुकान बन कर रह गई। और बाबा साहेब के व्यक्तित्व और कृतित्व पर दस-ग्यारह भाषाओं में ग्रन्थ छप रहे थे, उनके प्रकाशन, बिक्री आदि की योजना को सीमित कर दिया गया।

(**विशेष**–लेखक स्वयं बाबा साहेब डॉ. भीमराव आम्बेडकर जन्म शताब्दी समारोह सम्बन्धी राष्ट्रीय समिति (कल्याण मन्त्रालय, भारत सरकार) तथा उसी के तहत भूमि सुधार समिति नाम से उपसमिति के सदस्य रहे हैं।)

सन्दर्भ

1. हिन्दू शास्त्रों का काला कानून, सागर प्रकाशन, 223 दरीबा, मैनपुरी, उ.प्र., पृ. 4.
2. महाराष्ट्र मानस (महाराष्ट्र सरकार की हिंदी मासिक पत्रिका), बम्बई, 16 अप्रैल, 1990, पृ. 2.
3. वही, पृ. 3.
4. बाबा साहेब डॉ. भीमराव आम्बेडकर जन्मशताब्दी समारोह सम्बन्धी राष्ट्रीय समिति पर कल्याण मंत्रालय (भारत सरकार), 25, अशोका रोड, नई दिल्ली से 1993 में प्रकाशित प्रगति विवरण पुस्तिका से, पृ. 5.
5. वही, पृ. 13.
6. वही, पृ. 27.
7. पंजाब केसरी, 17 अक्टूबर, 1997, अम्बाला छावनी।
8. प्रतिपक्ष, नई दिल्ली, जून, 1991, पृ. 20.

9. वही, पृ. 21.
10. हम दलित, नई दिल्ली, सित. 1994.
11. इंडिया टुडे, 30 अप्रैल, 1996, पृ. 40.
12. अभिनव वर्मा, विपक्ष की चुनौती और कर्पूरी जी की याद, नया संघर्ष, अप्रैल, 1993, पृ. 18.
13. वही, पृ. 18.
14. डॉ. म.ला. शहारे, डॉ. नलिनी अनिल : डॉ. बाबा साहेब आम्बेडकर की संघर्षयात्रा एवं संदेश, सेगमेंट बुक्स, नई दिल्ली, 1993, पृ. 321.
15. हंस, अक्तूबर 1994, पृ. 90.
16. वही, पृ. 91.
17. हम दलित, अक्तूबर 1998, पृ. 4.
18. उदित राज उर्फ राम राज की पुस्तक में संग्रहीत आलेख से।
19. मुम्बई स्थित बान्द्रे में उनके निवास पर बातचीत के आधार पर।
20. मनुष्य और धर्मचिंतन, संवाद प्रकाशन, आई-499, शास्त्री नगर, मेरठ, 2009, पृ. 143.
21. दाऊजी गुप्त–लखनऊ के लगातार दो बाद सबसे कम आयु के मेयर तथा पैकम (विश्व मेयर संगठन) के अमरीका में उपाध्यक्ष व निदेशक चुने गए।
22. बहुत हो चुका (कविता संग्रह), सारांश प्रकाशन, मयूर विहार फेज-1, नई दिल्ली, 2000, पृ. 9.

माया मुख्यमन्त्री

2 जून, 1995 के अँधेरे के बाद अगले दिन का सूरज मायावती के लिए उजाले से भरपूर चमक-दमक लेकर उगा था। ऐसा कि मुलायम सिंह यादव को भी इस आश्चर्यजनक घटना को देख-सुनकर हतप्रभ रह जाना पड़ा था। मात्र चौबीस घंटे में उनकी हैसियत बदल गई। वे राजा से रंक हो गए। वहीं मान्यवर कांशीराम जी के साथ कदम से कदम मिलाते हुए संघर्ष कर रही मायावती राज्य में सिंहासनारूढ़ हो गई। 2 जून को मायावती लखनऊ के राजकीय अतिथिगृह के कमरा नम्बर—एक में बन्दी जैसी हालत में थी और 3 जून को वह देश के सबसे बड़े राज्य जिसे काऊ बेल्ट कहा जाता रहा है, उसकी मुख्यमन्त्री बन गई। इससे बढ़कर राजनीति की चमत्कारिक पराकाष्ठा और क्या हो सकती थी, पर क्या ऐसा होना ही था? हम यह बात किसी नियति को सच मानकर नहीं कर रहे हैं, बल्कि 90 के दशक में दलित आन्दोलन और राजनीति के उभार लेने के सम्बन्ध में कर रहे हैं। बाद के दौर में इसी राज्य में जो सबसे बड़ा परिवर्तन हुआ, उसके लिए पृष्ठभूमि तो लगभग बन ही चुकी थी। आइए, घटनाक्रम को देखते हैं।

दरअसल 2 जून को जब समाजवादी पार्टी के लोग इस अतिथिगृह से बसपा के पाँच विधायकों को घसीट कर ले गए थे तब मायावती ने (अब इन्हें सपा के लाइसेंसधारी गुंडे कहना ही ठीक होगा) 40 बसपा विधायकों के साथ इस कमरे में पनाह ली थी। उन्होंने कमरे का दरवाजा अन्दर से बन्द कर लिया था। सपा के लोगों ने इस कमरे का पानी-बिजली काट दिया था। आधी रात के करीब जब बाहर सपा कार्यकर्ता चिल्ला-चिल्लाकर गालियाँ बक रहे थे और धमकियाँ दे रहे थे तो मायावती बार-बार गृहमन्त्री शंकरराव चव्हाण और भाजपा और जनता दल नेताओं को फोन कर रही थीं।

इससे पूर्व कि यह घटना दुर्घटना में बदल जाए, पर्दे के पीछे से मदद के लिए हाथ बढ़ा दिए गए थे। परिणामस्वरूप, 3 जून, 1995 को मायावती को उत्तर प्रदेश की पहली दलित मुख्यमन्त्री के रूप में शपथ दिला दी गई।[1]

पहली बार जब बसपा और भाजपा का उत्तर प्रदेश में सत्ता के लिए राजनीतिक समझौता हुआ तो दोनों दलों के भीतर इस तथ्य को जानने के बाद अधिकांश दलित और गैर-दलित बुद्धिजीवियों द्वारा आश्चर्य व्यक्त किया गया था। उस समय कुछ को दुख हुआ था और कुछ खुश थे। यही नहीं, कुछ ने अपनी-अपनी पार्टियों में विद्रोह करने का मन भी बनाया था। न केवल दलितों की ओर से, बल्कि ब्राह्मणों की तरफ से भी

कुछ पर्चे बाँटे गए थे। जहाँ तक दलित बुद्धिजीवियों की बात है, अधिकांश के भीतर उग्र रूप में प्रतिक्रिया उभरी थी। एकाएक उन्हें विश्वास न हो सका था कि सत्ता के लिए भाजपा और बसपा के बीच इस तरह अचानक गठबन्धन हो जाएगा, क्योंकि दोनों राजनैतिक दलों की अपनी-अपनी चुनावी-रणनीतियाँ थीं, उनके सामाजिक सरोकार थे। साथ ही, धार्मिक तथा सांस्कृतिक द्वन्द्व भी थे। यही नहीं, ऐतिहासिक पृष्ठभूमि के साथ मिथक भी थे, जो बीच-बीच में सभा-सम्मेलनों में उभरते थे और एक-दूसरे से टकराव की शैली में संवाद बनाते थे। भाजपा के चुनावी घोषणापत्र में परोक्ष और अपरोक्ष रूप में सत्ता में आने पर हिन्दू राष्ट्र बनाने की बात थी। उससे पहले अयोध्या में बाबरी मस्जिद का ध्वंस हो ही गया था जिसके अवशेष पर राम मन्दिर बनाने का संकल्प भी था। वैचारिक स्तर पर कहा जा सकता है कि दोनों पार्टियों में समझौते के लिए कहीं कोई भ्रम नहीं था। सीधे-सीधे राजनीति के उनके अपने-अपने नफे-नुकसान थे। **शायद युद्ध, प्यार और राजनीति में सब कुछ सम्भव है। तभी तो मनु के प्रतिनिधियों से मायावती के बीच वह सब हुआ।**[2]

श्योराज सिंह बेचैन[3] लिखते हैं कि बहुजन समाज पार्टी के अध्यक्ष मान्यवर कांशीराम व राष्ट्रीय महासचिव सुश्री मायावती द्वारा देश के सबसे बड़े राज्य उत्तर प्रदेश में सरकार के गठन के निर्णय से एक बेमिसाल व कल्पनातीत इतिहास की रचना हुई है। इस उपलब्धि से सचमुच बाबा साहेब डॉ. आम्बेडकर का दलित वर्ग का सत्ता प्राप्ति का चिर-प्रतीक्षित स्वप्न साकार हुआ है। उनके अदम्य साहस, त्याग व सूझ-बूझ से उठाए गए कदमों से न केवल दलितों को सम्मान व समता का दिग्दर्शन हुआ है बल्कि दलित व पिछड़ों में गौरव व साहसिक नवजीवन की चेतना प्रज्वलित हुई है। इससे सिद्ध हो गया है कि दलितों-पिछड़ों के सच्चे शुभचिन्तक मान्यवर कांशीराम व बहन कुमारी मायावती जी हैं तथा दलितों के हितों की सुरक्षा व संरक्षण केवल बहुजन समाज पार्टी में ही निहित है।

मूल रूप से दो विरोधी और समानान्तर विचारधारा रखने वाले इन दोनों दलों के इस गठबन्धन से समाज में विस्मयकारी स्फूर्ति और तदुपरान्त आपसी सामंजस्य स्थापित होगा। दलितों-पिछड़ों की आपसी सूझ-बूझ और एकता से सरकार के गठन की आशा तो कहीं-न-कहीं झलकती थी, परन्तु कट्टर हिन्दूवाद की विचारधारा को लेकर चलने वाली भाजपा के साथ प्रदेश के दलित मुख्यमन्त्री बनने का सपना वाकई उभरते दलित नेतृत्व का लोहा ही कहा जा सकता है जिसमें तथाकथित ब्राह्मणवाद बहुत सारी दूरगामी सम्भावनाएँ खोज रहा है कि अब इस समाज को और अधिक शोषण और उपेक्षा का शिकार नहीं बनाया जा सकता।

आवश्यकता इस बात की है कि देश के सबसे बड़े प्रदेश का दलित मुख्यमन्त्री होना उन कई स्थितियों व सम्भावनाओं की ओर संकेत करता है जहाँ दलितों द्वारा पूरे देश का नेतृत्व करने की आशामयी किरणों की झलक दिखाई पड़ती है। नवगठित दलित मुख्यमन्त्रीत्व के नेतृत्व में बनी प्रदेशीय सरकार को अपनी कार्यप्रणाली और सूझ-बूझ से यह दिखा देना चाहिए कि बाबा साहेब और महात्मा बुद्ध के दर्शन पर चलकर ही इस देश का भविष्य

खुशहाल हो सकता है और सम्पूर्ण समाज में समता, भाईचारा व स्वतन्त्रता के मानवपरक मूल्यों की स्थापना हो सकती है।

बकौल सुरेन्द्र मोहन[4], मुलायम सिंह यादव को उम्मीद नहीं थी कि भाजपा के समर्थन से बसपा उत्तर प्रदेश में सरकार बना लेगी और प्रधानमन्त्री पी.वी. नरसिंह राव भी इस मामले में उनका साथ न देंगे। भाजपा ने यह प्रयास पहले भी किया था, और तब के सांसद संघप्रिय गौतम खुले तौर पर मायावती को मुख्यमन्त्री बनाने की पेशकश कर चुके थे। सपा-बसपा की सन्धि टूटे, पिछड़ा-दलित-मुस्लिम एकता भंग हो, भाजपा यह श्रेय हासिल कर सके कि उसने दलितों का हित किया है, इस सम्भावना को पहले ही समझ कर मुलायम सिंह यादव को चाहिए था कि वे बसपा को सत्ता में वास्तविक भागीदारी कराते।

जबकि किसी जमाने में 'छोटे लोहिया' उपनाम से सम्बोधित किए जाने वाले जनेश्वर मिश्र ने भाजपा से लड़ने के लिए सपा-बसपा के बीच हुए गठबन्धन की घटना को वक्त की जरूरत माना था। साथ ही, इस गठबन्धन के टूटने और भाजपा के साथ बसपा के तालमेल के-से राजनीतिक गलियारों में हुई प्रतिक्रियाओं के सम्बन्ध में उन्होंने खुशी जाहिर की थी कि सपा-बसपा के इस गठबन्धन को तोड़ने का श्रेय समाजवादियों को नहीं, बल्कि बसपाइयों के दलों को दिया जा रहा है।[5]

समाजवादी पार्टी के तत्कालीन महासचिव रघु ठाकुर की टिप्पणी थी कि मायावती और उनके चहेतों ने कांशीराम को गलत सूचनाएँ दीं। चूँकि कांशीराम अस्पताल में थे, इसलिए उन्होंने गलत सूचनाओं के आधार पर निर्णय ले लिया।

राज्यसभा सदस्य जयंत मल्होत्रा स्वीकार करते हैं कि बहुजन समाज पार्टी और समाजवादी पार्टी का गठजोड़ किसी ठोस सकारात्मक वैचारिक धरातल पर खड़ा नहीं था। अपने-अपने दलीय एवं व्यक्तिगत स्वार्थों के अलावा भाजपा को सत्ता में वापस आने से रोकने के नकारात्मक मुद्दे ने बसपा और सपा को एक-दूसरे के करीब लाया। इसलिए इस गठबन्धन को टूटना ही था।[6]

बकौल मल्होत्रा, बहुजन समाज पार्टी को मुख्यमन्त्री मुलायम सिंह से काफी अपेक्षाएँ थीं, पर मुलायम सिंह कांशीराम की कसौटियों पर खरे नहीं उतरे। दलितों पर अत्याचार बढ़ता गया। कानून-व्यवस्था की स्थिति खराब होती गई। इतना ही नहीं, मुलायम सिंह ने अपनी पार्टी को मजबूत करने के लिए सहयोगी और समान विचारधारा वाली पार्टियों को तोड़ना शुरू कर दिया। इन छोटे-छोटे मुद्दों के कारण कांशीराम और मुलायम सिंह के रिश्तों में कड़वाहट आनी शुरू हो गई। मुलायम सिंह की चालबाजियों से कांशीराम को ऐसा लगने लगा था कि यदि वह उनसे अलग नहीं हुए तो वह समूची बसपा को ही हड़प जाएँगे।

बसपा ने क्या अवसरवाद का लाभ उठाया? इस सवाल के बारे में भाजपा सांसद जगदीश प्रसाद माथुर का मानना था कि मुलायम सिंह की हिन्दूविरोधी, क्रूर एवं अत्याचारी सरकार को हटाने के लिए बहुजन समाज पार्टी को समर्थन देकर हमने पहला कदम उठाया। बसपा का समर्थन कर हिन्दू समाज में पैदा हुई खाई को पाटने का प्रयास किया गया है।

विभांशु दिव्याल [7] के विचार में उत्तर प्रदेश में जो कुछ घटित हुआ है, उसका एकमात्र महत्त्व यह है कि जातीय राजनीति के चेहरे को पढ़ने का इस घटना ने एक दुर्लभ अध्याय उपलब्ध कराया है। सवर्ण, मनुवादी, अर्धगांधीवादी यानी हिन्दुत्ववादी ताकतों के विरुद्ध पिछड़ों और दलितों का जो संयुक्त मोर्चा सत्ता में आया था, वह बिखर गया। अगर पिछड़े और दलित हिन्दुत्वादी शक्तियों के खिलाफ थे और उनका विरोध उनकी प्राथमिकता में सर्वोपरि था तो इस गठबन्धन को नहीं टूटना चाहिए था, और यह गठबन्धन अगर टूटा तो स्पष्ट है कि इसके नेताओं का युद्ध और तालमेल, दोनों ही सत्ताकामी थे न कि हिन्दुत्ववादी ताकतों की पराजय के लिए प्रेरित और जब कांशीराम पिछड़ों का साथ छोड़कर हिन्दुत्ववादी अगड़ों की सहायता से सरकार स्थापित कर चुके हैं, यानी उन्हीं की सहायता से जिनको गरियाने से ही उनकी राजनीतिक शक्ति का स्रोत फूटता है तो कांशीराम सर से पाँव तक नंगे हो जाते हैं। जिस तरह से राम के प्रति कोई आस्था न होते हुए भी भाजपा राम के नाम का उन्माद जगाकर राजनीतिक शक्ति अर्जित करती है, उसी तरह से सवर्ण हिन्दुत्व के विरुद्ध उन्माद जगाकर, उसे मिटाने की वास्तविक चाह न होने के बावजूद, कांशीराम राजनीतिक शक्ति अर्जित करते हैं।

वस्तुतः जातीय राजनीति का खेल सभी खेल रहे हैं, चाहे वह मुलायम सिंह यादव हों, कांशीराम हों या फिर भाजपा हो। ये तीनों ही जातीय राजनीति का खेल खेलने में सक्षम हैं। गांधी और आम्बेडकर से लेकर लोहिया और कांग्रेसवादी दलित नेताओं से होते हुए मुलायम और कांशीराम तक की यात्रा में भारतीय समाज के जातीय चरित्र में एक गुणात्मक परिवर्तन आ गया है और वह है कि सवर्णों का एक बहुत बड़ा तबका दलित बन चुका है तथा दलितों का और पिछड़ों का उससे भी बड़ा तबका सवर्ण बन चुका है। अगर कांशीराम और उनके सिपहसालार सवर्ण हिन्दुओं के आदिनायक मनु से लेकर उनके राम जैसे नायक और आज के सवर्ण नेतागणों को खुले शब्दों में गरियाने की शक्ति अर्जित कर चुके हैं तो जाहिर है कि वे उस दलितत्व की परिधि से बाहर निकल आए हैं जो गाली सुनने के बाद गाली देने वाले की ओर उँगली नहीं उठा सकता था। आज स्थिति काफी कुछ उलट है[8]—दलितत्व अब शक्ति और वर्चस्व का प्रतीक होने जा रहा है। जिस तरह 'पिछड़त्व' भुजबल के प्रतीक के रूप में स्थापित हुआ है उसी तरह दलितत्व की भी स्थापना हो रही है। इसी की परिणति है कि सवर्णतावादी ताकतों पर राजनीतिक दबाव यह पड़ रहा है कि वे दलितों और पिछड़ों के हमदर्द के रूप में दिखें। चूँकि दलितों की 'सवर्णता' अगड़ी जातियों को गरियाने की शक्ति अर्जित कर लेने के मुहावरे सै पैदा हुई है, इसलिए अपनी नवअर्जित सवर्णता को बनाए रखने की खातिर गरियाने के मुहावरे को भी उनके लिए जिन्दा रखना जरूरी है। यही बात पिछड़ों पर लागू होती है।[9]

मस्तराम कपूर[10] के विचार में सपा-बसपा गठबन्धन के पीछे सैद्धान्तिक विचार था, किन्तु इसे न सपा ने भलीभाँति समझा और न बसपा ने। दोनों को सत्ता का स्वार्थ ही जोड़े रहा और सत्ता की आपाधापी में जब बसपा के नेता सपा के नेताओं से मात पर मात खाने लगे तो गठबन्धन का टूटना स्वाभाविक ही था। **कंवल भारती** लिखते हैं कि

उत्तर प्रदेश की राजनीति ने एक बार फिर धमाका किया। वहाँ सारा राजनीतिक घटनाचक्र अप्रत्याशित है। कल तक जो राजनीतिक दल–सपा और बसपा–एक-दूसरे के मित्र थे, वे एक-दूसरे के शत्रु बन गए हैं और जो राजनीतिक दल भाजपा और बसपा एक-दूसरे के शत्रु थे, वे एक-दूसरे के मित्र बन गए हैं। मित्रता भी इस स्तर की कि अत्यन्त अल्पमत वाली बसपा को सबसे बड़े दल वाली भाजपा ने सत्तारूढ़ पार्टी बनाने में दिन-रात एक कर दिया। यह सचमुच भाजपा नेताओं के प्रयासों का ही परिणाम है कि राज्य अतिथि गृह में सपा के गुण्डों से मायावती की रक्षा हो सकी और राज्यपाल मोतीलाल वोरा ने उन्हें सरकार बनाने का निमन्त्रण दिया।

जब अठारह महीने पहले उत्तर प्रदेश में सपा-बसपा गठबन्धन की सरकार बनी थी तो स्थिति यह थी कि भाजपा के सभी वरिष्ठ नेता, यहाँ तक कि लालकृष्ण आडवाणी तक मुलायम सिंह यादव की प्रशंसा और कांशीराम की आलोचना करते थे। लखनऊ से प्रकाशित होनेवाली भाजपा की मासिक पत्रिका **'कमल ज्योति'** के कई अंकों में मुलायम सिंह को उदारवादी, सुधारवादी और समरसतावादी लिखा गया है।[11] इसके विपरीत, कांशीराम और मायावती को सदैव जातिवादी और राष्ट्र की एकता का शत्रु बताया गया। पर अब सब कुछ उलटा-पुलटा हो गया है। आज भाजपा की दृष्टि में मुलायम सिंह जातिवादी और राष्ट्रीय एकता के शत्रु हैं और कांशीराम और मायावती राष्ट्रवादी और समरसतावादी हैं।[12]

सांगली से गेल ओम्वेड्ट[13] लिखती हैं कि विधानसभा चुनावों के परिणाम आए तब मैं बैंकाक में थी। **शिवसेना का शासन महाराष्ट्र में लौटना बहुत शर्मनाक और पीड़ादायक है, मेरे सारे दोस्त बुरी तरह चुनाव हारे। महाराष्ट्र में जो कुछ हुआ, उसकी प्रक्रिया मैंने अपनी आँखों से देखी है, लेकिन यू.पी. में जो कुछ हुआ, उसके बारे में सिर्फ पढ़ा है।** इसके बारे में वे आगे लिखती हैं कि यह बात मेरे लिए एक बड़ा धक्का है कि भारत की पहली दलित महिला मुख्यमन्त्री **भाजपा की मदद से** सत्ता तक पहुँची। यहाँ हम सभी ने बसपा से अपने सारे सम्पर्क तोड़ लिये हैं। भारत पाटणकर और मैं कभी बसपा में शामिल नहीं हुए थे, पर भारत जिस संगठन से जुड़े हैं–शेतमजूर काश्तकारी शेतकारी संघटना–उसका सतारा-सांगली-कोल्हापुर में अच्छा आधार है और उसके जरिए वे इस दिशा में काफी सक्रिय थे। उस संगठन के अध्यक्ष नागनाथ नारकुण्डी ने बसपा की सदस्यता ले रखी थी लेकिन अब उससे इस्तीफा दे दिया।[14]

इससे बसपा की साख की काफी दुर्गति हुई है, लेकिन इसका मतलब यह नहीं कि इससे बहुजनवाद का अन्त हो जाएगा। हमें लगता है कि भारतीय सन्दर्भ में बहुजनवाद दलित-शोषित बहुमत का प्रतिनिधित्व करता है। सवाल यह है कि इसे लिया कैसे जा रहा है। महाराष्ट्र में प्रकाश आम्बेडकर की पार्टी और बहुजन महासंघ को वामपन्थ ने सहयोगी के बतौर समर्थन दिया था, लेकिन उन्होंने 'बहुजन' का बहुत संकीर्ण अर्थ ग्रहण किया था। प्रकाश ने अपनी भारतीय रिपब्लिकन पार्टी की अलग दलित पहचान बरकरार रखी थी और बहुजन महासंघ अन्य पिछड़ों, और स्पष्ट रूप से कहें तो मराठा कुनबियों को लाने का मंच था जबकि बसपा ने आधिकारिक रूप से सारे दलितों और सारे पिछड़ों (पूर्व-शूद्र जातियों)

और अल्पसंख्यकों को खुद में शामिल किया था और 'जात तोड़ो, समाज जोड़ो' के नारे के तहत आपसी घनिष्ठता पर जोर दिया था।

हम 'ब्राह्मणवाद विरोधी' होने और 'ब्राह्मण विरोधी' होने के बीच फर्क करते हैं। यह सही है कि बहुतेरे दलित-पिछड़े ब्राह्मण विरोधी भी होते हैं लेकिन ऐसा जातिवाद तो सेकुलर पार्टियों में भी पाया जाता हैं। 'बहुजन' और 'ब्राह्मणवाद' ऐसी अवधारणाएँ हैं, जिनका अर्थ जनवादी आन्दोलनों के दौरान खोजा जाना है और एक वाजिब आर्थिक कार्यक्रम के साथ भी इसे इसी दौरान जोड़ा जाना है।

अन्ततः मेरी एक राय और है कि 'बाजार' और समाजवाद' जैसी चीजों का भी एक बार पुनर्मूल्यांकन हो। वामपन्थ आर्थिक सुधारों के प्रति पूर्णतया नकारात्मक रुख कैसे रख सकता है, जबकि चीन और वियतनाम जैसे देश 'बाजार समाजवाद' और 'भूमंडलीकरण' की नीतियों पर अमल कर रहे हैं। इन देशों के साथ तमाम परेशानियाँ जुड़ी हो सकती हैं, पर चीनी और वियतनामी कम्युनिस्ट नेतृत्व को मूर्ख और भगोड़ा नहीं कहा जा सकता। ज्यादा-से-ज्यादा यही कहा जा सकता है कि वे 'राष्ट्रीय' (राष्ट्रीय पूँजीवादी) हितों को सुरक्षित रख रहे हैं। इसके ठीक विपरीत 'स्वदेशी' पर वामपन्थी जोर–भूमंडलीकरण और विदेशी निवेश आदि का विरोध–आरएसएस और अन्ध-राष्ट्रवाद की दूसरी बुनियादपरस्त ताकतों जैसा लगता है।

सच बात तो यह थी कि बसपा-भाजपा के इस अवसरवादी गठजोड़ के कारण दोनों ही दल के नेता बेचैनी में फँस गए थे। जहाँ अटल-आडवाणी के पक्ष वाला लालजी टंडन-कलराज मिश्र का धड़ा मायावती को समर्थन जारी रखने और धीरे-धीरे उन्हें या बसपा के एक हिस्से को अपनी ओर खींच लाने की रणनीति का हामी था, वहीं मुरली मनोहर के पक्ष वाला कल्याण सिंह खेमा इस प्रक्रिया को कल्याण की रहनुमाई वाली बैकवर्ड लॉबी के खिलाफ चुनौती मान रहा था।

दूसरी ओर, बसपा के राष्ट्रीय अध्यक्ष कांशीराम को लग रहा था कि मायावती उनकी छाया से आजाद होकर भाजपा के करीब होती जा रही है और उत्तर प्रदेश में बसपा पर उनकी गिरफ्त ढीली पड़ती जा रही है। वैसे भाजपा बसपा को निगलने की कोशिश में कोई कसर नहीं छोड़ रही थी। मायावती ने न सिर्फ अपने भाषणों से 'मनुवादी' ठप्पे से लेकर अन्य भाजपा विरोधी उद्गारों को निकाल दिया था, बल्कि अपने कई निर्णयों को भाजपा के दबाव में बदल दिया था और ऐसा वे अन्त तक करती रही थीं। कांशीराम को साफ लग रहा था कि मुख्यमन्त्री बने रहने के चक्कर में मायावती ऐसी भूलें कर रही थी जिनसे बसपा अपनी रही-रही साख खोने के कगार तक पहुँच चुकी थी। इसका भ्रम भी था कि सत्ता के लोभ में बसपा का एक हिस्सा टूट कर भाजपा को सरकार बनाने में मदद तक कर सकता था। इस आत्मघाती प्रक्रिया पर रोक लगाने के लिए कांशीराम ने पहले तो पेरियर मेला आयोजित किया। कांशीराम ने पार्टी के दलित आधार में गिरावट को रोकने के लिए सितम्बर माह में पूरे राज्य में जातीय रैलियाँ आयोजित करने का फैसला किया जिसमें दलितों तथा अत्यन्त पिछड़ी जातियों को गोलबन्द करने पर जोर दिया। साथ ही, भाजपा से सम्बन्ध

विच्छेद करने की तैयारी भी की। उन्होंने अपने भाषणों में मनुवाद, राम और यहाँ तक कि भाजपा पर भी प्रहार करने की कार्यनीति अपनाई पर मायावती ने इसमें उत्साह से हिस्सा नहीं लिया तो अन्त में वे इस निर्णय पर पहुँचे कि जितना जल्द हो, भाजपा से सम्पर्क तोड़ना ही बेहतर है।[15]

इसी कारण जहाँ कांशीराम इस गठजोड़ के टूटने से खुश नजर आए, वहीं मायावती ने इसे साम्प्रदायिक और मनुवादी शक्तियों का दलित-महिला विरोधी षड्यन्त्र बताया।

यूँ मायावती की प्रथम दलित महिला मुखमन्त्री बनने की ख्वाहिश तो पूरी हो ही चुकी थी। यही नहीं, बल्कि दलित समाज के एक बड़े समूह में खुशफहमी भी हुई थी। दलित समाज के ही कुछ बुद्धिजीवियों के अनुसार उनके भीतर ऊर्जा का संचार भी हुआ था। उन्होंने ऐसे समय अपने-आपको शासन के नजदीक महसूस किया था।

पुरुषोत्तम अग्रवाल मानते हैं कि यह निर्विवाद है कि समूचे उत्तर भारत में दलितों के सामाजिक-सांस्कृतिक आत्मरेखांकन का राजनीतिक प्रतिनिधित्व इस वक्त मुख्यतः बहुजन समाज पार्टी कर रही है, और इसी प्रतिनिधित्व की दावेदारी रामविलास पासवान अपनी दलित सेना के जरिए कर रहे हैं। बसपा को बढ़त हासिल है तो इसलिए कि बसपा बरसों पुराने आत्मरेखांकन कार्यक्रम की राजनीतिक परिणति है। बामसेफ और डी.एस.फोर. से शुरू कर कांशीराम दलितों के आत्मरेखांकन को सत्ता की खुली राजनीति तक लाए। इस प्रक्रिया में उन्होंने अपना मजबूत जनाधार तैयार किया।[16]

यह कहना अनुचित न होगा कि असल में कांशीराम की ताकत का एक बड़ा स्रोत जातिवादी समाजव्यवस्था और ब्राह्मण संस्कृति ही थी। आधुनिकीकरण की प्रक्रियाओं से जब शूद्रों में निरन्तर और संगठित आत्मबोध का उदय हुआ तो उन्होंने स्वयं को उत्पीड़ित किए गए लोगों के रूप में पहचाना। इस पहचान की विविध सामाजिक परिणतियों के ही प्रतीक हैं—फुले, आम्बेडकर और पेरियार। कांशीराम ने बामसेफ के जरिए इन्हीं आत्मसजग दलितों के सर्वाधिक संगठित तबके सरकारी कर्मचारियों पर ध्यान दिया और धीरे-धीरे अपने प्रभाव का विस्तार अन्य सामाजिक स्तरों तक किया।

तिरस्कारजनित क्षोभ को संगठित स्वर देना उचित भी था और जरूरी भी, लेकिन उससे कहीं ज्यादा जरूरी था इस क्षोभ और असन्तोष को सार्थक सामाजिक परिवर्तन की विचारधारा और उससे उपजे राजनीतिक एजेंडे में गूँथना। इस सबसे जरूरी काम में बसपा के नेता न केवल असफल रहे बल्कि उन्होंने इसकी अक्षम्य उपेक्षा भी की।

बसपा के नेताओं और हमदर्दों को सामाजिक न्याय की अवधारणा सख्त नापसन्द है। स्वभावतः वी.पी. सिंह से भी उन्हें गहरी विरक्ति है, लेकिन जिस विडम्बनापूर्ण स्थिति में आज बसपा स्वयं को पा रही है, उसका सटीक संकेत वी.पी. सिंह ने ही उस समय किया था जब मायावती उ.प्र. की मुख्यमन्त्री बनने के बाद वी.पी. सिंह से मिली थीं—**'या तो सरकार चला लें या अपना मास बेस बचा लें'**।[17]

बहुजन की बजाय स्वयं को **सर्वजन** का मुख्यमन्त्री कहते समय, गांधी जयंती के कार्यक्रम में हिस्सा लेते समय शायद मायावती को 'सामाजिक न्याय' की अवधारणा का

महत्त्व समझ में आया हो। भाजपा का समर्थन लेने से लेकर कांग्रेस, जनता दल, पुनः भाजपा किसी के भी साथ तालमेल या गठजोड़ की सम्भावनाएँ खुली रखना ऐसी ही समझौतापरस्ती को सूचित करता है।

वरिष्ठ पत्रकार पुष्पेंद्र[18] की टिप्पणी को अगर हम सही मानें तो ग्यारहवीं लोकसभा के 1996 में हुए चुनावों से भारतीय राजनीति में बहुत बड़े परिवर्तन की शुरुआत मानी जा सकती है। इस चुनाव के बाद से एक पार्टी के वर्चस्व की जगह गठजोड़ों की राजनीति के युग ने ले ली और कांग्रेस के रुतबे में धीरे-धीरे गिरावट आने लगी। भारतीय जनता पार्टी संसद में सीटों के मामले में सबसे आगे निकल गई और उसका सारे देश में सांगठनिक रूप से विस्तार भी हुआ। कई राज्यों में क्षेत्रीय पार्टियों का राजनीतिक महत्त्व बढ़ गया और समाजवादी पार्टी, समता पार्टी, जनता दल, राष्ट्रीय जनता दल, बहुजन समाज पार्टी जैसी छोटी-छोटी पार्टियों को मजबूती मिली। इन छोटी पार्टियों के पास अपने-अपने खास समुदायगत समर्थन आधार थे और इनके प्रभाव क्षेत्र सीमित थे। दलगत राजनीति में हुए इन परिवर्तनों के पीछे भारतीय समाज में हुए कहीं व्यापक परिवर्तनों की भूमिका थी। समाज के विभिन्न तबके राजनीति में अपनी दावेदारी पेश करने में लगे हुए थे और पार्टियों की सामाजिक संरचना और उनके द्वारा की जाने वाली समूह हितों की अभिव्यक्ति भी तेजी से बदल रही थी। चूँकि राष्ट्रीय पार्टियाँ इन हितों की परवाह कर पाने में कामयाब नहीं हो पा रहीं थी इसलिए भी हित-आधारित छोटी पार्टियों की संख्या बढ़ती जा रही थी। द्विज जातियों ने खासतौर से उत्तर भारत में, कांग्रेस का दामन छोड़ दिया था और कमोबेश भाजपा के पीछे गोलबन्द हो गई थीं। अपने आन्तरिक विभेदों के बावजूद पिछड़ी जातियों को समाजवादी पार्टी, समता पार्टी, जनता दल, राष्ट्रीय जनता दल, क्षेत्रीय दलों और वामपन्थी पार्टियों में अपने ताकतवर राजनीतिक प्रतिनिधित्व की उपलब्धि हो गई थी। मुसलमान भी कांग्रेस का साथ छोड़ कर अन्य पार्टियों के साथ रणनीतिक गठजोड़ बनाने लगे थे ताकि भाजपा और कांग्रेस की पराजय सुनिश्चित की जा सके।[19]

यही वह दौर था जब दलित राजनीति ने अपना बेहद मजबूत दावा पेश किया, जिसके कारण अनुसूचित जातियों के मतदान सम्बन्धी रुझानों का अध्ययन जरूरी हो गया। कांग्रेस का पल्लू छोड़ कर दलित मतदाता अपनी राजनीतिक चेतना के नए चरण का उद्घाटन करते दिखे और दलगत होड़ के जरिए उनकी नई राजनीतिक अस्मिता बनती हुई प्रतीत हुई। इन वोटरों पर एक गहरी नजर डालने से पता चलता है कि उन्होंने अपनी दावेदारी के लिए चुनावी होड़ को क्यों चुना। राजनीतिक व्यवस्था की वैधता के बारे में उनकी राय के विश्लेषण से जानकारी मिलती है कि आमतौर से वाम और वामोन्मुख पार्टियों को पसन्द करने वाले दलित मतदाता लोकतांत्रिक संस्थाओं के बारे में क्या समझते हैं। दलितों के अन्दरूनी विभेदों और उनकी पार्टी बहुजन समाज पार्टी के उभार के कारणों और प्रभाव का आकलन करते हुए इस अध्ययन में यह पता लगाने की कोशिश भी की गई है कि इस परिघटना के समग्र भारतीय राजनीति के लिए क्या नतीजे निकलेंगे।

एक जमाने में दलित का मतलब ही माना जाता था कि वह कांग्रेस का वोट होगा। साठ के दशक में रिपब्लिकन पार्टी ने कांग्रेस के इस दावे को चुनौती देने की कोशिश की थी कि केवल वही अनुसूचित जातियों के उज्ज्वल भविष्य की गारंटी कर सकती है लेकिन इस पार्टी का प्रभाव महाराष्ट्र और उत्तर प्रदेश के कुछ जिलों तक ही सीमित रह गया। दशक खत्म होते-होते विभिन्न राजनीतिक कारणों से इस पार्टी की रही-सही आभा भी धूमिल हो गई। 1967 और 1977 वाले चुनावों में भी दलित वोटों ने कांग्रेस का साथ नहीं छोड़ा। 1967 में कांग्रेस को मिले दलित वोटों का प्रतिशत 45.2, 1971 में 47.8, 1977 में 35.7 और 1980 में 52.8 था। केवल वामपन्थी शासन वाले राज्यों में ही दलित कांग्रेस को कम पसन्द करते थे। दलितों की पसन्द में आए बदलाव का संकेत अस्सी और नब्बे के चुनाव परिणामों से मिलना शुरू होता है। 1996 तक आते-आते दलितों ने उ.प्र. और बिहार जैसे महत्त्वपूर्ण राज्यों समेत कई राज्यों में कांग्रेस को त्याग दिया। लोकसभा में पहली बार सबसे बड़ी पार्टी बनने में कांग्रेस की नाकामी का एक बड़ा कारण यह भी था। 1996 में उसे सबसे ज्यादा कुल 31.4 और 1998 में 29.9 प्रतिशत दलित वोट मिले। इसके मुकाबले कांग्रेस को मिले कुल वोटों में दलित वोटों का हिस्सा दोनों चुनावों में क्रमशः 21.6 और 22.8 प्रतिशत रहा जबकि 1971 में कांग्रेस को मिले इन वोटों का प्रतिशत 47.8 था। 1996 और 1998 में वामपन्थी पार्टियों को 11.6 और 10.4 प्रतिशत दलित वोट मिले जबकि बसपा को 12.1 प्रतिशत और 10.9 प्रतिशत वोट मिले। 1996 में बसपा दलित वोटों पर सबसे ज्यादा निर्भर पार्टी साबित हुई, क्योंकि उसके कुल वोटों में इनकी संख्या 67 प्रतिशत थी और 1998 में यही संख्या 60.6 प्रतिशत थी। बसपा के अलावा और कोई पार्टी दलित वोटों पर इस कदर निर्भर नहीं दिखाई देती। भाजपा को इन दोनों चुनावों में करीब 13-13 प्रतिशत दलित वोट मिले जबकि उसे द्विज जातियों ने क्रमशः 45.6 और 38.4 प्रतिशत वोट दिए। भाजपा के अतिरिक्त वामंपथी और वामोन्मुख दलों को दलितों के 60.7 और 58.1 प्रतिशत वोट मिलने का आँकड़ा बताता है कि दलित वोटर आमतौर पर गैर दक्षिणपन्थी रुझान रखते हैं।

उ.प. में बसपा ने 1996 में दलितों के 59.5 प्रतिशत वोट बटोर कर खुद को दलितों की सबसे प्रिय पार्टी साबित कर दिया। कांग्रेस, भाजपा और समाजवादी पार्टी के साथ हुए जनता दल के गठजोड़ को क्रमशः केवल 9.4, 10.4 और 10.3 प्रतिशत वोट ही मिले। 1998 में बसपा के दलित मत 9 प्रतिशत कम हो गए और भाजपा अपने दलित मत 8 प्रतिशत बढ़ाने में कामयाब रही। **पश्चिम बंगाल** में 1996 के चुनाव में दलित मतों के मामले में वाम मोर्चा 61.6 प्रतिशत वोटों के साथ कांग्रेस के 24.7 प्रतिशत के मुकाबले बहुत आगे रहा यानी कांग्रेस के दलित आधार में 10.7 प्रतिशत की भारी गिरावट देखी गई। इसी तरह **केरल** में वाम-लोकतांत्रिक मोर्चे ने कांग्रेस के 20.5 के मुकाबले 69.2 प्रतिशत दलित वोट हासिल करके बाजी मार ली। 1996 में **तमिलनाडु** के दलित वोटरों ने द्रविड़ मुनेत्र कड़गम और तमिल मनिला कांग्रेस के गठजोड़ को 68.1 प्रतिशत वोट दे कर पसन्द किया। कांग्रेस-अन्नाद्रमुक गठजोड़ को सिर्फ 21.3 प्रतिशत वोट ही मिल सके।

1996 में बिहार, मध्य प्रदेश और महाराष्ट्र के बहुकोणीय संघर्ष में दलित मतदाता भी विभाजित हो गए। **बिहार** में जनता दल और उसके साथी दलों को 24.1 प्रतिशत, भाजपा-समता गठजोड़ को 18.4, कांग्रेस को 14.9 और भाकपा (माले) को 14.2 प्रतिशत दलित वोट प्राप्त हुए। आरा और औरंगाबाद संसदीय क्षेत्रों में भाकपा (माले) को 37.3 प्रतिशत अर्थात अपने कुल वोटों के प्रतिशत से भी अधिक दलित समर्थन हासिल हुआ। **मध्य प्रदेश** में कांग्रेस को 28.1, भाजपा को 11.5 और बसपा को 22.9 प्रतिशत दलित वोट मिले। **महाराष्ट्र** में कमोबेश यही रुझान रहा। काफी फायदे में रही और उसे क्रमशः 40. 4 और 46.9 प्रतिशत वोट मिले। म.प्र. में बसपा की और बिहार में राष्ट्रीय जनता दल की स्थिति दलितों के बीच सुदृढ़ हुई।

कर्नाटक में 1996 में जनता दल 25 प्रतिशत वोट पा कर सबसे आगे रहा। अन्य राज्यों में सबसे ज्यादा दलित वोट पाने वाली पार्टियाँ और गठजोड़ इस प्रकार थे : **आन्ध्र प्रदेश** में तेलुगु देशम और वाम पार्टियों का गठजोड़ 37.3 प्रतिशत, **हरियाणा** में भाजपा हरियाणा विकास पार्टी-समता गठजोड़ 36.6 प्रतिशत, दिल्ली में भाजपा 36.5 प्रतिशत और पंजाब में शिरोमणि अकाली दल 21.1 प्रतिशत। 1998 में कांग्रेस ने कर्नाटक में 58.9 प्रतिशत दलित वोट हासिल किए और भाजपा ने भी 14.4 प्रतिशत वोट प्राप्त करके इस क्षेत्र में अपना प्रदर्शन सुधारा। आन्ध्र के रुझान में कोई परिवर्तन नहीं हुआ। हरियाणा में कांग्रेस को अधिकतर भाजपा की कीमत पर 67.9 प्रतिशत वोट मिले थे। 1998 में कांग्रेस ने सुधार करके यह आँकड़ा 39.1 प्रतिशत कर लिया, पर भाजपा में फिर भी **पंजाब** में अकाली-भाजपा गठजोड़ और कांग्रेस, दोनों के दलित वोटों में गिरावट आई क्योंकि बसपा 18.2 प्रतिशत दलित वोट ले गई। **गुजरात** में उपलब्ध आँकड़े बताते हैं कि 1996 में भाजपा को 37.8 और कांग्रेस को 21.6 प्रतिशत वोट मिला, पर भाजपा फिर 21.3 प्रतिशत दलित वोट लेकर आगे बनी रही। **हिमाचल प्रदेश** में 1996 में 75 प्रतिशत दलित वोट कांग्रेस के खाते में गए।

जाहिर है कि दलित राजनीति एक संक्रमणकालीन दौर से गुजर रही है। दलित वोटर अपने मत का महत्त्व समझ गए हैं और उसकी सामूहिक ताकत के दम पर वे चुनावी सौदेबाजी की स्थिति में आना चाहते हैं। वामपन्थी केवल अपने शासन वाले केरल और पश्चिम बंगाल में ही दलितों के बीच स्थायी समर्थन आधार बना सके हैं। उ.प्र. और बिहार के रुझान बताते हैं कि दलित वोटर अब पहले की तरह दलगत राजनीति के क्षेत्र में द्विजों की प्राथमिकता के हिसाब से मत नहीं डालते।

अभय दुबे लिखते हैं कि लगभग बीस वर्षों तक कांशीराम ने रिपब्लिकन पार्टी से लेकर दलित पैंथर तक हर तरह के दलित आन्दोलन से सम्बन्ध बनाए रखा। साथ ही स्वयं अपने संगठन भी बनाए, लेकिन शुरुआती चार वर्षों ने ही उन्हें स्थापित दलित नेताओं के प्रति निराशा की भावना से भर दिया। रिपब्लिकन पार्टी में उनकी दिलचस्पी जल्दी ही खत्म हो गई। उन्हें लगा कि ये तमाम दलित नेता ब्राह्मण वर्ग के चमचे हैं। आक्रोश में भर कर उन्होंने **'द चमचा एज : द एरा ऑफ स्टूजिस'** नामक एक आक्रामक पुस्तक ही लिख डाली। इसके लिए कांशीराम ने पूना पैक्ट को जिम्मेदार माना।

कंवल भारती[20] लिखते हैं कि कांशीराम जब नौकरी छोड़कर दलितों के बीच आए थे तो उनका भारी स्वागत हुआ था। यह स्वागत इसलिए हुआ था कि रिपब्लिकन पार्टी के नेताओं के सत्ता मोह ने दलित समाज में न सिर्फ नेतृत्वहीनता पैदा कर दी थी, बल्कि डॉ. आम्बेडकर के मिशन के लिए भी संकट उत्पन्न कर दिया था। रिपब्लिकन पार्टी के नेताओं के विश्वासघातों के कारण आई रिक्तता को जब कांशीराम ने भरा तो उनका स्वागत स्वाभाविक ही था। आम्बेडकर-मिशन की जमीन पहले से तैयार ही थी, इसलिए कांशीराम ने भी उसका भरपूर उपयोग किया। उन्होंने उस जमीन को और भी उर्वरा बनाने के लिए मेहनत की और 'बामसेफ' तथा 'दलित शोषित समाज संघर्ष समिति' के माध्यम से ऐसे कार्यक्रम चलाए कि दलितों को उनके अन्दर डॉ. आम्बेडकर के सच्चे उत्तराधिकारी की छवि नजर आने लगी। यह सही वक्त पर सही चोट थी जो कांशीराम ने की थी। उनके प्रवेश से नेतृत्व का संकट दूर हुआ और उन्होंने नए तेवर भी दलित राजनीति को दिए जो अब तक किसी ने नहीं दिए थे। उन्होंने डॉ. आम्बेडकर से भी ज्यादा उग्र भाषा में व्यवस्था पर प्रहार किए। पूना पैक्ट के पचास वर्ष पूरे होने पर 1982 में उन्होंने पूना-पैक्ट धिक्कार दिवस मनाया और देश भर से रैलियाँ निकालीं।

1957 का वर्ष दलित राजनीति में एक जबरदस्त मोड़ का साक्षी रहा है। 1956 का अन्त होते-होते दलितों के जुझारू और उन्हें एक सूत्र में बाँध कर, संगठित कर संघर्ष के पथ पर आगे ले जाने वाले नेता बाबा साहेब डॉ. आम्बेडकर का निधन हो गया था। बाबा साहेब का महानिर्वाण होते ही विशेषकर महाराष्ट्र में बहुत ही अजीबोगरीब दृश्य उपस्थित हो गया। बिल्कुल ऐसा, जैसा कि पिता की कमाई हुई सम्पत्ति के लिए भाइयों के बीच खींचातानी होती है।[21]

बाबा साहेब ने जब शेड्यूल्ड कास्ट फेडरेशन के स्थान पर रिपब्लिकन पार्टी की स्थापना की थी तब केवल दलित समाज की कुछ जातियाँ ही नहीं बल्कि समूचे शोषित समाज को संघर्ष करने की व्यापक भूमिका तैयार की थी पर बाद में दलित नेताओं के अहंकार और आपसी झगड़ों के कारण वह संघर्ष बीच में ही रह गया। सच तो यह है कि रिपब्लिकन पार्टी बनने से पूर्व ही दलित राजनीति के समीकरण लड़खड़ाने लगे थे। दलित समाज के दिशा देने वाले बाबा साहेब जैसे-जैसे अस्वस्थ होते जा रहे थे, वैसे-वैसे उनके आसपास कांग्रेस पार्टी दलित अस्मिता के खिलाफ षड्यंत्र के ताने-बाने बुनने में अधिक सक्रिय हो गई थी।[22]

रिपब्लिकन पार्टी बनाने के पीछे बाबा साहेब डॉ. आम्बेडकर का उद्देश्य दलित एवं शोषित समाज के बीच राजनैतिक विचार को और विस्तृत करना था।

यूँ समय-समय पर दलित राजनीति के रास्ते में अनेक समस्या तथा बाधाएँ आई हैं। पर साथ ही, दलित नेताओं के बीच दुविधा भी बढ़ी है। यह दुविधा कभी उनके अपने कारण बढ़ी है तो कभी उनके गलत दृष्टिकोण की वजह से हुई। दलित राजनीति में कभी सन्तुलन नहीं रहा। स्थानीय नेताओं के साथ-साथ राष्ट्रीय नेता भी असन्तुलन बनाते रहे। दल-बदल का रोग दलित नेताओं को भी लगा। सत्ता से जुड़ने तथा सुविधाएँ बटोरने की प्रवृत्ति इनमें

भी रही। राजनीति में चली आ रही परम्पराओं से कटकर बहुत ही कम दलित नेता ऐसे रहे जिन्होंने कुछ किया वरना अधिकांश तो पिटी-पिटाई परम्पराओं को ही आँख मींच कर मानते रहे। उनके बीच राजनीति को लेकर वैचारिक स्तर पर कभी भी खुले रूप से बहस नहीं हुई। हाँ में हाँ मिलाने वाले घटिया और सस्ते लोगों के उपलब्ध होने की परम्परा का विकास हुआ। उसी परम्परा ने बुद्धिजीवी वर्ग को अलग-थलग रखने में महत्त्वपूर्ण भूमिका निभाई जिससे अपनी-अपनी ढपली और अपना-अपना राग की भी शैली बनी।

महाराष्ट्र परिषद के नाम से रिपब्लिकन पार्टी के बी.के. गायकवाड़ व बी.डी. खोबरागड़े, हरीदास आवड़े तथा आर.डी. भंडारे आदि नेता सन् 1960 में राज्य सभा में दिखाई पड़े। पंजाब में एल.आर. बाली, मद्रास में श्री एन. शिवराज आदि ने मिलकर रिपब्लिकन पार्टी ऑफ इंडिया को बनाकर खड़ा किया। उत्तर प्रदेश में भी सन् 1957-58 में सर्वश्री शिवदयाल सिंह चौरसिया, तिलकचन्द कुरील, दीनानाथ मोदी, अशरफीलाल पासी, छेदीलाल साथी, बी.पी. मौर्या, संघप्रिय गौतम, राहत मोलाई, गया प्रसाद प्रशान्त, डॉ. मुजम्मिल हुसैन, हाजी काजी, अब्दुल बाकी, इसहाक आदि ने उत्तर प्रदेश रिपब्लिकन पार्टी का गठन किया और सन् 1962 में समस्त भारत में केवल यू.पी. में करीब 12 एम.एल.ए. विधानसभा में और चार सांसद लोकसभा में रिपब्लिकन पार्टी टिकट पर जीत कर प्रथम बार राजनैतिक क्षितिज पर उभर कर आए। 1964 में उत्तर प्रदेश विधान सभा में छेदीलाल साथी रिपब्लिकन पार्टी के नेता के रूप में चुनाव जीत कर पहुँचे। उ.प्र. विधानसभा में राहत मौलाई रिपब्लिकन पार्टी के नेता बने लेकिन कुछ दिन बाद ही महाराष्ट्र के रिपब्लिकन नेताओं ने फूट का ऐसा बीज बोया कि वही पार्टी 1967 में और फिर 1969 में बिखर कर रह गई।[23]

उदाहरण के लिए, महाराष्ट्र में जनता दल ने जब दस्तक दी तो एक प्रयोग हुआ। हालाँकि इस प्रयोग में कोई विशेष सफलता न मिल सकी। यूँ दिखावे के लिए जद मोर्चे के साथ सबसे बड़ा दलित तबका बाबा साहेब डॉ. आम्बेडकर के प्रपौत्र प्रकाश आम्बेडकर की रिपब्लिकन पार्टी के साथ था लेकिन यह तबका अपने लिए कोई सीट नहीं पा सका। **इसका एकमात्र कारण था कि प्रकाश राजनीति में नौसिखिए थे। वे कभी शिवसेना की ओर हाथ बढ़ाते तो कभी आर.एस. गवई का स्थान लेने के लिए कांग्रेस से समझौता करना चाहते थे। उनकी इसी प्रवृत्ति के कारण जनता दल ने उन्हें राज्यसभा में मनोनीत किया क्योंकि अपनी तमाम कोशिशों के बावजूद वे लोकसभा में आने के कई प्रयोग कर चुके थे, लेकिन असफल सिद्ध हुए। हालाँकि बाद में लेखकों/साहित्यकारों के कोटे से (उनका हक मारकर) राज्यसभा में आ गए।**

वैसे जद को जहाँ-तहाँ उन्होंने थोड़ी-बहुत मदद अवश्य पहुँचाई पर महाराष्ट्र में चुनाव के समय कांग्रेसी तिकड़मबाजों ने रिपब्लिकन वोट एक नहीं होने दिए। उनके बीच घुसपैठ कर वे पार्टी के भीतर असन्तुलन बनाने में सफल रहे। यूँ 1979 से ही रिपब्लिकन वोट लगातार बिखरते रहे जिसका, सीधे-सीधे लाभ कांग्रेस को ही मिला।[24]

हम कितना भी इतिहास के पृष्ठों को उलट-पुलट कर देखें, हर एक दौर में परिवर्तन की अनेक धाराएँ मिलेंगी। समाज में सकारात्मक तथा नकारात्मक परिस्थितियों की प्रक्रिया

भी मिलेगी जिनसे जूझते हुए दलित आन्दोलन फैलता/सिकुड़ता रहा है। राजनैतिक दलों के प्रचार-प्रसार के साथ उनके भीतर ठहराव भी आता रहा है। कभी इन राजनैतिक पार्टियों ने आम आदमी को सम्मोहित भी किया है और कभी निराश भी।

यह बात अपने-आप में सही है कि बहुजन समाज पार्टी के पहले जैसी परिस्थितियाँ थीं वैसी रिपब्लिकन पार्टी ऑफ इंडिया के गठन के पूर्व नहीं थीं और रिपब्लिकन पार्टी के पहले जैसी परिस्थितियाँ रहीं, वैसी शेड्यूल्ड कास्ट फेडरेशन के पूर्व नहीं थीं। साथ ही, यह बात भी अपने-आप में स्पष्ट है कि शेड्यूल्ड कास्ट फेडरेशन और स्वतन्त्र श्रमिक दल की स्थापना की पृष्ठभूमि में रही परिस्थितियों में असमानताएँ थीं। बाबा साहेब डॉ. आम्बेडकर ने स्वतन्त्र श्रमिक दल तथा आल इंडिया शेड्यूल्ड कास्ट फेडरेशन की स्थापना क्रमशः 1936 और 1942 में की थी। स्वतन्त्र श्रमिक दल और उसकी गतिविधियों का सिलसिला दस वर्ष तक चला। बाद में फेडरेशन बना। बाद में उसका भी समापन कर दिया गया। इसकी जगह उन्होंने एक नई पार्टी का गठन किया। नाम रखा 'रिपब्लिकन पार्टी ऑफ इंडिया।' इस तरह बीस साल की अवधि में बाबा साहेब डॉ. आम्बेडकर ने तीन राजनीतिक दलों को जन्म दिया और उन्हें लेकर समय-समय पर अनेक प्रयोग किए। उनके ये ऐतिहासिक प्रयोग सफल हुए हों या असफल, एक बात निर्विवाद है कि डॉ. आम्बेडकर ने अपने इन प्रयोगों से दलित राजनीति को एक निश्चित दिशा दी, उसका मार्ग स्पष्ट किया, उसे आवश्यक जुझारूपन दिया और उसके कई आयाम प्रकट किए। वैसा कांशीराम नहीं कर सके या किया तो कितना किया, यह बहस का विषय है।

वैसे आरम्भ से ही दलित राजनीति और राजनीतिज्ञों के बीच द्वन्द्व रहे हैं। फिर भी आम आदमी की धारणा यह थी कि वे उजाले और चेतना के प्रतीक और प्रेरक थे। उनकी राजनैतिक कार्यवाहियों, रैली, जलसों में दिए गए भाषणों पर आम्बेडकरवादियों के बीच बहसें हुआ करती थीं। उनके संघर्षपूर्ण आन्दोलनों की प्रशंसा की जाती थी। नई सदी ने उन पर शोध और विश्लेषण करने की सामग्री उपलब्ध कराई। दलित मिथक, अस्मिता और पहचान के सवालों से अलग हट कर उन पर नए सिरे से बहसें शुरू हुईं। नए तरह के सवाल खड़े हुए। राजनीति की परिभाषा बदलने लगी। शायद आजादी से पूर्व विकट और विषम परिस्थितियों में वैसा नहीं था, जिस तरह की सोच आजादी के बाद दलित नेताओं की बनती चली गई। इसका कारण यह भी हो सकता है कि तब पाने के लिए बहुत कुछ उपलब्ध नहीं था और बाद के दिनों में सत्ता से प्राप्ति ही प्राप्ति थी। सुविधाओं और अवसरों की उपलब्धता ने अधिकांश दलित नेताओं के सामाजिक और राजनैतिक दर्शन में बदलाव किया। उनके भीतर महत्त्वाकांक्षाओं के उभरने का परिणाम था कि अपने ही समाज और जातियों के आर्थिक संकट से जूझते हुए लोगों को गरियाते हुए वहीं हाशिए पर ही पड़े रहने दिया जाए और स्वयं को सत्ता के केन्द्र में रखने या रहने के लिए प्रयासरत रहा जाए। दलित राजनीति के आरम्भिक सूत्र तो लगभग यही कहते हैं।

वैसे दलित राजनीति की एक खास स्थिति भी रही। बाबा साहेब डॉ. आम्बेडकर के नेतृत्व में स्वतन्त्रता संघर्ष के दौर में और बाद में भी दलित राजनीति की एक अलग पहचान

और राजनीति बनी थी। आजादी के बाद जो बराबर विकसित भी होती रही थी—भले ही सफर में उसने कई रास्ते बदले हों और कई सूरतें धारण की हों। पूरे देश में दलित राजनीति का दबदबा रहा। इसका खास कारण यह रहा कि दलित राजनीति पर आम्बेडकरी आन्दोलन का प्रभाव रहा। तब तक आन्दोलन प्रमुख था और राजनीति दूसरे नम्बर पर। राजनीति को दलित आन्दोलन से ऊर्जा मिलती रही। इस दौरान कुछ दलित नेताओं को इतनी समझ तो थी ही कि वे न तो आन्दोलन पर हावी हुए और न आन्दोलनकारियों पर।

डॉ. आम्बेडकर ने एक अलग तरह की राजनीतिक व्यवस्था का सपना देखा था। एक ऐसी राजनीतिक व्यवस्था, जहाँ हमें केवल वोट डालने का ही अधिकार न हो बल्कि संसद और विधि मंडलों में अपने समाज के प्रतिनिधियों को भेजने का अधिकार हो। उन प्रतिनिधियों को केवल वहाँ की चर्चा में भाग लेने का ही अधिकार नहीं होना चाहिए, उन्हें वहाँ निर्णय लेने का भी अधिकार हो।

उन्होंने 12 जून, 1951 को बम्बई में अपने भाषण के दौरान कहा भी था कि सारी सामाजिक प्रगति राजनीतिक सत्ता पर निर्भर करती है। राजनीतिक सत्ता सामाजिक प्रगति का द्वार है। यदि अनुसूचित जातियाँ अपने-आपको एक तीसरी पार्टी के रूप में संगठित कर लें और कांग्रेस तथा सोशलिस्ट, दोनों विरोधी पार्टियों के बीच एक तीसरी ताकत बन जाएँ तो वे इस राजनीतिक सत्ता को प्राप्त कर अपनी मुक्ति का द्वार खोल सकती हैं।

इस मुक्ति के लिए योग्य नेताओं की जरूरत थी। हालाँकि योग्य नेता हुए भी, पर बहुत कम। अधिकांश अयोग्य हुए और चाटुकार थे। उन्होंने सुविधाओं से रिश्ते बनाए, न कि सामाजिक न्याय के पवित्र दर्शन से। राजनीति में ऐसे ही नेताओं की घुसपैठ अधिक हुई। ऐसे लोग दलित सवालों, समस्याओं को बार-बार उठाते हुए स्वयं आगे बढ़ गए।

अपने साक्षात्कार में बुद्धप्रिय मौर्य ने कहा था, इंदिरा जी की हत्या के बाद राजनीति में कांशीराम फैक्टर उभरा है और बुद्धप्रिय मौर्य को हरेक ने रगड़ा है। जब बुद्धिप्रिय मौर्य रगड़ा जाएगा तो कांशीराम जैसे लोग पैदा होंगे। इस बात से उनकी वेदना प्रकट होती है और उनके भीतर का आक्रोश भी उभरता है। ऐसे व्यक्ति का आक्रोश फूटना लाजमी है जो साठ के दशक में जुझारू नेता के रूप में जाना जाता था बल्कि सत्तर के दशक तक उनका वही तेवर बरकरार रहा था, पर बी.पी. मौर्य न अलादीन का चिराग थे और न कांशीराम जिन। यह बात अपने आप में सही है कि बुद्धप्रिय मौर्य को रगड़ने से कांशीराम पैदा हुए, लेकिन देखने वाली बात यह है कि कांशीराम ने मौर्य जी को या कांग्रेस के आलाकमान को अपनी राजनीति के शुरुआती दिनों में यह नहीं कहा, **'मेरे आका, क्या हुक्म है?'** बल्कि उन्होंने मौर्य जी की थकी हुई और ठहरी हुई राजनीति को नई शैली में ऊर्जा देने के लिए संघर्ष आरम्भ किया। कांशीराम के पास अपना अलग चिन्तन था और पुराने नेताओं की हार के सबक या अनुभव भी। उन्होंने इन सबसे सबक लेकर सम्पूर्ण देश में दलित को बहुजन से जोड़ा और बहुजन राजनीति की नए सिरे से शुरुआत की।[25]

बकौल बुद्धिप्रिय मौर्य, बाबा साहेब आम्बेडकर हम लोगों के बीच ऐसे ही थे जिस तरह से एक जमाने में तथागत गौतम बुद्ध थे। हम अपने को उनके अनुयायी कहते हैं। हमने

बाबा साहेब आम्बेडकर तो बनना चाहा लेकिन उस तरह की क्षमता, योग्यता, चिन्तन हम लोग अपने में पैदा नहीं कर पाए। इसका नतीजा यह निकला कि हममें से कोई झुका, हममें से कोई बिका, कोई टूटा और कोई गलत रास्ते पर चला गया। जो नेतृत्व बाबा साहेब आम्बेडकर के द्वारा दलितों को मिल रहा था, उनके चले जाने के बाद वह नेतृत्व छिन्न-भिन्न हो गया। हममें से एक बी.सी. कांबले थे। वे 1957 में जनरल सीट पर सांसद चुने गए थे। वे बाबा साहेब की तरह उठने-बैठने लगे और उन्हीं की तरह बात करने लगे। बाद में उन्होंने अपनी अलग रिपब्लिकन पार्टी ही बना डाली। बाबा साहेब के बाद उनमें इतनी क्षमता नहीं थी कि उनकी दी हुई अमानत को नेतृत्व दे सकें।

वैसे दलित राजनीति में बी.पी. मौर्य के सामाजिक सरोकारों का अध्ययन और विश्लेषण किया जाए तो सत्तर के दशक के शुरुआती वर्षों में वे स्वयं संघर्षपूर्ण आन्दोलन से अलग होकर कांग्रेस के साथ सत्ता की राजनीति से जुड़ गए थे। यह उनके विराट् चिन्तन से फिसलने का युग था। बावजूद उनके भीतर दमखम अभी शेष था। वे दलित राजनीति के ऊर्जावान बड़े कद के स्वाभिमानी नेता थे। दलित समाज से होते हुए भी वे सामान्य चुनावक्षेत्र से चुनाव लड़ते रहे, यह उनकी राजनैतिक विशेषता थी।

बुद्धप्रिय मौर्य का जीवन राजनैतिक घटनाओं से ओतप्रोत रहा है। हम उन घटनाओं या दुर्घटनाओं की चर्चा लेख में नहीं करेंगे, पर उन तत्कालीन राजनैतिक परिस्थितियों का जिक्र अवश्य ही करना चाहेंगे, जिनके कारण मौर्य जी को कांग्रेस के राष्ट्रीय महासचिव पद से नवाजा गया। उनमें पहला कारण तो रहा डायलिसिस पर पड़ी राव सरकार को उबारना और दूसरा उद्देश्य उत्तर प्रदेश में बहुजन समाज पार्टी के बढ़ते वर्चस्व को कम करना। राजनैतिक दृष्टि से देखा जाए तो दोनों ही मंतव्य महत्त्वपूर्ण थे। मौर्य के महासचिव बनने से कांग्रेस मजबूत होगी, ऐसे कयास उन दिनों राजनैतिक गलियारों में लगाए जा रहे थे। कांग्रेस हाईकमान उनकी नियुक्ति से पूर्णतः संतुष्ट थी। हालाँकि दलित वर्ग से ही महाराष्ट्र से सुशील कुमार शिन्दे भी कांग्रेस की राष्ट्रीय कार्यकारिणी में थे, पर उनका वजूद उस तरह से कुछ खास नहीं था। वैसे भी उत्तर प्रदेश की राजनीति पर उनका कोई विशेष प्रभाव नहीं था। महाराष्ट्र की दलित राजनीति ने बतौर उन्हें 'शो पीस' के रूप में रखा हुआ था। वे दिखावटी दलित नेता रहे हैं और दलितों को खुश रखने में माहिर भी थे। इसलिए कि राजनीति की चलताऊ भाषा उन्होंने भी सीख ली थी।[26]

बी.पी. मौर्य ने स्वीकार किया कि दलित-पिछड़ों का विश्वास कांग्रेस के प्रति कम हुआ है। इसके दो प्रमुख कारण रहे हैं। पहला यह कि कांग्रेस नेतृत्व आजादी से आज तक दलित नेतृत्व की समस्या को हल करने में सफल नहीं हो सका है। साथ ही, दूसरा और प्रमुख कारण यह रहा कि कांग्रेस जब दलित उम्मीदवार का चुनाव करती है तो लड़ाकू और जुझारू दलित नेताओं को मौका नहीं दिया जाता, बल्कि उम्मीदवार के रूप में 'जी हाँ, 'जी बॉस' और 'यस सर' वालों को प्राथमिकता देती है। उत्तर प्रदेश और बिहार इसके जीते-जागते उदाहरण हैं। मौर्य जी ने अन्य राज्यों के दलित नेताओं और उनसे कांग्रेस हाईकमान के राजनैतिक रिश्ते की बात नहीं की। हो सकता है, वहाँ भी स्थिति ऐसी ही हो।

बताया जाता है कि मौर्य जी को कांग्रेस हाईकमान ने 90 के दशक के मध्य में जब कांग्रेस में लिया था तब उत्तर प्रदेश में भाजपा और बसपा का हनीमून खत्म हो गया था और उसके परिणाम आने लगे थे। हालाँकि अन्य दलित नेता महावीर प्रसाद और मीरा कुमार को आरम्भ में बीएसपी को डाउन करने के उद्‌देश्य से ही लगाया गया था, लेकिन वे दोनों ही अपने इस कार्य में असफल हुए और उस अभियान को वैसा अंजाम नहीं दे सके जैसा कांग्रेस के आला नेताओं ने सोचा था। फिर एक नए सेनापति की खोज की गई और मौर्य जी को यह कार्य सौंपा।

इसी कार्य को अंजाम देने के लिए नवम्बर 1995 में ग्वालियर के मोरखी प्रांगण में दलित एवं सद्‌भावना सम्मेलन भी आयोजित किया गया। कुछ लोगों का मानना था कि कांग्रेस द्वारा आयोजित यह सम्मेलन कुछ दिनों पूर्व ही बहुजन समाज पार्टी द्वारा किए गए 'ज्योतिबा फुले मेला' का जवाब था। इसमें बीपी मौर्य को विशेष अतिथि के रूप में आमन्त्रित किया गया था। ग्वालियर में ही इससे पूर्व हरियाणा के पूर्व मन्त्री और सिंधिया खेमे के कांग्रेसी नेता कृपाराम पूनिया को भी बुलाया गया था। 1962 में पूनिया जब एयरफोर्स सिलेक्शन बोर्ड में थे तो उनकी पोस्टिंग ग्वालियर में थी। बाद में उन्होंने आई.ए.एस. किया और पंजाब, हरियाणा में विभिन्न पदों पर रहे। 1989 में उनका देवीलाल के बेटे ओमप्रकाश चौटाला से विवाद हुआ और इस्तीफा देकर वे कांग्रेस में आ गए। हरियाणा में वे चाँद राम के बाद के दलित नेता रहे। चाँद राम 1977 में केन्द्र सरकार में मन्त्री भी रहे।

1995 का वर्ष उत्तर प्रदेश में चुनाव की तैयारी का था और 1996 वर्ष चुनाव का था। कांग्रेस हाईकमान के द्वारा तमाम तरह के सेनापति तथा सेनानायकों को इकट्ठा करने के बाबजूद बीएसपी का कुछ विशेष नहीं बिगड़ा था। हालाँकि चुनाव से पूर्व शासकीय तथा प्रशासकीय स्तर पर बहुत पहले तैयारी की गई थी।

कांग्रेस की इसमें महत्त्वपूर्ण भूमिका रही। उसके क्षत्रपों ने कोई कोर-कसर नहीं छोड़ी थी। इसे बहुजन समाज की राजनीति का द्वन्द्व ही कहा जाएगा कि दो सप्ताह की अनिश्चितता के बाद प्रदेश में आखिरकार राष्ट्रपति शासन लागू हो गया तो कांग्रेस हाईकमान के निर्देश पर कांग्रेस कार्यकर्ताओं ने बसपा के खिसकते जनाधार को समेटने के लिए अपनी गतिविधियाँ तेज कर दीं। पर वैसा हुआ नहीं।

देखा जाए तो कांशीराम से पहले के दलित नेताओं के जीवन और उनमें कुछ बातें समान दिखती हैं। कांशीराम की ही भाँति आम्बेडकर समेत कई दलित नेता परिस्थितिवश कहीं-न-कहीं और कुछ-न-कुछ आम दलित से कुछ बेहतर हालात में पैदा होते दिखाई देते हैं। उदाहरण के लिए, डॉ. आम्बेडकर के पिता परम्परागत काम की बजाय फौज में सूबेदार थे। जगजीवनराम के पिता और चाचा, दोनों ही भारतीय सेना में थे। तनख्वाह से होने वाली बचत के जरिए उन्होंने जमीन खरीदी और जब बाबूजी के बचपन में पिता का देहान्त हुआ तो उनके पास 17 एकड़ जमीन थी जबकि बी. पी. मौर्य के पिता मजदूरी करते थे।

बकौल **अभय कुमार दुबे**, यद्यपि दलितों से सिख बने परिवारों को जाट सिखों ने

पंजाब में अपने बराबर महत्त्व कभी नहीं दिया, फिर भी कांशीराम को सामाजिक तौर पर दमनकारी माहौल नहीं झेलना पड़ा।

ओलीवर मेंडलसन ने दलित नेताओं के एक अध्ययन में पाया कि अनुसूचित जातियों से होने वाले 20 सांसदों और 12 विधायकों में से अधिकांश को जीवन के शुरुआती दौर में दूसरे दलितों की तुलना में संयोग से यह फायदा मिलता दिखाई देता है। मेंडलसन का दिलचस्प अध्ययन बताता है कि एक दुधारू गाय से लेकर जमीन के मामूली टुकड़े और फौज की नौकरी तक ने इन दलित नेताओं के शुरुआती जीवन में निर्णायक भूमिका निभाई। इन जरियों से हुई मामूली सी अतिरिक्त आमदनी से उन्हें शिक्षित होने का मौका मिला जिससे वे आगे चल कर लोक जीवन में भागीदारी करने की परिस्थितियों का लाभ उठा सके।

निश्चित रूप से कांशीराम के बचपन और युवावस्था के बीच का अन्तर दलितों द्वारा धर्म परिवर्तन के जरिए सामाजिक हैसियत बेहतर करने के नितान्त सीमित परिणामों की ओर इशारा करता है। कांशीराम का बचपन सामान्य था, पर युवावस्था में अनेक तरह के उद्वेलन जन्मे थे। टकराव और संघर्ष की आन्दोलनकारी प्रवृत्ति की शुरुआत यहीं से हुई।

कांशीराम ने अपनी बहुजन थीसिस फुले और आम्बेडकर के विचारों से निकाली है। बावजूद इसके, राजनीतिक प्रयासों में कई बार आम्बेडकर से अलग हट कर बनाई गई कार्यनीतियाँ झलकती हैं। दलित आन्दोलन के अध्येता डॉ. गोपाल गुरु ने कांशीराम पर आरोप लगाया है कि उन्होंने एक सामाजिक आन्दोलन को पूरी तरह रोजमर्रा के राजनीतिक जोड़-तोड़ में सीमित कर दिया है लेकिन कांशीराम की इसी कमी को ब्रिटिश अध्येता ऐंडरू वैट उनकी खूबी मानते हैं–

बसपा पर हमें ध्यान इसलिए देना चाहिए क्योंकि वह दलितों की राजनीतिक मुक्ति के लिए जरूरी है। बसपा भारतीय राजनीति की मौजूदा हालत को देखने के लिए एक उपयोगी माध्यम भी है। बसपा के उभार को कई तरीक से व्याख्यायित किया जा सकता है। इसे भारत में बहुलवादी राजनीति के अच्छे स्वास्थ्य के प्रमाण के रूप में भी देखा जा सकता है।

योगेन्द्र यादव भारतीय राजनीति के नए चेहरे में बसपा जैसी पार्टियों का स्थान इस तरह रेखांकित करते हैं–

एक वर्चस्व वाली, मध्यमार्गी, सबको साथ लेकर चलने वाली एवं विभिन्न तबकों को गोलबन्द कर अपनी प्रमुखता बरकरार रखने वाली पार्टी के पतन के परिणामस्वरूप 'अपने-अपने' तबकों के राजनीतिक एजेंडों वाली एवं दूसरे तबकों को बहिष्कृत कर चलने वाली पार्टियों का उदय होने लगा। दलीय प्रणाली के हाशिए पर स्थित बहुजन समाज पार्टी जैसी पार्टियाँ समाज के सारे तबकों को प्रभावित करने की कांग्रेस की घटती क्षमता की उपज हैं। इनमें कुछ पार्टियाँ केवल तात्कालिक साबित हो रही हैं और जितनी जल्दी पैदा हुई हैं उतनी जल्दी खत्म भी हो सकती हैं पर इनमें से कुछ टिकाऊ भी होंगी। यह विडम्बना ही है कि ये अधिकतर राजनीतिक संगठन, जो अब तक लोकतन्त्र के औजार के रूप में काम करते रहे हैं, स्वयं अपने सांगठनिक ढाँचे एवं कार्यशैली में पूरी तरह अलोकतान्त्रिक हैं।

आशुतोष मिश्र लिखते हैं कि शुद्ध जातिवादी आधार पर आज तक कोई आन्दोलन स्थायी संगठन में नहीं बदल पाया है। आम्बेडकर को भी शेड्यूल्ड कास्ट फेडरेशन की जगह रिपब्लिकन पार्टी की राजनीति पर आना पड़ा। आखिर में उतना मजबूत आन्दोलन भी बिक गया और 1972 में तो थोक भाव से खरीद लिया गया। बी.पी. मौर्य जैसे निर्विवाद नेता तो चरण सिंह के पास चले गए। कोई कारण नहीं दिखता कि कांशीराम अपने परम्परागत नेतृत्व से बहुत अलग राजनीति करेंगे। आखिर में उन्हें इसी व्यवस्था में एडजस्ट किया जाएगा। उनका महत्त्व बहुत ऊँचे आँका जाएगा, लेकिन उनकी व्यक्तिगत उपलब्धि पूरे समुदाय की सामूहिक पराजय भी होगी। फिलहाल तो उन्हें अपनी शक्ति का नकारात्मक प्रदर्शन करना ही है। वे जानते हैं ही, शायद चाहते भी हैं कि उनके संगठन का कोई दृढ़ दीर्घकालिक आधार न बने। अपनी तात्कालिक ताकत से वे एक-दो चुनावों में चमत्कार दिखाएँगे। फिर व्यवस्था उन्हें एडजस्ट कर लेगी और अपनी वर्तुल विकास यात्रा में पुराने बिन्दु पर पहुँचकर उसी अन्दाज में दूसरे दौर की शुरुआत करेगी।

बहुत लोगों की यह राय रही है कि बाबा साहेब डॉ. आम्बेडकर एक असफल राजनीतिज्ञ थे। इस बात में सहमति और असहमति हो सकती है, पर उनके बाद के दलित लेफ्टीनेंट्स किस तरह दलितों को सामाजिक न्याय दिलाने में असफल रहे, इसमें कहीं बहस की गुंजाइश नहीं है। किस तरह उन्होंने राजनीति को स्वयं शिखर पुरुष बनाने में सीढ़ी के रूप में इस्तेमाल किया, इसमें भी कोई दो राय नहीं है। दलित नायकों से खलनायकों तक बनने के बारे में भी मत और विचार अलग-अलग हो सकते हैं, पर सत्ता स्वार्थ के लिए किस तरह डॉ. आम्बेडकर के सपनों को तोड़ा गया, इस पर भी विवाद का कोई प्रश्न नहीं उठता है।

डॉ. आम्बेडकर राजनीतिशास्त्र के यथार्थवादी पक्ष के समर्थक थे। उन्हें प्रजातांत्रिक राज्य अधिक प्रिय थे। डॉ. आम्बेडकर के प्रजातांत्रिक विचारों की अच्छाई हमें उनकी व्यावहारिक देन से नापनी चाहिए। उनकी व्यावहारिक दृष्टि का अर्थ है कि सामाजिक, आर्थिक, राजनैतिक एवं नैतिक मूल्यों के निर्धारण में समाज के सब सदस्यों का हाथ होना चाहिए। वे इस बात को पूर्णतः जानते थे कि भारतीय राजनैतिक क्षेत्र में जातिवाद का अधिक प्रभाव पड़ता है। वे इस तथ्य से भी वाकिफ थे कि जातीय बहुमत की सरकार वंश-परम्परा की बेल को आगे बढ़ाती है। इस तरह राजनीति में जातीय बहुमत प्रजातन्त्र, समाजवाद एवं मानववाद के विरुद्ध है।

फासिज्म एक ऐसा मत है जो राष्ट्र, राज्य, जाति एवं साम्राज्य पर बहुत अधिक बल देता है। साम्यवाद का बल वर्ग एवं राज्य पर है, किन्तु प्रजातन्त्र व्यक्ति को अधिक महत्त्व देता है। इसमें व्यक्ति ही राजनीतिक है।

भारत में पहले लोकतांत्रिक चुनाव के लिए अपनी इंडिपेंडेंट लेबर पार्टी की व्यवस्थित तैयारी के दौरान नवम्बर, 1936 में 'टाइम्स ऑफ इंडिया' के संवाददाता को साक्षात्कार देते हुए उन्होंने कहा था, **"कांग्रेस संस्था शोषण करने वालों और शोषक समाज का मिला-जुला संगठन है। यह संस्था राष्ट्र के नवनिर्माण की दृष्टि से उपयोगी नहीं है। स्वतन्त्र मजदूर दल जनता को लोकतन्त्र का तन्त्र समझाएगी और प्रजातन्त्र की प्रणाली का प्रशिक्षण देगी।"**

चुनाव में कांग्रेस विजयी हुई थी। डॉ. आम्बेडकर अत्यधिक मतों से विजयी हुए। उनकी पार्टी के 17 में से 13 उम्मीदवार जीते थे। सरकार निर्माण के समय मन्त्रिमंडल के गठन में कांग्रेसियों के बीच मतभेद उभरे। बी.जी. खेर आम्बेडकर से मदद चाहते थे. पर उन्होंने साफ इनकार कर दिया था। एक मित्र ने तब उनसे उस समय सवाल किया, ''जोरों से अफवाह है कि आप कांग्रेस मन्त्रिमंडल में वित्तमन्त्री बन रहे हैं।'' आम्बेडकर ने स्पष्ट कहा था, ''कांग्रेस पार्टी मुझे यह जिम्मेदारी सौंपने का निश्चय कर भी ले तो भी मैं उसको मंजूर नहीं करूँगा, क्योंकि संयुक्त सरकार के मन्त्रिमंडल पर मेरा विश्वास नहीं है। दूसरे मैं कांग्रेस पार्टी में अपनी पार्टी का विसर्जन नहीं करूँगा, न स्वयं ही उस पार्टी में शामिल होऊँगा।''

आजादी के बाद देखा जाए तो कांग्रेस में ही सबसे अधिक दलित नेता गए। यहाँ तक कि रिपब्लिकन पार्टी ऑफ इंडिया में टूट और बिखराव का कारण भी कांग्रेस पार्टी ही बनी। ऐसे नेताओं की सूची बहुत लम्बी है, पर उत्तरी भारत में सबसे पहले बी.पी. मौर्य ने इस क्षेत्र में पहल की। उन्होंने अपने एक साक्षात्कार में कहा भी था, "जब एक बी.पी. मौर्य को रगड़ दिया जाता है तो कांशीराम जैसे नेता पैदा होते हैं।" वैसे इसमें कोई सन्देह नहीं कि बहुजन राजनीति के फलक पर कांशीराम का उद्भव होना दलित राजनीति की एक महत्त्वपूर्ण घटना रही है। परिणाम भले ही कुछ भी रहे हों, सत्ता के समीकरण कैसे भी बदले हों पर लम्बे समय से जगजीवनराम की परम्परागत राजनैतिक शैली में बदलाव लाने वाले कांशीराम ही थे, जिन्होंने सत्ता पर काबिज जाति विशेष के मठों में खलबली मचाने का कार्य अवश्य ही किया था।

अस्सी का दशक देश में जहाँ उपद्रव, प्रदर्शन और रैलियों और सेना के इस्तेमाल का रहा वहीं दलित-उत्पीड़न की घटनाओं के साथ नक्सलाइट्स के विरोध और प्रतिरोध का चश्मदीद गवाह भी रहा। महिला-उत्पीड़न से जुड़ी अमानवीय घटनाएँ भी इसी दशक में विस्तृत रूप में हुईं। इसी दशक में राजनीति में दलित नेतृत्व का उभरना इस मायने में हैरतअंगेज साबित हुआ कि अगले ही दस वर्षों में उसी दलित नेतृत्व को सत्ता की चाबी मिली।

बहुजन समाज पार्टी बनने के बाद क्या करना चाहती है, इसका अवलोकन करें तो पार्टी के अलिखित घोषणापत्र में सामाजिक न्याय का सवाल सर्वोपरि था, जिसे हल कर दलित, पिछड़े और अल्पसंख्यक जातियों के साथ उसके रिश्ते बनाने का अभियान पार्टी कार्यकर्ताओं के सामने था। वे जिस तरह की राजनैतिक अफरा-तफरी भारतीय समाज में देख और महसूस कर रहे थे, उससे निबटते हुए बहुजन समाज के लिए समता और समानता के दर्शन के विकल्प को जुटाना भी उनके लिए जरूरी था।[27]

26 जनवरी, 1950 को संविधान लागू होने के समय डॉ. आम्बेडकर का वह ऐतिहासिक कथन पार्टी प्रमुख को अच्छी तरह याद था। आम्बेडकर ने कहा था, "हम दोतरफी जिन्दगी में कदम रखने वाले हैं। एक तरफ राजनीति में सबकी बराबरी होगी; एक आदमी का एक वोट और एक वोट की एक कीमत होगी। दूसरी तरफ सामाजिक और आर्थिक क्षेत्रों में जो गैर-बराबरी हजारों वर्षों से चली आ रही है, वह उसी तरह चलती रहेगी। हमारे लिए यह बहुत जरूरी हो जाता है कि इस गैर-बराबरी को हम बहुत जल्द दूर करें। अगर

हम इस दोतरफी जिन्दगी में कदम रखने के बाद हम दोनों तरफ चलते रहेंगे तब उससे जो राजनैतिक बराबरी आई है उस बराबरी का कोई फायदा नहीं होगा।"

कांशीराम बखूबी इस बात को दोहराते हैं कि "आजादी के बाद के तीस-चालीस वर्षों में हमारा अनुभव रहा कि जो भी पार्टी हमारे सामने आई है, जैसे—कांग्रेस, जनता पार्टी, भारतीय जनता पार्टी, लोकदल तथा अन्य ब्राह्मणवादी पार्टियाँ, इन सभी राजनैतिक दलों का हित इसमें है कि ब्राह्मणवाद के आधार पर हजारों वर्षों से लाई गई आर्थिक और सामाजिक गैर-बराबरी इसी तरह टिकी रहे। बहुजन समाज पार्टी का यह लक्ष्य होगा कि इस गैर-बराबरी को जल्द से जल्द दूर करने की कोशिश करे।"

कांशीराम ने कांग्रेस (आई) को साँपनाथ और दूसरी विपक्षी पार्टियों को नागनाथ के बराबर बतलाते हुए बहुजन समाज को इस साँपनाथ और नागनाथ से एक ही जैसे खतरे की ओर संकेत किया है। उन्होंने यह भी कहा कि इस खतरे का मुकाबला करने के लिए इस देश का दबा-कुचला इनसान नेवलानाथ की जरूरत महसूस करता है। इस जरूरत को पूरा करने के लिए उन्होंने अपनी बहुजन समाज पार्टी बनाई है। यानी वे नेवलानाथ बने, पर साँपनाथ और नागनाथ से लड़ने के स्थान पर समझौता किया और गठबन्धन की दलित राजनीति को एक नया आयाम दिया जिसके कारण बहुजन राजनीति के दर्शन का विस्तार उस तरह से नहीं हुआ, जैसे होना चाहिए था।[28]

बकौल कंवल भारती, कांशीराम की शागिर्द रही मायावती ने उत्तर प्रदेश की प्रथम दलित मुख्यमन्त्री बनकर इतिहास जरूर बनाया, पर इतिहास से सबक लेना भी जरूरी है। सत्ता के लिए अवसरवादी संघर्ष करके चौधरी चरण सिंह ने भी इतिहास बनाया था। वे प्रधानमन्त्री जरूर बने, पर कितने दिनों के लिए? और परिणाम कितना त्रासदीपूर्ण था? क्या मायावती इतिहास को दोहराएँगी? 1980 का दशक भारतीय राजनीति में कांशीराम का दशक है। उन्होंने न केवल दलित राजनीति को उसकी अपनी जमीन पर फिर से स्थापित किया, बल्कि सम्पूर्ण भारतीय राजनीति को भी सामाजिक परिवर्तन से जोड़ा। आज कांग्रेस समेत जो भी पार्टी यदि सामाजिक परिवर्तन या सामाजिक न्याय की बात कर रही है तो इसका सारा श्रेय कांशीराम की दलित राजनीति को ही जाता है।[29]

राजनीति के क्षेत्र में कांशीराम की तीन बड़ी उपलब्धियाँ हैं—एक, उन्होंने दलितों के साथ पिछड़े और अल्पसंख्यक समुदायों को जोड़ने का काम किया है; दो, उन्होंने दलितों को अपनी दासता को समाप्त करने और स्वतन्त्रता प्राप्त करने के लिए वोट का प्रयोग कैसे किया जाए, यह सिखाया है और तीन, समाज और राजनीति के क्षेत्र में ब्राह्मणवाद के खिलाफ एक निर्णायक लड़ाई का मोर्चा खोल दिया है। बसपा के सामाजिक परिवर्तन के कार्यक्रमों में सबसे मुख्य मुद्दा पिछड़ी जातियों के वैधानिक अधिकारों का उभरा, जिसने कांग्रेस समेत सभी दलों की चिन्ताएँ बढ़ाईं। मंडल आयोग की सिफारिशों को बरसों से कांग्रेस ने रद्दी की टोकरी में डाल रखा था। केन्द्र में 1990 में जब राष्ट्रीय मोर्चा की सरकार बनी तो प्रधानमन्त्री वी.पी. सिंह ने मंडल आयोग की रिपोर्ट को लागू करने का ऐतिहासिक निर्णय लिया। भले ही इसके पीछे बसपा के हाथ से पिछड़ों की राजनीति छीन लेने का निहितार्थ

हो, पर यह सच है कि सवर्ण राजनीतिज्ञों में वी.पी. सिंह प्रथम पुरुष जरूर हैं, जिन्होंने राजनीति के भविष्य को गहराई से देखा और सामाजिक न्याय की आवश्यकता को पूरी शिद्दत के साथ स्वीकार किया।

बकौल रामविलास पासवान, मैं 1977 में पहली बार लोकसभा में चुनाव जीत कर आया था। बिहार में बेलछी कांड हुआ था। मेरी हार्दिक इच्छा थी कि कोई गैर राजनैतिक संगठन बनना चाहिए। मैं बिना दल की परवाह किए बामसेफ को मजबूत करने में लगा रहा। मेरे साथ रामलाल कुरील, राजनाथ सोनकर, शास्त्री आदि थे। 1981-82 में कर्पूरी ठाकुर तक को मैं बामसेफ के कार्यक्रम में चंडीगढ़ ले गया। उस समय मायावती का काम नेताओं को लाने-ले जाने का था। बाद में कांशीराम के भीतर सत्ता की महत्त्वाकांक्षा पैदा हो गई।[30]

इसी सन्दर्भ में यहाँ स्वयं बाबा साहेब के कथन का अध्ययन करना जरूरी है। 1947 में मैं (डॉ. आम्बेडकर) केन्द्र सरकार में शामिल हुआ। मेरे कुछ आलोचकों ने मुझ पर यह आरोप लगाया था कि मैं कांग्रेस में शामिल हो गया हूँ। मेरे आलोचकों द्वारा मुझ पर जो आरोप लगाए गऐ थे, उसका उत्तर मैंने लखनऊ में एक भाषण में दिया था। उस भाषण में मैंने अपने देशवासियों से कहा था कि मैं कोई मिट्टी के लोंदे के समान नहीं जिसे पानी के बहाव के साथ बहाया जा सके। मैं एक चट्टान के सदृश हूँ जो कभी गलती नहीं है, अपितु नदियों के बहाव को मोड़ देती है। मैं किन्हीं लोगों के साथ कहीं पर रहूँ, मैं अपने आप को विस्मृत नहीं करता हूँ। मैं कभी भी अपनी अलग पहचान नहीं खो सकता। उचित कार्य के लिए यदि कोई मेरा सहयोग चाहता है तो उसे प्रदान करने में मुझे प्रसन्नता होगी।

मैंने अपनी सम्पूर्ण ईमानदारी एवं शक्ति से मातृभूमि की सेवा हितार्थ कांग्रेस सरकार से चार वर्षों तक सहयोग किया था। पर इन वर्षों के दौरान मैंने स्वयं को कांग्रेस संगठन से अलग रखा। मैं सहर्ष ऐसे लोगों की सहायता करूँगा और उनसे सहयोग भी करूँगा जो अपने वचन और कर्म से अनुसूचित जाति के व्यक्तियों की सत्यतापूर्वक सेवा करना चाहते हैं। मैं उनकी कभी सहायता नहीं करूँगा जो मितभाषी हैं या जो मीठा बोलते हैं, पर जिनके इरादे एवं कार्य हमारे लोगों के विरुद्ध होते हैं।[31]

निश्चित ही कांशीराम ने एक ऐसे संगठन की नींव डाली थी जिसका आगे चलकर तेजी के साथ प्रचार-प्रसार हुआ। 'जनसत्ता' में उप-सम्पादक रहे ओमप्रकाश का कहना है, "कांशीराम में बुद्धि भी है, मनोविज्ञान की समझ भी और राजनैतिक दर्शन को निचोड़ कर उसे समय के मुताबिक राजनैतिक साँचे में ढालने की क्षमता भी। यह उनके विरोधी भी मानते हैं। नौकरी में हालात का धक्का लगा तो इस व्यक्ति ने 1965 से 1971 तक का समय सिर्फ आम्बेडकर के अध्ययन पर लगाया और 85 फीसदी बहुजन की ताकत को सकारात्मक दिशा देने के लिए पहल की। कांशीराम ने जिस बात को नारे का रूप दिया वह थी **'पे बैक टू सोसाइटी'। यानी जिस समाज से आए हो, उसका उत्थान करो, उसके कर्ज को चुकाओ।** 1971 में कांशीराम ने एक धुरी बनाई, यह जाँचने के लिए कि पढ़े-लिखे पिछड़े अपना-अपना सामाजिक कर्ज चुकाने के लिए कितना तैयार हैं। 1973 में इस धुरी के इर्द-गिर्द बामसेफ की विचारधारा पुख्ता हुई।

दलित समाज के बहुत लोग यह मानने लगे हैं कि कांशीराम बाबा साहेब आम्बेडकर के आमूलचूल समाज परिवर्तन के रास्ते से भटक गए हैं। उनका लक्ष्य है—सत्ता प्राप्त करना जैसा वे स्वयं भी बार-बार कहते हैं।

एन.जी. काम्बले 10 अक्टूबर, 98 को क्वालालम्पूर में कांशीराम के द्वारा दिए गए भाषण का उल्लेख करते हैं। उन्होंने कहा था—हमारे अन्दर जातिविहीन समाज का निर्माण करने की भावना हो सकती है लेकिन इसके साथ यह भी सत्य है कि अभी निकट भविष्य में जाति के विनाश की भावना लगभग नहीं के बराबर है। जब तक जाति का पूरी तरह विनाश न हो जाए तब तक हमें क्या करना चाहिए? मेरा यह मानना है कि जब तक 'हम एक जातिविहीन समाज' की स्थापना करने में सफल नहीं हो जाते, तब तक जाति का उपयोग करना होगा।[32]

बकौल काम्बले, यदि जाति का इस्तेमाल किया गया तो वह और मजबूत होगी, जिससे ब्राह्मणवाद और भी शक्तिशाली होगा।

कांशीराम राजनाँदगाँव (म.प्र) में दिए साक्षात्कार में कहते हैं—"हम जातिवाद को बढ़ावा देते हैं। जातिवाद जब मजबूत होगा तभी राष्ट्र का हित होगा।" सवर्ण पत्रकारों की इस पर टिप्पणी थी, कांशीराम का यह वक्तव्य यानी 'जात से जात मिटाना, मैले कपड़ों को कीचड़ के साथ साफ करने जैसा है।' डॉ. आम्बेडकर कहते हैं—"यदि जातिवाद को खत्म नहीं किया गया तो वह भारत को तबाह कर देगा।" इसके लिए डॉ. आम्बेडकर ने एकमात्र कारगर और परिणामकारी जातिविनाश के लिए शस्त्र ढूँढ़ निकाला है और वह है—समूचे भारत को बौद्धमय करना। यही उनकी मंजिल है, लेकिन कांशीराम अपने उपर्युक्त वक्तव्य के तहत बौद्ध धम्म अपनाने के विकल्प को जान-बूझकर निष्प्रभ कर रहे हैं। न केवल उ.प्र. में, बल्कि केन्द्र में अपनी सत्ता प्रस्थापित करने के रास्ते प्रशस्त किए, जिसके लिए कांशीराम जिम्मेदार हैं। डॉ. आम्बेडकर ने अपनी पुस्तक के पहले पृष्ठ पर टॉलस्टाय का एक वाक्य उद्धृत किया है—**आपने कितना मार्ग तय किया है, इसका ज्यादा महत्त्व नहीं है। इससे अधिक महत्त्व इस बात का है कि आप किस दिशा में जा रहे हैं।**

काम्बले के विचार में कांशीराम राष्ट्रीय स्वयं सेवक संघ का ही काम प्रतिक्रान्तिकारी के रूप में कर रहे हैं। कारण, उनके कार्य करने का ढंग आम्बेडकर विचारधारा के बिल्कुल विरुद्ध दिशा की ओर है। इसके विपरीत वे महाराष्ट्र के लोगों को दोष देते हुए कहते हैं—**"महाराष्ट्र में धन्धा करने वाले लोग ज्यादा होशियारी दिखाते हैं। वे नागपुर में बाबा साहब को अगरबत्ती-मोमबत्ती चढ़ाते हैं और इसी से वो उतने बड़े आम्बेडकरवादी हो गए हैं।"** कांशीराम ने जो उपर्युक्त वक्तव्य दिए उसकी पृष्ठभूमि हमें उन्होंने 26 मई, 1993 को राजनाँदगाँव (म.प्र.) में दिए गए साक्षात्कार में जो जहर उगला, उसमें मिलती है। वे कहते हैं—"महार जाति जब तक आम्बेडकर को घसीटती रहेगी, तब तक अपना विकास नहीं कर सकती। महार जाति हमसे तभी जुड़ सकती है जब आम्बेडकर का पीछा छोड़ेगी...अच्छा काम करेगी तो हमसे जुड़ेगी।" इस तरह कांशीराम डॉ. बाबा साहेब आम्बेडकर को निष्प्रभ करने की कोशिश कर रहे हैं। महार समाज ने डॉ. बाबा साहब आम्बेडकर को उनके कार्य

में जो सहयोग दिया, उसके लिए बाबा साहब आम्बेडकर ने अपने 28 अक्टूबर, 1954 के भाषण में उनके शौर्य, त्याग आदि की प्रशंसा करते हुए कृतज्ञता व्यक्त की है। महाराष्ट्र के करीब 8 लाख महारों ने बाबा साहब आम्बेडकर के द्वारा 14 अक्टूबर, 1956 को बौद्ध धम्म की दीक्षा ली थी लेकिन कांशीराम उन्हें 'बौद्ध' कहकर सम्बोधित न करते उन्हें 'महार' कहते हैं। जिस तरह रजनीश डॉ. आम्बेडकर और उनके द्वारा हुए बौद्धों के बौद्ध होने से इनकार करते हैं, वही रणनीति कांशीराम ने जान-बूझकर अपनाई है। यही नहीं, कांशीराम ने बारम्बार बाबा साहेब आम्बेडकर की अवमानना करने की कोशिश की है।[33]

15 अप्रैल, 1996 को राजस्थान में एक बसपा प्रत्याशी के समर्थन में चुनावी सभा को सम्बोधित करते हुए कांशीराम ने कहा था कि पूरा मीडिया मनुवादी हाथों में है। मनुवादी अखबार में उल्टा-सीधा लिखते हैं। मनुवादी मीडिया को मत पढ़ो और पढ़ो तो इस पर विश्वास मत करो। उन्होंने बहुजन समाज का आह्वान किया कि वह अपना मीडिया बनाने की कोशिश करें। कांशीराम ने कहा कि साइकिल पर घूमने वाला कांशीराम हैलीकाप्टर पर आ सकता है तो मीडिया भी बन जाएगा। इसमें वक्त जरूर लगेगा पर चार बार प्रदेश में बसपा की सरकार बन जाने के बाद भी बसपा प्रमुख या फिर उ.प्र. की वर्तमान मुख्यमन्त्री मायावती दलित मीडिया नहीं बना सके हैं।

असल में कांशीराम बाद के दौर में बुद्धिजीवी जमात से परहेज करते रहे हैं। दलित इतिहास, अस्मिता, सहित्य, संस्कृति और पहचान से उन्हें कुछ लेना-देना नहीं रहा। जितना आरम्भ में उन्होंने इन सबको अपने आन्दोलन में शामिल किया था फिर जल्दी ही किनारा कर लिया। वे सीधे-सीधे सत्ता की बात करते हैं और कहते हैं कि राजनैतिक सत्ता के बाद सब कुछ अपने-आप बदल जाएगा, जबकि ऐसा होता नहीं है। सत्ता से बुद्धिजीवी वर्ग प्रभावित जरूर होता है, पर वह प्रेरणा नहीं लेता। वह प्रेरणा लेता है अपने महापुरुषों से और उनके कार्यों से।[34]

इस बारे में बाबा साहेब की भूमिका का अध्ययन करें तो हमें पता चलता है कि उन्होंने पत्रकारिता का महत्त्व समझ कर साहित्य और पत्रकारिता के क्षेत्र में गम्भीरता पूर्वक अपना उत्तरदायित्व निभाया। वैसा कांशीराम जी ने नहीं किया।

कुछ भी हो बसपा में कहें या दलित, राजनीति में कांशीराम की उपस्थिति निश्चित ही दबदबे के रूप में रही। वे अन्य दलित नेताओं से भिन्न थे। परम्पराओं और राजनैतिक शैली का अन्तर था। 1994 आते-आते पत्रकारों को ही नहीं, उत्तर प्रदेश के मुख्यमन्त्री मुलायम सिंह यादव तक को यह पीड़ा सालती रही कि उनसे मिलने के लिए एक मुख्यमन्त्री को भी समय लेना पड़ता है। भारत के सबसे बड़े सूबे के सदर के ये शब्द कांशीराम की बढ़ती हुई ताकत और महत्त्व के सबूत रहे हैं।

बहुजन समाज पार्टी के राष्ट्रीय अध्यक्ष और उ.प्र. के इटावा लोकसभा निर्वाचन क्षेत्र से सांसद कांशीराम जी को प्रेस ही नहीं, राजनीतिक गलियारों में भी उत्तर प्रदेश का सुपर सी.एम. माना जाता था। खुद कांशीराम कहते थे कि मुलायम मुझसे पूछ कर ही कोई बड़ा कदम उठाता है और किसी भी नेता के सामने न झुकने वाले लोहियावादी अक्खड़

मुलायम सिंह कहते हैं, **'सिर पर उनके वरदहस्त' की जरूरत है। हम सदियों से दबे-कुचले समाज की काया पलट कर देंगे।**[35]

केवल एक दशक की राजनीति में ही कांशीराम की गिनती देश के पहली कतार के शीर्ष नेताओं में होने लगी थी। 60 वर्षीय विज्ञान से स्नातक दलितों के इस 'नए मसीहा' को अपनी बढ़ती ताकत का खुद भी अहसास था और इस ताकत का खुमार भी। उन पर दिसम्बर 1994 तक 120 आवरण कथाएँ छप चुकी थीं। पत्रकारिता जगत में यह एक नया कीर्तिमान था।

एक बार उन्होंने कहा था, "यहाँ से (12 गुरुद्वारा, रकाबगंज रोड) साउथ ब्लाक (प्रधामन्त्री कार्यालय) महज एक किलोमीटर है। अगले झटके में यह नीला परचम (बसपा का झंडा) साउथ ब्लाक में ही फहरेगा।" उन्होंने यह भी कहा था, "हाथों से (कांग्रेसी चुनाव चिह्न) या फूलों से (भाजपाई चुनाव चिह्न) हाथी (बसपा का चुनाव चिह्न) को नहीं रोका जा सकता। वह अपनी मंजिल पर जाकर ही दम लेगा और वह मंजिल अब बेहद नजदीक है।" कांशीराम का आकलन था, "वह अगर 1995 तक नहीं, तो 1998-99 तक देश के प्रधानमन्त्री होंगे।' उनका आकलन सही सिद्ध न हो सका।

अभय दुबे लिखते हैं कि 1978 में बामसेफ की स्थापना से लेकर 1991 में बसपा द्वारा लोकसभा लड़े जाने तक कांशीराम (उनके राजनीतिक जीवन में सब कुछ नियोजित विधि से चलता रहा) न उनके संगठन में कोई फूट पड़ी, न उनके नेतृत्व के खिलाफ कोई खास आवाज उठी और न ही गुजरे जमाने के दलित नेता उन्हें चुनौती दे पाए। उनके ऊपर सीआईए का एजेंट होने और बड़ी पार्टियों से खुफिया समझौता करने के आरोप जरूर लगे लेकिन कांशीराम ने उनका सामना अपने चुनाव चिह्न हाथी के समान धैर्य से ही किया। इस समय तक उनका मुख्य कार्यक्षेत्र उत्तर प्रदेश और पंजाब था। चुनावों से ठीक पहले कांशीराम ने अपने कार्यक्षेत्र को इस प्रकार परिभाषित किया कि वे "उ.प्र. और बिहार न मध्य प्रदेश के सीमाई इलाकों में सक्रिय हैं।...पंजाब अपने आप विकसित हुआ और उसका असर इन राज्यों से लगे हुए हरियाणा के इलाकों पर पड़ा। हमने दिल्ली और उसके आसपास सौ किमी के दायरे में जान-बूझकर कम प्राथमिकता दी। हम दिल्ली आधारित पार्टी नहीं बनाना चाहते थे।"

वह सब वैसा ही चलता रहा जैसा पार्टी सुप्रीमो चाहते थे। पार्टी पर उनकी पकड़ पहले जैसी ही थी। संगठन और नीतियों के सवालों से अधिक पार्टी कार्यकर्ताओं के भीतर आन्दोलन रचा-बसा था। वे केवल आगे बढ़ना चाहते थे। ठहराव में उनकी रुचि न थी। इस प्रकार 1991 तक कांशीराम दलित, पिछड़ों और अल्पसंख्यकों के बीच जम कर काम करने और अपनी राष्ट्रीय पहलकदमियों के बीच उचित सन्तुलन कायम रख पाए लेकिन 1989 और 1991 के बीच देश का राजनीतिक माहौल काफी बदल गया।

दुनिया के किसी भी समाज का इतिहास संघर्ष का रहा है। वह बात अलग है कि प्रत्येक जाति, वर्ग तथा नस्ल का सामाजिक तथा राजनैतिक संघर्ष परस्पर विरोधाभास का प्रतीक रहा हो पर इतिहास हो या राजनीति, उन सबके अपने-अपने सामाजिक सरोकार

रहे हैं। संघर्ष के स्वरूप अलग-अलग तरह के हो सकते हैं, लेकिन संघर्ष के बिना समाज का विकास सम्भव नहीं है। संघर्ष समाज को गति प्रदान करता है और संघर्ष से प्राप्त गति के परिणामस्वरूप सनातनी मूल्यों की जगह नए जीवन मूल्य विकसित होते हैं। समाज में इसी संघर्ष के कारण नए राजनैतिक दलों का उद्‌भव भी होता है।

भारत में समाजवादी और लोकतांत्रिक समाज का निर्माण करना ही डॉ. आम्बेडकर का उद्‌देश्य था। उनका सारा संघर्ष का दर्शन और चिन्तन तथा आन्दोलन इसी का दिग्दर्शक था। इसी लोकतांत्रिक मूल्य के आधार पर उन्होंने भारतीय समाज का ऐतिहासिक विश्लेषण भी किया था। उनके समय में जो राजनैतिक परिवर्तन हो रहे थे, उस पर भी हमें आम्बेडकर का अध्ययन और विश्लेषण मिलता है।[36]

बाबा साहेब डॉ. आम्बेडकर भारतीय समाज के इतिहास को क्रान्ति और प्रतिक्रान्ति का इतिहास मानते हैं और इसमें भी अधिकांश प्रतिक्रियावादी तत्व ही हावी होते रहे, ऐसा उनका निष्कर्ष रहा। आधुनिक भारत में सामाजिक सुधार और राजनैतिक सुधार के सवाल को लेकर जो संघर्ष शुरू हुआ उसमें प्रारम्भ में सामाजिक और राजनैतिक सवालों की चर्चा एक ही मंच से शुरू हुई लेकिन बाद में सामाजिक सुधार और राजनैतिक सुधार चाहने वाले दो अलग-अलग प्रवाह बन गए और संघर्ष का परिणाम यह हुआ कि समाज-सुधारकों की पराजय हुई। समाज-सुधार, समाज-परिवर्तन और समाजिक क्रान्ति का महत्त्वपूर्ण विचार पीछे रह गया और प्रतिक्रान्तिकारी ताकतें मजबूत होकर आगे आईं। यह उनकी बड़ी विजय थी और समाज बदलने वालों की करारी हार। समय-समय पर लगभग ऐसा ही इतिहास हमारे सामने आता है, अधिकांश राजनीतिज्ञ जिसे और अधिक पुख्ता करते हैं।

कांशीराम ने निःसन्देह दलित राजनीति को एक नया आयाम देने में सफलता हासिल की। उन्होंने दलितों को उनके अपने मतों का अर्थ समझाया। न केवल वोट के महत्त्व को बताया बल्कि दलित समाज में एक ऐसी भावना को भी विकसित किया, जिसके परिणामस्वरूप उनकी प्रवृत्ति आक्रमक बनी। मायावती के मुख्यमन्त्री बनने से राज्य के दलितों को इस बात का अहसास हुआ कि उत्तर प्रदेश में उनकी सरकार है। यह भावना तो बिहार में लालू प्रसाद यादव भी बनाने में सफल हुए, पर कोरी भावना से शासन और प्रशासन के सूत्र आगे नहीं बढ़े। उत्तर प्रदेश में मायावती की सरकार बनने से जाहिर बात है, दलितों को खुशी होती, पर क्या उनकी खुशी अन्त तक कायम रही? उत्तर प्रदेश में विजय की महारत क्या अपने बलबूते पर हुई? इसके लिए बहुजन समाज पार्टी ने कौन-सी कीमत नहीं चुकाई जिसका खामियाजा प्रदेश के दलितों को नहीं भुगतना पड़ा? कहीं तो वे अपने ही गाँव और कस्बे में अभिशप्त हो गए हैं। उनकी जीवनचर्या तथा जीविकोपार्जन की परिस्थितियाँ प्रभावित हुईं।[37]

वैसे देखा जाए तो 3 जून, 1995 की घटना ने इस देश की दलित राजनीति को बहुत कुछ दिया। विशेष रूप में सत्ता प्रतिष्ठान पर कैसे कब्जा किया जाए, इस बारे में बखूबी ज्ञान कराया। दलित राजनीति को एक बड़े राज्य की सत्ता से जुड़ने का अवसर दलितों को भी दिया।[38]

बहुत-से बुद्धिजीवियों ने जहाँ कांशीराम और मायावती दोनों की सहमति से भाजपा के साथ मिलकर सरकार बनाने के बारे में अवसरवाद कहा था, वहीं जनता दल के तत्कालीन प्रधान महासचिव रामविलास पासवान ने 1995 के अपने भाषण में कहा था कि बहुजन समाज पार्टी ने कभी भी दलितों के उत्थान या बेहतरी के लिए काम नहीं किया है। उनकी चिन्ता दलितों को बरगलाकर किसी तरह सत्ता प्राप्त करना रही है। भाजपा जैसी साम्प्रदायिक पार्टी, जिसे अन्य दलों ने अछूत घोषित किया था, से समर्थन लेकर सरकार बनाना यही साबित करता है कि बसपा निहायत ही अवसरवादी लोगों का जमावड़ा है। बाबा साहेब डॉ. आम्बेडकर के सिद्धान्तों में इनकी कोई आस्था नहीं। दरअसल 'कुर्सी' के लिए बसपा ने अपनी ही 'आइडियोलॉजी' के खिलाफ काम किया है।[39]

वे आगे कहते हैं कि अगर बसपा को यह महसूस हो रहा था कि सपा को समर्थन जारी रखना उचित नहीं है तो वह अपना समर्थन वापस लेकर चुनाव की माँग कर सकती थी लेकिन भाजपा के समर्थन से सरकार बना कर उसने दलित-अल्पसंख्यकों के ध्रुवीकरण की उस प्रक्रिया को कमजोर किया है, जिसे जनता दल ने शुरू किया था।

उत्तर प्रदेश में जिस तरह और जिन परिस्थितियों में सरकार बनी थी, उसे निश्चित ही हादसों से उबर कर सत्ता तक पहुँचने का एक अलोकतांत्रिक माध्यम भी कहा जा सकता है। मायावती के साढ़े चार माह के शासनतन्त्र में भी वैसे ही हादसों की सम्भावना रही थी। यह दो विरोधी परम्पराओं और संस्कृतियों के संगम का राजनैतिक कथानक था, जो अधिक दिनों तक नहीं चल सका।

डॉ. विवेक कुमार[40] के अनुसार, सभी जानते हैं कि अगर सपा एवं कांग्रेस बसपा का सहयोग करते तो उ.प्र. में एक धर्मनिरपेक्ष सरकार बन सकती थी, परन्तु ऐसा करने से उन्हें भविष्य में सत्ता खोने का डर था। अब प्रश्न उठता है कि आखिर ऐसी कौन सी मजबूरी रही कि बसपा सत्ता के लिए अपने कट्टर विरोधियों (मनुवादियों) से भी समझौता कर लेती है? इस प्रश्न का उत्तर बसपा के गठन के समय बनाए गए मूल सिद्धान्त एवं उसके राजनीतिक अनुभवों से मिलता है। बसपा का मूल सिद्धान्त है कि 'सत्ता के माध्यम से ही सामाजिक परिवर्तन' हो सकता है। कांशीराम की यह सोच दलित आन्दोलन के 150 वर्ष के इतिहास से प्रभावित है। इस दौरान भक्ति, धार्मिक परिवर्तन एवं सामाजिक आन्दोलनों का बोलबाला था। दलितों के आन्दोलन के इन रूपों ने सामाजिक, धार्मिक एवं सांस्कृतिक परिप्रेक्ष्य में तो समानता माँगने का प्रयास किया, लेकिन इन आन्दोलनों ने भारतीय समाज में किसी ऐसी संस्था एवं संरचना की स्थापना नहीं की जिससे दलितों को आर्थिक एवं राजनीतिक क्षेत्र में समानता दिलवाई जा सकती हो।

इस स्थिति को बाबा साहेब आम्बेडकर ने पहली बार समझा। इसलिए उन्होंने महार एवं कालाराम मन्दिर आन्दोलन के बाद सामाजिक आन्दोलन को छोड़ कर दलितों के लिए राजनीतिक अधिकारों की लड़ाई लड़ी। 1931 में उन्होंने लंदन गोलमेज सम्मेलन में दलितों के लिए पृथक निर्वाचन माँगा तथा उनके लिए कैबिनेट में भी आरक्षण की माँग रखी। इसी क्रम में उन्होंने 'इन्डिपेंडेंट लेबर पार्टी' एवं 'शेड्यूल्ड कास्ट फेडेरेशन पार्टी' का गठन किया

और 1948 में कांग्रेस सरकार में कबीना मन्त्री होते हुए भी दलितों से गुहार लगाई, 'राजनीतिक सत्ता ही आपके सर्वांगीण विकास की चाबी है।' 1984 में कांशीराम ने बसपा के गठन के समय बाबा साहेब से प्रेरणा लेते हुए सामाजिक सुधार की बजाय राजनीतिक सत्ता को पार्टी के एजेंडे में रखा। कांशीराम ने दलित राजनीतिक पार्टियों—आरपीआई एवं दलित पैंथर्स के अनुभवों से भी सीख ली। वह इस नतीजे पर पहुँचे कि सत्ता से वंचित दलितों की लड़ाई न तो कोई लड़ेगा और न ही उनके साथ कोई सहयोग करेगा।[41]

उ.प्र. में बदली राजनीतिक परिस्थितियों ने भी बसपा का साथ दिया। कांग्रेस यहाँ राजनीतिक हाशिये पर पहुँच चुकी है। बसपा एवं सपा का मताधार एक है। अतः ये दोनों पार्टियाँ एक साथ नहीं आ सकतीं। आज बसपा अपनी शक्ति बढ़ा चुकी है। इसलिए बसपा को भाजपा के साथ साझा सरकार बनाने में कोई परेशानी नहीं लगती। साथ ही, बसपा के लिए अपने अस्तित्व को बनाए रखने के लिए सत्ता में बने रहना जरूरी है। बसपा का आज जो भी विकास हुआ है, वह उसके तीन बार सत्ता में आने की ही वजह से हुआ है अन्यथा उसका भी हश्र आरपीआई एवं दलित पैंथर्स की तरह होता। अतः उ.प्र. में बसपा वं भाजपा सरकार किसी सामाजिक संरचनात्मक परिवर्तन का नहीं, राजनीतिक मजबूरी का नतीजा है।[42]

अब प्रश्न उठता है कि बसपा ने भाजपा से मिलकर पूर्व में जो साझा सरकारें बनाई थीं, उस दौरान उसने किसका 'एजेंडा' लागू किया—अपना या भाजपा का? क्या इन सरकारों के दौरान भाजपा अयोध्या, मथुरा, काशी या अन्य कोई साम्प्रदायिक एजेंडा लागू कर पाई? अगर हम तथ्यों के आधार पर इसका आकलन करें तो पाएँगे कि निःसन्देह भाजपा के सहयोग से बसपा ने अपने ही एजेंडे का क्रियान्वयन किया। उ.प्र. में प्रशासन, विकास की नीतियों, सामाजिक प्रतीकों की स्थापना आदि सभी निर्णयों में बसपा के 'एजेंडे' की झलक मिलती है।

बकौल **अभय कुमार दुबे**, मायावती को इन तमाम पहलुओं पर सोचना होगा। आज वे मुख्यमन्त्री पद की शपथ लेने के लिए किसी भी तरह के समझौते पर दस्तखत करने की जल्दबाजी में हो सकती हैं, लेकिन उन्हें यह तो देखना ही होगा कि उनके इस कदम से दलित आन्दोलन की ऐतिहासिक उपलब्धियों पर क्या असर होगा और दलित सबलीकरण की राह साफ होगी या वह एक बार फिर अपनी स्वायत्त हैसियत छोड़ कर द्विज समाज की मेहरबानियों पर निर्भर हो जाएगा?

कांशीराम के इस कथन से असहमत होने का कोई कारण नहीं है कि दलितों को राजसत्ता की जरूरत है। बाबा साहेब भी यही कहा करते थे। **उन्होंने राजसत्ता को चाबियों की चाबी यानी 'मास्टर की'** करार दिया था। कांशीराम इसी 'मास्टर की' को अपनी पंजाबी जबान में **'गुरु किल्ली'** कहते हैं लेकिन आम्बेडकर ने यह कभी नहीं कहा था कि राजसत्ता पाने के चक्कर में अपनी विचारधारा को तिलांजलि दे दी जाए। उन्होंने भी मोर्चे बनाए थे और विभिन्न राजनीतिक शक्तियों के साथ संयुक्त कार्रवाइयाँ की थीं, लेकिन अपनी टेक कभी नहीं छोड़ी थी। क्या बसपा वह सब छोड़ेगी? इसी के साथ जुड़ा हुआ सवाल

यह है कि क्या दो बार पहले भाजपा के साथ मिलकर सरकार बनाने पर बसपा ने अपनी टेक छोड़ी थी?

अरुण कुमार त्रिपाठी के अनुसार, इस गठजोड़ के समर्थक कह सकते हैं कि तीसरी बार भाजपा के सहयोग से मुख्यमन्त्री बनी मायावती को संघ परिवार का शेर निगल नहीं सका है और वह उसकी पीठ से गिर कर फिर उस पर सवार हो जाती हैं। इसलिए निगलने का रूपक ठीक नहीं है। लेकिन जिसने भी बसपा को एक आन्दोलन के रूप में विकसित होते देखा है और जिन्हें उसमें किसी सामाजिक क्रान्ति की सम्भावना दिखाई पड़ती थी, उन्हें तो लगता है कि हिन्दुत्व की सवारी ने उस सवार को तो निगल लिया है, भले ही उसके बदले कुछ और उगल दिया हो।

अगर स्वामी धर्मतीर्थ के **'हिस्ट्री ऑफ हिन्दू इम्पीरियलिज्म'** को देखे तो स्पष्ट हो जाएगा कि हिन्दूवाद किस तरह से वर्ण व्यवस्था का विरोध करने वाले विविध आन्दोलनों को अपने भीतर जज्ब करता रहा है। इसलिए तीसरी बार भाजपा के साथ मिलकर सरकार बनाई मायावती को अब यह स्पष्ट हो जाना चाहिए कि वह वर्णव्यवस्था में पूरी आस्था रखने वाले संघ परिवार के राजनीतिक दायरे के बाहर नहीं जा सकतीं और धीरे-धीरे वह उसी सामाजिक व्यवस्था में आस्था भी व्यक्त करें तो ताज्जुब नहीं।

लेकिन बसपा और भाजपा के इस गठजोड़ की आलोचना करते समय अन्य दलों के आचरण और राजनीतिक इतिहास की अनदेखी नहीं करनी चाहिए। बहुजन समाज पार्टी से पहले देश के एक दर्जन क्षेत्रीय राजनीतिक दलों ने भारतीय जनता पार्टी के साथ केन्द्र में गठजोड़ कर रखा है और वे उसकी सरकार को टिकाए हुए हैं। हालाँकि अपने इलाके में उनके व्यवहार साम्प्रदायिक नहीं हैं, पर राष्ट्रीय स्तर पर वे साम्प्रदायिकता से लड़ते हुए दिखते नहीं। हाल में लोक जनशक्ति पार्टी, राष्ट्रीय जनतांत्रिक गठबन्धन से बाहर निकल गई है, पर उसका निकलना भी प्रतिस्पर्धात्मक राजनीति के कारण ही हुआ है न कि किसी साम्प्रदायिकता बनाम धर्मनिरपेक्षता के सिद्धान्त के चलते। सीधी सी बात है कि अगर इतिहास में जाएँ तो जनसंघ से तालमेल का सिद्धान्त किसी छुटभैये समाजवादी ने नहीं बल्कि डॉ. राममनोहर लोहिया ने खुद दिया था और बाद में 'सम्पूर्ण क्रान्ति' के दौरान जयप्रकाश नारायण ने उसे अपनाया। यह बात अलग है कि तब बहुसंख्यक साम्प्रदायिकता का खतरा कम था और आज बहुत बढ़ गया है। लेकिन आज जो खतरा बढ़ा है उसकी पृष्ठभूमि में उन गठजोड़ों की अपनी भूमिका रही है जिनके सिद्धान्त और रणनीतियाँ समाजवादी नेताओं द्वारा दिए गए थे।

आज बसपा और भाजपा के बीच जो गठजोड़ हुआ है, उसका व्यावहारिक पक्ष तो दोनों दलों की तात्कालिक राजनीतिक जरूरत के मुताबिक निर्धारित हो रहा है। भाजपा को राजग से भागते दलों के विकल्प के रूप में बसपा की जरूरत है और बसपा को उत्तर प्रदेश जैसे बड़े राज्य की सत्ता चाहिए। लेकिन इसका सैद्धान्तिक पक्ष बदलते सामाजिक समीकरणों पर आधारित है। दलित सिद्धान्तकारों का कहना है कि गाँवों में दबंग स्थिति प्राप्त कर चुकी पिछड़ी जातियाँ ही दलितों पर सबसे ज्यादा जुल्म ढाती हैं। इसलिए उनके साथ दलित सुरक्षित

नहीं हैं। दलितों की सुरक्षा सवर्ण जातियों के साथ ही रह कर हो सकती है यानी सवर्णों की राजनीतिक अभिव्यक्ति अगर कांग्रेस के रूप में हो रही है तो उन्हें कांग्रेस से गठजोड़ करना चाहिए और अगर भाजपा के रूप में हो रही है तो उसके साथ गठजोड़ करना चाहिए। यह सिद्धान्त भोपाल में जारी किए 'दलित एजेंडा' के साथ ज्यादा स्पष्ट होकर आया है पर इसकी सुगबुगाहट लम्बे समय से चल रही थी। गेल आम्वेट जैसी बुद्धिजीवी इस दिशा में काफी पहले से संकेत दे रही थीं। लेकिन यह हैरानी की बात नहीं है कि संघ परिवार से जुड़े बुद्धिजीवी भी लम्बे समय से इस सिद्धान्त को प्रतिपादित कर रहे थे।

जहाँ तक दलितों की सामाजिक सुरक्षा का सवाल है तो वह सामाजिक न्याय और समाजवाद के नाम पर खड़े हुए पिछड़ों के आन्दोलन के लिए एक गम्भीर चुनौती है। अगर समाजवादी आन्दोलन और 'जाति तोड़ो आन्दोलन' का असर दलितों पर जुल्म के रूप में निकला है तो उन तमाम सिद्धान्तों की समीक्षा की जानी चाहिए जो लम्बे समय से प्रतिपादित किए जाते रहे हैं और मंडल आयोग की रपट लागू किए जाने के बाद जिन पर सर्वाधिक चर्चा हुई है। समाजवादी आन्दोलन की परम्परा को ले चलने का दावा करने वाली पिछड़ी जातियाँ अगर अपने व्यवहार से दलित जातियों के भीतर सामाजिक सुरक्षा और प्रेम के बजाय असुरक्षा और द्वेष उत्पन्न करती हैं तो उन्हें सिर्फ धर्मनिरपेक्षता का दावा करने के बजाय अपने आचरण के बारे में सोचना चाहिए।

प्रो. श्यामलाल लिखते हैं कि लगभग दो दशक से कांग्रेस अपने स्थायी जनाधार विशेष कर दलितों को लेकर इतनी बुरी तरह से चिन्तित है कि वह खुद को विचित्र स्थिति में पाती है। दलित जनाधार धीरे-धीरे खिसक रहा है जो कांग्रेस के साथ लगभग कई वर्षों से जुड़ा रहा था। दलित रेडिकल कांग्रेस की सामाजिक और राजनीतिक उपेक्षा भाव की सोच को अपने सामाजिक, आर्थिक और राजनीतिक पिछड़ेपन का कारण मानते हैं जो कि काफी हद तक इस अलगाव का आधारभूत कारण है। यही वजह है कि राजनीतिक सत्ता की भागीदारी के लिए इन्हें कारण बनाया गया और सामाजिक न्याय का सवाल भी उठाया गया, परन्तु पीछे मूल झगड़ा राजनीतिक सत्ता की भागीदारी का है। इसकी प्राप्ति के लिए रेडिकल बुद्धिजीवी कांशीराम ने अलग राजनीतिक रास्ता चुना और अपनी पहली पार्टी का नाम 'डीएम-4' रखा। यह पूर्णतः दलित समाज के लिए बनी पार्टी थी। सन् 1984 में ही 'डीएम-4' से उनकी पार्टी का नाम 'बहुजन समाज पार्टी (बसपा)' हो गया। ऐसा करके कांग्रेस और भाजपा को राजनीतिक दुविधा में डाल दिया। पंजाब, हरियाणा से शुरू हुई उनकी पार्टी उत्तर प्रदेश तक कैसे पहुँची, यह एक लम्बी कहानी है।[43]

बसपा सुप्रीमो ने एक और महत्वपूर्ण काम किया। उन्होंने कभी भी कोई पद नहीं लिया। हर प्रधानमन्त्री ने उनको मन्त्री बनाना चाहा। यहाँ तक कि उप-प्रधानमन्त्री के प्रलोभन भी दिए गए, लेकिन उन्होंने अपने दल की सत्ता बरकरार रखनी चाही। शनिवार, 15 नवम्बर, 2003 के दैनिक भास्कर के अंक में **'जयपुर में कांशीराम और मायावती का फर्क'** शीर्षक से हरीश गुप्ता ने लिखा है कि 'कांग्रेस के प्रधानमन्त्री नरसिंह राव ने उनसे उत्तर प्रदेश में समझौता किया, तो भाजपा ने कांशीराम से तीन-तीन बार मेल किया। एक प्रयोग

मुलायमसिंह यादव ने भी किया। हरियाणा में चौधरी देवीलाल से लेकर हर दल और हर नेता कांशीराम से हाथ मिलाने को तैयार रहता था। कमोबेश यही हाल पंजाब में भी था। 1998 में विधानसभा चुनाव में दिग्विजय सिंह की जीत का काफी श्रेय कांशीराम के पाले में जाता है।[44]

आज की तारीख में इस सवाल पर सोचना बहुत आवश्यक है कि कांशीराम और मायावती में क्या फर्क रहा? मायावती जी स्वयं सोचें तो बेहतर होगा। वे आज सत्ता में भी नहीं हैं। क्यों नहीं हैं? इस पर भी उन्हें विचार करना है। फारवर्ड प्रेस[45] के सम्पादकीय को देखें तो उसमें मायावती की उद्‌दृश्य सांस्कृतिक क्रान्ति की बात दर्ज की गई है। इस पर शोधार्थियों को सोच-विचार करना चाहिए।

सन्दर्भ

1. इंडिया टुडे, नई दिल्ली, 30 जून, 1995, पृष्ठ 30.
2. राष्ट्रीय सहारा, 27 सितम्बर, 1997.
3. दलित प्रक्रिया, आम्बेडकर चौक, मुनीरका, नई दिल्ली, मई-जून, 1995.
4. राष्ट्रीय सहारा (हस्तक्षेप), नोएडा, 10 जून, 1995, पृ. 5.
5. वही, पृ. 6.
6. वही, पृ. 7.
7. वही, पृ. 8.
8. वही, पृ. 9.
9. वही, पृ. 10.
10. हम दलित, नई दिल्ली, नवम्बर 1995, पृष्ठ 20.
11. समकालीन जनमत, 16-31 अगस्त, 95.
12. कमल ज्योति से।
13. समकालीन जनमत 1 जनवरी, 1994. पृ. 14.
14. समकालीन जनमत 16-31 मार्च, 94.
15. इंडिया टुडे, 15 नवम्बर 1995, पृ. 46.
16. बहुजन संगठक, अगस्त 95.
17. माया, 15 नवम्बर, 1995.
18. राष्ट्रीय सहारा, 30 सितम्बर, 1995.
19. वही, 18 नवम्बर, 1995.
20. कंवल भारती, कांशीराम के दो चेहरे, रामपुर, पृ. 7.
21. दलित लिबरेशन टुडे, लखनऊ, जून 1996, पृष्ठ 13.
22. निर्भय पथिक, इंडस्ट्रीयल इस्टेट, आम्बेडकर मार्ग, वडाला, बम्बई, 15 मई, 1988, पृष्ठ 9.
23. आरपीआई नेता राम सिंह से उनके निवास, आर्य नगर, पहाड़ गंज, नई दिल्ली पर साक्षात्कार के आधार पर।
24. वही, पृ. 35.
25. कांशीराम के दो चेहरे, पृ. 7.
26. धर्मयुग, बम्बई, 10 सितम्बर, 1989 पृ. 10.

27. निर्भय पथिक, बम्बई, पृष्ठ 10.
28. जनसत्ता, 31 मई, 1988.
29. दलित लिबेरेशन टुडे, अप्रैल, 1995, पृ. 37.
30. न्याय चक्र (सम्पादकीय), नई दिल्ली, दिसम्बर 1995.
31. 1952 में प्रथम आम चुनाव की पूर्व संध्या पर 27 अक्तूबर, 1952 को जालंधर नगर की बस्ती रामदास पुरा (बूटा मंडी) में बाबा साहेब डॉ. आम्बेडकर के द्वारा दिए गए भाषण से, कांशीराम के दो चेहरे, पृ. 198, धर्मयुग, पृ. 199.
32. एन.जी. काम्बले, कांशीराम का आम्बेडकर मिशन किस दिशा की ओर? हम दलित, अक्टूबर, 1999, पृ. 14.
33. वही, पृ. 16.
34. अमृत सन्देश, 27 मई, 1993.
35. 10 अक्टूबर, 1998 को क्वालालम्पूर में दिए गए भाषण से।
36. 8 अगस्त, 1930 को नागपुर में आयोजित अखिल भारतीय दलित वर्ग परिषद के भाषण से।
37. हम दलित, पृष्ठ 15, अक्टूबर 99.
38. फेडरेशन वर्सेस फ्रीडम, भाषण की प्रसिद्ध पुस्तक से–The distance you have gone is less important than the direction in which you are going today.
39. हम दलित, पृष्ठ 16.
40. डॉ. विवेक कुमार, दलितोत्थान के लिए सत्ता जरूरी, राष्ट्रीय सहारा, 4 मई, 2002.
41. वही।
42. वही।
43. प्रो. श्यामलाल, सामाजिक न्याय एवं दलित राजनीति, सबलाइम पब्लिकेशंस, जयपुर, 2004, पृ. 116.
44. वही, पृ. 117.
45. फारवर्ड प्रेस, 803, दीपाली, 92 नेहरू प्लेस, नई दिल्ली, सितम्बर, 2010, पृ. 10.

महार, मांग और चमार प्रसंग

बहुत से लोगों को इस बात पर आश्चर्य होता है कि जिस धर्म की व्यवस्था में ढेर सारी असमानताएँ हों, वह व्यवस्था अब तक जीवित कैसे रही है? कौन-से ऐसे तत्व हैं जो इसे पुष्ट करते हैं? जो तत्व इस व्यवस्था को पुष्ट करते आए हैं, उनमें सबसे महत्त्वपूर्ण तत्व हैं हिन्दुओं का इन्हें हर कीमत पर बनाए रखने का संकल्प। जब कभी अस्पृश्य इसमें थोड़ा-सा बदलाव लाने की कोशिश करते हैं, तभी हिन्दू उसे दबा देने के लिए हर स्तर के हथकंडे इस्तेमाल करने के लिए तैयार रहते हैं।

दुखद स्थिति तो यह रही कि जिस महापुरुष ने जातियों के उलझाव से दलितों को निकालने के प्रयास किए, स्वयं उन्हीं दलित जातियों के कुछ स्वार्थी नेताओं ने स्वयं आम्बेडकर को ही उलझा दिया। बकौल बाबा साहेब, **अस्पृश्यता पर लज्जित होने के बजाय हिन्दू उसे हमेशा उचित ठहराने की कोशिश करते हैं।**[1] वे आगे लिखते हैं, जातियों की सीढ़ीनुमा व्यवस्था में उच्चतम स्तर सभी को नहीं मिला है, पर नीचे वाले एकजुट नहीं हो सकते। उच्च वर्ग उच्चतर को गिरा देना चाहता है परन्तु निम्न और निम्नतर के बीच पटरी नहीं बैठेगी।[2] वे एक-दूसरे को ठेलते हैं, धक्का देते हैं और अपने-आप को उच्च बनने या दिखाने की कोशिश में लगे रहते हैं। यही अस्पृश्यता हिंदुओं के सहज गर्व को बनाए रखती है।[3]

क्या आम्बेडकर अपनी जाति यानि महार-समुदाय के ही नेता थे या समूचे दलित समाज के—यह सवाल परोक्ष और अपरोक्ष रूप से कई बार सामने आया है, विशेषतौर पर गांधी जी से जब उनके साथ सामाजिक एवं राजनैतिक प्रतिद्वन्द्विता रही। हालाँकि गांधी को उनके प्रतिद्वन्द्वी होने की आवश्यकता न थी, वे तो सन्त थे। उनके अनुयायी तो उन्हें महात्मा तक कह देते हैं। शरीर पर एक लँगोटी बाँध और हाथ में लाठी लिये उस सन्त और महात्मा को ऐसी क्या जरूरत पड़ गई थी? आम्बेडकर के अस्तित्व को नकारने के लिए ऐसा जरूरी था? सच बात तो यह थी कि अर्ध-नग्न रहनेवाले गांधी भीतर से वैसे नहीं थे जैसा दिखते थे। जबकि कांग्रेस के लिए तो वही महात्मा प्रभावपूर्ण हथियार था, जिसका कांग्रेसियों ने समय-समय पर इस्तेमाल किया।

दूसरी ओर यहाँ एक सवाल और भी सामने आता है कि क्या कोई ब्राह्मण दलितों, पिछड़ों का नेता हो सकता है, जैसा कि गांधी जी ने अपने-आप को कहा भी था और कुछ दलित जातियों के नेताओं ने स्वीकार भी किया था (विवरण देखें)[4]। हम समझते हैं कि इसी सवाल की पृष्ठभूमि में ही यह प्रसंग उभरा है।

हम सर्वप्रथम पहले वाले सवाल पर ही आते हैं। 1956 में बाबा साहेब के आह्वान पर बौद्ध धर्म स्वीकार करने से पूर्व महारों की महाराष्ट्र के अनुसूचित जातियों के समुदायों में सबसे अधिक संख्या थी और महार जाति के लोग दावा करते रहे कि डॉ. आम्बेडकर सारे दलित वर्गों के नेता थे। जबकि ऐसा भी कहा जाता है कि मांग (रस्सी बनाने वाले) और चमार (चमड़ा-कामगार) उनके इस दावे को अस्वीकार करते रहे।

30 अक्टूबर, 1939 के 'दि बाम्बे क्रॉनिकल' में प्रकाशित एक समाचार के अनुसार, चमार जाति के लोगों की एक सभा राजापुर तालुका जिला अहमदनगर में हुई, जिसकी अध्यक्षता नगरपालिका बम्बई के पर्यवेक्षक श्री एस.एन. शिवतारकर ने की।

उन्होंने अपने अध्यक्षीय भाषण में कांग्रेस सरकार और हरिजन सेवक संघ की प्रशंसा करते हुए तथा बाबा साहेब की आलोचना करते हुए कहा कि डॉ. आम्बेडकर महार समुदाय के अलावा अन्य किसी समुदाय का प्रतिनिधित्व नहीं करते हैं और करेंगे भी नहीं। उनका यह बयान हालाँकि राजनीतिक था, पर फिर भी दलित समाज के अलग-अलग समूहों और जातियों की भावनाओं को उस बयान ने उद्वेलित तो किया ही और आज भी करता है। यह बयान उस समय दिया गया जब बाबा साहेब ने शिखर पर चढ़ना आरम्भ कर दिया था।

यहाँ इस बात का विश्लेषण करना भी बहुत जरूरी हो जाता है कि वे कौन-से राजनीतिक पेंच थे जिनमें उलझ कर या दबाव में आकर 15 वर्ष तक डॉ. आम्बेडकर के साथ रहे स्वयं उनके निजी सचिव तथा बम्बई नगरपालिका के पर्यवेक्षक एस.एन. शिवतारकर को उनकी आलोचना करने और कांग्रेस की प्रशंसा करने पर मजबूर होना पड़ा।[5]

जैसा कि 'दि बाम्बे क्रॉनिकल' (30 अक्टूबर 1939) की एक रिपोर्ट बतलाती है, हरिजनों (चमार) की एक सभा रविवार को राजापुर तालुका (अहमदनगर) में हुई, जिसकी अध्यक्षता कर रहे शिवतारकर जी ने अपने भाषण में कहा कि हरिजन उत्थान के आन्दोलन ने कांग्रेस द्वारा आरम्भ किए गए राष्ट्रीय आन्दोलन से द्रुतगामी प्रगति अनुभव की है। उन्होंने यह भी स्पष्ट किया कि गांधी जी और उनके विश्वस्त अनुयायी हरिजनों के उत्थान के आन्दोलन को एक निश्चित रूप दे रहे हैं।

इसी सभा में उन्होंने बताया कि डॉ. आम्बेडकर महार समुदाय के अलावा अन्य किसी समुदाय का प्रतिनिधित्व नहीं करते हैं और करेंगे भी नहीं।

ऐसा प्रतीत होता है कि उन दिनों यह सभा हरिजन सेवक संघ तथा कांग्रेसियों ने आयोजित की होगी क्योंकि समाचार पत्र की रिपोर्टिंग में बार-बार गांधी, कांग्रेस और हरिजन सेवक संघ द्वारा दलितोद्धार हेतु किए गए कार्यों का वर्णन आता है।

इस बारे में 'दि बाम्बे क्रॉनिकल' के पृष्ठों को पढ़ें तो उसने अपनी एक रिपोर्ट में इस टाइटल के साथ लिखा–**'डॉ. आम्बेडकर से सम्बन्ध विच्छेद,'** महात्मा गांधी और अल्पसंख्यकों की उप समिति के अध्यक्ष मेकडोनाल्ड को 'श्रद्धानन्द मेमोरियल ट्रस्ट' दिल्ली के द्वारा एक टेलीग्राम भेजकर यह उद्धरण दिया : **"दलित वर्ग पृथक-निर्वाचन नहीं चाहते हैं। वे वयस्कों को मताधिकार देने से पूर्ण संतुष्ट हैं। आम्बेडकर में कोई विश्वास नहीं है।" –ए. पी.**

अन्य हरिजन नेताओं, जैसे एच.के. खांडेकर (सी.पी. असेम्बली के एक हरिजन सदस्य) ने आम्बेडकर के इस दावे का खण्डन किया कि वे सारे दलित वर्गों के नेता हैं। 'टाइम्स ऑफ इंडिया' के अनुसार, खांडेकर ने अपने पत्रों में वल्लभभाई पटेल और मि. गांधी को पत्र लिखकर इस बात पर प्रश्नचिह्न लगाया कि डॉ. आम्बेडकर का अनुसूचित जातियों के प्रतिनिधित्व पर प्राधिकार है। आम्बेडकर मात्र बम्बई और नागपुर के महारों के छोटे से तबके के नेता हैं। अतः वे समस्त अनुसूचित जातियों की ओर से प्रतिनिधित्व नहीं कर सकते हैं। **खांडेकर ने सक्रिय रूप से विधान सभाओं की चर्चाओं में आम्बेडकर का विरोध किया कि हिन्दू जातियों** और हरिजनों के बीच इन सीटों के बँटवारे से खाई पैदा हो जाएगी। "आम्बेडकर और मि. नागप्पा की मानसिकता के कारण हरिजन स्थायी तौर पर हरिजन बनें रहेंगे और धीरे-धीरे उनकी स्थिति बिगड़ती जाएगी, क्योंकि इन जातियों में बहुत सी उपजातियाँ हैं। यदि 35 प्रतिशत का प्रस्ताव पारित हो जाता है तो नागपुर में रहने वाले 3 प्रतिशत चमार चुनाव की परिधि में नहीं आएँगे। यदि चुनाव समुदायवार के तौर पर लड़ा जाता है, तो महार जो कि 80 प्रतिशत हैं, 35 प्रतिशत मत प्राप्त कर लेंगे। इसलिए चमार, भंगी और अन्य उपजातियाँ चुनाव में अपने प्रतिनिधियों को नहीं जितवा पाएँगी, क्योंकि वे लोग हरिजनों में भी अल्पसंख्यक हैं। इस मामले में केवल महार (जिस जाति से मेरा और डॉ. आम्बेडकर का सम्बन्ध है) बम्बई और नागपुर की सारी सीटें हथिया लेंगे क्योंकि उनकी वहाँ बहुसंख्या है। उन प्रान्तों में हरिजन लोगों को कोई सीट प्राप्त नहीं होगी।" यह चर्चा इस प्रस्ताव के कारण हुई कि 'अनुसूचित जातियों के मामले में आरक्षित सीट पर विजयी होने के लिए उम्मीदवार को चुनाव में कम-से-कम 35 प्रतिशत वोट प्राप्त करने होंगे।' यह संशोधन अन्ततः खारिज हो गया। 23 अक्टूबर, 1928 को पूना में भारतीय विधान आयोग के सम्मुख डॉ. आम्बेडकर से जिरह करने के दौरान यह स्पष्ट हुआ कि सर हरीसिंह गौड़ के सवाल अछूतों में मतभेद पैदा करने के उद्देश्य से लाए गए हैं और इसलिए वे स्थापित करते हैं कि अछूतपन की समस्या कोई विलक्षण नहीं है और यह समस्या हिन्दू जातियों के साथ अछूतों के सम्बन्ध में ही नहीं पाई जाती है।

आम्बेडकर इस बात के लिए बहुत संवेदनशील थे कि उन पर महार नेता होने का आरोप लगया गया था। जुलाई, 1927 के तीसरे सप्ताह में उन्होंने पूना के माँगवाड़ा में एक महत्त्वपूर्ण सभा को सम्बोधित किया था। उन्होंने पूरी कोशिश करके चमार जाति के कुछ नेताओं द्वारा अपने विरुद्ध लगाए गए जातिवाद और साम्प्रदायिक आरोपों का खण्डन किया। उनका आरोप था कि आम्बेडकर केवल महारों के ही नेता हैं। आम्बेडकर ने इस बात का उल्लेख किया कि नासिक और जलगाँव में उन्होंने जो हॉस्टल खोले थे वे सभी अछूत समुदायों के लिए थे। उन्होंने इस बात पर भी श्रोताओं का ध्यान आकर्षित किया कि वे एक मांग लड़के को पालने के लिए अपने घर ले आए हैं। उन्होंने कहा कि यदि उनके पास चमार समुदाय का कोई योग्य नेता है, तो वे खुशी से अपना पद छोड़ने के लिए तैयार है।[6] **के.के. सकट, एक मांग नेता के वक्तव्य के जवाब में कि महार, मांग लोगों के साथ** ठीक से व्यवहार नहीं करते हैं, आम्बेडकर ने कहा : कि "यदि महार लोग मांग लोगों के साथ

बुरा सलूक करते हैं तो यह बात मि. सकट के ध्यान में लाई जानी चाहिए। इस काम में मांग लोगों को महार नेताओं की ओर से पूरा सहयोग मिलेगा।" आम्बेडकर ने मांग और चमार जातियों की सभाओं में लगातार हिस्सा लिया और समर्थन के लिए आग्रह किया। 1936 में बम्बई प्रेसीडेसी मांग कॉन्फ्रेंस में उन्होंने मांग समुदाय को आश्वासन दिलाया कि बम्बई प्रेसीडेंसी में महार दलित वर्गों की एक बहुसंख्यक जाति है और यदि मांग लोग साथ आते हैं तो मांग और महार लोगों में किसी तरह का कोई भेद नहीं आएगा। उन्होंने यह भी विश्वास दिलाया कि वे मांग लोगों को बम्बई प्रेसीडेंसी में उनका 15 प्रतिशत सीटों का कोटा देने के लिए तैयार हैं, बशर्ते मांग लोग उनकी पार्टी की शपथ लेने को तैयार हों।

1 जनवरी, 1938 को शोलापुर में मांग-समुदाय की कॉन्फ्रेंस का चौथा अधिवेशन हुआ। आम्बेडकर ने इस बात को फिर दोहराया कि उनका काम केवल महारों को ही ऊपर उठाने का नहीं है बल्कि दलित वर्गों में आने वाले सभी अछूत लोगों के लिए है। उन्होंने सभी के लिए हॉस्टल खोले और सरकारी विभाग में मांग और चमार जाति के अभ्यर्थियों को पद दिलवाए।

धर्म-परिवर्तन का प्रश्न

जब आम्बेडकर ने दिसम्बर, 1935 को बम्बई के फारस रोड में धर्म-परिवर्तन का प्रश्न रखा तो बहुत तीखा विरोध उत्पन्न हो गया। बाद में कहा गया कि धर्म-परिवर्तन का यह मुद्दा भिन्न-भिन्न जाति सभाओं में तय किया जाएगा। धर्म-परिवर्तन के इस मुद्दे के कारण ही चमार आम्बेडकर से अलग हो गए। 1935 के आस-पास **देवरूखार,** एक चमार नेता, ने रिपोर्ट करते हुए कहा, "कम-से-कम डॉ. आम्बेडकर को महात्माजी पर अपनी बातें थोपने से पहले सभी हरिजनों की उपजातियों के साथ एक सा व्यवहार करना चाहिए था।" उसी पर्चे में आगे कहा गया कि "आम्बेडकर एक सुविधाभोगी आदमी हैं। उनका उनके इस संकल्प के साथ कोई सम्बन्ध नहीं है।" आम्बेडकर की धर्म-परिवर्तन की घोषणा के बाद देवरूखार ने कहा, "**धर्म-परिवर्तन से हरिजनों को कोई सहायता नहीं मिलेगी**। वे कहते ही गए कि "मैं सख्ती के साथ पूना पैक्ट के लेखक से अपील करता कि वे संघर्ष से न भागें। विशेषतः, जब कि विजय उनके पक्ष में है।" **एन.एस. कजरोलकर का जवाब भी लगभग इसी तरह का था, जिसे उपर्युक्त पर्चे में लिखा गया**। उन्होंने आम्बेडकर को कहा कि वे 'हरिजनों का परास्त नेता न बनें।" कजरोलकर ने कहा, "हमारे अनुभवी नेता आम्बेडकर ने हिन्दू-धर्म छोड़ने की हमें सलाह दी है, उससे हम हैरतअंगेज हैं...इससे हमारा दिल टूट गया है...आम्बेडकर जिन्होंने अतीत में हमारा बढ़िया नेतृत्व किया था, अब हमें हिन्दू-धर्म छोड़ने की बात कह, आत्महत्या करने के लिए कह रहे हैं..."

पी.एन. राजभोज, एक अन्य चमार नेता, और भी आगे चले गए और उन्होंने कहा कि आम्बेडकर अपने समर्थकों को दिग्भ्रमित कर रहे हैं। यह बात 17 फरवरी, 1933 को 'दि बाम्बे क्रॉनिकल' की रिपोर्ताज में कही गई। राजभोज ने कहा :

मुझे आम्बेडकर के वक्तव्य से कोई आश्चर्य नहीं हुआ है, क्योंकि इसमें कोई नई बात नहीं है...जब नासिक में मन्दिर-प्रवेश सत्याग्रह चल रहा था तो कुछ दर्जन महारों ने आम्बेडकर और उनके साथियों का वक्तव्य सुनकर ही मुसलमान धर्म अपना लिया था...इन अवांछित तत्वों ने नासिक-सत्याग्रह में मुझे विघ्न में डाल दिया और इसी कारण मैंने कालाराम मन्दिर सत्याग्रह से अपने को अलग कर लिया...आम्बेडकर न केवल अपने समर्थकों को दिग्भ्रमित कर रहे हैं बल्कि अपनी ऊर्जा, ज्ञान और नेतृत्व को गलत दिशा में धकेल रहे हैं। उनका यह कदम बंजर भूमि में जाने का माध्यम है। तथापि, आम्बेडकर ने प्रदर्शित करने का पूरा प्रयास किया कि वे किसी भी समूह के खिलाफ भेद-भाव नहीं बरत रहे हैं। **चांभार जाति के द्वारा बम्बई आर.एम. भट्ट हाई स्कूल हॉल में रोहित दास शिक्षा समिति के तत्वावधान में आयोजित की गई बैठक में जुलाई, 1929 के पहले** सप्ताह में आम्बेडकर ने भी भाग लिया। उस सभा का उद्देश्य इस जाति के लोगों के ध्यान में लाना था कि वह उनके खिलाफ कोई भेद-भाव नहीं बरत रहे हैं। लेकिन वे आम्बेडकर को दो बातों के लिए नापसन्द करते थे। एक कारण, धर्म-परिवर्तन विवाद था। दूसरा कारण यह था कि आम चुनाव में **आम्बेडकर ने चांभार-समुदाय के प्रतिनिधियों को सीटें देने से इस आधार पर मना कर दिया कि उन्होंने** धर्म-परिवर्तन के मामले में उनका समर्थन नहीं किया था। महार पंचायत गठित करने के प्रयास और इसके तत्वावधान में बम्बई के बांद्रा में मई, 1940 की कॉन्फ्रेंस को सम्बोधित करने के बाद भी स्थिति नहीं सुधरी। 14 जून, 1940 के 'जनता' समाचारपत्र में एक मराठी पत्र, जो कि **एलिएनर जेलिएट** ने अनुवाद किया था और मांग जाति के एक व्यक्ति ने लिखा था, उसके द्वारा आरोप लगाया गया कि आम्बेडकर केवल महारों के नेता हैं। निजाम राज्य के प्रथम शिक्षित मांग श्री डी.एन. काम्बले अपने पत्र में निम्नलिखित अनुरोध करते हैं : (1) महारों को चाहिए कि वे मांग लोगों के साथ बराबरी का व्यवहार करें। (2) वे इस बात का वचन दें कि मांग युवकों को आगे बढ़ने का मौका दिया जाएगा। (3) महार लोगों को चाहिए कि वे मांग लोगों के प्रदर्शनों में बाधा उत्पन्न न करें। (4) महार लोगों को चाहिए कि वे मांग लोगों से वतनदारी के अधिकार न छीनें। (5) आम्बेडकर को चाहिए कि वे महारों की ही तरह मांग लोगों की स्थितियों को सुधारने के लिए सम्बद्ध महसूस करें।

आम्बेडकर ने उत्तर दिया कि वे अन्तर्जातीय खान-पान को बढ़ावा देने में सफल हुए हैं, महार हॉस्टल सबके लिए खोले गए हैं, इंडिपेंडेंट लेबर पार्टी गुणवत्ता में विश्वास करती है न कि जाति में। उन्होंने मांग लोगों को चेतावनी दी कि वे कांग्रेस के रास्ते को अख्तियार न करें।

इस तरह महाराष्ट्र की अन्य अछूत जातियों ने, आम्बेडकर पर महार नेता होने का लेबल लगाया। महार, मांग और चांभार जातियों की खेंच-खचेड़ आम्बेडकर के समय में भी थी जिसको वे उस समय भी नहीं सुलझा पाए थे। **महार, मांग और चमार पारम्परिक शत्रु थे और उनकी यह शत्रुता रीति-सोपान-क्रम के कारण थी।** वंश-मानव-विज्ञान का साहित्य उनके बीच दुश्मनीपूर्ण सम्बन्धों को चित्रित करता है। चमार नेताओं की राजनीतिक आकांक्षाओं ने समुदायों को आपस में विभक्त कर दिया। आज भी ग्रामीण क्षेत्रों में इन

समुदायों का आपस में कोई तालमेल नहीं। महारों ने बौद्ध धर्म में अपने-आपको परिवर्तित करके अन्य अछूतों के साथ अपने मतभेदों को व्यापक कर लिया है। महाराष्ट्र में चमार और मांग, महारों की इस प्रगति से नाखुश हैं और इसीलिए किसी भी साम्प्रदायिक विवाद के समय वे हिन्दू जातियों का ही समर्थन करते हैं। इन पारम्परिक सम्बन्धों ने नया विस्तार लिया है। जितनी ज्यादा तरक्की महार करते जा रहे हैं उतनी ही चमार और मांग। परिणाम-स्वरूप इन जातियों के लोगों के बीच अलगाव की भावना बढ़ती जा रही है। हिन्दू जातियों के लोग इस बात को मानते हैं कि आम्बेडकर के प्रयासों के कारण ही महार लोगों ने उन्नति की है। बुद्ध धर्म में परिवर्तन के कारण महारों को हिन्दू धर्म के सम्मुख नया अस्तित्व मिला है।

16 मई के लखनऊ से लिखे भारत सरकार के श्रम सदस्य डॉ. बी.आर. आम्बेडकर के नाम एक खुले पत्र में उ.प्र. सफाई मजदूर पंचायत के सदस्यों "मेहतर-समुदाय के प्रति डॉ. आम्बेडकर के लापरवाह और कठोर दृष्टकोण" की निन्दा की गई है।

पंचायत डॉ. आम्बेडकर से अपनी स्थिति को स्पष्ट करने की प्रार्थना करते हुए कहती हैं–"जो कठोर और उपेक्षा का दृष्टिकोण आपने सफाई कर्मचारियों के प्रति अपनाया है और जो अनुसूचित जातियों के लिए नए समझौते की आपकी योजना में जैसा कि आपकी नई प्रस्तावना 'गांधी और अछूतों की नियुक्ति' में प्रस्तावित है, प्रदर्शित है, उससे आप सफाईकर्मियों की उससे भी अधिक बदतर स्थिति बना देंगे, जितनी सवर्ण हिन्दुओं ने गाँवों में दलित वर्गों की पहले से ही बना रखी है।"

सफाईकर्मी समुदाय (मेहतरों) के प्रति उनकी निष्ठा को सिद्ध करने के लिए डॉ. आम्बेडकर को चुनौती देते हुए पत्र उनसे मेहतर समुदाय के एक योग्य व्यक्ति के पक्ष में केन्द्रीय विधान मंडल में किसी भी अनुसूचित जाति के सदस्य को अपनी सीट खाली करने के लिए तैयार करने को कहा है।

इस पत्र की प्रतियाँ मि. चर्चिल, मि. एल.एस. अमेरी, भारत के वायसराय, गांधी, मि. एम.ए. जिन्ना, सर तेज बहादुर सप्रू और वायसराय की कार्यकारिणी परिषद के सदस्यों को प्रेषित की गई हैं।

(दि टाइम्स ऑफ इंडिया, दिनांक 21 मई, 1945 की खबर देखें–**सफाई कर्मियों की आम्बेडकर को चुनौती**)

डॉ. आम्बेडकर अछूतों की विभिन्न उपजातियों में सभी के नेता कैसे हो सकते हैं–यह प्रश्न गांधी जी ने गोलमेज सम्मेलन में उठाया था। यह प्रश्न केवल 'गांधी' के दिमाग का प्रश्न नहीं था। समाज में यह उठाने वाले और भी लोग थे। 'बहिष्कृत भारत' में भी यह प्रश्न मिलता है, **'मातंग परिषद' के नेता देवीदास राव, नामदेव राव काम्बले ने** 13 जून, 1941 को यह पत्र 'जनता पत्र' को लिखा। 14 जून, 1941 के अंक में यह आम्बेडकर के उत्तर सहित प्रकाशित हुआ। यहाँ हम सार दृष्टिगोचर करेंगे।

मैंने गांधी को 17 पृष्ठीय पत्र लिखा, गांधी ने अहंकार या तुच्छपन से मुझे उत्तर नहीं दिया। उस वक्त बुरा लगा। आपसे कहना है।[7]

1. महार मातंग समाज को तुच्छ व हल्का समझते हैं।

2. मातंग सूअर को पवित्र मानते हैं। महार मुसलमानों की भाँति उन्हें तुच्छ समझते हैं। नतीजा, झगड़ा होता है।
3. मातंग शादी (बारात) के अवसर पर घोड़े पर चढ़ते हैं तो महार अड़चनें डालते हैं। नतीजा, सिर-फुटौवल।
4. मातंग सुधार की बात करते हैं तो महार साथ नहीं देते।
5. जनसंख्या की दृष्टि से महार अधिक हैं। जैसी गुलामगिरी वे गैरदलित हिन्दुओं की करते हैं कमोबेश वैसी अल्पसंख्यक मातंग महारों की करते हैं।
6. अछूतों में शिक्षित और आगे बढ़े हुए लोग महार हैं। वे दूसरों को आगे बढ़ाने में साथ नहीं देते। M.L.A. भी इन्हीं के हैं।
7. आपने महारों की ओर ध्यान दिया है, अस्तु 'मातंग परिषद' ने प्रस्ताव पास किया है कि आप महारों के ही नेता है, मातंग समाज के नहीं।
8. महार खुद कंधा उचकाकर कहते हैं कि आम्बेडकर महारों के ही नेता हैं–आप न्याय के पक्ष में कल्याण करें तो महार मातंग दोनों को एक करें और आपसी विभाजन को रोकें।

पत्र लेखक सुझाव देता है–

1. महारों का मातंग पर वतनदारी (बेगारी) अधिकार नहीं।
2. आप सुधार कार्य में मातंग पर विशेष ध्यान दें।
3. सूअर विषयक झगड़े, तिरस्कार मिटाकर प्रेम-बन्धुता के उपाय सुझाएँ।
4. महार आपकी (बाबा साहेब डॉ. आम्बेडकर) ईश्वरीय अवतार की भाँति फोटो पूजते हैं, वह अनुकरण में 'मातंग' समाज को नहीं करने दूँगा। 15 दिन में उत्तर नहीं मिला तो मेरा-आपका रास्ता अलग-अलग, ऐसा समझूँगा।

इस पत्र में कुछ प्रवृत्तियाँ उजागर हुई हैं जो सभी दलितों पर लागू होती हैं। हर बड़ी मछली छोटी मछली को खाती है। कमजोर जातियाँ भी अपने से कमजोर का शोषण करती हैं। दलितों में दलित जातियाँ व स्त्रियाँ दोहरा शोषण झेलती हैं। क्या यह नायक सजग है? **हम यहाँ डॉ. आम्बेडकर का जवाब इस सम्बन्ध में देखेंगे।**

कोई व्यक्ति किसी के पत्र का जवाब नहीं दे पाए, इसका मतलब तिरस्कार नहीं होता। मैंने तिरस्कार किया, यह आपकी गलतफहमी है और मेरे पास तो गांधी जी की तरह जवाब देने के लिए सेक्रेटरी भी नहीं है। इस कारण मैं अनेक सहकर्मियों को जवाब नहीं दे पाता, इससे मैं उनका तिरस्कार करता हूँ, ऐसा नहीं है।

व्यक्ति-पूजा मनुष्य में कमी लाने वाली बात है। मैं 'समता' का प्रबल समर्थक हूँ। मैं देव नहीं, महात्मा भी नहीं, यह कहते-कहते थक चुका हूँ, परन्तु महारों पर इसका असर नहीं है। मातंग मेरा चित्र नहीं पूजेंगे, यह अच्छा होगा। चित्र-पूजन बुरी बात है इसमें कोई सन्देह नहीं। ब्राह्मणवाद नष्ट करना मेरा निश्चय है। यह कार्य मेरे जीवन में मेरे अकेले हाथ से पूरा नहीं होगा। मातंग इसे पूरा करेंगे तो वे ही इतिहास में बड़ा स्थान पाएँगे। **मैं महारों का नेता हूँ यह आरोप मैंने अखबारों में पढ़ा है। यर्वदा-सन्धि (Yervada-Pact)**

में कांग्रेस ने मुझे समूचे हिन्दुस्तान के अछूतों का नेता कहा। उसके बाद महारों का, फिर 'कोंकण' का, फिर दापोली का। ऐसा प्रचार कांग्रेस ने किया और करेगी। उसके समर्थक महारों में भी मिल जाएँगे लेकिन जो कांग्रेस का विरोध कर सकते हैं, मेरे कथन की सत्यता उन्हीं को प्रतीत होती है। **हरिजन सेवक संघ महाराष्ट्र की रिपोर्ट के अनुसार, महारों की स्थिति सबसे ज्यादा खराब है, तो उधर मेरा ध्यान जाना स्वाभाविक था।**

डॉ. आम्बेडकर नेताओं की दो कोटियाँ या रूप बताते हैं–

1. वे नेता, जो केवल नाम के लिए नेता होते हैं।
2. वे नेता, जो काम के लिए नेता होते हैं।

"मुझे काम चाहिए, मैं काम के लिए नेता हूँ–समाजसेवक नहीं हूँ। मिश्रित विवाह, सहभोजन के आरम्भ मेरे प्रयासों के नतीजे हैं।"

एक 'मातंग' युवक को स्नातक होने पर भी डॉ. आम्बेडकर ने 'स्वतन्त्र मजदूर पार्टी' में नहीं लिया। इस पर एक मातंग नेता द्वारा प्रश्न उठाया गया तो प्रतिनिधित्व के बारे में उन्होंने स्पष्ट कहा कि "राजनीति में सुशिक्षित व्यक्ति होना चाहिए यह जरूरी है, लेकिन शिक्षा से ज्यादा जरूरी है शील।" 'स्वतन्त्र मजदूर पार्टी' किसी भी नालायक के विरुद्ध है। उसके न होने से मातंग व चमार जातियों का कोई नुकसान नहीं होगा।

'जनता' पत्र के प्रधान सम्पादक श्रीयुत देवराज नाईक ने आम्बेडकर विशेषांक नवयुग मराठी में एक महत्त्वपूर्ण लेख लिखा। 'यदि आम्बेडकर महार नहीं होते' इस लेख में नाईक ने दलित-आन्दोलन की पीठिका में महार-मांग भेद का उल्लेख किया। उन्होंने अपने लेख में कहा था कि महार मांग के साथ वैसा पशुवत् व्यवहार नहीं करते जैसा हिन्दू अछूतों के साथ करते रहे हैं। वे आगे लिखते हैं कि आम्बेडकर ब्राह्मण नहीं हुए इससे ब्राह्मणों को कोई हानि नहीं हुई किन्तु महार होने से उन्होंने अछूतों के सुख-दुख को पूरी तरह समझा।

पूर्व सांसद और बाबा साहेब के समकालीन जी.के. माने के विचार में **कांग्रेस पार्टी मुख्यतः बाबा साहेब को 'ब्रांड' करती रही कि आम्बेडकर महार कम्युनिटी के नेता हैं। यह बात अवश्य थी कि चमार और मातंग जातियों में महार लीडिंग समुदाय रहा; पर बाबा साहेब किसी एक समुदाय के नेता नहीं थे।**

इस तरह की बातें बाद में और भी बढ़ीं जब राजनैतिक परिवेश गर्माया। उस समय के पत्र-पत्रिकाएँ तो इस प्रसंग के बहाने आम्बेडकर की तीखी आलोचना किया करते थे। इस बात को साबित करने के प्रयास किए जाते थे कि आम्बेडकर मुख्यतः अपनी जाति के लोगों के कल्याण के बारे में ही सोचते हैं। इस तरह की आलोचना 'दि बांम्बे क्रॉनिकल' के अंकों में अधिक की जाती थी। 1931 में त्रिचूर के मन्दिर प्रवेश सत्याग्रह के आयोजक को लिखे गए डॉ. आम्बेडकर के पत्र के जवाब में उक्त समाचार पत्र के एक सम्पादकीय में कहा गया, "क्या धारवाड़ के चमार समुदाय की जिला कॉन्फ्रेंस में पारित प्रस्तावों की ओर आपका ध्यान आकर्षित करने का हम प्रयास कर सकते हैं? यह कहने की आवश्यकता नहीं कि आम्बेडकर ने उन सभी को नजरअन्दाज किया है।"

बाबा साहेब ने अपने भाषण में कहा था—"यह खेदजनक है कि दलित वर्गों के विभिन्न समुदायों में वैचारिक मतभेद हो गए हैं जबकि उन्होंने किसी विशेष समुदाय के लिए काम नहीं किया है, वरन् उनका कार्य सम्पूर्ण दलित समुदायों के लिए है।" यह डॉ. बी.आर. आम्बेडकर ने आर.एम.आर. हाईस्कूल, परेल, बम्बई में 'रोहिदास-सिख-समाज' की सभा में भाषण देते हुए स्वीकार किया। सभा की अध्यक्षता एम.बी. डांडे ने की।

डॉ. आम्बेडकर ने आगे कहा कि चमार समुदाय जो 'स्वतन्त्र श्रमिक पार्टी' से अलग रहता है, इस विश्वास में है कि कांग्रेस उसका ज्यादा सुधार करेगी, किन्तु यह उसका विश्वास गलत है। उन्होंने विभिन्न समुदायों में एकता के लिए अपील की।

सभा में ये प्रस्ताव पारित किए गए कि प्रत्येक जनपद में दलित समुदायों के लिए निःशुल्क आवासीय स्कूल होने चाहिए और सरकार को उन लड़के-लड़कियों को, जो वर्तमान परीक्षा में अनुत्तीर्ण हो गए हैं, तीन माह में पुनः परीक्षा देने की स्वीकृति देनी चाहिए।

महाराष्ट्र में चमार जाति महारों के मुकाबले आर्थिक रूप से मजबूत रही है। भगवान दास[8] का मानना है कि वे अपने को सामाजिक स्तर पर महारों से ऊँचा समझते हैं। 1937 के पहले कांग्रेस तथा गांधीवादियों ने 'बालू' नाम के क्रिकेट खिलाड़ी को बाबा साहेब के खिलाफ चुनाव में खड़ा किया था। 1944-51 तक राजभोज शेड्यूल्ड कास्ट्स फेडरेशन के सचिव रहे, वे कभी आम्बेडकर के साथ रहे, कभी उनके विरोधी हो गए। 1952 में कांग्रेस ने फिर कजरोलकर को बाबा साहेब के खिलाफ चुनाव लड़ाया। ये तीनों तत्कालीन नेता चमार जाति से थे, पर इसका अर्थ यह नहीं कि इस जाति से सभी नेता या कार्यकर्ता उनके खिलाफ थे। इसी जाति से शिवतारकर वफादार अनुयायियों में से एक थे। बाबा साहेब ने 1936 के चुनाव में कहा था, "मैं भले ही चुनाव में हार जाऊँ लेकिन शिवतारकर को जरूर जीतना चाहिए।" वहीं स्वयं सीताराम नामदेव शिवतारकर का एक लेख **'जनता'** पत्र के 14 अप्रैल, 1934 वाले अंक में छपा था। उस लेख (अस्पृश्यांचा खरा उद्धारक कोण?) में भीमराव के एक अध्यापक उनके साथ कैसा व्यवहार करते थे, उस बारे में विवरण है।[9] **कई बार उन्हें आर्थिक कठिनाई आई तब कोल्हापुर के चमार जाति के व्यापारियों ने बाबा साहेब की सहायता की।**

बाबा साहेब डॉ. आम्बेडकर को इस बात का बहुत दुःख था कि लोग उन्हें महारों का नेता समझते हैं। उनकी तस्वीर छोटे रूप में प्रस्तुत की जाती रही है। विशेष तौर से विपक्षियों के द्वारा तो समय-समय पर उनके खिलाफ इसी तरह की बातें कही गईं। इसलिए वे बार-बार यही दोहराते रहे कि वे अकेले महारों के नेता नहीं हैं बल्कि सारे दलित वर्गों के प्रतिनिधि हैं। उन्होंने कई बार दलित वर्गों के लोगों को यह चेतावनी दी कि उनकी पारम्परिक शत्रुता का हिन्दू जाति के लोग इस्तेमाल करेंगे, इसीलिए अछूतों को अपने मतभेदों को दूर करके आम लक्ष्य के लिए संघर्ष करना चाहिए।

वे कहते थे कि उनके प्रति घृणा का कारण अछूतों में भी जाति-पद्धति के मूल्यों का व्याप्त होना है। महारों में सड़ा मांस खाने की आदत थी। इसलिए महार अन्य अछूत समुदायों

में सबसे अधिक घृणित माना जाता था। रीति सोपान क्रम में चमार, अछूतों से ऊँचे समझे जाते थे। इसी प्रकार मांग लोगों को भी महारों की तुलना में, नीचे समझा जाता था। इसके बावजूद भी मांग लोग अपने-आपको महारों से ऊँचा समझते हैं, क्योंकि उनका दावा है कि वे सड़ा मांस नहीं खाते थे। मांग यानी रस्सी बनाने वाले और चमार, चमड़ा कामगार इसी तरह की विषमताओं के शिकार थे। इन जातियों की विषमता पर आधारित यह विचार ब्राह्मणों की देन थी, जिसमें वे भ्रमित थे। एक तरफ दलित वर्गों को सवर्णों के द्वारा नीचा समझा जाता था तो दूसरी ओर स्वयं दलित जातियों के लोग एक-दूसरे को नीचा समझ कर अपने को श्रेष्ठ समझने की खुशफहमी में जीते थे। डॉ. आम्बेडकर ने हिन्दू समाज की अजीबोगरीब अमानवीय संरचना का नजदीक से अध्ययन किया था। फिर वे स्वयं भुक्तभोगी भी तो थे।

यह बात अलग थी कि आम्बेडकर के ऐसे बहुत-से वक्तव्यों में महारों की ओर परोक्ष तथा अपरोक्ष रूप से संकेत होता था। आम्बेडकर ने बम्बई विधान परिषद की 1928 के आसपास की चर्चाओं में वतन के उन्मूलन के कारणों का उल्लेख किया है। सभा के सम्मुख अपने जोशीले वक्तव्य में उन्होंने महारों के सामाजिक-आर्थिक स्तर का भी वर्णन किया। आम्बेडकर ने गहराई से यह महसूस किया था कि गाँव के महारों की एक सीमा तक समस्या उनकी (महार) वतनदार के रूप में हैसियत का होना है।

डॉ. आम्बेडकर ने कहा कि इन महार वतनदार लोगों की आय के दो स्रोत थे। पहला स्रोत ईनामदार भूमि और दूसरा बलूटा अथवा वतनदार महारों का गाँव के लोगों से गेहूँ इकट्ठा करना।

बहुत-सी बातों में मांग, चांभार और महारों की तुलना में ठीक-ठाक थे। वे पारम्परिक कारीगर थे। इस कारण हिन्दू जातियों के साथ उनका सम्पर्क था। उनकी हिन्दुओं से रोज-रोज भिड़ंतें नहीं होती थीं, जबकि महारों के साथ ये बातें आम थीं।

20 मार्च, 1927 को कोलाबा जिले में दलित वर्गों द्वारा एक सभा आयोजित की गई थी। इस अवसर पर आम्बेडकर ने दलित वर्गों को अपने आचरण सुधारने पर बल दिया था। साथ ही, महारों को सड़ा मांस खाने को छोड़ने के आन्दोलन से व्रत लेने का आह्वान किया था।

डॉ. बी.के. गायकवाड़ लिखते हैं कि बाबा साहेब जाति-पाँति के घोर विरोधी थे। मुझे भली प्रकार याद है कि वह अपने उन कार्यकर्ताओं को बहुत डाँटते थे और जो भंगियों में मैला उठाने के कार्य से जुड़े थे, उन्हें उस व्यवसाय को छोड़ने के लिए बार-बार कहते थे। बाबा साहेब के ऐसे बहुत से मित्र थे जिनका सम्बन्ध भंगी जाति से था। जब कभी वह नासिक आते थे, बहुत से ब्राह्मण और दलित जातियों के लोग उन्हें भोजन पर निमन्त्रण दिया करते थे, किन्तु वे अपने परम मित्र **रामभाऊ पालाजी मारो** जो भंगी जाति के थे, के घर पर ही रहकर खाना पसन्द करते थे। उनकी मान्यता थी कि अगर अछूत जातियों के लोग भी परस्पर छुआछूत मानेंगे तो उन्हें सवर्ण हिन्दुओं के खिलाफ शिकायत करने का क्या हक है? उनका कहना था कि अनुसूचित जातियाँ परस्पर खान-पान तक ही सीमित

न रहें बल्कि जाति-उपजातियों के भेदभाव त्याग कर विवाह-शादियाँ भी करें। उन्हीं की इस शिक्षा को क्रियात्मक रूप देने के लिए नासिक में महारों और भंगियों के बीच अनेक शादियाँ हुईं।

बाबा साहेब के कार्यक्रम सम्बन्धी रिपोर्ट के अध्ययन से हमें पता चलता है कि दलित वर्गों की बम्बई नगरपालिका में सेवारत भंगियों की एक विशाल जनसभा मि. निकालजी की अध्यक्षता में रविवार को इम्प्रेस सिनेमा, ग्राण्ट रोड के निकट नगर महापालिका चाल में हुई। सभा में डॉ. आम्बेडकर और कराची से बम्बई विधान परिषद के लिए तब नवनिर्वाचित दलित सदस्य मि. वघेला को बधाई देने हेतु प्रस्ताव पारित किए गए। सभा के बाद एक अन्तर्जातीय भोज का आयोजन किया गया। जिन लोगों ने भोज में हिस्सा लिया, उनमें डॉ. आम्बेडकर, मि. वघेला, एम.एल.सी., मि. चित्रे, मि. सहस्त्रबुद्धे, मि. डी.वी. प्रधान, शिवतारकर, मि. पगारे, मि. जाधव आदि थे।

बाबा साहेब का कहना था, **"जाति-व्यवस्था प्रचार से नहीं फैली और न ही केवल प्रचार द्वारा इसे खत्म किया जा सकता है। जब तक नेता, बुद्धिजीवी और समाज-सुधारक स्वयं इस किले को तोड़कर बाहर नहीं निकलते, जन-साधारण को जाति-व्यवस्था से मुक्त नहीं कराया जा सकता।"**

भगवान दास का मानना है कि राजनीतिक तौर पर बाबा साहेब अछूतों को एक मंच पर लाकर संगठित करना चाहते थे, परन्तु अछूतों में भी जातीयता का भाव बहुत मजबूत था और जाति-व्यवस्था के कारण सामाजिक तौर पर वे संगठित नहीं थे। असन्तुष्ट होकर पंजाब में चूहड़ा जाति के कुछ लोग कांग्रेस में चले गए जहाँ कांग्रेस ने उन्हें आरक्षित सीटों पर अपने उम्मीदवार बनाकर लड़ाया। पश्चिमी उत्तर प्रदेश में जाटवों ने फेडरेशन पर कब्जा कर लिया। वे भी अन्य अछूत जातियों से घृणा करते थे और साथ लेकर चलने को तैयार नहीं थे। और फिर यह दूरी बढ़ती गई।

वे आगे लिखते हैं कि विधायक और सांसद बनने के इच्छुक लोग कांग्रेस में शामिल होने लगे। जो कुछ पंजाब में हुआ, वही अन्य सूबों में भी हुआ।

दलितों के द्वन्द्व

बाबा साहेब डॉ. आम्बेडकर अपने जीते-जी दलित समाज की विभिन्न जातियों के बात-बात पर भड़कने वाले नेताओं और अपनी-अपनी जातियों के लोगों को भड़काने वाले तथा सवर्ण नेताओं की जिस कूटनीति से जूझते रहे, उनके बाद भी यह प्रक्रिया थमी नहीं बल्कि जारी रही। जहाँ सवर्णों ने इसका फायदा उठाया, वहीं दलितों के जुझारू और ईमानदार नेता घाटे में रहे।

आजादी के बाद सवर्ण नेताओं की यही कूटनीति दलित बुद्धिजीवियों को परेशान करती रही है। पिछले तीन-चार दशक से वाल्मीकि समाज के बीच से यह बात बार-बार उभरती रही है कि उनकी आबादी के आधार पर उन्हें लोकसभा/राज्यसभा/विधानसभा तथा विधान

परिषदों में उचित प्रतिनिधित्व दिया जाए। उनके बीच से राष्ट्रपति भले ही न बनाया जाए, पर संसद के दरवाजे तो उनके लिए खुलने ही चाहिए लेकिन राजनीतिक दलों के समीकरण उनकी सोच से बिलकुल विपरीत रहे हैं। आजादी से पूर्व जिस अत्यन्त दयनीय स्थिति में सफाई करने वाला समाज था उसमें बहुत कम ही परिवर्तन आया, ऐसा समाजशास्त्री हमें बतालते हैं। समाज की जूठन खाने के साथ राजनीति की भी जूठन खाने और खिलाने की परम्परा इस समाज में लगभग वैसी बनाई शुरुआत की सवर्ण जातियों के कुछ नेताओं ने। बाद में उस परम्परा का आँख बन्द कर पालन किया स्वयं वाल्मीकि समाज के कुछ नेताओं ने। वाल्मीकि समाज में भी चरण छूने वाले नेताओं की अच्छी-खासी संख्या रही, चाहे वे नेता जिला स्तर पर रहे या राष्ट्रीय स्तर पर। इसी समाज में कुछ स्वाभिमानी नेता भी हुए पर उनकी किसी ने चलने नहीं दी। परिणामस्वरूप, वाल्मीकि वोटर भी कभी कांग्रेस तो कभी अन्य राजनीतिक पार्टियों में आता-जाता रहा। उनके बीच भटकाव बढ़ा। राजनीतिक गलियारों में उनके नेताओं की आवाजाही तो रही, पर ऐसे अधिकांश वाल्मीकि नेताओं पर गुलामी की परतें चढ़ती गईं।

भारतीय संसद में वाल्मीकि समाज का बहुत कम प्रतिनिधित्व होने के पीछे कुछ राजनीतिक चिन्तक तथा विचारक अलग-अलग कारण खोजते हैं। कुछ का विचार है कि वाल्मीकि समाज की जनसंख्या बहुत कम है। कुछ लोग यह भी आधार प्रस्तुत करते हैं कि गाँवों में इस समाज के लोगों की संख्या बहुत कम है और शहरों में इनकी आबादी बिखरी हुई है, लेकिन राजनीतिक दलों के यथार्थ को कोई नहीं जानता और न ही जानना चाहता। जो यथार्थ यह बतलाता है कि सभी पार्टियाँ जाति पर आधारित राजनीतिक दर्शन में अधिक विश्वास करती हैं। पार्टी के सामने अहम मुद्दा होता है चुनाव जीतने का। कहाँ से कौन और किस जाति का उम्मीदवार सीट निकाल सकता है, इसे वरीयता दी जाती है। किस जाति के लोगों को कितना प्रतिनिधित्व दिया जाए, इस बात पर पार्टी हलकों में कम बहस होती है। इन सबका सबसे बड़ा कारण यह है कि राजनीतिज्ञों के बीच सोशल इंजीनियरिंग के सिद्धांत को आगे ले जाने वालों की संख्या बहुत कम होती है। सामाजिक मुद्दों पर सकारात्मक तरह से बहस भी नहीं होती।

1952 के आम चुनाव में वाल्मीकि समाज से दो वाल्मीकि उम्मीदवारों को टिकट दिया गया था। वह थे कन्हैयालाल वाल्मीकि, जिनका चुनावक्षेत्र बुलन्दशहर (उ.प्र.) था। दूसरे थे भोला राऊत, जो बिहार से थे। बाद में बूटासिंह को कांग्रेस द्वारा 1962 में लोकसभा का चुनाव लड़ाया गया और उन्हें कृषि तथा ग्रामीण विकास मन्त्रालय में कैबिनेट मन्त्री बना दिया गया। केन्द्र में बूटासिंह एकमात्र शीर्ष नेताओं में रहे। वे तीसरी लोकसभा के बाद चौथी, पाँचवीं, सातवीं और आठवीं लोकसभा के चुनाव में जीतते रहे। उनके अलावा भोला राऊत पहले आम चुनाव के बाद दूसरे, तीसरे, पाँचवें और सातवें आम चुनाव में जीत कर लोकसभा में आते रहे। इनके अलावा दूसरी लोकसभा में जब गोविन्द बल्लभ पंत गृहमन्त्री रहे तब हरिसिंह वाल्मीकि लोकसभा में थे। साथ ही, वे राज्यसभा सदस्य भी रहे। उ.प्र. में वे राज्यमन्त्री भी रहे। इनके अलावा राजस्थान से पहले दो बार विधायक और नौवीं

लोकसभा में पहली बार गोपाल पचेरवाल राष्ट्रीय मोर्चे के टिकट पर चुनाव जीत कर संसद में आए। कुछ दिन बाद उन्हें पार्टी संगठन में महासचिव भी बनाया गया। अन्य राजनीतिज्ञों में शिवलाल वाल्मीकि, गनपत भगत, शिवचरण तथा नारायण दीन आदि रहे। दिल्ली से भाजपा की राजनीतिक पंक्ति में जहाँ स्वरूप राजन थे, वहीं कांग्रेस से चन्दोलिया जी थे। इनके अलावा वाल्मीकि समाज से ही प्रदेश स्तर पर अन्य नेता रहे जिन्होंने समय-समय पर जातिगत विशेष समस्याओं को संसद तथा विधानसभा आदि में उठाने का प्रयास किया।[10]

वाल्मीकि समाज से ही कुछ गैर-राजनीतिक रहकर सामाजिक संस्थाओं से जुड़े, लेकिन अधिकांश के मन में राजनीति में प्रवेश करने की ललक बनी रही। जहाँ कुछ लोग भंगी मुक्ति आन्दोलन से जुड़े, वहीं अन्य सफाई मजदूर संघ बनाने में लग गए। बहुत से लोगों ने जिला-स्तर पर अपने-अपने हिसाब से संस्थाएँ बना लीं। इन्हीं में से कुछ सफाई-मजदूरों के सम्मेलनों के आयोजन करने में व्यस्त हो गए, उनके इस तरह के अलग-अलग मोर्चों पर किए गए कार्य वाल्मीकि समाज को जोड़ने में सफल तो नहीं हुए, उल्टे बिखराव ही हुआ। स्थिति यह हुई कि न तो वाल्मीकि समाज को पूरी तरह से राजनीति में प्रतिनिधित्व मिल सका और न ही समाज में उसके जीवन की विभिन्न परिस्थितियों में परिवर्तन आया। हर साल सफाई मजदूर सम्मेलन आयोजित होते रहे जिनमें वाल्मीकि और गैर-वाल्मीकि नेता शरीक हो वाल्मीकि वोटर के सहारे राजनीति के नए-नए समीकरण बनाते रहे। देश में अनेक राजनीतिक दल सत्ता के रथ पर सवार हुए और उतरे, पर वाल्मीकि समाज वहीं-का-वहीं खड़ा रहा। वह तो सिर्फ आजादी के सूरज को निहारता रहा। आजादी ने उसके घर के दरवाजे पर दस्तक तो दी लेकिन वह आजादी उसके लिए मृगतृष्णा ही साबित हुई। संसद में उसके मतों से जीत कर गए प्रतिनिधि मन्त्री से लेकर प्रधानमन्त्री तक बन गए, पर वाल्मीकि समाज के उस अन्तिम आदमी को ग्राम-पंचायत की सभा में भी बैठना नसीब नहीं हुआ। वह केवल अपनी अँधेरी और सीलनभरी कोठरी में बैठा हुआ राजनीतिक आजादी से स्वराज्य तक के सपने लेता रहा। उसके सपनों को साकार किसी ने नहीं किया। उसके बीच राजनीतिक चेतना तो आई लेकिन परिस्थितियों से तालमेल उस तरह से नहीं हो सका, जैसा होना चाहिए था। गैर-वाल्मीकि नेताओं के साथ-साथ वाल्मीकि नेताओं की साझी सोच के तहत षड्यंत्र का सम्पूर्ण वाल्मीकि समाज शिकार रहा। अनुसूचित जातियों में वह पिछड़ता गया। कभी उसमें जागरूकता आई भी तो उसकी चेतना के स्रोत को बन्द कर दिया गया। पुराने कपड़ों और जूठन की तरह राजनीति में भी उसे वही मिला, जैसा अपने को सर्वश्रेष्ठ कहलाने वाले समाज ने देना चाहा। वह जहाँ भी रहा, गुलाम बनकर। राजनीति में उसका पदार्पण हुआ तो गुलामों सरीखा। उसका अपना वजूद कभी राजनीति में नहीं रहा। वह दूसरों के रहमो-करम पर जिन्दा रहा।

इस बारे में बेबाक शब्दों में बिजनौर के के.एस. तूफान[11] भी कहते हैं। उनका मानना है कि सभी राजनैतिक दलों ने वाल्मीकि समाज को निराश किया है। उनके लिए उन्होंने संसद और विधानसभाओं के दरवाजे बन्द करने के प्रयास किए हैं।

राजनीति से इतर इतिहास में जाएँ तो 1930 के दशक में उत्तर भारत के चुहार,

हलखोर, मेहतर और भंगी कहे जाने वाले दलित समूहों को वाल्मीकि कहा जाने लगा। और वे स्वयं अपना परिचय इसी नाम से देने लगे।

राजस्थान के समाजसेवी जयप्रकाश वाल्मीकि[12] का मानना है कि असंगठित और राजनैतिक चेतना के अभाव में इस वर्ग की शासन-प्रशासन में भी पूरी भागीदारी नहीं हुई। राजनैतिक दलों ने भी चुनावों में अनुसूचित जाति की सुरक्षित सीटों पर गैरसफाई कामगार जातियों को ही ज्यादा अवसर दिए हैं। वर्तमान दसवीं लोकसभा पर दृष्टि डालें तो इस वर्ग का कोई प्रतिनिधित्व नहीं मिलता।

आर्य समाज ने दलितों को वाल्मीकि की पूजा का सन्देश दिया। डॉ. भगवानदास मानते हैं कि ''भंगियों को वाल्मीकि नाम से पुकारना उनके प्रति असम्मानजनक बात है। पर दुख की बात तो यह है कि स्वयं भंगी समाज के नेता भी अपने-आपको वाल्मीकि कहने और सुनने में गौरव का अनुभव करते हैं।''[13]

1940 के दशक के आरंभिक वर्षों में पंजाब में एक दौरे में आम्बेडकर ने नए नाम (वाल्मीकि) एवं नए मत (महर्षि वाल्मीकि की पूजा, जिनका इसके पहले कोई सक्रिय धार्मिक सम्प्रदाय नहीं था) के महत्त्व पर सवाल खड़े किए। कुछ युवा दलित कार्यकर्त्ताओं से बातचीत करते हुए आम्बेडकर ने उन्हें वाल्मीकि शब्द को छोड़ देने की सलाह दी, क्योंकि उनकी निगाह में वाल्मीकि **अपने आप में रामराज्य की विज्ञापन एजेंसी** थे। फिर आम्बेडकरवाद तो रामराज्य की अवधारणा में निहित अन्याय से किसी भी समझौते के सख्त खिलाफ रहा।

बाबा साहेब ने भंगी समाज में चेतना लाने के लिए बहुत-से कार्य किए। परिणाम यह हुआ कि डॉ. आम्बेडकर के भंगी सुधार कार्यों को देखकर स्वयं गांधी बौखला गए थे। इसीलिए उन्होंने भंगियों को आकर्षित करने हेतु नई दिल्ली स्थित पचकुइयाँ नाम की बस्ती में रहना शुरू कर दिया था, जहाँ बड़ी संख्या में भंगी रहते थे।

बैनीवाल जी[14] का मानना है कि स्वयं वाल्मीकि वर्ग शिक्षा के अभाव के कारण उपेक्षित रहा। वह अनवरत रूप में शोषण का शिकार रहा। इसका जिम्मेदार स्वयं वाल्मीकि वर्ग है। भंगी समाज की जो दुर्दशा है, उसके पीछे छुटभइये नेताओं के साथ गांधीवादी भी जिम्मेदार हैं, ऐसा बहुत-सारे कार्यकर्ता मानते हैं।

विडम्बना है कि भंगी, वर्ग के मार्गदर्शक व ज्ञानदाता डॉ. आम्बेडकर को तो भूल गया...बस, वाल्मीकि नाम का पुजारी बन गया, किन्तु अनुसरण नहीं किया। शाहदरा, दिल्ली के सामाजिक कार्यकर्ता मलूकचन्द बैनीवाल का कहना है कि यह एक विडम्बना ही है कि आजादी के बाद जब वाल्मीकि वर्ग में डॉ. आम्बेडकर का नाम लिया जाता है तो वह समाज यह कह कर सब कुछ समाप्त कर देता है कि डॉ. आम्बेडकर तो 'चमार' थे।

एक व्यक्ति जिसने जाति को समाप्त करने हेतु आजीवन संघर्ष किया, उसी व्यक्ति के साथ 'चमार' शब्द जोड़ कर क्या वाल्मीकि वर्ग उस आदर्शवाद का अपमान नहीं करता? क्या बाबा साहेब के संघर्ष से पहले एक भंगी को मोर का पंख लगा कर 'बचो-बचो' की आवाज नहीं लगानी पड़ती थी? उ.प्र. के खुराना निवासी नन्दकिशोर को डी.सी. बनने की

उपाधि कहाँ से मिली? विधानसभाओं, राज्यसभा, लोकसभा में वाल्मीकियों को बैठने की जगह कहाँ से मिली?

डॉ. आम्बेडकर ने एक भंगी विद्यार्थी को पूरी योग्यता न होने पर भी उसे लंदन भिजवाया तथा अपने शिमला ऑफिस में 21 क्लर्कों में 19 क्लर्क भंगी ही रखे।[15]

अनिल सिन्हा लिखते हैं कि सुलभ इंटरनेशनल के संस्थापक डॉ. विन्देश्वर पाठक एक बहुविद् और व्यावहारिक समाजशास्त्री भी हैं जो मानते हैं कि गांधी जी के विचारों को व्यावहारिक रूप देना आज सबसे जरूरी है। लेकिन केवल सिद्धान्त के आधार पर सामाजिक परिवर्तन तथा सामाजिक गैर-बराबरी दूर करने की दिशा में कोई ठोस काम नहीं किया जा सकता।

उनका मानना है कि भंगी-मुक्ति को सिद्धान्त रूप में समझना ही समस्या का निदान नहीं है, क्योंकि इसके इतने आयाम हैं कि उन्हें पूरी तरह से समझे बिना तथा व्यवहार में लाए बिना इनकी कोई वास्तविक उपयोगिता नहीं है। भंगी-मुक्ति केवल सिर पर मैला ढोने की प्रथा के विरुद्ध अभियान चला कर या उसमें कुछ सफलता हासिल करके ही पूरी नहीं की जा सकती। यह मुक्ति सभी आयामों के साथ मुक्ति की माँग करती है और भारत में अगर सामाजिक परिवर्तन की लड़ाई चलानी है, समाज से गैर बराबरी की स्थिति मिटानी है तो चतुर्दिक भंगी-मुक्ति ही सबसे पहला और जरूरी अभियान होगा।[16]

भगवान दास[17] के अनुसार, पंजाब में दो अछूत जातियाँ बड़ी संख्या में पाई जाती हैं। दोनों की आबादी मिला कर कुल अछूत आबादी का 87.18 प्रतिशत जनता है। 19वीं शताब्दी के आखिर तक उन्हें चूहड़ा तथा चमार कहा जाता था। आज भी अधिकतर हिन्दू घृणा जाहिर करने के लिए दैनिक साधारण भाषा में 'चूहड़ा-चमार' ही कहते हैं परन्तु यह दोनों जातियाँ अब इन घृणित नामों से पुकारा जाना पसन्द नहीं करतीं। 'आदि धर्म' आन्दोलन से प्रभावित होकर कुछ समय तक दोनों कहीं-कहीं आदिधर्मी चूहड़ा तथा आदिधर्मी चमार लिखते रहे परन्तु अब केवल चमार ही अपनी जाति का नाम (सारे पंजाब में नहीं) कुछ जिलों में आदिधर्मी लिखते हैं। अब अधिकतर चमार जाति से सम्बन्धित लोग अपनी जाति का नाम रामदसिया लिखाते हैं और चूहड़ा जाति के लोग 'वाल्मीकि'। रामदसिया कहलाने वाले अपना धर्मगुरु 'रविदास' जी को मानते हैं और वाल्मीकि आदिकवि वाल्मीकि को। दोनों ही जातियाँ रामभक्त सन्तों-कवियों आदि को अपना गुरु मान कर उनके जन्मदिन आदि मनाती हैं। रामदसिया कहलाने वाले सिक्खों के 'ग्रन्थ साहिब' (आदि ग्रन्थ) को अपना धर्मग्रन्थ मानते हैं क्योंकि उसमें रविदास जी के 40 शब्द हैं और दूसरे वाल्मीकि रामायण को। आदिधर्मियों की संख्या पूरी दलित आबादी का 17.1 प्रतिशत, रमदासी 29.65 प्रतिशत, वाल्मीकि 15.7 प्रतिशत और मजहबी 24.74 प्रतिशत है।[18]

सितम्बर, 1997 में उत्तर प्रदेश के सफाई मजदूरों के प्रतिनिधियों ने प्रदेशव्यापी हड़ताल का अभियान छेड़ा था, जो असफल हुआ था। कंवल भारती इस पर टिप्पणी करते हुए कहते हैं कि सामाजिक न्याय के इस युग में सफाई मजदूरों का मुक्ति-आन्दोलन सफल क्यों नहीं होता है, इस सम्बन्ध में दो प्रश्न और विचारणीय हैं। एक प्रश्न यह है कि सफाई मजदूर

अपने आन्दोलन में अकेले क्यों हैं? राज्य के दूसरे कर्मचारी या मजदूर लोग उनकी लड़ाई में उनके साथी क्यों नहीं हैं? दूसरा प्रश्न यह है कि दूसरी दलित जातियाँ सफाई मजदूरों के साथ सहयोग और सहायता क्यों नहीं करती हैं? इन दोनों प्रश्नों पर विचार किए बिना सफाई मजदूरों के आन्दोलन की असफलता के मनोविज्ञान को नहीं समझा जा सकता। वास्तव में दलितों और अति-दलितों तथा गैरदलितों के सामाजिक विज्ञान ही इस असहयोग और अलगाव के कारण हैं। वामपन्थी विचारक भारतीय समाज के अध्ययन में सिर्फ वर्ग की अवधारणा को आधार मानते हैं। वे जाति के यथार्थ की उपेक्षा करते हैं, जो भारतीय समाजशास्त्र का मूल आधार हैं। जाति-व्यवस्था इस अनुक्रम से श्रेणीबद्ध है कि हर जाति स्वयं को दूसरी जाति से उच्च मानती है और उसी आधार पर भेदभाव, अलगाव और अस्पृश्यता का व्यवहार करती है। कहना न होगा कि हिन्दू समाजशास्त्र इतना जटिल और अनूठा है कि केवल सवर्ण ही व्यवस्था को मजबूत नहीं कर रहा है, बल्कि दलित भी व्यवस्था का समर्थन करता है। इस व्यवस्था में जहाँ ब्राह्मण वर्ग विशेषाधिकारों का उपभोग करता है, वहाँ दूसरी जातियों में भी विशेषाधिकार बने हुए हैं। दलितों में भी इसी आधार पर श्रेणी विभाजन है। चमार और भंगी, भंगी और कंजर, चमार और कोरी, कोरी और पासी—इन सबके बीच में श्रेणी विभाजन है और हर श्रेणी का अपना अलग समाजशास्त्र है। इसलिए चमार नहीं चाहता कि भंगी के साथ उसका सामाजिक सम्बन्ध हो और भंगी नहीं चाहता कि कंजर के साथ उसका सामाजिक सम्बन्ध हो। यही कारण है कि हर जाति एक बन्द वर्ग बन गया है और हर वर्ग अपनी लड़ाई में अलग-थलग भी पड़ जाता है। दलित वर्ग की यह एक गम्भीर समस्या है, जिसे हल किए बिना दलित एकता का प्रश्न बेमानी-सा लगता है।

जयप्रकाश वाल्मीकि लिखते हैं कि स्वंतत्रता के 50 वर्ष बाद वाल्मीकि सफाई कामगारों में आरक्षण को लेकर चेतना का जो प्रादुर्भाव हुआ है, उसके पीछे इस वर्ग का अपना आर्थिक, सामाजिक और राजनैतिक पिछड़ापन है। बदलती परिस्थितियों ने उनकी सोई हुई चेतना को झकझोरा है।[19]

उनके विचार में आरक्षण के प्रादुर्भाव का आधार यह है कि जातिगत भावना से जो समूह उपेक्षित रह कर समाज की मुख्यधारा में जुड़ने से वंचित रहे हैं उन्हें समान अवसर देकर अन्य वर्गों के समकक्ष लाया जाए। वाल्मीकि सफाई कामगार सवर्ण हिन्दुओं की घृणा के पात्र तो हैं ही, अब दलितों में भी वे 'पद-दलित' हैं। अवसरों की समानता उन्हें दिन-प्रतिदिन दुर्लभ हो रही है। इस नाते सफाई कामगारों द्वारा अलग आरक्षण की माँग का औचित्य स्वयंसिद्ध हो गया है।

जाग बिरादर (नागपुर) का सम्पादकीय देखें तो बीसवीं सदी की समाप्ति के आखिरी सालों में दलितों में दलित वाल्मीकि-सुदर्शन समाज में नेताओं और सफाई कामगार ट्रेड यूनियनों के नेताओं को आत्मनिरीक्षण करने, 'क्या खोया, क्या पाया' की विवेचना करने का वक्त आ गया है। पचास साल पहले देश आजाद हुआ था, तब से अब तक कितना सामाजिक बदलाव लाया जा सका है? सामाजिक, शैक्षणिक और आर्थिक आजादी कितनी

मिली है, देश की सत्ता में हमारी क्या भागीदारी रही है और सत्ता में भागीदारी के अधिकारों का प्रयोग समाज की उन्नति के लिए कितना किया गया है? ऐसे ही और अनेक सवाल हैं जिनका उत्तर देना होगा—अपने-आपको भी और नई पीढ़ी को भी!

दिल्ली तक में सिर पर मैला ढोने वालो की संख्या भी कम नहीं हुई है। देश के विभिन्न भागों में सिर पर मैला ढोने वालों की कुल संख्या अभी भी 7 लाख के लगभग है।

योजना आयोग की 21 मार्च 1991 की रिपोर्ट में बताया गया है कि 1989 में सफाई कर्मचारियों की संख्या 4,00,999 थी। इनमें से 3, 33, 779 व्यक्ति शहरी क्षेत्रों में तथा 67, 220 व्यक्ति ग्रामीण क्षेत्रों में सफाई का कार्य कर रहे थे। शहरी क्षेत्रों में 2, 06,612 पुरुष तथा 1,27,167 महिला कर्मचारियों का पता लगाया गया था। ग्रामीण क्षेत्रों में 53.335 पुरुष तथा 13,865 महिलाएँ सफाई कर्मचारी का काम कर रही थीं।[20]

1993 में सफाई कर्मचारियों की मुक्ति और पुनर्वास योजनाओं को पाँच वर्षों में पूरा करने का लक्ष्य रखा गया था। लेकिन वह पूरा नहीं हुआ।

जाति या कबीले

जाति को अगर आप ट्राइब यानी कबीले या बड़े खानदान या एक ही खून रखने वाली नस्ल या किसी प्राचीन महान व्यक्ति की औलाद समझ लें तो सारी उलझन दूर हो जाएगी। इस तरह के कबीले अफ्रीकी देशों में हैं। दक्षिण अफ्रीका में मंडेला का कबीला इन्काथा के नेता के कबीले से अलग है।

नागालैंड में कई तरह के लोग यानी तुँगकल नागा, अंगामी नागा, कूकी नागा आदि हैं। तमिलनाडु के पश्चिमी इलाके में 'पल्ला' अधिक संख्या में हैं। वहाँ चर्चा है कि परिया जाति ने आरक्षण का लाभ उठाया है। पल्ला जाति के लोगों ने नया संगठन बना लिया है तो इसमें क्या खराबी है? दलित जातियों के बीच इस तरह के अन्तर्द्वन्द्व हैं, जो उन्हें एक नहीं होने रहे हैं।

वी.टी. राजशेखर[21] कहते हैं कि उत्तर प्रदेश में चमार जाति के अरमानों को मायावती ने जगा दिया। इसमें क्या बुराई है? अपनी जाति को आगे बढ़ा कर कुछ समय बाद चमार जाति के लोग भी ब्राह्मण, ठाकुर, बनिया या कायस्थ की तरह शक्तिशाली बन सकते हैं।

वे कहते हैं कि ब्राह्मणी समाज-व्यवस्था के शिकार न बनने के लिए जरूरी है कि अनुसूचित जाति, जनजाति तथा पिछड़ा समाज अपनी-अपनी जातियों को मुसलमानों की रीत पर मजबूत करें। अपनी-अपनी पहचान कायम करें और एक-दूसरे के विरुद्ध न हों वरना ब्राह्मणी सामाजिक व्यवस्था इन्हें निगल जाएगी।

अपनी संस्कृति का प्रचार करें जो जातिवाद, भ्रष्टाचार तथा सम्प्रदायवाद का मुकाबला करेगी। और ब्राह्मणों को नीचे आना पड़ेगा।

वी.टी. राजशेखर के विचार में **जाति की पहचान का मतलब : अलगपन और बराबरी से है, उनका मानना है कि एस.सी/एस.टी. कभी कबीले थे और उन्हें कबीले ही रहना चाहिए।**

वे लिखते हैं कि 'जाति को मजबूत बनाओ, ब्राह्मणवाद खुद मर जाएगा' तो कुछ लोगों ने एतराज किया कि यह बाबा साहेब के विचार के विरुद्ध है। क्योंकि बाबा साहेब तो जाति को खत्म करना चाहते थे। उन्होंने एक किताब **'जाति का खात्मा'** लिख छोड़ी है। फिर यह भी कहा कि जब दलितों की हजारों जातियाँ मजबूत होने लगेंगी तो दलित एकता कैसे होगी? सरसरी नजर से देखने पर ये बातें ठीक मालूम होती हैं मगर एतराज करने वाले यह भूल जाते हैं कि जाति एक ऐसी चीज है जिसके बारे में कभी कुछ सोचा और लिखा ही नहीं गया। यह एक भिड़ों का छत्ता है जिसमें हाथ डालने की बाबा साहेब के अलावा किसी और को जुर्रत नहीं हुई। चूँकि हमारे राज्यशासकों को भी जाति की शक्ति का बड़ा डर लगा रहा था और है, इसलिए इन्होंने जान-बूझकर इसको नजरअन्दाज किया और कर रहे हैं।

जाति की हकीकत के सन्दर्भ में वे कहते हैं कि इस मामले में सबसे बड़ी उलझन जाति की हकीकत को न समझने के द्वारा होती है। बाबा साहेब ने जिस जाति के खात्मे की बात कही वह मूल निवासी, द्राविड़ी जाति की नहीं, बल्कि ब्राह्मणों के द्वारा बनाई गई जाति हैं। इन लोगों में अन्तर यह है कि असली द्राविड़ी जाति अलग-अलग कबीलों के आधार पर है। इसमें कोई बड़ी या छोटी नहीं थी और न है। सब-के-सब समान हैं, क्योंकि हर जाति एक कबीला है जिसकी अपनी-अपनी अलग-अलग परम्परा है, व्यवस्था है और कोई किसी से नफरत नहीं रखती, किसी को लूटना या सताना नहीं चाहती। हर किसी को अपने बराबर समझती है। किसी को नीची या ऊँची नहीं समझती। यह पुरानी रीत थी और आज भी हमारे देहातों में अनपढ़ या न पढ़ाए-सिखाए गए हर जातिवाले इसी रीत पर दिमागी और अमली तौर पर चलते हैं।

हैदराबाद से **के.एस. सुब्बाराव** का मानना है कि जाति जिन्दगी की हकीकत है। हर कोई अपनी जाति का लीडर है। आन्ध्रा के दलित नेता **बोज्जा तारकम** का मानना है कि वे दलितों में सिर्फ माला दलितों के लीडर रहे। इसी तरह **कट्टी पद्मा राव** केवल मादिगा जाति के लोगों का नेतृत्व करते रहे। इन दोनों के बीच की तकरार ने आन्ध्र दलित महासभा को तोड़ दिया। जबकि गैर दलित समाज में इसी तरह एन.टी. रामाराव खम्मा जाति के लीडर थे और चन्ना रेड्डी, रेड्डी जाति के। नरसिम्हा राव ब्राह्मणों के लीडर थे। यह सब इसलिए है कि जाति भारत की सामाजिक इमारत की बुनियाद है।

बैंगलूर से **ब्रदर डोमिनिक** का मानना है कि जाति की वकालत करने वाले भारत में केवल पश्चिमी देशों की रीत पर सोचते हैं। हमारे सामाजिक विचारधारा के लोग जाति को कास्ट समझ लेते हैं। अगर जातिवाद की परम्परा को खत्म करना ही है तो पहले जाति के द्वारा लोगों की पहचान होनी चाहिए। इसके लिए सबसे पहले यह मानना जरूरी होता है कि जाति अपने शक्तिशाली रूप में मौजूद है।

कोल्लेगाल के **बी.एच. जक्कैया** कहते हैं कि जाति से जातिवाद पैदा होता है। जातिवाद दलितों में भी मौजूद है। बाबा साहेब ने कहा है कि बेजातों में भी इतनी उपजातियाँ हैं जितनी कि जातियाँ हैं और हर रोज इनमें बढ़ोतरी होती जा रही है। हमारे यहाँ आदि कर्नाटका (होलय) जाति वाले आदि जाम्बवा (मादिगा) को अपने घरों के अन्दर पैर रखने नहीं देते। ये लोग दूसरी जातियों के घरों, दुकानों में कामकाज के लिए जाते हैं, मगर आदि जाम्बवा के घरों में जाने से परहेज करते हैं। मुझे डर है कि जाति को मजबूत करने की बात ठीक नहीं है। हाँ, अगर यह बात दलितवाद को मजबूत बनाने की होती तो बात कुछ और होती।

कोट्टयम से **मंजूर गोपालन** का विचार है कि भारत आजाद तो हुआ मगर गणतन्त्र की शक्ति रोज-ब-रोज टूटती जा रही है। एन्थ्रोपोलोजिकल (मानव की पहचान का शास्त्र) सर्वे ऑफ इंडिया ने 3000 जातियों की पहचान की/कर डाली है। ब्राह्मणों की भी 800 जातियाँ और उप जातियाँ हैं। ऊँची जातियाँ अपनी पहचान करके इनकी बालादस्ती को कायम रखती हैं और इसके साथ-साथ भारत को हिन्दू राष्ट्र बनाना चाहती हैं ताकि एस.सी./एस.टी./बी.सी. गुलाम बना कर ही रखे जाएँ और मुसलमानों को भाड़े के टट्टू बना कर। इसीलिए वे अपनी जातियों को मजबूत करते हैं।[22] **डॉ. धर्मवीर के विचार में, यदि जाति एक रोग है तो जाति को तोड़ना उससे बड़ा रोग है। वे इस बात में विश्वास करते हैं कि बुद्धिमानी इस बात में है कि दलित को अपनी ऊर्जा इस व्यर्थ के काम में नष्ट न करके सकारात्मक और रचनात्मक कामों में लगाना चाहिए।** उसे मान लेना चाहिए कि जाति में कोई बुराई नहीं है। यदि जाति में कोई बुराई होती तो ब्राह्मण और शासक वर्ग इसे सबसे पहले मिटा देता। *जाति केवल पहचान है और पहचान में कोई बुराई नहीं होती।* **जाति गाँव में और शहर में आदमी की डाक का पता है।** इस स्पष्ट पहचान से किसी दलित को कोई आपत्ति नहीं होनी चाहिए। डाक के पते के सिवा जाति को मानना या जाति को तोड़ना हिन्दुओं के दिमाग में एक भांग का नशा है। दोनों तरह के चिन्तक पहलवान बन कर अखाड़े में व्यर्थ की पसीना तोड़ जोर-आजमाइश कर रहे हैं। जाति माँ-बाप का नाम है और किसी कृतघ्न को अपने माँ-बाप का नाम नहीं छुपाना चाहिए। एकदम बताए कि मैं चमार हूँ, पूछने से पहले बताए कि मैं भंगी हूँ। आखिर क्या बात है कि ब्राह्मण और ठाकुर अपनी जाति अपने नाम से पहले बताते हैं? दलित की दिक्कत यह है कि वह मात्र शब्दों से डर कर अपने आपसे लड़ बैठता है जबकि उसके पास एक सुखद विकल्प है कि वह द्विजों से पृथक है, जिस महान बात पर उसे गर्व होना चाहिए।[23]

गांधी ग्राम से **डॉ. वी.के. मुत्तू** का विचार है कि जैसे ही ऊँची जातियों की जातिवादी नफरत की बात होती है तो जवाब दिया जाता है कि ऐसा नीची जातियाँ भी करती हैं और एक-दूसरे से नफरत करती हैं। तो सवाल उठता है कि एक-दूसरे से नफरत करनेवाली दलित जातियों में एकता कैसे बनाई जा सकती है? इससे यह भी मालूम होता है कि जातिवाद की गहराई हर जाति में कितनी ज्यादा है। जब हर जाति एक-दूसरे से नफरत रखती है तो हर किसी को दूसरे के साथ हर मामले में मिला कर रखा नहीं जा सकता। कुछ खास मामलों में एक-दूसरे की भलाई के लिए एक साथ किया जा सकता है। अलबत्ता एक

जाति को दूसरी जाति के हाथों नुकसान उठाने के खतरे को मजबूती के द्वारा रोका जा सकता है।

केरल में महात्मा अय्यनकाली ने 1907 में साधुजन परिपालन संघम बनाया जिसके द्वारा तमाम दलित जातियों को शिक्षा देना था। इससे सबको लाभ पहुँचा। मगर बाद के जमाने में इनके चेलों ने इस संघटन की जगह अय्यनकाली की जाति पुलायार के नाम पर पुलायार महासभा बना डाली और तमाम कार्यक्रम अपनी पुलायार जाति के लिए रख छोड़ दिए और आज पुलायार सवर्णों के पिट्ठू बने बैठे हैं। तो उप जाति की बुनियाद पर बने संघटन से इन्हें फायदा न हुआ। भारत भर में हर कहीं यही बात हो सकती हैं। उप जाति के आधार पर बने संघटनों ने दलितों के बीच दरार पैदा कर रखी है।

भगवान दास का मानना है कि बाबा साहेब आम्बेडकर समाज में पूर्ण क्रान्ति लाना चाहते थे। उनका कहना था कि हिन्दू धर्म ने न केवल समाज को ऊँची-नीची जातियों में बाँटा है बल्कि उनमें पेशों के साथ घृणा ओर निर्धनता को भी जोड़ा है। जाति-व्यवस्था भी धर्म का हिस्सा है। उसमें रहते इन कुरीतियों से छुटकारा मुश्किल है। बाबा साहेब चाहते थे कि अछूत वे पेशे छोड़ दें जो गुलाम बनाकर उन पर थोपे गए थे। अवसर न मिलने तथा मजबूरी के कारण वह यह घृणित काम करते रहे, परन्तु अब सम्मान के लिए उन्हें यह पेशे छोड़ कर अधिक सम्मान और वेतन वाले पेशे अपनाने चाहिए। जाग्रत बुद्धिवादी सम्पन्न लोगों को इस ओर अधिक ध्यान देना चाहिए। ऐसा करना उनके अपने हित में भी है।[24]

वे आगे लिखते हैं कि यदि हर व्यक्ति, जो भारत को साफ-स्वच्छ देखना चाहता है, एक परिवार को भंगी के गन्दे तथा नीचे माने जाने वाले पेशे से मुक्त कराने का जिम्मा ले और स्वयं उस पेशे (गांधी के द्वारा बताए गए महान कार्य) को स्वीकार करे तो भारत भी एक दिन एशिया, यूरोप और अमेरिका के सुन्दर देशों की तरह सुन्दर देश बन जाएगा। पर सवाल है कि यह जिम्मा कौन ले—ब्राह्मण, दलितों में तथाकथित प्रगतिशील कहलाने वाला वर्ग या स्वयं सफाई के व्यवसाय से जुड़ा भंगी समाज का व्यक्ति? भगवान दास मूलतः भंगी समाज से हैं, बाद में वे पंजाब के अन्य जाति-भाइयों की देखा-देखी ईसाई बन गए और धर्म-परिवर्तन कर न केवल भंगी व्यवसाय छोड़ा बल्कि भंगी समाज को ही छोड़ कर अलग बस गए। उन्होंने व्यावसायिक बदलाव से लेकर सामाजिक बदलाव का आन्दोलन भी चलाया, लेकिन उनके आन्दोलन को उतनी सफलता नहीं मिली, जितनी कि मिलनी चाहिए थी। इसका सबसे मुख्य कारण यही रहा कि देश में जो भंगी समाज अभी भी मैला उठाने का यह कार्य कर रहा है, उसकी चेतना जाग्रत नहीं हुई। वह सुप्त अवस्था में ही रहा। जूठन खाते-खाते उसका स्वाभिमान खत्म-सा हो गया।[25]

यहाँ मेरे कहने का आशय यही है कि जब तक स्वयं भंगी समाज सफाई का यह घृणित कार्य नहीं छोड़ेगा, तब तक गैरभंगी समाज के लोग कितना भी प्रयास कर लें, वे अपने इस पेशे तथा जूठन खाने की मानसिकता से मुक्त नहीं होंगे।

अ.ला. ऊके कहते हैं, "इनसे अलग एक गैरदलित चिन्तक का नजरिया देखें—मुझे लगता है कि वाल्मीकि समाज को आज भी सवर्ण हिन्दू इस्तेमाल ही कर रहा है। दूसरे शब्दों

में, हमारा वाल्मीकि समाज हिन्दू नींद में सो रहा है। वस्तुतः वाल्मीकि समाज में अब तक सामाजिक और राजनैतिक चेतना ही नहीं आ सकी है। डॉ. आम्बेडकर कहते हैं—गुलाम को गुलामी का एहसास करा दो, गुलाम विद्रोह कर देगा।" तो क्या वाल्मीकि समाज को अभी तक अपनी गुलामी का एहसास नहीं हो सका है? अभी भी वाल्मीकि समाज की माँ- बहनें और बेटियाँ यहाँ तक कि नई-नवेली दुल्हन भी सिर पर मैले का टोकरा और हाथ में झाड़ू लेकर सबेरे-सबेरे पान चबाती हुई निकल पड़ती हैं, सड़कों पर झाड़ू लगाने और गली-कूचों का मैला साफ करने के लिए। आखिर इन्हें शर्म क्यों नहीं आती यह सब काम करने में? क्या कोई सवर्ण हिन्दू की माँ-बहन किसी भी दशा में यह काम करने को तैयार होगी?

श्यामदत्त पालीवाल लिखते हैं—"धोबी और जाटव से छू जाए तो कोई विशेष बात नहीं, धानुक को भी छू सकता है, लेकिन वाल्मीकि से छूने के बाद उसके लिए (सवर्ण) नहाना आवश्यक है। नहा न सके तो सोने के गहने से पानी छुआकर छींटे ले लेना या गंगाजल रखा हो तो उससे एक-दो बूँदें सादा पानी में मिलाकर कुछ छींटे काफी होते हैं।"[26] कोई बच्चा वाल्मीकि के बच्चे से छू जाता है तो दूसरे बच्चे उँगली पर उँगली चढ़ा लेते हैं। ऐसी परम्परा समाज में रही है।

मेरी अपनी राय में इनकी नकल दलित जातियाँ भी करती हैं। दूसरी बात यह कि उनमें भी सभी जातियाँ अपने से नीची जातियों को उतना ही नीचा मानती हैं जितना ब्राह्मण। इस प्रकार से गाँवों में दिन-प्रतिदिन की भाषा में 'अछूत' शब्द का प्रयोग केवल वाल्मीकि के लिए ही होता है।

'हरिजन' शब्द का प्रयोग गाँव वाले कम करते हैं, तथाकथित विशेष रूप से ऊँची जाति वाले इस शब्द का प्रयोग सभी अनुसूचित जाति के लोगों के लिए करते हैं। परन्तु 'हरिजन' शब्द का प्रयोग केवल वाल्मीकियों के लिए करते हैं।[27]

द्विजों—ब्राह्मण, ठाकुर (राजपूत), वैश्य, कायस्थ, जाट आदि के अतिरिक्त जातियों ने अपने इतिहासों से नए नाम तलाश किए हैं और वे चाहते हैं कि उनको नए नामों से सम्बोधित किया जाए। पिछड़ी जातियों को पहले कुर्मी, अहीर, लोध, काछी, गड़रिया आदि कहा जाता था। अब वे चाहते हैं कि उनको कुर्मी क्षत्रिय, यादव, लोधी राजपूत, बघेल ठाकुर आदि कहा जाए और इन्हीं नामों से वे अपनी जातिगत संस्थाएँ बनाते हैं। अनुसूचित जाति के लोग भी चाहते हैं कि उनको ऐसे नामों से न पुकारा जाए जिनमें हीनता की भावना हो। कपड़े धोने वाले अपने-आपको रजक, चमड़े के काम से जुड़े हुए अपने को जाटव, पत्तल आदि बनाने वाले अपने-आपको अहेरिया ठाकुर और सफाई से सम्बन्धित लोग स्वयं को वाल्मीकि कहलाना पसन्द करते हैं।

पुष्प रंजन[28] दलितों के जातिवाद के बारे में लिखते हैं कि उत्तर प्रदेश में 21.05 प्रतिशत दलित वोटर हैं। यह दीगर है कि 1993 के विधानसभा चुनावों में 14.5 प्रतिशत दलितों ने कांग्रेस को इसलिए वोट दिए, क्योंकि मुसलमान मुलायम की ओर मुखातिब थे और सवर्ण भाजपा की ओर। उत्तर प्रदेश में दलित नौकरशाही, शिक्षा और भूमि पर अपना दखल बनाए हुए है। मायावती जब मुख्यमन्त्री बनी थीं, तो कुछ दलित जातियों ने उल्लास जाहिर नहीं

किया था। कांशीराम जी को जहाँ जाटवों, चमारों आदि के वोटों का सहारा रहा, वहीं भाजपा को वाल्मीकि, धोबी, धानुक और पासी वोटों का। इन जातियों ने अपने-अपने जातिगत स्वार्थ से अपनी दिशा तय की है। बिहार में भी दलित दुसाध, रैदास, धानुक, पासी, धोबी आदि में बँटे हैं। कारण, इनके नेताओं ने वोट के चलते अपनी बिरादरी पर ही ध्यान दिया। अन्य दलितों में डोम, मुसहर, हलालखोर, धांगड़ आदि हैं। इसी तरह की स्थिति अन्य राज्यों में भी है।

दलित समाज के ही कुछ बुद्धिजीवियों का मानना है कि दलितों में जातियों-उपजातियों की पुनः पहचान बनाने का राजनैतिक आधार पर कार्य किया बसपा ने। वे कहते हैं कि ऐसा करना राजनीति की माँग हो सकती है, पर समाज के बँटने तथा बिखरने की प्रक्रिया तो शुरू हो ही गई जिसे चाहते हुए भी न कांशीराम रोक सकते हैं और न मायावती। दोनों ने सत्ता हथियाने के लिए ऐसा किया। उनके इस कार्य से कौन-सी दलितों की भलाई हुई है, हमें समझ में नहीं आता।

'भारत अश्वघोष'[29] लिखता है कि "इधर कुछ वर्षों से दलित आरक्षण को विभिन्न दलित उप-जातियों में विभक्त करके उनकी एकता को तोड़ने का प्रयोग किया जाने लगा है। इस तरह का प्रयोग तमिलनाडु तथा पंजाब में किया जा चुका है। अब यह प्रयास आन्ध्र प्रदेश में चल रहा है। उल्लेखनीय है कि पिछले चार-पाँच सालों से आन्ध्र प्रदेश में भी उत्तर-भारत की तरह दलित चेतना का विकास बड़ी तेजी से होने लगा था, जिससे घबड़ा कर चन्द्रबाबू नायडू ने दलितों के बीच फूट डालने के उद्देश्य से वहाँ की दो प्रमुख दलित-उपजातियों—माला तथा मादिगा को आपस में लड़ा दिया। इसकी शुरुआत तब हुई, जब उकसावे में आकर मादिगा समुदाय के कुछ दलित नेताओं ने यह माँग शुरू कर दी कि दलित आरक्षण का अधिकांश फायदा माला समुदाय के लोगों को मिला है, इसलिए विभिन्न दलित उपजातियों की जनसंख्या के आधार पर आरक्षण का बँटवारा कर दिया जाए। चन्द्रबाबू नायडू सरकार की यह एक सोची-समझी चाल थी। अतः ज्यों ही यह माँग जोर पकड़ने लगी, उन्होंने मौके का फायदा उठाकर सितम्बर 1996 में जस्टिस पी. रामचन्द्र राजू की अध्यक्षता में एक कमीशन की नियुक्ति कर दी।

जहाँ तक जस्टिस रामचन्द्र राजू कमीशन का सवाल है, इसने 31 मई, 1997 को अपनी रिपोर्ट सरकार को दे दी। किन्तु अभी एक सप्ताह भी नहीं बीता था कि चन्द्रबाबू नायडू ने 5 जून, 1997 को कमीशन की रिपोर्ट को स्वीकार कर लिया तथा दलित आरक्षण को चार भागों में बाँट दिया। यह बँटवारा एक ऐसा छल है कि अब आगे विभिन्न दलित-उपजातियों की एकता शायद ही कभी स्थापित हो पाए। वैसे सन् 1981 की जनगणना के अनुसार, आन्ध्र प्रदेश में दलितों की कुल आबादी 79 लाख 61 हजार है, जबकि विभिन्न दलित-उपजातियों की संख्या 59 है। ये 59 दलित-उपजातियाँ मुख्य रूप से चार भागों में विभक्त हैं।[30]

पहला ग्रुप मादिगा लोगों का है, जिनकी संख्या कुल दलित आबादी का 46.94 प्रतिशत है। दूसरा ग्रुप माला लोगों का है, जिनकी संख्या 40.99 प्रतिशत है। तीसरा ग्रुप रेल्ली लोगों

का है जिनकी संख्या 1.67 प्रतिशत है तथा चौथा ग्रुप 'आदि-आन्ध्रा' लोगों का है, जिनकी संख्या 9.6 प्रतिशत है। मादिगा ग्रुप का मुख्य आरोप यह था कि आरक्षित स्थानों का अधिकतर हिस्सा माला तथा आदि आन्ध्रा ग्रुप को चला जाता है जो उनकी आबादी के प्रतिशत से बहुत अधिक होता है। अतः मादिगा तथा रेल्ली लोगों को आरक्षण का कम फायदा होता है। इन माँगों की छानबीन के बाद **रामचन्द्र राजू कमीशन** ने अपनी रिपोर्ट में कहा कि आन्ध्र प्रदेश के राज्य पब्लिक सेक्टर उपक्रमों की नौकरियों में माला लोगों का 61.8 प्रतिशत पर कब्जा है, जबकि मादिगा लोगों का मात्र 31 प्रतिशत पर। जिला कार्यालयों में माला लोगों की संख्या 55 प्रतिशत है, जबकि मादिगा लोगों का मात्र 32 प्रतिशत जगहों पर कब्जा है। राज्य सचिवालय में माला लोग 63 प्रतिशत पर जबकि मादिगा लोग 26 प्रतिशत पर काबिज हैं तथा विभागीय अध्यक्षों के पदों पर यह संख्या क्रमशः 59.5 प्रतिशत तथा 34.5 प्रतिशत है। कमीशन ने 'रेल्ली ग्रुप' को सबसे खराब स्थिति में पाया तथा 'आदि-आन्ध्रा' ग्रुप को सबसे अच्छी स्थिति में।

अतः जनसंख्या के आधार पर इन विभिन्न दलित उपजातियों को आन्ध्र प्रदेश में कुल 15 प्रतिशत आरक्षण में अलग-अलग हिस्सेदारी दी गई है। सबसे पिछड़े रहने के कारण रेल्ली ग्रुप को आबादी के अनुसार एक प्रतिशत, मादिगा को सात प्रतिशत, जाति माला को छ प्रतिशत तथा आदि-आन्ध्रा को भी एक प्रतिशत आरक्षण दिया गया है। जस्टिस रामचन्द्र राजू ने कुल 18 संस्तुतियाँ की थीं, जिनमें चन्द्रबाबू ने 10 को स्वीकार कर लिया। शेष आठ को उन्होंने राज्य के समाज कल्याण विभाग को सौंप दिया है। इनमें से एक संस्तुति क्रीमी लेयर से भी सम्बद्ध है, जिसे फिलहाल स्वीकार नहीं किया गया है। ऐसी ही एक अन्य संस्तुति थी, दलित आरक्षण को भविष्य में 15 प्रतिशत (वर्तमान) से अधिक न बढ़ाना। दलितों के आरक्षण में ईसाइयों को भी शामिल करने की संस्तुति की गई है। हैरत की बात यह है कि कमीशन को जिन तथ्यों की छानबीन करने के लिए कहा गया था, उनमें क्रीमी लेयर आरक्षण के प्रतिशत या ईसाई आरक्षण के बारे में कुछ भी करने को नहीं कहा गया था। फिर भी, जस्टिस रामचन्द्र राजू ने इन्हें अपनी तरफ से जोड़ दिया था, यही कि जिनकी आर्थिक स्थिति थोड़ी-सी भी सुधर गई है, ऐसे दलित वर्ग को आरक्षण से दूर रखना तथा दलित आबादी बढ़ने के बावजूद आरक्षण को न बढ़ाना।

सुप्रीम कोर्ट ने कुछ साल पहले मंडल आयोग की वैधता पर विचार करते हुए बिना किसी सन्दर्भ या सरकार द्वारा माँग के पदोन्नतियों में दलित-आरक्षण पर रोक लगा दी, जिसे बाद में संविधान संशोधन द्वारा ठीक किया गया। ऐसे ही इलाहाबाद हाई कोर्ट के जस्टिस मार्कण्ड काट्जू ने विज्ञान तथा प्रौद्योगिकी एवं मेडिकल संस्थानों में दलित-आरक्षण पर रोक लगा दी थी। इतना ही नहीं, जस्टिस काट्जू ने अपने निर्णय में वर्ण-व्यवस्था तथा 'दलितों के विकास' पर एक लम्बा-चौड़ा भाषण दे मारा था। इधर कई वर्षों से बढ़ती हुई दलित-विरोधी मानसिकता का प्रत्यक्ष प्रभाव विभिन्न न्यायालयों के निर्णयों तथा आयोगों की संस्तुतियों में परिलक्षित होने लगा है। **दुःखद स्थिति यह भी है कि कानपुर देहात जिले की एक कोर्ट के जज बी.डी. चतुर्वेदी ने तो एक कदम आगे बढ़ते हुए डॉ. आम्बेडकर की**

मूर्तियों को तोड़ना वैध ठहराया था। इन तथ्यों से यह साबित होता है कि निकट भविष्य में भारत की न्यायपालिकाएँ दलितों के साथ न्याय के सन्दर्भ में बहुत बड़ा संकट खड़ा करने वाली हैं। यह भी कहा जा सकता है कि वे भारतीय संविधान को लागू करने के हक में नहीं, बल्कि रामराज्य को ही पुनः लाना चाहते हैं।

जहाँ तक आन्ध्र के इन चार दलित समूहों का सवाल है, उनकी सामाजिक स्थिति एक सी होने के बावजूद शैक्षणिक एवं आर्थिक स्थिति में विभिन्नता है। जहाँ तक माला समुदाय का सवाल है, उनमें से 90 प्रतिशत कृषि मजदूर हैं तथा 10 प्रतिशत ग्रामीण सेवक जिन्हें तेलुगु में बारीकी या तलयारी कहते हैं। आन्ध्र प्रदेश के चिन्नाराव यगाती के अनुसार, 1920 तथा 30 के दशक के समुद्र तट के पास वाले आन्ध्र में कृषि के व्यवसायीकरण की दिशा में अंग्रेजों ने अनेक बाँधों का निर्माण शुरू किया था, जिनमें नागार्जुन बाँध भी शामिल था, जिसकी शुरुआत सर ऑर्थर कॉटन ने की थी। इससे कृषि के क्षेत्र में क्रान्तिकारी परिवर्तन आया तथा उत्पादन में काफी वृद्धि हो गई। साथ ही, कृषि के व्यवसायीकरण की वजह से खेत मजदूरों की आवश्यकता बढ़ गई। इनमें से अधिकतर मजदूर माला समुदाय से होते थे। इस प्रक्रिया में माला खेत मजदूरों को अधिक काम मिलने की वजह से उनकी आर्थिक स्थिति में क्रान्तिकारी सुधार आया, जिसके चलते वे अपने बच्चों को बड़े पैमाने पर शिक्षित करने के लिए स्कूल भेजने लगे। उस समय लगभग शत-प्रतिशत माला दलित छात्र ईसाई स्कूलों में पढ़ने के लिए जाते थे, क्योंकि हिन्दू स्कूलों में उनका जाना लगभग प्रतिबन्धित था। यहाँ तक कि इस प्रक्रिया का असर दलित राजनीति पर भी बहुत गहराई से पड़ा। वास्तविकता यह है कि आन्ध्र प्रदेश में दलित नेताओं की प्रथम पीढ़ी 1930 के दशक में इन्हीं माला खेत मजदूरों के ईसाई स्कूलों में शिक्षित बच्चों से उत्पन्न हुई थी। इस शैक्षिक पृष्ठभूमि के कारण आने वाली माला पीढ़ियों के बच्चे खेत मजदूरी छोड़कर शिक्षा की ओर प्रगति करने लगे, जिसके दूरगामी परिणाम हुए। इन्हीं कारणों से आरक्षण का फायदा उठाने में माला सबसे आगे निकल गए।

जहाँ तक मादिगा का सवाल है, उनकी सामाजिक स्थिति उत्तर प्रदेश के चमारों के बीच मोचियों के समान है। इनका पेशा चमड़े का होता है, जिसमें एक मादिगा का पूरा परिवार शामिल रहता है। मृतक पशु से चमड़ा निकालने से लेकर उसे जूता आदि बनाने तक की प्रक्रिया में ये लोग हिस्सा बँटाते हैं, यहाँ तक कि छोटे-छोटे शिशु भी इसमें शामिल रहते हैं। जैसे, जब मृतक पशु के शरीर से चमड़ा छुड़ाकर घर में लाया जाता है, तो उसे धूप में सुखाते समय कौओं, गिद्धों या अन्य मांसाहारी जीवों से बचाने का काम वहाँ खड़े होकर मादिगा बच्चे करते हैं। इस तरह परिवार का हर सदस्य इस कार्य में बचपन से ही लिप्त हो जाता है और यह प्रक्रिया जीवनपर्यन्त चलती रहती है, जिसके कारण इस वर्ग में अधिकतर बच्चे शिक्षा से वंचित रह जाते हैं। साथ ही, चमड़े से निर्मित वस्तुओं के क्षेत्र में अब बड़ी-बड़ी सवर्ण कम्पनियों के आने से मादिगाओं द्वारा हस्तनिर्मित चमड़े के जूतों आदि की माँग में भारी कमी आई है, जिसके कारण उनकी आर्थिक दशा में अप्रत्याशित गिरावट के कारण गरीबी का स्तर दिनों-दिन बढ़ने लगा है। मादिगा दूसरे शारीरिक श्रम-प्रधान

कार्यों में लगने लगे। इन परिस्थितियों के चलते मादिगा शिक्षा के क्षेत्र में माला लोगों से काफी पिछड़ गए हैं, जिसके कारण आरक्षण का फायदा उन्हें कम मिल पा रहा है।[31]

जहाँ तक रेल्ली समुदाय का प्रश्न है, दलितों की यह वह श्रेणी है, जो मुख्यतया फल तथा सब्जी बेचने का कार्य करती है। इनमें से कुछ सफाई के पेशे में भी कार्यरत हैं। ये लोग सबसे अधिक पिछड़े हुए हैं।

चौथा समूह, जो आदि-आन्ध्रा कहलाता है, यह वर्ग आर्थिक तथा शैक्षणिक, दोनों क्षेत्र में अन्य सभी दलित वर्गों से आगे है। इनके सन्दर्भ में एक तथ्य यह है कि 1921 की जनगणना में इनका कोई अस्तित्व नहीं था किन्तु दस वर्ष बाद 1931 की जनगणना में 'आदि-आन्ध्रा' को अलग दलित-उपजाति के रूप में पहली बार मान्यता मिली। पहले यह उपजाति माला समुदाय में आती थी, किन्तु उत्तर भारत के 'आदि-आर्यों या तमिलनाडु के आदि-द्रविड़ों' के नमूने पर 1920 के दशक के अन्तिम वर्षों में दलितों के इस ग्रुप ने 'भूमि-पुत्र' के सिद्धान्त पर चलते हुए अपने को 'आदि-आन्ध्रा' के रूप में आगे किया, जिन्हें 1931 की जनगणना में अंग्रेजों ने अलग मान्यता दे दी। दलितों में इन्हें इलीट (कुलीन) कहा जा सकता है। यही कारण है कि दलित आबादी का लगभग 10 प्रतिशत होने के बावजूद 'आदि-आन्ध्रा' को मात्र एक प्रतिशत आरक्षण दिया गया है।

यह तर्क देकर कि दलितों के अमुक ग्रुप में आरक्षण का ज्यादा फायदा पहुँचा है तथा अमुक को कम, सरकार का मुख्य उद्देश्य दलितों के एक वर्ग को दूसरे के विरुद्ध भड़काना था, जिसमें चन्द्रबाबू सफल रहे हैं। जस्टिस रामचन्द्र राजू कमीशन ने भी इस भावना को अपनी रिपोर्ट में भड़काया है। रिपोर्ट में साफ कहा गया है कि मादिगा तथा रेल्लियों को नौकरियों तथा शैक्षणिक संस्थाओं में उचित प्रतिनिधित्व नहीं मिला है जबकि माला एवं आदि-आन्ध्रा को मिला है। इस तरह की रिपोर्ट से स्वाभाविक है कि मादिगा तथा रेल्ली का गुस्सा माला एवं आदि-आन्ध्रा के विरुद्ध भड़का।

गुजरात के मोचियों का ही मामला लें। एक समय उन्हें राज्य के सिर्फ एक जिले में अनुसूचित जाति का दर्जा प्राप्त था। लेकिन 1976 में राज्य के अन्य हिस्सों के समृद्ध मोचियों को भी आरक्षण का फायदा दिया गया, जिससे राज्य की अनुसूचित जातियों में गहरा असन्तोष फैल गया। उनके नेताओं ने 1977 में इसका तीव्र विरोध किया, जिसकी वजह से तत्कालीन प्रधानमन्त्री मोरारजी देसाई को मोचियों को अनुसूचित जातियों की सूची से हटाने के लिए संसद में विधेयक लाना पड़ा, मगर बीच में ही जनता सरकार गिर जाने से यह पारित न हो सका। तब से आज तक राज्य की अनुसूचित जाति श्रेणी में मोची जाति का वर्चस्व बना हुआ है।[32] मसलन, राज्य के बी.जे. मेडिकल कॉलेज की 56 आरक्षित सीटों में से इस साल 21 सीटें मोची जाति के उम्मीदवारों को मिलीं। इस मुद्दे पर अभी तक अभियान चला रहे इंका सांसद **राजू परमार** कहते हैं, "सरकार को यदि सचमुच दबे-कुचले वर्गों के कल्याण की फिक्र है तो उसे इस विसंगति को दूर करना चाहिए।" उन्हीं लोगों को आरक्षण मिल सकता था जो उसी क्षेत्र में रहते हों जहाँ उनकी जाति को अछूत समझा जाता है मगर 1976 में केन्द्र ने इस आधार पर क्षेत्रनिर्धारण का प्रावधान खत्म कर दिया

कि इससे जातियों की 'स्थानीय और सामाजिक गतिशीलता' में रुकावट आती है। नतीजतन, जिनको सचमुच लाभ मिलना चाहिए उनका अधिकार उसी राज्य में कहीं और रहने वाले उनकी जाति के समृद्ध लोग हड़पने लगे।

प्रश्न–पश्चिमी उत्तर प्रदेश यानी मेरठ जैसे प्रगतिशील जिला का अध्ययन : हिन्दू अछूत जातियों में कितनी छुआछूत?

उत्तर–अछूत जातियों में डोमों की स्थिति सबसे नीचे है और इसे वे भी स्वीकार करते हैं। वे सब समुदायों से खाना-पानी ले लेते हैं परन्तु उनका छुआ खाना-पानी भंगी भी नहीं लेते जो उच्चता क्रम में ठीक उनके बाद ऊपर आते हैं। चमार भी इन दोनों डोम मोहल्लों में बसे हुए हैं और उनका तर्क भी अस्पृश्यता के सम्बन्ध में यही है कि यह धर्मसंगत है। इस तरह जो बात ऊपर के हिस्से (उच्च जातियों) में लागू होती है वही बात नीचे के हिस्से (अछूत एवं अन्य अनुसूचित जातियों) पर लागू होती है। ऐसा ही हमारे धर्म ने हमें बताया है। इस तरह अस्पृश्यता को अछूत जातियाँ हिन्दू धर्म का एक भाग होने के कारण अपने मामलों में भी 'धर्म सम्मत' एवं 'शास्त्र सम्मत' बताती हैं तथा इसके पालन करने में उसी मानसिकता एवं मानसिक झुकाव का परिचय देती हैं।

चमार-खटीक-भंगी बस्ती (नई बस्ती, फाजलपुर)

फाजलपुर मेरठ शहर के उत्तर-पश्चिम में सैनिक क्षेत्र से मिलकर बसा हुआ एक पुराना गाँव है जो अब मेरठ महानगरपालिका के अन्तर्गत आ गया है। फाजलपुर और मेरठ के बीच में दशक पूर्व तक कोई एक किलोमीटर का खाली और खेतों का इलाका पड़ा था परन्तु अब आबादी बढ़ने से एवं नई सड़कें निकलने से आबादी में बदल गया है तथा मेरठ नगर से मिल गया है। इस तरह इसमें नगरीय एवं ग्रामीण दोनों ही जीवन पद्धतियों के दर्शन होते हैं। सभी समुदाय के लोग जिनमें उच्च एवं अनुसूचित जातियाँ सम्मिलित हैं इसमें रहते हैं। इसके ठीक उत्तर की ओर बड़ौत-रोहटा सड़क को मिलाने वाली उप-सड़क तक अस्पृश्यों के मोहल्ले हैं। पहले एकदम दाईं ओर लम्बाई में चमारों के लगभग 80 घर हैं, फिर बीच में एक सड़क है। उसके पश्चात 30 घर खटीकों के हैं और उसके पश्चात 50 घर लम्बाई में भंगियों के हैं। व्यवहार में तीनों अछूत समुदायों के मध्य अस्पृश्यता की स्थिति देखने को मिलती है और अस्पृश्यता के कारण तीनों समुदायों में ही सामाजिक सम्बन्ध नगण्य मात्र हैं।

चमार-खटीकों के बीच अस्पृश्यता

विस्तृत साक्षात्कार के पश्चात बताया गया कि दलित हरिजन दो मुख्य उपजातियों में विभाजित हो गए हैं :

1. *भंगी*–जो अभी तक सफाई सम्बन्धी कार्यों में लगे हुए हैं।

2. *वाल्मीकि*–ये भंगी समुदाय के वे व्यक्ति हैं जिन्होंने सफाई का पेशा छोड़ दिया है और दूसरे कार्यों में लग गए हैं। इनमें थोड़ी शिक्षा भी है, थोड़ी आर्थिक हालत ठीक है एवं साफ-सुथरे रहते हैं। भंगियों से इनके अन्य तो सब प्रकार के सम्बन्ध हैं परन्तु ये अपनी लड़कियाँ भंगी परिवारों में ब्याहना पसन्द नहीं करते।

उपरोक्त स्थिति को देखते हैं तो यह तथ्य उभरता है कि अस्पृश्यता का उद्‌गम बहुत कुछ गन्दे पेशों से जुड़े होने से है। भंगी जाति में ही यदि कुछ लोग सफाई पेशे से हट गए हैं तो वे अपनी जाति के दूसरे पक्ष से स्वयं को ऊँचा मानने लगे हैं और छुआछूत का पहला चरण प्रारम्भ हो गया है। वे स्वयं को वाल्मीकि कहने लगे हैं एवं भंगियों में अपनी लड़की देना पसन्द नहीं करते। खटीकों में सिर्फ सूअर खटीक (जिन्हें चिकुआ खटीक भी कहते हैं जो सूअर काटने और उसके मांस का व्यवसाय करते हैं) ही भंगियों के यहाँ खाने पर आते हैं। खटीकों की दूसरी उपजातियाँ भंगियों के साथ खाना नहीं खातीं। यह शायद इसलिए है कि भंगी एवं सूअर खटीक (चिकुआ) दोनों ही सूअर एवं उसके मांस का व्यवसाय करते हैं।

इस बस्ती में विभिन्न अछूत जातियों के मध्य कोई विवाह नहीं हुआ है और भंगियों की कोई लड़की किसी अन्य अछूत जाति में नहीं ब्याही गई। भंगियों एवं वाल्मीकियों में भी कोई विवाह देखने को नहीं मिला। तीन भंगी लड़कियों की शादियाँ सवर्णों में हुई हैं जिन्होंने प्रेम विवाह कर लिये हैं। ये तीनों लड़कियाँ शिक्षित हैं और उनकी शिक्षा इन्टर कक्षा तक है। कभी-कभी चुनाव के मौके पर या शादी-ब्याह में अन्य अछूत जातियों के नेता या राजनीति से जुड़े दूसरे लोग अवश्य आ जाते हैं और व्यक्तिगत स्तर पर कुछ खाना-पीना भी साथ हो जाता है परन्तु स्वाभाविक रूप से कोई किसी के यहाँ नहीं जाता और न साथ रहना पसन्द करता है। दलित यह मानते हैं कि उनसे भी नीची जातियाँ हैं जैसे डोम एवं कंजर परन्तु वे भी उनके साथ छुआछूत करते हैं। जाति व्यवस्था और छुआछूत में यह अपने आप में एक विचित्र स्थिति है कि कोई जाति कसी जाति से अपने-आपको नीचा तो समझती है परन्तु उच्च समझी जाने वाली जाति से वह छुआछूत का व्यवहार करती है।

जाटव एवं चमार

जाटव एवं चमार यद्यपि पर्यायवाची शब्द के रूप में सामने आते हैं परन्तु चमारों में जाटव और चमार अलग-अलग उप-जातियाँ मानी जाती हैं :

1. *चमार*–ये चमड़ा कमाने, मरे पशुओं की खाल उतारने एवं जूता बनाने का पेशा करते हैं। चमड़े की रँगाई का कार्य भी करते हैं। इन्हें मोची भी कहा जाता है।
2. *जाटव*–ये केवल चमड़े के खरीद-फरोख्त के व्यवसाय से जुड़े हुए हैं। आधुनिक समय में इन्होंने कुछ अन्य छोटे व्यवसाय भी अपना लिये हैं–जैसे–परचून की

छोटी दुकानदारी, पान-बीड़ी की दुकानें, फल बेचना इत्यादि। बड़े स्तर पर जो दूसरा काम ये करते हैं वह है परम्परागत रूप से मकान बनाने का काम जिसमें ये कुशल मिस्त्री से लेकर साधारण मजदूर तक का सब काम करते हैं। भवन निर्माण के कार्यों में मिस्त्री का काम बहुत अच्छा रोजगार देने वाला हो गया है।

जब मजदूर लेने की बात आती है तो जाटव मिस्त्री अधिकतर चमार या जाटव मजदूरों को ही चुनते हैं। इसका कारण वे यह बताते हैं कि चमार मजदूर भवन निर्माण सम्बन्धी बहुत-सी बातें परम्परागत तरीके से जानता है एवं स्वयं ही सही-सही करता रहता है जैसे सीमेन्ट मिलाना, सीमेन्ट रेत का अनुपात, ईटें चढ़ाना या उतारना, ईटें भिगोना एवं काम के पश्चात औजारों को साफ करके रखना।

चमार जाति की बस्ती के दक्षिण की ओर खटीक बसे हुए हैं और फिर भंगी परन्तु इन लोगों के साथ चमारों का कोई सामाजिक सम्बन्ध नहीं है। इनका छुआ हुआ खाना चमार नहीं खाते। पहले इनके कुएँ भी अलग-अलग थे। यद्यपि अब हैंड पम्प प्रारम्भ हो जाने पर यह समस्या बहुत कुछ हल हो गई। खटीक एवं भंगियों को विवाह-शादी में नहीं बुलाया जाता। सिर्फ चिकुआ खटीक जिन्हें सूअर खटीक भी कहते हैं चमारों के साथ खाते-पीते हैं। यहाँ के समुदाय में कोई विवाह चमार एवं दूसरी अछूत जातियों के मध्य नहीं हुआ। जान-पहचान होने पर भी उत्सवों में दूसरी अछूत जातियों को निमन्त्रण नहीं दिया जाता।

खटीक

फाजलपुर में खटीक, चमार और भंगियों के बीच में बसे हुए हैं और यह सारा मोहल्ला ही खटीकपुरा मोहल्ला के नाम से जाना जाता है। दो अछूत जातियों के बीच बसे होने पर भी इनके सम्बन्ध न चमारों से हैं और न भंगियों से। अकसर आए दिन इस बात पर कहा-सुनी होती रहती है। परिणामस्वरूप उन्होंने मुख्य सड़क पर आने के लिए अपने-अपने मोहल्लों से अलग-अलग रास्ते बना लिये हैं। अनेक खटीक एवं जाटवों ने सड़कों के किनारे खोखे डालकर छोटी चाय की दुकान की है परन्तु दूसरी अछूत जातियों के लोग यह जानते हैं कि यह अमुक अछूत की दुकान है तो वे उस पर नहीं जाते। अनजाने में ये बन्धन अवश्य ढीले हो जाते हैं क्योंकि चलती सड़क पर कोई यह नहीं पूछता कि यह किस बिरादरी के व्यक्ति की दुकान है परन्तु निकट की बस्ती से दूसरे अछूत उससे छुआछूत का व्यवहार करते हैं। वे अपनी ही बिरादरी की दुकान पर जाना पसन्द करते हैं।

समस्त साक्षात्कारों में यह बात सामने आई कि खटीकों ने कभी अपने बर्तन प्रयोग के लिए चमारों एवं भंगियों को नहीं दिए। विवाह-शादी और उत्सवों के मौकों पर इनके बड़े बर्तन जैसे—कढ़ाव, पानी के ढोल, टंकी इत्यादि भी दूसरी बिरादरी को नहीं दी जाती। यद्यपि भंगी इन जातियों को अपने छोटे-बड़े बर्तन देने को तैयार रहते हैं परन्तु ये लोग नहीं लेते। इस तरह लम्बे समय से एक मोहल्ले में ही रहने के बाद भी तीनों अछूत जातियों ने अपने-आपको एक-दूसरे से अलग बनाए रखा है। पुरुष तो कभी-कभी किसी मौके पर

इक्का-दुक्का रूप में किसी दूसरी जाति के यहाँ चले भी जाते हैं परन्तु स्त्रियों के मामले में तो यह बात बिलकुल नहीं है।

बहेलिया-भंगी-खटीक बस्तियाँ (लालकुर्ती एवं सोतीगंज)[35]

लालकुर्ती मेरठ के पुराने मोहल्लों में से एक है जो छावनी क्षेत्र में पड़ता है। पुराने सैनिकों की लाल वर्दी वाली पलटनों के यहाँ रहने से स्थानीय भाषा में इसका नाम लालकुर्ती पड़ गया। यह मेरठ के प्रसिद्ध पुल बेगम बाजार से पूर्व की ओर पड़ता है जबकि सोतीगंज मोहल्ला दक्षिण की ओर पड़ता है। इन दोनों मोहल्लों में बहेलिए-खटीक एवं भंगी अछूतों के दो सम्मिलित मोहल्ले हैं जिन्हें अध्ययन का केन्द्र बनाया गया है। ये तीनों समुदाय उपर्युक्त दोनों मोहल्लों में बहुत लम्बे समय से रह रहे हैं और अब इनके मोहल्ले सवर्ण जातियों के मकानों से घिर गए हैं। लगभग तीन दशक पूर्व जिस तरह आबादी बसी हुई थी उसे देखते हुए इन अछूतों की बस्तियाँ सवर्ण मोहल्ले के बाहरी छोर पर पड़ती थीं परन्तु तेजी से बढ़ती आबादी, नगरीकरण एवं ओद्योगिकीकरण ने इस क्षेत्र को एक घनी आबादी वाले क्षेत्र में बदल दिया है। अब इन अस्पृश्य जातियों की बस्तियाँ वर्ण आबादी के बीच आ गई हैं।

बहेलिया

लालकुर्ती में बहेलियों के 8 परिवार हैं। इनके दाहिनी ओर खटीक और भंगी बसे हुए हैं और इसी तरह बाईं ओर भी भंगियों के परिवार बसे हैं। बहेलिए अपने परम्परागत व्यवसाय चिड़िया पकड़ना, पालना व बेचने का व्यवसाय करते हैं। शिकार पहले परम्परागत तरीकों से करते थे जैसे तीर-कमान या जाल द्वारा परन्तु अब बड़े शिकारों पर प्रतिबन्ध हो जाने के कारण एवं पर्यावरण तथा जीव-जन्तु संरक्षण अधिनियम के कारण शिकार पर बहुत पाबन्दी लग गई है। जंगल समाप्त होने से खाने वाले परिन्दे जैसे—तीतर, जंगली मुर्गी, हरियल इत्यादि इस इलाके में लुप्त हो रहे हैं एवं इन्हें मारना भी अवैध घोषित कर दिया गया है। बहेलियों का व्यवसाय अधिकतर पाले जा सकने वाले पक्षियों जैसे—तोता, कबूतर, मैना, मुनिया, बुलबुल, पिद्दी इत्यादि के पकड़ने, पालने और बेचने तक रह गया है।

यद्यपि बहेलिए खटीक एवं भंगियों के बीच बसे हुए हैं परन्तु इनके साथ बहेलियों के कोई सामाजिक सम्बन्ध नहीं हैं। लम्बे समय से साथ रहने के कारण आपसी दुआ-सलाम अवश्य है। एक-दूसरे के गम और खुशी में शामिल हो लेते हैं परन्तु खाना-पीना एक-दूसरे के साथ नहीं होता। भंगियों के साथ उठना-बैठना पसन्द नहीं करते। शादी में भंगी एवं खटीकों को न बुलाते हैं और न ही उनके यहाँ जाते हैं। खटीक एवं भंगियों का छुआ हुआ पानी नहीं पीते। ये देवी की उपासना करते हैं और विशेष अवसरों पर सूअर की बलि देते हैं। देवी का भोग लगाने के बाद सूअर के मांस को स्वयं न खाकर भंगियों के बीच बाँट दिया जाता है।

जाटव-हरिजन (भंगी) बस्ती (भगवतपुरा-लक्ष्मणपुरी)[36]

भूमिया के पुल से पश्चिम की ओर ब्रह्मपुरी तक फैली हुई हरिजन एवं जाटवों की एक विशाल बस्ती है। भूमिया के पुल से ब्रह्मपुरी को मिलाने वाली सँकरी सड़क के दोनों ओर यह बस्ती बसी हुई है, इस सड़क के दाहिनी ओर वाले हिस्से को भगवतपुरा कहा जाता है, जिसमें जाटव बहुतायत से बसे हुए हैं एवं बाएँ हिस्से को लक्ष्मणपुरी कहा जाता है जिसमें अधिकतर हरिजन बसे हुए हैं। वैसे थोड़े-थोड़े घर हरिजन और जाटवों के एक-दूसरे के मोहल्लों में भी बसे हुए हैं और सड़क के किनारे तो दोनों समुदायों के मकान बड़ी संख्या में सटकर भी बने हुए हैं।

हरिजन एवं जाटव

यह भगवतपुरा-लक्ष्मणपुरी बस्ती ब्रह्मपुरी से लेकर देहली गेट के नाले की ओर बढ़ते हुए दक्षिण से उत्तर की ओर सवर्ण जातियों की बस्तियों से घिरी हुई है। जबकि भूमिया के पुल से पिलोखड़ी रोड की ओर बढ़ते हुए यह मुस्लिम आबादी से सटी हुई है। इस तरह इस बस्ती की सीमाएँ सवर्ण हिन्दुओं एवं मुस्लिम आबादियों से मिलती हैं। सटी हुई मुस्लिम आबादी में भी अधिकतर वे मुस्लिम जातियाँ बसी हुई हैं जो किसी समय में इन्हीं हरिजनों एवं जाटवों से धर्म परिवर्तित हो गए थे और जिनकी स्थिति स्वयं मुस्लिम समाज में भी अछूतों जैसी ही है। हरिजन एवं जाटव इन धर्म परिवर्तित मुसलमानों को अछूत ही मानते हैं। पिछले 1984 के हिन्दू-मुस्लिम दंगों में यह क्षेत्र भयंकर रूप से साम्प्रदायिकता की चपेट में आ गया जिसमें हरिजन एवं मुसलमानों में सीधे सशस्त्र संघर्ष हुए।

भगवतपुरा-लक्ष्मणघुरी बस्तियाँ बहुत पुरानी बसी हुई हैं। लगभग चार दशक पूर्व तक मुख्य पुराने मेरठ शहर और इन बस्तियों के बीच काफी लम्बा चौड़ा इलाका खाली पड़ा था जिसके बीच से होकर बड़ा नाला भूमिया के पुल तक आता है। अब यह पूरा क्षेत्र आबाद हो गया है। नाले के किनारे बाजार बन गया है। हरिजन एवं जाटवों में आपसी सम्बन्ध एक-दूसरे को अछूत मानने के हैं और ये इसी तरह एक-दूसरे से व्यवहार करते हैं।

केस स्टडी नं. 1

डॉ. आम्बेडकर की उपस्थिति में हरिजन, भंगी एवं जाटवों के मध्य छुआछूत व्यवहार

यद्यपि यह घटना मेरठ शहर में घटित नहीं हुई परन्तु मेरठ के अनेक अछूत नेता एवं दूसरे कांग्रेसी नेता इसमें सम्मिलित थे। 1953 या 1954 में अखिल भारतीय हरिजन सेल (जो कांग्रेस का ही एक अंग था) की एक सभा का आयोजन किया गया जिसका स्थान पहले मेरठ रखा जाना था परन्तु बाद में बदलकर दिल्ली-शाहदरा कर दिया गया। शाहदरा में रेलवे स्टेशन के पीछे उत्तर दिशा में खुले मैदान में बड़ा पंडाल बनाया गया एवं भारत के विभिन्न भागों से लगभग 10 हजार व्यक्ति जिनमें अधिकतर अछूत जाति के थे, इकट्ठे हुए। मेरठ से मोहनलाल जाटव एवं रामप्रसाद जाटव जो अछूतों के नेता थे, इस अधिवेशन

में गए। मेरठ से ही इनके साथ कांग्रेस के नेता जनरल शाहनवाज खान एवं कैलाश प्रकाश भी इस अधिवेशन में गए। रामानुजाचार्य की अध्यक्षता में सम्मेलन प्रारम्भ हुआ। नेहरू एवं डॉ. आम्बेडकर के आने का इन्तजार किया जा रहा था; ये दोनों देहली में ही थे। लालबहादुर शास्त्री सम्मेलन में आ चुके थे।

थोड़ी देर पश्चात चाय का प्रबन्ध किया गया। रामानुजाचार्य एवं श्री लालबहादुर शास्त्री के साथ जो संयोजक महोदय काम कर रहे थे वह जाटव थे। उन्होंने माईक पर ही यह बोल-बोल कर निर्देश देना शुरू कर दिया कि स्वयंसेवकों में से अमुक हरिजन महोदय आएँ और सबको चाय दें। एक बड़ी उम्र के हरिजन स्वयंसेवक ने जो एक स्वतन्त्रता सेनानी भी थे, कुछ अन्य स्वयंसेवकों के सहयोग से चाय वितरण प्रारम्भ किया। मंच से जाटव संयोजक महोदय बराबर यह निर्देश दे रहे थे कि कुछ अन्य हरिजन स्वयंसेवक भी सहायता के लिए पहुँचे। जब अन्य अछूत जातियों के प्रतिनिधियों ने ये घोषणाएँ सुनीं तो कुछ ने तो चाय लेने से इनकार कर दिया कुछ ने हरिजन स्वयंसेवकों के हाथ से चाय तो ले ली परन्तु कुल्हड़ लेकर बिना पिए पीछे रख दिया, केवल थोड़े से ही व्यक्ति चाय पी रहे थे। बड़ा भद्दा दृश्य उपस्थित हो गया। जब चाय रामप्रसाद जाटव के सामने लाई गई तो उन्होंने उस वृद्ध स्वयंसेवक से पूछा, "तुम किस जाति के हो?" वृद्ध स्वयंसेवक ने बड़ी शालीनता से उत्तर दिया–"मैं जन्म से तो हरिजन (भंगी) हूँ परन्तु कर्म से मैं राष्ट्र का ही एक सेवक हूँ।" इस पर रामप्रसाद जाटव खड़े हो गए और उन्होंने भरी सभा में मंच की ओर उँगली उठाते हुए जोर से कहा, "यदि संयोजक महोदय जो जाटव हैं, इस भंगी के हाथ से कुल्हड़ लेकर हमारे साथ चाय पी सकते हैं तो हम भी चाय पी लेंगे अन्यथा नहीं।" जाटव संयोजक महोदय सबके सामने उन हरिजन स्वयंसेवकों से चाय लेकर न पी सके और उन्होंने इधर-उधर की बातें बनाईं। इस पर रामप्रसाद जाटव सहित सभी जाटवों ने एवं अन्य अछूत जातियों के प्रतिनिधियों ने चाय पीने से इनकार कर दिया तथा उठकर खड़े हो गए। इस बात को लेकर बहुत ही भद्दा दृश्य उपस्थित हो गया, विभिन्न अछूत जातियों के प्रतिनिधियों ने एक-दूसरे के लिए बहुत भद्दे जातिसूचक शब्दों का प्रयोग किया। लालबहादुर शास्त्री ने किसी तरह सबको समझा-बुझाकर शान्त किया।

केस स्टडी नं. 2

खटीक जाति के व्यक्ति को हरिजन एवं जाटवों के साथ बारात में एक पंगत में बैठकर खाना खाने पर खटीक पंचायत द्वारा बिरादरी से निकाल देना

नाम	:	सुन्दरलाल टांडा (सोनकर खटीक)
उम्र	:	65 वर्ष, घटना के समय उम्र 45 वर्ष
शिक्षा	:	एम.ए. (अर्थशास्त्र)
नौकरी एवं पद	:	सरकारी कर्मचारी, सेक्शन ऑफिसर (अब सेवानिवृत्त)
निवासी	:	रजबन बाजार, मेरठ।

घटना

सन् 1972 में श्री सुन्दरलाल टांडा अपने बड़े पुत्र की बारात लेकर मथुरा विवाह करने गए। खटीक समुदाय में हरिजन एवं जाटवों से छुआछूत का व्यवहार किया जाता है। हरिजन एवं जाटवों का छुआ खाना-पानी स्वीकार नहीं किया जा सकता। यहाँ तक कि एक पंगत में उनके साथ बैठकर विवाह या किसी अन्य उत्सव में खाया भी नहीं जा सकता। जब श्री सुन्दरलाल टांडा लड़के की बारात लेकर मथुरा पहुँचे तो जो बैंडबाजा वहाँ किया गया उसमें कुछ बाजे वाले हरिजन थे और कुछ जाटव। विवाह की दावत में वे भी बारातियों के साथ उनकी ही पंगत में बैठ गए और खाना खाया। इस प्रश्न पर अनेक बारातियों ने कानाफूसी की और श्री टांडा से भी दबी जवान में वहाँ कुछ बात कही गई। इसके अतिरिक्त मथुरा में और कुछ नहीं किया गया तथा बारात मेरठ लौट आई।

जब बारात मेरठ लौट आई तो यह बात खटीक बिरादरी एवं पंचायत में चर्चा का विषय बन गया। खटीक लोग घरों एवं आपसी मुलाकातों के समय इस घटना को लेकर वाद-विवाद और तर्क-वितर्क करने लगे तथा यह एक अच्छा-खासा विवाद का विषय बन गया। पंचायत ने इस बात को गम्भीरता से लिया कि सुन्दरलाल टांडा ने जाति नियमों के विरुद्ध ऐसा कार्य क्यों कर डाला? उन्होंने एक पंगत में बैठकर चमार-जाटवों के साथ कैसे खाना खा लिया? उन्होंने उन भंगी-चमारों को पंगत से बाहर क्यों नहीं निकाल दिया? इन प्रश्नों को लेकर पूरे मेरठ शहर की खटीक (सोनकर) बिरादरी की पंचायत बुलाई गई।

पंचायत का प्रथम निर्णय : श्री टांडा का जाति बहिष्कार

श्री टांडा के प्रश्न को लेकर सोनकर खटीकों की सारे मेरठ शहर की पंचायत जुड़ी। बिरादरी के 'छड़ी-बरदार' अर्थात बिरादरी को पंचायत के निर्णयों की सूचना देने वाले परम्परागत सन्देशवाहक को यह आदेश दिया गया कि वह सारी बिरादरी के घरों में पंचायत का यह निर्णय पहुँचा दे कि सुन्दरलाल टांडा को **'बिरादरी बाहर'** कर दिया गया है। अब कोई उसके साथ उठने-बैठने, बोल-चाल, खाना-पीना, उनके घर जाने या अपने घर बुलाने के सम्बन्ध नहीं रखेगा अन्यथा दंड का भागी होगा एवं वह जाति बहिष्कृत कर दिया जाएगा।

पंचायत का द्वितीय निर्णय : टांडा को पुनः बिरादरी में लिये जाने पर हुआ

उन पर 500 रुपए का जुर्माना किया गया। इस तरह टांडा पुनः सोनकर खटीक बिरादरी में सम्मिलित कर लिये गए।

केस स्टडी नं. 3

भंगी स्त्री का सार्वजनिक नल पर पानी भरते समय खटीक स्त्री के घर पर पानी के छींटे पड़ जाना, इस पर दोनों समुदायों के व्यक्तियों का एक-दूसरे के लिए हीन जातिसूचक शब्दों का प्रयोग, मारपीट, पथराव, कई व्यक्तियों का घायल होना एवं अस्पृश्यता कानून में एक-दूसरे के विरुद्ध पुलिस रिपोर्ट

घटना

घटना 1975 की बताई गई है। स्थान है पुलबेगम के पास कैन्टोमैन्ट अस्पताल के पीछे भंगी एवं खटीकों की बस्ती रवीन्द्रपुरी। इसमें एक दिन सार्वजनिक नल पर पानी भरते समय हरिजन स्त्री के हाथ से पानी के कुछ छींटे खटीक स्त्री के घड़े पर पड़ गए। यद्यपि आपस में एक समझौता सा दोनों समुदायों में है कि यदि किसी एक समुदाय का व्यक्ति पानी भर रहा है तो दूसरे समुदाय का व्यक्ति अपने घड़े या बाल्टी सहित दूर ही खड़ा रहेगा जिससे छींटे पड़ने की नौबत न आए परन्तु उस दिन सोनकर खटीक स्त्री के घड़े पर छींटे पड़ ही गए। पहले स्त्रियों में ही कहा-सुनी हुई और फिर दोनों पक्ष के पुरुष भी इसमें शामिल हो गए। हरिजनों ने भी सोनकर खटीकों को अछूत बताकर उन्हें नलों से दूर रहने को कहा और खटीकों ने भी हरिजनों से कहा कि वे भंगी हैं फिर भी वे उस समय पानी क्यों भरने आते हैं जबकि हम लोग पानी भर रहे होते हैं।

बात बहुत बढ़ गई। दोनों पक्षों में खुलकर मारपीट हुई। दोनों पक्षों में पथराव हुआ, लाठी-डंडे चले तथा अनेक लोग घायल हो गए। पुलिस को आकर हस्तक्षेप करना पड़ा, तब जाकर स्थिति सँभली।

विश्लेषण एवं विवेचन

यह केस स्टडी अनेक दृष्टिकोणों से महत्वपूर्ण है क्योंकि यह केस अछूत और अछूत जातियों के मध्य पाई जाने वाली अस्पृश्यता, उसके मानस की गहनता और व्यापकता को प्रकट करता है। अछूत जातियाँ भी यह भेद इतने बड़े स्तर पर मानती हैं कि दूसरी जाति के हाथ से पानी का छींटा पड़ने से भी उनके घड़े का पानी पीने योग्य नहीं रहता। उनमें सखरे-निखरे का भेद और मान्यता उसी अनुपात में है जिस तरह वह सवर्ण जातियों में मौजूद है। इस घटना से प्रकट होता है कि ऐसी बातों को वे कितनी उग्रता से लेते हैं और किस गम्भीरता से उसे बनाए रखने और दूसरे समुदाय पर लागू करने को तत्पर रहते हैं।

केस स्टडी नं. 4

दो अछूत जातियों के मध्य प्रेम-विवाह का माला एवं अस्पृश्यता के कारण इनके माता-पिता द्वारा युवक एवं युवती को घर से बाहर निकाल देना

यह प्रेम-विवाह का मामला सदर मेरठ कैन्ट में 1990 में हुआ। लड़की भंगियों में किसी 'जसबारे' उपजाति में से है। विस्तार से उत्तरदाता ने यह नहीं बताया कि भंगियों की यह उपजाति क्या विशेष कार्य करती है और यह नाम क्यों पड़ा। परन्तु ये लोग भंगी ही हैं। यह परिवार कई पीढ़ी पूर्व सफाई का पेशा छोड़कर अपने घर में ही सूअर के बाल के ब्रुश बनाने का उद्योग चला रहा था। लड़का चमार परिवार से है और स्वयं को जाटव कहलवाना पसन्द करता है। लड़का एवं लड़की इन्टर कक्षा तक पढ़े हैं।

1990 में इन्होंने अपने परिवार वालों को मनाने के प्रयत्न किए कि वे उनका विवाह कर दें परन्तु दोनों जातियाँ एक-दूसरे को अछूत मानती हैं। इस कारण दोनों के परिवार वालों ने इसका विरोध किया। ये दोनों परिवार एक ही मोहल्ले में रहते हैं। मोहल्ले में भी पूछताछ करने पर यह पता लगा कि हरिजन लड़की की माँ बराबर ये कहती थी कि मुझे दूसरी जाति में लड़की का विवाह करने में कोई आपत्ति नहीं है परन्तु हम चमारों में लड़की नहीं दे सकते जिनका छुआ भी हम नहीं खाते। इसी तरह लड़के की माँ को भी यही कहते सुना गया कि हम भंगियों का छुआ नहीं खाते न ही उन्हें घर में घुसने देते हैं। फिर कैसे हम उनकी लड़की को अपने घर में घुसा लें। इसका परिणाम यह हुआ कि युवक-युवती दोनों घर से भाग गए और अपने एक मित्र के घर में छिप गए।

कई महीने पश्चात उनका पता लगा और कुछ झगड़ा भी हुआ, पुलिस ने हस्तक्षेप किया, कुछ लोगों को थाने ले जाया गया एवं सदर थाने से दोनों पक्षों के लोग जमानत पर छूटे।

एक अध्ययन में लिंच[37] महोदय छुआछूत की राजनीति का वर्णन करते हुए कई महत्वपूर्ण निष्कर्ष निकालते हैं। उन्होंने जाटवों का जो चमारों की ही एक उपजाति है, अध्ययन किया है। उनका अध्ययन भी उत्तर प्रदेश के एक शहर आगरा के जाटवों का है। इस अध्ययन के छूत राजनीति के तीन महत्वपूर्ण निष्कर्ष निम्न[38] हैं जिनकी 'सन्दर्भ समूह सिद्धान्त' के आधार पर विवेचना की गई है—

1. जाटव अपनी पहचान हिन्दू धर्म से हटाकर बौद्धों से जोड़ने लगे हैं।
2. हिन्दू धर्म व्यवस्था में ऊपर उठने के प्रयासों के स्थान पर उन्होंने राजनीतिक व्यवस्था में ऊपर उठने का प्रयास तेज कर दिया है और वे समझते हैं कि इस तरह वे हिन्दू जाति व्यवस्था में भी अपनी स्थिति उठाने में सफल होंगे।
3. ब्राह्मण, सम्पन्न उच्च जातियाँ एवं उच्च वर्ग अब जाटवों के लिए नकारात्मक सन्दर्भ समूह बन गए हैं।

राजनीतिक स्तर पर देखते हैं तो पाते हैं कि अछूत राजनीति में अनेक परिवर्तन आए हैं। अछूत कांग्रेस के स्थान पर आम्बेडकर द्वारा स्थापित रिपब्लिकन पार्टी से जुड़ने लगे

हैं। यह अन्तःप्रवाह देखने को मिलता है कि भंगी एवं अन्य अछूतों का रिपब्लिकन पार्टी और बौद्ध धर्म से मोह भंग होने लगा है क्योंकि वे समझते हैं कि इनमें 'चमार आ गए हैं'। इस तरह उन बौद्धों में भी बहुत कम सम्पर्क दिखाई देता है जो चमार और भंगी हैं। उत्तर प्रदेश की स्थिति को देखें तो पाते हैं कि अछूतों का झुकाव अब कांशीराम की बहुजन समाजवादी पार्टी की ओर होने लगा है तथा रिपब्लिकन पार्टी अछूत राजनीति में कहीं पीछे हाशिए पर चली गई है। पिछले चुनावों ने इस स्थिति को एकदम स्पष्ट कर दिया है कि 'अछूत जाति राजनीति' के स्थान पर 'सकल अनुसूचित जाति राजनीति' कहीं अधिक महत्वपूर्ण एवं प्रभावशाली होती जा रही है।

बकौल श्यामलाल भारत के अनेक भागों में भंगियों की स्थिति में भिन्नता देखने को मिलती है। भंगी समुदाय के सदस्य धोबी तथा ढोली जाति के अतिरिक्त बाकी सभी जातियों के हाथ का भोजन करते हैं। अवान गाँव के चमड़े का कार्य करने वाले तथा अस्पृश्य जाति के लोगों के साथ बातचीत से गुप्ता ने इस कथन की पुष्टि की है। उसके अनुसार, "भंगी लोग बलाई जाति से ऊँचे तथा धोबी, ढोली एवं मोगिया को छोड़कर सभी की जूठन खाते हैं।"[39]

इस बात की मारवाड़ जनगणना रिपोर्ट (1994) के निम्न गद्यांश से पुष्टि होती है—

"हम (भंगी) धोबी तथा ढोलियों के साथ स्पर्श से अशुद्ध हो जाते हैं। ऐसा होने पर हमें अपने वस्त्र बदलने पड़ते हैं तथा गंगाजल छिड़कना पड़ता है अथवा स्नान करना पड़ता है।"[40] हर जगह धोबी तथा ढोलियों को भंगियों से ऊँचा स्थान दिया जाता है। यद्यपि वे भी अस्पृश्य जातियों के हैं; किन्तु उन्हें भंगियों से श्रेष्ठ माना जाता है। यह श्रेष्ठता गेंग्राडे के द्वारा दिल्ली के निकट एक गाँव में धोबियों के एक अध्ययन में दिखाई गई है।[41] यहाँ तक कि भंगी भी धोबियों के हाथ का भोजन नहीं करते हैं। हाल के वर्षों में भंगियों ने धोबियों के हाथ का खाना स्वीकार कर लिया है। दिल्ली में जो भंगी धोबियों के यहाँ कार्य करते हैं, उनको सेवाओं के बदले नकद राशि दी जाती है तथा विवाह के अवसर पर खाना दिया जाता है।[42] इसी प्रकार खटीक यद्यपि स्वयं को उच्च जाति का मानते हैं, किन्तु किशनगढ़ी (यू.पी.) के भंगी उनके हाथ का भोजन स्वीकार नहीं करते हैं। मैकिम मेरियट की रचना, **कास्ट रैंकिंग एंड कम्यूनिटी स्ट्रक्चर इन फाइव रीजन्स ऑफ इंडिया एंड पाकिस्तान** के निम्न गद्यांश से यह बात स्पष्ट होती है—

"खटीक स्थानीय तौर पर सवयं को राजपूत मानते हैं तथा इसके समर्थन में वे प्रसिद्ध राजपूत वंशों के नाम लेते हैं।"

श्यामलाल जी के विचार में भंगियों के मसले अलग तरह के हैं

भंगियों के मसलों को बाकी अनुसूचित जातियों/समुदायों से अलग देखा जाना चाहिए। जैसे—व्यावसायिक परिवर्तन के मुद्दे हैं जो कि सामाजिक-आर्थिक गतिशीलता, निम्न पहचान, राज्य विधानसभा, संसद तथा अन्य सार्वजनिक निकायों में निराशाजनक प्रतिनिधित्व, आत्मसम्मान की चाह, क्षमतावान समाज बनाने के प्रयास, आरक्षण एवं भेदभाव से सम्बन्धित

मामले तथा साथ ही मैला ढोने, पृथक् आरक्षण तथा सफाई कर्मचारी आयोग बनाने से सम्बन्धित हैं। भंगियों की समस्या को अन्य अस्पृश्य जातियों की समस्याओं से जोड़ना उचित नहीं है, क्योंकि भंगियों की समस्याएँ अधिक मूलभूत, जटिल तथा गम्भीर हैं जिन पर तत्काल ध्यान देकर कार्यवाही करने की आवश्यकता है।[43] इस कथन के पीछे श्यामलाल जैसे बुद्धिजीवियों का अपनी जाति से लगाव होना एक बड़ा कारण है। विशेष रूप में देखा जाए तो इस तरह की चुभन और पीड़ा स्वयं वाल्मीकि समाज के लेखकों/पत्रकारों/सामाजिक कार्यकर्ताओं/तथा राजनीतिज्ञों की है।

दलित जातियों की भीतरी संरचना में उगती राजनैतिक धारा के परिणामस्वरूप तथा स्वयं दलित जातियों/उपजातियों के नेताओं के जल्द से जल्द सत्ता तक पहुँचने की महत्त्वाकांक्षा के परिणामस्वरूप ऐसा कहा जा सकता है कि द्वन्द्व ही नहीं भयंकर मारकाट की प्रवृत्ति बढ़ रही है। एक तरफ युद्धरत स्वयं दलित जातियाँ हैं दूसरी ओर उनकी ताकत को खत्म करने हेतु उन्हीं के सामने मोर्चा लगाए खड़े द्विज समाज के कूटनीति में पारंगत राजनीतिज्ञ। इस भयंकर स्थिति को जानते हुए भी लापरवाह बने दलित जातियों के नेता कौन से जाति विहीन आम्बेडकरी समाज की रचना कर रहे हैं, इस पर जाति के मोह से हटकर क्या स्वयं बुद्धिजीवियों को नहीं सोचना चाहिए?

सन्दर्भ

1. बाबा साहेब डॉ. आम्बेडकर सम्पूर्ण वाङ्मय, खंड-9, डॉ. आम्बेडकर प्रतिष्ठान (कल्याण मंत्रालय, भारत सरकार) 25, अशोक रोड, नई दिल्ली, 1998, पृ. 27.
2. वही, पृ. 159.
3. वही, पृ. 160.
4. प्रसिद्ध भारतीय क्रिकेट खिलाड़ी पी. बालू ने आम्बेडकर का विरोध करते हुए कहा कि उनके समुदाय के अधिकांश लोग महात्मा गांधी में और वयस्क मताधिकार के साथ संयुक्त निर्वाचन पद्धति में पूरी आस्था रखते हैं। दलित वर्ग पृथक् निर्वाचन नहीं चाहते हैं। उनका आम्बेडकर में कोई विश्वास नहीं है। उस समय की गोपनीय गोश्वारा (खुफिया) रिपोर्ट के साथ हिंदी/अंग्रेजी और मराठी समाचार पत्रों की खबरों की अवलोकन किया जाए तो महार, मातंग और चमार जाति के स्थानीय नेताओं के बीच परस्पर वाक् युद्ध होते थे। (डी.सी. डिंकर, प्रकाशन, लखनऊ, 1990, पृ. 261)
5. डॉ. आम्बेडकर स्मृति ग्रन्थ, पृ. 261.
6. द टाइम्स ऑफ इंडिया, 5 जुलाई, 1939.
7. बाबा साहेब डॉ. आम्बेडकर सम्पूर्ण वाङ्मय से।
8. नई दिल्ली के मुनीरका स्थित उनके निवास पर बातचीत के आधार पर।
9. चांगदेव भवानराव खैरमोड़े, बाबा साहेब डॉ. आम्बेडकर जीवन और चिन्तन, खंड एक, सम्यक प्रकाशन, नई दिल्ली, 2001, पृ. 66.
10. नवभारत टाइम्स में छपे स्वयं मेरे एक लेख से।
11. आई.टी.ओ., नई दिल्ली में ढाबे पर बातचीत के आधार पर।
12. सफाई-कामगारों द्वारा अलग आरक्षण की माँग, जयप्रकाश वाल्मीकि, जाग-बिरादर, सितम्बर 1996, पृ. 7.

13. समय चेतना, दिल्ली, अगस्त, 1995.
14. मलूकचन्द्र बैनीवाल, डॉ. आम्बेडकर और वाल्मीकि वर्ग, धम्म दर्पण, 25 जन-मार्च, 1985.
15. एक वास्तविक इनसान स्कूल की ओर, अनिल सिन्हा, जाग बिरादर, सितं. 1996, नागपुर, पृ. 4.
16. वही, पृ. 5.
17. दलित लिबरेशन टुडे, अक्टू. 1997, लखनऊ, पृ. 22.
18. वही, पृ. 13.
19. जाग बिरादर, नागपुर, सितं. 1996.
20. बिहार की बम्मा जिन्दगी अब झाड़ू जिन्दगी, हेमन्त, हिन्दुस्तान टाइम्स, पटना-2.
21. जाति की पहचान का मतलब : अलगपन और बराबरी; एस.सी./एस.टी. कबीले थे और उन्हें कबीले ही रहना चाहिए, वी.टी. राजशेखर, दलित वायस, पृ. 3, बंगलौर।
22. दलित वायस, जनवरी 1997, पृ. 7.
23. हंस, अक्तूबर, 1998, पृ. 89.
24. भंगी झाडू छोड़ो, जाग बिरादर, दिसम्बर 1996-जून 1997, पृ. 11.
25. वही, पृ. 12.
26. लोकायन संवाद एवं समीक्षा, दिल्ली, पृ. 25 से।
27. वही, पृ. 26.
28. माया, 5 नवम्बर, 1995, पृ. 4.
29. भारत अश्वघोष, सितम्बर-अक्टूबर 1997, नागपुर, पृ. 55.
30. वही, पृ. 56.
31. वही, पृ. 57.
32. इंडिया टुडे, 15 नवम्बर, 1994, पृ. 43.
33. हिन्दू अछूत जातियों में छुआछूत, पृ. 64.
34. वही, पृ. 66.
35. वही, पृ. 70.
36. वही, पृ. 72.
37. लिन्च, ओवन.एम., द पॉलिटिक्स ऑफ अनटचेबिलिटी (1969), कोलम्बिया यूनिवर्सिटी प्रेस, न्यूयार्क (अमेरिका); भारतीय संस्करण 1974, नेशनल पब्लिशिंग हाऊस, नई दिल्ली, पृ. 7.
38. वही, पृ. 8-9.
39. गुप्ता, जी.आर. मैरिज, रिलीजन एंड सोसाइटी-पैटर्न्स ऑफ चेन्ज इन एन इंडियन विलेज, विकास पब्लिशिंग हाउस, 1974, पृ. 39.
मारवाड़ सेंसर्स रिपोर्ट, 1994, पृ. 180.
40. गेंग्राडे, के.डी., 'पंचायत इलेक्शन्स ऑफ 1959 एंड 1963,' राँची, मैन इन इंडिया, खंड XLVI, नं. 11, पृ. 138.
41. चेन्ना, सुभद्रा, 'दि कल्चरल रिलेशन ऑफ ऑक्यूपेशन : ए धोबी केस', राँची, मैन इन इंडिया, खंड LV, No. II, पृ. 319.
42. मैरियट, मैकिम, कास्ट रैंकिंग एंड कम्यूनिटी स्ट्रक्चर इन फाइव रीजन्स ऑफ इंडिया एंड पाकिस्तान, पुणे, गोखले इंस्टिट्यूट ऑफ पॉलिक्टिस एंड इकोनॉमिक्स, 1965, पृ. 27.
43. प्रो. श्यामलाल, सामाजिक न्याय एवं दलित राजनीति, सबलाइम पब्लिकेशन्स, जयपुर, 2004, पृ. 33.

भारतीय ईसाइयों के अपने द्वन्द्व

भारत में 17वीं शताब्दी से लेकर 19वीं शताब्दी तक ईसाई धर्म का प्रचार-प्रसार बहुत तेज गति से हुआ। समूचा देश जैसे ईसाई पादरियों का कर्मक्षेत्र बन गया था। विशेषतौर पर दलित और पिछड़े वर्ग के बहिष्कृत तथा अभावग्रस्त लोगों में तो ईसाई धर्म के प्रति अधिक से अधिक सम्मोहन बढ़ा। उन्हें जिस समता और सम्मान की चाह थी, ईसाई धर्म में वह थोड़ी-बहुत मिली भी। पर सामाजिक रूप में देखें तो कुल मिलाकर स्वयं ईसाई समाज को क्या मिला? वह ईसाई समाज के लोग, जो ब्राह्मण भी थे और शूद्र भी, अछूत भी थे और गुलाम भी, शासक भी थे और शासित भी, हिन्दू भी थे और मुसलमान भी, दलित भी थे और द्रविड़ भी। इसे और स्पष्ट तौर से कहा जाए तो वे यानी ईसाई समाज के लोग एक होकर भी विभिन्न भाषा, क्षेत्र, जाति, धर्म तथा रीति-रिवाजों और आचार-विचारों में बँटे थे। यह भी उनके सामाजिक और धार्मिक जीवन का विरोधाभास ही था कि अपने-अपने गले में जीसस क्राइस्ट टाँगे हुए भी वे विभिन्न देवी-देवताओं की पूजा करते थे, तीर्थस्थानों पर भी जाते थे। वे अपनी-अपनी रूढ़ियों और संस्कारों का बोझ भी ढोते थे और आधुनिकता की बातें भी करते थे। उनके बीच अनेक तरह के चर्च बन गए थे। बावजूद इसके वे मन्दिर भी जाते थे और मस्जिद भी। गुरुद्वारे और बौद्ध विहार में भी वे जाना नहीं भूलते थे।

यह भी कहा जा सकता है कि वे बिखरे हुए थे। उनमें से अधिकांश अपनी जड़ों से कट कर गिरजाघरों तक आए थे, इसलिए बहुत कुछ भूलना चाहते हुए भी कुछ भी नहीं भूल पाए थे। यही उनके अन्तर्द्वन्द्व भी थे। उनके साथ एक बड़ी दिक्कत यह भी थी कि अपने ही समाज और धर्म में वे अजनबी थे जबकि बाहरी समाज उन्हें खूब अच्छी तरह से जानता-पहचानता था। एक सच उनके भीतर था तो दूसरा सच उनके बाहर।

चूँकि वे समन्दर पार से आए थे, इसलिए आरंभिक दौर में उन्हें अच्छी निगाह से नहीं देखा जाता था। उनमें कुछ गाय का मांस खाते थे, कुछ बैल का और कुछ सूअर का, भैंस का आदि-आदि। फिर भी उनके खान-पान अलग-अलग थे और पहनावे भी।

यहाँ हमें पाठकों को कुछ ऐतिहासिक तथ्यों की जानकारी देना जरूरी है। भारत में उनके आगमन के साथ से ही ईसाइयों के अलग-अलग वर्ग बनते चले गए। मुख्य कारण यह रहा कि भारतीय ईसाई अलग-अलग धर्म, नस्ल, जाति तथा वर्ग से बने। उनके अपने संस्कारों तथा आधुनिकता में टकराव हुए। इसीलिए 1907 के आसपास वेंगल चक्रराय ने दावा किया था कि भारतीय ईसाइयों के भीतर राष्ट्रवाद की भावना उभर रही है। वे जितने

ईसाई हैं, उतने ही हिन्दू भी।[1] वे आगे यहाँ तक लिखते हैं कि पश्चिमी ईसाइयों की भावनाओं को अगर महसूस किया जाए तो भारतीय (हिन्दू) धर्म, विचार और अनुभवों का रूपांतरण ही भारतीयकरण है।[2] उनके अनुसार, तमिलनाडु में 10वीं शताब्दी में विशाल स्तर पर जो धर्म परिवर्तन हुआ वह निम्न जातियों से प्रोटेस्टेटिज्म की तरफ था। 1857 का वर्ष इस बात का भी गवाह है कि अरुमेनियगम, एक ईसाई शेनार ने स्वयं ईसाई शिक्षा तथा प्रवचनों के खिलाफ विद्रोह कर **हिन्दू क्रिश्चियन चर्च ऑफ लॉर्ड जीसिस** बनाया था।[3] इसी तरह से 1886 में एक विद्यार्थी ने, जिसे प्रथम ब्रिटिश मेडिकल डिग्री प्राप्त हुई थी, नेशनल चर्च ऑफ इंडिया की स्थापना की थी। वहीं 1887 में **'क्रिस्टो समाज'** की स्थापना करने वाले कालीचरण बनर्जी तथा जे.सी. शोम ने बंगाल में इण्डिजीयस चर्च्स की शुरुआत भी की।

उनका यह भी मानना है कि समाज में जो धारा ईसाई बने हिंदुओं के भीतर बहनी शुरू हुई थी, इसका कारण स्वामी विवेकानन्द का प्रभाव था, जिन्होंने उन्हें हिन्दू माइंड बनाया।[4] इसे धर्मांतरित दलितों, पिछड़ों की घर वापसी भी कहा जा सकता है।

अब जरा चक्रराय के धार्मिक और सामाजिक परिवेश की भी जाँच-पड़ताल कर लें। उनका जन्म तथाकथित उच्च हिन्दू चेट्टियार परिवार में 1880 में हुआ। उनका मूल नाम चक्रवर्ती था। मद्रास क्रिश्चियन कॉलेज से दर्शनशास्त्र में बी.ए. किया और 1906 में मद्रास लॉ कॉलेज से कानूनी शिक्षा प्राप्त की। 1907 में उन्होंने सूरत में हुए इंडियन नेशनल कांग्रेस के अधिवेशन में भाग लिया। वे तिलक के अनुयायी बने और होमरूल मूवमेंट में भाग लिया। यहीं से 1920 में गांधी से जुड़े। 1941 में मद्रास शहर के मेयर बने, आदि-आदि।[5]

1840 के बाद से देखा जाए तो तमिलनाडु में क्रिश्चियन हिन्दू समूह के खिलाफ वेस्टर्न रेशनेलिस्ट साहित्य के प्रचार-प्रसार की मुहिम शुरू हो गई थी। हिन्दू धर्मग्रन्थों तथा परम्पराओं के खिलाफ मिशनरी प्रोपेगंडा को जवाब देने के लिए थॉमस पेनी की 'एज ऑफ रीजन', वी.के. क्लिफोर्ड की सुपरनेचुरल रिलीजन तथा एनी बेसेंट की फ्री थिंकर टेक्स्ट बुक आदि पुस्तकें और पैम्फलेट आदि के माध्यम से अभियान तेज होने लगा था।[6]

कहना न होगा कि चक्रराय ईसाई धर्म छोड़कर अन्ततः हिन्दुत्व की तरफ लौट आए। यह भी हुआ विवेकानन्द के कारण, जो 1893 में अमेरिका में आयोजित कांग्रेस ऑफ वर्ल्ड रिलीजन्स से मद्रास आए थे।

जैसा चक्रराय या चक्रवर्ती स्वयं महसूस करते थे उनके भीतर दोनों धाराएँ मौजूद रहीं यानी वे हिन्दू भी रहे और ईसाई भी। इसीलिए उनका यह भी कहना है कि क्या वेस्टर्न और ईस्टर्न क्रिश्चियनिटी एक साथ नहीं हो सकती।[7]

सच कहा जाए तो चक्रराय या चक्रवर्ती दो नावों की सवारी करना चाहते थे। एक नाव में यात्रा करते हुए उन्हें सुविधा मिली, शिक्षा मिली, ख्याति मिली और दूसरी नाव में उन्हें अपनत्व तथा हिन्दुत्व की परम्पराएँ, रीतियाँ आदि। लगभग यही स्थिति कन्दा स्वामी चैट्टी[8] की थी।

भारत में ईसाइयों का एक बड़ा भाग दलित समाज से सम्बन्धित रहा है पर धर्म-परिवर्तन के इतिहास का एक कड़वा सच यह भी रहा कि जैसे-जैसे दलितों के बीच से ईसाई बनते

गए, वैसे-वैसे उनमें से अधिकांश दलित समाज से ही दूर होते गए। उनके भीतर दलितों के लिए एक अलग तरह की भावना जन्म लेती गई। यह बात हम केवल दलित ईसाइयों के बारे में कह रहे हैं, ब्राह्मण या गैरदलित ईसाइयों के बारे में नहीं। इसका स्पष्टीकरण आरक्षण के उदाहरण से किया जा सकता है। कुछ समय पहले तक भारत के ईसाइयों को दलितों के आरक्षण से कोई लेना-देना नहीं था। वे अपने चर्च और अपने घरों में कैद थे। एक सीमा तक वे दलितों की समस्याओं से बिलकुल अलग-थलग थे। इसी वजह से दलित और ईसाइयों के बीच सामाजिक और सांस्कृतिक सम्बन्ध तो नाममात्र के थे। उनकी बस्तियाँ और टोले अलग-अलग थे। उनमें कुछ परस्पर मिलते भी थे लेकिन 'रात गई बात गई' पर आधारित सुबह को भूल जाते थे।

कंवल भारती आम्बेडकर के शब्दों में लिखते हैं, "भारत के ईसाइयों के प्रति मेरी गहरी रुचि है, क्योंकि उनमें से अधिसंख्यक अछूत जातियों के हैं। मैं उन्हें शक्तिशाली देखना चाहता हूँ क्योंकि मैं भविष्य में उनके लिए भारी खतरा देख रहा हूँ। उन्हें उग्रवादी हिन्दुत्व का सामना करना है जो भारतीय राष्ट्रवाद का छद्म रूप धारण कर रहा है। यह उग्रवादी हिन्दुत्व ईसाइयों के साथ कैसा व्यवहार करेगा, इसका अनुमान वृन्दावन की घटना से लगाया जा सकता है, जहाँ उग्र हिन्दुओं की एक भीड़ ने ईसाई मिशन के भवन को भस्म कर दिया था। यदि यह भावी घटनाओं का संकेत है तो ईसाइयों को इसका मुकाबला करने के लिए तैयार रहना चाहिए।"

ये विचार डॉ. आम्बेडकर ने 1937 में अपने एक लेख **'कंडीशन ऑफ कन्वर्ट्स'** में व्यक्त किए थे। आज जब संघ परिवार की उग्रवादी संस्थाएँ ईसाइयों को अपनी हिंसा का शिकार बना रही हैं तो डॉ. आम्बेडकर के विचार एक भविष्यवाणी की तरह लगते हैं, जो सत्य सिद्ध हो रहे हैं। धर्मांतरण के प्रश्न पर विश्व हिन्दू परिषद और अन्य हिन्दू संगठन आज जिस तरह ईसाई मिशन के खिलाफ आन्दोलन चला रहे हैं, उन घटनाओं ने डॉ. आम्बेडकर को और भी ज्यादा प्रासंगिक बना दिया है। डॉ. आम्बेडकर ने हिन्दुत्व और धर्मांतरित लोगों की स्थिति पर ही नहीं, अपितु ईसाई मिशनरियों के कार्यकलाप पर भी कई प्रश्नचिह्न लगाए हैं, जो आज भी सही साबित हो रहे हैं। चूँकि वही परिस्थितियाँ आज फिर पैदा हो गई हैं और धर्म के नाम पर एक बार फिर देश का साम्प्रदायिक सद्भाव बिगड़ रहा है, इसलिए डॉ. आम्बेडकर के विचार इस मुद्दे पर दोनों पक्षों के लिए गम्भीर मन्थन का काम करेंगे।

इसका आरम्भ हम हिन्दुत्वादियों के धर्मांतरण विरोध से करते हैं। कुछ समय पूर्व नासिक के समीप पेह नामक स्थान पर हिन्दू रक्षा समिति ने हिन्दू महासम्मेलन किया, जिसमें 37 ईसाई आदिवासियों को हिन्दू बनाया गया और अन्य ईसाई आदिवासियों को हिन्दू न बनने पर धमकी दी गई। इससे स्पष्ट होता है कि उग्रवादी हिन्दू तत्व आदिवासियों को उसी अवस्था में रखना चाहते हैं, जिस अवस्था में वे सदियों से रह रहे हैं। क्या इसके मूल में हिन्दू शक्ति का कमजोर होना एक कारण है? यह एक कारण इसके मूल में कतई नहीं है। हिन्दुत्व का विकास एवं संस्कृति का संरक्षण भी इसके मूल में नहीं है जिसका दावा

हिन्दू नेताओं द्वारा किया जा रहा है। फिर वह कौन-सा कारण है जो हिन्दू शक्तियाँ आदिवासियों के धर्मांतरण का विरोध कर रही हैं और ईसाई मिशनरियों पर हमला कर रही हैं? वे कारण पूँजीवादी हैं, इन कारणों को समझने से पहले यह जान लेना आवश्यक है कि ईसाई मिशन पर धर्मांतरण के आरोप कितने सही हैं और क्या धर्मांतरण ही ईसाई-विरोध का आधार है?

डॉ. आम्बेडकर ने 'अछूतों का ईसाईकरण' लेख में 1931 की जनगणना के अनुसार अन्य सम्प्रदायों के मुकाबले भारतीय ईसाइयों की संख्या के बारे में कहा है कि 1921 और 1931 के बीच सिखों ने अपनी संख्या में सर्वाधिक वृद्धि की। दूसरे और तीसरे स्थान पर क्रमशः ईसाई व इस्लाम आते हैं, जिन्होंने धर्मप्रचार के द्वारा अपनी संख्या में वृद्धि की। उनके अनुसार, भारतीय ईसाइयों की संख्या 1931 में 1.7 प्रतिशत थी। आज की साम्प्रदायिक जनसंख्या वृद्धि पर एक नजर डालने पर हम पाते हैं कि पहला स्थान मुस्लिमों का है, दूसरा सिखों का, तीसरा बौद्धों का और ईसाइयों का चौथा स्थान है। 1931 से 1947 के बीच 16 सालों के लम्बे समय में भारतीय ईसाइयों की संख्या में सिर्फ 0.8 प्रतिशत की वृद्धि हुई। 47 से बाद के इतने सालों में यह संख्या 2.5 प्रतिशत की दर से बढ़नी चाहिए थी, पर इस लम्बे समय में उनकी संख्या में वृद्धि होने के बजाय 0.2 प्रतिशत की कमी आ गई। आज भारत में ईसाइयों की संख्या 2.3 प्रतिशत है। सवाल यह है कि यदि ईसाई मिशनरियों ने भारत में आदिवासियों-दलितों का भारी पैमाने पर धर्मांतरण कराया होता तो उनकी संख्या में भारी वृद्धि होती।

ईसाई मिशनरियों ने सेवा भावना और समाज कल्याण की योजनाएँ चलाकर आदिवासियों में धर्म-प्रचार किया है। यह उनकी धार्मिक आस्था पर आधारित है, जो दुखी मनुष्यता की मुक्ति के लिए कार्य करने की प्रेरणा देती है। डॉ. आम्बेडकर ने लिखा है, "कोई दस करोड़ लोगों की यह विशाल संख्या है, जिसे हिन्दू कहा तो जाता है, पर उनका हिन्दू धर्म से कोई खास घनिष्ठ सम्बन्ध नहीं है। हिन्दू धर्म ने उनकी स्थिति को इतना असहनीय बना दिया है कि उन्हें सहज ही इस्लाम (या ईसाई) धर्म ग्रहण करने के लिए फुसलाया जा सकता है।" आदिवासी सभ्यता और संस्कृति किसी भी स्तर पर हिन्दू सभ्यता और संस्कृति से मेल नहीं खाती है।

कंवल भारती का मानना है कि धर्मांतरित ईसाइयों की हिन्दू धर्म में वापसी इसी भावना से 1920 में 'शुद्धि आन्दोलन' की उत्पत्ति से हुई थी। इसी मुद्दे पर डॉ. आम्बेडकर ने अपना *'कास्ट एंड कन्वर्जन'* आलेख लिखा था। इस लेख से उनकी कुछ स्थापनाएँ यहाँ उद्धृत करना आवश्यक प्रतीत हो रहा है। उन्होंने लिखा है, *"कोई समाज इसलिए सशक्त नहीं होता कि उसकी संख्या अधिक है, वरन इसलिए सशक्त होता है कि उसका संगठन मजबूत होता है।"* वह कहते हैं कि ऐसे उदाहरणों की कमी नहीं है जहाँ धर्मोन्मादियों के संगठित दल ने असंगठित धर्म-योद्धाओं की विशाल सेना को नष्ट कर दिया है। उन्होंने 'मोपलाओं' के उदाहरण से लिखा है कि हिन्दुओं की कमजोरी उनकी संख्या की कमी नहीं है, बल्कि उनमें एकजुटता का अभाव ही उनकी कमजोरी है। इसलिए वह लिखते हैं कि यदि एकजुटता

को शक्तिशाली बनाना है, तो हिन्दुओं को पहले विघटनकारी शक्तियों से निपटना होगा। शुद्धि-आन्दोलन पर उनका मत था कि "यदि शुद्धि के कारण हिन्दू शिविर के भीतर 'श्रद्धानन्द की मलकाना' जैसे विशाल खेप आ भी जाए, तो उससे केवल यही होगा कि वर्तमान संख्या में एक और जाति की वृद्धि हो जाएगी।" उनका मानना था कि जितनी अधिक संख्या में जातियाँ होंगी, हिन्दू समाज का उतना ही अधिक अलगाव होगा और वह कमजोर होगा। उनका सुझाव था कि यदि हिन्दू समाज जीवित रहना चाहता है तो वह अपनी संख्या में नहीं, अपनी एकात्मता में वृद्धि करे और उसका अर्थ है—जातिप्रथा का उन्मूलन।

इसी सम्बन्ध में एक नजर ईसाई मिशनरियों के धर्म-प्रचार पर भी डाली जाए। ये दलितों का ईसाईकरण करने के लिए बदनाम हैं, ऐसी भारत में ईसाई पादरियों, शिक्षा संस्थानों के प्रमुखों के बारे में लोगों के बीच आम राय है। पर क्या वास्तव में उन्होंने दलितों के धर्म-परिवर्तन में रुचि ली? डॉ. आम्बेडकर ने यह रहस्योद्घाटन किया है कि भारत में ईसाइयों ने अपने मिशन की शुरुआत में ही इस क्रम को उलट दिया। उनके अनुसार, **प्रारम्भिक ईसाई मिशनरियों ने बजाय निम्न वर्गों में काम करने के, ब्राह्मण तथा हिन्दुओं के उच्च वर्गों का धर्म परिवर्तन कराने का प्रयास किया।**[४९] इसके पीछे उनका विचार था कि जनसाधारण के धर्म परिवर्तन का उसका काम आसान हो जाएगा। डॉ. आम्बेडकर ने इस तथ्य को उजागर किया है कि ईसाई मिशनरियों ने इतने सारे स्कूल, कॉलेज और अस्पताल इसीलिए खोले कि वे भारत के ब्राह्मण वर्ग से सम्पर्क करना चाहते थे। इसमें उन्हें सफलता नहीं मिली, जबकि ब्राह्मणों तथा उच्च वर्गों ने ही ईसाइयों की इन मिशनरी संस्थाओं का पूर्ण लाभ उठाया है लेकिन इन वर्गों में से शायद ही किसी ने ईसाई धर्म की ओर अपना ध्यान आकृष्ट किया होगा।

इसके कारणों पर प्रकाश डालते हुए डॉ. आम्बेडकर ने लिखा है कि प्रारम्भिक ईसाई मिशनरियों ने इस तथ्य की उपेक्षा की कि समाजवाद गरीबों को रास आता है, पूँजीपतियों को नहीं। ब्राह्मण तथा उच्च वर्ग ईसाई धर्म को कभी ग्रहण कर ही नहीं सकते। ईसाई सिद्धान्त भ्रातृत्व और समता की शिक्षा देता है, जबकि ब्राह्मण और उच्च वर्ग असमानता पर आधारित वर्णव्यवस्था को बनाए रखने में अपना हित समझते हैं। ऐसे लोगों से यह अपेक्षा कैसे की जा सकती है कि वे ईसाई सेवाओं से प्रभावित होकर ईसाई धर्म को अपनाएँगे? आज भी ईसाई मिशनरियों द्वारा संचालित स्कूलों, कॉलेजों तथा अस्पतालों का लाभ उच्च वर्गों के लोगों को है, गरीबी के कारण गरीबों में उन सेवाओं को हासिल करने की सामर्थ्य नहीं है। इसका अर्थ यह है कि ईसाई मिशनरी आज भी नगरों-महानगरों में स्कूलों, कॉलेजों और अस्पतालों का संचालन उच्च वर्गों के लिए करते हैं, जो यह सोचने का भी कष्ट नहीं उठाते कि मनुष्यता की इतनी बड़ी सेवा करनेवाला धर्म कितना गुणी होगा।

जब ब्राह्मण और उच्च वर्गों द्वारा संचालित हिन्दू संगठनों ने ईसाई समुदाय के खिलाफ हिंसक आन्दोलन आरम्भ कर दिया है तो तब जाकर ईसाई मिशनरियों की समझ में आया है कि वे भारत में इन उच्च वर्गों को ही लाभ पहुँचा रहे हैं। अब वे कहते हैं कि यदि उन पर जुल्म बन्द नहीं हुए तो वे अपने मिशनरी स्कूलों को बन्द भी कर सकते हैं। लेकिन

डॉ. आम्बेडकर ने लिखा है कि आज भारत में जितने ईसाइयों को हम देख रहे हैं, उसका कारण यह है कि कुछ ईसाई मिशनरियों ने इस प्रयास की निरर्थकता को पहले ही भाँप लिया था। यदि उन्होंने इस भूल को भाँप न लिया होता और निम्न वर्गों के दिलों को जीतने का प्रयास न किया होता, तो भारत में एक भी ईसाई न मिलता।

फिर भी ईसाई मिशन के प्रतिनिधियों ने डॉ. आम्बेडकर की उस चेतावनी या भविष्यवाणी पर ध्यान नहीं दिया जो उन्होंने 1936 में दी थी कि वे अपने-आपको शक्तिशाली बनाएँ। नतीजा सामने है कि वे हिन्दुओं की हिंसा के शिकार हो रहे हैं। इसके विपरीत मुसलमानों ने अपनी शक्ति बढ़ाई है और वे इतने बलवान हैं कि हिन्दू उग्रवाद का सामना करने में सक्षम हैं। इसलिए हिन्दू संगठनों ने इस्लाम में धर्मांतरण के विरुद्ध कोई मुहिम नहीं छेड़ी है।

असल में ईसाई समुदाय आरम्भ से ही आम्बेडकर के आन्दोलन से अलग-थलग रहा। यही नहीं बल्कि उनके विरोध में भी सामने आया। उदाहरण के लिए उन्होंने अपने-आपको भारतीय ईसाई की श्रेणी में रखा। दलितों से सम्बन्ध टूट गए जैसे ही वे ईसाई बने। यही कारण रहा कि 1928 में जब साईमन कमीशन से 'द ऑल इंडिया कान्फ्रेंस ऑफ इंडियन क्रिश्चियन' रू-ब-रू हुई तो ईसाई प्रतिनिधियों का मानना था कि ईसाई समाज में ऐसी कोई विषमता नहीं है, जैसी हिन्दू जातियों में। 1940 की जनगणना के तहत उन्होंने अपने-आपको 'होमोजिनीयस बॉडी' के रूप में व्याख्या दी। यहाँ तक कि उन्होंने सेप्रेट इलेक्ट्रोरेट और कम्युनल अवार्ड का भी विरोध किया।[9]

9 अप्रैल, 1937 को इलाहाबाद में जब ईसाई समुदाय ने डॉ. आम्बेडकर को सम्मेलन में आमंत्रित किया तो उससे पूर्व यानी 8 मार्च, 1937 में ही बापू जी ने डिप्रेस्ड क्लासिस लीग के अध्यक्ष के नाते पत्र लिखा था। पत्र का मजमून था कि आर्गेनाईजर्स ईसाई नहीं हैं। इसलिए यह एक प्रोजेक्टेड कान्फ्रेंस है। जेनवीन लोग ही यह आयोजन करें। प्रेमराव लिखते हैं कि दलित नेताओं ने भी दलितों के द्वारा ईसाई बनने का विरोध किया था।[10]

चिरंजी कटारिया और राम भारती की रिपोर्ट बतलाती है कि पहली बार देश में धर्म के आधार पर राजनैतिक निर्णय लेने की परम्परा पड़ी। 1956 में सिख धर्म के लोगों ने आवाज उठाई और संसद में संविधान में संशोधन कर सिख धर्म मानने वाले दलितों को आरक्षण दिया गया। 1990 में डॉ. आम्बेडकर शताब्दी समारोह के अवसर पर एक बार पुनः संसद में संशोधन कर नवबौद्धों को भी आरक्षण दे दिया गया। ईसाई धर्म के नेता व समाजसेवी 1950 से ही राष्ट्रपति आदेश के अनुच्छेद (3) को हटाने की माँग कर रहे थे। बैठक, प्रदर्शन, जुलूस व सैकड़ों ज्ञापनों के बावजूद अभी तक कोई फैसला नहीं लिया गया। कुछ लोग मानते हैं कि राष्ट्रपति का यह आदेश संविधान के ऊपर एक कलंक है। संविधान के अनुच्छेद 14, 15 व 25 का सरासर उल्लंघन है। 1992 में भी दलित सांसदों ने राष्ट्रपति के आदेश के अनुच्छेद (3) को हटाने और उसमें ईसाई धर्म को जोड़ने की माँग की। धर्मनिरपेक्षता पर आधारित भारतीय लोकतन्त्र के लिए यह कितना लज्जाजनक है कि एक धर्मविशेष के दलितों को उपेक्षित कर उन्हें आरक्षण की सुविधा से वंचित किया जाए!

राज्यसभा सदस्य श्री वी. नारायण स्वामी के प्राइवेट बिल को लेकर राज्यसभा तथा लोकसभा में बहस हुई। कांग्रेस (ई) के सांसद श्री अजीत जोगी का कहना है कि जब कोई व्यक्ति धर्म-परिवर्तन करता है तो यह नहीं समझना चाहिए कि उसके सामाजिक व आर्थिक जीवन में सुधार हो गया है। फिर जब अनुसूचित जाति से बने सिखों और बौद्धों को आरक्षण मिलता है तो अनुसूचित जाति से बने ईसाइयों को इससे क्यों वंचित रखा गया है? क्या केवल ईसाई बनने से ही अनुसूचित जाति के लोगों की स्थिति सुधर गई? फिर सबसे बड़ी बात यह है कि जब अनुसूचित जनजाति से बने ईसाइयों को आरक्षण मिलता है, तो अनुसूचित जाति से बने ईसाइयों को क्यों नहीं?

समाजवादी पार्टी के राष्ट्रीय महासचिव श्री रघु ठाकुर ने इस विषय पर विचार व्यक्त करते हुए कहा कि अनुसूचित जातियों से बने दलित ईसाइयों और मुस्लिमों को आरक्षण मिलना चाहिए।

शायद पहली बार हजारों की संख्या में दलित ईसाई, नई दिल्ली के जन्तर-मन्तर पर इकट्ठा हुए थे। इन लोगों ने रामलीला मैदान तक पैदल मार्च किया था। इस रैली का आयोजन ऑल इंडिया क्रिश्चियन पीपुल्स फोरम नामक संगठन ने किया था।

'हम दलित' के सम्पादक **प्रेम कपाड़िया** का मानना है कि दलित ईसाइयों को आरक्षण देने के मसले पर सरकार के ढुलमुल रवैए और विभिन्न राजनैतिक पार्टियों के दोहरे बयान इस सच्चाई के पुख्ता प्रमाण हैं कि राज्य की इच्छा-शक्ति न केवल दयनीय स्थिति में है, बल्कि इसमें वोट बैंक की राजनीति भी काम कर रही है। निजी स्तर पर सभी राजनेता **मसीही दलितों** को आरक्षण देने की वकालत करते हैं, लेकिन पार्टी स्तर पर अभी कोई राजनैतिक दल खुलकर सामने नहीं आया है।

ईसाइयों के द्वन्द्व

Disabilities Removal Act of 1950

यह कानून इस उद्देश्य को लेकर बना था कि कोई भी व्यक्ति जो अपना धर्म बदलना चाहता है तो उसे किसी भी प्रकार अयोग्य करार न दिया जाए। इसे अन्तःकरण की स्वतन्त्रता (Liberty of Conscience) भी कहा गया। इस एक्ट के अस्तित्व में आने की पृष्ठभूमि में मुख्यतः मिशनरी लोगों का आन्दोलन रहा है। उस समय उन्होंने ऐसा महसूस किया या उन्हें ऐसा लगा कि हिन्दुओं में से धर्म-परिवर्तन जो भी करते थे उन्हें 'पतित' करार दे दिया जाता था और **हिन्दू कानून के अनुसार, किसी पतित को सम्पत्ति में कोई अधिकार न था।**

मैसूर का मामला

1972 में मैसूर से दो लोग थे, एक ईसाई था, दूसरा हिन्दू (पुनः धर्म-परिवर्तन किया)। 1972 में राजगोपाल के नोमिनेशन को अस्वीकार कर दिया, इस कारण कि वह आदि

द्राविड़ नहीं है, और कनवर्टेड क्रिश्चियन है। उन्होंने यह तर्क दिया कि वे कभी ईसाई हुए ही नहीं। अगर हुए भी हैं तो उन्होंने पुनः हिन्दू धर्म स्वीकार किया। सुप्रीम कोर्ट की रूलिंग थी कि एक व्यक्ति पुनः अपने धर्म या जाति में जा सकता है, अगर उसकी जाति के साथी स्वीकार करें।

आर.एस. फ्रांसिस लिखते हैं कि दलित ईसाइयों के राजनीतिक, आर्थिक, सामाजिक व शैक्षिक अधिकारों की रक्षा करने का दायित्व कथित रूप से चर्च व उससे जुड़े संगठनों ने सँभाल रखा है। यह एक विडम्बना ही है कि आजादी के 50 वर्षों में जब देश विशेष कर उत्तर भारत के दलित वर्गों में राजनीतिक, आर्थिक, सामाजिक व शैक्षिक बदलाव हो रहे हैं तो आज भी इस क्षेत्र के दलित ईसाई चर्च की अगुवाई में वहीं खड़े हैं जहाँ वह आजादी पूर्व असंगठित, अशिक्षित, सामाजिक रूप से प्रताड़ित व गरीबी का बोझ झेल रहे थे। इस क्षेत्र में ईसाईयत को बनाए रखने के लिए दलित ईसाइयों ने हर प्रकार की कठिनाइयों को भी सहा है। देश में पाँचवें व छठे दशक में जब भूमि सुधार व भूमि वितरण जैसे कार्यक्रम चल रहे थे, उस समय भी गरीब ईसाई इन सुविधाओं को दरकिनार कर चर्च के साथ डटे रहे। पर इन 50 वर्षों में चर्च अपने को इस वर्ग की भावनाओं के अनुसार ढालने में असफल रहा है। सरकार व चर्च के अन्दर अपने अधिकारों की माँग को लेकर दलित ईसाइयों के छोटे-मोटे आन्दोलन उठते रहे हैं जो चर्च व उससे जुड़े मुट्ठीभर स्वार्थी तत्वों की वजह से जन आन्दोलन का रूप लेने से पूर्व ही समाप्त होते गए। लगता है कि इस क्षेत्र में चर्च अपने एकाधिकार को हर कीमत पर बनाए रखना चाहता है। अगस्त 1990 को चर्च व उससे जुड़े संगठनों के तत्वावधान में दलित ईसाइयों के लिए आरक्षण की माँग को लेकर किए गए कार्यक्रम के पश्चात इस वर्ग की भलाई के लिए कुकुरमुत्ते की तरह संगठन खड़े हो गए जिनको दलित ईसाइयों की हर समस्या का समाधान (चाहे वह राजनीतिक, सामाजिक या शैक्षिक स्तर पर किया जाने वाला हो) आरक्षण में ही नजर आता है। चर्च व उससे जुड़े संगठनों के पास इस क्षेत्र के ईसाइयों के लिए कोई भी ठोस योजना ही नहीं है। हैरतअंगेज बात यह है कि इस पूरी मूवमेंट को चलाने वाले लोगों में दलित ईसाइयों की गिनती अंगुलियों पर की जा सकती है। एक-आध संगठन को छोड़कर सभी के तार चर्च से जुड़े हुए हैं। उक्त संगठनों ने अपने निजी स्वार्थों की पूर्ति हेतु दलित ईसाइयों को मिशनवाद व संगठनवाद में तार-तार कर दिया है।

यह एक आश्चर्यजनक सत्य है कि उत्तर भारत के दलित ईसाई जहाँ जिस चर्च से अपने लिए समान अधिकारों की माँग कर रहे थे वहीं चर्च खुद अधिकार दिए बिना सरकार से अधिकार दिलाने चल पड़ा है। जून 1988 को प्रकाशित एक समाचार के अनुसार, संयुक्त क्रिश्चियन एक्शन कमेटी द्वारा चर्च व उससे जुड़ी संस्थाओं में इस वर्ग को उचित स्थान देने, स्कूलों, कॉलेजों, अस्पतालों आदि संस्थाओं में 50 प्रतिशत बिना भेदभाव प्रतिनिधित्व देने, चर्च की नीतियों व कार्यक्रमों में इस वर्ग की जरूरतों के मुताबिक बदलाव की माँग की गई है परन्तु उसका कुछ खास फर्क हुआ नहीं। चर्च की नीतियों में कोई विशेष बदलाव दिखाई नहीं देता। आज भी इस क्षेत्र के दलित ईसाइयों का चर्च व उससे जुड़ी ताकतवर (निर्णायक)

संस्थाओं में कोई खास स्थान नहीं है। कैथोलिक बिशप कॉन्फ्रेंस (सी.बी.सी.आई.) द्वारा चलाए जाते डयसिसों (जो चर्च की नीतियों व कार्यक्रमों को लागू करते हैं), चर्च ऑफ नार्थ इंडिया, ऐंग्लीकन, मैथोडिस्ट आदि चर्चों में भी धर्मान्तरित उच्च वर्गों का ही ज्यादातर उच्च स्थानों पर वर्चस्व बना हुआ है।

'हाशिये की आवाज' के संयुक्त सम्पादक कमलकांत[11] का मानना है कि ईसाई समाज तथाकथित जो उच्च लोग हैं या बड़े पदों पर बैठे हैं, वे दलितों के बारे में उस तरह से नहीं सोचते जैसा पुस्तकों या पत्रिकाओं में लिखते हैं या जैसा चर्च में कहते हैं। उनका मानना है कि बिहार में तो जातिभेद के साथ धर्मभेद भी है। बचपन में उन्हें छोटुआ नाम से ही पुकारा जाता था। ऐसा होता ही है, पर मेरा मानना है कि बिहार में स्थिति बहुत खराब है। उस राज्य में जब भी दलित ईसाई प्रीस्ट बनने के लिए जाते हैं, तो उनका सेलेक्शन नहीं होता। इसलिए कि सेलेक्शन कमेटी में कोई दलित ईसाई नहीं है।

ऐसा नहीं है कि ईसाई समाज में इन ब्राह्मणवादी मानसिकता वाले प्रीस्ट, फादर, बिशप या धर्म प्रचारकों के खिलाफ आन्दोलन नहीं हुआ। कई बार दलितों ने संघर्ष किए हैं। दिल्ली में ही किशोर पूजा सेवक संघ जैसे और भी संघर्षकारी संगठन बनाए गए।

असल में सम्पूर्ण ईसाई समाज के भीतर अगर द्वन्द्व की बात कही जाए तो यह बहुत पहले से ही रहा है। उदाहरण के लिए रोमन केथोलिक और प्रोटेस्टेंट के बीच परस्पर टकराव रहे। इतिहास में जाएँ तो कैथोलिक परम्परावादी हैं जबकि प्रोटेस्टेंट सड़ी-गली परम्पराओं तथा मान्यताओं को ध्वस्त करने वाले हैं।

हैदराबाद के श्री रत्नम[12] का कहना है कि उन्होंने धर्म बदला है जाति नहीं। चर्च क्या कहता है, यह अलग बात है पर हमारे भी तो संस्कार हैं, मूल्य हैं, मान्यताएँ हैं। ऐसा ही अशोक सिंहल भी कहते हैं कि धर्म बदलने से जाति नहीं बदलती।

अशोक सिंहल की बात एक सीमा तक सही है। इसके एक नहीं हजारों उदाहरण हैं। विशेषरूप में दलितों या द्विजों के ईसाई बनने पर ऐसा हुआ।[13] जहाँ तक अंग्रेजों के खिलाफ आजादी के संघर्ष की बात है, उसमें ईसाई नहीं दीखते।[14]

यह घटना इस बात को रेखांकित करती है कि ईसाईयों की प्रतिबद्धता ब्रिटिश साम्राज्य के साथ थी। 1935 का एक्ट देखें तो किसी भी भारतीय ईसाई को अनुसूचित जाति का सदस्य नहीं माना गया है। इसका दूसरा पक्ष भी है कि ईसाईयों ने भी अपने-आपको दलित नहीं माना। प्रेम राव[16] लिखते हैं कि आजादी के बाद ईसाई दलितों को आरक्षण दिया गया। यह दलितों के आरक्षण में कटौती हुई, जो ठीक नहीं है।

वैसे भी आरम्भिक दौर में दलितों ने समता और सम्मान के लिए हिन्दू धर्म छोड़ कर ईसाई होना स्वीकार किया था। पर देखा गया कि जाति का वह धब्बा[17] ईसाई होने पर भी नहीं छूटा।

आनन्द प्रकाश सारस्वत[18] के दो शोधपत्र महत्वपूर्ण हैं। अपने दो लम्बे शोधपत्रों में जो अप्रैल 1979 एवं दिसम्बर 1979 में प्रकाशित हुए, मेरठ जिले में ईसाइयों में अस्पृश्यता

पर किए गए अध्ययन को प्रकाशित किया है। निष्कर्षों को निम्न रूप में यथासंक्षेप में प्रस्तुत किया जा सकता है–

1. ईसाई धर्म में उन लोगों को अछूत माना जाता है जो हिन्दुओं में अछूत जातियों में थे। जहाँ तक देखने में आता है व्यवहार में उनके साथ छुआछूत का व्यवहार किया जाता है।
2. ईसाइयों में उच्च जातियों को प्रकट करने वाले समूह पैदा हो गए हैं जैसे ब्राह्मण ईसाई एवं राजपूत ईसाई। यह कहना कठिन है कि क्या ये पहले हिन्दू धर्म में ब्राह्मण थे या राजपूत ही थे परन्तु फिर भी किसी तरह इन्होंने ईसाई समाज में ब्राह्मण या राजपूत जैसी स्थिति बना ली है। ये अछूत ईसाइयों से छुआछूत का व्यवहार करते हैं, उन्हें अपनी धौंसपट्टी में रखते हैं और बाध्य करते हैं कि ईसाई अछूत उन्हें उसी तरह सम्मान दें, उसी तरह सम्मानसूचक शब्दों में बोलें, उसी तरह दीन के रूप में उनके सामने खड़े रहें जैसे कि वे हिन्दू समाज में करते थे।
3. ईसाई लोग अछूतों का पादरी बनना पसन्द नहीं करते और न अछूत पादरियों के धर्मोपदेश सुनने जाते हैं। ईसाई चर्च के सामने यह समस्या खड़ी हो गई है कि इस प्रश्न को कैसे सुलझाया जाएगा। इस कारण ईसाई पादरी स्वयं को 'ऊँची जाति' का बताने लग गए हैं।
4. पास के एक गाँव जई में ईसाइयों के स्कूल की प्रधानाचार्या एवं एक अध्यापिका ने पादरी का कोई भी आदेश मानने से इनकार कर दिया क्योंकि वह चमार है और अध्यापिका एवं प्रधानाचार्या स्वयं को जम्मू की डोगरा राजपूत बताती हैं। उन्हें निलम्बित भी किया गया, मुकदमेबाजी भी लम्बी चली परन्तु फिर भी वे चर्च के प्रधान चमार पादरी की आज्ञा मानने को तैयार नहीं।
5. अपने को उच्च जाति का ईसाई कहने वाले अपने घरों में चाय के प्याले और कुछ बर्तन अछूत ईसाइयों के लिए अलग रखते हैं। सर्वप्रथम तो इन अछूत ईसाइयों को घर में ही नहीं घुसने दिया जाता है और यदि किसी तरह सामाजिक सम्बन्ध स्थापित हो गए हैं तो उन्हें अलग ही बर्तनों में खिलाया-पिलाया जाता है।
6. अपने को उच्च जाति का बताने वाली ईसाई स्त्रियाँ जो दलित ईसाइयों के साथ बहुत घृणा प्रदर्शित करती हैं वे उनके द्वारा दी गई खाने-पीने की वस्तु को चुपचाप गाय को दे देती हैं।
7. किसी नवागन्तुक ईसाई का किसी उच्च जाति के ईसाई के घर में जाकर अपना नाम बता देना ही पूरा परिचय नहीं होता वरन उसे अपनी जाति भी बतानी होती है।
8. दलित ईसाई अपने नाम के आगे उच्च जातियों जैसे उपनाम, गोत्र या 'सरनेम' नहीं लगा सकते जैसा कि सवर्ण जातियों के होते हैं। एक चमार ईसाई पादरी को इसलिए पीटा गया कि उसने अपने नाम के आगे 'सिंह' लगा लिया था। दलित ईसाई अधिकतर अपने नाम के आगे लाल या मसीह लगाते हैं।

9. जैसे ही एक अछूत धर्म परिवर्तित होकर चर्च से किसी ईसाई समुदाय में सिर छिपाने जाता है तो सबसे पहले उसका परिचय जाति के अस्पृश्यता-प्रेत से होता है जिसे वह धर्म परिवर्तन के पश्चात मरा हुआ समझ बैठा था। ईसाई सीधे ही उससे पूछते हैं, "तुम कौन-सी जाति के हो?" और तुरन्त ही उसके सामने वह सब कुछ साकार हो जाता है जिससे बचने के लिए वह भागकर यहाँ आया था। उसका इन नई परिस्थिति के प्रति भौंचक्का व्यवहार पुराने ईसाइयों को उसे यह बताने को बाध्य करता है, "...धर्म तो बदल जाता है परन्तु कोई जात थोड़े ही बदल जाती है।" और यह नव-ईसाई के सारे भ्रमों को दूर कर स्पष्ट कर देती है कि वह पहले भी अस्पृश्य था और अब भी अस्पृश्य है।

10. एक ईसाई पादरी ब्रदर आगस्टीन ने अपना अनुभव बताया कि उसके पिताजी भी पादरी हैं और वे केरल की किसी उच्च जाति से सम्बन्ध रखते हैं। आगस्टीन ने बताया कि जब वह एक गाँव में अछूत परिवार में धर्म उपदेश देकर लौटे और यह बात अपने पिताजी को बताई तो उनके पिताजी ने पूछा कि "क्या तुम उसके घर के अन्दर गए थे?" ब्रदर आगस्टीन ने बताया कि "हाँ मैं घर के अन्दर गया था।" उनके पिताजी ने उन्हें एक चाँटा मारा और कहा, "तुम्हें उस अछूत के घर के अन्दर नहीं जाना चाहिए था, केवल बाहर से ही उसे धर्मोपदेश देना चाहिए था।"

11. ईसाई धर्म में दो अछूत जातियों के मध्य कोई विवाह सम्बन्ध देखने को नहीं मिला। एक-दो ऐसे विवाह जो होकर टूट गए उनके बारे में पूछने पर उन्होंने बताया कि विवाह के समय दूसरे पक्ष ने "अपनी जात छिपा ली थी।"

उपरोक्त तथ्यों से यह प्रकट होता है कि अस्पृश्यता की स्थिति ईसाई समाज में भी उतनी ही विकृति लिये हुए है जितनी कि हिन्दू समाज में। अस्पृश्यता को ईसाई समाज में अप्रत्यक्ष रूप से स्वीकार करते हुए 5 अप्रैल, 1978 को दिल्ली में हुए ईसाई संगठनों के राष्ट्रीय अधिवेशन में उन्होंने स्वीकार किया कि "अधिकतर धर्म परिवर्तित ईसाई उसी दयनीय पिछड़ी दशा में हैं जैसे कि वे धर्म परिवर्तन से पूर्व थे।"[19] हिन्दुओं के लिए यह एक ईसाई हो सकता है परन्तु ईसाई समुदाय के लिए वह या तो भंगी है या चमार या डोम। हार्डग्रेव का अवलोकन इस सन्दर्भ में बहुत महत्वपूर्ण है। "अनेक ईसाई परिवार उन हिन्दुओं से विवाह सम्बन्ध बनाए हुए हैं जिनसे उनके परम्परागत विवाह के सम्बन्ध थे। एक ईसाई नाडार एक हिन्दू नाडार को अपनी बेटी देगा। परन्तु अपने से छोटे और जाति के हीन ईसाई को बेटी नहीं देगा।"[20]

यह घटना थोड़ा अलग है। 1903 में चन्द्रपुर के महार समाज के कबीरपन्थी गुरु 'चन्दु बुवा' के सामने धर्म परिवर्तन करने की शर्त रखी गई जिसका वर्णन इस तरह है–

The rite of baptism was strange to them (desciples) and they wanted some full assurance that their leader (chanda buva) had really changed his faith. They asked some definite sign, and the sign they demanded that he should publicly burn. some books held sacred by the hindus, Mohammadans and followers of Kabir, and so one night, just before midnight outside the city walls, a number of them assembled tage their with certain membern of the mission to take part in a strange ceremony. A fire was made ready and at a given signal, chandu walked for ward, and salemnly and impressive, consingned to the flames three books representative to the three religions. Thus burning of the books, on the part of their Guru, had a grent effect in bringing some of his fallowers to a confussion of the christian faith.[21]

अस्पृश्यता से मुक्ति पाने की एक बड़ी तिलमिलाहट की खेप उस समाज से आई जो मल ढोने का काम करते थे, जिसे गाँवों में भंगी और शहरों में मेहतर या जमादार कह कर पुकारा गया।

कानपुर शहर का इतिहास मात्र 250 वर्ष से भी कम है। पहले इस नाम का न कोई गाँव था न कस्बा। गंगा की रेती पर मछुआरों व मल्लाहों के खेत थे। सन् 1765 में एक अंग्रेज सेना की टुकड़ी अवध के नवाबों को खदेड़ते हुई जाजमऊ तक लाई। जाजमऊ अस्तित्व में था। पहले यहाँ गौतम बुद्ध आए थे और वर्षा वास किया था, बाद में वाजिद अली नवाब के नाम पर इसका नाम वाजिदपुर नाम रखा गया। यहीं ईस्ट इंडिया कम्पनी ने अपना कैम्प लगाया जिसे आस-पास के गाँव 'कम्पू' के नाम से पुकारते थे।

अंग्रेज सैनिकों को पहली आवश्यकता मल उठाने की थी। वे लोग खेतों या जंगल में खुले स्थानों पर सौच नहीं करते थे। कानपुर के गाँवों में भंगी जो एक जूठी या बासी रोटी पर मैला उठाते थे जब उन्हें यह पता चला कि मैला उठाने का पैसा अंग्रेज दे रहे हैं तो वे गाँव छोड़ कर उनके कैम्पों के आस-पास बसने लगे। अंग्रेजों ने मैला उठाने का वेतन देना शुरू किया।

अंग्रेजों के सामने दूसरी समस्या खाना बनाने वालों की थी। क्योंकि सवर्ण या अन्य हिन्दू अंग्रेजों को सूअर या गाय का मांस खाने के कारण इनकी रसोइयों में जाने से इनकार करते थे। अंग्रेजों ने खाना बनाने की समस्या का समाधान भी इसी भंगी समाज से निकाला। खानसामाँ नाम देकर इनसे खाना बनाने का भी काम लेना शुरू किया। अंग्रेजों ने इनका बतिस्मा कराया। अर्थात उनकी गन्दगी धुलवाई। फिर उन्हें लाल बेग नाम दिया। उनकी पहचान लालबेगी नाम से कराई। भंगी ने गाँव से पलायन कर कानपुर में लालबेगी इसाई होकर अपने मुहल्ले बसाए। हालाँकि ईसाई होने से उनमें सुधार अवश्य हुआ। बच्चे पढ़े और साफ रहने लगे।

इसमें कोई सन्देह नहीं कि ईसाई मिशनरियों ने भारत में स्वास्थ्य व शिक्षा सेवाएँ प्रदान करने में काफी प्रशंसनीय कार्य किया है किन्तु वे ईसाई धर्म में परिवर्तित लोगों की मानसिकता को नहीं बदल सके। वही पुराने देव-देवियों की पूजा, जातिभेद और अन्धविश्वास जारी रहा। दक्षिण भारत में ईसाइयों की गिनती में दलितों की संख्या 60 प्रतिशत है। वहाँ भी वे जातिभेद से पीड़ित हैं। अपने-अपने घरों में जीसस क्राईस्ट को भी लटकाएँ रखते हैं और हिन्दू

देवी-देवता भी वहीं विद्यमान होते हैं। धार्मिक आस्था और पूजा-पाठ का कैसा अजीबोगरीब घालमेल देखने में मिलता है, जो शायद दुनिया के किसी कोने में नहीं होगा।

अंग्रेज जब भारत से गए तो ईसाइयों को आर्थिक तंगी का सामना करना पड़ा। उन्होंने ईसाई हो कर भंगी समाज से नाता नहीं तोड़ा। कानपुर शहर में बीवीधर एक गाँव है जो एरोड्रम के पास बसा है। वे वाल्मीक भी हैं और ईसाई भी। दीवाली भी मनाते हैं और क्रिसमस डे भी। उनका एक भाई इसाई है तो दूसरा हिन्दू। मेरे मित्र पुरुषोत्तम दास ने बौद्ध धर्म स्वीकार किया। उनकी पत्नी ईसाई है। उनकी माँ ईसाई थी। पिता हिन्दू वाल्मीकि थे। उनका पूरा परिवार हिन्दू और इसाई धर्म में विभाजित था। लगता है कि भंगी समाज का अपना कोई निजी धर्म नहीं है। समय और परिस्थिति के आधार पर ये बदलते रहे। पर कीचड़ से निकल नहीं पाए।[22] जैसा कि डॉ. आम्बेडकर ने कहा भी है, "ईसाई समाज अपने नस्ल/धर्म/जाति तथा संस्कारों से मुक्त न हो सके।"

आज आरक्षण, चर्च व राजनीति में उत्तर भारत के दलित ईसाई हाशिये पर धकेल दिए गए हैं। इस वर्ग के कोई विशेष विधायक या सांसद नहीं हैं। राजनीतिक दलों ने भी इस वर्ग की समस्याओं पर केवल कोरे आश्वासन देकर अपना उल्लू सीधा किया है। इस वर्ग का थोक वोट चर्च अपने स्वार्थ की पूर्ति के लिए कांग्रेस को दिलाता रहा है, क्योंकि कांग्रेस ने हमेशा धार्मिक अल्पसंख्यक (मुस्लिम ईसाइयों) की समस्याओं का कोई हल ढूँढने की अपेक्षा इन वर्गों के धर्माधिकारियों को लाभ पहुँचाने की कोशिश की है। मौजूदा दौर में बिना राजनीतिक भागीदारी के किसी वर्ग की प्रगति की कल्पना करना बेमानी है। इस वर्ग को अपनी मुक्ति की लड़ाई भी मिशनवाद व चर्चवाद की दीवारों को तोड़कर अपने अन्दर के नेतृत्व पैदा करके लड़नी होगी। ईसा मसीह ने भी दो हजार वर्ष पूर्व उस समय के धर्मावलम्बियों के विरुद्ध संघर्ष का बिगुल बजा दिया था जो उस समय यहूदी जाति को कर्मकांड, पाप-पुण्य, स्वर्ग-नरक के कुचक्र में फाँस कर अपना उल्लू सीधा कर रहे थे। डॉ. आम्बेडकर ने दलितों से कहा था कि **"मन्दिरों में जाने से तुम्हें कोई लाभ मिलने वाला नहीं, गुलामी की मुक्ति के लिए राजनीति के मन्दिरों पर अधिकार करो।** आज धार्मिक आकाओं के वर्चस्व को तिलांजलि देकर उत्तर भारत में दलित नेतृत्व ने अपनी अलग राजनीतिक पहचान बनाई है। दलित ईसाइयों के लिए यही सही समय है कि वह अपने अतीत से छुटकारे के लिए संगठित हो जाएँ और अपने अधिकार प्राप्त करने के लिए संघर्ष करें।"

सन्दर्भ

1. MSS Pandian, Nation as Nostalgia Ambitious spiritual Journeys of Vengal Chakkarai Economic and Political Weekly, Dec, 27, 2003 p. 5357.
2. VC. Vol. II, p. 48.
3. Kaj Bagoo, *Pioneers of Indigenous Christianity* (Bangalore : The Christian Institute for the Study of Religion and Society, 1969), pp. 1-2 and 7-10. For more details on the National Church of India, see Bengt Sundkler, *Church of South India :*

The Movement Towards Union 1900-1947 (Lutterworth Press, London, 1953), pp. 26-27.

4. VC, Vol. II, pp. 4-5.
   Though Hindu communal mobilisation in the Tamil region during the early 20th century was never as intense as in north India and was marginal to the mainstream politics, there were surely attempts at such mobilisation. For the activities of Arya Samaj and Hindu Mahasabha in Tamil region, see SM Abdul Khader Fakhri, 'Caste, Ethnicity and Nation in the Politics of the Muslims of Tamil Nadu', 1930-1967, (Cambridge University, Cambridge, 1998 (unpublished PhD thesis)), pp. 76-106. Similarly, though the scale of communal violence in the Tamil region was not comparable with that of north India, there was instances of such violence. See JBP More, *The Political Evolution of Muslims in Tamil Nadu and Madras 1930-1947* (Orient Longman, Hyderabad, 1997), pp. 93-102.
5. Economic and Political Weekes p. 535e.
6. VC, Vol. II, pp. 126-27.
7. Ibid, p. 45.
8. In this last section, let me turn to another Christianity of Vengal Chakkarai–a Christianity that was not under pressure from the nation. That Christianity comes through in remarkable clarity in an exchange on the question of baptism Chakkarai had with O Kandaswami Chetty.
   Born in 1867, Kandaswami Chetty, like Vengal Chakkarai, was educated at the Madras Christian College and was deeply influenced by William Miller. He worked for a while as the secretary of Miller and wrote a biography in praise of him. He taught English literature at the college for 32 years (1892-1924). During his student days, he became a believer in Christ, but refused to join the church and take baptism. In 1915, he was invited by the missionary conference to present a paper on his choice of remaining merely a Christian at heart and outside the church. Kandaswami Chetty gave his paper a suitable title: Why I am not a Christian-A Personal Statement.

8ए. एल.आर. बाली, डॉ. आम्बेडकर कलम का कमाल, सम्पूर्ण वाङ्मय का सार–भाग-1, भीम पत्रिका पब्लिकेंशज, जालंधर, 2007, पृ. 175.

9. Oral evidence before Simon commission, meeting held at Delhi on 26 Novermber, 1928.
10. M.L. Prem Rao, whether Scheduled Castes converted to Christianity can claim s.c. Quota? 5-8-300 chirag Ali Lane, Hyderabad-1.
11. इंडियन सोशल इंस्टिट्यूट, लोदी रोड, नई दिल्ली से प्रकाशित हाशिये की आवाज के कमलकांत जी संयुक्त सम्पादक हैं। साथ ही प्रोग्राम ऑफिसर का कार्य भी देखते हैं।
12. हैदराबाद में 29 जनवरी, 1998 को कैथोलिक चर्च में बातचीत के आधार पर।
13. Change and Continuity, C.J. Godwin Tata McGraw-Hill Publishing Co. Ltd. Bombay (Study of two village communities in south-western Salsette. Greater Bombay, Christian like Kunbis and Bhandari, Portuguese christian, high caste Hindus).
14. First Christians community did not involved in the freedom struggle. Second religon affliation was...with Portuguese and British, different language, meat-eating, alcohol, drinking, home furnish, foregin names, dress religion, other Hindu idea of Christian. They were Harijan, tribal, Anglo-Indians.
15. Whether S/C Converted......, p. 21.
16. एम.एल. प्रेमराव का जन्म हैदराबाद में हुआ था। उनके पिता निजाम की सेना में थे। 42 वर्ष की उम्र में उन्होंने पोस्टल पब्लिक रिलेशंस इंस्पेक्टर की नौकरी से त्यागपत्र दिया। फिर एडवोकेट बने।
17. Whether S/C converted..., p. 21.

18. सारस्वत ए.पी., "द ब्लड ऑफ कास्ट एंड द स्प्रिट ऑफ रिलीजन" (पार्ट-1), रिसर्च जरनल ऑफ फिलोसफी एंड सोशल साइन्सेज, जिल्द IX, अप्रैल 1979, अनु प्रकाशन, मेरठ "द ब्लड ऑफ कास्ट एंड द स्प्रिट, ऑफ रिलीजन" (पार्ट-2) द इंटरनेशनल बिहेवियरल साइंटिस्ट, जिल्द XI, नं. 4, साधना प्रकाशन, मेरठ।
19. हिन्दुस्तान दैनिक, 6 अप्रैल, 1978।
20. हार्डग्रेव, आर.एल. नाडार्स, तमिलनाडु, पृ. 911.
21. Alex word, bishop of Nagpur by Eyre chatterton, 1939. pp. 24, London, North Hiraband Avenne, w.e. 2-1939, pp. 25-26.
22. वरिष्ठ दलित साहित्यकार एवं चिन्तक के. नाथ से उनके निवास (कानपुर) पर बातचीत के आधार पर। बाद में इसी बातचीत का अंश 'बयान' में भी छपा।

भारतीय प्रशासनिक सेवा और दलित

इस अध्याय को लिखने के मेरे यहाँ दो उद्देश्य हैं। प्रथम भारतीय प्रशासकीय सेवा के स्वभाव और उसके चरित्र को समझा जाए। दूसरे, स्वयं दलित समाज से आए ऐसे अधिकारियों की हिन्दू समाज तथा उससे प्रभावित प्रशासनिक संरचना में कैसी स्थिति थी? सवर्ण और दलित अधिकारियों के कैसे रिश्ते थे? बाबा साहेब डॉ. आम्बेडकर के 'पे बेक टू द सोसाइटी' के सिद्धान्त का अपने व्यवहार में ऐसे दलित अधिकारी कितना पालन करते थे? अति विशिष्ट पद पर कार्य करते हुए भी क्या आम आदमी से उनके वैसे ही रिश्ते थे तथा उन रिश्तों की क्या उपलब्धि रही? कुल मिलाकर भारतीय प्रशासनिक अधिकारियों ने सामाजिक न्याय के लिए समाज बदलाव में कैसी भूमिका निभाई।

भारतीय प्रशासनिक सेवा का गठन मुख्यतः इंडियन सिविल सर्विस के आधार पर हुआ था। यह एक ऐसी सेवा थी, जिसमें नौकरशाह वर्ग की यह जिम्मेदारी होती थी कि वह अधिक-से-अधिक सरकारी यानी तत्कालीन ब्रिटिश साम्राज्य के पायदानों को मजबूत करने की हरसम्भव कोशिश करे। प्रशासनिक क्षेत्र में उसे सरकारी स्तर पर नियुक्त महत्वपूर्ण अंग भी कहा जा सकता है। देश जब आजाद हुआ तब इंडियन सिविल सर्विस के स्थान पर इसे भारतीय प्रशासनिक सेवा कर दिया गया लेकिन आजादी के दो-तीन दशक के दौरान यह भी महसूस किया गया कि इसका केवल नाम ही बदला गया। किसी भी आई.ए.एस. के तौर-तरीके, चरित्र, उसका व्यवहार लाट साहब के समकक्ष ही रहा। तत्कालीन परिस्थितियों में शायद आजाद भारत की सरकार को भी प्रशासन चलाने के लिए ऐसे ही लाट साहबों की जरूरत थी। इसलिए कहा जा सकता है कि इन सिविल आफिसर्स के लिए समाजसेवा के लिए कोई गुंजाइश नहीं थी। दूसरे शब्दों में कहा जाए तो उस समूचे वर्ग का रहन-सहन, खान-पान तथा शान-ओ-शौकत वैसी ही थी जैसी राजाओं, जमींदारों और नवाबों की।

ए.के. विश्वास अपने एक लेख में आजादी के आरंभिक चरण में भारतीय प्रशासनिक सेवा का उल्लेख करते हुए बताते हैं कि संघ लोक सेवा आयोग ने भारत के संविधान के तहत 26 जनवरी, 1950 से कार्य करना आरम्भ किया। आयोग ने केन्द्रीय सेवाओं के लिए कर्मचारी वर्ग की भरती करने के लिए प्रथम परीक्षा आयोजित की। इस परीक्षा में कुल 3647 उम्मीदवार थे। संघ लोक सेवा आयोग (U.P.S.C.) की प्रथम रपट में अनुसूचित जाति या जनजाति के उम्मीदवारों की संख्या का कोई जिक्र नहीं है लेकिन यह जरूर पता

चलता है कि अच्युतानन्द दास देश का सर्वप्रथम अनुसूचित जातीय उम्मीदवार था जिसने **1950 में ही आई.ए.एस.** की परीक्षा पास कर ली थी। वास्तव में वह लिखित परीक्षा में **अपनी टोली में सर्वोच्च स्थान** पाने वाला व्यक्ति था।[1]

पश्चिम बंगाल के अच्युतानन्द दास को लिखित परीक्षा में 1050 अंकों में 613 (58.38%) अंक मिले, जबकि मद्रास के एन. कृष्णन को 602 (57.33%) अंक आए। लेकिन साक्षात्कार में एन. कृष्णन 300 अंकों में से 260 (86.66%) अंक पा गए, जबकि अच्युतानन्द दास को 110 (36.66%) मिले। कृष्णन से मौखिक परीक्षा में अच्युतानन्द दास मीलों पीछे छूट गए लेकिन पश्चिम बंगाल के ही अनिरुद्ध दासगुप्ता जिनकी मौखिक परीक्षा अत्यधिक अच्छे ढंग से सम्पन्न हुई थी, का मामला बहुत दिलचस्प एवं रहस्योद्घाटक है। जरा इन तीनों को मिले अंकों की सही जाँच सर्वोच्च उम्मीदवार के मामले को समझने के लिए की जाए।

सारणी-I

उम्मीदवार का नाम	*अनिवार्य विषय 100 अंक प्रति विषय*			*ऐच्छिक विषय 200 अंक प्रति विषय*			*कुल*	*मौखिक परीक्षा*	*कुल योग*
	EE-GE-GK			*I*	*II*	*II*	*1050*	*300*	*1350*
एन. कृष्णन	105	68	69	112	127	121	602	260	862
अनिरुद्ध दासगुप्ता	75	100	40	78	101	101	494	265	760
अच्युतानन्द दास	80	75	79	106	141	127	613	110	719

नोट : ई.ई.–अंग्रेजी निबन्ध, जी.ई.–सामान्य अंग्रेजी, जी.के.–सामान्य ज्ञान

अच्युतानन्द दास और एन. कृष्णन के लिखित परीक्षा के परचों में केवल ग्यारह नम्बरों का फर्क है इसलिए अगर कृष्णन को मौखिक परीक्षा में अधिक अंक मिले तो यह कोई आश्चर्य की बात नहीं लेकिन अनिरुद्ध दासगुप्ता के लिखित और मौखिक परीक्षा के अंक और जो अंक अच्युतानन्द को मिले, की परस्पर तुलना करने पर कई प्रश्न खड़े हो जाते हैं। दासगुप्ता को सभी सफल उम्मीदवारों, जिनकी भारतीय प्रशासनिक सेवा, भारतीय पुलिस सेवा, भारतीय विदेश सेवा में नियुक्ति के लिए सिफारिश की गई थी, में से सबसे अधिक अंक मौखिक परीक्षा में मिले थे। लेकिन इनको ही उन सबमें से जो भारतीय प्रशासनिक सेवा में और विदेशी सेवाओं की नियुक्ति के लिए योग्य करार हुए थे, औसतन एवं कुल योग में सबसे कम अंक मिले थे। और भी कि इन्हें सामान्य ज्ञान में भी सभी योग्य उम्मीदवारों से कम अंक मिले। दूसरे शब्दों में, दासगुप्ता को सामान्य ज्ञान में 26.66% और 47.04% लिखित योग में मिले लेकिन आश्चर्य है कि उन्हें व्यक्तित्व परीक्षा में 83.33% अंक मिल गए, जबकि अच्युतानन्द दास को क्रमशः 52.66, 58.38 और 36.66 प्रतिशत अंक मिले।

दास एवं दासगुप्ता में लिखित परचों के अंकों का अन्तर 119 तक का था। यदि उसे प्रतिशत में घटाया जाए तो दास, दासगुप्ता से 11.33% अधिक अंक पाकर कहीं ज्यादा हो गए थे।[2]

कोई भी उम्मीदवार जो आमतौर पर सामान्य ज्ञान में तेज होता है वह चयन बोर्ड के सामने बड़े आत्मविश्वास के साथ जाता है और योग्यतापूर्वक कार्य सम्पन्न करता है। अनिरुद्ध दासगुप्ता को सामान्य ज्ञान में 26.66% मिले जो सभी उम्मीदवारों से कम थे। साक्षात्कार में उसके द्वारा अधिक अंक प्राप्त करने पर सबको आश्चर्य हुआ होगा। मौखिक परीक्षा में दासगुप्ता को प्राप्त 26.5 अंक या उसके साथ-साथ कृष्णन को प्राप्त 260 अंकों ने न केवल अच्युतानन्द दास और उनमें भारी अन्तर की भरपाई करने में मदद की बल्कि इस कारण से दास को अन्तिम गिनती में बहुत पीछे छोड़ दिया और कृष्णन सर्वोच्च स्थान प्राप्त कर गया। अनिरुद्ध दास को योग्यता सूची में 22वाँ स्थान मिला और अच्युतानन्द दास को 48वाँ स्थान। वह योग्य उम्मीदवारों की सूची जिनकी भारतीय प्रशासनिक सेवा में नियुक्ति के लिए सिफारिश की गई थी, में अन्तिम था। उसे उत्तर प्रदेश कैडर में पद स्थापित किया गया। अनिरुद्ध दास ने अच्युतानन्द दास एवं कृष्णन से सामान्य अंग्रेजी में बढ़िया किया था। चयन बोर्ड द्वारा दासगुप्ता तथा कृष्णन से पूछे गए सवाल-जवाब का कोई प्रकाशित रिकॉर्ड जाँच के लिए उपलब्ध नहीं है। अगर यह उपलब्ध होता तो दासगुप्ता द्वारा अपनाई गई तरकीब और तकनीक जिससे वह लिखित परीक्षा में सेवा आयोग के चयन बोर्ड को प्रभावित कर पाए, से निश्चित तौर पर हम लाभान्वित होते।

भारतीय प्रशासनिक सेवा में प्रथम अनुसूचित जनजाति का सफल उम्मीदवार असम का नामपुई जामचोंगा देश का प्रथम आदिवासी आई.ए.एस. था जो 1954 में पास हुआ था। उसे असम, मेघालय कैडर में स्थान दिया गया। उसका मामला भी कई पहलुओं पर एकदम एक जैसा है। अच्युतानन्द दास जो प्रथम अनुसूचित जाति का आई.ए.एस. था से नामपुई जामचोंगा को सामान्य ज्ञान में सबसे अधिक अंक मिले। उन्हें 51.51% औसत अंक मिले लेकिन व्यक्तित्व परीक्षा में 160 (53.33%) अंक मिले। उनके अंकों की तुलना रथीन्द्रनाथ सेनगुप्ता आई.ए.एस. जिसे पश्चिम बंगाल कैडर मिला, सारणी-II की मदद से की जा सकती है।

नामपुई जामचोंगा को लिखित परचे में 747 अंक मिले थे जबकि रथीन्द्रनाथ सेनगुप्ता को 694 अंक मिले थे, दोनों में 53 अंक का अन्तर है। दूसरे (रथीन्द्रनाथ) के अंकों का प्रतिशत 47.46 था और पहले (नामपुई) का 51.51%। सेनगुप्ता को सामान्य अंग्रेजी में 50 अंक मिले थे जो सभी योग्य उम्मीदवारों से कम थे। सामान्य ज्ञान में वह नीचे से दूसरे स्थान पर थे, उससे अधिक अंक पंजाब की स्नेहलता पुरी ले आई थी जिसे 37 (24.66%) अंक मिले थे। फिर भी सेनगुप्ता को व्यक्तित्व परीक्षा में 240 (80%) अंक मिले। सबसे अधिक अंक 260 थे जो दो उम्मीदवारों—मध्य प्रदेश के कैडर एस.के. चतुर्वेदी एवं पश्चिम बंगाल के कैडर डी. बन्द्योपाध्याय को मिले थे। अपनी टोली में एस.के. चतुर्वेदी सर्वोच्च थे।[3]

अन्ततोगत्वा नामपुई जामचोंगा को 64वाँ स्थान दिया गया जो आई.ए.एस. की नियुक्ति में सबसे अन्तिम स्थान था, जबकि रथीन्द्रनाथ सेनगुप्ता को 52वाँ स्थान दिया गया। दोनों, अच्युतानन्द और नामपुई जामचोंगा लिखित परचों में अच्छा प्रदर्शन करने के बावजूद व्यक्तित्व परीक्षा बोर्ड को प्रभावित नहीं कर पाए। दूसरी तरफ दोनों दासगुप्ता और सेनगुप्ता ने ठीक इससे उलट प्रमाणित किया। उनकी कलम अपने परीक्षकों को प्रभावित नहीं कर पाई लेकिन उनके व्यक्तित्व ने चयन बोर्ड को अधिक मोह लिया।

स्रोत–सामग्री का सन्दर्भ :

1. आई.ए.एस. का यू.पी.एस.सी. का परचा आदि, परीक्षा (पार्ट-I) 1950-51
2. आई.ए.एस. का यू.पी.एस.सी. का परचा आदि, परीक्षा (पार्ट-II) 1954-55

सारणी-II

आई.ए.एस. परीक्षा 1954 के चुने हुए उम्मीदवारों के प्राप्त अंकों का विवरण[4]

उम्मीदवार का नाम	*अनिवार्य विषय 100 अंक प्रति विषय*			*ऐच्छिक विषय 200 अंक प्रति विषय*			*अतिरिक्त विषय*		*कुल परीक्षा 1050*	*मौखिक योग 300*	*कुल 1350*
	EE-GE-GK			I	II	II	I	II			
नामपुई जामचोंगो	48	60	114	117	58	119	127	104	747	160	907
रथीन्द्रनाथ सेनगुप्ता	60	53	50	74	119	125	113	100	694	240	934

यह तो रही आजादी के बाद देश की सर्वोच्च प्रतियोगिता परीक्षा में नियुक्ति के तहत पक्षपात की बात। अब आइए, एक दलित के प्रशासकीय अधिकारी बनने के बाद उस क्षेत्र में क्या स्थिति होती है, इस पर दृष्टिपात किया जाए।

प्रायः कहा जाता है कि पर्वतीय क्षेत्रों में रहने वालों के बीच छुआछूत नहीं होती। वहाँ एक-दूसरे को कोई छोटा-बड़ा नहीं समझता। गंगाराम बताते हैं कि 1970 में उत्तरकाशी में जब वे जिलाधीश (Collector) थे तब जिले भर में यह खबर आग की तरह फैल गई कि चमार कलक्टर आया है।[5]

वे आगे कहते हैं कि एक दिन मेरे ही घर पर कोई नए अधिकारी अधीक्षक अभियन्ता की पत्नी जाति के सवाल को लेकर उलटा-सीधा कहने लगी। उसे उस समय तक शायद पता नहीं चल पाया था कि जिसकी सारे शहर में अफवाह फैली है वह चमार कलक्टर मैं ही था। बाद में जब गंगाराम जी ने उन दोनों सवर्ण पति-पत्नी को डाँटा तो उन्होंने घर आना ही बन्द कर दिया।

गंगाराम 1976-79 में उत्तर प्रदेश के पहले अनुसूचित जाति-जनजाति आयुक्त बने। 1984 में वे फिरोजाबाद सुरक्षित चुनाव क्षेत्र से कांग्रेस के टिकट पर सांसद चुने गए और 1989 तक रहे। बातचीत करने पर महसूस हुआ कि उनके अनुभव बहुत ही तल्ख रहे हैं।

जैसा उन्होंने बतलाया जाति विषय पर व्यंग्य के रूप में आलोचनात्मक तरह से उनके सामने कोई नहीं बोलता था, क्योंकि वे उच्च अधिकारी थे, लेकिन जाति को लेकर चर्चा में अवश्य रहे, जहाँ-जहाँ भी उनकी पोस्टिंग हुई। उनकी दबंगता कहीं-न-कहीं आड़े जरूर आई, क्योंकि हिन्दू समाज में ऐसा माना जाता रहा है कि एक दलित अधिकारी दबंग हो ही नहीं सकता। दबंग होने का हक राजपूतों को है या फिर ठाकुरों को।

वहीं सी.एल. आर्य जैसे दलित अधिकारी शायद देश भर में अंगुलियों पर गिनने लायक ही मिलेंगे जो यह कहते हैं कि उनकी सर्विस लाइफ में कभी छूत-अछूत का सवाल नहीं उठा और न ही उन्होंने अछूत होने की कड़वाहट का ही अनुभव किया। इसके दो मुख्य कारण थे–पहला, वे कोरी जाति से हैं। दूसरा यह जाति 1956 के बाद अनुसूचित जाति की सूची में आई। 1969 में वे बिहार कैडर में आए। इससे पूर्व वे प्रोविंसियल सिविल सर्विस में थे और पंडितों के शहर बनारस में उप पुलिस अधीक्षक रहे। बाद में पटना से वे मुख्य सचिव पद से रिटायर हुए।[6] ध्यान रहे कि कोरी जाति का परम्परागत कार्य कपड़ा बुनना रहा है। और इस जाति के लोगों से जातीय आधार पर कम ही भेदभाव किया जाता रहा है।

उन्हीं से मिलती-जुलती बात बिहार कैडर के ही प्रशासकीय अधिकारी पंचम लाल[7] कहते हैं। 1974 में आई.ए.एस. की परीक्षा पास कर 1976 में भोजपुर जिला के आरा में उन्हें एस.डी.ओ. की पहली पोस्टिंग मिली। पंचम लाल जी आरम्भ से ही दबंग माने जाते रहे हैं। उनका मानना है कि जाति के आधार पर उन्हें कभी अपमान सहना नहीं पड़ा। वे चमार (जाटव) जाति से रहे हैं।

इन दोनों आई.ए.एस. अधिकारियों के अपने वक्तव्य से उभरी बातें आम पाठकों को शायद हजम नहीं होंगी। पहले दलित अधिकारी के साथ उनके द्वारा 'आर्य' उपनाम लगाने से मनोवैज्ञानिक रूप से कुछ प्रभाव हो सकता है। दलित समाज के शिक्षित या अशिक्षितों में 'आर्य' उपनाम प्रयोग करने की परम्परा बहुत कम यानी न के बराबर रही है। दूसरे पंचम लाल दबंग रहे होंगे इसमें कोई सन्देह नहीं, पर इतना भी नहीं कि उनकी दबंगता पर किसी सवर्ण ने अंगुली नहीं उठाई होगी। वैसे हम इन दोनों के कथन को स्वीकार कर लेते हैं। अब हम पाठकों का एक अन्य अधिकारी से परिचय कराते हैं, जिनकी नियुक्ति उ.प्र. में हुई।

उत्तर प्रदेश से रहे दलित आई.ए.एस. बलवन्त सिंह के भीतर जातीयता के आधार पर सवर्णों के द्वारा इतनी कड़वाहट दे दी गई कि अन्ततः उन्हें एक दिन नौकरी छोड़नी पड़ी। उन्होंने इस सन्दर्भ में अंग्रेजी में अपनी आत्मकथा भी लिखी है जिसे पढ़कर उस समय की सामाजिक स्थिति का पता चलता है। बाद में उनकी चार-पाँच पुस्तकें और आईं।

बलवन्त सिंह लिखते हैं कि जब वे मैटकाफ ट्रेनिंग सेंटर, दिल्ली के बाद मसूरी अकादमी में गए तो आई.ए.एस. प्रोबेशनर्स के बीच उन्होंने जाति की भावना महसूस की जो पढ़-लिख जाने के बाद भी अपनी पुरानी रूढ़ियों से चिपटे थे। नए परिवेश का उन पर कोई असर न था।[8]

इस तरह देखा जाए तो आई.ए.एस. प्रोबेशनर्स में भी दो तरह के सोशल ग्रुप थे। प्रथम वे जो सवर्ण जातियों विशेषतौर से अधिकारी वर्ग के स्थापित परिवारों से आते थे और दूसरे जो साधारण-मध्यम और निम्न परिवारों से आते थे। ऐसे आई.ए.एस. सामाजिक स्टेटस के बारे में बातें नहीं करते थे पर जो अन्य ग्रुप से थे, लेखक ने उन्हें 'ब्ल्यू ब्लड' नाम से भी परिभाषित किया है। वे सामाजिक रुतबे, नियम-कानूनों के बारे में हमेशा सजग रहते थे। उनके भीतर अहं भाव था सर्वश्रेष्ठ होने का।[9]

बलवन्त सिंह जी बतलाते हैं कि एक बार दिल्ली विश्वविद्यालय से अकादमी में कोई वैज्ञानिक भाषण देने के लिए आया। उसका नाम शेषाद्री था। वह पक्का ब्राह्मण था। लेक्चर समाप्ति पर कुछ प्रोबेशनर्स से वह बात कर रहा था जो उसकी बातें ध्यान से सुन रहे थे। शेषाद्री दबे स्वर में कह रहा था, "तुम लोग बहुत सॉफ्ट हो, तुम्हें तो दृढ़ होना चाहिए। वह जगजीवनराम के नीचे कार्य नहीं करेगा।" बाबूजी उस समय केन्द्र में कैबिनेट मन्त्री थे। किसी प्रोफेसर के मुख से ऐसी बातें सुनना निश्चित ही पीड़ादायक और चोट करनेवाला था। ऐसी परिस्थितियों में दलित समाज का कोई व्यक्ति कैसे उन लोगों से न्याय की उम्मीद कर सकता है जिन्होंने सदियों से उस समाज के लोगों को अमानवीय स्थिति में जीने को विवश किया।[10]

अधिकांश प्रोबेशनर्स सवर्ण समाज से थे जो इतने तंगदिल थे कि शेड्यूल्ड कास्ट्स का नाम उनके लिए घृणा का प्रतीक था। उन्हें दलित समाज तथा उनकी समस्याओं से कोई लेना-देना नहीं था, जो सदियों से बोझ (Beasts of burden) ढो रहे थे।[11]

वे लिखते हैं कि एक घटना ने मेरी भावनाओं को बहुत ठेस पहुँचाई। वह घटना मसूरी अकादमी के उच्च्च अधिकारियों के पक्षपात का प्रतीक थी। उनके अनुसार, बेस्ट राइडर को डायरेक्टर का मेडल दिया गया। मैं सुबह-शाम घुड़सवारी किया करता था। मेरे लिए राइडिंग एक खेल की तरह ही था। यह एक तरह से कसरत का भी अंग था। मैं अन्य किसी भी खेल में हिस्सा नहीं लेता था लेकिन अधिकारियों की संकुचित मनोवृत्ति के कारण मैं घुड़सवारी प्रतिस्पर्धा में शामिल न हो सका। मेडल मिलना अलग बात थी, लेकिन समान स्तर पर अवसर से रोकना गम्भीर विषय था।[12]

सवर्ण जाति के उच्च्च अधिकारी मुश्किल से ही निम्न जाति के व्यक्ति के प्रति प्रशंसा का कोई शब्द रखते थे। वे बन्द दिमाग के लोग थे। उच्च्चवर्गीय प्रभुत्व वाले समाज में शोषित समाज से आया व्यक्ति न्याय की उम्मीद नहीं कर सकता था। लोकतंत्र की पूर्व कल्पना बिना किसी जाति और वर्ग के भेद के आधार पर होती है लेकिन एक मन्त्री को इतना तो योग्य होना ही चाहिए कि वह सभी के लिए आत्मविश्वास का प्रेरक बने। उनकी पोस्टिंग बाद में बागपत में हुई, जो तीन दशक पूर्व मेरठ जिले में आता था। जाटबहुल पिछड़ा क्षेत्र दलित उत्पीड़न के लिए बदनाम था।

बलवंत सिंह लिखते हैं, "मैं सामाजिक रूप में दूसरे हवाई जहाज पर खड़ा था एक जाति से ग्रस्त समाज में...। निम्न जातियों के बारे में कुछ लोगों की तो पूर्व धारणाएँ होती हैं। दलित अधिकारी की ओर से वे एक मजिस्ट्रेट से (जो उसी वर्ग से आता है) भी वैसी

ही अपेक्षा रखते हैं जैसी आम आदमी (दलित) से। और अगर कुछ अलग तरह से घटता है तो उन्हें अच्छा नहीं लगता। मनोवैज्ञानिक आधार पर वे अपने को असहज महसूस करते हैं। अधिकांश शिकायतें जाति आधारित होती हैं। जो अधिकारी विशेषाधिकार रहित समाज से आते हैं, वे सदियों से सामाजिक तौर पर और आर्थिक रूप में शोषण का शिकार होते हैं।[13]

हमारा समाज खानों में बँटा हुआ है और हर जगह तथा प्रत्येक स्टेज पर ऊँच-नीच का भूत देखने में आता है। यहाँ तक कि हमारे वकील भी, जिन्हें कानून का रक्षक कहा जाता है, अपनी रोजमर्रा की बातचीत में आदतन कहते हुए मिल जाते हैं, *"श्रीमान मेरा मुवक्किल न भंगी है और न चमार। वह इज्जत वाला आदमी है।"* जैसे कि इज्जत और रुतबा कुछ लोगों की बपौती हो और अन्य उससे महरूम हों। वकीलों के मुँह से ऐसी बातें सुनकर आश्चर्य होता है।[14]

यहाँ तक कि अपनी नौकरी के आरंभिक चरण में बहुत-सारे विचार बनने आरम्भ हुए और अधिकारी इस तरह की व्यूह रचना तैयार करने लगे थे। वे अन्य अधिकारियों को बुरा कहने तथा नीचा दिखाने में शर्म या हिचकिचाहट महसूस नहीं करते थे। एक शाम चाय पार्टी में, जहाँ मुख्यमन्त्री तथा अन्य को आना था कुछ अधिकारी जिनके मुख्य सचिव से सीधे सम्बन्ध थे, बहुत घुलमिल कर बातें कर रहे थे। मेरे कानों ने सुना, वे कह रहे थे, "बल्लू यानी बलवन्त सिंह कोऑपरेटिव टाइप का नहीं है। वह निम्न जाति से है और अनुसूचित जाति की तरह व्यवहार करता है।"[15]

भारतीय समाज जाति के आधार पर सजग होता है। इसलिए दलित समुदाय के व्यक्ति को बहुत सारी बाधाओं का सामना करना पड़ता है। वह उसी स्थिति में स्वीकार के योग्य होता है। अगर वह प्रचलित नियमों के अनुसार चलता है तो वह कोऑपरेटिव होता है, अन्यथा मुँहफट। भेदभाव सहना उसकी नियति बन जाती है। बिना बड़बड़ाए उसे वैसी नियति को स्वीकार करना चाहिए।...मैं भारतीय प्रशासनिक सेवा में सहज अनुभव नहीं करता था। मेरे भीतर कुछ विद्रोह फूटता था। उच्चवर्णीय अधिकारियों को समाज की इस भेदभाव की व्यवस्था में कहीं कुछ गलत नहीं लगता था और वे दृढ़ता से इसका पालन करते थे। एक निम्नवर्गीय व्यक्ति अपने अधिकारों का कोई दावा नहीं कर सकता। उसे केवल दूसरों की दया पर निर्भर रहना था।...भले ही वह कितना भी बड़ा अधिकारी क्यों न रहा हो। उनके समय का एक मामला देखें–[16]

छुआछूत (अपराध) का सेक्शन 619955 एक्ट के अन्तर्गत यह मामला है, जिसे ललितपुर पुलिस स्टेशन के द्वारा भेजा गया था। वहाँ के सब डिविजनल मजिस्ट्रेट श्री बलवंत सिंह (आई.ए.एस.) की अदालत में इस पर सुनवाई हुई। मुख्य आरोपी भैयान पुत्र रामदयाल निवासी नजे बाजार, ललितपुर का था जिसने 22-8-1963 की शाम 6 बजे श्यामलाल बरार के बाल काटने से मना कर दिया, पर आरोपित व्यक्ति ने अपने अपराध स्वीकार करने से इनकार किया।

इस मामले की सुनवाई के लिए पाँच गवाहों के बयान लिये गए। हम उनमें से केवल एक के बयान का ही हिन्दी अनुवाद नीचे दे रहे हैं–

गवाह नम्बर-1 यानी अरकूराम पुत्र श्री रामदास, निवासी ललितपुर। उसने बतलाया कि पाँच माह पूर्व नीम के वृक्ष नीचे वह बस स्टेंड के पास खड़ा था। नजदीक ही भैयान की दुकान थी। तभी श्यामलाल अन्य व्यक्ति के साथ दुकान पर आया और नाई भैयान से अपने बाल काटने के लिए कहा। नाई ने श्यामलाल के बाल काटने से इस बिना पर मना कर दिया कि वह बरार जाति से है (हिंदुओं की नजरों में छोटी जाति)। भैयान नाई ने कहा कि अगर वह उसके (श्यामलाल) बाल काटेगा तो दूसरे लोग उसकी दुकान पर नहीं आएँगे। बाद में वही नाई इस बात पर तैयार हो गया कि अगर श्यामलाल उसे दो रुपये दे और दुकान के बाहर नीचे जमीन पर बैठकर बाल कटवाए तो वह उसके बाल काट सकता है, पर दुकान के भीतर उसकी हजामत नहीं बना सकता।

सबडिविजनल मजिस्ट्रेट अपने फैसले में लिखते हैं कि इस तरह की अमानवीय घटना आजादी के बाद भी होती है। कुत्ता दुकान में जा सकता है, पर आदमी नहीं, जो दुर्भाग्य से अनुसूचित जाति परिवार में पैदा हुआ। हिन्दू धर्म पराजित और भ्रष्ट लोगों का समाज है। *हर एक रूढ़िवादी हिन्दू का घर गरीब अछूत के लिए दक्षिणी अफ्रीका है जो अभी तक भी हिन्दू साम्राज्यवाद की एड़ी के नीचे कुचला जा रहा है।*

अभियोग की कहानी आरोपी पर लगे आरोपों को पूरी तरह से साबित करती है। हालाँकि आरोपित व्यक्ति की ओर से समझौते के लिए कोर्ट में आवेदन दिया गया था, जो अस्वीकृत कर दिया गया। इसका कारण यह था कि हिन्दुओं की ओर से अनुसूचित जाति के शिकायतकर्ता को समझौते के लिए मजबूर किया गया। इस केस की पूरी तरह से जाँच-पड़ताल की गई और यह पाया गया कि भैयान ने वास्तव में ही श्यामलाल के बाल काटने से मना किया। इसलिए उन्हें 6 माह की कठोर सजा दी जाती है।

8 अप्रैल, 1964

बलवंत सिंह
सबडिवीजनल मजिस्ट्रेट
ललितपुर

उ.प्र. में ही भारतीय प्रशासनिक सेवा में रहे डी.पी. वरुण[17] का मानना था कि आजादी के बाद हिन्दू समाज में बदलाव बहुत ही कम आए। दलितों के प्रति उनका व्यवहार वैसा ही रहा जैसा पहले था। दलित समाज का व्यक्ति कितना भी बड़ा अधिकारी हो, उसे उसी तरह देखा जाता रहा है। वे बाबा साहेब का उदाहरण देते हुए कहते हैं कि डॉ. आम्बेडकर का बड़ौदा रियासत में कितना बड़ा पद था। फिर भी चपरासी उनकी टेबल पर फाइल रखता नहीं था बल्कि दूर से फेंकता था। जैसे उसके नजदीक जाने से कोई बीमारी न लग जाए। उनके साथ भी एक बार नहीं अनेक बार लगभग इसी तरह का व्यवहार हुआ था। अब से 10 वर्ष पूर्व वरुण साहब रिटायर्ड हो चुके थे।

इस अध्ययन में अगले दलित आईएएस के संघर्ष को पाठकों से रू-ब-रू कराएँ तो पहली पीढ़ी के दलित उच्च अधिकारियों में पटना में 80 के दशक में एस.एस.पी. के पद

पर रहे मैकूराम जी[18] के विचार में आजादी मिली केवल सवर्णों को, दलितों को नहीं। फिर भले ही दलित समाज में खास तबका रहा हो या आम। सभी को सवर्ण सामन्तों ने एक ही नजर में देखा। बाबा साहेब डॉ. आम्बेडकर ने एक बार कहा था कि दलित अगर कलक्टर बनेगा तो क्षेत्र का सवर्ण उसे सलाम मारने जरूर आएगा। यहाँ बाबा साहेब की बात इस मायने में सही बैठ सकती है कि कलक्टर की मर्जी के बिना जिले में कोई कार्य सम्पन्न नहीं होता। पर दलित कलक्टर को सवर्ण सामन्त व्यापारी या जमींदार सलाम नहीं मारता। दूसरे, कलक्टर के ऊपर भी तो कमिश्नर होता है। और कमिश्नर के सर पर डायरेक्टर जनरल ऑफ पुलिस होता है। ऐसी स्थिति में जरूरी नहीं कि किसी जिले का सवर्ण काश्तार/सामन्त और जमींदार किसी दलित कलक्टर को सलाम मारने ही आए। वह बिना उसके दरबार में आए सवर्ण जातियों के सीनियर अधिकारियों की मार्फत या अन्य किसी राजनैतिक माध्यम से अपना कार्य करा सकता है और ऐसा हुआ है और हो रहा है।

एक समय दबंग आई.पी.एस. रहे मैकूराम जी बड़े दुखी मन से कहते हैं कि जिनके दरबार में फरियाद करने वालों की भीड़ लगी होती थी, वह स्वयं किससे अपनी फरियाद करे। उनकी जहाँ भी पोस्टिंग हुई, उन्हें एक दलित अधिकारी होने के नाते परेशान जरूर किया गया। मैकूराम जी आरम्भ से ही संघर्षशील प्रवृत्ति के अधिकारी रहे हैं। ऊपर से आम्बेडकरवादी भी। ऐसी स्थिति में दलित और सवर्ण बुद्धिजीवी स्वयं महसूस कर सकते हैं कि उन्हें कितनी यातनाओं को झेलना पड़ा होगा। चूँकि स्वयं लेखक दो बार उनसे उनके घर पर मिल चुका है इसलिए उनके तल्ख जीवन की परिस्थितियों को गहराई से जानने के अवसर भी मिले हैं। उनका अन्तिम समय बहुत कष्ट से बीता। क्या कोई इस बात पर विश्वास करेगा कि एक डी.आई.जी. जैसे उच्च पद पर कार्यरत अधिकारी पुलिस स्टेशन में जाकर धरने पर बैठेगा। जी हाँ मैकूराम जी को ऐसा करना पड़ा। बावजूद उन्हें न्याय नहीं मिला। बाद का दौर और भी कष्टमय बीता। परिणामस्वरूप उनकी मृत्यु हो गई।

दूसरी तरफ देखें तो ऊर्जा मंत्रालय, नई दिल्ली में हरिश चन्द्रा जी[19] से बातचीत हुई। वे एक सजग और सुलझे हुए उच्च अधिकारी रहे हैं। उनके बारे में कहा जाए कि वे कूटनीतिज्ञ भी रहे, तो गलत न होगा। उनकी पत्नी जयंती चन्द्रा भी आई.ए.एस. रहीं, जहाँ (सामाजिक न्याय और अधिकारिता मंत्रालय, नई दिल्ली) स्वयं लेखक मुख्य सम्पादक रहे। हरिश चन्द्रा जी ने अन्तरजातीय विवाह किया। उनसे बातें करते हुए महसूस हुआ कि अतीत की यादें उन्हें कचोटने लगी थीं। सम्भवतः ऐसा सभी दलित उच्च अधिकारियों के साथ होता रहा है। फर्क केवल यह है कि कुछ संघर्ष को छोड़ कर सुविधा से रिश्ते बना लेते हैं, जो नहीं बना पाते, गर्दिशें उनका साथ नहीं छोड़ती। ऐसा ही जयपुर में एक दलित उच्च अधिकारी (आई.पी.एस.) रोहताश्व के साथ हुआ।

इसी बारे में युवा अधिकारी मुकेश मेश्राम[20] से मुलाकात की गई। कभी नर्म कभी गर्म स्वर में उनके भीतर की पीड़ा बाहर आती है। उनका मानना है कि दलित अधिकारियों के साथ गलत व्यवहार तो आज नई शताब्दी में भी हो रहा है। जरूरत है उसका सामना कर अपना रास्ता बनाने का, हम कितना सवर्णों से लड़ेंगे-झगड़ेंगे। उसके लिए ताकत चाहिए,

जो है नहीं। मुकेश मेश्राम जी और उनकी पत्नी की पोस्टिंग भी उ.प्र. में ही है। मुकेश मेश्राम जी भोपाल से हैं। वे पहले मेरठ और कानुपर में कलक्टर रहे। बाद में कमिश्नर बन कर इलाहाबाद गए। उन्होंने समझदारी से काम लिया। अपनी इज्जत भी बचाई और थोड़ा बहुत समाज के हित में कार्य भी किया ऐसा वे स्वयं मानते हैं।

सन्दर्भ

1. अनुसूचित जाति के उम्मीदवारों की नियति, ए.के. विश्वास, दलित-चेतना, सोच, नवलेखन प्रकाशन, मेन रोड, हजारीबाग (बिहार), 1998, पृ. 199.
2. वही, पृ. 200.
3. वही, पृ. 201.
4. वही, पृ. 2.
5. गंगाराम जी, जो बाद में सांसद बने, नई दिल्ली के उनके निवास पर बातचीत के आधार पर।
6. सी.एल. आर्य से पटना स्थित उनके निवास पर बातचीत के आधार पर।
7. पंचम लाल से पटना स्थित उनके निवास पर बातचीत के आधार।
8. बलवंत सिंह, एन अनट्चेबिल इन द आई.ए.एस., ए-215, पुराना आवास विकास कॉलोनी, सहारनपुर, 1997, पृ. 8.
9. वही, पृ. 9.
10. वही, पृ. 10.
11. वही, पृ. 13.
12. वही, पृ. 74.
13. वही, पृ. 77.
14. वही, पृ. 79.
15. वही, पृ. 91.
16. वही, पृ. 96.

A. You people are too soft. You should be bold and assertive..., he would not serve even under Mr. Jagjivan Ram.

B. He this same it left an unpleasant note on the mind and the entire episode smacked of farvourtism and bureaucratic singoism. The bane of service was hepotism and castism. Officers from the upper classes were given better rating than those from the lower classes and recognition for them was hard to come by. The senior officers were extremely biased and there judgement was always coloured. The horse riding competition was only a tip of the ice berg.

C. The high caste officers hardly had any word of appreciation for a lower class many. They had a clase mind. In that upper class dominated systam, a clase mind. In that upper class dominated system, a man from the depressed classes can not expect any justice, this was the only lesson one could learn.

D. Democracy upposes equality of treatment as well regardless of caste and creed. But it had get to became real. A minister should be able to inspire confidence among all. This was lacking in Bagpat and I did not have an even equation with the minister because it was not possible to oblige all his men and to work at their bidding.

E. I stand socially on a different plane, and in a casteridden society that is bound to happen. Some people come with some preconceiveal nations about lower classes.

They expect a magistrate from that section to behave like this or like that and if anything was done differently they did not like it and psychologically felt discom fited. Majority of the complaints are based on caste considerations. As the officer comes from a society of the underedogs and the unprivileged people who have been victims of social and economic exploitations for years, some of the village sullies and high ups try to look at him from their angle and their views are well known to need any elaborations, he remarked.

F. Our society is compartmentalised and the spectre of high and low works every where and at every stage. Even our lawyers who are the interpreters and defenders of low, willy-nilly stumbled on the rock of caste. During the course of an argument in a case sometimes a lawyer without willing any harm or slight in a routine manner would say, "Sir, my client is neither bhangi nor a chamar. He is a respectable person." as if respect and dignity were reserved for some and denied to others. That was amuring to hear the lawyor speaking like that and his observations applied to all including the magistrate as well. The lawyer could not be blamed. He was part of a system which was older than him.

G Even in the initial stages of the service, many considerations start working and officers with connections usually took resort to such tactics and a brother officer did not hesitate to speak ill of the other and tried to place the other man in an awekward situation,...At a tea party in the evening attended by the chief-minister and others, a very well connected officer having some direct link with the chief secretary did not of interesting talking and he was heard saying 'Ballu is not a cooperative type the comes from a low society and behaves like a scheduled caste.'

H. The society was caste conseious and a person from a low community had to suffer from many handicaps. He was acceptable onle if he adhered to the prevailing norms. Discrimination being his lot, he should accept it without murmur. To a sensitive mind, it caured heart burning and uneasiness. I was therefore not comfortable in the I.A.S. Something was revolting within. The officers from the upper castes tound nothing wrong in the social system and they falloured it rigid by. A low class many could not claim anything as a matter or right. He had to depend upon mercy. Surounded by people with a coloured and presudiced out look feelings of comaraderie and equality were wanting. Louers class officers were looked at with preconceived nations. Plum posts were reserved for upper classes and those from the in ferior communitics ware given places of lesser importance. An upper caste person in a lower rank was preferred to the one from the lower class in a higher rank.

17. डी.पी. वरुण उच्च अधिकारी होने के साथ लेखक, सम्पादक (गरिमा भारती) तथा सामाजिक कार्यकर्ता भी रहे हैं। लखनऊ में वे अनुसूचित जाति, जनजाति आयुक्त भी रहे। लखनऊ में ही उनके निवास पर बातचीत के आधार पर।

18. मैकूराम जी मूलतः उत्तर-प्रदेश से रहे। पटना में पुलिस में उनकी पोस्टिंग हुई। रिटायर होने के समय वे डी.आई.जी. थे। नौकरी में रहते हुए वे दलितों के मुखर प्रवक्ता रहे और पटना में ही समाज सुधार के कार्य में लगे रहे। पटना में ही उनके आवास पर बातचीत के आधार पर।

19. हरिश चन्द्रा जब गोरखपुर में कमिश्नर थे तब लेखक से पहली मुलाकात हुई थी। बाद में लखनऊ और दिल्ली में अनगिनत मुलाकातें हुईं। उन्होंने एक संस्था भी बनाई और ऊर्जा मंत्रालय से रिटायर होते-होते राजनीति में आ गए। बताया जाता है कि उन्होंने उ.प्र. के विधानसभा चुनावों में भी हिस्सेदारी निभाई।

20. मुकेश मेश्राम मेरठ में जिलाधीश थे तब लेखक से पहली मुलाकात हुई। फिर वे कानपुर आए, दो बार वहाँ मुलाकात हुई। नौकरी में रहते हुए संस्था का गठन और उसके माध्यम से समाजसेवा। उनकी पत्नी भी आई.ए.एस. हैं।

The Judgement on Untouchability that Created so much of Uproar

In the court of Sub-Divisional Magistrate, Lalitpur
Present : Sri Balwant Singh
Case No. 234 of 1963 U/S 6 of Untouchability Act.

P.S. Lalitpur
State Versus Bhaiyan

ORDER

This is a case under section-6 of the Untouchability (offences) Act, 1955 sent by police station Lalitpur against Sri Bhaiyan S/o Sri Ram Dayal R/o Najaibazar, Lalitpur with the allegation that on 22.8.63 at 6.30 p.m. the accused Sri Bhaiyan refused to cut hair and shave Sri Shyam Lal Barar because he belonged to the scheduled caste. The accused Sri Bhaiyan denied the allegation of the prosecution and added that he was doing regular service to the people and he further stated that he was challanged because of enimity.

The prosecution examined in all five witnesses. P.W. 1 Sri Arhkoo Ram S/o Sri Ram Das R/o Lalitpur stated that five months ago he was standing near the motor stand under the neem tree and that the shop of Sri Bhaiyan was also situated nearby; that Sri Shyam Lal with another person came there to the shop of Sri Bhaiyan, barber. Shyam Lal asked Sri Bhaiyan to cut his hair. Bhaiyan, there upon refused to cut the hair of Sri Shyam Lal because Sri Shyam Lal belonged to the Barar community (termed as an inferior community and low caste in the eyes of Hindus). Sri Bhaiyan further added that if he served him (termed as an inferior community and low caste in the eyes of Hindus.) Sri Bhaiyan further added that if he served him (Shyam lal) people of other communities would not come to his shop. Sri Bhaiyan, however, agreed on payment of Rs. 2/- on the condition that he would cut the hair of Sri Shyam Lal on the condition if he sat on the ground outside the shop and that his hair could not be cut inside the shop. P.W. 2 Sri Shyam Lal stated that he and his brother-in-law went to the shop of Sri Bhaiyan for a hair cut. Sri Bhaiyan refused them the service on the ground that his business would be affected adversely if he rendered any service because he belonged to the Barar community. After some discussion Bhaiyan asked Sri Shyam lal to pay Rs. 2/- for hair cut and that he would do him the service outside the shop not inside the shop. Thereupon Sri Shyam Lal returned as he could not pay that exorbitant amount, he added P.W. 3 is Sri Chiman Lal who fully corroborated P.W. 1 and 2. P.W. 5 is Sri Bansidhar Tewari head constable No. 45 P.S. Narhat who stated that on 22.8.63 while working as head constable at Lalitpur P.S. he wrote the report of this case Ex. ka 2 on 22.8.63 at 18:30 hours. The number of the report was 23 true copy of which is Ex. Ka 4. P.W. 4 is Sri Yougal Vinod Tripathi, S.I. police lines Jhansi who stated that on 28.8.63, he recorded the statement of Bhaiyan accused, prepared the site plan Ex. ka 1. The report Ex. ka 2 was written by head Moharrir Bansidhar. The statements of witnesses were recoreded by Sri M.C. Siddiqui. i.e. his predecessor who was doing the investigation in this case. Afterwards, the investigation of this case was entrusted to him and he submitted charge sheet Ex. ka. 3.

Under section 342 Cr. I.P.C., the accused Sri Bhaiyan stated that he asked 2/- from Sri Shyam Lal who owed him that amount on account of the previous hair cuts which he did for Sri Shyam Lal and that is why it led to some quarrel and that he did not refuse for a hair cut.

In defence, three witnesse's were examined. P.W. 1 is Sri Hanif who stated that his shop was situated near the shop of Sri Bhaiyan on motor stand and that he heard the talks that was going on between Sri Bhaiyan and Shyam Lal. He added that he heard Sri Shyam lal saying to Sri Bhaiyan to cut his hair and Sir Bhaiyan did not refuse any service to Sri Shyam Lal. Sri Hanif has his shop at the motor stand in front of the shop of Sri Bhaiyan. In his cross examination he admitted that he did not know as to how many persons were getting their hair cut at the shop of Sri Bhaiyan. Sri Bhaiyan is known to Sri Hanif for three or four years. Sri Hanif is also mentioned in the chargesheet as a witness. His evidence, therefore, only goes to confirm the prosecution case as he himself admitted that Sri Shyam Lal went to the shop of Sri Bhaiyan for hair cut and Sri Bhaiyan was asking him to pay Rs 2/-. It appears that he has given a twist to the payment of two rupees in the shape of old arrears that Sri Shyam Lal owed to Sri Bhaiyan Lal. This evidence, therefore, is of no value for the defence and it only confirms the case of the prosecution. D.W. 2 Sri Manik Chand also corroborated D.W. 1 but in his cross-examination he admitted that he was a customer of Sri Bhaiyan and that Sri Bhaiyan had been serving him since his father's time. The evidence of this person is also not reliable as he is not an independent witness. The defence, therefore, does not help the accused at all. The prosecution case in brief is that Sri Shyam Lal want to the shop of Sri Bhaiyan for a hair cut. After much persuation Sri Bhaiyan agreed to cut the hair of Sri Shyam Lal only on the condition that Sri Shyam lal should pay Rs. 2/- instead of normal rates and that he should occupy an inferior place outside the shop as he belonged to the Barar community. The fact that Sri Bhaiyan demanded Rs. 2/- from Sri Shyam Lal has not only corroborated by the P.Ws. but also by the defence witnesses. It has, therefore, been proved beyond any doubt that Sri Shyam Lal went for a hair cut to the shop of Sri Bhaiyan and he was refused the service on account of his being a Barar. It is to be pointed out here that barar is a community which is looked down upon by the so called high caste Hindus who think themselves to be too superior. Firstly, Sri Bhaiyan demanded a very exorbitant price for a simple hair cut and to add further insult he also asked Sri Shyam Lal to sit out the shop to get his hair cut by which Sri Bhaiyan thought that he was given a bifitting status to Sri Shyam Lal, the unfortunate untouchable in the society. **This is to be pointed** out that this was highly derogatory inhuman and mean treatment that the so called untouchable could receive from the so called high caste Hindus in this second half of 20th century independent India. In the eyes of a Hindu, even a dog can be allowed to enter the shop but not a human being who by force of circumstances and ill-luck happened to be born in so called scheduled castes. The Hindus society is a society of defeat and degeneration and it can inspire no confidence in the mind of a sensible human being. Hindu society is a society of distinction which have been sought to be imposed upon the so called untouchables. It is a society of meanness and a store house of degradations. The inhuman treatment given to the so called untouchables by the Hindu fanatics is much worse than given to any couloured African by the Govt. of South Africa. Every conservative Hindu house is a South Africa for a poor untouchable who is still being crushed under the heels of Hindu inperialism.

The prosecution story has been fully supported by the facts of the case. The compromise application was also filed beore this court which was rejected because it appeared to the court that the complainment being an untouchable was forced to enter into a compromise by the Hindus. The application was therefore, rejected. The content of this application also goes to prove that the accused Sri Bhaiyan definitely refused the service to Sri Shyam Lal the complainant. The case has been very properly investigated. Every effort was made to conduct the investigation well.

In view of the discussions above, therefore, this is absolutely clear that Sri Bhaiyan, the accused, refused to hair cut and to serve Sri Shyam Lal who happened to belong to Barar community a section of untouchables.

The case has, therefore, been proved, beyond an shade of doubt and I, therefore, hold Sri Bhaiyan, the accused, guilty. He is accordingly convicted and sentenced to under go rigorous imprisonment for six months.

Sd. Balwant Singh
Sub-Divisional Magistrate
Lalitpur

April 8, 1964

To,
The President of India,
through
The Secretary to the Govt. of India
Ministry of Home Affairs
New Delhi

Through Proper Channel

Sir,

With due respect, I beg to state that the Indian Administrative Service which I joined in 1959, has not come upto my expectations. Consequently I have not been able to adjust myself to it.

I therefore submit my resignation from the Indian Administrative Service and it may kindly be accepted with effect from June 25, 1964. I beg to remain.

Yours very faithfully,
Balwant Singh
Joint Magistrate
Lalitpur, Distt Jhansi

Lalitpur
May 22, 1964

Copies sent to the Secretary to the Govt. of India Ministry of Home, New Delhi. Chief Secretary Govt. of U.P. Lucknow and to the D.M. Jhansi.

No. 16/10/64-AIS. III.
Government of India
Ministry of Home Affairs
New Delhi-II, the 26 August, 1964
4 Bhadra, 1886

NOTIFICATION

The President is pleased to accept the resignation of Shri Balwant Singh, an Indian Administrative Service Officer borne on the I.A.S. Cadre of Uttar Pradesh with effect from August 12, 1964 (F.F.)

(O.S. Marwah)
Under Secretary to the Govt. Of India.

No. 16/10/64-AIS-III, New Delhi-II, the 26 August, 1964.
4 Bhadra, 1886.

Copy forwarded to the Secretary to the Government of Uttar Pradesh, Appointment (A) Department, Lucknow with reference to his letter No. 8079/II-A-823/1959 dated the 19th August, 1964.

Copy also forwarded to :

(i) The Accountant General, Uttar Pradesh, Allahabad.
(ii) Shri Balwant Singh C/o. Dr. Sugan Chand Daverey, M.B.B.S., M.S., D.O.M.S, Northern Railway Hospital, Delhi.

(O.S. Marwah)
Under Secretary to the Govt. of India

हिन्दी पत्रकारिता बनाम हिन्दू पत्रकारिता

हिन्दी प्रदेश आरम्भ से ही रूढ़ियों तथा परम्पराओं का ऐसा साहित्यिक जंगल रहा जहाँ पत्रकारिता के क्षेत्र में या तो जनेऊधारियों का आधिपत्य रहा या फिर चोटीधारियों का। गंगा के किनारे घाट पर जो चन्दन अच्छी तरह से घिस सकता हो, दस-बीस लोगों को कथा सुना सकता हो, मनुस्मृति या रामायण का पाठ कर सकता हो या अपने घर कथा करवा सकता हो, पाँच पंडों को भोजन दान करा सकता हो, ऐसा व्यक्ति हिन्दू दुनिया में पत्रकारिता में उत्तम पुरुष समझा जाता रहा है। हालाँकि अपवाद भी हैं। हिन्दू समाज के बीच से ही आए कुछ पत्रकार पहले निष्ठावान पत्रकार थे, बाद में हिन्दू। पर उनकी संख्या बहुत ही कम रही। कुल मिलाकर पत्रकारिता जनेऊधारियों और पुराणपंथियों से ही प्रभावित होती रही।

देखा गया कि आजादी के बाद भी हिंदी पत्रकारिता के सवर्णवादी तेवर में कुछ खास अन्तर नहीं आया। वैसे ही पंडा संस्कृति के पत्रकारों का बड़े-बड़े अखबारों पर कब्जा रहा। एक-दो दशक पूर्व 'नवभारत टाइम्स' में बनारस से विद्यानिवास मिश्र का आना इस बात का प्रतीक है जिन्होंने कुछ वर्षों के लिए ही सही, अच्छे-अच्छे कलमघिस्सुओं की छुट्टी कर दी थी।

मिश्रीय टीम के चलते पत्रकारिता के सामाजिक सरोकार (जो कुछ भी शेष रहे थे) नेपथ्य में चले गए। जाहिर है कि जो लिखा जा रहा है, वह वस्तुपरक नहीं है, रँगा हुआ है। उस रँगे हुए अखबार या पत्रिका के पृष्ठों पर या तो देवी-देवताओं का स्तुतिगान पढ़ने को मिलेंगे या फिर महिलाओं के अर्द्धनग्न और कामुक चित्र। वैसी पत्रकारिता ने विशेषतौर पर अपने दो चेहरे दिखाए। एक हिन्दूवादी चेहरा, दूसरा व्यावसायिक चेहरा। दोनों में ही सीमा उलाँघकर उसने अति की है जो परोक्ष और अपरोक्ष रूप में दलित अस्मिता के खिलाफ गया है। लगभग यही स्थिति हिन्दी के अधिकांश दैनिकों की रही।

इतिहास में पीछे जाएँ तो 1780 में जो पहला भारतीय समाचार पत्र 'बंगाल गजट' अंग्रेजी में निकाला, उसका आदर्श वाक्य था– *'सभी के लिए खुला, फिर भी किसी से प्रभावित नहीं।'* पर बाद के हिंदी समाचार पत्रों को देखें तो ऐसा नहीं था। यानी सभी के लिए पठनीय लेकिन सनातनी मूल्यों में पगा हुआ अखबार। 1817 तक भारत में जितने पत्र निकलते थे, वे सब अंग्रेजी भाषा में थे। हिंदी में प्रकाशित पहला साप्ताहिक पत्र 'उदन्त' है। ऐसा अभी तक की खोज या शोध के आधार पर बताया जाता है। इस पत्र का प्रथम अंक 30 मई, 1826 को प्रकाशित हुआ और 11 दिसम्बर 1827 को इसका अन्तिम अंक निकला।

प्रथम अंक के अन्त में एक श्लोक भी छपा है। इसका कारण यह भी हो सकता है कि इस साप्ताहिक के जन्मदाता युगलकिशोर शुक्ल एक कान्यकुब्ज ब्राह्मण थे। कानपुर से आकर कलकत्ता की सदर दीवानी अदालत में पहले वे क्लर्की करते थे, बाद में वकील हो गए। यानी दोनों हाथों से खूब पैसा कमाया और फिर पंडित जी ने उस पैसे का इस्तेमाल पत्रकारिता जगत में किया।

मज़े की बात देखें कि जातीय आधारित स्तुति गान को डॉ. रत्नाकर पांडेय ने हिंदी पत्रकारिता जगत में आदि सूर्य किरणों के रूप में अवतरित हुआ बताया है। इसका प्रकाशन कलकत्ता से हुआ था।

1920 में ब्राह्मणों की एक पत्रिका 'जुझोतिया प्रभा' मऊरानीपुर से निकली थी तथा झाँसी से 'सनाढ्य हितकारी' का प्रकाशन इसी वर्ष हुआ। यह भी ब्राह्मणों का पत्र था। 1923 में भार्गव ब्राह्मण सभा ने अपने पत्र 'भृगु' का प्रकाशन जबलपुर से किया। इसके सम्पादक लक्ष्मीप्रसाद पाठक थे। यह 1925 में सागर से प्रकाशित होने लगा था तथा इसके सम्पादक गोविन्द प्रसाद सिलाकारी थे। इन पत्रों का उद्देश्य ब्राह्मण धर्म के हितों की रक्षा करना था। 1924 में मारवाड़ी ब्राह्मणों का मुखपत्र 'ब्राह्मण' अकेला से प्रकाशित हुआ। यह बरार प्रान्तीय मारवाड़ी महासभा का मुखपत्र था।

1921 में साप्ताहिक 'समाज सेवक' लाला राधामोहन गोकुलजी के सम्पादन में नागपुर से सतीदास मूंदड़ा ने निकाला। उसका उद्देश्य मारवाड़ी समाज की सेवा था। जबलपुर से 1921 में 'ओमर वैश्य शुभ चिन्तक' का प्रकाशन हुआ। 1924 में यहीं से गहोई वैश्यों की पत्रिका 'गहोई वैश्य समाज सुधारक' का प्रकाशन हुआ जिसके सम्पादक सुन्दरलाल इन्दुनख्या थे।

नवजागरण के दौरान हिन्दी पत्रकारिता अस्तित्व में आई। यह तथ्य भी शोध में आया कि नवजागरण का सम्बन्ध विशेषरूप से सवर्ण समाज से था। ज्योतिबा फुले की परम्परा में 'ज्ञानोदय', ज्ञान प्रकाश, सोमवंशीय मित्र, विराल विध्वंस, निराश्रित हिन्दू नागरिक पत्रिका, चोखामेला, बहिष्कृत भारत आदि करीब पचास पत्रों ने दलित पत्रकारिता के सामाजिक सरोकारों को आगे बढ़ाया। दलित पत्रकारिता में निरन्तरता बनी हुई थी, लेकिन पत्रकार डॉ. आम्बेडकर के पूर्व अपर्याप्त पत्रकारिता थी। इनका प्रभाव बुनियादी तो था, किन्तु राष्ट्र-व्यापी नहीं था।

बकौल सुरेन्द्र मोहन उन्नीसवीं सदी के उत्तरार्ध में भारत में समाज सुधार के कर आन्दोलन चले थे, जिनमें ब्रह्म समाज, आर्य समाज, स्वामी नारायण सत्संग और सत्य शोधक समाज का काफी प्रसार हुआ था। इन आन्दोलनों की प्रतिच्छाया उन्हीं दशकों में धीरे-धीरे पाँव जमाती हुई पत्रकारिता पर भी पड़ रही थी।

यह तथ्यों, आँकड़ों से स्पष्ट है कि आजादी के साठ वर्षों बाद भी सवर्ण द्वारा स्थापित पत्रों, पत्रकारिता संस्थानों व तमाम व्यावसायिक पत्रों के वरिष्ठ पत्रकारों यानी सम्पादक या सह सम्पादकों में कोई दलित जाति से हो, ऐसा मेरी जानकारी में नहीं है। प्रमुख पत्रों व हिन्दी साहित्य में जब पिछड़ी जातियों के लोगों की संख्या ही नगण्य है तो दलितों की

सहभागिता की तो शुरुआत भी नहीं होगी। यथास्थिति (वाद) के समर्थक कहेंगे, क्योंकि दलितों में शिक्षा ही नहीं है, वे पढ़े-लिखे नहीं हैं, उन्हें तकनीकी ज्ञान नहीं है इसलिए उनकी यह स्थिति है। सवाल उठता है उन्हें पत्रकार बनाने के क्या प्रयास किए गए क्या नहीं किए गए? इतना अवश्य ही कहा जा सकता है कि उन्हें जान-बूझकर नहीं लिया गया क्योंकि पिछले लगभग दस वर्षों में जनसंचार और पत्रकारिता स्कूल या ऐसे संस्थानों का ब्यौरा ही देखें तो हजारों नहीं, सैकड़ों की संख्या में तो स्वयं दलित समाज के लड़के-लड़कियों ने पत्रकारिता में डिप्लोमा लिया ही होगा, वे आज कहाँ हैं? इसका जवाब सवर्ण सम्पादक और पत्रकारों के पास नहीं होगा। वैसे भी हिंदी साहित्य व पत्रकारिता को सवर्ण पत्रकारिता के दायरे में ही रखना था और आज भी रखा जा रहा है। जबकि नई शताब्दी शुरू हुए भी ग्यारह वर्ष बीत गए हैं।

निखिल चक्रवर्ती लिखते हैं कि भारत के प्रथम प्रधानमन्त्री पंडित जवाहरलाल नेहरू ने 1950 में ऑल इंडिया न्यूज पेपर एडिटर्स कॉन्फ्रेंस के मंच से आधिकारिक रूप से घोषणा की थी कि "मेरे विचार में प्रेस की आजादी महज एक नारा नहीं है, बल्कि लोकतांत्रिक प्रक्रिया के लिए एक आवश्यक लक्षण है। उसे इस बात में कोई शक नहीं है कि सरकार प्रेस की आजादी को पसंद न करे तथा उसे खतरनाक समझे तो भी प्रेस की आजादी में हस्तक्षेप करना गलत है। प्रतिबन्ध लागू करके आप कुछ भी बदल नहीं सकते हैं। आप केवल कुछ चीजों को सार्वजनिक होने से दबा सकते हैं ताकि उससे निर्मित विचारों को आगे फैलने से रोका जा सके। इसलिए मैं प्रेस को दबाने या उसे विनियमित करने के बजाए उसके तमाम खतरों तथा उस आजादी के गलत उपयोग की सम्भावना के बावजूद प्रेस को पूर्ण स्वतन्त्रता देना पसंद करूँगा।"[1]

प्रेस को आगे बढ़ाने के लिए सांस्कृतिक परिवेश में राष्ट्रव्यापी परिवर्तन तथा आत्म-निरीक्षण की आवश्यकता भी होगी। खुली अर्थव्यवस्था में बाजार अस्थिर रहता है। अतः कोई भी उस नई प्रवृत्ति के बारे में सोच सकता है जिसके द्वारा प्रेस अपनी उच्चस्तरीय परिष्कृतता से लाखों दबे-कुचले लोगों को अनदेखा कर उच्चवर्गीय समाज की तरह अभिमुख हो रही है।

2 वर्ष बाद 23 सितम्बर, 1952 को न्यायमूर्ति जी.एस. राजाध्यक्ष की अध्यक्षता में प्रथम प्रेस आयोग बिठाया गया जिसने अनेक सुझाव देते हुए अपना प्रतिवेदन 2 वर्ष बाद प्रस्तुत किया। इसमें आपत्तिजनक विज्ञापनों पर रोक लगाई गई लेकिन अभी तक ऐसे आपत्तिजनक विज्ञापन धड़ल्ले से प्रकाशित हो रहे हैं।

मई 1964 में आर.आर. दिवाकर की अध्यक्षता में छोटे समाचार पत्रों के लिए जाँच समिति गठित हुई। सन् 1965 में 'प्रेस काउंसिल ऑफ इंडिया' का गठन हुआ। एक दशक के बाद यह भंग हो गई।

26 जून, 1975 को देश के आपातकाल की घोषणा के साथ-साथ प्रेस की आजादी खत्म कर दी गई। यह कठोर सेंसर मार्च सन् 1977 में समाप्त हुआ। सन् 1978 में प्रेस अधिनियम के अन्तर्गत 'प्रेस काउंसिल' पुनर्जीवित हुई।

प्रेस काउंसिल की स्थापना का उद्देश्य प्रेस की गरिमा में वृद्धि, पत्र-पत्रिकाओं और समाचार समितियों के स्तरीकरण, विश्वसनीयता, गोपनीयता, उच्च व्यावसायिक मानदंडों की स्थापना, नागरिक उत्तरदायित्व और अधिकारों तथा लोकसेवा की भावना को प्रोत्साहित करना आदि था। साथ ही यह आशा की गई कि प्रेस नागरिक अधिकारों और सामाजिक न्याय की दिशा में स्वतन्त्र रूप से महत्वपूर्ण भूमिका निभाएगा। प्रेस दुर्भावना, जातीय-धार्मिक उन्माद, सम्प्रदायवाद तथा क्षेत्रवाद को बढ़ावा नहीं देगा।

18 मई सन् 1978 को द्वितीय प्रेस आयोग बैठा। सन् 1980 में इंदिरा गांधी सत्ता में आ गई। जनवरी सन् 1980 तक आयोग अपना प्रतिवेदन प्रस्तुत नहीं कर सकता। दुबारा न्यायमूर्ति के.के. मैथ्यू की अध्यक्षता में इसका पुनर्गठन किया गया जिसने 3 अप्रैल सन् 1982 को अपना प्रतिवेदन दिया। इस प्रतिवेदन में विकासशील और प्रजातांत्रिक समाज में प्रेस की भूमिका, अभिव्यक्ति की स्वतन्त्रता को आर्थिक और राजनीतिक दबाव तथा मालिकों के हस्तक्षेप से अलग रखने, नैतिकता का पालन करने और निष्ठापूर्वक जनतंत्र की धरोहर के रूप में लोकसेवा को साधना के रूप में अपना लक्ष्य मानने पर जोर दिया गया। इसे गणतंत्र व्यवस्था में सामाजिक न्याय की सशक्त विधा और चतुर्थ स्तम्भ माना गया। दबे-कुचले इनसानों की आवाज को बुलन्द करने का एक माध्यम माना गया, लेकिन यह आदर्श व्यावहारिक रूप में कम ही दिखाई देते हैं। अधिकांश अखबारी लोग (मीडिया मैन) नेताओं और उच्च अधिकारियों के दबाव या प्रभाव में लिखते हैं। कमजोर लोगों की ओर उनका ध्यान कम ही जाता है। उत्तर प्रदेश में गत सपा शासन में कुछ पत्रकारों के कारनामे प्रकाश में आ चुके हैं जो व्यक्तिगत लाभ के लिए खैरात लेकर प्रेस को इस्तेमाल करते रहे हैं। पत्र और पत्रकारों की खरीद-फरोख्त लोकतंत्र के लिए एक खतरनाक रोग बन सकता है।

सामाजिक न्याय के पक्षधर और क्रियाशील कार्यकर्ता (सोशल एक्टीविस्ट) यह मानते हैं कि भारतीय प्रेस जिसकी अपनी शानदार परम्परा रही है और जिससे प्रेस की ईमानदारी और निष्ठा के साथ स्वतन्त्रता के साथ उपेक्षितों के सामाजिक-राजनैतिक हितों के संरक्षण के लिए जो उम्मीदें थीं, वे भलीभाँति पूर्ण नहीं हुईं।

भारतीय सामाजिक संस्थान, नई दिल्ली के अन्तर्गत अनुसूचित जाति कार्यक्रम द्वारा **'सामाजिक न्याय में पत्रकारिता'** विषय पर 17 से 20 जुलाई, 1998 के बीच एक चतुर्दिवसीय प्रशिक्षण कार्यक्रम का आयोजन किया गया। इसमें बिहार, उत्तरप्रदेश, मध्य प्रदेश, राजस्थान, हरियाणा, मणिपुर और दिल्ली के 18 प्रतिनिधियों ने हिस्सा लिया। इस कार्यक्रम में निम्नलिखित बातें सामने आईं :

अनुसूचित जाति कार्यक्रम की निदेशिका श्रीमती कृष्णा सोमन ने बताया, देश के एक प्रान्त में दलित आदिवासी एवं उनकी महिलाओं के साथ उत्पीड़न की जो घटनाएँ घटित होती हैं, उनकी खबरें अन्य राज्यों में भी प्रकाशित होती हैं, किन्तु घटना एवं खबर में जमीन-आसमान का अन्तर होता है। इतना ही नहीं, उस घटना के बाद क्या-क्या कार्रवाई हुई, इसका विवरण प्रकाशित नहीं होता जबकि यह एक सामाजिक जरूरत है। इस विषय पर न तो सवर्ण सम्पादक ध्यान देते और न ही पत्रकार।

'हम दलित' हिंदी मासिक के तब सहयोगी सम्पादक रहे कमलकान्त का कहना था कि पत्रकारिता सामाजिक चेतना का एक सशक्त मध्यम है, जो दलित समाज को अपने हक एवं अधिकार की प्राप्ति के लिए एक मंच पर ला सकता है। रजनी कोठारी के विचार में, "मीडिया में राजनीति से जुड़ी खबरों के साथ देश के विभिन्न हिस्सों में चल रहे सामाजिक संघर्षों को भी उजागर किया जाना चाहिए।"

जुलाई 1997 को दिल्ली में इंडियन सोशल साइंस इंस्टिच्यूट द्वारा आयोजित, 'दलित तथा प्रिण्ट मीडिया' नामक सेमिनार में प्रेस ट्रस्ट ऑफ इंडिया के जी.के. सिन्हा तथा 'मिड डे' के सम्पादक जान दयाल समेत अनेक वरिष्ठ सवर्ण पत्रकारों ने खुलेआम स्वीकार किया कि भारत के अखबार दलितों की दुर्दशा से सम्बन्धित समाचारों की अकसर उपेक्षा करते हैं।[2]

महादेव टोप्पो[3] लिखते हैं कि इसमें कोई संशय नहीं कि आज हिन्दी अखबार जगत का अधिकांश हिस्सा हिन्दू पत्रकारिता का पर्याय बन चुका है। हिन्दी पत्रकारिता उन ब्राह्मणी संस्कारों से अछूती नहीं जिसके तहत वह स्थापित किया गया कि आर्य-संस्कृति ही श्रेष्ठ है। और 'जायज आन्दोलन' उनके लिए देशद्रोह, आतंकवादी एवं अलगाववादी लगता है। 'नर्मदा बचाओ आन्दोलन' की सूत्रधार सुश्री मेधा पाटकर कहती हैं कि उन्हें **संघर्ष की प्रेरणा कोयल-कारो में संघर्षरत आदिवासियों से मिली, लेकिन यह बात खबर नहीं बनती**। संथाली नाटकोत्सवों में पंथ के दस हजार तक की भीड़, 10-10 रु. के टिकट लेकर जमीन पर बैठकर नाटक देखती है। संथाली भाषा के विश्व सम्मेलन होते हैं लेकिन हिन्दी अखबार के लिए ये भी समाचार नहीं होते हैं, क्योंकि सवर्ण मानसिकता वाले खोजी पत्रकारों एवं उनके मालिकों को ये समाचार अलगाववादी लगते हैं। इसी तरह सियालदह मेले में सैकड़ों आदिवासी लेखक अपनी किताबें छोटे स्टॉल लगाकर या चादर, गमछा बिछाकर भी बेचते हैं और अपनी भाषा संस्कृति को बचाने का सार्थक प्रयास करते हैं। लेकिन यह हिन्दी अखबारों के लिए समाचार नहीं है। भले ये सांस्कृतिक गतिविधियाँ अन्य भारतीय भाषाओं की खबरें बन जाएँ, तो उनके लिए समाचार क्या है? दलित या आदिवासी महिला से बलात्कार, आदिवासियों ने डैम के विरोध में धरना दिया। आदिवासी की गोली मारकर हत्या जैसे समाचार प्रमुखता के साथ छापे जाते हैं, उस समुदाय की छवि को विकृत करने के लिए सुनियोजित ढंग से प्रकाशित किए जाते हैं, ताकि उन्हें एक मनोवैज्ञानिक दबाव में लाकर उनके आत्मसम्मान एवं आन्दोलन की धार को भोथरा किया जा सके।

किसी स्त्री, खासकर अविवाहित लड़की की अस्मत लुट जाने के समाचार में स्त्री या लड़की का नाम इसलिए नहीं दिया जाता था कि उसकी अधिक बदनामी न हो। पराड़कर जी ने तो 'बलात्कार' शब्द का प्रयोग प्रतिबंधित कर दिया था। उसकी जगह 'शीलभंग', 'शील हरण' शब्द लिखे जाते थे। आज की पत्रकारिता में 'बलात्कार' शब्द ही नहीं लिखा जाता, बल्कि आततायी की हविस की शिकार नारी का नाम, पता तक फोटो के साथ छापा जाता है। सच्चिदानन्द सिन्हा वर्तमान भारतीय पत्रकारिता को सामाजिक दायित्व से शून्य बतलाते हुए लिखते हैं कि आज भारतीय पत्र-पत्रिकाओं की साज-सज्जा देखने से लगता है कि जैसे हम बाजार के बीच खड़े हों और फेरीवाले चिल्ला-चिल्ला कर अपने माल की ओर हमारा

ध्यान खींच रहे हों। बिक्री का सामान्य फार्मूला है 'रेप, रायट ऐंड रुइन मेक ए न्यूजपेपर सेल' यानी **बलात्कार, दंगे और बरबादी की खबरों से अखबार बिकते हैं।**

देश में बलात्कार की शिकार खासतौर से आदिवासी या दलित वर्गों की महिलाएँ ही होती हैं। पुलिस लॉकअप में जिनकी हड्डियाँ तोड़ी जाती हैं या जिन्हें मार डाला जाता है, वे भी ज्यादातर इन्हीं समूहों से आते हैं जबकि मौज की जिन्दगी जीनेवाले पत्रकारों की एक अलग दुनिया है जो बड़े बंगलों या सजे-धजे फ्लैटों में रहते हैं। इसलिए दलित आदिवासियों पर होनेवाले अत्याचार महज **'न्यूज वैल्यू'** के हिसाब से आँके जाते हैं। **अगर बड़े अखबारों के सम्पादकों की पत्नियाँ पुलिस के सामूहिक बलात्कार की शिकार होने लगें या इन सम्पादकों की हड्डियाँ पुलिस लॉकअप में तोड़ी जाने लगें, तब स्थिति भिन्न होगी। तब ये घटनाएँ सिर्फ चटखारे का मसाला नहीं होंगी।'**

इस मामले में नैतिकता की तमाम सीमाओं का अतिक्रमण करने के दुस्साहस को भारत का पाठक शायद ही जल्दी भूल पाएगा, जब 'रेप' से बचने के लिए औरत के साहस का परिचय देने की आड़ में एक पत्रिका ने रेप प्रक्रिया का सचित्र वर्णन प्रस्तुत किया। **पंकज बिष्ट** इस बात को शिद्दत के साथ कहते हैं कि अखबार लगातार सत्ता समर्थक या सत्ता के निकट ही नहीं रहे हैं, बल्कि हर तरह के दबावों जैसे कि जातिवादी, सम्प्रदायवादी आदि भी रहे हैं।

बकौल शम्भूनाथ आज के अधिकतर पत्रकार आते किस वर्ग से हैं? मध्य या विशिष्ट वर्ग से आए पत्रकारों का उत्पीड़ित जीवन की झांकियाँ दिखाना एक फैशन है।...समग्रता में हम पाएँगे कि अधिकतर पत्रकार समाज के उच्च वर्ग के प्रति ही वफादार हैं। वे इसके लिए राजनीति को जिम्मेदार मानते हैं जबकि मार्क्स के अनुसार, पत्रकार खुद सर्वहारा के ही अंग हैं लेकिन बुर्जुआ उन्हें अपना साझेदार बना लेता है।

डॉ. श्यौराजसिंह बेचैन लिखते हैं कि अक्तूबर 2000 को मैं भारतीय दलित साहित्य अकादमी यू.के. (ग्रेट ब्रिटेन) के सम्मेलन में भाग लेने लन्दन गया था। उस समय तक विगत तीन साल से एक दैनिक हिन्दी अखबार के लिए एक दलित विषयक स्तम्भ लिखा करता था। किन्हीं कारणों से अखबार के सम्पादक को उसके पद से हटा दिया गया। नए सम्पादक ने पद पर आते ही अपने सम्पादक मंडल से पहला सवाल यही पूछा था कि ब्राह्मण का सिर फूट जाए तब भी न्यूज नहीं बनती और दलित की टाँग टूट जाने पर बेचैन जी स्टोरी लिख देते हैं, और आप छाप देते हैं। तो किसी ने कोई जवाब नहीं दिया। इसलिए हमने डेमोक्रेटिक तरीके से सर्वसम्मति बनाकर आपका कॉलम छापना बन्द कर दिया है और सम्पादकीय पृष्ठ पर दलित शीर्षक से सामग्री नहीं देना निश्चित कर लिया है। अतः अब हमारे अखबार में सब काम डेमोक्रेटिक ढंग से हो रहा है। इस सिलसिले में जब हमने उनसे पूछा तो उन्होंने बताया कि आपको इस अखबार में दलितों की अलग पहचान के लिए नहीं लिखना चाहिए। दलित शब्द का इस्तेमाल करने की छूट कैसे और क्यों दी गई थी? यह शब्द नफरत फैलाता है, वैसे सामान्य रचनाओं के लिए आपका स्वागत है। आप प्रदूषण, फैशन और सौन्दर्य प्रतियोगिता आदि विषयों पर शौक से लिखिए। हम ससम्मान छापेंगे।

सम्पादक जैसे जिम्मेदारी के पद पर बैठे इन ब्राह्मण महाशय की बात सुनकर मैं हैरत में पड़ गया। खासकर उनकी अपनी निजी डेमोक्रेसी को जानकर। मैंने केवल यह पूछा कि जिस पत्रकार-मंडल में दलितों पर न छापना तय किया गया उस मंडल में कितने दलित पत्रकार मौजूद थे? तो उन्हें मेरे प्रश्न में जातिवाद की बू आने लगी। बोले—पत्रकार की कोई जाति नहीं होती। हम अन्य समस्याओं के साथ-साथ प्रायः देखते रहते हैं कि पत्र-पत्रिकाएँ दलित विषयों पर क्या और कैसा रुख अपनाते हैं? सम्बन्धित पत्र में वैचारिक दृष्टि से हमने देखा कि तीन-चार माह तक दलितों पर कुछ नहीं छपा, पर जब सरकुलेशन प्रभावित होने लगा तब दलितों पर गोल-मोल सामग्री देना शुरू की जिससे पहले तो दलितों में उपजातिय विभाजन पैदा करने की कोशिश की, पर जब उसमें सफल नहीं हुए तब वे दलित विरोधी किसी व्यवसायी को लेखक बनाकर ले आए।

खैर यह किसी एक पत्र-पत्रिका की कहानी नहीं है, बल्कि यह सवर्ण हिन्दुओं विशेषकर ब्राह्मणों, कायस्थों और बनियों की तथाकथित लोकतांत्रिक पत्रकारिता की प्रतिनिधि मानसिकता है, जो स्वातंत्र्योत्तर अर्धशतक में जाति-संस्कार, सवर्ण-स्वभाव और राजनीतिक प्रोत्साहन से सामाजिक-अलोकतंत्र की स्थिति कायम रखने में 21वीं सदी तक आते-आते सफल हुई है। इसे राष्ट्रीय पत्रकारिता कहना या इनके सवर्ण साहित्य को राष्ट्रीय साहित्य कहना अथवा राष्ट्रीय विचार मान लेना जातीय और सांस्कृतिक विविधताओं से उपजी देशव्यापी वैचारिक विविधता का अपमान करना है, क्योंकि भारत बहुजातीय, बहुधर्मी, बहुसंस्कृतियों और बहुविचारों का देश है। विविधता को प्रतिबिम्बित किए बगैर किसी भी पत्र का विचार राष्ट्रीय स्वरूप का विचार नहीं बन सकता।

बकौल **एच.एल. दुसाध** हिन्दी पत्रकारिता, हिन्दू पत्रकारिता है, यह आरोप तो अरसे से सुनाई पड़ रहा था पर, सम्प्रतिकाल में यह शोर में तब्दील हो गया और ऐसा करने वाले खुद हिन्दी पत्रकारों का धर्मनिरपेक्षतावादी खेमा ही है। वे इसे हिन्दू पत्रकारिता साबित करने के लिए प्रधानतः मस्जिद ध्वंस से लेकर गुजरात कांड तक हिन्दी अखबारों द्वारा अपनाए गए रुख को साक्ष्य के तौर पर प्रस्तुत करते हैं। राष्ट्र की एकता व अखंडता को गहरे रूप में प्रभावित करने वाली इन घटनाओं पर हिन्दी अखबारों ने जैसा रुख अपनाया व परवर्तीकाल में इसमें जिस विचारधारा की राजनीति को बल मिला उससे इन्हें अब हिन्दुत्ववादी राजनीति के साथ हिन्दी पत्रकारिता का रिश्ता उस नारे का अंग नजर आने लगा है, जिसमें हिन्दू, हिन्दी और हिन्दुस्तान का इरादा छिपा है। यह सच है कि *तथाकथित कारसेवा और उसके बाद बाबरी मस्जिद ढहाने का जो दुष्कर्म किया गया उस पर कई हिन्दी अखबारों ने एक अश्लील और क्रूम किस्म के साथ जो कुछ लिखा* एवं गोधरा कांड के बाद तोगड़िया, आचार्य गिरिराज किशोर, धर्मेन्द्र स्वामी, परमहंस दास इत्यादि जैसे अख्यात व उद्भ्रान्त लोगों के छोटे से छोटे भड़काऊ बयानों को जिस तरह प्रमुखता से छापा उस पर गम्भीरता से विचार होना चाहिए।

प्रभाष जोशी हिन्दी पत्रकारिता जगत में किसी परिचय के मोहताज नहीं हैं। किन्तु मस्जिद ढहाए जाने के बाद उन्होंने संघियों के विरुद्ध जिस तरह अपनी लेखनी को तलवार

के रूप में इस्तेमाल किया उससे वे एक विरल सम्मान के पात्र बने। संघ परिवार के विरुद्ध लिखे गए उनके लेखों का संग्रह पिछले दिनों 'हिन्दू होने का धर्म' नामक पुस्तक के रूप में प्रकाशित हुआ जो खूब बिका और सराहा भी गया। 7 दिसम्बर, 1992 से लेकर 27 अक्तूबर, 2003 के मध्य तक उनके द्वारा लिखे गए 158 लेख 655 पृष्ठों की जिस पुस्तक के रूप में संग्रहीत किए गए हैं उस पुस्तक के जिल्द के पिछले भाग पर उनके संक्षिप्त परिचय के साथ 6 दिसम्बर, 1992 को बाबरी मस्जिद के ध्वंस का हवाला देते हुए बताया गया है, *तब से प्रभाष जोशी की पत्रकारिता और सामाजिक सक्रियता का एक प्रमुख उद्‌देश्य सांस्कृतिक राष्ट्रवाद के नकली और आक्रामक तत्वों के बरक्स हिन्दू होने के असली धर्म और मर्म को उभारना रहा है* उनकी पुस्तक का परिचय वास्तव में निर्मूल है। पुस्तक के प्रायः सभी लेखों में पत्रकार जोशी जी हिन्दू परिवार के एक ऐसे भद्र अभिभाविक के रूप में नजर आते हैं जिसकी आत्मा अपने परिवार के कुछ सदस्यों को अधर्म के रास्ते पर आते देख बेचैन हैं।

मीडिया से जातिभेद समाप्त करने और राष्ट्रीय मत का लोकतंत्रीकरण करने के लिए दलित राइटर्स फोरम के संयोजक डॉ. श्यौराजसिंह 'बेचैन' और दलित शिक्षा आन्दोलन के अध्यक्ष श्री चन्द्रभान प्रसाद ने एडीटर्स गिल्ड ऑफ इंडिया तथा प्रेस काउन्सिल ऑफ इंडिया को एक ज्ञापन प्रस्तुत किया था।[4]

यह ज्ञापन एक अच्छा-खासा शोध प्रबंध है। यह मूलतः अंग्रेजी में और अंग्रेजी मीडिया के अनुभवों पर आधारित है।

भारतीय मीडिया में जातिभेद के तहत ज्ञापन-लेखकों का कथन है कि भारत में पत्रकारों के विभिन्न संघ हैं, अखबार मालिकों की एसोसिएशन हैं पर 'मीडिया श्रम शक्ति का जातीय और वर्णीय संघटन' इन संगठनों के अध्ययन का विषय कभी नहीं रहा, यहाँ तक कि समाचार पत्रों के रजिस्ट्रार का भी नहीं। ऐसी स्थिति में भारतीय मीडिया की श्रम शक्ति के संघटन का आकलन कैसे किया जाए? इसके लिए आधिकारिक सूचनाओं के अभाव में अनधिकारिक स्रोतों को ज्ञापन-लेखकों ने चुना है। उनके स्रोत दो हैं–1. मीडिया जगत के साथ उनके अनुभव और 2. श्री बी.एन. उनियाल का अनुभव। मीडिया के साथ अपने अब तक के अनुभव में, जो खासा व्यापक है, वे प्रमुख राष्ट्रीय दैनिकों, साप्ताहिकों या इलेक्ट्रॉनिक मीडिया में एक भी दलित पत्रकार का पता लगाने में असमर्थ रहे हैं। किसी स्वतन्त्र दलित स्तम्भकार का पता लगाना भी सम्भव नहीं हुआ जो किसी प्रमुख पत्र में छपता हो। वे यह स्वीकार करते हैं कि कुछ दलित पत्रकारों की उपस्थिति से इनकार नहीं किया जा सकता परन्तु उनका अनुभव यह भी है कि लोकतांत्रिक पत्रकारिता व्यवहार में कहीं भी दिखाई नहीं देती। उनकी दृष्टि में अनेकानेक टी.वी. चैनलों का क्षेत्र भी हिन्दू जाति की 'अघोषित मीडिया नीति' का अनुसरण करता है।

बी.एन. उनियाल ने **(पायनियर, 16 नवम्बर, 1996, नई दिल्ली)** अपने अनुभवों को अपने लेख 'इन सर्च ऑफ ए दलित जर्नलिस्ट' **(एक दलित पत्रकार की खोज)** में अभिव्यक्त किया है। ज्ञापन-लेखकों ने लिखा है कि उनियाल को नवम्बर, 1996 में एक अजीबोगरीब

सवाल का सामना करना पड़ा। एक विदेशी पत्रकार बसपा अध्यक्ष कांशीराम और कुछ पत्रकारों के बीच हुए विवादास्पद टकराव पर एक दलित पत्रकार से मिलना चाहता था। उनियाल ने एक दलित पत्रकार पाने की अपनी खोज आरम्भ की। उन्होंने अपने लेख में लिखा है, "अचानक मुझे महसूस हुआ कि पत्रकार की हैसियत से अपने कार्यकाल के पूरे तीस सालों में मैं किसी ऐसे सहकर्मी पत्रकार से नहीं मिला, जो दलित हो। उससे भी बदतर था यह विचार कि उन तमाम सालों में मुझे कभी भी नहीं सूझा कि पत्रकारिता व्यवसाय में इतनी गम्भीर गड़बड़ है।" उनियाल तमाम भागदौड़ के बाद भी दलित पत्रकार का पता लगाने में नाकाम रहे। अधिकांश मामलों में जिन सम्पादकों से उन्होंने सम्पर्क किया, वे उनसे ऐसी कसरत करने के लिए क्रुद्ध हुए। इस सम्बन्ध में उनकी भारत सरकार के सूचना विभाग की प्रत्यायन (एक्रेडिटेशन) सूची 1996 की जाँच भी सनसनीखेज है, जिसमें कुल 686 पत्रकारों की सूची में एक भी दलित पत्रकार का नाम नहीं मिला। **क्या सचमुच मीडिया जगत में दलितों के प्रवेश पर एक अघोषित प्रतिबन्ध की नीति कायम है?**[5]

ज्ञापन में यह प्रश्न भी है कि सम्भवतः 'उचित योग्यता वाले' दलित पत्रकार उपलब्ध न हों तो दलित जीवन से सम्बन्धित मुद्दों को उचित स्थान न देने के पीछे मीडिया के क्या कारण हैं? दलितों के मुद्दों के प्रति मीडिया की चिन्ता को मापने के लिए ज्ञापन-लेखकों ने दो राष्ट्रीय दैनिकों के सम्पादकीय पृष्ठों और दो प्रतिष्ठित पत्रिकाओं की विषयवस्तु को लिया है। एक दैनिक पत्र है, 'टाइम्स ऑफ इंडिया', जिसमें पहले में जनवरी 1996 से सितम्बर 1996 के बीच (रविवार को छोड़कर) सम्पादकीय पृष्ठ पर कुल 717 लेख छपे, जिनमें दलित सवालों पर सिर्फ चार लेख थे। दूसरा दैनिक पत्र नई दिल्ली का 'द हिन्दू' है। रविवार को छोड़कर इस पत्र ने उसी अवधि में कुल 478 लेख छापे, इनमें भी दलित सवालों पर सिर्फ चार लेख थे। यह प्रतिशत क्रमशः 0.55% और 0.85% है। यानी, एक प्रतिशत भी पूरा नहीं है। राष्ट्रीय पत्रिकाओं में एक **'इकोनॉमिक एंड पॉलिटिकल वीकली'** (बम्बई) है, जिसके जनवरी से दिसम्बर 1996 के बीच 48 अंक प्रकाशित हुए, जिनमें कुल छपे 864 लेखों में 17 लेख दलितों के मुद्दों से सम्बन्धित थे। इसका प्रतिशत 1.97% है। दूसरी पत्रिका 'सेमिनार' है, जिसका प्रत्येक अंक भारतीय समाज की एक विशेष समस्या को समर्पित होता है। इसी अवधि में प्रकाशित इस पत्रिका के बारह अंकों में दलित मुद्दों से सम्बन्धित कुल लेखों की संख्या शून्य है। ज्ञापन में ठीक ही यह प्रश्न भी किया गया है कि भारतीय विचार और अभिव्यक्ति के हर रंग पर चर्चा के अपने बड़बोले दावे पर क्या 'सेमिनार' खरा उतरती है?[6]

इस अध्याय में ज्ञापन का निष्कर्ष है कि 20.59 करोड़ दलितों में भारतीय मीडिया में एक भी दलित पत्रकार नहीं है। राष्ट्रीय विचार चर्चा में दलित एजेण्डा महत्त्वहीन है। अपने से सम्बन्धित मुद्दों पर भी दलित लेखक अपने विचार अभिव्यक्त करने के अवसरों से वंचित हैं। भारतीय मीडिया जो मत रचता है, वह सवर्ण हिन्दुओं का मत है। क्या इन मतों को लोकतांत्रिक कहा जा सकता है? भारत में पत्रकार संघों ने इन मुद्दों पर चुप्पी साध रखी है।

ज्ञापन के दूसरे अध्याय में लेखकों ने भारतीय समाज के जाति और वर्णवादी ढाँचे का वर्णन किया है और मत प्रतिपादित किया है कि **दलितों के लिए वर्ण-आधारित समूची समाज-व्यवस्था 'खुली जेल' रही है। आदिवासी वर्ण अधीन होने से बच गए।**

ज्ञापन ने भारतीय राजनीति के इतिहास की भी जाँच-पड़ताल की है। 1932 में डॉ. आम्बेडकर और महात्मा गांधी के बीच हुए पूना समझौते को ज्ञापन ने भारतीय इतिहास का पहला लिखित दस्तावेज कहा है, जिसमें हिन्दुओं ने आधिकारिक रूप से दलितों के अधिकार स्वीकार किए और वचन दिया कि उनके साथ हुए अन्याय को खत्म करेंगे। क्या हिन्दुओं ने अपना वचन निभाया? ज्ञापन-लेखकों का मत है कि ब्रितानी अन्तराल ने भारतीय सामाजिक श्रेणीबद्धता की जड़ों को हिला दिया, मगर सिर्फ सीमान्त स्तर तक। समाज वर्ण-जाति की रेखाओं पर गठित रहा और अधिकार तथा विशेषाधिकार जन्म से निर्धारित होते रहे। ज्ञापन यह उद्घाटित करता है कि भारत की वर्ण-सभ्यता की निरन्तर बौद्धिक दरिद्रता के बावजूद साधन-सम्पन्न वर्गों ने अपनी स्थिति सुरक्षित बनाए रखी है। इसलिए वर्ण का सदस्य, जो क्लर्की करने के भी अयोग्य है, राष्ट्रीय दैनिक का सम्पादक बन सकता है और ऐसा व्यक्ति जिनकी अवैज्ञानिक मानसिकता हो, भारत के वैज्ञानिक प्रतिष्ठान का जाना-माना सदस्य बन सकता है।

ज्ञापन लेखकों का कहना है कि विशेषाधिकार सम्पन्न वर्गों ने दो अलग मुद्दों पर काम किया—पहला, अपने विशेषाधिकार बनाए रखने का प्रयास और दूसरा भारत के अन्य श्रमिक वर्गों के भौतिक तथा सांस्कृतिक जीवन में कोई परिवर्तन न होने दिया जाए। भारतीय समाज ने इसकी कीमत भौतिक रूप से पिछड़ा, सांस्कृतिक रूप से अवनत और बौद्धिक रूप से विकलांग रह कर चुकाई। वे आगे कहते हैं कि गुणवत्ता या मैरिट की वर्तमान परिभाषा अत्यन्त संकीर्ण है और यह अलोकतांत्रिक मानदंड पर आधारित है। इसलिए वे चाहते हैं कि इसे संकुचित दायरे से मुक्त करके लोकतांत्रिक रूप दिया जाए।

ज्ञापन लेखकों ने आदि शंकराचार्य, मदनमोहन मालवीय और अरुण शौरी के सम्बन्ध में कहा है कि उन्होंने अपनी प्रतिभा और विद्वता का उपयोग वर्ण-जाति व्यवस्था को पुनर्जीवित करने, अतार्किक मूल्यों का पालन करने और अपने राजनैतिक तथा धार्मिक शत्रुओं को कोसने में किया। इसलिए उन्होंने माँग की है कि मीडिया में भरती की नीति को और व्यापक बनाना होगा, ताकि वह दलितों तथा आर्थिक रूप से कमजोर वर्गों के अनुभवों को गहन दृष्टि और संवेदनशीलता के साथ प्रस्तुत कर सके।

तीसरे अध्याय में, ज्ञापन में राष्ट्रीय मत के लोकतंत्रीकरण की आवश्यकता पर जोर दिया गया है। प्रश्न किया गया है कि क्या यह सम्भव है कि भीतर से अलोकतांत्रिक मीडिया भारत में लोकतांत्रिक मत रचेगा? या क्या वर्णभेद से ग्रस्त मीडिया समानता के लक्ष्य की वकालत करेगा? ज्ञापन कहता है कि भारतीय मीडिया द्वारा रचा गया मत चार वर्णों का मत है, पूरी आबादी का नहीं। भारत में मीडिया वर्णों के भीतर के अन्तरविरोधों पर विचार करता है। अतः ज्ञापन लेखकों ने माँग की है कि मीडिया में दलितों का प्रतिनिधित्व इस असामंजस्य को सुधारने के लिए आवश्यक है।

ज्ञापन के साक्ष्य के तौर पर 'एस्ने' (अमेरिकन सोसाइटी ऑफ न्यूजपेपर एडीटर्स) तथा 'आकू' (एसोसिएशन ऑफ अमेरिकन कॉलेजेज एंड यूनिवर्सिटीज) संगठनों के उदाहरण दिए गए हैं। 1975 में अमेरिका की कुल मीडिया श्रम शक्ति में अल्पसंख्यक श्रेणियों की भागीदारी सिर्फ 3.95 प्रतिशत है, जबकि कुल आबादी में उनका हिस्सा 25 प्रतिशत हुआ। 'एस्ने' ने इस विषमता को दूर किया और उसके प्रयासों से आज उनका हिस्सा 11.35 प्रतिशत है। इसी प्रकार 'आकू' जो अमेरिकी बुद्धिजीवियों का प्रमुख संगठन है, शैक्षणिक संस्थाओं के पाठ्यक्रमों को लोकतांत्रिक बनाने में सक्रिय और निर्णायक भूमिका निभा रहा है। भारत के शिक्षा और मीडिया क्षेत्रों को अमेरिकी अनुभव से सबक लेना चाहिए।

ज्ञापन में माँग की गई है कि भारत में मीडिया के लोकतंत्रीकरण हेतु राष्ट्रीय आयोग का तत्काल गठन किया जाए और उसका कार्य यह प्रस्तावित किया जाए कि वर्ष 2005 तक भारतीय मीडिया में कार्यरत पत्रकारों की कुल संख्या का देश में विद्यमान सामाजिक श्रेणियों का आनुपातिक प्रतिनिधित्व हो तथा उसकी वार्षिक जनगणना हो। यह सुनिश्चित कर दिया जाए कि दलित एवं पिछड़े वर्गों के सवालों पर मीडिया में पर्याप्त स्थान मिले तथा इस कार्य हेतु दलित-पिछड़े वर्गों के लेखकों को आमंत्रित किया जाए। यह सुनिश्चित किया जाए कि इन नियमों का पालन मीडिया कर रहा है या नहीं, दंड का प्रावधान किया जाए, जिसके तहत उल्लंघन करने पर सरकारी विज्ञापनों पर पाबन्दी, आर्थिक जुर्माने, मानवाधिकार आयोग में मुकदमा तथा संगठनों के लाइसेंसों को रद्द करने की कार्यवाही की जाए।

कुछेक लघु पत्रिकाओं को अपवाद मान लें तो लघु-पत्रिका आन्दोलन व्यक्तिगत महत्त्वाकांक्षा का ही आयोजन कहा जा सकता है।

जहाँ तक लघु पत्रिकाओं की बात है, इस बारे में 29-30 अगस्त, 1992 को कलकत्ता में हुई लघु पत्रिका संगोष्ठी में **'पहल' के सम्पादक ज्ञानरंजन** ने उद्घाटन सत्र में लघु-पत्रिका आन्दोलन के सन्दर्भ में रचना और जनता के बीच की इस भयावह स्थिति की चर्चा करते हुए कहा था कि 'हम अधिक-से-अधिक इतना कर पा रहे हैं कि एक बहुत बड़े राक्षस को कुछ मुक्के मारने का काम करते हैं और राक्षस हँसता रहता है।'

उनके भाषण से यह स्पष्ट नहीं होता कि किस तरह के राक्षस को वे मुक्के मारते हैं। वह राक्षस रामराज्य के खिलाफ है या समर्थन में? वह राक्षस समाज से ब्राह्मणवाद समाप्त करने हेतु प्रतिबद्ध है या अपनी ही महिलाओं को नंगा करने के लिए आतुर? सूचना साम्राज्यवाद, उपभोक्तावाद और सांस्कृतिक प्रदूषण के खिलाफ जनसंघर्ष से जुड़े लेखक और सम्पादक की भूमिका कितनी गौण है तथा वे किस तरह असहाय, लाचार और बेबस हैं।

यहाँ ब्राह्मणवाद उनकी पत्रकारिता के शब्दकोश में नहीं है। इसलिए लड़ने का सवाल ही नहीं उठता। **बकौल अरविंद मोहन, लघु पत्रिकाएँ भूमंडलीकरण को चुनौती देती हैं, पर पत्रकारिता में आए सवर्णवाद को नहीं।**

पत्रकारिता में जाति की सड़ांध पर सर्वे से असुविधा

बकौल अरुंधति राय–सार्वजनिक महत्व की किसी संस्था का सामाजिक अध्ययन अकादमिक किस्म का काम है। लेकिन पूर्वग्रहों से भरे समाज में आप इसकी शुरुआत की मानसिक प्रक्रिया के दौरान ही एक आवाजविहीन युद्ध से जा टकराते हैं। आगे बढ़ने के साथ हर कदम राजनीतिक होता जाता है। अब आप बोलें, चाहे चुप रहें, राजनीति से बच नहीं सकते। बिहार में कार्यरत मीडिया संस्थानों की सामाजिक पृष्ठभूमि का सर्वे भी ऐसा ही एक काम है।

आपने अगर इसके नतीजों को देख लिया है तो इस तथ्य को कैसे अनदेखा कर सकते हैं कि इस विशालकाय राज्य के हिन्दी-अंग्रेजी मीडिया संस्थानों में 'फैसला लेने वाले पदों' पर न कोई आदिवासी है, न दलित, न पिछड़ा, न ही कोई महिला। (देखें–कुछ मीडिया संस्थानों की नमूना तालिकाएँ–1, 2, 3 और 4)

तालिका-1

दैनिक जागरण का सम्पादकीय विभाग

क्रम संख्या 1 से 5 तक के पदों को फैसला लेने वाला माना गया है

क्र.सं.	*पद*	*पु./म.*	*धर्म*	*जाति*
1.	स्थानीय सम्पादक	पुरुष	हिन्दू	ब्राह्मण
2.	समाचार सम्पादक	पुरुष	हिन्दू	ब्राह्मण
3.	प्रोविंस डेस्क इंचार्ज	पुरुष	हिन्दू	ब्राह्मण
4.	ब्यूरो प्रमुख	पुरुष	हिन्दू	भूमिहार
5.	वरीय उपसम्पादक	पुरुष	हिन्दू	ब्राह्मण
6.	मुख्य संवाददाता	पुरुष	हिन्दू	भूमिहार
7.	ब्यूरो संवाददाता	पुरुष	हिन्दू	ब्राह्मण
8.	ब्यूरो संवाददाता	पुरुष	हिन्दू	राजपूत
9.	ब्यूरो संवाददाता	पुरुष	हिन्दू	राजपूत
10.	ब्यूरो संवाददाता	पुरुष	हिन्दू	सैयद

11.	ब्यूरो संवाददाता	पुरुष	हिन्दू	ब्राह्मण
12.	संवाददाता	पुरुष	हिन्दू	भूमिहार
13.	संवाददाता	पुरुष	हिन्दू	अति पिछड़ा
14.	संवाददाता	पुरुष	हिन्दू	ब्राह्मण
15.	संवाददाता	पुरुष	हिन्दू	भूमिहार
16.	संवाददाता	पुरुष	हिन्दू	ब्राह्मण
17.	संवाददाता	पुरुष	हिन्दू	ब्राह्मण
18.	संवाददाता	पुरुष	हिन्दू	भूमिहार
19.	संवाददाता	पुरुष	हिन्दू	राजपूत
20.	संवाददाता	पुरुष	हिन्दू	राजपूत

तालिका-2

राष्ट्रीय सहारा का सम्पादकीय विभाग

क्रम संख्या 1 से 5 तक के पदों को फैसला लेने वाला माना गया है

क्र.सं.	*पद*	*पु./म.*	*धर्म*	*जाति*
1.	स्थानीय सम्पादक	पुरुष	धर्म	ब्राह्मण
2.	समाचार सम्पादक	पुरुष	हिन्दू	राजपूत
3.	प्रोविंस डेस्क इंचार्ज	पुरुष	हिन्दू	ब्राह्मण
4.	ब्यूरो प्रमुख	पुरुष	हिन्दू	ब्राह्मण
5.	प्रमुख संवाददाता	पुरुष	हिन्दू	ब्राह्मण
6.	वरिष्ठ संवाददाता	पुरुष	हिन्दू	ब्राह्मण
7.	वरिष्ठ संवाददाता	पुरुष	हिन्दू	पिछड़ा
8.	मुख्य उप सम्पादक	पुरुष	हिन्दू	ब्राह्मण
9.	मुख्य उप सम्पादक	पुरुष	हिन्दू	राजपूत
10.	संवाददाता	पुरुष	हिन्दू	ब्राह्मण
11.	संवाददाता	पुरुष	हिन्दू	दलित
12.	संवाददाता	पुरुष	हिन्दू	राजपूत
13.	संवाददाता	पुरुष	हिन्दू	कायस्थ
14.	संवाददाता	पुरुष	हिन्दू	कायस्थ
15.	संवाददाता	पुरुष	हिन्दू	ब्राह्मण
16.	संवाददाता	पुरुष	हिन्दू	राजपूत

17.	संवाददाता	पुरुष	हिन्दू	पिछड़ा
18.	संवाददाता	पुरुष	हिन्दू	ब्राह्मण
19.	कार्यालय संवाददाता	पुरुष	हिन्दू	भूमिहार
20.	कार्यालय संवाददाता	पुरुष	हिन्दू	ब्राह्मण

तालिका-3

हिन्दुस्तान का सम्पादकीय विभाग

क्रम संख्या 1 से 5 तक के पदों को फैसला लेने वाला माना गया है

क्र.सं.	*पद*	*पु./म.*	*धर्म*	*जाति*
1.	स्थानीय सम्पादक	पुरुष	हिन्दू	कायस्थ
2.	सम्पादक (परियोजना)	पुरुष	हिन्दू	राजपूत
3.	समाचार समन्वयक	पुरुष	हिन्दू	ब्राह्मण
4.	ब्यूरो प्रमुख	पुरुष	हिन्दू	राजपूत
5.	प्रोविंस इंचार्ज	पुरुष	हिन्दू	ब्राह्मण
6.	प्रधान संवाददाता	पुरुष	हिन्दू	ब्राह्मण
7.	समन्वयक वि. परियोजना	पुरुष	हिन्दू	अति पिछड़ा
8.	प्रधान कॉपीराइटर	पुरुष	हिन्दू	पिछड़ा
9.	विशेष संवाददाता	पुरुष	हिन्दू	राजपूत
10.	वरीय संवाददाता	पुरुष	हिन्दू	कायस्थ
11.	वरीय संवाददाता	पुरुष	हिन्दू	ब्राह्मण
12.	वरीय कॉपी एडीटर	पुरुष	हिन्दू	भूमिहार
13.	वरीय संवाददाता	पुरुष	हिन्दू	राजपूत
14.	वरीय संवाददाता	पुरुष	हिन्दू	भूमिहार
15.	वरीय संवाददाता	पुरुष	हिन्दू	ब्राह्मण
16.	वरीय संवाददाता	पुरुष	हिन्दू	ब्राह्मण
17.	वरीय कॉपी एडीटर	पुरुष	हिन्दू	राजपूत
18.	कार्यालय संवाददाता	पुरुष	हिन्दू	राजपूत
19.	कार्यालय संवाददाता	पुरुष	हिन्दू	ब्राह्मण
20.	अपराध संवाददाता	पुरुष	हिन्दू	भूमिहार

तालिका-4

प्रभात खबर का सम्पादकीय विभाग

क्रम संख्या 1 से 5 तक के पदों को फैसला लेने वाला माना गया है

क्र.सं.	*पद*	*पु./म.*	*धर्म*	*जाति*
1.	प्रधान सम्पादक	पुरुष	हिन्दू	राजपूत
2.	कार्यकारी सम्पादक	पुरुष	हिन्दू	राजपूत
3.	स्थानीय सम्पादक	पुरुष	हिन्दू	राजपूत
4.	समाचार सम्पादक	पुरुष	हिन्दू	राजपूत
5.	प्रोविंस इंचार्ज	पुरुष	हिन्दू	राजपूत
6.	विशेष संवाददाता	पुरुष	हिन्दू	राजपूत
7.	ब्यूरो प्रमुख	पुरुष	हिन्दू	ब्राह्मण
8.	मुख्य संवाददाता	पुरुष	हिन्दू	कायस्थ
9.	उप सं. संवाददाता	पुरुष	हिन्दू	राजपूत
10.	उप सं. संवाददाता	पुरुष	हिन्दू	दलित
11.	उप सं. सम्पादक	पुरुष	हिन्दू	कायस्थ
12.	वरीय संवाददाता	पुरुष	हिन्दू	राजपूत
13.	वरीय संवाददाता	पुरुष	हिन्दू	ब्राह्मण
14.	वरीय संवाददाता	पुरुष	हिन्दू	ब्राह्मण
15.	वरीय संवाददाता	पुरुष	हिन्दू	पिछड़ा
16.	संवाददाता	पुरुष	हिन्दू	राजपूत
17.	संवाददाता	पुरुष	हिन्दू	भूमिहार
18.	संवाददाता	पुरुष	हिन्दू	भूमिहार
19.	संवाददाता	पुरुष	हिन्दू	अति पिछड़ा
20.	संवाददाता	पुरुष	हिन्दू	राजपूत

सम्बन्धित जानकारियाँ परोक्ष रूप से हासिल की गई हैं, त्रुटि सम्भव है।

सबके सब...

प्रमोद रंजन लिखते हैं कि कुछ कागजी अपवादों को छोड़ दें तो एक लाख वर्ग किलोमीटर में गंगा, फल्गु, सोन, कोसी, गंडक, बागमती, कमला, महानन्दा, कर्मनाशा आदि नदियों के बीच फैली 9 करोड़ से अधिक की विशाल आबादी की सामाजिक, सांस्कृतिक विविधता का कोई संकेत यहाँ मौजूद नहीं है। सबके-सब हिन्दू, सबके-सब द्विज और सबके-सब पुरुष!

लगभग तीन साल पहले दिल्ली के मीडिया स्टडीज ग्रुप ने हिन्दी-अंग्रेजी राष्ट्रीय मीडिया के प्रमुख पदों पर कार्यरत लोगों की सामाजिक पृष्ठभूमि का सर्वे किया था। दिल्ली स्थित 37 मीडिया संस्थानों पर किए गए उस सर्वे में हर संस्थान के 10 सर्वोच्च पदों पर काबिज अधिकारियों की सामाजिक पृष्ठभूमि के बारे में जानकारी हासिल की गई थी। राष्ट्रीय मीडिया में 'फैसला लेने वाले' पदों पर उच्च जाति हिन्दू पुरुषों का हिस्सा 71 फीसदी था। पिछड़े 4 फीसदी थे। उच्च जाति हिन्दू महिलाओं की मौजूदगी 17 प्रतिशत थी। दलित और आदिवासी की संख्या शून्य थी।

बिहार के मीडिया संस्थानों के सर्वे के लिए शुरू में हमने भी यही तकनीक अपनानी चाही, जिसके किंकर्तव्यविमूढ़ कर देने वाले परिणाम सामने आए।

राष्ट्रीय मीडिया के सर्वे में जिन 37 संस्थानों को शामिल किया गया था, उनमें से अधिकांश का मुख्यालय दिल्ली में ही होने के कारण 'बड़े' पदों की संख्या पर्याप्त थी। इसलिए सर्वोच्च 10 पदों को चुनना सम्भव था। पटना के मीडिया संस्थानों में यह सुविधा न थी।

पटना के मीडिया संस्थानों में हमने 5 पदों–1. सम्पादक, 2. समाचार सम्पादक, 3. ब्यूरो चीफ, 4. मुख्य/विशेष संवाददाता और 5. प्रोविंस डेस्क इंचार्ज–को 'फैसला लेने वाले' के रूप में चिन्हित किया।

पटना के अनेक मीडिया संस्थानों में उपरोक्त सभी 5 पद भी नहीं हैं। कई अखबारों, समाचार एजेंसियों और इलेक्ट्रॉनिक चैनलों में कार्यरत पत्रकारों की संख्या बहुत कम है तथा यहाँ कार्यरत कई राष्ट्रीय मीडिया संस्थानों के ब्यूरो कार्यालयों में तो अकेले (ब्यूरो) 'चीफ' का ही पद है। ऐसी स्थिति में इन पदों के समकक्ष कार्य कर रहे लोगों को भी 'फैसला लेने वाला' माना गया। ऐसे पत्रकारों की संख्या किसी संस्थान में 5, कहीं 3, कहीं 2 है तो कहीं अकेले 'ब्यूरो चीफ' ही 'फैसला' लेते हैं। इसके तहत 42 मीडिया संस्थानों के राज्यस्तरीय सर्वोच्च पदों पर कार्यरत 78 पत्रकारों की सामाजिक पृष्ठभूमि जाँची गई। इनमें हिन्दी-अंग्रेजी प्रिंट (उर्दू नहीं), इलेक्ट्रॉनिक मीडिया संस्थान, समाचार एजेंसियाँ व पत्रिकाएँ शामिल थीं।

शुरुआत के शुरू में

सर्वे का विचार वस्तुतः अगस्त, 2008 में कोसी नदी में आई प्रलयकारी बाढ़ के बाद आया था। बाढ़ में हजारों लोग मारे गए थे। जिस इलाके में बाढ़ आई थी, वह यादव और दलित बहुल था। जबकि राज्य में एक ऐसी सरकार थी, जो लोकतंत्र के पिछले पंचबरसा त्योहार में यादव राज खत्म कर चुकने की दुदुम्भी बजाती फिर रही थी। इस नई सरकार के एक घटक (जदयू) का मुख्य वोट बैंक भूमिहार, कुरमी-कोईरी और अत्यन्त पिछड़ी जातियाँ हैं। जबकि दूसरे घटक (भाजपा) का वोट बैंक वैश्यों तथा अन्य सवर्ण जातियों में है। सामन्ती संस्कार वाली यह सरकार बाढ़ की तबाही के बाद लगभग दो महीने तक पीड़ितों

को राहत पहुँचाने में बेहद क्रूर कोताही बरतती रही। इस मामले पर पक्ष और विपक्ष– दोनों की राजनीति अत्यन्त निचले किस्म की जाति-आधारित थी। इसके बावजूद बिहार की पत्रकारिता न सिर्फ इस घटिया राजनीति पर मौन थी बल्कि उसमें बाढ़ की विभीषिका को कम-से-कम कर दिखाने और राज्य सरकार के राहत कार्यों को बढ़ा-चढ़ा कर पेश करने की होड़ लगी थी।

पत्रकारिता के इस जघन्य दुष्कर्म ने आरम्भ में हमें पटना में कार्यरत पत्रकारों की भौगोलिक पृष्ठभूमि के सर्वेक्षण के लिए प्रेरित किया। हमारे सामने एक ख्याल था कि क्या राजधानी पटना में कार्यरत पत्रकारों में बहुत कम संख्या कोसी के बाढ़ग्रस्त जिलों के वासियों की है? क्या इसलिए वे अपनी पेशेगत जरूरतों के विपरीत बाढ़-पीड़ितों के प्रति इतने कम संवेदनशील हैं? काम शुरू हुआ। हम इसे बेहद आसान समझ रहे थे। हमारी सोच थी कि इसे दो-तीन मित्र मिलकर आसानी से निपटा लेंगे। लेकिन जिस भूखंड में आदमी की मुख्य पहचान जाति हो, वहाँ क्या शिक्षा और क्या भूगोल, सब द्वितीयक किस्म के परिचय हैं। हम किसी एक पत्रकार से दूसरे पत्रकार का गृह जिला पूछते तो कोई उसे भोजपुर का बताता, तो कोई दरभंगा का। किसी तीसरे से इनमें से सही को चिन्हित करने के लिए जानकारी लेते तो वह उसे नालन्दा का निवासी बता देता। पर तीनों, उसकी जो जाति खुद बिना पूछे बता डालते वह सभी मामलों में समान रहती। कुछ मामलों में तो ऐसा हुआ कि हमने किसी पत्रकार मित्र से पूछा कि फलाँ अखबार का प्रोविंस डेस्क कौन देखता है? उत्तर मिला, 'जानता हूँ, पर नाम याद नहीं आ रहा। वह जो गोरा-गोरा सा है, बाल थोड़े-थोड़े पके हैं। राजपूत हैं। अलाँ पार्टी के फलाँ सिंह का नजदीकी है।' इस तरह के इन उत्तरों से पत्रकारों की भौगोलिक पृष्ठभूमि की जानकारी तो क्या मिलती! जब नाम पूछने पर उत्तर में उनकी जाति सामने आती हो और बोनस के तौर पर उनकी किसी खास नेता से नजदीकी की सूचना...

इसी परिदृश्य में हमने जून, 2009 में इस सर्वे को विस्तृत करने का फैसला किया। बाकायदा सभी मीडिया संस्थानों के 'राज्य स्तर पर फैसला लेने वाले' पत्रकारों की सूची तैयार की गई। उनके नाम, गृह जिला, शिक्षा, धर्म और जाति के कॉलमों को विभिन्न स्रोतों से जानकारी लेकर भरने का काम शुरू किया गया। इसमें हिन्दी और अंग्रेजी के 45 संस्थानों के पत्रकारों को रखा गया, जिनमें से 42 संस्थानों के पत्रकारों के धर्म, जाति, लिंग की जानकारी हम जमा कर पाए। गृह जिला से सम्बन्धित सूचनाएँ भी कमोबेश जमा हो गई हैं लेकिन शिक्षा सम्बन्धी कॉलमों को 5 फीसदी भरने में भी हम सफल नहीं हो सके हैं। यह सोचना भी कितना शर्मनाक है कि हम एक ऐसे समाज में रहते हैं, जहाँ का बौद्धिक तबका अपने साथियों की पहचान उनकी शिक्षा या अन्य व्यक्तिगत गुणों-अवगुणों के आधार पर नहीं, जाति के आधार पर करता है।

इस सर्वेक्षण में 'फैसला लेने वालों' की जातिगत पृष्ठभूमि के जो नतीजे आए, उनका जिक्र पहले हो चुका है। भौगोलिक और सांस्कृतिक पृष्ठभूमि के सर्वे के नतीजे अलग से जारी किए जाएँगे।

उपस्थिति की तलाश

'फैसला लेने वाले पदों' पर वंचित तबके के लोग नहीं हैं। लेकिन ऐसा नहीं है कि बिहार की पत्रकारिता में इनकी उपस्थिति शून्य है। भले ही वे कक्षा के दलपति न बन सके हों लेकिन कहीं-कहीं पिछली बेंचों पर तो दिखते ही हैं। इनमें से कई ने अँगूठा भी गँवाया है लेकिन इन एकलव्यों की धनुर्धरता पर सन्देह की हिमाकत द्रोणों ने भी नहीं की है।

बिहारी पत्रकारिता में इन तबकों की उपस्थिति (फैसला लेने वाले पदों के अतिरिक्त) जाँचने के लिए हमने कुछ और विस्तृत सर्वेक्षण आरम्भ किया। इस बार हिन्दी-अंग्रेजी के 42 संस्थानों के अलावा पटना से प्रकाशित उर्दू के 5 अखबारों को भी इसमें शामिल किया गया। कुल 47 मीडिया संस्थानों के 230 पत्रकारों को सर्वे में समेटते हुए हमने पाया कि 73 फीसदी पदों पर ब्राह्मण, भूमिहार, राजपूत, कायस्थ का कब्जा है। अन्य पिछड़ा वर्ग के हिन्दू 10 फीसदी, अशराफ मुसलमान 12 फीसदी तथा पसमांदा मुसलमान 4 फीसदी हैं। महिलाओं की उपस्थिति लगभग 4 फीसदी रही। पटना के मीडिया संस्थानों में महज 3 दलित पत्रकार मिले (तालिका-5)। फैसला लेने वाले पदों पर शोषित जातियों की शून्य नुमाइन्दगी के कारण पिछली सीटों की उपस्थिति कभी-कभार इनके 'प्रतिनिधित्व' का भ्रामक आभास भी सृजित करती है।

तालिका-5

बिहारी मीडिया

हिन्दी, अंग्रेजी, उर्दू प्रिंट व इलेक्ट्रॉनिक का समेकित
(फैसला लेने वालों के अतिरिक्त सामान्य पदों पर) आँकड़ा

1. उच्च जाति हिन्दू	**73 प्रतिशत**
(क) ब्राह्मण	30 प्रतिशत
(ख) भूमिहार	10 प्रतिशत
(ग) राजपूत	17 प्रतिशत
(घ) कायस्थ	16 प्रतिशत
2. पिछड़ी व अति पिछड़ी जाति	**10 प्रतिशत**
3. दलित	**01 प्रतिशत**
4. अशराफ मुसलमान	**12 प्रतिशत**
(क) सैयद	08 प्रतिशत
(ख) शेख	02 प्रतिशत
(ग) पठान	01 प्रतिशत
(घ) मल्लिक	01 प्रतिशत
5. पसमांदा मुसलमान	**04 प्रतिशत**

6. महिला	**04 प्रतिशत**
(क) उच्च जाति हिन्दू	03 प्रतिशत
(ख) पिछड़ा	01 प्रतिशत
(ग) दलित	0 प्रतिशत
(घ) मुसलमान	0 प्रतिशत

जून 2009 के अन्त में सम्पन्न हुए इस सर्वेक्षण में उन्हीं पत्रकारों को शामिल किया गया, जो 'खबरों' से जुड़े हैं। फीचर आदि प्रभागों को इसमें शामिल नहीं किया गया। अधिक पत्रकारों वाले अखबारों (हिन्दुस्तान, दैनिक जागरण, प्रभात खबर और राष्ट्रीय सहारा) से अवरोही (ऊपर से नीचे) क्रम में 20-20 पत्रकारों को लिया गया जबकि अन्य छोटे अखबारों के लगभग सभी पत्रकारों (यह संख्या प्रति अखबार 13 से लेकर 4 तक रही) को शामिल किया गया। यह फार्मूला इलेक्ट्रॉनिक चैनलों पर भी लागू किया गया। दिल्ली समेत अन्य महानगरों से संचालित होने वाले राष्ट्रीय मीडिया संस्थानों के पटना प्रमुखों को भी इसमें रखा गया है। ऐसे दैनिक समाचार पत्रों, पत्रिकाओं, न्यूज चैनलों और समाचार एजेंसियों के प्रायः दो या एक ही पत्रकार पटना में पदस्थापित हैं। इन सभी को इसमें शामिल किया गया है।

तालिका-6

बिहारी की आबादी

(उच्च जाति हिन्दू व पिछड़ों की आबादी 1931 की जनगणना के आधार पर अनुमानित)

उच्च जाति हिन्दू	**13 प्रतिशत**
ब्राह्मण	4.7 प्रतिशत
भूमिहार	2.9 प्रतिशत
राजपूत	4.2 प्रतिशत
कायस्थ	1.2 प्रतिशत
पिछड़ी-अति पिछड़ी जाति	**51.5 प्रतिशत**
पिछड़ा	19.3 प्रतिशत
अति पिछड़ा	32 प्रतिशत
यादव	11 प्रतिशत
कुशवाहा	4.1 प्रतिशत
कुरमी	3.6 प्रतिश
अन्य जातियाँ	–
दलित	**14.1 प्रतिशत**

आदिवासी	01 प्रतिशत
अशराफ मुसलमान	3.37 प्रतिशत

(मुसलमानों की कुल आबादी में अशराफ तबके का हिस्सा 25 फीसदी है)

पसमांदा मुसलमान	10.13 प्रतिशत

(मुसलमानों की कुल आबादी में पसमांदा तबका 75 फीसदी है)

पसमांदा तबका में ओबीसी 70 फीसदी हैं, जबकि दलित मुसलमान 5 प्रतिशत

हिन्दी प्रिंट : 87/13

बिहार की राजधानी में काम कर रहे हिन्दी समाचार पत्रों, पत्रिकाओं के पत्रकारों में 87 फीसदी पत्रकार सवर्ण हिन्दू परिवारों से हैं। इनमें 34 फीसदी ब्राह्मण, 23 फीसदी राजपूत, 14 फीसदी भूमिहार तथा 16 फीसदी कायस्थ हैं। हिन्दू पिछड़ी-अति पिछड़ी जाति, अशराफ मुसलमान और दलित समाज से आने वाले पत्रकार महज 13 फीसदी हैं। इनमें बिहार की सबसे बड़ी जाति यादव की उपस्थिति सर्वाधिक, लगभग 3 फीसदी है (तालिका-7)। ओबीसी से आने वाले अन्य पत्रकार वैश्य, कुशवाहा, कानू, केवट, कहार और चौरसिया जातियों के हैं। इनकी मौजूदगी प्रायः एक-एक फीसदी है। इसके अतिरिक्त अन्य दर्जनों पिछड़ी-अति पिछड़ी जातियों की कोई नुमाइन्दगी न हिन्दी-अंग्रेजी प्रिंट में दिखती है, न ही इलेक्ट्रॉनिक में। हिन्दी प्रिंट में महिला (उच्च जाति हिन्दू) की भागीदारी एक फीसदी है (तालिका-8)।

तालिका-7

हिन्दी, अंग्रेजी, उर्दू, प्रिंट व इलेक्ट्रॉनिक मीडिया का वर्गीकृत
(फैसला लेने वालों के अतिरिक्त सामान्य पदों पर) आँकड़ा प्रतिशत में
(महिला-पुरुष)

	उच्च जाति हिन्दू	*ओबीसी इबीसी*	*अशराफ मुसलमान*	*पसमांदा मुसलमान*	*दलित हिन्दू*
प्रिंट हिन्दी	87	9	1	0	3
प्रिंट अंग्रेजी	75	19	4	0	0
प्रिंट उर्दू	8		6.6	26	0
इलेक्ट्रॉनिक (हिन्दी-अंग्रेजी)	90	7	3	0	0
कुल	**73**	**10**	**12**	**4**	**1**

तालिका-8

हिन्दी, अंग्रेजी, उर्दू, प्रिंट व इलेक्ट्रॉनिक मीडिया में
(फैसला लेने वाले पदों के अतिरिक्त सामान्य पदों पर) महिलाओं का प्रतिशत

	कुल महिलाएँ	*ओबीसी इबीसी*	*अशराफ मुसलमान*	*पसमांदा मुसलमान*	*दलित*
प्रिंट हिन्दी	1	0	0	0	0
प्रिंट अंग्रेजी	7	4	0	0	0
प्रिंट उर्दू	0	0	0	0	0
इलेक्ट्रॉनिक (हिन्दी अंग्रेजी)	10	0	0	0	0
कुल	3	1	0	0	0

अंग्रेजी प्रिंट : महिलाओं की मौजूदगी

अंग्रेजी अखबारों की स्थिति काना राजा सी है। इसमें महिलाओं की भागीदारी 7 फीसदी है। इसमें से पिछड़ी जाति की 4 फीसदी महिलाओं की मौजूदगी भी ध्यान खींचती है। हिन्दू ओबीसी की उपस्थिति हिन्दी प्रिंट (9 फीसदी) की तुलना में अंग्रेजी प्रिंट में दुगनी से ज्यादा (19 फीसदी) है। उच्च जाति हिन्दुओं का कब्जा यहाँ 75 फीसदी है। अशराफ मुसलमान 4 प्रतिशत हैं। दलितों की उपस्थिति शून्य है। (तालिका-3 व 4)

हिन्दी और अंग्रेजी प्रिंट में एक रोचक अन्तर भूमिहार और राजपूतों की संख्या का है। हिन्दी प्रिंट की तुलना में यहाँ इन दो जातियों की संख्या आधी से भी कम (राजपूत 11 फीसदी और भूमिहार 6 फीसदी) हो गई है। अंग्रेजी प्रिंट पर ब्राह्मणों (36 प्रतिशत) तथा कायस्थों (21 प्रतिशत) का आधिपत्य दिखता है। [अंग्रेजी प्रिंट में तीन हिन्दू ओबीसी, एक ईसाई व एक अशराफ मुसलमान (पुरुष) 'फैसला लेने वाले' पद पर भी हैं। हिन्दी प्रिंट और इलेक्ट्रॉनिक में इन पदों पर निरपवाद रूप से ऊँची जाति के पुरुष काबिज हैं।]

इलेक्ट्रॉनिक : 10 बनाम 90

पिछड़ों के नेता शहीद जगदेव प्रसाद का नारा था—दस का शासन नब्बे पर, नहीं चलेगा/सौ में नब्बे शोषित हैं, नब्बे भाग हमारा है। यह 1971-72 की बात है। उसके बाद से बिहार की पिछड़ा राजनीति की नदी में बहुत पानी बह चुका। लेकिन इस धारा का सामाजिक-राजनीतिक नेतृत्व ज्ञान की सत्ता पर काबिज होने के रास्तों को पहचानने में नाकाम रहा। सांस्कृतिक सत्ता का तो इनके लिए कोई मोल ही नहीं रहा। 100 में से

90 पर दावा करने वाले जगदेव का एक दूसरा नारा यह भी था—भैंस पालो, अखाड़ा खोदो, राजनीति करो। लालू प्रसाद ने तो 15 साल आईटी को समझने से इनकार करते हुए ही गुजार दिए। पिछड़े नेताओं ने कभी शिक्षा की बात की भी तो वह कई कारणों से साक्षरता से आगे नहीं बढ़ सकी।

बहरहाल, हिन्दी-अंग्रेजी इलेक्ट्रॉनिक मीडिया का सामाजिक परिदृश्य सर्वाधिक एकरस है। इनमें 90 फीसदी पदों पर ऊँची जाति के हिन्दुओं का कब्जा है। हिन्दू ओबीसी 7 प्रतिशत हैं। अशराफ मुसलमानों की नुमाइन्दगी 3 फीसदी है। महिलाएँ जरूर 10 फीसदी हैं, जो ऊँची जाति के हिन्दू परिवारों से आती हैं। दलित यहाँ भी सिरे से नदारद हैं। (देखें तालिका-3 व 4)।

उर्दू प्रिंट : पसमांदा आन्दोलन का प्रभाव

बकौल संजय कुमार पश्चिमी बंगाल के करीब होने से वहाँ की गतिविधियों का सीधा असर बिहार पर स्वाभाविक तौर पर पड़ा। यही वजह है कि बिहार से पहला समाचार पत्र प्रकाशित होने का श्रेय उर्दू पत्र को जाता है। 1810 में बिहार का पहला समाचार पत्र 'साप्ताहिक उर्दू अखबार' को मौलवी अकरम अली ने सम्पादित कर कलकत्ता से छपवाया था।

बिहार में दूसरा पत्र 1853 में आरा से प्रकाशित हुआ, जो उर्दू साप्ताहिक 'नूर उल अनवार' था। उसके बाद उर्दू पत्र-पत्रिकाओं की परम्परा शुरू होती है।

हिन्दी और अंग्रेजी प्रिंट मीडिया के विपरीत उर्दू मीडिया की ओर देखना कई मामलों में सुखद है। पटना से उर्दू के पाँच दैनिक छपते हैं—कौमी तंजीम, रोजनामा (राष्ट्रीय सहारा), संगम, पिंदार और फारूकी तंजीम। आश्चर्यजनक रूप से इनमें से तीन—संगम, पिंदार और फारूकी तंजीम—का मालिकाना हक पसमांदा तबके के पास है। इन तीनों के सम्पादक भी इसी समुदाय के हैं। हिन्दी या अंग्रेजी मीडिया के सम्बन्ध में फिलवक्त ऐसी कल्पना भी असम्भव है। वस्तुतः बिहार में हिन्दुओं का सामाजिक न्याय का राजनीतिक आन्दोलन अपने विरोधाभासों में घिर कर मरणासन्न स्थिति में है जबकि पसमांदों का आन्दोलन एक जीवन्त आन्दोलन है। पिछले चार-पाँच वर्षों से इसका तेज और तेवर देखते बन रहा है।

पिछड़े हिन्दुओं का 'सामाजिक न्याय' मुसलमानों को एक इकाई मान कर उनके अशराफ तबके से गठजोड़ करता रहा है, उन्हें भौतिक लाभ पहुँचाता रहा है और उनकी धार्मिक सनक को संरक्षित करता रहा है। इसके विपरीत मुसलमानों के सामाजिक न्याय के आन्दोलन—पसमांदा आन्दोलन—में हिन्दुओं के दलित-पिछड़े तबकों को साथ लेकर चलने की प्रवृत्ति है। यह प्रवृत्ति एक सहज और अधिक प्रगतिशील सामाजिक ध्रुवीकरण का वाहक बनने की सम्भावना रखती है। इस आन्दोलन का प्रतिबिम्ब उर्दू पत्रकारिता पर भी दिखता है। संगम का लक्ष्य प्रत्यक्ष रूप से पसमांदा आन्दोलन को गति देने का रहा है। फारूकी तंजीम और पिंदार की सम्पादकीय नीति भी कमोबेश इस आन्दोलन के पक्ष में रही है। जबकि सैयद वर्चस्व वाले कौमी तंजीम और रोजनामा इस आन्दोलन का प्रत्यक्ष-परोक्ष विरोध

करते रहे हैं। उर्दू अखबारों के कुल पदों में 66 फीसदी प्रतिनिधित्व अशराफ तबके का है जबकि पसमांदा तबके के (ओबीसी) पत्रकार 26 फीसदी हैं। इन तथ्यों के साथ यह देखना विचलित करता है कि उर्दू समेत पूरी पत्रकारिता में दलित मुसलमानों और मुसलमान महिलाओं की कोई नुमाइन्दगी नहीं है। (तालिका-7 व 8)। एक और प्रतिगामी बात यह है कि पसमांदा नेतृत्व वाले उर्दू अखबार भी मुसलमानों के दैनंदिन जीवन पर धर्म की जकड़बन्दी को ढीला करने की कोई कोशिश नहीं कर रहे। उर्दू पत्रकारिता में महिलाएँ नहीं के बराबर हैं।

दलित मीडिया से बाहर क्यों

पिछले 135 वर्षों से प्रकाशित हो रहे भारत के प्रसिद्ध अंग्रेजी दैनिक 'हिन्दू' में जिसे अब देश का बेहतरीन समाचार पत्र माना जाता है कि एक नई बहस छेड़ी गई है कि *दलित मीडिया से बाहर क्यों हैं?*

'हिन्दू' में 9 अप्रैल, 2012 को रोबिन जेफरे ने अपने लेख में यह प्रश्न उठाया है कि दलित न्यूज रूम से बाहर क्यों हैं? जेफरे के शब्दों में–

"मीडिया द्वारा दलितों को भरती करने में असफलता संविधान द्वारा बराबरी और भ्रातृभाव की गारंटी (जमानत) के साथ धोखा करना है।

मैंने जब से 2000 में 'भारत की समाचार पत्र क्रांति' नामक पुस्तक लिखी, तब से 2006 तक कोई बदलाव नहीं हुआ...मीडिया के 300 निर्णयकर्ताओं में अनुसूचित जातियों व अनुसूचित जनजातियों में से एक भी व्यक्ति नहीं।"

"बाबा साहब आम्बेडकर ने सही कहा है कि जिस हाथ में प्रेस हो उसके लिए महापुरुष गढ़ना सरल है।"

जेफरे ने दलितों को मीडिया में भरती करने हित कई सुझाव भी दिए हैं।

शायद जेफरे के लेख से प्रभावित होकर, देश के प्रसिद्ध निबन्धकार कुलदीप नैय्यर का एक लेख अंग्रेजी, हिन्दी, उर्दू और पंजाबी के समाचार पत्रों में प्रकाशित हुआ है।

कुलदीप नैय्यर ने अपने लेख का शीर्षक रखा है : *"क्यों नहीं हो रहा दलितों की हालत में सुधार, जिनकी जनसंख्या देश की आबादी का 17 प्रतिशत है?"*

हमारे देश के समाचार पत्र इतने बेईमान हैं कि हर नत्थु-खैरे और देवियों-देवताओं के जन्म-मरन दिन अथवा 'अवतार-धारने' पर पृष्ठों के पृष्ठ काले करेंगे। किन्तु डॉ. आम्बेडकर के बारे में में यदि कुछ प्रकाशित भी करेंगे तो संकीर्णतापूर्ण ढंग से और वह भी ऊटपटांग।

इसलिए प्रेस कौंसिल ऑफ इंडिया के चेयरमैन न्यायमूर्ति मार्कंडे काटजू को इस प्रकार कहना पड़ा है–

"मीडिया के लिए आत्म-नियन्त्रण काफी नहीं, उसे स्वतन्त्र-संगठन द्वारा व्यवस्थित किया जाना चाहिए।"

(**सन्दर्भ** : अंग्रेजी दैनिक हिन्दू, दिनांक 19 अप्रैल, 2012)

प्रेस कौंसिल : अमर्यादित शीर्षकों के लिए टेलीग्राफ दोषी[7]

शिकायत

यह संयुक्त शिकायत दिनांक 15.10.1998 पटना की श्रीमती चम्पा विश्वास, शिकायतकर्त्री सं. 1 और पटना के ही श्री बी.बी. विश्वास, आई.ए.एस. शिकायतकर्ता सं. 2 ने 'द टेलीग्राफ', कलकत्ता के विरुद्ध 17 अगस्त, 1998 के अंक में 'बिहार के अधिकारी का अपनी पत्नी पर अनैतिक सम्बन्धों का लालू के वफादार पर बलात्कार का आरोप : कोई चीज आई.ए.एस. विश्वास को खाए जा रही है।' शीर्षक से कथित रूप से झूठी तथा मानहानिकारक समाचार रिपोर्ट और 20 अगस्त, 1998 के अंक में 'अज्ञान नहीं बल्कि कुल्टा-पति की उपेक्षा' शीर्षक से अग्नि बैनर्जी का पत्र प्रकाशित करने के लिए दाखिल की है।

शिकायतकर्ता के अनुसार, 12 अगस्त, 1998 को 'द टेलीग्राफ' के दो पत्रकार सर्वश्री दीपतोष मजूमदार तथा चंदन नन्दी उनके घर आए थे। वे बिहार में राजद के एक नेता के पुत्र बबलू यादव द्वारा जिसका आपराधिक रिकार्ड है, शिकायतकर्त्री सं. 1 श्री चम्पा विश्वास पर किए गए बलात्कार के सम्बन्ध में शिकायतकर्ताओं द्वारा उच्च अधिकारियों को दी गई याचिकाओं के बारे में लगभग 15 मिनट तक स्पष्टतः अपमानजनक, अत्यन्त विद्वेषपूर्ण और घोर निर्दयतापूर्ण विधि से बात करते रहे और जाते हुए यह धमकी दे गए कि उन्हें उपर्युक्त याचिका दाखिल करने के परिणाम भुगतने होंगे।

शिकायतकर्ताओं ने यह भी कहा है कि अगले दिन प्रतिवादी समाचार पत्र का एक फोटोग्राफर राजेश कुमार आया और विभिन्न कारणों से विश्वास के चित्र खींचें। जब उन्होंने पूछा कि क्या अखबार कोई समाचार छापेगा तो उक्त फोटोग्राफर ने उत्तर दिया कि उनके साथ भेंटवार्ता के आधार पर 14 अगस्त, 1998 को या उसके आसपास एक लेख प्रकाशित किया जाएगा। शिकायतकर्ताओं ने समाचार पत्र के 14 अगस्त, 1998 के अंक की प्रति प्राप्त करने के गम्भीर प्रयास किए किन्तु उक्त फोटोग्राफर ने उनके टेलीफोनों का जवाब नहीं दिया। अन्ततः प्रतिवादियों को उक्त दैनिक के 17 तथा 21 अगस्त, 1998 के अंकों की प्रतियाँ मिलीं, जिनमें समाचार मद तथा पत्र प्रकाशित हुए थे। समाचार मद में यह कहा गया था कि शिकायतकर्ता सं. 2 ने जो उम्र में अपनी आकर्षक युवा पत्नी से बहुत बड़ा है, उस पर बबलू यादव के साथ अनैतिक सम्बन्ध रखने का आरोप लगाया और बबलू यादव पर उसकी पत्नी के साथ बलात्कार का। यह भी कहा गया था कि आई.ए.एस. अफसर (शिकायतकर्ता सं. 2) एक शक्की मिजाज का पति है। यह भी कहा गया था कि हाल में राज्यपाल को भेजी गई उसकी पत्नी की याचिका विश्वास ने ही तैयार की थी जिसमें यह आरोप लगाया गया था कि पिछले दो वर्षों में बबलू यादव ने उसका और उसकी नौकरानियों के साथ कई बार बलात्कार किया है। पत्र इस समाचार के सन्दर्भ में छापा गया था जिसमें श्री विश्वास से पूछा गया था कि वह बबलू यादव के विरुद्ध बलात्कार का आरोप कैसे

सिद्ध कर पाएगा क्योंकि अभी तक राज्य में उसका राजनीतिक दबदबा बना हुआ है। समाचार मद में लगाए गए आरोपों पर क्रमवार टिप्पणी करते हुए शिकायतकर्ताओं ने कहा है कि वह लेख बिना किसी कारण के उनके चरित्र तथा व्यक्तित्व पर एक बर्बरतापूर्ण हमला था और ऐसी अपमानजनक तथा मानहानिकारक बातें लिखकर सम्पादक, प्रकाशक, मुद्रक, रिपोर्टरों तथा फोटोग्राफरों ने मिलकर उन्हें नैतिक तथा सामाजिक दृष्टि से तबाह करने का षड्यंत्र रचा है। उनके अनुसार, जनता के मन में यह विश्वास बैठ गया है कि इन अपराधों में बबलू यादव की कोई भूमिका नहीं थी। खलनायक बबलू यादव को बिलकुल निष्कलंक चित्रित किया गया था और उन्हें जो कि बबलू यादव के शिकार हुए थे, दोषी बताया गया था। यही कारण है कि उस दैनिक के पाठक उनके विरुद्ध आक्रोश से भड़क रहे थे, किन्तु अपराधियों के प्रति मौन थे जैसे कि शिकायतकर्ता ही वस्तुतः यौन अपराधी हों और वास्तविक अपराधी न केवल निर्दोष हैं बल्कि नैतिक दृष्टि से पवित्र व्यक्ति हैं। शिकायतकर्ताओं का कहना है कि उस लेख तथा पत्र का उद्देश्य राजनीतिक यौन अपराधियों को लाभ पहुँचाना था जिससे उनकी अपूरणीय हानि तथा क्षति हुई थी।

प्रतिवादी को दिनांक 8.12.1998 को 'कारण बताओ' नोटिस जारी किया गया था।

लिखित वक्तव्य

प्रतिवादी 'द टेलीग्राफ', कलकत्ता ने अपने दिनांक 11.2.1999 के लिखित वक्तव्य के साथ उस संवाददाता की टिप्पणी भेजी जिसने शिकायतकर्ताओं के साथ भेंटवार्ता की थी और कहा था कि वह समाचार मद शिकायतकर्ता सं. 2 द्वारा स्वयं अपनी पत्नी तथा मकान-मालिक के सामने दी गई निजी भेंटवार्ता के आधार पर प्रकाशित की गई थी। यह बताया गया कि शिकायतकर्त्री सं. 1 अपने पति द्वारा कही गई बातों के बारे में मौन है और शिकायतकर्ता 2 ने अपनी पत्नी के बारे में वस्तुतः जो कुछ कहा था, वह प्रकाशन के अयोग्य तथा अभद्र टिप्पणियाँ हैं और पत्नी का चरित्र हनन है। उसने यह भी कहा कि शिकायतकर्ताओं ने कोई प्रत्युत्तर नहीं भेजा था। अतः उनके विरुद्ध कार्रवाई का कोई मामला नहीं बनता। यह भी बताया गया कि पुलिस थाना कोतवाली, पटना में 22.11.1998 को प्रथम सूचना रिपोर्ट सं. 309/98 दर्ज कराई गई थी और मामला पटना की उपयुक्त फौजदारी अदालत में विचाराधीन है।

लिखित वक्तव्य की एक प्रति 25.2.1999 को शिकायतकर्ता को भेज दी गई थी।

प्रत्युत्तर :

शिकायतकर्ताओं ने दिनांक 10.4.1999 के प्रत्युत्तर में कहा कि प्रतिवादी का कथन बिलकुल मिथ्या है कि प्रस्तुत शिकायत अदालत में विचाराधीन है, क्योंकि उन्होंने अभी तक 'द टेलीग्राफ' के विरुद्ध मानहानि के हर्जाने के लिए कोई दीवानी या फौजदारी मुकदमा दायर नहीं किया है। उन्होंने यह भी कहा है कि उन्होंने प्रेस रिपोर्टरों को कोई भेंटवार्ता

नहीं दी बल्कि रिपोर्टर ने केवल कुछ प्रश्न पूछे थे जिनका उत्तर दोनों में से किसी शिकायतकर्ता ने दे दिया था। दुर्भावनापूर्ण रिपोर्ट में रिपोर्टरों ने जो कुछ लिखा है वह अधिकतर उनकी अपनी कल्पना है। उन्होंने इस बात से इनकार किया कि उपर्युक्त भेंटवार्ता मकान-मालिक की उपस्थिति में हुई थी और कहा कि सारी रिपोर्ट पटना में सम्बन्धित संवाददाताओं– चन्दन नन्दी तथा दीपतोष मजूमदार द्वारा तोड़-मरोड़ कर अपने से ही तैयार की गई थी। उन्होंने यह भी कहा कि अपने पत्र दिनांक 25.9.98 के साथ उन्होंने सम्पादक को अपना खंडन प्रकाशित करने के लिए भेजा था। किन्तु 'द टेलीग्राफ' ने वह खंडन प्रकाशित नहीं किया, क्योंकि बलात्कारियों तथा अन्य राजनीतिक यौन अपराधियों के साथ उनकी मिलीभगत है और वे उनके तथा अपने सांझे हितों के विरुद्ध कुछ नहीं करना चाहते थे। सम्बन्धित रिपोर्टरों का उत्तर पूर्णतः असन्तोषजनक है। शिकायतकर्ताओं ने सम्बन्धित रिपोर्टरों के वक्तव्य से इनकार किया।

समिति के सामने प्रस्तुत होना

मामला दिनांक 16.3.2000 को कलकत्ता में जाँच समिति के सामने सुनवाई के लिए रखा गया था। शिकायतकर्ताओं श्री बी.बी. विश्वास तथा श्रीमती चम्पा विश्वास की ओर से कोई व्यक्ति समिति के सामने प्रस्तुत नहीं हुआ। प्रतिवादी की ओर से श्री दीपतोष मजूमदार, उप ब्यूरो प्रमुख प्रस्तुत हुआ। शिकायतकर्ताओं ने अपने दिनांक 8.3.2000 के पत्र द्वारा समिति द्वारा मामले की कलकत्ता में सुनवाई पर आपत्ति की थी। उनका कहना था कि घटना का स्थल पटना है न कि कलकत्ता। अतः मामले की समिति के सामने सुनवाई पटना में ही होनी चाहिए।

कलकत्ता में समिति के सामने मामले की सुनवाई पर शिकायतकर्ता की आपत्ति वाले पत्र पर विचार करके समिति ने देखा कि शिकायतों की सुनवाई सम्बन्धी पक्षों की सुविधानुसार प्रदेशवार की जाती है और हर राज्य में सुनवाई की व्यवस्था करना सम्भव नहीं है क्योंकि पटना कलकत्ता के समीप है और निकट भविष्य में पटना में किसी जाँच समिति की बैठक होनेवाली नहीं है अतः मामले को सुनवाई के लिए कलकत्ता की सूची में रखना इसके शीघ्र निपटारे के हित में था अतः समिति ने शिकायतकर्ता की आपत्ति को अस्वीकृत कर दिया और रिकार्ड में उपलब्ध साक्ष्य के आधार पर मामले के निपटने का फैसला किया।

समिति के सामने निवेदन

श्री दीपतोष मजूमदार ने बताया कि वास्तविक कथा प्रथम शिकायतकर्त्री तथा अन्य महिलाओं के बलात्कार के बारे में बिहार से शुरू हुई थी। उसने शिकायतकर्ता श्री विश्वास से बात की और उसने अपना दिल खोल दिया। उन्होंने पाया कि वह अपनी पत्नी के

बिलकुल खिलाफ है और उसके बारे में उसने इतनी अभद्र बातें कहीं कि उन्होंने वे प्रकाशित नहीं कीं। शिकायतकर्ता का प्रत्युत्तर आपत्तिजनक भाषा में लिखा हुआ था और वे किसी आई.ए.एस. अधिकारी से ऐसी भाषा के प्रयोग की आशा नहीं कर सकते थे। उसने यह भी बताया कि शिकायतकर्ता की मानसिक स्थिति असंतुलित है और उसने 1998 में ही अपनी पत्नी, सास तथा दो नौकरानियों के विरुद्ध एक फौजदारी मुकदमा दायर कर दिया था। उसने आग्रहपूर्व कहा कि लेख स्वयं शिकायतकर्ताओं की भेंटवार्ता पर आधारित था।

जाँच समिति की सिफारिशें

समिति ने रिकार्ड पर और प्रतिवादी की ओर से दिए गए मौखिक तर्कों पर विचार किया। समिति ने देखा कि शिकायतकर्ताओं ने इस बात से इनकार किया है कि उन्होंने कोई भेंटवार्ता दी थी और प्रतिवादियों का कहना है कि वह लेख शिकायतकर्ताओं की भेंटवार्ता पर आधारित था। एक बार को यह मान भी लिया जाए कि वह लेख शिकायतकर्ताओं की भेंटवार्ता पर आधारित था, तो भी लेख को पढ़ते ही यह स्पष्ट हो जाता है कि प्रतिवादियों ने तथ्यों के साथ अपनी टिप्पणियाँ जोड़ दी हैं। परिषद ने पत्रकारिता के आधार के मानक निर्धारित किए हैं कि 'समाचार पत्र अटकलबाजी, कल्पना या टिप्पणियों को तथ्यों के रूप में प्रस्तुत न करें। इस सब कोटियों का स्पष्ट उल्लेख किया जाए। सन्दर्भित लेख का पहला पैरा इस टिप्पणी के साथ शुरू होता है, 'मुख में खैनी का तोंदा ठूँस कर', जो अनुचित है। सन्दर्भित लेख एक सनसनीखेज शीर्षक के साथ छापा गया है और इसके साथ मुद्रित श्री बी.बी. विश्वास के चित्र के नीचे क्षतिकारक टिप्पणी दी गई है, 'मैले वस्त्रों को धोता हुआ विश्वास'। समिति की राय में यह शिकायतकर्ता के लिए अत्यंत मानहानिकारक है। ऐसा प्रतीत होता है कि लेख का झुकाव उन अभियुक्तों के पक्ष में है जिनका नाम शिकायतकर्ताओं ने उच्च अधिकारियों के सामने प्रस्तुत याचिका में लिया है। अतः समिति इस बात से सहमत नहीं हो पाई कि लेख निष्पक्ष तथा पूरी तरह शिकायतकर्ता की भेंटवार्ता पर आधारित था। दूसरे, जिस पत्र को श्री अग्नि बैनर्जी, कलकत्ता द्वारा लिखित बताया जा रहा है, उसे बहुत क्षतिकारक शीर्षक दिया गया है, अर्थात 'अज्ञान नहीं बल्कि कुलटा-पति की उपेक्षा', जिससे यह आभास होता है कि श्री विश्वास अपनी पत्नी तथा अन्य औरतों के साथ बलात्कार से अवगत था किन्तु इसकी उपेक्षा करता रहा। उपर्युक्त को ध्यान में रखते हुए समिति ने पाया कि लेख तथा पत्र अपने में शिकायतकर्ताओं के प्रति मानहानिकारक थे और उनका उद्देश्य विश्वास की और उससे भी अधिक उसकी पत्नी की प्रतिष्ठा की कीमत पर घटनाओं तथा मामले को सनसनीखेज बनाना था। शिकायतकर्ताओं को उत्तर का अधिकार न देकर भी प्रतिवादी ने मानकों का उल्लंघन किया है। अतः समिति ने परिषद् से सिफारिश की कि शिकायत को सही माना जाए और प्रतिवादी समाचार, 'द टेलीग्राफ', कलकत्ता की पत्रकारिता के आचार के मानकों के उपर्युक्त उल्लंघनों के लिए भर्त्सना की जाए।

प्रेस परिषद ने मामले के रिकार्ड और जाँच समिति की रिपोर्ट पर विचार करके जाँच समिति के तर्कों, निष्कर्षों तथा सिफारिशों को स्वीकार कर लिया और तदनुसार निर्णय किया।

अगला उदाहरण देखें—सुश्री मायावती के नेतृत्व में उत्तर प्रदेश में गठबन्धन सरकार के उपचुनावों में बसपा की सफलता और मायावती के कुछ स्वतन्त्र निर्णयों से, सवर्ण एवं संघी पत्रकारों का विधवा-विलाप शुरू हो गया है। बल्कि, ज्यादा सही कहना तो यह होगा कि इन सवर्ण एवं संघी पत्रकारों का विधवा-विलाप जो काफी पहले ही शुरू हो चुका था, अब बढ़ गया है। इन्हें पढ़ते हुए यह भ्रम हो जाता है कि ये पत्रकार हैं अथवा भाजपाई संघी कार्यकर्ता? मायावती सरकार के विरुद्ध इनके **'विधवा विलाप'** तथा **'बुक्का-फाड़ एवं छाती-कूट रुदन'** (रोने) से, हिन्दी की 'हिन्दू मीडिया' में जातिवाद, वर्णवाद एवं सम्प्रदायवाद किस कदर घुस गया है, यह देखकर कोई भी स्वतंत्र विचारों का लेखक या पत्रकार अपना माथा पीटे बिना नहीं रह सकता। इन संघी लेखकों-पत्रकारों के इन्हीं वर्णवादी एवं सम्प्रदायवादी-चरित्रों के कारण भारतीय प्रेस परिषद कई पत्रों को कई बार चेतावनियाँ दे चुका।[8] सवर्ण मीडिया के बारे में उदित राज का मत है कि वह जब कभी दलितों के बारे में लिखती हैं, उसके अपने स्वार्थ होते हैं। दलितों की परेशानियों से सवर्ण पत्रकारों को कोई लेना-देना नहीं है।[9] वैसे अब निश्चित रूप से यह कहा जा सकता है कि सवर्ण मीडिया के अपने हित हैं। उसकी अपनी परम्पराएँ हैं, अपने विश्वास हैं उनके अपने संस्कार हैं। दलितों के प्रवेश हेतु नई शताब्दी में भी कोई सम्भावना नहीं है। नंदीग्राम डायरी के लेखक सुभाष गौतम मीडिया विमर्श के दिए गए अपने साक्षात्कार में कहते हैं कि सम्पादक हो या पत्रकार उसे अपने पत्रकारिता दायित्व के निर्वाह की चुनौती स्वीकार करनी चाहिए।[10]

नव उदारवादी अर्थव्यवस्था अपनाने के बाद भारत में मीडिया संकेंद्रण की प्रवृत्तियाँ बढ़ती गई हैं। कई बड़े मीडिया घराने संकट में घिरे छोटे मीडिया संगठनों का अधिग्रहण कर चुके हैं। इस तरह बाजार में छोटे मीडिया संगठनों का टिकना लगातार मुश्किल होता जा रहा है, बड़ी कम्पनियाँ और बड़ी बनती जा रही हैं। ऐसे हालात में बहुराष्ट्रीय मीडिया कम्पनियाँ तो भारत में पूँजी लगा ही रही हैं अब रिलायंस इंडस्ट्री जैसे विशुद्ध कॉरपोरेट भी मीडिया में पैसा लगाकर एकाधिकार की दिशा में बढ़ रहे हैं। अगर यही सब चलता रहा तो एक दिन हमारा मीडिया पूरी तरह दो-चार बड़े पूँजीपतियों की मर्जी का गुलाम बन कर रह जाएगा।

जनवरी 2012 की शुरुआत में मुकेश अंबानी की कम्पनी रिलायंस इंडस्ट्रीज ने टीवी 18 और नेटवर्क 18 में निवेश की घोषणा की थी। फरवरी का महीना जाते-जाते निवेश की यह प्रक्रिया काफी आगे बढ़ चुकी है। आम आदमी की समझ में आसानी से न आने वाले इस जटिल सौदे के बाद अंबानी का टीवी 18 के **साथ ही इनाडु टेलीविजन पर भी मुख्य अधिकार** हो जाएगा। अधिग्रहण को अंजाम देने के लिए अलग से इंडिपेंड मीडिया ट्रस्ट बनाया गया है। इस ट्रस्ट ने ही राघव बहल की दोनों कम्पनियों, नेटवर्क 18 और टीवी 18 में निवेश किया है। इससे पहले अंबानी ने संकट से जूझ रहे इनाडु टीवी के शेयर भी

खरीदे और आखिरकार घुमा-फिराकर नेटवर्क 18 और इनाडु टीवी का विलय करने की घोषणा कर डाली। कर्ज के मारे समझौता करने पर मजबूर हुए टीवी 18 के मालिक राघव बहल का कहना है कि **इसके बाद टीवी 18 भारत में** सबसे बड़ा मीडिया ग्रुप बन जाएगा यानी इसकी कीमत और पहुँच रुपद्र मुर्डाक के स्टार ग्रुप और टाइम्स ऑफ इंडिया ग्रुप से भी ज्यादा हो जाएगी।

कारोबारी हितों के लिए मुकेश अंबानी किस तरह मीडिया का इस्तेमाल करना चाहते हैं यह बात राडिया कांड में सामने आ चुकी है। जहाँ कॉरपोरेट दलाल नीरा राडिया मुकेश अंबानी के पक्ष में कुछ नामवर पत्रकारों को निर्देश दे रही होती हैं। पहले से ही मुकेश अंबानी का एनडीटीवी में पैसा लगा हुआ है। मीडिया क्रिटिक सेवंती नैनन ने *द हिंदू* में आने वाले अपने कॉलम में इन बातों का जिक्र करना चाहा तो *द हिंदू* ने उनकी बातों को न छाप पाने की मजबूरी दिखाई। इस तरह देखा जाए तो जब तक बहुत जरूरी न हो कॉरपोरेट अक्सर एक-दूसरे की पोल खोलने से बचते हैं।

नव उदारवादी आर्थिक नीतियाँ पत्रकारिता को पूँजी का गुलाम बनाने पर तुली हुई हैं। लगातार मजबूत होते कॉरपोरेट, मीडिया और पत्रकारिता को ही नहीं देश की राजनीति और अर्थव्यवस्था को भी चला रहे हैं। ऐसे में कॉरपोरेट लूट और अपराध के खिलाफ कौन आवाज उठाएगा?

पिछले कुछ समय से भारतीय मीडिया में अलग-अलग तरीके से अधिग्रहण और विलय की प्रक्रियाएँ चल रही हैं बड़े मीडिया हाउस का जहाँ अपना लगातार विस्तार कर एकाधिकार की तरफ बढ़ रहे हैं वहीं छोटा मीडिया या तो अस्तित्व के लिए संघर्ष कर रहा है या बड़ी पूँजी की चुनौती के सामने दम तोड़ रहा है। खबर है कि सबसे बड़ी प्रसार संख्यावाला हिंदी अखबार *दैनिक जागरण,* जो पहले ही लगभग 60 केंद्रों से छपता है, ने इंदौर के किसी जमाने के प्रसिद्ध अखबार *नई दुनिया* को खरीद लिया है। यह सौदा दो सौ करोड़ में हुआ बतलाया जाता है। इससे पहले **हिंदूवादी-दक्षिणपंथी माने जाने वाले इस संस्थान** ने मुम्बई के उर्दू अखबार *इंकलाब* और मशहूर अंग्रेजी *दैनिक मिड डे* को खरीदा था। राडिया कांड के दौरान चर्चा में आया।

हिंदी भाषा में प्रकाशित दैनिक जागरण विश्व में सर्वाधिक पढ़ा जाने वाला अखबार होने का दावा करता है। दैनिक जागरण 11 राज्यों से घोषित तौर पर 37 संस्करण प्रकाशित करता है। लेकिन किसी भी घोषित संस्करण के कई-कई संस्करण होते हैं। राज्यस्तरीय संस्करण, राज्यों में क्षेत्रीय संस्करण, जिले स्तरीय, जिले में क्षेत्रीय संस्करण ओर शहरी व ग्रामीण संस्करण प्रमुख हैं। इस तरह दैनिक जागरण के 37 संस्करणों के कुल 305 संस्करण निकलते हैं।

देश में 82,222 दैनिक समाचार पत्र प्रकाशित होते हैं। इन समाचार पत्रों में सबसे ज्यादा प्रसारित होने व बिकने वाले समाचार पत्रों को मुख्यधारा की (मैनस्ट्रीम) मीडिया कहा जाता है। समाचार पत्रों की कुल प्रसार संख्या 32,92,04,841 हैं। हिंदी में सर्वाधिक 32,793 पत्र-पत्रिकाएँ प्रकाशित होती हैं। कई संस्करणों में सबसे ज्यादा प्रसार संख्या वाला दैनिक

पत्र 'द टाइम्स ऑफ इंडिया' है। इसका दावा बारह संस्करणों में 37 लाख 86 हजार 929 प्रतियाँ छापने का है। लेकिन समाचार पत्रों के संस्करणों की वास्तविक तादाद की जानकारी भारत की किसी भी सरकारी एजेंसी के पास नहीं है।

सन्दर्भ

1. नई दुनिया, 16 नवम्बर, 2001.
2. भारत अश्वघोष, जुलाई-अगस्त, 1997.
3. समकालीन जनमत, 15 अप्रैल, 1996, पृ. 6.
4. कंवल भारती, राष्ट्रीय मत का भी लोकतंत्रीकरण हो, हम दलित, अप्रैल, 1998, पृ. 12.
5. वही, पृ. 13.
6. वही, पृ. 14.
7. अन्तरराष्ट्रीय श्रोता समाचार, 1-15 अक्तूबर, 2001, पृ. 5.
8. माझी जनता, 21 जुलाई, 2002.
9. वायस ऑफ बुद्धा, नई दिल्ली (1 से 15 जून, 2011)।
10. मीडिया विमर्श, सम्पादक, डॉ. श्रीकान्त सिंह, 428 रोहित नगर, फेज-1, भोपाल, अप्रैल-जून 2010ए पृ. 25.
11. भूपेन सिंह मीडिया, एकाधिकार का तांडव, समयांतर, सं. पंकज बिष्ट, 79-ए, दिलशाद गार्डन, दिल्ली, मार्च, 2012, पृ. 28

दलित पत्रकारिता क्यों?

पिछले लगभग एक सौ वर्षों के द्विज साहित्य पर दृष्टि डालें तो जैसा समाज में वैसा ही साहित्य और पत्रकारिता में भी नजर आता है। दलितों के प्रति लेखन में भी सवर्णों का वैसा ही व्यवहार रहा है। वे कागज रंगते थे या फिर दलितों के खून को स्याही बनाकर लेखन करते थे। दलितों की ओर से प्रतिरोध तब भी था और अभी भी है। इसलिए संजय कुमार[1] के विचार में दलितों के ऊपर उत्पीड़न और उनकी खबरों को हिन्दुवादी मीडिया द्वारा अपने तरीके से परोसे जाने को लेकर दलितों के बीच शुरू से ही प्रतिरोध रहा है। हमेशा से ही दलित-पिछड़े सवर्ण मीडिया के बीच उपेक्षित रहे हैं। वे आगे लिखते हैं कि दलितों को अपनी हर बात को रखने के लिए उनके अपने अखबार/पत्रिकाएँ/टीवी चैनल/अन्तरजाल पत्रिका हों। शर्त यही कि वह सब अपना हो, किसी सवर्ण के भरोसे का नहीं।[2] 1873 में छपी गुलामगिरि[3] नामक पुस्तक में ज्योतिबा फुले के कथन को देखें, वे स्थितियाँ ज्यों-कि-त्यों हैं। फुले ने कहा था, 'अरे सभी मराठी अखबारों के सम्पादक ब्राह्मण हैं, इसलिए अपनी जाति के विरुद्ध लिखने को उनका हाथ नहीं चलता।'

इसलिए आज सबसे महत्वपूर्ण सवाल यह है कि दलित पत्रकारिता क्यों? जैसे लगभग पिछले तीन-चार दशक से द्विज बुद्धिजीवियों के द्वारा दलित साहित्य क्यों? ऐसा सवाल बार-बार किया जा रहा था। उनके स्वर में विरोध अधिक था और सहमति बहुत ही कम। उनके सवाल सिर्फ सवाल थे। सामाजिक सरोकारों से उन्हें कुछ लेना-देना नहीं था। इस बारे में साक्षान्त मस्के[4] लिखते हैं कि सवर्ण पत्रकारों को सिर्फ रिपोर्टिंग करना आता है। किन्तु दलित पत्रकार सही घटनाओं का उल्लेख करते हैं, पत्रकार वह होता है जिससे वह अतीत, वर्तमान और भविष्य को देख सके। तात्पर्य यह है कि पत्रकारिता वह है जो घटित घटना को ही नहीं देखती बल्कि वह घटना क्यों घटी है और भविष्य में उसके क्या परिणाम निकलने की सम्भावना है और समाज के किसी हिस्से पर उसका क्या प्रभाव पड़ेगा यह सब देखना होगा। यह सवाल हिन्दी में भी दोहराया गया, लेकिन देरी से।

जहाँ तक हिन्दी दलित पत्रकारिता की बात है, उसका इतिहास सौ वर्षों से भी ज्यादा पुराना है। हिन्दी क्षेत्र ही नहीं बल्कि गैर हिन्दी क्षेत्र के कई प्रदेशों से हिन्दी की बहुत-सी दलित पत्र-पत्रिकाएँ प्रकाशित हुई हैं। इनमें से कई का प्रकाशन बन्द हो गया जबकि कुछ आज भी छप रही हैं। इन पत्र-पत्रिकाओं के सन्दर्भ में कुछ जानकारी **हस्तक्षेप** (25 जनवरी,

1997) से ली गई है। पत्र-पत्रिकाओं से सम्बन्धित यह विवरण हमने क्रमानुसार (वर्षों के आधार पर) पाठकों तथा शोधार्थियों की सुविधा हेतु रखा है।

श्यौराज सिंह बेचैन लिखते हैं कि हिन्दी भाषा में दलित पत्रकारिता का उदय उस समय हुआ, जब डॉ. आम्बेडकर का जन्म भी नहीं हुआ था। समकालीन पत्रकारों में ज्योतिबा फुले ही थे, जिन्होंने इस क्षेत्र में मौलिक एवं आधारभूत काम किया था। बकौल डॉ. तेजसिंह[5] हिन्दी पत्रकारिता पर दलित विरोधी तत्वों के वर्चस्व को तोड़ने के लिए हिन्दी में दलित पत्रकारिता की विधिवत शुरुआत स्वामी अछूतानन्द ने 'अछूत' (1917) और 1917 में 'आदि-हिन्दू' (कानपुर, उ.प्र. से) पत्र प्रकाशित करके की। हालाँकि 1905 से ही उन्होंने दलित प्रश्नों को उठाना शुरू कर दिया था। जबकि डॉ. आम्बेडकर ने 31 जनवरी, 1920 में 'मूकनायक' मराठी पाक्षिक से वैकल्पित दलित मीडिया की प्रेरक शुरुआत की। दलित पत्रकार रूपचन्द गौतम[6] लिखते हैं कि 9 नवम्बर, 1927 को छावनी फतेहगढ़ (फर्रुखाबाद) में आदि हिन्दू सम्मेलन हुआ जिसमें तब के डिप्टी कलेक्टर कुँवर सरदार सिंह ने कहा, "देहातों में जालिम लोग दलितों को तंग करते हैं। मगर शहरों में तालीमयाफ्ता लोग उनकी ज्यादा दरबारी करते हैं। दुख की बात है कि अखबार हमेशा उन्हीं की रिपोर्ट छापते हैं, हमारी खबरें नहीं छापते। बम्बई में बाबा साहेब तथा स्वामी अछूतानन्द की मुलाकात हुई। दलित आन्दोलन आगे बढ़ा।

बकौल कंवल भारती कानपुर में ही उन्होंने, कुछ लोगों की मदद से 'आदि हिन्दू प्रेस स्थापित किया और अपनी ही प्रेस से 1925 से 1932 तक 'आदि हिन्दू' मासिक पत्र का प्रकाशन किया। इससे पूर्व स्वामी जी ने 1922-23 में दिल्ली से दो वर्ष तक 'प्राचीन हिन्दू' का भी सम्पादन किया, जिसके प्रकाशक देवीदास जाटव थे। हिन्दी का यह पहला पत्र था।

डॉ. कमलाकर गंगावणे[7] के विचार में बाबा साहेब डॉ. आम्बेडकर ने राजनीति में प्रत्यक्षतः सहभागी होने से पहले पत्रकारिता के क्षेत्र में प्रवेश किया। वहीं चन्द्रभान प्रसाद लिखते हैं कि अफ्रीका में 1928 से लेकर अगले 50 वर्षों तक एक वैकल्पिक मीडिया को खड़ा करने का प्रयास किया गया। इससे उन्हें लगा कि यह तो हम ही छापते हैं, हम ही लिखते हैं और हम ही पढ़ते हैं, तो हमें मुख्यधारा की पत्रकारिता में घुसना चाहिए और वहाँ पर भागीदारी की माँग करनी चाहिए। आज इसी माँग के चलते वाशिंगटन पोस्ट जैसे अखबार में अश्वेत पत्रकारों की 18 प्रतिशत भागीदारी है। इसीलिए मेरे विचार में दलित पत्रकारिता, दलित सम्पादन और दलित स्वामित्व में छपनेवाली पत्रिकाओं की बहुत जरूरत है।

दलित पत्रकारिता के इतिहास को देखें तो वरिष्ठ हिन्दी अधिकारी सतेन्द्र सिंह[8] के अनुसार, 1921 में झाँसी से 'मुनि' नामक पत्र जगन्नाथ कोरी के सम्पादकत्व में निकला। इसी वर्ष पाक्षिक 'नाई मित्र' नाई समाज का पत्र निकला, जो मोठ जिला झाँसी से गया प्रसाद महोनिया ने प्रकाशित किया।

हिन्दी पत्रकारिता की भाँति दलित पत्रकारिता का नेतृत्व भी उत्तर प्रदेश ने ही किया था। दलित पत्रकारिता की पृष्ठभूमि के सन्दर्भ में यह उल्लेख करना समीचीन होगा कि

हिन्दी में दलित पत्रकारिता के शुरुआती दौर में यानी 1924 में 'जात-पाँत तोड़क मंडल' के मूर्धन्य हिन्दीसेवी संतराम (बी.ए.) की **'ऊषा' मासिक** ने सामाजिक प्रश्नों को जगह दी। यहाँ सर्वप्रथम **उत्तर प्रदेश** के दलित पत्रों का जिक्र किया जा रहा है–

'समता' (साप्ताहिक) : गांधी जी के 'हरिजन' पत्र की प्रतिक्रिया में 1 जून, 1934 से मुंशी हरिप्रसाद टम्टा ने कृष्णा प्रिंटिंग प्रेस अल्मोड़ा से इसे प्रकाशित किया। इसके शीर्ष आमुख से 'अछूत-दलित, आदि-हिन्दू, शिल्पकार, मजदूर तथा कृषकों का पत्र' लिखा गया।

'परिवर्तन' (पाक्षिक) : इसे 1950 में स्वामी अजुध्यानाथ दण्डी ने अलीगढ़ से निकाला। आज इस पत्र की प्रतियाँ अनुपलब्ध बताई जाती हैं। पाक्षिक के संस्थापक परसराम जी धर्मवीर इसे शेषितों के लिए निर्भीकता और निष्पक्षतापूर्वक निकालते रहे।

'मध्यम मार्ग' (सा.) भिक्षु प्रज्ञानन्द ने दिसम्बर, 1956 में लखनऊ से प्रकाशित किया।

'सिंहनाद' (सा.) : पत्र की स्थापना 1957 में दयानन्द व्यास ने की। विधिवेत्ता सुन्दरलाल सागर को उन्होंने सम्पादक नियुक्त किया। पत्र का शीर्ष वाक्य 'जनवरी का अग्रदूत' लिखा गया।

'जमीं के तारे' : 1962 में द्वितीय विश्व युद्ध के योद्धा स्वतन्त्रता सेनानी मेवाराम महाशय ने 'दीपनगर' अलीगढ़ से इसे शुरू किया। पत्र का सम्पादन कार्य मिश्रीलाल दीपक ने किया। रामचरन सिंह पत्र के नए सम्पादक रहे हैं।

'शोषित पुकार' (सा.) : सितम्बर 1966 में बलवीर सिंह आजाद ने बुलन्दशहर से प्रकाशित किया। पत्र के शीर्षक पर 'बुलन्दशहर जनपद का एकमात्र साप्ताहिक' मुद्रित होता था। प्रधान सम्पादक सत्यवीर सिंह प्रेमी एवं सह-सम्पादक गंगा सागर। आमुख वाक्य–'श्रम शोषण मानव जीवन के लिए अभिशाप और कलंक है।'

'शोषित' (साप्ताहिक) मार्च, 1968 में प्रो. जयराम प्रसाद सिंह ने पटना से शुरू किया।

'स्वाधीन भारत' (सा.) : 1968 में अलीगढ़ (उ.प्र.) से प्रकाशित हुआ। यह पत्र हर शनिवार को छपता था, इस पत्र की जीर्णशीर्ण दो-तीन प्रतियाँ ही उपलब्ध हुई हैं, जिनसे प्रेस व सम्पादक का नाम ज्ञात नहीं हो पाया।

'प्रबुद्ध अम्बेडकर' : 15 फरवरी, 1969 को रामस्वरूप बौद्ध के द्वारा अजमेर से प्रवेशांक निकला।

'भीम सैनिक' (साप्ताहिक) : सितम्बर, 1970 में मेरठ से पी.एस. मौर्य के स्वामित्व एवं सम्पादकत्व में प्रकाशित हुआ। यह पत्र अभी भी जारी है। वहीं से सेवा राम केन के सम्पादन में शोषित समता भी कुछ वर्ष तक छपता रहा।

'समता शक्ति/बहुजन अधिकार' : मेरठ में मोहनदास नैमिशराय ने इन दो पत्रों को जन्म दिया था। पहला साप्ताहिक तथा दूसरा पाक्षिक था। 'समता शक्ति' का प्रवेशांक 1 जनवरी, 1972 में निकला। यह पत्र अल्पजीवी रहा। इसके बाद 1981 में 'बहुजन अधिकार' प्रकाशित हुआ, जो लगभग बीस वर्षों से भी अधिक समय तक मेरठ और दिल्ली से प्रकाशित होता रहा। बेचैन लिखते हैं कि इस पत्र के पास कई दलित पत्रों की भाँति कोई सम्पादक मंडल या टीम नहीं थी। स्वामी, सम्पादक, मुद्रक, प्रकाशक नैमिशराय ही

हैं। नवम्बर '81 के अंक के अनुसार आमुख में 'जनचेतना का हिन्दी पाक्षिक' लिखा गया। आज वे स्वतन्त्र पत्रकार हैं।

'दलित ज्योति' : राजा राम एडवोकेट द्वारा 1974 से झुंझुनू से प्रकाशित।

'निर्णय', 'निर्णायक भीम' (मासिक पत्रिका) : 6 दिसम्बर, 1977 को आम्बेडकर परिनिर्वाण दिवस विशेषांक के रूप में विजयनगर कानपुर से 'निर्णय' नाम से प्रकाशित हुआ। सम्पादक डॉ. कवलधारी पी.एच.डी., व सम्पादन मंडल में नन्दूराम, डी.आर. प्रसाद, रा.रा. आम्बेडकर, राजेन्द्र प्रसाद शामिल थे। प्रवेशांक 30 पृष्ठों का था। दिसम्बर, 1978 में 'निर्णय', 'निर्णायक भीम' के रूप में संज्ञापित हुआ। निर्णायक भीम को आर. कमल लगभग दस वर्षों तक चलाते रहे। उनकी मृत्यु के बाद इस महत्त्वपूर्ण पत्रिका ने भी अन्तिम साँस ली।

'लोकचिंता' (सा.) : 1978 में डी.आर.एस. आजाद ने बुलन्दशहर में आजाद प्रिंटिंग प्रेस से शुरू किया। छह पृष्ठीय इस पत्र का आकार-प्रकार सामान्य है। छह वर्ष तक नियमित चलने के बाद पत्र बन्द हो गया।

'दलित चेतना' (सा.) : इसे 3 मार्च, 1978 से मोतीराम शास्त्री ने 'रायल होटल' लखनऊ से प्रारम्भ किया। तीन साल चलकर 1981 के अन्त में यह बन्द हो गया। विशेष रूप में लखनऊ में इस साप्ताहिक ने राजनैतिक तथा सामाजिक मुद्दों को आगे बढ़ाया।

'मूक भारत' (पाक्षिक) : 14 अप्रैल, 1980 को डॉ. आम्बेडकर जयंती अंक के रूप में यह आरम्भ हुआ। सम्पादक कंवल भारती और प्रधान सम्पादक रमेश प्रभाकर हैं। यह पत्र अल्पजीवी रहा। इसके कुल पाँच अंक ही निकल पाए।

'भीम भूमि' (सा.) : सम्पादक आर.के. गौतम ने 1982 में बुलन्दशहर से प्रकाशित किया।

'हिन्दी सेनानी' (दैनिक) : दुर्गा प्रसाद देशमुख ने आगरा से 4 अगस्त, 1985 से शुरू किया। **यह पत्र हिन्दी का पहला 'दलित दैनिक' है।** इसके कार्यकारी सम्पादक अमर सिंह एवं सह-सम्पादक सतीश चन्द्र रहे। चार पृष्ठीय बड़े आकार में निकालने में कठिनाई, तकनीकी अकुशलता व अन्य संकटों के बावजूद कुछ वर्ष नियमित रहा। बाद में बन्द हो गया। फिर 2009 से उन्होंने भीम शक्ति पत्र का निकालने का प्रयास किया।

'दलित केसरी' (पाक्षिक) : यह पत्र 1985 में सदर बाजार, कैन्ट, इलाहाबाद (उ.प्र.) से अपने आमुख में 'शोषित, पीड़ित, मानवता के उत्थान व देशद्रोहियों के विरुद्ध जनाक्रोश के प्रतिनिधित्व में निष्पक्ष एवं निर्भीक पाक्षिक' जैसे विशेषणों की संकल्पना के साथ आया। सम्पादक, प्रकाशक 'एस. राव संजीवन नाथ बौद्धाचार्य हैं। पत्र के लिए पाँच सदस्यीय सम्पादक मंडल व दो सदस्यीय सलाहकार मंडल है तथा दिल्ली, बंगाल, राजस्थान, हिमाचल प्रदेश, पंजाब, बिहार, हरियाणा, उत्तर प्रदेश, महाराष्ट्र से एक-एक प्रतिनिधि (अवैतनिक) नियुक्त किए हैं। छायाकार, व्यवस्थापक के साथ इन सभी के नाम मुखपृष्ठ पर दिए जाते हैं।

'दलित जन उदगार' (पाक्षिक) : 1991 में प्रधान सम्पादक, मुद्रक एवं प्रकाशक सुभद्रा देवी ने 'कमल प्रिंटिंग प्रेस' मैनपुरी (उ.प्र.) से शुरू किया है। पत्र अनियमित है। पत्र का झुकाव विशेष रूप से स्त्रियों की ओर है।

'माझी जनता' : पहले कंवल भारती (रामपुर) तथा बाद में के. नाथ (कानपुर) के सम्पादन में छपी। पत्रिका में गम्भीरता रही, लेकिन कुछ ही वर्षों के बाद बन्द हो गई। पत्रिका को नागपुर के ढोरे जी फायनेंस करते थे।

'दलित टुडे' (मासिक) सम्पादक महीपाल सिंह, कुछ वर्षों से गाजियाबाद से प्रकाशित हो रहा है।

उत्तर प्रदेश से नहीं बल्कि कहना चाहिए उत्तराखंड (देहरादून) से 2010 में नागफनी पत्रिका आरम्भ हुई। इसकी सम्पादक सपना सोनकर हैं जो युवा लेखक रूपनारायण सोनकर की पत्नी हैं। पत्रिका शुद्ध रूप से साहित्यिक है, जो पाठकों के बीच विमर्श को जन्म देती है। लम्बे समय के बाद उत्तराखंड से किसी दलित के द्वारा प्रकाशित पहली पत्रिका है। वैसे ऊधम सिंह नगर से गोपाल सिंह गौतम के सम्पादन में **सम्यक पब्लिक भारत** का प्रकाशन भी हो रहा है। इसके अलावा उत्तराखंड से ही चन्द्र वल्लभ के स्वामित्व तथा सम्पादन में पिछले चार वर्षों से **शिल्पकार टाइम्स** (पाक्षिक) भी छप रहा है। इन दिनों इसका कार्यालय दिल्ली में हो गया है।

उत्तर प्रदेश के कुछ और दलित पत्रों का जिक्र इस प्रकार हैं : 'सा. आम्बेडकर उजाला' (हरिसिंह मौर्य), अमरोहा; 'लक्ष्य संधान' (रामेश्वर पवन एडवोकेट), बहराइच; 'अपना अभियान' (चन्द्रशेखर), कानपुर; वहीं से शिवशंकर लाल विशारद मर्यादा, लाखन सिंह सामर्थ्य पत्रिका, देवकुमार जयभीम बुलेटिन, 'रिपब्लिकन टाइम्स' (रघुवीर सिंह राही), अलीगढ़; 'अधिकार भारती' (मेहर सिंह), बिजनौर; 'बौद्ध बन्धु', उरई; 'सोशल वायस' (टी.पी. आजाद), सीतापुर; 'शोषित दर्पण' (शिवदयाल सिंह चौरसिया), लखनऊ; 'कल्याण कुटुम्ब', कानपुर; 'अपनी राय' (नगेश्वर वाल्मीकि), हापुड़; 'गुरुवाणी' (डॉ. के.एस. आजाद), मथुरा; 'दुर्बल की आवाज' (रामजीलाल), रामपुर; 'गरिमा भारती' (छेदीलाल साथी), लखनऊ; बाद में डी.पी. वरुण ने इसकी शुरुआत की। 'समाज गौरव' (रमेश सूर्यवंशी), सहारनपुर; 'प्रिय सम्पादक' (उग्रनाथ नागरिक), लखनऊ; 'कैलाश भारती' (जी.सी.सी.एल बोधी), लखनऊ; 'किरणों का बसेरा' (मांगाराम शिबा-एन. के. गौतम–लोधीकुमार), सहारनपुर; 'सावधान' (तिलक कुरील), कानपुर; 'समता संदेश' (रामगोपाल भारतीय), गाजियाबाद; 'भीम भारती' (डॉ. एल.बी. अनंत), गाजियाबाद; 'अर्जक' (रामस्वरूप वर्मा, महाराज सिंह भारती), दोनों शख्सियत अब नहीं हैं। लखनऊ; 'झलकारी संदेश' (आर.एस. माहौर), आगरा; 'ऐतिहासिक छलांग' (बलवंत सिंह चार्वाक), सहारनपुर; 'प्रजापति तरंग' (नारायण दास प्रजापति), कानपुर; 'निडर' (ओम प्रकाश निडर), अलीगढ़; 'वीरव्रत' (विनोद प्रकाश), सहारनपुर; 'भीम आदेश' (तेजपाल आजाद), मथुरा; दलित एशिया टुडे, दलित लिबरेशन टुडे (वेद कुमार, डॉ. शूरा दारापुर आई.पी.एस. के बेटे हैं।), ये पत्र-पत्रिका वर्षों से बन्द है। लखनऊ; 'रजतबन्धु', जौनपुर; 'वाल्मीकि प्रकाश' (दिनेश मानव), इलाहाबाद; 'दर्द की दुनिया' (डॉ. बी.आर. कुरील),

गाजीपुर; 'दलित प्रकाश' (लक्ष्मी शंकर वाजपेयी, ललित श्रीवास्तव), कानपुर; 'उत्थान', लखनऊ; 'बुद्ध उपदेश' (राम अवतार), मुरादाबाद; 'बहुजन का भाईचारा' (डॉ. क्रान्ती), बदायूं; 'रिपब्लिकन इंक्लाब' (मिथन सिंह बौद्ध), हापुड़; अखबार बन्द हो गया इसलिए सम्पादक जीवित नहीं। 'आम्बेडकर विकास पत्र' (हरदयाल सिंह भारतीय), मुरादाबाद; 'अदब का पंछी' (अनिल श्रीवास्तव), बदायूँ; 'बहुजन', लखनऊ; 'बहुजन प्रभात' (जे.पी. शास्त्री), 'शोषित समाज' (रघुवर दयाल मेहता, बाबू राम प्रजापति), इटावा; 'प्रज्ञा साहित्य', फर्रुखाबाद; 'भोजपुरी लोक' एवं 'अवध पुष्पांजलि (लखनऊ); 'दलित गौरव' (देहरादून); 'बहुजन भूमि', (मेरठ) संभवतः इनमें कुछ ऐसे नाम भी हैं, जो अब अस्तित्व में नहीं हैं। कहना तो यह चाहिए कि अधिकांश पत्र-पत्रिकाएँ मर गई हैं।

राजस्थान के पत्र

'फौलादी एकता' : सुरेन्द्र प्रभात खुदरिया ने 1985 में शाहपुरा (भीलवाड़ा) से प्रकाशित किया।

'दलित हिमायती' (पाक्षिक) : 15 अक्टूतबर, 1988 को बी.एल. देवड़ा के सम्पादन में बीकानेर से शुरू हुआ।

'रिपब्लिकन भारत' (सा.) पत्र की स्थापना 1962 में हुई। सम्पादकीय कार्यालय जयपुर में था। पत्र अपने समय के पत्रों में अपेक्षाकृत स्वस्थ एवं सशक्त था। इसके सम्पादक का नाम ज्ञात नहीं हुआ है।

'हकदार' (पाक्षिक) : लोककवि पन्नालाल 'प्रेमी' द्वारा सम्पादित-प्रकाशित इस पत्र का प्रवेशांक 1 फरवरी, 1969 को बीकानेर से प्रकाशित हुआ। लम्बे समय तक नियमित छपता रहा। बाद में अनियमित हो गया।

'प्रबुद्ध अम्बेडकर' (मासिक) : पत्र का सम्पादन, प्रकाशन रामस्वरूप बौद्ध द्वारा किया जाता है। यह पत्र भारतीय बौद्ध महासभा—अजमेर का मुख पत्र है। प्रबुद्ध अम्बेडकर का प्रवेशांक 15 फरवरी, 1969 को अजमेर से निकला। प्रवेशांक की पहली खबर अम्बेडकर जयंती की तैयारियाँ है।

'सामाजिक आजादी' (मासिक) : अप्रैल 1972 में 'भारत ज्योति' प्रेस जोधपुर से नससिंहदेव गुजराती ने प्रकाशित किया। शीघ्र ही बन्द हो गया।

'दलित ज्योति' (सा.) : राजाराम एडवोकेट द्वारा (1974) अजन्ता प्रिंटिंग प्रेस—झुंझुनू से नियमित प्रकाशित हो रहा है। विगत दो दशकों से यह नियमित है। लेकिन एक-दो दशक से उक्त अखबार की कोई खबर नहीं है।

'अरावली उद्घोष' (बी.पी. वर्मा), उदयपुर; पत्रिका की सामग्री गम्भीर और तथ्यपरक है। पिछले एक-दो माह पूर्व वर्मा जी की मृत्यु हो गई। लेकिन पत्रिका निकल रही है।

राजस्थान के अन्य पत्र

'अक्षर का वजन' (सा.) : सम्पादक बी.एल. नरवार।

'पिछड़े आगे बढ़े' (बलवन्त सिंह निडर) पाक्षिक (1993) आम्बेडकर कालोनी, हनुमान टाउन राजस्थान, 'आम्बेडकर और बहुजन' (स.) सत्यपाल मेघवाल–सूरतगढ़; 'आम्बेडकर रथ' (पाक्षिक), श्रीमति सुशीला देवड़ा–बीकानेर; सामाजिक परिवर्तन–श्यामबाबू वर्मा श्रमिक–नीदड, जयपुर; राजस्थान–सम्राट (कालूराम आर्य), जयपुर; 'सम्यक दृष्टि' (राहुल सुमन छाबड़ा), अजमेर; आदिवासी जागृति (अभयसिंह), अजमेर; मेघवीर (एल.आर. वीवान), बीकानेर; मधु संकलन (जय सुमन बिहारी), अजमेर; दृष्टिकोण (पाक्षिक) (मेरुलाल मेघवाल), उदयपुर; भारत रक्षक (सीताराम मौर्य), गंगानगर; वाल्मीकि संवाद (रामप्रसाद गोचर)।

पंजाब के पत्र

1947 के बाद पंजाब में आम्बेडकारी आन्दोलन को आगे बढ़ाने में 'उजाला' नाम से साप्ताहिक पत्रिका का महत्वपूर्ण योगदान रहा है। पत्रिका की स्थापना में करतारा राम मडहास का योगदान रहा है। शुरुआती दौर में यह उर्दू में छपती थी। बाद में पंजाबी में भी कई अंक छपे। पत्रिका से लेखक संपादक/उप संपादक के रूप में जुड़े लोगों में सोहनलाल शास्त्री, एल.आर. बाली, सूरजभान, डी.सी. अहीर, के.सी. सुलेख, प्रीतम रामदास पुरी आदि रहे हैं।

'भीम पत्रिका' (पाक्षिक) : जालन्धर से लाहौरीराम बाली ने 1958 में शुरू किया। पत्रिका आज भी नियमित निकल रही है। हिन्दी के अलावा पंजाबी और अंग्रेजी में कभी-कभी इसका एकाध अंक छापा जाता रहा है। अब मार्च, 2012 में इसी टाइटल से अंग्रेजी में नियमित प्रकाशन। पत्रिका का स्वर आरम्भ से ही बहुत तीखा है।

'बेगमपुरा शहर', सुन्दर नगर (जालंधर) से प्रकाशित।

पंजाब के अन्य पत्र : 'जन्तक लहर' (उजागर राम दग्गड), जालंधर; 'जनता दर्पण' (अलायक सिंह भारतीय), पटियाला; 'साडाविरवा'–साडा गौरव (डॉ. भूषण), लुधियाना; 'नव विजय' (एस.एल. धनी), चंडीगढ़; 'लहू दीलाठ' (एस.एल.मोभी), जालन्धर; 'शक्ति' (शन्नोदेवी), लाहौर; 'पंजाब वाणी' (एन.एम. पराशर), फिल्लौर; 'धम्म कीर्ति' (हुसैनलाल) जालन्धर।

बौद्ध धर्म प्रचारक (हिन्दी मासिक) 2003 से होशियारपुर (पंजाब) से आरम्भ, बौद्ध दर्शन तथा संस्कृति की महत्त्वपूर्ण पत्रिका। इस समय सम्पादक हैं रमेश सिद्धू, सहयोगी द्वारका भारती तथा प्रेम प्रकाश। पत्रिका नियमित रूप से प्रकाशित हो रही है।

मध्य प्रदेश के पत्र

'प्रबुद्ध आवाज' (सा.) : पत्र के मुख्य सम्पादक, स्वामी प्रकाशक सुपरिचित आम्बेडकरवादी नेता भाऊ साहेब भीमराव खोब्रागड़े हैं। पत्र 'प्रबुद्ध प्रिंटर्स' द्वारा ममता राजनादगाँव से प्रकाशित हो रहा है। इसका सम्पादन राजेश कुमार गोन्नाड़े करते हैं।

'परिषद संदेश' (पाक्षिक) : अनुसूचित जातियों के आर्थिक एवं शैक्षणिक विकास से प्रतिबद्ध पत्रिका के रूप में भोपाल से प्रकाशित हो रही है। संभवतः 1987 से हीरालाल पिप्पल सम्पादक रहे। बाद में इसका सम्पादन श्रीमती प्रभा बीसे करती हैं। पत्रिका अनियमित है।

'धम्म प्रकाश' (पाक्षिक) : 1970 से 1975 तक सी.एस. वंजारी के सम्पादन में।

'नागमय संस्कृति' (सा.) : 1988 से सम्पादन कला मरमट कर रही हैं। यह पत्र 'पंचशील प्रिंटिंग प्रेस', उज्जैन से प्रकाशित होता है। अवन्तिका प्रसाद मरमट जी (म.प्र. में विधायक रहे) की मृत्यु के बाद पत्रिका बन्द है।

'आश्वस्तः' : उज्जैन से सुश्री तारा के संपादन में प्रकाशन।

'पूर्वदेवा' : मध्य प्रदेश हिन्दी दलित साहित्य अकादमी की ओर से त्रैमासिक शोध पत्रिका के रूप में 1994 से उज्जैन से छपना आरम्भ हुई है। सम्पादक डॉ. हरिमोहन धवन हैं। वह और अवन्तिका प्रसाद मरमट समाज से जुड़े इतिहास के विशेषज्ञ रहे हैं। पत्रिका हिंदी में आनेवाली संस्थागत पत्रिकाओं में सबसे आगे है। पत्रिका अभी भी छप रही है।

बाबा साहेब की जन्मभूमि यानी महू से एक पत्रिका निकलती है 'राष्ट्रीय आम्बेडकर नगरी'। प्रधान सम्पादक हैं अनिल कुमार ढोली। अब पत्रिका बंद है।

'आम्बेडकर युग' : भोपाल से इन्द्रेश गजभिये के सम्पादन में अनियमित रूप से निकलती है। उनके राजनीति में प्रवेश के कारण उक्त पत्रिका के साल में एक-दो अंक ही छपते हैं। हालांकि भोपाल स्थित बोर्ड ऑफिस के सामने उनकी प्रेस भी है, लेकिन वरीयता बदल गई। **विरोचिका** : डॉ. रमा पांचाल इन्दौर से 2008 से विरोचिका नाम से त्रैमासिक निकाल रही हैं।

'दलित वायस' (मासिक) : बी.टी. राजशेखर द्वारा ही भोपाल से संपादित एवं प्रकाशित की जाती है। बंगलौर की प्रमुख अंग्रेजी दलित पत्रिका का हिन्दी रूपान्तरण है। पत्रिका कभी-कभी निकल पाती है। स्वयं दलित वायस भी बंद हो गई है।

गुजरात के पत्र

'दलित बन्धु' (एस. विन्जुहा), भावनगर, सौराष्ट्र; 'अभ्युदय' (एल.के. चावड़ा), धनौज, मेहसाना; कर्मपुत्र सं. (कुमारी अंजना अधीर), अहमदाबाद से महिला समाज (कमला गूर्जर), शाहीबाग, 'परिषद सन्देश' (बालकृष्ण आनन्द), 'नया मार्ग' (चन्द मेहरिया), 'पैंथर'

(रमेश चन्द्र परमार), 'ज्योति' (एल.जी. परमार), 'तमन्ना' (जयन्ति सुबोध), रैन बसेरा वहीं से हरीश मंगलम भी पत्रिका का संपादन करते हैं।

मराठी दलित पत्रकारिता के बारे में शोधार्थियों से रू-ब-रू हों तो 1967-68 में 'अस्मितादर्श' पत्रिका के जन्म होने की छोटी-सी घटना महान प्रयत्न का सूत्रपात बनी और मराठी पाठक का ध्यान एक वर्ष के अन्दर-अन्दर ही वह पत्रिका अपनी ओर खींच ले सकी और आज समस्त मराठी भाषा में अतुलनीय दलित कविता, 'अस्मितादर्श' के माध्यम से अधिक संख्या में प्रकाशित होने लगी है। कथा, आत्मकथा, वैचारिक लेखन, संशोधन, शोध लेखन, पुनर्मुद्रण आदि विविध उपलब्ध साहित्य प्रकारों को और कुछ अजीब उपक्रमों को व्यवस्थित रूप से वहीं से दिशा प्राप्त हुई।

दलित साहित्य की पहली मासिक पत्रिका : अस्मितादर्श

सारिका के तहत टिप्पणियों को देखें तो नई साहित्यिक प्रवृत्तियों के प्रसार, तथा नए विचारों के आदान-प्रदान के लिए **'अस्मितादर्श'** का जन्म हुआ था। पिछले सात वर्षों से वह सफलतापूर्वक अपने ध्येय में लगी हुई है। एक समय ऐसा था जब यह कहा जाने लगा कि 'अस्मितादर्श' समय की माँग है।

बदलते समय और स्वयं दलितों के भीतर परस्पर घमासान के कारण पत्रिका के सम्पादन तथा प्रचार-प्रसार में पानतावणे जी अकेले पड़ गए हैं। अस्मिता दर्श के सुनहरे इतिहास में जाएँ तो–

डॉ. बाबा साहेब आम्बेडकर का मानवतावाद, उनकी विज्ञाननिष्ठा और उनके अन्तर्मन का विद्रोह 'अस्मितादर्श' की प्रेरणाशक्ति रही है। इसलिए साहित्य में जिन शोषितों, दलितों और बहिष्कृतों का नाम भी लेना उचित नहीं माना जाता था, उनके चित्रण के लिए साहित्य-निर्माण कराने का प्रयत्न यह पत्रिका करती रही है। नयों को अपने अस्तित्व के लिए संघर्ष करना ही पड़ता है। उनमें जो सच्चे होते हैं और विरोध को पचा सकते हैं, वे ही विकसित हो पाते हैं। दलित साहित्य भी अपवाद नहीं है।

अब वाणी मुखर होने लगी है। सामाजिक ज्ञान की दुखती हुई रगें अक्षरबद्ध होने लगी हैं। गाँव की सीमा से बाहर के दुख घेरा तोड़ कर उभरने लगे हैं। ये दुख अपने अन्दर मानव की खोज कर रहे हैं। इनमें जो सच्चे होंगे, वे ही डटे रहे सकेंगे। झूठे मुखौटे नष्ट हो जाएँगे।

'अस्मितादर्श' का उद्देश्य भी यही रहा कि इन सब की खोज-खबर लेते हुए आगे बढ़ना।

साहित्य, समाज, कला, शिल्प, तत्वचिंतन, धर्म, शिक्षा आदि विषयों पर 'अस्मितादर्श' ने प्रा. जनार्दन वाघमारे के ब्लेक साहित्य सम्बन्धी लेख मराठी में सर्वप्रथम प्रकाशित किए गए थे। आनन्द कुमारस्वामी, डॉ. डी.डी. कोसंबी जैसे विद्वानों के कला, धर्म व साहित्य सम्बन्धी विचारों ने इसी पत्रिका में स्थान पाया। डॉ. बाबा साहेब आम्बेडकर के विचारों पर इसी पत्रिका में कुछ लेखों के माध्यम से चर्चा की गई थी। महार तथा अन्य शोषितों

के जीवन-कार्यों तथा साहित्य-निर्माण का परिचय इसी पत्रिका द्वारा कराया गया है। दलित लेखकों और कवियों के दहकते अनुभवों को ललित लेखों का स्वरूप देकर छापने का श्रेय इसी पत्रिका को है। सामाजिक बन्धनों को स्वीकार करने वाले प्रसिद्ध दलितेतर लेखकों के लेख भी इस पत्रिका में पढ़ने को मिलते हैं। उदाहरणार्थ प्रा.बा.ल. कुलकर्णी, तर्कतीर्थ लक्ष्मण शास्त्री जोशी, ग.त्र्यं. माडखोलकर, दि.के. बेडेकर, पु.ल. देशपांडे, कुसुमाग्रज, प्रा. विंदा करंदीकर, दिलीप चित्रे, प्रा. रा.मि. जोशी, प्रा. शांता शेलके, डॉ. भालचंद्र फड़के, प्रा. शरदचंद्र मुक्तिबोध, प्रा. रा.रं. बोराडे, आदि के साथ साथ शंकरराव खरात, प्रा. म. मि. चिटणीस, डॉ. वानखेड़े, केशव मेश्राम, वामन निबालकर, दया पवार आदि लेखकों के लेख छापने का श्रेय 'अस्मितादर्श' को मिला है। आज 20 से 25 दलित लेखक-लेखिकाएँ लेखनकार्य कर रही हैं जिनमें से कई तो प्रसिद्धि के शिखर तक पहुँच चुके हैं।

बकौल सुखदेव थोरात अस्मिता दर्श का प्रवेशांक नामदेव ढसाल राजा ढाले आदि ने अपने हाथों से लिख कर निकाला था।

'अस्मितादर्श' की मान्यता है कि दलित साहित्य का अपना स्वतन्त्र क्षेत्र होना चाहिए। दलित साहित्य के अनुकूल तथा प्रतिकूल, दोनों प्रकार के विचार व्यक्त करने वाले अनेक विद्वानों के लेख 'अस्मितादर्श' में प्रकाशित हो चुके हैं। परन्तु दलित साहित्य को प्रकाश में लाने वाले एकमात्र ध्येय ले कर चलने वाले तथा साहित्य-सृजन को मात्र साधन मानने वाले प्रा. गंगाधर पानतावणे के समर्थ सम्पादन में स्वतन्त्र स्थान प्राप्त करा दिया है। बावजूद इन सबके अस्मिता दर्श में जो अभाव महसूस हुआ, वह गैर मराठी भाषी दलित लेखकों/साहित्यकारों का न छपना। इसका कारण स्वयं तानतावणे जी ही बताएँगे।

आरम्भ में औरंगाबाद से 'अस्मिता' नामक एक त्रैमासिक पत्रिका का प्रकाशन हुआ, जिसके आरंभिक सम्पादकों में डॉ. मनोहर वानखेड़े, प्रा. गंगाधर पानतावणे, प्रा. रा.ग. जाधव, प्रा. ल.बा. रायमाने, श्री वामन निवाणेकर तथा सुखराम हिवराले थे। बाद में प्रा. गंगाधर पानतावणे इसके सम्पादक बन गए तथा पत्रिका का नाम भी बदल कर 'अस्मितादर्श' हो गया।

'नागसेन' : हिंदी-मराठी दो भाषाओं में एक साथ छपने वाला महाराष्ट्र का यह प्रमुख दलित पत्र है। 1 जनवरी 1976 में मेजर मधुकर रेखा रानी शेंडे ने चंद्रपुर महाराष्ट्र से आरम्भ किया। लम्बे समय तक यह नियमित रूप से प्रकाशित होता रहा है। 1993 में 'नागसेन' के 8 अंकों को संयुक्तांक करके 62 पृष्ठों में 'युगपुरुष डॉ. भीमराव आम्बेडकर शताब्दी विशेषांक' पत्रिका के रूप में निकाला गया। इस विशेषांक के अतिथि सम्पादक दलित लेखक ओमप्रकाश वाल्मीकि रहे हैं। स्वयं लेखक की चन्द्रपुर में और दिल्ली में उनसे कई मुलाकातें हुईं। बाद में यह पत्र बन्द हो गया।

'महार' सं. हरिदास आवले 1927 तथा 1930 में **नवजीवन**।

'सावधान' साप्ताहिक नागपुर से हिंदी में प्रकाशित किया जिस पर सम्पादक का नाम व सन् नहीं है।

'धम्मदीप' साप्ताहिक सिद्धार्थ कुमार ने 1955 में नागपुर से प्रकाशित किया।

'जागृति' साप्ताहिक धर्मपाल मेश्राम ने अप्रैल 1954 को कामठी (नागपुर) से।

'अंगुत्तर' त्रैमासिक हिंदी का प्रकाशन अखिल भारतीय हिंदी, दलित लेखक सम्मेलन के तत्वावधान में अक्टूबर 1993 में नागपुर से शुरू हुआ। पत्रिका के करीब डेढ़-दो दर्जन अंक आ चुके हैं और अन्त तक स्तर कायम रहा है। इसके सम्पादक डॉ. विमल कीर्ति हैं। अब यह पत्रिका बन्द हो गई है। अंगुत्तर एक अच्छी पत्रिका रही है, जो हिंदी तथा मराठी लेखकों/पत्रकारों तथा सामाजिक कार्यकताओं को जोड़ती थी। वहीं से 27 वर्षों से नागेश चौधरी 'बहुजन संघर्ष' निकाल रहे हैं।

नागपुर से टाकभौरे जी के सम्पादन में कभी-कभी 'जाग बिरादर' पत्रिका के अंक प्रकाशित होते रहते है। कुछ अंकों की सामग्री कागज, छपाई आदि देखने पर मालूम चलता है कि सम्पादक दलित मुद्‌दों पर गम्भीर नहीं है। पत्रिका की पृष्ठ संख्या 8 से 12 तक ही सीमित रही। पत्रिका वाल्मीकि समाज पर केन्द्रित है।

महाराष्ट्र के अन्य पत्र

रामकिशोर पशीने के अनुसार–भारत में पहली दलित संस्था मानी जाती है वह है **अनार्य दोष परिहार सभा।** जिसके संस्थापक गोपाल बाबा वलंगकर थे। इसी के माध्यम से दलित समाज के विकास, सुधार और उन्नति के कार्य उन्होंने किए। दलितोत्थान का कार्य हाथ में लेनेवाले गोपाल बाबा वलंगकर पहले दलित पत्रकार के रूप में जाने जाते हैं।

दलित पत्रकारिता के इतिहास का आधुनिक युग में उद्‌भव महाराष्ट्र से 1877 में **दीनबन्धु** (साप्ताहिक) से प्रकाशित किया। **आदि हिन्दू** अछूतानंद 1927 में कानपुर से निकालते थे जबकि दिल्ली से 1905 में वे **अछूत पत्र** निकाल चुके थे। 1920 में स्वयं बाबा साहेब आम्बेडकर की देखरेख में **मूकनायक** पत्रिका प्रकाशित हुई, बाद में उन्होंने **बहिष्कृत भारत** भी शुरू किया। **उषा साप्ताहिक** अल्मोडा के हरिप्रसाद टम्टा ने 1924 में जात-पांत तोडक मंडल की ओर से और इसके एक साल बाद **हरिजन पत्रिका** प्रकाशित हुई। **समता संघ** की स्थापना 1927 मे हुई। जिसके माध्यम से **समता पत्रिका** बम्बई से 4 दिसम्बर, 1927 में देवराव नाईक द्वारा प्रकाशित हुई। **दलित बन्धु** (साप्ताहिक) पा. ना. राजभोज द्वारा पूना से 1932 में **जनहित प्रवर्तक** (पाक्षिक) 1928 में और डॉ. आम्बेडकर के संचालन में **जनता** (पाक्षिक) 3 नवम्बर, 1929 को प्रकाशित हुआ जिसके सम्पादक देवरा नाईक सहस्त्रबुद्धे भटकर, आर.डी. भंडारे, बी.सी. काम्बले एवं यशवंत भीमराव आम्बेडकर थे। **चोखामेला** (साप्ताहिक) नागपुर से 1939 में कि.फा. बन्सोड ने **पतितवावन** (साप्ताहिक) 1932 में बी.जे. देवरूखकर ने **भारत** (साप्ताहिक) पुणे से **मराठा** (साप्ताहिक) मिंढे पाटिल ने 1949 में और **उधार** (साप्ताहिक) बसंत पाटोले ने 1942 में बंबई से प्रकाशित किया। **दलित सेवक** (मासिक) दलित वर्ग संघ की ओर से काका साहेब बरवे ने एवं यही पाक्षिक विनायक नरहर बरवे ने धुले से 1949 में **मराठी हरिजन** (साप्ताहिक) वर्धा से गो.ना. काले ने 1945 में **जय भीम** सौ. एन. शिवराज ने मद्रास से 1946 में प्रकाशित किया। **दलित विवाद** (साप्ताहिक) मा. वि. कुरणे ने कोल्हापुर से 14 अप्रैल, 1947 को,

अरुण (साप्ताहिक) तथा इसी वर्ष्र्ज **दलित भारत** (साप्ताहिक) ध.रा. विप्हीडे ने और जागृति (सात्ताहिक) द.सा. गायकवाड ने पुणे से प्रकाशित किया।

1 नवम्बर, 1947 को **पूजा** (मासिक) नागपुर से ना.रा. शेंडे ने तथा जी.ए. शेजवल ने 1 नवम्बर, 1947 को ही **लोकमित्र** (मासिक) बम्बई सें प्रकाशित किया। जबकि पुणे से वा.सा. गायकवाड ने 1 नवम्बर, 1948 को **सहकार** (साप्ताहिक) निकाला। **भीमयुग** (साप्ताहिक) 23 जनवरी, 1957 को ना.ग. गायकवाड ने बम्बई से, **समशेर** (साप्ताहिक) मिढे पाटिल ने दिसम्बर 1957 से, **धर्मयान** (मासिक) 1956 को का.वि. सवादकर ने बम्बई से और यहीं से **युगपुरुष** (साप्ताहिक) एन.यु. पगारे ने 1957 को प्रकाशित किया।

'निर्धार' साप्ताहिक आर.डी. भंडारे ने बम्बई से 14 मार्च, 1950 को शुरू किया।

'नजर' मासिक नामदेव हटकर ने 1959 में मुम्बई से।

'जयभीम' साप्ताहिक सुरेश संसारे ने बडनेरा से 1 जनवरी, 1949 को।

'सिद्धार्थ' पाक्षिक चन्द्रकान्ता गायकवाड ने 14 अप्रैल, 1950 को और साप्ताहिक के रूप में 11 नवम्बर, 1953 को भा. शी. बाभले ने वर्धा से प्रकाशित किया।

'भीम गर्जना' साप्ताहिक आडसुले रणपिसे 1955 से और 15 जनवरी, 1957 में जे.एस. भालेराव ने बम्बई से प्रकाशित किया।

'प्रतिबिंब' त्रैमासिक सौ. निर्गुणा गांगुर्डे ने ठाणे (महाराष्ट्र) से शुरू की।

'बोधिसत्व' साप्ताहिक वि.रा. रणपिसे ने 13 मई, 1937 को पुणे से।

'प्रबुद्ध भारत' साप्ताहिक भैया साहेब आम्बेडकर ने 14 अक्तूबर, 1956 को बम्बई से प्रकाशित किया। जिसके सम्पादक मंडल में भा.कृ. गायकवाड, आर. डी. भंडारे, बी.सी. काम्बले, कार्यकारी सम्पादक दा.ता. रूपवते, सह सम्पादक मुकंदराव आनन्दराव आम्बेडकर थे।

अन्य पत्र : 'आम्बेडकर भारत–पाक्षिक' (प्रो. अरुण कांबले), 'अपना अभियान' व 'जयभीम' सा. (प्रा. जोगेन्द्र कवाड़े), 'अस्तित्व', 'आदिवासी नायक', 'अशोक वाणी' (एन.एम. गजभीये), जयवेदना, जनसंदेश, 'दलितवाणी' दलित आवाज, दलित संग्राम, दलित सेवक, पैंथर, दलित दर्शन, 'समता' (प्रा.ना. राजभोज) 'डिस्प्रेस्ड क्लासेज' (हिंदी सा. अमरावती), विद्रोही, प्रजासत्ता, रिपब्लिकन संदेश (श्रीमती कमला गवई), दलित संघर्ष (अशोकनीति एडवोकेट), 'मुक्ति पथिक', दलित भारत (राजू पंवार)।

'अश्वघोष' का प्रकाशन 13 जून, 1997 में शुरू हुआ था, जिसका लोकार्पण नागपुर के डॉ. वसन्तराव देशपांडे स्मृति सभागृह में विश्वविख्यात् जापानी बौद्ध भिक्षु आर्य नागार्जुन सुरई ससाई के हाथों हुआ था। उस अवसर पर बोलते हुए भन्ते सुरेई ससाई ने घोषणा की थी कि वे भारत को बौद्धमय बनाने की दिशा में जीवनपर्यन्त संघर्ष करते रहेंगे। 'अश्वघोष' का उद्देश्य भी वही है।

'अश्वघोष' बौद्ध दलित दृष्टिकोण के मिश्रण से प्रकाशित होनेवाली भारत की पहली पत्रिका बताई गई है, जिसका मूल आधार महामानव बुद्ध तथा बाबा साहेब आम्बेडकर का दर्शन है। 'अश्वघोष' का उद्देश्य किसी का विरोध करना नहीं बल्कि बुद्ध तथा आम्बेडकर

के सिद्धांतों का वर्तमान परिस्थितियों में विश्लेषण करते हुए सदियों से शोषित तथा वर्ण-व्यवस्था के अभिशाप से पीड़ित भारत के दलित, पिछड़ों एवं अल्पसंख्यकों की मुक्ति के लिए संघर्ष करना है।

महाराष्ट्र से दैनिक : बहुजन महाराष्ट्र, सम्पादक, प्रा. विलास वाघ, धम्म प्रचार संघ, मोबोझ हॉटेल, वादिया काले जवल, बंद गार्डन रोड, पुणे से प्रकाशित हो रहा है। इसके साथ ही मुंबई से भी दैनिक छप रहे हैं।

दिल्ली से प्रकाशित होने वाले पत्र एवं पत्रिकाएँ

रूपचन्द गौतम दिल्ली से दलित पत्रकारिता की शुरुआत 1952 से धर्म प्रकाश के प्रयास से **'मानव कल्याण'** नाम के समाचार पत्र से मानते हैं। जो 1962 तक निरंतर प्रकाशित होता रहा।

'उत्थान' (मासिक) : 'आम्बेडकर भवन से संबद्ध परिगणित जाति कल्याण संस्थान' का मुखपत्र है। इसका प्रवेशांक नवम्बर 1959 में आया है। इसके सम्पादक एवं प्रकाशक राय सिंह हैं।

'विद्रोही' : 1959 से आर.के. शशी के सम्पादन में प्रकाशित होने लगा। बाद में बन्द हो गया। इसी वर्ष राम सिंह के सम्पादन में 'उत्थान' पत्रिका शुरू हुई।

'हिमायती' (पाक्षिक) : 1962 से नियमित प्रकाशित। सम्पादक दलित साहित्य अकादमी के अध्यक्ष डॉ. सोहनपाल सुमनाक्षर हैं। पत्र 37 वर्ष से एक ही आकार-प्रकार में निकल रहा है। पत्र नियमित है, लेकिन सामग्री चयन में कच्चापन है। डॉ. सुमनाक्षर अपने कार्यक्रमों/विचारों/पुरस्कारों सम्बन्धित सामग्री देते हैं। पत्र के केवल चार पृष्ठ हैं।

'बुद्धघोष' (साप्ताहिक) : 1968 से विमला चौधरी द्वारा सम्पादित। यह पत्र पहाड़गंज से अनियमित ही छपता रहा है। पत्र के मालिक केदारनाथ चौधरी थे, जो अब नहीं हैं। वे मोहनदास नैमिशराय के श्वसुर भी रहे हैं।

'भीम संदेश' (मासिक) : 14 अप्रैल, 1969 को एन.एस. बनाफल के सम्पादन में प्रकाशित हुआ। आमुख में 'दलित एकता, समता, सत्यता, निष्पक्षता और राष्ट्रीय चेतना' की मासिक पत्रिका लिखा गया। अब प्रकाशित नहीं होता।

'लौकिक धर्म' : करण सिंह दीवान, मार्च, 1973

'सम्यक समाज' : एन.एच. कुम्भारे, 24 मार्च, 1973

'समय की आवाज' : रानी खन्ना, अक्टूबर, 1973

'दलित' : सतीश चन्द्र, 14 अप्रैल, 1975

'धम्म दर्पण' : टी.आर. आनन्द, अक्टूबर, 1976

'युग उत्पीड़न' : बापू राव पखिड्डे, 1977

'संघ प्रकाश' : भिक्षु प्रज्ञारत्न, मई, 1978

'काला भारत' (पाक्षिक) : अक्टूबर, 1978 से के.एस. गौतम के सम्पादन में शाहदरा से प्रकाशित हुआ।

'बहुजन संगठक' (दैनिक-साप्ताहिक) : इस पत्र का प्रवेशांक 14 नवम्बर, 1980 को सा. पत्र के रूप में करोलबाग से प्रकाशित हुआ। यह पत्र हिन्दी के साथ बामसेफ के द्वितीय राष्ट्रीय अधिवेशन के समय हिंदी-अंग्रेजी–दो भाषाओं में बड़े आकार में दैनिक के रूप में भी प्रकाशित हुआ। सम्पादक, प्रकाशक एवं स्वामी कांशीराम हैं। दैनिक अल्पजीवी रहा और साप्ताहिक है। हिन्दी के साथ अंग्रेजी दैनिक के भी कार्यकारी सम्पादक मोहनदास नैमिशराय रहे हैं।

इसी दौर में राम खोबरागड़े की देखरेख में 'ऑप्रेस्ड इंडियन' अंग्रेजी पत्रिका की शुरुआत हुई।

'बहुजन अधिकार' : मोहन दास नैमिशराय, अक्टूबर, 1981 मेरठ और दिल्ली से लगभग पन्द्रह-बीस वर्षों तक प्रकाशित होता रहा।

'वॉयस ऑफ दि वीक' (मासिक) : पत्र का प्रवेशांक मार्च 1984 में बापू भवन, करोल बाग से प्रकाशित हुआ। पत्र का आमुख वाक्य है–'निर्बलजन का मुखपत्र। के.आर. सुण्डा इसके सम्पादक हैं। संस्था द्वारा संचालित है। पत्र अनियमित है।

'बहुजन संघर्ष' (साप्ताहिक) : इसके सम्पादक जितेन्द्र कुमार हैं। 22 फरवरी 1987 से 'बामसेफ' के मुखपत्र के रूप में छप रहा है। यह पत्र मराठी में 'बहुजन चेतना, अंग्रेजी में बहुजन वायस तथा पंजाबी में बहुजन जागृति' का हिंदी संस्करण है। अब नहीं छपता।

'दलित पतवार' : रणजीत सिंह, अप्रैल, 1989

'हम दलित' : प्रेम कपाड़िया के सम्पादन में जनवरी, 1990 में शुरू हुआ। इण्डियन सोशल इंस्टीट्यूट के द्वारा संचालित। बाद में (1906) यह टाइटल **हाशिए की आवाज** में तब्दील हुआ। अब सम्पादक कमल कान्त हैं।

'क्रिएटिव न्यूज' : तेज सिंह वरुण, मार्च 1991

'14 अप्रैल' : हुक्मचन्द भास्कर, अप्रैल, 1991 दोनों अखबार गम्भीर नहीं हैं। अनियमित प्रकाशन।

'न्याय चक्र' : गुरुचरन के सम्पादन में रामविलास पासवान ने 14 नवम्बर, 1991 में प्रकाशन।

'उद्बोधन' : के.पी.आर. बन्धु, जनवरी, 1992

'अभिमूक नायक' : ए. भारती, अप्रैल, 1992

'सामाजिक उत्थान' : नेतराम, मार्च, 1993

'दलित प्रक्रिया' : कृष्ण आनन्द, अप्रैल, 1994

'अर्थपूर्ण' : हिंमाशु रॉय, अप्रैल, 1995 सम्पादक जीवित नहीं इसलिए पत्र का भी अस्तित्व नहीं है।

जन आंदोलन का 'सजग प्रहरी' : राम खोब्रागड़े, अक्टूबर, 1995, खोब्रागड़े कांशीराम के पुराने साथियों में से एक रहे।

'कोली टाइम्स' : मिट्ठनलाल सेठ, 2 अक्टूबर, 1995

'आम्बेडकर फाउंडेशन पत्रिका' (मासिक) : संपादक मोहनदास नैमिशराए, अप्रैल 1996, कल्याण मंत्रालय (भारत सरकार) के अंतर्गत कार्यरत डॉ. आम्बेडकर फाउंडेशन के द्वारा प्रकाशित। कुछ वर्षों के बाद पत्रिका बंद हो गई।

'प्रबुद्ध जगत' : चन्द्रपाल शैलानी, अप्रैल, 1997

'राजधानी घोषणा' : प्रेम प्रकाश, जुलाई, 1997

'भारत टाइम्स सौभाग्य' : सुषमा रानी, फरवरी, 1998

'वॉयस ऑफ बुद्धा' : डॉ. राम राज, 15 जनवरी, 1998

'दलित हितैषी' : मंजू मौर्य, (के.पी. मौर्य की पत्नी) अप्रैल, 1998

'सामाजिक परिवर्तक' : डॉ. आनन्द, जून, 1998

'भारत रत्न डॉ. आम्बेडकर टाइम्स' : कृष्ण मुरारी, अप्रैल, 1999

'समता प्रहरी' : रूपचन्द गौतम, अप्रैल, 1999

'दलित साहित्य' वार्षिकी : जयप्रकाश कर्दम, दिसम्बर, 1999, वर्ष में एक बार नियमित प्रकाशन।

'वंचित वाणी' : डॉ. संजय पासवान, अप्रैल, 2001

'महिला घोषणा' : नवज्योति, जुलाई, 2001

'अह्वाल-ए मिशन' : तेज सिंह, अक्टूबर, 200

सामाजिक न्याय संदेश (मासिक) : मुख्य संपादक मोहनदास नैमिशराय, दिसम्बर 2002, डॉ. आम्बेडकर फाउंडेशन द्वारा प्रकाशित। नैमिशराय जी यहाँ 1906 तक रहे। पत्रिका अभी भी प्रकाशित हो रही है।

'बयान' : मोहनदास नैमिशराय, अगस्त, 2006

'संघर्ष' (त्रैमासिक) : बैजवाडा विलसन, (सफाई कर्मचारी आन्दोलन के द्वारा प्रकाशित) अक्टूबर, 2006, कार्यकारी संपादक राज वाल्मीकि हैं।

'गौतम ऑफ मीडिया' : एस.के. गौतम, अगस्त, 2006

'समता संगठक' : एन.पी. निशांत, अक्टूबर, 2006

'मैत्री टाइम्स' : गायत्री, अक्तूबर, 2007

'मायायुग' : रामप्रसाद मेहरा, 2007, बहुजन समाज पार्टी की पत्रिका है, लेकिन गम्भीर नहीं।

'मुखर पत्रिका' : सुरेश चन्द्र कठेरिया।

'आजीवक विजन' : ईश कुमार गंगानिया, जून 2008

'बहुरि नहिं आवना' : डॉ. दिनेश राम, सितम्बर, 2008

इसी तरह की एक और पत्रिका **'उद्बोधन'** नाम से छपती रही है जो शायद जनवरी 1992 से आरम्भ हुई। यह द्विमासिक है। इसे मन्दिर मार्ग, नई दिल्ली से के.पी.आर. बँधु निकालते रहे हैं जो दिल्ली में सरकारी पद पर रहे।

दिल्ली के करौलबाग से एक और पत्रिका **'जन-आन्दोलन का सजग प्रहरी'**, 1996 में आरम्भ हुई। सम्पादक-प्रकाशक थे—राम खोबरागड़े। पर बाद में यही पत्रिका ब.स.पा (रा.)

के अध्यक्ष राजबहादुर की गिरफ्त में आ गई। अन्ततः अंजाम वही हुआ, जो होना था। साहित्यिक और सांस्कृतिक खबरें, रपट, लेख कम होते गए और राजनैतिक शैली में टीकाएँ अधिक छपने लगीं। अन्य पत्र-पत्रिकाओं की तरह कुछ ही वर्षों में यह पत्रिका बन्द हो गई।

उदाहरण के लिए देखें तो रामविलास पासवान न्याय चक्र के सम्पादक/प्रकाशक हैं। कभी-कभी पत्रिका का तेवर बदल जाता है। उसमें अच्छे आलेख भी छपने लगते हैं। तत्कालीन आन्दोलन का आईना भी बन जाती है पत्रिका। लेकिन राजनैतिक खबरों/कार्यक्रमों (वैसे मुख्यतः रामविलास पासवान जी के कार्यक्रम ही अधिक होते हैं) का दबाव पत्रिका की साहित्यिक ऊर्जा को खत्म-सा कर देता है।[9] दलित लेखकों तथा पत्रकारों के बीच पत्रिका का कोई वजूद नहीं है।

एक समय में योगेन्द्र मकवाना जी केन्द्र में गृह राज्य मंत्री थे और उनका राजनैतिक कद जब बहुत ऊँचा था तो उनके आश्रय में भी परिषद संदेश पत्रिका निकली थी, लेकिन कुछ वर्षों के बाद वह बन्द हो गई।

वर्ष 2003 के मध्य में दिल्ली से **'समतावादी भारत'** नाम से त्रैमासिक पत्रिका प्रकाशित हुई। सम्पादक सुधीर हिलसायन थे तथा प्रकाशक देवीदयाल। दलित समाज के कुछ अधिकारियों ने मिलकर पत्रिका को आर्थिक ऊर्जा दी थी, लेकिन साहित्यिक तथा पत्रकारिता सम्बन्धी समझ न होने के कारण कुछ ही अंकों के बाद पत्रिका बन्द हो गई।

2006 में सफाई कर्मचारी आन्दोलन के द्वारा **'संघर्ष नाम'** की त्रैमासिकी आरम्भ की गई। इसके सम्पादक सूरज बड़त्या तथा उप सम्पादक राज वाल्मीकि हैं। इसका संस्थागत संचालन है। अनियमित प्रकाशन है।

2009 में डॉ. दिनेश राम के सम्पादन में **'बहुरि नहिं आवना'** त्रैमासिकी प्रकाशित हुई। गनीमत है कि पत्रिका अभी तक प्रकाशित हो रही है। विशेष रूप में जार कर्म के साथ धर्मवीर के लेखन को ही वरीयता। इंडियन इंस्टीट्यूट ऑफ दलित स्टडीज द्वारा अक्टूबर-दिसम्बर, 2010 में दलित अस्मिता का प्रवेशांक निकला। सम्पादक हैं विमल थोरात। बड़ी संख्या में परामर्श मण्डल में साथियों का मिश्रण है। धन का अभाव भी नहीं है। फिर भी यह त्रैमासिकी नियमित नहीं निकल पा रही है। पत्रिका में सामग्री महत्त्वपूर्ण है। पत्रिका दलित अस्मिता के अनुरूप है।

एक तरह से देखें तो देश की राजधानी से प्रत्येक वर्ष कोई-न-कोई पत्रिका आरम्भ हो जाती है और उसी वर्ष या बहुत हुआ तो अगले वर्ष आते-आते जीवित नहीं रह पातीं। इनमें से कुछ को हाऊस जर्नल भी कहा जा सकता है। हर साल बड़ी मात्रा में स्मारिकाएँ भी प्रकाशित होती हैं। लेख लिखवाए जाते हैं, तो छपते भी हैं और स्मारिकाएँ वितरित भी हो जाती हैं। अधिकांश गृहणियाँ अगला वर्ष आने से पहले तक उन्हें रद्दी में बेच देती हैं।

असल में पत्रिका प्रकाशन के लिए पूरा समय चाहिए। अधिकांश दलित समाज के साथी दे नहीं पाते हैं। इसका कारण यह है कि वे या तो सरकारी कर्मचारी हैं या फिर अन्य

स्थानों पर रोजी-रोटी में लगे हैं। कुछ साथियों के लिए पत्रकारिता सिर्फ शगल है। जबकि पत्रकारिता जीवन की एक ऐसी व्यवस्थित प्रक्रिया है, जिसके तहत दलित लेखक एवं पत्रकार को चुनौती स्वीकार कर ऐसे युद्ध क्षेत्र में आना पड़ता है, जहाँ कलम के साथ तलवार और भाले लिए उनके विरोधी पहले से ही तैयार होते हैं। उन सबका सामना करते हुए, उनसे जूझते हुए साथ ही सामाजिक न्याय से जुड़े सवालों को वरीयता देकर अपना पथ प्रशस्त करना पड़ता है। वैसी चुनौती स्वीकार करने वाले कम ही कलमकार है। अपने मियाँ मिट्ठू बनना अधिकतर को सुहाता है। पत्रकारिता की शर्तों पर चलना उनके दैनिक कार्यों के कारण आड़े आता है।

इन सभी मुश्किलों/कमियों के बावजूद दलित समाज के बीच से पत्र-पत्रिकाओं का आना महत्वपूर्ण बात है। ऐसे पत्र आन्दोलन को ऊर्जा देते हैं।

सन्दर्भ

1. लेखक पटना में इलैक्ट्रोनिक मीडिया से जुड़े हैं।
2. बयान में प्रकाशित लेख–दलितों का हो अपना मीडिया, सितम्बर, 2011, पृ. 38.
3. गुलामगिरी, अनुवाद : विमल कीर्ति, सम्यक प्रकाशन, नई दिल्ली, पृ. 85.
4. मस्के जी भारतीय उच्च अध्ययन संस्थान, शिमला में सहायक पुस्तकाध्यक्ष हैं।
5. डॉ. तेजसिंह, दलित पत्रकारिता के बुनियादी सरोकार।
6. दलित पत्रकारिता मूल्यांकन और मुद्दे, (सं. रूपचन्द गौतम), श्री नटराज प्रकाशन, दिल्ली-53, 2008, पृ. 35.
7. डॉ. कमलाकर गंगावणे, डॉ. आम्बेडकर की पत्रकारिता, महाराष्ट्र मानस, बम्बई, 16 अप्रैल, 1991.
8. सत्येन्द्र सिंह से झाँसी स्थित उनके निवास पर मुलाकात के आधार पर (वे उन दिनों भारतीय रेल में वरिष्ठ हिन्दी अधिकारी थे)।
9. दलित पत्रकारिता–मूल्यांकन और मुद्दे, पृ. 36.

अन्य सन्दर्भ

- वाणी प्रकाशन।
- लोक सरोकार, 16-23 सितम्बर, 2002.
- कंवल भारती, स्वामी अछूतानंदजी 'हरिहर' और हिन्दी नवजागरण, स्वराज प्रकाशन, नई दिल्ली, 2011, पृ. 196
- रामकिशोर पशीने, समाचार पत्र व पत्रकारों का योगदान, साप्ताहिक नागसेन, चन्द्रपुर, मई 2001, पृ. 7

दलित पैंथर : दलित अस्मिता हेतु एक कवायद

आजादी के पश्चात जैसे-जैसे दलित समाज के भीतर अपने साहित्य, संस्कृति और अस्मिता के प्रति चाह हुई, वैसे-वैसे उन पर उत्पीड़न की घटनाओं में भी बढ़ोतरी होने लगी। कहना न होगा कि दलित उत्पीड़न के खिलाफ उभरी जुझारूता ही दलित पैंथर के रूप में परिवर्तित हुई। उत्पीड़न के खिलाफ उस जुझारूता ने न केवल महाराष्ट्र बल्कि अन्य प्रदेशों में भी दलित युवकों को संघर्ष के लिए प्रेरित किया।

शरण कुमार लिंबाले[1] के विचार में बाबा साहेब डॉ. आम्बेडकर की मृत्यु के पश्चात 'दलित पैंथर' नाम से संघटन बनने की ऐतिहासिक घटना है। 1956 में दलितों के द्वारा विशाल स्तर पर धर्मांतरण हुआ। दलित बौद्ध बने। उनमें नया जीवन दर्शन आया। 1957 के मध्य में रिपब्लिकन पार्टी ऑफ इंडिया का गठन हुआ। दलितों में आत्म-सम्मान की भावना प्रबल हुई।

1970 के आसपास देशभर में अनुसूचित जातियों पर प्रत्यक्ष रूप से अत्याचार व हिंसा की घटनाएँ तेजी के साथ बढ़ गई थीं। किसी राज्य में दलितों के खिलाफ इन हिंसक घटनाओं का प्रतिशत कम तो कहीं ज्यादा था। गाँव, बस्ती में उत्पीड़न की आंधी आई। महाराष्ट्र भी इससे अछूता न रहा। 24 मई, 1972 को समाजवादी चिन्तक मधु लिमये द्वारा यह ज्वलन्त सवाल लोकसभा में उठाया गया। इसी तरह से महाराष्ट्र में दलितों पर होने वाले अत्याचारों एवं हिंसा के प्रति विधान परिषद के सदस्यों का ध्यान खींचने के लिए महाराष्ट्र की विधान परिषद में रिपब्लिकन पार्टी ऑफ इंडिया के लड़ाकू एवं जागरूक नौजवानों ने प्रदर्शन भी किया। उनके भीतर आक्रोश की कोई सीमा नहीं थी। वे दलित उत्पीड़कों से जूझने भी लगे थे। दलित युवकों के लिए यह आग से खेलने जैसा था।

इन परिस्थितियों को 'दलित पैंथर' के तेजी के साथ अस्तित्व में आने का कारण भी माना जा सकता है। ऐसा माना जाता है कि 'दलित पैंथर' की पहली बैठक बम्बई के सिद्धार्थ नगर में 9 जुलाई, 1972 को हुई। इस बैठक में बहुत बड़ी संख्या में दलित नौजवान एवं समाजवादी पार्टी के युवक क्रान्ति दल (क्रान्तिकारी नौजवान आन्दोलन) के कुछ सदस्य मौजूद थे। इस बैठक का प्रारम्भ 'दलित पैंथर' संगठन के निर्माण को घोषित करने वाले प्रकाशित परचे से हुआ। यह परचा बताता था कि स्वतन्त्रता के निरंतर रूप से बढ़ते हुए भी अत्याचार बढ़ रहे हैं। इसी के साथ इसने यह भी घोषित किया कि सरकार एवं अपने

समुदाय के नेतागण कोई भी कार्यवाही नहीं कर रहे हैं। इसमें दलित नौजवानों से अपील की कि वे 'दलित पैंथर' के झंडे तले आ जाएँ तथा अन्यायकारी ताकतों से लड़ें।[2] पैंथर जे.वि. पवार[3] का मानना है कि दलित पैंथर की स्थापना 9 जुलाई को न होकर 29 मई, 1972 को बम्बई में हुआ था। 24 सितम्बर, 1972 को जो ज्ञापन बाबू जगजीवनराम को भी दिया गया वह ढसाल द्वारा हस्ताक्षरित था। पवार अपनी पुस्तक में इस बात का हवाला भी देते हैं कि जगजीवन राम की सभा में बाधा पहुँचाने के कारण 64 युवा पैंथरों को जेल भी जाना पड़ा था।[4]

ये लोग अपने को पैंथर कहते थे क्योंकि उनका मानना था कि अपने अधिकारों के लिए पैंथर की भाँति लड़ा जाए तथा अब वे अत्याचारियों की शक्ति तथा ताकत से नहीं दबेंगे। बकौल नागेश चौधरी, जाति व्यवस्था और दलित उत्पीड़न के विरोध स्वरूप ही दलित पैंथर का जन्म हुआ।[5] 'दलित पैंथर' के निर्माण के पीछे राव साहेब कसबे महत्त्वपूर्ण कारण बताते हैं कि जनता से उनके नेता दूर होते गए। तब नए नेतृत्व की आवश्यकता थी। ऐसे समय पर दलित पैंथर का उदय हुआ।[6] इसके साथ ही राजा ढाले का लेख **'काला स्वतन्त्रता दिन'** जो 15 अगस्त, 1972 को साधना के विशेष अंक में प्रकाशित हुआ था, ने दलित समाज के भीतर अत्यधिक जागरूकता और उत्तेजना पैदा की तथा पूरे महाराष्ट्र में 'दलित पैंथर' को सार्वजनिक कर दिया। इसी के साथ 1972 से 1974 के बीच नासिक, देवलाली, लाटूर, नांदेड़, बीड़, पुणे, बेलगाँव, सांगली, सतारा, सोलापुर, जलगाँव, चालीसगाँव, भुसावल, बुलढाणा, औरंगाबाद, धुले, पुलगाँव, वर्धा, अकोला, नागपुर, काटोल, कामटी, चन्द्रपुर, यवतमाल, बल्लारपुर, अहमदाबाद, छिंदवाड़ा, भोपाल तथा हिंगनघाट आदि में इसकी शाखाएँ खुल गईं। वर्ली दंगों के बाद लंदन में भी दलित पैंथर गमरे के नेतृत्व में एक नई शाखा खोलने की घोषणा की गई। नामदेव ढसाल के अनुसार, उन दिनों सम्पूर्ण बम्बई में इसकी 100 शाखाएँ थीं।

विषमता के विरोध की लड़ाई को अधिक तीव्र बनाने के लिए साहित्य को भी हथियार के रूप में स्वीकारा गया। इसी कारण दलित साहित्य का प्रत्येक लेखक कलम का मजदूर ही नहीं, परिवर्तन और प्रबोधन का एक कार्यकर्ता भी हो सकता है—इसका एहसास इस आन्दोलन ने करा दिया।

डॉ. सूर्यनारायण रणसुभे लिखते हैं कि दलित विद्रोह को प्रबोधन तथा विवेक के साथ जोड़ने की उनकी क्रान्तिदर्शिता को देश के सवर्ण समझ नहीं पाए हैं।

2 अक्टूबर, 1972 को लव-लेन बिट चॉल (Love lane Bit Chawl) में आयोजित बैठक में राजा ढाले ने सुझाव दिया कि पैंथरों का एक झंडा होना चाहिए।

संगठन का पूर्व संगठनात्मक चरित्र इस बात का साक्षी है कि इसके प्रथम चरण में इसमें नेताओं का एक अच्छा-खासा जमघट था जो इस संगठन के लिए कुछ भी करने को वचनबद्ध थे तथा उनके प्रभाव और उनकी कार्यवाहियाँ काफी विचारपूर्ण एवं बौद्धिक थीं। संगठन से ज्यादा प्रचार बढ़ाने, बैठकें करने तथा प्रक्रिया को आगे बढ़ाने एवं दलितों पर होने वाले अत्याचारों को रोकने के सम्बन्ध में इस संगठन के लड़ाकुओं पर ज्यादा

प्रभाव पड़ा। ऐसा माना जाता है कि विचारधारा के असमंजस एवं पुलिस के अवरोध ने लड़ाकू आन्दोलन को इस पूर्व संगठनात्मक प्रकृति से बाहर ही नहीं निकलने दिया।

20 मई, 1973 को हुई बैठक में ऑफिस के निर्वाचित धारक चुने गए। राजा ढाले को अध्यक्ष पद दिया गया, उपाध्यक्ष का पद विट्ठल साठे को दिया गया, जे.वी. पवार सचिव बने, भाई संगारे को संयुक्त सचिव, अविनाश महातेकर को कोषाध्यक्ष, नामदेव ढसाल को रक्षा मन्त्री, थोरात को संचार मन्त्री, उद्धव सालवे को लोकमन्त्री एवं जयावन्त जगदानी को महिला शाखा का इंचार्ज निर्वाचित किया गया और इस तरह 'दलित पैंथर' संगठन की स्थापना हो गई।

शुरुआत में लगभग 2000 युवा जुड़े। इनकी संख्या केवल इस संगठन के कार्यक्रमों एवं कार्यवाहियों पर निर्भर थी। इसी कारण इसमें घटत-बढ़त होती रही। उदाहरण के तौर पर, 1974 के मध्य में बम्बई सेंट्रल के संसदीय उप-चुनावों का जब बहिष्कार सफलतापूर्वक किया गया तो यह संगठन महाराष्ट्र के दलित समुदाय में बहुत प्रसिद्ध एवं लोकप्रिय हो गया। जल्द ही इसकी सदस्यता बढ़ने लगी। राजा ढाले ने भी एक साक्षात्कार में कहा कि बम्बई में संगठन की लगभग 75 शाखाएँ हैं जहाँ लगभग 200,000 पैंथर हैं तथा राज्य के प्रत्येक तालुका में एक शाखा है। पैंथर नेताओं ने उन सभी को इसमें भरती कर लिया जो इसमें भरती होने की इच्छा रखते थे। ब्लैक पैंथरों की तरह नए प्रवेशार्थियों की जाँच-पड़ताल की कोई प्रक्रियात्मक व्यवस्था इस संगठन में नहीं थी जबकि ब्लैक पैंथर नेता भरती के मामले में बड़े ही सतर्क रहते थे। उसके दो कारण थे।

शुरुआत में इसमें नव-बुद्धिस्ट तथा अनुसूचित जाति के नौजवान आए। शिक्षित बेरोजगार नौजवान जो समाज में अपना निहित स्वार्थ नहीं रखते थे उन्होंने इस आन्दोलन का नेतृत्व सँभाल लिया।[7]

पैंथरों की 200 से 300 सदस्यों की बैठकें मूलतः सदस्यों के घरों तथा बस्तियों के पास-पड़ोस में ही होती थीं। बम्बई में पैंथरों ने सदस्यता के लिए बी.डी.डी. चॉल, वर्ली, नायगाँव, लवलेन, भायखला, कमाठीपुरा, सेवरी, विकरोली तथा भाण्डुप के निवासी दलितों को संगठन की तरफ खींचा। पी.वी. रानाडे के अनुसार, दलित पैंथरों का बैठक में भाग लेना नाटकीय अनुभव के समान था। इनकी सभा अकसर 'किशोरों' की सभा होती थी। पैंथरों ने दृढ़ता से सम्बोधित किया कि यह नौजवानों की सभा है अथवा 25 वर्ष से नीचे की आयु वाले लोगों का एकत्रीकरण है। ये बैठकें अल्पकालिक सूचना के आधार पर होती थीं। चाहे फिर ये बम्बई में हों या पूना, नासिक, औरंगाबाद या नागपुर में हों। बड़ी संख्या में किशोर इन बैठकों में जुझारू पैंथरों को सुनने के लिए आते थे। वे उनसे प्रभावित होते थे और कुछ कर-गुजरने के लिए प्रेरित भी। दलित पैंथर उनके भीतर बाबा साहेब के विचार दर्शन का बीज डालते थे।

अमेरिका में ब्लैक पैंथर का महत्त्वपूर्ण इतिहास रहा है। ब्लैक पॉवर लिटरेचर—इन सबके दलित पैंथर से रिश्ते रहे हैं।[8] 1955 में मोण्टोगोमेरी (अल्बामा राज्य) में डॉ. मार्टिन लूथर किंग ने एक अश्वेत अहिंसावादी आन्दोलन छेड़ा। एटलांटा, जॉर्जिया में जो बसें चलती थीं

उनमें गोरे आगे बैठते थे तथा काले समुदाय के यात्री पीछे।[9] स्वयं मार्टिन लूथर किंग का मोरहाउस में इसी तरह का कड़वा अनुभव था। परिणामस्वरूप, पुलिस के अत्याचारों को सहने के बावजूद उन्होंने 1964 में अमेरिकी कांग्रेस से नागरिक अधिकार अधिनियम पारित करवा लिया। यह अधिनियम सार्वजनिक सुविधाओं में जातीय अलगाव को गैर कानूनी घोषित करता था लेकिन इन अहिंसावादियों पर फिर भी पुलिस तथा श्वेतों के अत्याचार जारी रहे। इसलिए कुछ अश्वेतों ने अहिंसावादी मार्ग त्यागकर हिंसात्मक मार्ग अपनाया तथा अश्वेतों ने तात्कालिक चल रहे वियतनाम युद्ध का भी विरोध किया, क्योंकि वे सेना में लड़कर मरने के लिए तैयार नहीं थे।

इस प्रकार अश्वेतों की मुक्ति के लिए संघर्ष करने हेतु आन्दोलन के दो वर्ग थे। एक वर्ग के आन्दोलनों का नेतृत्व ऐसे नेतागण करते थे जिनमें बुकर वॉशिंग्टन, मार्टिन लूथर किंग, अबनार्थी आदि थे, जो अपना आन्दोलन अहिंसात्मक तथा लोकतांत्रिक तरीकों से चला रहे थे। दूसरे वर्ग के आन्दोलन उग्र एवं हिंसक थे तथा अश्वेत नेताओं जैसे गार्वे, डुबोइस तथा मालकोम एक्स आदि की विचारधारा तथा सिद्धांतों पर आधारित थे। राष्ट्रीय अश्वेत समूहों एवं आन्दोलनों के अहिंसक तरीकों से नाराज तथा असंतुष्ट होकर दो शिक्षित-अश्वेत युवक पी. न्यूटन तथा बॉबी जी सीले ने 1966 में ऑकलैंड (कैलिफोर्निया राज्य) में आत्मरक्षा के लिए 'ब्लैक पैंथर पार्टी' बनाई तथा ब्लैक पैंथर आन्दोलन शुरू किया।

इस प्रकार ब्लैक पैंथर आन्दोलन श्वेतों की संस्कृति तथा स्थापित व्यवस्था के खिलाफ था, जो अश्वेतों को उनके मानवीय, सामाजिक, आर्थिक एवं राजनैतिक अधिकारों को दिलाने के लिए संघर्षरत था। अध्ययन में यह पाया गया कि जिस समय यह आन्दोलन अपनी बुलंदी की ओर बढ़ रहा था, उस समय भारत में महाराष्ट्र के दलित जाँबाज युवाओं पर इसका इतना गहरा प्रभाव पड़ चुका था कि नामदेव ढसाल तथा राजा ढाले ने क्रान्तिकारी संगठन बनाया तो उसका नाम 'ब्लैक पैंथर' की भाँति 'दलित पैंथर' रख दिया था तथा जिस प्रकार की रणनीति ब्लैक पैंथरों की थी, वही लड़ाकू रणनीति भी अपनाई।[10] जिस प्रकार ब्लैक पैंथरों ने साहित्य का सहारा अश्वेतों को जागरूक करने के लिए लिया, उसी प्रकार दलित पैंथरों ने भी दलितों को जागरूक करने के लिए दलित साहित्य का सहारा लिया।

प्रह्लाद चेंदवणकर लिखते हैं कि अमेरिका में ब्लैक समुदाय के लोगों ने जाग्रत होकर काला रंग सौंदर्य का प्रतीक (Black is Beautiful) है, ऐसा कहा। उन्होंने कफन बाँधकर समता और सम्मान के लिए युद्ध किया। ऐसे ही भारत में दलित पैंथर्स ने भी किया।

जब 1973 में दलित पैंथरों का घोषणापत्र प्रकाशित हुआ तो उसमें लिखा था—अमेरिकी साम्राज्यवाद के विकराल रूप के कारण तृतीय विश्व, जो कि सताए हुए राष्ट्र हैं तथा दलित लोग उत्पीड़ित हो रहे हैं, अमेरिका में भी मुट्ठीभर प्रतिक्रियावादी श्वेत अश्वेतों का शोषण कर रहे हैं। इसकी प्रतिक्रियास्वरूप इस शोषण को मिटाने के लिए 'ब्लैक पैंथर आन्दोलन' विकसित हुआ। ब्लैक पैंथरों से अश्वेतों की शक्ति उदित हुई। यह संघर्ष की आग पूरे देश में फैली। हम दावा करते हैं कि हमारे इस संघर्ष के साथ निकट सम्बन्ध हैं।[11]

रिपब्लिकन पार्टी ऑफ इंडिया एवं उसका प्रभाव

भारत में दलित समाज के राजनैतिक इतिहास को अगर देखा जाए तो ऑल इंडिया शेड्यूल्ड कास्ट्स फेडरेशन जो 1942 में स्थापित हुई, एक सीमा तक वोट के महत्व को समझाने में काफी सफल रही तथा रिपब्लिकन पार्टी ऑफ इंडिया में, जिस पर विचार करने के लिए 1956 में डॉ. आम्बेडकर ने प्रयास किए थे लेकिन इसके निर्माण से पहले वे चल बसे।

रिपब्लिकन पार्टी ऑफ इंडिया (RPI) अ.ई.शे.का. फेडरेशन में से ही बनी थी जिसका नाम अक्टूबर, 1957 में बदल दिया गया था। डॉ. आम्बेडकर के परिनिर्वाण के बाद (वे इस पार्टी के संस्थापक भी थे) एन. शिवराज देहान्त (1964) तक इस पार्टी के नेता रहे। रिपब्लिकन पार्टी ऑफ इंडिया का पहला सम्मेलन अक्टूबर 1957 में नागपुर में हुआ था; दूसरा औरंगाबाद में 1959 में, तीसरा अलीगढ़ में 1961 में, चौथा अहमदाबाद में 1963 में, पाँचवाँ दिल्ली में 1966 में, छठा नागपुर में 1969 में तथा सातवाँ पुणे में 1975 में हुआ था।

3 अक्तूबर 1957 से 3 अक्तूबर, 1959 तक रिपब्लिकन पार्टी का राजनीतिक दृष्टिकोण से महत्त्व का रहा है। चन्द्रमोहन वाद्य ने तो एन. शिवराज को बाबा साहेब डॉ. आम्बेडकर के आन्दोलन को फ्रेडरिक एंजिल भी बताया है।[12]

डॉ. क्षीरसागर लिखते हैं कि उस समय संसद में पार्टी के सदस्यों की संख्या 9 थी जबकि हिन्दू महासभा की 1, कम्युनिस्ट के 27, प्रजा समाजवादी के 19 और कांग्रेस के 371 सदस्य थे। क्षीरसागर जी ने इसे रिपब्लिकन पार्टी का स्वर्ण युग कहा है।[13]

बाद के दिनों में रिपब्लिकन पार्टी ऑफ इंडिया की क्रियाशीलता तथा पार्टी के सभी नेताओं का क्रान्तिकारी व्यवहार और जोश धीरे-धीरे समाप्त हो गया, क्योंकि अधिकांश नेता अपने-आपको जूनियर डॉ. आम्बेडकर समझते थे।

आपसी मतभेद के परिणामस्वरूप वे दलित आन्दोलन का कारवाँ आगे नहीं बढ़ा सके। परिणाम यह हुआ कि पार्टी का पतन हो गया। इसके अतिरिक्त, डॉ. आम्बेडकर की मृत्यु के बाद बी.सी. काम्बले तथा बी.के. गायकवाड़ में आपसी कलह हो गई। पहले ने दूसरे को गलत समझा तथा उस पर बहुत से आरोप लगाए। परिणाम तो आने ही थे यानी काम्बले रिपब्लिकन पार्टी ऑफ इंडिया से अलग हो गए तथा 14 मई, 1959 को बाबू हरदास आवले, डी.टी. रूपवते, ए.सी. पवार तथा एन.एम. काम्बले के साथ मिलकर अपना गुट बनाया। बाद में प्रोफेसर आर.डी. भंडारे, जो पार्टी के एक महत्त्वपूर्ण नेता थे, रिपब्लिकन पार्टी से बाहर निकल गए तथा 15 अगस्त, 1965 को कांग्रेस में शामिल हो गए। इसके अतिरिक्त, रिपब्लिकन पार्टी ऑफ इंडिया के नेता कांग्रेस के मित्र बनकर कार्य करने लगे थे तथा 1967 के चुनावों में उनके प्रतिनिधि कांग्रेस की फील्डिंग करने लगे थे। कांग्रेस के साथ जुड़ने पर रिपब्लिकन पार्टी ऑफ इंडिया ने अपना लड़ाकूपन त्याग दिया तथा समझौतावादी प्रवृत्ति अपना ली।

संक्षेप में कहा जाए तो आरपीआई से जुड़े राजनीतिज्ञों का यही इतिहास है और यही हश्र भी। यह मतभेद दलित पैंथर में भी प्रवेश कर गया।

राजा ढाले एवं नामदेव ढसाल में वैचारिक मतभेद

ऐसा माना जाता है कि राजा ढाले एवं नामदेव ढसाल, दोनों ही अलग-अलग प्रकार के व्यक्ति थे। उनके विचारों में परस्पर टकराव था। ढाले का झुकाव बुद्धवाद की ओर था तथा वे संसदीय लोकतांत्रिक उपागम के पक्षधर थे। सांस्कृतिक क्रान्ति तथा बुद्धवाद के फैलाव द्वारा जाति उन्मूलन उनके लिए काफी महत्त्व रखता था। इसके विपरीत, ढसाल लड़ाकू प्रवृत्ति के थे। वह क्रान्तिकारी रास्ते के द्वारा वर्ग संघर्ष को जाति संघर्ष से जोड़कर सुधार एवं परिवर्तन लाना चाहते थे। इन दोनों के अलग-अलग मत तथा अभिव्यक्ति ही दलित पैंथर में रंजिश और फूट की साक्षी रही है। ढसाल ने राजा ढाले पर दलित आन्दोलन को सम्प्रदायवादी बनाने अर्थात नव-बुद्धिस्टों को बनाने के लिए आरोप लगाया, वहीं ढाले ने ढसाल पर आम्बेडकरवाद में मार्क्सवाद को विकसित करने का आरोप लगाया।

वैसे संगठन में फूट 1974 में पड़ गई थी। फिर भी, कुछ पैंथर संगठित रहे तथा इस आन्दोलन को प्रो. अरुण काम्बले, रामदास अठावले, गंगाधर गाड़े (महाराष्ट्र में), रमेश चन्द्र परमार तथा नारायण वोहरा (गुजरात), एडवोकेट बापूराव पाखिड्डे (दिल्ली), अत्तर सिंह आनन्द तथा राहुल आम्बेडकर (उत्तर प्रदेश), एस.एल. विरदी (पंजाब) के नेतृत्व में चलाते रहे। उन्होंने देश के दूसरे भागों में अनुसूचित जातियों की समस्याओं को जोर-शोर से उठाया। और दलितों को अपने अधिकारों के लिए जागृत करने के प्रयास किए। निश्चित ही 70 का दशक दलितों के भीतर आई जुझारुता का चश्मदीद गवाह रहा है।

प्रथम चरण में कार्यक्रम संचालन

15 अगस्त, 1972 की रात राज्य सरकार द्वारा स्वतन्त्रता की पच्चीसवीं वर्षगाँठ मनाने के विरोध में पैंथरों ने मोर्चा निकाला। सरकारी भवनों की जगमगाती रोशनी में दलित नौजवानों ने काले झंडे लेकर विधानसभा के सामने जुलूस निकाला। उन्होंने विधानसभा के बाहर एक 'सभा' एकत्रित की तथा नामदेव ढसाल ने घोषणा की कि यदि विधान परिषद या संसद सामान्य व्यक्ति की समस्याओं को हल नहीं करेगी तो पैंथर उन्हें जलाकर राख कर देंगे। इस प्रकरण से पहले ही यह निश्चय किया गया था कि 15 अगस्त को काले स्वतन्त्रता दिवस के रूप में मनाया जाए।

10 सितम्बर, 1972 को पुणे में काउंसिल हॉल में तीन दिन की कैबिनेट बैठक हो रही थी। पैंथरों ने वहाँ मोर्चा निकाला तथा प्रदर्शन किया। इसके साथ ही प्रदर्शन में यह माँग की गई कि ढाले के लेख **'काला स्वतन्त्रता दिन'** में लिखे गए शब्दों के लिए जो

राजा ढाले पर केस थोपा गया है, उसे वापस लिया जाए। इसके साथ 'साधना' के सम्पादक थाट्टे के खिलाफ जो केस दायर किया गया है, उसे भी वापस लिया जाए।

4 नवम्बर, 1972 को दलितों के साथ दुर्व्यवहार करने वाली पुलिस के खिलाफ एक जुलूस आयोजित किया तथा यह माँग की गई कि जिन्हें सेक्शन 153/A के अन्तर्गत गिरफ्तार किया गया है उन्हें रिहा किया जाए।

14 अगस्त, 1973 को सचिवालय तथा जिला कलेक्टर ऑफिस के विरोध में 20,000 लोगों का बड़ा मोर्चा निकाला गया। मोर्चे के अन्त में बम्बई में राजा ढाले की अध्यक्षता में एक शिष्टमंडल द्वारा एक 11 पृष्ठों का स्मरण पत्र तत्कालीन मुख्यमन्त्री वसन्तराव नाइक को प्रस्तुत किया गया। मुख्यमन्त्री के साथ बैठक में भाग लेने के बाद पैंथर नेता राजा ढाले, नामदेव ढसाल, जे. पवार, श्रीमती जगदानी तथा अन्य नेताओं ने मोर्चे को सम्बोधित किया। वक्ताओं ने घोषणा की कि यदि दलितों पर अत्याचार होते रहे तो अलग से दलित स्थान लेने के लिए आन्दोलन को प्रबलता से चलाया जाएगा।

10 जनवरी, 1974 को सहायक पुलिस आयुक्त, भोईवाड़ा पुलिस स्टेशन के बाहर ढाले की गिरफ्तारी तथा दलितों पर अत्याचार के विरोध में मोर्चा आयोजित किया गया। इस मोर्चे में 30 वर्ष से कम उम्र के लगभग 10 से 12 हजार नवयुवक थे। पैंथर नेता संगारे, महातेकर, पवार, ढसाल आदि ने विभिन्न स्थानों पर इन मोर्चों में भाग लिया। जब मोर्चा रेलवे कार्यशाला क्षेत्र में पहुँचा, जो शिवसेना का गढ़ था, तब इस पर पथराव किया गया, जिसमें पैंथर जाधव की मृत्यु हो गई।

21 जनवरी, 1974 को आजाद मैदान से सचिवालय तक सभी पार्टियों ने मिलकर मोर्चा निकाला। इसमें दस नवयुवक संगठनों के लगभग 3000 नौजवान थे। इसमें दलित पैंथर, मगोवा मंडल, प्रोग्रेसिव यूथ्स मूवमेंट, समाजवादी युवाजन सभा, युवक क्रान्ति दल तथा मुस्लिम सत्य शोधक मंडल आदि ने भाग लिया। इसमें भाग लेने वाले 6-10 जनवरी में हुए लाठी चार्ज में न्यायिक जाँच, पैंथर नेताओं के खिलाफ केस वापस लेने, ए.सी.पी. बलसारा का तबादला तथा उसे निष्कासित करने, वर्ली चॉल से पुलिसवालों का तबादला करने तथा दलितों द्वारा की गई शिकायतों में विशेष जाँच के लिए एक अतिरिक्त पुलिस आयुक्त की नियुक्ति की माँग कर रहे थे। इसके साथ-साथ दलित पैंथर नेता पुलिस विभाग में 30 से 40 प्रतिशत दलितों के आरक्षण की माँग कर रहे थे।

5 फरवरी, 1974 को आजाद मैदान से सचिवालय तक पुलिस की क्रूरता के विरोध में एक अन्य मोर्चा दलित पैंथरों ने निकाला था। यह मोर्चा वामपन्थी ट्रेड यूनियन के साथ मिलकर निकाला गया था। दोनों मोर्चे ओवल मैदान में एक बड़ी रैली के रूप में अभिमुख हुए जिसे कामरेड डांगे, ढसाल तथा ढाले ने सम्बोधित किया। इसमें भी पहले की गई माँगों का एक स्मरण पत्र मुख्यमन्त्री को सौंपा गया। इसी के साथ-साथ नेताओं ने यह भी माँग की कि पुलिस सलाहकार समिति से शिवसेना के नेता प्रमोद नावल्कर को हटाया जाए।

29 मार्च को बढ़ती बेरोजगारी के विरोध में सचिवालय तक एक मोर्चा निकाला

गया। ढसाल, संगारे, महातेकर तथा पगारे का एक शिष्टमंडल बना तथा श्रम मन्त्री तिड़के को एक स्मरण पत्र प्रस्तुत किया गया।

दलित पैंथर आन्दोलन एवं अवरोध

दलित पैंथर यह महसूस करते थे कि उनकी दुर्दशा का मुख्य कारण हिन्दू जाति के प्रभुत्व में बनी सरकार है। वे दावा करते थे कि उनका विद्रोह सामन्तवाद, पूँजीवादी ढाँचे एवं राजनीतिक अधिकरणों से है। जैसा कि बी.डी.डी. चॉल (बम्बई) का उदाहरण दर्शाता है, पुलिस ने अनुसूचित जाति के लोगों के बचाव के बजाय उन्हीं को मारा-पीटा। पुलिस उप-आयुक्त ने सम्बन्धित पुलिस स्टेशन को आदेश जारी किया कि साम्प्रदायिक घृणा के लिए सेक्शन 153/A तथा B के प्रावधान के अन्तर्गत केस पंजीकृत किए जाएँ या धारा 110 के अन्तर्गत राष्ट्रीय ध्वज का अपमान करने के जुर्म में दलित पैंथर नेताओं के खिलाफ केस पंजीकृत किए जाएँ।

पैंथर के साथी सरकार की इन चालों और कुटिलताओं को जानते थे कि वे आन्दोलन को दबाने के लिए कुछ भी कर सकती है। इसलिए उन्होंने सरकार को चेतावनी दी कि पैंथर ऐसी चालों के सामने घुटने टेककर नम्र नहीं बनेंगे। उन्होंने सरकार पर इल्जाम लगाया कि वह दलित नेताओं को अपराधी एवं गुंडा बताकर आन्दोलन को बदनाम कर रही है। जब कुछ शहरों में पैंथरों का प्रवेश सरकार ने बन्द कर दिया था तो पैंथरों ने इसका विरोध किया।

महाराष्ट्र सरकार ने 1973 में दशहरे पर वैदिक ब्राह्मणों के कार्यक्रम के दौरान उनका अभिनन्दन किया तो पैंथर संगठन के सचिव पवार ने एक वक्तव्य जारी किया जिसमें माँग की गई कि महाराष्ट्र सरकार ब्राह्मणों का अभिनन्दन करना बन्द करे, क्योंकि यह नीति धर्मनिरपेक्षता के विरुद्ध है। इसी के साथ उन्होंने यह भी कहा कि जो देश को प्रगति पथ पर ले जाने वाले वैज्ञानिक तथा बुद्धिजीवी लोग हैं, सरकार उनका तो अभिनन्दन नहीं करती, बल्कि जो देश में परम्परागत जाति व्यवस्था को स्थापित करने में लगे हैं तथा अपने उपदेशों द्वारा देश की प्रगति को रोक रहे हैं, सरकार उनका अभिनन्दन कर रही है। इस विरोध में पैंथरों का साथ समाजवादी पार्टी, समाजवादी युवाजन सभा तथा युवक क्रान्ति दल ने दिया।

दूसरा चरण

ढाले गुट

इस चरण में ढाले गुट ने दलितों पर हुए अत्याचारों के विरोध में प्रदर्शन करना भी जारी रखा। कुछ रैलियाँ गवई भाईयों को अन्धा करने तथा उत्तर प्रदेश के शेरपुर में अत्याचारों

के विरुद्ध निकाली गईं। तत्कालीन मुख्यमन्त्री एस.बी. चव्हाण के साथ हुर्ठ बैठक के दौरान ढाले ने माँग की कि आन्तरिक सुरक्षा अधिनियम के रखरखाव (इसे मीसा भी कहते हैं), जो आपदाकाल के दौरान व्यवस्थित था, को जातिवाद का प्रचार करने के विरोध में प्रयोग किया जाना चाहिए।

ढाले ने अन्धे गवई भाइयों की दुर्दशा का मुद्‍दा उठाया। इस मुद्‍दे को सार्वजनिक करने के लिए ढाले तथा पवार ने 21 जनवरी 1975 को एक प्रेस सम्मेलन बुलाया। इसकी रिपोर्ट में प्रतिवेदित हुआ कि अकोला जिले में धकाली गाँव के तुकाराम पाटिल के लड़के के गवई भाइयों में से एक के लड़की के साथ सम्बन्ध थे। जब लड़की मान गई तो भाइयों ने उसे सुझाव दिया कि पाटिल के लड़के को उससे शादी कर लेनी चाहिए। तुकाराम पाटिल (सवर्ण जाति) ने समझा कि दलित जाति के लोगों ने यह कहकर उसका अपमान किया है। इसलिए उसने दोनों भाइयों को अन्धा कर दिया। 26 सितम्बर, 1974 को इस घिनौने कार्य को अंजाम दिया गया जबकि पुलिस ने दो दिन बाद तक भी कोई कदम नहीं उठाया, न उत्पीड़कों के खिलाफ कोई कार्यवाही की। ढाले के प्रेस सम्मेलन के बाद यह घटना उच्च अधिकारियों के पास पहुँची। तब तत्कालीन मुख्यमन्त्री वसंतराव नाइक ने बैठक के दौरान (ढाले के साथ) पीड़ितों को एक-एक हजार रुपये मुआवजे के रूप में देने को कहा। **तब ढाले ने आक्रोश में उनसे कहा था कि क्या वे 2000 रुपये में अपनी आँखें देंगे।**

दलितों की अलग विशिष्ट पहचान स्थापित करने के मामले में दलितों को बुद्धिस्ट बनाने के लिए ढाले ने इस धर्म के प्रचार के लिए कुछ कार्यक्रम किए। वह इस कार्य को अंजाम देने के लिए बुद्धवाद के समर्थकों, जैसे, भैया साहब आम्बेडकर तथा माई (सविता) आम्बेडकर के साथ घनिष्ठता के साथ जुड़ा रहा। उस समय में बुद्धिस्ट साहित्य तथा दलित साहित्य ने बहुत प्रतिष्ठा हासिल की। उन्हें उसने क्रमशः आम्बेडकरवादी तथा मार्क्सवादी साहित्य के रूप में विवेचित किया। इसके अलावा, ढाले के गुट ने 1976 के दौरान बुद्धिजीवी विषयों के प्रसारण करने के लिए एक बुद्धिजीवी समूह बनाया जो दलितों की समस्याओं पर विचार करता था तथा उन विचारों को 'मुक्त छन्द' नामक पत्रिका के नाम से प्रसारित किया जाता था।

इसके अलावा, ढाले के गुट द्वारा दो ज्ञापन भी मुख्यमन्त्री को प्रस्तुत किए गए। 1 दिसम्बर, 1975 के पहले ज्ञापन में निम्न माँगें थीं–

1. अवैधानिक तरीके से छीनी गई जमीनें, पुनर्वितरण द्वारा अधिकारपूर्ण मालिकों को दी जाएँ।
2. जातिवादी अत्याचारों में लिप्त अपराधियों को 'मीसा' के अन्तर्गत गिरफ्तार किया जाए।
3. दलित छात्रों की छात्रवृत्तियाँ बढ़ाई जाएँ तथा दलितों के लिए रोजगार बढ़ाए जाएँ।
4. डॉ. आम्बेडकर के लेखों को दूसरी भाषाओं में अनुवादित किया जाए।

5. दलितों की आवास से जुड़ी ऋण सुविधाओं को बढ़ाया जाए।
6. को-ऑपरेटिव सोसायटियों में दलितों का शेयरधारकों के रूप में पंजीकरण हो।

दूसरा ज्ञापन 31 जनवरी, 1976 को प्रस्तुत किया गया, जिसमें निम्न माँगें थीं–

1. दलित पैंथरों के विरुद्ध सभी केसों को वापस लिया जाए।
2. अन्धे गवई भाइयों को पर्याप्त जमीन का प्रावधान किया जाए।
3. बारहवीं कक्षा के दलित छात्रों के लिए छात्रवृत्ति का प्रावधान किया जाए।
4. डॉ. आम्बेडकर जयन्ती पर लाउडस्पीकरों के प्रयोग पर बंदिशें हटाई जाएँ।
5. दलितों के लिए एक अलग से रोजगार कार्यालय हो।

परिणामस्वरूप, कुछ दिनों बाद सरकार ने एक आदेश करके 2 फरवरी, 1976 को पैंथरों के विरुद्ध सभी मामलों को वापस ले लिया।

ढसाल गुट

फूट के बाद ढसाल ने अपना कार्यस्थल पूना में बनाया। उन्होंने संगठन की कार्यकारी समिति की घोषणा की–1. लतीफ खटीक–अध्यक्ष, 2. सुनील दिघे–उपाध्यक्ष, 3. नामदेव ढसाल–महासचिव, 4. अर्जुन डांगले–संयुक्त सचिव, 5. एस.एम. खडताले– कोषाध्यक्ष, 6. पी. चेन्दवंकर–आयोजक तथा 7. बाल खैरमौडे, 8. मल्लिका ढसाल, 9. उत्तम काम्बले, 10. हीरामन पगाहे, 11. सी. निकाल्जे, 12. बी. राठौड़ सदस्य थे।

पुणे शाखा में एल.डी. भोंसले तथा जयदेव गायकवाड़ क्रमशः अध्यक्ष एवं महासचिव बने। प्रबन्ध कमेटी के सदस्य या तो पूर्व-कम्युनिस्ट थे या मार्क्सवादी विचारधारा से सम्बन्ध रखते थे। पुणे के पूर्व मेयर शान्ताराम दिवेकर भी पैंथर संगठन की इस शाखा से जुड़ गए। वास्तव में यह शाखा एक घर में स्थापित थी। नागपुर में दिघे पर आक्रमण हुआ तो ढसाल गुट में कलह पैदा हो गई। यह कहा जाता है, वास्तव में यह आक्रमण ढसाल पर होना था। आक्रमणकारी चिल्ला रहे थे कि 'कहाँ है कम्युनिस्ट ढसाल?' इस प्रकरण ने ढसाल को डरा दिया तथा वह अपने गुट से पूर्व-नक्सली तथा पूर्व-कम्युनिस्टों को हटाने पर मजबूर हो गए। ढसाल ने इसका विरोध किया कि पैंथरों को दूसरों की जमीनें लूटने के कार्यक्रम में नहीं लगना चाहिए।[14]

25 जून, 1975 को देश में आपातकाल की घोषणा होते ही उसकी पूर्व संध्या पर ढसाल गुट में फूट भी पड़ गई। कार्यक्रमों को चलाने के लिए ढसाल ही अपने गुट का प्रतिनिधित्व करते रहे जबकि दूसरे गुट का नेतृत्व दीवेकर एवं दिघे कर रहे थे (जो अन्य सदस्यों के साथ आपातकाल के दौरान कहीं छुप गए थे)। बाद में 1 मार्च, 1977 को ढसाल गुट में खटीक के स्थान पर भोंसले को अध्यक्ष बनाया गया। पुणे की शाखा के संस्थापक नेता अनिल काम्बले ने ढसाल के प्रतिनिधित्व की निन्दा की।

ढसाल के गुट के कार्यक्रम

प्रथम फूट पड़ने से पहले ढसाल गुट ने पैंथर घोषणापत्र का निर्माण किया था, उसे याद रखना तर्कसंगत है। फूट पड़ने के बाद भी ढसाल ने यही दोहराया कि इसी घोषणापत्र के अनुसार सारे कार्यक्रम क्रियान्वित किए जाएँगे। गुट के द्वारा चलाए गए कार्यक्रम वास्तव में 1975 से 1979 तक थे, जो अधिकतर संगठन के संचालन से सम्बन्धित थे।

ढसाल गुट द्वारा प्रयोजन उन्मुख कार्यक्रम

उपरोक्त लिखित कार्यक्रमों के अलावा अमीर जमींदारों द्वारा गरीब दलित किसानों की छीनी गई जमीनों को वापस लेने के लिए भी कार्यक्रम चलाया गया। 1973 में यह कार्यक्रम पैंथरों की यूनिट द्वारा शुरू किया गया लेकिन यह 4 जनवरी, 1976 को पुणे के निकट राजगुरु नगर में गरीब किसानों एवं भूमिहीन मजदूरों के सम्मेलन में अपनी पराकाष्ठा पर पहुँच गया। यह सम्मेलन कांग्रेस (आई) के सहयोग से आयोजित किया गया था। इस सम्मेलन का उद्घाटन तत्कालीन मुख्यमन्त्री एस.बी. चव्हाण ने किया तथा इसमें तात्कालिक कृषि मन्त्री शरद पवार, तत्कालीन राजस्व मन्त्री बी.जे. खराब, बहुत से कांग्रेस नेता तथा मजदूर मौजूद थे। परिणामस्वरूप, सरकार ने एक आदेश जारी किया जिसके अन्तर्गत 6000 एकड़ भूमि अमीर जमींदारों से लेकर असली मालिकों अथवा गरीब किसानों को दी गई।

ढसाल गुट ने एक अन्य सम्मेलन 15 नवम्बर, 1976 को झोंपड़-पट्टियों के निवासियों की समस्या पर ध्यान खींचने के लिए किया। यह सम्मेलन अहिल्या आश्रम, पुणे में प्रतिष्ठित दलित लेखक बाबू राव बागुल की अध्यक्षता में हुआ। इस सम्मेलन को तत्कालीन आवास मन्त्री प्रभाकर कुण्टे, समाज कल्याण मन्त्री सुशील कुमार शिंदे तथा महाराष्ट्र प्रदेश कांग्रेस कमेटी के अध्यक्ष सावंत ने सम्बोधित किया। उन्होंने पैंथरों को झोंपड़-पट्टियों की कॉलोनियों में शिक्षा संचालन के लिए सलाह दी। इस सम्मेलन में अग्रलिखित प्रस्ताव पारित हुए–

1. झोंपड़-पट्टियों में रहने वाले निवासियों को जब अन्यत्र भेजा जाए तो अधिकरणों को उनको दी जाने वाली वैकल्पिक जमीनों के बारे में सोचना चाहिए तथा दूसरे स्थान पर जाने से पहले जिस मौसम में तबादला हो, उसके बारे में भी सोचा जाए।
2. सरकार को भूमि मालिक 'दादाओं', अवैधानिक शराब की बिक्री करनेवालों तथा साहूकारों पर नियंत्रण रखना चाहिए।
3. झोंपड़-पट्टियों में रहने वाले छात्रों को लायब्रेरी एवं वाचनालय आदि प्रदान किए जाएँ।
4. काले धन को जब्त करके झोंपड़-पट्टियों की कॉलोनियों के विकास पर खर्च किया जाए।
5. इन कॉलोनियों में सांस्कृतिक केन्द्र भी शुरू किए जाने चाहिए।

ढसाल गुट ने अपने समय के दौरान जो विशेषाधिकार अनुसूचित जाति तथा जनजातियों को मिल रहे थे, उन्हें नव-बुद्धिस्टों को दिलाने का मुद्दा भी उठाया क्योंकि जब अनुसूचित जाति के लोग बुद्धवाद को अपना रहे थे तब सरकार ने उनके विशेषाधिकार बन्द कर दिए थे। दलित आन्दोलन के सभी गुट इस आन्दोलन में शामिल हो गए। हमें ध्यान रखना चाहिएं कि जनता पार्टी इस समस्या का कोई समाधान नहीं कर पाई। उनकी मुख्य माँगें थीं कि सरकारी नौकरियों में उन्हें आरक्षण दिया जाए, 18 सीटें विधानसभा तथा 3 सीटें लोकसभा में प्रदान की जाएँ।

तब इस मुद्दे को दबाने के लिए ढसाल ने 15 जुलाई, 1977 को राजभवन पर धरना आयोजित किया। इस कार्यक्रम में ढाले भी शामिल हुआ जहाँ राज्यपाल को एक स्मरणपत्र भेजा गया। अन्य धरने ढसाल ने नागपुर के सभा सत्र के दौरान अक्टूबर में इन माँगों के समर्थन में आयोजित किए। दिसम्बर में ढसाल गुट के दो सदस्य तात्कालीन प्रधानमन्त्री मोरारजी देसाई की कार के सामने आए और उन्हें रोका। वे नव-बुद्धिस्टों की रियायतों की माँग के पर्चे बाँट रहे थे।

मराठवाड़ा यूनिवर्सिटी के मुद्दे पर भी ढसाल गुट ने शुरुआत में इस यूनिवर्सिटी को डॉ. आम्बेडकर के बाद नामान्तरण करने की माँग का समर्थन किया। ढसाल ने तत्कालीन मुख्यमन्त्री वसंतराव पाटिल की इसका नामान्तरण करने में देर करने के लिए आलोचना की। जुलाई, 1978 में उसने काउंसिल हॉल के बाहर नामान्तरण करने की माँग को लेकर जुलूस निकाला।

तीसरा चरण

दलित पैंथर जैसा जुझारू संगठन जिसके कार्यकर्ता आग बरसाते थे, 1977 (अप्रैल) तक कई गुटों में बँट गया था। वे गुट इस तरह हैं–

1. राजा ढाले का मास मूवमेंट[15]
2. अरुण काम्बले का महाराष्ट्र दलित पैंथर
3. संगारे तथा महातेकर का दलित पैंथर
4. नामदेव ढसाल का दलित पैंथर

तीसरे चरण में ये सभी आन्दोलन अलग-अलग चले, आइए, इनकी गतिविधियों पर नजर डालें।

मास मूवमेंट (Mass Movement)

यह सच भी था कि बम्बई में मास मूवमेंट जैसे संगठन की आवश्यकता महसूस हो रही थी। इस मास मूवमेंट के निर्माण होते ही राजा ढाले इसके अध्यक्ष बने तथा पवार सचिव बने। इसका मुख्यालय वडाला (बम्बई) के सिद्धार्थ हॉस्टल के कमरा न. 51 में स्थित था।

पुलिस रिकॉर्ड के अनुसार, इस संगठन में 1000 सदस्य थे, जो अधिकतर महाराष्ट्र के नव-बुद्धिस्ट नौजवान थे। इनकी आय का स्रोत सिर्फ सदस्यता शुल्क था। इस गुट की वित्तीय स्थिति ज्यादा अच्छी नहीं थी। रिपोर्ट के अनुसार, इस गुट के किसी भी राजनीतिक पार्टी से सम्बन्ध नहीं थे। इस संगठन के लेटर हेड पर डॉ. आम्बेडकर का एक वाक्य लिखा हुआ था जो इस प्रकार था, **'क्योंकि बुद्धिस्ट लोग शस्त्रों एवं हथियारों के साथ शासन नहीं कर सकते इसलिए उन्हें दिमाग तथा कलम की ताकत से शासन करना होगा।'** इस आन्दोलन का अहिंसा तथा शान्तिपूर्ण उपागम पर कड़ा विश्वास था।

इस आन्दोलन ने ज्यादातर प्रयोजन-उन्मुख कार्यक्रमों पर जोर दिया। इस गुट ने अक्टूबर 1977 में नागपुर में, जनवरी 1978 में बम्बई में, सितम्बर 1978 में नांदेड़ में, अक्टूबर 1978 में नागपुर एवं फरवरी 1979 में नासिक में बैठकें तथा सम्मेलन आयोजित किए। इनके अलावा प्रदर्शन तथा जुलूस भी निकाले।

1977 में मास मूवमेंट गुट ने बम्बई में बेरोजगार दलित युवाओं के लिए एक पंजीकरण केन्द्र खोला। यह केन्द्र पहले बुद्ध भूषण प्रिंटिंग प्रेस (दादर) के भवन में था। बाद में इसे सिद्धार्थ विहार हॉस्टल में स्थापित किया गया। रोजगार कार्यालय के लिए भी एक मोर्चा निकाला गया।

जनवरी 1978 में तत्कालीन प्रधानमन्त्री मोरारजी देसाई जब बम्बई के दौरे पर आए तो उनके लिए काले झंडों के साथ प्रदर्शन किया गया **क्योंकि देसाई ने नव-बुद्धिस्टों को रियायतें देने की माँग को अस्वीकार कर दिया था और यह कहा था कि आपको बुद्धिस्ट बनने के लिए किसने कहा?** उन्होंने पैंथरों को यह माँग उठाने तथा हिन्दू धर्म को बुरा-भला कहने के लिए उनकी निन्दा की। इसलिए मास मूवमेंट ने 1978 में विधानसभा चुनावों का बहिष्कार करने की घोषणा की। यह घोषणा मराठवाड़ा यूनिवर्सिटी का नाम बदलने में देरी करने के विरोध में की गई थी। 1 जुलाई, 1978 को मास मूवमेंट तथा दलित पैंथर (ढसाल गुट) ने एक शोकसभा की तथा महाराष्ट्र के मुख्यमन्त्री का पुतला जलाया। फरवरी 1979 में नासिक में मास मूवमेंट की दूसरी बैठक में यह मुद्दा फिर उठाया गया।

मास मूवमेंट ने डॉ. आम्बेडकर की मृत्योपरांत मराठवाड़ा यूनिवर्सिटी का नामान्तरण करने की माँग का भी समर्थन किया। इस गुट ने इसके लिए मोर्चे, जुलूस तथा प्रदर्शन किए एवं बैठकें भी कीं। उन्होंने 10 जुलाई, 1978 को चैम्बूर सभा सत्र (जनता कोर्ट) लगाया तथा वसन्तराव पाटिल को यूनिवर्सिटी को नामान्तरण करने में देरी करने के लिए दोषी ठहराया। 4 अगस्त को नागपुर गुट ने एक मोर्चा निकाला। इसमें जोगेन्द्र कवाड़े भी शामिल थे। उत्तेजित भीड़ पर फायरिंग करने के कारण पाँच लोग भी पुलिस द्वारा मारे गए। इसके विरोध में 6 अगस्त को 'चेम्बूर बन्द' किया गया। 8 अगस्त, 1978 को मंत्रालय के सामने भी प्रदर्शन किया गया। बाद में मास मूवमेंट ने अपना रुख बदला जब कांबले गुट द्वारा यह स्वीकार किया गया कि मराठवाड़ा यूनिवर्सिटी के नाम में अब डॉ. आम्बेडकर भी जोड़कर इसका नाम 'डॉ. आम्बेडकर मराठवाड़ा' कर दिया जाए।

महाराष्ट्र में राजा ढाले के निर्णय के बाद भारतीय दलित पैंथर की स्थापना की गई। पहले अध्यक्ष थे अरुण कांबले, दूसरे गंगाधर गाड़े और तीसरे रामदास आठवले। इन सभी के इस संगठन के आधार थे–समता, स्वतन्त्रता और बंधुता पर आधारित आदर्श समाज। दलितों पर अन्याय और अत्याचार बन्द हो तथा डॉ. आम्बेडकर विद्यापीठ नाम हो–ऐसा इनका कहना था।

प्रत्येक संस्था तथा संगठन के पीछे विभाजन या बिखराव रेखांकित होने लगता है। ऐसे ही दलित पैंथर के साथ भी हुआ। लेकिन इतना तो कहा जा सकता ही है कि इस जुझारु संगठन के माध्यम से बहुत-से सवाल हल भी हुए। दलित पैंथर्स के खाते में उपलब्धि के रूप में यह तो ऐतिहासिक संघर्ष कथा तो दर्ज हुई कि बाबा साहेब मराठवाड़ा विश्वविद्यालय नाम हुआ। ऐतिहासिक संघर्ष (लांग मार्च) इसलिए भी हो जाता है कि पहला लांग मार्च 1934 में माओं के नेतृत्व में आरम्भ हुआ था। जिसमें एक लाख चीनी युवाओं ने हिस्सेदारी की थी। दूसरा लांग मार्च मार्टिन लूथर किंग के नेतृत्व में 1973 में हुआ, जिसमें गोरे लोगों की नस्ल भेद नीति के खिलाफ संघर्ष का आह्वान किया गया था। तसरा लांग मार्च 6 दिसम्बर, 1979 को नागपुर से औरंगाबाद तक था। यह लांग मार्च प्रो. जोगेन्द्र कवाडे के नेतृत्व में भीम सैनिकों द्वारा किया गया था।[16]

ब्लैक पैंथर्स की प्रेरणा, विचारधारा एवं चिंतन ही दलित पैंथर्स के उदय की पूर्व पीठिका है। उनकी एकमात्र लड़ाई सामाजिक समानता के लिए थी। दलित पैंथर्स के बारे में सुप्रीम कोर्ट के न्यायाधिपति श्री वी.के. कृष्णअय्यर ने कहा था–Dalit Power is a fact. Dalit Panthers is a Portent. Dalit deliverance a certainly. दलित पैंथर्स का विश्वास है कि डॉ. आम्बेडकर की आर्थिक, सामाजिक और राजनैतिक विचारधारा परिप्रेक्ष्य में समृद्धि के लिए सहायक है और दलित पैंथर्स उसी दलित मुक्ति का सामूहिक प्रयास है।

महाराष्ट्र में दलित पैंथर का उभरना एक ऐतिहासिक घटना रही है। जिसने न सिर्फ दलित युवकों को उद्वेलित किया, बल्कि गैर दलितों को भी कुछ अहसास हुआ था। दिल्ली में दलित पैंथर की पृष्ठभूमि में बापू राव पखिंड्ड का नाम लिया जा सकता है। वे स्वय मराठी रहे हैं और जझारू कार्यकर्ता भी। अन्य प्रदेशों में दलित पैंथर का विस्तार हुआ, लेकिन कुछ वर्षों बाद ही संगठन में वैसी तेजी नहीं रही।

सन्दर्भ

1. शरण कुमार लिंबाले (सं), दलित पैंथर, सुगावा प्रकाशन, 861/1, सदाशिव पेठ पुणे, 1989, पृ. 1.
2. दलित पैंथर आन्दोलन, गौतम बुक सेंटर, 'चन्दन सदन', सी.263ए, गली न. 9, हरदेवपुरी, शाहदरा, दिल्ली, 110093, 2006, पृ. 56.
3. दलित पैंथर के संस्थापक सदस्य तथा साहित्यकार जे.वि. पवार मुम्बई में रहते हैं। वे आम्बेडकरी आन्दोलन इतिहास पर अध्ययनरत हैं कुछ खंड प्रकाशित भी हुए हैं।
4. आम्बेडकरोत्तर आम्बेडकरी चलवल (खंड तीसरा) 1965 से 1971, मुंबई, 2007.
5. सत्यशोधक, पुणे, दिसम्बर, 1974.

6. दलित यरुवरुची वाटचाल–केशवराव गोरे ट्रस्ट, मुंबई।
7. सारिका (भारतीय दलित साहित्य), अप्रैल तथा मई, 1975.
8. दलित पैंथर आन्दोलन, पृ. 51.
9. Mohan Dass Namishray, caste and Race Comparative Study of B.R. Ambedkar and Martin Luther King, Rawat Publications, New Delhi, 2003, p. 67.
10. दलित पैंथर आन्दोलन, पृ. 32.
11. वही, पृ. 33.
12. वही, पृ. 36.
13. भारतीय रिपब्लिकन पक्ष, कैलाश पब्लिकेशन्स ओरंगपुरा, औरंगाबाद, पृ. 78.
14. राजा ढाले–दलित पैंथर, बरखास्त, मुद्रक-प्रकाशक–राजा ढाले।
15. दलित पैंथर, पृ. 6.
16. चन्द्रमोहन वाद्ययांचा लेख : Dr. Ambedkar College of Commerce, Aurangabad, Miscellany, 1964.

अन्य सन्दर्भ

- डॉ. बी.आर. आम्बेडकर–जाति निर्मूलन, पृ. 38.
- डॉ. गंगाधर पान (तावणे, प्रबोधनाच्या दिशा।)
- प्रा. दोमोदर मौरे सं. नामान्तर कविता, पंचशील मंडल कुर्ला कैम्प, उल्हास नगर (महाराष्ट्र), 1999.

बाबा साहेब डॉ. आम्बेडकर विश्वविद्यालय नामान्तरण आन्दोलन

भारतीय इतिहास का सबसे दुःखद पहलू यह है कि यहाँ इतिहास में दर्ज हुई घटनाओं पर उठनेवाले सवालों के जवाब ब्राह्मणवादी खेमों से आते हैं। अधिकांश आम्बेडकरवादियों के पास इस संघर्ष का विश्लेषण करनेवाली कोई स्थापित पद्धती न होने के कारण जब-जब हम **'क्या हासिल हुआ?'** का जवाब ढूढ़ेंगे तो उत्तर उलझाने वाला या फिर गुमराह करने वाला होगा। अतः प्रश्नकर्ता द्वारा ही वह सब उपलब्ध कराया जा सकता है।

नामान्तर आन्दोलन समाज के उस शक्तिशाली वर्ग के साथ लड़ा गया ऐतिहासिक संघर्ष है, जो इस देश में सदियों से स्वयंभू बना हुआ है। 15 अगस्त, 1947 को जब हम आजाद हुए, हमारा देश आजाद हुआ, तब हर देशवासी खुश हो गया था, पर यह खुशी हर वर्ग के लिए भिन्न-भिन्न थी। हम यह सोचते थे कि अब हम गुलाम नहीं रहे, अब हम पर किसी की तानाशाही नहीं रहेगी। अब हमारे वजूद को सवालों के घेरे में नहीं कैद किया जाएगा। हमें मालूम न था फिर दूसरी गुलामी में धकेल दिया जाएगा और हम फिर गुलाम हो जाएँगे। आजाद भारत में भारतीय आदमी का खून चूसने वाले काले अंग्रेजों के मुखौटों को उतारकर उन्हें सत्य के रू-ब-रू खड़ा करनेवाला अभी तक का सबसे बड़ा आन्दोलन नामान्तर का ही रहा है।

किसी भी क्षेत्र में शिद्दत के साथ किए गए प्रयास किसी व्यक्ति या समूह को सफलता की ओर ले जाते हैं। दलित अस्मिता के लिए पिछली शताब्दी में आयोजित लांग मार्च ऐसा ही ऐतिहासिक आन्दोलन है, जो प्रतिबद्धता के साथ अठारह वर्षों तक चला। अन्ततः आन्दोलनकारियों को सफलता मिली, पर कैसी सफलता—स्वयं दलित शिक्षकों, विद्यार्थियों, शोधार्थियों तथा लेखकों-पत्रकारों के लिए यह उस समय गम्भीर सवाल बन गया था। वैसे उनके सामने यह सवाल आज भी है।

मराठवाड़ा यूनिवर्सिटी का नाम डॉ. आम्बेडकर के नाम से नामान्तरण करने के संघर्ष से पहले इसकी पृष्ठभूमि जानना जरूरी है। मराठवाड़ा क्षेत्र के महाराष्ट्र राज्य से जुड़ने से पहले इस क्षेत्र के सभी कॉलेज हैदराबाद में स्थित उस्मानिया यूनिवर्सिटी के अन्तर्गत आते थे, जो तब तक राज्य की राजधानी थी। 1956 के जुड़ाव के बाद यह जरूरत महसूस की

गई कि इस क्षेत्र के लिए एक नई यूनिवर्सिटी होनी चाहिए। इसलिए 23 अगस्त, 1958 को यूनिवर्सिटी अस्तित्व में आई। 'आम्बेडकर' नाम को भी मिलाकर बहुत से नाम यूनिवर्सिटी के लिए सोचे गए। तब कमेटी ने 'मराठवाड़ा' नाम चयनित किया। इस प्रकार मराठवाड़ा यूनिवर्सिटी अस्तित्व में आई। 1978 तक इस यूनिवर्सिटी के अन्तर्गत 82 कॉलेज आते थे।

महाराष्ट्र के 28 जिलों में से मराठवाड़ा पाँच जिलों से मिलकर बना है–औरंगाबाद, परमणी, बीड़, नांदेड़ तथा उस्मानाबाद। ये पाँचों जिले पहले हैदराबाद बीड़ में थे जिन पर कभी निजाम का शासन हुआ करता था। 1956 में महाराष्ट्र के तीन भाग होने पर यह मराठवाड़ा राज्य इसके साथ जुड़ गया था। 1971 की जनगणना के अनुसार इस क्षेत्र की जनसंख्या 8,058,347 थी, इसमें 80 प्रतिशत बौद्ध तथा अन्य समुदाय थे।

मराठवाड़ा आर्थिक रूप से राज्य का पिछड़ा हुआ क्षेत्र था। पूरे राज्य के 65 प्रतिशत लोगों में से यहाँ के 82 प्रतिशत लोग खेतीबाड़ी करते थे। 1971 में, वहाँ पर औद्योगिक ईकाइयाँ न के बराबर थीं। बम्बई के जहाँ 1000 में से 100 लोग औद्योगिक कर्मचारी (Industrial Workers) थे वहाँ मराठवाड़ा में 1000 में से 2 लोग औद्योगिक कर्मचारी थे। उनमें 17 प्रतिशत दलित थे (9.5 अनुसूचित जातियाँ थीं तथा पूरे महाराष्ट्र के 12 प्रतिशत के अनुपात में यह 7.2 प्रतिशत जनसंख्या थी)। इनमें भी 75 प्रतिशत दलित जनसंख्या कृषि मजदूरों की थी तथा 90 प्रतिशत दलित गरीबी रेखा से नीचे रहते थे। पूरे मराठवाड़ा क्षेत्र में साक्षरता दर केवल 19 प्रतिशत थी जबकि महाराष्ट्र की सामान्य साक्षरता दर 35 प्रतिशत थी। दलित में महार जाति के लोग सामाजिक तौर पर थोड़ी बेहतर स्थिति में थे और जागरूक भी थे तथा उनकी साक्षरता दर भी उच्च थी।

औरंगाबाद में जितने भी कॉलेज थे वे ज्यादातर जातिय आधारित थे और वहाँ अनुसूचित जाति के छात्रों की संख्या ज्यादा थी। वहाँ की शिक्षा व्यवस्था जातिवादी थी शिक्षा विद्वों तथा शोधार्थियों को यह ध्यान में लेना चाहिए। इस बारे में दो दलित जाँचकर्ताओं ने बताया है कि–

"मिलिंद महाविद्यालय अंग्रेजी के एम.एस. शब्द से शुरू होता है, इसका लोकप्रिय नाम है महार-मांग कॉलेज। सरस्वती भवन को छात्र सेठजी-भट्टजी (व्यापारी तथा ब्राह्मण) कॉलेज कहते हैं। मौलाना आजाद कॉलेज मोहम्मडन कॉलेज के नाम से जाना जाता है तथा वसंतराव नाइक कॉलेज को बन्जारी (नाईक जाति) कॉलेज कहा जाता है। छात्रों ने इनके नाम जाति अवमाननाओं के आधार पर रखे हैं। डॉ. आम्बेडकर के अनुयायी शंकरराव खरात (एक प्रतिष्ठित दलित लेखक) जब मराठवाड़ा यूनिवर्सिटी के कुलपति बने तो छात्रों ने खीझ कर इसे महारवाड़ा यूनिवर्सिटी कहना शुरू कर दिया।"

इतिहास में पीछे जाएँ तो घटना कुछ इस प्रकार थी कि 1927 में डॉ. आम्बेडकर ने ऐतिहासिक सत्याग्रह छेड़ा था। उसी की 50वीं वर्षगाँठ 1977 में मनाते हुए 19, 20 मार्च को अनुसूचित जाति के नेताओं तथा पैंथरों ने माँग की कि डॉ. आम्बेडकर की मृत्यु उपरांत यूनिवर्सिटी का नाम बदला जाए। इसी बारे में 16 जुलाई, 1977 को दलित पैंथर

युक्रांद और अन्य संघटनों के द्वारा राज्यव्यापी आन्दोलन होने लगा। 62 दिवसीय इस आन्दोलन में 1 लाख 30,000 सत्याग्रहियों ने भाग लिया। सितम्बर 1977 में दलित और गैर-दलित नागरिक विद्यार्थी नामांतर समिति का गठन हुआ। 24 सितम्बर 1977 को नागरिक विद्यार्थी नामांतर कृति समिति का औरंगाबाद में ऐतिहासिक मोर्चा निकाला गया। यह माँग तत्कालीन मुख्यमन्त्री वसंतराव पाटिल द्वारा स्वीकार कर ली गई। **25 जुलाई, 1977** को मराठवाड़ा यूनिवर्सिटी की कार्यकारिणी परिषद द्वारा नाम बदलने का प्रस्ताव भी पारित हो गया।

विधानसभा चुनाव फरवरी 1978 में हुए तथा कांग्रेस मन्त्री वसंतराव पाटिल, फिर मुख्यमन्त्री बने। मुख्यमन्त्री जब 25 जून को औरंगाबाद आए तो उन्होंने घोषणा की कि उनके मंत्रालय को किसी यूनिवर्सिटी का नाम बदलने का निर्णय नहीं लेना है। तब दलित समुदाय ने रोष प्रकट किया। तब प्रोफेसर चिटनिस की अध्यक्षता में दलित नेताओं ने एक बैठक बुलाई तथा 9 अगस्त को महाराष्ट्र में आन्दोलन शुरू करने का निर्णय लिया। दलित पैंथर स्वतंत्र मोर्चा द्वारा आक्रामक नारे लगाए गए। 1978 के अन्त में कांग्रेस मंत्रालय का पतन हो गया तथा शरद पवार के नेतृत्व में 19 जुलाई को प्रगतिशील लोकतांत्रिक मोर्चे (PDF) की नई सरकार बनी। मुख्यमन्त्री बनते ही शरद पवार ने विश्वास दिलाया कि महाराष्ट्र एसेम्बली के इस सत्र में इस नामान्तरण प्रस्ताव को रखेंगे।

26 जुलाई को इस मुद्दे पर विचार-विमर्श करने के लिए पवार ने एक बैठक बुलाई। इस बैठक में उन्होंने मराठवाड़ा यूनिवर्सिटी के उप-कुलपति, सभी विधानसभा सदस्य तथा इस मुद्दे से जुड़े सभी संगठनों के नेताओं को बुलाया। मराठवाड़ा यूनिवर्सिटी का नाम डॉ. आम्बेडकर मराठवाड़ा यूनिवर्सिटी रखने का प्रस्ताव रखा तब 27 जुलाई, 1978 को उत्तमराव पाटील ने विधानसभा में एक समझौतावादी प्रस्ताव रखा। इस प्रस्ताव का सभी ने समर्थन किया तथा दोनों सदनों ने इसे पारित कर दिया। तब पूरे मराठवाड़ा क्षेत्र में हिन्दू लोगों के द्वारा जाति भेद मानने वालों ने 27 जुलाई से इस प्रस्ताव के कारण दंगे शुरू कर दिए।

एक अगस्त से प्रदेश में पूरा परिदृश्य बदल गया। यह हिंसा ग्रामीण क्षेत्रों में भी फैल गई। दलितों पर आक्रमण किए गए। फुले, साहू महाराज, और बाबा साहेब के नाम पर प्रेरणा देने वाला प्रदेश जातिभिमानी लोगों की आग में जलने लगा। दलितों की हत्याएँ की गईं। दलित औरतों की इज्जत लूटी गई, उनके घर जला दिए गए, बस्तियाँ लूट ली गईं। उनके घर टुकड़े-टुकड़े कर दिए गए, उन्हें गाँव से खदेड़ दिया गया, उनके कुओं में जहर डाल दिया गया, उनके मवेशी मार डाले गए, उन्हें कुओं में से पानी लेने से रोका गया। इस आक्रमण में उनका मुख्य लक्ष्य नव-बौद्ध थे। डॉ. आम्बेडकर तथा बुद्ध की प्रतिमाओं को तोड़ दिया गया। बहुत घिनौने अपराधों को अंजाम दिया गया। नांदेड़ जिले के सुगाओ गाँव के एक दलित को दुर्गति करके मार डाला गया। 50 झोपड़ियों में आग लगा दी गई जहाँ बहुत से लोग घायल हो गए। नांदेड़ जिले में सबसे ज्यादा अत्याचार हुए। उस क्षेत्र के 125 गाँवों में लगभग 55 गाँव नांदेड़ जिले के थे जहाँ भीषण ऐसी घटनाएँ घटीं।

अगस्त 1978 से पहले वर्ली दंगों की भाँति औरंगाबाद में हिन्दुओं तथा दलितों का एक अन्य संघर्ष फूट पड़ा। यह मराठवाड़ा यूनिवर्सिटी को डॉ. आम्बेडकर नामान्तरण करने का मुद्दा था जो दलित पैंथर के लिए प्रतिष्ठा का सवाल था, अतः वे आगे आए। जुलाई 1978 को मराठवाड़ा विद्यापीठ को डॉ. आम्बेडकर नाम देने की माँग को लेकर आन्दोलन तीव्रतर होता चला गया था। दलित पैंथर के शिष्ट मंडल को बम्बई में मुख्यमन्त्री वसंतराव पाटील ने स्पष्ट शब्दों में कहा कि विद्यापीठ को डॉ. आम्बेडकर का नाम नहीं दिया जाएगा, अर्थात नाम नहीं बदलेगा। इस बात के निषेध में महाराष्ट्र में जगह-जगह पर उनकी घोर निन्दाएँ करते हुए इस आन्दोलन को और तेज करने के लिए दलित समाज के कार्यकर्ता कटिबद्ध हुए। मराठवाड़ा विद्यापीठ का नाम एक सप्ताह में नहीं बदला गया तो दलित समाज के सभी संगठन आपसी मतभेद भुलाकर सड़क पर उतर आएँगे, ऐसा पत्र दलित पैंथर्स के सौजन्य से नामदेव ढसाल व एल.डी. भोंसले ने जाहिर किया।

महाराष्ट्र दलित पैंथर के गंगाधर गाडे ने बम्बई में प्रदेश सरकार द्वारा जारी ऐसी दुर्भावनापूर्ण बात की घोर निन्दा करते हुए कहा कि ऐसी स्थिति में महाराष्ट्र के किसी भी शैक्षणिक संस्था का नाम नहीं बदला जाएगा। विद्यापीठ के नाम बदलने की माँग में जनतादल, शेतकरी कामगार पक्ष, रिपब्लिकन पार्टी व गृहमन्त्री ना. तिरपुडे मराठवाड़ा की इंदिरा कांग्रेस की शाखा व मराठवाड़ा के मंत्रियों को भी इस माँग पर कोई एतराज नहीं। ऐसा प्रस्ताव स्वीकृत हुआ।

नांदेड़ शहर से मुख्यमन्त्री की प्रतिमा का दहन के साथ मास मूवमेंट के कार्यकर्ताओं ने एक भव्य मोर्चा निकाला, जिसमें मुख्यमन्त्री द्वारा मराठवाड़ा विद्यापीठ को डॉ. आम्बेडकर का नाम देने के लिए मना करने पर मुख्यमन्त्री के पुतले को जलाते हुए धिक्कारा– 'वसंत दादा, मुर्दाबाद', 'दादागीरी नहीं चलेगी'। बीड़ में वसंतदादा पाटील जैसे ही भाषण देने के लिए स्टेज पर पहुँचे, महाराष्ट्र दलित पैंथर के युवकों ने उनकी सभा में खलबली मचा दी।

अंबेजोगाई में आर. सोनवने ने फुर्ती से मुख्यमन्त्री के हाथों से लाउडस्पीकर छीनकर दलितों पर होनेवाले अमानवीय अत्याचार की तरफ मुख्यमन्त्री का ध्यानाकर्षण करना है, ऐसा कहते हुए उस युवक ने पत्र वाचन आरम्भ कर दिया। सभा में बैठे हुए लोगों ने **"दलितों पर होनेवाले अत्याचारों का धिक्कार है, धिक्कार है", "महाराष्ट्र शासन मुर्दाबाद! मुर्दाबाद!!" "मराठवाड़ा विद्यापीठ को डॉ. आम्बेडकर का नाम देना ही पड़ेगा!"** ऐसी घोषणाएँ होती रहीं।

मुख्यमन्त्री वसंतदादा पाटील का जैसे ही बीड़ शहर में आगमन हुआ, वहाँ पर दलित पैंथर्स ने काले झंडे दिखाते हुए निषेध किया।

राजन वाघमारे लिखते हैं कि महाराष्ट्र शासन के दोनों सभागृह में 1978 वर्ष में नामान्तर मंजूर हुआ था, लेकिन पन्द्रह वर्षों के बाद भी इसे लागू नहीं किया। इस बीच अनेक आन्दोलन हुए।

27 नवम्बर, 1979 को पन्द्रह सौ भीम सैनिकों ने प्रोफेसर योगेन्द्र कवाडे ने नेतृत्व में मोर्चा निकाला। 6 दिसम्बर, 1979 औरंगाबाद में इसी बारे में विराट मोर्चा निकाला

गया जिसमें प्रो. सपकाले, जे.के. नारायाणे, सदानंद मस्के, केवल बारसागडे आदि ने भाग लिया। 6 दिसम्बर 1979 को ही नागपुर में भी विराट मोर्चे का आयोजन किया गया। जनवरी 1980 को विशाखापटनम में भव्य मोर्चा आयोजित हुआ। इसमें डॉ. आम्बेडकर मिशन बुद्धिस्ट सोसाइटी, भीमदल आम्बेडकर अध्ययन मंडल तथा एस. सी. एस. टी. कर्मचारी संघठन आदि शामिल थे। 8 जनवरी, 1980 को रायपुर में भीमराव सिद्धार्थ बौद्ध आदि के नेतृत्व में मोर्चा निकाला गया। 3 फरवरी, 1980 को बार्सी (महाराष्ट्र) ने अखिल भारतीय मराठी साहित्य सम्मेलन के अध्यक्ष प्रा. गं. बा. सरदार ने नामांतर को उचित ठहराया। 5 अप्रैल, 1980 को दिल्ली में प्रधानमंत्री इंदिरा गांधी के निवास पर मोर्चा आयोजित किया गया इसमें हरियाणा, उ.प्र., बिहार, पंजाब आदि राज्यों से हजारों आन्दोलनकारी शामिल हुए। विशेष रूप में दिल्ली प्रदेश बौद्ध महासभा के टी. आर. आनंद, प्रो. केन, प्रो. जोशी, ॲड. भगवानदास, शांत स्वरुप शांत, हेमचंद्र गौतम, एस. पी. सिंह आदि की सहभागिता थी। जुलाई 1980 में राजभवन बम्बई पर प्रो. कवाडे तथा श्याम गायकवाड के नेतृत्व में काले झंडे दिखाए गए।

28 सितंबर को तत्कालीन मुख्यमंत्री बैरिस्टर. ए. आर. अंतुले की अध्यक्षता में नामांतर के बारे में ऐतिहासिक बैठक हुई जिसमें राजाभाऊ, खोब्रागडे, रा. सु. गवई, प्रा. जोगेन्द्र कवाडे, नामदेव ढसाल, राजा ढाले, रामदास आठवले इत्यादि नेताओं ने भाग लिया।

27 जुलाई, 1992 को प्रा. जोगेन्द्र कवाडे, नामदेव ढसाल, गंगाधर गाडे, किर्ती ढोले आदि के द्वारा नागपुर में भारतीय दलित पैंथर की ओर से नामांतर परिषद का आयोजन हुआ। जिसमें रुपाताई बोधी, डॉ. यशवंत मनोहर, शिवचरण थूल, डॉ. भाऊ लोखंडे, डॉ. प्रकाश खरात, जेमिनी कडू, प्रा. सुधाकर जोशी आदि थे।

3 अक्तूबर, 1992 में नागपुर के यशवंत स्टेडियम में रिपब्लिकन पार्टी के स्थापना दिवस के अवसर पर वरिष्ठ नेता अविनाश कट्टी ने नामान्तर आन्दोलन को तेज करने की बात कही जिसे स्वीकारते हुए उपेन्द्र शेंडे ने 15 अगस्त, 1993 को स्वतन्त्रता दिवस पर मुम्बई स्थित मंत्रालय के सामने आमरण अनशन की शुरुआत की। इससे नामान्तर आन्दोलन को बल मिला। महाराष्ट्र के सत्ता पक्ष तथा विपक्ष के कुछ नेताओं ने आश्वासन दिए, लेकिन कुछ परिणाम नहीं निकले। 27 अगस्त को दि लाइट ऑफ इंडिया लेबर यूनियन मोर्चा की सहभागिता रही। उसी दिन बुद्धिजीवी नामान्तरवादी समिति का मोर्चा निकाला गया। 27 अगस्त को ही बाद में 28 अगस्त, 1993 को नागपुर बन्द का आह्वान हुआ। रिजर्व बैंक चौक स्थित बाबा साहेब की प्रतिमा पर महीने भर का धरना भी दिया गया।

बुद्धिजीवी नामान्तरवादी समिति का भव्य मोर्चा। सहभाग–डॉ. यशवंत मनोहर, डॉ. एम.आर. शामकुंवर, डॉ. शंकर चोखारे, रुपाताई बोधी, ताराचंद खांडेकर, प्रा. सुर्यभान वाघमारे, विमलसूर्य चिमनकर, नागेश चौधरी, डॉ. विमल किर्ती, डॉ. भाऊ लोखंडे, चंद्रकांत मुगले, मधुकर टेंभूणे, रत्नाकर मेश्राम, जिन्दा भगत, डी.बी. वानकर, महेन्द्र गजभिये, मनिष बोधी, प्रा. प्रभाकर पावडे, प्रा. प्रदीप आगलावे, अरुणा पावडे, श्याम चव्हाण, प्रा. भालचंद्र खांडेकर, चंद्रभान पाटील, राजू गजभिये, मनोहर राऊत, आम. नेताजी राजगडकर, शेषराज

गजभिये, कृष्णा इंगळे, डॉ. एम.टी. शेख, जगदीशचंद्र उके, डॉ. प्रकाश खरात, सुधाकर सोमकुवर, चंद्रकांत आर्विवाले, सुमेध कांबळे, इलमकर गुरुजी, अड. विलास बांबर्डे, अरविंद मून, प्रा. मानस धारगावे, भैय्याजी शेलारे, एम.एम. सहारे, भन्ते सोपान, प्रवीण कांबले, जावेद कुरेशी प्रा. तुळसा डोंगरे, सुनिल गोडबोले, केतन पिंपळापुरे, अनिल कांबळे इत्यादि सैकड़ों सामाजिक कार्यकर्ताओं ने भाग लिया।

नामान्तरवादी कर्मचारी समन्वय समिति का भव्य मोर्चा। सहभाग–बी.टी. राऊत, आर.व्ही. नारनवरे, एम.एम. साहारे, डी.बी. वानकर, चंद्रभान पाटील, सी.एम. हुमणे, जिन्दा भगत, नाना गेडाम, सेवक राऊत, डी.डी. उके, बी.जी. गजभिये, मनोहर राऊत, नन्देश्वर, निकेश मानकर, गोवर्धन गोंडाणे इत्यादि।

नामान्तरवादी शहीदामावं...

1. **पोचिराम कांबळे** (नांदेड) : 4 ऑगस्ट 1978 (टेंभूर्णीचा उपसरपंच) 150 लोगों, कुल्हाड़ी, तलवारीने घायाळ कर ने मारले।
2. **जनार्दन मोवाडे** (सुगाव, बुद्रूक) : 4 ऑगस्ट 1978, 1200 लोकांच्या जमावाने घेरलिया तलवारीसे।
3. **सोमाजी संभान** (धामणगाँव, ता. बसमत) : ऑगस्ट 1978, खून कर डाला।
4. **पो.स.ई. भूरेवार** (जळकोट, ता. उद्‌गीर) : ऑगस्ट 1978। नामांतर विरोधी जमावडे ने दलित पोलिस सब-इन्स्पेक्टर को जीवित जला दिया।
5. **रोशन बोरकर** (नागपुर) : नागपूरच्या मोर्चामध्ये दिनांक 7 डिसेंबर 1979 ला इंदोरा चौकाजवळ पोलिसांच्या गोळीबारात शहीद।
6. **अब्दुल गफ्तार** (नागपूर) : 6 डिसेंबर 1979, गड्डीगोदाम चौक में पुलिस की गोली से शहीद।
7. **डोमाजी कुत्तरमारे** (नागपूर) : दि. 7 डिसेंबर 1979, दक्षिण नागपुर मध्ये अजनी रेल्वे क्वॉटर्सच्या बाजूला अर्धसेनिक दलाच्या जवानांसोबत सतत आठ तास चाललेल्या संघर्षामध्ये गोळी लागने से शहीद।
8. **दिलीप रामटेके** (नागपूर) : 6 डिसेंबर 1979 रोजी नामांतरासाठी भव्य मोर्चावर इंदोरा पोलिस चौकी में गोली से शहीद।
9. **अविनाश डोंगरे** (नागपूर) : गड्डीगोदाम चौक, नागपूर, 6 डिसेंबर 1979 पुलिस की गोळी से शहीद।
10. **रतन मेंढे** (नागपूर) : 7 डिसेंबर 1979, नामांतरासाठी निघालेल्या मोर्चावर पुलिस की गोली से शहीद।
11. **ज्ञानेश्वर साखरे** (नागपूर) : 6 डिसेंबर 1979, गड्डीगोदाम चौक, नागपुर नामांतर आंदोलकांवर पुलिस की गोली से शहीद।
12. **अब्दुल सत्तार** (नागपूर) : दि. 6 डिसेंबर 1979, गड्डीगोदाम चौक, नागपूर पोलिस गोळीबारामध्ये शहीद।

13. **शब्बीर अली अजहर हुसेन** (नागपूर) : 6 डिसेंबर 1979, गड्डीगोदाम चौक, नागपूर येथे पोलिस गोळीबारात शहीद।
14. **चंदर कांबळे** (नांदेड) : 25 मार्च 1990, पोचिराम कांबळेचा मुलगा, 4 ऑगस्ट 1978 पोचिराम कांबळेला जीवंत जाळ दिया।
15. **कैलाश पंडित** (औरंगाबाद) : 31 जुलै 1992, नामांतरा के समर्थन में आत्मदहन।
16. **गौतम वाघमारे** (30) : नांदेड जिल्हा 'दलित पँथर' चे अध्यक्ष। 25 नोव्हें, 1993 घोषणा करते हुए पेट्रोल छिड़क कर आग लगा ली।
17. **सुहासिनी बन्सोड** (19), (भंडारा, विरली बुद्रूक) : 20 डिसेंबर, 1993।
18. **प्रतिभा तायडे** (19), (पान्हेरा खेडी) : ता. मातोळा, जि. बुलढाणा, कबड्डी चॅम्पीयन, 30 डिसेंबर 1993 को जहर खाकर बलिदान दिया।
19. **हवलदार नारायण ठाकूरदास गायकवाड** (सोलापूर), (वय : 44, ब. नं. 305, रायफल नं. 42788) : दि. 4 जाने., 1994 रोजी स्वतःच्या पोटात सर्व्हिस रायफलमधून गोळी झाडून नामांतरासाठी आत्मबलिदान। (गाव : माळवणी, ता. पंढरपूर, जि. सोलापुर)।
20. **दिवासकर थोरात** (मराठवाडा, उस्मानाबाद) : 1978, नामांतर विरोधियों ने खून किया।

(जन आन्दोलन, स्मरणिका (1994) से आभार)

मराठवाड़ा में जातीयता व हिंसाचार : डॉ. आम्बेडकर विद्यापीठ का विरोध

महाराष्ट्र विधानसभा द्वारा निर्विरोध रूप में डॉ. आम्बेडकर का नाम मराठवाड़ा विद्यापीठ को देने के लिए घोषणा हुई, वैसे ही हिन्दुत्ववादी लोगों ने भी जगह-जगह पर इसके विरोध में मोर्चे निकालकर बन्द का आयोजन किया। जगह-जगह पर आग लगा दी गई और असामाजिक तत्वों ने हिंसाचार किया। सेलु रेलवे स्टेशन पर सिकंदराबाद-मनमाड गाड़ी के दो डिब्बों में आग लगा दी गई। एक पार्सल वैगन लूटकर जला दिया गया। सिल्लोड से आ रही बस को औरंगाबाद में आते ही आग लगा दी गई। औरंगाबाद, जालना, अंबड़, सेबु, परभणी, जिंतूर, बीड़, कंधार इत्यादि में बन्द का आयोजन किया गया।

नांदेड़ बन्द के आयोजकों ने बसें बन्द करवा दीं, रेलें रोक दीं। कुछ स्थानों पर फिशप्लेट्स भी हटा दीं। नांदेड़ शहर में कुछ सरकारी गाड़ियाँ एवं डाकघरों में भी आग लगा दी। लोहा में उग्र भीड़ ने पुलिस स्टेशन को आग लगाने का प्रयास किया।

बीड़ में प्रदर्शनकारियों ने पथराव किया। जिला स्वास्थ्य कार्यालय को नुकसान पहुँचाया, टेलिफोन के खम्बे उखाड़े गए एवं बाजार लूटने के प्रयास किए गए। पुलिस ने लाठी प्रहार करते हुए संचार बन्दी लागू कर दी। पैठन में दो ट्रकों में भरे हुए ढोरकीन गाँव से प्रदर्शनकारी आए, जिन्होंने पुलिस चौकी में ही आग लगाने का प्रयास किया। कंधार में बन्द था, जहाँ दलित पैंथर कार्यकर्ता और अन्य विद्यार्थियों में झगड़ा हुआ जिसमें कुछ लोग जख्मी हुए।

गंगापुर तहसील कचहरी में आग लगा दी, जिससे वहाँ संचारबन्दी लागू कर दी। देखा गया कि मराठवाड़ा विद्यापीठ के नामकरण के प्रस्ताव के साथ ही मराठवाड़ा में चारों ओर उग्र जातीय दंगों का नाच ही प्रारम्भ हो गया। 27 जुलाई, 1978 से 7 अगस्त, 1978 तक मानो सवर्णों द्वारा दलितों पर अत्याचारों का जश्न मनाया जा रहा था।

दस-बारह दिनों तक चुन-चुनकर दलित बौद्धों पर हुए अत्याचारों की खबर रह-रहकर नागसेन वन के परिसर में आ रही थी।

मुदखेड़ से लेकर कन्नड़ तक मराठवाड़ा धू-धू करके जल उठा। इस आन्दोलन की विभीषिका की चपेट में छोटे-छोटे गाँव भी आ गए।

विजय लिखते हैं कि इस कालावधि में मानो नागसेन नगर दंगलग्रस्त दलित बौद्धों की व्यथा-कथा और आशाओं का मायका ही बन गया। मराठवाड़ा के कोने-कोने से लोग जुल्म के शिकार इन अत्याचारों की कहानियों के रूप में शरीर पर कुल्हाड़ी के घाव लिये हुए थे। किसी-किसी को लाठियों एवं पत्थरों से मारा गया। उनके घर ध्वस्त कर दिए, कुछ जिंदा जलते हुए आश्रय की तलाश में यहाँ पहुँचे। यहाँ तक कि बुद्ध एवं डॉ. आम्बेडकर की मूर्तियों को इतनी वीभत्सता से तोड़ गया कि सवर्णों की इसे असह्यता की पराकाष्ठा ही कहा जाएगा।

4 अगस्त, 78 को नागसेन नगर के सभी प्राध्यापकों के द्वारा बौद्धों की मदद के लिए 'मराठवाड़ा विद्यापीठ नामांतर अन्यायग्रस्त मदद केन्द्र' की स्थापना हुई और तय हुआ कि सभी प्राध्यापक दंगाग्रस्त जिलों में जाकर दलित-बौद्धों की परिस्थिति का प्रत्यक्ष अवलोकन करेंगे। कहीं रास्ते बेकार थे तो कहीं भयग्रस्त लोग। विध्वंसों के छायाचित्र लिये गए। अत्याचारों का ब्योरा बारीकी से एकत्रित किया।

पीपुल्स एज्युकेशन सोसायटी, मुम्बई के अध्यक्ष जस्टिस आर.आर. भोले और संस्था सदस्य घनश्याम तलवटकर ने दो बार तनावग्रस्त इलाके का दौरा किया और उनके हाथों में लिये हुए कार्यों को प्रोत्साहित कर उत्साह बढ़ाया। प्राचार्य एम.बी. चिटनिस अस्वस्थता के बावजूद भी साये के समान हमारे साथ-साथ रहे। महाराष्ट्र राज्य विधानसभा के अध्यक्ष रा.सु. गवई ने भी दो बार दंगाग्रस्त जगह का दौरा कर उत्साह द्विगुणित कर दिया और श्रीमती शांताबाई दाणी ने नासिक रोड में हुए दंगों की विस्तृत जानकारी उपलब्ध कराई। इस काम में हमें विद्यार्थियों के शुभचिन्तकों ने पूर्णतः सहयोग दिया।

दंगाग्रस्त जगहों पर जाने के पूर्व हमने एक प्रारूप तैयार किया और कुछ बातों को कसौटी पर रखा। औरंगाबाद के आसपास स्कूटर द्वारा दौरा किया। हमने प्रथमतः बदनापुर गोलटगाँव को चुना। दूसरे सप्ताह में चौका गणुरी और सांजुल तथा तीसरे सप्ताह में नांदेड़ के आसपास के गाँवों को चुना गया। महत्त्वपूर्ण विवरण इस तरह से है।

बदनापुर

17 अगस्त, 1978 को हम बदनापुर के लिए रवाना हुए। रास्ते में कुंभेफल गाँव के पास पुल को देखा। वहाँ कार्यरत मजदूरों से हमने चर्चा की। उनकी बातों से पता चला कि

इस पुल को कम-से-कम सौ लोगों ने लगातार 3-4 घंटों में विध्वंस किया। छोटे-छोटे गाँव में किसी भी तरह की पुलिस की मदद न पहुँचे, इसीलिए इस पुल को तोड़ा गया। दलितों के खिलाफ द्विजों के क्रोध की जैसे कोई सीमा ही नहीं थी।

दोपहर करीब 1-30 बजे बदनापुर में पहुँचे। रास्ते पर पुलिस स्टेशन के पास ही गोदाम में 21 परिवार बड़ी मुश्किल में रह रहे थे।

बदनापुर के भागाजी पुंजाजी बोरडे का बेटा पिछले चार वर्षों से बदनापुर का पुलिस पाटील था। इस परिवार के पास 14 एकड़ उपजाऊ भूमि थी, सुखी परिवार था। सभी सवर्णों की आँखों की वे किरकिरी बने हुए थे। उसने कहा, "हमने बौद्ध विहार बनाया। हम हर बरस भीम जयंती मनाया करते। ऐसे समय में गाँववालों ने हमेशा हमारे रास्ते में रुकावटें खड़ी कीं।"

2 तारीख को गाँव में मीटिंग हुई। उसके पश्चात मारुति के सामने नारियल फोड़कर उरी-तीरी एक्का आम्बेडकर छक्का–ऐसी घोषणाएँ देते हुए बौद्धवाड़ा की ओर सैकड़ों लोगों ने धावा बोल दिया। सबसे पहले बुद्ध की मूर्ति तोड़ी और पत्थर फेंकना आरम्भ कर दिया। हम लोगों ने स्त्रियों एवं बच्चों के साथ पास के गन्ने के खेतों में आश्रय लिया। सवर्ण समाज के असामाजिक तत्व आमने-सामने होकर थोड़ी देर तक पत्थरबाजी करते रहे। इसके पश्चात कुछ युवक व पुलिस पाटील बदनापुर पुलिस स्टेशन में पहुँचे जहाँ पर औरंगाबाद के पुलिस कमिश्नर एवं कलेक्टर भी मौजूद थे। उन्होंने आनन-फानन में कार्रवाई कर बौद्ध कुटुम्बियों की रक्षा की।

बंडुजी वाघमारे 70 वर्ष की उम्र में अपनी लकड़ी के सहारे लड़खड़ाते हुए कह रहे थे कि अब यह हिंसाचार नहीं थमेगा। अब कौन हमारी रक्षा करेगा? कब तक हम इस अन्याय को सहते रहेंगे?

दुःखद स्थिति यह थी कि जिन्होंने घरों में आगजनी की, लूटपाट मचाई और इस कृत्य के लिए प्रोत्साहन दिया ऐसे कई लोग बदनापुर की सड़कों पर स्वच्छन्द रूप में विचरण कर रहे थे। हमने इस सम्बन्ध में पुलिस स्टेशन में पूछताछ की। उनका उत्तर था कि ऐसे सभी लोगों ने औरंगाबाद न्यायालय से जमानत मंजूर करवा ली है अतः हम इन लोगों के विरुद्ध कार्रवाईयाँ करने में असमर्थ हैं। पुनः इन ग्रामीणों की सुरक्षा और सहानुभूतिपूर्वक ध्यान देने की हमने औरंगाबाद के जिलाधिकारी से विनती की।

गोलटगाँव हमें एक सम्पन्न गाँव नजर आया। औरंगाबाद के बहुत से सोने और चाँदी के व्यापारी इसी ग्राम के हैं। गाँव और बौद्धवाड़ा के बीच में नदी दिखलाई देती है। बौद्धवाड़ा के ठीक सामने नदी के दूसरी ओर पाठशाला है। हमें देखते ही बौद्धों ने अपनी व्यथा कथा सुनाई।

"इस ग्राम में सभी लोगों में भाईचारा और परस्पर स्नेह था। फिर भी यहाँ दंगा हुआ, यह एक आश्चर्य की बात है। सभी ओर जातीय दंगे-फसाद हो रहे हैं और हमारे गाँव में क्यों नहीं, इन विचारों की प्रेरणा से प्रेरित होकर सवर्ण विद्यार्थियों ने विद्यालय

एवं होटलों पर पथराव किया। **यहाँ पर पथराव करने से तुम्हें क्या हासिल होगा? सामने बौद्ध मोहल्ले पर पथराव करो, आग लगाओ, ऐसी सलाह स्कूल के दलित विरोधी हेडमास्टर ने दी और उसी गाँव के प्रतिष्ठित वह भी सवर्ण डॉक्टर की देखरेख में बौद्ध मोहल्लों पर टूट पड़े**। पुरुष खेतों में अपने कार्यों में व्यस्त थे और घरों में कुछ स्त्रियाँ, बच्चे और पुरुष थे। दोपहर तीन बजे लोगों ने इसका प्रतिकार किया एवं हमलावरों को हताश कर दिया किन्तु हमलावर संख्या में बहुत थे। स्त्रियाँ और बच्चे पड़ोस के खेतों में जाकर छुप गए। वातावरण शांत होने के पश्चात ही वे अपने घरों की ओर लौटे।

गाँव में बौद्धों के लगभग 40 घर थे। यहाँ भी बाबा साहेब डॉ. आम्बेडकर के जन्मदिन का समारोह बड़ी ही धूमधाम से मनाया जाता था।

लखुजी राव महस्के ने कहा कि मेरे पुत्र की सिलाई की मशीन तोड़ दी और उसकी दुकान में आग लगा दी। तभी से मेरा पुत्र विक्षिप्त सा हो गया है। बौद्धवाड़ा में एक मिलिट्री जवान की पत्नी को देखते ही **"पकड़ो-पकड़ो साली को! अकेली ही है"** कहकर घेरने का प्रयास किया, किन्तु उसके ससुर ने अपनी बहू पर आँच भी नहीं आने दी और काफी देर तक उस जमावड़े से जूझता रहा। इस हादसे के बाद स्त्री और उसके ससुर, दोनों को अस्पताल में ही भरती करना पड़ा। उन्हें गहरी चोटें आई थीं।

चौका

गोलटगाँव से वापसी पर ही हमारी अगली योजना का प्रारूप बन गया। चौका पहला गाँव था। 19.8.78 को हम चौका नामक ग्राम के पास की घाटियों में पहुँचे जहाँ पर पहाड़ों से बहुत बड़े-बड़े पत्थर सड़कों की ओर ढकेले गए थे जिससे आवागमन के मार्ग पर अवरोध बना दिए गए महसूस होता था कि इस काम में बहुत से लोगों ने हिस्सा लिया। इस ग्राम में वैसे कोई भी नुकसान नजर नहीं आया, किन्तु तनाव था। वहाँ लोगों का ढाँढस बँधाते हुए हम लोगों ने गणोरी नामक ग्राम के लिए प्रस्थान किया।

गणोरी

हमारे से पहले ही यहाँ पर प्राध्यापकों का एक दल पहुँचा था। उस समय थोड़ा तनाव पैदा हो गया था। हम डरते-डरते आगे बढ़ते गए। बारिश से रास्ते खराब हो चुके थे। नालों को पार करते हुए हम बौद्ध बस्तियों में पहुँचे जहाँ बिखरे हुए दलित परिवार थे। बहुत से परिवार पहले ही औरंगाबाद पहुँच चुके थे। गाँव में दलितों के केवल सात घर शेष थे और बाकी के 29 घर गाँव के आसपास नजर आए।

30 अगस्त, 1978 को सुबह 7.30 बजे के करीब सवर्ण ढपली बजाते हुए गाँव के बीच में पहुँचे। हमले का पूर्वाभास होते ही दलितों ने बच्चों और स्त्रियों को खेतों की ओर

भेज दिया गया। वे पड़ोस के जंगल की ओर चल दिए और सारे पुरुष अपनी जान हथेली पर रखकर सवर्ण हमलावरों के सामने जा डटे। उनका उत्साह देखकर सवर्ण वहाँ से नौ दो ग्यारह हो गए। जाते-जाते उन्होंने प्रहलाद जाधव के घर में आग लगाने की कोशिश की किन्तु वर्षा के कारण यह सम्भव नहीं हो सका।

सांजूल

औरंगाबाद लौटते समय हमें पता चला कि सांजूल नामक ग्राम में भगवान बुद्ध की मूर्ति को विद्रूप किया, जो मुख्य मार्ग से हटकर पाँच-छः किलोमीटर पैदल रास्ते पर था। हम वहाँ पहुँचे।

नांदेड़

22 अगस्त, 1978 को रात 9 बजे हमने अजंता एक्सप्रेस से नांदेड़ की ओर यात्रा आरम्भ कर दी। चार बजे नांदेड़ में उतरकर सुबह होने का इन्तजार करते रहे।

सुबह हमने एक ऑटोरिक्शा से पूछा कि हमें दलितों पर हुए अत्याचारग्रस्त क्षेत्र का अवलोकन करने के लिए उसकी सेवाएँ चाहिए। उद्देश्य के पता चलते ही कोई भी वाहन हमें ले जाने के लिए तत्पर नहीं था। ऐसा लगता था कि उनमें कोई दलित नहीं था। हमने स्थानीय दलित नेताओं से बातचीत की। उन्होंने बड़ी ही गर्मजोशी से हमारा स्वागत करते हुए हमें एक मोटरकार का इंतजाम कर दिया। इस तरह से आरम्भ में मिली हताशा ने हमारे उत्साह को और द्विगुणीत कर दिया।

धनेगाँव

नांदेड़ से करीब 6 से 7 किलोमीटर दूरी पर यह ग्राम बसा हुआ है। नांदेड़ शहर का औद्योगिक क्षेत्र (एम.आई.डी.सी. एरिया) यहीं पर है। यहाँ पर काम करनेवाले लोगों के निवास भी यहीं पर हैं। नजदीक ही दलितों की बस्ती है। बताया गया कि सर्वे नम्बर चार की जगह 1973 से पहले मवेशी यहाँ पर चरा करते थे अर्थात यह जगह चरागाह थी। 1973 से वहाँ पर दलितों का आश्रय स्थान था। उस जगह से सवर्णों ने तीन-चार बार दलितों को बेदखल करने का प्रयास किया किन्तु उन्हें सफलता नहीं मिल सकी। इससे खीझकर उन्होंने इस मौके का फायदा उठाया, ऐसा हमें नजर आया। यहाँ पर दलितों की 300 से 350 झोंपड़ियाँ थीं। इस बस्ती में शिक्षितों की संख्या भी अधिक थी और 10-15 स्नातक भी थे।

धनेगाँव में यह घटना 5 अगस्त को रात करीब 12 से 1 बजे के दरम्यान घटी। इसकी जानकारी ग्रामीणों को पहले ही थी। इसीलिए यहाँ के निवासी दिगंबर यशवंत लाडगे,

बाबूराव गायकवाड, नागोराव रणवीर ने बाकायदा नांदेड़ के जिलाधिकारी को इस बात की सूचना दी, किन्तु अगर समय पर उन्होंने कार्रवाई की होती तो हमें अध्ययन के लिए इस गाँव में नहीं आना पड़ता।

रात में आक्रमणकारी लाठियाँ, कुल्हाड़ियाँ और मशालें लेकर आए। उन्होंने अपने चेहरों को कपड़ों से ढका हुआ था। सिर्फ आँखें खुली हुई थीं। तुकाराम हणभन्ते की झोंपड़ी में सर्वप्रथम आगजनी आरम्भ हुई। एक बूढ़ा हमले की खबर सुनते ही मर गया। जिजाबाई नामक स्त्री अपने एक दिन के बच्चे के प्राण बचाते तेजी से दौड़ते हुए गिर पड़ी। तत्काल बच्चे के प्राण पखेरू बन उड़ पड़े। ऐसी स्थिति में माँ पागलों के समान निहत्थी हमलावरों पर टूट पड़ी। उनके हौसले भी पस्त हो गए, किन्तु वह अकेली थी। उस पर सवर्णों द्वारा लाठियों से प्रहार किया गया। वह मूर्छित होकर गिर पड़ी। करीब पाँच लोग इस संघर्ष में जख्मी हुए जिन्हें सरकारी अस्पताल में भरती किया।

हमला होने के करीब तीन-चार घंटे पश्चात हमारी मदद की गई किन्तु तब तक ग्रामीणों का सब कुछ स्वाहा हो चुका था। बाकी लूटकर ले गए। द्विजों ने यहाँ लुटेरों की भूमिका अदा की।

कहाला

कहाला ग्राम के साथ ही बुजुर्ग नामक ग्राम है। गाँव के एक होटल में चाय-नाश्ता करते हुए हमने जानकारी प्राप्त की कि कहाँ-कहाँ पर जातीय दंगों का असर हुआ। रास्ते में बच्चों ने हमें बौद्ध बस्ती का का रास्ता बताया। थोराजी येसाजी गजभाटे के घर पहुँचे। उनका घर लगभग पूर्णतः जल चुका था। अपने नुकसान एवं अन्य घरों के नुकसान बताते-बताते उनका गला रुँध-सा गया। सुन कर हम भी द्रवित हो गए। कुछ जगहों पर तो मानो राख के ढेर ही थे। यहाँ के एक प्रतिष्ठित सरकारी डॉक्टर गजभाटे के घर में हुए नुकसान का वर्णन शब्दों में नहीं किया जा सकता। घर में जगह-जगह पर जला हुआ मुड़ा-तुड़ा हुआ सामान, छोटे बच्चों का बिस्तरा, झुलसा हुआ झूला और लकड़ियाँ बिखरी पड़ी हुई थीं। बाहर कृषि के औजार एवं बैलगाड़ियाँ भी जली हुई थीं।

श्री गजभाटे के अनुनय से हम उनके टूटे-फूटे और जले हुए घर में जहाँ जगह मिली, बैठे। वे 1960 से 1975 तक कहाला बुजुर्ग के सरपंच थे। सवर्णों में उनके प्रति उसी समय से द्वेष भावना थी। उन्होंने कहा, गाँव में बौद्धों के 30 घर है एवं सवर्ण लगभग 900 हैं, जिनमें बहुतायत लोग मराठा, जुलाहा और गोलेवार हैं। दिनांक 9 अगस्त को मराठवाड़ा विद्यापीठ का नाम बदलने के विरोधियों ने गाँव में एक फेरी निकाली जिसमें सामने एक गधे के गले में पंचायत कार्यालय का डॉ. आम्बेडकर का फोटो बाँधा हुआ था और उसे गाँव में घुमाते हुए पंचायत कार्यालय में विसर्जित कर दिया। 'आम्बेडकर मुर्दाबाद, शरद पवार मुर्दाबाद, शिवाजी महाराज की जय' ऐसी उद्घोषणाएँ हो रही थीं। उस रात ग्राम के एक सवर्ण डॉक्टर के घर में सभा कर बौद्ध बस्ती में आग लगाने का निर्णय लिया गया।

पूर्वनिश्चित दिनांक 5 अगस्त को दोपहर बारह बजे 500 सवर्णों ने बौद्ध बस्ती पर हमला करके आगजनी व लूटपाट आरम्भ कर दी।

इसी ग्राम के सामाजिक कार्यकर्ता महाजन गोविंदा पाटील और उनके परिवार इस अन्याय के विरुद्ध उठ खड़े हुए एवं दलितों की रक्षा का बीड़ा अपने सिर उठा लिया। उनकी उम्र लगभग सौ वर्ष थी। इस तरह उनके पिता और बूढ़ी माँ ने संघर्ष किया। ग्राम में सी.आर.पी. पहुँची तभी वे लोग बच गए, किन्तु गोविंदा पाटील को सरकारी अस्पताल में जीवन और मृत्यु की शय्या पर झूलना पड़ा।

महाजन ने दलितों पर सवर्णों द्वारा कहर ढहाया जाएगा, ऐसी पूर्व सूचना पुलिस स्टेशन में दी थी। ऐसा ग्रामीणों ने हमें बतलाया किन्तु समय पर कार्रवाई नहीं हो सकी और नुकसान हुआ।

कहाला गाँव के बौद्धों की शिकायत थी कि सवर्ण ग्रामीण एवं पुलिस की नियोजित रूप में 65 लोगों की सूची पुलिस को दी गई, उनमें गाँव का डॉक्टर मुख्य है। जिसके हाथों में कुल्हाड़ी थी। इस प्रकार के हमले बौद्ध बस्तियों पर हो रहे थे।

आज भी कहाला के श्री गजभाटे के शब्द हमारे कानों में गूँजते हैं। **हमें जंगल में ले जाकर छोड़ दो–किन्तु अब हम यहाँ नहीं रहेंगे। वन के हिंस्र पशुओं से भी भयंकर हमें गाँवों के सवर्ण गुंडे प्रतीत होते हैं।**

कृष्णूर

कृष्णूर नामक ग्राम नांदेड़ से लगभग पचास किलोमीटर की दूरी पर है। वहाँ की जनसंख्या 2-3 हजार और दलितों के लगभग 65 घर हैं जहाँ करीब 300 बौद्ध निवास करते हैं।

दिनांक 3.8.78 को पूर्वनियोजित हमला दलितों पर किया गया। ग्रामीण स्त्रियाँ, बच्चों को लेकर जंगल, पहाड़ की ओट में चली गईं। 300-700 सवर्णों ने गाँव पर मानो आक्रमण ही कर दिया। इन आततायियों ने मिट्टी के तेल डाल-डालकर घरों में आग लगा दी। जिन्होंने विरोध किया उन्हें बेदम मारा गया।

इससे पहले सवर्णों ने दलितों द्वारा सार्वजनिक कुएँ पर पानी भरने के फलस्वरूप कुएँ में टट्टी फेंकी। उनके विरुद्ध पुलिस में रिपोर्ट लिखाई जिससे वे दलितों से आग-बबूला हो गए।

टेभूर्णी

आन्दोलन काल में हमें पता चला था कि यहाँ पर पोचीराम मरीबा कांबले का खून हुआ था। हम लोग 23 अगस्त, 1978 को उसके गाँव में पहुँचे।

टेभूर्णी गाँव नांदेड़ से बहुत दूर पर स्थित है। इसीलिए हम लोग प्रमुख मार्ग से करीब 3 किलोमीटर दूर उस ग्राम में पैदल ही पहुँचे। इस गाँव में जिस प्रकार से भयंकर

अनु-क्रमांक	गाँव जहाँ भेंट दी	हमले की तारीख	हमले का समय	दलितों की संख्या	दलितों की जनसंख्या	कितने घरों का नुकसान	सवर्णों की जनसंख्या	मृतकों की संख्या	जख्मियों की संख्या	विशेष
1.	अकोला	2-8-78	6.30 बजे	21	103	1	2000	–	1	पक्के मकान जलाए
2.	गोलटगाँव	6-8-78	3.30 रात	95	250	18	3000	–	2	चावड़ी जला दी
3.	गणोरी	20-8-78	6.30 सुबह	7	40	2	5500	–	1	–
4.	सांजूल	29-8-78	रात में	22	150	–	600	–	–	पुतला तोड़ा गया
5.	घनेगाँव	5-8-78	12.30 रात	350	1000	350	–	2	5	–
6.	कहाला	5-8-78	12 दोपहर	30	125	10	900	–	5	9 पक्के घर जलाए गए
7.	कृष्णुर	3-8-78	8 बजे सुबह	75	300	53	3500	–	1	पक्के घर जलाए गए
8.	इज्जतगाँव	3-8-78	6 बजे शाम	29	150	19	350	–	–	खेतों में पशु छोड़े गए
9.	टेंभूर्णी	9-8-78	6.30 सुबह	70	350	35	2000	1	–	पक्के मकान जलाए गए
10.	सुगाव	9-8-78	5.30 सुबह	75	450	65	700	1	53	पक्के घर जलाए गए

टिप्पणी : उपरोक्त वर्णन के अन्तर्गत ब्योरा औरंगाबाद जिले के वर्णन से लिया गया है।

पथिक सदस्य : प्रा. डॉ. गणवीर, प्रा. मंडव धरे, प्रा. डोंगरे, प्रा. अविनाश डोलस, प्रा. गंभीरे, श्री डी. एल. हिवराले।

घटना हुई, वैसा ही दृश्य हमें दिखलाई दे रहा था। नहर को पार कर हम दलित बस्ती में पहुँचे। वहाँ हमारी मुलाकात शंकर देवबा, कांबले बी.ए. द्वितीय के छात्र से हुई। उसने बताया, आन्दोलन में उनके दुमंजिला मकान को बारूद लगाकर जमींदोज कर दिया गया था। वह घर पत्थरों का बना हुआ था।

तदुपरांत उसने हमें दलितों के बड़े-बड़े दालानयुक्त पत्थरों के बनाए हुए मजबूत मकान बताए। वहाँ एक भी झोंपड़ी नहीं थी। घर के कपड़े और अनाज अग्नि में स्वाहा हो गए थे। हम मृतक पोचीराम कांबले के घर पहुँचे। मृतक की पत्नी श्रीमती घोंडाबाई कांबले और करीब पन्द्रह लोग हमारे सामने बैठ गए। घोंडाबाई कांबले ने हमें बतलाया कि दिनांक 4.8.78 को सुबह दो व्यक्ति घर के बाहर सोए हुए पोचीराम कांबले को सुरक्षित स्थान पर ले जाने के बहाने से बुलाकर ले गए। उससे पहले दिन सवर्ण हिन्दुओं ने नामांतरण आन्दोलन का फायदा उठाकर दलित बस्ती में आग लगाकर पोचीराम कांबले और उसके भतीजे शंकर देवबा कांबले को मौत के घाट उतारने का षड्यंत्र रचा था। दलितों को उस षड्यंत्र का पता था। इसीलिए सुरक्षा की हामी मिलने के बाद ही वह उन दो व्यक्तियों के साथ चल पड़ा। इससे पूर्व ही उसने सवर्णों के षड्यंत्रों की दास्तान अपने अजीजों को बतलाई थी। इसीलिए बहुत-से लोग सूर्योदय के पूर्व ही पलायन कर गए। पूर्वनियोजित षड्यंत्र के तहत 4 अगस्त, 1978 की सुबह 6.30 के लगभग 200-300 सवर्णों ने डंडे-कुल्हाड़ी और मशालों से सुसज्जित होकर सर्वप्रथम शंकर देवबा कांबले के घर को ध्वस्त कर दिया। उसी में पोचीराम कांबले का भी घर था। इतने में, पोचीराम कांबले सुरक्षित स्थान से भाग रहा है, ऐसी खबर सवर्णों, आततायियों को पता चलते ही सारा हुजूम उसी दिशा की ओर दौड़ पड़ा। उस टेभूर्णी ग्राम से 5-6 किलोमीटर आगे राउत खेड़ा ग्राम की सीमा में पोचीराम तक वे पहुँच गए। सभी लोगों ने उसे चारों ओर से घेरकर बुरी तरह मारा लेकिन वह बहादुरी से आक्रमणकारियों से मुकाबला कर रहा था। एक व्यक्ति ने पूछा, "**जय भीम बोलेगा? गाँव में भीम जयंती मनाएगा? तुझे जीवनदान चाहिए तो पैर को हाथ लगाकर क्षमा माँग और आइन्दा 'जय भीम' कभी भी मुँह से नहीं बोलेगा।** ऐसा उससे पूछा गया, किन्तु सामने मौत को देखते हुए भी वह अट्टहास करने लगा। 'धिक्कार है तुम जैसे भेड़ियों पर! माँ का दूध पिया हो तो एक-एक आओ और पूछो क्या जयभीम बोलेगा। सिंह मिचमिचाता नहीं, 'जयभीम' ही बोलता है और बोलेगा।

उस पर लाठियों से वार हो रहे थे और 'जय भीम-जय भीम' स्वर प्रस्फुटित हो रहा था। सवर्णों ने एक कुएँ के भोट की लकड़ियाँ निकालकर उसी के सामने एक चिता तैयार की और पोचीराम कांबले के हाथ-पैरों को रस्सी से कसकर बाँधकर चिता के ऊपर रखते हुए फिर से पूछा, 'जय भीम छोड़ेगा या मरेगा?' उसके मुँह से 'जय भीम-जय भीम' की ही उद्घोषणा हो रही थी। लपटों के साथ-साथ उसका स्वर तेज हो रहा था। सभी सवर्ण खुश थे। उन्होंने सरपंच से कहा कि हमने पोचीराम को ऊपर भेज दिया। सरपंच ने उन्हें शाबासी दी। उस समय पानी भरने के लिए आई उसकी बहन ने यह सुना तो वह हतप्रभ-सी रह गई।

उसने यह समाचार पोचीराम की पत्नी से कहा। वे दोनों तुरन्त जलती हुई चिता के पास गईं जहाँ पोचीराम के शरीर को उन्होंने अपनी आँखों से जलते हुए देखा। दूसरे दिन पुलिस द्वारा पंचनामा किया गया जिसमें किसी अज्ञात व्यक्ति का जिक्र था। इस घटना को शंकर देवबा कांबले ने उजागर किया। देगलूर डिवीजन के एक उच्च पुलिस अधिकारी ने स्वयं आकर इस घटना की तत्परता से पूछताछ करके पोचीराम कांबले के खून के आरोप में 27 लोगों के विरुद्ध गुनाह का पंजीकरण किया।

पोचीराम कांबले मातंग था एवं ग्राम पंचायत का सदस्य था। आर्थिक दृष्टिकोण से भी वह खाते-पीते परिवार का था। उसके पास महार-मांगों का नेतृत्व भी था। वह और शंकर कांबले इन विद्यार्थियों के साथ हर वर्ष डॉ. आम्बेडकर का जन्मदिन समारोह श्रद्धापूर्वक सम्पन्न करते थे। यही उसका अपराध था।

वहाँ के सभी दलित आर्थिक दृष्टिकोण से स्वावलम्बी थे। यही बात सवर्णों की आँख का काँटा बनी हुई थी। इसीलिए उन्होंने दलितों के घरों में आग लगाई और पोचीराम कांबले को जिंदा जला दिया।

सुगाँव

हम लोग 24 अगस्त, 1978 को नांदेड़ के पास सुगाँव नामक ग्राम में पहुँचे। इस गाँव का दृश्य बड़ा ही हृदयविदारक एवं भयंकर था। जगह-जगह पर दलितों के जले हुए घर थे। उजड़ा हुआ संसार चारों ओर बिखरा हुआ था मानो श्मशान ही बन गया हो। दलितों के घर सुन्दर एवं मजबूत रहे होंगे। बौद्धवाड़ा की ओर जाते समय हमें ग्राम पंचायत के एस.आर.पी. महोदय ने बुलावा भेजा जहाँ हमने उन्हें यहाँ आने का उद्देश्य बतलाया। तभी हमें अगले कदम की उन्होंने अनुमति दी।

आरम्भ में ही हमें अग्नि में भस्म एक आटे की चक्की नजर आई। बीस-पच्चीस दलितों के साथ हमने जले हुए घरों का अवलोकन किया जहाँ पर घर के कपड़े, बर्तन, साइकिल के अवशेष, लकड़ी का फर्नीचर बिखरे पड़े थे। एक आदमी ने हमें चीनी का एक डिब्बा दिखाया जिसमें चाशनी बनी हुई थी। घर भले ही मजबूत थे, उन्हें सब्बलों से तोड़-तोड़कर गिराया था। जिस स्थान पर जनार्दन जयदेव मवाड़े की हत्या की गई थी उस स्थान को देखने के पश्चात लोगों का साक्षात्कार लेने के लिए हम एक छायादार वृक्ष के नीचे बैठ गए। अर्जुन रखभाजी वैद्य और अन्य दलित स्त्री-पुरुष हमारे चारों ओर बैठ गए। उन्होंने बतलाया कि करीब डेढ़-दो हजार सवर्णों ने अचानक दलित ग्राम पर चारों ओर से हमला कर दिया। हमले की हमें जानकारी नहीं थी। हमला पूर्व नियोजित था, क्योंकि हमला करने के एक दिन पूर्व ही आसपास के दस ग्रामों की एकत्र सभा हुई जहाँ पर हमारी हत्या एवं आगजनी की योजना का षड्यंत्र रचा गया, ऐसा हमें बतलाया गया।

सुबह पाँच-साढ़े पाँच के दरम्यान हनुमान मन्दिर के घंटे को जोर-जोर से बजाकर सवर्णों ने जलती हुई मशालों, तलवारों, कुल्हाड़ियों व डंडों से हम पर हमला कर दिया। 'शिवाजी

महाराज की जय' बोलते हुए वे हम पर टूट पड़े। उन्होंने झुंडों में आकर हम पर हमला किया। दलित उनसे संघर्ष करने लगे, हमलावरों ने 60-70 वर्ष के बूढ़ों को भी नहीं बख्शा। बँधे हुए जानवरों पर दया आई, उनके सिवाय दलितों पर क्रूरतापूर्वक टूट पड़े। लगभग 65 घरों में आग लगाकर ध्वस्त कर दिया। पारुबाई नागोराव वैद्य नामक साठ वर्षीया बुढ़िया ने जब घर से सामान निकालने की कोशिश की, उससे कहा गया कि उसे जिन्दा ही जला दिया जाएगा और उसके हाथों का सामान लेकर आग में झोंक दिया। हमलावरों में से कुछ अनाज, रुपया-पैसा और सोने-चाँदी के जेवरात भी ले गए।

वहाँ पर जनार्दन जयदेव भवाड़े बड़ी बहादुरी से चारों ओर से घिरे हुए सवर्णों से एक लाठी के सहारे 'जय भीम-जय भीम' करता हुआ जूझ रहा था। उस पर तलवारों से हमला कर उसकी नृशंस हत्या कर दी गई। सवर्णों ने कुएँ में जहर डाल दिया था किन्तु पानी की सतह पर बहुत-सी मरी हुई मछलियाँ, मेंढक और कछुओं को देखकर उन्होंने वहाँ से जल नहीं लिया। यह अच्छा ही हुआ अन्यथा बहुत से लोगों की जहरीले पानी से मौत हो जाती।

ग्रामीणों ने जबर्दस्ती विद्यार्थियों को विद्यालय बन्द रखने के लिए बाध्य किया और इस कृत्य का तीव्र विरोध जनार्दन मवाड़े ने किया था। यही उसका अपराध था। विद्यालय बन्द करनेवालों ने उसी क्षण जनार्दन मवाड़े को जान से मार डालने की धमकी दी थी। उसने इस धमकी की शिकायत नांदेड़ पुलिस स्टेशन में दी थी और रक्षा की गुहार भी की थी। अगर समय पर ही पुलिस ने कार्रवाई की होती तो शायद यह भीषण घटना घटित नहीं होती।

अन्त में ग्रामीणों ने कहा कि अब हम नांदेड़ में ही जाकर वास करेंगे और कहा कि विद्यापीठ को डॉ. आम्बेडकर का नाम अवश्य ही मिलना चाहिए। हम उनको सान्त्वना देकर अगले पड़ाव की ओर कूच कर गए।

नांदेड़

सुगाँव से नांदेड़ लौटने पर हम जख्मियों को देखने अस्पताल गए। वहाँ अनेकों बौद्धों के शरीर पर कुल्हाड़ियों, तलवारों के घाव थे। शरीर पर जगह-जगह पर प्लास्टर चढ़े हुए थे। उनकी हालत देखकर हमारी आँखों में अश्रुधारा बहने लगी। हमें पता चला था कि कहाला के महाजन गोविंदा पाटील और उनके बूढ़े माँ-बाप को इसी अस्पताल में भरती किया गया। हमने इस बारे में पूछताछ की। उसी दिन उन्हें अस्पताल से छुट्टी दे दी गई।

प्रेक्षकगण के निष्कर्ष

दंगाग्रस्त इलाकों का दौरा करने के उपरान्त हम सभी आठ लोगों ने इन दंगों का व्यक्तिगत निष्कर्ष निकाला। सर्वसामान्य निष्कर्षों को हम समाज के सामने रखते हैं।

सरकारी मशीनरी की उपेक्षा

इस प्रकार के आन्दोलन भड़क उठने की चर्चा जनमानस में हो रही थी किन्तु सरकार ने इस ओर ध्यान ही नहीं दिया। सरकार को चाहिए था कि इस विषय में तुरन्त कार्रवाई करती। खेद के साथ कहना पड़ता है कि ऐसे कोई भी कदम नहीं उठाए गए। जिन गाँवों में हमने लोगों से मुलाकात की, वहाँ के दलितों द्वारा नजदीक के पुलिस स्टेशन में शिकायत करने के बावजूद भी वे इन दंगों को रोकने में कामयाब नहीं हो सके।

पूर्वनियोजित दंगे

हम लोग इस निष्कर्ष पर पहुँचे कि मराठवाड़ा क्षेत्र की आबरू का सवाल पैदा हो गया है और इस भावना के वशीभूत होकर लोगों ने ये दंगे-फसाद किए। महत्त्वपूर्ण पुलों (Bridge) को तोड़कर गतिरोध पैदा करना, शहर और गाँव के बीच के सम्पर्कों में बाधा डालना, शरीर पर लाल अंगरखा पहनकर सुबह-सुबह पाँच बजे हजारों की तादाद में हमला करना, ऐसा जान पड़ता था कि यह षड्यंत्र पूर्वनियोजित रचा गया। बहुत से गाँवों में बाहर से मोटर साइकल पर सवार कुछ युवकों द्वारा योजनाबद्ध पद्धति से दंगे-फसाद करवाए गए।

नाम बदलने के प्रति सस्ता प्रचार

दलित समाज ने मराठवाड़ा विश्वविद्यालय का नाम बदलने के सरकार के प्रस्ताव का अनुमोदन माँगा। शान्ति के मार्ग से अलग जिसका उत्तर हिंसक वारदातों से सवर्णों ने दिया। जैसे कि मराठवाड़ा विद्यापीठ यह महारवाड़ा विद्यापीठ बन जाएगा। महारों के विश्वविद्यालय नाम से हम डिग्रीधारी नहीं बनेंगे। जब दलितों पर लाठियों से प्रहार किया जाता था तो पूछते थे, **सवर्ण स्सालो, माँगोगे नाम ऐसा? पूछने वाले शायद भूल गए कि उस पिछड़े क्षेत्र में शिक्षा का स्तर बढ़ाने और इस विद्यापीठ के निर्माण में डॉ. आम्बेडकर ने अथक प्रयत्न किए थे।**

दलितों की सफलता से घृणा

पिछले कुछ वर्षों में जीवन के हर क्षेत्रों में दलित अथक परिश्रम से उन्नति करने लगे। धर्मांतर की वजह से उनमें स्वाभिमान जाग्रत हुआ जिसके फलस्वरूप वे अपने अधिकारों की रक्षा के लिए संघर्ष का रास्ता अपनाने लगे। इससे घृणा से वशीभूत होकर सवर्णों ने दंगे-फसाद किए।

बुद्धिजीवियों द्वारा दंगे-फसाद और अत्याचार

शिक्षा मनुष्य को सुसंस्कृत नागरिक बनाती है, किन्तु इन दंगों ने इसे झूठा साबित कर दिया। इन दंगों में सवर्ण बुद्धिजीवियों ने असभ्य आचरण किया। डॉक्टर, वकील, हेडमास्टर जैसे लोगों ने इन दंगों में बढ़-चढ़कर हिस्सा लिया, ऐसा जगह-जगह पर पता चलता है जो बहुत ही शर्म की बात है।

प्रा. व्ही.व्ही. गागुर्डे	प्रा. जी.डी. देशकर
प्रा. सी.पी. नरतडे	प्रा. आर.के. क्षीरसागर
प्रा. बी.जी. पवार	प्रा. पी.के. भालेराव
प्रा. के.एच. गंगावणे	प्रा. एच.डी. जाधव

देख-रेख सदस्य

डॉ. बाबा साहेब आम्बेडकर कला व वाणिज्य महाविद्यालय, औरंगाबाद।

सुलतानपुर की मुलाकात का ब्यौरा

सुलतानपुर, यह खुलताबाद तहसील की ऊँचाई पर बसा हुआ गाँव है जहाँ की आबादी करीब 200 परिवारों की है जिनमें दलितों के 20 परिवार हैं। जाधव एवं खोतकर ऐसे दो ही घराने वहाँ पर है।

ग्रामीणों को पैसे इकट्ठे करके ग्राम पंचायत के सामने डॉ. आम्बेडकर का पुतला समारोहपूर्वक स्थापित करना था किन्तु नामान्तर के इस आन्दोलन में डॉ. आम्बेडकर की इस आदमकद मूर्ति को तोड़-फोड़कर भग्नावशेष बना दिया।

26 अगस्त, 1978 को माननीय उत्तम राव पाटील सुलतानपुर की घटना के लिए जिम्मेदार लोगों से मिलने के लिए आनेवाले थे किन्तु रातभर लगातार वर्षा के कारण हवाई जहाज नहीं आ सका। इस तरह से उनसे हमारी मुलाकात नहीं हो सकी। हम कला एवं वाणिज्य महाविद्यालय की प्राध्यापिकाएँ सुलतानपुर पहुँचीं और हमारी भेंट ग्रामीणों से हुई।

परमपूज्य डॉ. बाबा साहेब आम्बेडकर की छिन्न-भिन्न अवस्था में आदमकद मूर्ति को कपड़े के आवरण में ढककर रखा हुआ था। हमारी याचना पर आवरण हटाया गया। अपनी खुली आँखों से बीभत्स किए उस पुतले के दर्शन करना कठिन हो गया। इतने छिन्न-भिन्न टुकड़े थे।

कोतवाल ने कहा कि दिनांक 29.8.78 की रात करीब पौने नौ बजे यह घटना घटित हुई। हमलावर संख्या में बहुत ज्यादा थे एवं ग्रामीण उनका प्रतिकार न कर सके। ऐसा पूछने पर ग्रामीणों ने कहा कि हम नौकरीपेशा लोग, हमारे घर पर पत्थरों की वर्षा हो रही थी एवं घर की कुंडियाँ बाहर से लगा दी गईं। सवर्ण हमलावर विश्वविद्यालय का नाम बदलने के विरुद्ध घोषणा देते हुए आए थे। झोंपड़ियों को भस्मसात कर दो, ऐसा भी कुछ लोगों ने कहा किन्तु कुछ लोगों ने ऐसा भी कहा, इन गरीबों ने क्या किया। फिर भी कुछ लोग चिल्लाते हुए हमलावरों पर टूट पड़े।

इन दंगों का परिणाम स्त्रियों पर क्या हुआ, यह जानने के लिए हम घर-घर जाकर स्त्रियों के बीच में बैठे। चुप-चुप रहनेवाली स्त्रियों ने हमसे बतलाया कि महाराष्ट्र राज्य समाज कल्याण विभाग के सौजन्य से यहाँ पर बालवाड़ियाँ चलाई जाती हैं, जहाँ पर हमारे बच्चों को दूर-दूर ही बिठाया जाता है, इसीलिए हम इन बालवाड़ियों में अपने बच्चे नहीं भेजते। बालवाड़ियों में वितरण करनेवाले अल्पाहार की बशीया भी दलित बच्चों की

अलग-अलग हैं। जब हमने बालवाड़ी की बाई से पूछा, उसने अनभिज्ञता दर्शाई किन्तु कहा कि आइन्दा ऐसा नहीं होगा।

स्त्रियों से जब हमने बच्चों में शिक्षा की महत्ता बतलाई तब उन्होंने माना कि शिक्षा के बगैर हमारे समाज की गति-सद्गति नहीं। बाबा साहेब आम्बेडकर का पुतला छिन्न-भिन्न करने की घटना के उपरान्त तीन दिनों तक अन्न-जल ग्रहण करने की इच्छा ही समाप्त हो गई। एक प्रौढ़ स्त्री ने कहा कि यह हमारा सौभाग्य है कि इतनी शिक्षाविद् स्त्रियाँ हमसे भेंट करने औरंगाबाद से यहाँ तक आईं। उनकी खातिर में आलूपोहा बशीये कैसे भरे और कितना, समझ में नहीं आ रहा था। इससे पहले माननीय आर.आर. भोले जैसे महान पुरुष उनसे मिलने आए थे। हम बड़े बोझिल मन से उठे और उन्हें विनती की कि वे नागसेन वन में प्रत्यक्ष आकर बाबा साहेब डॉ. आम्बेडकर द्वारा किए हुए कार्यों का अवलोकन करे।

एक वृद्ध ने भावविह्वल होकर कहा कि सभी ग्रामीणों ने इस पुतले को बनाने के लिए चन्दा दिया, किन्तु उस पुतले को तोड़ते समय हमारा ही 'केवल' (दलितों का) पुतला ही समझा गया।

डॉ. आम्बेडकर का नाम मराठवाड़ा विद्यापीठ के साथ जोड़े जाने के निर्णय से ही अन्दर बैठी जातीय वैमनस्यता कैसे उभरकर (उबलकर) बाहर आ गई, यह उस वृद्ध की बातों से पता चलता है।

सुलतानपुर के नजदीक करीब 1 मील दूर भाटरगाँव के 9 भूमिहीनों को सरकार ने 36 एकड़ 76 गुठें बेकार जमीन जोतने के लिए दी। दिनांक 2.8.78 के दिन सवर्णों ने जान-बूझकर गाय-भैंसों को चराकर फसल चौपट कर दी एवं खेत में पड़े हुए पुलाव की झोंपड़ी को जला दिया।

परभणी जिले में हुए दंगों का ब्यौरा

हमारा अगला सफर परभणी के लिए दिनांक 14.8.78 को प्रारम्भ हुआ और सुबह 8.30 बजे पहुँचे। परभणी के कलेक्टर के साथ एक घंटे तक यहाँ हुए दंगों के विषय में विचार-विमर्श किया। इस चर्चा में कलेक्टर ने कहा कि बसमत, गंगाखेड़ और परभणी—इन तीन तहसीलों में दंगों का अधिक प्रभाव पड़ा। उन्होंने इन दंगों का हमें ब्यौरा दिया। कुछ दंगाग्रस्त लोग अपने-अपने घरों की ओर लौट गए। कुछ लोग पंचायत समिति के हॉल में रुके हुए थे जिनकी देख-रेख (मार्गदर्शन) श्री भालेराव एवं सावंत साहब कर रहे थे और वहाँ पर हमने लोगों से मुलाकात की।

लिंबाजी दिगंबर वाघमारे, निवासी पेटरीवणी, तहसील-गंगाखेड़

श्री वाघमारे के सिर पर कुल्हाड़ी से प्रहार किया गया जिसमें छः टाँके लगाए गए। वाघमारे ने बतलाया कि उनके ग्राम में बहुत से लोगों की पुश्तैनी जमीनें हैं और कुछ दलितों को बीस सूत्रीय कार्यक्रम के अन्तर्गत सीलिंग की जमीन आवंटित की गई है। कुछ लोग छोटा-मोटा व्यापार करते हैं, उनकी दुकान भी है। जिस दिन यहाँ पर दंगा हुआ, सवर्णों ने भारी संख्या में एक जुलूस के रूप में डॉ. आम्बेडकर के नाम के विरोध में घोषणाएँ करते हुए हमारी बस्ती पर धावा बोल दिया। उनसे जब पूछा गया कि विश्वविद्यालय का नाम बदलने के बाबत क्या जानते हो, उन्होंने कहा—इस सम्बन्ध में पहले हमें कोई जानकारी नहीं थी। गाँव के सभी दलितों के घरों में लूटपाट की गई। वाघमारे की दुकान लूट ली गई। उनके 3000 रुपये नकद व 6 मन ज्वारी लूटकर ले गए। दलितों ने प्रतिकार किया किन्तु वे संख्या में कम थे। स्त्री, पुरुष, बूढ़े और बच्चे सबने गाँव को छोड़कर गंगाखेड़ में आश्रय लिया। पुलिस की भूमिका के बारे में पूछने पर उनका जवाब था उस जमाव द्वारा तहसीलदार एवं पी.एस.आई. के सामने एक पुलिस के सिपाही का सिर फोड़ देने के बावजूद भी पुलिस ने कोई कार्रवाई नहीं की।

संभाजी कोंडीबा वाघमारे, सह शिक्षक शेखराजूर, तहसील-गंगाखेड़

यह सज्जन शेखराजूर में सहशिक्षक हैं। उनके साथ जो अन्याय हुआ, निम्नलिखित है—

गाँव में प्रतिष्ठित समझे जानेवाले नागरिकों ने एक जुलूस निकाला जिसमें डॉ. आम्बेडकर और मुख्यमन्त्री के नाम से अशोभनीय नारे लगाए गए। उस दिन दलितों के साथ कोई दुर्व्यवहार किया, ऐसा पूछने पर उन्होंने जवाब दिया, "घरों पर पथराव किया गया। पुलिस स्टेशन में सुरक्षा के लिए आवेदन पत्र दिया।" गाँव में सवर्णों के साथ तुम्हारा मनमुटाव था, ऐसा पूछा जाने पर उन्होंने बताया कि पाँच वर्ष पहले हमने सार्वजनिक कुएँ से पानी भरना आरम्भ किया तभी से सवर्णों में कुढ़न और सुगबुगाहट थी। हमारे (दलितों) लिए कोई कुआँ नहीं था, अतः 13.2.78 को हमने अपने सार्वजनिक कुएँ पर पानी भरने का अधिकार माँगा और इसे दलितों के इस्तेमाल की भी इजाजत मिल गई। इसके बावजूद भी कुछ सवर्णों ने विरोध किया।

संभाजी लक्ष्मण कांबले (सहशिक्षक) मु. पारवा, तहसील गंगाखेड़

पारवा में दलितों के दस-बारह घर हैं, इसीलिए वे पेरशिवणी में रहते हैं और वहाँ से ही आना-जाना करते हैं। उन्होंने उन प्रसंगों को निम्नानुसार व्यक्त किया जिनसे उन्हें गुजरना पड़ा।

"दिनांक 3.8.78 को नित्य नियम के समान पाठशाला में आकर विद्यार्थियों की उपस्थिति लेने लगा। इतने में कुछ गुंडातत्वों ने कक्षा में आकर मुझे जबर्दस्ती बाहर निकाला। **सवर्णों ने घास की एक डॉ. आम्बेडकर की प्रतिमा बनाकर उसकी प्रेतयात्रा का जुलूस गाँव के बीच में से निकाला। मुझे मारते हुए एक छोटा मटका जबर्दस्ती पकड़ाया। बौद्धवाड़ा के पास यह जुलूस आया जहाँ पर मातंग समाज का पोतराज डंफडे ढपली बजाकर भीख माँग रहा था। उसे प्रतिमा के सामने ढपली बजाने के लिए मजबूर किया। मुझसे जूते के द्वारा गटर का पानी उठाकर पुतले के मुँह में डलवाया। फिर प्रतिमा को आग लगा दी।** इस घटना के पश्चात कांबले उस स्थान पर नहीं गए क्योंकि, उनकी जान को खतरा है, ऐसा महसूस कर रहे थे। पेटशिवणी में भी अत्याचार हुए थे इसीलिए वे अपनी पत्नी एवं बच्चों को गंगाखेड़ जाने के लिए निकल पड़े। एस.टी. बसें बन्द थीं इसीलिए उन्हें मूसलाधार वर्षा में रात्रि को ही यात्रा करनी पड़ी।

मारुति सांवत निवासी गंगाखेड़

भूतपूर्व विधायक टी.एम. सांवत के पिताजी हैं। जिस समय हमला हुआ था उस समय विधायक गंगाखेड़ में नहीं थे। उनका घर दुमंजिला है जिसके प्रथम तल में छोटे बच्चों का अंग्रेजी स्कूल है। उस इमारत की दूसरी मंजिल पर छात्रावास है और वे स्वयं भी वहीं पर रहते हैं। दिनांक 28.7.78 को जुलूस उनके घर के सामने आया और उन्होंने उस बिल्डिंग की खिड़की-दरवाजे तोड़ना आरम्भ कर दिया। मारुति सावंत के मतानुसार, 'वह जुलूस नहीं था, वह एक डाका था।' तुरन्त उन्होंने पुलिस में शिकायत की। जुलूस में कौन थे, ऐसा

सवाल पूछने पर उन्होंने बतलाया, विद्यार्थियों के बनिस्पत ग्राम के निवासी ही अधिक थे। शुरू में इस जुलूस में 100-125 लोग थे लेकिन थोड़ी ही देर में वहाँ 1500 लोगों का जमाव हो गया। उन्होंने छात्रावास के बर्तन, कटोरियाँ, गिलास, प्लेटें और 2500 रुपयों की नगदी लूट ली। पेटी, भैंसे निकालकर ले गए। इसी तरह प्रेस, विद्यालय और दरियों में आग लगा दी। इसके पश्चात बच्चों को ले जानेवाली रिक्शागाड़ियों को भी नहीं छोड़ा, उनमें मिट्टी का तेल डालकर आग लगा दी और अन्त में जाते-जाते कार और जीप में भी आग लगा दी। निजाम राज्य में भी लोगों पर जो जुल्म ढाए गए थे, उसमें और इसमें कोई फर्क नहीं रहा। बताया गया कि इस दौरान दलितों पर जो अत्याचार हुए हैं वे राजाओं द्वारा किए गए अत्याचारों से भी भयंकर हैं।

श्री त्र्यंबक मारुति सावंत, भूतपूर्व विधायक, निवासी गंगाखेड़

ऐसा देखने में आया मराठवाड़ा विद्यापीठ का नाम बदलने के लिए प्रस्ताव विधानसभा में पेश किया गया एवं बहुमत से मेजें थपथपाकर हर्षोल्लास के साथ सभी राजनीतिक दलों ने स्वागत किया था। नाम बदलने के पश्चात फासिस्ट ग्रुप ने चेतावनी दी थी, इसीलिए जातीय दंगे-फसाद भड़क उठे। त्र्यंबक मारुति सावंत के घर को निशाना बनाकर तोड़-फोड़ की गई थी। पुलिस ने किसी भी प्रकार की सुरक्षा प्रदान नहीं की थी। और तो और, दलितों को धीरज के दो शब्द भी नहीं बोले।

ऐसा पूछने पर ग्रामीणों ने कहा कि जब भी गाँव में डॉ. आम्बेडकर का जन्मदिवस मनाया जाता था, उनमें रोष होता था। सवर्णों के मतानुसार दलित केवल अपने जातीय धन्धे ही करें जिसे कुछ दलितों ने मंजूर भी किया लेकिन कुछ ने नामंजूर करते हुए विरोध जताया। इससे पहले जब हम डॉ. आम्बेडकर का जन्मदिन मना रहे थे उस समय सवर्णों ने जुलूस निकालकर डॉ. आम्बेडकर के चित्र को तोड़ दिया, इसीलिए उनके विरुद्ध शिकायत की गई और मामला कोर्ट में पहुँच गया जहाँ निर्णय सवर्णों के पक्ष में गया। दंगों से पन्द्रह दिन पूर्व हाईकोर्ट में अपील की गई। सवर्णों ने सरकार द्वारा दलितों को दी गई जमीनों की खड़ी फसल जानवरों से चरा दी। दो-तीन गाँवों के सवर्णों ने मिलकर सामूहिक रूप में दलितों पर हमला कर दिया। पुलिस की ओर से उन्हें सुरक्षा प्रदान नहीं की गई थी क्या, ऐसा पूछने पर उन्होंने कहा कि पुलिस में आवेदन देने के पश्चात भी हमें किसी भी किस्म की सुरक्षा प्रदान नहीं की गई।

श्री रंगनाथ म्हसके (सहशिक्षक), नांदापुर, तहसील परभणी

शिक्षक श्री म्हसके ने बतलाया, "भागोजी तथा यशवंत कोतवाल दिनांक 3.8.78 को रात 11.00 बजे उन्हें बुलाने के लिए आए। कोतवाल की आवाज कानों में पड़ते ही उन्होंने दरवाजे की कुंडी खोली। उसी क्षण बंसी बाबाराव रसाल, पांडू बाबाराव रसाल एवं दत्तो

नागोराव रसाल, मुख्यतः इन्होंने मुझ पर अचानक धावा बोल दिया जिससे मेरा सिर फूट गया और खून से सन गया। हाथ व घुटने लाठी मारकर तोड़ दिए। दूसरे दिन मुझे परभणी के अस्पताल में भरती कर दिया किन्तु बेहोशी की हालत में मेरी दो सोने की अँगूठियाँ और घड़ी निकाल ली।" वह शिक्षक अब नांदापुर जाने के लिए तैयार नहीं। फिलहाल शिक्षाधिकारी ने उन्हें छुट्टियों पर रहने की सलाह दी।

श्रीराम खंदारे, व्यवसाय-मजदूरी, आडगाँव निवासी, तहसील-बसमत, जिला-परभणी

श्रीराम खंदारे ने बतलाया कि दिनांक 2.8.78 को करीब 7.30 बजे गाँव के 50-60 लोग नामकरण के विरोध में घोषणाएँ करते हुए "(भूई भूंगाच्या शेंगा आम्बेडकर मेंगा) मूँगफलियाँ आम्बेडकर मेंगनी और दुररी तीररी एक्का आम्बेडकर छक्का" कह रहे थे। घरों में अचानक आग लगाने के पश्चात हमने बच्चों के साथ स्त्रियों को जंगलों की ओर भेज दिया। चारों तरफ शोर मच रहा था (मेलो, मेलो वाचवा) 'मर गए, मर गए, बचाओ, बचाओ।'

सालूबाई खंदार, उम्र 45 वर्ष, व्यवसाय-मजदूरी, आडगाँव निवासी, तहसील-बसमत, जिला-परभणी

सालू बाई ने कहा कि 2.8.78 को रात 6.30 बजे जब हमारी झोंपड़ियाँ आग की लपटों में धू-धू करके जल रही थीं लोग जान बचाने के लिए अन्धाधुन्ध भाग रहे थे। वह स्वयं और उसका छह वर्ष का बेटा भाग न सके तो एक हमलावर ने लाठी से मुझ पर प्रहार किया और कहा, **"कहाँ गया तेरा आम्बेडकर? बुला उसे।" उस समय शालूबाई सिंहनी के समान बिफरकर हमलावर पर टूट पड़ी और उसने एक पीपल के नीचे आश्रय लिया।** इस हमले में उसे पता ही नहीं चला कि उसका बेटा जान बचाने के लिए कहाँ गया। वह भी जंगल की ओर चल पड़ी। सुबह जब वह अपने जले हुए घर में आई, वहाँ पर एक मन ज्वार जल चुका था। उसका संसार ही उजड़ गया था। समझ में नहीं आ रहा था कि जाएँ तो जाएँ कहाँ। पिछले तीस वर्षों में इतना बुरा समय कभी भी नहीं आया।

1978 को सरकार की सहायता से सवर्णों की बस्ती में एक सार्वजनिक कुएँ का निर्माण किया गया जिस पर दलितों से भी पानी भरने के लिए विनती की गई। **यह कुआँ भगवान का है और यह अपवित्र हो जाएगा, ऐसा सवर्णों द्वारा कहा गया। पुलिस में शिकायत करने से सवर्णों को गिरफ्तार किया गया। भगवान के कुएँ का पानी गर्मियों में सूख गया।** पंचायत समिति ने गाँव से दूर एक छोटा-सा कुआँ दलितों के लिए अलग बना दिया। बारिश के दिनों में दलितों ने पुनः सार्वजनिक कुएँ पर पानी भरने का अधिकार माँगा। सवर्णों ने उन्हें गालियाँ दीं और जातिवाचक शब्द कहके भर्त्सना की।

दलितों ने पुनः पुलिस से शिकायत की। इसके बाद सार्वजनिक कुएँ से दलितों को पानी भरने से नहीं रोका जाएगा, ऐसा कहकर सवर्णों से समझौता हो गया।

रामपुर गाँव देगलूर के पास ही था इसीलिए यहाँ नामांतर आन्दोलन की खबरें मिलती रहती थीं। देगलूर के प्रतिष्ठित नागरिक कृष्णराव देशपांडे और अन्य द्वारा 'दलितों पर जुल्म ढहा दो तुम्हारा बाल भी बाँका नहीं होगा।' ऐसी घोषणा की गई।

फर्नीचर की दुकान में मिट्टी का तेल छिड़ककर आग लगा दी। उसके पश्चात यह समूह गुमद वेशी की ओर बढ़ने लगा। इसका प्रतिकार करने की कोशिश की गई, किन्तु वे अल्प संख्या में थे। फिर भी सात-आठ घरों में आग लगा दी। कांबले भयभीत होकर आन्ध्र प्रदेश की ओर चले गए।

डी.आई.जी. का कैम्प देगलूर में था फिर भी वहाँ की बस्तियों में आग लगाई गई। हम्मालों की झोंपड़ियों में आग लगा दी गई। एक दलित का फोटो स्टूडियो जलाया गया। पाटील नामक शिक्षक की मोटरसाइकिल जलाई। पंचायत समिति के पीछे स्थित दलितों की छह झोंपड़ियों में आग लगाई। इन आततायियों का निशाना महार और बौद्ध ही थे।

आरम्भ में सवर्ण आन्दोलनकारियों का उद्देश्य सरकारी सम्पत्ति का नुकसान करना था किन्तु बाद में उन्होंने दलितों के घरों को उध्वस्त करने की ओर मोड़ दिया।

प्रो. बापूराव चापोलीकर की देख-रेख में

मिलिंद कला व वाणिज्य महाविद्यालय औरंगाबाद

प्रो. एस.आर. हणमंते   प्रो. डॉ. एच.ए. गनी

प्रो. आर.के. इंचेकर   प्रो. डब्ल्यू.डी. बस्ते

उस्मानाबाद जिले में हुए दंगों का ब्यौरा

दिनांक 16.8.78 को 5.30 बजे हम उस्मानाबाद पहुँचे। शाम 6:00 बजे दलित कार्यकर्ताओं ने डाकबंगले में हमसे मुलाकात की। सदाशिव राव बनसोड़े, ज्ञानदेव कांबले, दलित पैंथर के माने जी, इन लोगों ने दंगाग्रस्त क्षेत्रों की जानकारियाँ हमें दीं। उन्होंने कहा कि इन आन्दोलनों के समय पुलिस ने दर्शक की भूमिका अदा की थी एवं सम्बन्धित अपराधियों को समय पर गिरफ्तार नहीं किया।

दिनांक 17.8.78 को सुबह 6:00 बजे प्रो. अरुण कांबले से मुलाकात हुई। उन्होंने कहा कि उदगीर एवं नलगीर नामक स्थानों में अभी भी तनाव बना हुआ है। इसीलिए मैं नलगीर की ओर नहीं जा पाया। सुबह 8:00 बजे डाकबंगले में एस.पी. सरणसिंह और डी.आर.जी. On special duty for Osmanabad से मिले। उस समय उस्मानाबाद जिला समाज कल्याण समिति के सभापति हमारे पथक के साथ वार्तालाप करने के लिए उपस्थित हुए। यह वार्तालाप 8:00 बजे से 11:00 बजे तक हुई। श्री खड़से ने कहा कि सरकारी तन्त्र ने लापरवाही बरती अन्यथा दलितों को इतना भुगतना नहीं पड़ता। श्री खड़से ने हमें बतलाया कि समाज कल्याण विभाग द्वारा कपड़ों इत्यादि का वितरण किया, किन्तु बीड़ जिले के बनिस्पत यह मदद नहीं के समान थी। उस्मानाबाद जिले में 1124 गाँव हैं और दंगाग्रस्त गाँव मात्र 1.5 हैं। जलकोट में पी.एस.आर. भूरेवाट की हत्या के सम्बन्ध में पूछने पर दोनों ही खिन्न हो गए एवं डी.आई.जी. की आँखों से अविरल अश्रुधारा बहने लगी। एस.पी. महोदय ने कहा कि हमारी वर्दी राष्ट्रीय प्रतीक है। अगर इसका अपमान किया गया तो कोई भी बचेगा नहीं और कानून एवं सुव्यवस्था टिक नहीं सकती। जलकोट के कृत्य से पुलिस की नीति व धैर्य डगमगा गए।

दिनांक 17.8.78 को उस्मानाबाद से चलकर आलणी नामक ग्राम में 1:00 बजे पहुँचे। आलणी गाँव की जनसंख्या निम्नलिखित है–

1. मराठा	600 से 800
2. चमार, माली, तेली	300 से 400
3. महार, मांग	400
4. लिंगायत	200
5. मुसलमान	बहुत कम।

हम गाँवों में जाकर सरपंच और पुलिस पाटील को अपने साथ लेकर मराठवाड़ा के

दंगाग्रस्त इलाकों में गए। महारों के चारों ओर पुलिस बन्दोबस्त था। वहीं हमने बैठक की।

सरपंच धर्मराज भगवंत राव पाटील

इनसे दंगों के सम्बन्ध में पूछने पर इन्होंने बतलाया कि 5.8.78 को दुकानें बन्द कराने के लिए लोगों का गिरोह निकल पड़ा। मैं उस्मानाबाद गया था जहाँ पर दंगाइयों के द्वारा एक जूते-चप्पल की दुकान बन्द करने के बारे में वाद-विवाद हुआ। फिर लोगों का हुजूम महारों की बस्ती की ओर बढ़ा जहाँ पर नौ महार और मांग जाति के लोगों को सवर्णों द्वारा लाठियों से मारा गया जिनमें से एक उस्मानाबाद के अस्पताल में भरती है और सात लोग बाहर से दवाइयाँ ले रहे हैं। गाँव में दंगा-फसाद करने के जुर्म में 16 लोगों को गिरफ्तार करके जमानत पर छोड़ दिया।

किसी ने बताया कि पालने में एक महीने का बच्चा सो रहा था। वह बाल-बाल बच गया। मेरी बहू सज्जनबाई जोर-जोर से चिल्लाने लगी कि बच्चा मर गया, बच्चा मर गया। तभी कुछ लोगों ने घरों की खिड़कियाँ नीचे गिरा दीं। मैंने घबराकर दरवाजा खोला। उसी समय मुरलीधर वीर और अन्य लोग दरवाजे के सामने से घर में घुसकर पालने में रखे हुए भैंस बेचने से मिले हुए 400 रुपये और कुल्हाड़ी भी ले गए। मेरे पच्चीस वर्षीय बेटे रामा कदम को चारों ओर से घेरकर लाठियों से बेहोश होने तक मारा और दूसरे बेटे सुहास के सिर पर पत्थर मारा। मेरी पत्नी को घर के बाहर फेंक दिया। फिर उन्होंने महारों की बस्ती पर धावा बोल दिया; जो सामने आ रहा था उस पर लाठियों और कुल्हाड़ी से प्रहार करने लगे। मच्छींद्र और सुभाष के सिर पर कुल्हाड़ी के गहरे घाव की वजह से वे अस्पताल में भरती हैं। इन्द्राबाई रामा, कवई रघु व अन्य आठ औरतों को मारा-पीटा। वे अनुनय करने लगीं, फिर भी उन पर लाठियाँ बरसाई और कहने लगे, **"डॉ. आम्बेडकर का नाम विद्यापीठ को दिया भड़वो! अब जाओ आम्बेडकर के पास। अरी भवानियो, क्यों रोती हो? तुम्हारे पति मर गए तो हम तो हैं तुम्हारे लिए।"** स्त्रियों ने कहा कि राजाओं के जमाने से भी अधिक हम पर अत्याचार किए गए। वे फिर बोले–तुम्हें बिजली क्यों चाहिए, अच्छी साड़ियाँ क्यों चाहिए, रेडियो किसलिए, जानवर-खेत किसलिए, अच्छे कपड़े पहनकर गाँव में क्यों घूमते हो। इरप्पा ने कहा कि हम लोग अपनी जान बचाकर खेतों में, पड़ोस के गाँव में, गन्ने के खेतों में चले गए। हमारा पीछा लड़कों ने बहुत दूर तक किया। इस मारधाड़ से बचता-बचाता, लुकता-छिपता हुआ वसंत दगडू कदम जंगल के रास्ते से भागते हुए उस्मानाबाद पहुँचा और इस हमले की खबर डी.एम.पी. तथा कलेक्टर को करते हुए शिकायत दर्ज की।

17.8.78 को हम आलणी का दौरा करने के पश्चात कोंडला की ओर चल पड़े और वहाँ पर 6:00 बजे पहुँचे।

कोंड

यह गाँव ढोकी और मुरुड के रास्ते से अन्दर की ओर स्थित है। रास्ता कच्चा था। हम ग्राम पंचायत में गए जहाँ पर पुलिस पाटील, सरपंच चुन्नुलाल बलवंत पाटील से मिलकर गाँव के सम्बन्ध में जानकारी प्राप्त की।

कोंड गाँव की जनंसख्या लगभग 4000 है–

1. मराठे	1000
2. लिंगायत	1000
3. राजपूत	’000
4. दलित और अन्य	1000

कोंड गाँव घना बसा हुआ है। सवर्ण लोग घमंडी नजर आए। इसके पश्चात हम महारों की बस्ती में गए जहाँ उन पर बीते हुए प्रसंगों पर विचार-विनिमय किया।

सुलोचना जनार्धन जाधव ने कहा कि गाँव के लोग पिछले तीन सप्ताह से हमें काम नहीं दे रहे हैं। अवस्था से पहले दूसरे ग्राम के 25-30 लोग कुल्हाड़ी-बन्दूक लेकर आए। तालाब के पास महारों की बस्ती में कौन आग लगाएगा, इसीलिए यह दबता गया। वामन जाधव नामक महार की ग्रामीणों ने मन्दिर में भजन की जगह पर पिटाई कर दी। वह कहने लगा कि मुझे (दिंडी) लेझीय खेलने दो। गाँव वालों ने कहा कि तू बाजू पकड़कर खेल। फिर वामन ने कहा, भगवान के पास सभी समान है, मैं बाजू क्यों पकड़ूँ। महार, मांग को छोड़कर सारा गाँव एक हो गया। हमें मन्दिर में क्यों नहीं जाने देते, गाँव के रास्तों पर क्यों घूमते हो? ऐसा करो, वैसा करो, ऐसा मत करो, वैसा कहते हो तो हम व्यवहार करना ही क्या बन्द कर दें! बाबा साहेब ने हम सभी की भलाई के लिए कष्टों को सहा है। हम सभी ने उनके नाम के लिए अवश्य संघर्ष करना चाहिए। उन्हीं के बीज के हम हैं।

नलगीर

यह ग्राम भी बहुत ही आड़े रास्ते पर, मुख्य मार्ग से हटकर पहाड़ियों के बीच स्थित है। कच्चे रास्ते पर अब तक पुल नहीं बनाया गया। यह ग्राम नलगीर से 15-20 किलोमीटर की दूरी पर है। यहाँ की जनसंख्या 5000 के लगभग है।

लिंगायत	100 घर
मराठा	76 घर
यल्लम रेड्डी	65 घर
महार	100 घर
मुसलमान	76 घर
मांग	65 घर
ब्राह्मण	16 घर
कोमठी	16 घर

गाँव से गुजरते हुए बड़े-बड़े दालान और दुमंजिले मकान नजर आए। बहुत-सी दुकानें भी हैं। गाँव घना बसा हुआ था और लोग पढ़े-लिखे नजर आए। यहाँ पर 400 विद्यार्थी हैं ऐसा पता चला। गाँव का वातावरण तनावग्रस्त महसूस हुआ।

तत्पश्चात हम पंचायत घर में पहुँचे जहाँ पर सरपंच, पंचायत सदस्य एवं प्रतिष्ठित नागरिकों को बुलावा भेजा। हमने दीवार की ओर देखकर कहा कि यहाँ पर बाबा साहेब का फोटो नहीं है। पूछने पर बताया गया कि दंगों के दरम्यान इसे दंगाइयों ने तोड़ दिया। ऐसा मुसलमान कोतवाल ने हमसे कहा।

हम सभी महारों के मोहल्ले में गए जहाँ पर हमें भू-भूऽऽ करते हुए कुत्तों और पशुओं के सिवाय कोई भी नजर नहीं आया। जली हुई दीवारें, जलकर टेढ़ी-मेढ़ी हुई टीन की चद्दरें, जले हुए दरवाजे-खिड़कियाँ, इधर-उधर बिखरे हुए ओढ़ने-पहनने के कपड़े, पुस्तकें, घर में सिलाई की मशीन जलकर राख हुए पड़े थे। अरहर, ज्वार, दाल, चना और मसाले अधजली अवस्था में चारों ओर बिखरा पड़े थे। पानी भरने के बड़े-बड़े मिट्टी के बर्तन (राजन) के टुकड़े दालान में बिखरे हुए थे। जिन घरों के बगल में नीम और बबूल के पेड़ थे उनके पत्ते हरे नजर आए और पीड़ जली हुई थी और नीचे की डालियाँ आग की लपटों की वजह से पीली पड़ गई थीं। कुछ झोंपड़ियों के पास छोटे-छोटे झाड़ जलकर राख हो गए थे। उनके काले-काले ठूँठ नजर आ रहे थे।

दलितों के पक्के मकानों को जलाकर भी तसल्ली नहीं मिली तो सब्बल और गैती से दीवारें ढहाई गईं। इन महारों के ग्राम में श्मशान भूमि की-सी स्तब्धता थी। कुछ लोग अपने बसे-बसाए घरों को छोड़कर कहाँ चले गए, पता नहीं चल सका।

पुंडलिक नागारोव बनाडे से मुलाकात

मैं नलगीर सर्कल का दलित पैंथर का उपाध्यक्ष हूँ। यहाँ ऐसे हुआ कि गाँव के लोगों ने मोर्चा जुलूस निकाला। इस जुलूस में हिन्दू अर्थात गाँव के लोग थे। हमारे बुद्धवाड़ा में कोई भी नहीं था। गाँव वालों ने ऐसी योजना बनाई थी कि पाँच गाँव के लोग एकत्रित होकर दलित बस्तियों पर हमला करें। उन्हें घेर लिया जाए। हमें आम्बेडकर का नाम बिलकुल नहीं चाहिए। ऐसा शोरगुल अगर हम मचाएँगे तो डॉ. आम्बेडकर का नाम मराठवाड़ा विद्यापीठ को नहीं दिया जाएगा। इसीलिए इन लोगों ने जबर्दस्ती हमारे यहाँ के कुछ बुजुर्गों को दिनांक 3.8.78 को हमारे सयाने लोगों में जाकर बताया, "हमारे लोग गाँव में गए, उनसे कहा गया अरे! तुम्हें राजनीति की क्या आवश्यकता है?

आम्बेडकर का नाम क्यों चाहिए। आम्बेडकर जयंती क्यों चाहिए। महँगे कपड़े पहनकर क्या करोगो, बड़े-बड़े घरों का क्या करोगे?

पशुधन क्यों चाहिए तुम्हें, हिंदुओं ने तुकाराम मानकीराव पाटील, मोरतलवाडी पंकर रेड्डी, ईदुबा वलसने (इन लोगों ने ग्राम में गए हुए महारों को उपरोक्त बातें कहीं) फिर महारों ने कहा, हमें भी स्वतन्त्रता है। अपना खरीदने के लिए हम स्वतन्त्र नहीं हैं क्या?

तुम्हारे सामने इज्जत से जीवन-यापन के लिए क्या हम स्वतन्त्र नहीं हैं, ऐसा कहने पर हमारे जितने लोग गाँव में बैठे थे उन्हें सवर्णों ने कहा, अच्छा बेटा स्वतन्त्रता चाहिए तुम्हें? कहकर लाठियों से प्रहार किया। कुछ लोग नीचे गिर गए, कुछ ने संघर्ष किया, कुछ वहाँ से छूटकर घर आए। महारों के घरों पर पथराव होने लगा। करीब एक हजार सवर्णों ने हमला कर दिया, नारे लगाए। 'डॉ. आम्बेडकर का नाम क्यों चाहिए?' 'माँगो और माँगो नाम ढेड़ो आम्बेडकर का नाम', ऐसे नारे लगाता हुआ जुलूस पत्थर फेंक रहा था। चारों ओर मिट्टी का तेल छिड़ककर फिर उन्होंने घर जलाए।

साहूकारों ने बाल्टियों और घाघर से हमारे घरों पर मिट्टी का तेल डालकर आग लगा दी। जान बचाकर बाहर निकली स्त्री और बच्चों को भी लाठी से मारा गया। चारों तरफ हमारा चीत्कार सुनाई पड़ रहा था। हमारे घर हमारी आँखों के सामने धू-धू जल रहे थे।

सुंदरा गंगाराम बलांडे

हाँ-हाँ, सामने जला हुआ घर मेरा ही है। मेरे छोटे बेटे के पास मेरा बुड्ढा और मैं थी। उसमें तो कुछ मिला नहीं। आग में से निकले हम, मेरा एक बच्चा पहले ही मर गया। हम रूखी-सूखी खाकर गुजारा कर रहे थे। ओढ़ना-बिछाना जल गया। घर का सारा सामान जल गया। मेरे बड़े बेटे का घर जल गया। मेरे छोटे बेटे के घर का छप्पर जला दिया। एक बेटे पर कुल्हाड़ी से वार किया, वह अस्पताल में भरती था। आज ही आया उदगीर के अस्पताल से।

आग क्यों लगाई?

बचपन से इसी गाँव में पले-बढ़े। किसी से कभी भी कोई झगड़ा-टंटा अथवा मनमुटाव नहीं। इतने में उन कुनबियों के पेट में क्या दर्द उठने लगा कि अच्छे कपड़े पहन रहे हो, अच्छे घरों में रहते हो, हमसे उपर उठते हो, खा-पीकर सुखी कैसे? हमें नमस्ते कर जोहार माईबाप कहो। गोबर उठाओ। राजनीति क्यों करते हो? पशुधन क्यों चाहिए? बाप-दादे जैसे इस गाँव में रहे, वैसे ही रहो। आम्बेडकर का नाम क्यों दे रहे हो तुम लोग? ऐसा कहकर जलील करते रहे। अब गाँव में ही वास करने की इच्छा है क्या?

(रोते हुए) अब घबरा गए सरकार हमारे लोग। भयभीत हैं हम, भय बना रहता है। अब हमें यहाँ रहने की इच्छा नहीं, हँसिये-कुल्हाड़ी से वार चल रहे थे। एक-एक बच्चे को बारह-बारह लोगों ने मारा। उनके टुकड़े-टुकड़े किए, छुरेबाजी होने लगी, बापू नाम का बेटा इस ज्वाला से बचकर निकला। फिर भला कैसे रहें अब हम यहाँ पर? इन्होंने कैसे-कैसे जुल्म ढहाए हम पर।

जिन लोगों ने तुम पर जुल्म ढहाए, घर जलाए, उन्हें क्या पुलिस ने गिरफ्तार किया?

पूछने पर बताया, कहाँ पकड़ा...किसी को...? मिले ही नहीं।

गाँव में रोजगार मिलता है क्या?

उनकी तरफ से चुप्पी थी।

कितने घर जल गए इस महार मोहल्ले में?

सब कुछ स्वाहा हो गया, कुछ भी बचा नहीं। अब कपड़े और बर्तनों की क्या माया रह गई हमारे संसार में? घर-घर से आग की लपटों में से स्त्रियाँ जान बचाकर भाग रही थीं। इनसानों के शरीर ढकने के लिए एक कपड़ा नहीं बचा।

अब इतने जुल्म सहे बाबा का नाम पीछे करने के लिए तैयार हो?

कैसे बाबा का नाम वापस ले लें? उन्हीं के लिए ही तो यह संघर्ष चल रहा है। भले ही मर जाएँ। अब हमें कहीं भी जगह दो। एक बुढ़िया बीच में आक्रोश करती हुई बोल पड़ी।

''अवश्य मरेंगे हम अपने बाबा के उसूलों के लिए। अब हम न पीछे होंगे और न ही अपने पथ से डिगेंगे। (बाबा साहब की तोड़ी हुई तस्वीर को इंगित करके) हम मरने के लिए तैयार हैं।''

कु. विनीता, उम्र 14 वर्ष

''विद्यापीठ को बाबा का नाम मिला है इसलिए हमें चारों तरफ से घेरकर मारा गया। उसमें वान्या का बाबू, तानाजी (वाडी का), उसके पिता शेष राव। 500 लोग अचानक आए। पथराव करते हुए कहने लगे–हमसे अच्छे घर बनाए हैं? बाबा की फोटो लगाते हो? हमें बाहर जाने के लिए कहने लगे। पिताजी घर में ही थे, उन पर लाठियाँ बरसाई गईं।

''बात करते हो तुम, फोटो लगाते हो घर में? निकालो तस्वीर। उन्होंने फोटो फाड़ दी। कहाँ होऽऽ बलांडेऽऽ रोकने के लिए आओ। तुम कैसे बोल रहे थे, रास्ते में खड़े थे न तुम। तुम फटे हुए कपड़ों की जगह महँगे-महँगे कपड़े पहनते हो।

बदजात...पुनः नाम नहीं लेना आम्बेडकर का, उन्होंने कहा।''

शेषराव घोंडीबा शिंदे

बी.ए. थर्ड इयर, शिवाजी कॉलेज, उदगीर–डॉ. आम्बेडकर नाम विद्यापीठ का नामकरण कैसे किया इसीलिए हमें मारा-पीटा गया। हमारी बस्ती में 1500 लोग आए। दिगम्बर पोतदार ने मेरे पैरों पर लाठियों से वार किया। हाथ पर दो लाठियों से प्रहार किया। गर्दन पर प्रहार होते ही मेरी गर्दन की हड्डी टूट गई। दाहिना हाथ और कमर भी इस प्रहार से टूट गए। मैं अंबाजोगाई के अस्पताल में कुछ दिनों तक भरती रहा।

हमलावरों ने कहा कि ये हमारी बहादुरी है। इस तरह से महारों के 63 घर जला डाले। मेरे घर में घुसकर पहली मंजिल को सब्बल से तोड़ दिया, घर में आग लगा दी,

कपड़े जल गए। विद्यापीठ को डॉ. आम्बेडकर का नाम मिलना ही चाहिए। भले ही हम मर जाए किन्तु हमारा बीज यहाँ नहीं तो बम्बई में रहेगा।

राधाबाई गुणाजी सूर्यवंशी

''पहले कभी ऐसा हुआ नहीं था। सलाह-मशविरे के लिए चार दलितों को सवर्णों ने बुलाया। वहाँ पर अब तक जो हो गया सो हो गया, अब अपने गाँव में भी, ऐसा कहते ही पुंडलिक बनांडे, गुणाजी, पांडू, किसन पर चारों ओर से लाठियाँ बरसाना आरम्भ कर दीं। एक-एक दलित चार-चार सवर्णों से जूझने लगा।

अब हमें इस गाँव में नहीं रहना, हमारी जान को खतरा है। घोंडेच घोड़े-भऽऽऽ भऽऽऽ भऽऽऽ शोर मचाते हुए (मारुति धोरे, आसाराम साबकार) ऊपरी मंजिल से नीचे आए। (नरहरी गट्टेवार) किसी का सिर फोड़ा, किसी के हाथ-पैर तोड़े। रात में भी घरों पर पथराव किया। यह सब कुछ बाबा के नाम के लिए हो रहा है। मरे तो मरेंगे सभी किन्तु बाबा का नाम लेते हुए।

तुकाराम रुकमाजी बलांडे

''यहाँ पर हमारे सौ घर हैं। हमारा गाँव के लोगों के साथ कभी भी झगड़ा नहीं हुआ। मराठवाड़ा विद्यापीठ को बाबा साहेब का नाम देने की वजह से इन लोगों ने हमारे पर अन्याय व अत्याचार किए। य़हाँ पर कम-से-कम बारह सौ लोग एकत्रित हुए थे। 12.8.78 को निषेध जुलूस निकाले गए। मुख्यमन्त्री का निषेध किया गया, गधे पर उनका बुत बिठलाकर जुलूस चल रहा था। मराठवाड़ा विद्यापीठ को डॉ. आम्बेडकर का नाम दिया जाने से, शरद पवार का निषेध...निषेध, ऐसे नारे लगाए जा रहे थे। उसमें हम कुछ भी न कर सके। इस जुलूस में करीब 500-600 लोग थे, जिसमें महार और मांग को छोड़कर सभी जातियाँ थीं। बामन, कोमरी, लिंगायत, पलम, बंजारी, मराठा, बागवान ये जातियाँ शामिल थीं।

आन्दोलनकारी हमारी ओर नहीं आए थे। हमने सोचा, जाने दो। दूसरे दिन उन्होंने निश्चय किया कि विद्यापीठ को डॉ. आम्बेडकर का नाम देने से पहले ही दलितों को मारा-पीटा और काटा जाए, ऐसा सवर्णों का इरादा था। दूसरे दिन उन्होंने 10 बजे दूसरे गाँवों से लोगों को बुलाया। 3.8.78 को एकुरका, बोरगाँव, घोंशी, मोरेतवाडी, तिरारेवा, नलगीर—इतने गाँव के लोगों ने हमारे बौद्धों के घरों पर पथराव किया। इस जमाव को बस स्टैंड के पास ले गए। फिर हमने सरपंच साहब से कहा कि गाँव वाले हमारी बौद्ध बस्ती पर हमला करने की योजना बना रहे हैं। तुम हमारे माइ-बाप अगुआ हो। वे बोले हेऽऽ हेऽऽ ऐसा कुछ भी नहीं होगा। तुम लोग मत डरो। उन्होंने कहा और पंचायत में जाकर बैठ गए।

उन्होंने विचार-विनिमय किया कि पहले उन बौद्धों को बुलवाया जाए और उनके जो नेता होंगे उनकी यहीं पर मरम्मत कर दी जाए। ऐसा निश्चय करके हमारे आदमियों

को गाँव में बुलाया गया। जहाँ पर छः लोग वार्तालाप के लिए गए। पुंडलिक बलांडे, गुणाजी, सूर्यवंशी, किशन तुकाराम, गोपीनाथ लक्ष्मण सोललेकर। उन्होंने कहा, तुम लोग मत भयभीत रहो। यहाँ से भागकर कहीं भी मत जाओ। फिर हमने कहा कि लोग आग लगा देते हैं, इसीलिए हम लोग भयभीत हैं। हमारे प्रयत्न जान बचाने के लिए ही हैं। उन्होंने कहा, बैठो और कहा–

1. तुम लोग विद्यापीठ को डॉ. आम्बेडकर का नाम कैसे माँगते हो?
2. तुम्हें इतने महँगे कपड़े क्यों चाहिए?
3. तुम लोग डॉ. बाबा साहेब की जयंती क्यों मनाते हो?
4. तुम्हारे लड़के हिप्पी बनकर क्यों घूमते हैं?
5. बिजली क्यों चाहिए तुम्हें, पहले तो मिट्टी के तेल के दिए जलाते थे?
6. तुम हमें झुककर जोहार क्यों नहीं करते हो?
7. पानी दूर से क्यों नहीं माँगते?
8. हमारे मन्दिरों में क्यों आते हो?

तत्पश्चात ही बौद्धवाड़ा को चारों तरफ से घेरकर पत्थरों की वर्षा ही की गई। लगभग अस्सी-पच्चासी घरों में आग लगा दी। हम लोग एक-एक दलित 25-25 लोगों से जूझ रहे थे। लोग हमारे घरों को लूट रहे थे। रॉकेल डालकर घर जलाए जा रहे थे। हम चार दिन के बाद यहाँ पहुँचे। चार तारीख को एक बजे पुलिस आई। यहाँ रहने की इच्छा नहीं है। मर-मरकर थोड़े भी बच जाएँ तो भी हमें गम नहीं किन्तु विद्यापीठ को डॉ. आम्बेडकर का नाम मिलना ही चाहिए।

श्रीमती शेषाबाई

गाँव में कभी भी आपस में झगड़ा नहीं था। किन्तु विद्यापीठ को डॉ. आम्बेडकर का नाम देते ही ये बड़े कार्य करते हैं। इनके लोगों को काट डालो, छोड़ो मत। बाबा के नाम के लिए झगड़ा हुआ। पथराव और आगजनी करने लगे। सारा का सारा महारों का वाड़ा जला दिया गया। घास की पेड़ियों को मिट्टी के तेल में भिगो-भिगोकर घर पर फेंक रहे थे। घर में छोटे-छोटे बच्चे थे। मैं आग की लपटों में घिरती जा रही थी। मेरी पीठ पर लात-घूँसों की वर्षा हो रही थी। अन्दर जाकर बच्चों को सुरक्षित बाहर लेकर आ गई। औरतों का चारों ओर क्रन्दन वातावरण को भयंकर बना रहा था। सवर्ण कह रहे थे कि बौद्धों की औलाद नहीं रखनी हमें गाँव में।

विमलसूर्य चिमणकर लिखते हैं कि 14 जनवरी, 1994 की शाम महाराष्ट्र के मुख्यमन्त्री शरद पवार ने मराठवाडा विश्वविद्यालय का नाम 'डॉ. बाबा साहेब आम्बेडकर मराठवाडा विद्यापीठ' किया है, ऐसी घोषणा महाराष्ट्र की राजधानी बम्बई में की, और 15 सालों से, मराठवाडा विश्वविद्यालय का नाम डॉ. बाबा साहेब आम्बेडकर विश्वविद्यालय रखा जाए, इस माँग को लेकर चला आ रहा नामांतर आन्दोलन दुनिया में अपने हकों के प्रति संघर्षरत

शोषित जनता के इतिहास का स्वर्णिम पृष्ठ बन गया। पन्द्रह वर्षों तक लगातार संघर्ष करते रहने पर आखिर हमें हासिल क्या हुआ, यह सवाल हमें बराबर झकझोर कर रख देता है। ऐसा क्या धरा है वहाँ जिसके लिए बाबा साहेब को माननेवाली जनता वर्षों तक अपनी ऊर्जा को इस सवाल पर खर्च करती रही? यह प्रश्न इस आन्दोलन का इतिहास लिखने के लिए उतावली कलम खड़ा कर सकती है! किसी आन्दोलन का विश्लेषण करने की पद्धतियाँ हमारे पास उपलब्ध न होने के कारण जब यह सवाल उठाए जाएँगे तब हम अपने अन्दर इसके जवाब ढूढ़ने की कोशिश करेंगे और सही जवाब उपलब्ध न होने पर प्रश्नकर्ता का जवाब हमें बरगला सकता है! नामांतर होने के एक-दो दिन बाद से ही इस तरह के सवाल खड़े किए जा रहे हैं। इन वर्षों में हमने बहुत कुछ खोया है। पर एक सामाजिक संघर्ष को सही गंतव्य पर पहुँचाने की खुशी के क्षणों में ही, 'और क्या हासिल हुआ आपको?' जैसे सवाल खड़े करनेवाली मनोवृति भारतीय इतिहास लेखन की वह विकृत धारा है, जो टीपू सुलतान की बहादुरी, देशभक्ति को प्रश्नांकित करती है और पेशवाओं की अय्याशी को पलक-पाँवड़े बिछाकर स्वीकार करती है।

समय की अपनी एक गति और लय है। समय की गति से जिस समाज ने अपने-आपको जोड़ लिया उस समाज का विकास द्रुत गति से हुआ।

अपनी प्रसिद्ध पुस्तक 'द प्रिन्स' में मैकियाविली कहता है—"राजा को जानना चाहिए कि एक ही साथ मनुष्य और पशु का, शेर और लोमड़ी का, नाटक कैसे खेला जा सकता है? उसे न तो अपने वादों का पालन करना चाहिए और न वह कर ही सकता है, जबकि वैसा करने से उसका नुकसान होता हो...।" मनुष्य और पशु, शेर और लोमड़ी का नाटक खेलते-खेलते भारतीय समाज में घुलती चली जा रही खोखली कुरूपता के खिलाफ लड़ा गया नामांतर का आन्दोलन मानवीय इतिहास का वह स्वर्णिम पृष्ठ है, जिसे दुनिया में मानव मुक्ति के लिए लड़नेवाला हर सिपाही याद करेगा। नामांतर का आन्दोलन वह आन्दोलन है जो अपने विकास के साथ-साथ समाज के विकास को लेकर चलता है। नामांतर आन्दोलन की प्रक्रिया में व्यक्ति परिवर्तन के वह बीज हैं, जो किसी भी सामाजिक आन्दोलन को गरिमा प्रदान करते हैं। दुनिया के इतिहास में ऐसे कुछ ही आन्दोलन होंगे जिनका प्रभाव समाज में सीधा दृष्टिगोचर हुआ हो। फ्रांस की राज्यक्रान्ति में 4 अगस्त, 1789 को जो योगदान है, पेरिस कम्युन में 18 मार्च, 1871 को जो महत्त्व है और आयरलैण्ड के स्वाधीनता संग्राम में 1829 का साल जो मायने रखता है उसी तरह की महत्ता नामांतर की लड़ाई में 27 जुलाई, 1987, 15 अगस्त, 1993 और 24 जनवरी, 1994 को है।

भारत में नामांतर आन्दोलन ने भी ऐसे ही क्षण देखे हैं। जिस तरह जोश में आकर फ्रांस के आमिर-उमरावों ने 4 अगस्त को समता, स्वतन्त्रता, बंधुता के मूल्यों की घोषणा की उसी तरह भारत के राज्यकर्ताओं ने 27 जुलाई, 1978 को डॉ. बाबा साहेब आम्बेडकर का नाम मराठवाडा विश्वविद्यालय को देने का प्रस्ताव महाराष्ट्र राज्य की विधानसभा और परिषद द्वारा पास किया गया। जिस तरह वर्षों तक शोषण से दबा सर्वहारा, 18 मार्च, 1871 को पेरिस कम्युन के रूप में एक ज्वालामुखी ती तरह फट पड़ा उसी

तरह 15 वर्षों तक करोड़ों दलितों के हृदय में सुलगता नामांतर का सवाल विधायक उपेन्द्र शेंडे द्वारा 15 अगस्त, 1993 को जारी आमरण अनशन के कारण जवालामुखी की तरह फट पड़ा और विकट लपटों के साथ फूट पड़ने वाले इस विद्रोह का लावा महाराष्ट्र के हर गली-कूचे, हर शहर में बहने लगा। उनका कहना था कि हमारी आजादी कहाँ? जिस तरह कैथलिक लोगों को ब्रिटिश पार्लियामेंट में बैठने का अधिकार आयरिश नेता डेनिअल ओ कोनेले के प्रयत्नों से हासिल हुआ, उसी तरह आदरणीय प्रा. जोगेंद्र कवाडे और विधायक उपेन्द्र शेंडे का इस सवाल पर आम्बेडकरवादियों को कामयाब बनाने का प्रयास कारगर सिद्ध हुआ। पर क्या इसे नामांतर आन्दोलन की उपलब्धि माना जाए, इस पर साथियों के अलग-अलग मत हैं।

(यह अध्याय मराठी दलित युवा विजय, शेखर तथा विमल सूर्य चिमणकर की पुस्तक 'द्वितीय महायुद्ध आणि डॉ. बाबा साहेब आम्बेडकर, डॉ. दामोदर मोरे द्वारा सम्पादित 'नामांतर' कविता आदि के सहयोग से तैयार किया गया है। इस बारे में स्वयं मेरे द्वारा लिखा गया लेख 'दैनिक हिन्दुस्तान' में छपा था।)

सन्दर्भ

1. जन-आन्दोलन स्मरणिका, सं. रत्नाकर मेश्राम, प्रेरणा आर्ट्स, बारसे नगर, नागपुर, पृ. 8.(स्मरणिका में वर्ष का ब्यौरा नहीं है।)

पंचायत व्यवस्था : इतिहास से राजनीति की ओर

मेरे अपने विचार में पंचायत से किन्हीं परम्पराओं का बोध होता है। ऐसी परम्पराएँ जिनका क्रमिक पीढ़ी-दर-पीढ़ी विकास हुआ वे और अधिक रूढ़ हुईं। इन्हीं सनातनी विचारों के तहत पंचायतों का उद्‌भव हुआ होगा। तब न्याय की कोई व्यवस्थित और केन्द्रीय परम्परा नहीं रही होगी। उसके अभाव में यही व्यवस्था (गाँव पंचायत) कारगर सिद्ध हुई होगी। परिणामस्वरूप गाँव-गाँव में इसी तरह की पंचायतों का अस्तित्व आया होगा। बिलकुल जैसे किसी ब्राह्मण के घर या झोंपड़ी को ही अधिकांश सवर्ण इतिहासकारों ने स्कूल या गुरुकुल मान लिया और इसी के आधार पर उन्होंने सिद्ध कर दिया कि प्राचीन भारत के गाँव-गाँव में स्कूल थे। अंग्रेजों ने उसी शृंखला को तोड़ा। वैसे ही तथाकथित गाँव पंचायत की व्यवस्था को भी अंग्रेजों द्वारा तोड़ने की बात लगभग ऐसे सभी इतिहासकारों तथा लेखकों ने एक स्वर में की है। गाँवों की सनातनी परम्परा तथा गाँव पंचायत को अधिकांश सवर्ण इतिहासकारों से लेकर राजनीतिज्ञ तक महान बताते हुए थकते नहीं।

महाश्वेता देवी लिखती हैं कि अंग्रेजों के आगमन से पूर्व भारत के गाँव एक-दूसरे से काफी दूरी पर फैले हुए थे। प्रत्येक गाँव आत्मनिर्भर था। जमीन और हस्तकला से उत्पादित चीजों का गाँव की जनता ही पूरी तरह इस्तेमाल करती थी। गाँव का अपने समाज पर शासन था। न्याय दिलाने, जमीन सम्बन्धी विवादों तथा सामाजिक संघर्षों को हल करने की व्यवस्था गाँव करता था। यह विभिन्न व्यवसायों में लोगों को लगाता था तथा उत्पादन के समान विवरण की व्यवस्था भी करता था। वस्तुतः किसी तरह के बाहरी हस्तक्षेप या मध्यसत्ता की कोई जरूरत नहीं थी।

भारत के प्रसिद्ध प्रतिहासकार डॉ. राधाकुमुद मुखर्जी ने भी स्वीकार किया है कि प्राचीन भारत विकेन्द्रीकरण के सिद्धान्त पर आधारित था। प्रत्येक गाँव स्वशासित था। गाँवों के समूहों के लिए स्वशासन संघ भी थे। इस प्रकार प्राचीन भारत एक वृहत् ग्रामीण प्रजातंत्र के रूप में बना था। समाज स्वशासन के परिभाषित क्षेत्रों में राज्य से पृथक अपने कार्यों का संचालन करता था। ग्रामीण राजनीति राज्य की राजनीति तथा राज्य और उसके प्रभु की बदलती हुई राजनीतिक उतार-चढ़ाव से स्वतन्त्र थी। भारत की संस्कृति की रक्षा उसके स्वशासित ग्रामों अथवा ग्राम गणतंत्रों के द्वारा ही हो सकी है, जिसने अनेक राजनीतिक क्रान्तियों और प्रभु-सत्ताओं के परिवर्तन देखे हैं। अल्तेकर भी स्वीकार करते है कि अति प्राचीनकाल से ही भारत ग्राम शासन व्यवस्था की धुरी रहा है। इनका महत्व ऐसे युग

में और भी अधिक था। प्राचीन भारत के जीवन में नगरों का स्थान नगण्य था। वैदिक मंत्रों में ग्रामों की समृद्धि की प्रार्थना बहुत की गई है। जातक कथाओं में भी किसी प्रदेश की समृद्धि के वर्णन के प्रसंग में उसके समृद्ध ग्रामों की संख्या का तो बड़े गर्व से उल्लेख किया गया है पर नगरों या पुरों का नाम भी नहीं लिया जाता।

सर चार्ल्स मेटकाफ ने तत्कालीन ग्रामीण शासन पर प्रकाश डालते हुए कहा है कि भारत के ग्राम समुदाय छोटे-छोटे गणतंत्र हैं, जो प्रायः आत्मनिर्भर हैं और वैदेशिक सम्बन्धों से प्रायः स्वतन्त्र हैं। ऐसा लगता है कि उनके इसी गुण के कारण उनका अस्तित्व चिरस्थायी है। ग्राम-समुदायों के इस संघ जिसमें से प्रत्येक एक छोटे से पृथक राज्य के समान है, ने भारत की जनता के रक्षण में कदाचित अन्य सभी तत्वों से अधिक योग दिया है। इस प्रकार इसमें कोई सन्देह नहीं है कि ग्राम ही देश के महत्वपूर्ण अंग तथा सामाजिक जीवन के राष्ट्र की संस्कृति, समृद्धि और प्रशासन उन्हीं पर निर्भर थे।[1]

डॉ. आर.जी. सिंह लिखते हैं कि–"भारत का परम्परागत प्रशासनिक स्वरूप ग्राम गणराज्य में चित्रित किया जाता है। इस बात की आमतौर पर वकालत की जाती है कि देश के भीतर छोटे-छोटे राज्य के रूप में ग्राम और ग्राम पंचायतों से भारतीय जनता को सबसे अधिक संरक्षण प्राप्त हुआ है।"[2] पर यह तर्क अपने-आप में कितना सही और गलत है, इस पर गम्भीरतापूर्वक कभी विचार नहीं हुआ। इस देश में अधिकांश लेखक/विचारक भी आँख मूँद कर हिन्दू धर्म और व्यवस्था पर आधारित ग्राम-पंचायतों का समर्थन करते रहे लेकिन उसके पीछे के भयानक चित्रों को कभी नहीं देख पाए। जो लोकतंत्र के फलक पर सामन्ती रंगों से बनते गए थे। ग्राम-पंचायतों के चरित्र और न्याय-व्यवस्था के भीतर और बाहर के तथाकथित लोकतंत्र की बानगी तो आजादी के बाद के चालीस वर्षों में बखूबी देखने, पढ़ने तथा महसूस करने को मिल जाती है। तब तो आज जैसा लोकतंत्र भी न रहा होगा। उस समय दलितों के साथ किस तरह का न्याय होता होगा, इसकी कल्पना सहज ही की जा सकती है।

मैटकाफ के शब्दों में, "एक राजवंश के बाद दूसरे राजवंश का पतन होता है। एक क्रान्ति के बाद दूसरी क्रान्ति होती है। हिन्दू, पठान, मुगल, मराठा, सिख, अंग्रेज–सभी बारी-बारी से मुल्क के मालिक बनते हैं लेकिन ग्राम-पंचायतें जैसी-की-तैसी बनी रहती हैं। विपत्ति के समय वे सन्नद्ध हो जाती हैं, शत्रु सेना देश में गुजर जाती है। गाँव पंचायतें अपने पशुओं को गाँव की दीवारों के भीतर इकट्ठा कर लेती हैं और शत्रु से किसी प्रकार की छेड़छाड़ किए बिना उसे आगे बढ़ जाने देती हैं।"[3]

ग्राम-पंचायतों का उस समय यही चरित्र था। वे अपनी कूप-मंडूकता में जीती थीं और रामराज की संहिताओं का पालन करती थीं। ऐसी ग्राम-पंचायतों का अपना कोई अलग या स्वतन्त्र अस्तित्व न था। मनुस्मृति तथा अन्य हिन्दू धर्मशास्त्र उनके निर्णय या फैसलों के मेरुदंड हुआ करते थे। आज यह कल्पना करना भी मूर्खता है कि शूद्र को उन पंचायतों में न्याय मिलता होगा। श्रीवास्तव के विचार में, गाँव के मुखिया छोटे-छोटे राजा बन चुके थे। यकीनन वे दलितों पर अत्याचार करते होंगे।

डॉ. आम्बेडकर व्यक्तिगत स्वतन्त्रता के हामी थे। जिस प्रकार वे वर्ण और जाति पर आधारित समूहवाद की आलोचना करते थे उसी तरह वे ग्रामवाद के भी विरोधी थे। ग्राम उनकी दृष्टि में प्रगति विरोधी, अन्धविश्वासी तथा पिछड़ेपन के दुर्ग हैं। 4 नवम्बर, 1948 को संसद में संविधान का मसौदा पेश करते समय उन्होंने स्पष्ट कहा था कि "सभी उत्थानों और पतनों में ये (ग्राम राज्य-ग्राम पंचायतें) बनी रहीं। यह एक सच्चाई हो सकती है लेकिन जैसे-तैसे बने रहने का कोई मूल्य नहीं है। प्रश्न यह है कि वे किस स्तर पर बनी रहीं? उत्तर साफ है कि एक बड़े ही निम्न स्तर पर...मेरा तो मत है कि ये ग्राम-पंचायतें भारत के विनाश का कारण बनी हैं। आज का ग्राम अपने प्रति ही मोह, अज्ञान, संकीर्णता और सांप्रदायिकता की गुफा के अतिरिक्त और क्या है? मुझे खुशी है कि मसौदा संविधान ने ग्राम को तिलांजलि देकर उसके बजाय व्यक्ति को ही एक इकाई के रूप में स्वीकार किया है।[4] डॉ. आम्बेडकर ने प्रो. बीयर्ड के विचारों को उद्धृत करते हुए कहा है कि सभी मनुष्य बराबर नहीं हैं बल्कि वे समान बनाए गए हैं।[5]

बाबा साहेब आगे लिखते हैं कि हिन्दू सामाजिक व्यवस्था में वैयक्तिक गुणों के लिए कोई स्थान नहीं है न ही वैयक्तिक न्याय के लिए कोई विचार है। यदि किसी व्यक्ति को कोई विशेषाधिकार है तो यह उसके व्यक्तिगत गुणों के कारण नहीं है। यह विशेषाधिकार उसके वर्ग को जाता है।

आम्बेडकर ऐसी सामाजिक संरचना चाहते थे जो व्यक्ति के विकास में सहायक हो। उनका विचार था कि परम्परागत भारतीय समाज रचना धार्मिक तथा वर्ण व जातिगत नियमों के तहत व्यक्ति को आत्म-विकास के पर्याप्त अवसर प्रदान नहीं करती। उनके विचार में व्यक्ति समाज का दास नहीं है। वह इतिहास का निर्माता है, धर्म का आधार है। वह पानी की बूँद नहीं है जो सागर में मिल कर अपना अस्तित्व खो देती है। व्यक्ति जिस समाज में रहता है, अपना अस्तित्व नहीं खोता। उसका जीवन स्वतन्त्र है। उसकी एक निजी पहचान होती है। वह केवल समाज की सेवा के लिए ही पैदा नहीं होता, बल्कि आत्म-विकास के लिए भी कार्य करता है।

देखते हैं परम्परागत पंचायतों के रूप और स्वरूप के साथ इसके अर्थ और अनर्थ की लम्बी प्रक्रिया को। पंचायत शब्द की व्युत्पत्ति संस्कृत भाषा के शब्द 'पंचायतन्' से हुई है, जिसका अर्थ है पाँच व्यक्तियों का समूह। महात्मा गांधी ने भी पंचायत का शाब्दिक अर्थ गाँव के लोगों द्वारा चुने हुए पाँच व्यक्तियों की सभा से लिया है। वैदिक काल के साहित्य में सभा व समितियों का जिक्र हुआ है। ऐसा कहा जाता है, ये सभा और समितियाँ लोगों की भलाई के लिए कार्य करती थीं। 'अथर्ववेद' में इस आशय का एक श्लोक भी मिलता है जिसका अर्थ इस तरह है–पृथ्वी के ग्रामों, वनों व सभाओं में हम सुंदर (चारु) वेदयुक्त वाणी का प्रयोग करें। पर कैसी सुंदर और वेदयुक्त वाणी या भाषा? क्या पंचायतों का वैसा आदर्श रूप रहा होगा, जैसी बखानगी अकसर हमें मिलती है? पिछले हजारों वर्षों में पंचायतों के भयानक और निर्मम निर्णय (जजमेंट) क्या इस तरह के खोखले आदर्श के झूठ को रेखांकित नहीं करते?

प्रो. अल्तेकर ने भी विभिन्न शिलालेखों का अध्ययन करने के उपरांत बताया कि उत्तर भारत के अलावा गुजरात, महाराष्ट्र व कनार्टक में ग्रामों की समस्याएँ सुलझाने के लिए ग्राम सभाएँ होती थीं। इस प्रकार हम देखते हैं कि प्राचीन भारत के विभिन्न भागों में ऐसे स्वायत्तशासी निकाय थे, जो एक गाँव या गाँवों के समूह को प्रशासित करते थे। मेटकाफ ने इन्हें 'लिटिल रिपब्लिक' यानी लघु गणतंत्र की संज्ञा दी है।

डॉ. देवी सिंह[6] लिखते हैं कि इस देश में पंचायतें भी जाति के आधार पर बनी हुई है। जैसे ब्राह्मणों की पंचायतें या ब्राह्मण सभा, बावनी की पंचायत, राजपूतों के साठा-चौरासी की पंचायत (144 गाँवों की पंचायत), जाटों की पंचायत वैसे ही जाटों की सभा, जाटों की धर्मशाला, वैश्यों की धर्मशाला। वे आगे लिखते हैं कि यहाँ तो जातीयता की भावना बलवती है न कि सामाजिक भावना।

चाणक्य ने अपने *'अर्थशास्त्र'* में आदर्श गाँव की चर्चा की है। इससे पता चलता है कि मध्य युग में स्थानीय प्रशासन व्यवस्था का चलन था। गाँवों की जमीन व अर्थ-सम्पत्ति की देखरेख 'श्रेष्ठियों' द्वारा होती थी। ऐतिहासिक साक्ष्यों से पता चलता है कि सम्राट चंद्रगुप्त मौर्य के काल तक इस व्यवस्था में हस्तक्षेप नहीं किया गया।

डॉ. धर्मवीर लिखते हैं कि कौटिल्य के अर्थशास्त्र के आधार पर श्मशानों के इन दो प्रकार के दिशा-विधानों से छुआछूत के यथार्थ का प्रदर्शन होता है। इससे प्राचीन भारतीय गाँवों की असामाजिकता का भी पता चलता है कि देश की कमजोरी की नींव कितने पहले रख दी गई थी। कौटिल्य का यह दर्शन सामाजिक विभेद को बढ़ाता गया जिसके कारण समाज टुकड़े-टुकड़े होकर रह गया।[7]

मुगलों ने भी आरम्भ में इस स्थानीय प्रशासनिक व्यवस्था में कोई दखल नहीं दिया। उन्होंने इसका उपयोग अपने शासन को मजबूत बनाने के लिए किया। इतिहासकार वैवेल लिखते हैं कि मुस्लिम सुलतानों ने भारत की परम्परागत ग्राम संस्थाओं का उपयोग करना ही उचित समझा! लेकिन जब मुस्लिम शासकों के पैर यहाँ अच्छी तरह जम गए तो उन्होंने जागीरदारी प्रथा आरम्भ की। इस प्रथा में जागीरदार राजस्व एकत्र करता था। इसने परम्परागत स्थानीय स्वशासन की व्यवस्था को कमजोर किया। स्थानीय प्रशासन के अधिकांश कार्य और अधिकार भूस्वामियों व सरकारी अफसरों को हस्तांतरित कर दिए गए। इन जागीरदारों ने ग्रामीण जीवन के ताने-बाने में स्वशासन या पंचायती व्यवस्था के जो भी तत्त्व थे उनका विनाश शुरू कर दिया।

ब्रिटिश काल में पंचायतें

अंग्रेज आरम्भ से ही भारतीयों को कोई शक्ति व उत्तरदायित्व देने के पक्ष में नहीं थे। वे मानते थे कि भारतीय प्रजातांत्रिक संस्थाएँ चलाने के अयोग्य हैं। ब्रिटिश काल में ग्राम समुदाय की ग्रामीण अर्थव्यवस्था तथा प्रशासनिक कार्यों पर पकड़ कम होती गई, भूमि व उसके उत्पाद पर नियंत्रण घटता गया। परम्परागत स्थानीय स्वशासन के जो कुछ अवशेष मुगलकाल

में बचे थे, वे भी ब्रिटिश काल में समाप्त हो गए। पर यह भी सच है कि ब्रिटिश काल में ही कुछ समय के उपरांत पंचायतों का नया रूप उभरकर आया[4] जिसे पंचायतों का पुनरुदय कहा जा सकता है और आधुनिक पंचायत व्यवस्था का आरम्भ भी।

28 सितम्बर, 1687 को क्राउन की अनुमति से ईस्ट इंडिया कम्पनी के निदेशक ने मद्रास कौंसिल को मद्रास में म्युनिसिपल कारपोरेशन गठित करने की सलाह देते हुए लिखा था कि लोग कम्पनी द्वारा लगाए गए कर के रूप में एक पेंस भी देना पसंद नहीं करेंगे लेकिन स्वेच्छा से 5 शिलिंग भी दे देंगे बशर्ते कि इसे उन्हीं के द्वारा उन्हीं के लिए खर्च किया जाए। यहाँ कारपोरेशन बनाने के पीछे अंग्रेजों का लक्ष्य लोगों को जन-सुविधाएँ उपलब्ध कराना, उन्हें शासित करना और अपराध तथा न्याय के बारे में एक व्यवस्था कायम करना था। इस प्रकार सितम्बर, 1688 में कारपोरेशन अस्तित्व में आई। लेकिन वह स्वायत्त शासन की संस्था नहीं बन सकी क्योंकि लोगों ने कर लगाने का विरोध किया।

1726 में कलकत्ता व बम्बई में तथा पुनः मद्रास में नगरपालिका के गठन के लिए दूसरा म्युनिसिपल चार्टर जारी किया गया। इसमें प्रावधान किया गया था कि नगरपालिका का एक मेयर तथा 9 सदस्य होंगे जिनमें से 7 अंग्रेज होंगे। इन नगरपालिकाओं के गठन का लक्ष्य मुख्यतः न्यायिक कार्यों का सम्पादन था। इसके बाद 1793 में संवैधानिक रूप से चार्टर अधिनियम के द्वारा मद्रास, कलकत्ता व बम्बई में नगरपालिकाओं का गठन किया गया। इनके मुख्य कार्य थे–कर लगाकर कानून-व्यवस्था बनाए रखना तथा सम्पत्तियों का रख-रखाव करना। 1842 में पहला नगरपालिका अधिनियम केवल बंगाल के लिए पारित किया गया लेकिन इसका काफी विरोध हुआ। अतः इसे समाप्त कर 1850 में दूसरा नगरपालिका अधिनियम पारित किया गया जिसमें यह व्यवस्था थी कि इसे ऐच्छिक रूप से किसी भी नगर में लागू किया जा सकता है।

लेकिन ये सभी प्रयास नगरीय प्रशासन स्थापित करने की दिशा में किए गए थे। ग्रामों में पंचायतों की ओर 1863 तक बिलकुल भी ध्यान नहीं दिया गया। ग्रामों के विकास की ओर सबसे पहले ध्यान 1863 में शाही स्वच्छता आयोग की रिपोर्ट के बाद दिया गया। इस रिपोर्ट में भारतीय गाँवों की साफ-सफाई सम्बन्धी दुर्दशा के बारे में बताया गया था और कहा गया था कि गाँवों की स्वच्छता की ओर ध्यान देना आवश्यक है। इसके बाद विभिन्न राज्यों में ग्रामीण स्वच्छता अधिनियम पारित किए गए।

14 दिसम्बर, 1870 को लार्ड मेयो ने सत्ता के विकेन्द्रीकरण और स्वायत्तशासी संस्थाओं के गठन के लिए कौंसिल में प्रस्ताव पारित करवाया। यह ग्रामीण क्षेत्रों में स्वायत्त शासन की संस्थाएँ स्थापित करने का पहला प्रयास था। इसका उद्देश्य प्रशासनिक क्षमता को बढ़ाना तथा वित्तीय साधन जुटाना था।

इस प्रस्ताव को ध्यान में रखकर केन्द्रीय सरकार ने शिक्षा, चिकित्सा सेवाओं, सड़कों के रख-रखाव और निर्माण आदि का काम प्रान्तीय सरकारों को हस्तांतरित करने तथा इस हेतु उन्हें अनुदान देने का निर्णय किया। इस प्रकार 1871 के अधिनियम के अनुसार बम्बई, बंगाल, पंजाब व उत्तर-पश्चिमी प्रान्तों में मेयो प्रस्ताव के बाद स्थानीय स्वायत्त

प्रशासनों की स्थापना हुई। इन अधिनियमों के प्रावधानों के अनुसार कानूनी दर्जा दिया गया तथा व्यय को पूरा करने के लिए उन्हें बढ़ाया भी जा सकता था। इसमें जिला समिति के गठन की व्यवस्था थी तथा सरकारी व गैर-सरकारी सभी सदस्यों के मनोनयन आदि का उल्लेख था। जिला समिति का अध्यक्ष सरकारी व्यक्ति को बनाने का प्रावधान था पर मेयो का प्रस्ताव भी सही मायनों में स्वायत्त शासन की संस्थाओं यानी पंचायतों की स्थापना नहीं कर सका, क्योंकि पंचायतों में जन-प्रतिनिधियों का प्रतिनिधित्व न के बराबर था और वे सरकारी व्यक्तियों का जमघट बनकर रह गईं। स्वायत्त शासन की संस्थाएँ स्थापित करने में मील का पत्थर सिद्ध हुआ लार्ड रिपन का प्रस्ताव, जो 18 मई, 1882 को लागू हुआ। इस प्रस्ताव में स्वायत्त शासन की संस्थाओं के विकास तथा लोगों की आशा व अभिलाषा को पूर्ण करने के लिए कुछ ठोस एवं व्यावहारिक प्रावधान थे। इसमें स्वायत्त शासन की संस्थाएँ स्थापित करने के लिए जिन प्रावधानों को आधार बनाया गया वे इस प्रकार थे[8] :

1. गैर-सरकारी सदस्यों का बहुमत। हर हालत में सरकारी सदस्य कुल सदस्यों के एक-तिहाई से अधिक नहीं होंगे;
2. गैर-सरकारी सदस्य लोगों द्वारा चुने जाएँगे;
3. जहाँ तक सम्भव होगा, जन-प्रतिनिधि ही बोर्डों के अध्यक्ष होंगे;
4. प्रत्येक प्रान्त अपनी स्थानीय परिस्थितियों को ध्यान में रखकर प्रस्ताव को अमल में लाएगा।

इस प्रस्ताव में तालुका या तहसील को इकाई बनाया गया था। इसमें गाँव के स्तर पर स्वायत्त शासन की संस्थाओं के गठन की बात नहीं कही गई थी। इस प्रस्ताव का बम्बई के गवर्नर व बंगाल के लेफ्टीनेंट गवर्नर ने विरोध किया जबकि उत्तरी और पश्चिमी प्रान्तों के प्रशासकों द्वारा इसका स्वागत किया गया। इसी कारण यह पूर्ण रूप से लागू नहीं हो सका। नतीजा यह हुआ कि सरकारी अधिकारी ही बोर्डों के अध्यक्ष बनाए गए।

यह ठीक है कि लार्ड रिपन के प्रस्ताव का पूरी तरह क्रियान्वयन न हो सका, पर उन्हें भारत में स्वायत्त शासन की संस्थाओं का जनक कहा जा सकता है। तमाम अवरोधों के बावजूद उनके प्रस्ताव से पंचायती संस्थाओं के गठन की दिशा में थोड़ी-बहुत प्रगति हुई, पर 19वीं शताब्दी के अन्त में वाइसराय लार्ड कर्जन ने इसे प्रभावहीन कर दिया। कर्जन की सोच थी कि भारतीयों को शक्ति व उत्तरदायित्व देना बेकार है क्योंकि वे शासन करना नहीं जानते। कर्जन के काल में विकेन्द्रीकरण की दिशा में प्रगति का प्रश्न ही नहीं था, उल्टे सत्ता के केन्द्रीकरण को बढ़ावा मिला।

जहाँ तक राजस्थान में गाँव-पंचायतों की बात है वहाँ न्याय-व्यवस्था की इस छोटी इकाई का चरित्र अलग था। उस पर सामन्ती प्रभाव अन्य राज्यों की अपेक्षा अधिक था।[9]

ठिकाने के गाँवों में न्याय का कार्य पंचायतें करती थीं।[10] इन पंचायतों की अध्यक्षता पटेल, पटवारी, गरड़ा अथवा गमेती किया करता था तथा पंचायतों में गाँव के कुछ प्रतिष्ठित

व्यक्ति होते थे, जिन्हें 'चौथिया' कहा जाता था।[11] इन पंचायतों के निर्णय के विरुद्ध अपील स्वयं सामन्त के पास होती थी, किन्तु सामन्त द्वारा दिए गए निर्णय के विरुद्ध अपील महाराणा के पास नहीं हो सकती थी। यूँ 1878 की कलमबन्दी के अन्तर्गत महाराणा के पास अपील करने का अधिकार दे दिया गया।[12]

ब्रिटिश शासन से सीधे राज्यों की देख-रेख की जाती थी यानी प्रेंसीडेंसी में कुछ अतिरिक्त सुधार हुए। 1919 के गवर्नमेंट ऑफ इंडिया एक्ट के अन्तर्गत लोकल सेल्फ गवर्नमेंट प्रोविंशियल पर कुछ कार्य आगे बढ़ा। 1919 में कुछ सूबों ने गाँव पंचायत एक्ट पास किया। बाद में अन्य कुछ सूबों ने भी फॉलो किया। उदाहरण के लिए बंगाल विलेज सेल्फ गवर्नमेंट एक्ट, 1919 मद्रास, वि.प. एक्ट 1920, बोम्बे वि.प. एक्ट 1920 आदि के माध्यम से कार्य हुआ।[13]

बकौल गीताश्री आजादी के बाद बने भारतीय संविधान और उसमें होते रहे संशोधनों में इस तथ्य को बराबर महसूस किया जाता रहा कि महिलाओं की भागीदारी सार्वजनिक क्षेत्रों में बढ़ाना आवश्यक है। 1959 में बलवंत राय मेहता समिति की सिफारिशों के आधार पर त्रि-स्तरीय पंचायती राज व्यवस्था लागू की गई। तब यह माना गया कि देश का समग्र विकास महिलाओं की भागीदारी के बिना सम्भव नहीं हो सकता। महिलाओं के लिए तैयार किया गया दस्तावेज, 1985 में स्वीकार किया गया कि महिलाओं द्वारा अनौपचारिक राजनीतिक गतिविधियों में सक्रियता के बावजूद राजनीतिक ढाँचे में उनकी भूमिका लगभग जस-की-तस रही है। देश में पंचायती राज व्यवस्था में महिलाओं की एक-तिहाई भागीदारी होने और पंचायती राज व्यवस्था को सुदृढ़ करने के उद्देश्य से 1992 में 73वाँ संवैधानिक संशोधन अधिनियम पारित हुआ। इस संशोधन के अनुसार ग्रामसभा का गठन होना अनिवार्य है और ग्राम पंचायतों, पंचायत समितियों और जिला परिषदों के अध्यक्षों के पदों की कुल संख्या की कम-से-कम एक-तिहाई संस्थाओं की अध्यक्ष महिलाएँ होंगी। इस व्यवस्था का यह असर हुआ कि देशभर में लाखों महिलाएँ पंचायतों का काम करने के लिए मैदान में आ गई हैं। इस संशोधन ने पंचायती राज व्यवस्था को स्वीकार किया तो महिलाओं के अस्तित्व और अधिकार को भी स्वीकार किया। पंचायतों में उन्हें दिया गया आरक्षण उनके लिए एक अवसर तो है ही, उनके प्रति अब तक हुई ज्यादतियों का विशेष उपचार भी है।[14]

डॉ. महीपाल के विचार में बलवंत राय मेहता समिति की रिपोर्ट की सिफारिश के बाद देश में पंचायती राज व्यवस्था शुरू हुई थी। लेकिन प्रारंभिक उत्साह के बाद पंचायतों को सशक्त बनाने की तो दूर, उनके लगातार चुनाव भी नहीं हुए। ऐसा महसूस किया जा रहा था कि पंचायतों को बिना संवैधानिक दर्जा दिए पंचायती राज बेमानी है। 1986 में एल.एम. सिंघवी समिति ने पंचायतों को संवैधानिक दर्जा देने की सिफारिश की थी। उसी के बाद 1992 में पंचायती राज विधेयक पास हुआ और राष्ट्रपति के हस्ताक्षर होने के बाद 24 अप्रैल, 1993 को अधिनियम बना। तत्कालीन ग्रामीण विकास मन्त्री श्री वेंकट स्वामी ने इस विधेयक को संसद में प्रस्तुत करते हुए कहा था कि यह विधेयक पंचायतों को

स्वायत्तशासी संस्था बनाते हुए महात्मा गांधी के ग्राम स्वराज्य के सपने को साकार करने का प्रयास है। आइए, देखते हैं कि पंचायती राज ने कहाँ तक राष्ट्रपिता का सपना साकार किया और लोगों की आकांक्षाएँ किस हद तक पूरी हुई।

संविधान की धारा 243 (जी) ने पंचायतों को स्वायत्त शासन की संस्था का दर्जा दिया है। इसका अर्थ है पंचायतों को कार्यात्मिक, वित्तीय एवं प्रशासनिक स्वायत्तता मिलना। ग्राम सभा समस्त पंचायती राज व्यवस्था का दिल व दिमाग है। लेकिन पंजाब, तमिलनाडु, मध्य प्रदेश तथा केरल को छोड़कर अन्य प्रदेशों में इस संस्था को मात्र बातचीत की संस्था बनाकर रख दिया है। मध्य प्रदेश ने ग्राम सभा को सशक्त बनाने के लिए पंच एवं सरपंच को वापस बुलाने का अधिकार भी इस संस्था के हाथ में दे दिया है। अधिकतर राज्यों में ग्राम सभा को ग्रामीण विकास से सम्बन्धित कार्यक्रमों को क्रियान्वित करने में सहायता प्रदान करने, विभिन्न गरीबी हटाओ कार्यक्रमों के अन्तर्गत लाभार्थियों को चुनने, गाँव में एकता व सौहार्द्र का वातावरण बनाने तथा ग्राम पंचायत द्वारा पिछले वर्ष का लेखा-जोखा तथा आने वाले वर्ष के कार्यक्रम आदि के अनुमोदन का अधिकार दिया है। चूँकि इस सभा को कोई शक्ति या अधिकार नहीं है इसलिए आम लोग इसमें जाने से कतराते हैं। गरीब परिवार कहते देखते गए हैं कि ग्राम सभा की बैठक के चक्कर में अपनी दिहाड़ी मजदूरी नहीं गँवाना है। लेकिन जब-जब ग्राम सभा की बैठक में गरीब परिवारों के लिए इंदिरा आवास योजना के अन्तर्गत मकान वितरित करने या विभिन्न ग्रामीण विकास योजनाओं के अन्तर्गत लाभार्थियों के चुनने का एजेंडा रहता है, तब-तब ग्राम सभा की बैठकों में लोगों की भागीदारी बढ़ जाती है। अधिनियम 1996 ने पंचायत प्रावधानों का अनुसूचित क्षेत्रों में विस्तार कर ग्राम सभा को सही मायने में सशक्त बनाया है।

राज्य पंचायत राज अधिनियमों का अवलोकन करने से पता चलता है कि पंचायतों के तीनों स्तरों को महत्वपूर्ण कार्य नहीं दिए गए हैं। कुछ राज्यों ने तो संविधान की 11वीं अनुसूची को ध्यान में रखकर पंचायतों के तीनों स्तरों पर कार्य आवंटन करने की बजाय हू-ब-हू 11वीं अनुसूची को ही पंचायत अधिनियम का रूप दे दिया है। आन्ध्र प्रदेश सरकार ने ग्राम पंचायतों को विकास, सामाजिक सम्पत्ति का रख-रखाव तथा जन-सुविधाओं से सम्बन्धित कार्य दिए हैं।

वैसे तो गुजरात में काफी हद तक पंचायतों के तीनों स्तरों पर कार्यों का बँटवारा उचित प्रकार से किया गया है। लेकिन फिर भी कुछ खामियाँ हैं। उदाहरण के लिए, ग्राम पंचायत को अन्य कार्यों के अलावा माध्यमिक विद्यालयों की स्थापना, निर्माण और रख-रखाव सौंपा है। यह दायित्व निभाना ग्राम पंचायत की पहुँच से बाहर है। फिर यह व्यावहारिक भी नहीं है, क्योंकि गुजरात में ग्राम पंचायत की औसत जनसंख्या ही 1744 है। इसी तरह हरियाणा सरकार ने 16 विभागों के कुछ कार्य पंचायतों के तीनों स्तरों पर प्रशासनिक आदेश द्वारा हस्तांतरित किए हैं। लेकिन उनसे सम्बन्धित कर्मचारियों एवं वित्तीय स्त्रोतों के आवंटन के बारे में कोई ठोस कार्यवाही नहीं हुई है। संक्षेप में, पंचायतों की भूमिका पर्यवेक्षक से ज्यादा नहीं है। लगभग यही स्थिति हिमाचल प्रदेश की भी है। कर्नाटक ने ग्राम पंचायत, तालुका

पंचायत एवं जिला परिषद के कार्यों को क्रमशः अनुसूची 1, 2 तथा 3 में सूचीबद्ध किया है, लेकिन यह बँटवारा अधिनियम के अनुभाग 312 ने छीन लिया है। अनुभाग 312 में कहा गया है कि सरकारी गजट में विज्ञप्ति द्वारा अनुसूची 1, 2 व 3 के अन्तर्गत आने वाले या उससे सम्बन्धित कार्य, कार्यक्रम या परियोजना को सरकार हटा सकती है और उसमें सुधार भी कर सकती है। मध्य प्रदेश में जब 73वें संविधान संशोधन को ध्यान में रखकर पंचायती राज अधिनियम पारित हुआ था, तो पंचायतों के कार्यों का बँटवारा अस्पष्ट था जिसे बाद में स्पष्ट किया गया।

उत्तर प्रदेश सरकार ने 18 विभागों के कुछ-कुछ कार्य प्रशासनिक आदेशों द्वारा पंचायतों को हस्तांतरित किए थे, जो मुख्यतः देखरेख और निरीक्षण से सम्बन्धित थे। बाद में राज्य सरकार ने पंचायतों को सशक्त करने की दिशा में कुछ सकारात्मक कदम उठाए, जिसके तहत जुलाई 1999 में 12 विभागों के प्रशासनिक एवं वित्तीय अधिकार पंचायतों को सौंपे गए।

विभिन्न राज्यों के नेता केन्द्र सरकार के बताए रास्ते पर ही चले। पंचायती राज और स्थानीय निकाय प्रणाली को मजबूत करने में किसी राज्य की दिलचस्पी न रही। यही नहीं, देश के ग्यारह राज्यों ने तो अपने यहाँ पंचायतों के तीनों स्तर का चुनाव कराना भी मुनासिब नहीं समझा। किसी ने गाँव पंचायतों का चुनाव कराया तो किसी ने जिला पंचायतों का। गाँव, ब्लॉक और जिला—तीनों के चुनाव कराने से राज्य कतराते रहे। बिहार में 1978 के बाद से पंचायतों के चुनाव नहीं हुए हैं। 24 फरवरी 1997 को सर्वोच्च न्यायालय ने बिहार की पंचायतों को भंग कर दिया था तब से मामला न्यायालय में है। तमिलनाडु ने तो गजब ही किया। वह अपने स्थानीय निकायों की चुनाव तिथियों को 21 बार टालने का कीर्तिमान स्थापित कर चुका है। लेकिन कर्नाटक, पश्चिम बंगाल, आन्ध्र प्रदेश और जम्मू-कश्मीर जैसे राज्यों ने समय-समय पर चुनाव कराकर उम्मीद बनाए रखी।

वरिष्ठ पत्रकार राजकिशोर के अनुसार फ्रेंच लेखक और विचारक विक्टर ह्यूगो की यह उक्ति मशहूर है कि जिस विचार का समय आ गया है, उसे रोका नहीं जा सकता। देशभर की पंचायती राज व्यवस्था में महिलाओं को पचास प्रतिशत आरक्षण मिलने के बाद यह दावा किया जा सकता है कि स्त्री-पुरुष समानता का आदर्श अब हवा में नहीं रहा, वह ठोस जमीन पर आ गया है। भारत आज भी गाँवों में रहता है। गाँवों में समानता की दुंदुभी जरा देर से बजती है। क्योंकि वहाँ परिवर्तन एक मुश्किल चीज है, बेशक पंचायतों के ढाँचे में आधा-आधा की यह अवधारण ऊपर से आरोपित की गई है, इसलिए इसे मानसिक रूप से ग्राह्य होने में समय लगेगा। लेकिन ग्रामीण व्यवस्था के संचालकों की समझ में यह तो आ ही जाना चाहिए कि जमाने की हवा किधर बह रही है। यह लोकतंत्र की हवा है। इसके सामने पर्वत भी आ जाते हैं, तो उन्हें झुकना पड़ता है या फिर वे खंड-खंड होकर टूट जाते हैं।

सच तो यह है कि पंचायतों में महिलाओं को आधे का हिस्सेदार बनाकर कोई अनोखा काम नहीं किया गया है। कुछ राज्यों में यह हिस्सेदारी अपने आप विकसित हुई है, तो

कुछ राज्यों ने इसे कानून बदल कर सम्भव बनाया है। उदाहरण के लिए दक्षिण भारत में, जहाँ का समाज उत्तर भारत के मुकाबले महिलाओं के प्रति उदार है और महिलाओं ने भी अपने-आपको छुईमुई बनाकर नहीं रखा हुआ है, पंचायतों में महिलाओं की हिस्सेदारी अपने आप 50 प्रतिशत या इससे ऊपर तक चली गई है। कुछ राज्यों में तो यह प्रतिशत 60 को भी पार कर गया है। बिहार सरकार ने इस रैडिकल लक्ष्य को प्राप्त किया एक नया कानून बनाकर, जिसमें पंचायतों में महिलाओं को 50 प्रतिशत आरक्षण देने का प्रावधान था।

बिहार में फिफ्टी-फिफ्टी पंचायतों का यह दूसरा कार्यकाल है। नीतीश कुमार की सरकार के इस निर्णय से प्रेरणा पाकर बाद में हिमाचल प्रदेश, मध्य प्रदेश, राजस्थान आदि कई राज्यों ने 50 : 50 के इस विचार को अपनाया। केन्द्र सरकार के ताजा निर्णय से बराबरी की यह व्यवस्था पूरे देश में लागू हो गई है। 1992 में स्थानीय स्वशासन के संस्थानों में महिलाओं को सभी सीटों और पदों पर 33 प्रतिशत आरक्षण देने का संवैधानिक कानून बनाया गया था, उस वक्त भी यह क्रान्तिकारी कार्यक्रम था। लेकिन इस बात को समझा गया लगभग डेढ़ दशक बाद, जब महिलाओं की एक-तिहाई उपस्थिति के कारण पंचायतों के सत्ता ढाँचे में परिवर्तन स्पष्ट दिखाई पड़ने लगा। असल में शुरू में पंचायतों के पास शक्ति, सत्ता या संसाधन कुछ भी नहीं था। इसलिए यह बात खबर न बन सकी कि करीब दस लाख महिलाएँ पंचायतों के विभिन्न स्तरों पर स्थान ग्रहण करने ज़ा रही हैं। देश में पहली बार ऐसा कानून बना था जो महिलाओं को गाँव के सार्वजनिक जीवन में प्रवेश का अधिकार देता था। न केवल अधिकार देता था, बल्कि इसे अनिवार्य बना रहा था।

इसमें सन्देह नहीं कि बहुत सारी महिला पंचायत सदस्यों ने गाँव के जीवन पर अपनी कार्यनिष्ठा की स्पष्ट छाप छोड़ी है। उन्हें राष्ट्रीय और अन्तरराष्ट्रीय पुरस्कार और सम्मान भी मिले हैं। इसके साथ ही, सच यह भी है कि महज आरक्षण के कारण जो महिलाएँ चुकर पंचायतों में आई हैं, उनमें से अनेक पर अब भी पितृसत्ता की गहरी छाया है। इन पंचायत सदस्यों के पति या अन्य परिवारी जन ही पंचायत में असली भूमिका निभाते हैं और जहाँ बताया जाता है वहाँ महिलाएँ दस्तखत कर देती हैं या अँगूठे का निशान लगा देती हैं। इसी प्रक्रिया में पंचपति, सरपंचपति, प्रधानपति आदि सम्बोधन सामने आए हैं।

दूसरी ओर, अनुसूचित जातियों और जनजातियों की जो महिलाएँ चुनकर पंचायतों में आई हैं, उन्हें पंचायत के वर्तमान सत्ता ढाँचे में उनका प्राप्य नहीं दिया जाता। कहीं उन्हें जमीन पर बैठने को मजबूर किया जाता है, कहीं उनकी बात नहीं सुनी जाती और कहीं-कहीं तो उन्हें पंचायत की बैठक में बुलाया भी नहीं जाता। यानी राजनीति और कानून ने महिलाओं को सत्ता में जो हिस्सेदारी बख्शी है, समाज उसे मान्यता देने के लिए अब भी तैयार नहीं है। विडम्बना यह है कि तमिलनाडु और आन्ध्र प्रदेश के अनेक गाँवों में भी ऐसा होता है।

मधु किश्वर पंचायती राज संशोधन कानून लागू होने के बाद के 15 सालों में महिलाओं को काफी लाभ मिला है। पंचायतें महिलाओं के लिए केन्द्रीय राजनीति में आने का प्रशिक्षण केन्द्र बनती जा रही हैं। आज दस लाख से अधिक महिलाएँ पंचायत सदस्य और तकरीबन

80 हजार सरपंच हैं तो कल इनकी संख्या में दोगुनी-तिगुनी का भी इजाफा हो सकता है। हालाँकि इनके सम्बन्ध में यह भी कहा जाता है कि यह अपने पति या पिता के रबर स्टाम्प की तरह कार्य करती हैं, लेकिन मेरी समझ में कुछ मामले छोड़ दें तो यह आरोप बेमानी है और जिन मामलों में ये सही भी हैं, वहाँ थोड़ी चेतना आते ही यह अपने आप खत्म हो जाएँगे। दरअसल, अगर महिलाओं ने एक बार पंचायत स्तर पर ठीक से पैर जमा लिये, तो राष्ट्रीय स्तर पर महिला राजनेताओं की मौजूदगी का बढ़ना तय है।

सबसे बड़ी चीज तो यह है कि पंचायती राज को मजबूती देने की सोच राजनेताओं के जेहन में आज तक ठीक से नहीं बैठी है। वे इसे जैसे-तैसे और अधूरे अधिकारों के साथ लागू करने के पक्ष में दिखते हैं। केन्द्र सत्ता की कमान गाँवों के हाथ में सौंपने को प्रतिबद्ध नहीं दिखता। पंचायतों को जितना अधिकार मिलना चाहिए, नहीं मिला है।

अलका आर्य के अनुसार, यूपीए सरकार ने सभी पंचायतों में महिलाओं की आरक्षण सीमा को 33 फीसद से बढ़ाकर 50 फीसद करने का जो फैसला लिया है, मेरी राय में आज की तारीख में इससे सौ फीसद सहमत नहीं हुआ जा सकता। यह जल्दबाजी में लिया गया निष्कर्ष नहीं है, बल्कि यह हमें बीते डेढ़ दशक के पंचायती राज के इतिहास तक पहुँचाता है। पंचायत में महिला आरक्षण का सपना सबसे पहले 1985 में पूर्व प्रधानमन्त्री राजीव गांधी ने देखा था और 1992 में गैर कांग्रेसी सरकार ने संविधान संशोधन (73वाँ) कर एक-तिहाई आरक्षण लागू किया। (सनद रहे कि राजीव गांधी ने जब यह सपना देखा उससे दो साल पहले ही 1983 में तत्कालीन कर्नाटक सरकार ने पंचायती राज में महिलाओं के लिए अपने राज्य में 25 फीसद आरक्षण की घोषणा कर दी थी।) इस एक तिहाई आरक्षण का नतीजा यह है कि आज देश भर में निर्वाचित 28 लाख 18 हजार पंचायत प्रतिनिधियों में अन्दाजन 10 लाख महिलाएँ हैं। 36.87 फीसद महिला पंचायत प्रतिनिधियों का यह आँकड़ा बढ़कर न्यूनतम 50 फीसद हो जाएगा अर्थात पंचायत प्रतिनिधि में हर दूसरा चेहरा एक महिला का होगा। घघरा पलटन पंचायत को स्थानीय शासन, राजनीति से दूर रखने की साजिश करने वालों ने कभी भी इसे राजनीति में महिलाओं के प्रवेश के लिए जरूरी सकारात्मक भेदभाव वाले कदम के रूप में समझने की चेष्टा नहीं की।

मध्य प्रदेश के टीकमगढ़ जिला के बलदेवगढ़ तहसील अन्तर्गत अत्यन्त पिछड़ा गाँव पिपरा बिलाई अचानक सुर्खियों में आ गया था। इस गाँव को चर्चा के केन्द्र में लाने का श्रेय गुंदियाबाई को जाता है। वह गाँव की सरपंच और जाति से दलित। इन्होंने 1998 में स्वतन्त्रता दिवस के अवसर पर टीकमगढ़ जिला मुख्यालय में झंडा फहरा कर पिपरा बिलाई गाँव को चर्चा का केन्द्र बना दिया था। दलित जाति की महिला सरपंच गुंदियाबाई को जब दबंग और असरदार लोगों ने पिपरा बिलाई गाँव में झंडा फहराने से रोक दिया, तब मुख्यमन्त्री दिग्विजय सिंह को हस्तक्षेप करना पड़ा और उन्होंने घोषणा की कि गुंदियाबाई जिला मुख्यालय पर झंडा फहराएँगी।

संविधान के तिहत्तरवें संशोधन द्वारा शासन के स्थानीय निकायों में समाज के निचले पायदान पर खड़े लोगों की सहभागिता का जो प्रावधान किया गया, गुंदियाबाई उसी की

उपज हैं। लेकिन सच यह है कि आज भी गुंदियाबाई जैसी दलित महिला सरपंचों का न तो अपना कोई अस्तित्व बन पाया है और न सत्ता में सीधे भागीदारी ही हो पाई है। इतना जरूर कहा जा सकता है कि ऐसे लोग इस प्रक्रिया की एक कड़ी अवश्य बन रहे हैं।

गुंदियाबाई सरपंच बनने के बाद भी घर और आंगन में झाड़ू लगाती हैं। मवेशियों को चारा-पानी देती हैं, इससे ज्यादा कुछ नहीं। गुंदियाबाई का मकान कच्चा है। यह मकान क्या, झोंपड़ा है। लेकिन सरपंच बनने के बाद उन्होंने अपने झोंपड़े के सामने पत्थरों की चिनाई वाला एक पक्का कमरा बनवा लिया है। गुंदियाबाई के पति रामरतन सफाई में कहते हैं कि 'अब सरपंच के लिए इतना तो होना ही चाहिए।' गुंदियाबाई के पति रामरतन पंचायत के सचिव हैं, लेकिन सरपंच पत्नी की सारी शक्तियों का इस्तेमाल स्वयं करते हैं। ग्राम सभा की बैठक के बारे में गुंदियाबाई को कोई ज्ञान नहीं। पंचायत के आय-व्यय के ब्यौरे के बारे में निःसंकोच कहती हैं कि 'मेरे पति ही पंचायत से सम्बन्धित सारा काम-काज सँभालते हैं।' पंचायत के लिए नियत चबूतरे पर अन्य पंचों के साथ गुंदियाबाई बैठ नहीं सकतीं। वह चबूतरे के नीचे खड़ी रहती हैं, क्योंकि एक पंच जगदीश यादव यही चाहता है।[15]

इससे पूर्व देखें तो हमीरपुर महोबा जिले के गहरा गाँव में अनुसूचित जाति की महिला उपप्रधान को ग्राम प्रधान तथा उसके साथियों ने पीटा और पूरे गाँव में नंगा घुमाया। उसकी खता यही थी कि उसने चुनाव लड़ने की जुरत की और चुनाव जीतने की भी।[16] दौसा जिले के मानपुर थानान्तर्गत गाँव ठीकरिया में स्वतन्त्रता दिवस के अवसर पर दलित महिला सरपंच को ध्वजारोहण नहीं करने दिया गया।[17] मार्च 2000 में चुनी गई अध्यक्ष उमा आसरे से जुड़ी घटना देखें तो जिला पंचायत के उपाध्यक्ष ने उमा के लेटरहेड, मुहर तथा अन्य कागजात अपने कब्जे में ले लिये थे। कोरे कागज पर दस्तखत करा लिये। मुँह पर तेजाब डालने और बच्चों को मारने की धमकी से वह चुप थी। उमा आसरे ने बताया कि अपने गाँव वनखेड़ी से वह 11 अगस्त तक किसी भी बैठक में नहीं आई। डेढ़ मास से उपाध्यक्ष ही जबरन जिला अध्यक्ष का काम कर रहा था। यही नहीं उनके पति को भी उपाध्यक्ष के लोगों ने मार-पीट कर अधमरा कर दिया।

उमा आसरे ने पत्रकारों के समक्ष बताया कि झंडारोहण समारोह के लिए उसके पास साड़ी भी नहीं थी। साड़ी माँग कर उसने पहनी।[18]

सिर्फ बौद्धिक कवायद

मध्य प्रदेश में ग्राम पंचायतों में महिलाओं को आरक्षण दिया गया जिसमें दलित महिलाओं को भी सशक्त करने के प्रयास हुए। लेकिन सवर्ण समाज स्वीकार करने को तैयार नहीं। उदाहरण के लिए मथुराबाई मुरैना के गंनोली गाँव की सरपंच बनी। सरपंच बनने के ढाई साल तक उसे कार्य ही नहीं करने दिया गया। शिकायत करने पर पूर्व

सरपंच समेत तीन लोगों ने बस स्टॉप पर उसकी पिटाई की। सिनवल काला गाँव की सरपंच गुड्डीबाई को तो सबक सिखाने के लिए सवर्णों ने उसके साथ सामूहिक बलात्कार किया। दमोह के मंगोला ग्राम तथा गुना के पावन ग्राम की ग्राम पंचायत की सरपंच क्रमशः मायाबाई और गुलाबबाई को इसलिए बेरहमी से पीटा गया कि वे गाँव का नेतृत्व कर रही थीं।[19]

वर्ष 1998 के बाद भी दमोह/पथरिया में स्वतन्त्रता दिवस समारोह के दौरान दलित महिला विधायक सोनाबाई को ध्वजारोहण से रोका गया। प्रभा दीक्षित लिखती हैं कि जो खबर अंग्रेजी और हिंदी दैनिकों के मुख्य पृष्ठ पर अपनी जगह नहीं बना सकी, वह विश्लेषण लायक नहीं है। अगर मथुराबाई या गुड्डीबाई चर्चा में आना चाहती है, अगर दिल्ली के बुद्धिजीवियों के जुलूस को जंतर-मंतर की यात्रा करवाना चाहती हैं तो उन्हें नाम बदलकर मार्था या गुलबानो बनना होगा। वे अल्पसंख्यक समुदाय की नहीं हैं, स्त्री हैं वह भी दलित।[20]

बहरहाल, तीखे विरोध और तमाम रुकावटें पैदा करने के बावजूद घूँघट ओढ़ने वाली इस घरा पलटन की उपस्थिति/काम करने की कोशिश/सफलता को एक सामाजिक इनकलाब के रूप में देखा जा सकता है। मिसाल के तौर पर, पश्चिम बंगाल के बाँकुरा जिले की एक काउंसिल पंचायत का जिक्र कर रही हूँ। 15 सदस्यों वाली इस काउंसिल पंचायत ने अपने कार्य क्षेत्र में आने वाले 22 गाँवों में जो सामाजिक बदलाव लाया है, वह देख सभी दंग हैं। अपने काम के प्रति समर्पित इन महिला पंचायत प्रतिनिधियों ने 22 गाँवों में 100 फीसद सेनिटेशन की व्यवस्था कर दी है, 15 प्राइमरी स्कूलों की पक्की इमारतें बनवाई हैं व 14 साक्षर सेंटर खुलवाए हैं। इन महिला प्रतिनिधियों का कहना हैं...'हमारी ताकत शारीरिक नहीं, बल्कि नैतिक है। पंचायती राज की गौर करने लायक एक सफलता यह भी कही जा सकती है कि इसने महिलाओं की खुद के बारे में बनी धारणा को बदलने में मदद की है। उनके भीतर संसाधनों पर नियंत्रण के जरिये सशक्तिकरण पैदा हुआ है। इसी पंचायती राज व्यवस्था में महिला आरक्षण की बदौलत अधिक महिलाओं को राजनीति के तौर-तरीके समझने का मौका मिला, खासकर राजनीतिक दलों के महत्व को समझने का। महाराष्ट्र की दलित व आदिवासी महिलाएँ पंचायती राज व्यवस्था के इस संवैधानिक अवसर का अच्छी तरह से इस्तेमाल कर रही हैं। वे राजनीतिक तौर पर ज्यादा सक्रिय हैं।

महाराष्ट्र जैसे राज्य में जहाँ जात-व्यवस्था बहुत मजबूत है, वहाँ सवर्ण जाति के पुरुष इन दलित/आदिवासी महिलाओं को बाहर करने के लिए सैकड़ों हथकंडे अपनाते हैं लेकिन वे हिम्मत से उनका सामना करती हैं। आज से 9 साल पहले मुंबई में महाराष्ट्र 'महिला राज सत्ता आन्दोलन' का गठन किया गया था। निर्वाचित महिला प्रतिनिधियों की इस संस्था की 2 हजार यानी 70 फीसद सदस्य दलित महिलाएँ हैं। इस सामाजिक रुझान में हाथ जोड़े, दया की भीख माँगती कमजोर औरत का नहीं, बल्कि सशक्त दलित औरत का चेहरा नजर आता है।

1957-2009

सफरनामा

- भारतीय संविधान के अनुच्छेद 40 में राज्यों को पंचायत गठन का निर्देश दिया गया है।
- पंचायत राज को लेकर बलवंत राय मेहता समिति (1957), अशोक मेहता समिति (1977) और डॉ. पीवीके राव समिति (1985) और एलएम सिंघवी समिति (1986) ने महत्त्वपूर्ण सिफारिशें की थीं।
- 1993 में संविधान में 73वें और 74वें संविधान संशोधन के तहत पंचायत राज संस्था को संवैधानिक मान्यता प्रदान की गई। इस व्यवस्था के तहत महिलाओं को 33 फीसद सुनिश्चित भागीदारी का सपना साकार हुआ।
- पंचायत राज मंत्रालय 27 मई, 2004 को अस्तित्व में आया। इस मंत्रालय का गठन 73वें संविधान संशोधन अधिनियम, 1992 द्वारा जोड़े गए संविधान के खंड नौ के क्रियान्वयन की निगरानी के लिए किया गया।
- इस समय देश में कुल पंचायतों में निर्वाचित प्रतिनिधियों की संख्या करीब 28.10 लाख है, जिसमें 36.87 फीसद महिलाएँ हैं।
- भारत सरकार ने 27 अगस्त, 2009 को ग्राम स्तर पर महिलाओं के सशक्तिकरण की दिशा में ऐतिहासिक पहल करते हुए पंचायतों में महिलाओं का आरक्षण कोटा 33 से बढ़ाकर 50 फीसद करने के प्रस्ताव को मंजूरी दे दी है। इस प्रस्ताव को प्रभावी बनाने के लिए संविधान के अनुच्छेद 243 (डी) में संशोधन करना होगा। संविधान में प्रस्तावित संशोधन नगालैंड, मेघालय, मिजोरम, असम के आदिवासी क्षेत्रों, त्रिपुरा, मणिपुर के पर्वतीय क्षेत्रों को छोड़कर पूरे देश में प्रभावी होगा।
- इससे पहले राष्ट्रपति प्रतिभा पाटिल ने 4 जून, 2009 को संसद के संयुक्त सत्र में संप्रग सरकार की प्राथमिकताओं को गिनाते हुए अपने भाषण में पचायतों तथा शहरी स्थानीय निकायों में महिला आरक्षण सीमा 50 फीसद तक बढ़ाने की बात कही थी।
- बिहार, मध्य प्रदेश, हिमाचल प्रदेश और उत्तराखंड में महिलाओं को पंचायत राज संस्थाओं में पहले से ही 50 फीसद आरक्षण की व्यवस्था लागू है। इनमें बिहार में भाजपा गठबन्धन सरकार भी शामिल है, जबकि बाकी में उसकी अपनी सरकार है। इस दिशा में केरल और राजस्थान सरकार भी अपनी वचनबद्धता पहले ही दोहरा चुकी है।
- भारत सरकार पंचायतों के बाद शहरी निगमों और स्थानीय निकायों में भी महिलाओं को 50 फीसद आरक्षण देने के फैसले पर विचार कर रही है। केन्द्रीय शहरी विकास मंत्रालय इस बाबत राज्यों को बाकायदा एक अधिकार पत्र भी प्रेषित कर चुका

है। इस पत्र में राज्यों से महिलाओं की आरक्षण सीमा बढ़ाने पर सुझाव माँगे गए हैं। राज्यों के जवाब मिलते ही इस दिशा में पहल को प्रभावी बनाने के लिए कदम उठाए जाएँगे।

सन्दर्भ

1. डॉ. मनीष वेणुपाल महीप, प्राचीन भारत में ग्रामीण प्रशासन की रूपरेखा, आश्वस्त, अगस्त, 2011, उज्जैन, पृ. 3-4.
2. डॉ. आर.जी. सिंह, भारतीय दलितों की समस्याएँ एवं समाधान, मध्य-प्रदेश हिन्दी ग्रन्थ अकादमी, भोपाल, 1986, पृ. 40.
3. आम्बेडकर, 1980, ब : 106-07.
4. आम्बेडकर, 1979, द : 27-29, आम्बेडकर, 1980, द : 107.
5. डॉ. आम्बेडकर, राइटिंग्स एंड स्पीचिज, खंड-III, पृ. 95.
6. डॉ. देवी सिंह, हिन्दू समाज व्यवस्था–सिद्धांत और समीक्षा, संगीता प्रकाशन, दिल्ली-32, 1995, पृ. 95.
7. धर्मवीर, कौटिल्य का सामाजिक बैर, संगीता प्रकाशन, दिल्ली-32, 1996, पृ. 23.
8. डॉ. महीपाल, पंचायती राज–अतीत, वर्तमान और भविष्य, सारांश प्रकाशन प्रा.लि., दिल्ली-91.
9. प्रकाश व्यास : आधुनिक मेवाड़ का इतिहास, पंचशील प्रकाशन, जयपुर।
10. फो.पो. कंसलटेशन, 2 अगस्त, 1822, पृ. 5-11.
11. फो.पो. कंसलटेशन, 2 अगस्त, 1822, पृ. 5-11, जेम्स टांड, भाग प्रथम, पृ. 171.
12. फो.पो. जनरल 'ए', फरवरी, 1880, पृ. 14-16.
13. सोसाइटी, कास्ट एंड फैक्शनल पॉलिटिक्स, मसाकी कुकुनागा, पृ. 86.
   According to the 1808 Regulation Act, when the Marathas occupied Salsette, they appointed the ablest of the Mahataras (elders) as village Patels. Such village officials (i.e. Patels seems to have been unknown previously during the Muslim and Portuguese periods. These village Patels were subject to a Serpatel who was the head Patel of Salsette and in favour of whom a special tax was lavied on the farmers.

   Other officials appointed by the Marathas were a Harildar and his assistant (Carkoon) accountants with the coming of the British it was recommended.
14. गीताश्री, सुबह होने को है माहौल बनाए रखिए, राष्ट्रीय सहारा (हस्तक्षेप), 10 जून, 2000, पृ. 4.
15. संतोष सिंह, गुंडियाबाई की दास्तान, राष्ट्रीय सहारा, 10 जून, 2000, पृ. 4.
16. नागमय संस्कृति, उज्जैन, 30 जुलाई, 1996.
17. मेरी स्वयं की पुस्तक–दलित उत्पीड़न की परम्परा और वर्तमान, पृ. 184.
18. हम दलित, नई दिल्ली, अक्तूबर, 2001, पृ. 40.
19. नीति दीवान, एक दशक संघर्ष का, जनसत्ता, 1 जून, 2003.
20. प्रभा दीक्षित, वास्तविक सरोकार या बौद्धिक कवायद, राष्ट्रीय सहारा, 14 जून, 2002.

भारत में एनजीओ का उद्भव और विकास

सेवा भाव का मनोविज्ञान भारतीय समाज में पहले से रहा है। लेकिन जब यही सेवा भाव संस्थागत हो जाता है तो उसकी प्रवृत्ति में विस्तार होने लगता है। साथ ही उसमें प्रोफेशनलिज्म के साथ अन्य तकनीकें भी जुड़ जाती हैं। इसे हम मानव सेवा भाव के मनोविज्ञान में परिवर्तन का दौर भी कह सकते हैं।

सूर्य नारायण चौधरी[1] के अनुसार, प्राचीन काल में राजा-महाराजाओं के द्वारा अकाल, बाढ़, भूकम्प तथा महामारी के अवसर पर जो राहत कार्य चलाए जाते थे, उनमें राजकीय कर्मचारियों के साथ-साथ बड़े-बड़े भूमिपतियों, श्रेष्ठियों और अन्य श्रीमन्तों की भी कुछ हद तक भागीदारी हुआ करती थी। उस समय भी इस विशिष्ट वर्ग के लोगों के द्वारा स्वतन्त्र रूप से राहत कार्य किए जाते थे। ब्रिटिश शासन की स्थापना के बाद भी बहुत समय तक स्वयंसेवी संगठनों का कार्यक्षेत्र प्रायः राहत कार्यों तक ही सीमित रहा। फिर शिक्षा, स्त्रीशिक्षा, नारी जागरण, बाल विवाह निषेध आदि सामाजिक कार्यों ने उनका ध्यान खींचा। ईसाई मिशनरियों के आगमन के साथ आदिवासियों के बीच उनकी शिक्षा के प्रचार-प्रसार के साथ ही कुष्ठ निवारण जैसा जो कार्य आरम्भ हुआ उससे अन्य स्वयंसेवी संगठनों को भी उस दिशा में कार्य करने की आवश्यकता महसूस हुई। वे[2] आगे लिखते हैं कि इस क्रम में इन नेताओं ने कहीं-कहीं समाज सुधार के कार्यों में सरकार को भरपूर सहयोग दिया तो कहीं सरकारी सहयोग लेकर अपने कार्यों को आगे बढ़ाया।

अमरनाथ का मानना है कि भारत में समाज कल्याण की दिशा में सक्रिय संस्थाएँ अथवा व्यक्ति प्रायः गांधीवादी परम्परा की अनुगामी रही हैं या गांधीजी से प्रभावित। वर्तमान समय में सामाजिक कार्यों में वैसी संस्थाएँ या व्यक्ति लगे हुए हैं जिनका उद्भव समाज सुधार संगठनों, विश्वविद्यालयों अथवा ट्रस्टों द्वारा हुआ और जिन्हें पाश्चात्य वैज्ञानिक दृष्टि से प्रशिक्षण भी मिला। ऐसे लोग अथवा व्यक्ति समाज कल्याण को राष्ट्र निर्माण तथा मिशनरी भावना से अलग 'प्रोफेशन' के रूप में अपनाते हैं और कमोबेश व्यक्तिगत महत्त्वाकांक्षा को अधिक संतुष्ट करते हैं। इस सन्दर्भ में शिकागो विश्वविद्यालय के प्रो. हेलेन राइट का यह कथन प्रासंगिक है–''भारत में सामाजिक कार्य में लगी संस्थाओं और व्यक्तियों में से अधिकांश की राष्ट्रीय स्तर पर अपनी कोई समझ नहीं है, न ही इन्हें व्यक्तिगत दायित्वों का ज्ञान है। आज भी ये संस्थाएँ और व्यक्ति राष्ट्रीय धारा से विमुख हैं। यह ठीक है कि सरकारी कार्य-कलापों में उनका प्रभाव है किन्तु जहाँ तक जनसाधारण तथा उनकी

समस्याओं के समाधान का प्रश्न है, वह सिर्फ विश्वविद्यालय की चहारदीवारियों और पुस्तकों में कैद हैं।"

प्राप्त जानकारी के आधार पर कहा जा सकता है कि भारत सरकार ने इस क्षेत्र में अपनी कार्यशैली व्यवस्थित करने हेतु 1953 में केन्द्रीय समाज कल्याण परिषद की स्थापना की थी।

आजादी के लगभग चार-पाँच दशक बाद स्वयंसेवी संगठनों (Non-Government Organisation) पर सवालिया निशान लगने आरम्भ हुए हैं, मेरी राय में जो जरूरी भी हैं। इसलिए कि समस्याओं के आसपास बिखरे सवालों के जवाब तलाशने के प्रयास कम हुए और दलितों, बच्चों तथा महिलाओं के नाम पर धन-दौलत के साथ सुविधाएँ बटोरने की कोशिशें अधिक हुईं।

गांधी ने एक बार डॉ. आम्बेडकर से कहा था कि चूँकि हमने (सवर्णों) पाप किए हैं, इसलिए इसका पश्चात्ताप भी हमें ही करना चाहिए। उस समय बाबा साहेब ने हरिजन सेवक संघ के द्वारा किए जा रहे दलितोद्धार के तौर-तरीकों के बारे में एतराज उठाया था। गांधी की मंशा उन दिनों कितनी सही थी और कितनी गलत, इस बारे में हम विशेष टिप्पणी नहीं करेंगे, पर इतना तो अवश्य ही कह सकते हैं कि आरम्भ से ही सवर्णों के द्वारा किए जा रहे दलितोद्धार में कहीं-न-कहीं खोट तो अवश्य रहा था। जहाँ तक सवाल है पश्चाताप के तौर-तरीकों का, जैसा आजादी से पूर्व अपने व्यवहार में गांधी ने अपनाया, वैसा ही उनके अनुयायियों में अधिकांश ने अपनी कारगुजारियों से एन.जी.ओ. सेक्टर में अपने-अपने नाम रोशन किए हैं। यही बात वियोगी हरि कहते हैं कि अस्पृश्यता-निवारण का कार्य हरिजनों की अपेक्षा सवर्णों के लिए कहीं अधिक हितकर है।

गिरिजा सतीश कहते हैं कि लोकनायक जयप्रकाश ने 1955 में विनोबा जी को अपना जीवन दान दिया। विनोबा जी भूदान आन्दोलन के प्रणेता थे। पूरे भारत में घूम-घूमकर वे किसानों से भूदान माँगते थे और उसका वितरण भूमिहीन लोगों में करते थे। इस अभियान में हजारों सर्वोदय कार्यकर्ता लग गए। जयप्रकाश जी भी भू-आन्दोलन में लग गए। गाँव-गाँव में घूमकर जमीन माँगने लगे। यह उनके जीवन का एक नया मोड़ था। सर्वोदय की अधिकांश संस्थाएँ भूदान के काम में लग गई थीं।

पर उनका मानना यह भी है कि "ग्राम दान आन्दोलन से जे.पी. संतुष्ट नहीं थे। इसलिए कि ग्राम दान आन्दोलन सफल नहीं हो रहा था।" 1969 के आसपास बिहार में नक्सल आन्दोलन प्रवेश कर चुका था। एक तरह से कहा जाए तो यह ग्राम दान आन्दोलन की असफलता और जमींदारों तथा बड़े किसानों की प्रतिक्रियात्मक व्यवहार का ही प्रतिफल था।

संजय कुंदन[3] लिखते हैं कि द्वितीय विश्वयुद्ध के बाद 'यूनीसेफ', 'फोर्ड फाउंडेशन' जैसी संस्थाएँ विकास और मानवीय सभ्यता के पुनरुद्धार के नारों के साथ अकूत धन-सम्पदा लेकर मैदान में कूद पड़ीं। उनके विशाल चारागाह थे तीसरी दुनिया के देश, जिनकी कमर उपनिवेशों ने तोड़ दी थी, जहाँ भुखमरी थी, कंगाली थी और ऐसी स्थिति में उन देशों को तत्काल उपचार की आवश्यकता भी थी।

स्वयंसेवी संगठन सबसे पहले उन देशों में प्राथमिक चिकित्सा के उपकरण और दवाइयाँ लेकर पहुँचे। पहले उन्होंने दवाइयाँ मुफ्त में बाँटी, टीके लगाए। इस क्षेत्र में वाकई उनकी कुछ महत्त्वपूर्ण उपलब्धियाँ भी रहीं। उन्होंने तीसरी दुनिया के देशों की पारम्परिक चिकित्सा पद्धतियों के बरक्स पश्चिमी चिकित्सा पद्धति को खड़ा भी किया और इस तरह से उन्होंने दवा कम्पनियों की स्थापना के लिए जमीन खड़ी की। मिल्क पाउडर मुफ्त बाँट-बाँट कर पहले उसकी आदत लगा दी और वहाँ धीरे-धीरे उसने एक मजबूत बाजार विकसित होने की सम्भावना पक्की कर दी।

'फोर्ड फाउंडेशन' जैसी संस्थाओं ने विकासशील देशों की साहित्य-संस्कृति की धारा को आम आदमी की ओर उन्मुख होने से रोकते हुए उसे अभिजात तबके की ओर मोड़ने के लिए भरपूर धन झोंक दिया।

जहाँ तक भारत में फोर्ड फाउण्डेशन की स्थापना की बात है, 1952 में देश की राजधानी नई दिल्ली में जवाहरलाल नेहरू के आमंत्रण पर कार्यालय की शुरुआत हुई।[4] डगलस इंसमिंगर भारत में इस क्षेत्र में एसाइन्मेंट पूरा करने वाले पहले व्यक्ति थे। उनका क्षेत्र था लीगल एज्यूकेशन। 1956 में इंसमिंगर ने स्टेनफोर्ड यूनिवर्सिटी के डीन कार्ल स्पेथ के साथ फोर्ड फाउण्डेशन के एडवाइजर को बुलाया। इसके पीछे उद्देश्य था लीगल एज्यूकेशन और कानूनी कार्यक्रमों में अवसरों की खोज।[5]

जहाँ तक फोर्ड फाउण्डेशन के कार्यक्रमों के विस्तार की बात है, संक्षेप में हम उन्हें पाठकों से साँझा कर सकते हैं–सबसे पहले नेशनल लॉ इंस्टीट्यूशन की स्थापना हुई। पुनः दिसम्बर, 1956 में बनारस हिन्दू यूनिवर्सिटी तथा दिल्ली विश्वविद्यालय इन दोनों विश्वविद्यालयों में लीगल एज्यूकेशन आदि की शुरुआत हुई। यही नहीं 1964 में बीएचयू, बनारस को फण्ड दिए गए।

भारत में इन दिनों आम आदमी की 'असुरक्षा' के सवाल उठने लगे थे। और ऐसे समय में जब 1975 से 1977 का पीरियड आपातकाल की गिरफ्त में था तब यह कैसे हो सकता था कि अमेरिका जैसे बड़े देश की बड़ी फंडिंग एजेंसी यानी फोर्ड फाउण्डेशन यहाँ के आंतरिक मामलों में दखल न देती। हालाँकि 1977 के बाद भारत सरकार द्वारा भी लीगल ऐड स्कीम के क्रियान्वयन हेतु कमेटी का गठन कर लिया गया था।[6] इन्हीं दिनों एनजीओ से जुड़े लोगों के दिमाग में हाशिए के लोगों के बारे में विचार जरूर आया होगा। हालाँकि फाउण्डेशन ने 1984 तक मानवाधिकार अधिकारों के बारे में इनिसिएटिव नहीं लिया था। न्यू दिल्ली ऑफिस ने 'ज्योति संघ' को ग्राण्ट दी थी।[7]

1992 में फाउण्डेशन ने ह्यूमेन राइट्स एण्ड सोशल जस्टिस पोर्टफोलियो की शुरुआत की। इसके बाद से फाउण्डेशन के कार्यक्रम तेजी के साथ दिल्ली के बाहर विस्तार में आते गए।

दरअसल, भारत में अन्तरराष्ट्रीय स्वयंसेवी संगठनों का प्रवेश आजादी के बाद से ही होने लगा। भारत ने जो आर्थिक व्यवस्था अपनाई उसमें पूँजीवाद के विकास की पूरी सम्भावना को बचाकर रखा गया, भले ही उसे समाजवादी व्यवस्था का मुखौटा पहना

दिया गया था। खैर, धीरे-धीरे वह आवरण घिसते-घिसते फटने लगा और उसे अन्ततः उतार फेंका गया।

आजादी के कुछेक वर्षों के बाद ही भारत में कांग्रेसी शासन के प्रति मोहभंग भी पैदा होने लगा था। अनेक स्थानों पर जनता में क्रान्तिकारी उभार के नए संकेत भी मिलने लगे। उस उभार को रोकना शासक वर्ग की एक बड़ी चिंता थी। आजादी के बाद नेहरू शासन के समय से ही 'यूनिसेफ' या उस तरह के अन्य संगठनों को भारत में पैर पसारने की पूरी छूट मिली। वे औपनिवेशिक शासन द्वारा जर्जर बना दी गई, सामाजिक, आर्थिक व्यवस्था का 'पुनर्निर्माण' करने यहाँ आए थे।

अंग्रेजी राज के जमाने में जाएँ तो बाकायदा नियम-कानून बनाकर इन संगठनों का जो संचालन होने लग गया था उसे और व्यवस्थित रूप देने के लिए सरकार ने 1860 ई. में **'सोसाइटी रजिस्ट्रेशन एक्ट'** बनाकर इन संस्थाओं के लिए निबन्धन कराना आवश्यक कर दिया। फिर इसी तरह की आवश्यकता की पूर्ति के लिए 1882 ई. में 'इंडियन ट्रस्ट एक्ट' का भी निर्माण किया गया।

आजादी आने तक देश के प्रायः सभी स्वयंसेवी संगठनों का दायरा इन्हीं समाजोपयोगी कार्यों तक सीमित रहा। आजादी के बाद कुछ वर्षों तक तो लोग यह उम्मीद करते रहे कि अब सरकार ही इन कार्यों को पूरे उत्साह से चलाएगी और वह निम्न वर्ग के लोगों की आर्थिक दशा को भी सुधारने के लिए क्रान्तिकारी कदम उठाएगी। पर जब सत्ता को सँभालते ही नेताओं के दृष्टिकोण में अचानक परिवर्तन आने लगा तथा सरकारी लालफीताशाही के कारण यह सब होता नहीं दिखा तो आचार्य विनोबा भावे के भूदान यज्ञ आन्दोलन और समाजवादी नेता जयप्रकाश नारायण के जीवनदानी बनकर उसमें सम्मिलित हो जाने से खादी तथा अन्य स्वयंसेवी संगठनों के माध्यम से रचनात्मक कार्यों का जो नया दौर शुरू हुआ, उसमें पुराने गांधीवादियों के साथ-साथ समाजवादियों और बुद्धिजीवियों की भी भागीदारी बढ़ती चली गई।[9]

इस समय तक मात्र बड़े-बड़े कारखानों और बाँधों का निर्माण कर लोगों को रोजगार देने में सरकार की विफलता भी जनता के सामने आने लग गई थी। अधिकतम लोगों के लिए रोजगार मुहैया करने हेतु कुटीर उद्योगों तथा सहकारी संस्थाओं के माध्यम से मध्यम वर्ग के लोगों को स्वावलम्बी बनाने का सिलसिला तो सरकारी तौर पर अवश्य आरम्भ किया गया, पर वह सरकारी अधिकारियों और भ्रष्ट राजनीतिज्ञों के जाल में ही उलझकर रह गया। ऐसे समय में ही विदेशी 'फण्डिंग एजेन्सियों' के द्वारा स्वयंसेवी संगठनों को विदेशी सहायता प्रदान किए जाने का सिलसिला शुरू हुआ। पहले भी ये विदेशी एजेन्सियाँ इन सब कार्यों के लिए धन दिया करती थीं और ईसाई मिशनरियों के द्वारा ही इस प्रकार के कार्य चलाए जाते थे। बाद के वर्षों में ऐसे भी संगठन बने जो अपने ही बलबूते पर काम करते रहे और उन्हें जनता से ही आर्थिक सहयोग भी प्राप्त हुआ। बहुत-से संगठनों ने तो खादी और रेशम के साथ-साथ और कई ग्रामोपयोगी चीजों के लिए उनकी छोटी-छोटी उत्पादन इकाइयों की स्थापना कर संगठन को लाभ की स्थिति में भी ला दिया और वे उससे होने वाले लाभ से

ही सामाजिक जागृति का भी काम करने लग गए हैं। लेकिन कुछ संस्थाओं और संगठनों के कार्य विवादास्पद बनते चले गए तो उनके लिए विदेशी सहायता प्राप्त करने पर भी कई प्रकार की बंदिशें लगाई गईं।

जाहिर था कि इस स्थिति में स्वयंसेवी संगठनों के द्वारा भी जब विदेशी धन प्राप्त किया जाने लगा तो उनकी ओर भी लोगों की निगाहें उठीं। कई ओर से यह शंका भी की जाने लगी कि कहीं ये संगठन भी विदेशी धन पाकर किसी राष्ट्रविरोधी कार्य में जाने-अनजाने संलग्न होते तो नहीं चले जा रहे हैं। विदेशी आर्थिक स्रोत के आगमन के साथ-साथ इन संगठनों के स्वरूप और इसकी कार्यपद्धति में जो अन्तर आ रहा था, उनके पास जीप, मोटर साइकिल, कैमरा, टाइपराइटर और प्रोजेक्टर जैसे काम को सुगमतापूर्वक निबटाने के साथ-साथ महत्ता प्रदान करने वाले जो साधन आते जा रहे थे उसके कारण भी कुछ लोगों में उनके प्रति ईर्ष्या भाव का जग जाना स्वाभाविक ही था। फिर सभी सरकारी विकास कार्यों में 'परसेंटेज' लेने वाले सरकारी अधिकारियों और बीच में ही अधिकांश धन हड़प लेने वाले समाज के नवधनाढ्य वर्ग के बिचौलियों का भी एक काफिला था।

इधर 1971 से प्रारम्भ हुए दशक में नक्सलवादी आन्दोलनों की विफलता के बाद उनसे जुड़े मार्क्सवादी बुद्धिजीवियों में जो निराशा उत्पन्न हुई उसके कारण भी एक बड़ी संख्या में वामपन्थी रुझान वाले युवा पत्रकारों, समाजशास्त्रियों तथा स्वतन्त्र रूप से सामाजिक कार्यों को चलाने वाले अन्य लोगों का अपने मुख्य कामों को छोड़कर इस ओर आना शुरू हुआ। इसी तरह '77 के जनता प्रयोग की असफलता के बाद राजनीतिक दौड़ में अपनी संगति नहीं बैठा पाने वाले गांधी और जयप्रकाश के युवा अनुयायी भी इन संगठनों से जुड़कर आदिवासियों के बीच जंगलों और पहाड़ों में जाकर काम करने लग गए। इन लोगों के आगमन के साथ स्वयंसेवी संगठनों की प्रतिष्ठा बढ़ी और ठोस रूप से इनके कार्यों के सबों के सामने आ जाने से इन पर छाए सन्देहों के भी कुछ बादल छँटे। फिर भी इन संगठनों की भूमिका पर विवाद किसी-न-किसी रूप में जारी रहा। सभी संगठनों के पदाधिकारीगण अपने-अपने निहित स्वार्थों से मुक्त हैं, ऐसा भी तो नहीं माना जा सकता। इधर उच्च शिक्षितों में जो बेकारी फैली, उसके कारण भी कुछ वैसे लोगों का आगमन इस क्षेत्र में हुआ है। कुछ वैसे भी स्वयंसेवी संगठनों के नाम अखबारों में बार-बार उछलते ही रहते हैं, जिनके पदाधिकारीगण इनके कोष का उपयोग अपनी निजी सम्पत्ति की तरह ही करते बताए जाते हैं। पर इन संगठनों से जुड़े सच्चे लोग अब किसी विवाद में उलझने के बजाए अपने ठोस कार्यों को जनता के सामने रखकर ही उसका जवाब देना चाहते हैं। इन संगठनों से जुड़े कुछ नवयुवक और नवयुवतियों का यह भी मानना है कि जिस प्रकार जयप्रकाश जी के साथ राजनीतिक दलों से आकर उस समय के लोगों ने भूदान तथा ग्रामोत्थान के कार्यों में पूरी निष्ठा के साथ संलग्न होकर अपनी भूमिका निभाई और समय आने पर देश की राजनीतिक बेहतरी के लिए बिहार आन्दोलन का मोर्चा सँभाल लिया, उसी प्रकार वे लोग भी समय आने पर फिर से राजनीतिक परिवर्तन लाने में अपनी भूमिका निभाएँगे।[10]

1964 में स्थापित संस्था **'जयप्रकाश विचार परिषद'** इस बार एक ठोस निश्चित संकल्प के साथ फिर से सक्रिय हुई। जे.पी. के निजी सचिव सच्चिदानन्द इसके संयोजक थे। इसका स्वरूप एक राष्ट्रीय और वैचारिक मंच का था जिसमें मतभेद रखने की भी थोड़ी गुंजाइश रहेगी। जो जितनी दूर तक साथ चल सके, उतनी दूर तक उसका सहयोग प्राप्त कर आगे चलने की मंशा रखी गई है। कहा गया है कि परिषद का उद्देश्य जे.पी. की समतामूलक तथा धर्म, जाति, वर्ण एवं लिंग के भेदों से मुक्त विचारधारा का समग्र दृष्टि से अध्ययन, शोध और विकास करना तथा उन्हें सही रूप में देश और दुनिया के सामने प्रस्तुत करना था जिससे कि प्रासंगिक राष्ट्रीय एवं अन्तर्राष्ट्रीय प्रश्नों का समाधान खोजने में मदद मिल सके। परिषद जयप्रकाश साहित्य का संग्रह, जगह-जगह जयप्रकाश पुस्तकालय या वाचनालय तथा जे.पी. के विचारों के शोध एवं विकास के लिए अध्ययन केन्द्र या शोध संस्थान की स्थापना, प्रासंगिक प्रश्नों पर गोष्ठी, परिसंवाद, शिविर आदि का संचालन; जे.पी. के व्यक्तित्व एवं कृतित्व पर व्याख्यानमाला में आम लोगों की समझदारी बढ़ाने की दृष्टि से पुस्तक-पुस्तिकाएँ और पत्र-पत्रिकाओं का प्रकाशन भी किया। पर इन सबसे हासिल क्या हुआ? स्वयं जयप्रकाश नारायण हताश थे। (अपने पहले कार्यक्रम के रूप में परिषद ने 8 से 10 अक्तूबर तक 'आज की परिस्थिति में जे.पी. के विचारों की प्रासंगिकता' पर एक वृहद् गोष्ठी का आयोजन प्रस्तावित किया, जिसमें भाग लेने के लिए राजनीति, साहित्य, कानून, सामाजिक सेवा आदि सभी क्षेत्रों के मूर्धन्य लोगों को आमंत्रित किया गया था।)

जे.पी. के सांस्कृतिक मूल्यों को आगे बढ़ाने के उद्देश्य से **'जयप्रभा अन्तर भारती'** नाम की एक और संस्था पटना में स्थापित की गई जिसके अध्यक्ष त्रिपुरारिशरण सिंह और मानद् निदेशक जितेंद्र सिंह बनाए गए। यह संस्था गांधी-जयप्रकाश विचार केन्द्र, लोहिया हिमालय अध्ययन केन्द्र, आचार्य नरेंद्र देव पुस्तकालय, बेनीपुरी नाट्यशाला, रेणु लोकगाथा अनुसंधान केन्द्र और अनेक महत्त्वपूर्ण केन्द्रों की स्थापना के अपने महत्त्वाकांक्षी कार्यक्रमों को कई चरणों में पूरा करने का संकल्प लेकर आगे बढ़ी, पर बीच में ठिठक गई।

जयप्रकाश नारायण के नाम पर स्थापित यह संस्थाएँ अवसरवादी राजनीति की शिकार हुईं जिन्होंने दलित की पीठ पर चढ़कर सत्ता की राजनीति की। मुख्यतः ऐसी संस्थाएँ गांधी, लोहिया, जयप्रकाश के नाम पर भारी संख्या में कुकुरमुत्तों की तरह उगीं।

इसी बारे में कुछ **सर्वे रिपोर्ट और अध्ययन** हम शोधार्थियों के लिए दे रहे हैं—

यहाँ हैदराबाद के मादिगा जाति के परिवार का विवरण देना जरूरी होगा। माँ-बाप ने स्कूल से उसकी पढ़ाई छुड़ाकर स्थानीय डेयरी के मालिक रेड्डी के यहाँ उसे काम पर लगा दिया था। माँ-बाप ने बड़े बेटे की शादी के लिए दो हजार रुपए कर्ज लिया। इस कर्ज का सूद चुकता करने के लिए और साथ ही एक बन्धक के रूप में कोई सामान रखने के लिए रेड्डी के यहाँ काम पर लगा दिया गया था। जमींदार रेड्डी उसे प्रति माह एक घड़ा चावल (16 किलो) और 20 रुपए देता था। उसने बतलाया कि उसे अगर मौका मिलता तो वह फिर स्कूल में दाखिल हो जाता लेकिन वह तब तक रेड्डी का घर नहीं

छोड़ सकता जब तक उसके माँ-बाप के सर से कर्ज का बोझ न उतर जाए। चूँकि उसके माँ-बाप खेतिहर मजदूर हैं, इसलिए इस बात के कोई आसार नहीं दिखाई देते कि वे इतने पैसे बचा सकेंगे जिससे रेड्डी का कर्ज उतर सके।[11]

लेकिन अन्य बच्चों की भी लगभग ऐसी ही स्थिति थी। 1980 में हैदराबाद के एक विख्यात 'एडमिनिस्ट्रेशन स्टाफ कॉलेज' द्वारा 1980 में किए गए अध्ययन की एक अप्रकाशित रिपोर्ट के अनुसार, आन्ध्र प्रदेश के ग्रामीण क्षेत्रों में स्कूलों की कक्षा एक में दाखिल 9,00,000 लड़कों और 6,46,000 लड़कियों में से केवल 2,30,000 लड़के और 1,26,000 लड़कियाँ ही कक्षा पाँच तक पहुँच सके।

दूसरे शब्दों में कहें तो कक्षा एक में दाखिल बच्चों में से केवल 23 प्रतिशत बच्चे ही कक्षा पाँच तक पहुँच सके। चूँकि कक्षा एक में दाखिले में कोई उल्लेखनीय वृद्धि नहीं हुई इसलिए यह मान लेना उचित होगा कि केवल एक चौथाई लड़कों और 1/5 हिस्सा लड़कियों ने चौथे दर्जे तक की पढ़ाई पूरी की और स्कूल में पढ़ने के यही न्यूनतम वर्ष हैं जिनके बारे में अधिकांश विशेषज्ञों का मानना है कि बाद के जीवन में कारगर साक्षरता बनाए रखने के लिए ये जरूरी वर्ष हैं।

मजदूर बच्चों की संख्या कितनी?

स्कूलों में न जाने वाले भारत के 8 करोड़ 20 लाख बच्चों में से कामगार बच्चों की संख्या कितनी है? कितने बच्चे मजदूरी के काम में लगे हैं, इसका अनुमान लगाने में एक कठिनाई यह है कि इनमें से बहुत से बच्चे बिना किसी वेतन या मजदूरी के अपने माँ-बाप के साथ खेतों अथवा घरेलू उद्योगों में काम करते हैं और इनके बारे में जनगणना की रिपोर्ट में किसी तरह का उल्लेख नहीं होता है। कालीन, माचिस, आतिशबाजी, बीड़ी, पीतल के बर्तन, हीरे, शीशे, हौजरी, हथकरघा से बुने कपड़े, कढ़ाई, चूड़ी और परम्परागत हस्तशिल्प जैसे उद्योगों में बड़े पैमाने पर बच्चे काम करते हैं जो प्रायः मजदूरी भी पाते हैं लेकिन कभी-कभी ऐसा भी होता है कि वे बिना किसी मजदूरी के अपने माँ-बाप के साथ काम कर रहे होते हैं। चाय बागानों में पत्तियाँ तोड़कर बच्चे अपनी माँ की डोलची में डाल देते हैं और उन्हें खुद अपनी डोलची तभी मिलती है जब वे 12-13 वर्ष के हो जाते हैं। जो बच्चे अपने माँ-बाप के मवेशी चराते हैं, उनके लिए पानी भरते और लकड़ी लाते हैं तथा खाना बनाते हैं, उन्हें कामगार बच्चों की श्रेणी में नहीं रखा जाता हालाँकि अगर इन्हीं कामों के लिए इन्हें दूसरों से मजदूरी मिल रही हो तो वे बाल मजदूर माने जाएँगे।

यहाँ तक कि जिन्हें मजदूरी मिल रही है उनकी भी आसानी से गिनती नहीं हो सकती। घरेलू उद्योगों में लगे बच्चों की संख्या के बारे में जनगणना की रिपोर्ट कुछ नहीं बताती। इन रिपोर्टों में उन अनेक बच्चों का भी जिक्र नहीं होता है जिन्हें मध्यवर्गीय परिवार अपने यहाँ काम के लिए रखे हैं। उन बच्चों का भी इनमें जिक्र नहीं मिलेगा जो रेस्तराओं, चाय की दुकानों और सड़कों के किनारे बनी दुकानों में काम कर रहे हैं। हॉकर का काम बच्चे

करते हैं, वे अखबार बाँटते हैं, घूम-घूमकर झल्ली बटोरते हैं, जूते पर पालिश करते हैं, जहाँ निर्माण का कार्य चल रहा हो वहाँ हैल्पर के रूप में लगे रहते हैं। बच्चे पत्थर खदानों में पत्थर तोड़ते हैं और ट्रकों से सामान चढ़ाने-उतारने का काम करते हैं। अनेक बच्चे अप्रेंटिस के रूप में काम करते हैं (सरकारी कारखानों तक में) और जाहिर है कि उन्हें कामगार बच्चों के रूप में कहीं दर्ज नहीं किया जाता। यही हाल सड़कों पर मवालियों की तरह घूमते बच्चों का–खासतौर से भिखारियों और वेश्याओं का भी है।[12]

बाल श्रमिक के बारे में किसी परिभाषा की अनिश्चितता और इनकी गणना के काम की जटिलता ने ऐसी स्थिति ला दी है कि भारत में बाल मजदूरी का आँकड़ा प्रायः भिन्न-भिन्न मिलता है। भारत की 1981 की जनगणना रिपोर्ट में केवल 1 करोड़ 36 लाख बच्चों को मजदूर के रूप में बताया गया है जिनमें से 81 लाख पुरुष और 55 लाख महिलाएँ हैं या 4–14 आयुवर्ग के कुल 7.6 प्रतिशत बच्चे इस श्रेणी में आते हैं। इनमें से 1 करोड़ 16 लाख बच्चे खेती के काम में लगे हैं। 10 लाख से कुछ अधिक बच्चे कारखानों में प्रोसेसिंग, रिपेयर, वाणिज्य-व्यापार, यातायात परिवहन, निर्माण तथा अन्य सेवाओं में काम करते हैं। अनेक बच्चे घरेलू उद्योगों और छोटे-छोटे कारखानों में काम कर रहे हैं–कालीन उद्योग में जहाँ बच्चे या तो खुद अपने घरों में या मालिक बुनकरों और करघा के मालिकों के घरों में काम करते हैं, शीशा और चूड़ी उद्योग में यह मिलते हैं जो मुख्यतया कारखाने के शेडों में स्थित हैं। इन्हें आप हीरे काटने के काम में, पीतल के बर्तन, बीड़ी निर्माण, जरी निर्माण तथा झल्ली बटोरने के काम में लगे देख सकते हैं।

अन्य अध्ययनों में बाल मजदूरों की संख्या अपेक्षाकृत ज्यादा मिलती है। नेशनल सैंपुल सर्वे की 1983 की आधिकारिक रिपोर्ट में 1 करोड़ 74 लाख बच्चों को मजदूर बताया गया है जबकि श्रम मंत्रालय द्वारा प्रायोजित बड़ौदा के 'ऑपरेशन्स रिसर्च ग्रुप' के अध्ययन के निष्कर्ष में बताया गया है कि नकद अथवा अन्य रूप में काम का भुगतान पाने वाले बच्चों सहित बाल मजदूरों की संख्या 4 करोड़ 40 लाख थी।

1971 और 1981 की जनगणना के आँकड़ों की तुलना से पता चलता है कि बाल मजदूरी में वृद्धि हुई है। 1971 की जनगणना रिपोर्ट में बताया गया कि मजदूरों के रूप में 1 करोड़ 7 लाख बच्चे (कुल बच्चों का 4.6 प्रतिशत) थे और 1981 की रिपोर्ट में ऐसे बच्चों की संख्या 1 करोड़ 36 लाख (कुल बच्चों का 5.2 प्रतिशत) थी। जनगणना के ये आँकड़े नेशनल सैम्पुल सर्वे के आँकड़ों से मेल खाते हैं जिनमें 1972-73 में 1 करोड़ 63 लाख तथा 1983 में एक करोड़ 74 लाख बाल मजदूर बताए गए थे।

राज्यों के अन्दर बाल मजदूरों और स्कूलों के दाखिले के आँकड़े आश्चर्यजनक हैं। सभी अध्ययनों में इस बात पर सहमति है कि बाल मजदूरी आन्ध्र प्रदेश में सबसे ज्यादा और केरल में सबसे कम है। साक्षरता दर तथा प्राइमरी और मिडिल स्कूलों में दाखिले के मामले में आन्ध्र प्रदेश औसत से काफी नीचे है जबकि केरल इस मामले में सबसे ऊपर है।

उदाहरण के लिए, बंगलौर में रेशम के कीड़ों को उबाल कर उनमें से रेशम के धागे निकालने का कार्य, कलकत्ता, बम्बई, मद्रास तथा भारत के अनेक बड़े और मध्यम दर्जे

के शहरों की तरह सिकन्दराबाद में ढेर सारे बच्चे आपको मिल जाएँगे जो भीख माँगने में, झल्ली बटोरने में, वेश्यावृत्ति में, फेटी लगाने में लगे हैं। इनमें से कुछ छोटे-मोटे अपराधों में शामिल हैं। सिकन्दराबाद में प्रेम सेवा सदन है, जिसे कैथोलिक समुदाय के लोग मवाली बच्चों के लिए चलाते हैं।

शिवाकासी के माचिस उद्योग में काम कर रहे बच्चों की स्थिति पर हरबंस सिंह कमेटी ने जो रिपोर्ट प्रस्तुत की थी, उस पर आई प्रतिक्रिया से बाल मजदूरी के प्रति सरकारी अधिकारियों, सामाजिक कार्यकर्ताओं और ट्रेड यूनियनों के व्यापक रुख को समझने में मदद मिलती है।[13]

"यहाँ ऐसी सैकड़ों-हजारों फैक्ट्रियाँ हैं जिनमें 14 साल से कम उम्र के बच्चे काम करते हैं। क्या इन कारखानों को हम बन्द कर दें? बच्चों के माँ-बाप कहेंगे कि हम अपने बच्चों को इन कारखानों में काम कराना चाहते हैं। बच्चों को चाहिए भी कि वे अपने माँ-बाप को सहारा दें–खासतौर से ऐसे बूढ़े-माँ-बाप को, जिनके पास आय का कोई साधन नहीं है। परिवार के जो बड़े लोग हैं वे इन जगहों में काम करना नहीं चाहते क्योंकि उन्हें दूसरी जगह काम मिल सकता है। इसलिए वे भी यही कहते हैं कि वे अपने बच्चों को इन कारखानों में भेजेंगे।"

आज यहाँ के पिछड़े इलाके वाले गाँव में जाइए तो आप पाएँगे कि **गाँव वालों के लिए दस साल की उम्र बच्चों वाली उम्र नहीं मानी जाती। आप भले ही उसे बच्चा कहें लेकिन गाँव वाला कहेगा कि अगर वह एक किलोमीटर तक पैदल चल सकता है, सिनेमा जा सकता है, लोगों से बातचीत कर सकता है और बिना नागा काम कर सकता है तो वह बच्चा है ही नहीं।**[14]

मैंने सवाल किया कि क्यों न तब तक इन्तजार किया जाए जब तक वह वयस्क न हो जाए और तब इसे काम पर लगाया जाए, इस पर जवाब हाजिर होता है–

"आप देख ही रहे हैं कि बेरोजगारी कितनी बढ़ी हुई है। अगर मैं अपने लड़के के 18 वर्ष की उम्र तक होने का इन्तजार करूँगा तो क्या उसे नौकरी मिलने की कोई गारंटी है? 18 वर्ष की उम्र के बाद उसे कौन नौकरी देगा? हाँ, जिनके पास सत्ता है या जमीन है उनकी बात और है। वैसी हालत में उस बेटे को काम करने के लिए कोई वयस्क भी मिल सकता है लेकिन हमारे राज्य में 50-60 प्रतिशत लोग गरीबी रेखा से नीचे जिन्दगी गुजार रहे हैं। उनकी आमदनी हर महीने ढाई सौ रुपये के आसपास होगी। यह ऐसी मजबूरी वाली स्थिति है जिसमें बच्चों को काम करना ही पड़ेगा। अगर आप शिवाकासी में 20 हजार बच्चों को काम से अलग कर दें तो उनके परिवारों की क्या हालत होगी? 18 वर्ष की उम्र होने पर उन्हें कौन रोजगार देगा जब कारखाने ही बन्द हो चुके होंगे?"

क्या हरबंस सिंह रिपोर्ट को जनता तक पहुँचाया गया?

"नहीं, यह सरकार को दी गई एक गोपनीय रिपोर्ट थी। सरकार जब भी किसी रिपोर्ट के लिए आयोग गठित करती है तो वह उसे सार्वजनिक नहीं रखती। श्रम मन्त्री ने हमसे पूछा था कि शिवाकासी के मुद्दे पर क्या किया जाए। मैंने उनसे कहा कि हम कैसे

20 हजार नौकरियों को खत्म कर सकते हैं। एक सरकारी अधिकारी के लिए जरूरी है कि वह व्यावहारिक हो। इसके अलावा मन्त्री जी को भी पता है कि अगर हम इन नौकरियों को समाप्त कर दें तो राजनीतिक समस्या पैदा हो सकती है। इसलिए मन्त्रीजी से बात करते समय मैं सिद्धान्तवादी न होकर व्यावहारिक बना रहा।''

एक सामाजिक कार्यकर्ता का दृष्टिकोण[15]

यद्यपि हरबंस सिंह रिपोर्ट को कभी भी जारी नहीं किया गया लेकिन स्मितु कोठारी के प्रयासों से इस रिपोर्ट में कही गई बातों पर अखबारों में काफी चर्चा हो गई। इस नौजवान ने किसी तरह रिपोर्ट हासिल कर ली और इसके निष्कर्षों को उसने सार्वजनिक कर दिया।[16] इसके बाद स्मितु कोठारी शिवाकासी गए, वहाँ काम कर रहे बच्चों और उनके माँ-बाप, कारखाने के मालिकों, मैनेजरों, फोरमैनों, वितरकों, सरकारी अधिकारियों और स्थानीय राजनीतिक संगठनों के विभिन्न नेताओं से मुलाकात की। उन्होंने काम कर रहे बच्चों की तस्वीरें लीं और अपनी खोजबीन के आधार पर निकाले गए निष्कर्षों को लेख का रूप देते हुए अनेक अखबारों में प्रकाशित कराया। उनकी रिपोर्टों ने उन बातों की पुष्टि की जिन्हें हरबंस सिंह ने अपनी रिपोर्ट में शामिल किया था।

उन्होंने लिखा–''इन कुटीर उद्योगों में से अधिकांश में सामान्य कार्य स्थितियाँ अत्यन्त अमानवीय थीं। घुटन भरे कमरे, सीलन भरे फर्श और हवा के आने-जाने की व्यवस्था से रहित कमरे लगभग हर कारखाने में देखने को मिले। अधिकांश यूनिटों में तरह-तरह के रसायन इधर-उधर बिखरे पड़े थे।''

यद्यपि कोठारी ने हरबंस सिंह द्वारा सरकार को रिपोर्ट दिए जाने के छह वर्ष बाद शिवाकासी का दौरा किया, उन्हें इस बात का कोई संकेत नहीं मिला कि सुरक्षा की स्थितियों में तनिक भी सुधार हुआ है। उन्होंने लिखा कि सितम्बर 1981 में एक दुर्घटना हुई थी। शिवाकासी के बाहरी इलाके में स्थित अरुणाचलम फायर वर्क्स नामक कारखाने में एक भयानक विस्फोट हुआ जिसमें 6 बच्चों सहित 32 लोग मारे गए। कुछ महीनों बाद फरवरी 1982 में पास के एक गाँव में आतिशबाजी बनाने के कारखाने में आग लग गई जिसमें फिर 6 बच्चे मारे गए। जिस समय यह दुर्घटना हुई, वे बच्चे पटाखों में विस्फोटक पाउडर भर रहे थे।[17]

शिवाकासी में बाल मजदूरी क्यों है, यह लिखते समय कोठारी ने सरकार के विकास कार्यक्रम की आलोचना की। उन्होंने लिखा–''यह जिला बहुत कम विकसित है और यहाँ प्रायः सूखे की हालत रहती है जिस वजह से बच्चों को बहुराष्ट्रीय माचिस उद्योग के मुकाबले में स्थापित घरेलू और लघु उद्योग क्षेत्र के माचिस उद्योग में नौकरी करनी पड़ती है।'' जब मैं दिल्ली में कोठारी से उनके उस कार्यालय में मिला जहाँ से वह स्वयंसेवी संगठनों के कार्यकर्ताओं के लिए एक मासिक पत्रिका का सम्पादन करते हैं। उन्होंने मुझे बताया–''बाल मजदूरी हमारे विकास का परिणाम है। हमारी ऐसी नीति है, जो लोगों को श्रमशक्ति के

खाने में कभी शामिल ही नहीं कर सकती। सरकार ने शिवाकासी क्षेत्र में सिंचाई का विकास करने में कोताही बरती इसलिए यह क्षेत्र गरीब बना रहा और बच्चों को अनिवार्य रूप से मजदूरी का पेशा अपनाना पड़ा।" कोठारी के अनुसार, जिले के लिए अनेक योजनाएँ बनीं लेकिन सरकार ने हर प्रस्ताव को नामंजूर कर दिया। वह इस बात से सहमत हैं कि इन प्रस्तावों को जान-बूझकर रद्द किया गया क्योंकि कारखानों के मालिक यह नहीं चाहते कि इस क्षेत्र का विकास हो। इसकी वजह यह है कि यहाँ उन्हें कम मजदूरी पर काम करने के लिए स्थानीय लोग आराम से मिल जाते हैं।[18]

उन्होंने बताया कि जब एक अन्य राज्य तमिलनाडु के मुख्यमन्त्री पद पर कामराज नाडार आसीन हुए तो सरकार ने नाडार जाति के कारखाना मालिकों का समर्थन किया जो विकास परियोजनाओं का विरोध कर रहे थे। कोठारी ने बताया कि तमिलनाडु ने अनेक सिंचाई परियोजनाओं को कुशलतापूर्वक लागू किया है लेकिन रामनाथपुरम जिले में, जहाँ शिवाकासी स्थित है, सिंचाई पर होने वाला प्रति व्यक्ति व्यय बहुत कम है। उनका यह भी कहना था कि बाल मजदूरी की समस्या से निपटने का एकमात्र तरीका यह है कि आप जमीन का विकास करें। अगर वयस्कों के लिए रोजगार के पर्याप्त अवसर होंगे तो वे कारखानों में अपने बच्चों को काम के लिए भेजने की जरूरत नहीं महसूस करेंगे।[19]

कोठारी बाल मजदूरी पर प्रतिबन्ध लगाए जाने के खिलाफ हैं। उन्होंने लिखा—"हमारे सामने यह एक कठोर यथार्थ है जिसे हमें स्वीकार करना होगा और ऐसी स्थिति में हम अधिक से अधिक इसको मानवीय बना सकते हैं...शिवाकासी में से 45 हजार बच्चों को हटाना एक और गम्भीर दुविधाभरी स्थिति पैदा करता है।

इस विस्थापन का असर न केवल उनके माँ-बाप की आजीविका पर पड़ेगा बल्कि इससे बहुराष्ट्रीय 'विमको' कम्पनी को बढ़ावा मिलेगा, क्योंकि इस कदम से छोटे और घरेलू उद्योग निश्चय ही प्रभावित होंगे। इन क्षेत्रों के लिए एक विकल्प यह हो सकता है कि वे अपने कामकाज का थोड़ा-बहुत मशीनीकरण कर लें।[20]

इसी सम्बन्ध में शिवाकासी के बाल मजदूरों के प्रति संगठनों और ट्रेड यूनियनों का विभिन्न दृष्टिकोण है। अधिकांश की दिलचस्पी इस बात में नहीं है कि बाल मजदूरों से सम्बन्धित कानूनों को लागू किया जाए जबकि पश्चिम देशों में बाल मजदूरी समाप्त करने के आन्दोलन में ट्रेड यूनियनें हमेशा अगली पंक्ति में रहीं, क्योंकि उनका यह तर्क था कि बच्चों को कम पैसे देकर इसलिए रखा जा रहा है ताकि वयस्क मजदूरों को ज्यादा पैसा न देना पड़े।[21]

एक भुक्तभोगी की आपबीती

"मैं पंजाब के अनुसूचित जाति वाले परिवार से हूँ। हमारे पास कोई जमीन नहीं थी। हम लोग खेतिहर मजदूर थे। त्योहारों पर खर्च करने के लिए हमारे पास पैसे नहीं होते थे। नौ वर्ष की उम्र में मेरे पिता ने मुझे स्कूल से हटा दिया और काम पर लगा दिया। मैंने इसके

खिलाफ विद्रोह किया क्योंकि मैं पढ़ाई करना चाहता था। मैंने आत्महत्या करने तक की धमकी दे डाली। इसके बाद मेरे माँ-बाप मेरी पढ़ाई जारी रखने पर राजी हो गए। मैं अपनी कक्षा में अव्वल आता था इसलिए मेरी पढ़ाई चलती रही और फिर मैं कॉलेज में भरती हुआ। अन्ततः मैं भारतीय प्रशासनिक सेवा में ले लिया गया। घर में मैं सबसे बड़ा लड़का था और मेरे परिवार के अन्य सदस्य, मेरे छोटे भाई-बहन भी स्कूल जाते रहे। मुझे नहीं लगता कि मेरे पिता इतने गरीब थे कि वह मुझे काम पर भेजते लेकिन उनके परिवार में यह प्रथा नहीं थी कि बच्चों को स्कूल भेजा जाए। अनेक माँ-बाप कुछ सोचते नहीं हैं। बस, वे अपने बच्चों को काम पर भेज देते हैं। अगर हम लोग, जो सरकार में हैं इस बात पर जोर दें कि बच्चों को काम पर नहीं भेजा जाना चाहिए तो ये बच्चे स्कूल जाएँगे।"

"अब मेरे सभी बच्चे कॉलेज में पढ़ रहे हैं। अगर मैंने अपने पिता की बात मानी होती तो आज भी मैं गाँव में काम कर रहा होता।"

बिहार का ही एक उदाहरण देखें–पिछले दिनों तीस बच्चों की दुर्दशा को लेकर बँधुआ मुक्ति मोर्चा के अध्यक्ष **स्वामी अग्निवेश** ने सुप्रीम कोर्ट में एक मुकदमा दायर किया था। सभी बच्चों की आयु 7 से 15 वर्ष के बीच थी। वे सभी पलामू (बिहार) के चाचोरी गाँव के रहने वाले थे जहाँ से अपहरण कर उन्हें मिर्जापुर जिले के बिलवारिया गाँव के कालीन उद्योग में पहुँचा दिया गया था। सुप्रीम कोर्ट ने मिर्जापुर की कालीन फैक्ट्रियों के सर्वेक्षण के लिए एक कमिश्नर को नामजद किया था। उसकी जिम्मेदारी यह पता लगाने की थी कि कहीं 14 वर्ष से कम आयु के बच्चे वहाँ कार्यरत तो नहीं हैं–उनमें से किसी को काम करने के लिए मजबूर तो नहीं किया जा रहा है–उन्हें मजदूरी दी जा रही है या नहीं–सभी की स्थिति असंतोषजनक ही नहीं बल्कि भयानक थी। कार्य अधिक लिया जाता था और पैसा कम दिया जाता था।

बिहार ही क्यों, पूरे देश में अनगिनत लाखों बच्चों के बचपन का भोलापन अपने माँ-बाप की गरीबी, पिछड़ेपन और भुखमरी में कराहता है। बनारस, भदोही और मिर्जापुर में फलते-फूलते कालीन और हथकरघा उद्योग में फँसे बच्चे, कश्मीर के हैंडीक्राफ्ट्स में जकड़े बच्चे, तमिलनाडु के शिवकाशी में दियासलाई और पटाखा उद्योग में जलते बच्चे, फीरोजाबाद में काँच और चूड़ी उद्योग में आग से खिलवाड़ करते बच्चे, खुर्जा चीनी मिट्टी के बर्तनों में ढलता बचपन, जयपुर के रत्न पालिश उद्योग में अपनी चमक खोते बच्चे, मद्रास[17], तिरुचिरापल्ली और वेल्लोर में चल रहे बीड़ी उद्योग के धुएँ में अपना खून फूँकते बच्चे, अलीगढ़ (उ.प्र.) के ताला उद्योग में स्वयं अपने बचपन को ताला लगाते बच्चे, ईंट-भट्टा उद्योग की चिमनियों में झुलसते बच्चे, मध्य प्रदेश के मन्दसौर जिले में स्लेट उद्योग में टुकड़े-टुकड़े होते बच्चे।

वे बच्चे कहाँ नहीं हैं? स्वयं देश की राजधानी की स्टील इकाइयों में हजारों बच्चे रोज जख्म लेकर अपने-अपने घर लौटते हैं। वे बच्चे महानगरों में बूट पॉलिश करते हुए आसानी से मिल जाएँगे, ढाबे और होटलों में बर्तन माँजते हुए भी। ये अँधेरे के बच्चे हैं, जो हर सुबह उजाले की तलाश में अपने-अपने घरों से निकलते हैं, पर शाम होते-होते फिर उसी अँधेरे

में लौट आते हैं। ये बच्चे स्कूल नहीं जाते, स्कूल जाएँगे तो खाएँगे क्या? ये बच्चे आजादी से पहले भी वैसे ही थे जैसे आजादी के बाद। इनके जीवन में कोई तब्दली नहीं आई, तभी तो **अभिषेक कश्यप** को लिखना पड़ा कि अगस्त 1997 में बिहार की राजधानी पटना में चल रही एक साबुन फैक्ट्री के मालिक ने अपने यहाँ काम करने वाले एक 12 वर्षीय बाल श्रमिक की पीट-पीट कर हत्या कर दी। बालक पर फैक्ट्री से साबुन चुराने का आरोप लगाया गया था। ऐसी या इससे मिलती-जुलती सैकड़ों घटनाएँ पूरे देश में रोज घटती रहती हैं। ऐसी घटनाएँ भारत सरकार की राष्ट्रीय बाल नीति व श्रम और नियोजन विभाग के बाल श्रमिकों को फैक्ट्री मालिकों के उत्पीड़न से बचाने सम्बन्धी दावों की पोल खोलती हैं। भारत सरकार ने राष्ट्रीय बाल नीति के तहत 22 अगस्त, 1974 को यह संकल्प लिया था कि राज्य 14 वर्ष की उम्र तक बच्चों को निःशुल्क और अनिवार्य शिक्षा देने के लिए उचित उपाय करेगी और राष्ट्रीय स्रोतों की उपलब्धता के अनुरूप इस कार्य के लिए समयबद्ध कार्यक्रम चलाएगी। साथ ही बच्चों को उपेक्षा, क्रूरता व शोषण से बचाएगी लेकिन घोषणा-पत्रों और सरकारी बुकलेटों से इतर वास्तविकता कुछ और ही है। 1996 में बिहार राज्य में जिस अगस्त माह में बाल श्रमिक की हत्या हुई, उसी माह राज्य के नियोजन विभाग ने राज्य में 21 नए बाल श्रमिक विद्यालय खोले जाने की घोषणा की थी। विभाग ने यह भी बताया कि इस परियोजना के अन्तर्गत राज्य में 173 विद्यालय खोले गए हैं, जिनमें 10094 बाल श्रमिकों का नामांकन किया गया है। मंत्रालय ने बिहार में बाल मजदूरों के कल्याण के लिए **बाल श्रमिक आयोग के गठन की घोषणा** की। आयोग को वैधानिक दर्जा मिला। विधानसभा में इसकी मंजूरी हो गई। श्रम राज्यमन्त्री ने राज्य में प्रखंड स्तर पर सामाजिक सलाहकार समितियों के गठन की भी बात कही जो इस सम्बन्ध में प्रखंडों में संचालित विभिन्न सरकारी योजनाओं पर नजर रखे। इन भाषणबाजियों और कागजी कार्रवाइयों का निष्पक्ष ढंग से विश्लेषण किया जाए तो यही निष्कर्ष आएगा कि हमारे यहाँ वैचारिक पहल काफी जोर-शोर से होती है, कल्याणकारी योजनाएँ बनाई जाती हैं, गर्मागर्म बहस-तकरीरें होती हैं, कानून बनाए जाते हैं, समितियाँ गठित की जाती हैं और इन सभी हाब-दाब के बीच मूल मुद्दा गायब हो जाता है। योजनाओं को अमली जामा पहनाने की कोशिशें नहीं की जातीं, जिस कारण स्थिति में कोई मूलभूत परिवर्तन नहीं हो पाता और योजनाएँ सरकारी फाइलों में सिमट कर रह जाती हैं, कानून तोड़े जाते हैं, सम्बन्धित राशि की बंदरबाँट कर ली जाती है।

इन्हें **महत्त्वहीन देवताओं की संतान**[22] कहा गया है और बाल अधिनियम, 1993 की परिभाषा में बँधुआ भी। अब बच्चे राष्ट्र की एक अत्यन्त महत्त्वपूर्ण सम्पदा हैं। ऐसा नहीं कहा जाता कि उनका पालन-पोषण और उनकी देखभाल हमारा उत्तरदायित्व है। ऐसा भी महसूस नहीं किया जाता कि मानव सम्पदा के विकास की हमारी राष्ट्रीय योजनाओं में बच्चों के कार्यक्रमों का प्रमुख स्थान होना चाहिए ताकि हमारे बच्चे बड़े हृष्ट-पुष्ट नागरिक बन सकें। यह भी अब कोई नहीं सोचता। बच्चे कच्चा माल (Raw Material) बनें, यह हर आदमी सोचता है। ऐसा भी कहा जाता है कि बच्चों की कोई जाति नहीं होती और वे भगवान का रूप होते हैं लेकिन जो बच्चे मुँह-अँधेरे काम की तलाश में अपने-अपने घरों

से निकलते हैं उनकी जातियाँ होती हैं। वैसे बच्चे अधिक संख्या में अनुसूचित जाति, जनजाति के मिलेंगे और कम संख्या में पिछड़ी जातियों के साथ मुस्लिम समाज से। सवर्ण जातियों के बच्चों से न तो बेगार कराई जाती और न उनसे जबर्दस्ती काम लिया जाता है। सच कहा जाए तो तथाकथित महत्त्वपूर्ण देवताओं की संतान वे ही होते हैं।

मायरन वीनर[23] का कहना है कि सभी विकसित देशों और अनेक विकासशील देशों की सरकारों ने बच्चों को मजदूरी के काम से अलग रखा है और यह व्यवस्था की है कि वे स्कूल में जाकर शिक्षा ग्रहण करें जबकि भारत में इस धारणा को स्थान नहीं दिया जाता। भारत में न तो प्राथमिक शिक्षा अनिवार्य है और न बाल मजदूरी अवैधानिक। इसका नतीजा यह है कि यहाँ 6 वर्ष से 14 वर्ष की आयु वर्ग के बच्चों का आधा से कम हिस्सा–8 करोड़ 22 लाख–स्कूलों में नहीं है। ये बच्चे घरों में ही रहते हैं और मवेशियों की देखभाल करते हैं। अपने से छोटे बच्चों को सँभालते हैं, जलाने के लिए लकड़ियाँ बीनते हैं और खेतों में काम करते हैं। वे घरेलू उद्योगों, चाय की दुकानों, रेस्तराओं अथवा किसी मध्यवर्गीय परिवार के घर वेश्यावृत्ति में लग जाते हैं अथवा मवालियों की-सी जिन्दगी गुजारने लगते हैं। भीख माँगते हैं या कबाड़ी का काम करते हैं ताकि इकट्ठा की गई बोतलों और अन्य सामानों को दुबारा बेच सकें। इनमें से अनेक बँधुआ मजदूर बन जाते हैं और स्थानीय भूस्वामियों के लिए मवेशी चराने से लेकर खेतों में काम करते रहते हैं।

एक वरिष्ठ शिक्षा अधिकारी ने मुझे बताया कि सरकार अगर सभी वयस्कों के लिए रोजगार की व्यवस्था नहीं कर सकती तो उसे गरीब माँ-बाप पर यह दबाव नहीं डालना चाहिए कि वे अपने बच्चों को स्कूल में भेजें। गरीबों के लिए उनके बच्चे एक आर्थिक पूँजी हैं। वे जो काम करते हैं और उससे कमाई गई जो आय लाते हैं वह भले ही कम हो बल्कि बड़ी मुश्किल से गुजर-बसर कर रहे माँ-बाप को उनकी मदद की जरूरत है।[24]

भारतीय कानून कारखानों में बच्चों के काम करने पर रोक लगाता है। लेकिन कुटीर उद्योगों, घरों के अन्दर, रेस्तराओं में अथवा खेती के काम में कार्यरत मजदूरों के लिए कोई रोक नहीं है। दरअसल सरकारी अधिकारी कुटीर उद्योगों में बच्चों की नौकरी को बाल मजदूरी नहीं मानते। हालाँकि इन स्थानों में काम की स्थितियाँ प्रायः बड़े कारखानों के मुकाबले बदतर होती हैं। श्रम मंत्रालय के निदेशक का कहना है : शिवाकासी (जहाँ भारत का बहुत बड़ा माचिस और आतिशबाजी उद्योग है और जहाँ 45000 बच्चे काम करते हैं)।

भारतीय लोग अनिवार्य शिक्षा को अपनी मंजूरी नहीं देते और यह दलील देते हैं कि प्राथमिक स्कूल गरीबों के बच्चों को काम का उचित प्रशिक्षण नहीं देते कि गरीबों के बच्चों को काम करना चाहिए बजाय इसके कि वह स्कूल जाएँ जहाँ उन्हें 'नौकरी' अथवा बाबूगिरी वाले कामों के लिए तैयार किया जाता है, कि गरीबों को शिक्षा देने से बेरोजगारी और सामाजिक एवं राजनीतिक अव्यवस्था में वृद्धि होगी, कि निम्न वर्गों के बच्चों को दिमाग की बजाय हाथ से काम करने की कला सीखनी चाहिए।

"धोखाधड़ी करने वाली संस्थाओं की पहचान कर उनको दी जाने वाली आर्थिक सहायता पर रोक लगाने के लिए हमने छानबीन करके काली-सूची बनाई। अब उसे प्रकाशित

करने की कोई तुक नहीं लेकिन दुःख है कि प्रेस और मीडिया इस काली-सूची को ज्यादा तरजीह दे रहा है लेकिन हम काली-सूची को उजागर नहीं करेंगे। दरअसल, हमारा मानना है कि 'कपार्ट' द्वारा काली-सूची अगर जारी कर दी जाए तो उसका गलत इस्तेमाल होगा और इसके माध्यम से लोगों में यही संदेश पहुँचाया जाएगा कि अधिकांश स्वयंसेवी संस्थाएँ आर्थिक घोटालों में लिप्त हैं, जबकि सच्चाई यह है कि अधिकांश स्वयंसेवी संस्थाएँ प्रभावी ढंग से सार्थक कार्य कर रही हैं।'' एक साक्षात्कार के दौरान कपार्ट के महानिदेशक एम.के. रंजीत सिंह ने यह बात कही।[25]

'कपार्ट' द्वारा केवल ग्रामीण क्षेत्रों में ही जन कल्याण एवं जागरूकता सम्बन्धी कार्यक्रम चलाया जाता है। इसके लिए ग्रामीण क्षेत्रों में सक्रिय स्वयंसेवी संस्थाओं को चुनकर उन्हें आर्थिक सहायता दी जाती है और उनके माध्यम से विभिन्न प्रकार के कार्यक्रम पूरे कराए जाते हैं। 'कपार्ट' से सहायता पाने वाली स्वयंसेवी संस्थाओं द्वारा ग्रामीण जनता की मूलभूत जरूरतों से जुड़े कार्यक्रम चलाए जाते हैं। इसके अलावा साक्षरता जैसा तो नहीं लेकिन जागरूकता लाने सम्बन्धी कुछ कार्यक्रम भी चलते रहते हैं। दूसरी तरफ एवार्ड के अध्यक्ष प्यारे मोहन त्रिपाठी का मानना है कि कपार्ट स्वयं एक भ्रष्ट संस्था है।[26]

यह सही है कि जहाँ पिछले दस-पन्द्रह वर्षों में स्वैच्छिक संस्थाओं का कार्य निखरा है, वहीं नकली संस्थाओं की बाढ़ भी आई है। मैंने काफी करीब से इसकी असलियत समझने की कोशिश की है। स्वैच्छिक संस्थाओं में आर्थिक धोखाधड़ी के कुछेक कारण स्पष्ट हैं। एक तो यह कि कुछ लोगों ने नकली संस्थाओं को पैदा किया है। यह भी देखने-सुनने में आता है कि दानकर्ता संस्थाओं में कार्यरत लोग दान देने के एवज में रिश्वत माँगते हैं। समाज का व्यापक रूप से जो नैतिक पतन हुआ है उसकी अभिव्यक्ति स्वैच्छिक संगठनों की कार्य-प्रणाली में भी दिखती है। पिछले दस-पन्द्रह वर्षों में स्वैच्छिक संस्थाओं को सम्मान मिला, उनकी विश्वसनीयता बढ़ी और उनके काम की तारीफ भी हुई। उनको पहले के मुकाबले अधिक साधन मिलने लगे। जब समाज में साधु-सन्त सम्मानित होने लगे तो डकैतों ने साधुओं के वेश में भोले-भाले लोगों को छलने का काम शुरू कर दिया। ठीक वैसे ही स्वार्थी लोग संस्थाएँ बनाकर लोगों को छलने लगे। यही वजह है कि तेजी के साथ नकली स्वैच्छिक संस्थाएँ उभर आई हैं।[27]

भारतीय स्वयंसेवी संस्थाओं का आकलन करने के लिए यह समझना होगा कि कौन-कौन सी मुख्य संस्थाएँ हैं। **भारत में स्वयंसेवी संस्थाओं की दो मुख्य धाराएँ हैं–एक गांधीवादी और दूसरी ईसाई मत से प्रेरित संस्थाएँ। एक तीसरी धारा भी है जिसके अनतर्गत नए प्रोफेशनल–इंजीनियर, डॉक्टर, समाज-वैज्ञानिक आदि ने अपने 'कैरियर' को छोड़ कर समाज के साथ अपने को जोड़ा है**। इसी तरह व्यापारी-वर्ग और मार्क्सवादी विचारों के लोग भी स्वैच्छिक कार्यों में आगे आए हैं। इन तीनों धाराओं में ढेरों लोग ऐसे हैं जो मूल्यों के आधार पर काम करते हैं। इनकी विश्वसनीयता और जवाबदेही बरकरार है। ऐसे लोग दाता, सरकार और कायदे-कानून को ध्यान में रखकर काम करते हैं। उनकी रिपोर्ट और लेखा-जोखा प्रकाशित होते रहते हैं।

ज्यादातर स्वयंसेवी संस्थाओं को विदेशों से अनुदान मिल रहे हैं। तीसरी श्रेणी में कई तरह के लोग आते हैं और इनका वेतनमान ऐसा होता है कि कार्यकर्ताओं को असुविधा न हो। कुछेक संस्थाएँ ऐसी भी हैं जिनके कार्यकर्ताओं का वेतनमान बहुत अधिक है। इनमें से ज्यादातर संस्थाओं ने अपने साधन या स्रोत इकट्ठा कर लिये हैं या जिन्हें विदेशों से पैसा मिलता है।

एक अनुमान के मुताबिक, कुल निबंधित संस्थाओं की संख्या लगभग पाँच लाख है। यू.एन.डी.पी. (संयुक्त राष्ट्र विकास कार्यक्रम) की 'ह्यूमन डेवलपमेंट रिपोर्ट' 1993 के मुताबिक **सिर्फ तमिलनाडु में पच्चीस हजार तथा पश्चिम बंगाल में सत्तर हजार स्वैच्छिक संस्थाएँ हैं**। ऐसा नहीं है कि ये सारी संस्थाएँ सक्रिय हैं। अनुमानतः सक्रिय संस्थाओं की संख्या मात्र साठ-पैंसठ हजार होगी। इनमें से 85 प्रतिशत संस्थाएँ बहुत छोटी हैं और इनमें मात्र दो-तीन कार्यकर्ता हैं। लगभग 10-15 प्रतिशत संस्थाएँ उत्तम कोटि की हैं। इनका बजट एक से दस लाख रुपये के भीतर है। इनमें कार्यकर्ताओं की संख्या भी तीन से लेकर दस तक होती हैं। केवल पाँच प्रतिशत ऐसी संस्थाएँ हैं जिनका बजट दस लाख रुपये से अधिक है। कुछ ऐसी भी संस्थाएँ हैं जिनका बजट करोड़ों रुपये का है।

पिछले दिनों 'कपार्ट' (काउंसिल फॉर एडवांसमेंट ऑफ पीपुल्स एक्शन एंड रूरल टेक्नालॉजी) ने पाँच सौ चौंसठ स्वैच्छिक संस्थाओं पर आर्थिक धोखाधड़ी का आरोप लगाकर उन्हें काली-सूची में डाला है। इसे लेकर एक ऐसा माहौल बना है मानो स्वैच्छिक संस्थाएँ घोटालों में आकंठ डूबी हुई हैं। इस सन्दर्भ में एक बात कहना चाहूँगा कि 'कपार्ट' कोई दूध का धुला नहीं है। 'कपार्ट' स्वयं भ्रष्ट संस्थाओं में से एक है। उसमें महानिदेशक या उप महानिदेशक पद पर हमेशा ही ईमानदार लोग रहे हैं, इसके बावजूद 'कपार्ट' ईमानदार संस्था नहीं बन सकी। 'कपार्ट' में नीचे का कर्मचारी वर्ग हमेशा कमीशन लेता रहा है। 'कपार्ट' ने जिन संस्थाओं के नाम काली-सूची में डाले हैं, उनके खिलाफ उन्हें कार्रवाई करनी चाहिए थी।

1979 में कुल आया विदेशी धन एक सौ करोड़ रुपये था। 1988 के आँकड़े के अनुसार उस वर्ष 685 करोड़ रुपया आया था। यह दस साल में करीब छह-सात गुना हो गया।

सरकार की पंचवर्षीय योजना में स्वयंसेवी संगठनों के लिए निर्धारित धनराशि

मंत्रालय/विभाग का नाम	*धनराशि (करोड़ रुपयों में)*
पर्यावरण एवं वन मंत्रालय	5.829
कल्याण मंत्रालय	53.75
महिला कल्याण मंत्रालय	128.47
मानव संसाधन विकास मंत्रालय	21.00

विज्ञान एवं तकनीकी विभाग	15.40
श्रम मंत्रालय	2.04
खेल एवं युवा मामलों का विभाग	3.00
स्वास्थ्य एवं परिवार कल्याण मंत्रालय	15.00
उद्योग मंत्रालय	18.84
कपड़ा मंत्रालय	1.20
ग्रामीण विकास विभाग	74.242
कुल	**338.771**

नोट : उपर्युक्त आँकड़े सातवीं पंचवर्षीय योजना के हैं। आठवीं योजना में स्वयंसेवी संगठनों के लिए निर्धारित राशि का स्पष्ट ब्यौरा उपलब्ध नहीं है। कुछ विशेषज्ञों का अनुमान है कि आठवीं पंचवर्षीय योजना में यह राशि कम कर दी गई है।

वे कहते हैं कि गृह मंत्रालय से जो आँकड़े प्राप्त होते हैं, उससे पता चलता है कि विदेशी धन का लगभग पचास प्रतिशत सिर्फ चार दक्षिणी राज्यों—कर्नाटक, तमिलनाडु, आन्ध्र प्रदेश और केरल में चला जाता है। इसकी वजह यह है कि इन राज्यों में ईसाई मिशनरियों एवं चर्चों की बहुतायत है।

एक जमाना था, जब इन संगठनों के समक्ष महात्मा गांधी और विनोबा भावे आदि का पैटर्न था लेकिन वहाँ भी सभी दूध के धुले नहीं थे। इसकी जाँच-पड़ताल होनी चाहिए। कुछ हुई है पर बहुत कुछ होनी अभी शेष है। ऐसा भी वक्त आया, जब जयप्रकाश नारायण जैसे व्यक्तियों ने इन स्वयंसेवी संगठनों के बलबूते हिन्दुस्तान के विकास का महल खड़ा करना चाहा। क्या वजह थी कि सरकारी संस्थाओं के जरिये विकास योजनाओं को संचालित करने की बजाय जयप्रकाश नारायण ने स्वयंसेवी गैर सरकारी संगठनों का सहारा लिया? उनके **'पार्टीविहीन जनतंत्र'** की अवधारणा पर बहस होती रही और आगे भी होती रहेगी। जानने वाले जानते हैं कि उन्हीं जयप्रकाश के अग्रज और गांधीवादी विचारों से ओतप्रोत भू-दान आन्दोलन के जनक आचार्य विनोबा भावे ने उस आपातकाल को 'लोकतंत्र का महापर्व' कहा था, जिसके खिलाफ हिन्दुस्तान की कम-से-कम आधी आबादी सड़कों पर उतरकर नारे लगा रही थी। इन दोनों ही व्यक्तियों के अन्दर मौजूद वैचारिक अन्तर्विरोधों की शिनाख्त करना कोई बड़ा मुश्किल काम नहीं है। नक्सलवादियों ने तो इन स्वयंसेवी संगठनों के 'अधकचरे जन आक्रोश पर पानी छिड़कने का काम' बताया था।[28]

एसोसिएशन ऑफ वॉलंटरी एजेंसीज फॉर रूरल डेवलपमेंट (एवाड) के सचिव संजय घोष का कहना है कि लंगोट और लाठी लेकर समाज सेवा नहीं हो सकती लेकिन गांधी की लंगोट और लाठी के साथ भूखे-नंगे दलितों को दिखलाकर देशी तथा विदेशी पैसा तो बटोरा ही जा सकता है क्योंकि हमें कम्प्यूटर और मोटरगाड़ियों की भी जरूरत है। इन सबके लिए पैसा तो चाहिए। उनका मानना है कि सरकारी या निजी संस्थाओं की तुलना में स्वयंसेवी संस्थाएँ ज्यादा ईमानदार हैं। कुछ संस्थाएँ भगवान के लिए भी कार्य कर रही हैं। उनके

अनुसार 'लोगों की सेवा' करना भगवान की सेवा करने के बराबर है। पर क्या संस्थाएँ लोगों की सेवा कर भी रही हैं?[29]

आनन्द स्वरूप लिखते हैं कि 22 मार्च, 1998 के 'द हिन्दू' में एक समाचार प्रकाशित हुआ जिसका शीर्षक था–'इन नेपाल, बाई वन स्लेव, गैट वन फ्री' (नेपाल में एक गुलाम खरीदिए, एक मुफ्त पाइए)। इस समाचार में बताया गया था कि नेपालगंज कस्बे में 'मांघी' के दौरान साल में एक दिन ऐसा बाजार लगता है जिसमें इलाके के बड़े जमींदार आकर उन्हें दासों की तरह खरीदते हैं। उस दिन अपने को दास के रूप में बिक्री के लिए प्रस्तुत करने वाले मर्द और औरतें साफ-सुथरे कपड़े पहनकर एक पंक्ति में खड़ी हो जाती हैं और ग्राहक जमींदार उन्हें 10 से 15 हजार रुपए में खरीद लेता है। रिपोर्ट में इसका वर्णन विस्तार से किया गया है कि किस प्रकार खरीदे गए दास के साथ उसकी पत्नी या उसका बच्चा खरीददार के साथ मुफ्त में बेगार करने के लिए गुलाम बना लिया जाता है। रिपोर्ट के दूसरे हिस्से में नेपाल में प्रचलित बँधुआ मजदूरी प्रथा (जिसे कमैया प्रथा कहा जाता है) के बारे में बताया गया है। रिपोर्ट के स्रोत के रूप में अन्त में लिखा है–**(कॉपीराइट टेलिग्राफ ग्रुप लिमिटेड, लंदन, 1998)**। 'द हिन्दू' ने इसी रिपोर्ट को दुबारा हू-ब-हू 19 अप्रैल के अंक में प्रकाशित किया। इसे दुबारा प्रकाशित करने का क्या कारण था, यह तो इस अखबार का सम्पादक ही बता सकता है।

जिसने भी इस रिपोर्ट को देखा, हैरान रह गया। क्या बीसवीं सदी के अन्तिम वर्षों में कोई ऐसा भी देश है जहाँ बाकायदा दासों की खरीद-फरोख्त होती हो? सुनने में आया कि कुछ अन्तर्राष्ट्रीय दृश्य मीडिया से सम्बन्धित टीमें भी नेपालगंज जाने की तैयारी में व्यस्त हो गईं। समकालीन तीसरी दुनिया ने तथ्यों की छानबीन शुरू की। नेपाल में उन लोगों से संपर्क किया जो उसी इलाके (नेपालगंज) में वर्षों से बँधुआ मजदूरों के बीच काम कर रहे हैं। नेपाल के विभिन्न जन संगठनों से भी इस सम्बन्ध में जानकारी ली गई।

समकालीन तीसरी दुनिया को जिन तथ्यों का पता चला, वे बहुत ही चौंकाने वाले हैं। पहली बात तो यह है कि यह खबर पूरी तरह गलत है और एक खास ढंग की दुर्भावना से प्रेरित है। इस सिलसिले में यह भी पता चला कि नेपाल के एक गैर सरकारी संगठन (एनजीओ) के संचालक सुशील प्याकुरेल मार्च में आस्ट्रेलिया गए थे और वहाँ उन्होंने अपने किसी वक्तव्य में यह जिक्र किया था कि नेपाल में आज भी दासों की खरीद-फरोख्त होती है। पश्चिमी देशों के लिए इस तरह की खबरें 'सदमा पहुँचाने वाली' होती हैं। यूरोप में 1833 में दासप्रथा की समाप्ति हुई थी और यूरोप के लोग यह कल्पना भी नहीं कर पाते कि अभी दुनिया में कहीं यह प्रथा जीवित है।[30]

16 मार्च, 1998 को आस्ट्रेलिया के दैनिक समाचार पत्र 'सिडनी मॉर्निंग हेरॉल्ड' ने सुशील प्याकुरेल और कैरोलिन लीस के हवाले से एक रिपोर्ट प्रकाशित की जिसमें नेपालगंज वाली घटना का विवरण है। यह रिपोर्ट अक्षरशः वही है जो 'द हिन्दू' में छपी है। इसका अर्थ यह हुआ कि यही रिपोर्ट लंदन के 'द टेलिग्राफ' में भी प्रकाशित हुई होगी। 'हिन्दू' ने 20 मार्च की रिपोर्ट में किसी व्यक्ति का नाम नहीं दिया था पर 19 अप्रैल को उसने

यह रिपोर्ट कैरोलिन लीस के नाम प्रकाशित किया और अन्त में एक पंक्ति जोड़ दी– अतिरिक्त रिपोर्टिंग नेपालगंज से सुशील प्याकुरेल द्वारा।

इस पूरे प्रकरण में कुछ बातें ध्यान देने योग्य हैं। पहली बात तो यह कि इस रिपोर्ट को तैयार करने के पीछे सुशील प्याकुरेल की मंशा क्या थी? दूसरे, इस रिपोर्ट को पश्चिमी देशों के मीडिया ने तथ्यों की छानबीन किए बिना इतना प्रचारित क्यों किया? तीसरे, 'द हिन्दू' ने भले ही 'द टेलिग्राफ' से यह रिपोर्ट ली हो लेकिन इसका सरोकार पड़ोस के एक अत्यंत संवेदनशील मुद्दे से था फिर इसने इसके प्रकाशन में इतनी हड़बड़ी क्यों दिखाई?

दरअसल भारत और नेपाल के एनजीओ का एक हिस्सा इन दिनों पश्चिमी देशों की भीख पर ही पल रहा है या यूँ कहें कि अय्याशी कर रहा है। उसका बस एक ही काम रह गया है कि दक्षिण एशिया की गरीबी, बेरोजगारी, भुखमरी, बँधुआ मजदूरी, बाल मजदूरी आदि की ऐसी तस्वीर यूरोप में जाकर खींची जाएँ जिससे द्रवित होकर वहाँ के दानदाता कुछ भी देने को तैयार हो जाएँ। ऐसा करते समय उन्हें अपना या अपने देश के सम्मान का थोड़ा भी ध्यान नहीं रहता। 'इनसेक' के संचालक ने आस्ट्रेलिया में क्या किया होगा, इसका अनुमान लगाया जा सकता है। उन्होंने वहाँ गुलामी की एक ऐसी तस्वीर खींची होगी जिससे सचमुच लोगों के रोंगटे खड़े हो गए होंगे। यह लोगों की संवेदना जगाकर उनसे अधिक से अधिक पैसे उगाहने की कला है।

यह कुछ इसी तरह का काम है जैसे सड़क के किनारे या मन्दिरों और मस्जिदों के सामने बैठे भिखमंगे प्रतिद्वन्द्वी भिखमंगों के मुकाबले ज्यादा से ज्यादा नए-नए तरीके से मेकअप करके बैठे रहते हैं और लोगों का ध्यान अपनी ओर खींचते हैं। कोई कोढ़ी का रूप बनाए रहता है तो कोई हाथों और पैरों में फर्जी प्लास्टर चढ़ाए आपकी दया का मोहताज बना रहता है। जो जितना ही ज्यादा करुणा पैदा कर पाता है, दानदाता उसके कटोरे में उतनी ही ज्यादा रकम डाल देता है। इसमें आपको जितनी ही महारत हासिल होगी, उतनी ही सफलता आप पा सकेंगे।

हमारे अधिकांश एन.जी.ओ.–चाहे वे भारत के हों या नेपाल के–अन्तर्राष्ट्रीय भिखमंगों की श्रेणी में पहुँचते जा रहे हैं और तरह-तरह के रूप बनाकर विलाप करते हुए दानदाताओं के सामने अपने कटोरे पटक देते हैं ताकि कुछ डॉलर मिल जाएँ।

भारत में भी हम ऐसे लोगों को देख रहे हैं जो इस समय बाल मजदूरी को बेचकर अपना धंधा चला रहे हैं। उनके सेमिनारों, वर्कशॉपों, पदयात्राओं आदि में शामिल होने वालों को देखने से इनके सरोकारों का पूरी तरह पता चल जाता है। जो जितने ही रोमांचक कार्यक्रम लेकर आता है उसे उतनी ही जबर्दस्त दान की फसल काटने का मौका मिलता है।

गांधी शांति प्रतिष्ठान के **अनुपम मिश्र**[31] कहते हैं कि पर्यावरण विषय के सीमित अनुभव से मैं कुछ कह सकता हूँ कि इस क्षेत्र में काम कर रही बहुत सी संस्थाएँ साध्य, लक्ष्य के मामले में लगातार थपेड़े खाती रही हैं। लोग भूले नहीं होंगे जब पर्यावरण के 'शेयर बाजार'

में सबसे ऊँचा दाम सामाजिक वानिकी का था। हम सब उसमें जुट गए बिना यह बहस किए कि असामाजिक वानिकी क्या थी। फिर एक दौर आया बंजर भूमि विकास का, अंग्रेजी में यह वेस्टलैंड डेवलपमेंट था। तब भी बहस नहीं हो पाई कि वेस्टलैंड है क्या? खूब साधन और समय इसी 'साध्य' में वेस्ट यानी बर्बाद ही गया। बंजर जमीन के विकास का सारा उत्साह अचानक अकाल मृत्यु को प्राप्त हो गया और उनके बदले हम सब फिलहाल 'वाटरशेड डेवलपमेंट' में रम गए हैं। इस नए कार्यक्रम के हिंदी से सिंधी तक अनुवाद हो गए हैं—'जलग्रहण क्षेत्र' शब्द भी चल रहा है और 'जलागम क्षेत्र' भी। थोड़े देसी हो गए मराठी वालों ने 'पानलोट' विकास नाम रख लिया है पर मूल में एक विचित्र वाटरशेड की कल्पना ही है इस सबके पीछे।

साधन और 'साध्य' का यह विचित्र दौर पूरी तरह उधारीकरण कर रहा है। जो हालत पर्यावरण के सीमित विषय में रही है, वही समाज के अन्य महत्त्वपूर्ण विस्तृत क्षेत्रों में भी मिलेगी। महिला विकास, बाल विकास, महिला सशक्तीकरण, बँधुआ मुक्ति, महाजन मुक्ति, बाल श्रमिक, लघु या अल्प बचत, 'प्रजनन स्वास्थ्य', 'गर्ल चाइल्ड'—सब तरह के कामों में शर्मनाक रूप से दिखते हैं पर हम तो आँख मूँद कर इनको जपते जा रहे हैं।

यूरोप अमेरिका की सामाजिक टकसाल से जो भी शब्द-सिक्का ढलता है, वहाँ वह चले या न चले, हमारे यहाँ वह दौड़ता है। यह भी संभव है कि इनमें से कुछ काम ऐसे महत्त्वपूर्ण हों जो करने ही चाहिए। तो भी इतना तो सोचना चाहिए कि हम सब का ध्यान इन कामों पर पहले क्यों नहीं जाता?

सामाजिक कामों के इस 'शेयर' बाजार में सामाजिक संस्थाओं के साथ-साथ सरकारों की भी गजब की भागीदारी है। केन्द्र समेत सभी राज्यों की, सभी तरह की विचारधाराओं वाले सभी दलों की सरकारों में इस मामले में गजब की सर्वसम्मति है। विश्व बैंक हर महीने कोई 200 पत्रों का एक बुलेटिन निकालता है। इसमें पिछले महीने में पारित सभी देशों के राज्यों की विभिन्न सरकारों को दिए जाने वाले ऋण का विस्तृत ब्यौरा रहता है। इसे देख लें—पक्का भरोसा हो जाएगा कि डॉलर विचार की करेंसी में बदल गया है।

यह बात ध्यान देने की है कि 1974-75 के बाद के वर्षों में देश के भीतर गैर-सरकारी संगठनों की बाढ़-सी आ गई और सम्पूर्ण क्रान्ति की युवा शक्ति ने अपनी व्यक्तिगत आकांक्षाओं की पूर्ति का स्वप्न उन संगठनों में देखना आरम्भ कर दिया, जिन संगठनों में देश के भीतर और बाहर की फंडिंग एजेंसियों की मार्फत पैसा आने की पहल हुई थी या सम्भावना बनी थी। उन संगठनों ने न केवल उन युवाओं को रोजगार दिए बल्कि समाज के पहले से ही स्थापित तबकों की समाज सेवा के बहाने पीढ़ी-दर-पीढ़ी पैसा कमाने की जगह भी सुनिश्चित कर दी।[32] ऐसा हेमंत नूतन भी मानते हैं। वे कहते हैं कि **1990 के बाद एन.जी.ओ. सेक्टर 'पेट पालने की मजबूरी', आकर्षक नौकरी का अवसर बन गई।** रिमोट कंट्रोल प्रणाली ने उस अवसर के नए आयाम पेश किए। परिणामतः अपनी निजी हैसियत से उच्च शिक्षा की डिग्रियाँ प्राप्त, एम.ए. डॉक्टरेट, इंजीनियरिंग, बिजनेस मैनेजमेंट किए लोग, जे.एन.यू. जैसे चर्चित शिक्षा संस्थानों से निकले, और खासकर अंग्रेजी को

लिखने-पढ़ने से लेकर संपर्क-संवाद का अनिवार्य माध्यम के रूप में स्वीकार करने वाले लोग एन.जी.ओ. सेक्टर की ओर आकर्षित हुए। रिमोट कंट्रोल प्रणाली से जुड़ना या उस पर कब्जा करना तभी संभव था। कंप्यूटर और इंटरनेट ने उनके 'आकर्षण' को संघर्ष-रचना के तमाम कार्यों के लिए बेहद जरूरी बना दिया।[33]

स्वयंसेवी संस्थाओं के सहायतानुदान के लिए उपलब्ध राशि में सरकार द्वारा उल्लेखनीय बढ़ोतरी की गई है और विदेशी संस्थाओं से भी सहायता अधिक मात्रा में उपलब्ध होने लगी। यही कारण है कि आज एक अनुमान के आधार पर निबंधित संस्थाओं की संख्या लगभग पाँच लाख है। ऐसा नहीं है कि सारी-की-सारी संस्थाएँ कार्यरत हैं। इनमें मात्र 60-65 के आस-पास ही कार्यरत हैं। आधिकारिक तौर पर, पूरे देश में तकरीबन सोलह हजार स्वयंसेवी संस्थाएँ हैं जिनको विदेशों से धन प्राप्त होता है। पहले नम्बर पर तमिलनाडु है जिसे 1993 में तकरीबन 273 करोड़ रुपये की विदेशी सहायता मिली। दूसरे नम्बर पर दिल्ली है, जिसे 232 करोड़ रुपये की विदेशी रकम प्राप्त हुई है। इसके बाद क्रमशः महाराष्ट्र, कर्नाटक, केरल, आन्ध्र प्रदेश और पश्चिमी बंगाल का स्थान है। एफ.सी.आर.ए. (फॉरेन कंट्रीप्यूशन रेग्यूलेशन एक्ट) के अनुसार, भारत के स्वयंसेवी संगठनों को मिलने वाली रकम करीब सौ करोड़ रुपये थी, जो बढ़कर 1993 में 1600 करोड़ रुपये हो गई। 1983 में कुल 5100 स्वयंसेवी संगठनों को विदेशी सहायता प्राप्त होती थी जबकि आज उनकी संख्या 16000 है। 1986 में स्वयंसेवी संस्थाओं को ग्रामीण विकास के लिए एवं तकनीकी के लिए वित्तीय सहायता प्रदान करने के लिए कपार्ट (काउंसिल फॉर एडवांसमेंट ऑफ पीपुल्स एक्शन एंड रूरल टेक्नॉलोजी) की स्थापना की गई, जिसके द्वारा देशभर में स्वयंसेवी संस्थाओं को विकास कार्यों की क्रियान्विति के लिए वित्तीय सहायता दी जा रही है।[34]

यहाँ एक गौरतलब बिन्दु यह भी है कि स्वयंसेवी संस्थाओं में भ्रष्टाचार को कैसे रोका जाए। आज सबसे बड़ी दिक्कत यह खड़ी हो गई है कि अवकाशप्राप्त अफसरशाह इस क्षेत्र में चुपके से घुस आए हैं। इतना ही नहीं, कई संगठनों की कमान उन महिलाओं के हाथ में है, जो किसी नौकरशाह की पत्नी है या करीबी रिश्तेदार। ऐसे व्यक्तियों की जीवनशैली का असर उन प्रतिभाशाली नौजवानों पर भी पड़ा है जो 70 और 80 के दशक में 'टेक्नोक्रेट' 'ब्यूरोक्रेट' बनने की अपनी सभी महत्त्वाकांक्षाओं को तिलांजलि देकर इस आन्दोलन में कूद पड़े थे। इसे हर हाल में रोका जाना चाहिए वर्ना यह क्षेत्र बुरी तरह से दूषित हो जाएगा।[35]

आनन्दस्वरूप शर्मा का मानना है कि सच में अगर देखा जाए तो एनजीओ सेक्टर ने जमीनी या जेन्वीन आन्दोलन को चोट पहुँचाई है। और मैं तो कहूँगा कि भारत में कम्युनिस्ट आन्दोलन को रोकने के लिए एनजीओ माध्यम से एक खतरनाक षड्यंत्र की शुरुआत हुई। फोर्ड फाउंडेशन ने इस सम्बन्ध में महत्त्वपूर्ण भूमिका निभाई है। उदाहरण के लिए, तेलंगाना आन्दोलन जब शुरू हुआ तो भूदान को रास्ते में लाया गया। इसी तरह से नक्सलवादी आन्दोलन को तोड़ने के लिए जयप्रकाश नारायण को आगे कर 'अवार्ड' ने तेजी के साथ बढ़ते इस आन्दोलन का रास्ता रोकने का प्रयास किया। भूदान के

आविष्कारक और जे.पी., दोनों को विदेशी धन मिला। दोनों ने दलित आन्दोलन को तोड़ने के भरसक प्रयास किए।

यह बात तो आज सभी जानते हैं कि एन.जी.ओ. देशी या विदेशी धन का दुरुपयोग करते हैं, पर इससे भी गम्भीर बात यह है कि समस्या कहीं अगर है भी नहीं तो फंड के लिए समस्या बना दी जाती है। दूसरे कार्यकर्ताओं को टी.ए.डी.ए., मुर्गा-मुसल्लम खाने, हवाई जहाज में यात्रा करने तथा पंचसितारा होटलों में ठहरने आदि का जो चस्का लग गया है, वह छूटने के स्थान पर बढ़ा ही है। अब साधारण रूप में गम्भीर सभा-गोष्ठियाँ नहीं होतीं, बल्कि खर्चीले सेमीनार होने लगे हैं, जो सब समाज सेवा के नाम पर शिष्टाचार बन गए हैं।

गैर-सरकारी संगठनों की असलियत पर **ज्ञानेन्द्र रावत** लिखते हैं कि समाजोत्थान के निमित्त विभिन्न क्षेत्रों में सामाजिक रूप से दबे-थके-पिछड़े, अनाथ और निराश्रित लोगों के कल्याण का दम्भ करने वाले गैर-सरकारी संगठनों की विश्वसनीयता का सवाल आज बहस का बड़ा मुद्दा है। जिस तेजी से इनकी असलियत जनता के सामने आ रही है, उससे साबित हो जाता है कि ऐसे ज्यादातर संगठनों का ध्यान धनार्जन की ओर अधिक है और कई तो लूट-खसोट की एजेंसी भर बन कर रह गए हैं। इसके चलते आज ये संगठन सेवा के केन्द्र नहीं, बल्कि व्यवसाय के अड्डे बनकर रह गए हैं।

12 अक्तूबर, 2011 तक यह संख्या एक लाख 44 हजार थी। इनमें अनेक संगठन कागजों में ही चल रहे हैं और सरकारी या फंडिंग एजेन्सियों के अधिकारियों की मिलीभगत से अरबों राशि की बंदरबाँट हो जाती है। संगठनों की करीब पचास फीसदी राशि का इस्तेमाल सही मद में होता ही नहीं है। जबकि इन्हें दान या सहायता देने वाले देश इस मुगालते में रहते हैं कि उनके द्वारा दिए गए धन का पूरी तरह सही लोगों की खातिर इस्तेमाल हो रहा है। आज अनेक राजनीतिक दलों के छुटभइये से लेकर बड़े नेता तक एनजीओ चला रहे हैं और अपनी पहुँच के बलबूते अमेरिका, फ्रांस, स्वीडन, इंग्लैंड, जापान, कनाडा, नार्वे, जर्मनी, रूस, आस्ट्रेलिया समेत अनेक देशों से शिक्षा, बाल-विकास, बँधुआ मजदूरी, पर्यावरण, धर्म प्रचार, साफ-सफाई, बीज, सुलभ शौचालय, दहेज उन्मूलन, अन्धविश्वास व कुप्रथा तोड़ने और बाल श्रम उन्मूलन आदि कार्यों के लिए अरबों की राशि ला रहे हैं। कहा जा रहा है कि अस्सी फीसदी संगठन इस धन्धे के जरिए अपनी पीढ़ियों का भविष्य सँवार रहे हैं।

देश में कुल पंजीकृत तीन करोड़ तीस लाख संस्थाओं में से तकरीबन 45 फीसदी का पंजीयन सन् 2000 के बाद हुआ और बाकी में से 30 फीसदी का 1977 में जनता पार्टी और 1989 में बनी जनता दल सरकार के गठन के बाद हुआ। इसमें महाराष्ट्र ने कीर्तिमान बनाया है। वहाँ 4.8 लाख पंजीकृत संस्थाएँ हैं जबकि आन्ध्र में 4.6 लाख और राजस्थान में तकरीबन एक लाख हैं। इनके अलावा उत्तर प्रदेश, कर्नाटक, केरल, पश्चिम बंगाल, उड़ीसा, तमिलनाडु व गुजरात में अस्सी फीसदी पंजीकृत संस्थाएँ हैं। ये सभी संस्थाएँ समाज व स्वयं का कितना हित कर रही हैं, यह इनके आकाओं-स्वामियों के स्तर, उनकी अदृश्य अकूत सम्पत्ति, पारिवारिक सदस्यों के नाम पर व फर्जीवाड़े के रूप में खरीदी सम्पत्ति से लगाया

जा सकता है। यही नहीं ये सालाना इनकम टैक्स रिटर्न का खुलासा करने के लिए भी बाध्य नहीं है। संयुक्त राष्ट्र और विश्व बैंक द्वारा समाज के विभिन्न वर्गों-क्षेत्रों के कल्याण के लिए इन्हें जो आर्थिक सहायता दी जाती है, उसमें इनकी भागीदारी सुनिश्चित करने का निर्देश होता है। गृह मंत्रालय के आँकड़ों पर नजर डालें तो पता चलता है कि 2005-06 और 2006-07 के वित्तीय वर्ष के दौरान इन संस्थाओं को मिलने वाली विदेशी सहायता में तकरीबन 55-56 फीसद की बढ़ोतरी हुई और अकेले 2008 में 2.15 बिलियन अमेरिकी डॉलर की सहायता मिली। दरअसल विदेशों से मिलने वाली इस सहायता के लोभ में ही लूट-खसोट का गोरखधंधा शुरू होता है। कुछ समय पहले केन्द्रीय ग्रामीण विकास मंत्रालय की स्वायत्त इकाई काउंसिल फॉर एडवांसमेंट ऑफ पीपुल्स एक्शन एंड रूरल टेक्नालॉजी (कपाट) ने इस तरह मिले धन का दुरुपयोग करने के आरोप में देश भर में तकरीबन एक हजार एनजीओ को न केवल काली सूची में डाल दिया है, बल्कि भविष्य में उनके द्वारा काम करने पर प्रतिबन्ध लगा दिया है।

जहाँ तक स्वयं दलित समाज के भीतर से आई संस्था और संगठनों की बात है, उनके बीच एनजीओ सेक्टर की मनोवृत्ति अभी उस तरह से नहीं आ पाई है। वैसे कुछ संस्थाएँ ऐसी अवश्य हैं जिन्होंने इसे सीधे-सीधे व्यवसाय से जोड़ लिया है, पर उनकी संख्या बहुत कम है। असल में इसके पीछे गांधी और आम्बेडकर के आसपास न तो तत्कालीन पूँजीपतियों की भीड़ थी, जिनसे आर्थिक मदद लेकर वे प्रदेश या राष्ट्रीय स्तर की संस्था या संगठन का जाल फैलाते जैसा अफ्रीका से लौटने के पश्चात गांधी ने किया। और न ही उनकी गांधीवादी सुधार की पद्धति थी। वे तो सीधे-सीधे स्वयं दलित के भीतर चेतना जाग्रत करना चाहते थे जिसमें वे सफल भी हुए। दूसरे की भीख पर पल कर बैसाखी के सहारे आगे बढ़ने में उनका विश्वास न था। इस मानसिकता के पीछे एक बड़ा कारण था कि आम्बेडकर स्वयं दलित समाज से थे जबकि गांधी सवर्ण थे। गांधी के समाज सुधार के पीछे अलग तरह की मानसिकता थी जिसे उन्होंने पश्चात्ताप से जोड़ कर देखा था।

1957 के पश्चात म्यूनिसिपल मजदूर यूनियन में हरिजन एवं सवर्ण कर्मचारियों ने मिलकर जो संघर्ष किया, उसमें इन्हें बहुत-सी सफलताएँ मिलीं। मजदूर न केवल अधिकारियों के अत्याचार से मुक्त हुए वरन उनके वेतन में भी सुधार हुआ। राजस्थान में भी हरिजन तथा अनुसूचित जाति के लोगों के खुले शोषण का मामला राजधानी से आए कुछ कार्यकर्ताओं ने उठाया था। दिल्ली प्रवासी कार्यकर्ता एवं क्षणमुक्ति आन्दोलन के संस्थापक श्री हजारी लाल जालोटिया और संयोजक श्री आर.एल. तिवारी ने इस सम्बन्ध में अनुसूचित जनजातियों के नेता केन्द्रीय राज्यमन्त्री श्री योगेन्द्र मकवाना एवं पूर्व सांसद श्री धर्मदास शास्त्री को ज्ञापन देकर इन सभी मामलों की जाँच की माँग की थी। इन लोगों ने राष्ट्रीय श्रम संस्थान के श्री पापस, योजना आयोग के डॉ. भूपेन्द्र सिंह तथा श्रम मंत्रालय के अनिल बरोधिया को ज्ञापन दिए थे।

अतः दलितों ने अपने अधिकारों की रक्षा के लिए विभिन्न राज्यों में संगठित होकर आन्दोलनात्मक राजनीति को अपनाया जैसे महाराष्ट्र, बंगाल, उत्तर प्रदेश में अपनी माँगों

की अभिव्यक्ति के लिए इन्होंने 'दलित पैंथर' नाम संगठन का निर्माण किया। अपने नीति वक्तव्य में पैंथर कहता है कि अगर सामाजिक आधिपत्य से मुक्ति पाना चाहते हैं तो सामाजिक, आर्थिक एवं सांस्कृतिक क्षेत्रों में दलितों की सत्ता कायम होनी चाहिए। यह कम-से-कम इस समय हरिजनों पर अत्याचारों का मुकाबला करना अपना प्रमुख कार्यक्रम मानता है।

अब दलितों के संगठन कुल मिलाकर एक वर्ग विशेष तक सीमित रहे पर उत्तर बंग तपसीली जातियों का आदिवासी संगठन लम्बे समय से एक नई तरह की लड़ाई लड़ रहा है। एक तरफ यह संगठन आंतरिक औपनिवेशिक व्यवस्था और सामाजिक अन्याय के विरुद्ध है, दूसरी ओर विकेन्द्रित समतावादी आर्थिक नीति का समर्थक। अतः यह कहा जाता है कि पश्चिम बंगाल में जाति प्रथा का प्रकोप नहीं है। इसलिए राज्य में दलितों एवं आदिवासियों पर अत्याचार नहीं होते। परन्तु यह एक भ्रम है। सच्चाई तो यह है कि बंगाल में ऊँची जातियों जैसा आधिपत्य किसी अन्य राज्य में देखने को नहीं मिलता। पश्चिम बंगाल शिक्षा के क्षेत्र में अनेक राज्यों से पिछड़ा हुआ है। सरकारी नौकरियों में दलितों एवं आदिवासियों का कोटा जिन राज्यों में सबसे कम पूरा होता है, उसमें सर्वप्रथम पश्चिम बंगाल आता है।

इस पृष्ठभूमि में उत्तर बंगाल में एक नया संगठन तपसीली अनुसूचित यानी हरिजन जाति (ओ) और आदिवासी संगठन देश के अवहेलित क्षेत्रों में दलित एवं पीड़ित लोगों की उस विद्रोह भावना का प्रतिनिधित्व करता है जो अब आन्तरिक उपनिवेशवाद का शिकार होने से अस्वीकार कर रहा है। इस प्रकार देश के शासक वर्ग के चन्द क्षेत्रों की चन्द लोगों की उपभोग एवं विलास की सारी सुविधाओं को प्राप्त करने की नीति को चुनौती दे रहा है। संगठन यह मानता है कि सभी बड़े राजनीतिक दलों का जन्म आन्तरिक औपनिवेशिक व्यवस्था से लाभ उठाने के लिए हुआ है। इसलिए भारतीय लोकतंत्र के लिए स्थायी एवं मजबूत आधार का निर्माण आन्तरिक औपनिवेशिक व्यवस्था को समाप्त करके ही किया जा सकता है। यह महत्त्वपूर्ण कार्य अन्य दल नहीं कर सकते। इस प्रकार की मान्यता के कारण संगठन ने यह निर्णय लिया कि वह दलीय राजनीति से बाहर रहकर उत्तर बंगाल की उन्नति के लिए संघर्ष करेगा।

बंगाल की भाँति महाराष्ट्र का 'युवक क्रान्ति दल' नामक एक संघर्षशील राजनीतिक संगठन वर्षों से कार्यरत है। इनका यह विश्वास है कि वर्तमान भारतीय परिस्थितियों में सम्यक समाजवादी क्रान्ति के अतिरिक्त, दलितों को शोषण मुक्त करने का जातिविहीन, वर्गविहीन समाज प्रतिस्थापित करने के लिए अन्य कोई विकल्प नहीं।

'युक्रांद' राजनीतिक दृष्टि से पूर्णरूपेण विकसित किसी दल द्वारा स्थापित संगठन नहीं है। वह अपने इर्द-गिर्द की परिस्थितियों से असन्तुष्ट नवयुवकों का एक ऐसा दल है जो 1964-65 के पुणे के राजनीतिक तथा सामाजिक जीवन में स्वयं स्फूर्त प्रेरणा से सक्रिय हुआ है। किसी भी दल के प्रतिनिधि से समाधानकारक उत्तर न मिलने पर संगठन ने अपना दल संगठित करने का निश्चय किया है। 11 नवम्बर, 1967 को युवा संगठन ने अपना

अराजनैतिक नाम परिवर्तित करके 'युवक क्रान्ति दल' रखा। 'युक्रांद' संसदीय सत्याग्रही एवं समाजवादी नीति से प्रेरित और प्रतिबद्ध जन-आन्दोलन है। छात्र वर्ग को क्रान्ति का वाहक मानकर कामगार वर्ग, दलित वर्ग, खेत मजदूर एवं नारी वर्ग के आन्दोलन को संगठित करना ही क्रान्ति का उद्‌देश्य मानता है।

मराठवाड़ा के उस्मानाबाद जिले के सुगाँव नाम के देहात में दलित वर्गों को उपाहार गृह में प्रवेश मना था। उनकी चाय और पानी पीने की व्यवस्था अलग थी। स्थानीय 'युक्रांद' कार्यकर्ताओं ने इसमें हस्तक्षेप कर सत्याग्रह, धरना आदि के द्वारा दलितों को इस उपाहार गृह में प्रवेश करा दिया। अब गाँव के किसी उपाहार गृह में किसी भी दलित को प्रवेश करने से रोका नहीं जाता। दलित जाति के स्त्री-पुरुषों को अस्पृश्य मानने का सवर्णों द्वारा दिया जाने वाला एक कारण यह था कि यह मृत जानवरों का मांस खाते हैं। इसलिए युक्रांदियों ने दलितों से आह्वान किया कि वह मृत जानवरों का मांस खाना बन्द कर दें और उसके परिणामस्वरूप सवर्णों ने उन्हें अस्पृश्य मानने का एक कारण मिटा दिया।

युक्रांद की यह धारणा है कि भारत की वर्तमान राजकीय, सामाजिक व्यवस्था मूलतः समाप्त करने के लिए जब तक वर्तमान व्यवस्था बदली नहीं जाती, तब तक व्यवस्था का लाभ दलित वर्ग को नहीं मिलेगा। इस दृष्टि से युक्रांद ने महाराष्ट्र में दलित विद्यार्थियों की शिक्षावृत्ति की माँग को लेकर बड़े पैमाने पर आन्दोलन किया। आन्दोलन के परिणाम-स्वरूप शिक्षावृत्ति बढ़ाई गई। स्पष्टतः आन्दोलनात्मक राजनीति द्वारा दलित वर्ग ने अस्पृश्यता उन्मूलन में काफी सीमा तक सफलता प्राप्त की है।

20-21 अक्टूबर, 1991 को दलित सेना के आह्वान पर संसद सौध, दिल्ली में देशभर के दलित प्रतिनिधियों का एक अखिल भारतीय सम्मेलन आयोजित किया गया, जिसमें देश भर में फैले लगभग 150 दलित संगठनों ने भाग लिया। इस सामाजिक न्याय के लिए राष्ट्रीय सम्मेलन में दलित संघर्ष की समस्याओं पर गम्भीर चर्चा हुई तथा सम्मेलन में आए प्रतिनिधियों ने **'ऑल इंडिया दलित एक्शन कमेटी फॉर सोशल जस्टिस'** नामक एक साझे मंच का निर्माण किया जो दलित आकांक्षाओं को एक राष्ट्रव्यापी एकजुटता का रूप दे सके। इस सम्मेलन का उद्‌घाटन रामविलास पासवान ने किया। उन्होंने अपने उद्‌घाटन भाषण में दलितों पर बढ़ते अत्याचारों का उल्लेख किया तथा मंडल कमीशन की सिफारिशों को ठीक से लागू करने की माँग की। मन्दिर-मस्जिद विवाद से पैदा हुई विस्फोटक साम्प्रदायिक स्थिति जैसे राष्ट्रीय मुद्‌दों पर विचार करने और दलित संगठनों द्वारा इन पर साझी कार्यवाही की रूपरेखा बनाने के बारे में विस्तार से बताया। उन्होंने आन्ध्र प्रदेश के चुंडूर हत्याकांड, मथुरा जिले में मेहराना कांड, महाराष्ट्र में किसी हनुमान मन्दिर के बाहर एक दलित कोतवाल को पत्थरों से मार डालने जैसे अत्याचारों का उदाहरण देते हुए दलित चेतना में आए उभार का भी उल्लेख किया।

भूतपूर्व प्रधानमन्त्री वी.पी. सिंह ने इस राष्ट्रीय सम्मेलन का समापन किया। उन्होंने अपने समापन भाषण में कहा कि इतने दलित संगठनों का एक मंच पर आना अपने में

एक ऐतिहासिक महत्त्व की घटना है पर इन संगठनों की ऊर्जा का इस्तेमाल राजनैतिक महत्त्व को बढ़ाने में अधिक हुआ।

एनजीओ की कार्यप्रणाली ने इतना तो किया है कि सामाजिक बोध आदमी के भीतर से निकल कर कागजों पर आ गया है। जैसा योगेन्द्र यादव[36] कहते हैं कि जैसे-जैसे दलित एनजीओ का दायरा खुल रहा है वैसे-वैसे स्वयं दलित भी कहीं-न-कहीं स्थापित वर्चस्व का हिस्सा बनता जा रहा है।

इस बारे में बाबा साहेब डॉ. आम्बेडकर के विचारों[37] को समझना जरूरी है।

सन्दर्भ

1. सूर्य नारायण चौधरी, बिहार की अस्मिता, साहित्य केन्द्र प्रकाशन, कृष्णा नगर, दिल्ली-51, 1991, पृ. 40.
2. वही, पृ. 41.
3. राष्ट्रीय सहारा, 12 अप्रैल, 1998.
4. Law and Human Rights from Legal Education to Advocacy, The Ford Foundation, Celebratiang Fifty Years of Partnership, 55, Lodi Estate, New Delhi-110003, 2002, p. ix.
5. Ibid, p. 4.
6. Ibid, p. 5.
7. Ibid, p. 8.
8. (Although the Foundation did not inittiate an explicit rights progream in India until 1984, The New Delhi office supported a range of organizations that worked to increase access to justice among the disadvantaged. In addition to CILAS, these included a $100,000 grant to Jyoti sangh.
9. बिहार की अस्मिता, पृ. 41.
10. वही, पृ. 43.
11. भारत में बच्चे और राजनीति, पृ. 64.
12. विजय प्रताप से लोकायन कार्यालय में बातचीत के आधार पर।
13. स्मितु कोठारी, "देयर इज ब्लड ऑन दोज मैचस्टिक्स : चाइल्स लेबर इन शिवाकासी," इकोनामिक ऐन्ड पोलिटिकल वीकली (2 जुलाई, 1983), पृ. 1193.
14. बच्चों के गैर कानूनी रोजगार से सम्बन्धित शुरू के अधिकांश कानूनों में 500 रुपये तक के जुर्माने का प्रावधान था। 1986 के बाल मजदूरी (निषेध और विनियमन) कानून में न्यूनतम जुर्माना 10,000 रुपये रखा गया। नए कानून के लागू होने के बारे में कोई भी आँकड़ा उपलब्ध नहीं है।
15. कामगार बच्चों के नाम (भारत में बाल-श्रम पर एक रिपोर्ट) मंजरी डिंगवानी, रुरल लेबर सेल, नई दिल्ली, दिसम्बर 1988, पृ. 44.
16. वही, पृ. 45.
17. वही, पृ. 58.
18. वही, पृ. 112.
19. वही, पृ. 115.

20. वही, पृ. 132.
21. अभिषेक कश्‍यप, बाल श्रमिकों की त्रासदी, हमारा महानगर, 20 अगस्त 1998, 7-8, पांडुरंग बिल्डिंग, 178 लेडी जमशेद जी रोड, माहिम, मुंबई-16, पृ. 7.
22. भारत में बच्चे और राजनीति, पृ. 132.
23. मायरन वीनर (ले) आनन्द स्वरूप वर्मा, भारत में बच्चे और राज्य नीति, भारतीय सामाजिक संस्थान, लोदी रोड, नई दिल्ली-1997, पृ. 27.
24. वही, पृ. 45.
25. कपार्ट के महानिदेशक एम.के. रंजीत सिंह से विमल झा की बातचीत, हस्तक्षेप, राष्ट्रीय सहारा, 23 दिसम्बर, 1995, नोएडा, पृ. 4.
26. प्यारे मोहन त्रिपाठी, कपार्ट खुद एक भ्रष्ट संस्था है, हस्तक्षेप, राष्ट्रीय सहारा, 23 सितम्बर, 95, पृ. 6.
27. वही, पृ. 7.
28. डॉ. विशेश्वर मिश्र, भारत में स्वयंसेवी संस्थाएँ, वही, पृ. 8.
29. वही, पृ. 10.
30. कैसी-कैसी पत्रकारिता, कैसे-कैसे एन.जी.ओ, समकालीन तीसरी दुनिया, नोएडा, मई, 1998, पृ. 50.
31. राजेन्द्र भवन और नई दिल्ली में आयोजित सेमिनार में अनुपम मिश्र के द्वारा पढ़े गए शोधपत्र के आधार पर।
32. वही, गिरिजा सतीश के शोध-पत्र से।
33. वही, हेमंत नूतन के शोध-पत्र से।
34. हम दलित, अगस्त, 1996, पृ. 32.
35. वही, पृ. 33.
36. सेंटर फॉर डवलपिंग सोशल स्टडी, राजपुरा रोड, नई दिल्ली में बातचीत के आधार पर।
37. Social workers in India have no have for Dalits. I do not understand why this matter should be left to these what are called organisation of social workers. A social worker in this country is a professional, he has no such things as inner sympathy. He is a professional. If the Muslim League wants him, he will probably serve the Muslim League, if the Hindu Mahasabha wants him, he will serve the Hindu Mahasabha, if the Congress wants him, he will serve the Congress. He is a professional and there is no such thing as, for instance, an inner love. As Tolstoy has said–rightly said–before you serve, you must learn to love. No man can serve anybody unless he loves him. These professionals have no love, they are simply trying to make their livelihood and therefore, perhaps, I would not be surprised if they are getting remuneration from all the three. I do not wish to comment on it. The proper thing, if my hon. Friend wants to do, seems to me to be to take hold of these unemployed graduates. There are plenty of them, intelligent educated boys, who can be said to have some kind of modern outlook in life or who might be said to have developed some public conscience in the matter. you employ them on some reasonable salary, give them a motor-bike or a cycle and give each man seven, ten or fifteen villages, and ask him to go round village by village, hold public meetings, address the people on the question of untouchability and tell them that this is something which is going to bring disgrace upon this country in the modern world. That way it would be far more fruitful and far more effective that the kind of thing that my hon. Friend is doing. Why these social organisations have a fascination for the Congress Government.
(Dr. Babasaheb Ambedkar Writings and Speeches, Vol. 15, (pages 911-912) 1997. Govt. of Maharashtra, Bombay. Netaji Subhash Road, Bombay-400 004)

अन्य सन्दर्भ

- सुश्री मीना गुप्ता, श्रम मंत्रालय में निदेशक से बातचीत जो लाइयर्स (नई दिल्ली) संख्या-7, अगस्त, 1988, पृ. 33 में प्रकाशित हुई।
- भारत का संविधान, अनुच्छेद 45.
- वही अनुच्छेद-24.
- जे.पी. नायक, 'ऐलीमेंट्री एजूकेशन इन इंडिया : ए प्रॉमिस टू कीप', नई दिल्ली एलायड पब्लिसर्स, 1975.
- सेंसस ऑफ इंडिया 1981 सीरीज, पार्ट-2, स्पेशल। रिपोर्ट और तालिकाएँ 5 प्रतिशत नमूने के आँकड़ों पर आधारित हैं, तालिका सी-4 (नई दिल्ली : रजिस्ट्रार जनरल और सेंसस कमिश्नर, 1983) पृ. 208.
- ओ.पी. शर्मा और राबर्ट डी. रदरफोर्ड, रीसेंट लिटरेसी, ट्रेंडस इन इंडिया (नई दिल्ली, रजिस्ट्रार जनरल और सेंसस कमिश्नर का ऑफिस, सामयिक पुस्तिका संख्या-1, 198) पृ. 61, 1901 में कुल निरक्षरों की संख्या 22 करोड़ 25 लाख थी जो 1951 तक बढ़कर 29 करोड़ 42 लाख हो गयी। निरक्षरों की संख्या में वृद्धि का कारण युवाओं के बीच निरक्षता दर का निरंतर उच्च होना है। 1981 में 10-14 आयु वर्ग के 43.5 प्रतिशत और 15-19 आयु वर्ग के 44.6 प्रतिशत लोग निरक्षर थे। इससे ऊपर के आयु वर्ग में 56.7 प्रतिशत महिलाएँ तथा 34 प्रतिशत पुरुष निरक्षर थे। (वही, पृ. 30-31)
- श्रम मंत्रालय, रिपोर्ट ऑफ दि कमेटी ऑन चाइल्ड लेबर। (नई दिल्ली, भारत सरकार, 1979)
- श्रम मंत्रालय, वार्षिक रिपोर्ट, 1983-84 (नई दिल्ली, भारत सरकार, 1985)।
- वही, पृ. 54.
- हरबर्ट पासिन, 'जापान, जेम्स एस. कोल मैन द्वारा संपादित एजूकेशन एंड पॉलिटीकल डेवलपमेंट में (प्रिंसटन यूनिवर्सिटी प्रेस 1965), पृ. 272.
- विश्व बैंक, वर्ल्ड डेवलपमेंट रिपोर्ट 1985 (न्यूयार्क आक्सफोर्ड यूनिवर्सिटी प्रेस, 1985)।

हिन्दू राष्ट्र की संकल्पना और दलित

देश को ब्रिटिश साम्राज्य से मुक्ति मिलने के पूर्व ही यह निश्चित हो गया था कि जैसे ही वायसराय हिन्द की कुर्सी खाली होगी तुरन्त ही हिन्दू राष्ट्र बनाने की प्रक्रिया तेज करनी होगी। तभी तो अंग्रेजी के पत्रकार गिरिलाल जैन[1] ने बाबरी मस्जिद कांड के बारे में लिखा था, **'भारत एक हिन्दू राष्ट्र है, आज भी है, आगे भी इसे हिन्दू राष्ट्र रहना है।'** यह बात शंकराचार्यों से लेकर न्यायाधीश तक बहुत पहले से कहते रहे हैं। लगभग हर राजनैतिक दल ने उत्साहित होकर हिन्दू राष्ट्र को मजबूत बनाने के लिए सरकारी एजेंसियों का भी प्रचुरता में प्रयोग किया था।

वे यह भी मानते हैं कि इन्दिरा गांधी के 1980 में पुनः सत्तारूढ़ होते ही राजनीति में संप्रदायवाद का दखल उत्तरोत्तर बढ़ने लगा। स्वयं इन्दिरा गांधी ने जम्मू-कश्मीर में 1982 के विधानसभा चुनावों में और बाद में दिल्ली मेट्रोपोलिटन काउंसिल के चुनावों में हिन्दू कार्ड का इतना जमकर इस्तेमाल किया कि भाजपा को भी पीछे छोड़ दिया। **हिन्दू कार्ड** से मिली सफलता से उत्साहित होकर आगामी 1985 के लोकसभा चुनावों ने हिन्दूवाद का और जोर-शोर से इस्तेमाल करने की गरज से उन्होंने परोक्ष रूप से डॉ. कर्णसिंह को आगे करके उनकी अध्यक्षता में **विराट हिन्दू सम्मेलन** नाम की संस्था की स्थापना कराई। उनकी हत्या के बाद हुए लोकसभा चुनावों में राजीव गांधी को सहानुभूति वोट तो मिले ही पर हिन्दूवादी संगठन राष्ट्रीय स्वयंसेवक संघ ने भी भाजपा को दरकिनार करके उन्हें भरपूर समर्थन दिया। परिणामस्वरूप भाजपा की केवल 2 सीटों पर ही विजय हुई थी।[2]

6 दिसम्बर, 1992 को बाबरी मस्जिद का गिराया जाना उन घटनाओं की शृंखला का अवश्यम्भावी परिणाम था जिसकी शुरुआत 22/23 दिसम्बर, 1949 को हुई थी।[2ए] उस रात चोरी-चोरी बाबरी मस्जिद में रामलला की मूर्ति एक आपराधिक साजिश के तहत स्थापित कर दी गई थी। उस साजिश में फैजाबाद का तत्कालीन जिलाधीश प्रमुख षड्यंत्रकारी था। प्रधानमन्त्री जवाहरलाल नेहरू वैसे तो देश में वैज्ञानिक मानसिकता (सोच) के प्रति अपनी प्रतिबद्धता का बड़ा ही जोर-शोर से बखान करते थे, लेकिन उन्होंने भी एक आई.सी.एस. अफसर के द्वारा की गई इस धोखाधड़ी के बारे में आँख मूँदने का ही फैसला किया। यह अफसर बाद में जनसंघ के टिकट पर चुनकर चौथी लोकसभा का सदस्य भी बना। यह तथ्य है कि जनसंघ 1967-69 तथा 1977-79 में जब उत्तर प्रदेश की सरकार

में था और 1977-79 में केन्द्र सरकार में, तो उसने बाबरी मस्जिद के मुद्दे पर शोर नहीं मचाया, जबकि नेहरू की ही पुत्री ने 1984 में अयोध्या के महंतों को उकसाया कि वे राम-मन्दिर बनाने के लिए उस जमीन की माँग करें जिस पर बाबरी मस्जिद खड़ी थी।

सन् 1986 में श्री नेहरू के नाती की बारी आई। उन्होंने रामलला की मूर्ति की पूजा के लिए बाबरी मस्जिद का ताला खोला। इसके बाद 1989 में उन्होंने मन्दिर के शिलान्यास की इजाजत दी। वे पूरी तरह वाकिफ थे कि मन्दिर के निर्माण का निश्चित तौर पर मतलब होगा मस्जिद का गिराया जाना।[3]

6 दिसम्बर, 1992 को बाबरी मस्जिद विध्वंस के उस कार्य को अंजाम देने के समय पी.वी. नरसिंह राव प्रधानमन्त्री थे।

27 अक्टूबर, 1994 को उच्चतम न्यायालय के आदेश के तहत अयोध्या विवाद के प्रसंग में न्यायालय के आदेश की अवहेलना के अपराध में एक दिन के सांकेतिक कारावास की सजा कल्याण सिंह को दिल्ली की तिहाड़ जेल में काटनी पड़ी थी और दो हजार का जुर्माना भी भरना पड़ा था।

कल्याण सिंह को यह सजा उच्चतम न्यायालय के मुख्य न्यायाधीश एम.एन. वेंकटचलैया और न्यायमूर्ति जी.एन. राय की खंडपीठ ने सुनाई थी।

6 दिसम्बर, 1992 को नरसिंह राव के प्रधानमंत्रित्व काल में हिन्दू संगठनों के कारसेवकों ने बाबरी मस्जिद ढहा दी थी। उस समय उ.प्र. में भाजपा सरकार के मुख्यमन्त्री कल्याण सिंह थे।

यहाँ हम दिल्ली में आयोजित विराट हिन्दू समाज सम्मेलन की तरफ शोधार्थियों का ध्यान खींचना चाहेंगे।

इस कार्यक्रम में डॉ. कर्णसिंह (अध्यक्ष विराट हिन्दू समाज) का मानना था कि इतिहास के आँख खोलने से लेकर आज तक अबाध गति से आगे बढ़ता हुआ हिन्दुत्व महानदियों की भाँति ही शताब्दियों से और कर्म की अनगिनत धाराओं को लेकर चलता आया है, विविध आध्यात्मिक और सामाजिक आन्दोलनों को जन्म दिया इस प्रकार हिन्दुत्व बहुसंख्य भारतीयों का धर्म रहा है।

यहाँ तक कि तथाकथित मुस्लिम तथा ब्रिटिश शासनकालों में भी अधिक भारतीय हिन्दू ही थे और 1981 की जनगणना में भी यही निष्कर्ष निकाला कि अस्सी प्रतिशत भारतीयों ने अपने को हिन्दू घोषित किया है।

वस्तुतः यह हिन्दुत्व ही है जिसने पचास शताब्दियों से भी अधिक भारतीय इतिहास के साथ खेल किए जाने के बावजूद अनेकता के होते हुए भी एक व्यापक सामाजिक संस्कार की रचना की। यह इतिहास हिन्दुत्व के बिना उसी प्रकार अग्राह्य है जैसे इस्लाम के बिना अरब का इतिहास और ईसाइयत के बिना लातीनी अमेरिका का इतिहास। इसका यह अर्थ नहीं है कि भारत में अन्य धर्मों द्वारा जो किया गया है उसे नकारा जा रहा है, बल्कि इस बात को चिह्नित किया गया है। इसका उद्देश्य है कि हिन्दुत्व की सांस्कृतिक और ऐतिहासिक एकता भारतीय परिदृश्य के सन्दर्भ में ऐसा तथ्य है, जिसका कोई विकल्प नहीं है। इस दृष्टि

से हिन्दुत्व में सामाजिक सुधार की आवश्यकताएँ सम्पूर्ण राष्ट्र के लिए बहुत ही अर्थपूर्ण हो जाती हैं।[4]

विशेष रूप में दलित समाज के बुद्धिजीवी वर्ग को इस बात का अध्ययन करना होगा कि आखिर श्री रामधन (अध्यक्ष अ. भा. डिप्रेस्ड क्लास लीग) उसी हिन्दू जमावड़े में क्यों और कैसे शामिल हो गए। आदरणीय डॉ. कर्ण सिंह जो, श्री लाला हंसराज जी, मंच पर उपस्थित स्वामीगण एवं बहनो और भाइयो! आज हम एक ऐतिहासिक अवसर पर यहाँ इकट्ठे हुए हैं। विराट हिन्दू समाज की ओर से जो विराट हिन्दू सम्मेलन किया जा रहा है उसके लिए हम आपको धन्यवाद देते हैं। इसके पहले भी हिन्दू समाज को संगठित करने का प्रयास हुआ है और बार-बार होता रहा है लेकिन हिन्दू समाज जिस तरह से संगठित होना चाहिए था, संगठित नहीं हुआ। मैं तो यह मानता हूँ कि अछूतों के उद्धार के लिए इस देश के हिन्दू साधु-सन्तों और महात्माओं ने जितने प्रयास किए उनका सही मायनों में असर हिन्दू समाज पर नहीं हुआ। **मैं तो यह जानता हूँ कि प्रातः स्मरणीय महामना मदनमोहन मालवीय से बढ़कर हिन्दू हिन्दुस्तान में पैदा नहीं हुआ। उन्होंने काशी में गंगा के तट पर अछूतोद्धार का कार्य किया। मगर हिन्दू समाज पर उसका असर नहीं हुआ।** आज जो लोग इस महान कार्य को अपने कंधों पर लिए हुए हैं उन पर भारी जिम्मेदारी आ गई है और इस जिम्मेदारी को निभाने के प्राणपण से, तन-मन-धन से अपने को इस समाज के लिए आहुति देनी होगी तब इस समाज का सुधार हो सकता है।

आज भी इस बात की तकलीफ है कि हिन्दू समाज का विस्तार होने के बजाय वह संकुचित हो गया, घटता गया। **आचार्य चतुरसेन शास्त्री ने हिन्दू समाज की उपमा कछुए से की है[5]—जहाँ कहीं भी कुछ देखा अपना मुँह अन्दर कर लिया।** ऐसी बात नहीं। **हिन्दू समाज को आगे बढ़ाने के लिए उसके सिद्धान्तों पर चलने की आवश्यकता है। वेदों में कहीं नहीं कहा गया कि आप छुआछूत मानें। क्या वेदों में कहा गया है कि कुत्ता आपकी थाली को चाट ले लेकिन हरिजन उस थाली को छू न सके? यह कहाँ लिखा गया है? लेकिन आज भी दक्षिण भारत में, दूसरे प्रदेशों में यह देखने को मिलता है कि चाय की दुकानों पर दूसरे लोगों के लिए अलग और हरिजनों के लिए अलग कप रखे गए हैं जो वे स्वयं धोकर बाहर रख देते हैं और उन्हें ही उठाकर पीते हैं। शिवपुरी मध्यप्रदेश का एक जिला है। अभी-अभी वहाँ हरिजनों ने मन्दिर में गंगाजल चढ़ाने का प्रयास किया। उन पर गोलियों से हमला किया गया। तीन हरिजन वहीं मर गए, अन्य घायल हो गए। आज भी तालाबों पर, कुओं पर हरिजनों को चढ़ने नहीं दिया जाता। भगवान ने पृथ्वी को, आकाश को, वायु को, जल को सबके लिए बनाया। धूप सबको मिलनी चाहिए। लेकिन उसका बँटवारा करने का प्रयास उचित कैसे कहा जा सकता है? इसीलिए हिन्दू समाज को सुधारने के लिए आज जरूरत इस बात की है कि लोग सिर पर कफन बाँध कर निकलें।**

मैं जानता हूँ कि छुआछूत को मिटाने के लिए सनातन धर्म की ओर से प्रयास हुआ, आर्यसमाज की ओर से प्रयास हुए, राष्ट्रीय स्वयं सेवक संघ के लोगों ने भी प्रयास किया। **उन्होंने विभिन्न कैम्पों में हरिजनों से भोजन बनवाकर परोस कराई। उनमें ऐसा भाव पैदा**

करने की कोशिश की जिससे छुआछूत समाप्त हो सके। लेकिन यह कार्य केवल कैम्पों तक रह गया। उसे गाँव-गाँव तक, घर-घर तक फैलाने की आवश्यकता है।[6] खास कर राष्ट्रीय स्वयं सेवक संघ का यह परम कर्तव्य है कि समाज को बचाने के लिए आगे आए। आज हमारा सारा आदिवासी क्षेत्र धू-धू कर जल रहा है। उत्तरी-पूर्वी सीमान्त, मध्यप्रदेश, पश्चिमी बंगाल, उड़ीसा, बिहार के आदिवासी क्षेत्रों में खलबली मची है। हम भले ही दोष दें कि ईसाई मिशनरियों की ओर से यह कार्य होता है लेकिन क्या हमने कभी कोशिश की कि हम जंगल में जाकर आदिवासी के पास वृक्ष के नीचे बैठें और उसके दुख में सहभागी बनें? आज आदिवासी क्षेत्रों में जो असन्तोष, जो विद्रोह मचा हुआ है, हम सेना के बल पर उस पर नियंत्रण करना चाहते हैं। मैं उस पर नहीं जाना चाहता। लेकिन जो वास्तविकता है उस पर ध्यान देने की जरूरत है। आप जानते हैं कि छुआछूत को मिटाने का संकल्प लेने हम आज यहाँ आए हैं और उस संकल्प को लेकर ही घर जाएँगे। हमारे संत-महात्माओं ने आप लोगों को आशीर्वाद दिया और कहा कि इस देश से छुआछूत मिटाना है। मैं तो यह कहता हूँ कि यदि हिन्दू समाज को बचाना है तो धर्मशास्त्रों में जो छुआछूत है उसे मिटाना होगा। एक बात और कह देना चाहता हूँ। धर्म-परिवर्तन के लिए विदेशी धन का प्रयोग हो रहा है या नहीं इसकी छानबीन सरकार का काम है, करे। लेकिन मैं आप लोगों से यह कहना चाहता हूँ कि जो हरिजन भाई हैं उनको दुखी करने का प्रयास मत कीजिए।

दूसरी बात मैं आपसे कहना चाहता हूँ कि जो कुछ भी मीनाक्षीपुरम में हुआ उसके बाद हमने हरिजनों को हिन्दुओं से अलग करने की कोशिश की। हमने कहा कि हरिजन मुसलमान हो रहे हैं, हमने यह नहीं कहा कि हरिजन भी हिन्दू धर्म का अंग हैं, हिन्दू मुसलमान हो रहे हैं।[7] इसलिए मैं आप लोगों से यह कहना चाहता हूँ कि हरिजन हिन्दू धर्म का अंग हैं। जैसा कि स्वामी जी ने कहा—अन्त्यज कहिए, शूद्र कहिए, हरिजन कहिए, नाम में मैं नहीं जाना चाहता। लेकिन यह मानता हूँ कि हिन्दू धर्म के अंग होने के नाते उनके साथ समान व्यवहार होना चाहिए। उसे समान अधिकार देने की आवश्यकता है। जब तक हम यह नहीं करेंगे तब तक हिन्दू धर्म में जो खराबियाँ हैं उन्हें समाप्त नहीं कर पाएँगे। आज यही सबसे बड़ा खतरा हिन्दू धर्म के लिए है। मैं मानता हूँ कि कुछ लोगों ने पिछले वर्षों में एक अजीबोगरीब नारा इस देश में लगाया। वह नारा था, **'हरिजन-मुसलिम भाई-भाई, हिन्दू कौम कहाँ से आई।'** यह नारा सफल नहीं हुआ, और न सफल होगा ही। आज भी हमारे एक नेता अपने को **'हरिजन' नेता कहलाने में शर्म मानते हैं।** वही जगजीवन राम जी, दलित-मुस्लिम एकता का फ्रंट बनाकर इस तरह का नारा इस देश में लगाना चाहते हैं। हरिजनों को आरक्षण भीख के रूप में नहीं मिला है। उसी के आधार पर बापू जी ने समझौता किया और इस देश ने उसे माना। अगर पूजा-पाठ के आधार पर आरक्षण आपने हरिजन तथा जनजाति को दिया है तो मैं यह कहता हूँ कि जब तक हमारा संविधान परिवर्तित नहीं होता तब तक उस आरक्षण को कायम रखना पड़ेगा, नहीं तो इन वर्गों में बड़ा असंतोष फैलेगा। मैं इसीलिए आपसे यह निवेदन करना चाहता हूँ कि यह समय की पुकार है।

मैं यहाँ के संयोजकों की ओर खास कर डॉ. कर्णसिंह जी, श्री लाला हंसराज जी गुप्त, जो मेरे साथ जेल में थे, उनका बहुत बड़ा आभारी हूँ कि उन्होंने इस विराट हिन्दू सम्मेलन को आयोजित करके हिन्दू धर्म का महान कल्याण किया है। हम सब लोगों का आज यह परम कर्तव्य हो जाता है कि इस समाज की शाखाएँ प्रदेश-प्रदेश, जिला-जिला, गाँव-गाँव फैलाने की कोशिश करें; उसके माध्यम से, जो सच्चे माने में हिन्दू धर्म है, उसके सिद्धान्तों का प्रसार करें, हिन्दू-धर्म, जो आज एक संकट काल से गुजर रहा है, उसको बचाने के लिए हर सम्भव उपाय करें। यही आप लोगों से मेरा निवेदन है। हम और हमारी सरकारें मानवाधिकार की बातें करती हैं। विश्व के पंचायती मंच पर भी मानवाधिकार की बातें होती हैं। हम यह जानते हैं कि हिन्दू धर्म में मानवाधिकार को बहुत ऊँचा स्थान दिया गया है। साधु-सन्तों ने प्राणी की रक्षा के लिए सर्वस्व त्यागा। हरिजन भाई, जो हमारे-आपके भाई हैं, उनको समानता का अधिकार देने के लिए, उनको मानवता का अधिकार देने के लिए, उनको मनुष्य मानने के लिए आज हर सम्भव उपाय करने की आवश्यकता है।[8]

श्री सूरजभान जी, संसद-सदस्य (महामन्त्री अ. भा. डीप्रेस्ड क्लास लीग) के भाषण की बानगी देखें : आदरणीय अध्यक्ष महोदय, पूज्य स्वामी गण, बहिनो और भाइयो! मेरे से पहिले और दो वक्ताओं से पहिले, स्वामी सत्यमित्रानन्द जी बोल रहे थे। उनका प्रवचन सुनने के बाद मेरी इच्छा थी कि मेरा समय काटकर उन्हीं को दे दिया जाए। ज्यादा अच्छा रहता। मैं चार मिनट में अपनी बात कहना चाहूँगा। 1962 में चीन ने भारत पर हमला किया। हिन्दुस्तान हार गया। बहुत बेइज्जती हुई लेकिन एक 'ब्लैसिंग इन डिसगाइड' भी हुई। सोता हुआ हिन्दुस्तान जाग गया। और आज भारतवर्ष ने अपने-आपको काफी शक्तिशाली कर लिया। मीनाक्षीपुरम में जो कुछ हुआ उससे नुकसान तो कुछ हुआ है लेकिन मैं महसूस करता हूँ कि यह अभिशाप वरदान बनकर सामने आएगा भारतवर्ष के लिए।

भारतवर्ष में हरिजनों की हालत क्या है हजारों वर्षों से। एक उर्दू के शायर ने कहा है और हरिजन भाइयों के बारे में ही कहा है कि **"गुनहगारों में शामिल हैं, गुनाहों से नहीं वाकिफ, सजा तो जानते हैं हम, खुदा जाने खता क्या है!"** हजारों साल इन हरिजनों को किस बात की सजा दी गई है? इनसान होते हुए इनसान नहीं समझा गया। वह अपने-आपको हिन्दू कहते हैं, हिन्दू नहीं समझा गया। आखिर कौन-सा जुल्म था, कौन-सी खता थी? कोई यह बताता नहीं है। मुझे अपने विद्यार्थी-जीवन की एक घटना याद है। मेरे साथ एक ऊँची जाति का विद्यार्थी था और एक अछूत विद्यार्थी भी था। दोनों का बड़ा अच्छा गहरा दोस्ताना था। एक दिन ऊँची जाति के विद्यार्थी ने अपने दोस्त से कहा–छुट्टियों में मेरे घर आना। वह चला गया। सर्दियों के दिन थे। जब घर पर पहुंच गया तो सवर्ण जाति का विद्यार्थी अछूत जाति के विद्यार्थी से कहने लगा–'मेरे तो विचार अच्छे हैं परन्तु मेरे माँ-बाप पुरानी विधारधारा के हैं। इसलिए मेरी मजबूरी है। घर के बर्तनों में खाना नहीं दे सकेंगे, हरिजन बिरादरी से बर्तन लाने पड़ेंगे।' उसने सिर नीचा करके यह मान लिया। फिर उसने कहा–'मजबूरी है, मेरे माँ-बाप पुराने ख्यालों के हैं। घर के आम कमरे में सोने की इजाजत नहीं मिल सकेगी, इसीलिए मवेशियों के कमरे में आपको सोना पड़ेगा।' उसने मजबूरन सिर

झुकाया। उसने फिर कहा–'मेरी एक और मजबूरी है। सोने के लिए वस्त्र भी हरिजन बस्ती से ही लाने पड़ेंगे। मेरे माँ-बाप घर के वस्त्र नहीं दे सकेंगे।' उसने दोस्ती के कारण सब कुछ बर्दाश्त किया।[9] रात के बारह-साढ़े बारह बजे इत्तफाक से उस घर में आग लग गई। वह सवर्ण विद्यार्थी हरिजन विद्यार्थी से आकर कहता है–'भाई, घर में आग लग गई है, आग बुझाओ।' वह दुःखी हरिजन विद्यार्थी कहता है कि 'जिस घर के बर्तनों को मैं छू नहीं सकता, जिस घर के बड़े कमरे में मैं सो नहीं सकता; जिस घर के कपड़ों को हाथ लगा नहीं सकता वह घर जलकर राख हो जाए मुझे कोई चिन्ता नहीं है।'

मैं यह पूछना चाहता हूँ इन दस लाख हिन्दू भाइयों से, अगर हिन्दूस्तान के ये 12-13 करोड़ हरिजन–यहाँ कुछ ऐसे असामाजिक तत्त्व भी बैठे हुए हैं हिन्दुस्तान में, जो उनको भड़का सकते हैं, गलत रास्ते में डाल सकते हैं–अगर यह सोच लें कि जिस हिन्दुस्तान में हमें इंसानियत का हक नहीं है, हमें मन्दिरों में जाने की इजाजत नहीं है, उस हिन्दुस्तान का कुछ भी हो जाए, हमें कोई परवाह नहीं। फिर क्या बनेगा इस हिन्दुस्तान का? क्या रहेगा इस हिन्दुस्तान में? मैं कहना चाहता हूँ आपसे। यह हिन्दू-समाज का बहुत महत्वपूर्ण अंग है। वह हिस्सा है जिन्होंने हजारों साल से जुल्म और सितम सहने के बाद भी अपने-आपको हिन्दू कहा है। सही माने में तो वे सच्चे और पक्के हिन्दू हैं। अगर यह जुल्म और सितम और किसी के ऊपर किया गया होता तो कभी के हिन्दू धर्म को छोड़ जाते। इन सच्चे और पक्के हिन्दुओं को आपको कभी दूर नहीं हटाना चाहिए। **मैं एक बात और भी कहना चाहता हूँ। आज के भाषणों से कुछ गलतफहमी न हो जाए कि हरिजन पर दया की जाएगी, छुआछूत बन्द करके। दया के पात्र हैं हरिजन। ऐसी बात नहीं है। मैं दृढ़ता से इस बात को कहना चाहता हूँ कि हरिजनों ने इस समाज को दिया,** इससे कुछ लिया नहीं।

वेद ईश्वरीय ज्ञान है, वेदों के बाद "..." एक रामायण है। दूसरी महाभारत है। रामायण के देने वाले महर्षि वाल्मीकि इन्हीं हरिजनों में से थे। महाभारत को देने वाले महर्षि वेद व्यास मल्लाह की बेटी की कोख से पैदा हुए थे। ये पुरानी मिसालें कही जा सकती हैं। तो आज का हिन्दुस्तान किसकी शक्ति पर खड़ा है? 'इण्डियन कांस्टिट्यूशन' की। उसको देने वाले डॉक्टर आम्बेडकर, वह भी इन्हीं में से थे। मैं कुछ और भी बात कहना चाहता हूँ। सीता जी को रावण ले गया। इस कड़े वक्त में रामचन्द्र की मदद किसी राजे-महाराजे ने नहीं की थी। वहीं वनों में रहने वाले हरिजन-आदिवासियों ने उनको सहयोग दिया था। इनको कमजोर न समझिए। मैं पुरानी बात और नहीं कहना चाहता। हिमालय पहाड़ की सबसे ऊँची चोटी पर सबसे पहला कदम रखने वाला, सबसे पहला इनसान तेनसिंह ठाकुर नहीं है, ब्राह्मण भी नहीं, इन्हीं आदिवासियों में से है। वह किसी से कम नहीं है। इनको जानबूझकर कम किया गया है। एक बात और कहना चाहता हूँ। मैं कुछ रचनात्मक सुझाव आप लोगों को देना चाहता हूँ। मेरा पहला सुझाव यह है कि छुआछूत कोई ईंटों की दीवार नहीं है। कोई काँटेदार तार नहीं है जिसको हटाने के बाद हरिजन और ब्राह्मण आपस में गले मिल जाएँगे। हिन्दू धर्म के मानने वाले लोगों का दिमाग खराब नहीं है। वे जंगल में

बसने वाले लोग नहीं हैं। क्यों किसी से नफरत करें? हजारों साल से धर्म के नाम पर गलत प्रेरणा उनको इसी बात के लिए मजबूर करती है।

धर्म की ये किताबें जो छुआछूत का पोषण करती हैं, उनमें कुछ संशोधन करना होगा। आज मन्दिरों के दरवाजे खोलना ही काफी नहीं है। अगर मन्दिर में बैठकर पुजारी या प्रचारक कहेगा, "ढोल, गँवार, शूद्र, पशु, नारी, ये सब ताड़न के अधिकारी;" अगर मन्दिरों में वह रोज यही बात कहता रहेगा तो छुआछूत नहीं मिट सकेगी। **अगर इसको मिटाना चाहते हैं तो एक कमीशन बैठे, उन महात्माओं की कमेटी बैठे जो शास्त्रों को जानते हैं और वे प्रामाणिकता के साथ कहें कि हिन्दू धर्म में अस्पृश्यता का कोई स्थान नहीं है। ये गलत चीजें बाद में जोड़ी हुई हैं। अगर ऐसा होगा तो लाजमी तौर पर यह चीज खत्म हो जाएगी। मैं दूसरा सुझाव यह देना चाहता हूँ कि आज कोई कितना ही अनपढ़ हो, कितना ही बेईमान हो, लेकिन एक विशेष तबके से आने के कारण वह मन्दिर का पुजारी बन सकता है। मन्दिर का पुजारी-पद हर जाति के लिए खुला होना चाहिए। वह योग्य आदमी, जो चाहे हरिजन से या किसी अन्य वर्ग में से हो, पुजारी बन सकता है, पुजारी का पद केवल ब्राह्मण के पास न रहे। जो भी विद्वान व योग्य है, किसी भी वर्ग में से है, उसके पास यह पद जाना चाहिए। आखिर में इस बहुत बड़े आयोजन के लिए अगर किसी व्यक्ति को धन्यवाद देना है तो डॉक्टर कर्णसिंह जी को दूंगा। मुझे विश्वास है कि जो संस्थाएँ—मिसाल के तौर पर जिन्हें मैं अच्छी तरह से जानता हूँ—रामकृष्ण मिशन, आर्यसमाज, राष्ट्रीय स्वयंसेवक संघ, और बहुत-सी ऐसी संस्थाएँ हैं—सनातन धर्म, सिख भाई, अगर आज उन्होंने यह निश्चय कर लिया है तो मुझे यकीन है कि कुछ दिनों के बाद वे हिन्दुस्तान के समाज को बदल देंगे।** मेरे जैसे हरिजन परिवार में पैदा होने वाले लोग जो सालों-साल से इस बात की कोशिश में थे कि हिन्दू समाज अपने-आप सुधार करे, आज इस सुधार के लिए उठाए गए इस प्रभावी कदम को देखकर बहुत प्रसन्न हैं। यह कदम आगे बढ़ता जाए, यही मेरी आकांक्षा है।

हिन्दुत्व के इस तरह के आयोजन से आखिर क्या संदेश जाता है। यही कि तुम सभी (दलित-आदिवासी) थोड़ा-बहुत अपनी शिकायतें कर सकते हो। लेकिन हिन्दू धर्म में ही बने रहना है। कुंवर प्रसून[९ए] जैसे द्विज बुद्धिजीवी कहते भी हैं, 'आज दलित आन्दोलन को सही दिशा प्रदान करने के लिए न केवल डॉ. आम्बेडकर जैसे संघर्षों की जरूरत है, बल्कि सवर्णों का मानस बदलने के लिए गांधी जैसे प्रयासों की भी आवश्यकता है।'

निश्चित ही वे दलितों के आन्दोलन की तीव्रता को कम करने के लिए रामराज्य के प्रतिनिधि गांधी को सामने लाना चाहते हैं। यही नहीं प्रसून अरुण कुमार त्रिपाठी के आलेख—धर्मांतरण मुक्ति या मरीचिका—का उदाहरण देते हुए विश्लेषण भी करते हैं कि धर्मांतरण का सिद्धांत पीड़ित जाति की मुक्ति नहीं है।[९बी] यहाँ तक कि दलित और महिला साहित्य में महत्वपूर्ण भूमिका निभाने वाली रमणिका गुप्ता भी लगभग यही भाषा प्रयोग करती हैं। उनका मानना है दलितों ने मुस्लिम धर्म स्वीकार किया, वहाँ भी जातियों की विषमता ने उनका पीछा नहीं छोड़ा। ईसाई, सिख धर्मों में भी यही हालत है। जाएँ तो कहाँ जाएँ।[९सी]

अयोध्या कांड और उसके तुरन्त पश्चात बम्बई में सांप्रदायिक हिंसा को लेकर जब पूरा देश स्तब्ध रह गया था, देशभर में मारकाट, चीख-पुकार के बावजूद एक अजीब तरह का सन्नाटा भी था, झोंपड़ियाँ जल रही थीं, बारूद पिघल रहा था, ऐसे में सामाजिक न्याय के तथाकथित अग्रणी नेता विश्वनाथ प्रताप सिंह इन दंगों को रोकने तथा शांति स्थापना के लिए बम्बई में धरने पर बैठ गए थे। धरने के दौरान ही वे कविता भी लिख रहे थे।[10]

बकौल जार्ज फर्नांडिस[11], बाबरी मस्जिद के विध्वंस से पहले संघ परिवार ने मुसलमानों के खिलाफ घृणा का जो जहरीला अभियान चलाया वह जर्मनी में यहूदियों के खिलाफ उस समय चलाए गए अभियान से अधिक भिन्न नहीं था जब हिटलर सत्ता हथियाने की कोशिश कर रहा था। राष्ट्रवाद को नए ढंग से परिभाषित कर इसे **'हिन्दू राष्ट्र' का पर्यायवाची बनाने में हिटलर द्वारा जर्मन जाति की श्रेष्ठता तथा विशिष्टता के नारे की प्रतिध्वनि आती है। ऐसा करके संघ परिवार ने न केवल जिन्ना के द्विराष्ट्र के सिद्धांत को नया आयाम दिया है, बल्कि दूसरे के लिए ही क्यों न हो, देश के विभिन्न हिस्से में चलने वाले विद्रोहों को उचित ठहराने का मौका दिया है।**

'इंडिया टुडे' के **नरेन्द्र कुमार सिंह** लिखते हैं कि "फिलहाल उनकी (अटल विहारी वाजपेयी) हैसियत सचमुच स्टार जैसी है। (हालाँकि बाद के दौर में उनकी हैसियत सुपर स्टार जैसी बन गई थी) उन्होंने 'इंडिया टुडे' को साक्षात्कार देते हुए कहा था, "हिन्दुत्व के मामले में हमारा रुख नरम नहीं है।" पर बाबरी मस्जिद ढहाए जाने पर वाजपेयी ने खुलेआम अपनी नाराजगी जाहिर की थी, जिसकी वजह से प्रतिक्रियास्वरूप साध्वी **ऋतंभरा ने उन्हें 'आधा कांग्रेसी' कहा था जबकि बलराज मधोक ने नेहरूवादी बतलाया।**[12]

हिन्दुत्व के आह्वान का परिदृश्य देखें–

'इंडिया टुडे' के 30 अप्रैल, 1994 के अंक में छपा है। 7-8 अप्रैल, 1984, नई दिल्ली : धर्म संसद की पहली सभा अयोध्या, मथुरा और काशी में "मुसलमान हमलावरों" की बनाई तीनों मस्जिदों को ध्वस्त करने का आह्वान करती है। इसके ठीक दस साल बाद 3-4 अप्रैल, 1994 को हरिद्वार में धर्म संसद अयोध्या में विवादित भूमि पर कब्जा करने और 9 नवम्बर से मन्दिर निर्माण की चेतावनी देकर राम मन्दिर के प्रति प्रतिबद्धता दोहराती है।

युवराज धिमिरे लिखते हैं कि "विभिन्न हिन्दू संप्रदायों के 30,000 साधुओं की सदस्यता का दावा करने वाली धर्म संसद हिन्दुत्व आन्दोलन की अगुआ टोली के रूप में उभरी है। इसकी वजहें भी हैं। पिछले विधानसभा चुनावों में तीन राज्यों में सत्ता खोने के बाद हाशिए पर धकेली गई भाजपा और आरएसएस को विभिन्न राज्यों में होने वाले विधानसभा चुनावों में नुकसान की भरपाई करने की जरूरत महसूस हुई थी। अप्रैल, 1994 के प्रथम पखवाड़े में हरिद्वार में धर्म संसद में हुआ फैसला आरएसएस के नागपुर स्थित मुख्यालय से मार्च की शुरुआत में जारी किए गए फरमान की पुष्टि मात्र है।

भाजपा अपनी खोई चमक फिर प्राप्त करने में साधुओं और विश्व हिन्दू परिषद की मदद लेने को बुरा नहीं मानती। यह समीकरण विहिप और साधुओं को भी भाता है।

विहिप के महासचिव अशोक सिंघल कहते हैं, **''हम भाजपा के साथ हैं क्योंकि वह हिन्दुत्व की बात करती है और मन्दिर आन्दोलन में हमारे साथ है।''**

धर्म संसद का गठन विहिप की गतिविधियों का विस्तार करने के लिए किया गया था। उसने विभिन्न सरकारों को कई बार चेतावनियाँ दी हैं लेकिन उसने खुद को राम मन्दिर से सीधे जुड़े मुद्दों तक ही सीमित रखा। उसने 14 अक्तूबर से प्रस्तावित 11 द्विवसीय राष्ट्रव्यापी सन्त यात्रा में बांग्लादेशी मुसलमानों की घुसपैठ के कारण राष्ट्रीय सुरक्षा पर आए खतरे, डंकल प्रस्ताव के दुष्परिणामों तथा विभिन्न सरकारों द्वारा हिन्दू हितों की अनदेखी जैसे मुद्दे उठाने की चेतावनी दी।

यहाँ किशन पटनायक[12ए] का रुख देखें तो लगता है कि वे विवेकानन्द के प्रतिनिधि के रूप में दलित-पिछड़ों से रू-ब-रू होना चाहते हैं। वे साध्वी ऋतंभरा के उग्र भाषणों पर कोई चिंता व्यक्त नहीं करते बल्कि दलितों को संदेश देते हैं कि उन्हें उग्र रूप धारण नहीं करना चाहिए। वैसे कहते भी हैं, हिन्दू धर्म का नवीनीकरण और राष्ट्रीय गुलामी का प्रतिरोध इसका ऐतिहासिक दायित्व शूद्र नेतृत्व के कंधों पर आ गया है। स्वामी विवेकानन्द की भविष्यवाणी थी : 'भारत शूद्रों का होगा, शूद्र उसका संचालन करेंगे।' यानी हिन्दुत्व के ही एजेंडे में शूद्रों को संचालन करना होगा।

सिकन्दर बख्त ने एक बार कहा था कि जब तक वह भाजपा में हैं, इसे भारतीय जनसंघ नहीं बनने देंगे, पर ऐसा हुआ नहीं यानी न सिकन्दर बख्त भाजपा से अलग हुए और न जनसंघनुमा भाजमा को बनने से कोई रोक सका। यह भी इतिहास का एक कड़वा सच है कि 1977 के लोकसभा के चुनाव में वह चाँदनी चौक से जनसंघ के कार्यकर्ताओं के समर्थन के बल पर जीते थे। वह जानते थे कि किसी और दल के सहारे वह चाँदनी चौक में दुबारा नहीं जीत सकते। इसलिए वह चन्द्रशेखर की जनता पार्टी छोड़कर वाजपेयी की जनता पार्टी में शामिल हो गए।

बलराज मधोक कहते हैं कि 1984 के लोकसभा चुनाव में भाजपा बुरी तरह पिट गई थी। इसे लोकसभा में केवल दो स्थान मिले थे, परन्तु बाद के दौर में देखा गया कि कार्यकर्ताओं ने भाजपा को असली जनसंघ बताकर लोगों का समर्थन माँगा था। वे यह भी कहने में नहीं चूकते थे कि उन दिनों दोगली नीतियों के कारण स्वयं भाजपा के भीतर अन्तर्विरोध भी चलता रहा था पर इस स्थिति से पार्टी उबरी। तब के चुनाव इसके स्पष्ट प्रमाण हैं। गुजरात में भाजपा की जीत हिन्दुत्व की लहर के कारण हुई। वहाँ यह लहर विश्व हिन्दू परिषद ने पैदा की थी! विश्व हिन्दू परिषद की ओर से आयोजित चुनाव सभाओं में साध्वी ऋतंभरा बोलती थीं और लाखों लोग उन्हें सुनने आते थे।

स्वयं वाजपेयी का कहना था, हमारे हिन्दुत्व परिवार में कोई ऐसा वैचारिक मतभेद नहीं है। अयोध्या विवाद के मसले पर भी भाजपा, राष्ट्रीय स्वयंसेवक संघ और विश्व हिन्दू परिषद–तीनों की सोच एक ही है।

विभांशु दिव्याल[13] लिखते हैं कि गैर-हिन्दू और हिन्दू-विरोध के प्रति आक्रामक होकर भाजपा ने एक निश्चित राजनीतिक प्रभाव क्षेत्र तैयार किया है, लेकिन इस प्रभाव क्षेत्र की

भी अपनी निश्चित सीमाएँ हैं। हिन्दू आक्रामकता के राजनीतिक शक्ति में बदलने की प्रक्रिया के बीच अथवा उसके विरोध में जो कुछ भी है, वही भाजपा की परिधि को भी सीमित करता है। सीमित करने वाला यह तत्व भी कम शक्तिशाली नहीं है। मजेदार बात यह है कि अगर भाजपा इस तत्व को भेदने की कोशिश करेगी तो उसे अपने हिन्दूवादी आवरण से बाहर आना होगा और ऐसा करने के स्पष्ट खतरे हैं कि वह स्वयं हिंदुओं के ही एक वर्ग का विरोध मोल ले ले। दूसरी ओर, अगर वह हिन्दूवादी आवरण से बाहर नहीं आती तो वह न तो अपने प्रभाव क्षेत्र को सीमित करने वाली बाधाओं को तोड़ पाएगी और न ही अपना फैलाव ही ज्यादा कर पाएगी। भाजपा की असली त्रासदी यही है।

बात हाल ही के ऋतंभरा प्रकरण से शुरू की जा सकती है। देवास में ऋतंभरा को जिस उत्तेजक भाषण के लिए गिरफ्तार किया गया था, वह ईसाई समुदाय के विरोध में था। ऋतंभरा की गिरफ्तारी के प्रति भाजपाई कुनबे ने अपना एक-स्वर से आक्रोश व्यक्त किया, यानी इस कुनबे की नजर में ऋतंभरा की असहिष्णुता और आक्रामकता जायज थी।

उनका मानना है कि भाजपा ने हिन्दू समाज या कहें कि भारतीय समाज के एक विराट सांस्कृतिक प्रतीक 'राम' को राजनीतिक औजार के रूप में इस्तेमाल किया। वही औजार एक हद तक कारगर भी हुआ।

'इंडिया टूडे' लिखता है–हिन्दुत्व मुद्दे को वह खास तौर से हिंदीभाषी क्षेत्रों में इस्तेमाल करना चाहती है। पिछले महीने आरएसएस ने अपने इतिहास में पहली बार मतदाताओं से 'हिन्दुत्व विरोधी तत्वों' को हराने की अपील जारी की। इसके प्रमुख राजेंद्र सिंह ने कहा, ''आप जमकर अपना समय और ताकत इस लोक चेतना में लगाएँ जो वास्तव में ईश्वर का काम है ताकि हमारी राजनीति, जो हिन्दुत्व विरोधी सोच से ग्रसित है, उबर और चमक सके।''

इसके एक वर्ष बाद प्रतिबंधित विहिप के महामन्त्री 'राष्ट्रीय सहारा' को दिए गए साक्षात्कार में हिन्दू संस्कृति के जागरण को हिन्दुत्व का वसंत काल बतलाते हैं। वे इस बात पर जोर देकर कहते हैं कि हिन्दू जागरण को दुनिया की कोई ताकत नहीं रोक सकती। पुराने पत्तों का नीचे गिरकर खत्म हो जाना अवश्यम्भावी है। फल-फूल तथा नए पत्ते निकलेंगे ही। अब सारी चीजें हिन्दुत्व से ही संचालित होंगी, चाहे अर्थनीति हो या राजनीति अथवा शिक्षा नीति।[14]

हिन्दू संगठनों को इसे अल्टीमेटम कहें या चुनौती पर इतना स्पष्ट है कि उनके वक्तव्यों से फासिज्म की बू आने लगी थी। यहाँ प्रफुल्ल किदवई के शब्दों में कहें तो, अब यह बहस का विषय नहीं रहा कि आडवानी हिटलर हैं और बीजेपी फासिस्ट पार्टी। रथयात्रा के परिणामस्वरूप जो भयंकर दंगे हुए, वे किसी भी रूप में न्यूज के खिलाफ किए गए नेशनल सोसलिस्ट के अत्याचारों से कम नहीं थे।[14ए]

अधिकांश यही मानते हैं कि हिन्दुत्व के गर्भ से भाजपा उभरी, लेकिन रजनी कोठारी का इन सबसे अलग मत है। वे कहते हैं कि भाजपा हिन्दुत्व की बात पर नहीं उभरी बल्कि इससे कांग्रेस के वैकल्पिक रूप का खास कर मध्य वर्ग, व्यापारिक वर्ग और ग्रामीण क्षेत्रों

में रहने वाले उच्चवर्गीय नागरिकों का प्रतिनिधि होने की बात पर अपना विस्तार किया। वस्तुतः इन सबों की नजर में भाजपा कांग्रेस के पूरक के रूप में ठीक उतरती है। इसलिए हमें उस सामाजिक ताकत को समझना होगा जो भाजपा के पीछे खड़ी है। वामपन्थी ताकतों ने अपना आधार जनशक्ति को माना है परन्तु इस आधार के कई हिस्सों पर भाजपा ने अपना अधिकार स्थापित कर लिया है। साथ ही वे यह भी मानते हैं कि हिन्दुत्व के मुद्दे को साफ नहीं ठुकराया जा सकता, इसकी थोड़ी-बहुत भूमिका तो रही ही है परन्तु मतदाताओं को सबसे ज्यादा प्रभावित किया भाजपा की अन्य विशिष्टताओं ने। जैसे कि यह एक स्थिर पार्टी है, कैडर आधारित पार्टी है, रैंक एंड फाईल वाली अर्थात अनुशासित पार्टी है, इसके नेताओं में भ्रष्टाचार नहीं है, यह पार्टी राष्ट्रीयता का आदर्श है वगैरह वगैरह। तो इन कारणों से भाजपा का विकास हुआ और वह कांग्रेस के शून्य को भरने में सफल रही।[15]

भाजपा की चुनावी बढ़त के बारे में **अरुण कुमार** का कहना है कि भाजपा के मतों में (1991) अप्रत्याशित वृद्धि रिकार्ड की गई। उनका यह भी मानना रहा कि अगर राजीव गांधी की हत्या नहीं होती तो कांग्रेस (इ) के बजाय भाजपा तत्कालीन (1991) लोकसभा की सबसे बड़ी पार्टी होती। उनका यह भी विचार रहा कि 1991 के आम चुनावों में मतदाता ने अपने आर्थिक कल्याण के तात्कालिक मुद्दों को नजरअन्दाज कर कांग्रेस की 'सहानुभूति लहर' तथा भाजपा की 'राम लहर' को प्राथमिकता प्रदान की।[16]

अनुमान के तौर पर सत्येन्द्र रंजन कहते हैं कि अगर चुनाव के बीच में राजीव गांधी की हत्या नहीं होती तो कांग्रेस (इ) के वोटों में चार से पाँच प्रतिशत की गिरावट आती।

भारतीय जनता पार्टी ने अपने वोट प्रतिशत में जरूर काफी बढ़ोतरी की है। पिछले चुनावों में उसे जहाँ 11.5 प्रतिशत वोट मिले थे, वहीं इस बार उसे 21.2 प्रतिशत वोट मिले हैं। अर्थात उसके वोटों में करीब दस प्रतिशत का इजाफा हुआ है। भाजपा की देश के लगभग सभी हिस्सों में उपस्थिति भी दिखी है। कर्नाटक जैसे राज्य में वह दूसरी सबसे बड़ी ताकत के रूप में उभरी है, जबकि उत्तर प्रदेश और गुजरात में वह पहले नंबर की ताकत बन गई है।[17]

भाजपा की बढ़ी ताकत का विश्लेषण करते हुए हमें तीन बातों का ध्यान रखना चाहिए। पहले तो यह 1980 के दशक की शुरुआत से इंदिरा गांधी के नेतृत्व में कांग्रेस (इ) ने हिन्दू सांप्रदायिकता उभारकर उसका चुनावी फायदा उठाने की जो राजनीति शुरू की, उससे देश भर में **हिन्दू सांप्रदायिक वोट बैंक** का निर्माण हुआ। भारतीय जनता पार्टी ने अब सर्वाधिक उग्रवादी हिन्दू सांप्रदायिक तेवर अपनाकर उस वोट बैंक को अपने पक्ष में कर लिया। दूसरी बात यह कि कांग्रेस के हो रहे क्षय के साथ हिन्दू समाज का शासक वर्ग भाजपा को अपनी पार्टी मानने लगा है। वह इसे अपने राजनैतिक औजार के रूप में स्वीकार कर रहा है। तीसरी बात यह कि भाजपा के पास बेजोड़ संसाधन और कार्यकर्ता-शक्ति है। मीडिया के उपयोग की क्षमता में भी उसका कोई जवाब नहीं है। ऐसे में उसकी बढ़ी ताकत क्षणिक है, ऐसा नहीं कहा जा सकता लेकिन मध्य प्रदेश, राजस्थान और हिमाचल प्रदेश के चुनाव नतीजे अगर कोई संकेत देते हैं तो यही कि भाजपा की ताकत में अब कोई और प्रभावशाली बढ़ोतरी

की सम्भावना नहीं है। हालाँकि कांग्रेस के क्षय के साथ-साथ भाजपा की ताकत कुछ और मजबूत हो सकती है।

राष्ट्रीय मोर्चा-वामपन्थी गठजोड़ के वोटों में 1989 की तुलना में साढ़े पाँच प्रतिशत की कमी आई है। पिछले चुनाव में इन दलों को कुल मिलाकर 34.2 प्रतिशत वोट मिले थे। इस चुनाव में 28.7 प्रतिशत वोट मिले हैं। यहाँ ध्यान रखने की बात है कि ज्यादातर जनता दल के वोटों में गिरावट आई है। वामपन्थी पार्टियाँ अपना वोट लगभग पहले के बराबर बनाए रखने में सफल रही हैं। जनता दल के वोटों में गिरावट की बात समझ में आने वाली है। इस चुनाव में जनता दल एक भिन्न चरित्र को लेकर उतरा था। पिछले चुनाव में वह कांग्रेस के विकल्प के रूप में एक सामान्य मध्यमार्गी दल के रूप में ही देखा गया था लेकिन इस बार वह वामपन्थ की ओर झुका मध्यमार्गी दल था, जो एक खास तबके और खास मुद्दों पर हुए ध्रुवीकरण का प्रतिनिधित्व कर रहा था। ऐसे में समाज के यथास्थितिवादी मध्य वर्ग और ऊँची जातियों के लोग न सिर्फ उससे कट गए बल्कि उसके नंबर एक शत्रु भी बन गए थे।

जहाँ तक भाजपा की सामाजिक न्याय नीति को प्रभावित करती दलित राजनीति का प्रश्न है, हमें कुछ समय पूर्व परिस्थितियों की जाँच-पड़ताल करनी होगी। यह बात तो अपने-आप में स्पष्ट है कि पिछले डेढ़-दो दशक से भाजपा राजनैतिक युद्ध में दबे पाँव नहीं आई, बल्कि सत्ता में उसकी हिस्सेदारी कुछ संकल्पों के कारण हुई। हालाँकि उन संकल्पों से किसी व्यक्ति/समूह/जाति या राजनैतिक पार्टी का मतभेद हो सकता है पर बंगलौर के संकल्प नगर में आयोजित अपनी ऐतिहासिक सभा में भाजपा परिवार ने सामाजिक न्याय की जो बात दोहराई थी उससे दलितों का मन किसी-न-किसी रूप में भाजपा से जुड़ा था विशेषतौर पर दलित समाज के ऐसे लोग, जिनके मन में दलित-आदिवासियों के लिए कुछ करने के निश्चय थे। भले ही विधायक या सांसद बनने के रूप में वे उस समाज को कुछ देना चाहते हों। ऐसे लोगों की कल्पना में भाजपा केन्द्र को एक स्थिर सरकार देने की प्रतिज्ञा में सक्षम रहेगी। दलित और पिछड़े समाज के कुछ व्यक्तियों और समूहों का भाजपा से जुड़ना इसलिए भी तर्कसंगत हो सकता है कि उनके विचार में सत्ता की राजनीति का भविष्य भाजपा के हक में है। जैसे किसान खेत में बीज डालते हुए अच्छी और घनी फसल की उम्मीद करता है, ठीक वैसे ही जीतने वाली संभावित पार्टी से जुड़ने की प्रक्रिया भी तेजी के साथ होने लगती है।

दलित और शोषित समाज का एक भाग इसलिए भी भाजपा से जुड़ रहा है कि उन्हें राजनीति के कुरुक्षेत्र में विकल्प की तलाश थी। कांग्रेस से उनका मोह टूट रहा था और जनता दल तथा बसपा से उनके विश्वास बार-बार बिखर रहे थे। पहले जनता पार्टी और फिर जनता दल से दलित मतदाता उदास हुआ। इसीलिए कि उनका हश्र एक के बाद एक करके टूटा।

अब तक भाजपा ने सामाजिक न्याय के पक्ष में सोचना आरम्भ कर दिया था। उसके सामने उस समय जनता पार्टी की सफलता और विफलता, दोनों की ही परिस्थितियाँ गवाह

के रूप में थीं। दलित मतदाताओं के दबाव को भी भाजपा ने करीब से महसूस किया था। उनके तेवर को पहचाना था। बाद के दशक में भाजपा परिवार ने दलित मतदाताओं को बटोरने की मुहिम के तहत ही देशभर में अभियान छेड़ा।

थोड़ा पीछे जाएँ तो 1981 के आसपास कोचीन में भाजपा की राष्ट्रीय परिषद में अनुसूचित जाति तथा अनुसूचित जनजातियों के सवालों को मुखरता से उठाया गया। सामाजिक नीति पर विचार-विमर्श हुआ। महिलाओं के सवालों पर गम्भीरतापूर्वक मनन हुआ। वैसे 1980 में बम्बई के राष्ट्रीय अधिवेशन में पार्टी के कानून प्रकोष्ठ ने संविधान पर बहस भी की थी। **बाबा साहेब डॉ. आम्बेडकर का चित्र भाजपा में पहली बार इस बहस के मंच पर लगा।** फिर 1981 में कोचीन में राष्ट्रीय अधिवेशन हुआ। इसमें आरक्षण पार्टी की ओर से चर्चा का मुख्य विषय बना। शायद तब से ही आम्बेडकर का नाम पार्टी की शिराओं में उतरना आरम्भ हुआ। बाद में यानी मार्च 1985 में कलकत्ता की कार्यकारिणी की बैठक में पार्टी की ओर से एक कार्यकारी दल बनाया गया। अक्तूबर 1985 में गांधीनगर अधिवेशन में योजना प्रस्तुत की गई जो स्वीकृत भी हुई। इस योजना का विशेष अंग था डॉ. आम्बेडकर के जन्मदिन 14 अप्रैल को शोषणमुक्त और समतायुक्त दिन के रूप में मनाया जाना। इस अधिवेशन के पश्चात से ही भाजपा और संघ परिवार के मंचों पर डॉ. आम्बेडकर के चित्र के लगने की परम्परा आरम्भ हुई।[18]

भाजपा द्वारा आरम्भ की गई सामाजिक न्याय की सार्थकता पर भाजपा के ही पूर्व सांसद तथा अनुसूचित जाति मोर्चा के प्रभारी सूरज भान से पार्टी कार्यालय में बातचीत हुई। उनका मानना था कि कांग्रेस ने दलितों के लिए कुछ किया ही नहीं। केवल बड़ी-बड़ी बातें अखबारों में छपवाई हैं। अधिकांश दलित भ्रम में रहे। अब वह भ्रम टूट रहा है और दलित समाज का बुद्धिजीवी वर्ग भाजपा में प्रवेश का मन बना रहा है।

उनके अनुसार, चारों राज्यों में भाजपा ने सरकार में रहते हुए दलितों के लिए बहुत-कुछ करने का प्रयास किया है। इस सन्दर्भ में मध्य प्रदेश सरकार ने दलित-आदिवासियों को जमीन खरीदने के लिए चार प्रतिशत पर कर्ज देने आरम्भ किए। खेत पर कुआँ तथा ट्यूबवेल लगाने के लिए अनुदान, आदिवासियों को तीन-तीन एकड़ जगह मुफ्त दी गई। हिमाचल में अंत्योदय योजना आरम्भ हुई। उ.प्र. तथा राजस्थान में भी अनुसूचित जाति तथा जनजातियों के हित में अनेक योजनाएँ चलाई गईं।

भाजपा का दलितोद्धार अभियान निश्चित ही एक सीमा तक सफल भी रहा था। भाजपा की राज्य सरकारों ने ग्राम पंचायतों से लेकर जिला मुख्यालयों तक बाबा साहेब डॉ. आम्बेडकर के नाम पर आम्बेडकर मंगल भवन की योजना बनाई थी। कई स्थानों पर मंगल भवन भी बनाए गए। सेवा भारती दलितों की बस्तियों में शिक्षण योजनाएँ चलाने लगीं।

भाजपा परिवार ने नवम्बर 1989 में राम मन्दिर की नींव दलित जाति के कामेश्वर पासवान से रखवाई थी। 21 सितम्बर, 1991 से भाजपा की राज्य सरकारों ने हरिजन शब्द के प्रति दलितों की बेरुखी को देखते हुए उनके लिए अनुसूचित जाति शब्द का प्रयोग आरम्भ करवाया था।

1993 को अनुसूचित जाति मोर्चे के अधिवेशन में यह सवाल भी उठाया गया था कि राम मन्दिर परिसर में वाल्मीकि मन्दिर क्यों नहीं? दबाव के कारण पार्टी को मोर्चे की यह बात माननी पड़ी थी।

पिछले दिनों बिहार में जब जनता दल सरकार की तरफ से किसी दलित को पुजारी बनाने की अफरा-तफरी मची थी, तब अचानक पटना के महावीर मन्दिर में एक दलित पुजारी सन्त सूर्यवंशी दास की नियुक्ति कर भाजपा ने बाजी अपने हाथ में ले ली। हालाँकि पिछले दो-तीन वर्षों से ही इस बात की कोशिश थी कि मन्दिर का पुजारी किसी दलित को बनाया जाए। 'पांचजन्य' विशेषांक के मुखपृष्ठ पर आम्बेडकर का चित्र तथा भीतरी पन्नों पर इसी सन्दर्भ में लम्बा फीचर भी छापा गया था। यही नहीं, अखिल भारतीय विद्यार्थी परिषद द्वारा भी बाबा साहेब डॉ. आम्बेडकर जन्म शताब्दी समारोह वर्ष में डॉ. आम्बेडकर पर एक-दो पुस्तिकाएँ भी छापी गईं थी। भाजपा ने पार्टी स्तर पर स्वयं उनका जन्म शताब्दी समारोह वर्ष भी दलितोद्धार की अनगिनत योजनाओं के माध्यम से मनाया था।

जैसे-जैसे भाजपा के भीतर डॉ. आम्बेडकर विचार को स्थान मिलता गया, वैसे-वैसे ही पार्टी में दलित नेताओं का प्रवेश और उनकी पहचान भी बनती गई। दक्षिण राज्यों से बहुत से दलित नेता पहले ही पार्टी में आ गए थे। भाजपा अनुसूचित जाति व जनजाति मोर्चा के अध्यक्ष बंगारू लक्ष्मण ने पार्टी की भीतरी तहों तक दस्तक देने में सफलता प्राप्त की है। वे 1991 में नांद्याल चुनाव क्षेत्र में प्रधानमन्त्री पी.वी. नरसिंह राव के सामने खड़े हुए थे। इसी तरह शिवलिंगय्या बंगलौर के पास मेलहंका विधानसभा उपचुनाव में भाजपा के उम्मीदवार थे। वे भी अनुसूचित जाति से हैं। इनके अलावा महाराष्ट्र से दिल्ली के पूर्व राज्यपाल पी.जी. गवई, मध्य प्रदेश से सत्यनारायण जटिया, आदिवासी नेता कड़िया मुंडा, उत्तर प्रदेश से राज्यसभा सदस्य संघ प्रिय गौतम, दिल्ली से कालका दास (अब जीवित नहीं हैं), हरियाणा से सूरज भान आदि दलित नेता राष्ट्रीय फलक पर उभर कर आए। स्वयं पार्टी की राष्ट्रीय कार्यकारिणी में अब चार दलित नेताओं को शामिल किया गया जहाँ पहले केवल एक था। राज्यसभा में भी अन्य पाटियों के अनुपात में दलितों का अधिक प्रतिनिधित्व हुआ।

विभांशु दिव्याल का मानना है कि दलित राजनीति से सम्बन्धित कार्यकर्ता अपने दलित विरोधियों को उतना कट्टर नहीं पा रहा, जितना कट्टर वह बीस साल पहले पाता था।

हमारी समझ में देखा जाए तो इसके दो कारण रहे हैं। पहला, गैर दलित राजनीतिज्ञों विशेष तौर पर भाजपा ने अपने हिन्दुत्व के चरित्र को थोड़ा बदला है। दूसरा, स्वयं दलित नेता ने सत्ता से रिश्ते जोड़ने के लिए आम्बेडकर की भाषा छोड़कर 'मनु' की भाषा बोलने का न सही पर अपने विरोधी पक्ष से समझौता करने का प्रयास तो किया ही है। इसीलिए सामाजिक परिवर्तन के लिए जो मुहावरे राजनैतिक औजार बने थे, उन्होंने अपनी धार खो दी है।

जहाँ तक भाजपा की बदली हुई भाषा का सवाल है, वह कुल मिलाकर दलित-पिछड़ों को भ्रमित और गुमराह करने वाली सिद्ध हुई है। पुरुषोत्तम अग्रवाल के विचार में तो भाजपा

(बल्कि संघ परिवार मात्र) का सारा आदर्शवाद, नैतिकता के सारे दावे असल में एक रणनीति हैं जिनसे कि सत्तातंत्र पर स्थायी लेकिन अप्रत्यक्ष कब्जे का लक्ष्य हासिल किया जाना है।

पी.एल. भीमरौठ[19] का मानना है कि हिन्दुत्व के नाम पर आज सारी प्रतिगामी और प्रतिक्रियावादी शक्तियाँ एक हो गई हैं और अब देश की राजसत्ता पर भी कब्जा कर लिया है। अब ये अपने उन सभी मनसूबों को पूरा करना चाहते हैं, जो कि इनके गुप्त एजेंडे में हैं। 14 जनवरी, 1993 को इलाहाबाद में विश्व हिन्दू परिषद् द्वारा एक 'धर्म-संसद' का आयोजन किया गया था। इस धर्म-संसद ने प्रस्ताव पारित कर भारतीय संविधान का बहिष्कार किया था और इसके स्थान पर एक नए संविधान का मसौदा तैयार किया और कुछ प्रस्ताव पारित किए थे। इनमें से कुछ इस प्रकार थे–

1. अनुसूचित जाति/जनजाति के आरक्षण की व्यवस्था खत्म की जाए।
2. समाज में चतुर्थ वर्ण व्यवस्था पुनः स्थापित की जाए।
3. भारतीय संविधान हिन्दू विरोधी है अतः उसे बदलना चाहिए।

इस धर्म संसद के बाद भी वसन्त साठे ने अनेक बार सावर्जनिक रूप से देश में प्रजातंत्र के स्थान पर अध्यक्षीय प्रणाली की वकालत की। आज नाना पालकीवाला व बी.के. नेहरू जैसे लोग भी इस मत के हैं कि देश में संसदीय प्रजातंत्र को खत्म करके उसके स्थान पर अमेरिका या फ्रांस जैसी अध्यक्षीय प्रणाली अपनाई जाए। अध्यक्षीय शासन प्रणाली में देश का प्रमुख राष्ट्रपति/राष्ट्राध्यक्ष होता है, जिसका चुनाव देश की सारी जनता करती है और वह फिर अपना मंत्रिमंडल बनाता है। इस प्रणाली में राष्ट्रपति और मंत्रिमंडल की संसद के प्रति कोई जवाबदेही नहीं होती है और उसमें जन-प्रतिनिधियों का देश की शासन व्यवस्था में कोई योगदान नहीं होता है। भारत में अध्यक्षीय शासन प्रणाली लागू होने पर राष्ट्रपति अपनी इच्छानुसार मन्त्री बनाएगा तथा पूरी सत्ता के सभी प्रमुख केन्द्रों व पदों पर उच्च जाति के व सवर्ण जाति के लोगों को मनोनीत करेगा। उसकी संसद के प्रति कोई जवाबदेही नहीं होगी। वह एक निरंकुश शासक की तरह देश में राज करेगा और पुनः शोषक वर्ग के लोग शोषितों पर कहर ढाएँगे।

'भारत अश्वघोष'[20] लिखता है कि "गत 11 मई, 1998 को जब समस्त विश्व की मानवता एवं शान्ति प्रेमी जनता महामानव गौतम बुद्ध के जन्म की खुशियाँ मनाते हुए बुद्ध-पूर्णिमा के गोलाकार सूर्ख चाँद के देखने का इन्तजार कर ही रही थी कि हमारे देश के प्रधानमन्त्री वाजपेयी ने शाम को अपने घर पर विशेषरूप से बुलाई गई प्रेस कांफ्रेन्स में घोषणा करके कि भारत ने एक ही बम से पोखरण के रेगिस्तान में एक ही बार तीन परमाणु बमों का परीक्षण किया, सबको चौंका दिया।

ठीक 24 साल पहले बुद्ध पूर्णिमा के ही दिन 18 मई, 1974 को इन्दिरा गांधी ने पोखरण में ही देश के प्रथम एटम बम का विस्फोट कराकर भारत को शक्तिशाली दिशा में ले जाने की नींव डाली थी। बुद्ध पूर्णिमा का वह एक संयोग था और सफल विस्फोट के बाद पोखरण से वैज्ञानिकों ने बड़े ही दार्शनिक मूड में इन्दिरा सरकार को सूचना देने के लिए कोड भाषा में कहा : **"परमेश्वर गौतम बुद्ध मुस्कराए।"**[21] उस समय निश्चित

रूप से वैज्ञानिकों का महामानव बुद्ध के प्रति वह श्रद्धापूर्ण उद्गार था किन्तु वर्तमान परिस्थितियों में जिस तरह प्रथम तीन आणविक बमों का ठीक बुद्ध पूर्णिमा के ही दिन संघ परिवार के 'रिमोट कंट्रोल' से विस्फोट कराया गया, उसमें उसका निश्चित रूप से गुप्त एजेंडा है।

सन्दर्भ

1. नया संघर्ष, दिल्ली, अप्रैल, 1993, पृ. 27.
2. वही, पृ. 62.

2ए. Praful Bid (wai), the Politics of hate, The illustrated weekly of India, May, 18-24, 1991, p. 14.

3. वही, पृ. 63.
4. विराट हिन्दू सम्मेलन (अक्तूबर, 1981 को नई दिल्ली के बोट क्लब पर ऐतिहासिक सम्मेलन में हुए भाषण का संग्रह), विराट हिन्दू समाज प्रकाशन रामायण विद्यापीठ, 15ए इंस्टीट्यूशनल एरिया, लोदी रोड, नई दिल्ली, 1982, पृ. 3.
5. वही, पृ. 39.
6. वही, पृ. 40.
7. वही, पृ. 42.
8. वही, पृ. 45.
9. वही, पृ. 47.

9ए. दलितों की मुक्ति का रास्ता किधर है, भारतीय उच्च अध्ययन संस्थान, शिमला में वर्ष, 1997 में दलित ब्लैक लेखन की प्रवृत्तियों पर चार दिन की राष्ट्रीय संगोष्ठी में पढ़े गए उनके शोध पत्र से (जो दलित और अश्वेत साहित्य कुछ विचार टाइटल से चमनलाल के सम्पादन में भी संस्थान ने 2001 में प्रकाशित किया।)

9बी. दलित और अश्वेत साहित्य—कुछ विचार, पृ. 135.

9सी. डिफेंस कालोनी, नई दिल्ली में उनके निवास पर बातचीत के आधार पर।

10. राष्ट्रीय सहारा, 30 अप्रैल, 1996.
11. 20-21 मार्च, 1993 को हैदराबाद में हुए समाजवादियों के राष्ट्रीय सम्मेलन के आधार पर।
12. इंडिया टुडे, नई दिल्ली, 30 अप्रैल, 1994, पृ. 24.

12ए. किशन पटनायक की समता प्रकाशन, दिल्ली से प्रकाशित पुस्तक से।

13. राष्ट्रीय सहारा, हस्तक्षेप, 6 मई, 1995, पृ. 6.
14. वही, पृ. 8.

14ए. The Illustrated weekly of India, May 18-24, 1991, p. 15.

15. राष्ट्रीय सहारा, 6 मई, 1994, पृ. 10.
16. प्रतिपक्ष, नई दिल्ली, 4 जून, 1991, पृ. 13.
17. राष्ट्रीय सहारा, 4 अप्रैल, 1998.
18. नवभारत टाइम्स में प्रकाशित स्वयं मेरे लेख से।
19. हम दलित, अक्तूबर, 1998, पृ. 20.
20. भारत अश्वघोष, सं. तुलसी राम (सम्पादकीय), नई दिल्ली, मई-जून, 1998.
21. अनंत काल तक रहेगी महिमा, राष्ट्रीय सहारा, 3 जुलाई, 2007.

दलित उत्पीड़न सवर्ण समाज की विकृति

"मैं यह बात बड़े साफतौर पर कहना चाहता हूँ कि हम किसी को यातनाएँ नहीं देते। हमें जहाँ कहीं भी यातनाएँ देने की शिकायतें मिलीं, हमने उनकी जाँच करवाई और पाया कि वे सच नहीं थीं।"

ये शब्द थे भारत के तत्कालीन प्रधानमन्त्री राजीव गांधी के, जब ब्रिटिश टेलीविजन के कार्यक्रम "पैनोरामा" में एक भेंटवार्ता के दौरान उनसे भारत के मानवाधिकार सम्बन्धी इतिहास के बारे में सवाल पूछा गया था।[1]

यह उत्तर सत्ता पर काबिज देश के सर्वोच्च पद पर रहते हुए एक व्यक्ति ने दिया था। आइए देखें सच क्या है?

रवीन्द्र शुक्ला की बात मानें तो सवर्णों की दलितों के प्रति निरंतर बढ़ती हिंसा को आँकड़ों की नजर से देखने पर भी चौंकाने वाली तस्वीर उभरती है। अस्पृश्यता को कानूनन अपराध घोषित किए जाने के वर्ष में 1955 में जहाँ 180 वारदातें दर्ज हुईं, वहीं 1992 के वर्ष तक यह आँकड़ा 18,925 यानि सौ गुने से ज्यादा गया। पिछले 5 वर्षों के अनुपलब्ध आँकड़ों के बारे में अनुमान के मुताबिक यह वृद्धि चार-पाँच गुना भी हो सकती है। इसके अलावा संघर्ष के विशुद्ध राजनीतिक बैरभाव और सामूहिक स्तर पर उत्पीड़न और हत्याओं के मामले में एक गुणात्मक परिवर्तन हुआ है।

1993 से 1997 तक की कुछ प्रमुख वारदातों पर नजर दौड़ाने से घटनाक्रम का एक भयावह स्वरूप सामने आता है। 15 सितम्बर, 93 में बेतिया जिले के पूर्णिमा में 21 दलितों के घर फूँक दिए गए। 26 अक्टूबर, 93 को जय शेखपुरा, जिला झाँसीनगर, उड़ीसा में 14-15 औरतों के साथ बलात्कार और पूरी बस्ती को गोलियों से भून दिया गया। उसके बाद के वर्षों में ऐसी घटनाओं की लम्बी फेहरिस्त है। 1996 में बथानी टोला के 21 लोगों की हत्या और फिर 1997 के आखिरी दिनों में बाथे, जिला जहानाबाद, बिहार का अभी तक सबसे बड़ा और क्रूरतम 61 लोगों का जनसंहार जिसमें 26 महिलाओं समेत 19 बच्चे भी शामिल थे। इन घटनाओं में मृतक किसान, खेतिहर मजदूर के अलावा दलित जातियों से ही सम्बन्धित हैं। इसके अलावा मेरठ आदि उ.प्र. तथा बम्बई, महाराष्ट्र से लेकर दक्षिणी राज्यों तक कई घटनाओं में डॉ. आम्बेडकर की मूर्ति का अपमान और उसके बाद पुलिस के बर्बर अत्याचार में सामूहिक जातिगत राजनीतिक विद्वेष और संघर्ष वर्तमान यथार्थ की एक स्पष्ट लाक्षणिक विशिष्टता को दर्शाते हैं। बिहार के पिछले जनसंहारों के जिम्मेदार सामन्तों की रणवीर सेना

के कमाण्डर ने जिस तरह से अपनी गहरे पैठी हुई क्रूरतम हिंसा को व्यक्त किया, उससे हिन्दुस्तान की परिस्थितियों में वर्ग और जाति संघर्ष को यांत्रिक, नकली और मनमाने ढंग से अलग करने वालों की कलई खुल जाती है।[2] यहाँ रणवीर सेना के कमांडर के साक्षात्कार से दो वाक्य उद्धृत करना ही पर्याप्त होगा, जो इस जाति और वर्ग के संघर्षों की एकनिष्ठता और जमीनी संघर्ष की सच्चाई को बयान करती है। **"हाँ, हम गर्भवती महिलाओं को भी मार देना चाहते हैं, क्योंकि वे नक्सलवादियों को जन्म देंगी।" दूसरा वाक्य है, "ये सब चमार, दुसाध, डोम मानेगा तो ऐसे ही मानेगा।"**[3]

'कुटिल पेटी सवर्ण मानसिकता' के लोग निम्न या दलित जातियों के जातिवाद को भी खतरनाक बताकर हौवा खड़ा करते हैं। जबकि यह सवर्ण जातिवाद हर हाल में उसे मूलतः भिन्न ही नहीं, जाति व्यवस्था के खात्मे के लिए अपरिहार्य लामबन्दी है। क्योंकि जहाँ सर्वण जातिवाद हर हाल में जाति व्यवस्था और अपने वर्चस्व को बचाना तथा जारी रखना चाहता है वहीं निम्न जातियों या दलितों की लामबन्दी उसके आमूल रूपांतरण के लिए ही हो सकती है। (ठीक जिस तरह बुर्जुआ वर्चस्व के खिलाफ मजदूरों का संघर्ष वर्ग भेद के खिलाफ क्रियाशील होता है।) तथा पूरे समाज विकास को अवरुद्ध करने वाली उत्पीड़न की जाति व्यवस्था के खिलाफ वर्तमान दौर की एक आवश्यक कार्यवाही है। इसलिए जाति तटस्थता या कि उसे वर्ग संघर्ष के लिए खतरा मानकर, यह सामाजिक यथार्थ से कटा हुआ 'भद्र/सवर्ण मार्क्सवाद' अन्ततः संस्कारित जातिवाद ही है। और इसीलिए दलितों का उससे विलग होना भी इसी प्रक्रिया और सोच का नतीजा है, लेकिन जहाँ जमीनी संघर्ष है बिहार, आन्ध्रा आदि वहाँ स्थिति अलग है। लेकिन इस मूल संरचना के आमूल रूपांतरण से सम्बद्ध होकर ही इस जाति उन्मूलन के उद्देश्य की पूर्ति संभव है। नहीं तो ये साम्राज्यवादी हितों में उपयोग होने के लिए अभिशप्त हैं।

सवर्ण भी गरीब होता है और दलित अमीर हो सकता है या उच्च जातियों के जातिवाद और निम्न जातियों के संघर्ष को निम्न जातियों के जातिवाद जैसे तर्क के आधारित यांत्रिक समझ निहायत बेमानी होती है जो जातिगत विद्वेष घोर अपमानजनक मानव सभ्यता को कलंकित करनेवाली उत्पीड़नकारी व्यवस्था पर सिर्फ परदा ही नहीं डालती, बल्कि परिणाम के तौर पर यह घोर पाखण्ड ही निरूपित होता है।[4]

लक्ष्मणपुर बाथे जनसंहार : ढहते सामन्तवाद का उन्माद

सब ठीक हो जाएगा
गरीबी करुण रस का
सुख देगी
हत्या परमानन्द रस का
रस ही रस
कविता में चरागाह होगा

चरागाह में होंगे
जुगलियाँ करते
सौंदर्य शास्त्र के मालिक!
—(गोरख पाण्डे)

राणा प्रताप लिखते हैं कि इस बार जनसंहार बहुत बड़ा था। अस्सी लोगों को मौत के घाट उतार दिया गया। दुधमुँहे बच्चे को भी नहीं बख्शा हमलावरों ने। एक अजन्मे शिशु को माँ की कोख में ही कत्ल कर दिया गया। स्त्रियों के साथ बलात्कार भी हुए। चीत्कारों और सिसकियों के बीच डूबा बहनबिगहा मत्था टेकने के लिए राष्ट्रीय नेताओं में होड़ सी लग गई। मुलायम, अटल, फर्नांडीस, मिश्रा, गुप्ता और जेल से छूटते ही लालूप्रसाद यादव। चुनाव जो सामने है, सबके लिए पवित्र भूमि! जहानाबाद जिले का लक्ष्मणपुर बाथे गाँव।

सत्तर के दशक के आसपास नक्सलवादियों ने सामन्तवाद के विरुद्ध निर्णायक लड़ाई प्रारम्भ की थी। इसके बाद विभिन्न राज्यों में किसान आन्दोलन का एक जोरदार सिलसिला शुरू हुआ था। सत्तर के दशक को 'मुक्ति का दशक' में बदल देने की क्रान्तिकारियों की चाह थी। मगर मुक्ति की चाह खून और आँसू में डूबकर रह गई।[5] शीघ्र ही शासक वर्ग और सामन्तों का कहर किसानों और क्रान्तिकारियों पर टूट पड़ा।

बिहार में सर्वप्रथम कथाशिल्पी फणीश्वरनाथ रेणु के अंचल पूर्णिया में जमींदार के लठैतों ने एक साथ चौदह आदिवासियों को जिंदा आग में झोंक दिया था। यह घटना 1971 के आसपास घटी थी। रूपसमुर चंदवा कांड के रूप में आज भी लोग याद करते हैं। सामन्ती शक्तियों द्वारा गरीबों को सबक सिखाने का यह पहला जघन्य कारनामा था। कथाकार विजयकांत ने 'इतिहास' नामक कहानी में हृदय विदारक घटना को कलमबन्द किया है। इस घटना के बाद 1977 में पटना के बेलहरी गाँव में 14 दलितों को जिंदा आग में झोंका गया। आग से बाहर निकलने की जो भी कोशिश करता, उसे गोली मार दी जाती। तब श्रीमती इंदिरा गांधी हाथी पर चढ़कर बेलहरी के हरिजनों का दुख-दर्द सुनने गई थीं। तभी से जनसंहारों का राजनीतिक लाभ उठाने के लिए चुनावी पार्टी के नेताओं की दौड़ प्रारम्भ हो गई। जनकवि नागार्जुन की प्रसिद्ध कविता 'हरिजन गाथा' बेलहरी कांड के ही केन्द्र पर लिखी गई थी।

लक्ष्मणपुर बाथे जनसंहार के इतिहास में सबसे बड़ा जनसंहार है। इससे पूर्व 1996 में लक्ष्मणपुर बाथे से ही सटे बयानी टोला में रणवीर सेना (सामन्तों की सेना) ने 21 गरीब किसान मजदूरों की हत्या की थी। इस बार रणवीर सेना ने पिछले सारे रिकार्ड को तोड़ दिया। अखबार ने लिखा—'जहानाबाद में 80 लोगों को रणवीर सेना ने भून डाला।' मगर सरकारी सूचना के अनुसार 61 गरीब मजदूर लोग मारे गए। इनमें 26 औरतें और 19 बच्चे थे। एक डेढ़ साल का दुधमुँहा बच्चा भी था। लाशों की गिनती में एक गर्भवती महिला भी थी। लेकिन उसका अजन्मा बच्चा गिनती में शामिल नहीं है। सबक सिखलाने के लिए इतना बड़ा हादसा।[6]

उन दिनों इस क्षेत्र में आम पुलिस की व्यवस्था नहीं थी बल्कि रेवेन्यू पुलिस की व्यवस्था थी जिसमें पटवारी के पास ही रेवेन्यु और पुलिस दोनों के अधिकार थे। 9 मई, 1980 को जब अल्मोड़ा से 198 कि.मी. दूर रामनगर तहसील के कफलटा गाँव में दलितों को जलाने की घटना घटी तो उसने सारे पहाड़ के जनजीवन को झकझोर दिया।

जब मैं झिमिर गाँव में बस से उतरा तो बताया गया कि कफलटा के लिए आठ किलोमीटर पैदल जाना होगा। आज भी मुझे रास्ते में मिलने वाली औरतों के चेहरों की दहशत याद है। कोई भी बात करने को तैयार नहीं था। जब गाँव पहुँचा तो सारा माहौल सहमा हुआ था। सही बात कोई बताना ही नहीं चाहता था। सभी को डर था कि कहीं कुछ और न घट जाए। तभी मुझे एक बच्चा दिखाई दिया जिसने मेरे जैसे आदमी को शायद कभी देखा नहीं था। उससे किसी तरह बात शुरू की। फिर उसकी माँ आई उसका 14 साल का भाई आया। एक घंटे बाद बर्फ टूटी। गाँव से सारे दलित भागे हुए थे। यही बच्चे मुझे एक जगह इकट्ठा लोगों के पास ले गए।

पूरी कहानी बताते हुए उनकी आँखें रो रही थीं पर जुबान आग उगल रही थी। जब मैं सवर्णों की तरफ गया तो औरतें तेज आवाज में सारी घटना को सही बता रही थीं तथा अपने पतियों के कारनामे पर गर्व कर रही थीं। एक दर्दनाक घटना को औरतों द्वारा दो तरह से देखने का यह अन्दाज समाज के बीच वर्ग भेद के बढ़ने का सीधा संकेत दे रहा था। कफलटा ने पहाड़ों के बीच परस्पर सौहार्द को नष्ट करने का बीज बो दिया था।

9 मई को कफलटा के पहाड़ी गाँव में जो हुआ, वह अगर गंगा के मैदान में हुआ होता तो उसे हम 1980 के भारत की एक सामान्य घटना मानकर तसल्ली पा सकते थे। लेकिन पहाड़ों के परम्पराशील, शान्तिप्रिय और सहयोगितापूर्ण समाज में एक दर्जन से अधिक हरिजनों को जीवित जला कर या लाठियों-पत्थरों से मौत के घाट उतरकर जिस तरह सवर्णों ने अपनी जातिवादी उग्रता का परिचय दिया, वह जाति-युद्ध के विस्तार की एक सर्वथा नई चेतावनी है। मैदानों की आग अब पहाड़ों तक जा पहुँची है। यह वर्ण-व्यवस्था की जमी हुई बर्फ के पिघलने की सूचना है, पर पहाड़ों की बर्फ पिघलती है तो कितने संहार की आशंका उसमें छिपी होती है यह कौन नहीं जानता

"पहाड़ों को अक्सर देव भूमि कहा जाता है। यह भी कहा जाता है कि छल-कपट से दूर यहाँ सीधे-सादे लोग रहते हैं। पर अकेली कफलटा में हुई दलित उत्पीड़न की वीभत्स घटना ही यह सिद्ध कर देती है कि पहाड़ों पर हिंसक और जातिवादी भी रहते हैं।

अल्मोड़ा जिले की रानीखेत तहसील में 9 मई को हुई पन्द्रह क्रूर हत्याएँ कमोबेश ऐसे ही परस्पर विरोधी दबावों के संघर्ष, सवर्णों द्वारा नई मान्यताओं को न स्वीकार कर सकने की भावुकता तथा सामाजिक व कानूनी खामियों के कारण पिछले कुछ सालों में घटी घटनाओं का इलाज न हो पाने का ही दुष्परिणाम है। यह घटना पहाड़ों के इतिहास में पहली है, इसलिए घटनास्थल से बीस किलोमीटर तक की दूरी के लोग भी सहमे हुए हैं। यह हत्याकांड इतना अमानुषिक और वीभत्स है कि निश्चित रूप से अपनी दूरगामी प्रभाव छोड़ेगा।

कफलटा गाँव अल्मोड़ा से 198 कि.मी. दूर है। इस गाँव में सबसे नजदीक का नगरपालिका क्षेत्र रामनगर है जो 78 कि.मी. दूर है। कफलटा जोन के लिए झिमिर गाँव उतरना पड़ता है, जहाँ से पहाड़ों पर उतरते-चढ़ते आठ किलोमीटर की दूरी तय करनी होती है। यह आठ किलोमीटर लम्बा रास्ता खूबसूरत पहाड़ों के ऊपर लगे चीड़ के वृक्षों से आच्छादित है। इसी रास्ते पर विरल गाँव के मोहनराम के लड़के श्याम प्रसाद की बारात 9 मई की शाम तीन बजे ढोल, नगाड़े बजाती हुई पीपना के लिए निकली। पीपना के रास्ते में कफलटा पड़ता है। जहाँ बारात पाँच बजे के आस-पास पहुँची। कफलटा गाँव सवर्णों का गाँव है। मात्र तीन घर हरिजनों के हैं, बाकी 29 सवर्णों के। विरल गाँव से चली यह बारात हरिजनों की थी। जिन हरिजनों की यह बारात थी वे मैदान जैसे हरिजन नहीं थे। वह लोहार थे जो मैदान में पिछड़ों की श्रेणी में आते हैं।

विरल गाँव सामाजिक दृष्टि से एक जाग्रत और प्रगतिशील गाँव है। स्वतन्त्रता संग्राम में इस गाँव के हरिजनों ने भी हिस्सा लिया था। उनमें सामाजिक भेदभाव के प्रति अब भी तीव्र संवेदनशीलता है। 1938 के आस-पास इस क्षेत्र के गांधीवाद कार्यकर्ता जयानन्द भारती ने सवर्णों के घरों के सामने से हरिजन वर-वधू को डोली में ले जाने का आन्दोलन चलाया था। महात्मा गांधी ने उनके इस कदम का समर्थन किया था और स्थानीय कार्यकताओं को उसका साथ देने को कहा था। 9 मई को विरल से जो बारात जा रही थी, वह 1942 के आन्दोलनकारी हरकराम (98) की बेटी आनन्दी देवी के भतीजे की थी। आनन्दी देवी हरिजनों और भूमिहीनों को संगठित करने तथा भूमि आन्दोलन चलाने का काम सफलतापूर्वक कर चुकी हैं।

कफलटा पहुँचने पर गाँव में सबसे पहला घर लक्ष्मणसिंह गंगारी का पड़ता है। यहीं पर लक्ष्मणसिंह, दानसिंह, कुंवरसिंह व किशन सिंह की पत्नियों ने बारात को रोक लिया और कहा, 'डूमड़ के वर को नीचे उतारो।' गाँव में एक मन्दिर है। इस मन्दिर के सामने से गुजरते समय परम्परानुसार वह नीचे उतर जाता है तथा ढोल-नगाड़े बन्द हो जाते हैं। सवर्ण और हरिजन दोनों ही इस परम्परा का पालन करते हैं। जब चारों औरतों ने वर को गाँव से बाहर उतरने का आदेश दिया, तब बारातियों ने कहा, 'यह जिला बोर्ड का रास्ता है, इसे आप सब नहीं रोक सकतीं। हम वर को मन्दिर के पास उतारेंगे।' बारातियों के आगे बढ़ने पर औरतें भागती हुईं मर्दों के पास गईं तथा उन्हें आवाज दी–'डूमड़े नहीं मान रहे हैं।'

गाँव के परमानन्द उपाध्याय के बेटे की बारात 8 मई को गई थी तथा 9 की दोपहर में लौटी थी। इसमें उसके रिश्तेदार तथा आस-पास के गाँवों के मित्र थी थे। इसी शादी में शामिल होने उसका बड़ा लड़का खीमानन्द भी आया था जो सेना में नायक था तथा आसाम में नियुक्त था। यह शरीर का दुबला-पतला था तथा अपने रेजीमेंट में रसोइया था। जब औरतों ने आवाज दी तो दानसिंह, जीतसिंह के साथ खीमानन्द ने डोली में लाठी फँसाकर उसे उलट दिया तथा वर को नीचे गिरा दिया। वर जान बचाकर नीचे खेतों में से होता हुआ घाटी में भाग गया।

इस समय तक गुत्थमगुत्था शुरू हो चुकी थी। गाँववालों ने (सवर्णों) पत्थरों तथा लाठियों से बारातियों को मारना शुरू किया। आधे से ज्यादा बाराती भाग चुके थे, जो घिरे थे वे प्रतिरोध कर रहे थे। रामसिंह बोहरा दइयावाला ने भिडल पटारा (वधू के गहनोंवाला बक्सा) उठाकर घर के अन्दर रख लिया। इसी समय खीमानन्द दौड़कर चाकू उठा लाया तथा उसने उसे दिवानी राम की जाँघ में मारा। दूसरा वार हो, इसके पहले ही दिवानी राम ने खीमानन्द का चाकूवाला हाथ पकड़ लिया। खीमानन्द हलके शरीर का था—दानसिंह दौड़कर उसकी सहायता के लिए आया। अब चाकू पर तीन हाथ थे। दानसिंह के झटका देते ही चाकू उसके हाथ में आ गया तथा जैसे ही उसने चाकू दिवानी राम पर चलाया वैसे ही दिवानी राम ने खीमानन्द को उठाकर अपने सामने कर लिया। परिणामस्वरूप चाकू तेज झोंके में खीमानन्द की दाहिनी जाँघ से घुसता हुआ गुप्तांग में घूस गया। खीमानन्द वहीं गिर गया।

खीमानन्द ब्राह्मण था, उसके घायल होते ही ठाकुरों का गुस्सा तेज हो गया तथा उन्होंने बचे हुए हरिजनों को बुरी तरह मारना शुरू किया। कुछ लोग शरण लेने के लिए बिलकुल पास नए बने नरीराम के घर में जा छुपे। नरीराम कफलटा के तीन हरिजन परिवारों में एक है तथा वह दिल्ली में अशोका होटल में नौकरी करता है। नरीराम ने अपना यह मकान नया बनवाया था तथा उसी मकान से आठ दिन पहले 9 मई को उसने अपनी लड़की की शादी की थी। उसकी लड़की की बारात को भी उसके गाँववालों ने गाँव से बाहर रोक दिया था, जिस पर बारातियों ने कहा था कि उन्हे मन्दिर के सामने से जाना नहीं है, तब क्यों वर डोली से उतरे। लेकिन नरीराम अगवानी करने गया तथा प्रार्थना करके दूल्हे को पैदल ही लाया तथा विदा करते समय भी उसने गाँव के बाहर तक लड़की को पैदल ही भेजा। उनकी लड़की की शादी मे विरल गाँव के कुछ लोग भी आमन्त्रित थे तभी उन्हें यह घटना बहुत बुरी लगी थी। बहरहाल, नरीराम के घर में कुछ लोग तो अपने आप घुसे तथा बचे हुए घायल लोगों को पकड़कर गाँव के सवर्णों ने नरीराम के घर के अन्दर घुसेड़ दिया। नरीराम बाहर था। उसकी औरत के मना करने पर उसे भी मारा-पीटा गया। वह भागी, इधर गाँव के लोगों ने नरीराम के घर के दरवाजे पर सांकल लगा दी तथा उसे घेरकर बैठ गए।

इसी बीच गाँव के ठाकुरों के पास खबर आई कि खीमानन्द की मृत्यु हो गई है। सवर्ण उत्तेजना से भर गए। दानसिंह के मुँह से निकला, 'जला दो डोमड़ों को।' इसके बाद की कहानी वहशीपन की पराकाष्ठा की कहानी है। किसी एक-दो का नाम लेना व्यर्थ है, गाँव के सभी सवर्ण इस हत्याकांड में हिस्सेदारी कर रहे थे। नरीराम के घर की छत तोड़ी गई, उसमें घास-लकड़ी डाली गई, मिट्टी का तेल छिड़का गया तथा आग लगा दी गई। गाँव की बड़ी जातियों के लोग मकान को घेर कर बैठे थे।

जब आग तेज हुई तो अन्दर छुपे हरिजनों ने खिड़की तोड़कर निकलने की कोशिश की। पहाड़ों के मकान में अक्सर दो तल्ले होते हैं। नीचेवाले तो गोठ में घुस गए थे तथा बाकी आठ ऊपर बन्द थे। ऊपर के हिस्से की खिड़की तोड़कर एक आदमी बाहर कूदा—गाँव के सूरमाओं ने उसे लाठियों से पीट-पीटकर मार डाला। आठ लोग इसी तरह खेतों में दौड़ा-दौड़ा कर कुत्तों की तरह मार डाले गए—लाठियों और पत्थरों से। मकान धू-धू कर

जल रहा था, गोठ में बन्द छह आदमी कबाब बन गए। नरीराम सात बजे जब वापस आए और अपने मकान को आग लगाए जाने पर आपत्ति की तो उसकी भी पिटाई की गई। वह बेहोश हो गया।

पटवारी नारायण सिंह खत्री को 9.30 बजे रात सवर्णों ने खीमानन्द के मरने का समाचार दिया। दस बजे के करीब हरिजन आए। यह भागे हुए लोग थे, इन्हें पता ही नहीं था कि कफलटा में उनके चौदह साथियों के साथ क्या बीती है। लगभग एक बजे रात पटवारी कफलटा पहुँचे। गाँव में रोशनी का प्रबन्ध नहीं था। उन्होंने खीमानन्द की लाश को देखा तथा कहा कि पंचायतनामा सुबह होगा। सुबह 4.30 के आस-पास पटवारी उठे तो उन्होंने खेतों में लाशों को पड़ा देखा तथा जले हुए घर में भी लाशें दिखाई दीं। पटवार तत्काल मौलीखाल गया, लेकिन टेलीफोन से वह अधिकारियों से सम्पर्क नहीं कर पाए। तब वे रानीखेत गए तथा परगनाधिकारी को खबर देकर वापस कफलटा 10 की रात को लौटे। लाशें 10 को गाँव में ही पड़ी रहीं। 11 मई को उन्हें पोस्टमार्टम के लिए रानीखेत भेजा गया।

लेकिन कफलटा में जो कुछ हुआ वह आकस्मिक नहीं था। इसके पीछे वर्षों से उभर रहे अन्तर्विरोध तथा पहाड़ों में चल रही आधुनिक विकास की प्रक्रिया के परस्पर विरोधी दबावों के मानसिक आधार तैयार कर दिया था। पहाड़ों मे रहने वाले सवर्ण तथा हरिजन युवक अब बाहर नौकरी के लिए जाने लगे हैं। इन दोनों गाँवों के युवक भी दिल्ली, मेरठ, लखनऊ में नौकरी करते हैं। बाहर नौकरी करते समय दोनों की स्थिति लगभग समान होती है। इसे सवर्ण इस रूप में देखता है कि यहाँ तो हम भले ही समान हैं, लेकिन गाँव में तो मैं ऊँचा हूँ। उधर हरिजन सोचता है, 'जब यहाँ हम समान हैं, तो गाँव में भी समानता होनी चाहिए।' 8 तारीख को विरल गाँव में बाहर से आए हरिजन युवकों को जब 2 मई की कफलटा की घटना का पता चला, तो उनमें इसी कारण रोष उत्पन्न हुआ। इसीलिए उन्होंने अपने दूल्हे को डोली से गाँव के बाहर उतारने का विरोध किया। वस्तुतः सन् 70 तक यह हरिजन ही सवर्णों की डोलियाँ उठाते थे तथा बाजा आदि बजाते थे। डोली की शादी वाले घर में उतरवा कर इन्हें दूर खेतों में बैठा दिया जाता था। इसके विरोधस्वरूप इन लोगों ने सवर्णों की डोलियाँ उठाना तथा बजाना बन्द कर दिया। सवर्णों ने अपनी डोलियाँ खुद उठाना शुरू किया। बदले में उन्होंने हरिजनों की डोली में वर को बैठाकर व नगाड़ा बजाते हुए गाँव से होकर गुजरने पर पाबन्दी लगा दी। हरिजनों ने इसे स्वीकार कर लिया। वैसे मन्दिर आदि आने पर सवर्ण भी बाजा बन्द कर सम्मान में डोली से अपने दूल्हे को उतार देते थे। लेकिन हरिजनों का डोली आदि न उठाना सवर्णों को भीतर-ही-भीतर खल रहा था। यह वजह है कि गाँव से होकर गाजे-बाजे के साथ गुजरने की जिद ने उन्हें उत्तेजित कर दिया।

हरिजनों की बारातों को गाँव से बाहर रोकने का सिलसिला सन् 77 से प्रारम्भ हुआ जब सवर्णों ने कहा कि अब हमारा राज्य आ गया है। सबसे पहले मौली खाल डंगूल में दाड़िमी से हरिजनों की बारात गई थी, उसे सवर्णों ने रोका तथा डोली उतरवा दी। 78 में वास खोली में मंझगाँव में बारात गई। इसमें भी सवर्णों ने मारपीट कर वर को उतार दिया। 79 में चनौली सरपट में भी ऐसी ही घटना हुई। पर इन घटनाओं पर पटवारी ने कोई कार्रवाई नहीं की।

यदि इन पर उचित ध्यान दिया जाता तो कफलटा की घटना रुक सकती थी। कफलटा के 22 सवर्णों को गिरफ्तार कर प्रशासन ने जेल भेज दिया। यह सभी लोग शहादत के भाव से जेल में हैं, जैसे उन्होंने धर्म की रक्षा की हो। हरिजन आतंकित हैं। अफवाहें उड़ी कि इन सबको मार दो। **सल्ट के ब्लॉक प्रमुख मोहन सिंह ने जगह-जगह सभाएँ कर लोगों को भड़काकर सवर्णों की दुकानें हरिजनों को सामान नहीं बेचे ऐसा कहा।** प्रशासन देर से ही सही, सक्रिय हुआ। पुलिस महानिरीक्षक महेन्द्र सिंह, मुख्य सचिव रामबहादुर सक्सेना, जिलाधीश अल्मोड़ा व नैनीताल, कमिश्नर कुमायूँ, आई.जी., सी.आई.डी. तथा अपराध शाखा के एस.पी. भी कफलटा हो आए।

कफलटा में अभी सिर्फ औरतें हैं। पुरुष सवर्ण सब गिरफ्तार हैं तथा मात्र दो-तीन बूढ़े ही गाँव में हैं। औरतों ने गर्व से इस घटना का वर्णन किया—उन्हें अपने पतियों की करतूत का कोई पश्चाताप नहीं था। दूसरी तरफ विरल के हरिजनों को किसी पर भरोसा नहीं है। उनका कहना है कि सवर्ण-सवर्ण मिल जाएँगे और अपराधियों को सजा नहीं मिलेगी।

(निशाने पर समय, समाज और राजनीति पुस्तक से साभार)

जातिगत सवाल : सन्दर्भ पश्चिम बंगाल

अशोक मित्रा (मेनस्ट्रीम, 25 जुलाई, 1994) और डी. बन्धोपाध्याय (मेनस्ट्रीम, 6 सितम्बर, 1997) ने जैसे उनके जाने-माने समर्थकों को गहरी चिंता में डाल दिया है।

अशोक मित्रा के लेख पर मैंने (शरद पाटिल) मेनस्ट्रीम (13 अगस्त, 1994) में टिप्पणी की थी। ये दोनों ही उच्च पदासीन नौकरशाह हैं। जहाँ तक बन्धोपाध्याय की बात है, वे बिनय चौधरी के भूमि और राजस्व सचिव थे, जिन्होंने महान 'आपरेशन बर्गा' को सफलतापूर्वक लागू किया था। मित्रा के समान ही बन्धोपाध्याय मार्क्सवाद की वर्गीय पद्धति को अपनाते हैं और यह पद्धति, उनकी निष्ठा एवं वस्तुनिष्ठता के बावजूद, इसके प्रतिफल के रूप में एक अलग ही दुनिया प्रस्तुत करती है।[7]

बन्धोपाध्याय ने ज्योति बसु सरकार की उपलब्धियों का, उदाहरण के लिए आपरेशन बर्गा का ठीक ही पक्ष लिया है। उन्होंने बर्गा का, यानि कि पश्चिम बंगाल की कृषि समस्या का बहुत ही उपयोगी अतीतावलोकन किया है। लेख 'भारतीय जनवादी क्रान्ति की सबसे बड़ी गुत्थी' में जो मेनस्ट्रीम के पास है, मैंने यह दिखाने के लिए रजनी पाम दत्त के इंडिया टुडे पुस्तक का हवाला दिया है कि ब्रिटिश सरकार ने बंगाल, बिहार, उड़ीसा प्रान्तों और उत्तरी मद्रास के हिस्सों पर 1973 में कार्नवालिस का स्थायी भूमि बन्दोबस्त लागू करके प्रभु और खलनायक का यूरोपीय सामन्ती वर्ग सम्बन्ध तोड़ दिया था, जबकि भारत के अन्य हिस्सों में कमोबेश, मिराशदार (प्रभुत्वशाली) और ऊपरी किसान जातियों, सेवकों एवं बहिष्कृत जातियों के जाति सम्बन्ध बरकरार रहे। इसका अर्थ हे कि कथित वर्गीय अर्ध सामन्तवाद ऐसे (व अन्य) जमींदारी इलाकों तक सीमित था, जबकि देश के बाकी हिस्सों में जातीय अर्ध-सामन्तवाद बरकरार रहा।

वे व्याख्या करते हैं कि सभी काश्तकार बर्गादार नहीं हैं। यह चित्रों को निर्धारित करने वाली बात है। वे आगे चलकर यह भी कहते हैं कि काश्तकार, जिनके लिए ब्रिटिश सरकार ने 1884 में बंगाल काश्तकारी एक्ट पारित किया था, 1955 में पश्चिम बंगाल भूमि अधिग्रहण एक्ट के लागू होने के पश्चात अपनी-अपनी जोत वाले जमीनों के स्वामी बन गए। इससे कितने संरक्षित काश्तकारों को फायदा हुआ? यद्यपि बन्द्योपाध्याय ने कोई संख्या नहीं बताई है, वे कहते हैं—बंगाल को काश्तकारी एक्ट के अधीन काश्तकारों का बहुमत, दसियों लाख 'अपने स्वयं की जमीन' के स्वामी बन गए।

इसका पहला अर्थ हुआ कि ये 'कानूनी काश्तकार' एक समय मिराशदार और ऊपरी जातियों के थे जिन्हें 1973 के स्थायी बन्दोबस्त एक्ट द्वारा बलपूर्वक काश्तकार में तब्दील कर दिया गया था और दूसरा कि बर्गादारों की संख्या की गिनती 20 लाख की गई है, अतः ये कानूनी काश्तकार 25 से 30 लाख के बीच होने चाहिए। बन्द्योपाध्याय कृषि उत्पादन में सालाना पाँच से छः प्रतिशत की वृद्धि का श्रेय आपरेशन बर्गा को देते हैं, किन्तु पश्चिम बंगाल भूमि अधिग्रहण एक्ट 1955 को नहीं।[8]

यही किसान जातियाँ सह संरक्षित काश्तकार हैं जिन्होंने विभाजन पूर्व बंगाल के महान तेभागा संघर्ष को नेतृत्व दिया था। इस संघर्ष में भाग लेने वाले एक व्यक्ति ने सोशल साइंटिस्ट पत्रिका में अपने लेख में लिखा है कि दलित और आदिवासी जातियों के काश्तकारों ने, विशेष इससे अनुमान लगाया जा सकता है कि वे बर्गादार थे। किसकी जमीन पर उन्होंने कार्य किया था? बन्द्योपाध्याय जो कहते हैं उससे लगता है कि जमींदारों की निजी जमीन पर खेती करते थे।

...उनका (जमींदारों) का तर्क था कि बंगाल काश्तकारी एक्ट में 'बटाईदारों' को स्पष्ट तौर पर काश्तकार के रूप में शामिल नहीं किया गया है, जबकि कई सारे अन्य श्रेणियों को ऐसा किया गया है। दूसरा, जो 'थोड़ी-बहुत' जमीन उन्होंने अपने 'व्यक्तिगत खेती' के लिए रखी थी उसे बटाईदारों और काश्तकारों को ऋणग्रस्त घोषित करके...

इन असंरक्षित बटाईदारों के लिए ही 1978 से 1982 के बीच आपरेशन बर्गा चलाया गया था। किन्तु, आपरेशन बर्गा ने उन्हें काश्तकार के रूप में दर्ज करना बन्द कर दिया और बन्द्योपाध्याय आगे कहते हैं कि 'समझौताकारी' राजनीति के स्वार्थ में अभी भी उन्हें स्वामित्व नहीं दिया गया है—आम सहमति और समझौताकारी राजनीति के आधार पर वाम मोर्चा सरकार ने नीति विषयक मुद्दे के रूप में तय किया कि **नाव जो तेज प्रवाह में न खेवा जाए**। यह बात उनकी सक्रिय और निष्क्रिय कार्यों से साफ जाहिर होती है। अतिरिक्त दस लाख एकड़ जमीन में से आधे से लेकर तीन-चौथाई जमीन को हासिल करने के लक्ष्य के साथ वाम मोर्चा सरकार के सत्ता में आने के पश्चात पश्चिम बंगाल भूमि सुधार कानून को परिवर्तन के ढंग से संशोधित किया गया था। इसमें ज्यादा कुछ नहीं हो पाया है।

उल्टा चाय बागान के विस्तार के लिए उनमें से कई लोगों को उखाड़ा जा रहा है, जबकि इनमें से आधे लोग कम्युनिस्ट पार्टियों की सहमति से अभी भी अपने-अपने भूमि स्वामियों को फसल का एक चौथाई के बदले आधा हिस्सा देते आ रहे हैं।

चाय बागान के विस्तार के लिए उत्तरी बंगाल में बर्गा और पट्टा जमीन का बड़े पैमाने पर अलगाव हुआ है। ऐसा लगता है कि इस गैर-कानूनी अलगाव वाले जमीन को उनके सही मालिकों को वापस दिलाने के लिए या चाय बागानों को नियमबद्ध करने के लिए कोई उपाय नहीं किया गया है।[9]

प्रभुत्वशाली किसान जातियों का पुनः उद्भव

इन बहुप्रचारित पंचायतों को कौन नियंत्रित करता है? बन्द्योपाध्याय कहते हैं कि 1978 के पंचायत सदस्यों के वर्ग चरित्र का एक विश्लेषण यह दिखाता है कि कुल सदस्यों में से खेतिहर मजदूरों और बटाईदारों की संख्या पाँच प्रतिशत से कम है। वे आगे यह भी कहते हैं कि भूमि सुधार के पहले चरण की वजह से पंचायतें मध्यम किसानों के नियंत्रण के अधीन रही हैं।

असल में पहले चरण का श्रेय पश्चिम बंगाल भूमि अधिग्रहण एक्ट, 1955 के अमल को दिया जाना चाहिए जिससे किसान जातियाँ अपनी जगह में आ सकीं। हालाँकि दर्ज बर्गादार अपनी मध्यम श्रेणी में विकसित हो सकते थे, यह बात नहीं भूलनी चाहिए कि वे अधिकांशतः दलित और आदिवासियों में से हैं और वाम मोर्चा सरकार द्वारा अपनाई गई सहयोग की नीति ने उनके माध्यम श्रेणी में विकसित हो पाने की शायद कोई सम्भावना छोड़ी है।

शायद मजदूर मोर्चे में घेराव के असुखद अनुभवों और किसान संगठनों के कुछ हद तक लड़ाकू गोलबन्दी की भूमिका, जिसकी वजह से गैर मजरूबा जमीन पर कब्जे के लिए गम्भीर अन्ततः पार्टी झगड़े हुए और दूसरे संयुक्त मोर्चा सरकार का पतन हो गया था, जैसी बातों को देखते हुए वाम मोर्चा सरकार ने गोलबन्दी की दिशा में सचेत रूप से परहेज किया।[10]

भूमि सुधार लाभ पाने वालों और अन्य गरीब किसानों के एक संस्थागत ढाँचा हो इसके लिए सहकारी सेवा सोसायटी के गठन का प्रावधान किया गया। लगता है यहाँ भी उपलब्धि शून्य रही।

इस प्रकार यह निष्कर्ष निकालना सुरक्षित पक्ष में रहना होगा कि कृषि उत्पादन में वृद्धि निचली जाति में बर्गादारी से नहीं हुई है और यह कि प्रभुत्वशाली किसान वर्गों के कुलीन जैसा कि हम देखेंगे, पूरी तरह कर्ता-धर्ता हैं।

मरणासन्न जाति का पुनर्जीवन

...साक्षरता और प्राथमिक शिक्षा के प्रति उदासीनता ने पश्चिम बंगाल को पूरे भारत में 1951 में दूसरे स्थान से 1911 में उन्नीसवें स्थान में धकेल दिया है, राज्य के आदिवासी दलितों और अन्य पिछड़े वर्गों में प्रति 100 महिलाओं में साक्षरता का स्तर दो या तीन या उससे भी कम है।

एक वर्गीय मार्क्सवादी होने के नाते मित्रा आदिवासी, दलित और अन्य पिछड़े वर्गों की साक्षारता दर को एक कर देते हैं। जब सारे भारत के लिए साक्षरता 40 प्रतिशत थी, यह दलितों के लिए 24 प्रतिशत और आदिवासियों के लिए 16 प्रतिशत थी। अन्य पिछड़े वर्गों के आँकड़े नहीं दिए गए थे। किन्तु यह दलितों की तुलना में बहुत ज्यादा नहीं होगा। प्राथमिक शिक्षा के लिए आवंटन तीन प्रतिशत से भी कम कर दिया गया है। मैं अपने स्वयं के अनुभव से जानता हूँ कि आदिवासी इलाकों में प्राथमिक शिक्षक झूठी उपस्थिति तैयार करते हैं और विस्तार अधिकारी तहसील के सभी विद्यालयों का निरीक्षण तहसील में ही कर लेते हैं। दुर्गम पहाड़ों और मिशनरी स्कूल और दवाखाना आदिवासियों के लिए सपना हो गया है। बन्द्योपाध्याय द्वारा दिया गया खेतिहर मजदूरों के लिए साक्षरता की दर भी कोई अच्छी नहीं है।

...एन.सी.ए.ई.आर. का सर्वे दिखाता है कि भूमिहीन मजदूरी कमाने वालों के बीच केवल 43.6 प्रतिशत पुरुष और 27.5 प्रतिशत महिलाएँ ही साक्षर हैं जबकि बड़े किसानों के बीच क्रमशः 93.4 प्रतिशत पुरुष और 84.3 प्रतिशत महिलाएँ साक्षर हैं।

जब पूरे देश के लिए साक्षरता की दर 45 प्रतिशत है (निरजा चौधरी के अनुसार 55 करोड़ निरक्षर हैं, 'द इंडियन एक्सप्रेस', 8 सितम्बर, 1997) तो पुरुष खेतिहर मजदूरों का 43.6 प्रतिशत कैसा साक्षर हो सकता है? जहाँ तक 'बड़े किसान ग्रुपों' का सम्बन्ध है, पश्चिम बंगाल में यह श्रेष्ठ समुदाय किस किसान जाति का है। बन्द्योपाध्याय यह पर्याप्त रूप से खुलकर बोलते हैं कि सभी मामलों में यह 'वर्ग' ही एकमात्र फायदा पाने वाला है।

बुरा असर यह है कि भूमि सुधार को राजनीतिक कार्यसूची से और भी दूर करके कुछ लोग लाभ हथिया रहे हैं और अपने आप को 'मध्यम' से 'उच्च' वर्ग में बदल रहे हैं।

ये बड़े किसान भारत में एक रूप वर्ग नहीं हैं। ये प्रभुत्वशालनी किसान जातियों के कुलीन हैं। आज के भारत में ये आदिवासी और दलितों के वर्ग के रूप में मुख्य शोषक और जाति के रूप में मुख्य उत्पीड़क हैं। यह जातीय वास्तविकता जमींदारी इलाकों में सवैधानिक जमींदारी के उन्मूलन के पश्चात उभरी है, किन्तु गैर-जमींदारी इलाकों में यह बहुत पहले ही उभर चुकी थी। शेखर बन्द्योपाध्याय जैसे युवा मार्क्सवादी विद्वान, जाति पर अपने जोर के बावजूद, सोचते हैं कि अन्य राज्यों की अपेक्षा बंगाल में जाति प्रथा नरम थी। अपने 6 अक्टूबर, 1997 के अंक में मराठी दैनिक लोकमत ने रिपोर्ट दी थी कि पश्चिम बंगाल के मेदनापुर जिले में गोपीनाथपुर के दलितों को हिन्दू मन्दिर में प्रवेश नहीं दिया गया और यह कि स्थानीय पार्टियों ने उन्हें पूजा न करने की सलाह दी। अतः, वर्ग समझौता जाति समझौता में बदल गया।[11]

बंगाल के भयावह अकाल के पश्चात चौथे दशक के मध्य में बना वामपन्थी महिला संगठन आज कल क्या कर रहा है, इसे देख कोई भी आश्चर्य करेगा।

यह उदासीनता ब्राह्मणवादी है जो कनक मुखर्जी की पुस्तिका भारत में महिला

मुक्ति आन्दोलन (1989) से स्पष्ट है जिसमें वह सावित्री और ज्योतिबा फुले का नाम महिला मुक्तिदाताओं की सूची से गायब करने के लिए सतर्क हैं। (पृ. 50-51)

शिक्षा संघों के पूर्ण नियंत्रण की वजह से शिक्षा की भी वैसी ही दुखद स्थिति है।

आल बंगाल टीचर्स एसोसिएशन (वर्तमान में चाहे इसका कोई भी नाम हो), वाम पार्टी के शिक्षकों का एक मोर्चा संगठन का स्कूली शिक्षा व्यवस्था पर पूरी तरह नियंत्रण है और अर्थवाद के बुनियादी उसूलों के साथ विवाह बन्धन में बँधे एक ट्रेड यूनियन के रूप में यह छात्रों के हितों को नजरअन्दाज करके अपने सदस्यों के लिए फायदे जुटाने में व्यस्त है। शिक्षक निजी व्यवसाय और महँगे 'कोचिंग क्लास' चलाने में व्यस्त हैं जबकि कक्षा के परीक्षा परिणामों में जोड़-तोड़ करके उपस्थिति बताई जाती है।

मैं केवल मात्र एम.के. सुकुमारन नायर के लेख 'केरल में ग्रामीण श्रमिक बाजार', इकानामिक एण्ड पोलिटीकल विकली (30 अगस्त, 1997) को संदर्भित करूँगा जिनका अवलोकन है कि खेतिहर मजदूर यूनियन के लौह ढाँचे की वजह से सैम्पल वाले गाँवों में धान की खेती का लगभग 19 प्रतिशत भूमि परति पड़ी रहती है।

यद्यपि केरल के खेतिहर मजदूर देश में सबसे ज्यादा हैं, केरल के मछुआरों की केतकी चटाई बुनने वाली महिलाओं को, जिनकी संख्या दो लाख है, अपने सामानों की बिक्री से बहुत कम आय होती है और राज्य की ओर से उनको कोई संस्थागत सहायता नहीं मिलती है। पश्चिम बंगाल और केरल की तुलना करते समय इन दो राज्यों की ऐतिहासिक पृष्ठभूमि और उनकी मेहनतकश जाति-वर्गों की सांगठनिक तैयारियों को नजरों से ओझल नहीं करना चाहिए। **चुनावी आश्वासन के बावजूद इड़ावा जाति की गौरी को नायनार ने मुख्यमन्त्री बनने से रोक दिया क्योंकि उनका ट्रेड यूनियन के साथ गहरा सम्बन्ध था, वह प्रभुत्वशाली नायर जाति से सम्बन्धित है और इ.एम.एस. नम्बूदरीपाद ने उन्हें समर्थन दिया।** मजदूर वर्ग का यह अमानवीय और सत्ता केन्द्रित अर्थवाद ही है जो यूरोप में समाजवाद को पतन की ले जाने वाले कारणों में से एक मुख्य कारक होना चाहिए। भारतीय कम्युनिस्ट पार्टियाँ भारतीय मजदूर वर्ग की आर्थिक या सवर्ण हिस्सों का ही नेतृत्व करती हैं जिसमें भाजपा से कड़ा मुकाबला कर रही हैं। हालाँकि केरल में देश का सबसे ताकतवर खेतिहर मजदूर यूनियन है, सबसे बड़ी दलित जाति पुलया का अपना स्वतन्त्र अजेय संगठन है। जब स्वतन्त्र किसान संगठन किसानों के बड़े जन संघर्षों का संचालन करती हैं, कम्युनिस्ट पार्टियों की किसान सभाएँ निष्क्रिय रही हैं।[12]

जाति उत्पीड़न के खिलाफ संघर्ष में कम्युनिस्टों की भूमिका

बकौल रामकवीन्द्र सिंह जातिवाद भारतीय समाज में शोषण-दमन की विशेष व्यवस्था है। इसमें बदलाव की दिशा में कोई गतिशीलता नहीं है। वर्ग व्यवस्था में कोई व्यक्ति मजदूर से पूँजीपति, शोषित से शोषक बना जा सकता है, परन्तु जाति, इस बदलाव के बावजूद, जन्म से मरण तक एक ही बनी रहती है। हालाँकि अन्तर्वस्तु में बदलाव आ जाता है।

हम कम्युनिस्ट, चूँकि शोषणविहीन समाज बनाने के लिए प्रतिबद्ध हैं, शोषण-उत्पीड़न के रूप के प्रति गाफिल नहीं रह सकते। ऐसा हो नहीं सकता कि जातीय उत्पीड़न भी बदस्तूर जारी रहे और हम नवजनवादी क्रान्ति पूरा कर समाजवाद की दिशा में उत्तरोत्तर बढ़ते जाएँ। लेकिन मूल सवाल यह है कि जातीय उत्पीड़न के खिलाफ संघर्ष में हमारा नजरिया क्या हो—मजदूर वर्गीय या पूँजीवादी? तात्पर्य यह कि इस सवाल का जवाब हम क्रान्तिकारी तरीके से खोजें या सुधारवादी?[13]

भारत में हम इसलिए फलफूल नहीं सके कि जातीय व्यवस्था को समझने में विफल रहे। फिलहाल, हम इसकी सैद्धान्तिक विवेचना को छोड़ दें फिर भी हमारे पास व्यावहारिक अनुभव की काफी सामग्री है जिसका विश्लेषण होना चाहिए। हमारे आन्दोलन में इस नसीहत पर ध्यान देकर आन्दोलन की दिशा में बदलाव की प्रक्रिया 80 के दशक में शुरू हुई, जब पी.सी.सी., सी.पी.आई. (एम.एल.) ने 'विविधता को खतरा और साम्प्रदायिकता' के बैनर में तमाम उत्पीड़ित जातियों, राष्ट्रीयताओं, धार्मिक समूहों तथा अन्य पहचानों को फेडरल फ्रंट में समेट लेने का बीड़ा उठाया। वह इन तमाम ताकतों को एकजुट तो नहीं कर सका, खुद पथभ्रष्ट होकर बिखर गया। उसकी इस दुर्दशा के मुख्य कारण थे कि अपने राजनीतिक भटकाव के कारण वह इन उत्पीड़ित समूहों के मेहनतकश समुदाय को शिक्षित व संगठित करने का बीड़ा न उठाकर उसके शोषक समूहों पर निर्भर रहा और दूसरे अपनी सांगठनिक कमजोरी के कारण भी यह संगठन ऐसे फ्रंट को नेतृत्व देने में सक्षम नहीं था। कुछेक जुझारू ग्रुपों ने ए.आई.पी.आर.एफ. के बैनर में उस चिंतन का अनुयायी बनना स्वीकार कर लिया। ए.आई.पी.आर.एफ. की कार्रवाइयाँ इस सवाल का जवाब हैं। अपने मुखपत्र पीपुल्स रेजिसटेन्स के एक सम्पादकीय लेख में इन्होंने नक्सलवादी आन्दोलन के शीर्ष नेताओं को भी जाति के आधार पर बाँट डाला। उन्होंने तर्क दिया कि कॉ. क्रिस्टा गौड़ और कॉ. भूमैया इसलिए फाँसी पड़े कि दलित थे और नागभूषण पटनायक इसलिए बचे कि वे शिक्षित और सवर्ण थे।[14]

सामन्तवाद का खात्मा असम्भव है और जातिवाद विरोधी संघर्ष को मुख्य पहलू के रूप में स्वीकार किया गया। इस निष्कर्ष की गलती इस बात में निहित है कि इस परिघटना को नवजनवादी क्रान्ति की सम्पूर्ण प्रक्रिया के मातहत और उसके अंग के रूप में नहीं देखा गया और जाति व्यवस्था के बदलते आधार और स्वरूप को अनदेखा किया गया। जैसा कि एंगेल्स कहते हैं कि लम्बे क्रान्तिकारी आन्दोलन के दौर में आधार और संरचना की अन्तःक्रिया में आधार निर्णायक भूमिका अदा करते हैं। हमारे व्यावहारिक अनुभव इसी बात की पुष्टि करते हैं। जब हमारे ऊपर जाति व्यवस्था और उत्पीड़न नहीं समझने का आरोप लगता था उन्हीं दिनों हमारी राजनैतिक-सांगठनिक स्थिति काफी सुदृढ़ थी। उन्हीं परिस्थितियों में तेलंगाना और नक्सलवाड़ी किसान विद्रोहों का जन्म हो सका। ऐसा इसलिए हो सका कि वर्ग के आधार पर एक गरीब, भूमिहीन तथा मध्यम किसानों को संगठित करते समय उत्पीड़ित जातियों को, शोषित वर्ग को संगठित कर रहे होते थे। इस प्रकार जाति-जाति का रट लगाए बिना हम वर्ग शोषण और जाति-उत्पीड़न दोनों के विरुद्ध

लड़ रहे थे। परन्तु जब से जातिवाद पर कुछ ज्यादा समझ हासिल करने का दावा करने लगे तब से साम्राज्यवादपरस्त दलितवादी चिन्तकों और नेताओं के पिछलग्गू बनते चले गए, कौड़ी के मोल हो गए और हमारा वजूद तक खतरे में पड़ गया।[15]

जाति व्यवस्था में उपर्युक्त बदलाव के दो महत्वपूर्ण कारक रहे हैं–साम्राज्यवादी सह दलाल पूँजीवाद के दबाव में उनकी गति के अनुकूल बदलाव की जरूरत और उत्पीड़ित लोगों के बीच मुक्ति की बढ़ती आकांक्षा। हमारे देश का पूँजीवाद साम्राज्यवादी नागपाश में जकड़े रहने के कारण इस काम को धीमी गति और अपूर्ण रूप से ही सम्पन्न कर सका है। अतीत में भी कम्युनिस्टों ने इस जनवादी कार्यभार को पूरा करने में ऐतिहासिक भूमिका निभाई है और आगे भी निभाना होगा। इस दायित्व को पूरा करने के क्रम में कई कम्युनिस्ट नेता यहाँ तक कि पार्टियाँ पूँजीवादी भटकाव का शिकार हुईं। इस काम को सर्वहारा दृष्टिकोण के साथ कैसे अंजाम दिया जाए यह प्रश्न पहाड़ की तरह चुनौती बनकर खड़ा है। इस बिन्दु पर दलितवादी नेताओं की सोच हमारे विरोध में खड़ी हो जाती है। वे बदलावों का अनदेखा करते हुए इतिहास के शब्दों की जुगाली करते हैं तथा दलित जातियों की मानसिकता का दोहन कर वे उन्हें साम्राज्यवाद की सेवा में परोस देना चाहते हैं।

यह किसी एक राज्य या कुछ राज्यों में दलित उत्पीड़न का रोजनामचा हो सकता है, लेकिन अन्य राज्यों में भी स्थिति लगभग वैसी ही है।

भारत के सभी 25 राज्यों में यातनाएँ रोजमर्रा की घटनाएँ हैं, भले ही गिरफ्तारियाँ पुलिस ने की हों, अर्द्ध सैनिक बलों ने या सेना के जवानों ने। सत्ता में किसी भी राजनीतिक दल की सरकार हो मगर यातनाएँ देने का काम चलता रहता है।

यह रिपोर्ट भारत में बन्दीगृहों में दी जाने वाली यातनाओं के नमूनों और प्रयोग का विस्तार से वर्णन करती है। यातनाओं में बलात्कार और हिरासत में हुई मौतों की घटनाएँ शामिल हैं। एमनेस्टी इण्टरनेशनल ने 1 जनवरी, 1985 से 1 नवम्बर, 1991 के बीच पुलिस और सुरक्षा बलों की हिरासत में 415 लोगों की मौतें दर्ज की हैं। इन सभी 415 मामलों में इस बात के सबूत हैं कि पीड़ित लोगों को, जिनमें स्त्रियाँ और बच्चे भी शामिल हैं, बेदर्दी से पीटा गया या फिर यातनाएँ देकर मार डाला गया।

ये मामले दिल्ली समेत लगभग सभी राज्यों से सम्बन्धित हैं और ऐसी घटनाओं के प्रतिनिधि स्वरूप नमूने भर हैं। भारतीय समाचार पत्रों के अनुसार अनेक घटनाओं की तो सूचना ही नहीं होती–विशेष रूप से उनकी जो दूर-दराज इलाकों में घटती हैं। भारत में हिरासती मौतों की खबरें इतनी आम हैं कि समाचार पत्र उन्हें सीधे-सीधे 'हवालाती मौत' कह देते हैं। इंडियन एक्सप्रेस की अक्तूबर 1986 की टिप्पणी के अनुसार पुलिस द्वारा की जाने वाली इन हत्याओं में, जिन्हें बड़े हल्के-फुल्के ढंग से 'हवालात में मौत' कह दिया जाता है, एक प्रत्यक्ष ढंग यह पाया जाता है कि पीड़ित व्यक्तियों की अचानक धरपकड़ की गई, उन्हें गैर-कानूनी ढंग से बन्द रखा गया और उनके अपराध की स्वीकृति उगलवाने के लिए मृत्युपर्यन्त यातनाएँ दी गईं। बाद में झूठमूठ की शव परीक्षाएँ की गईं और लाशों को झटपट दफना दिया गया।

"वरिष्ठ पुलिस अधिकारी मानते हैं कि पुलिस कारावासों में केवल 'मामूली लोग' ही मरते हैं। इन शिकारों में मुख्य रूप से मामूली अपराधी होते हैं जबकि कुछ बिल्कुल निर्दोष।" बाकी उत्पीड़ित वे लोग होते हैं जो उत्तरपूर्वी राज्यों, पंजाब तथा जम्मू-काश्मीर में सशस्त्र संघर्ष की स्थितियों के सम्बन्ध में बन्दी बनाए जाते हैं। उत्तरपूर्वी राज्यों, जम्मू-काश्मीर में अर्द्ध सैनिक बलों द्वारा पकड़ी जाने वाली स्त्रियों के साथ बलात्कार किए जाने की घटनाओं का तो पूरा सिलसिला है। पुलिस द्वारा बड़े पैमाने पर स्त्रियों के साथ बलात्कार और दुर्व्यवहार देश भर में होता रहता है।[16]

भारत के सर्वोच्च न्यायालय के मुख्य न्यायाधीश आर.एस. पाठक ने 1988 में कहा था–"हम उन मौतों की बढ़ती हुई संख्या को लेकर गम्भीर रूप से चिंतित हैं जो पुलिस के बन्दीगृहों में होती हैं।"[17] पं. बंगाल, जहाँ एमनेस्टी इण्टरनेशनल ने 1985 से कथित उत्पीड़न के कारण 43 मौतें दर्ज की थीं, के मुख्यमन्त्री ज्योति बसु ने अक्टूबर 1987 में घोषित किया था, "पुलिस हवालात में मौतें किसी भी सभ्य देश में सोची नहीं जा सकतीं। यह अवैधानिक और घृणास्पद है इससे खराब कछ और नहीं हो सकता।" मार्च 1990 में, दिल्ली विश्वविद्यालय के कुलपति और विधि-विशेषज्ञ उपेन्द्र बक्षी ने इण्डियन एक्सप्रेस में लिखा था–"पुलिस द्वारा तीसरी डिग्री की घोर यातनाओं का प्रयोग–भारत में कानून को लागू करने का एक पक्का ढंग बन चुका है। लेकिन दिन-प्रतिदिन के कानून को लागू करने में अत्याचार व आतंक का प्रयोग भारतीय संविधान द्वारा मान्यता प्राप्त बुनियादी अधिकारों तथा मानवाधिकार सम्बन्धी उन अन्तर्राष्ट्रीय कायदों का उल्लंघन करता है जिनमें भारत भी एक हिस्सेदार है।" भारत सरकार ने, अक्टूबर 1991 में, मानवाधिकारों की सुरक्षा के लिए तब अपने वचन को दोहराया था जब राष्ट्रमंडल के प्रमुखों के सम्मेलन ने हरारे राष्ट्रमंडल घोषणा को स्वीकार किया था। इस घोषणा में राष्ट्रमंडल के मूल मार्गदर्शक सिद्धांतों की पुष्टि की गई थी तथा मानवाधिकार सम्बन्धि प्रतिबद्धताओं का सम्मान करने पर बल दिया गया था। भारत के प्रधानमन्त्री नरसिंह राव भी इस सम्मेलन में मौजूद थे, बहुत से भारतीयों ने भी, जिनमें मानवाधिकारवादी उल्लेखनीय हैं, भारत सरकार से बन्दियों के विरुद्ध पुलिस द्वारा की जाने वली हिंसा को रोकने की दिशा में कार्यवाही करने की माँग बार-बार की है। लेकिन सरकारें वैसा करने में असफल रही हैं।

व्यापक खोजबीन के बावजूद, जिसमें एमनेस्टी इण्टरनेशनल द्वारा राजकीय अधिकारियों से लिखित रूप में की गई यह पूछताछ भी शामिल है कि उन्होंने यातनाओं से मरने के इन आरोपों की जाँच के लिए क्या कार्यवाही की है, संगठन 415 में से केवल 41 ऐसे मामलों का पता लगाने में सफल हुआ है जिनमें न्यायिक अधिकारियों द्वारा जाँचें कराई गई थीं। संगठन ने पाया कि 26 मामलों में मजिस्ट्रेटी जाँच के आदेश दिए गए थे। यदि आन्ध्र प्रदेश सरकार द्वारा कभी-कभी उच्च स्तरीय जाँच के आदेशों के उल्लेखनीय अपवादों को छोड़ दें तो अन्य जाँचों के पूरे निष्कर्ष बहुत की कम संख्या में प्रकाशित किए गए हैं।

विशेष रूप से चिंतित करने वाला तथ्य यह है कि मानवाधिकारों के उल्लंघन के अपराधों में बहुत कम पुलिस-अधिकारियों पर मुकदमे चलाए गए हैं और सजा तो किसी एक को

भी नहीं सुनाई गई है। एमनेस्टी इण्टरनेशनल जहाँ तक पता लगा सका है–1985 में हुई हवालाती मौतों के मामलों में 25 अधिकारियों को गिरफ्तार किया गया और केवल 52 मामलों में यातनाएँ भी दी गई हैं और अंग छेदन व यौन विकृतियों की सूचनाएँ भी मिली हैं।

बलात्कार भी यातनाएँ देने का आम ढंग है। यह इतना आम हो चुका है कि 1988 में एक अखबार की सुर्खी थी : **"बिहार की पुलिस द्वारा एक और सामूहिक बलात्कार।"** सितम्बर 1989 में, राजस्थान की राज्य सरकार ने स्वीकार किया कि पुलिस पिछले कुछ वर्षों में 50 से अधिक बलात्कारों में शामिल रही है। दिल्ली पुलिस के अनुसार 1 जनवरी, 1990 से 11 फरवरी, 1990 के बीच बलात्कार के कुल 14 मामले दर्ज किए गए थे जिनमें 12 पुलिस थानों के 20 पुलिस कर्मचारी शामिल थे। स्त्रियों के साथ बलात्कार पुलिस और सुरक्षा सेनाओं द्वारा विरोध को दबाने के लिए प्रयोग में लाए गए साधन के रूप में प्रकट होते हैं और किसी गाँव या क्षेत्र विशेष के पुरुषों को परोक्ष रूप से सजा देने के लिए भी किए गए लगते हैं। जैसा कि 'द स्टेट्समेन' के एक सम्पादकीय में कहा गया था–"पुलिस, स्त्रियों के साथ दुर्व्यवहार उनके मर्दों के विरुद्ध परोक्ष लड़ाई के रूप में भी करती है।"[18]

नागरिक स्वतन्त्रताओं के लिए काम करने वाले स्वतन्त्र संगठनों ने मानवाधिकार उल्लंघन के मामलों पर नजर रखने और उनकी ओर जनता का ध्यान दिलाने में महत्वपूर्ण भूमिका निभाई है। उन्होंने हवालाती यातना, बलात्कार और मौतों से सम्बन्धित विस्तृत घटना स्थलीय जाँचों के परिणामों को प्रकाशित किया है। यह अक्सर उन्हीं के द्वारा किए गए कार्यों का नतीजा है कि मानवाधिकरों के उल्लंघनों, विशेष रूप से दूर-दराज इलाकों में घटी घटनाओं के दस्तावेज तैयार किए जा सके हैं। इन संगठनों में आन्ध्र प्रदेश सिविल लिबर्टीज कमेटी (APCLC); दी एसोसिएशन फॉर दी प्रोटेक्शन ऑफ डेमोक्रेटिक राइट्स (APDR) कलकत्ता; दी सिविल लिबर्टीज एण्ड ह्यूमन राइट्स आर्गेनाइजेशन (सी.एल.ए.एच.आर.ओ.) मणिपुर; सिटीजन्स फॉर डेमोक्रेसी (सी.एफ.डी.) दिल्ली; दी कमेटी फॉर प्रोटेक्शन ऑफ डेमोक्रेटिक राइट्स (सी.पी.डी.आर.) बम्बई; दी फ्री लीगल एड कमेटी (एफ.एल.ए.सी.) बिहार; दी जम्मू एण्ड काश्मीर पीपुल्स बेसिक राइट्स (प्रोटेक्शन) कमेटी, दी नागा पीपुल्स मूवमेंट फॉर ह्यूमन राइट्स (एन.पी.एम.एच.आर.); दी पीपुल्स यूनियन फॉर सिविल लिबर्टी (पी.यू.सी.एल.) और दी पीपुल्स यूनियन फॉर डेमोक्रेटिक राइट्स (पी.यू.डी.आर.) शामिल हैं।

कुछ अवपाद स्वरूप मामलों में न्यायालयों ने उत्पीड़न रोकने के लिए कार्यवाही की है। गुवाहाटी उच्च न्यायालय ने, जिसका अधिकार सातों उत्तरपूर्वी राज्यों तक फैला हुआ है, सेना द्वारा किए जाने वाले अत्याचारों और मानवाधिकार-उल्लंघनों को रोकने के लिए महत्त्वपूर्ण कदम उठाए हैं। उस न्यायालय ने, जुलाई 1991 में, बन्दियों पर अत्याचार करने के दोषी 5 पुलिस अधिकारियों को निलम्बित किया और पुलिस महानिदेशक को उनके विरुद्ध कानूनी कार्यवाही करने का आदेश दिया। उसने उस पुलिस थाने के प्रभारी का तुरन्त तबादला करने का आदेश भी दिया जिसमें यातनाएँ दी गई थीं तथा राज्य सरकार को निर्देश दिया कि बंदियों को वहाँ नहीं रखा जाए।[19]

जुलाई 1991 में ही सर्वोच्च न्यायालय ने घोषित किया कि स्त्रियों को गिरफ्तार करने और उनकी तलाशी लेने के समय अपराध-प्रक्रिया की आवश्यकताओं का पालन करना सेना का कर्तव्य है। यह निर्णय समाचार पत्रों में प्रकाशित हुई इस खबर के बाद दिया गया था कि उत्तरपूर्वी राज्यों में सुरक्षा बल के सदस्यों द्वारा महिलाओं को तंग किया जा रहा था। लेकिन महिला बंदियों के सम्बन्ध में सर्वोच्च न्यायालय के अन्य फैसलों की खुली आलोचनाएँ की गई हैं। उदाहरणार्थ–दिसम्बर 1989 में, सर्वोच्च न्यायालय ने हरियाणा के उन दो पुलिस अधिकारियों को दी गई 10 साल की सजा को घटा कर आधा कर दिया था जिन्हें बलात्कार के लिए अपराधी घोषित किया गया था। सर्वोच्च न्यायालय का निर्णय पीड़ित महिला के चरित्र सम्बन्धी आकलन पर आधारित था। इसकी काफी आलोचना की गई थी क्योंकि वह निर्णय बलात्कार सम्बन्धी कानून के 1993 में किए गए संशोधन को नकारता हुआ प्रतीत होता था। इस संशोधन के द्वारा बलात्कार के दोषी किसी भी पुलिस अधिकारी के लिए 10 वर्ष की सजा लागू की गई थी।

उत्पीड़न की पद्धति

सर्वोच्च न्यायालय ने मई 1990 में, उन 28 पुरुषों के विरुद्ध आपराधिक मामले खारिज कर दिए थे जो बिहार में 10 वर्षों से केवल सुनवाई का इन्तजार करते रहे थे। एमनेस्टी इण्टरनेशनल की जानकारी में यह इकलौता मामला है जिसमें उत्पीड़न के शिकार लोगों के विरुद्ध लगाए गए अभियोग उठा लिये गए हों। इनमें से उन दो अन्य लोगों को पेरोल पर छोड़ने का आदेश भी दिया गया था जिन्हें 1987 में 20 साल की सजा सुनाई गई थी। यह भागलपुर में बंदियों को क्रूर तथा अमानवीय यंत्रणाएँ देने और उन्हें अन्धे कर दिए जाने का कुख्यात मामला था।[20]

1970 के दशक के अन्त में, नौजवानों के गिरोहों द्वार डाली जाने वाली सशस्त्र डकैतियों की घटनाओं में वृद्धि के कारण पुलिस ने लोगों को सबक सिखाने के उद्देश्य से संदिग्ध व्यक्तियों को अन्धे बना देने का फैसला किया। अक्तूबर 1979 से नवम्बर 1980 के बीच 30 से अधिक पुरुषों व लड़कों को उनकी आँखों में मोटी सुइयाँ तथा तेजाब डाल कर योजनापूर्वक अन्धा बना दिया गया था। उनमें सबसे छोटे शिकार की उम्र 16 वर्ष की थी। अन्धे किए गए 30 लोगों में आपराधिक इतिहास वाले लोग बहुत कम थे। एक टीकाकार के अनुसार मुश्किल से 4 लोगों पर उससे पहले आपराधिक कार्यों में शामिल होने का आरोप था। सुरेश साह को साफ तौर पर इसलिए नेत्रहीन बना दिया गया क्योंकि उसने स्थानीय जमींदारों के यहाँ कम मजदूरी पर काम करने से इनकार कर दिया था। सुरेश साह के मामले में 1984 में पुलिस के एक सहायक निरीक्षक, एक डॉक्टर तथा आठ जमींदारों को, अन्धा बनाने के आपराधिक षड्यंत्र के लिए दोषी करार दिया गया।

बंदियों को अन्धा बनाने की इन घटनाओं की सबसे पहली खबर 'संडे' नामक साप्ताहिक पत्र के 16 नवम्बर, 1980 वाले अंक में प्रकाशित हुई थी जिसके कारण सार्वजनिक

शोर मचा। तत्कालीन प्रधानमन्त्री इंदिरा गांधी ने कहा–"जो कुछ घटा है मैं इसके प्रति निजी रूप में अपना हार्दिक दुख प्रकट करना चाहती हूँ। यह केवल सजा देने का ही मामला नहीं है–हमें इन बलों (पुलिस आदि) के प्रशिक्षण के लिए बड़े प्रयास करने चाहिएँ ताकि वे अमानवीय न बनें।" पीड़ित व्यक्तियों को हरजाने दिए गए, उनका पुनर्वास किया गया और सर्वोच्च न्यायालय ने उनके मुकदमों की सुनवाइयाँ रुकवा दीं। सताए गए लोगों की डॉक्टरी जाँच के लिए तत्काल आदेश दिए गए और बिहार के न्यायालयों से पूछा कि उन्होंने दोषी पुलिस अधिकारियों के विरुद्ध कार्यवाही क्यों नहीं की थी? न्यायालय ने बिहार सरकार को–अन्धे बना देने की इन घटनाओं में राजकीय अधिकारियों की मिलीभगत को स्पष्ट करने वाले सभी कागजात पेश करने का आदेश दिया। बिहार सरकार ने इस आधार पर अपनी जिम्मेदारी को स्वीकार करने से इनकार कर दिया कि उसके अधिकारियों ने कानून से बाहर जा कर यह काम किया था।

अन्धा बनाने की इस घटना का पर्दाफाश करने के पीछे जो व्यक्ति था वो था भागलपुर जेल का अधीक्षक। उसको मामले के पूरे तथ्य प्रकट न करने के आरोप में, दिसम्बर 1980 में बिना वेतन के निलंबित कर दिया गया था। उसने इस निलंबन के विरुद्ध सर्वोच्च न्यायालय में अपील करते हुए जो याचिका दायर की थी उसके अनुसार उसने एक कैदी को नवम्बर 1979 को अन्धा किए जाने की प्रथम सूचना तब दे दी थी जब उसने चीफ ज्यूडिशियल मजिस्ट्रेट को भेजी एक रिपोर्ट में घटना की जाँच करने का अनुरोध किया था। उसने कहा कि उसने अधिकारियों को बार-बार लिखित रूप में सूचित किया था कि भागलपुर जेल में सुनवाई की प्रतीक्षा कर रहे बंदियों को पुलिस द्वारा जान-बूझकर, अन्धा बनाया जा रहा था। उसने कहा कि वह जेल महानिरीक्षक को ऐसे तीन बंदियों से साक्षात्कार करने के लिए जेल के अन्दर ले गया था लेकिन जाँच कराने के सम्बन्ध में महानिरीक्षक ने बार-बार की गई माँग की उपेक्षा की।

अधीक्षक ने यह भी कहा कि गृह आयुक्त, बिहार के जेल विभाग के मन्त्री तथा अन्य राजकीय अधिकारियों को अन्धे करने की इन घटनाओं का पता था मगर इन्होंने उन्हें रोकने या उनकी जाँच कराने का कोई प्रयास नहीं किया। इस मामले को सक्षम अधिकारियों के ध्यान में लाने के लिए ताकि वे उनकी पुनरावृत्ति को रोकने के लिए कदम उठा सकें, मेरे द्वारा और जेल महानिरीक्षक द्वारा किए गए हर संभव प्रयासों के बावजूद मैंने स्थानीय व राजकीय अधिकारियों को अन्धे बना दिए लोगों के प्रति उदासीन पाया और अब तक 31 लोगों को नेत्रहीन बनाया जा चुका है।

कमजोर वर्गों के लोगों के साथ हुई ज्यादतियाँ

उल्लेखनीय रूप से संविधान के अनुच्छेद 17 द्वारा जिसमें अस्पृश्यता को किसी भी रूप में व्यवहार में लाए जाने पर रोक लगा दी गई है। 1955 के अस्पृश्यता-अपराध अधिनियम द्वारा (जिसका 1976 में शीर्षक बदल कर नागरिक अधिकार सुरक्षा अधिनियम का नया नाम दिया गया था) भी इस प्रकार की अतिरिक्त सुरक्षा प्रदान की गई है।

इन वर्गों के साथ किए जाने वाले लगभग 24 प्रकार के सामाजिक व आर्थिक दुर्व्यवहार को गैर-कानूनी करार देते हुए अनुसूचित जाति एवं जनजाति (अत्याचार-रोकथाम) अधिनियम सितम्बर 1989 में पारित किया गया था। यह अधिनियम उन मामलों में पुलिस व सेना द्वारा किए गए किसी भी दुर्व्यवहार को फौजदारी अपराध के रूप में तथा कानूनी एवं प्रशासनिक कार्यवाही के योग्य करार देता है जिसमें अनुसूचित वर्गों के लोग सम्मिलित हों। यह अधिनियम राज्य सरकारों के लिए इस तरह के मामलों में विशेष न्यायालय स्थापित करने और दुर्व्यवहार के पीड़ितों को क्षतिपूर्ति तथा कानूनी मदद देने का प्रावधान करता है।

यह कानून पारित होने के बाद भी दलितों और आदिवासियों के विरुद्ध मानवाधिकारों के उल्लंघन जारी हैं और पुलिस को बराबर दोषी माना जाता है। मई 1990 में, तत्कालीन प्रधानमन्त्री वी.पी. सिंह ने संसद में बयान दिया था कि उनकी सरकार अनुसूचित समुदायों के विरुद्ध मानवाधिकार सम्बन्धी उल्लंघनों के अपराधों में दोषी पाए जाने वाले लोगों के खिलाफ कड़े से कड़े कदम उठाएगी। लेकिन इस तरह के सरकारी बयानों के बावजूद न्यायिक जाँचों तथा ऐसे अपराधों में लिप्त पुलिस अधिकारियों के विरुद्ध की जाने वाली कानूनी कार्यवाहियों की संख्या में उल्लेखनीय वृद्धि नहीं हुई।

जून 1990 में, घुमक्कड़ जनजाति के एक किशोर की हत्या तथा उसकी गर्भवती बहन को यातना दिए जाने के मामले को लेकर हुए जन-विरोध ने महाराष्ट्र सरकार को कई पुलिस कर्मचारियों को निलंबित करने तथा घटना की पुलिस जाँच की घोषणा करने के लिए बाध्य कर दिया था। बताया जाता है कि नामदेव अतक नामक उस युवक को तब पीट-पीट कर मार डाला था जब वह सात पुलिस अधिकारियों द्वारा उसकी बहन पार्वती रूसानकोटे के अपहरण तथा उसके साथ किए जाने वाले बलात्कार को रोकने का प्रयास कर रहा था। पार्वती रूसानकोटे के अनुसार–"वे सब नशे में धुत्त थे और सादे कपड़ों में थे। उन्होंने मुझसे उनके साथ चलने का हुक्म दिया। मैंने इनकार कर दिया। तब उन्होंने मुझे गालियाँ बकना शुरू कर दिया और उनमें से दो ने मुझे हाथ और पाँव से पकड़ कर उठा लिया।" जब नामदेव ने अपनी बहन के साथ जाने पर जोर दिया तो उन्होंने उसको भी उठा कर जीप में फेंक दिया। दोनों को तुलजापुर पुलिस थाने में ले जाया गया। पार्वती रूसानकोटे के अनुसार यहाँ–"पुलिस वालों में से कुछ ने नामदेव को एक मेज से बाँध दिया और अपने कमरपट्टों से उस पर कोड़े बरसाने लगे और लाठियों से पीटने लगे। इस बीच बाकी लोगों ने मुझे पकड़ लिया। एक ने मेरे बाल पकड़े और मेरा ब्लाउज फाड़ डाला। एक अन्य ने मेरे कपड़े उतारे और मेरी जाँघों पर खड़ा हो गया। वे मेरे साथ बदसलूकी करते रहे। मेरे पेट पर लातें भी मारीं।"

नामदेव अतक को पीट-पीट कर बेहोश कर दिया गया था। तब उसको और उसकी बहन को उनके घर ले जाया गया और नामदेव की उसके पिता के सामने पिटाई की गई। पार्वती रूसानकोटे कहती है कि उस पिटाई के चार घंटे बाद उसका भाई मर गया। "पुलिस ने उसे तब छोड़ा जब उन्हें निश्चय हो गया कि वह मर चुका था।" नामदेव अतक की

शव-परीक्षा की एक जाँच में बताया गया था कि उसके शरीर पर लगभग 40 बाहरी चोटें थीं और कई हड्डियाँ टूटी हुई थीं। महाराष्ट्र के मुख्यमन्त्री ने घटना की न्यायिक जाँच कराए जाने की माँगों को ठुकरा दिया।

अनुसूचित जाति और जनजाति अधिनियम के अन्तर्गत महिलाओं को विशेष सुरक्षा के लिए अलग वर्ग में रखा गया है। अनुसूचित जाति की स्त्रियों पर यौन-आक्रमण वैसा ही अपराध है जैसा समाज के प्रभुत्व वाली स्थिति के लोगों द्वारा किया जाने वाला उनका यौन-शोषण। लेकिन फिर भी दलित और आदिवासी महिलाओं के सथ पुलिस बलात्कारों की घटनाओं के व्यापक स्तर पर प्रकाशित होने का क्रम जारी है। बिहार सरकार ने अगस्त 1991 में, उसी साल जुलाई में मुजफ्फरपुर के चाकसोआगपुर में पुलिस द्वारा ग्रामीण महिलाओं के साथ किए गए बलात्कारों की जाँच एक वरिष्ठ पुलिस अधिकारी के नेतृत्व में कराने की घोषणा की थी।

दलित और आदिवासियों पर राजनैतिक कारणों से भी बार-बार अत्याचार किए जाते हैं। ऐसा उनके द्वारा आर्थिक शोषण के विरुद्ध संगठित विरोध में हिस्सा लेने के कारण उनको दंडित करने के रूप में भी किया जाता है। आदिवासी तथा दलित गाँवों पर छापे मारे जाते हैं और उनके निवासियों को पुलिस द्वारा यंत्रणाएँ दी जाती हैं और बलात्कार किए जाते हैं। इस प्रकार का उत्पीड़न बिहार में बहुत आम है जहाँ अत्याचार के अधिकतर शिकार लोग उन परिवारों के होते हैं जो भूमि सुधारों व न्यूनतम मजदूरी के अभियान चलाने वाले भूमिहीन मजदूरों के हैं। जमींदारों ने इस तरह के आन्दोलनों को दबाने के लिए अपराधी गिरोहों तथा निजी सेनाओं की सहायता से हिंसा का सहारा लिया है। माना जाता है कि इन गिरोहों व सेनाओं को 1970 के दशक के अन्त से ही पुलिस की ओर से प्रोत्साहन मिलता रहा है। अनेक मामलों में पुलिसवालों पर उनके साथ सहयोग करने तथा भूमिहीनों पर होने वाले हमलों में भाग लेने तक के आरोप हैं।

मई 1989 में, पूर्णिया जिले के मझुआ गाँव में पुलिस द्वारा डाले गए एक छापे के दौरान 23 स्त्रियों के साथ बलात्कार किए गए। बताया गया कि स्थानीय ठेकेदारों के उकसावे पर मारा गया वह छापा न्यूनतम मजदूरी से कम पर काम करने से इनकार करने वाले ग्रामवासियों को धमकाने के प्रयास का एक भाग था। पुलिस हथियारों से लैस थी और बताया गया कि किसी भी तरह के प्रतिरोध का उत्तर उसने हिंसा से दिया। बलात्कार की पीड़ितों में 80 साल की एक बूढ़ी महिला और एक साल की बच्ची थी जिनके साथ छेड़छाड़ की गई थी।

कहा जाता है कि पुलिस ने इस घटना के बारे में किसी भी तरह के प्रचार को रोकने के लिए गाँव के चारों ओर 24 घंटे का पहरा लगा दिया था और उस घटना की रिपोर्ट एक स्थानीय समाचार पत्र में छापने की कोशिश करने वाले एक पत्रकार को जान से मार देने की धमकी दी थी। जिला मजिस्ट्रेट ने, जिसे कुछ लोगों ने ठेकेदार का मित्र बताया, इस बात से इनकार किया कि बलात्कार हुए और सभी आरोपों को मझुआ के 'अपराधी-तत्त्वों' द्वारा मनगढ़ंत बता कर खारिज कर दिया। जब उस गाँव की औरतें विरोध

प्रकट करने के लिए पूर्णिया में जमा हुईं तो उनको पुलिस द्वार लाठियों से तितर-बितर कर दिया गया।

मध्य भारत की प्राकृतिक संसाधनों से समृद्ध विशाल भूमि पर चार करोड़ आदिवासी निवास करते हैं जो कुल आदिवासी जनसंख्या का 85 प्रतिशत भाग है। उनमें से अधिकांश लोग गरीबी की रेखा से नीचे जीवन जीते हैं। उनकी साक्षरता की दर कुल राष्ट्रीय औसत की एक तिहाई है। वन उगाई, खनन तथा जल विद्युत परियोजनाओं समेत उस क्षेत्र में आर्थित विकास का एक परिणाम अधिकाधिक आदिवासियों द्वारा उनके पारंपरिक घरों तथा आजीविकाओं को गँवा देने के रूप में सामने आया है। उनमें से कई लोग अब, छोटे किसानों या बड़े जमींदारों के यहाँ खेतिहर मजदूरों के रूप में काम करके गुजारा चला रहे हैं—जबकि अन्य लोग काम की तलाश में शहरों में चले गए हैं।

हाल के वर्षों में आदिवासियों के विरोध—उनके समुदायों द्वरा खोई हुई जमीनों के मुआवजों, अतिरिक्ति जमीन के बँटवारे, कम पारिश्रमिक तथा आदिवासी क्षेत्रों की स्वायत्तता के सवालों पर केन्द्रित रहे हैं। इन माँगों को वामपन्थी राजनैतिक दलों को समर्थन मिलता रहा है। इनमें से कुछ—जैसे कि नक्सलवादियों के रूप में ख्यात माओपंथा क्रान्तिकारी सत्ता का हिंसक विरोध करने में लगे रहे हैं—विशेष रूप से आन्ध्र प्रदेश, मध्य प्रदेश और महाराष्ट्र में। इस प्रकार के विरोध को कुचलने के प्रयास में, पुलिस ने इन विरोधों में शामिल होने के संदिग्ध आदिवासियों की व्यापक स्तर पर गिरफ्तारी की है और उन्हें यातनाएँ दी हैं।

नक्सलवादी 1980 के दशक के आरम्भ में मध्यप्रदेश के बस्तर जिले में सक्रिय हुए थे जिसकी बहुसंख्यक जनसंख्या आदिवासियों की है। नक्सलवादियों ने हड़तालों और विरोध के अन्य रूपों के अलावा पुलिस पर हमले किए तथा जमींदारों व अन्य नागरिकों की हत्याएँ भी कीं। 1985 में मध्यप्रदेश राज्य को टाडा अर्थात आतंकवाद एवं विघटनकारी गतिविधि (निषेध) अधिनियम के अन्तर्गत "अशांत क्षेत्र" घोषित किया गया था। बस्तर में, पिछले दशक में असैनिक पुसि बल की संख्या दुगनी कर दी गई है और मध्य प्रदेश विशेष सशस्त्र बल (एस.ए.एफ.) के साथ सशस्त्र पुलिस की कई टुकड़ियाँ संलग्न कर दी गई हैं।

पी.यू.डी.आर. ने, जुलाई 1989 में 'बस्तर की स्थिति' पर एक रिपोर्ट जारी की थी। पी.यू.सी.एल. ने 1985 से अर्थात टाडा के लागू होने के समय से आदिवासी गाँवों पर डाले गए अनुमानतः 900 छापों के पीछे काम कर रही पद्धति की जाँच की थी। इस रिपोर्ट में बताया गया—"सशस्त्र पुलिनस का एक विशाल दल—जिसमें कभी-कभी 100 सदस्य होते हैं—गाँव में उतरता है। वे मनमाने ढंग से पिटाई करते हैं। इस मई (1990) महीने में पुलिस तीन युवकों को ले गई और उन्हें गर्दन तक खेतों में गाड़ दिया। इस तरह की हिंसा के बाद लोगों—विशेष रूप से पुरुषों को पुलिस थाने में ले जाया जाता है। वहाँ असैनिक पुलिस उन्हें अपने कब्जे में ले लेती है। वे आदिवासियों को छत से बाँध कर उल्टा लटकाते है। या उनका बेलन वाला इलाज भी करते हैं और उनकी कई दिनों तक पिटाई करते हैं।"

पी.यू.सी.एल. का निष्कर्ष इस प्रकार था—"कई लोग कहते हैं कि आदिवासियों को उनके द्वारा नक्सलवादियों को भोजन व शरण उपलब्ध कराने के कारण दंडित किया जाता

है। और उनके साथ अधिक लम्बी पूछताछ का कारण उनके (नक्सलवादियों) ठिकानों का पता लगाना होता है। संदिग्ध व्यक्तियों से सूचनाएँ निकलवाने के लिए घोर यंत्रणाएँ देने के तरीकों का प्रयोग शायद देश के अधिकांश पुलिस-केन्द्रों में बहुत सामान्य है। लेकिन बस्तर में इसका किसी तरह का कोई औचित्य नहीं है क्योंकि पुलिसवाले उन आदिवासियों की भाषा तक को नहीं समझते जिनको यातनाएँ देते हैं।"[21]

पी.यू.डी.आर. ने राजस्थान के उदयपुर जिले में स्थित आदिवासी गाँव हदमतिया में हुए पुलिस अत्याचार की अपनी रिपोर्ट जून 1991 में प्रकाशित की थी। इस रिपोर्ट के अनुसार मार्च 1990 में एक स्थानीय जमींदार ने 37 ग्रामवासियों पर अतिक्रमण तथा चोरी की एक रपट लिखाई। यह रिपोर्ट आदिवासियों द्वारा उस तालाब के पाट पर खेती करने के बाद लिखाई गई थी जिस पर उनका परम्परागत अधिकार था। शिकायत की जाँच 11 अधिकारियों द्वारा की गई थी जिन्होंने 5 मार्च को उस गाँव की यात्रा की थी और उन्होंने आदिवासी महिलाओं के साथ दुर्व्यवहार करके दंगा भड़काया था। कई पुलिसवालों की पिटाई हुई। पुलिस वापस लौट गई और उसने गाँव वालों के विरुद्ध हमला करने और हत्या का प्रयास करने का मामला दर्ज कराया। कोई चार सप्ताह बाद वे जमींदार के दलालों के साथ आए और उन्होंने सीधा बदला भी लिया। पी.यू.डी.आर. के अनुसार पुलिसवाले 14 जीपों, 4 ट्रकों और एक बस में भर कर आए और गाँव को घेर लिया। वे गाँववालों को धकेल कर एक झुंड के रूप में एक खेत में ले गए। तब उन्होंने गाँववालों पर गोलियाँ चला कर 35 लोगों को घायल कर दिया। महिलाओं को निर्वस्त्र किया गया और उन्हें पीटा गया। पी.यू.डी.आर. का निष्कर्ष था कि इसका उद्देश्य जमींदारों के शोषणकारी कार्यों का विरोध करने वाले गाँववालों को धमकाना तथा आंतकित करना था।

असम तथा उत्तर पूर्वी राज्य

उत्तर पूर्वी भारत के 7 राज्यों—नागालैंड, मणिपुर, अरुणाचल प्रदेश, मेघालय, मिजोरम तथा त्रिपुरा में 220 से अधिक पर्वतीय जनजातियाँ रहती हैं। वे जातीय, आर्थिक तथा सामाजिक रूप से भारत के अन्य भागों में रहने वाले लोगों से भिन्न हैं जिनसे बंगलादेश ने उत्तर पूर्व को लगभग अलग-थलग सा किया हुआ है।

उत्तर पूर्वी राज्यों में सक्रिय अनेक आदिवासी संगठनों ने केन्द्रीय सरकार पर उपेक्षा व शोषण के आरोप लगाते हुए इन राज्यों के लिए स्वायत्तता या स्वतन्त्रता की वकालत की है और उनमें से कुछ ने अपने इन लक्ष्यों को पाने के लिए हथियार भी उठाए हैं। उत्तर पूर्वी भारत में सेना की सबसे पहली तैनाती 1950 के दशक में की गई थी। मानवाधिकारों के व्यापक स्तर पर किए गए उल्लंघनों के लिए सेना को और उसमें भी विशेष रूप से असम राइफल्स को जिम्मेदार ठहराया जाता रहा है।

असम में, राजनैतिक हिंसा के स्तर में हुई वृद्धि के कारण 28 नवम्बर 1990 को राष्ट्रपति शासन लागू किया गया था। प्रदेश को अशांत क्षेत्र घोषित करते हुए कानून और व्यवस्था

की सारी जिम्मेदारी सेना के सुपुर्द कर दी गई थी। अल्फा पर प्रतिबन्ध लगा दिया गया और "ऑपरेशन बजरंग" के नाम से एक बहुत बड़ी सैनिक कार्यवाही शुरू की गई। इस सैनिक अभियान की अवधि में मानवाधिकार उल्लंघन की खूब सारी खबरें सामने आई थीं। टाइम्स ऑफ इंडिया ने अपने जनवरी 1991 के एक अंक में जो समाचार दिया था उसके अनुसार–"राज्य के विभिन्न भागों में प्रतिदिन उत्पीड़न, बलात्कार तथा हत्याओं सहित सैनिकों द्वारा किए गए जुल्म के समाचार बड़ी संख्या में प्राप्त होते हैं। स्थानीय समाचार पत्र सैनिकों द्वारा सामान्यजन की अकारण गिरफ्तारी, महिलाओं के साथ किए जाने वाले बलात्कारों और रहस्यमय घड़ियों में मारे जाने वाले छापों की दिल दहला देने वाली घटनाओं के समाचारों से भरे रहते हैं।"[22]

महिलाओं तथा कम उम्र की लड़कियों के साथ किए जाने वाले बलात्कारों की घटनाएँ जारी हैं। सुतार गाँव की एक लड़की राजू बरुआ के साथ चार सैनिकों ने 6 अक्तूबर, 1991 के दिन बलात्कार किया और उसके बाद उसकी लाश को एक पोखर में फेंक दिया। राज की बहनों ने इस कुकृत्य के लिए कथित रूप से दोषी सैनिकों की शिनाख्त भी की थी और एक जाँच रिपोर्ट में भी बलात्कार के चिह्नों की पुष्टि की गई थी।

सेना ने 28 नवम्बर, 1990 से लेकर 10 अप्रैल, 1991 तक की अवधि में अपनी कार्यवाहियों को स्थगित कर दिया था। मगर बताया जाता है कि उस दौरान भी अल्फा चरमपंथियों की खोज के अन्तर्गत 1846 लोग सेना द्वारा गिरफ्तार किए गए थे और अन्य एक हजार को पुलिस ने बन्दी बनाया था। कई लोगों को उनके गाँवों पर मारे गए विशाल छापों के दौरान अकस्मात पकड़ा गया था और कइयों को कर्फ्यू तोड़ने के अपराध में सैनिक-निरीक्षण चौकियों पर। उनमें किसान, मजदूर, विद्वान, राजनैतिक व सामाजिक कार्यकर्त्ता, डॉक्टर तथा व्यापारी आदि वर्गों के लोग शामिल थे। गिरफ्तारियों के खास निशाने थे युवक और छात्र। माना जाता है कि बन्दी बनाए गए लोगों में से बहुतों पर घोर अत्याचार किए गए थे। दिसम्बर 1990 में, सेना ने "ऑपरेशन बजरंग" के दौरान लगाए गए अत्याचार तथा बलात्कार के इन आरोपों का खंडन करते हुए कहा है कि वे आरोप राजनैतिक नेताओं द्वारा निहित स्वार्थों से गढ़े गए थे।

असम में सैनिक कार्यवाहियों की अवधि में बन्दी बनाए गए तथा सताए गए लोगों की ओर से गुवाहाटी उच्च न्यायालय में, 27 नवम्बर, 1990 से मार्च 91 के बीच एक सौ से अधिक बन्दी प्रत्यक्षीकरण याचिकाएँ प्रस्तुत की गई थीं। न्यायालय ने अनेक याचिकाओं को स्वीकार किया था और आदेश दिया था कि उन्हें न्यायालय के सम्मुख पेश किया जाए। जब सेना ने अदालत के आदेश की अनुपालना में 1 व 2 दिसम्बर, 1990 को बन्दी बनाए गए दो भाइयों ऋतुराज व पद्मराज को पेश किया तब उन्होंने दावा किया कि उन्हें 29 दिन तक घोर यातनाएँ दी गई थीं।

लेकिन सुरक्षा बलों ने उच्च न्यायालय के निर्णयों की अवज्ञाएँ की हैं। जनवरी 1991 में, गुवाहाटी उच्च न्यायालय ने राजूमोनी बेजबरुआ को इस आदेश के साथ मुक्त किया था कि उसे विश्वविद्यालय के छात्रावास के अध्यक्ष की अनुमति के बिना हिरासत में न लिया

जाए। लेकिन उसके कोई दो माह बाद ही उसे फिर से बन्दी बना लिया गया और बताया गया कि गेलाघाट के सैनिक शिविर में घोर यातनाएँ दी गईं। उसके आरोपानुसार जब उसने न्यायालय का आदेश दिखाया तो सैनिकों ने उसको नष्ट कर दिया।

नागरिक स्वतन्त्रताओं के लिए कार्यरत संगठनों ने–मानवाधिकार उल्लंघन सम्बन्धी दस्तावेजों को तैयार करने में महत्त्वपूर्ण भूमिकाएँ निभाई हैं। सी.पी.डी.आर. के एक लेखक ने फरवरी 1991 में असम के 6 जिलों की यात्रा की और उत्पीड़न के 49, बलात्कार के 13 तथा गैरकानूनी मृत्युदंड के 8 मामलों सहित एक व्यक्ति के लापता हो जाने के सम्बन्ध में सूचनाएँ इकट्ठी कीं। पी.यू.डी.आर. ने भी असम पर अपनी एक रिपोर्ट मई 1991 में प्रकाशित की थी और उसमें निष्कर्ष दिया था–"सेना ने बन्दी बनाए गए अनगिनत लोगों का उत्पीड़न किया है। हमने अत्याचार से पीड़ित कई लोगों से मुलाकातें कीं, तीन अस्पतालों का दौरा किया, सम्बन्धित डॉक्टरों से मिले और अनेक अदालती दस्तावेजों का अध्ययन किया।"

> "निर्दयतापूर्वक पिटाई करना, नंगा करके उल्टा लटकाना और फिर सिर और सीने पर प्रहार करना, छाती पर बूटों से प्रहार करना, बर्फ का ठंडा पानी उड़ेलना, गर्दन तक जमीन में गाड़ कर पीटना या सिर पर बाल्टी रख देना, अंडकोषों को शिकंजों में दबा कर भींच डालना, ठंडे पानी की टंकियों में..."

बम्बई में, एक दलित राजू मोहते की मौत 6 जुलाई, 1990 के दिन भगवती अस्पताल में हुई। उससे एक दिन पहले ओशीवाड़ा पुलिस थाने से रिहा होते समय उसने अपने परिवार को बताया था कि उसे घोर यंत्रणाएँ दी गई थीं। उसके संबंधियों के अनुसार एक चोरी के सिलसिले में 26 जून को गिरफ्तार किए जाने के बाद वकील को उससे मिलने नहीं दिया गया। 5 जुलाई को उसे एक न्यायाधीश के सामने पेश किया गया और फिर रिहा कर दिया गया। उसको जो चोटें लगी थीं वे इतनी गहरी थीं कि वह केवल वकील की मदद से ही घर तक पहुँच पाया था। उसके सबसे बड़े भाई बालू ने बताया–"उसके अँगूठे तोड़ डाले गए थे, पैर सूजे हुए थे और शरीर के सारे निचले भाग के साथ-साथ पीठ भी काली-नीली पड़ी हुई थी। वह बहुत कठिनाई के साथ बोला पाया और उसने बताया कि पुलिस ने उसको एक अपराध की हामी भराने के लिए बार-बार पीटा था।" घरवाले राजू मोहते को लेकर तुरन्त अस्पताल गए लेकिन अगल दिन उसकी मृत्यु हो गई। पुलिस ने कहा कि वह पीलिया से पीड़ित था और उसकी मृत्यु गिर पड़ने अथवा किसी अन्य दुर्घटना की कारण हुई थी। लेकिन इस बात का खंडन एक शव-परीक्षा जाँच-विवरण द्वारा हुआ जिसमें उसके शरीर पर चोटों के 19 निशान पाए जाने की बात कही गई थी जो "एक कड़ी व तीखी वस्तु से पहुँचाई गई थी।" ये चोटें–जो कि मृतक द्वारा लगाए गए उत्पीड़न के आरोपों के अनुरूप थीं, उसके जीवन के अन्तिम चार दिनों के दौरान पहुँचाई गई थीं जिनमें से तीन उसने पुलिस-हवालात में गुजारे थे।[23]

इस बात के जबर्दस्त सबूत मौजूद हैं कि भारी उत्पीड़न के कारण पुलिस की हिरासत में मौतें होती हैं। इस तरह के सबूत सरकारी अधिकारियों व सरकारी संस्थाओं, न्यायालयों,

हवालात में मरे लोगों की शव परीक्षा जाँच करने वाले डॉक्टरों तथा स्वयं पुलिस से प्राप्त होते हैं। जनवरी 1985 में, भारत के सर्वोच्च न्यायालय के मुख्य न्यायाधीश ने कहा था कि मृत्यु का कारण बनने वाले उत्पीड़न के प्रत्यक्षदर्शी गवाह बहुत ही कम उपलब्ध होते हैं–सिवाय उन पुलिस वालों के जो सही घटना को स्वीकार करने के बजाए उसे छिपाने के प्रति अधिक चिंतित दिखाई पड़ते हैं। मुख्य न्यायाधीश ने यह टिप्पणी इलाहाबाद उच्च न्यायालय के उस निर्णय के बाद की थी जिसके द्वारा यातनाएँ देकर मारने के मामले में उचित सन्देहों से परे सिद्ध करने हेतु प्रस्तुत किए गए प्रमाण अपर्याप्त थे। इलाहाबाद उच्च न्यायालय के निर्णय से प्रेरित होकर सर्वोच्च न्यायालय ने साक्ष्य अधिनियम को यह सुनिश्चित करने हेतु संशोधित करने का प्रस्ताव किया था कि अपनी हिरासत में बन्द लोगों के विरुद्ध मानवाधिकार सम्बन्धी उल्लंघनों के अपराधी पुलिस अधिकारी प्रमाणों की कमी के कारण छूटने नहीं चाहिए। सर्वोच्च न्यायालय ने कहा था कि वह सरकार को इस कानून को संशोधित करने की आवश्यकता समझाना चाहती है ताकि हवालाती मौतों के मामलों में सबूतों की जिम्मेदारी पुलिस की हो।

उत्पीड़न की निन्दा भारतीय पुलिस के घटकों ने भी की है। 1975 से 77 तक का समय आपातकाल के अन्तर्गत भारी अत्याचारों का गवाह रहा। उसके बाद 1979 में–'जाँच तथा अभियोग की प्रणाली के अन्तर्गत प्रयोग में लाने जाने वाले अनुचित तरीकों एवं उनके प्रचलन की सीमा की पड़ताल करने के उद्धेश्य से'–एक राष्ट्रीय पुलिस आयोग (एन.पी. सी.) की स्थापना की गई थी। एन.पी.सी. ने इस दिशा में किए गए अपने एक साल के परिश्रम के बाद उत्पीड़न की कठोरतम शब्दों में निन्दा करते हुए कहा था–

> "पुलिस द्वारा उनकी हिरासत में बन्द किसी व्यक्ति को किसी भी तरह की यंत्रणा देने वाले आचरण जितनी आमनवीय और कोई चीज नहीं है। इस आचरण के कई वर्षों से भिन्न-भिन्न रूपों और स्थितियों में प्रचलित रहे होने के कारण जनता की दृष्टि में पुलिस की छवि को भारी क्षति हुई है। हम गहरी चिंता के साथ यह दर्ज कर रहे हैं कि उच्च पदों पर आसीन कुछ अधिकारियों तक में छोटे रास्तों से शीघ्र परिणाम प्राप्त करने के प्रयासों के अन्तर्गत इस तरह के उत्पीड़न कार्यों को स्वीकृति एवं सहारा देने की प्रवृत्ति पाई जाती है।"[24]

पुलिस ने उत्पीड़न के प्रयोग को सरकारी स्तर पर स्वीकार किया है। उदाहरणार्थ–आन्ध्र प्रदेश में 1985-86 के दौरान पुलिस थानों में होने वाली मौतों में हुई वृद्धि के बाद आन्ध्र प्रदेश पुलिस संघ ने पुलिस वालों से खुली माँग की थी कि वे यंत्रणा के प्रयोग बन्द करके जाँच की आधुनिक वैज्ञानिक पद्धतियों को काम में लावें। दिल्ली में पुलिस आयुक्त विजय करण ने अपनी नियुक्ति के समय 1 मई 1988 के दिन पत्रकारों से कहा था कि "वे उत्पीड़न और तीसरी डिग्री की घोर यातनाओं के तरीकों पर रोक लगाना चाहेंगे।" उन्होंने कहा था कि पुलिस को किसी भी व्यक्ति को पीटने का कोई अधिकार नहीं है।

पश्चिम बंगाल में, 1994 कें प्रान्तीय चुनावों के दौराव वाम मोर्चा सरकार ने हवालाती मौतों के कई मामलों की जाँच कराने तथा राज्य में उससे पहले के सात वर्षों के शासन के दौरान हुई राजनैतिक हत्याओं की जाँच कराने का वचन दिया था। दो जाँच आयोग गठित किए भी गए थे लेकिन उनकी रिपोर्टों का प्रकाशित किया जाना ज्ञात नहीं है। और न ही इस बात की जानकारी है कि सरकार ने उनको कानून के सामने पेश किया था जैसा कि उसने वादा किया था। उसके दस साल बाद 1987 में पश्चिम बंगाल के मुख्यमन्त्री ज्योति बसु ने हवालाती मौतों की कठोरतम शब्दों में भर्त्सना की थी। कलकत्ता के पुलिस आयुक्त ने घोषणा की थी कि–"पुलिस हवालात में किसी भी व्यक्ति की मृत्यु नहीं होनी चाहिए।" मगर फिर भी इस तरह की मौतों की खबरें जारी हैं। ज्योति बसु ने सितम्बर 1989 में बताया था कि दिसम्बर 1985 से दिसम्बर 1989 के बीच पश्चिम बंगाल की पुलिस हिरासत में 71 व्यक्तियों की मृत्यु हुई थी।

पुलिस की हिरासत में होने वाली दलितों की मौतें कुछ राज्यों में विशेष रूप से सामान्य हैं–जैसे कि बिहार। संडे आब्जर्वर ने जनवरी 1988 के अपने एक अंक में लिखा था कि बिहार के रोहतास जिले की सासाराम जेल में नवम्बर 1983 और 1988 के बीच की अवधि में उत्पीड़न से 16 दलितों की मृत्यु हुई थी। उनमें से 4 तो अकेले जून 1987 में मारे गए थे। लेकिन दलितों की मौतें भारत भर की हवालातों में होती हैं। निम्नलिखित मामला तो उसका एक विशिष्ट नमूना है।

25 वर्षीय सैकर कानून का छात्र था। वह जमींदार और गाँव वालों के बीच हुए मजदूरी से सम्बन्धित विवाद के प्रसंग में मारा गया था। ग्रामीण मुख्य रूप से दलित थे। तमिलनाडु और केन्द्र शासित प्रदेश पांडिचेरी की सीमा से लगे अनेक गाँवों में भूस्वामियों और दलितों के बीच व्याप्त तनाव के समय, पुलिस ने जमींदारों के पक्ष में खुला हस्तक्षेप किया था। सूचनानुसार सैकर और कण्डन की मृत्यु तो घटनास्थल पर ही तत्काल हो गई थी किन्तु सैकर को साफ तौर पर केवल पैर में चोट लगी थी। उसके परिजनों के कथानानुसार उसकी मृत्यु बाद में पुलिस हिरासत में पिटाई के कारण हुई थी।

जिस दिन स्थानीय पुलिस ने गोली चलाई उस दिन की एक प्रथम सूचना रिपोर्ट में कहा गया था कि यह घटना तमिलनाडु के सोरापुर गाँव में घटी थी जहाँ पुलिस और गाँव वालों पर हमला किया गया। कण्डन और सैकर को गोली तब लगी बताई गई थी जब पुलिस ने दंगाइयों को तितर-बितर करने के लिए गोलियाँ चलाईं। पुलिस ने दावा किया कि सैकर की मृत्यु स्थानीय मानवाधिकार संगठन पीपुल्स राइट्स प्रोटेक्शन मूवमेंट (पी.आर.पी.एम.) ने पुलिस के बयान को चुनौती दी।

पी.आर.पी.एम. के एक खोजी दल ने स्थानीय लोगों से सूचनाएँ तथा अन्य प्रमाण जुटाए जिनसे पता चला कि गोली चलाए जाने की घटना दरअसल पनैयाडिकुप्पम में घटी थी और परिस्थितियाँ गोली चलाने के योग्य बिल्कुल नहीं थीं। दल ने बताया कि इस घटना के एक सत्पाह बाद स्थानीय राजकीय अधिकारियों ने मृतकों के अभिभावकों से ऐसे बयानों पर हस्ताक्षर करने के लिए कहा जिनमें लिखा था कि उनके पुत्रों की मृत्यु

सोरापुर में हुई थी। उन्होंने इस काम के बदले बड़ी रकम के अलावा प्रत्येक परिवार के एक-एक सदस्य को नौकरी देने का वायदा भी किया था। किन्तु अभिभावकों ने उन बयानों पर दस्तखत करने से इनकार कर दिया और कहा कि मौतें पनैयाडिकुप्पम में ही हुई थीं–सोरापुर में नहीं।

तमिलनाडु की राज्य सरकार ने 9 सितम्बर, 1989 को इस घटना की जाँच के आदेश दिए। 4 और 5 दिसम्बर को कण्डन की पत्नी तथा सैकर की माँ ने अपने हलफनामे प्रस्तुत किए जिनमें शपथपूर्वक कहा गया था कि घटना पनैयाडिकुप्पम में घटी थी और कि सैकर तथा अन्य लोगों ने सोरापुर गाँव की गड़बड़ में किसी भी तरह का हिस्सा नहीं लिया था।

सैकर की माँ ने अपने बयान में कहा था–"मैंने पुलिस द्वारा मेरे पुत्र को तमिलनाडु की सीमा की ओर घसीटा जाते हुए देखा। मैं तमिलनाडु पुलिस के पीछे दौड़ी और उनसे गुहार की कि वे मेरे घायल बेटे को छोड़ दें और उसको हमसे दूर न ले जाएँ। दो पुलिसवाले मेरे पुत्र को टाँगों से पकड़ कर घसीटते हुए ले गए। उसका शरीर पीठ के सहारे पड़ा हुआ था और उससे बुरी तरह खून बह रहा था।"

उसके बाद पुलिस वालों ने कण्डन की लाश और सैकर को एक पुलिस वाहन में डाला और चले गए। सैकर की माँ का मानना था कि पुलिस ने उसके बेटे को पीट-पीट कर मार डाला था क्योंकि उनको डर था कि अगर मेरा पुत्र–जिसके केवल पैर में चोट लगी थी–जीवित रह जाता तो पूरी सच्चाई सामने आ जाती। उसने अपने हलफनामे में कहा कि गवाह जाँच के सामने आने से डरते थे क्योंकि उन्हें तमिलनाडु पुलिस द्वारा बदला लिये जाने का डर था। जाँच का परिणाम ज्ञात नहीं है। 1990 में, मद्रास के एक वकील ने सर्वोच्च न्यायालय में एक...

तक लोगों को पोस्टमार्टम रिपोर्ट नहीं दी जाती। फौरेंसिक चिकित्सा विभाग ने मई 1988 में कहा कि पोस्टमार्टम रिपोर्ट जन दस्तावेज नहीं है और मृतक के रिश्तेदारों का उस पर कोई अधिकार नहीं है। इसके पूर्व दिल्ली के हाई कोर्ट ने भी ऐसा आदेश दिया था।

लेकिन सरकारी नियम हर राज्य में अलग दिखाई देते हैं। उदाहरण के लिए पंजाब सरकार के मुख्य सचिव ने, सितम्बर 1991 में एमनेस्टी इण्टरनेशनल को बताया कि "जेल में अगर किसी की मृत्यु होती है, तो मृतक के रिश्तेदारों को नियमों के अनुसार पोस्टमार्टम रिपोर्ट की प्रतिलिपि प्राप्त करने का अधिकार होता है।" दूसरी ओर तमिलनाडु सरकार ने, एक दलित व्यक्ति शेखर की हिरासत में हुई मृत्यु के मुकदमे को सुप्रीम कोर्ट तक ले जाने वाले वकील को बताया कि "पोस्टमार्टम प्रमाणपत्र को जन दस्तावेज नहीं कहा जा सकता और इसलिए कोई भी, पोस्टमार्टम प्रमाणपत्र या जाँच रिपोर्ट को देखने या उसकी प्रतिलिपि पाने के अधिकार का दावा नहीं कर सकता।" निःसन्देह, जब शेखर के रिश्तेदारों ने इन दस्तावेजों की प्रतिलिपियाँ पाने की कोशिश की तो तमिलनाडु (मद्रास) पुलिस के स्थायी आदेशों के 177वें अनुच्छेद के तहत उन्हें इनकार कर दिया गया।

पुलिस यातनाएँ क्यों देती है?

भारत में पुलिस की छवि और जनता में उनके विश्वास और इज्जत का स्तर बहुत ही नीचा है। अंग्रेजी दैनिक द स्टेट्समैन के सितम्बर 1989 की एक टिप्पणी पुलिस की स्थिति का सार प्रस्तुत करती है : "...सत्ताधारी पार्टी की विचारधारा के बावजूद, इलाहाबाद हाई कोर्ट के एक न्यायाधीश के शब्दों में, पुलिस अभी भी भारत में अपराधियों का सर्वाधिक संगठित समूह है।" सचमुच, कुछ पुलिस अधिकारियों ने स्वयं इस तरह के संशय व्यक्त किए हैं। हरियाणा के एक हेड-कांस्टेबिल ने अक्तूबर 1991 में यह शिकायत की : **"जिस जनता की हमें रक्षा करनी होती है वही हम पर एतबार नहीं करती।"**[25]

रा.पु. क. ने इस बात पर बल दिया है कि आजादी के बाद भारत में कांग्रेस पार्टी के लगातार सत्ता में रहने के कारण राजनैतिक हस्तक्षेप भी बढ़ा है : "केन्द्र और राज्यों में 30 वर्षों से भी ज्यादा समय तक जारी रहने वाली एक पार्टी सरकारों और सत्तारूढ़ पार्टी के कार्यकर्ताओं की सदा शक्तिशाली बने रहने की इच्छा के मिले-जुले असर के कारण निम्न चीजों का विकास हुआ है : एक ओर तो (पुलिस के) राजनीतिज्ञों से और दूसरी ओर अफसरों से परस्पर निर्भरता के रिश्ते। दोनों ही ओर से यहाँ निहित स्वार्थों का विकास हुआ। जो एक समय में अच्छे प्रशासन के उद्देश्य से राजनीतिज्ञों और अफसरों में संवाद की प्रक्रिया थी उसका जल्दी ही बेकार टाँग अड़ाने में, तथा जन हितों के लिए अवांछित हस्तक्षेप के रूप में अधोपतन हो गया।"[26]

बम्बई पुलिस अधिनियम संशोधन विधेयक पर बोलते हुए डॉ. भीमराव आम्बेडकर कहते हैं :

मैंने जीवन का एक बहुत बड़ा हिस्सा बम्बई नगर में बिताया है, जिसे मैं अपराध जगत कह सकता हूँ। 1911 से 1933 तक मैं विकास न्यास (Improvement Trust) की चाल में मजदूरों और निम्न वर्ग के बीच रहा हूँ; और मैं पुलिस आयुक्त या माननीय गृहमन्त्री से भी अच्छी तरह जानता हूँ कि कैसे ये गरीब लोग उनके द्वारा सताए जाते हैं, जो मवाली दादा कहलाते हैं, कैसे उन आहत लोगों के लिए न्याय पाना पूर्णतः असम्भव है...। महोदय मैं यह कह सकता हूँ कि मैं उस वर्ग से आता हूँ जिसे समाज के किसी अन्य वर्ग से ज्यादा स्वतन्त्रता की जरूरत है। मैं पेशे से वकील हूँ और स्वतन्त्रता का महत्व समझता हूँ। पुलिस आयुक्त को इस विधेयक द्वारा जो हम स्वैच्छिक अधिकार दे रहे हैं उसका दुरुपयोग नहीं किया जाएगा। यही एक प्रश्न है जिसके प्रति इस सदन को, अवसर की आवश्यकता को ध्यान में रखते हुए चितिंत होना चाहिए।[27]

पाठकों की जानकारी के लिए हम बतलाना चाहते हैं कि डिफेंस ऑफ द रेल्म एक्ट, जो इंग्लैंड में और डिफेंस ऑफ इंडिया एक्ट जो भारत में युद्ध के दौरान पारित हुए थे, दोनों ही आपातकालीन उपाय थे। डिफेंस ऑफ रेल्म एक्ट 1914 में पारित हुआ और 1919 तक नहीं हटाया गया। उस समय डॉ. आम्बेडकर इंग्लैण्ड में थे।

भारत का पुलिस संगठन अभी भी 1861 के पुलिस एक्ट पर आधारित है जिसके

सेक्शन 23 के अनुसार एक पुलिस अफसर के लिए यह आवश्यक है कि वो "किसी भी वैधानिक (सक्षम) प्रशासक द्वारा कानूनन जारी किए गए सभी आदेशों और अपेक्षाओं का तुरन्त पालन करे और उन्हें लागू करे।" इसीलिए नागरिक और राजनैतिकि कार्यपालिका को पुलिस को नियंत्रित करने की पूरी अनुमति है। उपेन्द्र बक्षी भी भारत की न्याय पद्धति के एक अध्ययन में इस निष्कर्ष पर पहुँचे हैं : "इसमें कोई आश्चर्य की बात नहीं है कि यातना के 'थर्ड डिग्री' कहे जाने वाले तरीके प्रचलित हैं...कारण यह है कि अभियुक्त पर इनका प्रयोग करने के आदेश इन्हीं 'सक्षम' प्रशासकों से आते हैं (अक्सर ये आदेश पुलिस सुपरिंटेंडेंट से आते हैं...) आन्ध्र प्रदेश पुलिस ने अपनी 1986 की मीटिंग में कहा कि हिरासत में हुई अधिकतर मौतें इस कारण से हुई हैं कि उच्चाधिकारियों का व स्थानीय सत्तारूढ़ पार्टी का पुलिस पर अपराधों का जल्दी पता लगाने के लिए दबाव रहता है।"[28]

अन्य घटनाएँ

लखीसराय जिले के हसनपुर गाँव में बीती रात सशस्त्र अपराधियों ने अन्धाधुंध फायरिंग कर 15 मजदूरों को मौत के घाट उतार दिया जबकि तीन अन्य घायल हो गए। प्रशासन ने 11 लोगों के मारे जाने की पुष्टि की है। इस घटना से क्षेत्र में भीषण तनाव व्याप्त है। इस बीच राजद सुप्रीमो लालू प्रसाद मृतकों के आश्रितों को एक-एक लाख रुपये का मुआवजा, एक आश्रित को सरकारी नौकरी और पीड़ित परिवार को इंदिरा आवास दिए जाने की घोषणा की है।[29]

घटना के सिलसिले में मृतक निर्धन मंडल के पिता बटोरन मंडल ने थाना में एक प्राथमिकी दर्ज की जिसमें पिपरिया ग्राम के हरेराम यादव समेत 6 को नामजद अभियुक्त बनाया गया है। ये राजद विधायक प्रहलाद यादव के चचेरे भाई बताए जाते हैं। पुलिस सूत्रों के अनुसार हसनपुर ग्राम के किऊल नदी बालू साइट पर हुए इस नरसंहार में घटनास्थल से 10 शव बरामद हुए जबकि एक घायल की मृत्यु अस्पताल में हुई। लेकिन ग्रामीणों का दावा है कि इस घटना में कम-से-कम 15 लोग मारे गए। शेष शव अपराधी उठाकर ले भागे।

घटनास्थल पर पड़े दस मजदूरों के नाम इस प्रकार हैं–1. निर्धन मंडल (18), ग्राम हसनपुरा; 2. बसंत मंडल (50), ग्राम हसनपुरा; 3. विजय पासवान (20), ग्राम सलौनाचक; 4. कृष्णा मांझी (18), ग्राम कोरिया; 5. रामबालक पासवान (40), ग्राम बसमतिया; 6. कामो ठाकुर (40), ग्राम बसमतिया; 7. मालो रजक (40), बसमतिया; 8. धर्मेंद्र पासवान (18), ग्राम सलौनाचक; 9. भीम पासवान (45), ग्राम किसनपुर; 10. ट्रक चालक सुरेन्द्र शर्मा उर्फ सुरो (40), ग्राम बड़हिया इंगलिस। एक घायल कारू साव (18) की उपचार के क्रम में मृत्यु हो गई। इस नरसंहार में छह दलित तथा शेष पाँच अति पिछड़ी जाति के हैं।[30]

घटनास्थल मृतकों के परिजनों के चीत्कार से कारुणिक हो गया है। किऊल नदी में लाश बिखरे पड़े हैं। घटनास्थल खून से सना हुआ है। इस नरसंहार में बालू साइट

पर आपराधिक गिरोहों के बीच वर्चस्व कायम कर अवैध कमाई के काले धंधे में संलिप्त एक बाहुबली अपराधी गिरोह का हाथ बताया जा रहा है, जिसने अपना आपराधिक वर्चस्व कायम करने के लिए इस नरसंहार को अंजाम दिया है।

दो आदिवासियों समेत छह की हत्या

गोपालगंज जिले के अलग-अलग थाना क्षेत्र में अपराधियों ने जहाँ एक युवक समेत दो व्यक्तियों की हत्या कर दी, वहीं एक महिला की सन्देहास्पद स्थिति में मौत हो जाने की खबर है। पुलिस सूत्रों के अनुसार मांझागढ़ थाना क्षेत्र के विशुनपुरा गाँव निवासी ध्रुव नारायण सहनी बीती रात करीब 9 बजे बलुही बाजार से घर लौट रहा था। इसी क्रम में पूर्व से घात लगाए बैठा मुंगरहाँ गाँव के निवासी एवं अपराधकर्मी सुनील राज ने अपने करीब पाँच सहयोगियों के साथ ध्रुवनारायण सहनी की गोली मारकर हत्या कर दी।

मृतक के परिजनों ने बताया कि मृतक के भाई पारस सहनी की दो वर्ष पूर्व तथा रामनारायण सहनी की करीब 6 वर्ष पूर्व अपराधियों द्वारा गोली मारकर हत्या कर दी गई थी।

पूर्णिया जिले के उग्रवाद प्रभावित धमदाहा अनुमंडल के बड़हरा कोठी अन्तर्गत रघुवंश ओपी क्षेत्र के गौरीपुर परसा गाँव में दो आदिवासियों की हत्या कर दी गई। आधिकारिक सूत्रों के अनुसार, अपराधियों का एक गिरोह उक्त गाँव के रास्ते से गुजर रहा था। बीच में अपराधियों को पकड़ कर उन्हें पुलिस के हवाले करने की मंशा से आदिवासियों ने गोलबन्द होकर अपराधियों को घेरना चाहा। सूत्रों ने बताया कि आदिवासियों की मंशा समझकर अपराधियों ने फायरिंग में मल्डीहा गाँव के शनीचर मुर्मू एवं हनुमान नगर के बाबूलाल बास्की की मौत घटनास्थल पर ही हो गई। करीब एक सप्ताह पूर्व इसी अपराधी गिरोह द्वारा पूर्णिया-मधेपुरा सीमा पर अवस्थित बिहारीगंज थाना क्षेत्र में एक आदिवासी की हत्या कर दी गई थी जिसके प्रतिशोध में आदिवासियों ने उन अपराधी गिरोह के एक सदस्य को घेर लिया था। सूत्रों के अनुसार, अपराधियों ने गोली चलाई जिसमें दो आदिवासी घटनास्थल पर ही मारे गए।[31]

सीवान में अपहरण कर 4 दलितों की हत्या

सीवान जिले के मुफस्सिल थाना क्षेत्र के पुरैना मुसहर टोली गाँव से कल बुधवार की रात लगभग साढ़े दस बजे सशस्त्र अपराधियों ने चार व्यक्तियों का अपहरण कर गोली मारकर सामूहिक हत्या कर दी। पुलिस ने आज सुबह चारों व्यक्तियों की लाशें गाँव से उत्तर करीब 200 गज की दूरी पर नहर के समीप से बरामद कीं। मृतकों में जागरन मुसहर (50 वर्ष), अवध मुसहर (60 वर्ष), हरि मुसहर (40 वर्ष), तथा सुधु मुसहर (25 वर्ष) शामिल है। इस घटना के बाद क्षेत्र में तनाव व्याप्त है तथा लगभग 60-70 मुसहर जाति के घरों वाले इस

गाँव में मातमी सन्नाटा छाया हुआ है। इस गाँव के मुसहर जाति के पुरुष दहशत के कारण गाँव छोड़कर चले गए। मृतकों में एक ही परिवार के तीन सदस्य तथा उनके एक सम्बन्धी शामिल हैं। घटना के सम्बन्ध में मृतक सुधु मुसहर की पत्नी ने बताया कि कल रात लगभग साढ़े दस बजे चार सशस्त्र अपराधियों ने हमारे गाँव पर धावा बोल दिया, जिससे गाँव के लोग डरकर गाँव छोड़कर भाग गए। उसने बताया कि अपराधियों ने गाँव से जागरण मुसहर को तथा गाँव में स्थित मधुसूदन सिंह की चिमनी से अवध मुसहर, हरि मुसहर को गोली मार दी।

मसौढ़ी में छह दलितों को गोलियों से भूना

पटना जिले के मसौढ़ी थाने के भदौरान गाँव में बीती रात पीडब्लूजी(ए) उग्रवादी संगठन ने दो महिलाओं व दो बच्चों समेत छह लोगों की हत्या कर दी। मृतकों में एक ही परिवार के पाँच सदस्य हैं, जबकि छठा व्यक्ति बैरीचक गाँव का एक साधु है। इस घटना में सुनील क्रान्ति उर्फ टाइगर का हाथ बताया जाता है, जिसने अपनी उपस्थिति दर्ज कराने के लिए इस नरसंहार को अंजाम दिया। सभी मजदूर वर्ग के हैं।

भभुआ में तीन दलितों की हत्या

भभुआ (कैमूर) थाना के पलका गाँव में एक दलित परिवार के तीन सदस्यों की गोली मार कर हत्या कर दी गई। घटना के विरोध में कुछ ग्रामीणों ने शवों को उठने नहीं दिया और घटनास्थल पर मुख्यमन्त्री राबड़ी देवी के आने की माँग कर रहे थे। घटना की खबर मिलते ही जिले के सभी पुलिस अधिकारी मौके पर पहुँच गए।

प्राप्त जानकारी के अनुसार आज पहले सुबह लगभग आठ बजे सुदर्शन पासवान के तीनों पुत्र अपने चेम्बर पर काम कर रहे थे। निबी ग्राम निवासी स्व. कमला सिंह के दो पुत्र नीलू सिंह और राजू सिंह हथियारों से लैस मोटरसाइकिल पर सवार होकर आ धमके और गोलियाँ चलानी शुरू कर दीं जिससे दोनों सगे भाई उपेन्द्र पासवान और जितेन्द्र पासवान की मौत घटनास्थल पर ही हो गई। अपने भाई की मौत को देख सबसे छोटा भाई प्रमोद पासवान भी वहाँ आ पहुँचा जिसे उक्त लोगों ने गोलियों की बौछार कर बुरी तरह जख्मी कर दिया जिसकी अस्पताल में मृत्यु हो गई।

घटना को अंजाम देने के बाद हमलावर हवा में गोलियाँ चलाते हुए फरार हो गए।[32]

दलित की झोंपड़ी फूँकी

नवादा मुफस्सिल थाने के बरतपुरा गाँव में दलित की झोंपड़ी में आग लगा दिए जाने के कारण हजारों रुपए की सम्पत्ति जलकर राख हो गई। मुफस्सिल के थाना प्रभारी संजय विश्वास ने बताया कि शनिवार की रात बरतपुरा गाँव के श्रीमांझी की झोंपड़ी में रुपए

के लेन-देन के कारण हुए विवाद में आग लगा दी गई। आगजनी की घटना में दलित परिवार की झोंपड़ी में रखे कपड़े व अनाज जलकर राख हो गए। पुलिस इस घटना में शामिल अपराधियों की तलाश कर रही है।

दलित औरतों को निर्वस्त्र घुमाया

पटना, अभी हजारीबाद की घटना लोगों के दिलो-दिमाग से उतर भी नहीं पाई थी कि महिलाओं को निर्वस्त्र कर घुमाने के एक और प्रकरण ने बिहारवासियों को बुरी तरह झकझोर दिया है। इस बार राज्य को शर्मसार करने की यह घटना गया जिले में हुई है। असामाजिक तत्वों ने दलित समुदाय की चार महिलाओं को निर्वस्त्र कर उनके साथ अमानवीय व्यवहार किया और एक विवाहित महिला के साथ जबर्दस्ती करने का प्रयास भी किया। इतना ही नहीं पुलिस ने भी उनके जख्मों पर मलहम लगाने की बजाए उस पर नमक छिड़कने का ही काम किया है। जब प्रभावित महिलाओं ने इस बाबत थाना में रपट लिखानी चाही तो उन्हें पुलिस ने दुत्कार कर भगा दिया। बाद में डी.आई.जी. के हस्तक्षेप करने के बाद थाना में प्राथमिकी दर्ज की गई और सम्बन्धित थाना के प्रभारी को कारण बताओ नोटिस दिया गया। मानवता को कलंकित करने की यह घटना शाम को गया जिले के शादीपुर गाँव के समीप हुई। सरस्वती बिगहा गाँव की चार दलित महिलाएँ जलावन के लिए लकड़ी चुनकर लौट रही थी कि अचानक पहले से ही घात लगाकर बैठे असामाजिक तत्त्वों ने उन्हें घेर लिया। फिर उनमें से एक विवाहित महिला को पिस्तौल की नोक पर बगल की झाड़ी में ले जाकर जबर्दस्ती करने का प्रयास किया।

पर महिला द्वारा शोर मचाए जाने से सभी अवांछित तत्त्व भाग खड़े हुए। इस दौरान सभी महिलाओं के शरीर पर कपड़े, साड़ी, ब्लाउज और पेटीकोट को जबरन फाड़ दिया गया और उन्हें निर्वस्त्र कर घुमाया गया। संवाददाता के अनुसार दलित महिलाओं के साथ इस तरह की घटना में इसी गाँव के वासुदेव यादव, राम प्रवेश यादव, राजनन्दन यादव के दामाद और रामाशीष यादव शामिल थे। इसके बाद जब प्रभावित महिलाओं के साथ करीब पचास से ज्यादा महिलाएँ बनिया बुनियादगंज थाना में प्राथमिकी दर्ज कराने को पहुँची तो उन्हें थाना प्रभारी के हाथों एक बार और जलील होना पड़ा क्योंकि उनकी शिकायत दर्ज नहीं की गई।

दलित उत्पीड़न के मामले में बिहार अव्वल

दलित उत्पीड़न के मामले में बिहार सबसे आगे है। उत्पीड़न के मामले में तत्परता से कार्रवाई न करने वाले अधिकारियों को दंडित किया जाएगा, इस सम्बन्ध में राष्ट्रीय अनुसूचित जाति-जनजाति आयोग द्वारा सभी राज्य सरकारों को कड़ा पत्र लिया गया है। आयोग के उपाध्यक्ष कामेश्वर पासवान ने बताया कि राज्य में दलित उत्पीड़न की घटनाएँ बढ़ी हैं।

गाँव की भौगोलिक, सामाजिक, राजनैतिक व आर्थिक पृष्ठभूमि

ग्राम धौंधे का पुरा, थाना बाड़ी, जिला धौलपुर। राजस्थान की राजधानी जयपुर से 327 कि.मी. जिला मुख्यालय धौलपुर से 57 कि.मी. तथा पुलिस थाना बाड़ी से पश्चिम दिशा से 12 कि.मी की दूरी पर रास्ताविहीन गाँव है जहाँ केवल ट्रैक्टर द्वारा ही जाया जा सकता है क्योंकि यह गाँव बीहड़ों में बसा करीब 24 परिवारों वाला छोटा-सा गाँव है। ग्राम में गुर्जर जाति का बाहुल्य है। यहाँ गुर्जर जाति के 20 परिवार, जाटव जाति के 3 परिवार, कोली जाति का 1 परिवार है। पहले गाँव में 8 परिवार जाटव, 25 परिवार कोली निवास करते थे। परन्तु अब यह परिवार गुर्जरों के भय से पलायन कर गए हैं। और इनके खेत तथा घरों पर गुर्जरों ने कब्जा कर लिया है। इस गाँव में किसी भी स्तर का स्कूल नहीं है। दो कि.मी. दूर ग्राम रेवई में उच्च प्राथमिक स्कूल है। यहाँ का सरपंच, प्रधान, विधायक व जिला प्रमुख कोई भी दलित वर्ग से नहीं है, सांसद दलित होते हुए भी दलितों की ओर फूटी आँख भी देखना पसंद नहीं करता।

घटना की पृष्ठभूमि

ग्राम धौंधे का पुरा, थाना बाड़ी, जिला धौलपुर में दलित जाटव परिवारों पर गुर्जरों का आतंक 1984 से ही चला आ रहा है। लगभग 10 वर्ष पहले गाँव में 40 जाटवों तथा 20 के लगभग कोली समुदाय के परिवार रहते थे। तभी शुरू हुआ गाँव के गुर्जर समुदाय के परिवार के कुछ लोगों का दमनचक्र। गाँव के जाटव समुदाय के भरोसी, निरोती रामबाबू, रामदुलारी, राधेश्याम, हरिओ, रमेश, बुद्धा, सुम्मेरा, रामचरन आदि के परिवार गुर्जर समुदाय के आतंक के कारण गाँव से पलायन कर गए। ये परिवार इन दिनों जगनेर आगरा व बाड़ी में रह रहे हैं।

इसी प्रकार गाँव के कोली समुदाय के लगभग 20 परिवारों में से रमुजी कोली की विधवा लीलादेवी व उसके बच्चे रह रहे हैं जबकि महेश पुत्र परमाल रह गया है। उसका परिवार दिल्ली में रह रहा है। शेष कोली मुन्ना, पप्पू, रामकुमार, जगदीश, छोटी आदि के परिवार आगरा, दिल्ली व बाड़ी में शरण पाए हुए हैं तथा उनकी सौ-डेढ़ सौ बीघा जमीन पर गुर्जरों का अवैध कब्जा है।

दलितों पर इस आतंक के पीछे मुख्य कारण इनकी जमीन हथियाना है तथा कोलियों व जाटवों के मकानों पर कब्जा करना है। गाँव के कोली भगा दिए गए। स्थिति यह है कि ठाकुर कोली के मकान में कीर्ति गुर्जर ने कब्जा कर लिया। जाटवों के मकानों में गाँव के गुर्जरों ने भूसा भर दिया है व मवेशी बाँध दिए हैं। गाँव के महेश कोली का मकान खाली पड़ा हुआ है। मुरारी, सुगरी और कल्ला की दो-दो बीघा जमीन बंजर पड़ी हुई है। सीताराम कोली के लड़के मुन्ना के घर में तेज सिंह और होतम गुर्जर रह रहे हैं। भागे हुए जाटवों और कोलियों के खेत या तो बंजर पड़े हुए हैं या उन पर गुर्जरों ने कब्जा कर लिया है जिन

पर खेती-बाड़ी कर रहे हैं। पीड़ित बताते हैं कि लगभग 15 वर्ष पहले गाँव के कोली और जाटवों को भूमि का आवंटन किया गया था। जब भी वे खेत जोतने जाते तो दबंग गुर्जर उन्हें भगा देते थे। तभी डकैत वकीला गुर्जर का आतंक शुरू हुआ और वह कीर्ति के यहाँ लगातार आने-जाने लगा।

जाँच-दल को ज्ञात हुआ है कि लगभग 8 वर्ष पहले जाटव तथा कोलियों में से जो परिवार गाँव में रह गए थे उनके खलिहानों में डकैत वकीला गुर्जर ने आकर आग लगा दी। बाद में थाना दिहोली के गाँव चमरपुरा का मुकेश पुत्र फौदलिया जाटव जो कि मृतक परिवार का दामाद था, वह शादी में शामिल होने आया था जिसे गोली मार दी। यह घटना 14 जनवरी, 2004 को हुई। बाद में जाटवों के खेतों पर रखे इंजन और पाइपों को डाकू तथा गाँव के कुछ दबंग गुर्जर लोग कुओं में डाल देते थे तथा आए दिन आकर दलितों पर फायरिंग करते थे। मृतक रतनलाल की पत्नी पूरनी देवी के वकील और उसके साथियों ने हाथ-पैर तोड़ दिए। वकील तथा इन लोगों की मंशा यह थी कि सभी जाटव और कोली गाँव से भाग जाएँ तथा जमीन व मकान उनके कब्जे में आ जाएँ। पीड़ितों के अनुसार दिसम्बर 2006 में रेवाई गाँव के रामबाबू ठाकुर के भाई मोनी बाबा उर्फ राजबहादुर की किसी ने हत्या कर दी और उसकी लाश को पीड़ित परिवार के खेत के गड्ढे में डाल दिया और सात दिन बाद कीर्ति ने पुलिस को बताया कि जाटवों ने ये हत्या की है और स्वयं कीर्ति इसका चश्मदीद गवाह बन गया। कीर्ति ने मृतक रतन लाल तथा उसके लड़के कमल तथा भंवर लाल को इस हत्याकांड में झूठा फँसाया ताकि जाटव लोग कीर्ति के खिलाफ पुलिस में दर्ज किए मुकदमे वापस ले लें। कुछ दिन बाद तीनों की कोर्ट से जमानत हो गई और गुर्जरों की पंचायत में ठाकुरों और जाटवों के बीच राजीनामा भी हो गया था, जिसके एवज में पीड़ित परिवार से गुर्जरों व ठाकुरों ने ढाई लाख रुपए वसूले। उस समय पीड़ितों के पास 3 ट्रैक्टर थे, बाद में जो उन्हें इसी मामले में मजबूरन बेचना पड़ा क्योंकि गुड्डू ठाकुर को 2.50 लाख रुपए समझौते में देने पड़े।

इसके बाद इस मामले में पंचायत हुई तथा दोनों पक्षों के बीच सहमति हुई मगर कीर्ति गुर्जर तथा मृतक ठाकुर के परिजन बदला लेने की ताक में थे जिन्होंने 9 जुलाई, 2008 को चार दलितों का यह सामूहिक नरसंहार का जघन्य हत्याकांड किया।

पूर्व में भी अत्याचारी गुर्जरों ने भगवानसिंह को पेट के नीचे गोली मारी जिससे वह घायल हो गया और अण्डकोश खो बैठा, जिसका आगरा अस्पताल में 8 माह तक इलाज हुआ तब बच पाया लेकिन अभी भी लँगड़ाता है।

निर्मम हत्याओं का विवरण

मृतक रतन लाल के पुत्र जयपाल सिंह जाटव तथा घटना के चश्मदीद गवाह भंवरपाल, पप्पू व सुनिता ने जाँच-दल को बताया कि बुधवार दिनांक 8 जुलाई, 2008 को प्रातः 9.30 बजे उसके पिता रतन लाल, ताऊ नत्थी एवं चाचा रामस्वरूप भाई भंवरलाल व पप्पू के साथ

गाँव के बाहर नरेगा परियोजना के तहत निर्माणाधीन सड़क पर मजदूरी करने गए थे तभी वहाँ तोतापुरा के जंगल से निकलकर कीर्ति, सुरेश, बिरमा, चन्द्रभान पुत्रगण जालिम गुर्जर, पूरण गुर्जर एवं उसके दो बेटे राजू एवं भगवान सिंह निवासी धौंधे का पुरा तथा सुरेश गुड्डू, कल्ला एवं बबलू पुत्रगण रामबाबू ठाकुर निवासी रेवई आए तथा ये सब बन्दूकों, कट्टों, कुल्हाड़ी व फरसों से लैस थे। आते ही चन्द्रभान गुर्जर ने नत्थी को गोली मारी, गुड्डू ठाकुर ने रतन लाल को तथा कीर्ति गुर्जर ने रामस्वरूप को गोली मारी। घटनाक्रम के दौरान रामवीर ट्रैक्टर लेकर वहाँ से गुजरा तो अत्याचारियों ने उसे भी गोलियों से छलनी कर दिया। हमलावर इस जघन्य हत्याकांड में गोली चलाने के बाद भी शांत नहीं हुए और कुल्हाड़ी तथा फरसों से चारों मृतकों के सिर कलम कर दिए तथा निर्ममता से उनके हाथ-पैर काट दिए। फायरिंग में तीन वर्षीय दीपेन्द्र पुत्र पप्पू के भी छर्रे लगे जिसका अभी इलाज चल रहा है। इसके बाद हमलावर पास ही स्थित मढ की माता के मन्दिर की ओर जयकारे लगाते हुए फायरिंग करते हुए चले गए।

जयपाल जाटव ने बताया कि ये घटना सुबह 9.30 बजे की है जबकि पुलिस घटनास्थल पर 1.30 बजे आई। पुलिस अधीक्षक व कलेक्टर सायं 5.00 बजे घटनास्थल पर पहुँचे और आनन-फानन में मृतकों का पोस्टमार्टम घटनास्थल पर ही करवा दिया और चारों शवों का एक साथ ही दाह संस्कार करवा दिया।

जाँच-दल ने यह भी पाया कि इस घटना में पीड़ित चश्मदीन गवाह व अन्य परिजन पूरी तरह विक्षिप्त अवस्था में हैं क्योंकि मृतकों व शवों को अत्याचारियों ने उनकी आँखों के सामने टुकड़े-टुकड़े करे हैं। सभी परिवारजन व क्षेत्र के दलित समुदाय के लोगों की आँखों में अभी भी खौफ है क्योंकि उन्हें अभी आशंका है कि अत्याचारी कभी भी उन पर हमला कर जान ले सकते हैं।

पुलिस प्रशासन का ढुलमुल और उदासीन रवैया

जाँच-दल ने पूरी घटना का जायजा लेने के बाद यह निष्कर्ष निकाला है कि संविधान तथा कानूनों में दलितों के लिए विशेष प्रावधान है फिर भी उन पर बीभत्स अत्याचार होते जा रहे हैं जिसके लिए सीधे तौर पर पुलिस प्रशासन जिम्मेदार है।

दलितों को सुरक्षा न देने के कारण दबंग जाति के लोग इस क्षेत्र के दलितों की जमीनों व सम्पत्ति पर लगातार कब्जा करते जा रहे हैं और दलित परिवार भारी संख्या में इस क्षेत्र से पलायन कर रहे हैं।[33]

कामरेड गदर की पुलिस द्वारा हत्या की कोशिश...

जन गायक गदर पर 6 अप्रैल, रविवार को कुछ चिन्हित (पहचान किए गए) ग्रेहाउंड्स ने उनके ही घर पर गोलियाँ चलाईं। गदर की पत्नी विमला उस क्षण वहाँ उपस्थित थीं। वे

स्वयं ही कह रही हैं कि उनके पति पर ग्रेहाउंड्स ने ही गोलियाँ चलाईं। गदर ने भी स्वयं यह घोषणा की कि उन पर ग्रेहाउंड्स ने ही गोली चलाईं। विमला कह रही हैं कि वे आसामियों को भी पहचान लेंगी। नक्सलाइटों द्वारा सताए जाने के बहाने पहले एक आदमी का आना, उसके बाद तीन लोगों का आकर गदर पर गोलियाँ चलाना पुलिस के द्वारा सुनियोजित ढंग के आक्रमण के सिवाय दूसरा कोई कारण नहीं हो सकता। बी. कल्याण राव लिखते हैं, फासिस्ट तानाशाह ग्रुप सफदर हाशमी की हत्या करते हैं। फिर गदर की हत्या की कोशिश होती है।[34]

मुख्यमन्त्री ने घोषणा की। और कुछ आगे बढ़कर कहा। एक निहत्थे व्यक्ति पर कुछ खून के स्वाद पाए लोगों ने हमला किया। तुरन्त आवश्यक कड़ी कार्यवाही करने के लिए पुलिस को आदेश दिया। गदर के प्राण बचाने पर जितना भी खर्च होगा, वह सरकार द्वारा वहन किया जाएगा जैसी घोषणा भी उन्होंने कर दी। ग्रेहाउंड्स ने हमला किया ऐसी घोषणा गदर ने की। विमला ने भी कहा। यह खून का स्वाद पाने वाले कौन हैं यह चन्द्रबाबू नहीं जानते हैं ऐसी बात नहीं है। खून का स्वाद चन्द्रबाबू के लिए नया नहीं है। किसानों की जिन्दगियों, दलितों की जिन्दगियों के मूल्य निर्धारण करने की शक्ति चन्द्रबाबू नायडू को है। यदि गदर की प्राणहानि होती तो उसकी क्षतिपूर्ति देने की घोषणा की हिम्मत भी चन्द्रबाबू को है। बच गया इसलिए ट्रीटमेंट का खर्च देने की बात उन्होंने की। जान भी ले सकता है। क्षतिपूर्ति भी दे सकता है। तानाशाह तरह-तरह के होते हैं। हाई-टेक तानाशाह और भी अद्भुत तरह के होते हैं।

गदर के परिवार को विशेष सुरक्षा देने की गृहमन्त्री ने घोषणा की। विशेष सुरक्षा का उनकी पुलिसिया भाषा में क्या अर्थ होगा यह न जानने की स्थिति में भी जनता नहीं है। यह जन संगठनों के लिए बोधगम्य नहीं होगा ऐसी जटिल बात भी नहीं है। सभी दुष्कृतिकारियों को अरेस्ट करने के लिए सभी तरह के कदम उठाए जाएँगे जैसा आश्वासन भी दिया गया। दृष्कृतिकारी तो मुख्यमन्त्री है। दुष्कृतिकारी माधव रेड्डी है। दुष्कृतिकारी है ग्रेहाउंड्स का नेता अरविंद राव। कौन दुष्कृतिकारी किस दुष्कृतिकारी के ऊपर कदम उठाएगा? यही प्रश्न जनता सरकार से पूछ रही थी।

स्वयं देश की राजधानी दिल्ली में दलित उत्पीड़न से सम्बन्धित ऐसे अनगिनत मामले हुए, जिन्हें या तो दबाने का प्रयास किया गया या फिर उनके माँ-बाप को थोड़ा-बहुत पैसा देकर उनका मुँह बन्द कराने की कोशिश की गई। पुलिस के अधिकतर कर्मचारियों का रवैया इस तरह की घटनाओं में और भी शर्मदायक रहा और स्थिति यहाँ तक हो गई कि बलात्कार की शिकार महिला जब रिपोर्ट दर्ज कराने पुलिस चौकी गई, तो उसकी रही-सही इज्जत को और उघाड़ा गया।[35]

पुलिस द्वारा बिहार में किए गए लगातार सामूहिक बलात्कार कांड और जुल्म की घटनाएँ तो अब जग-जाहिर को चुकी हैं। मुजफ्फरपुर के कोलहुआ पैगंबरपुर गाँव में पुलिस के जवानों द्वारा 28 दिसम्बर, 1988 को दलित महिलाओं के साथ सामूहिक बलात्कार की घटना ने राज्यभर के लोगों को बेचैन कर दिया था। इस घटना ने विराजपुर, घटियारी, पड़रिया कांड

को एकब रगी ताजा-सा कर दिया था। त्रिपुरा में असम राइफल्स के जवानों ने अपने खौफनाक व्यवहार और दरिंदगी का पूरा-पूरा परिचय दिया था। 31 मई और 1-2 जून, 1988 को ् सम राइफल्स के जवानों ने त्रिपुरा की अठारामपुरा पहाड़ियों पर बसे आदिवासी गाँव उजान मैदान के आदिवासियों की 14 महिलाओं के साथ चार घंटे तक सामूहिक बलात्कार किया। बलात्कार की शिकार इन महिलाओं में बच्ची से लेकर वृद्ध तक को मिलाकर छह महिलाएँ एक ही परिवार की हैं।

इस मामले में उल्लेखनीय बात तो यह रही कि पीड़ित परिवारों को सरकार की तरफ से 50-50 रुपए की सहायता राशि बाँटकर अपने दायित्व की इतिश्री मान ली गई। आए दिन पुलिस थानों में बलात्कार होने की घटनाएँ तो अब आम हो गई हैं। इसका सीधा-सीधा प्रभाव यह होता है कि बहुत कम महिलाएँ या उनके परिवारजन पुलिस स्टेशन में रिपोर्ट दर्ज कराने का खतरा लेना चाहते हैं। अधिकतर तो अपनी किस्मत पर भरोसा करने में ही सुख-संतोष कर लेना बेहतर समझते हैं।

इस सन्दर्भ में बहुत-से पुलिस अधिकारियों का दृष्टिकोण ही अलग है। उनका मानना है कि बलात्कार कोई अपराध ही नहीं है। पिछले दिनों ओडिसा में ढेरों बलात्कार की घटनाएँ हुईं और ओडिसा के पुलिस महानिदेशक पी.सी. रथ ने 'इलेस्ट्रेड वीकली ऑफ इंडिया' से बातचीत में कहा कि राज्य में बलात्कार कोई बड़ा अपराध नहीं है। शायद उनके इसी दृष्टिकोण से प्रभावित होकर पंजाब पुलिस प्रमुख तथा 'ऑपरेशन ब्लैक थंडर' के तत्कालीन हीरो कंवरपाल सिंह गिल राज्य की महिला आई.ए.एस. अधिकारी श्रीमती रूपम दियोल बजाज के साथ खुलेआम कामुकता की हरकत पर उतर आए थे।

पुलिस कर्मचारियों द्वारा बलात्कार करने की घटनाओं के सन्दर्भ में जब दिल्ली महिला पुलिस सेल की उपायुक्त श्रीमती यामीन हजारिका से बात की गई, तो उनका कहना था कि पुलिस कर्मचारी भी आम आदमियों की तरह ही होते हैं, उनके अन्दर भी वैसी ही कामुकता होती है जैसी अन्य में। श्रीमती हजारिका पुलिस के इतने बड़े ओहदे पर काम करने के बाद भी यह मानने को तैयार न थीं कि पुलिस कर्मचारियों का देश और समाज के लिए भी कुछ फर्ज है। उनके ऊपर स्वयं दूसरों की सुरक्षा करने का दायित्व होता है और जब वे ही इज्जत लूटने लगें तो...

प्रायः यह भी देखा गया है कि जब कोई पुलिसकर्मी बलात्कार जैसे अपराध में दोषी पाया जाता है, तो बजाय उसे कानून के हवाले करने के उसके विभागीय साथी और यहाँ तक कि उसके अधिकारी भी उसे बचाने की कोशिश करते हैं।

यही कारण है कि लात्कार की इस तरह की घटनाओं के बाद पुलिसकर्मियों के हौंसले ही बढ़ते हैं और कोई भी महिला या लड़की उनकी वासना का शिकार बनती है।

मथुरा के मामले में ऐसा ही हुआ। महाराष्ट्र के देसाईगंज गाँव की दलित समाज की चौदह वर्षीया मथुरा को रात देर गए पुलिस थाने में बुलाया गया, जहाँ दो सिपाहियों ने उसके साथ बलात्कार किया। पुलिस द्वारा थाने में औरत को नंगा कर यातनाएँ देने की घटना तो अब समाचारपत्र में छपने वाली खबरों का एक हिस्सा ही बन चुकी हैं।

वर्ष 1978 में उत्तर प्रदेश के ललितपुर जिले के जाखलौन थाने में 29 मार्च की सुबह अबदो नामक एक दलित महिला को गिरफ्तार कर पुलिस चौकी लाया गया, जहाँ उसे यातनाएँ देने का दौर शुरू हुआ। चौकी में उसे नंगा करके पीटा गया। यही नहीं पुलिस के चार सिपाही अबदो को निर्वस्त्र ही लेकर चौकी से बाहर निकले और उससे पूरे गाँव का एक चक्कर लगवाया। पुलिस की इन क्रूर यातनाओं और बेइज्जती से विवश होकर अबदो ने कुएँ में छलाँग लगा दी, क्योंकि पुलिस उसे उसी के गाँव में उतना नंगा कर चुकी थी कि वह किस-किस की निगाह से अपने शरीर का कौन-कौन का अंग छुपाती।

बागपत का माया त्यागी कांड तो पाठक अभी भूले न होंगे। पुलिस कर्मचारी कितने वहशी हो सकते हैं, वह घटना उसका प्रतीक थी।

18 जून, 1980 को माया त्यागी के पति को बागपत की पुलिस ने गोली से मार दिया था, साथ ही उसे नंगा करके शहर में उसका जुलूस निकाला और थाने में ही उसके साथ सामूहिक बलात्कार किया। यह मुकद्‌दमा आठ साल तक चला। बुलंदशहर के अतिरिक्त सत्र न्यायाधीश विष्णुदत्त दुबे ने छह कुकर्मी पुलिस कर्मचारियों को फाँसी की सजा देते हुए अपने ऐतिहासिक फैसले में लिखा था, "समाज को जिंदा रखने के लिए कभी-कभी यह जरूरी हो जाता है कि ऐसी बुराइयों को हमेशा-हमेशा के लिए खत्म कर दिया जाए। फाँसी ही एकमात्र सजा और अकेला रास्ता दिखाई देता है।" लेकिन देश में होने वाले बलात्कार के ऐसे कितने अपराधों में दोषी पुलिसकर्मियों को सजा हो पाती है, इस पर शोध होना जरूरी है।

केरल के पश्चिमी घाट के पर्वतांचलों में बसे तांकमनी गाँव में पुलिस द्वारा महिलाओं के साथ सामूहिक बलात्कार किया गया। इससे अधिक शर्म की बात और क्या होगी कि अपनी बेटियों के साथ बलात्कार होने की रिपोर्ट दर्ज कराने जो माताएँ गई थीं, वे स्वयं भी बलात्कार की शिकार बनीं।

ऐसी ही एक और घटना राज्य में हुई। वायनाड जिले के अप्पारा में पुलिस कर्मचारियों ने शराब पीकर आदिवासी औरतों को नंगा करके जबरन नचाया।

मेड़ता पुलिस थाने में 25 मई से 11 जून, 1989 को जो घटना हुई, उससे तो यही साबित होने की सम्भावना बढ़ी है कि राजस्थान में उक्त थाने में तैनात पुलिसकर्मी या तो वहशी हो गए हैं या फिर उन पर पागलपन का भूत सवार हुआ था। मेड़ता थाने में माँ के साथ बेटे को बलात्कार करने को विवश करने के अपराध के बाद उदयपुर के खैरवाड़ा पुलिस थाने में पुलिस द्वारा इस तरह के बर्बर अत्याचार का मामला प्रकाश में आया। पुलिस ने न केवल तीन भाइयों को नंगा कर आपस में कुकर्म करने को बाध्य किया, बल्कि उन तीनों भाइयों की पत्नियों को थाने में बुलवाकर एक-दूसरे की पत्नी के साथ बलात्कार करने को विवश किया।

मथुरा कांड में तो सर्वोच्च न्यायालय ने दोनों बलात्कारी सिपाहियों को बरी कर दिया था कि संभोग में स्वयं मथुरा की भी सहमति थी। पिछले दिनों सुमन रानी के मामले में उच्चतम न्यायालय ने यह स्पष्ट किया था कि बलात्कार सम्बन्धी मामलों में अभियुक्त के अपराध और सजा का निर्धारण करते समय अपराध की शिकार महिला के चरित्र अथवा

प्रतिष्ठा की कोई कानूनी प्रासंगिकता नहीं है। उच्चतम न्यायालय ने यह स्पष्टीकरण उस याचिका को खारिज करते समय दिया था, जिसमें हरियाणा के दो पुलिसकर्मियों को पहले दी गई दस साल कैद की सजा को कम करके पाँच साल करने के फैसले की समीक्षा करने का आग्रह किया गया था। इन पुलिसकर्मियों ने सुमन रानी नामक महिला से बलात्कार करने के आरोप को कबूल कर लिया था।

बचाव पक्ष के वकील ने कहा था कि सुमन रानी एक संदिग्ध चरित्र की महिला है, इसलिए उसके बयान पर विश्वास नहीं किया जाए।

वैसे पुलिस द्वारा महिलाओं के खिलाफ यौन शोषण करने और असामाजिक तत्त्वों से यही सब कराने में सहयोग देने का एक अन्तहीन सिलसिला है पर एक गम्भीर सवाल हमारे सामने बार-बार आ जाता है, जो यह सोचने को बाध्य करता है कि आखिर यह सब कब तक? एक महिला के साथ बलात्कार होना जितना जघन्य कार्य है, उससे कहीं घिनौनी यात्रा उसी महिला की पुलिस थानों में होती है। जब उससे तरह-तरह के अश्लील सवाल पूछकर उसकी गरिमा को ठेस पहुँचाने का प्रयास किया जाता है। प्रायः यह भी देखा गया है कि पुलिस ऐसी रिपोर्ट दर्ज करने में रुचि नहीं लेती। बलात्कार किसने किया, उसका समाज में कितना वजनी रुतबा है, उसी रुतबे को ध्यान मे रखकर ऐसी शिकायत पर पुलिस कार्रवाई करती है। कभी-कभी तो आम आदमी या बलात्कार की शिकार दलित महिला को पुलिस थानों में ही डाँट-फटकारकर भगा दिया जाता है। उन्हें दूसरे पक्ष के कहने पर डराया-धमकाया भी जाता है। अधिक मेहरबानी हुई तो बलात्कार की शिकार महिला तथा उसके परिवार को थोड़ा-बहुत पैसा दे दिया जाता है। कुछ मामलों में पुलिस अपराधी को पकड़ने से लेकर उसे सजा दिलाने तक की भूमिका ईमानदारी से भी निभाती है पर ऐसे कितने पुलिसकर्मी हैं? थोड़ी-बहुत सजा मिल भी जाए तो क्या? सबसे बड़ा सवाल तो नारी की गरिमा का है, जो इस तरह के हादसे को सहने के बाद तिल-तिल कर जीने-मरने को मजबूर होती है। उससे भी बड़ा सवाल है कि अभी तक मानवीय समाज इस असभ्य प्रक्रिया से क्यों जूझ रहा है?[36]

हमारे देश में एक लंबे अरसे से महिलाओं का यौन-शौषण होता रहा है। युग चाहे कोई भी रहा हो। राजनीति का तंत्र भी चाहे जैसा रहा हो। पुरुष की बलात्कारी प्रवृत्ति से वह न तब बच सकी थी और न अब बच पा रही है। आज जब भी यौन-शोषण की घटनाएँ अखबारों की सुर्खियाँ बनती हैं, हमें सामन्ती युग की याद आ जाती है। तब यही संतोष कर लेना पड़ता है कि मानवीय समाज से अभी पूरी तरह से सामन्ती युग की समाप्ति नहीं हुई।

देश में जब छोटी-छोटी रियासतें थीं, तब सामन्तों की गिरफ्त में वहाँ की रैय्यत का होना कोई अनहोनी बात न थी पर आजादी के बहुत समय बाद हमारे देश में दूसरों की पत्नियों के यौन उत्पीड़न की नियमित प्रथा बनी रही थी। अपरोक्ष रूप से यह प्रथा बलात्कार का ही दूसरा रूप थी। 1972 तक धनी किसानों द्वारा सालदारों की पत्नियों के यौन शोषण की प्रथा बिना किसी अड़चन के चलती रही थी। शेष समाज भले ही मूक रहा पर

किसी-न-किसी तरह से इस तरह के शोषण सहने की उसे आदत-सी हो गई थी। पिप्लोड गाँव में धनी किसानों को 'पहली रात' का हक मिला हुआ था। संघर्ष शुरू होने के बाद कुछ औरतों ने इसका विरोध किया। उस समय जमींदारों और धनी किसानों द्वारा बलात्कार आम बात होती थी पर बाद के दिनों में इसके खिलाफ संघर्ष भी हुए। कई स्थानों पर बलात्कारियों की जमकर पिटाई हुई। जैसे 1973 में कुरंगी में हुआ, परिणामस्वरूप बलात्कार कम होने लगे। इस तरह की प्रथा को समाप्त करने में विशेष रूप से स्त्री समितियों का संघर्ष काम आया।

निश्चित ही देश को आजादी मिलने के बहुत समय बाद महिलाओं के लिए सोचा-विचारा गया। हालाँकि देश की आजादी के लिए महिलाओं ने पुरुष के साथ कंधे से कंधा मिलाकर बलिदान किया था। 1951-61 तक विवाह की न्यूनतम आयु 15 वर्ष ही थी, जो 1961-71 तक बढ़ाकर अठारह वर्ष की दी गई। स्त्रियों के सम्पत्ति सम्बन्धी अधिकारों तथा दहेज विरोधी कानूनों के बावजूद उन पर शोषण हो रहा था। मुकदमे के दौरान हिरासत में ली गई स्त्रियों पर कानून के संरक्षकों द्वारा बलात्कार तथा अन्य यौन अत्याचार की आलोचना होने लगी थी।

टाटा इंस्टीट्यूट ऑफ सोशल साइंसेज (बम्बई) के अपराधशास्त्र का सुधार प्रशासन विभाग की रिपोर्ट के अनुसार 1970 में बलात्कार की सूचित घटनाएँ 85 प्रतिशत अधिक बढ़ गई थीं। हिन्दू स्त्रियों के लिए बने 'सुधारक कानून' प्रभावशाली साबित नहीं हो रहे थे, क्योंकि जड़ें तक जमी हुई रूढ़ियों के खिलाफ युद्ध आसानी से जीता नहीं जा सकता था। मुसलमान स्त्रियों की दशा चिंताजनक थी। इनमें से दलित समाज की महिलाओं की स्थिति तो और भी खराब थी। वे दलितों में दलित थीं।

पश्चिम में तो 70 के दशक में ही महिलाएँ बलात्कार के खिलाफ आवाज उठाने लगी थीं। विशेष रूप में कई देशों में बलात्कार को राजनीतिक मुद्दा भी बनाया गया। महिलाओं के साथ पुरुषों ने भी इस आन्दोलन में अपनी भागीदारी निभाई। इस सन्दर्भ में बलात्कार कानूनों का पुनरावलोकन भी किया गया। 1975 में राष्ट्र संघ द्वारा 'नारी दशक' की घोषणा से नारी मुक्ति-आन्दोलन का देश-विदेश में तीव्र गति से प्रचार-प्रचार हुआ। देश में जनवादी महिला संगठनों के माध्यम से महिलाओं की समस्याओं पर गम्भीरतापूर्वक आन्दोलन चलाए गए।

हमारे देश में मथुरा कांड के बाद ही बलात्कार कानून में संशोधन हुआ। 1983 में बलात्कार कानून में हुए संशोधन से नई आशा जागी। उक्त कानून में मौजूदा बचाव के रास्तों को बन्द करने और बलात्कारी को आसानी से दंडित करने के प्रयास किए गए। इस नई घोषणा के आधार पर हिरासत में होने वाले बलात्कारों के मामलों में सबूत की जिम्मेदारी अब पुरुष पर ही डाली गई।

यद्यपि मथुरा के मामले को लेकर हुए आन्दोलन ने इस कानून में (1983) सुधार तो करा दिया लेकिन स्थिति उतनी नहीं सुधरी, जितनी सुधरनी चाहिए थी। पहले खुली अदालतों में बलात्कार के केस सुने जाते थे, अब वे बन्द अदालतों में होने लगे पर ऐसे

मुकदमों की फाइलें तो अब भी इधर-उधर ही घूमने की स्थिति में होती हैं। बलात्कार की घटनाएँ जिस तेज रफ्तार से बढ़ रही हैं, उतनी तेजी से अदालतों में निर्णय नहीं होते।

देखा गया है कि एक-दूसरे मुकदमे को निर्णय तक पहुँचने के लिए चार-पाँच वर्ष तो लग ही जाते हैं। बहुत बड़ी संख्या में इस तरह के मुकदमे एकतरफा होकर खारिज हो जाते हैं, क्योंकि बलात्कार की शिकार महिला और उसके परिवार पर या तो मुकदमा वापस लेने के लिए दबाव डाला जाता है या फिर उनमें इतनी अधिक शक्ति और धीरज नहीं होता कि वे हर पेशी पर जाकर तरह-तरह के सवालों का सामना करें। कुछ महिलाएँ इस बीच आत्महत्या कर लेती हैं। ऐसी महिलाएँ तथा उसके परिवारों की संख्या अधिक रही है, जो मुकदमे के बीच ही वह स्थान छोड़कर कहीं और चले जाते हैं।

भारत में अभी स्थिति उतनी अच्छी नहीं हुई है कि बलात्कार की शिकायत दर्ज कराने में पीड़ित महिला आराम महसूस करे। बम्बई, कलकत्ता तथा देश की राजधानी तक में ऐसी व्यवस्था नहीं है। संयुक्त पुलिस आयुक्त (अपराध) अरविंद ईनामदार के अनुसार यह योजना अभी विचाराधीन है। अन्य देशों में महिला पुलिस कर्मचारी तथा अधिकारियों द्वारा थाने चलाए जाते हैं पर हमारे देश में अभी ऐसा नहीं है। वैसे पुलिस बल और 'टाटा इंस्टीट्यूट ऑफ सोशल साइंसेज' के संयुक्त प्रयास से चलने वाला बच्चों, महिलाओं के लिए एक विशेष 'सेल' है, जो ग्रेटर बम्बई पुलिस मुख्यालय में स्थित है।

फिल्मों के माध्यम से हालाँकि बलात्कार को लेकर काफी कुछ कार्य हुआ पर कहीं न्याय हुआ तो कहीं अन्याय। ऐसा भी महसूस किया गया कि स्त्री के खिलाफ होने वाले अपराधों के चित्रण में बलात्कार का चित्रण दर्शकों को कामोत्तेजित करता है। अधिकतर फिल्मों में तो ऐसे दृश्य जान-बूझकर डाले जाते हैं। उनका मकसद केवल लाभ कमाना ही होता है। इस सन्दर्भ में समय-समय पर ऐसी फिल्मों के खिलाफ आन्दोलन और प्रदर्शन हुए। अस्सी के दशक की शुरुआत में स्त्री विरोधी अत्याचार मंच ने फिल्म 'रेड रोज' के खिलाफ प्रदर्शन किए थे। इस फिल्म के बारे में यह भी कहा और सुना गया कि बहुत से बलात्कारियों ने इसी फिल्म से यह अपराध करने की प्रेरणा ली थी।[37]

पश्चिमी देशों में जहाँ बलात्कार यौन कुंठा का परिणाम है, वहीं भारत में बलात्कार का एक कारण जाति के आधार पर होने वाला तनाव तथा आरम्भ से रहा सामन्ती चरित्र भी रहा है। शुरुआत के दिनों में यौन-शोषण होता था पर उसके खिलाफ आवाज नहीं उठाई जाती थी। आज चूँकि आवाज उठाई जाती है, इसलिए सामूहिक बलात्कार भी होने लगे हैं। हालाँकि महिलाएँ किसी भी समाज से हों वे शोषण का शिकार रही हैं। लेकिन दलित समाज की महिला तो दोहरे शोषण का शिकार होती हैं। विशेष रूप से गाँवों में महिलाओं की जाति पहचानकर उनके साथ सामूहिक बलात्कार की घटनाएँ हुई हैं। इस सन्दर्भ में यह भी बतलाना जरूरी है कि समाज का शक्तिशाली वर्ग सत्ता और पुलिस दोनों से मिल-जुलकर यह काण्ड करता है। पुलिसजनों के लिए तो गरीब वर्ग की महिलाएँ गाय-बकरी से अधिक नहीं, जिन्हें जब चाहे उनके खूँटे से खोलकर ले जाएँ और जब चाहें पुनः उनके खूँटे से बाँध आएँ। उनकी स्थिति इससे बढ़कर है ही नहीं। इसका प्रमुख कारण यह है कि भारतीय गाँवों में अधिकतर

गुस्सा, नफरत और आक्रोश के साथ उड़िया बोलती हुई 40 वर्षीया मंजुलता देव जब यह बता रह थीं, तो बार-बार अपने हाथ से सवर्णों के घरों की ओर इशारा भी करती जा रही थीं। उनकी आँखों से नफरत की चिनगारियाँ निकल रही थीं। यह घटना कटक जिले के पूर्वांचल में जारी गाँव में गत 12 सितम्बर को हुई, जिसमें सवर्ण हिन्दुओं ने हरिजनों के लगभग पाँच सौ घर जला दिए, दो हरिजनों की हत्या कर दी।

उड़ीसा में सवर्ण हिन्दुओं और हरिजनों के बीच हुआ यह पहला हिंसक संघर्ष है। इसकी पृष्ठभूमि में एक हरिजन युवक बाबुली मलिक द्वारा एक सवर्ण हिन्दू लड़की भारती से किया गया प्रेमविवाह है, जिसे सवर्ण हिन्दुओं ने अपनी प्रतिष्ठा के विपरीत माना और जिसकी तरफदारी करनेवाले गाँव के हरिजनों को सबक सिखाने के लिए उनके घर जला डाले और दो हरिजनों की हत्या तक कर डाली।

रिपोर्ट बतलाती है कि दलितों के सिर उठा कर जीने की कोशिशों और उनके द्वारा सवर्णों के अत्याचारों का खुल कर विरोध करने से सवर्णों का अहंकार आहत हो रहा था। दलित युवक बाबुली मलिक द्वारा एक सवर्ण लड़की भारती सामल से प्रेम करने, दोनों का घर से भाग कर, विवाह करने और गाँव के दलितों द्वारा इस विवाह का समर्थन करने की घटनाओं ने सवर्णों के भीतर सुलग रहे आक्रोश को हवा दे दी।

रिपोर्ट इस तरफ भी संकेत करती है कि यह संघर्ष इस क्षेत्र में विगत एक दशक से दलित और सवर्णों के बीच में चल रहे आपसी वैमनस्य की परिणति है। आजादी के बाद दलित यहाँ भी अछूत माने जाते रहे हैं। उनके घाट अलग हैं, कुएँ अलग हैं और सवर्णों के रास्तों से उनकी बारात भी नहीं निकल सकती।

सन्दर्भ

1. "भारत में 1985 से हिरासत में हुई मौतों का ब्यौरा" एमनेस्टी इण्टरनेशनल इंडेक्स : ए.एस.ए. 20/14/92.
2. जाति का सवाल : रूपांतरित सत्ता सम्बन्ध और संघर्ष का विकास, विकल्प, सिल्वर ओक कम्पाउण्ड, नेपियन टाउन, जबलपुर, दिसम्बर 1997, पृ. 7.
3. वही, पृ. 8.
4. वही पृ. 16.
5. लक्ष्मणपुर बाथे जनसंहार : ढहते सामन्तवाद का उन्माद, विकल्प, पृ. 38.
6. वही, पृ. 39.
7. जातिगत सवाल : सन्दर्भ पश्चिम बंगाल, विकल्प पृ. 68.
8. वही, पृ. 69.
9. वही, पृ. 70.
10. वही, पृ. 71.
11. वही, पृ. 73.
12. वही, पृ. 75.
13. जाति उत्पीड़न के खिलाफ संघर्ष में कम्युनिस्टों की भूमिका, विकल्प, पृ. 98.
14. वही, पृ. 99.

15. वही, पृ. 100.
16. दी टेलीग्राफ, कलकत्ता, 21 जुलाई, 1986.
17. मोहनलाल शर्मा विरुद्ध उत्तर प्रदेश राज्य, 11 अगस्त, 1988.
18. एमनेस्टी इण्टरनेशनल पृ. 8.
19. ई./सीएन. 4/1990/17, पृष्ठ 24, अनुच्छेद 88.
20. 'आर्मी, असम एण्ड इंट्स पीपुल', पी.यू.डी.आर., मई 1991.
21. एमनेस्टी इण्टरनेशलन, पृ. 15.
22. देखें एमनेस्टी इण्टरनेशनल की रिपोर्ट 'ऑपरेशन ब्लूबर्ड'। मणिपुर में उत्पीड़न और विधिकेतर मृत्युदण्डों का एक अध्ययन, अक्तूबर 1990 (ए.आइ. इण्डेक्स : ए.एस.ए 20/17/90).
23. हिन्दुस्तान टाइम्स, 3 अक्तूबर, 1991.
24. राष्ट्रीय पुलिस आयोग, चौथी रिपोर्ट, जून 1980.
25. ए.ई/सीएन. 4/1990/17.
26. एन.पी.सी. दूसरी रिपोर्ट–154.
27. डॉ. आम्बेडकर सम्पूर्ण वाङ्मय 3, पृ. 158.
28. द क्राइसिस ऑफ इंडियन लीगल सिस्टम, उपेन्द्र बक्शी।
29. दलित अधिकार केन्द्र, जयपुर (जाँच-दल में अध्यक्ष पी.एल. भीमरोठ, निदेशक सतीश कुमार एडवोकेट, श्रीमती शांति देवी आदि) की रिपोर्ट के आधार पर।
30. आज, 13 मई, 2000.
31. हिन्दुस्तान, 30 अप्रैल, 2002.
32. दैनिक जागरण, 21 सितम्बर, 2002.
33. हिन्दुस्तान, 20 सितम्बर, 2000.
34. जी. कल्याण राव, कामरेड गदर की पुलिस द्वारा की गई हत्या की कोशिश, विकल्प, पृ. 49.
35. स्वयं मेरा आलेख, समाज में बलात्कारी संस्कृति की घुसपैठ कब तक...? संडे मेल, नई दिल्ली 17-23 मई, 1992, पृ. 23.
36. वही, (24-30 मई, 1992), पृ. 24.
37. वही, पृ. 25.
38. वही, पृ. 26.
39. दलित उत्पीड़न विशेषांक, लोकायन, दिल्ली-54, 1989-90, पृ. iii.
40. के. नाथ, दलितों की क्रूरतापूर्ण हत्याएँ रुकें, माझी जनता, 29 सितम्बर, 2002, पृ. 5.
41. नई चर्चा 'आम्बेडकर युग' भोपाल, अगस्त/सितम्बर 2008, पृ. 18.
42. Kothari Rajni, "Ethnicity" in *Ethnicity, Identity, Conflict and Crisis*, eds. Kumar, David and Santasilan Kadirgamar, Hongkong, Arena Press, 1989, p. 15.

अन्य सन्दर्भ

- The Report of the Samata Sanghatana of Andhra Pradesh brings out the gender dimension of caste inequality in an excellent manner. See "Upper Caste Violence : Study of Chunduru Carnage", *Economic and Political Weekly*, vol. XXVI, no. 36, Sept. 1991 pp. 2079-84.
- The most important ingredient behind unity among the non-Harijan communities is this norm. In the Chunduru carnage the unanimous support extended to Reddys and

participation of the other uppercaste and middlecaste population is because of the feeling that the Harijan youth were committing a sacrilege in making advances to their women folk or harassing them in other ways.

- For an elaboration of this point of view see *Edureetha* (Telugu), Hyderabad, Oct. 1991. pp. 3-5.
- Mr. Padma Rao argued that the leaders of Congress-I, Telugu Desam and BJP represent uppercaste interests. Janardan Reddy heads a cabinet with 14 Reddys in it. It is futile to believe that such a cabinet will render justice to Dalits, he asserted.
- *Andhra Jyothi* (Telugu), Vijayawada, Aug. 11, 1991.
- *The Hindu,* Hyderabad, August 14, 1991.
- Mrs. Kamala Kumari, Union Deputy Minister argued that the Government sould eliminate "middlemen" so that political leaders could talk directly to the victims. In her view Mr. Padma Rao and the radicals were 'middlemen.' See Rajendra Prasad, "Caste Divide, Strident Militancy," *The Hindu,* Hyderabad, Aug. 18, 1991.
- The Congress-I despatched to Chunduru a number of SC and ST heavy weights including Mrs. Meera Kumar, Mr. G. Venkataswamy and Mrs. Kamala Kumari. But they were not allowed to enter the relief camp.
- It is significant that Mr. Padma Rao aborted a Nandyal *Chalo* campaign–in support of Mr. Narasimhulu's candidature in the bye-election–on teh eve of the scheduled event.
- For a detailed analysis of the approach of APDM and controversies surrounding Mr. Padma Rao's role see *Edureetha,* op. cit., *Sudhir Dalita Poratalu : Konni Peda Doranulu, Viplavakarulu Vykhari* (Telugu) Guntur, Praja Pandha Publications, Nov. 1991, esp. pp. 12-22; Virasam. Aug. 6 : Chunduru (Telugu), Guntur, 1991; *Hindu Rastra,* Chunduru Special (Telugu), Hyderabad, Sept. 1991; Narendra, C. 'Chunduru Dalitullo Asantrupti,' *Andhra Prabha* (Telugu), Vijayawada, Aug. 30, 1991 and *The Indian Express.* Vijayawada, Dec. 13, 1991.
- See, Narasimha Reddy, D., "Karamchedu : A Dialectic Without Development," *Economic and Political Weekly,* vol. XX, no. 37, Sept. 14, 1985, pp. 1546-49; K.B., "The Karamchedu Killings : The Essence of the NTR Phenomenon," *Economic and Political Weekly,* vol. XX, no. 31, Aug. 1985, pp. 1298-1300.

कुछ सवाल कुछ चुनौतियाँ

अछूत का सवाल[1] नाम से भगतसिंह ने पिछली शताब्दी में लिखा था, जिसे हम नई शताब्दी की नई पीढ़ी के अध्ययन में लाना चाहते हैं–

हमारे देश की जो हालत है, उससे शोचनीय हालत किसी दूसरे देश की नहीं होगी। यहाँ अजीब से अजीब सवाल पैदा होते हैं। एक बहुत बड़ा सवाल अछूत का है। सवाल यह किया जाता है कि तीस करोड़ आबादी वाले देश में जो छह करोड़ व्यक्ति अछूत कहलाते हैं, उन्हें छू लेने से कहीं धर्म भ्रष्ट तो न हो जाएगा? उन्हें मन्दिरों में जाने की अनुमति देने से देवता रूष्ट तो नहीं हो जाएँगे? कुएँ से अगर वे पानी ले लें तो कहीं कुआँ ही भ्रष्ट तो न हो जाएगा? ये सवाल बीसवीं सदी में किए जा रहे हैं जिन्हें कि सुनते ही शर्म आती है।

हमारा देश बहुत अध्यात्मवादी है। हम मनुष्य को मनुष्य का दर्जा देने में भी हिचकिचाते हैं जबकि बिलकुल ही मायावादी कहलाने वाला यूरोप सदियों से पहली मई का शोर मचा रहा है। उन्होंने समता की घोषणा अमेरिका और फ्रांस की क्रान्ति में ही कर डाली थी। आज रूस अन्य किसी भी प्रकार के भेदभाव को मिटा डालने के लिए पहली मई के सिद्धांत पर अडिग है और हम, सदा से आत्मा-परमात्मा का ही रोना रोने वाले आज भी इन मुद्दों पर जोरदार बहसों में उलझे हैं कि अछूतों को जनेऊ दिया जाए या नहीं और वे वेद शास्त्र पढ़ने के हकदार हैं या नहीं? हम इसे नामंजूर कर देते हैं और हमें शिकायत यह है कि दूसरे देशों में हमारे साथ अच्छा व्यवहार नहीं किया जाता। गोराशाही में हमें गोरों के बराबर नहीं समझा जाता, हमें यह शिकायत करने का हक ही क्या है।

सिंध के एक मुसलमान सज्जन श्री नूर मुहम्मद, सदस्य बम्बई कौंसिल ने इस मसले पर 1926 में खूब कहा था–

"If a Hindu Society refuses to allow other human beings, fellow creatures to attend public schools and if...the President of local board representing so many lakhs of people in this house refuses to allow his fellows and brothers the elementary human right of having water to drink, what right have they to ask for more rights from the bureaucracy? Before we accuse people coming from other lands, we should see how we ourselves behave toward our own people...How can we ask for greater political rights when we ourselves deny elementary rights of human beings."

वे कहते हैं कि जब आप एक मनुष्य को पीने के लिए पानी देने से भी इनकार करते हैं या जब आप उन्हें पाठशाला में पढ़ने तक नहीं देते तो आपका क्या हक बनता है कि अपने लिए और हकों की माँग करें? जब आप एक इनसान के साधारण अधिकार भी उसे नहीं दे सकते तो आप और राजनीतिक अधिकार माँगने के हकदार कैसे बन गए? बड़ी सही, सच्ची बात है। लेकिन चूँकि एक मुसलमान ने यह बात कही है इसलिए हिन्दू यह कहेंगे कि वे अछूतों को मुसलमान बनाकर अपने में शामिल करने के लिए ही ऐसी बातें कह रहे हैं। उन्होंने साफ तौर पर यह मान लिया है कि जब इनसानों को इस तरह, जानवरों से भी गया-बीता समझेंगे तो वे निश्चय ही दूसरा धर्म अपना लेंगे—जहाँ उन्हें अधिक अधिकार मिलेंगे, जहाँ उनके साथ मनुष्य जैसा व्यवहार किया जाए। फिर यह कहना कि ईसाई और मुसलमान, हिन्दू कौम को नुकसान पहुँचा रहे हैं, फिजूल होगा।

कितनी सच्ची बात है, लेकिन यह सुनकर सभी तड़प उठते हैं। खैर! ठीक इसी बात की चिंता हिंदुओं को भी हुई। सनातनी पंडित भी इस मसले पर कुछ सोच में पड़ गए। बीच-बीच में बड़े 'युग-प्रवर्तक' कहलाने वाले भी शामिल हुए। पटना में हिन्दू महासभा हुई। लाला लाजपत राय, जो कि अछूतों के बड़े पुराने हिमायती चले आ रहे हैं, प्रधान बने। लम्बी-चौड़ी बहस छिड़ी, गरमा-गरम झड़पें हुईं, मामला सामने यह था कि क्या अछूतों को यज्ञोपवीत धारण करने का हक है? क्या उन्हें वेद शास्त्र पढ़ने का अधिकार है? बड़े-बड़े समाज सुधारक गर्म हो उठे, लेकिन लालाजी ने सबको समझा-बुझा लिया और दोनों बातें स्वीकार करके हिन्दू धर्म की लाज रख ली। नहीं तो यह कितने शर्म की बात थी। जरा सोचिए, एक कुत्ता हमारी गोद में बैठ सकता है, रसोईघर में घूम सकता है लेकिन एक आदमी अगर छू ले तो धर्म बिगड़ जाता है। पंडित मालवीय जैसे महान समाज सुधारक, अछूतों के बहुत बड़े प्रेमी और न जाने क्या-क्या, पहले तो एक भंगी के हाथों हार डलवा लेते हैं, बाद में कपड़े समेत स्नान किए बिना स्वयं को अशुद्ध समझते हैं। क्या खूब चाल है। सबसे प्यार करने वाला ईश्वर! उसकी पूजा करने के लिए जो मन्दिर बना है, वहाँ अगर वह गरीब चला जाए तो मन्दिर भ्रष्ट हो जाता है, ईश्वर नाराज हो जाता है। घर की यह हालत हो तो बाहर हम बराबरी के नाम पर झगड़ा करते हुए कैसे लगते हैं? हमारे इस व्यवहार में कृतघ्नता की हद है। हमारे लिए नीच से नीच काम करके जो हमारे सुख में बढ़ोतरी करते हैं, उन्हें ही हम दुत्कारते हैं। जानवरों की पूजा कर सकते हैं लेकिन इनसान को पास भी नहीं बिठा सकते!

देश में स्वतन्त्रता का जो विकास हो रहा है उसमें साम्प्रदायिक राजनीति ने और कोई फायदा किया हो या नहीं, इतना जरूर किया है कि अधिक हक माँगने के लिए अपनी-अपनी कौम की गिनती बढ़ाने की फिक्र सबको हुई। मुसलमानों ने जरा ज्यादा ही जोर दिया। अछूतों को मुसलमान बना अपने बराबर के इनसान बना कर, उन्हें आदमी के हक-हकूक देने शुरू कर दिए। अब हिंदुओं पर भी चोट पड़ी। जिद बढ़ी। फसाद भी हुए। खैर! धीरे-धीरे सिखों को भी खयाल आया कि हम पीछे न रह जाएँ। उन्होंने भी अमृत 'छकाना' शुरू कर दिया। हिंदू-सिखों में अछूतों के जनेऊ उतारने या केश कटवाने के सवाल पर झगड़े हुए। अब तीनों

कौमें उन्हें अपनी तरफ खींच रही हैं और शोर-शराबा मचा है। उधर ईसाई चुपचाप उनका रुतबा बढ़ाने में लगे हैं। इस सारी हलचल से हिंदुस्तान की लानत दूर हो रही है।

अब एक सवाल और उठता है कि इस मसले का ठीक-ठीक हल क्या है? सबसे पहले यह फैसला कर लेना चाहिए कि सब इनसान एक से हैं। न तो जन्म से और न काम-काज से ही कोई अन्तर पड़ता है। एक आदमी भंगी के घर पैदा हुआ है सिर्फ इसीलिए सारी उम्र वह भंगी का ही काम करेगा और दुनिया में किसी किस्म की तरक्की करने का उसका कोई हक नहीं, यह बिलकुल व्यर्थ बात है। इन लोगों के साथ जब हमारे बुजुर्ग आर्यों ने यह जुल्म किया, उन्हें नीच कह कर अलग कर दिया और नीच काम करवाने लगे और साथ ही यह चिंता हुई कि कहीं ये बगावत न कर दें तब पुनर्जन्म के दर्शन का प्रचार करना शुरू कर दिया कि यह सब तुम्हारे पिछले जन्मों के पापों का फल है, क्या हो सकता है, चुपचाप गुजारा करो। इस तरह से सब्र करने का सबक पढ़ा कर वे इन लोगों को इतने समय तक चुप करवा गए। उन्होंने बहुत बड़ा पाप किया। इनसान के अन्दर से इनसानियत का आत्मविश्वास और आत्मनिर्भरता की भावना को खत्म कर दिया। खैर, आज इस सबके प्रायश्चित का समय है।

इसके साथ ही एक और गड़बड़ी भी पैदा हुई। लोगों के मन में जरूरी कामों के लिए घृणा पैदा हो गई। हमने बुनकरों को भी दुत्कार दिया और आज कपड़ा बुनने वाले अछूत समझे जाते हैं। उत्तर प्रदेश की तरफ कहार को भी अछूत समझा जाता है। यह सब बातें हमारी तरक्की में बहुत बड़ी रुकावट बनती हैं।

इन सब बातों को ध्यान में रखते हुए हमें आगे बढ़ना है। इनसानों को अछूत न कहना है, न ही ऐसा समझना है। नौजवान कान्फ्रेंस और नौजवान भारत सभा ने जो तरीका अख्तियार किया है, वह अत्यंत सुन्दर है। जिन भाइयों को आज तक अछूत-अछूत कहा करते थे उनसे अपने इस पाप के लिए क्षमा माँगना और उन्हें अपने जैसा ही इनसान समझना। बिना अमृत 'छकाए' या 'कलमा' पढ़वाए या 'शुद्धि किए' उन्हें अपने में शामिल कर लेना, उनके हाथों पानी पीना, यही ठीक तरीका है। आपस में ही खींच-तान करना और अमल में कोई भी अधिकार न देना, यह अनुचित है।

जब गाँवों में किरती प्रचार शुरू हुआ तब जाटों को सरकारी आदमी यह समझा कर भड़काते थे कि देखो यह भंगी-चमारों को सिर पर चढ़ा रहे हैं और तुम्हारा काम बन्द करवाएँगे। बस, जाट इसी बात पर उखड़ गए। उन्हें यह याद रखना चाहिए कि उनकी हालत तब तक नहीं सुधर सकती, जब तक कि वे इन गरीबों को कमीन और नीच कहकर अपने पैरों तले दबाए रखना चाहेंगे। वे सफाई से नहीं रहते क्योंकि गरीब हैं। गरीबी का इलाज करो। बड़े ऊँचे कुल के गरीब आदमी भी कम गंदे नहीं रहते। गंदा काम करने का बहाना भी नहीं चल सकता। माएँ बच्चों की गंदगी साफ करने से अछूत नहीं हो जातीं।

लेकिन यह काम तब तक नहीं हो सकता, जब तक कि अछूत कौमें स्वयं को संगठित न कर लें। हम तो समझते हैं कि उनका स्वयं को अलग से संगठित कर लेना और मुसलमानों के बराबर की गिनती में होने पर बराबर हक-हकूक की माँग करना बड़ी आशाजनक स्थिति

व्यवित, बौद्ध, जैन, सिख धर्म का पालन करते हैं, उन्हें हिन्दू विवाह कानून बन्धनकारक ों है, इस कारण ज्युडिशियल मजिस्ट्रेट, साकोली, जि. भंडारा ने जो निर्णय दिया, वह ाय है।'' ऐसा निर्णय देकर शकुंतला के केस को खारिज कर दिया।

न्य विवाह कानून ऐसे बनाए गए

अंग्रेज आने के पहले अपने देश में किसी भी जाति धर्म के विवाह का कोई कानून नहीं था, किन्तु प्राचीन काल से आठ प्रकार की शादियाँ होती थीं, ऐसे विचार महर्षि दयानन्द सरस्वती ने अपनी अमर कृति 'सत्यार्थ प्रकास' में प्रकट किया है। उनमें होमहवन, सप्तपदी, स्वयंवर आदि प्रमुख थे।

राजा राममोहन राय के प्रयास से लॉर्ड विलियम्स बेंटिक ने सन् 1829 में सती प्रथा को बन्द करा दिया, और सन् 1856 में 'द हिन्दू विडोज रिमैरेस एक्ट' तैयार करके उसे दि. 25-7-1856 से लागू कर दिया।

सन् 716 के लगभग ईरान से पारसी अपने देश में आए। उनका भी कोई विवाह कानून नहीं था, इसलिए उन्होंने सन् 1856 में 'पारसी लॉ एसोसिएशन' स्थापित करके ''पारसी मैरेज एंड डायवोर्स एक्ट'' सन् 1865 में मंजूर करवा लिया।

सन् 1872 से 1892 तक ख्रिश्चियन लोगों ने सरकार को अनेक बार लिखा तब दिनांक 29 जनवरी 1892 को ''दि ख्रिश्चियन मैरेज व्हॅलिडेशन अॅक्ट'' तैयार करने में आया। सन् 1909 में सिखों के लिए 'दि आनन्द मैरेज एक्ट-1909' अमल में लाया गया।

बैंगलोर शहर और सेनिक क्षेत्रों में बसने वाले ख्रिश्चियनों की शादियों को कानून का चोला पहनाने वाला एक्ट ''बंगलोर मैरेज व्हॅलिडेशन एक्ट'' दिनांक 27-10-1936 में मंजूर करने में आया।

आर्य समाज की स्थापना होने के बाद उनकी माँग के अनुसार, ''दि आर्य सामाजिस्ट मैरेज एक्ट-1937 में तैयार करने में आया। सन् 1949 के पहले हिंदुओं के जितने भी विवाह हुए, वे सभी गैर-कानूनी घोषित किए गए थे।'' उनकी संतानों को वारिस हक नहीं था। इसलिए कई हिन्दू नेताओं के कहने पर सरकार ने चार हिन्दू पंडितों की एक उपसमिति बनाई, जिसके अध्यक्ष थे सर बी.एन. राव। उस समिति ने अनेक क्षेत्रों में कार्यरत विद्वानों से भेंट ली, और दिनांक 21-2-1947 को ''केन्द्रीय कानून मंडल'' को अपनी रिपोर्ट सौंप दी, तब ''दि हिन्दू मैरेज व्हॅलिडेशन एक्ट-1949'' अमल में आया।

इस प्रकार व्हॅलिडेशन और मैरेज एक्ट्स तैयार हुए।

1. ''दि ख्रिश्चियन मैरेज व्हॅलिडेशन एक्ट-1892''
2. ''बेंगलोर मैरेज व्हॅलिडेशन एक्ट-1936''
3. ''दि हिन्दू मैरेज व्हॅलिडेशन एक्ट-1949''
4. दि हिन्दू विडोज मैरेजेस एक्ट-1856''
5. दि पारसी मैरेज एंड डायवोर्स एक्ट-1865

है। या तो फिरकावाराना राजनीति का टंटा ही खत्म हो या फिर उनके अधिकार उन्हें दिए जाएँ। कौंसिल और एसेंबलियों का कर्तव्य है कि स्कूल, कॉलेज, कुएँ और सड़कों के इस्तेमाल की पूरी स्वतन्त्रता उन्हें दिलवाएँ। मौखिक तौर पर ही नहीं बलिक साथ ले जाकर उन्हें कुओं पर चढ़ाएँ, उनके बच्चों को पाठशालाओं में दाखिल करवाएँ। लेकिन जिस विधानपालिका में कम उम्र में शादी के विरुद्ध पेश किए गए बिल पर मजहब का बहाना लेकर हाय-तौबा मचा दी जाती है, वहाँ अछूतों को साथ मिलाने की हिम्मत वे किस तरह कर सकते हैं।

इसीलिए हम कहते हैं कि उनके अपने प्रतिनिधि क्यों न हों? वे अलग तादाद की माँग क्यों न करें? हम स्पष्ट कहते हैं कि अछूत कहलाने वाले भाइयो उठो! अपना इतिहास देखो। गुरु गोविंद सिंह की फौज में असली ताकत तुम्हारी ही थी। शिवाजी सिर्फ तुम्हारे बल पर ही वह सब कर सके, जिससे उनका नाम आज जिंदा है। तुम्हारी कुर्बानियाँ स्वर्णाक्षरों में लिखी हुई हैं। तुम, जो सेवा करके कौम के सुख में बढ़ोतरी करके और जिन्दगी को मुमकिन बना कर भारी अहसान कर रहे हो, उस सबको हम लोग नहीं समझते। इंतकाले अराजी ऐक्ट के मुताबिक तुम पैसे इकट्ठे करके भी जमीन नहीं खरीद सकते। तुम पर इतने जुल्म हो रहे हैं कि अमेरिका की मिस मेयो इसे इनसान से बहुत नीचे कहती हैं। **उठो, अपनी ताकत पहचानो। संगठित हो जाओ। असल में खुद प्रयास किए बिना तुम्हें कुछ भी नहीं मिल पाएगा। आजादी की खातिर, आजादी चाहने वालों को यत्न करना चाहिए। मनुष्य का यह स्वभाव बन गया है कि अपने लिए तो वह हक माँगना चाहता है, लेकिन जिन पर उसका अपना दबदबा हो, उन्हें वह पैरों के नीचे ही रखना चाहता है, इसलिए लातों के भूत बातों से नहीं माना करते। संगठित होकर, अपने पैरों पर खड़े होकर सारे समाज को चुनौती दो। देखो, फिर कौन तुम्हारे हक तुम्हें न देने की जुर्रत कर सकता है।** तुम लोगों की खुराक मत बनो। दूसरों के मुँह न ताको। नौकरशाही के झाँसे में भी मत आ जाना। यह तुम्हारी मदद नहीं करना चाहती बल्कि तुम्हें अपना आजौर बनाना चाहती है। यह सरमायेदार नौकरशाही तुम्हारी गुलामी और गरीबी का मुख्य कारण है इसलिए उनके साथ तुम न मिल जाना, उसकी चालों से बचना। फिर काम बन जाएगा। **तुम असली कामगार हो, कामगारों, संगठित हो जाओ। तुम्हारा कुछ नुकसान नहीं होगा सिर्फ गुलामी की जंजीरें कटेंगी। उठो, और मौजूदा निजाम के विरुद्ध बगावत खड़ी कर दो। इक्का-दुक्का सुधारों से कुछ नहीं बन सकता। सामाजिक इन्कलाब पैदा कर दो और राजनीतिक तथा आर्थिक इन्कलाब के लिए कमर कस लो। तुम ही तो देश का आधार हो, असली ताकत हो। उठो! सोए हुए शेरो, विद्रोहियो, विप्लव कर डालो!**

भगतसिंह का यह आलेख जरूरी था। इसलिए कि शोधार्थी तब से अब तक की स्थितियों को समझ सकें। इस आलेख से बहुत-सारे सवाल उभरते हैं। वे राजनीतिज्ञों से लेकर समाजसेवियों तक के लिए हैं। वे दलितों के लिए भी हैं और द्विजों के लिए भी।

19 नवम्बर, 1943 को सेंट्रल लेजिसलेटिव असेम्बली में यह सवाल उठाया गया कि सेना में अनु. जातियों के लोगों को भी लिया जाए। अब तक यही नीति थी कि कुछ विशेष

जाति एवं वर्गों के प्रत्याशी ही जाते थे। उत्तर प्रदेश से यह सुझाव प्यारेलाल तालिब ने उठाया था। जिसे हुसैन भाई लालजी, डॉ. गोविन्द देशमुख, एन.एम. जोशी, अजहर अली और स. संतसिंह ने समर्थन दिया था।

उन्होंने सदन को यह जानकारी दी कि दलित समाज के बहुत से लड़के आर्मी में इसलिए नहीं लिए गए कि उनका सा. स्टेटस नहीं था। जो अमानवीयता का प्रतीक थी। जबकि शिवराज ने आर्मी में भरती अधिकारियों के पदों पर दलितों को लिए जाने की बात रखी। तत्कालीन युद्ध सचिव सी.एम. त्रिवेदी ने आश्वासन दिया कि भविष्य में इस तरह के भेदभाव को समाप्त कर उनकी नियुक्तियाँ की जाएँगी। वे स्वयं इस जानकारी से आश्चर्य में थे कि आपातकालीन आयोग के लिए डिप्रेस्ड क्लासिस के लड़कों को न लेने पर प्रान्तीय सरकारों ने बल दिया था।

अब राजसत्ता पूरी तरह उच्च जातियों के हिंदुओं के हाथ में है अब भी ऐसा ही हो रहा है शासक बदलते हैं समय बदलता है परन्तु भंगियों की हालत में कोई परिवर्तन नहीं आता। भंगियों की ओर उनका रवैया नहीं बदलता है।

आज के स्वतन्त्र भारत में क्या दलितों और विशेषकर मेहतरों की सामाजिक और आर्थिक गुलामी, सामाजिक बराबरी का हक, सरकारी विभागों में नियुक्तियाँ, सवर्ण जातियों के अत्याचार और छुआछूत, राजकीय कल्याणकारी योजनाओं का लाभ एवं सामाजिक पद सोपान में जरा भी परिवर्तन आया है? परिवर्तन की बात तो दूर इसमें बिगाड़ अवश्य हो गया है।

'गैर-वाल्मिकी समाज के लोगों ने भी आवेदन किया : सफाई कर्मचारी के 482 पदों के लिए 18600 आवेदन' दैनिक भास्कर, जयपुर, 10 अगस्त, 2003, इसी तरह जोधपुर नगर निगम में पौने पाँच सौ सफाई कर्मियों की भरती में अपनी किस्मत आजमाने के लिए बेरोजगारी से त्रस्त युवकों की भीड़ में सवर्ण ग्रेजुएट ही नहीं पोस्ट ग्रेजुएट, कम्प्यूटर ट्रेंड युवक भी शामि है वही सफाईकर्मी बनने के लिए ब्राह्मण, राजपूत युवक भी बेताब है। विस्तृत जानकारी के लिए देखें, 'पद भिश्ती का, कतार में ब्राह्मण व ग्रेजुएट', दैनिक भास्कर, जोधपुर, 8 अप्रैल, 2003, इसी तरह मेड़ता नगरपालिका ने 30 सफाईकर्मियों के लिए आवेदन माँगे थे। पालिका प्रशासन उस वक्त अवाक रह गया जब 30 स्थानों के लिए करीब 6 हजार आवेदनार्थियों ने अपने आवेदन-पत्र पेश किए। उससे भी ज्यादा आश्चर्य पालिका प्रशासन को उस वक्त हुआ जब सफाई कार्य के लिए अनुसूचित जाति/जनजाति के साथ-साथ पिछड़ी जाति, स्वर्ण जाति के शिक्षित बेरोजगार युवकों ने नौकरी के लिए आवेदन किया। जिसमें एक माली, दो विश्नोई, एक जैन, एक पाटिल सहित अन्य उच्च जातियों से जुड़े लोग शामिल हैं, देखें, "भरती होनी थी तीस की और उमड़े छह हजार।"

रोजगार का सृजन तो हो नहीं रहा है उसकी बजाय रोजगार के मौजूदा अवसर भी खत्म किए जा रहे हैं। यह स्थिति मेहत्तरों में निराशा को और भी बढ़ा रही है। सरकारी नीतियों में भंगियों की उपेक्षा की वजह से प्रान्त के मेहत्तरों के लिए असहनीय स्थिति पैदा हो गई है। उन्हें कांग्रेस शासन में कुछ भी लाभ नहीं मिला है।

बहुधा यह सुझाव दिया जाता है कि सफाई कर्मचारियों के रूप में उ
लोगों की नियुक्ति की जानी चाहिए। इस विचार के अनुसार देश के वि
विभिन्न नगर निगमों तथा नगरपालिकाओं द्वारा उच्च जाति के लोगों की
बात नहीं है तथा वास्तव में इस प्रकार का कार्य समाज में सफाई कर्मचारि
जाने वाले कार्य के प्रति धारणा को ऊँचा उठाने के लिए आवश्यक है। लेवि
तथ्य की ओर ध्यान दिया जाए कि उच्च जातियों में से नियुक्त अधिक
कर्मचारी वास्तव में उन सभी कार्यों को नहीं करते हैं (जो कि भंगी जाति के
हैं)।

जो
नहीं
यो
उ

"बुद्धिस्ट मैरेज व्हॅलिडेशन ॲक्ट" तैयार करने की माँग

कु. शंकुतला का विवाह नीलकंठ से बौठ विवाह पद्धति से हुआ था। वे दोनों पति
भंडरा जिला स्थित साकोली में रहा करते थे, कुछ महीनों तक उन दोनों में प्रेम-स
एवं काम-सम्बन्ध व्यवस्थित चलता रहा। किन्तु बाद में नीलकंठ ने शकुंतला को मा
पीटना शुरू कर दिया, और कु. मनाबाई से दूसरा विवाह कर लिया। श्रीमती शकुं
जिंदा होते हुए, एवं उससे तलाक न लेते हुए, नीलकंठ ने दूसरा विवाह किया था, इसलि
द्विभार्या प्रतिबन्ध कलमानुसार 'भारतीय दंड संहिता कलम 494' के अनुसार यह अपरा
है, इस धारा का सहारा लेकर श्रीमती शकुंतला ने नीलकंठ के विरोध में ज्युडिशियल मजिस्ट्रेट प्रथम श्रेणी साकोली, जि. भंडारा के कोर्ट में केस दाखिल कर दिया। इस केस में श्रीमती शकुंतला ने अपना बयान दिया। बयान में उसने कहा, "मेरा विवाह नीलकंठ से बौद्ध धर्म विवाह की पद्धति से हुआ। नीलकंठ और मैंने भगवान बुद्ध का स्मरण करके त्रिशरण एवं पंचशील ग्रहण किया। उसके बाद हम दोनों ने एक दूसरे के प्रति आदर-सत्कार और सहानुभूति, प्रेम से रहने की शपथ ली। यह विवाह गाँव में रहने वाले एक शख्स ने सम्पन्न किया था। शादी होने के बाद हम दोनों पति-पत्नी को विवाह में उपस्थित कुछ लोगों ने पैसे एवं कुछ वस्तुएँ भेंट दी। उसके उपरांत सभी मेहमानों को भोजन दिया गया।' श्रीमती शकुंतला विवाह के सम्बन्ध में बयान दिया था, वह हिन्दू कानून को मान्य विधि के अनुसार नहीं था। दोनों पति-पत्नी ने एक दूसरे के सम्मति से विवाह के समय शपथ ली और एक दूसरे के गले में पुष्पमालाएँ डाल दीं इस विधि में होमहवन अथवा सप्तपदी का विधि नहीं है। विवाह के पूर्व शकुंतला का नीलकंठ से जो विवाह हुआ, वह कानून के दृष्टिकोण से कानू की सीमा में नहीं बैठता इसलिए शकुंतला ऐसा केस नीलकंठ के विरुद्ध कोर्ट में दाखिल नहीं कर सकती।" इस प्रकार निर्णय सुनाकर कोर्ट ने शकुंतला के केस को खारिज कर दिया।

ज्युडिशियल मजिस्ट्रेट, प्रथम श्रेणी साकोली जि. भंडारा ने शकुंतला का केस खारिज कर दिया, तब उसने नागपुर उच्च न्यायालय में अपील दाखिल किया। इस अपील का निर्णय देते हुए न्यायमूर्ति मा. मासोदकर ने कहा—"हिन्दू विवाह कानून कलम दो के अनुसार

6. दि आनन्द मैरेज एक्ट-1909
7. दि आर्य समाजिस्ट मैरेज एक्ट-1937

''बुद्धिस्ट लॉ एसोसिएशन'' ने बिल तैयार किया

25-10-1972 तक बौद्ध धर्म के अनुसार जो बौद्धों की शादियाँ हुई थीं, उन्हें उच्च न्यायालय के न्यायमूर्ति मा. मासोदकर ने गैर कानूनी घोषित की थी, पत्नी को 'रखैल' शब्द का प्रयोग किया है। उसके बाद महाराष्ट्र ने 'लॉ कमिशन' बिठाया था, 'लॉ कमिशन' ने अपनी रिपोर्ट सरकार को पेश करने के बाद सरकार ने जुलाई 1973 के गजेट में पृष्ठ क्र. 310 से 314 तक बौद्धों के विवाह के विषय में विवरण दिया है।

नागपुर उच्च न्यायालय के न्यायमूर्ति ने अपना निर्णय जाहिर करने के उपरान्त नागपुर के ख्यातिप्राप्त वकील श्री क.वि. उमरे ने ''बुद्धिस्ट लॉ एसोसिएशन'' स्थापित किया, इस संस्था की ओर से ''ड्राफ्ट ऑफ बुद्धिस्ट मैरेज व्हॅलिडेशन बिल'' का मसौदा तैयार करके 2-12-1978 को भारत के राष्ट्रपति महामहिम श्री संजीव रेड्डी को दिया, किन्तु उस पर कुछ भी विचार करने में नहीं आया।

उसके बाद 13-3-1981 को इस बिल को एंड. एस.डबल्यू. धाबे ने राज्यसभा में रखा, किन्तु इस पर चर्चा नहीं हुई। तब फिर अमरावती के सांसद, कॉ. सुदाम काका देशमुख ने सन् 1990 में उसे लोकसभा में प्रस्तुत किया। तब भी उस पर चर्चा नहीं हो सकी।

बौद्ध मैरेज व्हॅलिडेशन एक्ट तैयार होना चाहिए।

डॉ. बाबा साहेब आम्बेडकर के अनुयायी कहलाने वाले और उनका जयघोष करने वाले लोग बैसाखी के सहारे विधानसभा, विधान परिषद्, राज्यसभा और लोकसभा में पहुँचे थे और आज भी हैं। उनमें से अपने-आपको बौद्ध एवं विश्व बौद्ध संगठन के उपाध्यक्ष कहलाने वाले श्री रा.स. गवई, बाबा साहेब के नाती मा. प्रकाश आम्बेडकर, मा. रामदास आठवले आदि हैं, किन्तु इन्होंने 'बुद्धिस्ट मैरेज व्हॅलिडेशन एक्ट' की कभी भी माँग नहीं की, और वे कभी करेंगे भी नहीं, कारण वे सहूलियत के टूकड़ों पर अपना स्वाभिमान बेचकर, अर्थात 'महार' होकर, लोकसभा में पहुँचे हैं, और वे 'महार' होने से उन्हें यह बिल रखने का अधिकार भी नहीं हैं, उन्हें कानू की दृष्टि से मान्यता प्राप्त कराने के लिए अपने-आपको बौद्ध कहलाने वाले वकीलों, बुद्धिजीवियों, साहित्यकारों आदि ने ''दि बुद्धिस्ट मैरेज व्हॅलिडेशन एक्ट'' की माँग करनी चाहिए।

दलितों का घोषणा-पत्र

18 अक्टूबर, 2003 को दलित मानवाधिकार केन्द्र जयपुर के संयोजक पी.एल. मीमरोठ ने राजस्थान की सात प्रमुख दलितों सम्बन्धी संस्थाओं की ओर से एक 20 सूत्रीय सांझा घोषण-पत्र जारी कर सभी राजनीतिक दलों से माँग की थी कि वे उनके द्वारा उठाए गए

बीस मुद्दों को अपने 2003 के चुनाव अभियान तथा पार्टी घोषणा-पत्र में सम्मिलित करें। इन बीस मुद्दों में सबसे अधिक प्राथमिकता दलितों को नागरिक मानवाधिकारों से वंचित करने को दी गई और कहा गया था कि राष्ट्रीय व अन्तर्राष्ट्रीय स्तर पर भारत के सभी कानूनों में दलितों की संरक्षण सम्बन्धी व्यवस्थाओं को शब्दशः व भावनाओं से युक्त होकर लागू किया जाना चाहिए। इस घोषणा-पत्र में दलित व कमजोर वर्गों के लोगों की बेमानी व अन्य तरीकों से जमीन छीनने पर रोक लगाने, न्यूनतम मजदूरी देने, अत्याचार निवारण कानून का पालन नहीं करने, पीड़ितों को पूरी सहायता नहीं देने, जल-जंगल-जमीन में समुचित भागीदारी न मिलने, अस्पृश्यता हटाने हेतु राष्ट्रीय स्तर पर अभियान चलाने व उसका प्रचार करने, सीलिंग कानून से भूमि दलितों को देने जैसे विषयों पर ध्यान आकर्षित किया गया था।

चुनौती

मद्रास में द्रविड़ मुनेत्र कड़गम के नेता रामास्वामी नायकर ने तमिल सेना का गठन तमिलनाडु से उन लोगों को भगाने के लिए किया जो मूल रूप से तमिलनाडु के वासी नहीं हैं। महाराष्ट्र में यही कार्य शिवसेना के अध्यक्ष बाल ठाकरे ने किया। इसी प्रकार नागपुर में नाग सेना का निर्माण हुआ। उर्दू व मुसलमानों की रक्षा के लिए उर्दू सेना व अली सेना का गठन हुआ। बिहार में जहाँ सवर्णों की ओर से सर्चलाइट सेना का गठन हुआ वहीं दलित सेना भी बनी। नागपुर में दलित मुक्ति सेना अस्तित्व में आई। दिल्ली और आसपास के क्षेत्रों में वाल्मीकि सेना का गठन हुआ। इस तरह धर्म और जातीय आधार पर बनी सेनाओं का उल्लेख करने लगें तो एक बड़ी पुस्तक तैयार हो सकती है, जिसके हर पृष्ठ पर वैमनस्य और नफरत से उभरी इबारतें ही होंगी। वहाँ न सांप्रदायिक सद्भाव होगा और न ही तालमेल। वैसी सूरत में आप क्या करेंगे। यही कि अन्य की तरह आग से आग भड़काने का कार्य करेंगे। इससे विघटन पैदा होगा संगठन नहीं। यहाँ तक कि संगठन समूचे दलित समाज में भी नहीं होगा। इसलिए कि इस प्रकार की सेनाएँ अपनी-अपनी जातियों के सवालों, समस्याओं के साथ उनकी अस्मिता की ओर ध्यान देंगी। देखने में आया है कि कभी-कभी एक ही जाति में अनगिनत उपजातियाँ होती हैं। उनके अपने-अपने द्वन्द्व होते हैं। यह सब द्वन्द्व तक ही सीमित नहीं होता, भयंकर मार-काट तक होती है।[6]

जनसंख्या और सामाजिक न्याय का रिश्ता परस्पर रहा है। लेकिन पन्द्रहवीं जनगणना के क्या मायने हैं, यह सब खुलकर सामने आ गया है। बकौल अली अनवर हुकूमत मुल्क के हिन्दू और मुसलमान पिछड़ों व दलितों की तरक्की से जुड़े सवालों पर बराबर ही नापाक सियासत करती रही है। 2011 की जनगणना में जाति आधारित गणना को शामिल नहीं किए जाने का फैसला इसी नापाक सियासत का एक अहम हिस्सा है।

दलित विचारक चन्द्र भान प्रसाद लिखते हैं कि भारत जातियों एवं जनजातियों से बना एक समाज है। वर्ष 1861 से शुरू हुई जाति आधारित जनगणना वर्ष 1931 में बन्द

है। या तो फिरकावाराना राजनीति का टंटा ही खत्म हो या फिर उनके अधिकार उन्हें दिए जाएँ। कौंसिल और एसेंबलियों का कर्तव्य है कि स्कूल, कॉलेज, कुएँ और सड़कों के इस्तेमाल की पूरी स्वतन्त्रता उन्हें दिलवाएँ। मौखिक तौर पर ही नहीं बलिक साथ ले जाकर उन्हें कुओं पर चढ़ाएँ, उनके बच्चों को पाठशालाओं में दाखिल करवाएँ। लेकिन जिस विधानपालिका में कम उम्र में शादी के विरुद्ध पेश किए गए बिल पर मजहब का बहाना लेकर हाय-तौबा मचा दी जाती है, वहाँ अछूतों को साथ मिलाने की हिम्मत वे किस तरह कर सकते हैं।

इसीलिए हम कहते हैं कि उनके अपने प्रतिनिधि क्यों न हों? वे अलग तादाद की माँग क्यों न करें? हम स्पष्ट कहते हैं कि अछूत कहलाने वाले भाइयो उठो! अपना इतिहास देखो। गुरु गोविंद सिंह की फौज में असली ताकत तुम्हारी ही थी। शिवाजी सिर्फ तुम्हारे बल पर ही वह सब कर सके, जिससे उनका नाम आज जिंदा है। तुम्हारी कुर्बानियाँ स्वर्णाक्षरों में लिखी हुई हैं। तुम, जो सेवा करके कौम के सुख में बढ़ोतरी करके और जिन्दगी को मुमकिन बना कर भारी अहसान कर रहे हो, उस सबको हम लोग नहीं समझते। इंतकाले अराजी ऐक्ट के मुताबिक तुम पैसे इकट्ठे करके भी जमीन नहीं खरीद सकते। तुम पर इतने जुल्म हो रहे हैं कि अमेरिका की मिस मेयो इसे इनसान से बहुत नीचे कहती हैं। **उठो, अपनी ताकत पहचानो। संगठित हो जाओ। असल में खुद प्रयास किए बिना तुम्हें कुछ भी नहीं मिल पाएगा। आजादी की खातिर, आजादी चाहने वालों को यत्न करना चाहिए। मनुष्य का यह स्वभाव बन गया है कि अपने लिए तो वह हक माँगना चाहता है, लेकिन जिन पर उसका अपना दबदबा हो, उन्हें वह पैरों के नीचे ही रखना चाहता है, इसलिए लातों के भूत बातों से नहीं माना करते। संगठित होकर, अपने पैरों पर खड़े होकर सारे समाज को चुनौती दो। देखो, फिर कौन तुम्हारे हक तुम्हें न देने की जुर्रत कर सकता है।** तुम लोगों की खुराक मत बनो। दूसरों के मुँह न ताको। नौकरशाही के झाँसे में भी मत आ जाना। यह तुम्हारी मदद नहीं करना चाहती बल्कि तुम्हें अपना आजौर बनाना चाहती है। यह सरमायेदार नौकरशाही तुम्हारी गुलामी और गरीबी का मुख्य कारण है इसलिए उनके साथ तुम न मिल जाना, उसकी चालों से बचना। फिर काम बन जाएगा। **तुम असली कामगार हो, कामगारों, संगठित हो जाओ। तुम्हारा कुछ नुकसान नहीं होगा सिर्फ गुलामी की जंजीरें कटेंगी। उठो, और मौजूदा निजाम के विरुद्ध बगावत खड़ी कर दो। इक्का-दुक्का सुधारों से कुछ नहीं बन सकता। सामाजिक इन्कलाब पैदा कर दो और राजनीतिक तथा आर्थिक इन्कलाब के लिए कमर कस लो। तुम ही तो देश का आधार हो, असली ताकत हो। उठो! सोए हुए शेरो, विद्रोहियो, विप्लव कर डालो!**

भगतसिंह का यह आलेख जरूरी था। इसलिए कि शोधार्थी तब से अब तक की स्थितियों को समझ सकें। इस आलेख से बहुत-सारे सवाल उभरते हैं। वे राजनीतिज्ञों से लेकर समाजसेवियों तक के लिए हैं। वे दलितों के लिए भी हैं और द्विजों के लिए भी।

19 नवम्बर, 1943 को सेंट्रल लेजिसलेटिव असेम्बली में यह सवाल उठाया गया कि सेना में अनु. जातियों के लोगों को भी लिया जाए। अब तक यही नीति थी कि कुछ विशेष

जाति एवं वर्गों के प्रत्याशी ही जाते थे। उत्तर प्रदेश से यह सुझाव प्यारेलाल तालिब ने उठाया था। जिसे हुसैन भाई लालजी, डॉ. गोविन्द देशमुख, एन.एम. जोशी, अजहर अली और स. संतसिंह ने समर्थन दिया था।

उन्होंने सदन को यह जानकारी दी कि दलित समाज के बहुत से लड़के आर्मी में इसलिए नहीं लिए गए कि उनका सा. स्टेटस नहीं था। जो अमानवीयता का प्रतीक थी। जबकि शिवराज ने आर्मी में भरती अधिकारियों के पदों पर दलितों को लिए जाने की बात रखी। तत्कालीन युद्ध सचिव सी.एम. त्रिवेदी ने आश्वासन दिया कि भविष्य में इस तरह के भेदभाव को समाप्त कर उनकी नियुक्तियाँ की जाएँगी। वे स्वयं इस जानकारी से आश्चर्य में थे कि आपातकालीन आयोग के लिए डिप्रेस्ड क्लासिस के लड़कों को न लेने पर प्रान्तीय सरकारों ने बल दिया था।

अब राजसत्ता पूरी तरह उच्च जातियों के हिंदुओं के हाथ में है अब भी ऐसा ही हो रहा है शासक बदलते हैं समय बदलता है परन्तु भंगियों की हालत में कोई परिवर्तन नहीं आता। भंगियों की ओर उनका रवैया नहीं बदलता है।

आज के स्वतन्त्र भारत में क्या दलितों और विशेषकर मेहतरों की सामाजिक और आर्थिक गुलामी, सामाजिक बराबरी का हक, सरकारी विभागों में नियुक्तियाँ, सवर्ण जातियों के अत्याचार और छुआछूत, राजकीय कल्याणकारी योजनाओं का लाभ एवं सामाजिक पद सोपान में जरा भी परिवर्तन आया है? परिवर्तन की बात तो दूर इसमें बिगाड़ अवश्य हो गया है।

'गैर-वाल्मिकी समाज के लोगों ने भी आवेदन किया : सफाई कर्मचारी के 482 पदों के लिए 18600 आवेदन' दैनिक भास्कर, जयपुर, 10 अगस्त, 2003, इसी तरह जोधपुर नगर निगम में पौने पाँच सौ सफाई कर्मियों की भरती में अपनी किस्मत आजमाने के लिए बेरोजगारी से त्रस्त युवकों की भीड़ में सवर्ण ग्रेजुएट ही नहीं पोस्ट ग्रेजुएट, कम्प्यूटर ट्रेंड युवक भी शामि है वही सफाईकर्मी बनने के लिए ब्राह्मण, राजपूत युवक भी बेताब है। विस्तृत जानकारी के लिए देखें, 'पद भिश्ती का, कतार में ब्राह्मण व ग्रेजुएट', दैनिक भास्कर, जोधपुर, 8 अप्रैल, 2003, इसी तरह मेड़ता नगरपालिका ने 30 सफाईकर्मियों के लिए आवेदन माँगे थे। पालिका प्रशासन उस वक्त अवाक रह गया जब 30 स्थानों के लिए करीब 6 हजार आवेदनार्थियों ने अपने आवेदन-पत्र पेश किए। उससे भी ज्यादा आश्चर्य पालिका प्रशासन को उस वक्त हुआ जब सफाई कार्य के लिए अनुसूचित जाति/जनजाति के साथ-साथ पिछड़ी जाति, स्वर्ण जाति के शिक्षित बेरोजगार युवकों ने नौकरी के लिए आवेदन किया। जिसमें एक माली, दो विश्नोई, एक जैन, एक पाटिल सहित अन्य उच्च जातियों से जुड़े लोग शामिल हैं, देखें, "भरती होनी थी तीस की और उमड़े छह हजार।"

रोजगार का सृजन तो हो नहीं रहा है उसकी बजाय रोजगार के मौजूदा अवसर भी खत्म किए जा रहे हैं। यह स्थिति मेहत्तरों में निराशा को और भी बढ़ा रही है। सरकारी नीतियों में भंगियों की उपेक्षा की वजह से प्रान्त के मेहत्तरों के लिए असहनीय स्थिति पैदा हो गई है। उन्हें कांग्रेस शासन में कुछ भी लाभ नहीं मिला है।

बहुधा यह सुझाव दिया जाता है कि सफाई कर्मचारियों के रूप में उच्च जातियों के लोगों की नियुक्ति की जानी चाहिए। इस विचार के अनुसार देश के विभिन्न देशों में विभिन्न नगर निगमों तथा नगरपालिकाओं द्वारा उच्च जाति के लोगों की नियुक्ति बुरी बात नहीं है तथा वास्तव में इस प्रकार का कार्य समाज में सफाई कर्मचारियों द्वारा किए जाने वाले कार्य के प्रति धारणा को ऊँचा उठाने के लिए आवश्यक है। लेकिन जब इस तथ्य की ओर ध्यान दिया जाए कि उच्च जातियों में से नियुक्त अधिकांश सफाई कर्मचारी वास्तव में उन सभी कार्यों को नहीं करते हैं (जो कि भंगी जाति के लोग करते हैं)।

''बुद्धिस्ट मैरेज व्हॅलिडेशन ॲक्ट'' तैयार करने की माँग

कु. शंकुतला का विवाह नीलकंठ से बौठ विवाह पद्धति से हुआ था। वे दोनों पति-पत्नी भंडरा जिला स्थित साकोली में रहा करते थे, कुछ महीनों तक उन दोनों में प्रेम-सम्बन्ध एवं काम-सम्बन्ध व्यवस्थित चलता रहा। किन्तु बाद में नीलकंठ ने शकुंतला को मारना-पीटना शुरू कर दिया, और कु. मनाबाई से दूसरा विवाह कर लिया। श्रीमती शकुंतला जिंदा होते हुए, एवं उससे तलाक न लेते हुए, नीलकंठ ने दूसरा विवाह किया था, इसलिए द्विभार्या प्रतिबन्ध कलमानुसार 'भारतीय दंड संहिता कलम 494' के अनुसार यह अपराध है, इस धारा का सहारा लेकर श्रीमती शकुंतला ने नीलकंठ के विरोध में ज्युडिशियल मजिस्ट्रेट प्रथम श्रेणी साकोली, जि. भंडारा के कोर्ट में केस दाखिल कर दिया। इस केस में श्रीमती शकुंतला ने अपना बयान दिया। बयान में उसने कहा, ''मेरा विवाह नीलकंठ से बौद्ध धर्म विवाह की पद्धति से हुआ। नीलकंठ और मैंने भगवान बुद्ध का स्मरण करके त्रिशरण एवं पंचशील ग्रहण किया। उसके बाद हम दोनों ने एक दूसरे के प्रति आदर-सत्कार और सहानुभूति, प्रेम से रहने की शपथ ली। यह विवाह गाँव में रहने वाले एक शख्स ने सम्पन्न किया था। शादी होने के बाद हम दोनों पति-पत्नी को विवाह में उपस्थित कुछ लोगों ने पैसे एवं कुछ वस्तुएँ भेंट दी। उसके उपरांत सभी मेहमानों को भोजन दिया गया।' श्रीमती शकुंतला विवाह के सम्बन्ध में बयान दिया था, वह हिन्दू कानून को मान्य विधि के अनुसार नहीं था। दोनों पति-पत्नी ने एक दूसरे के सम्मति से विवाह के समय शपथ ली और एक दूसरे के गले में पुष्पमालाएँ डाल दीं इस विधि में होमहवन अथवा सप्तपदी का विधि नहीं है। विवाह के पूर्व शकुंतला का नीलकंठ से जो विवाह हुआ, वह कानून के दृष्टिकोण से कानू की सीमा में नहीं बैठता इसलिए शकुंतला ऐसा केस नीलकंठ के विरुद्ध कोर्ट में दाखिल नहीं कर सकती।'' इस प्रकार निर्णय सुनाकर कोर्ट ने शकुंतला के केस को खारिज कर दिया।

ज्युडिशियल मजिस्ट्रेट, प्रथम श्रेणी साकोली जि. भंडारा ने शकुंतला का केस खारिज कर दिया, तब उसने नागपुर उच्च न्यायालय में अपील दाखिल किया। इस अपील का निर्णय देते हुए न्यायमूर्ति मा. मासोदकर ने कहा—''हिन्दू विवाह कानून कलम दो के अनुसार

जो व्यवित, बौद्ध, जैन, सिख धर्म का पालन करते हैं, उन्हें हिन्दू विवाह कानून बन्धनकारक नहीं है, इस कारण ज्युडिशियल मजिस्ट्रेट, साकोली, जि. भंडारा ने जो निर्णय दिया, वह योग्य है।" ऐसा निर्णय देकर शकुंतला के केस को खारिज कर दिया।

अन्य विवाह कानून ऐसे बनाए गए

अंग्रेज आने के पहले अपने देश में किसी भी जाति धर्म के विवाह का कोई कानून नहीं था, किन्तु प्राचीन काल से आठ प्रकार की शादियाँ होती थीं, ऐसे विचार महर्षि दयानन्द सरस्वती ने अपनी अमर कृति 'सत्यार्थ प्रकास' में प्रकट किया है। उनमें होमहवन, सप्तपदी, स्वयंवर आदि प्रमुख थे।

राजा राममोहन राय के प्रयास से लॉर्ड विलियम्स बेंटिक ने सन् 1829 में सती प्रथा को बन्द करा दिया, और सन् 1856 में 'द हिन्दू विडोज रिमैरेस एक्ट' तैयार करके उसे दि. 25-7-1856 से लागू कर दिया।

सन् 716 के लगभग ईरान से पारसी अपने देश में आए। उनका भी कोई विवाह कानून नहीं था, इसलिए उन्होंने सन् 1856 में 'पारसी लॉ एसोसिएशन' स्थापित करके "पारसी मैरेज एंड डायवोर्स एक्ट" सन् 1865 में मंजूर करवा लिया।

सन् 1872 से 1892 तक ख्रिश्चियन लोगों ने सरकार को अनेक बार लिखा तब दिनांक 29 जनवरी 1892 को "दि ख्रिश्चियन मैरेज व्हॅलिडेशन ॲक्ट" तैयार करने में आया। सन् 1909 में सिखों के लिए 'दि आनन्द मैरेज एक्ट-1909' अमल में लाया गया।

बैंगलोर शहर और सेनिक क्षेत्रों में बसने वाले ख्रिश्चियनों की शादियों को कानून का चोला पहनाने वाला एक्ट "बंगलोर मैरेज व्हॅलिडेशन एक्ट" दिनांक 27-10-1936 में मंजूर करने में आया।

आर्य समाज की स्थापना होने के बाद उनकी माँग के अनुसार, "दि आर्य सामाजिस्ट मैरेज एक्ट-1937 में तैयार करने में आया। सन् 1949 के पहले हिंदुओं के जितने भी विवाह हुए, वे सभी गैर-कानूनी घोषित किए गए थे।" उनकी संतानों को वारिस हक नहीं था। इसलिए कई हिन्दू नेताओं के कहने पर सरकार ने चार हिन्दू पंडितों की एक उपसमिति बनाई, जिसके अध्यक्ष थे सर बी.एन. राव। उस समिति ने अनेक क्षेत्रों में कार्यरत विद्वानों से भेंट ली, और दिनांक 21-2-1947 को "केन्द्रीय कानून मंडल" को अपनी रिपोर्ट सौंप दी, तब "दि हिन्दू मैरेज व्हॅलिडेशन एक्ट-1949" अमल में आया।

इस प्रकार व्हॅलिडेशन और मैरेज एक्ट्स तैयार हुए।

1. "दि ख्रिश्चियन मैरेज व्हॅलिडेशन एक्ट-1892"
2. "बेंगलोर मैरेज व्हॅलिडेशन एक्ट-1936"
3. "दि हिन्दू मैरेज व्हॅलिडेशन एक्ट-1949"
4. दि हिन्दू विडोज मैरेजेस एक्ट-1856"
5. दि पारसी मैरेज एंड डायवोर्स एक्ट-1865

हो गई। अब केवल अनुसूचित जाति और जनजाति समूहों की ही जनगणना होती है, जो कुल आबादी के एक चौथाई है। शेष तीन चौथाई भारत में कितने अति पिछड़े हैं, कितने अग्र-पिछड़े हैं, कितने अपर कास्ट हैं, मुसलमानों में कितने पठान और सैयद हैं, क्रिश्चियन में कितने दलित और ब्राह्मण हैं, यह ठीक से किसी को मालूम नहीं है।

इसके अलावा अपर कास्ट में कितने ब्राह्मण हैं, ब्राह्मणों में कितने महाब्राह्मण हैं, कितने सरजूपरायण ब्राह्मण हैं, किसी को कोई पता नहीं है। यही स्थिति ठाकुरों, भूमिहारों तथा वैश्यों की है। पारसियों की ही तरह कायस्थों का भी भारत के विकास में अहम योगदान है पर, कायस्थों की जनसंख्या घट रही है, बढ़ रही है या ठहराव पर है, क्या इसे जानना जरूरी नहीं है।

अब जरूरत इस बात की है कि भारत में जाति आधारित जनगणना हो। जिसमें उनकी जन्म-दर, मृत्यु-दर, कुल जनसंख्या, शैक्षणिक और आर्थिक स्थिति से सम्बन्धित सभी सूचनाएँ सम्मिलित हों। इससे सभी जातियों के बारे में सटीक जानकारी मिलेगी जिसका विश्लेषण कर, विभिन्न जातियों की विशिष्ट समस्याओं का हल खोजा जा सकेगा। वहीं कंवल भारती का मानना है कि जाति हिन्दू समाज की पहचान बन चुकी है। इसलिए जब वे जाति का विरोध करते हैं, तब भी जाति उनके भीतर अपना अस्तित्व बनाए रखती है। आज पिछड़ी जातियों के नेता जातिवार जनगणना का समर्थन इसलिए कर रहे हैं, क्योंकि उन्हें जाति से लाभान्वित होने का भान हो गया है। देर आयद, दुरस्त आयद। जातिवाद के लिए अंग्रेजों को दोषी ठहराया जाता है। बल्कि उन्हें दोषी ठहराने की बीमारी-सी लग गई है। लेकिन वे उन्हें इस बात का श्रेय नहीं देते कि उनकी कराई जातिवार जनगणना के कारण ही हमें भारत की आबादी का वह महत्वपूर्ण सर्वेक्षण हाथ लगा, जिसके आधार पर यहाँ विद्वानों को भारतीय समाज का अध्ययन करने का अवसर मिला और इसी के आधार पर दलित वर्गों के लिए सुधार की प्रक्रिया भी चली।

अगर 2011 की जातिवार जनगणना के बाद पिछड़ी जातियों में कुछ और इजाफा हो जाता है, तो क्या हर्ज है? यह क्यों नहीं पता चलना चाहिए कि भारतीय समाज की दशा क्या है? इस पर आपत्ति क्यों?[8] जबकि गंगा सहाय मीणा के विचार में जनगणना में आदिवासियों से जुड़े कुछ मसलों को लगातार उपेक्षित किया जाता रहा है। उन्हें जबरन 'हिन्दू' के रूप में गिनना और विस्थापित एससी-एसटी को 'सामान्य' श्रेणी में गिनना जनगणना की पूरी प्रक्रिया की बड़ी गड़बड़ियाँ हैं, जिन्हें तुरन्त दुरुस्त करने की जरूरत है। देश में आदिवासियों की संख्या लगभग दस करोड़ है और उनमें से करीब नब्बे फीसद किसी भी धर्म को नहीं मानते। उनके धर्म को कोई सामूहिक नाम देना हो तो उसे 'आदिवासी धर्म' कहा जा सकता है। उल्लेखनीय है कि जनगणना फार्म में हिन्दू धर्म के पन्थों तक के लिए जगह है लेकिन आदिवासी धर्म के लिए जगह नहीं है।

विमुक्त घुमंतू समाज पर बहुत कुछ लिखा जा चुका है। इस समाज को विकास की मुख्यधारा में जोड़ने के लिए और उनके उत्थान के लिए भारत सरकार ने बालकृष्ण रेणके की अध्यक्षता में जनवरी 2006 में एक आयोग गठित किया था। इस आयोग को कहा

गया था कि वह विमुक्त घुमंतू समाज के लिए आर्थिक, सामाजिक एवं शैक्षणिक उत्थान के लिए उचित सिफारिशें भारत सरकार को करे ताकि इस पिछड़े वर्ग को विकास की मुख्यधारा में जोड़ा जा सके।

आयोग ने 2 जुलाई, 2008 को अपनी सिफारिशें भारत सरकार को सौंप दी हैं। रेणके आयोग की सिफारिशें भारत सरकार के सामाजिक न्याय विभाग में विचारधीन हैं। इस विभाग का कामकाज मुकुल वासनिक, केन्द्रीय मन्त्री सामाजिक न्याय एवं अधिकारिता विभाग देख रहे हैं।

इधर यह माँग उठने लगी है कि भारत सरकार को इन सिफारिशों को लागू करना चाहिए। अपने देश में 666 जातियाँ विमुक्त घुमंतू कहलाती हैं तो उत्तर प्रदेश में 34 जातियाँ विमुक्त घुमंतू दायरे में आती हैं। जैसे की बंजारा, कहार, कश्यप, निषाद, भर, राजभर, केवट, मल्लाह, पाल, धनगर, बघेल, लोधी, प्रजापति, कुशवाह, जोगी, गांडीला, घोसी, मेवाती, ओधीया, नागाभाट, खुरपल्टा, मोंगीया, मंदारी, कुरभंगोया, सोडाहर, लोन्चमट, बुरर्जी, सिगलीगर, कंकाली, ब्रिजवासी, कलंदर फकीर, सपेरे, रेवाड़ी, गूजर, कोली, भोई, ध्रीवर, झालो-मालो, मांझी, गंगापुत्र आदि। इन जातियों के संगठन बने हैं। इनके नेताओं ने संगठित होकर धरना, प्रदर्शन, आन्दोलन और अनेक सम्मेलन किए हैं।[9]

लेकिन इनका सही प्रभाव या दबाव सरकार पर नहीं हुआ। बाद में 'राष्ट्रीय विमुक्त घुमंतू महासंघ' की स्थापना भी हो गई, जिसके अध्यक्ष स्वयं पूर्व सांसद हरिभाऊ ठाकुर थे। रेणुका आयोग की सिफारिशों के बावजूद कुछ विशेष नहीं हुआ।

पूर्व प्रधानमन्त्री पंडित जवाहरलाल नेहरू ने 31 अगस्त, 1952 को इस समाज को विमुक्त घोषित करते हुए कहा था, "आज के बाद आप आजाद हो, पंछी की तरह कहीं भी घूम-फिर सकते हो। अपना विकास कर सकते हो।" चौंसठ साल आजादी के हो गए हैं, एक बार फिर से यह सोचने की जरूरत क्यों महसूस हो रही है कि हमें पूरी तरह से आजादी मिल गई है? या अभी एक और आजादी की दरकार है? किसी भी राष्ट्र के लिए छह दशक का समय कम नहीं होता है।

सन्दर्भ

1. काकीनाडा में, 1923 में कांग्रेस सम्मेलन हुआ, जिसमें मुहम्मद अल ने अध्यक्षीय भाषण में अनुसूचित जाति के सदस्यों को, जिन्हें अछूत कहा जाता था, हिन्दू और मुसलमान संस्थाओं में बाँट देने का सुझाव दिया। ऐसे समय में भगत सिंह का यह लेख 'किरती' के जून, 1928 के अंक में 'विद्रोही' छद्म के नाम से प्रकाशित हुआ।
2. The Indian Annual Register, Calcutta, July-Dec. 1943 (An Annual Digest of Public Affairs of India).
3. प्रो. श्याम लाल, भारत में अछूत आन्दोलन, स्वराज प्रकाशन, अंसारी रोड, दरियागंज, नई दिल्ली, 2011.
4. दैनिक भास्कर, जोधपुर, 21 मार्च, 2003.
5. माझी जनता, 29 सितम्बर, 2002, पृ. 4.

6. दलित साहित्य, 2002, पृ. 177-178.
7. राष्ट्रीय सहारा (हस्तक्षेप), 24 अप्रैल, 2010.
8. जनसत्ता, 20 जून, 2010.
9. हरिभाऊ रोठोड़ विमुक्त घुमंतू समाज को चाहिए अलग कोटा, फारवर्ड, नवम्बर, 2011, पृ. 21.

अन्य सन्दर्भ

अंग्रेजी : सन्दर्भ ग्रन्थ

1. नन्द कुमार बंधु, गद्दी जनजीवन : ऐतिहासिक एवं सामाजिक परम्परा, चंडीगढ़, 1983.
2. एम.आर. ठाकुर, पहाड़ी भाषा, सन्मार्ग प्रकाशन, दिल्ली, 1975.
3. डॉ. शिवतोष दास, भारत की जनजातियाँ, किताबघर, गांधी नगर, दिल्ली, 1983.
4. प्रो. अंगने लाल, डॉ. राहुल राज, उत्तर प्रदेश में दलित आन्दोलन, गौतम बुक सेंटर, दिल्ली, 2011.
5. इंजी. कार्तिक उरॉव, आदिवासी हिन्दू नहीं है, बहुजन साहित्य प्रसार केन्द्र, नागपुर, 2011.
6. पंचायत लुगायां टी, बुक्स फॉर चेंज, नई दिल्ली-2001.
7. मूलचंद सोनकर, दलित विमर्श : विकल्प का साहित्य–कुछ टिप्पणियाँ, कुछ सवाल, ध्वनि प्रकाशन, शिवपुर, वाराणसी, 2007.
8. अली अनवर, दलित मुसलमान, विश्व सम्मान मंच, दिल्ली-110009.
9. 21वीं सदी में दलित आन्दोलन, पंकज पुस्तक मन्दिर, ईस्ट आजाद नगर, दिल्ली।
11. Rbert Deliege, The Untouchables of India, 150, Cowley Road Oxford, OX4, 1JJ, U.K., 1999.
12. M. Gandhi, The Removal of Untouchability, Allahabad : Navajivan Publishing Housing, 1945.
13. B. Cohn, The Chamars of Senapur.
14. W. Wiser and C. Wiser, Behind Mud Walls. Berkely. CA : University of California Press, 1969.
15. Nirmal Kumar Bose; Some Indian Tribes National Book Trust of india, New Delhi, 1972.
16. Gerald D. Berreman; Hindus of the Himalayas, University of California Press, Berkeley; Los Angeles, London, 1972.
17. Tobdon; History and Religion of Lahul, Books Today, Karol Bagh, New Delhi, 1984.
18. M.N. Srinivas; India's Villages—Asia Publishing House, Bombay.
19. Lachhmi Dhar, The Home of the Arya, The Delhi University Publications, 1930.
20. Bapurao Pakhiddey, The Emancipation of the Dalits, Dr. Ambedkar Mission Foundation, New Delhi, 2001.
21. G.P. Desh Pandey, Introduction, Selected writings of Jytoi Rao Phule, Leftword, 2002.
22. R.N. Yesudhas, *The History of CMS,* p. 10. R.L. Hardgrave, *The Nadars of Tamilnad.*
23. K. Rajayyan, *History of Tamil Nadu,* J. Gnanadason, *Forgotten History,* p. 19. M. Devanayagam, *DS,* (1985), p. 13. Cf. H.R. Pate, *Gazetteers,* G.L. Hart III. *Ancient Tamil Literature.*
24. Nilkanda Sastri, *Development of Religion in South India,* (Madras : Orient Longmans, 1963), Nilkanda Sastri, *A History of South India,* (Madras : OUP, 1976).
25. K.K. Pillai, *Thamilagaa Varalaru,* p. 155. H.A. Stuart, *Census of India 1891,*

vol. XIII, Joy Gnanadason, *Forgotten History,* Cf. G.L. Hart III, *Ancient Tamil Literature,* C. Maloney, *"Archaeology in South India."*
26. See "Need for Research on Dravidian Movement" in *Indian Express,* Madras, November 15, 1995.
27. J.D. Baskara Doss, "Social Justice in Dravidian Religion," Unpublilshed Seminar Paper presented in the National Seminar, University of Madras on November 22, 1995. D. Jothimoni, "Humanism in Dravidian Religion," Unpublised Seminar paper presented in the National Seminar, University of Madras, October 7, 1995.
28. D. Jotimoni, *Thiruvalutheisvarar Koil,* Cf. B. Sobhanam, *Temple Entry Movement,* D.G. Chettiyar, *Athithiravidar,* p. 11. G. Devanayan, *Thamilar Varalaru,* (Tamil) (The History of Tamils) (North Arcot : Nesamoni, 1972), G.L. Hart III, *Ancient Tamil Literature.*
29. J. Gnanadason, *Forgotten History,* S. Mateer, *Native Life,* E. Sundar Raj, *The Confusion Called Conversion,* (New Delhi : TRACI, 1985), R.N. Yesudas, *The History of CMS,* Cf. G.S. Churye, *Caste in India,* (Bombay : Popular Books, 1950), R.L. Hardgrave, *Nadars of Tamilnad.*
30. S. Mateer, *Native Life,* Cf. *Census of India* (1871), vol. V., p. 315ff. E. Thurston, *Ethnographic Notes.*
31. R. Caldwell, *Comparative Grammar,* pp. 441-442. H. Witehead, *The Village Gods.*
32. D. Rosen, "Missionary Visitation," (1835) *C/IND,* Madras, Box 1. J.F. Kearns "Putiamputhur Report," (1859).

हिंदी

1. 21वीं सदी में दलित आन्दोलन, पंकज पुस्तक मन्दिर, ईस्ट आजाद नगर, दिल्ली।

पत्रिकाएँ

1. कांग्रेस-संदेश, 3 मार्च, 1952.
2. विपाशा, भाषा एवं संस्कृति विभाग, शिमला, हिमाचल प्रदेश।
3. पहाड़, यामा, रोहिला लाज, नैनीताल, उ.प्र. 1984.
4. समकालीन तीसरी दुनिया, मई, 1998.
5. हम दलित, अक्तूबर, 2001 नई दिल्ली।
6. आम्बेडकर मिशन पत्रिका, नवं.-दिसं. 1997, पटना।
7. त्रैमासिक पत्रिका, विधान बोधनी, अक्टूबर, 1997, स्वर्ण जयन्ती 'विशेषांक', जयपुर, राजस्थान विधानसभा सचिवालय, 1997.
8. अधिसूचना (सार्वजनिक पंचायतों पर प्रतिबन्ध) बैरवा ज्योति, नई दिल्ली, फरवरी, 1995.

स्मारिकाएँ

1. दिल्ली शेड्यूल्ड कास्ट्स वेलफेयर एसोसिएशन (आम्बेडकर भवन), नई दिल्ली की स्मारिका, 1986.
2. शिव प्रसाद मरमट, बैरवा दिवस स्वर्ण जयन्ती समारोह स्मारिका, 1996.
3. आर.डी. बंशीलाल, 1997, बैरवा संदर्शिका।

अन्य

1. राजस्थान मन्त्रिपरिषद, राजस्थान सुजस, अक्तूबर, 1998.

2. जीवनलाल जयरामदास, भंगी-कष्ट मुक्ति और भंगी-मुक्ति अखिल भारतीय सफाई मजदूर महासम्मेलन, दिल्ली, जून, 19-20, 1976.
3. पंजाब सरकार, अनुसूचित जाति एवं पिछड़ा वर्ग कल्याण विभाग द्वारा जारी अधिसूचना नं. 1818-एस.डब्ल्यू.-आई. 75/10451, 5 मई, 1975.
4. दलित बहिष्करण, एक रपट, पटना विश्वविद्यालय, 2007-2008.

सन्दर्भ

1. सी.एच. हीमसाथ : इंडियन नेशनलिज्म एण्ड हिन्दू सोशल रिफार्म, 1964, पृ. 343.
2. ए.आर. देसाई : सोशल बैकग्राउंड ऑफ इंडियन नेशनलिज्म, पापुलर (बम्बई) 1966, पृ. 268.
3. डिबेट्स ऑफ द् बाम्बे लेजिस्लेटिव कॉउंसिल, vol. XIX, 971-76, 12 मार्च, 1927। (उन्होंने यह भी अपील की कि "उन समुदायों को जो शिक्षा की दृष्टि से पिछड़े हैं आधुनिक शिक्षा का प्रत्येक स्तर प्रदान किया जाए ताकि वे नागरिकता के अपने अधिकारों एवं दायित्वों की अनुभूति कर सकें।" वही., vol. XX, पृ. 825-33, 27 जुलाई, 1927).
4. बहिष्कृत भारत : 30 अप्रैल, 1929.
5. बी. लॉबेट्ट : ए हिस्ट्री ऑफ द् इंडियन नेशनल मूवमेंट, पृ. 30.
6. इंडियन स्टेट्यूटरी कमीशन, vol. III, अपेंडिक्स–डी., पृ. 87-156.
7. वी.पी.एस. रघुवंशी : इंडियन नेशनलिस्ट मूवमेंट एण्ड थॉट, 1959, पृ. 214 एल–214 एम।
8. सर सेमुअल हॅरि'ज लैटर टू गांधी : 13 अप्रैल, 1932.
9. हीरेन मुकर्जी : गांधी–ए स्टॅडी, पृ. 100.
10. गांधी'ज लैटर टू द् ब्रिटिश प्राइम-मिनिस्टर : 18 अगस्त, 1932, यरवदा सेन्ट्रल जेल से।
11. जे. बन्धोपाध्याय : सोशल एण्ड पॉलिटिकल थॉट ऑफ गांधी, 1969ए पृ. 341.
12. मेसर्स बिड़ला तथा ठक्कर द्वारा प्रेस में दिया गया वक्तव्य : 3 नवम्बर, 1932.
13. डॉ. आम्बेडकर'स लैटर टू द् लीग फ्रॉम पोर्ट सय्यद : 14 नवम्बर, 1932.
14. सेन्ट्रल यरवदा जेल में गांधी-आम्बेडकर वार्ता से : 4 फरवरी, 1933.
15. आम्बेडकर'स प्रेस स्टेट्मेंट ऑन टेम्पिल एंट्री : 15 फरवरी, 1933.
16. डब्ल्यू.एन. कुबेर : डॉ. आम्बेडकर–ए क्रिटिकल स्टॅडी, पी-पी.एच. (नई दिल्ली), 1973, पृ. 153.
17. डॉ. आम्बेडकर'स स्पीच एट कसारा (थाना जिला) : 20 फरवरी, 1933.
18. डॉ. आम्बेडकर'स स्पीच एट मजगाँव (बम्बई) : 26 फरवरी, 1933.
19. डॉ. आम्बेडकर'स स्पीच एट परेल (बम्बई) : 5 मार्च, 1933.
20. विद्यार्थियों के समक्ष, थाना (महाराष्ट्र) में आम्बेडकर'स स्पीच : 4 अप्रैल, 1933.
21. बम्बई म्युनिसिपॅलिटी द्वारा डॉ. आम्बेडकर के सम्मान में आयोजित एक सभा में उनका अभिभाषण : 23 अप्रैल, 1933.
22. डॉ. आम्बेडकर'स स्पीच एट द् दामोदर हॉल (बम्बई) : 23 अप्रैल, 1933.
23. डी.पी. मिश्रा : लिविंग एन ऐरा, 1975, पृ. 216.
24. सोर्स मेटेरियल : पृ. 123-124 (द् टाइम्स ऑफ इंडिया, 21 नवम्बर, 1934 से)
25. द् हरिजन : 15 अक्टूबर, 1935 (देखें–द् बॉम्बे क्रॉनिकल, 16 अक्टूबर, 1935)
26. द् टाइम्स ऑफ इंडिया : 16 अक्टूबर, 1935 (देखें–द् बॉम्बे क्रॉनिकल, 16 अक्टूबर, 1935)
27. द् जॅस्टिस : 25 अक्टूबर, 1935 (देखें–द् बॉम्बे क्रॉनिकल, 11 नवम्बर, 1935)
28. किसान सम्मेलन (चारी, कोलाबा जिला) में डॉ. आम्बेडकर द्वारा अपने अध्यक्षीय भाषण से : 27 दिसम्बर, 1935.

29. डॉ. आम्बेडकर'स स्पीच : पूना कॉफ्रेंस ऑफ डिप्रेस्ड क्लासिज : 12-13 जनवरी, 1936.
30. डी.आर. जाटव : द् क्रिटिक्स ऑफ डॉ. आम्बेडकर, 1975, देखिए अध्याय : 'द् कांग्रेस हरिजन्स।'
31. जनार्दन ठाकुर : ऑल द् जनता मैन, विकास (नई दिल्ली), 1978, पृ. 91.
32. द् जनता (मराठी साप्ताहिक) : जून, 1936.
33. द् टाइम्स ऑफ इंडिया : 24 जुलाई, 1936.
34. द् टाइम्स ऑफ इंडिया : 8 अगस्त, 1936.
35. आर.जे. मूर : द् क्रायसिस ऑफ इंडियन यूनिटी, पृ. 306.
36. डॉ. आम्बेडकर'स स्पीच एट मद्रास : 15 नवम्बर, 1937.
37. द् टाइम्स ऑफ इंडिया : 14 फरवरी, 1938.
38. बी.आर. आम्बेडकर : फेडरेशन वर्सेज फ्रीडम, 1977, पृ. 21.
39. बी.बी. मिश्र : द् ब्यूरोक्रेसी इन इंडिया, 1977, पृ. 377.
40. बी.आर. नन्दा : गोखले, गांधी एंड द् नेहरूज, जॉर्ज एलिन (लंदन) 1974, पृ. 135.
41. द् टाइम्स ऑफ इंडिया : 19 दिसम्बर, पृ. 1939.
42. 'क्रिप्प्स् प्रपोजल्स' ड्रॉफ्ट डिक्लेरेशन–मार्च, 1942 (देखिए : डॉ. आम्बेडकर'स पाकिस्तान ऑर द् पार्टीशन ऑफ इंडिया, अपेंडिक्स-xxv, पृ. 478-479)।
43. 'मेमोरेंडम टू स्टिलवेल वॉई डेवीज, ऑफ ए कन्वर्सेशन विद् बी.आर. आम्बेडकर, बम्बई, 11 मई, 1942, फाइल 51; 15 मई 1942, फाइल 50; स्टिलवेल पेपर्स'– क्विट इंडिया, द्वारा : एम.एस. वेकंटारमानी/बी.के. श्रीवास्तव, 1979, पृ. 151-152 में उद्धृत।
44. डॉ. आम्बेडकर'स लैटर्स टू गायकवाड, पृ. 214.
45. डॉ. आम्बेडकर'स स्पीच एट द् ऑल इंडिया रेडियो स्टेशन, बाम्बे, 13 नवम्बर, 1942.
46. पेसिफिक रिलेशन्स कमेटी के निमन्त्रण पर, जिसका सम्मेलन क्यूवेक में हुआ, डॉ. आम्बेडकर ने एक लेख : 'भारत में अछूतों की समस्याएँ' नामक374 विषय पर भेजा, जिसे डॉक्टर साहेब की अनुपस्थिति में, प्रोफेसर एन. शिवराज ने सम्मेलन में पढ़ा।
(यही लेख एक लघु पुस्तक के नाम से प्रकाशित हुआ : 'मि. गांधी एंड द् इमेन्सीपेशन ऑफ द् अनटचेबिल्स', 1943, पृ. 12-13.
47. प्रॉसीडिंग्स ऑफ द् सेशन-एस.सी.एफ., 31 जनवरी, 1944 (द् फ्री प्रेस जर्नल, 1 फरवरी, 1944)
48. गांधी'ज लैटर टू द् वाइसराय : 15 अगस्त, 1944 .
49. वाइसराय'ज लैटर टू गांधी : 15 अगस्त, 1944 .
50. अछूतों द्वारा सप्रू-समिति को लिखा गया पत्र–जयभीम पब्लिशिंग हाउस, वेपेरी (मद्रास) द्वारा प्रकाशित : 14 अप्रैल, 1945.
51. वायसराय द्वारा नई दिल्ली से ब्रॉडकास्ट अविभाषण : 14 जून, 1945.
52. चन्द्रा भारिल : सोशल एंड पॉलिटिकल आइडियाज ऑफ बी.आर. आम्बेडकर, 1977, पृ. 45.
53. देखिए : वह स्मरण पत्र जिसे नई दिल्ली में केबिनेट मिशन के समक्ष प्रस्तुत किया गया : 5 अप्रैल, 1946.
54. यह स्मरण पत्र इस शीर्षक के अन्तर्गत प्रकाशित हुआ–"स्टेट्स एंड मॉयनॉरटीज : व्हॉट आर देअॅर राइट्स एंड हाउ टू सिक्युअॅर देम इन द् कॉन्स्टीट्यूशन ऑफ इंडिया"–1947.
55. जी. ऑस्टिन : द् इंडियन कॉन्स्टीट्यूशन, 1976, पृ. 13.
56. अनुसूचित जातियों के नवयुवकों के समक्ष दिए गए डॉ. आम्बेडकर के एक भाषण से : (बम्बई) : 6 अक्टूबर, 1947.
57. बलराज मधोक : इंडियनाइजेशन? एस. चांद (दिल्ली), 1970, पृ. 38.
58. द् फ्री प्रेस जरनल (बम्बई)–28 नवम्बर, 1947.

नामानुक्रमणिका

फ

ब

भ

म

●●●